2014
安徽统计年鉴
ANHUI STATISTICAL YEARBOOK

(总第26期　NO.26)

安徽省统计局
ANHUI STATISTICAL BUREAU
国家统计局安徽调查总队
NBS SURVEY OFFICE IN ANHUI
编
COMPILED

中国统计出版社
China Statistics Press

《安徽统计年鉴—2014》

ANHUI STATISTICAL YEARBOOK-2014

图书在版编目（CIP）数据

安徽统计年鉴. 2014：汉英对照/ 安徽省统计局，国家统计局安徽调查总队编.
-- 北京：中国统计出版社，2014.9
ISBN 978-7-5037-7291-7
Ⅰ. ①安…
Ⅱ. ①安… ②国…
Ⅲ. ①统计资料－安徽省－2014－年鉴－汉、英
Ⅳ. ①C832.54-54
中国版本图书馆CIP数据核字(2014)第211098号

安徽统计年鉴-2014

作　　者/ 安徽省统计局 · 国家统计局安徽调查总队
责任编辑/ 佘竞雄　刘金成　田野　高维芹
装帧设计/ 徽韵书坊
出版发行/ 中国统计出版社
地　　址/ 北京市丰台区西三环南路甲6号
邮　　编/ 100073
电　　话/ 邮购（010）63376909　书店（010）68783171
网　　址/ http://csp.stats.gov.cn
印　　刷/ 安徽省新华印刷股份有限公司
经　　销/ 新华书店
开　　本/ 890mm × 1240mm　1/16
字　　数/ 1500 千字
印　　张/ 49.25　　彩页 6页
版　　别/ 2014年9月第 1 版
版　　次/ 2014年9月第 1 次印刷
定　　价/ 450元

本书附同版本CD-ROM一张，光盘内容以书面文字为准。
如有印装差错，由本社发行部调换。

《安徽统计年鉴—2014》编辑委员会

AnHui Statistical Yearbook-2014 Editorial Board

《安徽统计年鉴—2014》编辑部

AnHui Statistical Yearbook-2014 Editorial Department

Editor-in-Chief: Ni Shengru

Associate Editor-in-Chief: Zhou Ping Zhai Xiaoqin

Coordinators: Tian Ye Gao Weiqin

Editorial Staffs: (in order of strokes of Chinese surname)

Wang Xin	Wang Yin	Wang Feng	Wang Sanlong
Wang Wenfu	Yin Biqiong	Deng Hong	Deng Weiwei
Shi Shibin	Ran Di	Fu Shuyun	Bai yang
Feng Hui	Ji Xiaojun	Zhu Dongqing	Liu Yuru
Liu Yanli	Yan Xieping	Jiang Hongqin	An jian
Li Xin	Li Yi	Li Shengnan	Yang Rui
Shen Guoquan	Wu Runqing	He Wenquan	He Shenming
Zhang Liang	Zhang Zhiyong	Zhang Mingjun	Chen Zhiqing
Chen Zhengbao	Luo Wei	Zhou Wenwen	Zheng Xinhua
Geng Yajun	Qian Ankun	Xu Chengzhou	Huang Wei
Ma Limin	Cheng Lihua	Zeng Ren	Xie Hongbao
Dai Wei	Wei Xiaoyan		

English Translator: Sun Naijing

CD-ROM Designer: Sun Daozhi

Distribution Staff: Wang Jian

编辑说明

一、《安徽统计年鉴—2014》是一部全面反映安徽省国民经济和社会发展情况的资料性年刊。全面、系统地收录全省及各市、县经济和社会各方面的2013年统计数据，重点展现“十二五”以来安徽人民在经济建设及社会发展方面取得的新成就。

二、《安徽统计年鉴—2014》新增了社会经济主要指标人均水平、人民物质文化生活提高情况、限额以上住宿餐饮业经营情况、各市限额以上住宿餐饮业经营情况、城乡居民基本养老保险情况、企业信息化建设等内容。

三、全书内容共分24个篇章和附录，即：综合；国民经济核算；人口；就业人员和工资；固定资产投资；能源生产和消费；财政、金融、保险；物价指数；城乡人民生活；城市概况；自然资源和环境保护；农业；工业；建筑业；运输和邮电；国内贸易；对外经济贸易；旅游；教育和科技；卫生和社会服务；文化和体育；公共管理及其他；企业景气调查；省级和县级主要经济指标及位次。附录部分主要有：贫困县监测和全省建制镇基本情况。为了进一步帮助读者理解和使用有关数据，各篇章附有简要说明和主要指标解释，介绍了统计范围和统计方法。

四、本年鉴使用国民经济行业分类(GB/T4754-2011)。

五、本年鉴中使用的度量衡单位均采用国际统一标准计量单位。

六、本年鉴符号使用说明：年鉴各表中的“空格”表示该项统计指标数据不足本表最小单位数、数据不详或无该项数据。“#”表示其中的主要项。

七、本年鉴中部分合计数或相对数由于单位取舍不同产生的计算误差，均未作机械调整。全书中英文对照，配套出版磁质光盘。

Preface

Ⅰ. The Anhui Statistical Yearbook 2014 is an annual statistics publication, which systematically covers statistics—for 2013 at provincial and local levels for the city and county. It reflects statistics during the period of the "eleventh–five–year–plan" at the provincial level, mainly showing various aspects of the new achievements that the people in Anhui made in terms of economic construction and social development since the period of the "twelfth five–year–plan."

Ⅱ. The Anhui Statistical Yearbook 2014 newly adds the main per capita indicators of social and economy, people's material and cultural life improvement, situation of hotels and catering trade above Designated Size, situation of hotels and catering trade above Designated Size by city, and situation of basic endowment insurance of urban and rural residents, enterprise informatization construction and so on.

Ⅲ. This book contains the following 24 parts and appendices: General Survey; National Accounts; Population; Employment and Wages; Investment in Fixed Assets; Production and Consumption of Energy; Finance, Banking and Insurance; Price Indices; People's Livelihood; General Survey of Cities; Environmental Protection; Agriculture; Industry; Construction; Transportation, Postal and Telecommunication Services; Domestic Trade; Foreign Trade and Economic Cooperation; Tourism; Education and Science; Public Health and Social Services; Culture and Sports; Public Management and Others; Business Survey of Enterprises; Main Economic Indicators and Their Orders of Precedence for Provinces and Countries. The appendix includes: observation and survey of poor countries and basic situation of the whole province, organizational towns' basic situation, and so on. To help readers further understand and make use of the data, each part is supplemented by a brief introduction and explanatory note on the main statistical indicators, introducing statistical coverage and statistical methods.

Ⅳ. In this yearbook , We use the classification of national economic industries (GB / T4754–2011).

Ⅴ. The units of measurement used in this book are internationally standardized measurement units.

Ⅵ. Notations used in this book: (blank space) indicates that the figure is not large enough to be measured with the smallest unit in the table, or data are unknown ,or are not available; "#" indicates a major items of the total.

Ⅶ. Statistical discrepancies due to rounding are not adjusted in this book. Anhui Statistical Yearbook is compiled bilingually in Chinese and English and a magnetic CD–ROM has been published to form a complete set.

目　　录
CONTENTS

一、综　　合
Chapter 1 General Survey

二、国民经济核算
Chapter 2 National Accounts

三、人　口
Chapter 3 Population

四、就业人员和工资
Chapter 4 Employment and Wages

五、固定资产投资
Chapter 5 Investment in Fixed Assets

六、能源生产和消费
Chapter 6 Production and Consumption of Energy

七、财政、金融、保险
Chapter 7 Finance, Banking and Insurance

八、物价指数
Chapter 8 Price Indices

九、城乡人民生活
Chapter 9 Livelihood of Urban and Rural People

十、城市概况
Chapter 10 General Survey of Cities

十一、自然资源和环境保护
Chapter 11 Natural Resources and Environment Protection

十二、农　　业
Chapter 12 Agriculture

十三、工　业
Chapter 13 Industry

十四、建 筑 业
Chapter 14 Construction

十五、运输和邮电
Chapter 15 Transport, Post and Telecommunication Services

十六、国内贸易
Chapter 16 Domestic Trade

十七、对外经济贸易
Chapter 17 Foreign Trade and Economic Cooperation

十八、旅　　游
Chapter 18 Tourism

十九、教育和科技
Chapter 19 Education and Science

二十、卫生和社会服务
Chapter 20 Public Health and Social Services

二十一、文化和体育
Chapter 21 Culture amd Sports

二十二、公共管理及其他
Chapter 22 Public Management and Others

二十三、企业景气调查
Chapter 23 Business Survey of Enterprises

二十四、省级和县级主要经济指标及位次
Chapter 24 Main Economic Indicators and Their Orders of Precedence of Province and County

附　录
Appendix

第 一 篇

Chapter 1

综 合

GENERAL SURVEY

简要说明

一、本篇包括我省行政区划、国民经济综合资料等内容。

二、国民经济综合资料中的“各部门机构数”为第二次基本单位普查后部分行业企业资料更新维护数据。

三、国民经济总量、速度、结构、比例和效益指标均取自本年鉴各篇；国民经济综合资料由省统计局综合处整理。

四、我省境内国家级旅游景点黄山、九华山风景区旅游基本情况，由所在地统计部门提供。

Brief Introduction

I. This chapter covers the summary data on national economy.

II. Data on “the number of grassroots units in various sectors” are the renewed data of some trade enterprises after the second basic unit census.

III. Data on the total value, speed, structure, ratio and effects on the national economy are extracted from the concerned data in other chapters in this yearbook. The summary data on national economy are prepared by the Division of Integrated Statistics of Anhui Statistical Bureau.

IV. Data on the basic conditions of national scenic spot-Mount Huang and Mount Jiuhua are provided by the statistical department where they are.

1—1 全省行政区划（2013年末）
Administrative Divisions in Anhui (End of 2013)

单位：个（unit）

市名称 Name of City		市级区划数 Number of Regions at Cities Level	县级区划数 Number of Regions at County Level	县级市 Cities at County Level	县 Counties	市辖区 Districts under the Jurisdiction of Cities	乡镇级区划数 Number of Regions at Townships Level	镇 Towns	乡 Townships	街道办事处 Street Communities
总　计	**Total**	**16**	**105**	**6**	**56**	**43**	**1508**	**927**	**330**	**251**
合肥市	Hefei	1	9	1	4	4	127	65	19	43
淮北市	Huaibei	1	4		1	3	35	18		17
亳州市	Bozhou	1	4		3	1	89	71	8	10
宿州市	Suzhou	1	5		4	1	106	71	23	12
蚌埠市	Bengbu	1	7		3	4	74	37	18	19
阜阳市	Fuyang	1	8	1	4	3	170	121	36	13
淮南市	Huainan	1	6		1	5	65	32	14	19
滁州市	Chuzhou	1	8	2	4	2	110	82	12	16
六安市	Luan	1	7		5	2	167	108	51	8
马鞍山市	Maanshan	1	6		3	3	48	31	4	13
芜湖市	Wuhu	1	8		4	4	63	40	4	19
宣城市	Xuancheng	1	7	1	5	1	95	57	24	14
铜陵市	Tongling	1	4		1	3	25	7	5	13
池州市	Chizhou	1	4		3	1	56	37	8	11
安庆市	Anqing	1	11	1	7	3	171	97	56	18
黄山市	Huangshan	1	7		4	3	107	53	48	6

1—2 全省县以上行政区划（2013年末）
Administrative Divisions of Counties and Above in Anhui (End of 2013)

省辖市 City Under Province Administration	县（市、区） Name of County (City), District Under Administative
合肥市 Hefei	瑶海区、庐阳区、蜀山区、包河区、巢湖市、长丰县、肥东县、肥西县、庐江县 Yaohai District，Luyang District, Shushan District，Baohe District，Chaohu，Changfeng，Feidong，Feixi，Lujiang
淮北市 Huaibei	相山区、烈山区、杜集区、濉溪县 Xiangshan District，Lieshan District，Duji District，Suixi
亳州市 Bozhou	谯城区、涡阳县、蒙城县、利辛县 Qiaocheng District，Guoyang，Mengcheng，Lixin
宿州市 Suzhou	埇桥区、萧　县、砀山县、灵璧县、泗　县 Yongqiao District，Xiaoxian，Dangshan，Lingbi，Sixian
蚌埠市 Bengbu	龙子湖区、蚌山区、禹会区、淮上区、怀远县、五河县、固镇县 Longzihu District，Bengshan District，Yuhui District，Huaishang District，Huaiyuan，Wuhe，Guzhen
阜阳市 Fuyang	颍州区、颍东区、颍泉区、界首市、临泉县、太和县、颍上县、阜南县 Yingzhou District，Yingdong District，Yingquan District，Jieshou，Linquan，Taihe，Yingshang，Funan
淮南市 Huainan	大通区、田家庵区、谢家集区、八公山区、潘集区、凤台县 Datong District，Tianjiaan District，Xiejiaji District，Bagongshan District，Panji District，Fengtai
滁州市 Chuzhou	琅琊区、南谯区、天长市、明光市、来安县、全椒县、定远县、凤阳县 Langya District，Nanqiao District，Tianchang，Mingguang，Laian，Quanjiao，Dingyuan，Fengyang
六安市 Luan	金安区、裕安区、寿　县、霍邱县、舒城县、金寨县、霍山县 Jinan District，Yuan District，Shouxian，Huoqiu，Shucheng，Jinzhai，Huoshan
马鞍山市 Maanshan	花山区、雨山区、博望区、当涂县、含山县、和　县 Huashan District，Yushan District，Bowang District，Dangtu，Hanshan，Hexian
芜湖市 Wuhu	镜湖区、弋江区、三山区、鸠江区、芜湖县、繁昌县、南陵县、无为县 Jinghu District，Yijiang District，Sanshan District，Jiujiang District，Wuhu，Fanchang，Nanling，Wuwei
宣城市 Xuancheng	宣州区、宁国市、郎溪县、广德县、泾　县、旌德县、绩溪县 Xuanzhou District，Ningguo，Langxi，Guangde，Jingxian，Jingde，Jixi
铜陵市 Tongling	铜官山区、狮子山区、郊　区、铜陵县 Tongguanshan District，Shizishan District，Suburban District，Tongling
池州市 Chizhou	贵池区、东至县、石台县、青阳县 Guichi District，Dongzhi，Shitai，Qingyang
安庆市 Anqing	迎江区、大观区、宜秀区、桐城市、枞阳县、怀宁县、潜山县、太湖县、宿松县、望江县、岳西县 Yingjiang District，Daguan District，Yixiu District，Tongcheng，Zongyang，Huaining，Qianshan，Taihu，Susong，Wangjiang，Yuexi
黄山市 Huangshan	屯溪区、徽州区、黄山区、歙　县、休宁县、黟　县、祁门县 Tunxi District，Huizhou District，Huangshan District，Shexian，Xiuning，Yixian，Qimen

1—3 各行业机构单位数（2013年）
Number of Grass Root Units in Various Sectors (2013)

单位：个（unit）

行业类别	Industrial Category	单位数 Number of Units	#法人单位 Legal Entities	#限额以上单位 Above Designated Unit
合　计	**Total**	**489947**	**379967**	**32408**
农、林、牧、渔业	**Farming, Forestry, Animal Husbandry and Fishery**	**37324**	**35754**	
农　业	Farming	11978	11738	
林　业	Forestry	3256	2845	
畜牧业	Animal Husbandry	7408	7292	
渔　业	Fishery	2328	2284	
农、林、牧、渔服务业	Agicultural Services	12354	11595	
采矿业	**Mining and Industry**	**2630**	**2409**	**479**
煤炭开采和洗选业	Coal Mining and Dressing	271	204	61
石油和天然气开采业	Extraction of Petroleum and Natural Gas	4	2	
黑色金属矿采选业	Mining and Dressing of Ferrous Metals	483	450	118
有色金属矿采选业	Mining and Dressing of Nonferrous Metals	291	268	71
非金属矿采选业	Mining and Dressing of Nonmetal Minerals	1472	1395	223
开采辅助活动	Mining Auxiliary Activities	63	48	6
其他采矿业	Mining and Dressing of Other Minerals	46	42	
制造业	**Manufacturing**	**73697**	**71464**	**15454**
农副食品加工业	Agricultural and Non-staple Food Processing Industry	5917	5507	1553
食品制造业	Food Production	2122	2022	355
酒、饮料和精制茶制造业	Wine, Beverages and Refined Tea Manufacturing	2219	2129	300
烟草制品业	Tobacco Products	16	12	7
纺织业	Textiles	2224	2176	658
纺织服装、服饰业	Textile and Apparel, Clothing Industry	4970	4865	925
皮革、毛皮、羽毛及其制品和制鞋业	Leather, Fur, Feather and Its Products and Footwear	1291	1254	258
木材加工和木、竹、藤、棕、草制品业	Wood Processing and Wood, Bamboo, Cane, Palm, Grass Products	3414	3358	585
家具制造业	Furniture Manufacturing	1682	1652	230
造纸及纸制品业	Papermaking and Paper Products	1105	1088	208
印刷和记录媒介的复制	Printing and Record Medium Reproduction	2203	2147	268
文教、工美、体育和娱乐用品制造业	Cultural and Educational Supplies Manufacturing, Industrial, Spor and Entertainment	2115	2069	314
石油加工、炼焦及核燃料加工业	Petroleum Processing, Coking and Nuclear Fuel Processing	105	97	29
化学原料和化学制品制造业	Raw Chemical Materials and Chemical Products	3282	3183	920
医药制造业	Medical and Pharmaceutical Products	1010	987	303
化学纤维制造业	Chemical Fiber Industry	109	106	30
橡胶和塑料制品业	Rubber and Plastic Products	4056	4004	931
非金属矿物制品业	Nonmetal Mineral Products	9401	9117	1803
黑色金属冶炼和压延加工业	Smelting and Pressing of Ferrous Metals	1314	1266	430
有色金属冶炼和压延加工业	Smelting and Pressing of Nonferrous Metals	639	614	193
金属制品业	Metal Products	4491	4369	797
通用设备制造业	Equipments in Current Use	5050	4952	939
专用设备制造业	Equipments in Special Use	3788	3656	747
汽车制造业	Manufacture of Automobile	2334	2288	737
铁路、船舶、航空航天和其他运输设备制造业	Railway, Shipbuilding, Aerospace and Other Transportation Equipment Manufacturing Industry	605	578	172
电气机械和器材制造业	Electric Equipments and Machinery	4059	3962	1100
计算机、通信和其他电子设备制造业	Computers, Communications and Other Electronic Equipment Manufacturing Industry	1671	1630	363
仪器仪表制造业	Instrument Manufacturing	769	751	105
其他制造业	Other Manufacturing	679	668	78
废弃资源综合利用业	Comprehensive Utilization of Waste Resources	583	553	104
金属制品、机械和设备修理业	Metal Products, Machinery and Equipment Repair	474	404	12

1—3 续表1 continued

单位：个（unit）

行业类别	Industrial Category	单位数 Number of Units	#法人单位 Legal Entities	#限额以上单位 Above Designated Unit
电力、热力、燃气及水的生产和供应业	**Electricity, Heat, Gas and Water Production and Supply Industry**	**3964**	**2427**	**251**
电力、热力的生产和供应业	Production and Supply of Electric Power and Heating Power	2127	862	166
燃气生产和供应业	Production and Supply of Gas	329	239	47
水的生产和供应业	Production and Supply of Tap Water	1508	1326	38
建筑业	**Construction**	**20432**	**16563**	**3121**
房屋建筑业	Housing Industry	5067	3477	1365
土木工程建筑业	Civil Engineering Construction	3754	2894	543
建筑安装业	Construction and Installation Industry	3123	2521	367
建筑装饰和其他建筑业	Building Decoration and Other Construction	8488	7671	846
批发和零售业	**Wholesale & Retail Trade**	**98384**	**82162**	**5220**
批发业	Wholesale Trade	52778	47643	1776
零售业	Retail Trade	45606	34519	3444
交通运输、仓储和邮政业	**Transportation, Storage and Postal Services**	**14232**	**10295**	**1246**
铁路运输业	Railway Transport	206	57	3
道路运输业	Highway Transport	7886	6577	795
水上运输业	Waterway Transport	1061	965	193
航空运输业	Air Transport	43	21	6
管道运输业	Transport Via Pipelines	12	8	
装卸搬运和运输代理业	Handling and Shipping Agents	1669	1364	84
仓储业	Storage	1379	811	139
邮政业	Postal Services	1976	492	26
住宿和餐饮业	**Accommodation and Catering Trade**	**7884**	**5871**	**1574**
住宿业	Accomodation Trade	2466	2065	542
餐饮业	Catering Trade	5418	3806	1032
信息传输、软件和信息技术服务业	**Information Transmission, Software and Information Technology Services**	**9247**	**6101**	**185**
电信、广播电视和卫星传输服务	Telecommunications, Broadcasting and TV Transmission and Satellite Services	3140	509	78
互联网和相关服务	The Internet and Related Services	1214	1055	19
软件和信息技术服务业	Software and Information Technology Services	4893	4537	88
金融业	**Banking**	**12623**	**2777**	
货币金融服务	Monetary and Financial Services	8725	1311	
资本市场服务	Capital Market Services	1076	746	
保险业	Insurance	2552	551	
其他金融业	Other Financial Sector	270	169	
房地产业	**Real Estate**	**16665**	**13389**	**3624**
房地产开发经营	Real Estate Development and Operation	6801	6282	3418
物业管理	Estate Management	5572	4160	188
房地产中介服务	Intermediary Services of Real Estate	3292	2085	18
自有房地产经营活动	Own Real Estate Business Activities	659	573	
其他房地产业	Other Real Estate Industry	341	289	
租赁和商务服务业	**Leasing and Commercial Services**	**31564**	**28278**	**456**
租赁业	Leasing	2668	2517	23
商务服务业	Commercial Services	28896	25761	433

1—3　续表2　continued

单位：个（unit）

行业类别	Industrial Category	单位数 Number of Units	#法人单位 Legal Entities	#限额以上单位 Above Designated Unit
科学研究和技术服务业	**Scientific Research and Technical Services**	**17529**	**14644**	**315**
研究与试验发展	Research and Experimental Development	1319	1225	18
专业技术服务业	Professional and Technical Services	9574	7814	251
科技推广和应用服务业	Science and Technology Popularization and Application Services	6636	5605	46
水利、环境和公共设施管理业	**Water Conservancy, Environmental and Public Facilities Management**	**4607**	**3032**	**96**
水利管理业	Water Conservancy Management	1798	734	2
生态保护和环境治理业	Ecological Protection and Environmental Governance Industry	360	305	10
公共设施管理业	Public Facilities Management	2449	1993	84
居民服务、修理和其他服务业	**Residents Service, Repair and Other Services**	**6261**	**5418**	**78**
居民服务业	Resident Services	2491	2065	33
机动车、电子产品和日用产品修理业	Motor Vehicle Repair Industry, Electronic Products and Daily Products	2479	2162	17
其他服务业	Other Services	1291	1191	28
教　育	**Education**	**29003**	**14326**	**124**
学前教育	Education Before School	5715	4435	6
初等教育	Primary Education	14787	3248	5
中等教育	Secondary Education	4473	3319	26
高等教育	High Education	248	200	
特殊教育	Special Education	138	124	
技能培训、教育辅助及其他教育	Auxiliary Skills Training, Education and Other Education	3642	3000	87
卫生和社会工作	**The Department of Health and Social Work**	**24332**	**8586**	**89**
卫　生	Health	21896	7092	88
社会工作	Social Work	2436	1494	1
文化、体育和娱乐业	**Culture, Sports and Entertainment**	**9685**	**8827**	**96**
新闻和出版业	News and Publishing Industry	317	256	20
广播、电视、电影和影视录音制作业	Radio, Television, Film and Television Recording Studios	797	541	19
文化艺术业	Culture and Art	2557	2209	22
体　育	Sports	473	417	3
娱乐业	Entertainment	5541	5404	32
公共管理、社会保障和社会组织	**Public Management, Social Security and Social Organization**	**69884**	**47644**	
中国共产党机关	Organs of Chinese Communist Party	1440	1147	
国家机构	State Organs	31078	13232	
人民政协、民主党派	CPPCC and Democratic Parties	306	298	
社会保障	The Social Security	755	383	
群众团体、社会团体和其他成员组织	Mass Organizations, Social Groups and Other Members of The Organization	15318	14299	
基层群众自治组织	Local Mass Autonomy Organs	20987	18285	

1—4 国民经济和社会发展总量与速度指标

指　　标		Item		总量指标 2000
人口与就业		**Population and Employment**		
人　　口		**Population**		
年底总人口	（万人）	Population at the Year-end	(10000 persons)	6278
#市镇人口		Urban		1758
乡村人口		Rural		4520
#男性人口		Male		3258
女性人口		Female		3020
出生人口	（万人）	Births	(10000 persons)	81.5
死亡人口	（万人）	Deaths	(10000 persons)	34.5
人口密度	（人/平方公里）	Density of Population (person/sq.km)		448
年末总户数	（万户）	Total Number of Households at the Year-end	(10000 households)	1656.1
#乡村户数		Numbers of Rural Households		1294.6
就　　业	**（万人）**	**Employment**	**(10000 persons)**	
经济活动人口		Economically Active Population		3530.9
从业人员		Employment		3450.7
#国有经济		State-owned Units		314.8
城镇集体经济		Urban of Other Typcs of Ownership		91.2
港澳台投资经济		Economic Units Funded by Entreneurs from Hong Kong Macao and Taiwan		2.3
外商投资经济		Foreign Funded Units		3.8
城镇私营经济		Urban Private Enteprises		37.6
城镇个体		Urban Self-employed Individuals		134.8
职工人数		Staff and Workers		470.0
国有经济		State-owned Units		307.8
城镇集体经济		Urban of Other Types of Ownership		89.1
其他经济合计		Units of Other Types of Ownership		73.1
城镇登记失业人数		Registered Unemployed in Urban Areas		31.6
宏观经济		**Macroeconomic Indicator**		
国民经济核算	**（亿元）**	**National Accounting**	**(100 million yuan)**	
生产总值		Gross Domestic Product		2902.1
第一产业		Primary Industry		741.8
第二产业		Secondary Industry		1056.8
#工　　业		Industry		885.1
第三产业		Tertiary Industry		1103.5
支出法生产总值		Gross Domestic Expenditures		3041.2
#最终消费		Total Consumption		1947.8
居民消费		Resident Consumption		1615.4
政府消费		Public Consumption		332.3
资本形成总额		Total Investment		1095.0
固定资本形成		Fixed Assets		928.1
存货增加		Stock		166.9
固定资产投资	**（亿元）**	**Investment in Fixed Assets**	**(100 million yuan)**	
固定资产投资额		Fixed Assets Investment		866.7
#国有单位		State-owned Units		431.1
集体单位		Collective-owned Units		124.7
固定资产投资按产业分		Investment in Fixed Assets Grouped by Type of Industry		
#第一产业		Primary Industry		9.1
第二产业		Secondary Industry		232.9
第三产业		Tertiary Industry		624.7
#房地产开发		Real Estate Development		87.9

注：自2011年起，固定资产投资统计口径为500万元以上项目及房地产。

Principal Aggregate Indicators On National Economic and Social Development and Their Related Indices and Growth Rates

Aggregate Date				速度指标 (%) Indices and Growth Rates						
				指　数 (2013年为以下各年) Index (2013 as Percentage of the Following Years)				平均增长速度 Average Annual Growth Rate		
2005	2010	2012	2013	2000	2005	2010	2012	2001—2005	2006—2010	2011—2013
6516	6827	6902	6929	110.4	106.3	101.5	100.4	0.7	0.9	0.5
2313	2949	3209	3316	188.6	143.4	112.4	103.3	5.6	5.0	4.0
4203	3878	3693	3612	79.9	85.9	93.1	97.8	-1.4	-1.6	-2.3
3388	3543	3580	3599	110.5	106.2	101.6	100.5	0.8	0.9	0.5
3127	3283	3322	3330	110.3	106.5	101.4	100.2	0.7	1.0	0.5
75.9	75.2	77.7	77.7	95.3	102.4	103.3	100.0	-1.4	-0.2	1.1
37.9	35.2	36.7	36.5	105.8	96.3	103.7	99.4	1.9	-1.5	1.2
465	490	495	496	110.7	106.7	101.3	100.2	0.7	1.0	0.4
1849.4	2093.4	2138.8	2143.8	129.4	115.9	102.4	100.2	2.2	2.5	0.8
1346.1	1424.3	1446.1	1448.9	111.9	107.6	101.7	100.2	0.8	1.1	0.6
3712.8	4096.8	4254.3	4327.0	122.5	116.5	105.6	101.7	1.0	2.0	1.8
3669.7	4050.0	4206.8	4275.9	123.9	116.5	105.6	101.6	1.2	2.0	1.8
208.7	206.0	225.7	196.4	62.4	94.1	95.4	87.0	-7.9	-0.3	-1.6
30.8	17.9	17.2	16.2	17.8	52.6	90.6	94.3	-19.5	-10.3	-3.2
3.7	7.0	8.0	15.9	691.3	429.7	227.5	198.8	10.0	13.6	31.5
6.7	14.7	15.9	20.3	534.2	303.0	138.5	127.7	12.0	17.0	11.5
86.5	133.3	196.5	222.7	592.3	257.5	167.1	113.3	18.1	9.0	18.7
123.6	264.1	286.1	301.2	223.4	243.7	114.0	105.3	-1.7	16.4	4.5
317.4	372.9	436.8	519.5	110.5	163.7	139.3	118.9	-7.6	3.3	11.7
199.2	206.0	225.7	196.4	63.8	98.6	95.4	87.0	-8.3	0.7	-1.6
28.2	17.9	17.2	16.2	18.2	57.4	90.6	94.2	-20.6	-8.7	-3.2
90.1	149.1	193.9	306.9	419.8	340.6	205.8	158.3	4.3	10.6	27.2
27.8	28.5	36.4	39.5	125.0	142.1	138.7	108.6	-2.5	0.5	11.5
5350.2	12359.3	17212.1	19038.9	431.7	263.0	140.4	110.4	10.4	13.4	12.0
966.5	1729.0	2178.7	2348.1	154.4	143.6	113.6	103.5	1.5	4.8	4.4
2245.9	6436.6	9404.8	10404.0	663.2	352.5	151.6	112.4	13.5	18.4	14.9
1837.4	5407.4	8025.8	8928.0	708.2	382.0	156.2	113.3	13.1	19.6	16.0
2137.8	4193.7	5628.5	6286.8	403.3	224.8	134.3	109.5	12.4	10.8	10.3
5350.2	12359.3	17212.1								
3006.7	6213.1	8439.0								
2399.4	4873.4	6301.9								
607.3	1339.8	2137.1								
2354.1	6171.5	8855.8								
2214.0	6061.1	8712.9								
140.0	110.5	142.9								
2521.0	11849.4	15055.0	18251.1				121.2	23.8	37.5	24.3
880.6	3061.3	3677.5	4280.3				116.4	15.4		
48.4	323.9	261.7	241.5				92.3	-17.2		
75.4	221.6	301.9	389.3				128.9	52.6		
995.1	5617.4	6951.1	8265.6				118.9	33.7		
1450.4	6010.5	7801.9	9596.2				123.0	18.3		
459.4	2251.8	3151.6	3946.2				125.2	39.2	37.4	24.6

a) Since 2011, the statistical caliber of investment in fixed assets was projects and real estate over 5 million yuan.

1—4 续表1 continued

指 标		Item		总量指标 2000
财 政	**(亿元)**	**Public Finance**	**(100 million yuan)**	
财政收入		Total Revenue		290.4
中 央		Central Covernment		111.7
地 方		Local Governments		178.7
#增值税		Value-added Tax		26.3
营业税		Operation Tax		32.0
企业所得税		Enterprises' Income Tax		23.4
财政支出		Total Expenditures		323.5
地 方		Local Governments		323.5
#一般公共服务		General Public Service		
教 育		Education		
社会保障和就业		Social Security and Employment		
物价总指数	**(上年=100)**	**Price Indices**	**(preceding year=100)**	
商品零售价格指数		Retail Price Index		98.0
居民消费价格指数		Consumer Price Index		100.7
农业生产资料价格指数		Price Indices of Agricultural Means of Production		98.2
农产品生产价格指数		Production Price Indices of Agricultural Products		
工业生产者出厂价格指数		Ex-factory Industrial Producer Price Index		98.9
工业生产者购进价格指数		Industrial Producer Purchasing Price Index		102.6
固定资产投资价格指数		Price Indices of Investment in Fixed Assets		101.6
利用外资	**(万美元)**	**Utilization of Foreign Capital**	**(USD 10000)**	
外商直接投资合同金额		The Contract Amount of Foreign Investment		63602
实际利用外商直接投资额		The Actual Use of Foreign Direct Investment		31847
能源生产与消费	**(万吨标准煤)**	**Production and Consumption of Energy**	**(10000 tons of SCE)**	
能源生产总量		Total Energy Production		3436
能源消费总量		Total Energy Consumption		4879
产 业		**Industry**		
农 业		**Agriculture**		
耕地面积	(千公顷)	Cultivated Areas	(1000 hectares)	4229.6
总播种面积	(千公顷)	Total Sown Area	(1000 hectares)	8418.0
#粮食播种面积		Sown Area of Grain Crops		5565.6
农林牧渔业总产值	(亿元)	Gross Output Value of Farming, Forestry, Animal Husbandry and Fishery	(100 million yuan)	1220.0
主要农产品产量		Output of Major Farm Products		
粮 食	(万吨)	Grain	(10000 tons)	2472.0
棉 花	(万吨)	Cotton	(10000 tons)	28.5
油 料	(万吨)	Oil-bearing Crops	(10000 tons)	285.1
黄红麻	(万吨)	Jute and Ambary Hemp	(10000 tons)	2.2
烤 烟	(万吨)	Flue-cured Tobacco	(10000 tons)	3.1
茶 叶	(万吨)	Tea	(10000 tons)	4.5
猪 肉	(万吨)	Pork	(10000 tons)	198.5
牛 肉	(万吨)	Beef	(10000 tons)	31.9
羊 肉	(万吨)	Mutton	(10000 tons)	11.2
肉猪出栏	(万头)	Number of Slaughtered Fattened Hogs	(10000 heads)	2393.2
奶 类	(万吨)	milk	(10000 tons)	4.1
水产品	(万吨)	Aquatic Products	(10000 tons)	159.8
农业机械总动力	(万千瓦)	Total Agricultural Machinery Power	(10000 kw)	2975.9
有效灌溉面积	(千公顷)	Irrigated Area	(1000 hectares)	3197.4
化肥使用量	(万吨)	Consumption of Chemical Fertilizers	(10000 tons)	253.2
农村用电量	(亿千瓦时)	Electricity Consumed in Rural Areas	(100 million kwh)	45.8

Aggregate Date				速度指标 (%) Indices and Growth Rates						
				指　数 (2013年为以下各年) Index (2013 as Percentage of the Following Years)				平均增长速度 Average Annual Growth Rate		
2005	2010	2012	2013	2000	2005	2010	2012	2001—2005	2006—2010	2011—2013
656.6	2063.8	3026.0	3365.1	1158.8	512.5	163.1	111.2	17.7	25.7	17.7
277.0	831.8	1078.2	1142.3	1022.6	412.4	137.3	105.9	19.9	24.6	11.2
334.0	1149.4	1792.7	2075.1	1161.2	621.3	180.5	115.8	13.3	28.0	21.8
57.7	129.5	175.3	224.5	853.6	389.1	173.4	128.0	17.0	17.5	20.1
78.1	291.9	451.4	502.3	1569.6	643.1	172.0	111.3	19.5	30.2	19.8
30.1	106.6	184.5	190.5	813.9	632.8	178.7	103.2	5.2	28.8	21.3
713.1	2587.6	3961.0	4349.7	1344.6	610.0	168.1	109.8	17.1	29.4	18.9
713.1	2587.6	3961.0	4349.7	1344.6	610.0	168.1	109.8	17.1	29.4	18.9
	273.7	426.0	469.2			171.4	110.1			19.7
	386.3	717.9	736.6			190.7	102.6			24.0
	334.2	459.2	533.6			159.7	116.2			16.9
100.6	103.2	102.1	101.2	128.7	124.5	108.8	101.2	0.7	2.7	2.9
101.4	103.1	102.3	102.4	137.1	127.9	110.6	102.4	1.4	2.9	3.4
108.3	102.0	105.3	100.9	186.7	157.0	121.4	100.9	3.5	5.3	6.7
98.7	110.8	103.0	103.7	221.1	172.1	120.5	103.7	5.1	7.4	6.4
103.3	109.0	98.3	98.2	139.4	122.4	104.5	98.2	2.6	3.2	1.5
107.1	111.8	98.2	96.9	178.3	137.9	105.4	96.9	5.3	5.5	1.8
101.0	105.4	101.0	100.2	145.1	130.1	109.4	100.2	2.2	3.5	3.0
155358	216462	253481	268851	422.7	173.1	124.2	106.1	19.6	6.9	7.5
68845	501446	863811	1068772	3356.0	1552.4	213.1	123.7	10.6	48.8	28.7
6215.4	9689.3	10947.0	10161.3	295.7	163.5	104.9	92.8	12.6	9.3	1.6
6506.0	9706.6	11358.0	12060.4	247.2	185.4	124.2	106.2	5.9	8.3	7.5
4092.5	4181.3	4184.2	4188.1	99.0	102.3	100.2	100.1	-0.7	0.4	0.1
8755.2	9054.9	8969.6	8945.6	106.3	102.2	98.8	99.7	0.8	0.7	-0.4
5988.1	6616.4	6622.0	6625.3	119.0	110.6	100.1	100.0	1.5	2.0	平
1666.2	2955.4	3728.3	4009.2	163.8	146.9	113.5	103.4	2.2	5.3	4.3
2605.3	3080.5	3289.1	3279.6	132.7	125.9	106.5	99.7	1.1	3.4	2.1
31.1	31.6	29.4	25.1	88.1	80.7	79.5	85.4	1.8	0.3	-7.4
270.7	227.6	227.7	225.4	79.1	83.3	99.0	99.0	-1.0	-3.4	-0.3
1.9	1.2	1.6	1.3	59.0	68.4	104.7	81.7	-2.9	-8.2	1.6
2.5	2.9	3.5	4.2	136.1	168.7	144.7	120.5	-4.2	3.1	13.1
6.0	8.3	9.5	10.1	224.3	168.2	121.6	105.8	5.9	6.7	6.7
231.7	238.8	249.7	253.4	127.7	109.4	106.1	101.5	3.1	0.6	2.0
31.5	18.3	18.1	18.1	56.9	57.6	99.2	100.1	-0.3	-10.3	-0.3
17.6	14.2	14.6	15.0	133.9	85.2	105.6	102.8	9.5	-4.2	1.8
2812.1	2782.1	2927.6	2971.5	124.2	105.7	106.8	101.5	3.3	-0.2	2.2
11.0	20.5	24.1	25.3	615.0	229.3	123.6	105.2	21.8	13.2	7.3
177.6	193.3	207.5	215.5	134.9	121.4	111.5	103.9	2.1	1.7	3.7
3983.8	5409.8	5902.8	6140.3	206.3	154.1	113.5	104.0	6.0	6.3	4.3
3330.8	3519.8	3585.1	4305.5	134.7	129.3	122.3	120.1	0.8	1.1	6.9
285.7	319.8	333.5	338.4	133.7	118.4	105.8	101.5	2.4	2.3	1.9
64.2	107.4	128.8	138.4	302.2	215.6	128.8	107.4	7.0	10.8	8.8

1—4 续表2 continued

指　　标		Item		总量指标 2000
工　业（规模以上）		**Industry**		
主要工业产品产量		Output of Major Industrial Products		
布	（亿米）	Cloth	(100 million m)	7.4
家用电冰箱	（万台）	Household Refrigerators	(10000 units)	169.9
房间空气调节器	（万台）	Air Conditioners	(10000 units)	115.8
家用洗衣机	（万台）	Household Washing Machines	(10000 units)	131.7
彩色电视机	（万部）	Colour Television Sets	(10000 units)	156.1
原　煤	（亿吨）	Coal	(100 million tons)	0.5
发电量	（亿千瓦时）	Electricity	(100 million kwh)	368.1
粗　钢	（万吨）	Crude Steel	(10000 tons)	460.6
钢　材	（万吨）	Rolled Steel	(10000 tons)	431.7
水　泥	（万吨）	Cement	(10000 tons)	2136
企业单位数	（个）	Number of Industrial Enterprises	(unit)	3680
#大型企业		Large		193
工业总产值	（亿元）	Gross Industrial Output Value	(100 million yuan)	1661.4
工业增加值	（亿元）	Value Added of Industry	(100 million yuan)	507.4
资产总计	（亿元）	Total Assets	(100 million yuan)	2977.9
负债合计	（亿元）	Total Liabilities	(100 million yuan)	1855.1
主营业务收入	（亿元）	Revenue from principal Business	(100 million yuan)	1688.1
利润总额	（亿元）	Total Profits	(100 million yuan)	38.2
建 筑 业		**Construction**		
企业单位数	（个）	Number of Enterprises	(unit)	1571
企业从业人员	（万人）	Number of Persons Engaged	(10000 persons)	71.4
建筑业总产值	（亿元）	Gross Output Value	(100 million yuan)	302.8
房屋建筑施工面积	（万平方米）	Floor Space of Buildings Under Construction	(10000 sq.m)	4631.3
房屋建筑竣工面积	（万平方米）	Floor Space of Buildings Completed	(10000 sq.m)	2595.3
#住宅面积		Residential Buildings		1448.0
交通运输		**Transportation**		
货 运 量	（万吨）	Freight Traffic	(10000 tons)	44536
铁　路		Railways		6473
公　路		Highways		32740
水　运		Waterways		5320
民　航		Total Civil Aviation Routes		1.5
客 运 量	（万人）	Passenger Traffic	(10000 persons)	62033
铁　路		Railways		2994
公　路		Highways		58026
水　运		Waterways		860
民　航		Total Civil Aviation Routes		153
内河港口货物吞吐量	（万吨）	Volume of Freight Handled in Major Ports	(10000 tons)	7114
公路里程	（公里）	Total Length of Highways	(km)	44493
等级公路里程	（公里）	Length of Expressway and Class Ⅰ to Ⅳ Highway	(km)	42579
邮电通信业		**Postal and Telecommunication Services**		
邮电业务总量(1990年不变价)(亿元)		Total Business Revenue (1990 constant prices)	(100 million yuan)	120.1
函　件	（亿件）	Number of Letters Delivered	(100 million pieces)	1.9
报刊期发数	（万份）	Number of Newspapers and Magazines Distributed	(10000 copies)	929.8
交换机容量	（万门）	Capacity of Office Telephone Exchanges	(10000 lines)	717.1
移动电话年末用户	（万户）	Number of Mobile Telephone Subscribers at Year-end	(10000 subscribers)	209.1
固定电话年末用户	（万户）	Number of Fixed Telephone Subscribers at Year-end	(10000 subscribers)	483.8
城　市		Urban		273.0
农　村		Rural		210.8
公用电话	（万户）	Public Telephone	(10000 subscribers)	10.9

注：自2011年起，规模以上工业企业统计范围为年主营业务收入2000万元及以上工业企业。

Aggregate Date				速度指标　(%)　Indices and Growth Rates						
				指　数　(2013年为以下各年) Index (2013 as Percentage of the Following Years)				平均增长速度 Average Annual Growth Rate		
2005	2010	2012	2013	2000	2005	2010	2012	2001—2005	2006—2010	2011—2013
5.6	10.9	9.7	10.0	135.2	177.9	92.1	102.7	-5.3	14.1	-2.7
530.4	2078.9	2589.1	2973.9	1750.4	560.7	143.1	114.9	25.6	31.4	12.7
515.0	1666.1	2992.9	3046.7	2631.0	591.6	182.9	101.8	34.8	26.5	22.3
441.8	1267.0	1499.3	1697.8	1289.1	384.3	134.0	113.2	27.4	23.5	10.2
374.4	395.3	610.5	561.8	359.9	150.1	142.1	92.0	19.1	1.1	12.4
0.8	1.3	1.5	1.4	289.8	164.6	106.5	92.2	12.0	9.1	2.1
645.7	1443.9	1767.5	1958.4	532.0	303.3	135.6	110.8	11.9	17.5	10.7
1105.6	1853.8	2147.0	2787.5	605.2	252.1	150.4	129.8	19.1	10.9	14.6
1141.6	2446.4	2765.4	3138.6	727.0	274.9	128.3	113.5	21.5	16.5	8.7
3218	7874	10870	12131	567.9	377.0	154.1	111.6	8.5	19.6	15.5
5277	16277	14514	16193	440.0	306.9		111.6	7.5	25.3	
61	100	259	284	147.2	465.6		109.7	-20.6	10.4	
4567.2	18732.0	29245.2	33756.8							
1483.8	5290.6	7614.1	8646.0							
5067.1	15930.3	22797.7	25906.2	869.9	511.3	162.6	113.6	11.2	25.7	17.6
3029.0	9565.9	13612.0	15367.2	828.4	507.3	160.6	112.9	10.3	25.9	17.1
4523.3	18164.6	28905.1	33788.8	2001.6	747.0	186.0	116.9	21.8	32.1	23.0
218.2	1445.6	1870.3	2108.8	5520.3	966.4	145.9	112.8	41.7	46.0	13.4
1946	2469	2662	2757	175.5	141.7	111.7	103.6	4.4	4.9	3.7
98.6	158.0	168.9	176.9	247.7	179.4	112.0	104.7	6.7	9.9	3.8
923.1	2865.0	4230.4	4965.5	1639.9	537.9	173.3	117.4	25.0	25.4	20.1
9869.5	23295.7	33335.6	36274.1	783.2	367.5	155.7	108.8	16.3	18.7	15.9
5081.3	10512.4	13346.2	14851.1	572.2	292.3	141.3	111.3	14.4	15.6	12.2
3073.9	6461.5	8380.5	9683.2	668.7	315.0	149.9	115.5	16.2	16.0	14.4
67128	228106	312442	356711	801.0	531.4	156.4	114.2	8.6	27.7	16.1
10386	12091	12263	11566	178.7	111.4	95.7	94.3	9.9	3.1	-1.5
49614	183658	259461	300093	916.6	604.9	163.4	115.7	8.7	29.9	17.8
7125	32355	40716	45050	846.8	632.3	139.2	110.6	6.0	35.3	11.7
3.0	2.2	2.0	2.4	160.0	80.0	110.0	117.6	14.9	-6.2	3.2
72871	159597	213671	245350	395.5	336.7	153.7	114.8	3.3	17.0	15.4
3486	5552	6385	7210	240.8	206.8	129.9	112.9	3.1	9.8	9.1
68927	153697	206888	237516	409.3	344.6	154.5	114.8	3.5	17.4	15.6
244	139	159	360	41.9	147.5	259.0	226.4	-22.3	-10.6	37.3
214	208	239	264	172.2	123.1	126.6	110.2	6.9	-0.6	8.2
17157	32502	36097	39618					19.3	13.6	
72807	149382	165157	173763	390.5	238.7	116.3	105.2	10.4	15.5	5.2
67083	142340	159427	168083	394.8	250.6	118.1	105.4	9.5	16.2	5.7
284.0	300.3	405.2	513.4			170.9	126.7	18.8		19.6
2.1	2.1	1.6	1.3	69.1	63.2	63.1	81.2	1.8	平	-14.2
738.0	602.2	556.4	652.0	70.1	88.3	108.3	117.2	-4.5	-4.0	2.7
1611.7	1214.9	905.0	1041.0	145.2	64.6	85.7	115.0	17.6	-5.5	-5.0
1046.9	2798.7	3609.8	3958.9	1893.6	378.1	141.5	109.7	38.0	21.7	12.3
1349.5	1231.0	1081.9	976.7	201.9	72.4	79.3	90.3	22.8	-1.8	-7.4
680.0	612.9	631.5	603.8	221.2	88.8	98.5	95.6	20.0	-2.1	-0.5
669.5	618.1	450.5	373.0	176.9	55.7	60.3	82.8	26.0	-1.6	-15.5
65.5	87.9	85.0	79.4	726.0	121.2	90.3	93.3	43.1	6.1	-3.3

a) Since 2011, the statistical scope of the industrial enterprises were industrial companies with revenue from principal business over 20 million yuan.

1—4 续表3 continued

指 标		Item		总量指标 2000
国内商业		**Domestic Trade**		
社会消费品零售总额	(亿元)	Total Retail Sales of Consumer Goods	(100 million yuan)	1077.8
#餐饮收入		Catering income		
商品零售		Commodity retail		
批发零售业购进总额	(亿元)	Total Goods Purchases of Enterprises in Wholesale and Retail Sale Trade	(100 million yuan)	1901.1
批发零售业销售总额	(亿元)	Total Sales of Enterprises in Wholesale and Retail Sale Trade	(100 million yuan)	1764.0
批发零售业库存总额	(亿元)	Total Inventory of Enterprises in Wholesale and Retail Sale Trade	(100 nillion yuan)	393.8
对外经济贸易		**Foreign Trade**		
进出口总额	(万美元)	Total Exports and Tourists	(USD 10000)	334689
进口额		Imports		117483
出口额		Exports		217206
国际旅游		**International Tourism**		
旅游人数	(万人次)	Total Number of Tourists	(10000 persons)	31.8
#外国人		Foreigners		16.8
旅游外汇收入	(万美元)	Foreign Exchange Earnings from Tourism	(USD 10000)	8621
旅游星级宾馆个数	(个)	Number of Tourist Hotel of Star Class	(unit)	163
金融保险		**Finance and Insurance**		
金融机构人民币存款余额	(亿元)	Financial Institutions Renminbi Deposit Balance	(100 million yuan)	2485.5
#单位存款		Unit Deposits		
个人储蓄存款		Personal Saving Deposits		1447.2
定 期		Fixed Deposits		1091.4
活 期		Current Deposits		355.7
金融机构人民币贷款余额	(亿元)	Financial Institutions RMB Loan Balance	(100 million yuan)	2385.0
#个人贷款及透支		Individual Loan and Overdrawing		
单位贷款及透支		Unit Loan and Overdrawing		
#经营贷款		Management Loan		
保险公司保费收入	(亿元)	Income From Premium of Insurance Companies	(100 million yuan)	38.2
保险公司赔款及给付	(亿元)	Amount Reparations of Insurance Companies	(100 million yuan)	12.3
教育、科技、文化		**Education, Science and Technology and Culture**		
教 育		**Education**		
幼儿园数	(个)	Number of Kindergartens	(unit)	3932
入园儿童数	(万人)	Student Enrollment in Kingdergartens	(10000 persons)	116.19
学龄儿童入学率	(%)	Percentage of School-age Children Enrolled	(%)	99.67
专任教师数	(万人)	Full-time Teachers	(10000 persons)	
普通高等学校		Regular Institutions of Higher Education		1.51
中等专业学校		Specialized Secondary Schools		0.88
普通中学		Regular Secondary Schools		15.81
#高 中		Senior Secondary Schools		2.92
职业中学		Vocational Secondary Schools		1.94
小 学		Primary Schools		27.37

Aggregate Date				速度指标　(%)　Indices and Growth Rates						
2005	2010	2012	2013	指　数　(2013年为以下各年) Index (2013 as Percentage of the Following Years)				平均增长速度 Average Annual Growth Rate		
				2000	2005	2010	2012	2001—2005	2006—2010	2011—2013
1776.7	4151.5	5685.6	6481.4	601.4	364.8	156.1	114.0	10.5	18.5	16.0
	509.3	680.1	699.7			137.4	102.9			11.2
	3642.2	5005.5	5781.7			158.7	115.5			16.7
1513.1	4653.0	7184.6	7961.6	418.8	526.2	171.1	110.8	-4.5	25.2	19.6
3835.3	10044.5	15830.5	18632.8	1056.3	485.8	185.5	117.7	16.8	21.2	22.9
116.2	397.5	526.6	632.9	160.7	544.7	159.2	120.2	-21.7	27.9	16.8
911971	2427677	3932527	4563375	1363.5	500.4	188.0	116.0	22.2	21.6	23.4
392933	1186388	1257299	1737737	1479.1	442.2	146.5	138.2	27.3	24.7	13.6
519038	1241288	2675228	2825638	1300.9	544.4	227.6	105.6	19.0	19.1	31.5
63.3	198.4	331.5	385.5	1212.3	609.0	194.3	116.3	14.8	25.7	24.8
41.1	117.4	190.4	200.5	1194.3	487.9	170.8	105.3	19.6	23.4	19.5
18559	82025	156267	173142	2008.4	932.9	211.1	110.8	16.6	34.6	28.3
373	453	480	471	289.0	126.3	104.0	98.1	18.0	4.0	1.3
5993.8	16366.1	22977.3	26739.3	1075.8	446.1	163.4	116.4	19.2	22.2	17.8
		10679.1	12374.1				115.9			
3508.7	7788.5	11178.6	12924.9	893.1	368.4	165.9	115.6	19.4	17.3	18.4
2445.5	4852.9							17.5	14.7	
1063.1	2935.6							24.5	22.5	
4313.6	11452.3	16294.3	19088.8	800.4	442.5	166.7	117.2	12.6	21.6	18.6
	907.9	1287.9	1586.7			174.8	123.2			20.5
	2984.6	4440.9	5391.6			180.6	121.4			21.8
	2901.6	4425.7	5316.7			183.2	120.1			22.4
133.2	438.2	453.6	483.0	1264.4	362.6	110.2	106.5	28.4	26.9	3.3
30.4	104.6	152.7	223.0	1812.9	733.5	213.1	146.1	19.8	28.0	28.7
2715	4018	5192	6075	154.5	223.8	151.2	117.0	-7.1	8.2	14.8
72.38	100.82	157.87	167.95	144.5	232.0	166.6	106.4	-9.0	6.9	18.5
99.54	99.93	99.92	99.70							
3.24	4.93	5.31	5.49	363.6	169.5	111.4	103.4	16.5	8.8	3.7
0.61	0.77	1.02	1.04	118.7	171.2	134.8	102.7	-7.1	4.9	10.5
19.70	23.01	23.28	23.20	146.7	117.8	100.8	99.7	4.5	3.2	0.3
5.11	6.69	7.18	7.38	252.9	144.5	110.4	102.9	11.8	5.5	3.4
1.73	1.40	2.05	2.05	105.6	118.4	146.6	100.2	-2.3	-4.2	13.6
25.95	24.57	24.15	23.81	87.0	91.8	96.9	98.6	-1.1	-1.1	-1.0

1—4 续表4 continued

指标		Item		总量指标 2000
在校学生数	（万人）	Student Enrollment	(10000 persons)	
普通高等学校		Regular Institutions of Higher Education		18.24
中等专业学校		Specialized Secondary Schools		19.19
普通中学		Regular Secondary Schools		358.32
#高　中		Senior Secondary Schools		54.14
职业中学		Vocational Secondary Schools		45.28
小　学		Primary Schools		644.24
在校学生毕业生数	（万人）	Graduates of Student Enrollment	(10000 persons)	
普通高等学校		Regular Institutions of Higher Education		2.59
中等专业学校		Specialized Secondary Schools		6.04
普通中学		Regular Secondary Schools		102.31
#高　中		Senior Secondary Schools		13.15
职业中学		Vocational Secondary Schools		14.83
小　学		Primary Schools		121.20
预算内教育经费支出	（亿元）	Government Expenditures on Education	(100 million yuan)	53.99
科　技		**Science and Technology**		
科技活动人员	（万人）	Personnel Engaged in S&T Activities	(10000 persons)	9.72
研究与试验发展经费支出	（亿元）	Expenditures on Research and Development	(100 million yuan)	20.02
技术市场成交额	（万元）	Volume of Transaction in Technical Markets	(10000 yuan)	61011
文　化		**Culture**		
出版数量		Publicatons		
图　书	（万册）	Number of Books Published	(10000 copies)	30992
杂　志	（万册）	Number of Magazines Issued	(10000 copies)	7736
报　纸	（万份）	Number of Newspapers Issued	(10000 copies)	76083
公共图书馆	（个）	Number of Public Libraries	(unit)	84
公共图书馆藏书量	（万册）	Total Collections of Public Libraries	(10000 volumes)	787.4
电视节目制作时间	（小时）	Production Hours of TV Programs	(hours)	24833
广播覆盖率	（%）	Broadcast Covering Rate	(%)	94.8
电视覆盖率	（%）	TV Covering Rate	(%)	93.8
家庭、生活、环境		**Family, People's Livelihood and Environment**		
家　庭		**Family**		
城镇居民平均每户人口	（人）	Average Household Size in Urban Areas	(person)	3.08
农村居民平均每户人口	（人）	Average Household Size in Rural Areas	(person)	4.18
婚　姻	**（万对）**	**Marriages and Divorces**	**(10000 couple)**	
结婚数		Number of Marriages		49.20
离婚数		Number of Divorces		4.27
居　住	**（平方米）**	**Housing**	**(sq.m)**	
城市居民人均居住面积		Per Capita Gross Floor Space of Urban Residents		14.76
农村居民人均居住面积		Per Capita Net Floor Space of Rural Residents		22.16
生　活		**People's Livelihood**		
城镇居民人均可支配收入	（元）	Per Capita Annual Disposable Income of Urban Households	(yuan)	5294
城镇居民人均消费性支出	（元）	Per Capita Annual Living Expenditures of Urban Residents	(yuan)	4233
#食品支出		Food		1935
农村居民人均纯收入	（元）	Per Capita Net Income of Rural Residents	(yuan)	1934.6
农村居民人均生活费支出	（元）	Per Capita Annual Living Expenditures of Rural Residents	(yuan)	1321.5
#食品支出		Food		693.2

注：自2009年起，城镇平均每人居住面积为建筑面积。

Aggregate Date				速度指标　(%)　Indices and Growth Rates						
				指　数　(2013年为以下各年) Index (2013 as Percentage of the Following Years)				平均增长速度 Average Annual Growth Rate		
2005	2010	2012	2013	2000	2005	2010	2012	2001—2005	2006—2010	2011—2013
58.91	93.90	102.30	105.21	576.8	178.6	112.1	102.8	26.4	9.8	3.9
18.55	28.93	27.33	25.69	133.9	138.5	88.8	94.0	-0.7	9.3	-3.9
460.86	406.58	342.30	325.20	90.8	70.6	80.0	95.0	5.2	-2.5	-7.2
116.90	127.60	129.29	125.51	231.8	107.4	98.4	97.1	16.6	1.8	-0.5
54.78	48.68	47.62	45.68	100.9	83.4	93.8	95.9	3.9	-2.3	-2.1
584.11	460.44	404.70	409.20	63.5	70.1	88.9	101.1	-1.9	-4.6	-3.9
11.70	23.22	26.55	28.01	1081.5	239.4	120.6	105.5	35.2	14.7	6.4
3.78	9.61	8.99	8.96	148.3	237.0	93.2	99.6	-8.9	20.5	-2.3
142.61	136.57	128.23	114.06	111.5	80.0	83.5	88.9	6.9	-0.9	-5.8
30.10	44.38	41.28	41.67	316.9	138.4	93.9	100.9	18.0	8.1	-2.1
14.51	17.76	15.49	14.98	101.0	103.2	84.3	96.7	-0.4	4.1	-5.5
116.25	87.41	72.09	65.49	54.0	56.3	74.9	90.8	-0.8	-5.5	-9.2
117.40	436.06	738.12	771.30	1428.6	657.0	176.9	104.5	16.8	30.0	20.9
8.94	23.65	30.52	33.91	348.9	379.3	143.4	111.1	-1.7	21.5	12.8
45.61	163.72	281.80	352.08	1758.6	771.9	215.1	124.9	17.9	29.1	29.1
142553	461470	861592	1307716	2143.4	917.4	283.4	151.8	18.5	26.5	41.5
25220	23891	24440	25800	83.2	102.3	108.0	105.6	-4.0	-1.1	2.6
5804	5842	6172	6227	80.5	107.3	106.6	100.9	-5.6	0.1	2.2
98134	116988	125807	124700	163.9	127.1	106.6	99.1	5.2	3.6	2.2
88	88	102	107	127.4	121.6	121.6	104.9	0.9	平	6. 7
847.4	1235.8	2264.4	1776.5	225.6	209.6	143.8	78.5	1.5	7.8	12.9
58725	82427	86881	76886	309.6	130.9	93.3	88.5	18.8	7.0	-2.3
95.6	97.3	97.9	98.3							
95.0	97.5	98.1	98.6							
2.95	2.84	2.78	2.81	91.2	95.3	98.9	101.1	-0.9	-0.8	-0.4
4.08	4.03	3.85	4.39	105.0	107.6	108.9	114.0	-0.5	-0.2	2.9
43.94	65.09	76.49	80.43	163.5	183.0	123.6	105.2	-2.2	8.2	7.3
5.75	13.24	16.23	18.65	436.7	324.3	140.9	114.9	6.1	18.1	12.1
19.90	31.55	32.38	34.86							
27.00	32.05	35.88	32.24							
8471	15788	21024	23114	436.6	272.9	146.4	109.9	9.9	13.3	13.5
6368	11513	15012	16285	384.7	255.7	141.5	108.5	8.5	12.6	12.3
2782	4370	5815	6370	329.2	229.0	145.8	109.5	7.5	9.5	13.4
2641.0	5285.2	7160.5	8097.9	418.6	306.6	153.2	113.1	6.4	14.9	15.3
2196.2	4013.3	5556.0	5724.5	433.2	260.7	142.6	103.0	10.7	12.8	12.6
999.8	1633.0	2180.8	2269.7	327.4	227.0	139.0	104.1	7.6	10.3	11.6

a) Since 2009, urban per capita living space is the construction area.

1—4 续表5 continued

指 标	Item	总量指标 2000
工资、居民生活和保障	**Wages, Living and Pprotection**	
城镇非私营单位就业人员工资总额 (亿元)	Total Wages of Employed Persons of Urban Non-private Owned Units (100 million yuan)	275.53
国有单位	State-owned Units	201.58
城镇集体单位	Urban Collective-ownad Units	31.74
其他单位	Units of Other Types of Ownership	42.20
城镇非私营单位就业人员平均工资 (元)	Average Wage of Employed Persons of Urban Non-private Owned Units (yuan)	6989
城镇居民最低生活保障 (人)	Receiving Lowest Cost-of-living in Urban Area (person)	126460
农村居民最低生活保障 (人)	Receiving Lowest Cost-of-living in Rural Area (person)	102973
卫 生	**Health Care**	
卫生机构数 (个)	Number of Health Institutions (unit)	6705
医院、卫生院	Hospitals	2953
疾病防治中心	Disease Prevention and Controlling	166
妇幼保健站	Maternity and Child Care Centers	110
卫生机构床位数 (张)	Number of Beds in Health Institutions (unit)	123873
#医院、卫生院	Hospitals	114921
卫生机构人员数 (人)	Number of Persons Engaged in Health Institutions (person)	188278
专业卫生技术人员 (人)	Number of Technical Personnel in Hospitals (person)	153808
#执业（助理）医师	Licensed (Assistant) Doctors	69943
注册护士	Registered Nurse	41226
市政建设	**City Construction**	
供水管道长度 (公里)	Length of Water Supply Pipelines (km)	6236
供水总量 (万立方米)	Total Annual Volume of Water Supply (10000 cu.m)	200918
#居民家庭用水	Household Water	61398
用水人口 (万人)	Number of Residents With Access to Tap Water (10000 persons)	794.1
天然气供气量 (万立方米)	Supply of Natural Gas (10000 cu.m)	600
#家庭用量	Consumption of Coal Gas for Residential Use	560
液化石油气供气量 (吨)	Liquefied Petroleum Gas (ton)	458621
#家庭用量	Consumption of Liquefied Gas for Residential Use	167146
污水排放量 (万立方米)	Volume of Sewage Discharged (10000 cu.m)	104871
污水处理厂处理量 (万立方米)	Sewage Treatment Plant Capacity (10000 cu.m)	40660
排水管长度 (公里)	Length of Drainage (km)	4120
生活垃圾清运量 (万吨)	Volume of Garbage Swept Away (10000 tons)	327.0
生活垃圾无公害处理量 (万吨)	Volume of Garbage Treated (10000 tons)	165.0
公共汽（电）车总数 (辆)	Total Number of Public Buses and Trolley Buses (unit)	6359
出租汽车数 (辆)	Number of Taxis (unit)	31998
铺装道路长度 (公里)	Length of Paved Roads (km)	5954
公园面积 (公顷)	Area of Parks (hectare)	3472
园林绿地面积 (公顷)	Area of Urban Green Areas (hectare)	32852
建成区绿化覆盖率 (%)	Afforestation Covering Rate in the Constructed Area (%)	27.1
环境、灾害	**Environment and Disaster**	
污染治理项目本年完成投资额 (万元)	Actual Investment in Implemrnyation of the Project for Pollution Treatment in the Project (10000 yuan)	56470
化学需氧量排放量 (万吨)	Amount of CoD Discharged (10000 tons)	44.4
二氧化硫排放量 (万吨)	Volume of Sulphur Dioxide Emission (10000 tons)	57.1
突发环境事件次数 (次)	Number of Environmental Accidents (time)	66
环境污染直接经济损失 (万元)	Losses Converted Into Cash (10000 yuan)	802.0
火灾事故发生数 (起)	Number of Fire Disasters (cases)	6099
火灾伤亡人数 (人)	Number of Casualties in Fire Disasters (person)	227
火灾损失金额 (万元)	Fire Loss (10000 yuan)	6819.4
交通事故发生数 (起)	Number of Traffic Accidents (cases)	25809
交通受伤人数 (人)	Number of Injured in Traffic Accidents (person)	20096
交通死亡人数 (人)	Number of Death in Traffic Accidents (person)	3782
交通事故损失金额 (万元)	Loss of Traffic Accidents (10000 yuan)	7970.0

Aggregate Date				速度指标 (%) Indices and Growth Rates						
				指 数 (2013年为以下各年) Index (2013 as Percentage of the Following Years)				平均增长速度 Average Annual Growth Rate		
2005	2010	2012	2013	2000	2005	2010	2012	2001—2005	2006—2010	2011—2013
484.13	1225.12	1925.98	2463.72	894.2	508.9	201.1	127.9	11.9	20.4	26.2
307.16	691.48	1008.09	951.76	472.1	309.9	137.6	94.4	8.8	17.6	11.2
27.69	42.56	58.04	60.76	191.4	219.4	142.8	104.7	-2.7	9.0	12.6
149.28	491.07	859.86	1451.20	3438.9	972.1	295.5	168.8	28.7	26.9	43.5
15334	33341	44601	47806	684.0	311.8	143.4	107.2	17.0	16.8	12.8
977182	883944	818502	782663	618.9	80.1	88.5	95.6	50.5	-2.0	-4.0
251183	2146238	2146135	2160542	2098.2	860.1	100.7	100.7	19.5	53.6	0.2
32044	23019	23278	24645		76.9	107.1	105.9		-6.4	2.3
2663	2167	2315	2326	78.7	87.3	107.3	100.5	-1.9	-4.1	2.4
132	124	121	120	72.3	90.9	96.8	99.2	-4.5	-1.2	-1.1
117	119	118	121	110.0	103.4	101.7	102.5	1.2	0.3	0.6
127179	186116	222283	235959	190.5	185.5	126.8	106.2	0.5	7.9	8.2
119625	171389	206136	221319	192.6	185.0	129.1	107.4	0.8	7.5	8.9
193973	247493	334736	353835	187.9	182.4	143.0	105.7	0.6	5.0	12.7
159788	205403	236172	253549	164.8	158.7	123.4	107.4	0.8	5.2	7.3
66102	81097	92009	98630	141.0	149.2	121.6	107.2	-1.1	4.2	6.7
47329	76550	95042	103404	250.8	218.5	135.1	108.8	2.8	10.1	10.5
8745	14730	18869	20450	327.9	233.8	138.8	108.4	7.0	11.0	11.6
206386	160816	156888	161140	80.2	78.1	100.2	102.7	0.5	-4.9	0.1
49728	50889	59439	61328	99.9	123.3	120.5	103.2	-4.1	0.5	6.4
1053	1799							5.8	11.3	
11564	112190	171251	199095	33182.5	1721.7	177.5	116.3	80.7	57.5	21.1
5123	25154	53131	57921	10343.0	1130.6	230.3	109.0	55.7	37.5	32.1
613614	615770	537160	619620	135.1	101.0	100.6	115.4	6.0	0.1	0.2
195508	166335	143506	135713	81.2	69.4	81.6	94.6	3.2	-3.2	-6.6
126761	124449	131535	135346	129.1	106.8	108.8	102.9	3.9	-0.4	2.8
66347	89086	113636	119703	294.4	180.4	134.4	105.3	10.3	6.1	10.3
7606	13136	19885	21891	531.3	287.8	166.6	110.1	13.0	11.5	18.6
477.0	435.3	442.1	455.9	139.4	95.6	104.8	103.1	7.8	-1.8	1.6
83.9	281.0	402.9	450.5	273.1	537.0	160.3	111.8	-12.7	27.3	17.0
8450	11875	15128	16623	261.4	196.7	140.0	109.9	5.9	7.0	11.9
34287	50068	51511	52714	164.7	153.7	105.3	102.3	1.4	7.9	1.7
7985	10157.3	11571.1	12287.0	206.4	153.9	121.0	106.2	6.0	4.9	6.5
3970	8685	9881	10843	312.3	273.1	124.8	109.7	2.7	16.9	7.7
41896	71463	79592	83910	255.4	200.3	117.4	105.4	5.0	11.3	5.4
27.5	37.5	38.8	39.9							
45443	58895	127350	339135	600.6	746.3	575.8	266.3	-4.3	5.3	12.6
44.4	41.1	92.4	90.3					平	-1.5	
67.2	53.3	52.0	50.1	87.8	74.6	94.1	96.4	3.3	-4.5	-2.0
28	30	20	6	9.1	21.4	20.0	30.0	-15.8	1.4	-41.5
275.4	231.6	896.5	274.1	34.2	99.5	118.3	30.6	-19.2	-3.4	5.8
9182	5174	5377	11706	191.9	127.5	226.2	217.7	8.5	-10.8	31.3
191	56	46	117	51.5	61.3	208.9	254.3	-3.4	-21.8	27.8
4956.1	8474.3	5293	16320.2	239.3	329.3	192.6	308.3	-9.9	20.1	24.4
17474	7714	18075	17610	68.2	100.8	228.3	97.4	-7.5	-15.1	31.7
19771	9364	21108	20343	101.2	102.9	217.2	96.4	-0.3	-13.9	29.5
4355	2808	2691	2669	70.6	61.3	95.0	99.2	2.9	-8.4	-1.7
6118.0	2349.6	10726.6	7375.6	92.5	120.6	313.9	68.8	-5.2	-17.4	46.4

1—5 国民经济和社会发展结构指标
Structural Indicators on National Economic and Social Development

单位：%

指　　标	Item	2000	2005	2010	2012	2013
人口与就业	**Population and Employment**					
人　口	**Population**					
城乡结构	Urban and Rural Structure					
城　镇	Urban	28.0	35.5	43.2	46.5	47.9
乡　村	Rural	72.0	64.5	56.8	53.5	52.1
性别结构	Sexual Structure					
男	Male	51.9	52.0	51.9	51.9	51.9
女	Female	48.1	48.0	48.1	48.1	48.1
就　业	**Employment**					
产业结构	Industrial Structure					
第一产业	Primary Industry	58.5	48.6	39.1	36.4	34.4
第二产业	Secondary Industry	16.9	21.4	25.1	26.3	27.3
第三产业	Tertiary Industry	24.6	30.0	35.8	37.3	38.3
宏观经济	**Macro Economy**					
国民核算	**National Accounting**					
生产总值产业结构	Structure of Total Investment in Fixed Assets					
第一产业	Primary Industry	25.6	18.1	14.0	12.7	12.3
第二产业	Secondary Industry	36.4	42.0	52.1	54.6	54.7
第三产业	Tertiary Industry	38.0	39.9	33.9	32.7	33.0
投　资	**Investment**					
固定资产投资产业结构	Structure of Total Investment in Fixed Assets					
第一产业	Primary Industry	1.0	3.0	1.9	2.0	2.1
第二产业	Secondary Industry	26.9	39.5	47.4	46.2	45.3
第三产业	Tertiary Industry	72.1	57.5	50.7	51.8	52.6
资金来源结构	Structure of Funded Sources					
国家预算内资金	State Budgetary Appropriation	6.4	4.6	7.3	6.0	4.8
国内贷款	Domestic Loans	18.7	17.4	9.4	9.5	7.5
利用外资	Foreign Investment	2.5	1.8	0.9	0.7	0.5
自筹和其他投资	Fundraising	72.4	76.2	82.4	83.7	87.0
财　政	**Government Finance**					
财政收入结构	Structure of Government Revenue					
中　央	Central Government	38.5	42.2	40.3	35.6	33.9
地　方	Local Government	61.5	50.9	55.7	59.2	61.7
财政支出结构	Structure of Government Expenditures					
地　方	Local Government	100.0	100.0	100.0	100.0	100.0
利用外资	**Utilization of Foreign Capital**					
实际利用外资结构	Structure of Foreign Capital Actually Utilized					
外商直接投资	Direct Investment by Foreign Entrepreneurs	76.7	100.0	100.0	100.0	100.0
能源生产与消费	**Energy Production and Consumption**					
能源生产总量结构	Composition of Total Energy Production					
原　煤	Coal	99.8	99.8	98.4	98.1	97.5
一次电力	Primary Power	0.2	0.2	1.2	1.1	1.3
能源消费总量结构	Composition of Total Energy Consumption					
煤　品	Coal		88.6	86.2	80.6	78.8
油　品	Petroleum		10.5	10.3	12.8	14.2
天然气	Natural Gas		0.2	1.8	2.9	3.1
一次电力	Primary Power		0.7	1.2	1.1	1.1
其　他	Other			0.5	2.7	2.8
产　业	**Industrial**					
农　业	**Agriculture**					
农林牧渔业产值结构	Structure of Gross Output Value					
农　业	Farming	55.4	49.1	52.3	50.1	50.0
林　业	Forestry	5.2	4.7	4.6	5.6	5.8

1—5 续表1 continued

单位：%

指　　标	Item	2000	2005	2010	2012	2013
牧　　业	Animal Husbandry	28.6	33.2	29.3	30.0	29.2
渔　　业	Fishery	10.8	9.9	10.0	10.3	11.0
工　业	**Industry**					
工业总产值规模结构	Structure of Gross Output Value of Industry					
大型企业	Largc Entcrprises	49.3	41.2	34.3	37.1	35.9
中型企业	Medium-sized Enterprises	14.9	32.2	25.9	20.6	20.9
小微型企业	Small and Mini Enterprises	35.8	26.6	39.9	42.3	43.2
建 筑 业	**Construction**					
建筑业总产值结构	Structure of Gross Output Value of Construction Enterprises					
建筑工程	Construction Projects	86.6	85.1	87.5	86.0	85.6
安装工程	Installation Projects	11.0	10.8	8.6	7.8	8.4
其　　他	Others	2.4	4.1	3.9	6.2	6.0
运 输 业	**Transportation**					
货运量结构	Structure of Freight Traffic					
铁　　路	Railways	14.5	15.5	5.3	3.9	3.2
公　　路	Highways	73.5	73.9	80.5	83.0	84.1
水　　运	Waterways	12.0	10.6	14.2	13.0	12.6
民　　航	Total Civil Aviation Routes					
国内商业	**Domestic Trade**					
社会消费品零售总额构成	Composition of Retail Sales of Consumer Goods					
城　　镇	Urban			83.8	82.1	81.5
乡　　村	Rural			16.2	17.8	18.5
对外经济贸易	**Foreign Trade**					
出口商品结构	Structure of Exports					
初级产品	Primary Goods	13.3	7.1	6.3	6.4	6.5
工业制成品	Manufactured Goods	86.7	92.9	93.7	93.6	93.5
进口商品结构	Structure of Imports					
初级产品	Primary Goods	38.9	53.0	53.1	57.2	57.4
工业制成品	Manufactured Goods	61.1	47.0	46.9	42.8	42.6
国际旅游	**International Tourism**					
来华旅游人数结构	Structure of Tourists					
外国人	Foreigners	52.7	64.9	59.2	57.4	52.0
港澳台同胞	Compatriots form Hong Kong, Macao and Taiwan	47.3	35.1	40.8	42.6	48.0
金融保险业	**Finance and Insurance**					
金融机构资金来源结构	Structure of Sources of Funds in State Banks					
#各项存款	Deposits	99.1	96.3	103.4	102.1	103.9
其　　他	Others	0.9	3.7	-3.4	-2.1	-3.9
金融机构资金运用结构	Structure of Fund Uses in State Banks					
#各项贷款	Loans	95.1	69.3	72.4	72.4	74.2
有价证券及投资	Securities and Investment	2.7	3.1	4.7	2.1	2.0
教育、科技、文化	**Education, Science and Culture**					
教　　育	**Education**					
在校学生结构	Structure of Student Enrollment					
大 学 生	College and University Students	1.5	4.7	8.2	9.4	9.7
中 学 生	Secondary School Students	35.1	42.7	42.4	38.5	36.7
小 学 生	Primary School Students	53.5	46.7	40.4	37.4	37.9
专任教师结构	Full-time Teachers by Type					
大　　学	College and University Students	3.0	6.1	8.5	8.8	9.0
中　　学	Secondary School Students	37.1	41.6	43.6	43.7	43.2
小　　学	Primary School Students	54.5	49.0	42.5	40.1	39.1
科　　技	**Science and Technology**					
研究与试验发展经费筹集款结构	Structure of Funding for Research and Development Outlat					
#政府资金	Government Fund		31.7	22.0	21.4	23.5
企业资金	Enternment Fund		60.1	72.6	74.2	73.3

1—5 续表2 continued

单位：%

指 标	Item	2000	2005	2010	2012	2013
研究与试验发展经费支出	Research and Development Expenses					
#基础研究	Basic Research		9.0	7.5	6.5	6.3
应用研究	Applied research		20.1	9.6	9.5	9.5
试验发展	Experimental development		61.4	82.9	83.9	84.2
生活、环境	**People's Livelihood and Environment**					
生 活	**People's Livelihood**					
城镇居民消费结构	Consumption Structure of Urban Residents					
食 品 类	Food	45.7	43.7	38.0	38.7	39.1
衣 着 类	Clothing	10.3	12.0	10.6	10.3	10.4
居 住	Residence	8.8	9.3	10.7	9.3	10.2
家庭设备用品及服务	Household Facilities, Articles and Services	7.1	4.6	5.9	5.4	5.5
医疗保健	Health Care and medical Services	4.3	6.3	6.4	7.6	5.3
交通通信	Transport and Communications	7.3	10.6	11.8	12.1	14.8
教育文化娱乐服务	Education, Cultural and Recreation Services	12.0	10.5	12.9	12.9	11.7
杂项商品与服务	Miscellaneous Goods and Services	4.5	3.1	3.8	3.7	2.9
农村居民消费结构	Consumption Structure of Rural Residents					
食 品 类	Food	52.5	45.5	40.7	39.3	39.6
衣 着 类	Clothing	5.4	5.4	5.8	6.0	5.9
居 住	Residence	14.9	15.7	21.6	20.5	19.9
家庭设备用品及服务	Household Facilities, Articles and Services	4.4	4.8	5.8	6.2	6.8
交通通讯	Transport and Telecommunications	4.4	9.0	8.5	9.3	9.4
文教娱乐用品及服务	Education, Cultural and Recreation and Services	11.0	11.7	9.1	6.9	6.6
医疗保健	Health Care and medical Services	4.4	6.1	6.6	9.2	9.6
其他商品及服务	Other Goods and Services	3.1	1.8	2.0	2.6	2.1
卫 生	**Health Care**					
卫生技术人员结构	Composition of medical Technical personnel					
#执业（助理）医师	Licensed (Assistant) Doctors	45.5	41.4	39.5	39.0	38.9
注册护士	Registered Nurses	26.8	29.6	37.3	40.2	40.8
医院床位结构	Hospital Beds by Area					
综合医院	Comprehensive Hospitals				74.7	72.9
中医医院	Hospitals of Traditional Chinese Medicine				12.3	13.4
专科医院	Specialized Hospitals				12.0	12.8
环境、灾害	**Environment and Disasters**					
治理污染资金使用结构	Uses of Funds in Pollution Treatment					
治理废水	Waste Water Treatment	46.7	53.1	24.2	16.9	6.3
治理废气	Waste Gas Treatment	45.4	36.9	52.5	79.1	79.3
治理固体废物	Solid Wastes Treatment	3.8	6.4		2.0	2.0
治理噪声	Noise Abatement	0.7	0.5	0.2	0.1	2.4
其 他	Others	3.4	3.1	23.1	2.0	10.1
火灾事故损失额结构	Structure of Fire Losses Converted into Cash					
特 大	Extraordinarily Serious Fires	41.6	10.7	29.4		
重 大	Serious Fires	6.3	10.9	29.5		
一 般	Ordinary Fires	52.1	78.4	41.0	99.7	86.5
交通事故损失额结构	Structure of Losses of Traffic Accidents Converted into Cash					
特 大	Extraordinarily Serious Fires	3.8	5.0	5.0	3.6	
重 大	Serious Fires	19.9	31.6	48.7	36.8	
一 般	Ordinary Fires	76.3	63.4	46.4	59.6	

1—6　国民经济和社会发展比例和效益指标
Indicators on Proportions and Efficiency in National Economic and Social Development

指　　标	Item	2000	2005	2010	2012	2013
人　口	**Population**					
出生率　(‰)	Birth Rate　(‰)	13.40	12.43	12.70	13.00	12.88
死亡率　(‰)	Death Rate　(‰)	5.76	6.23	5.95	6.14	6.06
自然增长率　(‰)	Natural Growth Rate　(‰)	7.64	6.20	6.75	6.86	6.82
就　业	**Employment**					
三次产业从业者比例	Employment Ratio by Type of Industry					
(以第一产业为100)	(Employment in primary industry=100)					
第一产业	Primary Industry	100.0	100.0	100.0	100.0	100.0
第二产业	Secondary Industry	29.0	44.0	64.2	72.3	79.6
第三产业	Tertiary Industry	42.0	61.8	91.6	102.4	111.4
城镇登记失业率　(%)	Registered Unemployment Rate in Urban Areas	3.3	4.4	3.7	3.7	3.4
国民核算	**National Accounting**					
全社会劳动生产率　(元/人)	Overall Labor Productivity　(yuan/person)	8410	14709	30752	41337	44889
第一产业	Primary Industry	3674	5345	10979	13921	15649
第二产业	Secondary Industry	18071	29590	63966	87656	91403
第三产业	Tertiary Industry	13029	19975	29165	36887	39228
人均生产总值　(元)	Per Capita GDP　(yuan)	4779	8631	20888	28792	31684
固定资产投资	**Investment in Fixed Assets**					
全社会固定资产投资相当于生产总值比例　(%)	Proportion of Investment in Fixed Assets to GDP　(%)	29.9	47.1	95.9	87.5	95.9
全社会房屋建筑面积竣工率　(%)	Rate of Total Floor Space of Buildings Completed in Construction　(%)	83.2	56.4	24.5	18.6	18.5
财　政	**Finance**					
财政收入相当于生产总值比例　(%)	Proportion of Government Revenue to GDP　(%)	10.0	12.3	16.7	17.6	17.7
财政支出相当于生产总值比例　(%)	Proportion of Government Expenditure of GDP　(%)	11.1	13.3	20.9	23.0	22.8
地方收入相当于中央财政收入比例　(%)	Proportion of Local Government Revenue to Central Government Revenue　(%)	160.0	120.6	138.2	166.3	181.7
利用外资	**Utilization of Foreign Capital**					
实际利用外资额相当于签订利用外资额比例　(%)	Proportion of Foreign Capital Actually Used to Total Amount of Foreign Capital for Utilization by Signed Contracts or Agreements　(%)	50.1	44.3	231.7	340.8	397.5
能源生产与消费	**Production and Consumption of Energy**					
能源生产弹性系数	Elasticity Ratio of Energy Production	0.26	0.54	0.30	0.54	
电力生产弹性系数	Elasticity Ratio of Electricity Production	1.84	0.51	0.69	0.76	0.90
能源消费弹性系数	Elasticity Ratio of Energy Consumption	0.66	0.71	0.62	0.62	0.59
电力消费弹性系数	Elasticity Ratio of Electricity Consumption	1.00	1.08	0.90	0.95	1.18
每万元生产总值消耗的能源　(吨标准煤)	Energy Consumption per 10000 yuan GDP　(ton of SCE)	1.68	1.22	0.79	0.72	0.70

1—6 续表1 continued

指 标	Item	2000	2005	2010	2012	2013
农 业	**Agriculture**					
每公顷耕地农业机械总动力（千瓦）	Total Power of Agricultural Machinery per Hectare of Cultivated Land (kw)	7.04	9.73	12.94	14.11	14.66
每公顷耕地用电量（千瓦时）	Electare Power Consumption per Hectare of Cultivated Land (kwh)	1083	1569	2569	3078	3304
每公顷耕地化肥施用量（公斤）	Chemical Fertilizer Consumption per Hectare of Cultivated Land (kg)	599	698	765	797	808
农业从业者人均农产品产量（公斤）	Output of Farm Products per Agricultural (kg)					
粮 食	Grain	1235	1474	1956	2102	2186
棉 花	Cotton	14	18	20	19	17
油 料	Oil-bearing Crops	142	153	145	145	150
肉 类	Meat	156	217	239	254	269
水产品	Aquatic Products	80	100	123	133	144
每公顷播种面积农产品产量（公斤）	Output of Farm Crops per Hectare of Sown Area (kg)					
粮 食	Grain	4442	4351	4656	4967	4950
棉 花	Cotton	867	816	918	964	881
油 料	Oil-bearing Crops	1956	2077	2410	2699	2811
工 业	**Industry**					
总资产贡献率（%）	Ratio of Total Assets to Industrial Output Value (%)	7.09	38.90	16.22	15.25	15.10
资产负债率（%）	Assets-liability Ratio (%)	63.19	61.63	60.05	59.71	59.32
成本费用利润率（%）	Ratio of Profits to Industrial Cost (%)	2.40	5.14	8.63	6.87	6.67
流动资产周转次数（次/年）	Number of Times of Annual of Turnover Circulating Funds (times/year)	1.43	2.25	2.63	2.95	3.01
产品销售率（%）	Proportion of products Sold (%)		98.24	97.57	97.74	97.5
建筑业	**Construction**					
技术装备率（元/人）	Value of Machinery per Laborer (yuan/peron)	4570	9020	9287	9937	10073.8
产值利税率（%）	Ratio of Per-tax Profits to Gross Output Value (%)	4.16	5.4	7.33	6.58	7.02
全员劳动生产率（元/人）	Overall Labor Productivity (yuan/person)	42406	95803	177486	291191	281968
交通运输业	**Transportation**					
客运量弹性系数	Elasticity of Passenger Traffic	0.20	0.47	0.88	1.24	1.43
货运量弹性系数	Elasticity of Freight Traffic	0.99	1.04	1.09	1.36	1.37
铁路网密度（公里/万平方公里）	Railway Density (km/10000 sq.km)	155	169	204	234	252
公路网密度（公里/万平方公里）	Highway Density (km/10000 sq.km)	3191	5222	10714	11845	12465
铁路货运密度（吨/公里）	Railway Freight Traffic Density (ton/km)	29912	44139	42424	37619	32922
公路货运密度（吨/公里）	Highway Freight Traffic Density (ton/km)	7358	6814	12295	15710	17270
邮电通信业	**Postal and Telecommunications Services**					
邮电业务总量弹性系数	Elasticity of Postal and Telecommunications Services	3.19	2.30		1.00	2.58
全省电话普及率（部/百人）	Access to Telephones, National (set/100 persons)	11.38	36.78	59.03	78.22	81.85
#移动电话普及率	Access to Mobile Phones	3.43	16.07	40.10	60.18	65.65
国内商业	**Domestic Trade**					
批零和住宿餐饮业人均消费品零售额（元）	Per Capita Retail Sales And Accommodation of Consumer Good (yuan)	1281	2700	6096	8253	9372
对外经济贸易	**Foreign Trade**					
进出口总额相当于生产总值比例（%）	Proportion of Total Imports & Exports to GDP (%)	9.1	13.9	13.3	14.4	14.8
国际旅游	**International Tourism**					
每一来华游客花费（美元）	Expenditure per International Tourist in China(USD)	271	293	413	471	449
国内旅游人均花费（元）	Expenditure per Domestic Tourist (yuan)		662	838	862	864

1—6 续表2 continued

指　　标	Item	2000	2005	2010	2012	2013
金融保险	**Finance and Insurance**					
金融机构存款相当于生产总值比例 (%)	Bank Deposits as Percentage of GDP (%)	81.80	111.50	132.42	133.50	140.45
金融机构贷款相当于生产总值比例 (%)	Bank Loans as Percentage of GDP (%)	78.50	80.24	92.66	94.67	100.26
教　育	**Education**					
学龄儿童入学率 (%)	Net Enrollment Ratio of Primary Schools (%)	99.67	99.54	99.93	99.92	99.70
小学升学率 (%)	Promotion Rate from Primary Schools to Junior Secondary Schools (%)	97.55	99.56	99.92	95.63	99.65
初中升学率 (%)	Promotion Rate from Junior Secondary Schools to Senior Secondary Schools (%)	33.46	60.51	83.86	86.34	95.44
学校教师负担系数 (%)	Student-teacher Ratio (in percentage) (%)					
高等学校	Colleges and Universities	12.11	18.16	19.05	19.26	19.16
中等学校	Secondary Schools	22.69	24.24	19.23	15.84	15.08
小学学校	Primary Schppls	23.53	22.51	18.74	16.76	17.18
科　技	**Science and Technology**					
研究与开发经费支出相当于生产总值比例 (%)	R&D Expenditures as Percentage of GDP (%)	0.66	0.85	1.32	1.64	1.85
卫　生	**Health Care**					
每万人执业(助理)医师数 (人)	Number of Doctors per 10000 Persons (person)	11.21	10.19	11.91	13.36	14.26
每万人医院床位数 (张)	Number of Hospital Beds per 10000 Persons (unit)	11.80	12.60	17.90	22.91	24.80
医院病床使用率 (%)	Utilization Rate of Hospital Beds (%)	58.19	68.64	85.88	88.14	79.77
文　化	**Culture**					
每百万人有艺术表演团体 (个)	Number of Troupes per Million Persons (unit)	1.50	1.42	0.81		0.88
每百万人有公共图书馆 (个)	Number of Public Libraries per Million Persons (unit)	1.30	1.36	1.29	1.48	1.55
每百万人有博物馆 (个)	Number of Museums per Million Persons (unit)	0.60	0.66	1.76	2.05	2.23
家　庭	**Family**					
负担少儿系数 (%)	Dependency Ratio of Children (%)	38.10	34.51	24.68	26.37	26.72
负担老年系数 (%)	Dependency Ratio of the Aged (%)	11.35	15.08	14.21	17.36	17.68
婚　姻	**Marriages and Divorces**					
离 婚 率 (‰)	Divorce Rate (‰)	1.37	1.76	3.89	4.71	5.39
生　活	**People's Livelihood**					
城镇与农村居民收入增长率比例 (1990=100)	Proportion of Growth Rate of Annual Income of Urban Residents to the Growth Rate of Annual Net Income of Rural Residents (1990=100)	1.09	1.28	1.19	1.17	1.14
市政建设	**City Construction**					
城市自来水普及率 (%)	Percentage of Households with Access to Tap Water (%)	95.78	90.52	96.06	98.02	98.40
城市用气普及率 (%)	Percentage of Households with Access to Tap Gas (%)	76.95	72.29	90.52	94.61	96.14
人均公园绿地面积 (平方米)	Public Green Areas per Person (sq.m)			11.00	11.92	12.47

1—7 社会经济主要指标人均水平
Major Per Capita Indicators of Social and Economy

项目		Item		2010	2012	2013
地区生产总值	**（元）**	**Gross Domestic Product**	**(yuan)**	**20888**	**28792**	**31684**
农林牧渔业总产值	**（元）**	**Gross Output Value of Farming, Forestry, Animal Husbandry and Fishery**	**(yuan)**	**4339**	**5412**	**5797**
主要产品产量		**Output of Major Products**				
原　煤	（吨）	Coal	(ton)	1.9	2.2	2.0
焦　炭	（吨）	Coke	(ton)	0.1	0.1	0.1
发电量	（千瓦小时）	Electricity	(kwh)	2120.0	2565.7	2831.8
粗　钢	（公斤）	Crude Steel	(kg)	272	311	402
钢　材	（公斤）	Steel Products	(kg)	358	401	453
水　泥	（公斤）	Cement	(kg)	1153	1575	1751
布	（米）	Cloth	(m)	15.9	14.1	14.4
粮　食	（公斤）	Grain	(kg)	451	477	473
棉　花	（公斤）	Cotton	(kg)	4.6	4.3	3.6
油　料	（公斤）	Oil-bearing Crops	(kg)	33.3	33.0	32.5
猪牛羊肉	（公斤）	Pork, Beef and Mutton	(kg)	39.7	40.9	41.4
社会消费品零售额	**（元）**	**Total Retail Sales of Consumer Goods**	**(yuan)**	**6081.0**	**8237.6**	**9354.0**
人民生活	**（元）**	**People's Livelihood**	**(yuan)**			
城镇非私营单位就业人员平均工资		Average Wage of Employed Persons and Related Index of Urban Non-private Owned Units		33341	44601	47806
国　有		State-owned Units		33793	44818	48683
集　体		Urban Collective-owned Units		23869	34741	37927
城镇居民可支配收入		Annual Disposable Income of Urban Residents		15788	21024	23114
城镇居民消费性支出		Living Expenditure of Urban Residents		11513	15012	16285
农民家庭纯收入		Net Income of Rural Residents		5285	7160	8098
农民家庭生活费支出		Living Expenditure of Rural Residents		4013	5556	5725

1—8 人民物质文化生活提高情况
Improvement of People's Material and Cultural Life

项　目	Item	2010	2012	2013
城乡居民收入　（元）	**Income of Rural and Urban Residents　(yuan)**			
城镇居民人均可支配收入	Annual Per Capita Disposable Income of Urban Residents	15788	21024	23114
农民人均纯收入	Annual Per Capita Net Income of Rural Residents	5285	7160	8098
城镇非私营单位就业人员平均工资	Average Wage of Employed Persons and Related Index of Urban Non-private Owned Units	33341	44601	47806
平均每人住房面积　（平方米）	**Per Capita Floor Space of Residential Buildiı　(sq.m)**			
城镇居民建筑面积	Urban Residents	31.55	32.38	34.86
农村居民住房面积	Rural residents	32.05	35.88	32.24
生活、文化、教育、卫生	**Livelihood, Culture, Education and Public Health**			
每百户拥有（抽样）	Number of Durable Consumer Goods Owned Per 100 Households by Sample			
彩色电视机　（台）	TV (Color)　(unit)			
城镇居民	Urban Residents	141.50	144.96	122.21
农　民	Rural Residents	112.13	116.16	117.24
洗衣机　（台）	Washing Machine　(unit)			
城镇居民	Urban Residents	97.35	95.62	89.14
农　民	Rural Residents	56.52	60.06	71.13
移动电话　（部）	Mobile Telephone　(unit)			
城镇居民	Urban Residents	168.46	202.61	186.16
农　民	Rural Residents	136.90	174.77	181.08
每百人每天拥有报纸　（份）	Newspapers per 100 Persons per Day　(copy)	4.7	5.0	4.9
每人每年拥有期刊　（册）	Number of Magazines per Person per Year　(copy)	0.9	0.9	0.9
每万人拥有在校大学生　（人）	Number of Enrollment Students of Regular Institutions of Higher Education per 10000 Persons　(person)	155	171	174
每千人拥有医院床位数　（张）	Number of Hospital Bed per 1000 persons　(unit)	2	2	2
每千人拥有卫生技术人员（人）	Number of Medical Technical Personnel Per 1000 Persons　(person)	3	3	4
储　蓄	**Savings Deposit**			
城乡居民储蓄存款年末余额　（亿元）	Balance of Savings Deposit of Urban and Rura Residents (year-end)　(100 million yuan)	7788.5	11178.6	12924.9
平均每人储蓄存款余额　（元）	Per Capita Balance of Saving Deposit　(yuan)	11435	16227	18690

1—9 平均每天主要社会经济活动
Selected Indicators on Average Daily Social and Economic Activities

指　　标	Item	2000	2005	2010	2012	2013
每天创造的财富	**Daily Production**					
安徽生产总值　　（万元）	Gross Domestic Product (10000 yuan)	79509	146580	338612	471563	521613
第一产业	Primary Industry	20323	26479	47371	59691	64331
第二产业	Secondary Industry	28953	61532	176346	257667	285040
工　　业	Industry	24249	50339	148148	219886	244603
建 筑 业	Construction	4704	11193	28198	37781	40437
第三产业	Tertiary Industry	30233	58569	114895	154205	172242
财政收入　　（万元）	Government Revenue (10000 yuan)	7957	17988	56543	82904	92194
#地　方	Local	4896	9151	31490	49115	56851
粮　　食　　（吨）	Grain (ton)	67726	71378	84397	90112	89852
棉　　花　　（吨）	Cotton (ton)	781	852	866	805	688
油　　料　　（吨）	Oil-bearing Crops (ton)	7811	7416	6236	6238	6176
布　　（万米）	Cloth (10000 m)	203	154	298	267	274
原　　煤　　（万吨）	Coal (10000 tons)	13.12	23.11	35.70	41.23	38.03
发 电 量　　（亿千瓦时）	Electricity (100 million kwh)	1.01	1.77	3.96	4.84	5.37
钢　　（万吨）	Steel (10000 tons)	1.26	3.03	5.08	5.88	7.64
成品钢材　　（万吨）	Rolls Steel (final products) (10000 tons)	1.18	3.13	6.70	7.58	8.60
水　　泥　　（万吨）	Cement (10000 tons)	5.85	8.82	21.57	29.78	33.24
家用电冰箱　　（台）	Household Refrigerator (unit)	4655	14532	56956	70934	81477
家用洗衣机　　（台）	Household Washing Machines (unit)	3608	12104	34712	41078	46515
每天消费量	**Daily National Consumption**					
居民消费总额　　（万元）	Resident Consumption (10000 yuan)	44258	65737	133516	172655	
农村居民	Rural Residents	26424	24115	41078	51025	
城镇居民	Urban Residents	17834	41622	92438	121630	
政府消费总额　　（万元）	Governmert Consumption Expenditure (10000 yuan)	9105	16638	36707	58551	
能源消费量（万吨标准煤）	Energy Consumption (10000 tons of SCE)	13.4	17.8	26.6	31.1	33.0
每天其他经济活动	**Other Daily Economic Activities**					
货物运输量　　（万吨）	Volume of Freight Traffic (10000 tons)	122.0	183.9	624.9	856.0	977.3
旅客运输量　　（万人）	Volume of Passenger Traffic (10000 persons)	170.0	199.6	437.3	585.4	672.2
邮电业务总量　　（万元）	Business Volume of Postal and Telecommunications Services (10000 yuan)	3292	7781	8228	11101	14066
出版图书　　（万册）	Books Published (10000 copies)	85	69	65	67	71
出版杂志　　（万册）	Magzines Published (10000 copies)	21.0	15.9	16.0	16.9	17.1
出版报纸　　（万份）	Newspaper Published (10000 copies)	208	269	321	345	342
固定资产投资　　（万元）	Investment in Fixed Assets (10000 yuan)	23744	69068	324642	412464	500031
城　镇	Urban	17522	58607	299409	385480	461490
农　村	Rural	6223	10461	25233	26984	38541
社会消费品零售总额（万元）	Total Retail Sales of Consumer Goods (10000 yuan)	29529	48677	113740	155770	177573
进出口总额　　（万美元）	Total Value of Imports and exports (USD 10000)	917	2499	6651	10774	12502
出口额	Exports	595	1422	3401	7329	7741
进口额	Imports	322	1077	3250	3445	4761
实际利用外资额　（万美元）	Foreign Capital Actually Used (USD 10000)	113.8	188.6	1373.8	2366.6	2928.1
国际旅游外汇收入(万美元)	Foreign Exchange Earnings from International Tourism (USD 10000)	23.6	50.8	224.7	428.1	474.4
每天人口变动和婚姻	**Daily Population Changes and Marriages**					
出　　生　　（人）	Births (person)	2234	2079	2060	2129	2120
死　　亡　　（人）	Deaths (person)	946	1038	964	1005	998
结　　婚　　（对）	Marriages (couple)	1348	1204	1783	2096	2204
离　　婚　　（对）	Divorces (couple)	117	157	363	445	511

1—10 皖江城市带承接产业转移示范区主要规划目标完成情况（2013年）

The Situation of the Main Goal Completion of the Wanjiang City Zone Contracting Industrial Shifting Model District (2013)

指　　标	Item	全　省 the Whole Province	皖　江 the Area of Wanjiang River	占全省比重(%) Percentage to the Whole Province	2015年规划目标 2015 Plan Goal
经济发展	**Economical Development**				
地区生产总值（亿元）	Gross Domestic Product (100 million yuan)	19038.9	12828.9	67.4	15000
财政收入（亿元）	Government Revenue (100 million yuan)	3365.1	2144.6	63.7	2300
城镇化率（%）	Rate of Urbanization (%)	47.9			≥55
R&D经费相当于GDP比例（%）	Proportion of R&D fund to GDP (%)	1.9			2.2
产业结构	**Industrial Structure**				
非农产业增加值比重（%）	Proportion of Non-agricultural Industries Added Value (%)	87.7	91.2		93
规模以上工业企业（个）	Industrial Enterprises Above Designated Size (unit)	16193	10130	62.6	
规模以上工业增加值中开发区所占比重（%）	Proportion of Development Zones of Add-value of Industrial Enterprises Above Designated Size （%）	50.3	59.5		65
开发区单位土地实现经济收入（万元/亩）	Economic Income of Unit Land Development Zones (10000 yuan per mu)	61.0	77.6		
开放合作	**Opening-up and Cooperation**				
实际利用外商直接投资（亿美元）	Actual Use of Foreign Direct Investment (USD 100 million)	106.9	73.9	69.1	75
实际利用亿元以上省外资金（亿元）	The actual use of more than one hundred million yuan funds outside the province (100 million yuan)	6796.7	4403.5	64.8	
外贸进出口相当于GDP比例（%）	Proportion of Foreign Trade Import and Export to GDP (%)	14.8	18.9		
公共服务	**Public Service**				
城镇居民人均可支配收入（元）	Unban Dweller Per Capita Disposable Income (yuan)	23114	24223	104.8	28500
农民人均纯收入（元）	Farmer Per Capita Net Income (yuan)	8098	8392	103.6	9900
新增城镇就业岗位（万个）	New Increasing Cities Employment Post Every Year (10 thousand)				40
职业中学在校学生数（万人）	Number of Students in Vocational Schools (10000 persons)	45.7			80
环境保护	**Environmental Protection**				
城市污水厂集中处理率（%）	Central Processing Rate of Sewage Treatment Plant (%)	88.4			75
工业企业污染物稳定达标排放率（%）	Central Processing Rate of Sewage Treatment Plant (%)				

注：皖江城市带承接产业转移示范区是指合肥、芜湖、马鞍山、铜陵、安庆、池州、滁州和宣城市，以及六安市的金安区和舒城县。

a) The Wanjiang City Zone Contracting Industrial shifting Model District Refers to Hefei, Wuhu, Maanshan, Tongling, Anqing, Chizhou, Chuzhou and Xuancheng, and Liuan's Jinan District and Shucheng County.

1—11 皖江城市带承接产业转移示范区主要指标
The Main Indices the Wanjiang City Zone Contracting Industrial Shifting Model District

指　　标		Item	
土　地		**Land**	
土地面积	（万平方公里）	Land Area	(10000 kilometer Square)
#开发区面积		Development Zone Area	
人　口		**Population**	
年末总人口	（万人）	Year-end Population	(10000 perons)
劳动就业		**Labour Employment**	
从业人员*	（万人）	Jobholders	(10000 perons)
第一产业		Primary Industry	
第二产业		Secondary Industry	
第三产业		Tertiary Industry	
#城　镇		Town	
城镇登记失业率	（%）	Cities and Towns Register Unemployment Rate	
国民经济核算		**National Economic Accounting**	
地区生产总值	（亿元）	Gross Domestic Product	(100 million yuan)
第一产业		Primary Industry	
第二产业		Secondary Industry	
#工　业		Industry	
第三产业		Tertiary Industry	
人均生产总值	（元）	Per Capita gross Domestic Product	(yuan)
固定资产投资		**Fixed Asset Investment**	
固定资产投资额*	（亿元）	Entire Social Fixed Assets Investment	(100 million yuan)
#开发区		Development Area	
#房地产		Rreal Estate	
国内贸易		**Domestic Trade**	
社会消费品零售总额	（亿元）	Social Retailgoods	(100 million yuan)
利用外资		**Use of Foreign Investment**	
实际利用外商直接投资*	（亿美元）	Actual Use of Foreign Direct Investment	(USD 100 million)
#开发区		Development Area	
开发区利用内资	（亿元）	Domestic Capital Using by Development Zone	(100 million yuan)
实际利用省外资金	（亿元）	Actual Use of Fund Outside Anhui Province	(100 million yuan)
实际利用省内资金	（亿元）	Actual Use of Fund Inside Anhui Province	(100 million yuan)
进出口总额*	（亿美元）	Total Export-Import Volume	(USD 100 million)
#开发区		Development Area	
#出　口		Export	
#开发区		Development Area	
财政金融		**Financial Work**	
财政收入	（亿元）	Finance Income	(100 million yuan)
#地方财政收入		Local Financial Revenue	
#开发区土地收入		Development Area Land Income	
地方财政支出	（亿元）	Local Financial Expenditures	(100 million yuan)
金融机构本外币各项贷款*	（亿元）	Local and Foreign Financial Institutions Loans	(100 million yuan)
金融机构本外币各项存款*	（亿元）	The Deposit in Local and Foreign Financial Institutions	(100 million yuan)
农　业		**Agriculture**	
主要农产品产量	（万吨）	Output of Major Farm Products	(10000 ton)
粮　食		Ggrain	
棉　花		Cotton	
油　料		Oil Crops	
规模以上工业		**Industrial Enterprises Above Designated Size**	
企业数	（个）	Number of Enterprises	(unit)
#开发区		Development Area	
主营业务收入*	（亿元）	Main Business Income	(100 million yuan)
#开发区		Development Area	
工业增加值	（亿元）	Industry Value Added	(100 million yuan)
#开发区		Development Area	
资产总计*	（亿元）	Total Assets	(100 million yuan)
#开发区		Development Area	
#流动资产		Current Assets	

注：带“*”号指标为不包含六安市的金安区、舒城县数据。

全　省 Whole Province		皖江示范区 The Wanjiang City Zone Contracting Industrial Shifting Model District		占全省比重（%） Proportion of Whole Province	
2012	2013	2012	2013	2012	2013
13.94	13.94	7.60	7.60	54.5	54.5
0.25	0.27	0.17	0.18	66.9	64.1
6902	6929	3097	3099	44.9	44.7
4206.8	4275.9	1876.9	1911.0	44.6	44.7
1531.2	1469.7	652.3	636.5	42.6	43.3
1107.3	1169.2	551.0	577.2	49.8	49.4
1568.3	1637.0	673.5	697.3	42.9	42.6
1141.0	1226.2	707.5	736.5	62.0	60.1
3.7	3.4				
17212.1	19038.9	11647.6	12828.9	67.7	67.4
2178.7	2348.1	1049.5	1133.4	48.2	48.3
9404.8	10404.0	6792.1	7425.5	72.2	71.4
8025.8	8928.0	5798.8	6358.4	72.3	71.2
5628.5	6286.8	3806.1	4270.0	67.6	67.9
28792	31684				
15055.0	18251.1	10274.0	12559.0	68.2	68.8
5146.5	6462.9	3947.2	4838.9	76.7	74.9
3151.6	3946.2	2189.8	2677.8	69.5	67.9
5685.6	6481.4	3433.7	3923.8	60.4	60.5
86.4	106.9	60.2	73.9	69.7	69.1
55.8	67.5	40.4	48.5	72.4	71.8
2316.8	2400.6	1772.7	1721.1	76.5	71.7
393.3	456.3	339.6	390.2	86.4	85.5
202.2	235.6	179.5	208.3	88.7	88.4
267.5	282.6	221.4	227.3	82.8	
138.9	161.0	119.6	137.3	86.1	85.3
3026.0	3365.1	1919.9	2144.6	63.4	63.7
1792.7	2075.1	1094.0	1263.6	61.0	60.9
3961.0	4349.7	1968.2	2176.8	49.7	50.0
16795.2	19688.2	12177.8	14164.0	72.6	71.9
23211.5	26938.2	14911.6	17382.0	64.3	64.5
3289.1	3279.6	1501.2	1486.5	45.6	45.3
29.4	35.4	27.8	24.9	72.1	70.4
227.7	225.4	138.2	128.5	60.7	57.0
14514	16193	9359	10130	64.5	62.6
5431	6300	3826	4369	70.4	69.3
28905.1	33788.8	20451.2	23671.2	70.8	70.1
7614.1	8646.0	5186.7	5847.3	68.1	67.6
3607.5	4346.1	2938.8	3480.1	81.5	80.1
22797.7	25906.2	15408.0	17495.4	67.6	67.5
10025.2	11392.8	7260.2	8352.2	72.4	73.3

a) The index with "*"are data not including Jinan、Shucheng in Luan city.

1—11 续表 continued

指 标		Item	
固定资产净值年平均余额	（亿元）	Annual Mean Remaining Sum of Fixed Asset Net Worth	(100 million yuan)
所有者权益	（亿元）	Owner's Equity	(100 million yuan)
年平均从业人数	（万人）	Annual Mean Employed Population	(10000 perons)
建筑业		**Construction Business**	
总产值*	（亿元）	Total Value of Out-put	(100 million yuan)
#建筑工程产值		Value of Out-put of Architectural Engineering	
工程结算收入	（亿元）	Income From Settlement of Projects	(100 million yuan)
运输邮电通信业		**Transportation ,Posts and Telecommunications Industry**	
铁路营业里程	（公里）	Railroad Revenue Kilometres	(km)
公路里程*	（公里）	Road Mileage	(km)
#高速公路		Freeway	
客运量	（亿人）	Passenger Traffic	(100 million perons)
旅客周转量	（亿人公里）	Turnover of Passenger Traffic	(100 million passenger-km)
货运量	（亿吨）	Freight Traffic	(100 million ton)
货物周转量	（亿吨公里）	Cargo Turnover	(100 million tons-km)
邮电业务总量*	（亿元）	Post and Telecommunication Service Total	(100 million yuan)
教 育		**Education**	
普通高等学校*		Regular Institutions of Higher Education	
学校数	（个）	Number of Schools	(unit)
招生数	（万人）	Entrants	(10000 perons)
在校学生数	（万人）	Enrolment	(10000 perons)
毕业生数	（万人）	Graduates	(10000 perons)
科技活动*		**S&T Activities**	
科技活动人员	（人）	Personnel Engaged in S&T Activities	(peron)
#研究与试验发展（R&D）		（R&D）	
R&D经费内部支出	（万元）	The R&D funds Interior Disburses	(10000 yuan)
#工业企业		Industry Enterprise	
科技机构数	（个）	Number of S&T Organizations	(unit)
科技项目数	（个）	Number of S&T Projects	(unit)
科技人员数	（万人）	Number of S&T People	(10000 perons)
#高中级技术职称人员		High and Middle Technical Title People	
科技项目经费内部支出	（万元）	The S&T Funds Interior Disburses	(10000 yuan)
新产品销售收入	（万元）	Sales Revenue of New Product	(10000 yuan)
#出 口		Export	
国内外三种专利申请*		Three Kinds of Patent Applied of Domestic and Foreign	
受理数	（个）	Number of Cases	(unit)
发 明		Invention	
实用新型		Utility Model	
外观设计		Layout-Design	
授权数	（个）	Number of Authorization	(unit)
发 明		Invention	
实用新型		Utility Model	
外观设计		Layout-Design	
卫 生		**Hygiene**	
卫生机构数*	（个）	Number of Health Institutions	(unit)
#医院、卫生院		Hospital. Heaith Center	
卫生技术人员*	（万人）	Health technical People	(10000 perons)
#执业（助理）医师		Licenses of (Assistant) Dr.	
医疗机构床位*	（万张）	Medical Establishment bed	(10000 unit)
#医院、卫生院		Hospital. Herlth Center	
人民生活		**National Lives**	
城镇非私营单位就业人员平均工资*	（元）	Average Wage of Employed Persons of Urban Non-private Owned Units	(yuan)
城镇居民人均可支配收入*	（元）	Urban Per Capita Disposable Income	(yuan)
农村居民人均纯收入	（元）	Farmer Per Capita Net Income	(yuan)

全　　省 Whole Province		皖江示范区 The Wanjiang City Zone Contracting Industrial Shifting Model District		占全省比重（%） Proportion of Whole Province	
2012	2013	2012	2013	2012	2013
7979.8	9224.2				
9061.3	10428.5	6202.1	7183.8	68.4	68.9
299.3					
4230.4	4965.5	3326.0	3880.6	78.6	78.2
3638.0	4249.2	2889.8	3364.4	79.4	79.2
3260	3513				
165157	173763	81374	86652	49.3	49.9
3210	3521	1596	1713	49.7	48.7
20.4	24.5				
1855.1	2118.6				
31.2	35.7				
9831.6	11159.0				
405.2	513.4	219.9	276.1	54.3	53.8
107	106	79	78	73.8	73.6
30.3	31.5	22.4	23.4	73.8	74.1
102.3	105.2	73.6	76.3	71.9	72.5
26.5	28.0	19.3	20.3	72.7	72.4
305192	339063	228613	255744	74.9	75.4
156257	180632	115621	132526	74.0	73.4
2817953	3520833				
2089814	2477246				
3013	3484				
74888	93353	52311	65675	69.9	70.4
19391	34857	13790	24425	71.1	70.1
36641	45148	25412	31403	69.4	69.6
18856	13348	13109	9847	69.5	73.8
43321	48849	30893	34696	71.3	71.0
3066	4241	2377	3147	77.5	74.2
27191	36003	19180	25586	70.5	71.1
13064	8605	9336	5963	71.5	69.3
23278	24645	10758	11407	46.2	46.3
2314	2325	1370	1097	59.2	47.2
23.6	25.4	12.2	13.0	51.8	51.4
9.2	9.9	4.8	5.1	51.7	51.6
22.2	23.6	10.8	11.4	48.8	48.4
20.6	22.1	10.1	10.8	49.0	48.6
44601	47806	45803	50100	102.7	104.8
21024	23114	23774	26248	113.1	113.6
7160	8098	8324	9609	116.2	118.7

1—12 合芜蚌自主创新综合试验区主要指标
Main Indices of HeWuBeng Independent Innovation Comprehensive Area

指 标		Item	
土 地		**Land**	
土地面积	（万平方公里）	Land Area	(10000 kilometer Square)
#开发区面积		Development Zone Area	
人 口		**Population**	
年末户籍人口	（万人）	Residence Population (year-end)	(10000 perons)
劳动就业		**Labour Employment**	
从业人员	（万人）	Jobholders	(10000 perons)
第一产业		Primary Industry	
第二产业		Secondary Industry	
第三产业		Tertiary Industry	
#城 镇		Town	
城镇登记失业率	（%）	Cities and Towns Register Unemployment Rate	
国民经济核算		**National Economic Accounting**	
地区生产总值	（亿元）	Gross Domestic Product	(100 million yuan)
第一产业		Primary Industry	
第二产业		Secondary Industry	
#工 业		Industry	
第三产业		Tertiary Industry	
人均生产总值	（元）	Per Capita gross Domestic Product	(yuan)
固定资产投资		**Fixed Asset Investment**	
固定资产投资额	（亿元）	Entire Social Fixed Assets Investment	(100 million yuan)
#开发区		Development Area	
#房地产		Real Estate	
国内贸易		**Domestic Trade**	
社会消费品零售总额	（亿元）	Social Retailgoods	(100 million yuan)
利用外资		**Use of Foreign Investment**	
实际利用外商直接投资	（亿美元）	Actual Use of Foreign Direct Investment	(USD 100 million)
#开发区		Development Area	
开发区利用内资	（亿元）	Domestic Capital Using by Development Zone	(100 million yuan)
实际利用省外资金	（亿元）	Actual Use of Fund Outside Anhui Province	(100 million yuan)
实际利用省内资金	（亿元）	Actual Use of Fund Inside Anhui Province	(100 million yuan)
进出口总额	（亿美元）	Total Export-Import Volume	(USD 100 million)
#开发区		Development Area	
#出 口		Export	
#开发区		Development Area	
财政金融		**Financial Work**	
财政收入	（亿元）	Finance Income	(100 million yuan)
#地方财政收入		Local Financial Revenue	
#开发区土地收入		Development Area Land Income	
地方财政支出	（亿元）	Local Financial Expenditures	(100 million yuan)
金融机构本外币各项贷款	（亿元）	Local and Foreign Financial Institutions Loans	(100 million yuan)
金融机构本外币各项存款	（亿元）	The Deposit in Local and Foreign Financial Institutions	(100 million yuan)
农 业		**Agriculture**	
主要农产品产量	（万吨）	Output of Major Farm Products	(10000 ton)
粮 食		Ggrain	
棉 花		Cotton	
油 料		Oil Crops	
规模以上工业		**Industrial Enterprises Above Designated Size**	
企业数	（个）	Number of Enterprises	(unit)
#开发区		Development Area	
主营业务收入	（亿元）	Main Business Income	(100 million yuan)
#开发区		Development Area	
工业增加值	（亿元）	Industry Value Added	(100 million yuan)
#开发区		Development Area	
资产总计	（亿元）	Total Assets	(100 million yuan)
#开发区		Development Area	
#流动资产		Current Assets	

全　　省 Whole Province		合芜蚌主要指标 Main Indices of HeWuBeng		占全省比重（%） Proportion of Whole Province	
2012	2013	2012	2013	2012	2013
13.94	13.94	2.34	2.34	16.8	
0.25	0.27	0.12	0.13	50.3	48.8
6902	6929	1462	1463	21.2	21.1
4206.8	4275.9	906.8	901.6	21.6	21.1
1531.2	1469.7	254.4	250.5	16.6	17.0
1107.3	1169.2	268.9	281.1	24.3	24.0
1568.3	1637.0	383.5	370.0	24.5	22.6
1141.0	1226.2	433.0	427.7	38.0	34.9
3.7	3.4				
17212.1	19038.9	6928.2	7780.3	40.3	40.9
2178.7	2348.1	505.5	548.2	23.2	23.3
9404.8	10404.0	3983.2	4487.7	42.4	43.1
8025.8	8928.0	3322.7	3774.6	41.4	42.3
5628.5	6286.8	2439.4	2744.5	43.3	43.7
28792	31684				
15055.0	18251.1	6376.6	7636.9	42.4	41.8
5146.5	6462.9	2892.7	3586.9	56.2	55.5
3151.6	3946.2	1464.0	1877.3	46.5	47.6
5685.6	6481.4	2155.3	2465.6	37.9	38.0
86.4	106.9	36.5	44.6	42.3	41.8
55.8	67.5	25.2	32.3	45.1	47.8
2316.8	2400.6	1211.9	1256.2	52.3	52.3
393.3	456.3	234.9	253.3	59.7	55.5
202.2	235.6	141.8	163.0	70.1	69.2
267.5	282.6	180.0	170.7	67.3	60.4
138.9	161.0	91.4	102.3	65.8	63.6
3026.0	3365.1	1196.1	1332.8	39.5	39.6
1792.7	2075.1	646.8	745.5	36.1	35.9
3961.0	4351.6	1039.7	1142.0	26.2	26.2
16795.2	19688.2	8794.5	11767.9	52.5	59.8
23211.5	26938.2	9899.0	10211.7	42.7	37.9
3289.1	3279.6	698.3	696.0	21.2	21.2
29.4	35.4	11.7	10.8	39.8	30.6
227.7	225.4	85.6	83.2	37.6	36.9
14514	16193	4773	4908	32.9	30.3
5431	6300	2314	2569	42.6	40.8
28905.1	33788.8	12227.2	14018.8	42.3	41.5
7614.1	8646.0	3289.9	3666.9	43.2	42.4
3607.5	4346.1	2051.0	2448.5	56.9	56.3
22797.7	25906.2	9324.6	10378.7	40.9	40.1
10025.2	11392.8	4547.6	5148.1	45.4	45.2

1—12 续表 continued

指 标		Item	
固定资产净值年平均余额	(亿元)	Annual Mean Remaining Sum of Fixed Asset Net Worth	(100 million yuan)
所有者权益	(亿元)	Owner's Equity	(100 million yuan)
年平均从业人数	(万人)	Annual Mean Employed Population	(10000 perons)
建筑业		**Construction Business**	
总产值	(亿元)	Total Value of Out-put	(100 million yuan)
#建筑工程产值		Value of Out-put of Architectural Engineering	
工程结算收入	(亿元)	Income From Settlement of Projects	(100 million yuan)
运输邮电通信业		**Transportation ,Posts and Telecommunications Industry**	
铁路营业里程	(公里)	Railroad Revenue Kilometres	(km)
公路里程	(公里)	Road Mileage	(km)
#高速公路		Freeway	
客运量	(亿人)	Passenger Traffic	(100 million perons)
旅客周转量	(亿人公里)	Turnover of Passenger Traffic	(100 million passenger-km)
货运量	(亿吨)	Freight Traffic	(100 million ton)
货物周转量	(亿吨公里)	Cargo Turnover	(100 million tons-km)
邮电业务总量	(亿元)	Post and Telecommunication Service Total	(100 million yuan)
教 育		**Education**	
普通高等学校		Regular Institutions of Higher Education	
学校数	(个)	Number of Schools	(unit)
招生数	(万人)	Entrants	(10000 perons)
在校学生数	(万人)	Enrolment	(10000 perons)
毕业生数	(万人)	Graduates	(10000 perons)
科技活动		**S&T Activities**	
科技活动人员	(人)	Personnel Engaged in S&T Activities	(peron)
#研究与试验发展(R&D)		(R&D)	
R&D经费内部支出	(万元)	The R&D funds Interior Disburses	(10000 yuan)
#工业企业		Industry Enterprise	
科技机构数	(个)	Number of S&T Organizations	(unit)
科技项目数	(个)	Number of S&T Projects	(unit)
科技人员数	(万人)	Number of S&T People	(10000 perons)
#高中级技术职称人员		High and Middle Technical Title People	
科技项目经费内部支出	(万元)	The S&T Funds Interior Disburses	(10000 yuan)
新产品销售收入	(万元)	Sales Revenue of New Product	(10000 yuan)
#出 口		Export	
国内外三种专利申请		Three Kinds of Patent Applied of Domestic and Foreign	
受理数	(个)	Number of Cases	(unit)
发 明		Invention	
实用新型		Utility Model	
外观设计		Layout-Design	
授权数	(个)	Number of Authorization	(unit)
发 明		Invention	
实用新型		Utility Model	
外观设计		Layout-Design	
卫 生		**Hygiene**	
卫生机构数	(个)	Number of Health Institutions	(unit)
#医院、卫生院		Hospital. Heaith Center	
卫生技术人员	(万人)	Health technical People	(10000 perons)
#执业(助理)医师		Licenses of (Assistant) Dr.	
医疗机构床位	(万张)	Medical Establishment bed	(10000 unit)
#医院、卫生院		Hospital. Herlth Center	
人民生活		**National Lives**	
城镇非私营单位就业人员平均工资	(元)	Average Wage of Employed Persons of Urban Non-private Owned Units	(yuan)
城镇居民人均可支配收入	(元)	Urban Per Capita Disposable Income	(yuan)
农村居民人均纯收入	(元)	Farmer Per Capita Net Income	(yuan)

全　省 Whole Province		合芜蚌主要指标 Main Indices of HeWuBeng		占全省比重（%） Proportion of Whole Province	
2012	2013	2012	2013	2012	2013
7979.8	9224.2				
9061.3	10428.5	3782.0	4218.7	41.7	40.5
299.3					
4230.4	4965.5	2732.7	3255.1	64.6	65.6
3638.0	4249.2	2380.9	2831.4	65.4	66.6
3260	3513				
165157	173763	32961	34162	20.0	19.7
3210	3521	721	720	22.5	20.4
20.4	24.5			30.5	
1855.1	2119			22.2	
31.2	35.7			20.0	
9831.6	11159.0			16.1	
405.2	513.4	132.7	167.8	32.8	32.7
107	106	64	63	59.8	59.4
30.3	31.51	18.4	19.2	60.7	61.0
102.3	105.21	60.8	63.0	59.5	59.9
26.5	28.01	16.1	16.7	60.7	59.7
305192	339063	174112	191427	57.0	56.5
156257	180632	91063	99912	58.3	55.3
2817953	3520833	1721001	2183718	61.1	62.0
2089814	2477246				
3013	3484				
74888	93353	38027	46950	50.8	50.3
19391	34857	10815	17721	55.8	50.8
36641	45148	17059	20650	46.6	45.7
18856	13348	10153	8579	53.8	64.3
43321	48849	23504	24152	54.3	49.4
3066	4241	2207	2708	72.0	63.9
27191	36003	13415	17093	49.3	47.5
13064	8605	7882	4351	60.3	50.6
23278	24645	4857	5027	20.9	20.4
2314	2325	527	527	22.8	22.7
23.6	25.4	7.2	7.7	30.4	30.3
9.2	9.9	2.7	2.9	29.7	29.2
22.2	23.6	6.7	7.0	30.0	29.6
20.6	22.1	6.3	6.6	30.3	29.9
44601	47806	46741	51638	104.8	108.0
21024	23114	24183	26685	115.0	115.4
7160	8098	8831	10041	123.3	124.0

1—13 皖江城市带承接产业转移示范区分地区主要规划目标完成情况（2013年）

The Situation of the Main Goal Completion of the Wanjiang City Zone Contracting Industrial Shifting Model District By Regions (2013)

地 区	Region	经济发展 Economical Development				产业结构 Industrial Structure			
		地区生产总值（亿元）Gross Domestic Product (100 million yuan)	财政收入（亿元）Government Revenue (100 million yuan)	城镇化率（%）Rate of Urbanization (%)	R&D经费相当于GDP比例（%）Proportion of R&D fund to GDP (%)	非农产业比重（%）Non-agricultural Industries (%)	规模以上工业企业（个）Industrial Enterprises Above Designated Size (unit)	规模以上工业增加值中开发区所占比重（%）Proportion of Development Zones of Add-value of Industrial Enterprises Above Designated Size (%)	开发区单位土地实现经济收入（万元/亩）Economic Income of Unit Land Development Zones (10000 yuan per mu)
合 肥 市	Hefei	4672.9	768.3	67.8	3.1	94.7	2334	71.0	101.9
滁 州 市	Chuzhou	1086.1	178.9	46.5	1.7	80.8	1253	40.9	54.1
马鞍山市	Maanshan	1293.0	226.0	62.6	2.2	93.8	895	41.2	96.2
芜 湖 市	Wuhu	2099.5	381.7	59.4	2.5	93.9	1836	65.4	66.0
宣 城 市	Xuancheng	842.8	157.8	48.1	1.2	85.8	1181	48.2	55.4
铜 陵 市	Tongling	680.6	130.1	77.6	2.8	98.2	245	38.1	126.2
池 州 市	Chizhou	462.2	83.6	48.8	0.7	85.4	466	41.7	22.9
安 庆 市	Anqing	1418.2	197.0	41.0	0.6	84.9	1674	67.9	93.9
金 安 区	Jinan District	132.9				79.7	105		
舒 城 县	Shucheng	140.5				79.2	141		

地 区	Region	开放合作 Opening-up and Cooperation			公共服务 Public Service			城市污水厂集中处理率（%）Central Processing Rate of Sewage Treatment Plant (%)
		实际利用外商直接投资（亿美元）Actual Use of Foreign Direct Investment (USD 100 million)	实际利用省外资金到位资金（亿元）Actual Use of Fund Outside Anhui Province (100 million yuan)	进出口额相当于GDP比例（%）Proportion of Foreign Trade Import and Export to GDP (%)	城镇居民人均可支配收入（元）Unban Dweller Per Capita Disposable Income (yuan)	农民人均纯收入（元）Farmer Per Capita Net Income (yuan)	职业中学在校学生数（万人）Number of Students in Vocational Schools (10000 person)	
合 肥 市	Hefei	18.9	964.2	24.1	28083	10352	4.4	87.5
滁 州 市	Chuzhou	7.3	491.3	10.6	22591	9183	4.5	93.3
马鞍山市	Maanshan	14.8	514.6	17.4	34048	12340	1.1	87.0
芜 湖 市	Wuhu	16.1	828.9	16.0	26264	10962	2.2	90.0
宣 城 市	Xuancheng	5.7	598.1	13.8	22731	10247	2.1	85.4
铜 陵 市	Tongling	4.0	274.2	53.0	27154	11187	0.5	85.5
池 州 市	Chizhou	2.6	247.7	5.5	23482	9080	1.7	91.4
安 庆 市	Anqing	4.5	426.8	7.9	22683	7748	8.4	89.6
金 安 区	Jinan District							
舒 城 县	Shucheng							

1-14 中部6省国民经济和社会发展主要指标（2013年）
Main Indicators of National Economic and Social Development of 6 Middle Provinces (2013)

指　标		Item		中部6省合　计 Total of 6 Middle Provinces	中部6省占全国比重(%) The Proportion of 6 Middle Provinces to National Total
自然资源		**Natural Resources**			
土地面积	（万平方公里）	Area of Land	(10000 sq.km)	102.8	10.7
人　口		**Population**			
年末常住人口	（万人）	Population at Year-end	(10000 persons)	36084.7	26.5
国民经济核算		**National Accounting**			
地区生产总值	（亿元）	Gross Domestic Product	(100 million yuan)	127305.6	22.4
第一产业		Primary Industry		15014.8	26.4
第二产业		Secondary Industry		66363.3	26.6
#工　业		Industry		57888.4	27.5
第三产业		Tertiary Industry		45927.6	17.5
固定资产投资		**Investment in Fixed Assets**			
全社会固定资产投资总额	（亿元）	Total Investment in Fixed Assets	(100 million yuan)	105894.2	23.7
#房地产开发		Real Estate Development		16187.5	18.8
国内商业		**Domestic Trade**			
社会消费品零售总额	（亿元）	Total Retail Sales of Consumer Goods	(100 million yuan)	48589.0	20.4
对外贸易		**Foreign Trade**			
货物进出口总额	（亿美元）	Total Value of Imports and Exports	(100 million USD)	2196.0	5.3
出口额		Exports		1380.6	6.2
进口额		Imports		815.4	4.2
财　政		**Government Finance**			
地方财政收入	（亿元）	Local Governments Revenue	(100 million yuan)	12022.2	17.4
农　业		**Agriculture**			
主要农产品产量	（万吨）	Output of Major Farm Products	(10000 tons)		
粮　食		Grain		17849.2	29.7
棉　花		Cotton		126.0	20.0
油　料		Oil-bearing Grops		1510.9	43.0
糖　料		Sugar Crops		238.0	1.7
蔬　菜		Vegetables		19168.4	26.1
水　果		Fruits		6654.2	26.5
工　业		**Industry**			
规模以上工业主要指标		Main Indicators of Industrial Enterprises above Designated Size			
主营业务收入	（亿元）	Revenue From Principal Business	(100 million yuan)	207120.2	20.1
主营业务成本	（亿元）	Cost From Principal Business	(100 million yuan)	176712.2	20.1
主营业务税金及附加	（亿元）	Business and Extra Charges	(100 million yuan)	3079.0	19.7

1—14 续表 continued

指　标		Item		中部6省合　计 Total of 6 Middle Provinces	中部6省占全国比重(%) The Proportion of 6 Middle Provinces to National Total
销售费用	(亿元)	Operating Expense	(100 million yuan)	4846.2	19.1
利润总额	(亿元)	Total Profits	(100 million yuan)	12139.9	19.3
税金总额	(亿元)	Total Tax	(100 million yuan)	9041.8	19.8
亏损企业亏损总额	(亿元)	Total Loss of Loss-making enterprises	(100 million yuan)	1036.6	18.1
应收账款	(亿元)	Accounts Receivable	(100 million yuan)	14896.0	15.6
产成品	(亿元)	Finished Product	(100 million yuan)	5533.0	16.9
资产合计	(亿元)	Total Assets	(100 million yuan)	158051.8	18.6
负债合计	(亿元)	Total Liabilities	(100 million yuan)	90129.8	18.3
主要工业产品产量		Output of Major Industrial products			
农用化肥	(万吨)	Chemical Fertilizer	(10000 tons)	2611.7	37.1
水　泥	(万吨)	Cement	(10000 tons)	65392.0	27.1
生　铁	(万吨)	Pig Iron	(10000 tons)	15040.6	21.2
粗　钢	(万吨)	Crude Steel	(10000 tons)	16398.0	21.0
钢　材	(万吨)	Rolled Steel	(10000 tons)	19666.6	18.4
汽　车	(万辆)	Motor Vehicles	(10000 unit)	368.8	16.7
家用电冰箱	(万台)	Household Refrigerators	(10000 unit)	3840.3	41.5
发电量	(亿千瓦小时)	Electricity	(100 million kwh)	11835.2	21.9
建筑业		**Construction**			
企业个数	(个)	Number of Enterprises	(unit)	16367	20.6
总产值	(亿元)	Gross Output Value	(100 million yuan)	32095.4	20.1
交通运输业		**Transportation**			
客运量	(万人)	Total Passenger-kilometer	(10000 persons)	614162.3	28.9
货运量	(万吨)	Total Freight Ton-kilometer	(10000 tons)	1187966.4	29.0
教　育		**Education**			
普通高等学校（研究生和本专科教育）		Regular Institutions of Higher Education (Postgraduate, Undergraduate and Specialty Undergraduate Education)			
招生数	(万人)	New Student Enrollment	(10000 persons)	213.8	28.1
在校学生数	(万人)	Student Enrollment	(10000 persons)	704.3	26.6
毕业生数	(万人)	Number of Graduates	(10000 persons)	189.1	27.4
普通高中		Regular Secondary Schools			
招生数	(万人)	New Student Enrollment	(10000 persons)	233.3	28.4
在校学生数	(万人)	Student Enrollment	(10000 persons)	690.2	28.3
毕业生数	(万人)	Number of Graduates	(10000 persons)	228.4	28.6

注：本表数据为初步统计数。中部6省包括山西、安徽、江西、河南、湖北和湖南。

a) Data in this table are preliminary statistics. 6 middle provinces include: Shanxi, Anhui, Jiangxi, Henan, Hubei and Hunan.

1—15　黄山旅游区域主要经济指标（2013年）
Main Economic Indicators of Tourist Region of Mount Huang (2013)

指　　标	Item	黄山市市区 HuangShan Region Of City	歙　县 SheXian	休宁县 XiuNing	黟　县 YiXian	祁门县 QiMen
土地面积（平方公里）	Total Land Area (sq.km)	2342	2236	2125	847	2257
年末总人口（万人）	Population at the Year-end (10000 persons)	43.98	47.77	27.53	9.47	18.67
#非农业人口	Non-agricultural Population	20.36	6.46	3.80	2.04	3.91
年末城镇从业人员数（万人）	Employment at the Year-ent (10000 persons)	7.43	1.47	1.33	0.63	0.85
生产总值（万元）	Gross Domestic Product (10000 yuan)	2157209	1208499	626276	230126	480855
第一产业	Primary Industry	140488	172540	115232	33187	56330
第二产业	Secondary Industry	968324	618387	272146	112170	207767
第三产业	Tertiary Industry	1048398	417572	238898	84769	216758
农业总产值（可比价）（万元）	Gross Agricultural Output Value (Constant Price) (10000 yuan)	250221	281024	209740	59836	91383
农业增加值（万元）	Value-added of Agriculture (10000 yuan)	143922	175143	118663	34554	57309
工业增加值（万元）	e-added of Industry (10000 yuan)	723223	535128	205166	84318	166175
公路通车里程（公里）	Length of Highways (km)	1579.9	1627.4	1309.3	597.7	1144.7
邮电业务总量(现行价)（万元）	Business Volume of Post and Telecommunications (Current Price) (10000 yuan)	129753	45927	26424	13881	23098
全社会固定资产投资额（万元）	Total Investment in Fixed Assets (10000 yuan)	2809269	880663	763069	297840	499818
#500万元以上项目投资额	Projects Investment Above 5 million Yuan	1812509	699877	601189	264807	447600
房地产投资额	Investment in Real Estate Development	996760	180786	161880	33033	52218
社会消费品零售总额（万元）	Total Retail Sales of Consumer Goods (10000 yuan)	1031808	483470	228830	69439	147660
年末职工人数（在岗）（万人）	Number of Staff and Workers at the Year-end (Fully Employed) (10000 persons)	7.04	1.35	1.22	0.55	0.80
职工工资总额（在岗）（万元）	Total Wages of Staff and Workers (Fully Employed) (10000 yuan)	320317	59085	52930	23624	31663
财政收入（不含基金）（万元）	Government Revenue (Excluding Fund) (10000 yuan)	516252	118593	87091.5	33007	55234.5
财政支出（不含基金）（万元）	Government Expenditure (Excluding Fund) (10000 yuan)	745201	249024	168440	82328	122271
城乡居民储蓄存款年末余额（万元）	Outstanding Amount of Saving Deposits in Urban and Rural Areas at the Year-end (10000 yuan)	1950603	1107866	598706	270121	475899
农民人均纯收入（元）	Per Capita Net Income of Rural Residents (yuan)	10913	10160	10486	10090	10080
接待旅游人数（万人）	Tourists Received (10000 persons)	1999.16	579.17	334.09	643.53	176.64
#国际游客	International Tourists	98.94	19.40	12.94	28.89	0.42
国内游客	Domestic Tourists	1900.22	559.77	321.15	614.64	176.22
旅游外汇收入（万美元）	Foreign Exchange Earnings from Tourism (USD 10000)	31755	6132	3920	6871	61

注：第一产业增加值与农业增加值不一致，原因是第一产业增加值剔除农业增加值中的农林牧渔服务业增加值。

a) The first industrial added value and added value of agriculture, the reason is that the first industrial added value of eliminating the added value of services of agriculture and forestry in the added value of agriculture.

1—16 九华山旅游区域主要经济指标（2013年）
Main Economic Indicators of Tourist Region of Mount Jiu Hua (2013)

指　标	Item	池州市市区 ChiZhou Reigon Of City	青阳县 QingYang	石台县 ShiTai	东至县 DongZhi
土地面积（平方公里）	Total Land Area (sq.km)	2432	1101	1403	3256
年末总人口（万人）	Population at the Year-end (10000 persons)	67.02	27.34	10.85	54.96
#非农业人口	Non-agricultural Population	14.97	4.57	2.19	7.33
年末城镇从业人员数（万人）	Employment at the Year-ent (10000 persons)	14.31	5.39	1.46	4.70
生产总值（万元）	Gross Domestic Product (10000 yuan)	2431431	682358	189034	1107602
第一产业	Primary Industry	284253	96028	36968	253466
第二产业	Secondary Industry	1277875	359023	79653	514781
第三产业	Tertiary Industry	869303	227307	72412	339354
农业总产值（现行价）（万元）	Gross Agricultural Output Value (Current Price) (10000 yuan)	461786	150326	57154	448812
农业增加值（万元）	Value-added of Agriculture (10000 yuan)	284253	96028	36968	253466
工业增加值（万元）	Value-added of Industry (10000 yuan)	981350	308265	66712	409541
公路通车里程（公里）	Length of Highways (km)	2318	1134	878	2714
邮电业务总量(现行价)（万元）	Business Volume of Post and Telecommunications (Current Price) (10000 yuan)	49219	16835	6239	25909
全社会固定资产投资额（万元）	Total Investment in Fixed Assets (10000 yuan)	2876553	688550	108171	910584
社会消费品零售总额（万元）	Total Retail Sales of Consumer Goods (10000 yuan)	801134	224989	81271	293192
年末职工人数（在岗）（万人）	Number of Staff and Workers at the Year-end (Fully Employed) (10000 persons)	5.69	1.70	0.57	1.53
职工工资总额（在岗）（万元）	Total Wages of Staff and Workers (Fully Employed) (10000 yuan)	242367	73316	21110	66413
财政收入（不含基金）（万元）	Government Revenue (Excluding Fund) (10000 yuan)	522373	132008	19064	117270
财政支出（不含基金）（万元）	Government Expenditure (Excluding Fund) (10000 yuan)	730147	197808	87013	250222
城乡居民储蓄存款年末余额（万元）	Outstanding Amount of Saving Deposits in Urban and Rural Areas at the Year-end (10000 yuan)	1775243	721909	230953	991522
农民人均纯收入（元）	Per Capita Net Income of Rural Residents (yuan)	9616	9842	5219	9421
接待旅游人数（人）	Tourists Received (person)	7940203	7791000	4292326	6370100
#国际游客	International Tourists	210647	111000	32517	52005
国内游客	Domestic Tourists	7729556	7680000	4259809	6318095
旅游营业收入（万元）	Income of Tourism (10000 yuan)	922297	844640	301057	510013
旅游外汇收入（万美元）	Foreign Exchange Earnings from Tourism (USD 10000)	19724	10393	3045	4869

主要统计指标解释

可比价格

指计算各种总量指标所采用的扣除了价格变动因素的价格，可进行不同时期总量指标的对比。按可比价格计算总量指标有两种方法：一种是直接用产品产量乘某一年的不变价格计算；另一种是用价格指数进行缩减。

平均增长速度

我国计算平均增长速度有两种方法：一种是习惯上经常使用的“水平法”，又称几何平均法，是以间隔期最后一年的水平同基期水平对比来计算平均每年增长（或下降）速度；另一种是“累计法”，又称代数平均法或方程法，是以间隔期内各年水平的总和同基期水平对比来计算平均每年增长（或下降）速度。在一般正常情况下，两种方法计算的平均每年增长速度比较接近；但在经济发展不平衡、出现大起大落时，两种方法计算的结果差别较大。

本《年鉴》内所列的平均增长速度，均用“水平法”计算。从某年到某年平均增长速度的年份，均不包括基期年在内。如建国四十三年的平均增长速度是以1949年为基期计算的，则写为1950-1992年平均增长速度，其余类推。

企业（单位）登记注册类型

是以在工商行政管理机关登记注册的各类企业为划分对象，以工商行政管理部门对企业登记注册的类型为依据，将企业登记注册类型分为内资企业、港澳台商投资企业和外商投资企业三大类。内资企业包括国有企业、集体企业、股份合作企业、联营企业、有限责任公司、股份有限公司、私营公司和其他企业；港澳台商投资企业和外商投资企业分别包括合资经营企业、合作经营企业、独资经营企业和股份有限公司。对不在工商行政管理部门进行登记注册的行政机关、事业单位和社会团体，主要按其经费来源和管理方式进行划分。

法人单位

指具备以下条件的单位：（一）依法成立，有自己的名称、组织机构和场所，能够独立承担民事责任；（二）独立拥有和使用（或授权使用）资产，承担负债，有权与其他单位签订合同；（三）会计上独立核算，能够编制资产负债表。法人单位包括企业法人、事业单位法人、机关法人、社会团体法人和其他法人。按照下属是否有产业活动单位，又分为单产业法人和多产业法人。

产业活动单位

法人单位所属的产业活动单位，指具备以下条件的单位：（一）在一个场所从事一种或主要从事一种社会经济活动；（二）相对独立组织生产经营或业务活动；（三）能够掌握收入和支出等业务核算资料。

单位数

表中的单位数为单产业法人数和多产业法人所属的产业活动单位数之和。

国有企业

指企业全部资产归国家所有，并按《中华人民共和国企业法人登记管理条例》规定登记注册的非公司制的经济组织。不包括有限责任公司中的国有独资公司。

集体企业

指企业资产归集体所有，并按《中华人民共和国企业法人登记管理条例》规定登记注册的经济组织。

股份合作企业

指以合作制为基础，由企业职工共同出资入股，吸收一定比例的社会资产投资组建，实行自主经营，自负盈亏，共同劳动，民主管理，按劳分配与按股分红相结合的一种集体经济组织。

联营企业

指两个及两个以上相同或不同所有制性质的企业法人或事业单位法人，按自愿、平等、互利的原则，共同投资组成的经济组织。联营企业包括国有联营企业、集体联营企业、国有与集体联营企业和其他联营企业。

有限责任公司

指根据《中华人民共和国公司登记管理条例》规定登记注册，由两个以上、五十个以下的股东共同出资，每个股东以其所认缴的出资额对公司承担有限责任，公司以其全部资产对其债务承担责任的经济组织。有限责任公司包括国有独资公司以及其他有限责任公司。

股份有限公司

指根据《中华人民共和国公司登记管理条例》规定登记

注册，其全部注册资本由等额股份构成并通过发行股票筹集资本，股东以其认购的股份对公司承担有限责任，公司以其全部资产对其债务承担责任的经济组织。

私营企业

指由自然人投资设立或由自然人控股，以雇佣劳动为基础的营利性经济组织。包括按照《公司法》、《合伙企业法》、《私营企业暂行条例》规定登记注册的私营有限责任公司、私营股份有限公司、私营合伙企业和私营独资企业。

其他内资企业

指上述企业之外的其他内资经济组织。

与港澳台商合资经营企业

指港澳台地区投资者与内地企业依照《中华人民共和国中外合资经营企业法》及有关法律的规定，按合同规定的比例投资设立、分享利润和分担风险的企业。

与港澳台商合作经营企业

指港澳台地区投资者与内地企业依照《中华人民共和国中外合作经营企业法》及有关法律的规定，依照合作合同的约定进行投资或提供条件设立、分配利润和分担风险的企业。

港澳台商独资经营企业

指依照《中华人民共和国外资企业法》及有关法律的规定，在内地由港澳台地区投资者全额投资设立的企业。

港澳台商投资股份有限公司

指根据国家有关规定，经外经贸部依法批准设立，其中港、澳、台商的股本占公司注册资本的比例达25%以上的股份有限公司。凡其中港、澳、台商的股本占公司注册资本的比例小于25%的，属于内资企业中的股份有限公司。

中外合资经营企业

指外国企业或外国人与中国内地企业依照《中华人民共和国中外合资经营企业法》及有关法律的规定，按合同规定的比例投资设立、分享利润和分担风险的企业。

中外合作经营企业

指外国企业或外国人与中国内地企业依照《中华人民共和国中外合作经营企业法》及有关法律的规定，依照合作合同的约定进行投资或提供条件设立、分配利润和分担风险的企业。

外资企业

指依照《中华人民共和国外资企业法》及有关法律的规定，在中国内地由外国投资者全额投资设立的企业。

外商投资股份有限公司

指根据国家有关规定，经外经贸部依法批准设立，其中外资的股本占公司注册资本的比例达25%以上的股份有限公司。凡其中外资股本占公司注册资本的比例小于25%的，属于内资企业中的股份有限公司。

行政机关、事业单位和社会团体

参照企业登记注册类型，主要按其经费来源和管理方式划分。具体规定如下：

⑴行政机关：包括国家机关和政党机关，原则上均列为“国有”。但有特殊规定的，如供销社等，则列为“集体”。

⑵事业单位：包括经国家机构编制部门和有关业务主管部门批准成立的各类事业单位，不包括实行企业化管理的事业单位。事业单位的划分办法如下：

①由国家财政预算拨款或列入财政预算外资金管理以及经费主要来源于国有主管部门或国有上级单位的事业单位，列为“国有”。

②经费主要来源于集体单位的事业单位，列为“集体”。

③公民个人（或个人合伙）开办的事业单位，列为“私营”。

④上述以外的其他事业单位，如果其经费来源不明确，按管理方式进行归类。

⑶社会团体：包括经民政部门批准成立以及未纳入社会团体管理条例范围的工会、妇联等各类社会团体。社会团体的划分办法如下：

①未纳入民政部社会团体管理条例范围的工会、妇联、共青团、青联、工商联、科协、侨联等社会团体，国家拨款设立的基金会或基金管理组织以及经费主要来源于国有业务主管部门或国有上级单位的社会团体，列为“国有”。

②经费主要来源于集体单位的社会团体，列为“集体”。

③公民个人（或个人合伙）开办的社会团体，划为“私营”。

④上述以外的其他社会团体，如果其经费来源不明确，改按管理方式进行归类。

Explanatory Notes for Major Statistical Indicators

Comparable Prices

Refer to prices that are used to remove the factors of price change in calculating economic aggregates, so as to facilitate comparison of aggregates over time. Two methods are used for calculating economic aggregates at comparable prices: 1.Multiplying the output of products by their constant prices of certain year; 2.Deflation of data at current prices by relevant price index.

Average Annual Growth Rate

Two methods for calculating average annual growth rate are applied in China, one is often called "level approach" or the method of calculating geometric average, which is derived by comparing the level of the last year of the interval with that of the beginning year; the other is called "accumulative approach" or algebraic average or equation method, which is derived by the summation of the actual figure of each year in the interval divided by the figure in the base year.

Usually the results calculated by the two methods are fairly close, but they differed sharply when uneven economic development occurred with striking fluctuations in growth.

The average annual growth rates listed in this statistical yearbook are calculated by level approach except for the growth rate of investment in fixed assets. The base years are not listed when the years are listed for average annual growth rates. For instance, the average annual growth rate of 43 years since 1949 is listed as average annual growth rate of 1950-1992 without listing the base year 1949. And the analogy of this is also the same for the rest of the years.

Registration Status of Enterprises

Enterprises are classified into 3 categories, namely domestic-funded enterprises, enterprises with investment from Hong Kong, Macao and Taiwan, and enterprises with foreign investment, in the light of the registration status of an enterprise in industrial and commercial administration agencies. Domestic-funded enterprises include state-owned enterprises, collective-owned enterprises, cooperative enterprises, joint ownership enterprises, limited liability corporations, share-holding corporations Ltd., private enterprises and other enterprises. Included in the enterprises with investment from Hong Kong, Macao and Taiwan and enterprises with foreign investment are joint-venture enterprises, cooperative enterprises, sole investment enterprises and share-holding corporations Ltd. For government agencies, institutions and social organizations which are not requested to be registered in industrial and commercial administration agencies, they are classified mainly by their sources of funds and way of management.

State-owned Enterprises

Refer to non-corporation economic units where the entire assets are owned by the state and which have registered in accordance with the Regulation of the People's Republic of China on the Management of Registration of Corporate Enterprises. Excluded from this category are sole state-funded corporations in the limited liability corporations.

Collective-owned Enterprises

Refer to economic units where the assets are owned collectively and which have registered in accordance with the Regulation of the People's Republic of China on the Management of Registration of Corporate Enterprises.

Cooperative Enterprises

refer to a form of collective economic units (enterprises) where capitals come mainly from employees as their shares, with certain proportion of capital from the outside, where production is organized on the basis of independent operation, independent accounting for profits and losses, joint work, democratic management, and a distribution system that integrates remuneration according to work with dividend according to capital share.

Joint Ownership Enterprises

Refer to economic units established by two or more corporate enterprises or corporate institutions of the same or different ownership, through joint investment on the basis of equality, voluntary participation and mutual benefits. They include state joint ownership enterprises, collective joint ownership enterprises, joint state-collective enterprises, other joint ownership enterprises.

Limited Liability Corporations

Refer to economic units established with investment from 2-50 investors and registered in accordance with the Regulation of the People's Republic of China on the Management of Registration of Corporations, each investor bearing limited liability to the corporation depending on its share of investment, and the corporation bearing liability to its debt to the maximum of its total assets. Limited liability corporations include exclusive state-funded limited liability corporations and other limited liability corporations.

Share-holding Corporations Ltd

Refer to economic units registered in accordance with the Regulation of the People's Republic of China on the Management of Registration of Corporations, with total registered capitals divided into equal shares and raised through issuing stocks. Each investor bears limited liability to the corporation depending on the holding of shares, and the corporation bears liability to its debt to the maximum of its total assets.

Private Enterprises

Refer to profit-making economic units invested and established by natural persons, or controlled by natural persons using employed labour. Included in this category are private limited liability corporations, private share-holding corporations Ltd., private partnership enterprises and private-funded enterprises registered in accordance with the Corporation Law, Partnership Enterprises Law and Interim Regulations on Private Enterprises.

Other Domestic-funded Enterprises

Refer to domestic-funded economic units other than those mentioned above.

Joint-venture Enterprises with Funds from Hong Kong, Macao and Taiwan

Refer to enterprises jointly established by investors from Hong Kong, Macao and Taiwan with enterprises in the mainland of China in accordance with the Law of the People's Republic of China on Sino-foreign Joint Venture Enterprises and other relevant laws, where the share of investment, profits and risks is stipulated in the contract.

Cooperative Enterprises with Funds from Hong Kong Macao and Taiwan

Established by investors from Hong Kong, Macao and Taiwan with enterprises in the mainland of China in accordance with the Law of the People's Republic of China on Sino-foreign Cooperative Enterprises and other relevant laws, where the investment or provision of facilities, and the share of profits and risks is stipulated in the cooperative contract.

Enterprises with Sole (exclusive) Investment from Hong Kong, Macao and Taiwan

Refer to enterprises established in the mainland of China with exclusive investment from investors from Hong Kong, Macao and Taiwan in accordance with the Law of the Peoples Republic of China on Foreign-Funded Enterprises and other relevant laws.

Share-holding Corporations Ltd. with Investment from Hong Kong, Macao and Taiwan

refer to share-holding corporations Ltd. established with the approval from the Ministry of Foreign Trade and Economic Relations in line with relevant state regulations, where the share of investment from Hong Kong, Macao or Taiwan businessmen exceeds 25% of the total registered capital of the corporation. In case the share of investment from Hong Kong, Macao or Taiwan is less than 25% of the total registered capital, the enterprise is to be classified as domestic-funded share-holding corporation Ltd.

Joint-venture Enterprises with Foreign Investment

Refer to enterprises jointly established by foreign enterprises or foreigners with enterprises in the mainland of China in accordance with the Law of the People's Republic of China on Sino-foreign Joint Venture Enterprises and other relevant laws, where the share of investment, profits and risks is stipulated in the contract.

Cooperation Enterprises with Foreign Investment

Refer to enterprises jointly established by foreign enterprises or foreigners with enterprises in the mainland of China in accordance with the Law of the People's Republic of China on Sino-foreign Cooperative Enterprises and other relevant laws, where the investment or provision of facilities, and the share of profits and risks is stipulated in the cooperative contract.

Enterprises with Sole (exclusive) Foreign Investment

Refer to enterprises established in the mainland of China with exclusive investment from foreign investors in accordance with the Law of the People's Republic of China on Foreign-Funded Enterprises and other relevant laws.

Share-holding Corporations Ltd. with Foreign Investment

refer to share-holding corporations Ltd. established with the approval from the Ministry of Foreign Trade and Economic Relations in line with relevant state regulations, where the share of investment from foreign investors exceeds 25% of the total registered capital of the corporation. In case the share of foreign investment is less than 25% of the total registered capital, the enterprise is to be classified as domestic-funded share-holding corporation Ltd.

Government Agencies, Institutions and Social Organizations

are classified into following categories by source of funds and way of management taking reference of the registration status of enterprises:

(1) Government agencies: include state and party agencies, classified in principle as "state-owned". There are exceptions, such as supply and marketing cooperatives which are classified as "collective".

(2) Institutions: include institutions of various types established with the approval by organization and staffing departments of the government, but exclude institutions where enterprise management system is introduced. Institutions are further classified as follows:

a) Institutions whose main budget is listed in the government budget appropriations or extra-budget funds, or allocated from the budget of their competent government agencies. Such institutions are classified as "state-owned".

b) Institutions whose budget mainly comes from collective units. Such institutions are classified as "collective".

c) Institutions other than those mentioned above whose source of budget are not clear. Such institutions are classified by way of management.

(3) Social organizations: include social organizations established with the approval from the Ministry of Civil Affairs, and organizations that are not covered by social organization management regulations such as trade unions, women's federations etc. Social organizations are further classified as follows:

a) Social organizations that are not covered by social organization management regulations of the Ministry of Civil Affairs such as trade unions, women's federations, communist youth leagues, youth associations, industrial and commerce associations, scientists associations, overseas Chinese associations, etc., foundations and fund management organizations established with funds from the state, and social organizations whose funds mainly come from the budget of their competent government agencies. Such institutions are classified as "state-owned".

b) Social organizations whose budget mainly comes from collective units. Such institutions are classified as "collective".

c) Social organizations established by individual or a group of citizens, which are classified as "private".

d) Social organizations other than those mentioned above whose source of budget are not clear. Such organizations are classified by way of management.

第 二 篇

Chapter 2

国民经济核算

NATIONAL ACCOUNTS

简要说明

一、国民经济核算资料主要包括国内生产总值表、资金流量表、资产负债综合表。

二、居民消费水平是按人口平均计算的居民消费额，它综合反映一个国家(或地区)人民物质文化生活水平。

三、有关“指数”部分分为“以上年为 100 的指数”和“以 1978 年为 100 的指数”两个方面，“以上年为 100 的指数”表中 2000 年以前(含 2000 年)的数据是按 1990 年价格计算的，2000-2005 年的数据是按 2000 年价格计算的，2005—2010 年的数据是按 2005 年价格计算的，2010 年以后的数据是按 2010 年价格计算的;“以 1978 年为 100 的指数”是以 1978 年为基数，每年指数相乘得到的。

四、市级人均 GDP 为按年平均常住人口测算，县（市）人均 GDP 为按年均户籍人口测算。

Brief Introduction

I. Statistics on national accounts include mainly gross domestic product table, flow of fund table, assets and liability table and input-output table.

II. Consumption level of residents is average consumption value by population, and reflects people's standard of material and culture life in a country (region).

III. Indices include two parts: one is “the preceding year=100” and the other is “Year 1978=100”. Data in the tables that “the preceding year=100” are calculated at the fixed prices of 1990 before 2000 (including 2010)， data in the years from 2000 to 2005 are calculated at the fixed price of 2000，data in the years from 2005 to 2010 are calculated at the fixed price of 2010 and data are calculated at the fixed price of 2010 after 2010. Data in the tables that “Year 1978=100” are all obtained by the multiplied index each year based on 1978.

IV. Municipal GDP per capital is calculated by the annual average resident population. Country (Municipal) GDP per capital is calculated by the annual household populations.

2—1 安徽生产总值
Gross Domestic Product

本表按当年价格计算。 Data in value terms in this table are calculated at current price.

年份 Year	生产总值（亿元） Gross Domestic Product (100 million yuan)	第一产业 Primary Industry	第二产业 Secondary Industry	工业 Industry	建筑业 Construction	第三产业 Tertiary Industry	人均生产总值(按常住人口计算)（元/人） Per Capita GDP by Permanent Residents (yuan/person)
2000	2902.09	741.77	1056.78	885.10	171.68	1103.54	4779.5
2001	3246.71	760.77	1254.88	1062.00	192.88	1231.06	5313.3
2002	3519.72	783.66	1337.04	1115.09	221.95	1399.02	5736.2
2003	3923.11	749.40	1535.29	1255.80	279.49	1638.42	6375.4
2004	4759.30	950.50	1844.90	1488.90	356.00	1963.90	7681.2
2005	5350.17	966.50	2245.90	1837.36	408.54	2137.77	8630.7
2006	6112.50	1011.03	2711.18	2240.37	470.81	2390.29	9995.9
2007	7360.92	1200.18	3370.96	2810.00	560.96	2789.78	12039.5
2008	8851.66	1418.09	4198.93	3505.67	693.26	3234.64	14448.2
2009	10062.82	1495.45	4905.22	4064.72	840.50	3662.15	16407.7
2010	12359.33	1729.02	6436.62	5407.40	1029.22	4193.69	20887.8
2011	15300.65	2015.31	8309.38	7062.00	1247.38	4975.96	25659.3
2012	17212.05	2178.73	9404.84	8025.84	1379.00	5628.48	28792.3
2013	19038.87	2348.09	10403.96	8928.02	1475.94	6286.82	31683.9

注：1．2000—2003年的数据按2004年经济普查数据进行调整。
2．2005—2008年的数据按2008年经济普查结果进行修订。
3．2013年数据为初步核算数。(后同)

a) Data in the table from 2000 to 2003 were adjusted according to the result of 2004 economic census.
b) In 2005-2008, data carries on the revision according to the economical general survey result in 2008.
c) The 2013 data for preliminary calculation. (Similarly in the following tables)

2—2 安徽生产总值构成
Composition of Gross Domestic Product

本表按当年价格计算。（单位：%） Data in value terms in this table are calculated at current price. (%)

年份 Year	生产总值 Gross Domestic Product	第一产业 Primary Industry	第二产业 Secondary Industry	工业 Industry	建筑业 Construction	第三产业 Tertiary Industry
2000	100.00	25.56	36.41	30.50	5.91	38.03
2001	100.00	23.43	38.65	32.71	5.94	37.92
2002	100.00	22.26	37.99	31.68	6.31	39.75
2003	100.00	19.11	39.13	32.01	7.12	41.76
2004	100.00	19.98	38.76	31.28	7.48	41.26
2005	100.00	18.06	41.98	34.34	7.64	39.96
2006	100.00	16.55	44.35	36.65	7.70	39.10
2007	100.00	16.30	45.80	38.17	7.63	37.90
2008	100.00	16.02	47.44	39.61	7.83	36.54
2009	100.00	14.86	48.75	40.40	8.35	36.39
2010	100.00	13.99	52.08	43.75	8.33	33.93
2011	100.00	13.17	54.31	46.16	8.15	32.52
2012	100.00	12.66	54.64	46.63	8.01	32.70
2013	100.00	12.33	54.65	46.90	7.75	33.02

2—3 安 徽 生 产 总 值 指 数
Indices of Gross Domestic Product

本表按不变价格计算。（上年为100）　　ndices in this table are calculated at constant price. （preceding year=100）

年　份 Year	生产总值 Gross Domestic Product	第一产业 Primary Industry	第二产业 Secondary Industry	工　业 Industry	建筑业 Construction	第三产业 Tertiary Industry	人均生产总值 Per Capita GDP
2000	108.27	101.20	109.49	108.88	113.66	111.46	107.57
2001	108.89	102.86	109.53	109.02	112.15	112.33	108.19
2002	109.61	101.02	111.60	111.69	111.15	113.03	109.16
2003	109.36	93.65	113.38	111.79	121.39	114.30	109.04
2004	113.31	108.60	114.67	114.00	117.74	114.18	112.54
2005	110.97	101.73	118.39	119.46	113.61	108.24	110.91
2006	112.53	104.54	118.72	119.72	114.21	109.65	114.08
2007	114.17	103.60	119.70	121.57	110.90	112.43	114.19
2008	112.67	106.20	116.08	117.51	108.70	111.10	112.44
2009	112.94	105.02	116.83	117.38	113.78	111.04	112.83
2010	114.59	104.61	120.68	121.86	113.91	110.05	118.77
2011	113.51	104.03	117.96	119.60	109.38	110.58	112.63
2012	112.10	105.55	114.36	115.28	109.07	110.95	111.80
2013	110.35	103.50	112.35	113.28	106.71	109.50	109.78

2—4 安 徽 生 产 总 值 指 数
Indices of Gross Domestic Product

本表按不变价格计算。（1978=100）　　The indices in this table are calculated at constant price. （1978=100）

年　份 Year	生产总值 Gross Domestic Product	第一产业 Primary Industry	第二产业 Secondary Industry	工　业 Industry	建筑业 Construction	第三产业 Tertiary Industry	人均生产总值 Per Capita GDP
2000	839.59	303.73	1443.27	1437.49	1482.42	1789.25	642.84
2001	914.21	312.40	1580.75	1567.12	1662.50	2009.88	695.51
2002	1002.03	315.60	1764.15	1750.36	1847.79	2271.68	759.21
2003	1095.83	295.56	2000.14	1956.65	2243.07	2596.57	827.86
2004	1241.65	320.98	2293.52	2230.68	2641.02	2964.84	931.66
2005	1377.89	326.55	2715.18	2664.87	3000.53	3209.22	1033.31
2006	1550.56	341.37	3223.34	3190.29	3427.02	3518.80	1178.76
2007	1770.25	353.66	3858.50	3878.51	3800.64	3956.09	1346.00
2008	1994.46	375.59	4478.86	4557.47	4131.23	4395.21	1513.38
2009	2252.63	394.44	5232.61	5349.35	4700.42	4880.36	1707.48
2010	2581.20	412.64	6314.85	6518.59	5354.28	5370.83	2027.97
2011	2929.86	429.26	7449.23	7796.04	5856.69	5938.94	2284.10
2012	3284.37	453.08	8518.94	8987.27	6387.89	6589.25	2553.62
2013	3624.30	468.94	9571.03	10180.78	6816.52	7215.23	2803.36

2—5 三次产业贡献率
Contribution Rate of the Three Industries

本表按不变价格计算。（单位：%） The indices in this table are calculated at constant price. （%）

年份 Year	生产总值 Gross Domestic Product	第一产业 Primary Industry	第二产业 Secondary Industry	工业 Industry	第三产业 Tertiary Industry
2000	100.00	3.24	52.63	43.02	44.13
2005	100.00	2.89	64.72	55.89	32.39
2006	100.00	6.54	62.70	54.03	30.76
2007	100.00	4.26	61.59	55.62	34.15
2008	100.00	7.46	58.94	53.77	33.60
2009	100.00	5.57	62.19	54.46	32.24
2010	100.00	4.22	70.17	63.19	25.61
2011	100.00	4.17	69.26	63.47	26.57
2012	100.00	5.88	64.21	58.20	29.91
2013	100.00	4.08	65.88	60.82	30.04

注：产业贡献率指各产业增加值增量与GDP增量之比，按不变价格计算。
a) Industrial Contributing refers to the proportion of increment of every industrial value-added to increment of GDP, according to comparable price computation.

2—6 三次产业拉动率
Pulling Rate of the Three Industries

本表按不变价格计算。（单位：百分点） The indices in this table are calculated at constant price. （percentage points）

年份 Year	生产总值 Gross Domestic Product	第一产业 Primary Industry	第二产业 Secondary Industry	工业 Industry	第三产业 Tertiary Industry
2000	8.27	0.27	4.35	3.56	3.65
2005	10.97	0.32	7.10	6.13	3.55
2006	12.53	0.82	7.86	6.77	3.85
2007	14.17	0.60	8.73	7.88	4.84
2008	12.67	0.94	7.47	6.81	4.26
2009	12.94	0.72	8.05	7.05	4.17
2010	14.59	0.62	10.23	9.22	3.74
2011	13.51	0.56	9.36	8.58	3.59
2012	12.10	0.71	7.77	7.04	3.62
2013	10.35	0.42	6.82	6.29	3.11

注：产业拉动率指GDP增长速度与各产业贡献率之乘积，按不变价格计算。
a) The industrial pulling rate to GDP growth refers to the growth rate of GDP multiplying the industrial contributing rate, according to constant price computation.

2—7 安徽生产总值收入法构成项目（2012年）
Income Method Structure of Anhui Gross Domestic Product (2012)

本表按当年价格计算。(单位：亿元)　Data in this table are calculated at current price. (100 million yuan)

		增加值 Value-added	劳动者报酬 Compensation of Employees	生产税净额 Net Taxes on Production	固定资产折旧 Depreciation of Fixed Assets	营业盈余 Operation Surplus
安徽生产总值	**Gross Domestic Product**	**17212.05**	**8445.19**	**2350.44**	**2083.07**	**4333.35**
第一产业	Primary Industry	2178.73	2139.61	1.02	38.10	
第二产业	Secondary Industry	9404.84	3612.00	1648.44	1140.25	3004.15
工　业	Industry	8025.84	2737.50	1452.22	1079.38	2756.74
建筑业	Construction	1379.00	874.50	196.22	60.87	247.41
第三产业	Tertiary Industry	5628.48	2693.57	700.99	904.72	1329.20
批发和零售业	Wholesale & Retail Trade	1223.97	523.11	338.68	49.94	312.23
交通运输、仓储及邮政业	Transportation, Storage and Postal Services	650.21	387.58	60.80	100.02	101.80
住宿和餐饮业	Accommodation and Catering Trade	268.95	120.35	33.78	39.85	74.98
信息传输、计算机服务和软件业	Information Circulation, Computer Service and Software	190.73	43.46	11.01	51.96	84.30
金融业	Banking	617.62	185.86	80.07	28.55	323.13
房地产业	Real Estate	665.76	48.16	118.94	375.77	122.89
租赁和商务服务业	Leasing and Commercial Services	351.87	94.34	19.50	44.15	193.89
科学研究、技术服务和地质勘查业	Scientific Research, Technical Services and Geological Prospecting	132.68	67.21	9.23	10.23	46.01
水利、环境和公共设施管理业	Water Conservancy, Environmental and Public Facilities Management	106.92	29.74	2.75	62.80	11.63
居民服务和其他服务业	Resident Services and Other Services	165.75	145.91	5.56	3.14	11.14
教　育	Education	412.89	351.85	1.32	53.47	6.25
卫生、社会保障和社会福利业	Health Care, Social Protection and Social Welfare	247.46	221.57	1.53	13.27	11.09
文化、体育和娱乐业	Culture, Sports and Entertainment	92.43	45.49	16.36	10.96	19.62
公共管理和社会组织	Public Management and Social Organizations	501.23	428.94	1.47	60.60	10.23

2—8 安徽生产总值收入法构成项目比例（2012年）
Proprotion of Income Method Structure of Anhui Gross Domestic Product (2012)

本表按当年价格计算。(单位：%)　Data in this table are calculated at current price. (%)

		增加值 Value-added	劳动者报酬 Compensation of Employees	生产税净额 Net Taxes on Production	固定资产折旧 Depreciation of Fixed Assets	营业盈余 Operation Surplus
安徽生产总值	**Gross Domestic Product**	**100.00**	**49.07**	**13.66**	**12.10**	**25.17**
第一产业	Primary Industry	100.00	98.20	0.05	1.75	
第二产业	Secondary Industry	100.00	38.41	17.53	12.12	31.94
工　业	Industry	100.00	34.11	18.09	13.45	34.35
建筑业	Construction	100.00	63.42	14.23	4.41	17.94
第三产业	Tertiary Industry	100.00	47.86	12.45	16.07	23.62
批发和零售业	Wholesale & Retail Trade	100.00	42.74	27.67	4.08	25.51
交通运输、仓储及邮政业	Transportation, Storage and Postal Services	100.00	59.61	9.35	15.38	15.66
住宿和餐饮业	Accommodation and Catering Trade	100.00	44.75	12.56	14.82	27.87
信息传输、计算机服务和软件业	Information Circulation, Computer Service and Software	100.00	22.79	5.77	27.24	44.20
金融业	Banking	100.00	30.09	12.96	4.62	52.33
房地产业	Real Estate	100.00	7.23	17.87	56.44	18.46
租赁和商务服务业	Leasing and Commercial Services	100.00	26.81	5.54	12.55	55.10
科学研究、技术服务和地质勘查业	Scientific Research, Technical Services and Geological Prospecting	100.00	50.66	6.96	7.71	34.67
水利、环境和公共设施管理业	Water Conservancy, Environmental and Public Facilities Management	100.00	27.82	2.57	58.73	10.88
居民服务和其他服务业	Resident Services and Other Services	100.00	88.03	3.35	1.89	6.73
教　育	Education	100.00	85.22	0.32	12.95	1.51
卫生、社会保障和社会福利业	Health Care, Social Protection and Social Welfare	100.00	89.54	0.62	5.36	4.48
文化、体育和娱乐业	Culture, Sports and Entertainment	100.00	49.22	17.70	11.86	21.22
公共管理和社会组织	Public Management and Social Organizations	100.00	85.58	0.29	12.09	2.04

2—9 第 三 产 业 增 加 值
Value-added of the Tertiary Industry

本表按当年价格计算。（单位：亿元） Data in value terms in this table are calculated at current price. （100 million yuan）

行　　业	Sector	2012	2013
总　　　计	**Total**	**5628.48**	**6286.82**
交通运输、仓储及邮政业	Transportation, Storage and Postal Services	650.21	707.10
信息传输、计算机服务和软件业	Information Circulation, Computer Service and Software	190.73	200.60
批发和零售业	Wholesale & Retail Trade	1223.97	1355.54
住宿和餐饮业	Accommodation and Catering Trade	268.95	298.03
金融业	Banking	617.62	735.44
房地产业	Real Estate	665.76	763.56
租赁和商务服务业	Leasing and Commercial Services	351.87	
科学研究、技术服务和地质勘察业	Scientific Research, Technical Services and Geological Prospecting	132.68	
水利、环境和公共设施管理业	Water Conservancy, Environmental and Public Facilities Management	106.92	
居民服务和其他服务业	Resident Services and Other Services	165.75	
教　育	Education	412.89	
卫生、社会保障和社会福利业	Health Care, Social Protection and Social Welfare	247.46	
文化、体育和娱乐业	Culture, Sports and Entertainment	92.43	
公共管理和社会组织	Public Management and Social Organizations	501.23	550.99

2—10 第 三 产 业 增 加 值 构 成
Composition of Value-added of the Tertiary Industry

本表按当年价格计算。（单位：%） Data in value terms in this table are calculated at current price. （%）

行　　业	Sector	2012	2013
总　　　计	**Total**	**100.0**	**100.0**
交通运输、仓储及邮政业	Transportation, Storage and Postal Services	11.6	11.2
信息传输、计算机服务和软件业	Information Circulation, Computer Service and Software	3.4	3.2
批发和零售业	Wholesale & Retail Trade	21.7	21.6
住宿和餐饮业	Accommodation and Catering Trade	4.8	4.7
金融业	Banking	11.0	11.7
房地产业	Real Estate	11.8	12.1
租赁和商务服务业	Leasing and Commercial Services	6.3	
科学研究、技术服务和地质勘察业	Scientific Research, Technical Services and Geological Prospecting	2.4	
水利、环境和公共设施管理业	Water Conservancy, Environmental and Public Facilities Management	1.9	
居民服务和其他服务业	Resident Services and Other Services	2.9	
教　育	Education	7.3	
卫生、社会保障和社会福利业	Health Care, Social Protection and Social Welfare	4.4	
文化、体育和娱乐业	Culture, Sports and Entertainment	1.6	
公共管理和社会组织	Public Management and Social Organizations	8.9	8.8

2—11 第三产业增加值指数
Indices of Value-added of the Tertiary Industry

本表按不变价格计算。（上年为100） The indices in this table are calculated at constant price.（preceding year=100）

行　业	Sector	2012	2013
总　计	**Total**	**110.95**	**109.50**
交通运输、仓储及邮政业	Transportation, Storage and Postal Services	108.25	107.17
信息传输、计算机服务和软件业	Information Circulation, Computer Service and Software	106.23	104.97
批发和零售业	Wholesale & Retail Trade	112.01	109.32
住宿和餐饮业	Accommodation and Catering Trade	109.60	106.45
金融业	Banking	116.83	117.55
房地产业	Real Estate	105.83	112.19
租赁和商务服务业	Leasing and Commercial Services	119.68	
科学研究、技术服务和地质勘察业	Scientific Research, Technical Services and Geological Prospecting	106.65	
水利、环境和公共设施管理业	Water Conservancy, Environmental and Public Facilities Management	108.37	
居民服务和其他服务业	Resident Services and Other Services	120.14	
教　育	Education	106.50	
卫生、社会保障和社会福利业	Health Care, Social Protection and Social Welfare	108.72	
文化、体育和娱乐业	Culture, Sports and Entertainment	113.77	
公共管理和社会组织	Public Management and Social Organizations	113.55	107.35

2—12 各市生产总值和指数
Gross Domestic Product and Its Indices by Region

本表绝对数按当年价格计算，指数按不变价格计算。
Level data in this table are calculated at current prices while indices at constant prices.

地　区	Region	生产总值（亿元） Gross Domestic Product（100 million yuan）					指　数（上年=100） Indices (preceding year=100)				
		2000	2005	2010	2012	2013	2000	2005	2010	2012	2013
合肥市	Hefei	446.64	1056.21	2961.67	4164.32	4672.91	111.0	116.4	117.0	113.6	111.5
淮北市	Huaibei	103.02	205.14	461.64	620.54	703.66	106.4	111.9	114.2	113.2	109.1
亳州市	Bozhou	153.70	235.40	512.78	715.65	791.09	97.9	110.4	113.8	111.9	109.7
宿州市	Suzhou	178.81	313.79	650.57	914.95	1014.33	108.0	106.6	113.1	112.5	110.5
蚌埠市	Bengbu	163.66	302.45	638.05	890.22	1007.85	106.3	108.2	114.5	113.0	111.1
阜阳市	Fuyang	208.87	329.03	721.51	962.53	1062.48	94.0	111.8	113.6	111.7	109.7
淮南市	Huainan	132.80	267.15	604.18	781.76	819.39	102.3	116.4	113.0	112.7	109.7
滁州市	Chuzhou	217.86	317.35	695.65	970.74	1086.14	107.0	105.5	115.6	113.1	111.1
六安市	Luan	178.62	309.11	676.11	918.19	1010.32	101.2	111.3	113.7	111.0	108.0
马鞍山市	Maanshan	173.15	411.79	949.09	1233.94	1293.02	107.6	111.9	114.7	112.0	111.0
芜湖市	Wuhu	256.60	492.04	1341.12	1873.63	2099.53	108.3	113.3	117.6	113.8	112.0
宣城市	Xuancheng	151.97	242.54	525.96	757.46	842.80	102.3	108.6	115.0	112.6	110.7
铜陵市	Tongling	75.71	175.68	466.70	621.30	680.59	109.3	113.2	117.1	111.0	111.3
池州市	Chizhou	60.05	121.00	300.84	417.45	462.25	103.9	113.3	116.1	112.3	110.2
安庆市	Anqing	242.96	421.29	989.04	1359.70	1418.24	106.8	109.1	113.6	111.5	110.5
黄山市	Huangshan	79.73	158.64	309.45	424.95	470.32	109.2	111.0	113.1	111.6	109.3

2—13 各市生产总值（2013年）
Gross Domestic Product by Region (2013)

本表绝对数按当年价格计算，指数按可比价格计算。 （单位：亿元）
Level data in this table are calculated at current prices while indices at constant prices. (100 million yuan)

地区	Region	第一产业 Primary Industry	第二产业 Secondary Industry	工业 Industry	建筑业 Construction	第三产业 Tertiary Industry	#批发零售业 Wholesale, Retail Trade	交通运输、仓储和邮政业 Transport, Storage and Postal Services	住宿和餐饮业 Accommodation and Catering Trade	金融业 Banking
合肥市	Hefei	247.21	2583.75	2053.57	530.18	1841.95	355.47	183.52	61.05	252.48
淮北市	Huaibei	57.04	473.15	437.62	35.53	173.47	39.57	29.22	12.17	19.26
亳州市	Bozhou	194.98	320.10	269.19	50.91	276.02	69.27	41.72	15.61	13.17
宿州市	Suzhou	251.16	425.95	376.52	49.43	337.21	77.95	52.80	14.77	10.64
蚌埠市	Bengbu	172.36	515.68	456.65	59.03	319.81	56.63	37.44	26.32	30.80
阜阳市	Fuyang	272.57	436.60	380.21	56.39	353.31	87.98	46.52	19.87	33.32
淮南市	Huainan	66.15	508.50	447.10	61.40	244.74	49.30	24.46	15.28	13.81
滁州市	Chuzhou	208.17	575.64	509.04	66.60	302.33	53.98	42.46	18.80	26.94
六安市	Luan	209.60	478.16	404.15	74.01	322.56	55.36	43.75	22.96	22.35
马鞍山市	Maanshan	79.62	834.14	756.67	77.47	379.25	86.60	33.21	24.40	32.56
芜湖市	Wuhu	128.60	1388.22	1264.41	123.81	582.70	84.75	83.45	44.17	52.83
宣城市	Xuancheng	119.88	442.88	376.43	66.45	280.05	40.85	44.38	15.32	19.95
铜陵市	Tongling	12.57	493.38	457.90	35.48	174.64	33.92	23.37	13.35	26.01
池州市	Chizhou	67.40	225.59	175.35	50.24	169.26	23.43	19.82	13.87	15.08
安庆市	Anqing	213.78	754.05	661.75	92.30	450.41	89.50	36.95	38.73	36.63
黄山市	Huangshan	52.96	218.15	171.44	46.71	199.21	29.72	22.73	16.10	14.82

地区	Region	房地产业 Real Estate Trade	构成（%） Composition			指数 Preceding year=100				人均生产总值（元/人） Per Capita GDP (yuan/person)
			第一产业 Primary Industry	第二产业 Secondary Industry	第三产业 Tertiary Industry	国内生产总值 Gross Domestic Product	第一产业 Primary Industry	第二产业 Secondary Industry	第三产业 Tertiary Industry	
合肥市	Hefei	269.88	5.3	55.3	39.4	111.5	103.2	112.9	110.6	61555
淮北市	Huaibei	13.61	8.1	67.2	24.7	109.1	103.5	110.4	107.3	32996
亳州市	Bozhou	27.95	24.6	40.5	34.9	109.7	103.8	112.7	110.2	16071
宿州市	Suzhou	20.52	24.8	42.0	33.2	110.5	104.0	113.9	110.8	18768
蚌埠市	Bengbu	34.19	17.1	51.2	31.7	111.1	103.9	114.3	109.5	31482
阜阳市	Fuyang	34.87	25.6	41.1	33.3	109.7	103.8	112.9	109.9	13839
淮南市	Huainan	19.26	8.1	62.0	29.9	109.7	103.6	110.5	109.1	34897
滁州市	Chuzhou	43.75	19.2	53.0	27.8	111.1	103.7	114.3	109.8	27474
六安市	Luan	62.15	20.8	47.3	31.9	108.0	103.3	110.7	107.0	17828
马鞍山市	Maanshan	39.91	6.2	64.5	29.3	111.0	103.5	112.3	109.1	58733
芜湖市	Wuhu	59.40	6.1	66.1	27.8	112.0	103.3	113.8	109.4	58532
宣城市	Xuancheng	26.97	14.2	52.6	33.2	110.7	103.1	113.4	109.6	32928
铜陵市	Tongling	15.53	1.8	72.5	25.7	111.3	103.6	112.9	107.3	92599
池州市	Chizhou	21.13	14.6	48.8	36.6	110.2	103.4	112.3	109.7	32541
安庆市	Anqing	48.14	15.0	53.2	31.8	110.5	103.3	112.9	109.3	26596
黄山市	Huangshan	19.51	11.2	46.4	42.4	109.3	103.0	111.5	108.5	34725

2—14 支出法安徽生产总值

Gross Domestic Product of Anhui by Expenditure Approach

本表按当年价格计算，2005—2008年数据按2008年经济普查结果进行修订。

Data in value terms in this table are calculated at current prices, In 2005-2008, data carries on the revision according to the economical general survey result in 2008.

年份 Year	支出法生产总值（亿元）Gross Domestic Product by Expenditure Approach (100 million yuan)	最终消费 Final Consumption Expenditure	资本形成总额 Gross Captital Formation	货物和服务净出口 Net Export of Goods and Services	资本形成率（投资率）(%) Capital Formation Rate (%)	最终消费率（消费率）(%) Final Consumption Rate (%)
2000	3041.24	1947.78	1094.97	-1.50	36.00	64.05
2005	5350.17	3006.70	2354.10	-10.59	44.00	56.20
2006	6112.50	3374.70	2760.50	-22.74	45.16	55.21
2007	7360.92	3979.71	3418.20	-36.99	46.44	54.07
2008	8851.66	4571.97	4319.15	-39.46	48.79	51.65
2009	10062.82	5179.08	4914.15	-30.41	48.83	51.47
2010	12359.33	6213.15	6171.54	-25.36	49.93	50.27
2011	15300.65	7604.30	7725.04	-28.69	50.49	49.70
2012	17212.05	8439.01	8855.77	-82.73	51.45	49.03

2—15 支出法安徽生产总值结构

Structure of Gross Domestic Product Calculated by Expenditure Approach

本表按当年价格计算，2005—2008年数据按2008年经济普查结果进行修订。

Data in value terms in this table are calculated at current prices, In 2005-2008, data carries on the revision according to the economical general survey result in 2008.

年份 Year	最终消费 Final Consumption Expenditure								资本形成总额 Gross Capital Formation			
	绝对数（亿元）Absolute Figure (100 million yuan)				比重 Proportion				绝对数（亿元）Absolute Figure (100 million yuan)		比重（资本形成总额=100）Proportion (Gross Capital Formation=100)	
					最终消费=100 Final Consumption Expenditure=100		居民消费=100 Household Consumption=100					
	居民消费 Household Consumption Expenditure	城镇居民 Urban Household	农村居民 Rural Household	政府消费 Government Consumption Expenditure	居民消费 Household Consumption Expenditure	政府消费 Government Consumption Expenditure	城镇居民 Urban Household	农村居民 Rural Household	固定资本形成总额 Gross Fixed Capital Formation	存货变动 Change in Inventories	固定资本形成总额 Gross Fixed Capital Formation	存货变动 Change in Inventories
2000	1615.43	650.95	964.49	332.34	82.94	17.06	40.30	59.70	928.09	166.88	84.76	15.24
2005	2399.40	1519.20	880.20	607.30	79.80	20.20	63.32	36.68	2214.00	140.00	94.05	5.95
2006	2707.20	1757.90	949.30	667.50	80.22	19.78	64.93	35.07	2656.90	103.60	96.25	3.75
2007	3225.49	2132.57	1092.92	754.22	81.05	18.95	66.12	33.88	3344.78	73.42	97.85	2.15
2008	3679.34	2473.51	1205.83	892.63	80.48	19.52	67.23	32.77	4229.64	89.51	97.93	2.07
2009	4188.29	2862.56	1325.73	990.79	80.87	19.13	68.35	31.65	4820.46	93.69	98.09	1.91
2010	4873.35	3374.00	1499.35	1339.80	78.44	21.56	69.23	30.77	6061.09	110.45	98.21	1.79
2011	5779.16	3973.86	1805.30	1825.14	76.00	24.00	68.76	31.24	7594.37	130.67	98.31	1.69
2012	6301.91	4439.49	1862.42	2137.10	74.68	25.32	70.45	29.55	8712.90	142.87	98.39	1.61

2—16 居民消费水平
Household Consumption

本表绝对数按当年价格计算，指数按不变价格计算，2005—2008年数据按2008年经济普查结果进行修订。
Level data in this table are calculated at current prices while indices at constant prices.
In 2005-2008, data carries on the revision according to the economical general survey result in 2008.

年份 Year	绝对数（元） Value (yuan)			城乡消费水平对比（农民=1） Urban/Rural Consumption Ratio (Agricultural Households=1)	指数（上年为100） Index (Preceding year=100)			指数（1978年为100） Index (1978=100)		
	全省居民 All Households	城镇居民 Urban Household	农村居民 Rural Household		全省居民 All Households	城镇居民 Urban Household	农村居民 Rural Household	全省居民 All Households	城镇居民 Urban Household	农村居民 Rural Household
1990	670	1236	570	2.17	96.68	100.16	95.48	210.03	206.34	199.30
1991	683	1379	559	2.47	117.01	124.84	103.33	245.77	257.60	205.94
1992	762	1646	597	2.76	102.81	122.55	102.21	252.66	315.69	210.49
1993	973	2389	700	3.41	105.96	100.74	103.65	267.71	318.03	218.18
1994	1251	2671	969	2.76	105.74	114.23	103.69	283.07	363.27	226.22
1995	1669	3441	1300	2.65	107.20	101.84	109.43	303.45	369.95	247.55
1996	1945	4073	1488	2.74	113.12	111.64	112.85	343.26	413.02	279.37
1997	2275	4429	1796	2.47	114.34	106.02	118.52	392.48	437.90	331.12
1998	2370	4675	1845	2.53	107.10	107.05	106.20	420.06	468.78	351.40
1999	2523	4985	1939	2.57	106.60	107.40	104.70	447.96	503.34	367.83
2000	2588	5323	1922	2.77	104.30	108.00	100.70	466.94	543.36	370.43
2001	2739	5806	1985	2.92	106.31	109.13	104.05	496.40	592.97	385.43
2002	2988	4468	2353	1.90	105.96	111.52	101.01	525.99	661.28	389.32
2003	3312	4933	2572	1.92	108.04	109.83	104.65	570.17	726.28	407.42
2004	3707	5343	2910	1.84	106.80	104.90	106.40	608.94	761.86	433.49
2005	3870	7102	2167	3.28	110.40	106.30	110.40	672.27	809.86	478.57
2006	4409	7886	2427	3.25	112.10	109.20	110.50	753.61	884.37	528.82
2007	5276	9204	2878	3.20	112.90	109.80	111.30	850.83	971.04	588.58
2008	6006	10196	3259	3.13	110.90	108.40	109.30	943.57	1052.61	643.32
2009	6829	11301	3683	3.07	110.30	107.90	108.80	1040.76	1135.77	699.93
2010	8237	13259	4447	2.98	114.51	111.26	114.89	1191.77	1263.66	804.15
2011	9692	15179	5397	2.81	115.30	107.50	113.30	1374.11	1358.43	911.10
2012	10541	16268	5732	2.84	106.67	110.80	108.60	1465.76	1505.14	989.45

注：根据国家统计局制度规定，从2003年起按常住人口计算，2002年数据作同口径调整。
a) In accordance with the regulation of NBS, the permanent population has been used since the year 2003 and the data of 2002 have been adjusted in the same scope.

2—17 各市、县生产总值及指数（2013年）
Gross Domestic Product and Indices by County or City (2013)

市、县 County、city		生产总值（亿元）Gross Domestic Product (100 million yuan)	第一产业 Primary Industry	第二产业 Secondary Industry	第三产业 Tertiary Industry	生产总值指数（%）Indices of Gross Domestic Product (2013=100)	第一产业 Primary Industry	第二产业 Secondary Industry	第三产业 Tertiary Industry	人均生产总值（元/人）Per Capita GDP (yuan/person)
合肥市	**Hefei**	**4672.91**	**247.21**	**2583.75**	**1841.95**	**111.5**	**103.2**	**112.9**	**110.6**	**61555**
巢湖市	Chaohu	235.30	26.54	136.82	71.95	112.2	103.9	117.3	106.4	26589
长丰县	Changfeng	303.68	55.18	184.35	64.15	112.9	103.6	117.1	108.3	39590
肥东县	Feidong	405.64	58.75	261.98	84.91	110.3	103.7	111.6	111.5	37602
肥西县	Feixi	462.68	54.96	301.53	106.19	110.0	103.7	111.2	109.7	52014
庐江县	Lujiang	180.22	40.02	84.31	55.89	110.3	103.8	115.4	108.9	15121
淮北市	**Huaibei**	**703.66**	**57.04**	**473.15**	**173.47**	**109.1**	**103.5**	**110.4**	**107.3**	**32996**
濉溪县	Suixi	185.83	39.86	102.21	43.76	112.4	104.8	117.3	107.2	17281
亳州市	**Bozhou**	**791.09**	**194.98**	**320.10**	**276.02**	**109.7**	**103.8**	**112.7**	**110.2**	**16071**
涡阳县	Guoyang	196.87	45.41	88.64	62.82	109.8	103.2	112.8	109.9	12372
蒙城县	Mengcheng	176.58	46.80	72.77	57.01	110.1	104.5	112.6	111.4	12997
利辛县	Lixin	143.62	45.79	40.21	57.61	108.0	103.0	111.8	109.1	8899
宿州市	**Suzhou**	**1014.33**	**251.16**	**425.95**	**337.21**	**110.5**	**104.0**	**113.9**	**110.8**	**18768**
砀山县	Dangshan	129.88	39.59	57.66	32.63	110.9	103.8	115.5	110.4	13133
萧县	Xiaoxian	181.37	50.96	73.50	56.91	111.2	104.2	116.4	110.7	12902
灵璧县	Lingbi	142.44	50.05	45.25	47.15	109.8	104.0	115.7	111.2	11333
泗县	Sixian	132.78	46.37	51.18	35.24	110.0	103.9	115.3	110.0	14115
蚌埠市	**Bengbu**	**1007.85**	**172.36**	**515.68**	**319.81**	**111.1**	**103.9**	**114.3**	**109.5**	**31482**
怀远县	Huaiyuan	190.21	60.01	78.58	51.62	110.4	103.9	115.7	109.6	14878
五河县	Wuhe	127.54	48.35	40.15	39.04	108.9	104.0	114.0	109.4	19216
固镇县	Guzhen	130.70	43.82	52.30	34.58	110.8	104.0	116.2	110.9	20699
阜阳市	**Fuyang**	**1062.48**	**272.57**	**436.60**	**353.31**	**109.7**	**103.8**	**112.9**	**109.9**	**13839**
界首市	Jieshou	112.57	22.34	62.49	27.74	112.5	103.6	116.9	109.2	14186
临泉县	Linquan	125.48	62.13	26.05	37.31	107.7	104.0	113.7	109.0	5527
太和县	Taihe	153.11	44.42	63.05	45.63	110.3	103.9	115.0	109.4	8722
阜南县	Funan	119.73	44.59	39.57	35.58	107.8	103.7	112.3	107.4	6894
颍上县	Yingshang	179.35	44.36	96.25	38.73	110.1	104.0	112.4	110.6	10180
淮南市	**Huainan**	**819.39**	**66.15**	**508.50**	**244.74**	**109.7**	**103.6**	**110.5**	**109.1**	**34897**
凤台县	Fengtai	222.02	28.55	147.72	45.76	108.2	103.7	108.6	109.1	34605
滁州市	**Chuzhou**	**1086.14**	**208.17**	**575.64**	**302.33**	**111.1**	**103.7**	**114.3**	**109.8**	**27474**
天长市	Tianchang	237.25	29.91	159.53	47.81	112.0	103.6	114.2	109.7	37461
明光市	Mingguang	102.43	31.23	35.75	35.44	109.1	103.7	113.1	109.6	16118
来安县	Laian	108.35	20.41	59.15	28.79	110.7	103.7	113.3	109.9	21818
全椒县	Quanjiao	100.83	23.65	47.57	29.61	110.2	103.8	113.0	110.3	21793
定远县	Dingyuan	129.80	50.49	41.24	38.07	109.3	103.9	115.0	109.9	13370
凤阳县	Fengyang	129.66	34.13	56.96	38.57	109.9	103.8	113.8	109.2	16870

注：本表绝对额按当年价格计算，指数按可比价格计算。

a) Level data in this table are calculated at current prices while indices at constant prices.

2—17 续表 continued

市、县 County、city		生产总值（亿元）Gross Domestic Product (100 million yuan)	第一产业 Primary Industry	第二产业 Secondary Industry	第三产业 Tertiary Industry	生产总值指数（%）Indices of Gross Domestic Product (2013=100)	第一产业 Primary Industry	第二产业 Secondary Industry	第三产业 Tertiary Industry	人均生产总值（元/人）Per Capita GDP (yuan/person)
六安市	**Luan**	**1010.32**	**209.60**	**478.16**	**322.56**	**108.0**	**103.3**	**110.7**	**107.0**	**17828**
寿县	Shouxian	115.10	40.53	33.27	41.30	107.1	103.0	111.7	108.5	8328
霍邱县	Huoqiu	214.75	45.13	112.84	56.77	109.1	103.3	112.9	106.3	12783
舒城县	Shucheng	140.54	29.24	66.69	44.60	108.6	103.5	112.3	106.6	14085
金寨县	Jinzhai	80.16	17.14	33.39	29.62	98.4	103.4	90.3	106.1	11945
霍山县	Huoshan	133.50	11.79	93.75	27.96	110.8	103.3	113.1	106.3	36708
马鞍山市	**Maanshan**	**1293.02**	**79.62**	**834.14**	**379.25**	**111.0**	**103.5**	**112.3**	**109.1**	**58733**
当涂县	Dangtu	243.48	25.44	173.92	44.13	115.2	104.4	117.7	111.0	51420
含山县	Hanshan	103.91	19.71	52.82	31.37	113.4	105.2	118.4	109.8	23373
和县	Hexian	116.43	22.03	61.26	33.14	113.6	105.3	118.8	109.1	21414
芜湖市	**Wuhu**	**2099.53**	**128.60**	**1388.22**	**582.70**	**112.0**	**103.3**	**113.8**	**109.4**	**58532**
芜湖县	Wuhu	164.88	17.73	116.90	30.25	112.4	103.7	114.2	110.5	47509
繁昌县	Fanchang	186.88	8.36	141.72	36.81	112.4	103.6	114.7	105.6	67271
南陵县	Nanling	156.89	27.52	97.77	31.60	109.9	104.1	113.2	104.0	28439
无为县	Wuwei	323.25	50.58	191.66	81.01	112.2	104.0	114.8	110.4	24784
宣城市	**Xuancheng**	**842.80**	**119.88**	**442.88**	**280.05**	**110.7**	**103.1**	**113.4**	**109.6**	**32928**
宁国市	Ningguo	203.96	19.94	133.41	50.62	111.4	103.0	113.6	109.0	52580
郎溪县	Langxi	95.49	13.95	61.84	19.70	113.2	103.3	116.8	109.1	27702
广德县	Guangde	157.43	17.36	83.95	56.12	112.5	103.3	116.9	109.1	30436
泾县	Jingxian	71.39	15.89	31.75	23.75	108.9	103.4	112.9	107.1	20054
绩溪县	Jixi	50.00	9.79	25.82	14.39	109.0	103.4	111.7	107.6	28305
旌德县	Jingde	30.04	6.53	14.47	9.05	108.0	103.2	110.4	107.3	20057
铜陵市	**Tongling**	**680.59**	**12.57**	**493.38**	**174.64**	**111.3**	**103.6**	**112.9**	**107.3**	**92599**
铜陵县	Tongling	111.59	9.52	80.08	22.00	113.3	105.1	115.9	106.9	38173
池州市	**Chizhou**	**462.25**	**67.40**	**225.59**	**169.26**	**110.2**	**103.4**	**112.3**	**109.7**	**32541**
东至县	Dongzhi	110.76	25.35	51.48	33.94	110.1	103.3	113.5	109.7	20165
石台县	Shitai	18.90	3.70	7.97	7.24	108.7	103.5	110.0	109.6	17404
青阳县	Qingyang	68.24	9.60	35.90	22.73	110.5	103.5	112.6	109.7	24981
安庆市	**Anqin**	**1418.24**	**213.78**	**754.05**	**450.41**	**110.5**	**103.3**	**112.9**	**109.3**	**26596**
桐城市	Tongcheng	200.15	25.58	130.05	44.52	110.4	103.1	112.6	107.6	26374
怀宁县	Huaining	159.52	20.53	101.15	37.84	111.2	103.6	114.1	107.1	22826
枞阳县	Zongyang	176.29	31.14	101.60	43.56	111.2	103.4	114.4	108.8	18114
潜山县	Qianshan	115.22	22.04	63.23	29.95	110.2	103.5	113.7	106.2	19569
太湖县	Taihu	84.78	21.14	38.94	24.70	110.0	103.4	114.1	108.3	14827
宿松县	Susong	132.79	40.02	57.26	35.51	110.0	103.6	114.2	109.3	15723
望江县	Wangjiang	87.06	25.36	38.54	23.17	110.1	103.6	113.8	109.5	13731
岳西县	Yuexi	67.20	14.37	37.17	15.66	110.6	103.4	113.2	109.6	16503
黄山市	**Huangshan**	**470.32**	**52.96**	**218.15**	**199.21**	**109.3**	**103.0**	**111.5**	**108.5**	**34725**
歙县	Shexian	120.85	17.51	61.84	41.49	110.0	103.1	112.9	108.4	25256
休宁县	Xiuning	62.63	11.87	27.21	23.55	109.6	102.8	112.3	110.0	22757
黟县	Yixian	23.01	3.46	11.22	8.34	109.5	103.3	111.4	109.6	24322
祁门县	Qimen	48.09	5.73	20.78	21.58	109.5	103.4	111.3	109.4	25816

2—18 资产负债综合表（2012年末）
Assets and Liabilities Table (end of 2012)

交易项目 Transaction	机构部门 Institutional Sector	非金融企业部门 Non-financial Enterprises		金融机构部门 Financial Institutions	
		使用 Utilization	来源 Source	使用 Utilization	来源 Source
非金融资产	**Non-financial Assets**	**29794.92**		**696.09**	
固定资产	Fixed Assets	17071.53		247.62	
#在建工程	Constructing Project	3022.67		65.59	
存货	Inventory	10636.01		3.39	
#产成品和商品库存	Products and Inventory	1841.52			
其他非金融资产	Other Non-financial Assets	2087.38		445.08	
#无形资产	Intangible Assets	1027.36		44.15	
金融资产与负债	**Financial Assets and Liabilities**	**19445.42**	**25874.01**	**21841.63**	**25804.61**
国内金融资产与负债	Domestic Financial Assets and Liabilities	19313.22	24377.36	21841.63	25621.31
通货	Current in Circulation	2504.03		371.81	
存款	Savings Deposits	8408.87			23211.45
贷款	Loans		12570.29	16795.17	
股票及其他股权	Stocks and Other Stock Rights	3685.39	7629.96	107.47	741.85
证券（不含股票）	Securities (Not Including Stocks)	73.75	276.35	82.91	
保险准备金	Insurance Reserve Funds	182.01			1368.17
其他	Other	4459.16	3900.76	4484.27	299.84
国外金融资产与负债	Foreign Financial Assets and Liabilities	132.20	1496.64	0.00	183.30
直接投资	Direct Investment	132.20	1389.73		
证券投资	Security Investment		106.92		
其他投资	Other Investment				183.30
资产负债差额	**Balance Between Assets and Liabilities**		**23366.32**		**-3266.89**
资产与负债总额	**Total Financial Assets and Liabilities**	**49240.33**	**49240.33**	**22537.72**	**22537.72**

单位：亿元（100 million yuan）

政府部门 Governments		住户部门 Households		省内合计 Regional Sum		国内省外 Outside Province		国外部门 Overseas		合计 Total	
使用 Utilization	来源 Source	使用 Utilization	来源 Source	使用 Utilization	来源 Source	使用 Utilization	来源 Source	使用 Utilization	来源 Source	使用 Utilization	来源 Source
2551.39		**10705.43**		**43747.82**						**43747.82**	
1896.86		9969.35		29185.36						29185.36	
94.46				3182.72						3182.72	
4.91		729.85		11374.17						11374.17	
4.91		449.14		2295.57						2295.57	
649.62		6.23		3188.30						3188.30	
15.64				1087.15						1087.15	
3727.09	**633.67**	**14005.37**	**4235.06**	**59019.51**	**56547.35**	**5003.86**	**9023.77**	**1679.94**	**132.20**	**65703.31**	**65703.31**
3727.09	633.67	14005.37	4235.06	58887.31	54867.40	5003.86	9023.77			63891.17	63891.17
3.59		1085.52		3964.96	0.00		3964.96			3964.96	3964.96
3285.30		11178.62		22872.79	23211.45	338.66				23211.45	23211.45
	215.14		4224.88	16795.17	17010.31	215.14				17010.31	17010.31
		924.69		4717.55	8371.82	3654.27				8371.82	8371.82
3.34		211.00		370.99	276.35		94.64			370.99	370.99
		390.36		572.37	1368.17	795.80				1368.17	1368.17
434.86	418.53	215.18	10.18	9593.48	4629.31		4964.17			9593.48	9593.48
				132.20	1679.94			1679.94	132.20	1812.14	1812.14
				132.20	1389.73			1389.73	132.20	1521.92	1521.92
					106.92			106.92		106.92	106.92
					183.30			183.30		183.30	183.30
	5644.81		**20475.74**		**46219.98**		**-4019.91**		**1547.75**		**43747.82**
6278.48	**6278.48**	**24710.80**	**24710.80**	**102767.33**	**102767.33**	**5003.86**	**5003.86**	**1679.94**	**1679.94**	**109451.13**	**109451.13**

主要统计指标解释

国内生产总值（GDP）

指按市场价格计算的一个国家（或地区）所有常住单位在一定时期内生产活动的最终成果。国内生产总值有三种表现形态，即价值形态、收入形态和产品形态。从价值形态看，它是所有常住单位在一定时期内生产的全部货物和服务价值超过同期投入的全部非固定资产货物和服务价值的差额，即所有常住单位的增加值之和；从收入形态看，它是所有常住单位在一定时期内创造并分配给常住单位和非常住单位的初次收入之和；从产品形态看，它是所有常住单位在一定时期内最终使用的货物和服务价值减去货物和服务进口价值。在实际核算中，国内生产总值有三种计算方法，即生产法、收入法和支出法。三种方法分别从不同的方面反映国内生产总值及其构成。

三次产业

三次产业的划分是世界上较为常用的产业结构分类，但各国的划分不尽一致。我国的三次产业划分是：

第一产业是指农业、林业、畜牧业、渔业和农林牧渔服务业。

第二产业是指采矿业，制造业，电力、煤气及水的生产和供应业，建筑业。

第三产业是指除第一、二产业以外的其他行业。

劳动者报酬

指劳动者因从事生产活动所获得的全部报酬。包括劳动者获得的各种形式的工资、奖金和津贴，既包括货币形式的，也包括实物形式的，还包括劳动者所享受的公费医疗和医药卫生费、上下班交通补贴、单位支付的社会保险费、住房公积金等。对于个体经济来说，其所有者所获得的劳动报酬和经营利润不易区分，这两部分统一作为劳动者报酬处理。

生产税净额

指生产税减生产补贴后的余额。生产税指政府对生产单位从事生产、销售和经营活动以及因从事生产活动使用某些生产要素（如固定资产、土地、劳动力）所征收的各种税、附加费和规费。生产补贴与生产税相反，指政府对生产单位的单方面转移支出，因此视为负生产税，包括政策亏损补贴、价格补贴等。

固定资产折旧

指一定时期内为弥补固定资产损耗按照规定的固定资产折旧率提取的固定资产折旧，或按国民经济核算统一规定的折旧率虚拟计算的固定资产折旧。它反映了固定资产在当期生产中的转移价值。各类企业和企业化管理的事业单位的固定资产折旧是指实际计提的折旧费；不计提折旧的政府机关、非企业化管理的事业单位和居民住房的固定资产折旧是按照统一规定的折旧率和固定资产原值计算的虚拟折旧。原则上，固定资产折旧应按固定资产当期的重置价值计算，但是目前我国尚不具备对全社会固定资产进行重估价的基础，所以暂时只能采用上述办法。

营业盈余

指常住单位创造的增加值扣除劳动者报酬、生产税净额和固定资产折旧后的余额。它相当于企业的营业利润加上生产补贴，但要扣除从利润中开支的工资和福利等。

支出法国内生产总值

是从最终使用的角度反映一个国家（或地区）一定时期内生产活动最终成果的一种方法，包括最终消费支出、资本形成总额及货物和服务净出口三部分。计算公式为：

支出法国内生产总值=最终消费支出+资本形成总额+货物和服务净出口

最终消费支出

指常住单位为满足物质、文化和精神生活的需要，从本国经济领土和国外购买的货物和服务的支出。它不包括非常住单位在本国经济领土内的消费支出。最终消费支出分为居民消费支出和政府消费支出。

居民消费支出

指常住住户在一定时期内对于货物和服务的全部最终消费支出。居民消费支出除了直接以货币形式购买的货物和服务的消费支出外，还包括以其他方式获得的货物和服务的消费支出，即所谓的虚拟消费支出。居民虚拟消费支出包括如下几种类型：单位以实物报酬及实物转移的形式提供给劳动者的货物和服务；住户生产并由本住户消费了的货物和服务，其中的服务仅指住户的自有住房服务；金融机构提供的金融媒介服务；保险公司提供的保险服务。

政府消费支出

指政府部门为全社会提供的公共服务的消费支出和免费或以较低的价格向居民住户提供的货物和服务的净支出，前者等于政府服务的产出价值减去政府单位所获得的经营收入的价值，后者等于政府部门免费或以较低价格向居民住户提供的货物和服务的市场价值减去向住户收取的价值。

资本形成总额

指常住单位在一定时期内获得减去处置的固定资产和存货的净额，包括固定资本形成总额和存货增加两部分。

固定资本形成总额

指常住单位在一定时期内获得的固定资产减处置的固定资产的价值总额。固定资产是通过生产活动生产出来的，且其使用年限在一年以上、单位价值在规定标准以上的资产，不包括自然资产。可分为有形固定资本形成总额和无形固定资本形成总额。有形固定资本形成总额包括一定时期内完成的建筑工程、安装工程和设备工器具购置（减处置）价值，以及土地改良、新增役、种、奶、毛、娱乐用牲畜和新增经济林木价值。无形固定资本形成总额包括矿藏的勘探、计算机软件等获得减处置。

存货变动

指常住单位在一定时期内存货实物量变动的市场价值，即期末价值减期初价值的差额，再扣除当期由于价格变动而产生的持有收益。存货变动可以是正值，也可以是负值，正值表示存货上升，负值表示存货下降。存货包括生产单位购进的原材料、燃料和储备物资等存货，以及生产单位生产的产成品、在制品和半成品等存货。

货物和服务净出口

指货物和服务出口减货物和服务进口的差额。出口包括常住单位向非常住单位出售或无偿转让的各种货物和服务的价值；进口包括常住单位从非常住单位购买或无偿得到的各种货物和服务的价值。由于服务活动的提供与使用同时发生，一般把常住单位从非常住单位得到的服务作为进口，非常住单位从常住单位得到的服务作为出口。货物的出口和进口都按离岸价格计算。

机构单位

指有权拥有资产和承担负债，能够独立地从事经济活动并与其他实体进行交易的经济实体。

机构部门

将相同性质的机构单位归并在一起，就形成机构部门。资金流量核算将常住机构单位划分为以下四个机构部门：非金融企业部门、金融机构部门、政府部门、住户部门。与常住单位发生经济往来关系的非常住单位组成国外部门，在资金流量核算中也视同机构部门。

非金融企业与非金融企业部门

非金融企业指主要从事市场货物生产和提供非金融市场服务的常住企业，它主要包括从事上述活动的各类法人企业。所有非金融企业归并在一起，就形成非金融企业部门。

金融机构与金融机构部门

金融机构指主要从事金融媒介以及与金融媒介密切相关的辅助金融活动的常住单位，它主要包括中央银行、商业银行和政策性银行、非银行信贷机构和保险公司。所有金融机构归并在一起，就形成金融机构部门。

政府单位与政府部门

政府单位指在我国境内通过政治程序建立的、在一特定区域内对其他机构单位拥有立法、司法和行政权的法律实体及其附属单位。政府单位的主要职能是利用征税和其他方式获得的资金向社会和公众提供公共服务。通过转移支付，对社会收入和财产进行再分配。它主要包括各种行政单位和非营利性事业单位。所有政府单位归并在一起，就形成政府部门。

住户与住户部门

住户指共享同一生活设施、部分或全部收入和财产集中使用、共同消费住房、食品和其他消费品与消费服务的常住个人或个人群体。所有住户归并在一起，就形成住户部门。

非常住单位与国外部门

所有不具有常住性的机构单位都是非常住单位。将所有与我国常住单位发生交易的非常住单位归并在一起，就形成国外部门。

初次分配总收入

初次分配是生产活动形成的净成果在参与生产活动的生产要素的所有者及政府之间的分配。生产活动的净成果是增加值。生产要素包括劳动力、土地、资本。劳动力所有者因提供劳动而获得劳动报酬；土地所有者因出租土地而获得地租；资本的所有者因资本的形态不同而获得不同形式的收入：借贷资本所有者获得利息收入；股权所有者获得红利或未分配利润；政府因直接或间接介入生产过程而获得生产税或支付补贴。初次分配的结果形成各个机构部门的初次分配总收入。各部门的初次分配总收入之和就等于国民总收入，亦即国民生产总值。

经常转移

转移是一个机构单位向另一个机构单位提供货物、服务或资产，而同时并没有从后一机构单位获得任何货物、服务或资产作为回报的一种交易。经常转移包括扣除资本转移外的所有转移。其形式有收入税、社会保险付款、社会补助和其他经常转移。

可支配总收入

在初次分配总收入的基础上，通过经常转移的形式对初次分配总收入进行再次分配。再分配的结果形成各个机构部门的可支配总收入。各部门的可支配总收入之和称为国民可支配总收入。

总储蓄

指可支配总收入用于最终消费后的余额。各部门的总储蓄之和称为国民总储蓄。

资本转移

指一个部门无偿地向另一个部门支付用于非金融投资的资金，是一种不从对方获取任何对应物作为回报的交易。资本转移具有不同于经常转移的两个特征，一是转移的目的是用于投资，而不是用于消费；二是资本转移其实物形式往往涉及除存货和现金以外资产所有权的转移；其现金形式往往涉及除存货以外的资产的处置。资本转移包括投资性补助和其他资本转移。

净金融投资

它反映机构部门或经济总体资金富余或短缺的状况。从实物交易角度看，它是指总储蓄加资本转移收入减资本转移支出减非金融投资后的差额。从金融交易角度看，它是金融资产的增加额减金融负债的增加额之后的差额。

通货

指以现金形式存在于市场流通中的货币，包括本币和外币。

存款

指金融机构接受客户存入的货币款项，存款人可随时或按约定时间支取款项的信用业务。包括活期存款、定期存款、住户储蓄存款、财政存款、外汇存款和其他存款等。

贷款

指金融机构将其所吸收的资金，按一定的利率贷放给客户并约期归还的信用业务。包括短期贷款、中长期贷款、财政贷款、外汇贷款和其他贷款。

证券（不含股票）

由债券购买者承购的或因销售产品而拥有的，可在金融市场上交易并代表一定债权的书面证明。包括政府债券、金融债券、企业债券、商业票据、支付固定收入但不提供法人企业残余价值分享权的优先股等。

股票及其他股权

指股票购买者及直接投资者对其投资企业净资产所拥有的权益。股票是股份公司签发的证明股东投资并按其所持股份享有权益和承担义务的权益性证券。其他股权是机构单位以直接投资的方式用除股票、债权性证券以外的土地、房屋及建筑物、机器设备、存货、资源资产等实物资产，商标、专利权、土地使用权、特许使用权、商誉等无形资产及货币资金直接向其他单位进行的投资。通常以股权证、出资证明书、参与证或类似的单据为凭证。

保险准备金

指对人寿保险准备金和养恤基金的净权益、保险费预付款和未结索赔准备金。

Explanatory Notes for Major Statistical Indicators

Gross Domestic Product (GDP)

refers to the final products at market prices produced by all resident units in a country (or a region) during a certain period of time. Gross domestic product is expressed in three different perspectives, namely value, income, and products respectively. GDP in its value perspective refers to the total value of all goods and services produced by all resident units during a certain period of time, minus the total value of input of goods and services of the nature of non-fixed assets; in other words, it is the sum of the value-added of all resident units. GDP from the perspective of income includes the primary income created by all resident units and distributed to resident and non-resident units. GDP from the perspective of products refers to the value of all goods and services for final consumption by all resident units minus the net exports of goods and services during a given period of time. In the practice of national accounting, gross domestic product is calculated from three approaches, namely production approach, income approach and expenditure approach, which reflect gross domestic product and its composition from different angles.

Three Strata of Industry

Classification of economic activities into three strata of industry is a common practice in the world, although the grouping varies to some extent form country to country. In China economic activities are categorized into the following three strata of industry:

Primary industry refers to agriculture, forestry, animal husbandry and fishery and services in support of these industries.

Secondary industry refers to mining and quarrying, manufacturing, production and supply of electricity, water and gas, and construction.

Tertiary industry refers to all other economic activities not included in the primary or secondary industries.

Labourers Remuneration

refers to the total payment of various forms to labourers for the productive activities they are engaged in. It includes wages, bonuses and allowances, which the labourers earn in cash and in kind. It also includes the free medical services provided to the labourers and the medicine expenses, transport subsidies and social insurance, and housing fund paid by the employers. As regards the individual economy, since labourers remuneration is not easily distinguishable from the operating profit, both parts are treated as labourer remuneration.

Net Taxes on Production

refers to taxes on production less subsidies on production. The taxes on production refers to the various taxes, extra charges and fees levied on the production units on their production, sale and business activities as well as on the use of some factors of production, such as fixed assets, land and labour in the production activities they are engaged in. In contrast to taxes on production, subsidies on production refer to the unilateral government transfer to the production units and are therefore regarded as negative taxes on production. They include subsidies on the loss due to implementation of government policies, price subsidies, etc.

Depreciation of Fixed Assets

refers to the depreciation of fixed assets in a given period, drawn in accordance with the stipulated depreciation rate for the purpose of compensating the wear-and-tear loss of the fixed assets or the depreciation of fixed assets imputed in accordance with the stipulated unified depreciation rate in the national economic accounting system. It reflects the value of transfer of the fixed assets in the production of the current period. The depreciation of fixed assets in various enterprises and institutions managed as enterprises refers to the depreciation expenses actually drawn. In government agencies and institutions not managed as enterprises which do not draw the depreciation expenses, as well as for the houses of residents, the depreciation of fixed assets is the imputed depreciation, which is calculated in accordance with the stipulated unified depreciation rate. In principle, the depreciation of fixed assets should be calculated on the basis of the re-purchased value of the fixed assets. However, currently the conditions in China do not facilitate the revaluation of all the fixed assets. Therefore, only the above-mentioned methods can be adopted at present.

Operating Surplus

refers to the balance of the value added created by the resident units after deducting the labourers remuneration, net taxes on production and the depreciation of fixed assets. It is equivalent to the business profit of the enterprises plus subsidies to production, but the wages and welfare expenses paid from the profits should be deducted.

GDP by Expenditure Approach

refers to the method of measuring the final results of production activities of a country (region) during a given period from the perspective of final uses. It includes final consumption expenditure, gross capital formation and net export of goods and services. The formula for computation is.:

GDP by expenditure approach = final consumption expenditure + gross capital formation + net export of goods and services

Final Consumption Expenditure

refers to the total expenditure of resident units for purchases of goods and services from both the domestic economic territory and abroad to meet the needs of material, cultural and spiritual life. It does not include the expenditure of non-resident units on consumption in the economic territory of the country. The final consumption expenditure is broken down into household consumption expenditure and government consumption expenditure.

Household Consumption Expenditure

refers to the total expenditure of resident households on the final consumption of goods and services. In addition to the consumption of goods and services bought by the households directly with money, the household consumption expenditure also includes expenditure on goods and services obtained by the households in other ways, i.e. the so-called imputed consumption expenditure, which includes the following: (a) the goods and services provided to households by employers in the form of payment in kind and transfer in kind; (b) goods and services produced and consumed by the households themselves, in which the services refer only to the owner-occupied housing; (c) financial intermediate services provided by financial institutions; (d) insurance services provided by insurance companies.

Government Consumption Expenditure

refers to the consumption expenditure spent for the provision of public services provided by the government to the whole country and the net expenditure on the goods and services provided by the government to households free of charge or at reduced prices. The former equals to the output value of the government services minus the value of operating income obtained by the government departments. The latter equals to the market value of the goods and services provided by the government free of charge or at reduced prices to the households minus the value received by the government from the households.

Gross Capital Formation

refers to the fixed assets acquired less disposals and the net value of inventory, thus including gross fixed capital formation and changes in inventories.

Gross Fixed Capital Formation

refers to the value of acquisitions less those disposals of fixed assets during a given period. Fixed assets are the assets produced through production activities with unit value above a specified amount and which could be used for over one year. Natural assets are not included. Gross fixed capital formation can be categorized into total tangible fixed capital formation and total intangible fixed capital formation. Total tangible fixed capital formation includes the value of the construction projects and installation projects completed and the equipment, apparatus and instruments purchased (less those disposed) as well as the value of land improved, the value of draught animals, breeding stock and animals for milk, for wool and for recreational purposes and the newly increased forest with economic value. Total intangible fixed capital formation includes the prospecting of minerals and the acquisition of computer software minus the disposal of them.

Changes in Inventories

refers to the market value of the change in the physical volume of inventory of resident units during a given period, i.e. the difference between the values at the beginning and at the end of the period minus the gains due to the change in prices. The changes in inventories can have a positive or a negative value. A positive value indicates an increase in inventory while a negative value indicates a decrease in inventory. The inventory includes raw materials, fuels and reserve materials purchased by the production units as well as the inventory of finished products, semi-finished products and work-in-progress.

Net Export of Goods and Services

refers to the exports of goods and services subtracting the imports of goods and services. Exports include the value of various goods and services sold or gratuitously transferred by resident units to non-resident units. Imports include the value of various goods and services purchased or gratuitously acquired resident units from non-resident units. Because the provision of services and the use of them happen simultaneously, the acquisition of services by resident units from abroad is usually treated as import while the acquisition of services by non-resident units in this country is usually treated as export. The exports and imports of goods are calculated at FOB.

Institutional Units

refer to economic entities that are in a position to own assets and incur liabilities; to engage independently in economic activities; and to conduct transactions with other entities.

Institutional Sectors

refer to groups of institutional units that are homogenous in nature and have been grouped together. The following 4 institutional sectors are identified in the flow of funds accounts: non-financial corporations, financial institutions, general government and households. Also treated as an institutional sector is the rest of the world, which is composed of non-resident units that have economic relations with resident units.

Non-Financial Corporations and the Sector of Non-Financial Corporations

Non-financial corporations refer to resident corporations that are engaged in the production of goods and the provision of non financial services in the market, mainly covering corporate enterprises of various types engaged in the above-mentioned activities. All non-financial corporations make up the sector of non-financial corporations.

Financial Institutions and the Sector of Financial Institutions

Financial institutions refer to resident institutions that are engaged in the financial intermediary services or auxiliary financial activities that are closely related with financial intermediary services, mainly covering the Central Bank, commercial banks, policy banks, non-banking credit institutions and insurance companies. All financial institutions together make up the sector of financial institutions.

General Government and the Sector of General Governments General

government refer to legal entities and their auxiliary units within the territory of China that are established through the political process and are empowered with legislative, administrative or judicial rights over other institutional within specific regions. The main function of general government is to acquire funds through taxation or other means in order to provide public services to society and households, and to conduct redistribution of income and properties of society through transfer payment. General government cover mainly administrative and non-profit institutional units of various types. All general government together makes up the sector of general governments.

Households and the Sector of Households

Households refer to resident individuals or groups of resident individuals who share common living facilities, pool together entire or part of their income and properties for their common disposal, and share their housing, food and other consumer goods and services. All households together make up the sector of households.

Non-resident Units and the Rest of the World

Non-resident units refer to units that are of a non-resident nature. All non-resident units that have transactions with resident units together make up the rest of the world.

Total Income from Primary Distribution

Primary distribution refers to the distribution of net results from production activities among the owners of factors of production and the governments. The net results from production activities are the value-added. Factors of production include labour force, land and capital. Owners of labour force gain remuneration by providing labour. Owners of land receive rents from leasing of land. Owners of capitals get income of various forms depending on the type of capital: owners of loan capital receive income from interests. Share holders receive dividends or non-distributed profits. Government either obtains production tax or pays subsidies in participating directly or indirectly in the production processes. Results of primary distribution generate the total income from primary distribution of each sector, and the sum of the total income of primary distribution of all sectors make up the Gross National Income, or the Gross National Product.

Current Transfers

Transfer refers to the transaction in the form of provision of goods, services or assets by an institutional unit to another institutional unit without receiving any goods, services or assets in return from the recipient. Current transfers refer to all kinds of transfers other than capital transfers. They include income tax, payment to social securities, social allowances and other current transfers.

Total Disposable Income

Total income from primary distribution is re-distributed through current transfer, resulting in the total disposable income of various institutional sectors. The sum of total disposable income of all institutional sectors makes up the total national disposable income.

Total Savings

refer to total disposable income subtracting final consumption. Total savings of all sectors make up the total national savings.

Capital Transfer

refers to the free payment from one sector to another sector of non-financial investment capital, and is a transaction that seeks no return from the recipient. Capital transfer differs from current transfer in 2 aspects: 1) The purpose of the capital transfer is investment rather than consumption. 2) Capital transfer features the transfer of the ownership of assets other than inventory and cash, and capital transfer in its monetary form involves the disposal of assets other than inventory. Capital transfer includes investment subsidies and other capital transfers.

Net Financial Investment

reflects the surplus or shortage of capitals of institutional sectors or of the economy in general. It refers to total savings plus the income from capital transfer minus payment for capital transfer and the non-financial investment from the point of view of physical transaction. In terms of monetary transaction, it is the difference between the increases in financial assets minus the increases of the financial liabilities.

Currency

refers to currency that is in circulation in the market, including local and foreign currencies.

Deposits

refer to credit transactions by which financial institutions accept deposits from clients who could withdraw their deposit at any time or by an agreed time frame. They include demand deposit, time deposit, savings deposit, fiscal deposit, foreign exchange deposit and other deposits.

Loans

refer to credit transactions by which financial institutions lend their capital to clients at certain level of interest rates, which the latter will repay by an agreed time frame. They include short-term loan, medium- and long-term loan, fiscal loan, foreign exchange loan and other loans.

Securities (excluding shares)

refer to written certificates representing creditors' rights as purchased by bond holders or as acquired by selling products, which can be transacted at the financial markets. They include government bonds, financial bonds, corporation bonds, commercial drafts, preferential stocks that provide fixed income without the right to share the residual value of corporations, and so on.

Shares and Other Holding Rights

refer to the rights of stockholders and direct investors on the net assets of corporations they have invested in. Shares refer to negotiable securities on creditor's rights, issued by share companies certifying the investment by stockholders and their rights and duties in accordance with the amount of stocks that they hold. Other holding rights refer to the direct investment by institutional units in other units with currency capital or with assets, in forms other than shares and negotiable securities on creditor's rights, including such tangible assets such as land, buildings, machines and equipment, inventory, resources, etc., and such intangible assets as trade marks, patents, monopolies, rights on land use, licenses, commercial reputation, etc.. Documents of proof of holding rights usually include certificates on creditor's right, certificates on investment or on participation, etc.

Insurance Reserve Funds

consists of net equity of households in life insurance reserves and in pension funds reserves, prepayments of insurance premiums, and reserves for outstanding claims.

第 三 篇

Chapter 3

人 口

POPULATION

简要说明

一、本篇资料反映我省2013年及主要年份人口方面的基本情况，包括全省主要人口统计数据，主要指标有：总户数、总人口、家庭户规模、性别比、少年儿童系数、老年系数、老少比、文化程度状况、少年儿童抚养系数、老年抚养系数、总抚养系数、婚姻构成、就业者身份等。

二、本篇资料来源主要有以下三个方面：

1. 家庭户数据、人口性别比、人口受教育程度、抚养系数等资料是根据历年人口抽查调查和人口普查数据整理计算的。

2. 历史上六次人口普查资料，是根据历次人口普查资料整理的。

3. 户籍人口、非农业人口、农业人口，是根据省公安厅提供的2013年度户籍人口统计年报资料整理的。

三、本篇资料均由省统计局人口和社会科技统计处整理编制。

Brief Introduction

I. Data in this chapter show the basic conditions of Anhui's population in 2013, including the main data of population statistics of the whole province, such as family size, sex ratio, children ratio, the aged ratio, ratio of the aged to children, educational level, children dependency ratio, the aged dependency ratio, and total dependency ratio.

II. There are three main sources for Data published in this chapter.

1. Materials on Households, sex ratio, educational level and dependency ratio are tabulated according to the data of the population sample survey and census of the past years.

2. The historical data of the six population censuses are prepared in accordance with the previous population censuses.

3. Registered population, non-agricultural and agricultural population are collected in accordance with the annual statistical report of Registered population in 2013 by the Department of Public Security of the province.

III. Data in this chapter are prepared by the Population and Social Science Division, Anhui Statistical Bureau.

3—1 主要年份人口指标
Major Population Indicators in Main Year

年份 Year	户籍人口 Residence Populations		常住人口 Permanent Populations					流向省外半年以上的人数（万人）Floating Out of This Province for More Than Half a Year (10000 persons)
	总数（万人）Total (10000 persons)	非农业人口比重（%）Proportion of Non-agricultural Populations (%)	总数（万人）Total (10000 persons)	城镇人口比重（%）Proportion of Urban Populations (%)	出生率（‰）Birth Rate (‰)	死亡率（‰）Death Rate (‰)	自然增长率（‰）Natural Growth Rate (‰)	
2000	6278	19.59	6093	28.00	13.40	5.76	7.64	433
2005	6516	20.99	6120	35.50	12.43	6.23	6.20	842
2006	6593	21.74	6110	37.10	12.60	6.30	6.30	934
2007	6676	21.98	6118	38.70	12.75	6.40	6.35	1005
2008	6741	22.23	6135	40.50	13.05	6.60	6.45	954
2009	6795	22.33	6131	42.10	13.07	6.60	6.47	992
2010	6827	22.71	5957	43.20	12.70	5.95	6.75	1038
2011	6876	22.93	5968	44.80	12.23	5.91	6.32	1199
2012	6902	22.89	5988	46.50	13.00	6.14	6.86	1157
2013	6929	22.92	6030	47.86	12.88	6.06	6.82	1130

注：1. 户籍人口为公安户籍统计数，常住人口为人口普查或人口抽样调查推算数；
2. 常住人口是指常住本地的人，不包括户籍人口中到省外半年以上的人口，包括外省来我省常住半年以上的人口；
3. 以下各表除加以注明的外，均为常住人口数。

a) Residence population is taken from the annual reports of the Department of Public Security and permanent population is calculated from the Sample Survay of Population.

b) Permanent population refers to people inhabit local place, excluding those residence population that going out of this province for more than one year and including the population moving to this province from other province for more than one year.

c) Data in the following tables refer to permanent populations excluding those with notes.

3—2 主要年份人口系数
Ratio of Population in Main Year

单位：%

年份 Year	少年儿童系数 Ratio of Children	老年系数 Retio of the Aged	老少比 Ratio of the Aged to Children	少年儿童抚养系数 Chilren Dependency Ratio	老年抚养系数 The Aged Dependency Ratio	总抚养系数 Dependency Ratio	年龄中位数（岁）Median of Age (year)
2000	25.49	7.59	29.79	38.10	11.35	49.44	30.38
2005	23.07	10.08	43.69	34.51	15.08	49.59	34.32
2006	21.48	10.16	47.30	31.42	14.86	46.28	35.04
2007	20.41	10.72	52.52	29.64	15.57	45.20	35.86
2008	19.81	11.15	56.28	28.70	16.15	44.85	36.25
2009	19.40	11.43	58.92	28.05	16.52	44.57	37.79
2010	17.77	10.23	57.57	24.68	14.21	38.89	36.36
2011	18.59	11.41	61.36	26.56	16.30	42.86	38.83
2012	18.35	12.08	65.83	26.37	17.36	43.73	39.79
2013	18.51	12.24	66.15	26.72	17.68	44.40	40.12

注：2000年、2010年为普查数据，其余年份为人口变动抽样调查数。

a) Data in 2000 and 2010 are taken from National Population Cansuses and data of other years were taken from the annual National Sample Surveys on Population Changes.

3—3 六次全省人口普查基本情况
Basic Statistics on National Population Census in 1953, 1964, 1982, 1990, 2000 and 2010

指　　标	Item	1953	1964	1982	1990	2000	2010
总 人 口　（万人）	**Total Population (10000 persons)**	**3066.3**	**3124.1**	**4966.6**	**5618.1**	**5900.0**	**5950.0**
男	Male	1610.7	1618.2	2576.4	2902.6	3043.8	3024.6
女	Female	1455.7	1506.0	2390.2	2715.5	2856.2	2925.5
育龄妇女（15—49岁）	Women at Childbearing Age (Age 15-49)	705.4	741.2	1150.8	1498.8	1576.9	1702.8
总 户 数　（万户）	**Total Number of Households (10000 household)**	**713.2**	**765.2**	**1052.2**	**1337.7**	**1650.5**	**1932.2**
家 庭 户	Family Households			1047.1	1332.0	1631.4	1886.2
集 体 户	Non-family Households			5.1	5.6	19.2	46.0
家庭户规模　（人/户）	**Average Family Size (person/household)**	**4.3**	**4.1**	**4.6**	**4.1**	**3.5**	**3.0**
各年龄组人口　（万人）	**Population by Age (10000 persons)**						
0—6岁	Age 0-6	624.7	542.7	679.9	781.5	515.4	511.7
7—14岁	Age 7-14	481.0	657.6	1115.4	813.4	988.7	545.9
15—64岁	Age 15-64		1849.6	2968.5	3719.5	3948.0	4284.0
65岁以上	Age 65 and Over		74.2	202.8	303.7	448.0	608.5
劳动年龄人口	Population Within Working Age	1649.3	1657.6	2615.9	3336.7	3535.1	3725.1
男60岁、女55岁以上人口	Males Aged 60 and Females Aged 55 and Over			425.7	577.1	761.6	1072.7
民族人口　（万人）	**Nationality Population (10000 persons)**						
汉　族	Han Nationality	3052.7	3108.6	4940.4	5585.7	5860.2	5910.5
少数民族	Minority Nationalities	13.6	15.5	26.2	32.4	39.8	39.6
15岁及以上人口　（万人）	**Marital Status of Population Aged 15 and Over (10000 persons)**			**3171.3**	**4023.2**	**4396.0**	**4892.4**
未　婚	Unmarried			954.6	1112.5	964.2	951.2
有 配 偶	Married			1959.3	2641.9	3199.9	3582.5
丧　偶	Widowed			237.2	247.7	177.1	310.3
离　婚	Divorced			20.2	21.1	54.8	48.4
每十万人拥有受教育程度人口　（人）	**Population with Education Attainment Per 10000 from Population Censuses (person)**						
大专以上	Colleges and Over		258	408	883	2312	6733
高　中	Senior Secondary School		1010	3977	5037	7653	10840
初　中	Junior Secondary School		3861	14236	19970	32826	38604
小　学	Primary School		19307	29716	34701	37362	27763
文盲人口及文盲率	**Illiterate Population and Illiterate Rate**						
文盲人口　（万人）	Illiterate Population (10000 persons)			1900.7	1381.8	602.2	484.4
文 盲 率　（%）	Illiterate Rate (%)			31.8	24.6	10.1	8.1
市镇乡人口　（万人）	**Population of Cities, Towns and Townships (10000 persons)**						
市	City	112.5	214.7	488.5	692.1	843.5	1218.3
镇	Town	153.8	146.7	219.7	310.3	733.2	1339.5
乡	Townships	2800.1	2762.7	4258.4	4615.7	4323.4	3392.3
人口平均预期寿命　（岁）	**Population Life Expectancy (age)**				**70.22**	**72.62**	**75.10**

3—4 各市主要人口指标（2013年）
Main Population Indicators by Region (2013)

地区	Region	户籍人口 Residence Populations 总数（万人）Total (10000 persons)	非农业人口比重（%）Proportion of Non-agricultural Populations (%)	常住人口 Permanent Populations 总数（万人）Total (10000 persons)	城镇人口比重（%）Proportion of Urban Populations (%)
总计	**Total**	**6928.53**	**22.92**	**6030**	**47.9**
合肥市	Hefei	711.50	37.63	761	67.8
淮北市	Huaibei	214.50	42.98	214	58.5
亳州市	Bozhou	632.92	10.66	495	34.4
宿州市	Suzhou	641.93	13.23	543	36.2
蚌埠市	Bengbu	366.60	27.95	322	49.7
阜阳市	Fuyang	1053.24	12.81	772	36.2
淮南市	Huainan	243.29	45.88	236	66.7
滁州市	Chuzhou	449.45	22.06	396	46.5
六安市	Luan	716.72	13.59	568	40.2
马鞍山市	Maanshan	228.40	35.98	221	62.6
芜湖市	Wuhu	384.54	45.25	360	59.4
宣城市	Xuancheng	280.21	18.23	256	48.1
铜陵市	Tongling	74.23	58.68	74	77.6
池州市	Chizhou	161.91	18.25	142	48.8
安庆市	Anqing	621.66	18.20	534	41.0
黄山市	Huangshan	147.42	24.80	136	45.7

注：本表常住人口总数及城镇人口比重为2013年人口抽样调查推算数。

a) The permanent populations and proportion of urban populations in this table are taken from the estimated number by the end of 2013.

3—5 各市户数、人口数和性别比（2013年）
Number of Households, Population, and Sex Ratio by Region (2013)

地区	Region	户数（万户）Number of Households (10000 household)	人口数（万人）Population (10000 persons)	男 Male	性别比（女=100）Sex Ratio (Female=100)
总计	**Total**	**2143.78**	**6928.53**	**3598.71**	**108.08**
合肥市	Hefei	236.47	711.50	368.82	107.63
淮北市	Huaibei	65.89	214.50	110.26	105.78
亳州市	Bozhou	175.68	632.92	332.36	110.58
宿州市	Suzhou	189.74	641.93	332.15	107.22
蚌埠市	Bengbu	110.08	366.60	190.18	107.80
阜阳市	Fuyang	290.69	1053.24	547.93	108.44
淮南市	Huainan	78.22	243.29	126.68	108.63
滁州市	Chuzhou	142.64	449.45	233.02	107.66
六安市	Luan	237.01	716.72	378.74	112.06
马鞍山市	Maanshan	73.08	228.40	117.81	106.53
芜湖市	Wuhu	126.92	384.54	198.61	106.82
宣城市	Xuancheng	98.93	280.21	144.87	107.04
铜陵市	Tongling	25.78	74.23	37.65	102.90
池州市	Chizhou	55.48	161.91	82.70	104.41
安庆市	Anqing	186.36	621.66	321.38	107.03
黄山市	Huangshan	50.79	147.42	75.54	105.10

注：本表为公安户籍年报统计数。

a) Data in this table are taken from the annual reports of Department of Puplis Security.

3—6 各市主要年份总人口文盲率
Illiteracy Ratio by Region in the Primary Years

单位：%

地 区	Region	1995	2000	2005	2010	2012	2013
总 计	**Total**	**14.09**	**10.06**	**11.74**	**8.14**	**6.80**	**6.12**
合肥市	Hefei	12.97	7.69	8.67	5.28	5.60	5.52
淮北市	Huaibei	12.20	8.42	7.59	6.54	6.80	5.55
亳州市	Bozhou	13.78	10.70	14.59	10.76	8.70	6.81
宿州市	Suzhou	16.34	10.28	11.32	8.64	8.72	6.65
蚌埠市	Bengbu	16.11	10.60	12.17	6.90	5.75	5.75
阜阳市	Fuyang	13.28	11.25	13.18	9.25	8.68	6.87
淮南市	Huainan	9.31	8.32	10.47	6.67	4.54	4.42
滁州市	Chuzhou	13.66	10.77	13.14	9.07	6.29	6.29
六安市	Luan	15.95	9.75	12.67	7.92	6.40	6.21
马鞍山市	Maanshan	8.76	8.87	7.94	5.24	5.00	5.00
芜湖市	Wuhu	12.27	10.81	10.45	5.87	5.60	5.60
宣城市	Xuancheng	13.29	8.88	14.47	9.46	7.18	5.79
铜陵市	Tongling	14.74	10.76	7.20	6.88	4.15	4.15
池州市	Chizhou	14.56	11.29	11.21	8.53	7.10	5.75
安庆市	Anqing	15.10	11.84	11.80	8.80	6.67	6.67
黄山市	Huangshan	10.69	8.35	8.26	6.25	4.80	3.86

3—7 各市15—49岁妇女活产和存活子女状况（2013年）
Live Births and Surviving Children of Women Aged 15-49 by Region（2013）

单位：人 (person)

地 区	Region	15—49岁妇女人数 Number of Women Aged 15-49	活产子女人数 Number of Live Births	男 Male	女 Female	存活子女人数 Number of Surviving Children	男 Male	女 Female	妇女平均活产子女数 Average Number of Live Births per Women
总 计	**Total**	**65023**	**75838**	**41000**	**34838**	**75122**	**40706**	**34416**	**1.17**
合肥市	Hefei	6060	6189	3267	2922	6088	3251	2837	1.02
淮北市	Huaibei	3202	3620	1981	1639	3591	1970	1621	1.13
亳州市	Bozhou	6693	9287	5194	4093	9143	5144	3999	1.39
宿州市	Suzhou	4990	6690	3630	3060	6668	3612	3056	1.35
蚌埠市	Bengbu	3500	4459	2485	1974	4441	2469	1972	1.27
阜阳市	Fuyang	5296	7463	4135	3328	7421	4108	3313	1.41
淮南市	Huainan	2415	2620	1470	1150	2591	1458	1133	1.08
滁州市	Chuzhou	6454	7003	3860	3143	6969	3842	3127	1.09
六安市	Luan	5429	6353	3457	2896	6290	3440	2850	1.17
马鞍山市	Maanshan	2317	2339	1277	1062	2315	1264	1051	1.01
芜湖市	Wuhu	3096	3240	1764	1476	3211	1746	1465	1.05
宣城市	Xuancheng	3816	3921	2027	1894	3898	2013	1885	1.03
铜陵市	Tongling	1638	1581	783	798	1555	781	774	0.97
池州市	Chizhou	2227	2382	1177	1205	2351	1167	1184	1.07
安庆市	Anqing	5393	6066	3138	2928	5980	3097	2883	1.12
黄山市	Huangshan	2497	2625	1355	1270	2610	1344	1266	1.05

注：本表及3—9、3—13、3—14为2013年人口变动抽样调查实际调查样本汇总数。

a) This form and 3-9,3-13,3-14 are actual survey sample total of population changing sample survey in 2013.

3—8 各市人均受教育年限
The average number of years of Education by Region

单位：年（year）

地　区	Region	2012年人均受教育年限 The average number of years of Education 1n 2012			2013年人均受教育年限 The average number of years of Education 1n 2013		
		合　计 Total	男 Male	女 Female	合　计 Total	男 Male	女 Female
总　计	**Total**	**8.42**	**9.09**	**7.77**	**8.54**	**9.14**	**7.93**
合肥市	Hefei	9.49	10.21	8.80	9.49	10.21	8.80
淮北市	Huaibei	8.75	9.30	8.32	9.11	9.69	8.55
亳州市	Bozhou	7.80	8.48	7.16	7.98	8.58	7.35
宿州市	Suzhou	8.03	8.70	7.37	8.58	9.17	7.96
蚌埠市	Bengbu	8.74	9.14	8.34	8.74	9.14	8.34
阜阳市	Fuyang	7.83	8.56	7.26	8.25	8.82	7.67
淮南市	Huainan	9.04	9.47	8.63	9.28	9.72	8.83
滁州市	Chuzhou	8.41	9.12	7.80	8.41	9.12	7.80
六安市	Luan	8.27	8.78	7.79	8.32	8.79	7.81
马鞍山市	Maanshan	8.89	9.50	8.28	8.91	9.54	8.25
芜湖市	Wuhu	9.09	9.63	8.54	9.09	9.63	8.54
宣城市	Xuancheng	8.12	8.67	7.59	8.39	8.87	7.89
铜陵市	Tongling	9.60	10.19	9.00	9.60	10.19	9.00
池州市	Chizhou	8.21	9.11	7.32	8.48	8.99	7.96
安庆市	Anqing	8.15	9.01	7.50	8.52	9.26	7.76
黄山市	Huangshan	8.68	9.29	8.09	8.68	9.26	8.07

注：本表数据为人口变动抽样调查推算数。
a) Data in this table are estimated from the changing sample survey of population.

3—9 按年龄和性别分人口构成（2013年）
Population by Age and Sex (2013)

年　龄 Age	人口数　（人） Population (person)			占总人口比重　(%) Percentage to Total Population (%)			性别比 (女=100) Sex Ratio (female=100)
	合　计 Total	男 Male	女 Female	合　计 Total	男 Male	女 Female	
总　计 Total	**246919**	**124336**	**122583**	**100.00**	**100.00**	**100.00**	**101.43**
0—4	15393	8588	6805	6.23	6.91	5.55	126.20
5—9	16244	9180	7064	6.58	7.38	5.76	129.95
10—14	14060	7670	6390	5.69	6.17	5.21	120.03
15—19	14640	7760	6880	5.93	6.24	5.61	112.79
20—24	16801	8128	8673	6.80	6.54	7.08	93.72
25—29	15182	7124	8058	6.15	5.73	6.57	88.41
30—34	13956	6558	7398	5.65	5.27	6.04	88.65
35—39	16640	8285	8355	6.74	6.66	6.82	99.16
40—44	24965	12168	12797	10.11	9.79	10.44	95.08
45—49	25163	12301	12862	10.19	9.89	10.49	95.64
50—54	14337	7115	7222	5.81	5.72	5.89	98.52
55—59	14765	7413	7352	5.98	5.96	6.00	100.83
60—64	14542	7358	7184	5.89	5.92	5.86	102.42
65+	30231	14688	15543	12.24	11.81	12.68	94.50

3—10 各市常住人口基本情况（2013年）
Basic Conditions of Population by Region (2013)

地　区 Region		家庭户人口占总人口比重（%）Proportion of Family Members to the Total Population (%)	人口性别比（女=100）Sex Ratio (female=100)	外出半年以上人员性别比（女=100）Sex Ratio of Persons Having Gone out for More Than A Half Year (female=100)	农林牧渔业人口占在业人口比重（%）Proprtion of Farming, Forestry, Husbandary and Fishery People to the Total (%)	其他行业人口占在业人口比重（%）Proportion of People in Other Sectors to the Total (%)
总　计	**Total**	**99.23**	**101.43**	**125.09**	**39.05**	**60.95**
合肥市	Hefei	98.31	99.59	122.89	25.72	74.28
淮北市	Huaibei	100.00	100.81	130.97	21.57	78.43
亳州市	Bozhou	99.93	109.41	132.31	37.89	62.11
宿州市	Suzhou	99.91	102.34	132.80	52.73	47.27
蚌埠市	Bengbu	99.54	101.75	129.42	51.81	48.19
阜阳市	Fuyang	99.77	99.92	124.25	54.44	45.56
淮南市	Huainan	99.89	107.49	112.12	28.03	71.97
滁州市	Chuzhou	99.70	101.51	128.84	38.79	61.21
六安市	Luan	99.74	100.34	131.07	50.70	49.30
马鞍山市	Maanshan	99.86	100.75	116.71	26.66	73.34
芜湖市	Wuhu	98.64	101.25	120.75	26.69	73.31
宣城市	Xuancheng	99.38	103.79	116.46	33.44	66.56
铜陵市	Tongling	99.59	103.05	105.73	16.43	83.57
池州市	Chizhou	96.01	96.11	126.93	36.54	63.46
安庆市	Anqing	98.79	94.00	128.31	39.16	60.84
黄山市	Huangshan	96.13	103.00	114.04	44.69	55.31

注：本表及3—11、3—12、3—19、3—20、3—21、3—22、3—23、3—24、3—25为2013年人口抽样调查样本推算数。
a) This form and 3-11、3-12、3-19、3-20、3-21、3-22、3-23、3-24、3-25 are computative data of population sample survey in 2013.

3—11 各市按家庭户规模分的户数构成（2013年）
Composition of Households by Size of Household and Region (2013)

单位：%

地　区 Region		家庭户规模（人/户）Size of Family Household (person/household)	一人户 One Person	二人户 Two Persons	三人户 Three Persons	四人户 Four Persons	五人户 Five Persons	六人及六人以上户 Six Persons and Over
总　计	**Total**	**2.97**	**13.91**	**27.49**	**27.61**	**17.38**	**8.20**	**5.41**
合肥市	Hefei	2.76	14.87	29.61	32.16	15.11	5.47	2.79
淮北市	Huaibei	3.10	9.35	26.19	31.12	19.08	8.62	5.64
亳州市	Bozhou	3.08	12.88	25.98	22.56	21.72	9.34	7.51
宿州市	Suzhou	3.20	10.50	24.78	25.80	22.54	8.97	7.40
蚌埠市	Bengbu	3.08	12.72	27.84	25.87	17.14	8.89	7.55
阜阳市	Fuyang	2.92	16.24	29.48	22.07	18.02	8.23	5.96
淮南市	Huainan	3.10	11.40	24.55	30.41	18.94	9.19	5.51
滁州市	Chuzhou	3.09	12.09	25.37	28.41	17.81	10.35	5.97
六安市	Luan	2.89	15.78	29.05	24.82	17.14	8.41	4.80
马鞍山市	Maanshan	2.73	18.20	28.00	30.82	12.81	6.11	4.07
芜湖市	Wuhu	2.81	13.89	30.33	30.35	14.36	8.24	2.82
宣城市	Xuancheng	2.76	16.70	29.10	30.60	12.82	7.54	3.25
铜陵市	Tongling	2.58	15.68	33.26	34.70	11.36	3.90	1.10
池州市	Chizhou	2.88	13.64	29.10	30.57	15.61	7.50	3.58
安庆市	Anqing	2.71	17.01	30.74	28.35	14.89	6.34	2.67
黄山市	Huangshan	2.73	17.02	29.86	29.40	13.83	6.76	3.14

3—12 各市人口年龄结构（2013年）
Age Composition of Population by Region (2013)

单位：%

地　区	Region	总人口（万人） Total Population (10000 persons)	年龄构成 Proportion to Total Populations 0—14岁 Age 0-14	15—64岁 Age 15-64	15—59岁 Age 15-59	65岁及以上 Age 65 and Over	抚养比 Dependency Ratio 总抚养比 Gross Dependency Ratio	少儿抚养比 Children Dependency Ratio	老年抚养比 The Aged Dependency Ratio
总　计	**Total**	**6029.82**	**18.51**	**69.25**	**63.36**	**12.24**	**44.40**	**26.72**	**17.68**
合肥市	Hefei	761.14	15.72	71.58	65.40	12.70	39.70	21.96	17.74
淮北市	Huaibei	214.22	17.30	72.44	67.77	10.26	38.04	23.88	14.17
亳州市	Bozhou	494.97	23.47	67.98	63.96	8.55	47.10	34.52	12.58
宿州市	Suzhou	543.11	20.55	68.74	63.38	10.71	45.47	29.89	15.58
蚌埠市	Bengbu	322.04	20.48	66.97	61.28	12.55	49.33	30.59	18.74
阜阳市	Fuyang	771.61	27.54	59.48	53.04	12.98	68.13	46.30	21.83
淮南市	Huainan	235.65	16.73	72.66	67.95	10.61	37.63	23.02	14.60
滁州市	Chuzhou	396.18	15.60	72.22	66.58	12.18	38.47	21.61	16.87
六安市	Luan	568.33	19.54	66.61	59.71	13.85	50.14	29.34	20.79
马鞍山市	Maanshan	220.80	14.07	71.17	64.44	14.76	40.52	19.77	20.75
芜湖市	Wuhu	359.56	14.49	71.70	65.65	13.81	39.47	20.20	19.27
宣城市	Xuancheng	256.31	13.93	73.76	67.58	12.31	35.57	18.88	16.69
铜陵市	Tongling	73.62	12.49	75.35	69.55	12.16	32.71	16.57	16.14
池州市	Chizhou	142.23	16.15	72.10	65.63	11.75	38.69	22.40	16.29
安庆市	Anqing	534.47	17.59	67.61	60.91	14.80	47.91	26.01	21.90
黄山市	Huangshan	135.58	14.60	73.29	66.22	12.12	36.45	19.92	16.53

3—13 各市按性别分的15岁及以上文盲人口（2013年）
Illiterate Population Aged 15 and Over by Sex and Region (2013)

地　区	Region	15岁及以上人口（人） Population Aged 15 and Over (person)	男 Male	女 Female	文盲人口（人） Illiterate Population (person)	男 Male	女 Female	文盲人口占15岁及以上人口的比重 Percentage of Illiterate Population to Total Aged 15 and Over (%)	男 Male	女 Female
总　计	**Total**	**201222**	**98898**	**102324**	**18944**	**4987**	**13957**	**9.41**	**5.04**	**13.64**
合肥市	Hefei	18494	9054	9440	1518	373	1145	8.21	4.12	12.13
淮北市	Huaibei	9066	4428	4638	763	213	550	8.42	4.81	11.86
亳州市	Bozhou	18772	9491	9281	2092	588	1504	11.14	6.20	16.21
宿州市	Suzhou	14457	7116	7341	1517	425	1092	10.49	5.97	14.88
蚌埠市	Bengbu	10885	5331	5554	998	293	705	9.17	5.50	12.69
阜阳市	Fuyang	17102	8122	8980	2032	541	1491	11.88	6.66	16.60
淮南市	Huainan	7502	3790	3712	499	148	351	6.65	3.90	9.46
滁州市	Chuzhou	19456	9575	9881	1885	454	1431	9.69	4.74	14.48
六安市	Luan	17853	8661	9192	1726	546	1180	9.67	6.30	12.84
马鞍山市	Maanshan	7549	3742	3807	563	111	452	7.46	2.97	11.87
芜湖市	Wuhu	9787	4853	4934	853	213	640	8.72	4.39	12.97
宣城市	Xuancheng	12158	6186	5972	1025	286	739	8.43	4.62	12.37
铜陵市	Tongling	5354	2726	2628	374	99	275	6.99	3.63	10.46
池州市	Chizhou	6895	3336	3559	593	164	429	8.60	4.92	12.05
安庆市	Anqing	17279	8129	9150	2018	431	1587	11.68	5.30	17.34
黄山市	Huangshan	8613	4358	4255	488	102	386	5.67	2.34	9.07

3—14 各市每十万人口拥有受教育程度人口（2013年）
Population by Educational Level and Region Per 100 Thousand Persons (2013)

单位：人（person）

地 区	Region	大专及以上 College and Higher Level	高中和中专 Senior Secondary School	初 中 Junior Secondary School	小 学 Primary School
总 计	**Total**	**6623**	**11133**	**38439**	**28348**
合 肥 市	Hefei	13275	15144	36567	21848
淮 北 市	Huaibei	8475	13228	46032	17698
亳 州 市	Bozhou	2483	6784	46053	25958
宿 州 市	Suzhou	5452	10475	42372	23840
蚌 埠 市	Bengbu	5800	10899	40741	24940
阜 阳 市	Fuyang	3868	8004	35463	32561
淮 南 市	Huainan	9246	15340	41769	20846
滁 州 市	Chuzhou	5448	11443	40580	28148
六 安 市	Luan	4583	9554	35849	34173
马鞍山市	Maanshan	10097	12533	35697	29323
芜 湖 市	Wuhu	7698	11830	35229	32040
宣 城 市	Xuancheng	6060	9912	39122	31356
铜 陵 市	Tongling	12602	18993	35093	23145
池 州 市	Chizhou	8987	10495	32494	34817
安 庆 市	Anqing	5890	12888	30802	34489
黄 山 市	Huangshan	7219	10342	38136	32990

3—15 各市2013—2014学年小学初中入学率状况
Percentage of Children Enrolled in Primary Schools and Junior Secondary Schools by Region (2013-2014)

单位：%

地 区	Region	初中净入学率 Net Enrollment Ratio of Junior Secondary Schools		小学净入学率 Net Enrollment Ratio of Primary Schools		初中辍学率 Percent of Junior Middle Schoolchildren Quitting Their Studies	小学辍学率 Percent of Primary Schoolchildren Quitting Their Studies
		小 计 Total	女 Female	小 计 Total	女 Female		
总 计	**Total**	**99.19**	**99.25**	**99.70**	**99.71**	**0.33**	**0.05**
合 肥 市	Hefei	100.00	100.00	100.00	100.00	-0.04	-0.02
淮 北 市	Huaibei	99.09	99.23	100.00	100.00	0.94	-0.01
亳 州 市	Bozhou	99.80	99.75	99.98	99.98	0.93	0.22
宿 州 市	Suzhou	99.87	99.98	99.97	99.96	0.40	-0.25
蚌 埠 市	Bengbu	99.95	99.95	99.99	100.00	0.21	0.01
阜 阳 市	Fuyang	99.95	99.96	99.96	99.97	0.84	0.23
淮 南 市	Huainan	99.94	99.95	99.92	99.89	-0.03	0.04
滁 州 市	Chuzhou	99.39	99.61	99.96	99.95	0.09	0.00
六 安 市	Luan	99.58	99.54	99.97	99.96	0.09	0.03
马鞍山市	Maanshan	99.86	99.88	100.00	100.00	0.43	0.01
芜 湖 市	Wuhu	100.00	100.00	100.00	100.00	-0.15	-0.16
宣 城 市	Xuancheng	99.87	99.89	100.00	100.00	0.12	0.01
铜 陵 市	Tongling	100.00	100.00	100.00	100.00	0.00	0.01
池 州 市	Chizhou	99.69	99.65	100.00	100.00	0.14	0.01
安 庆 市	Anqing	93.14	93.61	96.46	96.63	0.18	0.10
黄 山 市	Huangshan	99.87	99.88	100.00	100.00	0.04	0.01

3—16 各市婚姻人口构成（2013年）
Composition of Marriage Status by Region (2013)

单位：%

地　区	Region	15岁及15岁以上的人口合计（人）Total Population Aged 15 and Over (person)	未　婚 Never Married	有配偶 With Spouses	离　婚 Divorced	丧　偶 Widowed
总　计	**Total**	**201222**	**15.93**	**76.20**	**1.30**	**6.57**
合肥市	Hefei	18494	16.93	76.01	1.15	5.91
淮北市	Huaibei	9066	16.21	77.43	1.11	5.24
亳州市	Bozhou	18772	17.44	76.48	1.10	4.99
宿州市	Suzhou	14457	17.06	75.89	1.02	6.02
蚌埠市	Bengbu	10885	14.57	77.34	1.73	6.37
阜阳市	Fuyang	17102	15.42	76.08	0.82	7.68
淮南市	Huainan	7502	17.22	75.07	2.15	5.56
滁州市	Chuzhou	19456	17.07	75.63	1.33	5.96
六安市	Luan	17853	14.10	77.38	0.87	7.65
马鞍山市	Maanshan	7549	15.47	75.32	2.19	7.02
芜湖市	Wuhu	9787	15.25	76.33	1.73	6.69
宣城市	Xuancheng	12158	14.95	77.00	1.78	6.26
铜陵市	Tongling	5354	14.33	77.44	2.54	5.70
池州市	Chizhou	6895	15.85	76.32	1.12	6.72
安庆市	Anqing	17279	16.50	73.73	0.91	8.86
黄山市	Huangshan	8613	13.61	77.50	1.38	7.51

注：本表15岁及以上人口为2013年人口变动抽样调查实际调查数。

a) This form and Population aged 15 and over are the actual survey data of population changing sample survey in 2013.

3—17 全省育龄妇女分年龄孩次的生育率（2013年）
Fertility Rate of Women At Childbearing Age by Age and Children's Order (2013)

单位：‰

年　龄 Age	生育率 Fertility-rate	第一孩生育率 The First Child	第二孩生育率 The Second Child	第三孩及以上生育率 The Third Child and Over
总　计 Total	**30.47**	**19.85**	**9.67**	**0.96**
15-19	**197.67**	**165.12**	**31.10**	**1.45**
20-24	**111.96**	**60.07**	**47.62**	**4.27**
20	200.14	125.88	67.89	6.36
21	147.49	87.30	57.54	2.65
22	99.04	53.42	43.82	1.80
23	83.99	40.13	35.93	7.93
24	61.92	18.58	41.28	2.06
25-29	**48.40**	**17.13**	**27.67**	**3.60**
25	54.87	20.98	28.51	5.38
26	50.96	18.63	29.59	2.74
27	46.59	17.23	28.08	1.28
28	49.39	15.75	29.35	4.29
29	37.59	11.35	21.99	4.26
30-34	**20.01**	**4.33**	**13.92**	**1.76**
30	28.53	5.85	21.21	1.46
31	26.68	6.16	17.10	3.42
32	25.51	6.38	17.72	1.42
33	12.68	2.00	10.01	0.67
34	9.04	1.81	5.42	1.81
35-39	**4.91**	**2.03**	**2.27**	**0.60**
40-44	**0.63**	**0.16**	**0.16**	**0.31**
45-49				

注：本表中的生育率为2013年人口抽样调查样本推算数。

a) The fertility rate of this table are computative data of population sample survey in 2013.

3—18 各市主要年份妇女平均初婚年龄
Women's Average Age At Their First Marriage in Major Years by Region

单位：岁（age）

地　区	Region	2000	2005	2010	2012	2013
总　计	**Total**	**22.61**	**23.37**	**21.56**	**23.76**	**23.94**
合肥市	Hefei	23.10	23.98	22.36	24.51	25.43
淮北市	Huaibei	22.58	23.67	21.58	23.52	23.75
亳州市	Bozhou	21.90	22.75	20.98	22.19	22.71
宿州市	Suzhou	22.32	23.34	21.35	23.22	23.36
蚌埠市	Bengbu	22.07	23.50	21.70	24.74	23.59
阜阳市	Fuyang	22.17	22.90	21.40	22.95	23.77
淮南市	Huainan	22.98	23.41	21.89	23.39	24.31
滁州市	Chuzhou	22.54	23.02	21.55	23.11	23.80
六安市	Luan	22.29	23.34	21.34	24.04	23.17
马鞍山市	Maanshan	23.05	23.86	22.11	23.33	24.43
芜湖市	Wuhu	23.21	23.87	21.93	24.25	25.09
宣城市	Xuancheng	22.80	23.85	21.48	24.27	24.01
铜陵市	Tongling	23.84	24.96	22.43	23.60	24.58
池州市	Chizhou	22.68	23.39	21.56	23.90	24.43
安庆市	Anqing	22.24	23.32	21.22	24.36	24.30
黄山市	Huangshan	23.13	23.46	21.72	24.58	25.11

3—19 各市按行业分的在业人口比例（2013年）
The Proportion of Employment Population by Industry by Region (2013)

单位：%

地　区	Region	合计（人）Total (person)	农、林、牧、渔业 Farming, Forestry, Animal Husbandry and Fishery	工业 Industry	建筑业 Construction	交通运输、仓储及邮电通讯业 Transport, Storage, Post & Telecommunications	批发零售、贸易餐饮业 Wholesale and Retail, Catering Trade	其他 Other
总　计	**Total**	**139941**	**39.05**	**11.94**	**9.38**	**4.16**	**15.41**	**20.05**
合肥市	Hefei	12122	25.72	8.75	9.78	4.94	18.08	32.72
淮北市	Huaibei	5452	21.57	17.39	10.00	5.10	16.21	29.73
亳州市	Bozhou	14240	37.89	7.79	11.24	3.86	21.23	18.00
宿州市	Suzhou	10256	52.73	6.59	9.96	2.86	11.69	16.18
蚌埠市	Bengbu	7664	51.81	7.36	5.88	4.57	13.87	16.51
阜阳市	Fuyang	12679	54.44	7.67	10.08	3.73	14.69	9.39
淮南市	Huainan	4656	28.03	18.99	8.01	6.46	21.11	17.40
滁州市	Chuzhou	14097	38.79	17.93	8.54	3.50	15.44	15.80
六安市	Luan	12330	50.70	7.73	9.30	4.14	12.03	16.10
马鞍山市	Maanshan	4963	26.66	25.05	8.70	3.14	13.68	22.77
芜湖市	Wuhu	6774	26.69	18.07	9.51	5.96	19.09	20.68
宣城市	Xuancheng	9132	33.44	19.22	9.49	4.23	13.62	20.00
铜陵市	Tongling	3438	16.43	24.81	10.06	6.05	17.51	25.13
池州市	Chizhou	4904	36.54	7.44	8.65	2.69	11.89	32.79
安庆市	Anqing	10599	39.16	8.32	8.68	3.42	12.68	27.74
黄山市	Huangshan	6635	44.69	10.46	10.47	4.94	14.27	15.16

3—20　各市未工作人口按寻找工作方式分的比例（2013年）

Proportion of Unemployed Persons by Their Types of Seeking Job by Region (2013)

单位：%

地　区	Region	合　计（人）Total (person)	在职业介绍机构求职 Looking for a Job in Employment Agencies	委托亲友找工作 Looking for a job Commissioned by Friends and Relatives	应答或刊登广告 Response or to Advertise	参加招聘会 Going to job Fairs	为自己经营做准备 To Prepare Business by Themselves	其他方式 Others	未找工作 No Looking for a job
总　计	**Total**	**1203**	**8.40**	**32.83**	**0.42**	**9.56**	**6.73**	**14.05**	**28.01**
合肥市	Hefei	118	12.71	20.34	0.85	18.64	6.78	19.49	21.19
淮北市	Huaibei	118	5.93	56.78	0.85	7.63	7.63	5.93	15.25
亳州市	Bozhou	56	7.14	25.00		5.36	14.29	21.43	26.79
宿州市	Suzhou	80	10.00	42.50		5.00	3.75	8.75	30.00
蚌埠市	Bengbu	18		22.22		5.56	5.56	16.67	50.00
阜阳市	Fuyang	45	4.44	35.56	2.22	4.44	15.56	11.11	26.67
淮南市	Huainan	76	3.95	46.05		9.21	2.63	9.21	28.95
滁州市	Chuzhou	102	10.78	20.59		12.75	6.86	19.61	29.41
六安市	Luan	58	3.45	36.21		8.62	6.90	17.24	27.59
马鞍山市	Maanshan	79	12.66	32.91		15.19	2.53	15.19	21.52
芜湖市	Wuhu	124	10.48	58.06		12.10	4.84	4.84	9.68
宣城市	Xuancheng	100	7.00	30.00		4.00	4.00	16.00	39.00
铜陵市	Tongling	75	2.67	5.33		5.33	1.33	12.00	73.33
池州市	Chizhou	21	4.76	19.05			14.29	28.57	33.33
安庆市	Anqing	83	9.64	18.07	1.20	13.25	13.25	24.10	20.48
黄山市	Huangshan	50	16.00	16.00	2.00	6.00	10.00	12.00	38.00

3—21　各市外出半年以上人口比重、性别比及流向（2013年）

Proportion, Sexual Distinction and Floating Direction of Persons Going Out for More Than Half a Year by Region (2013)

单位：%

地　区	Region	占总人口比重(%) Percentage to Total Population (%)	外出人口性别比(女=100) Sexual Distinction of Persons Going Out (Female=100)	外出流向构成 Composition of Floating Directions			
				本县其他乡镇街道 Other Villages, Towns or Neighbourhoods in This County	本市其他县区 Other Counties or Districts in This City	本省其他市 Other Cities in This Province	外　省 Other Provinces
总　计	**Total**	**24.50**	**125.09**	**15.70**	**7.04**	**9.30**	**67.96**
合肥市	Hefei	25.33	122.89	27.77	32.61	6.72	32.90
淮北市	Huaibei	12.89	130.97	16.51	11.50	13.44	58.56
亳州市	Bozhou	30.71	124.81	7.75	1.98	6.99	83.28
宿州市	Suzhou	18.50	132.80	11.04	1.27	10.25	77.44
蚌埠市	Bengbu	24.93	129.42	10.12	3.89	7.88	78.11
阜阳市	Fuyang	36.97	124.25	6.69	2.50	5.00	85.81
淮南市	Huainan	16.12	112.12	21.49	26.55	11.43	40.54
滁州市	Chuzhou	18.07	128.84	25.46	6.26	11.32	56.96
六安市	Luan	34.26	131.07	6.73	2.20	11.50	79.56
马鞍山市	Maanshan	28.13	116.71	27.42	8.24	8.99	55.35
芜湖市	Wuhu	23.77	120.75	20.09	8.33	9.31	62.27
宣城市	Xuancheng	20.93	116.46	31.69	3.94	8.51	55.86
铜陵市	Tongling	18.54	105.73	34.58	15.58	10.86	38.98
池州市	Chizhou	23.21	126.93	13.57	1.64	15.25	69.53
安庆市	Anqing	33.20	128.31	12.82	3.92	12.22	71.03
黄山市	Huangshan	26.97	114.04	20.95	9.67	6.45	62.93

3—22 各市流向省外半年以上的流动人口构成（2013年）

Composition of Persons Floating Out of the Province for More Than Half a Year by Region (2013)

单位：%

地区	Region	合计（人）Total (person)	江苏 Jiangsu	浙江 Zhejiang	上海 Shanghai	广东 Guangdong	北京 Beijing	福建 Fujian	山东 Shandong
总计	**Total**	**50869**	**25.02**	**26.75**	**22.90**	**7.20**	**3.72**	**1.80**	**1.95**
合肥市	Hefei	1949	30.58	12.52	32.27	3.64	8.36	0.97	1.85
淮北市	Huaibei	876	25.11	27.63	11.42	16.55	2.63	2.40	1.48
亳州市	Bozhou	976	18.75	33.20	9.94	6.15	3.07	1.64	1.95
宿州市	Suzhou	3038	44.44	23.24	10.73	3.95	2.11	0.89	3.79
蚌埠市	Bengbu	3250	27.26	34.25	23.94	7.05	1.48	2.00	0.49
阜阳市	Fuyang	11504	13.80	35.72	14.24	12.89	3.69	2.09	2.53
淮南市	Huainan	649	13.71	13.10	41.60	9.55	6.01	7.86	1.54
滁州市	Chuzhou	2877	45.22	20.37	21.69	4.07	1.25	1.46	1.43
六安市	Luan	8709	35.87	14.86	42.47	2.01	1.19	0.55	0.72
马鞍山市	Maanshan	1754	40.08	5.82	13.97	2.85	15.51	0.80	6.84
芜湖市	Wuhu	1974	24.42	7.24	33.08	8.41	12.06	1.11	2.79
宣城市	Xuancheng	2015	21.44	30.87	35.58	1.29	2.38	1.79	0.99
铜陵市	Tongling	488	16.80	30.33	28.28	10.66	2.66	3.07	0.20
池州市	Chizhou	1568	19.71	38.01	20.79	5.93	3.06	1.53	1.59
安庆市	Anqing	7212	16.32	27.54	15.31	10.72	4.37	3.52	2.14
黄山市	Huangshan	2030	10.20	64.53	15.07	1.97	1.43	1.03	0.54

地区	Region	天津 Tianjin	湖北 Hubei	河北 Hebei	辽宁 Liaoning	河南 Henan	新疆 Xinjiang	陕西 Shanxi	流向其他省市 Floating to Other Provinces or Cities
总计	**Total**	**1.13**	**0.88**	**1.01**	**0.86**	**1.61**	**0.65**	**0.65**	**3.86**
合肥市	Hefei	0.92	1.28	0.62	0.56	0.67	0.62	0.87	4.26
淮北市	Huaibei	0.57	0.80	0.34	0.80	2.51	0.34	0.91	6.51
亳州市	Bozhou	3.28	0.51	1.95	2.97	2.66	4.51	0.10	9.32
宿州市	Suzhou	0.26	1.02	1.32	0.07	2.67	0.69	2.44	2.40
蚌埠市	Bengbu	0.28	0.34	0.18	0.06	0.28	0.25	0.15	2.00
阜阳市	Fuyang	1.83	0.55	1.99	1.48	3.45	1.49	0.58	3.69
淮南市	Huainan	0.31	1.08		0.15	0.46	1.23	0.15	3.24
滁州市	Chuzhou	0.24	0.73	0.45	0.14	0.21	0.31	0.35	2.09
六安市	Luan	0.16	0.34	0.22	0.20	0.16	0.09	0.22	0.93
马鞍山市	Maanshan	1.14	3.08	3.25	0.51	0.40	0.46	0.86	4.45
芜湖市	Wuhu	1.27	1.37	1.82	0.20	0.91	0.35	0.51	4.46
宣城市	Xuancheng	0.55	0.60	0.35	0.25	0.35	0.10	0.50	2.98
铜陵市	Tongling	0.20	1.23	0.20	0.61	0.61		0.61	4.51
池州市	Chizhou	1.08	0.96	0.38	1.53	0.57		0.51	4.34
安庆市	Anqing	2.59	1.61	0.86	2.04	2.79	0.36	1.03	8.82
黄山市	Huangshan	0.49	0.84	0.15	0.15	0.20	0.15	0.49	2.76

3—23　各市省内跨市外出半年以上的流动人口构成（2013年）
Composition of Floating Population From City to City in the Province by Region (2013)

单位：%

地　区 Region	合　计（人）Total (person)	合肥市 Hefei	淮北市 Huaibei	亳州市 Bozhou	宿州市 Suzhou	蚌埠市 Bengbu	阜阳市 Fuyang	淮南市 Huainan
总　计 Total	**6965**	**51.97**	**3.46**	**1.01**	**1.55**	**3.49**	**2.12**	**5.20**
合肥市 Hefei	398		4.02	0.75	1.01	9.05	5.53	9.05
淮北市 Huaibei	201	38.31		3.98	23.38	6.47	2.99	9.95
亳州市 Bozhou	136	47.79	3.68		0.74	9.56	13.97	2.94
宿州市 Suzhou	402	47.26	26.37	0.75		3.98	2.74	1.74
蚌埠市 Bengbu	328	59.15	3.35	0.61	7.32		2.13	10.37
阜阳市 Fuyang	670	40.90	9.85	4.18	0.90	3.28		8.21
淮南市 Huainan	183	55.74	4.92	1.64	1.64	8.20	10.38	
滁州市 Chuzhou	572	69.58	1.40		0.87	6.82	0.52	8.04
六安市 Luan	1259	73.71	0.71	0.79	0.24	1.35	1.59	7.07
马鞍山市 Maanshan	285	38.60	0.70		1.05	1.75	1.75	3.16
芜湖市 Wuhu	295	38.64	0.34	0.34	1.69	3.73	2.37	0.68
宣城市 Xuancheng	307	43.97	0.65	0.33	0.33	1.30	0.98	1.30
铜陵市 Tongling	136	32.35	0.74		0.74	3.68	0.74	1.47
池州市 Chizhou	344	33.72	0.87	0.29	0.29	2.03	0.87	2.62
安庆市 Anqing	1241	61.72	0.16	0.81	0.32	2.58	1.61	2.98
黄山市 Huangshan	208	51.44				3.85	0.96	3.85

地　区 Region	滁州市 Chuzhou	六安市 Luan	马鞍山市 Maanshan	芜湖市 Wuhu	宣城市 Xuancheng	铜陵市 Tongling	池州市 Chizhou	安庆市 Anqing	黄山市 Huangshan
总　计 Total	**2.48**	**1.92**	**4.13**	**11.80**	**1.41**	**2.02**	**1.44**	**4.32**	**1.67**
合肥市 Hefei	7.29	12.56	6.03	28.64	1.26	3.02	3.77	7.04	1.01
淮北市 Huaibei	1.99		1.00	9.45				2.49	
亳州市 Bozhou	0.74	0.74	4.41	10.29	2.21	0.74		2.21	
宿州市 Suzhou	2.49	1.74	4.98	4.98		0.25		1.00	1.74
蚌埠市 Bengbu	3.66	0.30	1.83	8.23	0.30	0.30		1.83	0.61
阜阳市 Fuyang	2.39	2.99	8.06	11.04	2.54	0.45	1.19	3.43	0.60
淮南市 Huainan	3.83	3.28	1.09	6.56		0.55		2.19	
滁州市 Chuzhou		0.70	3.85	5.59		0.70	0.87	0.87	0.17
六安市 Luan	2.46		1.99	5.88	0.40	0.40	0.16	2.30	0.95
马鞍山市 Maanshan	7.02	1.05		35.44	3.51	2.46	0.35	1.40	1.75
芜湖市 Wuhu	2.71	2.71	20.34		7.12	7.46	2.37	6.78	2.71
宣城市 Xuancheng	2.28	1.63	8.14	25.73		2.61	2.28	4.56	3.91
铜陵市 Tongling	1.47	1.47	3.68	26.47	2.94		8.09	12.50	3.68
池州市 Chizhou	2.03	1.45	1.16	8.72	1.16	4.65		35.47	4.65
安庆市 Anqing	1.45	1.21	2.50	13.22	0.40	4.51	3.30		3.22
黄山市 Huangshan	0.48	3.37	0.96	12.50	11.06	1.92	1.44	8.17	

3—24 全省外出半年以上人口分年龄构成（2013年）
Composition of Population Going out More Than Half a Year in the Whole Province (2013)

单位：%

年 龄 Age	合 计 Total	男 Male	女 Female	性别比 (女=100) Sex Ratio (Female=100)
总计 Total	**100.00**	**55.57**	**44.43**	**125.09**
0-4	**2.74**	**1.58**	**1.17**	**135.35**
5-9	**3.26**	**1.88**	**1.38**	**136.20**
10-14	**2.87**	**1.64**	**1.23**	**133.62**
15-19	**8.06**	**4.39**	**3.67**	**119.82**
15岁	0.78	0.44	0.34	129.53
16岁	1.11	0.64	0.47	135.49
17岁	1.55	0.86	0.70	122.52
18岁	2.15	1.16	0.99	116.80
19岁	2.46	1.30	1.16	111.57
20-24	**17.85**	**9.48**	**8.37**	**113.20**
20岁	3.01	1.62	1.39	115.98
21岁	3.24	1.75	1.49	117.43
22岁	3.59	1.91	1.68	113.47
23岁	4.23	2.21	2.02	109.58
24岁	3.77	1.99	1.79	111.35
25-29	**13.18**	**7.05**	**6.13**	**115.03**
25岁	3.17	1.68	1.49	113.00
26岁	3.07	1.61	1.46	110.59
27岁	2.55	1.35	1.20	112.81
28岁	2.17	1.19	0.98	120.87
29岁	2.22	1.22	1.00	121.38
30-34	**10.51**	**5.86**	**4.65**	**125.97**
30岁	2.11	1.18	0.94	125.28
31岁	2.20	1.17	1.04	112.34
32岁	2.02	1.16	0.86	135.09
33岁	2.09	1.17	0.92	126.26
34岁	2.08	1.19	0.89	133.48
35-39	**10.01**	**5.73**	**4.28**	**133.82**
35岁	1.94	1.07	0.87	122.29
36岁	1.77	1.00	0.78	128.35
37岁	2.06	1.25	0.80	156.15
38岁	2.01	1.14	0.87	130.63
39岁	2.23	1.27	0.96	132.96
40-44	**12.40**	**7.07**	**5.33**	**132.57**
40岁	2.42	1.39	1.03	134.63
41岁	2.63	1.54	1.09	141.56
42岁	2.44	1.46	0.99	147.77
43岁	2.58	1.39	1.18	117.57
44岁	2.32	1.29	1.04	123.75
45-49	**9.60**	**5.48**	**4.13**	**132.73**
45岁	2.48	1.40	1.08	129.79
46岁	1.87	1.06	0.81	131.09
47岁	1.97	1.13	0.84	134.71
48岁	1.82	1.03	0.78	132.20
49岁	1.46	0.85	0.61	138.04
50-54	**3.83**	**2.24**	**1.60**	**140.10**
50岁	1.60	0.93	0.67	139.04
51岁	1.23	0.74	0.50	147.59
52岁	0.39	0.20	0.19	108.63
53岁	0.34	0.21	0.13	155.56
54岁	0.27	0.16	0.11	146.99
55-59	**2.37**	**1.41**	**0.96**	**147.63**
60-64	**1.62**	**0.94**	**0.68**	**138.58**
65+	**1.70**	**0.83**	**0.86**	**96.30**

3—25 各市按外出时间分的外出人口比例（2013年）
Proportion of Persons Going Out by Time and Region (2013)

单位：%

地　区	Region	合　计（人） Total (person)	半年以下 6Month and Under	半年至一年 6Month —1Year	一至五年 1—5 Year	五年以上 5 Year and Over
总　计	**Total**	**97594**	**23.17**	**41.86**	**24.89**	**10.09**
合 肥 市	Hefei	7052	15.42	30.30	37.62	16.66
淮 北 市	Huaibei	2204	32.03	33.94	25.35	8.68
亳 州 市	Bozhou	7519	79.81	11.46	6.56	2.17
宿 州 市	Suzhou	5752	31.77	46.26	18.12	3.84
蚌 埠 市	Bengbu	4470	6.85	33.53	46.16	13.45
阜 阳 市	Fuyang	15015	10.60	57.60	25.24	6.56
淮 南 市	Huainan	1821	11.64	26.21	42.33	19.81
滁 州 市	Chuzhou	8436	40.10	29.83	21.34	8.74
六 安 市	Luan	12461	12.14	33.84	34.34	19.68
马鞍山市	Maanshan	3730	14.86	44.06	29.04	12.04
芜 湖 市	Wuhu	3955	19.62	48.38	21.10	10.90
宣 城 市	Xuancheng	5116	29.36	34.55	23.68	12.42
铜 陵 市	Tongling	1428	12.02	34.43	42.38	11.17
池 州 市	Chizhou	3015	25.11	55.33	15.21	4.35
安 庆 市	Anqing	11913	14.66	66.53	12.83	5.98
黄 山 市	Huangshan	3707	12.83	45.07	30.24	11.86

3—26 历年全省总人口、总户数
Total Populations and Households of the Province Over the Years

单位：万户、万人（10000 households、10000 persons）

年份 Year	总户数 Total Number of Households	总人口 Population 合计 Total	男 Male	女 Female	性别比(女=100) Sex Ratio (Female=100)	非农业人口 Non-agricultural Population	农业人口 Agriculturl Population
1978	1018	4713	2439	2274	107.27	504	4209
1980	1051	4893	2530	2363	107.10	556	4337
1985	1174	5156	2683	2473	108.46	724	4432
1990	1445	5661	2934	2727	107.57	843	4818
1995	1551	6000	3116	2884	108.08	1044	4956
2000	1656	6278	3258	3020	107.87	1230	5048
2001	1684	6325	3283	3042	107.91	1257	5068
2002	1710	6369	3307	3062	108.00	1289	5080
2003	1755	6410	3333	3077	108.32	1319	5091
2004	1795	6461	3359	3102	108.28	1342	5119
2005	1849	6516	3388	3127	108.34	1368	5148
2006	1899	6593	3429	3164	108.38	1433	5160
2007	1949	6676	3469	3206	108.20	1467	5208
2008	2000	6741	3503	3238	108.16	1498	5243
2009	2041	6795	3528	3266	108.02	1517	5277
2010	2093	6827	3543	3283	107.92	1550	5276
2011	2118	6876	3567	3309	107.80	1577	5299
2012	2139	6902	3580	3322	107.78	1580	5322
2013	2144	6929	3599	3330	108.08	1588	5341

注：本表为公安户籍年报统计数。

a) Data in this table are taken from the annual reports of the Department of Puplis Security.

3—27 各市、县、区户数、人口数（2013年）
Total Number of Households and Population by City, County and Region (2013)

单位：人（person）

地　区	Region	总户数（户）Total Number of Households (household)	总人口数 Population	男 Male	女 Female	性别比（女=100）Sex Ratio (Female=100)	非农业人口 Non-agricultural Population
总　计	**Total**	**21437805**	**69285300**	**35987097**	**33298203**	**108.08**	**15879290**
合肥市	**Hefei**	**2364728**	**7115047**	**3688222**	**3426825**	**107.63**	**2677542**
市辖区	Region of City	790325	2338255	1203539	1134716	106.07	1905490
瑶海区	Yaohai District	211114	608137	310665	297472	104.44	483588
庐阳区	Luyang District	148386	463087	235699	227388	103.65	430504
蜀山区	Shushan District	246880	741895	383545	358350	107.03	604346
包河区	Baohe District	183945	525136	273630	251506	108.80	387052
巢湖市	Chaohu	323054	880412	453253	427159	106.11	237212
长丰县	Changfeng	246393	761463	396954	364509	108.90	99701
肥东县	Feidong	344075	1070907	562872	508035	110.79	136141
肥西县	Feixi	270902	870929	453321	417608	108.55	133826
庐江县	Lujiang	389979	1193081	618283	574798	107.57	165172
淮北市	**Huaibei**	**658919**	**2145021**	**1102616**	**1042405**	**105.78**	**921917**
市辖区	Region of City	345669	1067820	547313	520507	105.15	783567
杜集区	Duji District	109775	320900	165162	155738	106.05	267703
相山区	Xiangshan District	126362	402072	203038	199034	102.01	337520
烈山区	Lieshan District	109532	344848	179113	165735	108.07	178344
濉溪县	Suixi	313250	1077201	555303	521898	106.40	138350
亳州市	**Bozhou**	**1756790**	**6329151**	**3323557**	**3005594**	**110.58**	**674557**
谯城区	Qiaocheng District	521150	1670262	865713	804549	107.60	221236
涡阳县	Guoyang	399708	1636693	862337	774356	111.36	161846
蒙城县	Mengcheng	356904	1374591	724533	650058	111.46	157714
利辛县	Lixin	479028	1647605	870974	776631	112.15	133761
宿州市	**Suzhou**	**1897389**	**6419333**	**3321520**	**3097813**	**107.22**	**849207**
埇桥区	Yongqiao District	583448	1870429	966570	903859	106.94	409197
砀山县	Dangshan	319279	973367	501251	472116	106.17	138823
萧　县	Xiaoxian	410767	1382449	717329	665120	107.85	129923
灵璧县	Lingbi	341485	1255781	653225	602556	108.41	96486
泗　县	Sixian	242410	937307	483145	454162	106.38	74778
蚌埠市	**Bengbu**	**1100808**	**3666028**	**1901825**	**1764203**	**107.80**	**1024519**
市辖区	Region of City	351397	1035674	523985	511689	102.40	671649
龙子湖区	Longzihu District	80211	227927	114614	113313	101.15	168122
蚌山区	Bengshan District	95578	277166	137251	139915	98.10	253159
禹会区	Yuhui District	116204	346510	178357	168153	106.07	198154
淮上区	Huaishang District	59404	184071	93763	90308	103.83	52214
怀远县	Huaiyuan	352965	1265295	666542	598753	111.32	177289
五河县	Wuhe	215454	736143	383763	352380	108.91	87391
固镇县	Guzhen	180992	628916	327535	301381	108.68	88190

注：本表为公安户籍年报统计数。
a) Data in this table are taken from the annual reports of Department of Puplis Security.

3—27 续表1 continued

单位：人（person）

地　区	Region	总户数（户）Total Number of Households (household)	总人口数 Population	男 Male	女 Female	性别比（女=100）Sex Ratio (Female=100)	非农业人口 Non-agricultural Population
阜阳市	**Fuyang**	**2906919**	**10532352**	**5479321**	**5053031**	**108.44**	**1349005**
市辖区	Region of City	584740	2159785	1114886	1044899	106.70	528588
颍州区	Yingzhou District	216698	764762	389332	375430	103.70	273756
颍东区	Yingdong District	166281	657293	343950	313343	109.77	129955
颍泉区	Yingquan District	201761	737730	381604	356126	107.15	124877
临泉县	Linquan	602735	2289050	1179575	1109475	106.32	167713
太和县	Taihe	546355	1756650	923604	833046	110.87	169395
阜南县	Funan	439308	1752174	910834	841340	108.26	137450
颍上县	Yingshang	500984	1775697	934386	841311	111.06	199251
界首市	Jieshou	232797	798996	416036	382960	108.64	146608
淮南市	**Huainan**	**782215**	**2432890**	**1266774**	**1166116**	**108.63**	**1116134**
市辖区	Region of City	533781	1661450	856803	804647	106.48	956554
大通区	Datong District	64867	183747	94145	89602	105.07	75601
田家庵区	Tianjiaan District	173336	542240	277366	264874	104.72	432337
谢家集区	Xiejiaji District	106309	325028	166266	158762	104.73	223381
八公山区	Bagongshan District	54900	165820	84892	80928	104.90	140354
潘集区	Panji District	134369	444615	234134	210481	111.24	84881
凤台县	Fengtai	248434	771440	409971	361469	113.42	159580
滁州市	**Chuzhou**	**1426408**	**4494527**	**2330183**	**2164344**	**107.66**	**991358**
市辖区	Region of City	197320	538826	272527	266299	102.34	269540
琅琊区	Langya District	105041	282105	141384	140721	100.47	208711
南谯区	Nanqiao District	92279	256721	131143	125578	104.43	60829
来安县	Laian	166557	493355	252751	240604	105.05	79705
全椒县	Quanjiao	158840	460467	238354	222113	107.31	113031
定远县	Dingyuan	277659	963002	512172	450830	113.61	136243
凤阳县	Fengyang	219686	771510	406034	365476	111.10	108497
天长市	Tianchang	195047	632049	320480	311569	102.86	165095
明光市	Mingguang	211299	635318	327865	307453	106.64	119247
六安市	**Luan**	**2370088**	**7167213**	**3787431**	**3379782**	**112.06**	**974060**
市辖区	Region of City	651392	1886324	992574	893750	111.06	342678
金安区	Jinan District	314957	875444	456076	419368	108.75	190821
裕安区	Yuan District	336435	1010880	536498	474382	113.09	151857
寿　县	Shouxian	449184	1387135	737763	649372	113.61	165142
霍邱县	Huoqiu	624950	1856998	985818	871180	113.16	207376
舒城县	Shucheng	319133	999935	520072	479863	108.38	122608
金寨县	Jinzhai	208451	673287	362078	311209	116.35	83267
霍山县	Huoshan	116978	363534	189126	174408	108.44	52989
马鞍山市	**Maanshan**	**730839**	**2283981**	**1178103**	**1105878**	**106.53**	**821838**
市辖区	Region of City	265997	823513	418806	404707	103.48	554557
花山区	Huashan District	124896	377060	188969	188091	100.47	339670
雨山区	Yushan District	86881	261508	132504	129004	102.71	199509
博望区	Bowang District	54220	184945	97333	87612	111.10	15378
当涂县	Dangtu	152800	473654	242834	230820	105.20	98301
含山县	Hanshan	143220	444682	232677	212005	109.75	84311
和　县	Hexian	168822	542132	283786	258346	109.85	84669
芜湖市	**Wuhu**	**1269241**	**3845391**	**1986110**	**1859281**	**106.82**	**1739870**
市辖区	Region of City	466986	1361410	695342	666068	104.40	1361410
镜湖区	Jinghu District	162580	461474	232696	228778	101.71	461474

3—27 续表2 continued

单位：人（person）

地 区	Region	总户数（户）Total Number of Households (household)	总人口数 Population	男 Male	女 Female	性别比（女=100）Sex Ratio (Female=100)	非农业人口 Non-agricultural Population
弋江区	Yijiang District	77692	223262	112788	110474	102.09	223262
鸠江区	Jiujiang District	166254	488120	252592	235528	107.24	488120
三山区	Sanshan District	60460	188554	97266	91288	106.55	188554
芜湖县	Wuhu	118044	346976	179831	167145	107.59	64373
繁昌县	Fanchang	98899	277742	142590	135152	105.50	67584
南陵县	Nanling	182993	550494	284606	265888	107.04	78663
无为县	Wuwei	402319	1308769	683741	625028	109.39	167840
宣城市	**Xuancheng**	**989344**	**2802074**	**1448680**	**1353394**	**107.04**	**510837**
宣州区	Xuanzhou District	308387	867716	445796	421920	105.66	173555
郎溪县	Langxi	115676	345251	178359	166892	106.87	57992
广德县	Guangde	172381	518871	270180	248691	108.64	64421
泾县	Jingxian	136365	355795	185345	170450	108.74	71893
绩溪县	Jixi	69603	176692	91213	85479	106.71	36979
旌德县	Jingde	46762	149889	77757	72132	107.80	24903
宁国市	Ningguo	140170	387860	200030	187830	106.50	81094
铜陵市	**Tongling**	**257786**	**742328**	**376468**	**365860**	**102.90**	**435635**
市辖区	Region of City	152465	452146	228515	223631	102.18	381451
铜官山区	Tongguanshan District	84999	263009	132738	130271	101.89	263009
狮子山区	Shizishan District	36931	104473	53158	51315	103.59	64857
郊区	Suburban District	30535	84664	42619	42045	101.37	53585
铜陵县	Tongling	105321	290182	147953	142229	104.02	54184
池州市	**Chizhou**	**554801**	**1619147**	**827044**	**792103**	**104.41**	**295517**
贵池区	Guichi District	238090	670233	340560	329673	103.30	149684
东至县	Dongzhi	186389	549611	281176	268435	104.75	73254
石台县	Shitai	34859	108451	56126	52325	107.26	21913
青阳县	Qingyang	95463	290852	149182	141670	105.30	50666
安庆市	**Anqing**	**1863602**	**6216623**	**3213831**	**3002792**	**107.03**	**1131631**
市辖区	Region of City	261661	733744	367583	366161	100.39	461094
迎江区	Yingjiang District	76841	207462	103859	103603	100.25	170450
大观区	Daguan District	93000	269531	135093	134438	100.49	204330
宜秀区	Yixiu District	91820	256751	128631	128120	100.40	86314
怀宁县	Huaining	206574	699765	361795	337970	107.05	82956
枞阳县	Zongyang	294738	973581	504509	469072	107.55	113372
潜山县	Qianshan	165585	589146	303960	285186	106.58	62214
太湖县	Taihu	170051	573088	299421	273667	109.41	69193
宿松县	Susong	250544	847733	450117	397616	113.20	109320
望江县	Wangjiang	179538	632675	325199	307476	105.76	66298
岳西县	Yuexi	122860	407756	214432	193324	110.92	46800
桐城市	Tongcheng	212051	759135	386815	372320	103.89	120384
黄山市	**Huangshan**	**507928**	**1474194**	**755412**	**718782**	**105.10**	**365663**
市辖区	Region of City	152096	439770	222062	217708	102.00	203603
屯溪区	Tunxi District	60376	176537	86926	89611	97.00	137526
黄山区	Huangshan District	56926	161485	82941	78544	105.60	38866
徽州区	Huizhou District	34794	101748	52195	49553	105.33	27211
歙县	Shexian	173370	477690	247888	229802	107.87	64635
休宁县	Xiuning	85691	275309	140974	134335	104.94	37963
黟县	Yixian	35521	94678	48514	46164	105.09	20368
祁门县	Qimen	61250	186747	95974	90773	105.73	39094

主要统计指标解释

人口数

指一定时点、一定地区范围内的有生命的个人的总和。

常住人口

是指具有中华人民共和国国籍并在中华人民共和国境内常住的人。

（1）居住本乡、镇、街道，户口在本乡、镇、街道的人；

（2）居住本乡、镇、街道半年以上，户口在外乡、镇、街道的人；

（3）在本乡、镇、街道居住不满半年，离开户口登记地半年以上的人；

（4）居住本乡、镇、街道，户口待定的人；

（5）原住本乡、镇、街道，现在国外工作学习，暂无户口的人；

常住户口在本乡、镇、街道，但已离开本乡、镇、街道半年以上的人，在户口所在地只登记人数，不计入户口所在地的常住人口数内。

总人口文盲率

15 岁及以上不识字人数与总人口数的比例。

出生率（又称粗出生率）

指在一定时期内（通常为一年）平均每千人所出生的人数的比率，一般用千分率表示。

计算公式为：

出生率＝年出生人数/年平均人数×1000‰

式中：出生人数指活产婴儿，即胎儿脱离母体时（不含怀孕月数），有过呼吸或其他生命现象。年平均人数指年初、年底人口数的平均数，也可用年中人口数代替。

死亡率（又称粗死亡率）

指在一定时期内（通常为一年）一定地区的死亡人数与同期平均人数（或期中人数）之比，一般用千分率表示。

计算公式为：

死亡率＝年死亡人数/年平均人数×1000‰

人口自然增长率

指在一定时期内（通常为一年）人口自然增加数（出生人数减死亡人数）与该时期内平均人数（或期中人数）之比，一般用千分率表示。

计算公式为：

人口自然增长率＝（年出生人数－年死亡人数）/年平均人数×1000‰

＝人口出生率－人口死亡率

在业人口（又称就业人口）

指十五周岁及十五周岁以上人口中从事一定的社会劳动并取得劳动报酬或经营收入的人口。

未工作人口

指十五周岁及十五周岁以上人口中未从事社会劳动的人口，包括在校学生、料理家务、待升学、失去工作、离退休、退职、丧失劳动能力等非在业人口。

抚养系数

指被抚养人口（0-14 岁和 65 岁以上人口）与 15-64 岁人口的比例。

计算公式为：

抚养系数＝被抚养人口/15-64 岁人口×100％

老年抚养系数

指老年人口（65 岁以上人口）与 15-64 岁人口的比例。

计算公式为：

老年抚养系数＝老年人口/15-64 岁人口×100％

少年儿童抚养系数

指 0-14 岁少年儿童与 15-64 岁人口的比例。

计算公式为：

少年儿童抚养系数＝少年儿童人口/15-64 岁人口×100％

Explanatory Notes for Major Statistical Indicators

Total Population

refers to the total number of people alive at a certain point of time within a given area.

Permanent Population

refers to the persons who hold the nationality of, and have permanent residing place in the People's Republic of China.

a) Those who reside in the townships, towns and street communities and have their permanent household registration there.

b) Those who have resided in the townships, towns and street communities for more than 6 months but the places of their permanent household registration are elsewhere.

c) Those who have resided in the townships, towns and street communities for less than 6 months but have been away from the place of their permanent household registration for more than 6 months.

d) Those who live in the townships, towns and street communities while the places of their household registration have not yet settled.

e) Those who used to live in the townships, towns and street communities but are working or studying abroad and have no permanent household registration for the time being.

Those who have their permanent household registration in the townships, towns and street communities but have been away from these places for more than 6 months are only registered as total population not counted as permanent population of the places of their household registration.

Total Population Illiterate Ratio

refers to the ratio of the number of illiterate people aged 15 and over to total population.

Birth Rate or (Crude Birth Rate)

refers to the ratio of the number of births to the average population during a certain period of time (usually a year) which is often expressed in‰. The following formula is used:

Birth Rate=Number of Births/Average Number of Population×1000‰

Number of births refers to live births i.e. the births when babies had showed any vital phenomena regardless of the length of pregnancy.

Annual Average Number of Population is the average of the number of population at the beginning of the year and that at the end of the year. Sometimes it is substituted for with the mid year population.

Death Rate (or Crude Death Rate)

refers to the ratio of the number of deaths to the average population (or mid year population) during a certain period of time (usually a year) which is often expressed in‰. The following formula is used:

Death Rate umber of Deaths=Number of Deaths/Annual Average Number of Population×1000‰

Natural Growth Rate of Population

refers to the ratio of natural increase in population (number of births minus number of deaths) in a certain period of time (usually a year) to the average population (or mid year population) of the same period which is often expressed in‰. The following formulas are applied:

Natural Growth of Population=(Number of Births-Number of Deaths)/Average Number of Population×1000‰

Natural Growth Rate of Population=Birth Rate-Death Rate

Employed Population

refers to population aged 15 or over engaging in social labour which generates income.

Not Working Population

refers to population aged 15 or over not engaging in any social labour which generates income, including students enrolled in schools, house wives, students waiting for entering schools with higher level, persons losing their jobs, retirees, job quitters, disabled, etc.

Total Dependency Ratio

refers to the ratio of number of dependents to the total population aged 15-64, the number of dependents being population aged 0-14 and population aged 65 and over. The total dependency ratio is calculated as follows:

Total Dependency Ratio=Number of dependents/Population aged 15-64×100%

The Aged Dependency Ratio

refers to the ratio of the number of the aged population to the total population aged 15-64, the aged being population aged 65 and over. The aged dependency ratio is calculated as follows:

The Aged Dependency Ratio=Number of the aged population/Population aged 15-64×100%

The Juvenile and Children Dependency Ratio

refers to the ratio of the number of the juvenile and children to the total population aged 15-64, the juvenile and children being population aged 0-14. The juvenile and children dependency ratio is calculated as follows:

The Juvenile and Children Dependency Ratio=Number of juvenile and children/Population aged 15-64×100%

第四篇

Chapter 4

就业人员和工资

EMPLOYMENT AND WAGES

简要说明

一、本篇资料反映我省 2013 年及主要年份劳动经济方面的基本情况，包括全省和 16 个市的主要劳动统计数据。主要指标有：就业人员、私营和个体就业人员、城镇登记失业人员及失业率、单位就业人员、工资总额和平均工资等。

二、本篇资料来源主要有四个方面：

1. 就业人员数、工资总额、平均工资，是根据《2013 年度全省劳动统计年报》汇总整理提供的。

2. 私营企业和个体就业人员，是根据省工商局提供的资料整理的。

3. 城镇登记失业人数、新增就业人数、城镇登记失业率，是根据省人力资源和社会保障厅提供的资料整理的。

4. 就业基本情况是根据全省劳动统计年报、全省 2013 年人口变动抽样调查资料、省统计局农业统计年报、省工商统计年报、省乡镇企业统计年报等综合编制的。

三、1998 年及以后城镇单位就业人员、职工工资、工资总额、平均工资等指标中不再包括离开本单位仍保留劳动关系职工及其生活费。

四、本篇资料均由省统计局人口和社会科技统计处整理编制。

Brief Introduction

I. Data in this chapter show the basic conditions of Anhui's labor economy in 2013 and the mainly previous years, including the main data of labor statistics of the whole province and 16 prefectures such as number of the employed persons, number of persons employed in the urban private enterprises and self-employment, registered urban unemployed persons and unemployment rate, number of employment in units, , total wages and average wages.

II. There are four main sources for Data published in this chapter.

1. Data on number of employed persons, total wages and average wages are tabulated and provided in accordance with "the Annual Labor statistical Report of Anhui Province in 2013".

2. Data on the number of person employed in private enterprises and self-employed persons are tabulated in accordance with the data supplied by the Provincial Administration for Industry and Commerce.

3. Data on newly employed registered unemployees in urban area, registered urban unemployed persons and unemployment rate and employment services and situations in employment services of labor departments are tabulated in accordance with data supplied by the Department of Labor and Social Insurance.

4. Data on persons employed are provided in accordance with the Provincial Annual Labour Statistical Report, Sample Survey of population changes in 2013, annual agricultural statistical report of Anhui Statistical Bureau, annual statistical report of industry and commerce and annual statistical report of township and village enterprises.

III. The scope of statistics on employed person in urban areas, total number of staff and workers, total wage bills, average wages do not include the persons who had left their working units and while keeping their labour contract/employment relation unchanged since 1998.

Ⅳ. Data in this chapter are prepared by the Population and Social Science Division, Anhui Statistical Bureau.

4—1 就 业 基 本 情 况
Basic Conditions of Employment

单位：万人（10000 persons）

项 目	Item	2000	2005	2010	2012	2013
经济活动人口	**Economically Active Population**	**3530.9**	**3712.8**	**4096.8**	**4254.3**	**4327.0**
就业人员合计	**Total Number of Employed Persons**	**3450.7**	**3669.7**	**4050.0**	**4206.8**	**4275.9**
第一产业	Primary Industry	2018.9	1783.3	1583.6	1531.2	1469.7
第二产业	Secondary Industry	584.8	783.9	1016.5	1107.3	1169.2
第三产业	Tertiary Industry	847.0	1102.4	1449.9	1568.3	1637.0
就业人员构成（合计=100）	**Composition of Employed Persons (total=100)**					
第一产业	Primary Industry	58.5	48.6	39.1	36.4	34.4
第二产业	Secondary Industry	16.9	21.4	25.1	26.3	27.3
第三产业	Tertiary Industry	24.6	30.0	35.8	37.3	38.3
按城乡分就业人员	**Number of Employed Persons by Urban and Rural Areas**					
城镇就业人员	Urban Employed Persons	652.9	730.5	973.5	1141.0	1226.2
#国有单位	State-owned Units	314.8	208.7	206.0	225.7	196.4
城镇集体单位	Urban Collective Owned Units	91.2	30.8	17.9	17.2	16.2
股份合作单位	Share Holding Units	8.4	3.9	4.7	4.9	3.4
联营单位	Joint Owned Units	1.2	0.8	0.8	0.8	0.4
有限责任公司	Limited Liability Corporations	38.0	52.3	80.0	112.6	201.5
股份有限公司	Share-holding Corporations Ltd.	20.2	24.8	37.7	45.0	59.4
私营企业	Private Enterprises	37.6	86.5	133.3	196.5	222.7
港澳台商投资单位	Units Funded by Entrepreneurs from Hong Kong, Macao & Taiwan	2.3	3.7	7.0	8.0	15.9
外商投资单位	Foreign Funded Units	3.8	6.7	14.7	15.9	20.3
个 体	Self-employed Individuals	134.8	123.6	264.1	286.1	301.2
乡村就业人员	Rural Employed Persons	2797.7	2939.0	3076.5	3065.8	3049.7
#私营企业	Private Enterprises	27.6	79.2	105.9	100.2	100.5
个 体	Self-employed Individuals	201.6	143.3	67.5	65.5	80.7
全部职工人数	**Number of Staff and Workers**	**470.0**	**317.4**	**372.9**	**436.8**	**519.5**
国有单位	State-owned Units	307.8	199.2	206.0	225.7	196.4
城镇集体单位	Urban Collective Owned Units	89.1	28.2	17.9	17.2	16.2
其他单位	Units of Other Types of Ownership	73.1	90.1	149.1	193.9	306.9
城镇单位女性就业人员	**Number of Female Employment in Urban Units**	**143.0**	**112.4**	**121.3**	**138.5**	**162.1**
城镇登记失业人数	**Number of Registered Unemployed Persons in Urban Areas**	**31.6**	**27.8**	**28.5**	**36.4**	**39.5**
城镇登记失业率 （%）	**Registered Unemployment Rate in Urban Areas (%)**	**3.3**	**4.4**	**3.7**	**3.7**	**3.4**

注：全社会就业人员总计、城镇和乡村就业人员小计资料根据有关部门资料进行了调整，因此分市、分类型、分行业的资料相加不等于总计。（下同）

a) Data on the total employed persons and the sub-total of employed persons in urban and rural areas have been adjusted in accordance with the data of related departments. As a result, the sum of the data by city, by ownership or by sector is not equal to the total. The same as in the following tables.

4—2 主要年份分行业就业人员数
Number of Employed Persons by Industry In Main Year

单位：万人（10000 persons）

行业	Sector	2010	2012	2013
总计	**Total**	**4050.0**	**4206.8**	**4275.9**
农、林、牧、渔业	Agriculture, Forestry, Animal Husbandry and Fishery	1583.6	1531.2	1469.7
采矿业	Mining	71.2	69.8	54.4
制造业	Manufacturing	527.6	607.5	666.7
电力、热力、燃气及水的生产和供应业	Production and Supply of Electricity, Heat, Gas and Water	10.5	10.9	17.6
建筑业	Construction	407.3	419.1	430.5
批发和零售业	Wholesale and Retail Trades	467.2	509.0	501.5
交通运输、仓储和邮政业	Transport, Storage and Post	168.8	181.5	313.7
住宿和餐饮业	Hotels and Catering Services	150.5	186.5	143.6
信息传输、软件和信息技术服务业	Information Transmission, Software and Information Technology	27.8	32.9	93.3
金融业	Financial Intermediation	15.1	26.2	25.6
房地产业	Real Estate	25.8	27.8	30.9
租赁和商务服务业	Leasing and Business Services	25.2	39.4	39.3
科学研究和技术服务业	Scientific Research and Technical Services	8.3	12.9	19.4
水利、环境和公共设施管理业	Management of Water Conservancy, Environment	30.6	35.9	36.1
居民服务、修理和其他服务业	Services to Households, Repair and Other Services	345.4	313.9	220.7
教育	Education	67.6	74.7	81.3
卫生和社会工作	Health and Social Service	31.8	36.2	39.6
文化、体育和娱乐业	Culture, Sports and Entertainment	29.4	31.7	32.2
公共管理、社会保障和社会组织	Public Management, Social Security and Social Organization	56.4	59.6	59.8

4—3 各市按三次产业分的就业人员数（2013年）
Number of Employed Persons by Type of Industry and Region (2013)

地区	Region	就业人员（万人） Total (10000 persons)	第一产业 Primary Industry	第二产业 Secondary Industry	第三产业 Tertiary Industry	构成（合计=100） Composition in Percentage (total=100) 第一产业 Primary Industry	第二产业 Secondary Industry	第三产业 Tertiary Industry
总计	**Total**	**4275.9**	**1469.7**	**1169.2**	**1637.0**	**34.4**	**27.3**	**38.3**
合肥市	Hefei	504.4	102.4	175.3	226.7	20.3	34.8	44.9
淮北市	Huaibei	114.1	38.8	39.3	36.0	34.0	34.4	31.6
亳州市	Bozhou	339.1	146.2	77.3	115.6	43.1	22.8	34.1
宿州市	Suzhou	362.1	153.9	101.4	106.8	42.5	28.0	29.5
蚌埠市	Bengbu	199.4	98.4	49.0	52.1	49.3	24.6	26.1
阜阳市	Fuyang	629.3	261.4	211.4	156.5	41.5	33.6	24.9
淮南市	Huainan	140.2	28.6	57.3	54.4	20.4	40.8	38.8
滁州市	Chuzhou	280.4	103.6	98.9	77.8	37.0	35.3	27.8
六安市	Luan	404.9	200.0	86.0	118.9	49.4	21.2	29.4
马鞍山市	Maanshan	131.7	41.4	41.0	49.3	31.5	31.1	37.4
芜湖市	Wuhu	197.8	49.8	56.9	91.2	25.2	28.7	46.1
宣城市	Xuancheng	202.7	75.8	60.4	66.5	37.4	29.8	32.8
铜陵市	Tongling	46.3	9.3	17.1	20.0	20.0	36.9	43.1
池州市	Chizhou	113.1	45.4	28.2	39.5	40.1	24.9	34.9
安庆市	Anqing	434.6	208.8	99.4	126.4	48.0	22.9	29.1
黄山市	Huangshan	97.3	34.6	25.0	37.7	35.5	25.7	38.7

4—4 主要年份按城乡分的就业人员数

Number of Employed Persons by Residence in Urban and Rural Areas and Region in Main Year

单位：万人（10000 persons）

年份 Year	合计 Total	城镇 Urban Area						
		小计 Sub-total	国有单位 State-owned Units	集体单位 Collective-owned Units	股份合作单位 Share Holding Units	联营单位 Joint-owned Units	有限责任公司 Limited Liability Corporations	股份有限公司 Share Holding Corpara-tions Ltd.
2000	3450.7	652.9	314.8	91.2	8.4	1.2	38.0	20.2
2005	3669.7	730.5	208.6	30.8	3.9	0.8	52.3	24.8
2006	3741.0	755.9	202.9	28.3	4.3	1.1	59.7	24.9
2007	3818.0	818.1	202.1	25.8	5.0	1.1	63.9	24.7
2008	3916.0	901.9	199.8	24.4	4.8	1.0	67.5	26.5
2009	3988.0	936.2	4.6	18.8	4.5	0.8	75.9	35.7
2010	4050.0	973.5	206.0	17.9	4.7	0.8	80.0	37.7
2011	4120.9	1038.3	219.0	18.3	5.2	1.1	94.0	43.6
2012	4206.8	1141.0	225.7	17.2	4.9	0.8	112.6	45.0
2013	4275.9	1226.2	196.4	16.2	3.4	0.4	201.5	59.4

年份 Year	城镇 Urban Area				乡村 Rural Area			
	私营企业 Private Enterprises	港澳台商投资单位 Economic Units Funded by Entrepreneurs from Hong Kong, Macao and Taiwan	外商投资单位 Foreign Funded Economic Units	个体 Self-employed Individuals	小计 Sub-total	乡镇企业 Township and Village Enterprises	私营企业 Private Enterprises	个体 Self-employed Individuals
2000	37.6	2.3	3.8	134.8	2797.7	479.8	27.6	201.6
2005	86.5	3.7	6.7	123.6	2939.2	533.2	79.2	143.2
2006	86.1	5.0	7.3	144.0	2985.1	546.5	119.5	162.6
2007	137.3	6.4	8.2	133.8	2999.9	571.1	80.7	133.5
2008	92.2	6.6	8.9	144.5	3014.1	580.6	107.5	100.1
2009	92.5	5.4	12.6	184.8	3051.8	668.3	104.6	78.5
2010	133.3	7.0	14.7	264.1	3076.5		105.9	67.5
2011	165.0	8.3	16.7	255.1	3082.6		105.7	72.7
2012	196.5	8.0	15.9	286.1	3065.8		100.2	65.5
2013	222.7	15.9	20.3	301.2	3049.7		100.5	80.7

4—5 各市按城乡分的就业人员数（2013年）
Number of Employed Persons by Residence in Urban and Rural Areas and Region (2013)

单位：人（person）

地　区	Region	合　计 Total	城　镇 Urban Area						
			小　计 Sub-total	国有单位 State-owned Units	集体单位 Collective-owned Units	股份合作单位 Share Holding Units	联营单位 Joint-owned Units	有限责任公司 Limited Liability Corporations	股份有限公司 Share Holding Corparations Ltd.
总　计	**Total**	**42759000**	**12262000**	**1963734**	**162142**	**33907**	**4241**	**2014523**	**594398**
合肥市	Hefei	5044000	3194000	374890	16732	5948	1505	705239	184538
淮北市	Huaibei	1141000	493000	63056	13066	3781	22	178286	14001
亳州市	Bozhou	3391000	620000	122902	9438	2173	50	68253	11296
宿州市	Suzhou	3621000	653000	148632	26718	5189		100833	17234
蚌埠市	Bengbu	1994306	321100	110127	7052	2797		99020	28689
阜阳市	Fuyang	6292506	1171676	187746	13209	313	75	77393	20251
淮南市	Huainan	1402458	597444	91730	11141	2789	526	170033	66478
滁州市	Chuzhou	2803541	717701	118206	10532	824		39713	22313
六安市	Luan	4049000	730000	144335	11605	865	28	42699	25361
马鞍山市	Maanshan	1317365	682422	69365	10323	362		88030	50223
芜湖市	Wuhu	1978185	761601	121183	4492	2170	117	158098	60096
宣城市	Xuancheng	2027000	563100	77112	6153	856		30233	26022
铜陵市	Tongling	463200	275800	39189	615	1159	22	97540	9809
池州市	Chizhou	1130789	258500	49659	2836	141	1055	38234	10468
安庆市	Anqing	4346000	912000	189024	15978	3071	819	85633	30620
黄山市	Huangshan	973044	265186	56578	2252	1469	22	35286	16999

地　区	Region	城　镇 Urban Area				乡　村 Rural Area		
		私营企业 Private Enterprises	港澳台商投资单位 Economic Units Funded by Entrepreneurs from Hong Kong, Macao and Taiwan	外商投资单位 Foreign Funded Economic Units	个体 Self-employed Individuals	小　计 Sub-total	私营企业 Private Enterprises	个体 Self-employed Individuals
总　计	**Total**	**2226542**	**158616**	**202915**	**3012423**	**30497000**	**1005062**	**806614**
合肥市	Hefei	549433	51991	75441	421099	1850000	169239	34656
淮北市	Huaibei	56746	8059	3819	209314	648000	29203	23105
亳州市	Bozhou	126894	514	1778	210213	2771000	30356	47919
宿州市	Suzhou	55792	10651	3278	170994	2968000	42753	62500
蚌埠市	Bengbu	72681	6935	4423	128910	1673206	45219	20183
阜阳市	Fuyang	131558	4284	2899	326669	5120830	79827	58931
淮南市	Huainan	61489	3794	3227	82000	805014	20527	10040
滁州市	Chuzhou	266219	9939	21853	222786	2085840	55257	53703
六安市	Luan	173571	2358	3274	334497	3319000	36344	48627
马鞍山市	Maanshan	117654	5390	11833	125263	634943	57670	14453
芜湖市	Wuhu	157523	31495	41166	103886	1216584	141814	239006
宣城市	Xuancheng	165928	3494	13548	166435	1463900	85168	26292
铜陵市	Tongling	45569	4830	1965	60640	187400	40655	5433
池州市	Chizhou	51346	1617	2414	68683	872289	41968	34853
安庆市	Anqing	147258	11632	10150	292283	3434000	112295	61793
黄山市	Huangshan	46881	1633	1847	88751	707858	16767	65120

注：合肥市城镇、乡村私营企业从业人员包括“其他”项。

a) Hefei urban, rural private practitioners, including the "other" items.

4—6 各市分行业城镇非私营单位就业人员数（2013年）

Number of Employed Persons by Sector and Region (2013)

单位：人（person）

地 区	Region	合 计 Total	农林牧渔业 Agriculture, Forestry, Animal Husbandry and Fishery	采矿业 Mining	制造业 Manufacturing	电力、热力、燃气及水的生产和供应业 Production and Supply of Electricity, Heat, Gas and Water	建筑业 Construction	批发和零售业 Wholesale and Retail Trade	交通运输、仓储和邮政业 Transport, Storage, Post & Telecommunications	住宿和餐饮业 Accommodation and Catering Trade	信息传输、计算机服务和软件业 Information, Circulation Computer Services and Software
总 计	**Total**	**5195248**	**49105**	**331031**	**1204070**	**119807**	**995890**	**225556**	**220051**	**57714**	**62069**
合肥市	Hefei	1444973	1009	1077	339898	30321	515374	82734	64046	22614	19346
淮北市	Huaibei	285795	6	116977	54293	4568	30481	4768	5717	1009	2171
亳州市	Bozhou	220896	225	9088	42605	3297	17254	14089	13148	2078	3455
宿州市	Suzhou	319810	4751	24022	50465	4991	64339	12772	11471	2084	3516
蚌埠市	Bengbu	259946	311		59512	5614	55622	11971	14696	2058	3406
阜阳市	Fuyang	307582	2105	13876	41362	9163	26450	17821	18661	1145	3561
淮南市	Huainan	353456	2241	132384	46115	19317	23533	10421	12171	1700	1357
滁州市	Chuzhou	224750	7184	1143	65974	3940	14893	7014	7947	1313	4361
六安市	Luan	232235	7016	3751	34828	7851	22967	9014	5559	956	2927
马鞍山市	Maanshan	236928	763	25218	69535	4820	33854	7120	8358	553	3335
芜湖市	Wuhu	422052	453	155	168418	6303	66785	15706	27833	5474	3055
宣城市	Xuancheng	158206	2343	39	43151	3457	14595	7215	4469	1104	2199
铜陵市	Tongling	155746	2625	1238	65532	2461	32527	3884	5308	1717	1125
池州市	Chizhou	106773	936	887	19720	2039	17663	3659	5029	2107	1525
安庆市	Anqing	349090	16160	1006	85356	9541	43011	13613	11610	4949	4317
黄山市	Huangshan	117010	977	170	17306	2124	16542	3755	4028	6853	2413

地 区	Region	金融业 Banking	房地产业 Real Estate	租赁和商务服务业 Leasing and Commercial Services	科学研究和技术服务业 Scientific Research and Technical Services	水利、环境和公共设施管理业 Water Conservancy, Environmental and Public Facilities Management	居民服务、修理和其他服务业 Residents Service, Repair and Other Services	教 育 Education	卫生和社会工作 Health and Social Work	文化、体育和娱乐业 Culture, Sports and Entertainment	公共管理、社会保障和社会组织 Public Management, Social Security and Social Organization
总 计	**Total**	**172355**	**93676**	**70975**	**83257**	**77550**	**8954**	**636541**	**271532**	**33778**	**481337**
合肥市	Hefei	35991	31366	28649	29502	10107	2627	98306	47059	11135	73812
淮北市	Huaibei	5735	1607	2657	1987	1297	261	21565	13032	584	17080
亳州市	Bozhou	11003	3850	1366	1862	5554	402	49141	15731	1458	25290
宿州市	Suzhou	10025	6387	3428	5585	3825	718	56875	20831	1833	31892
蚌埠市	Bengbu	10391	5257	4300	6939	6098	375	33523	15237	1536	23100
阜阳市	Fuyang	16516	2788	2949	2736	4173	205	69440	25932	1547	47152
淮南市	Huainan	9853	10920	6478	4527	7814	376	28399	15448	1437	18965
滁州市	Chuzhou	7680	2847	2793	4243	5962	189	39118	15194	629	32326
六安市	Luan	8245	2251	1153	3063	7962	321	54689	20039	1788	37855
马鞍山市	Maanshan	9666	2578	4192	5152	3229	1763	22546	10128	1145	22973
芜湖市	Wuhu	12821	6501	2690	5555	5347	248	42407	19516	1370	31415
宣城市	Xuancheng	6944	3190	1356	2139	3012	109	23152	12058	1247	26427
铜陵市	Tongling	3782	3054	929	1696	2229	560	8618	5369	791	12301
池州市	Chizhou	6230	1647	3331	1984	1566	73	13525	6388	2782	15682
安庆市	Anqing	10733	6437	3286	4527	5205	644	60986	21412	3104	43193
黄山市	Huangshan	6740	2996	1418	1760	4170	83	14251	8158	1392	21874

注：2013年就业人数增加较多，系将原属于乡镇企业的规模以上法人单位纳入劳动工资统计范围所致（下同）。

a) 2013 employment increased by more than the size of the Department of the original legal entities belonging to the township enterprises into labor wages due to the statistical range (below).

4—7 主要年份私营企业年末就业人员数
Number of Employed Persons in Private Enterprises at the Year-end in Main Year

单位：户、人（household, person）

年份 Year	合计 Total 户数 Number of Enterprises	合计 Total 就业人员 Number of Employed Persons	合计 Total #投资者 Employers	城镇 Urban Areas 户数 Number of Enterprises	城镇 Urban Areas 就业人员 Number of Employed Persons	城镇 Urban Areas #投资者 Employers	乡村 Rural Areas 户数 Number of Enterprises	乡村 Rural Areas 就业人员 Number of Employed Persons	乡村 Rural Areas #投资者 Employers
1999	37020	550694	91476	23891	327911	62297	13129	222783	29179
2000	46934	651992	110350	28495	375760	72252	18439	276232	38098
2001	55690	785162	134603	34653	465090	88677	21037	320072	45926
2002	60219	960698	150494	39562	596611	99057	22457	364087	51437
2003	74815	1187954	188233	46705	707726	118506	28110	480228	69727
2004	89010	1413199	228734	57127	824019	145300	31883	589180	83434
2005	105998	1656948	270425	63586	864874	160040	42412	792074	110385
2006	130476	2301402	314300	65551	861291	160332	64925	1440111	153968
2007	144895	2179457	363612	103584	1372856	255183	41311	806601	108429
2008	174046	1996617	376738	80506	921748	169862	93540	1074869	206876
2009	189525	1970807	395790	91342	925024	181707	98183	1045783	214083
2010	228670	2392061	490754	128891	1332913	270648	99779	1059148	220106
2011	263483	2707088	581356	172314	1650453	365985	91169	1056635	215371
2012	303857	2966537	664084	218179	1964634	459880	85678	1001903	204204
2013	353841	3231604	757489	268220	2226542	555401	85621	1005062	202088

4—8 各市私营企业年末就业人员数（2013年）
Number of Employed Persons in Private Enterprises at the Year-end by Region (2013)

单位：户、人（household, person）

地区	Region	合计 Total 户数 Number of Enterprises	合计 Total 就业人员 Number of Employed Persons	合计 Total #投资者 Employers	城镇 Urban Areas 户数 Number of Enterprises	城镇 Urban Areas 就业人员 Number of Employed Persons	城镇 Urban Areas #投资者 Employers	乡村 Rural Areas 户数 Number of Enterprises	乡村 Rural Areas 就业人员 Number of Employed Persons	乡村 Rural Areas #投资者 Employers
总计	**Total**	**353841**	**3231604**	**757489**	**268220**	**2226542**	**555401**	**85621**	**1005062**	**202088**
合肥市	Hefei	106473	718586	229021	89998	549360	191272	16475	169226	37749
淮北市	Huaibei	9712	85949	20616	6892	56746	14097	2820	29203	6519
亳州市	Bozhou	15474	157250	28077	11882	126894	20905	3592	30356	7172
宿州市	Suzhou	13051	98545	25920	9026	55792	16071	4025	42753	9849
蚌埠市	Bengbu	14914	117900	30959	10446	72681	20771	4468	45219	10188
阜阳市	Fuyang	22805	211385	46445	15872	131558	29997	6933	79827	16448
淮南市	Huainan	12269	82016	24187	9784	61489	18844	2485	20527	5343
滁州市	Chuzhou	22815	321476	46723	18463	266219	36259	4352	55257	10464
六安市	Luan	19722	209915	44192	15662	173571	34427	4060	36344	9765
马鞍山市	Maanshan	19586	175324	42784	14550	117654	31144	5036	57670	11640
芜湖市	Wuhu	28773	299337	63512	20580	157523	43150	8193	141814	20362
宣城市	Xuancheng	17767	251096	43340	12854	165928	28175	4913	85168	15165
铜陵市	Tongling	7719	86224	20889	4415	45569	10309	3304	40655	10580
池州市	Chizhou	9207	93314	19982	5823	51346	12360	3384	41968	7622
安庆市	Anqing	25701	259553	58454	17739	147258	38980	7962	112295	19474
黄山市	Huangshan	7839	63648	12328	4222	46881	8584	3617	16767	3744
其他	Others	14	86	60	12	73	56	2	13	4

4—9 主要年份个体年末就业人员数
Number of New Additional Employment and Individual at the End of the Year

单位：户、人（household, person）

年份 Year	合计 Total		城镇 Urban Areas		乡村 Rural Areas	
	户数 Number of Enterprises	就业人员 Number of Employed Persons	户数 Number of Enterprises	就业人员 Number of Employed Persons	户数 Number of Enterprises	就业人员 Number of Employed Persons
1999	1460932	3374010	611439	1356851	849493	2017159
2000	1489085	3363571	627100	1347892	861985	2015679
2001	1492870	3396193	633513	1395799	859357	2000394
2002	1402168	3267252	586203	1325486	815965	1941766
2003	1200804	2863314	559658	1288683	641146	1574631
2004	1067271	2562432	501511	1185509	565760	1376923
2005	1110417	2668794	522609	1236364	587808	1432430
2006	1201167	2820534	530394	1194970	670773	1625564
2007	1125342	2673128	579524	1337874	545818	1335254
2008	1142457	2446113	701914	1445017	440543	1001096
2009	1250875	2633497	868141	1848366	382734	785131
2010	1341472	3315820	999110	2640651	342362	675169
2011	1436690	3277866	1106730	2551327	329960	726539
2012	1522643	3516154	1201810	2861106	320833	655048
2013	1678333	3819037	1399830	3012423	278503	806614

4—10 各市个体年末就业人员数（2013年）
Number of New Additional Employment and Individual at the End of the Year by Region (2013)

单位：户、人（household, person）

地区	Region	个体合计 Total		城镇 Urban Areas		乡村 Rural Areas	
		户数 Number of Enterprises	就业人员 Number of Employed Persons	户数 Number of Enterprises	就业人员 Number of Employed Persons	户数 Number of Enterprises	就业人员 Number of Employed Persons
总计	**Total**	**1678333**	**3819037**	**1399830**	**3012423**	**278503**	**806614**
合肥市	Hefei	203413	455755	186049	421099	17364	34656
淮北市	Huaibei	66374	232419	55395	209314	10979	23105
亳州市	Bozhou	145081	258132	117544	210213	27537	47919
宿州市	Suzhou	125856	233494	88276	170994	37580	62500
蚌埠市	Bengbu	81817	149093	68008	128910	13809	20183
阜阳市	Fuyang	157102	385600	130729	326669	26373	58931
淮南市	Huainan	54689	92040	47511	82000	7178	10040
滁州市	Chuzhou	105622	276489	94233	222786	11389	53703
六安市	Luan	153566	383124	133678	334497	19888	48627
马鞍山市	Maanshan	73551	139716	65369	125263	8182	14453
芜湖市	Wuhu	111522	342892	91492	103886	20030	239006
宣城市	Xuancheng	92555	192727	79824	166435	12731	26292
铜陵市	Tongling	30566	66073	27898	60640	2668	5433
池州市	Chizhou	54235	103536	33989	68683	20246	34853
安庆市	Anqing	168580	354076	138486	292283	30094	61793
黄山市	Huangshan	53804	153871	41349	88751	12455	65120

4—11 城镇非私营单位就业人员数
Number of f Employed Persons of Urban Non-private Owned Units

单位：万人（10000 persons）

行 业	Sector	2010	2012	2013
总 计	**Total**	**372.94**	**436.83**	**519.52**
农、林、牧、渔业	Agriculture, Forestry, Animal Husbandry and Fishery	6.14	5.38	4.91
采矿业	Mining	32.11	34.61	33.10
制造业	Manufacturing	76.01	90.94	120.41
电力、热力、燃气及水的生产和供应业	Production and Supply of Electricity, Heat, Gas and Water	9.60	9.88	11.98
建筑业	Construction	42.13	69.94	99.59
批发和零售业	Wholesale and Retail Trades	13.97	15.92	22.56
交通运输、仓储和邮政业	Transport, Storage and Post	15.14	16.32	22.01
住宿和餐饮业	Hotels and Catering Services	3.69	4.34	5.77
信息传输、软件和信息技术服务业	Information Transmission, Software and Information Technology	3.80	4.55	6.21
金融业	Financial Intermediation	14.69	16.83	17.24
房地产业	Real Estate	4.88	6.91	9.37
租赁和商务服务业	Leasing and Business Services	4.63	3.68	7.10
科学研究和技术服务业	Scientific Research and Technical Services	6.68	8.21	8.33
水利、环境和公共设施管理业	Management of Water Conservancy, Environment	6.38	8.08	7.76
居民服务、修理和其他服务业	Services to Households, Repair and Other Services	0.53	0.56	0.90
教 育	Education	60.49	63.26	63.65
卫生和社会工作	Health and Social Service	21.99	25.32	27.15
文化、体育和娱乐业	Culture, Sports and Entertainment	3.40	3.59	3.38
公共管理、社会保障和社会组织	Public Management, Social Security and Social Organization	46.69	48.51	48.13

4—12 各市城镇非私营单位就业人员数（2013年）
Number of f Employed Persons of Urban Non-private Owned Units by Region (2013)

单位：万人（10000 persons）

地 区	Region	合 计 Total	国有单位 State-owned Units	城镇集体单位 Urban Collective-owned Units	其他单位 Units of Other Types of Ownership	比重（%）Proportion（%） 国有单位 State-owned Units	城镇集体单位 Urban Collective-owned Units	其他单位 Units of Other Types of Ownership
总 计	**Total**	**519.52**	**196.37**	**16.21**	**306.94**	**37.80**	**3.12**	**59.08**
合 肥 市	Hefei	144.50	37.49	1.67	105.34	25.94	1.16	72.90
淮 北 市	Huaibei	28.58	6.31	1.31	20.97	22.06	4.57	73.36
亳 州 市	Bozhou	22.09	12.29	0.94	8.86	55.64	4.27	40.09
宿 州 市	Suzhou	31.98	14.86	2.67	14.45	46.48	8.35	45.17
蚌 埠 市	Bengbu	25.99	11.01	0.71	14.28	42.37	2.71	54.92
阜 阳 市	Fuyang	30.76	18.77	1.32	10.66	61.04	4.29	34.67
淮 南 市	Huainan	35.35	9.17	1.11	25.06	25.95	3.15	70.90
滁 州 市	Chuzhou	22.48	11.82	1.05	9.60	52.59	4.69	42.72
六 安 市	Luan	23.22	14.43	1.16	7.63	62.15	5.00	32.85
马鞍山市	Maanshan	23.69	6.94	1.03	15.72	29.28	4.36	66.37
芜 湖 市	Wuhu	42.21	12.12	0.45	29.64	28.71	1.06	70.22
宣 城 市	Xuancheng	15.82	7.71	0.62	7.49	48.74	3.89	47.37
铜 陵 市	Tongling	15.57	3.92	0.06	11.59	25.16	0.39	74.44
池 州 市	Chizhou	10.68	4.97	0.28	5.43	46.51	2.66	50.83
安 庆 市	Anqing	34.91	18.90	1.60	14.41	54.15	4.58	41.28
黄 山 市	Huangshan	11.70	5.66	0.23	5.82	48.35	1.92	49.72

4—13 城镇非私营单位专业技术人员数（2013年）
Professional and Technical Personnel of Urban Non-private Owned Units (2013)

单位：人（person）

行业	Sector	合计 Total	国有单位 State-owned Units	城镇集体单位 Urban Collective-owned Units	其他单位 Units of Other Types of Ownership
总计	**Total**	**1402500**	**894564**	**59395**	**448541**
按执行会计制度类别分组	**Grouped by Executive Acounting System Type**				
企业	Enterprises	555222	106089	19761	429372
事业	Institutions	783673	735161	39311	9201
机关	Agencies & Organizations	49901	49864	37	
民间非营利组织	Non-profit Organizations	6543		271	6272
其他	Others	7161	3450	15	3696
按国民经济行业分组	**Grouped by Economic Sector**				
农、林、牧、渔业	Agriculture, Forestry, Animal Husbandry and Fishery	6605	6483	81	41
采矿业	Mining	20510	1743	235	18532
制造业	Manufacturing	147742	10816	1176	135750
电力、热力、燃气及水的生产和供应业	Production and Supply of Electricity, Heat, Gas and Water	38951	26862	649	11440
建筑业	Construction	154169	12123	7184	134862
批发和零售业	Wholesale and Retail Trade	18571	3526	526	14519
交通运输、仓储和邮政业	Transport, Storage and Postal Services	18149	7083	1348	9718
住宿和餐饮业	Accommodation and Catering Trade	4160	618	35	3507
信息传输、计算机服务和软件业	Information Circulation, Computer Service and Software	20483	3907	103	16473
金融业	Banking	51810	20656	5913	25241
房地产业	Real Estate	21798	2832	219	18747
租赁和商务服务业	Leasing and Commercial Services	10864	4449	600	5815
科学研究和技术服务业	Scientific Research and Technical Services	49465	34803	506	14156
水利、环境和公共设施管理业	Water Conservancy, Environmental and Public Facilities Management	11624	10390	143	1091
居民服务、修理和其他服务业	Residents Service, Repair and Other Services	1573	514	53	1006
教育	Education	538030	516974	1673	19383
卫生和社会工作	Health and Social Work	205206	150437	38351	16418
文化、体育和娱乐业	Culture, Sports and Entertainment	16788	14673	305	1810
公共管理、社会保障和社会组织	Public Management, Social Security and Social Organization	66002	65675	295	32

4—14 各市城镇非私营单位专业技术人员数（2013年）
Professional and Technical Personnel of Urban Non-private Owned Units by Region (2013)

单位：人（person）

地区	Region	合计 Total	国有单位 State-owned Units	城镇集体单位 Urban Collective-owned Units	其他单位 Units of Other Types of Ownership
总计	**Total**	**1402500**	**894564**	**59395**	**448541**
合肥市	Hefei	317629	159821	6183	151625
淮北市	Huaibei	44521	26209	3025	15287
亳州市	Bozhou	75525	58162	3977	13386
宿州市	Suzhou	97049	66380	8321	22348
蚌埠市	Bengbu	77004	52602	3364	21038
阜阳市	Fuyang	114498	94489	6836	13173
淮南市	Huainan	66535	37596	2269	26670
滁州市	Chuzhou	77505	54370	4872	18263
六安市	Luan	93168	75781	6240	11147
马鞍山市	Maanshan	58551	28958	1942	27651
芜湖市	Wuhu	121318	59294	1612	60412
宣城市	Xuancheng	47898	34486	2118	11294
铜陵市	Tongling	31827	14795	21	17011
池州市	Chizhou	33835	24830	1228	7777
安庆市	Anqing	110886	82685	6278	21923
黄山市	Huangshan	34751	24106	1109	9536

4—15 城镇非私营单位分行业就业人员数（2013年）
Number of Employed Persons of Urban Non-private Owned Units by Status (2013)

单位：人（person）

行　业	Sector	合　计 Total	国有单位 State-owned Units	城镇集体单　位 Urban Collective-owned Units	其他单位 Units of Other Types of Ownership
总　　计	**Total**	**5195248**	**1963734**	**162142**	**3069372**
按执行会计标准类别分组	**Grouped by Executive Acounting System Type**				
企　业	Enterprises	3636060	496009	107902	3032149
事　业	Institutions	1104525	1036164	51889	16472
机　关	Agencies & Organizations	426705	425073	1632	
民间非营利组织	Non-profit Organizations	12189		484	11705
其　他	Others	15769	6488	235	9046
按国民经济行业分组	**Grouped by Economic Sector**				
农、林、牧、渔业	**Agriculture, Forestry, Animal Husbandry and Fishery**	**49105**	**48192**	**529**	**384**
农　业	Farming	26990	26873	55	62
林　业	Forestry	9232	9222		10
牧畜业	Animal Husbandry	804	504		300
渔　业	Fishery	634	558	76	
农、林、牧、渔服务业	Agricultural Services	11445	11035	398	12
采矿业	**Mining**	**331031**	**28707**	**3320**	**299004**
制造业	**Manufacturing**	**1204070**	**59090**	**12917**	**1132063**
#酒、饮料和精制茶制造业	Wine, Drinks and Refined Tea Manufacturing	38167	3654	22	34491
烟草制品业	Tobacco	14750	13552	1198	
石油加工、炼焦和核燃料加工业	Petroleum Processing, Coking and Nuclear Fuel Processing	5476			5476
化学原料和化学制品制造业	Raw Chemical Materials and Chemical Products	82072	1622	350	80100
橡胶和塑料制品业	Rubber and Plastic Products	49300	1707	259	47334
非金属矿物制品业	Nonmetal Mineral Products	57373	5072	1901	50400
黑色金属冶炼和压延加工业	Smelting and Pressing of Ferrous Metals	55426	203	83	55140
有色金属冶炼和压延加工业	Smelting and Pressing of Nonferrous Metals	42315	38		42277
金属制品业	Metal Products	51993	1924	505	49564
通用设备制造业	Equipments in Current Use	90533	6204	307	84022
汽车制造业	Automobile Manufacturing Industry	114487	1010	47	113430
电气机械和器材制造业	Electric Equipment and Machinery	144880	414	848	143618
电力、热力、燃气及水的生产和供应业	**Production and Supply of Electricity, Heat, Gas and Water**	**119807**	**61613**	**1109**	**57085**
建筑业	**Construction**	**995890**	**84082**	**43946**	**867862**
房屋建筑业	Housing Industry	569257	53637	32173	483447
土木工程建筑业	Civil Engineering Construction	265677	22459	3643	239575
建筑安装业	Construction and Installation Industry	72918	4794	6937	61187
建筑装饰和其他建筑业	Building Decoration and Other Construction	88038	3192	1193	83653
批发和零售业	**Wholesale and Retail Trade**	**225556**	**34499**	**4238**	**186819**
批 发 业	Wholesale	90209	26748	2337	61124
零 售 业	Retail Trade	135347	7751	1901	125695
交通运输、仓储和邮政业	**Transport, Storage and Postal Services**	**220051**	**98158**	**10912**	**110981**
#铁路运输业	Railway Transport	42541	40089	234	2218
道路运输业	Highway Transport	112095	20856	5636	85603
水上运输业	Water Way Transport	14613	243	4495	9875
航空运输业	Air Transport	4116	803		3313
邮 政 业	Postal Services	32275	29075		3200
住宿和餐饮业	**Accommodation and Catering Trade**	**57714**	**7811**	**997**	**48906**
住 宿 业	Accommodation Trade	33449	6530	544	26375
餐 饮 业	Catering Services	24265	1281	453	22531
信息传输、软件和信息技术服务业	**Information Transmission, Software and Information Technology Services**	**62069**	**15075**	**221**	**46773**
电信、广播电视和卫星传输服务	Telecommunications, Broadcasting and TV Transmission and Satellite Services	53483	14904	208	38371
互联网和相关服务	The Internet and Related Services	2115	26		2089
软件和信息技术服务业	Software and Information Technology Services	6471	145	13	6313

4—15 续表 continued

单位：人（person）

行业	Sector	合计 Total	国有单位 State-owned Units	城镇集体单位 Urban Collective-owned Units	其他单位 Units of Other Types of Ownership
金融业	**Banking**	**172355**	**59418**	**18027**	**94910**
货币金融服务	Monetary and Financial Services	105014	38194	17746	49074
资本市场服务	Capital Market Services	3620	1865		1755
保险业	Insurance	62433	19076	43	43314
其他金融业	Other Financial Activities	1288	283	238	767
房地产业	**Real Estate**	**93676**	**11445**	**1160**	**81071**
#房地产开发经营	Real Estate Development and Operation	63927	4119	138	59670
物业管理	Real Estate Management	21965	2150	876	18939
租赁和商务服务业	**Leasing and Commercial Services**	**70975**	**24012**	**7041**	**39922**
租赁业	Leasing	1172	64	385	723
商务服务业	Commercial Services	69803	23948	6656	39199
科学研究和技术服务业	**Scientific Research and Technical Services**	**83257**	**58110**	**1035**	**24112**
研究和试验发展	Research and Experimental Development	12720	10164	107	2449
专业技术服务业	Professional and Technical Services	59753	39624	658	19471
科技推广和应用服务业	Science and Technology Popularization and Application Services	10784	8322	270	2192
水利、环境和公共设施管理业	**Water Conservancy, Environmental and Public Facilities Management**	**77550**	**69005**	**1518**	**7027**
水利管理业	Water Conservancy Management	21528	21422	71	35
生态保护和环境治理业	Ecological Protection and Environmental Governance Industry	2274	1742		532
公共设施管理业	Public Facilities Management	53748	45841	1447	6460
居民服务、修理和其他服务业	**Residents Service, Repair and Other Services**	**8954**	**2857**	**610**	**5487**
居民服务业	Resident Services	3618	2443	205	970
机动车、电子产品和日用产品修理业	Motor Vehicle Repair Industry, Electronic Products and Daily Products	1241	181	57	1003
其他服务业	Other Services	4095	233	348	3514
教育	**Education**	**636541**	**596871**	**2543**	**37127**
#高等教育	High Education	69778	64271		5507
中等教育	Secondary Education	305929	284953	1335	19641
初等教育	Primary Education	231691	228118	409	3164
卫生和社会工作	**Health and Social Work**	**271532**	**197365**	**49414**	**24753**
卫生	Health	267700	193741	49324	24635
社会工作	Social Wwork	3832	3624	90	118
文化、体育和娱乐业	**Culture, Sports and Entertainment**	**33778**	**28037**	**703**	**5038**
新闻和出版业	Press and Publication	6374	4588		1786
广播、电视、电影和影视录音制作业	Radio, Television, Film and Television Recording Studios	14861	14029	106	726
文化艺术业	Culture and Arts	9611	7697	571	1343
体育	Sports	2047	1535		512
娱乐业	Entertainment	885	188	26	671
公共管理、社会保障和社会组织	**Public Management, Social Security and Social Organization**	**481337**	**479387**	**1902**	**48**
中国共产党机关	Organs of Chinese Communist Party	16528	16528		
国家机构	State Organs	451735	450646	1089	
人民政协、民主党派	CPPCC and Domocratic Parties	2727	2727		
社会保障	The Social Security	3285	3232	5	48
群众团体、社会团体和其他成员组织	Mass Organizations, Social Organizations and Religious Organizations				
基层群众自治组织	The Grassroots Autonomous Organizations				

4—16 城镇非私营单位分行业女性就业人员占全部就业人员比重（2013年）
Proportion of Female Employed to Total of Urban Non-private Owned Units by Status by Sector (2013)

以本类型从业人员为100 (Total number of this item employed=100)　　单位：%

行　业	Sector	合　计 Total	国有单位 State-owned Units	城镇集体单位 Urban Collective-owned Units	其他单位 Units of Other Types of Ownership
总　　计	**Total**	**31.2**	**34.8**	**35.1**	**28.7**
按执行会计标准类别分组	**Grouped by Executive Acounting System Type**				
企　业	Enterprises	28.2	27.5	28.0	28.4
事　业	Institutions	42.7	42.2	49.6	52.4
机　关	Agencies & Organizations	25.1	25.0	45.6	
民间非营利组织	Non-profit Organizations	62.6		50.8	63.0
其　他	Others	48.5	41.7	23.8	54.0
按国民经济行业分组	**Grouped by Economic Sector**				
农、林、牧、渔业	**Agriculture, Forestry, Animal Husbandry and Fishery**	**37.1**	**37.0**	**35.9**	**51.3**
农　业	Farming	40.3	40.2	40.0	61.3
林　业	Forestry	29.3	29.3		10.0
牧畜业	Animal Husbandry	37.8	30.6		50.0
渔　业	Fishery	27.6	28.9	18.4	
农、林、牧、渔服务业	Agricultural Services	36.4	36.3	38.7	66.7
采矿业	**Mining**	**10.3**	**11.2**	**30.7**	**9.9**
制造业	**Manufacturing**	**37.5**	**29.0**	**52.4**	**37.8**
#酒、饮料和精制茶制造业	Wine, Drinks and Refined Tea Manufacturing	38.3	38.4	63.6	38.2
烟草制品业	Tobacco	32.3	31.5	40.6	
石油加工、炼焦和核燃料加工业	Petroleum Processing, Coking and Nuclear Fuel Processing	23.3			23.3
化学原料和化学制品制造业	Raw Chemical Materials and Chemical Products	29.4	25.9	31.1	29.5
橡胶和塑料制品业	Rubber and Plastic Products	37.6	26.9	50.2	37.9
非金属矿物制品业	Nonmetal Mineral Products	29.6	16.6	31.8	30.8
黑色金属冶炼和压延加工业	Smelting and Pressing of Ferrous Metals	17.7	23.6	18.1	17.7
有色金属冶炼和压延加工业	Smelting and Pressing of Nonferrous Metals	17.2	47.4		17.1
金属制品业	Metal Products	26.5	23.7	21.0	26.7
通用设备制造业	Equipments in Current Use	29.0	26.8	38.1	29.1
汽车制造业	Automobile Manufacturing Industry	26.2	34.8	55.3	26.1
电气机械和器材制造业	Electric Equipment and Machinery	39.0	35.0	40.2	39.0
电力、热力、燃气及水的生产和供应业	**Production and Supply of Electricity, Heat, Gas and Water**	**21.2**	**19.4**	**45.3**	**22.6**
建筑业	**Construction**	**9.6**	**10.5**	**12.5**	**9.3**
房屋建筑业	Housing Industry	9.1	9.5	10.9	8.9
土木工程建筑业	Civil Engineering Construction	11.4	14.5	17.6	11.1
建筑安装业	Construction and Installation Industry	8.9	3.8	13.3	8.8
建筑装饰和其他建筑业	Building Decoration and Other Construction	7.4	8.7	35.0	7.0
批发和零售业	**Wholesale and Retail Trade**	**53.1**	**33.3**	**37.1**	**57.1**
批 发 业	Wholesale	37.9	29.6	32.0	41.8
零 售 业	Retail Trade	63.2	46.2	43.2	64.5
交通运输、仓储和邮政业	**Transport, Storage and Postal Services**	**26.3**	**26.7**	**22.0**	**26.4**
#铁路运输业	Railway Transport	12.7	12.6	50.4	9.7
道路运输业	Highway Transport	26.9	26.2	20.0	27.5
水上运输业	Water Way Transport	18.8	18.5	24.0	16.5
航空运输业	Air Transport	37.6	44.2		36.0
邮 政 业	Postal Services	44.7	46.3		29.5
住宿和餐饮业	**Accommodation and Catering Trade**	**61.3**	**57.8**	**65.0**	**61.8**
住 宿 业	Accommodation Trade	61.3	58.4	64.9	61.9
餐 饮 业	Catering Services	61.3	54.6	65.1	61.6
信息传输、软件和信息技术服务业	**Information Transmission, Software and Information Technology Services**	**36.6**	**36.8**	**26.7**	**36.6**
电信、广播电视和卫星传输服务	Telecommunications, Broadcasting and TV Transmission and Satellite Services	38.1	36.8	25.5	38.7
互联网和相关服务	The Internet and Related Services	12.4	26.9		12.3
软件和信息技术服务业	Software and Information Technology Services	32.1	42.8	46.2	31.8

4—16 续表 continued

单位：%

行　业	Sector	合　计 Total	国有单位 State-owned Units	城镇集体单位 Urban Collective-owned Units	其他单位 Units of Other Types of Ownership
金 融 业	**Banking and Insurance**	**50.2**	**47.0**	**38.9**	**54.3**
货币金融服务	Monetary and Financial Services	45.2	41.8	39.0	50.2
资本市场服务	Capital Market Services	42.3	47.7		36.6
保险业	Insurance	59.1	57.5	14.0	59.9
其他金融业	Other Financial Activities	39.9	36.0	42.0	40.7
房地产业	**Real Estate**	**37.6**	**36.5**	**29.1**	**37.9**
#房地产开发经营	Real Estate Development and Operation	35.5	30.9	37.0	35.9
物业管理	Real Estate Management	41.9	42.0	28.2	42.5
租赁和商务服务业	**Leasing and Commercial Services**	**34.4**	**22.4**	**31.7**	**42.1**
租赁业	Leasing	23.0	15.6	14.3	28.4
商务服务业	Commercial Services	34.6	22.5	32.7	42.3
科学研究和技术服务业	**Scientific Research and Technical Services**	**25.1**	**25.6**	**21.4**	**24.0**
研究和试验发展	Research and Experimental Development	29.5	29.9	28.0	27.9
专业技术服务业	Professional and Technical Services	23.1	24.4	20.1	20.5
科技推广和应用服务业	Science and Technology Popularization and Application Services	31.1	26.3	21.9	50.4
水利、环境和公共设施管理业	**Water Conservancy, Environmental and Public Facilities Management**	**38.3**	**38.2**	**39.7**	**39.6**
水利管理业	Water Conservancy Management	25.6	25.7	25.4	20.0
生态保护和环境治理业	Ecological Protection and Environmental Governance Industry	22.4	20.0		30.1
公共设施管理业	Public Facilities Management	44.1	44.7	40.4	40.5
居民服务、修理和其他服务业	**Residents Service, Repair and Other Services**	**32.6**	**31.6**	**21.3**	**34.4**
居民服务业	Resident Services	44.8	32.0	54.6	74.8
机动车、电子产品和日用产品修理业	Motor Vehicle Repair Industry, Electronic Products and Daily Products	25.6	23.2	31.6	25.7
其他服务业	Other Services	23.9	33.5		25.7
教　育	**Education**	**41.6**	**40.9**	**43.2**	**52.9**
#高等教育	High Education	42.6	41.7		52.9
中等教育	Secondary Education	36.9	36.1	32.7	49.7
初等教育	Primary Education	45.1	44.8	45.5	63.6
卫生和社会工作	**Health and Social Work**	**59.0**	**60.9**	**51.5**	**58.6**
卫　生	Health	59.1	61.1	51.5	58.6
社会工作	Social Wwork	54.6	54.7	52.2	53.4
文化、体育和娱乐业	**Culture, Sports and Entertainment**	**40.5**	**39.4**	**42.7**	**46.3**
新闻和出版业	Press and Publication	39.0	37.9		41.7
广播、电视、电影和影视录音制作业	Radio, Television, Film and Television Recording Studios	38.2	37.2	34.9	57.9
文化艺术业	Culture and Arts	46.4	45.6	43.1	52.0
体　育	Sports	34.2	33.4		36.5
娱乐业	Entertainment	41.4	34.0	65.4	42.5
公共管理、社会保障和社会组织	**Public Management, Social Security and Social Organization**	**25.3**	**25.2**	**48.5**	**37.5**
中国共产党机关	Organs of Chinese Communist Party	19.0	19.0		
国家机构	State Organs	25.3	25.2	48.2	
人民政协、民主党派	CPPCC and Domocratic Parties	20.9	20.9		
社会保障	The Social Security	44.9	45.0	40.0	37.5
群众团体、社会团体和其他成员组织	Mass Organizations, Social Organizations and Religious Organizations	34.9	35.5	20.1	
基层群众自治组织	The Grassroots Autonomous Organizations				

4—17 城镇非私营单位主要年份就业人员工资总额和指数
Total Wages of Employed Persons and Related Index of Urban Non-private Owned Units in Major Years

年份 Year	工资总额（万元） Total Wages (10000 yuan)				指数（上年=100） Index (Preceding year=100)			
	合计 Total	国有单位 State-owned Units	城镇集体单位 Urban Collective-owned Units	其他单位 Units of Other Types of Ownership	合计 Total	国有单位 State-owned Units	城镇集体单位 Urban Collective-owned Units	其他单位 Units of Other Types of Ownership
2000	2755252	2015830	317435	421987	103.2	102.1	99.0	112.2
2001	2957016	2160271	298631	498114	107.3	107.2	94.1	118.0
2002	3371312	2315317	285112	770882	114.0	107.2	95.5	154.8
2003	3610004	2410746	265168	934090	107.1	104.1	93.0	121.2
2004	4214523	2804400	258762	1151362	116.7	116.3	97.6	123.3
2005	4841315	3071572	276909	1492834	114.9	109.5	107.0	129.7
2006	5710401	3428392	311674	1970336	118.0	111.6	112.6	132.0
2007	7089072	4256242	362330	2470500	124.1	124.1	116.3	125.4
2008	8444708	4950723	397080	3096905	119.1	116.3	109.6	125.4
2009	9742920	5634976	339225	3768719	115.4	113.8	85.4	121.7
2010	12251179	6914813	425619	4910747	119.3	117.1	117.8	122.8
2011	15901381	8495347	517561	6888473	129.8	122.9	121.6	140.3
2012	19259839	10080897	580353	8598589	121.1	118.7	112.1	124.8
2013	24637193	9517563	607624	14512006	127.9	94.4	104.7	168.8

4—18 城镇非私营单位主要年份就业人员平均工资及指数
Average Wage of Employed Persons and Related Index of Urban Non-private Owned Units in Major Years

年份 Year	平均货币工资（元） Average Wage in Monetary Terms (yuan)				指数（上年=100） Index (Preceding year=100)			
	合计 Total	国有单位 State-owned Units	城镇集体单位 Urban Collective-owned Units	其他单位 Units of Other Types of Ownership	合计 Total	国有单位 State-owned Units	城镇集体单位 Urban Collective-owned Units	其他单位 Units of Other Types of Ownership
2000	6989	7471	4762	7310	107.3	105.3	108.0	114.3
2001	7908	8501	5106	8125	113.1	113.8	107.2	111.1
2002	9296	9961	5808	9501	117.6	117.2	113.7	116.9
2003	10581	11220	6407	10999	113.8	112.6	110.3	115.8
2004	12928	13522	7840	13453	122.2	120.5	122.4	122.3
2005	15334	15450	9894	16788	118.6	114.3	126.2	124.8
2006	17949	17755	11869	19946	117.1	114.9	120.0	118.8
2007	22180	22428	15340	23257	123.6	126.3	129.2	116.6
2008	26363	26475	18340	27731	118.9	118.0	119.6	119.2
2009	29658	30220	20606	30011	112.5	114.1	112.4	108.2
2010	33341	33793	23869	33867	115.8	115.9	119.1	115.2
2011	39352	39287	29539	40445	118.0	116.3	123.8	119.4
2012	44601	44818	34741	45209	113.3	114.1	117.6	111.8
2013	47806	48683	37927	47765	107.2	108.6	109.2	105.7

注：本表所涉及指标，2010年以前为在岗职工相关指标，2010年及以后为就业人员相关指标。
a) Before 2010,the indicators involved in this table were related as employment workers, and after 2010 as the staff and workers indicators.

4—19 城镇非私营单位分行业就业人员工资总额（2013年）
Total Wages of Employed Persons of Urban Non-private Owned Units by Sector (2013)

单位：万元（10000 yuan）

行　业	Sector	合　计 Total	国有单位 State-owned Units	城镇集体单　位 Urban Collective-owned Units	其他单位 Units of Other Types of Ownership
总　　计	**Total**	**24637193**	**9517563**	**607624**	**14512006**
按执行会计标准类别分组	**Grouped by Executive Acounting System Type**				
企　业	Enterprises	17421191	2634117	412614	14374460
事　业	Institutions	5124456	4870130	187115	67210
机　关	Agencies & Organizations	1978260	1972775	5485	
民间非营利组织	Non-profit Organizations	41800		1629	40170
其　他	Others	71486	40541	780	30165
按国民经济行业分组	**Grouped by Economic Sector**				
农、林、牧、渔业	**Agriculture, Forestry, Animal Husbandry and Fishery**	**121552**	**119276**	**1302**	**973**
农　业	Farming	57934	57644	101	189
林　业	Forestry	23037	23001		36
牧畜业	Animal Husbandry	1769	1041		728
渔　业	Fishery	1469	1246	223	
农、林、牧、渔服务业	Agricultural Services	37343	36345	978	20
采矿业	**Mining**	**2318157**	**176512**	**10808**	**2130836**
制造业	**Manufacturing**	**5311133**	**347784**	**43717**	**4919632**
#酒、饮料和精制茶制造业	Wine, Drinks and Refined Tea Manufacturing	139658	11482	56	128120
烟草制品业	Tobacco	144840	138138	6703	
石油加工、炼焦和核燃料加工业	Petroleum Processing, Coking and Nuclear Fuel Processing	34046			34046
化学原料和化学制品制造业	Raw Chemical Materials and Chemical Products	368646	6663	938	361046
橡胶和塑料制品业	Rubber and Plastic Products	213201	6353	502	206347
非金属矿物制品业	Nonmetal Mineral Products	222647	26829	4036	191782
黑色金属冶炼和压延加工业	Smelting and Pressing of Ferrous Metals	352146	1098	249	350800
有色金属冶炼和压延加工业	Smelting and Pressing of Nonferrous Metals	211085	80		211005
金属制品业	Metal Products	262494	18914	1330	242250
通用设备制造业	Equipments in Current Use	407715	28126	712	378877
汽车制造业	Automobile Manufacturing Industry	585638	3197	125	582316
电气机械和器材制造业	Electric Equipment and Machinery	593348	2060	3930	587358
电力、热力、燃气及水的生产和供应业	**Production and Supply of Electricity, Heat, Gas and Water**	**866578**	**495049**	**3675**	**367853**
建筑业	**Construction**	**4359606**	**350675**	**141111**	**3867820**
房屋建筑业	Housing Industry	2424113	214471	98157	2111485
土木工程建筑业	Civil Engineering Construction	1241668	108408	12742	1120517
建筑安装业	Construction and Installation Industry	319812	14947	26987	277878
建筑装饰和其他建筑业	Building Decoration and Other Construction	374013	12849	3225	357939
批发和零售业	**Wholesale and Retail Trade**	**877970**	**159909**	**10021**	**708040**
批 发 业	Wholesale	442676	137594	5966	299116
零 售 业	Retail Trade	435295	22315	4055	408924
交通运输、仓储和邮政业	**Transport, Storage and Postal Services**	**1034934**	**558605**	**27866**	**448463**
#铁路运输业	Railway Transport	331994	314364	623	17007
道路运输业	Highway Transport	398952	70306	16116	312530
水上运输业	Water Way Transport	62174	828	9699	51647
航空运输业	Air Transport	28170	4658		23512
邮 政 业	Postal Services	161223	145282		15941
住宿和餐饮业	**Accommodation and Catering Trade**	**164099**	**22188**	**2557**	**139354**
住 宿 业	Accommodation Trade	97537	18393	1263	77881
餐 饮 业	Catering Services	66562	3795	1294	61473
信息传输、软件和信息技术服务业	**Information Transmission, Software and Information Technology Services**	**327067**	**75105**	**864**	**251098**
电信、广播电视和卫星传输服务	Telecommunications, Broadcasting and TV Transmission and Satellite Services	284397	74538	808	209051
互联网和相关服务	The Internet and Related Services	7853	105		7747
软件和信息技术服务业	Software and Information Technology Services	34817	462	55	34300

4—19 续表 continued

单位：万元（10000 yuan）

行　　业	Sector	合　计 Total	国有单位 State-owned Units	城镇集体单位 Urban Collective-owned Units	其他单位 Units of Other Types of Ownership
金 融 业	**Banking and Insurance**	**1113819**	**335489**	**131689**	**646641**
货币金融服务	Monetary and Financial Services	856634	269772	129953	456909
资本市场服务	Capital Market Services	38657	17175		21482
保险业	Insurance	205809	47351	381	158078
其他金融业	Other Financial Activities	12719	1192	1355	10171
房地产业	**Real Estate**	**424855**	**48922**	**3660**	**372273**
#房地产开发经营	Real Estate Development and Operation	333759	23116	591	310053
物业管理	Real Estate Management	60392	5485	2664	52243
租赁和商务服务业	**Leasing and Commercial Services**	**288575**	**90325**	**22417**	**175833**
租赁业	Leasing	5306	210	1912	3184
商务服务业	Commercial Services	283268	90114	20505	172649
科学研究和技术服务业	**Scientific Research and Technical Services**	**505018**	**337810**	**5359**	**161850**
研究和试验发展	Research and Experimental Development	81390	63584	259	17547
专业技术服务业	Professional and Technical Services	382116	240638	3941	137537
科技推广和应用服务业	Science and Technology Popularization and Application Services	41513	33589	1159	6766
水利、环境和公共设施管理业	**Water Conservancy, Environmental and Public Facilities Management**	**254046**	**221906**	**3598**	**28541**
水利管理业	Water Conservancy Management	78718	78294	289	135
生态保护和环境治理业	Ecological Protection and Environmental Governance Industry	7083	5010		2073
公共设施管理业	Public Facilities Management	168245	138603	3309	26333
居民服务、修理和其他服务业	**Residents Service, Repair and Other Services**	**33085**	**10918**	**2383**	**19784**
居民服务业	Resident Services	13542	9534	549	3459
机动车、电子产品和日用产品修理业	Motor Vehicle Repair Industry, Electronic Products and Daily Products	4915	578	264	4073
其他服务业	Other Services	14629	805	1571	12253
教　　育	**Education**	**2929238**	**2780829**	**9923**	**138486**
#高等教育	High Education	390157	368973		21184
中等教育	Secondary Education	1421848	1339936	5694	76217
初等教育	Primary Education	1000645	987339	1595	11711
卫生和社会工作	**Health and Social Work**	**1354409**	**1064179**	**178982**	**111248**
卫　生	Health	1340787	1051292	178812	110683
社会工作	Social Wwork	13623	12886	171	566
文化、体育和娱乐业	**Culture, Sports and Entertainment**	**144210**	**118939**	**2147**	**23123**
新闻和出版业	Press and Publication	35203	24600		10603
广播、电视、电影和影视录音制作业	Radio, Television, Film and Television Recording Studios	60254	57172	360	2722
文化艺术业	Culture and Arts	36971	29995	1740	5236
体　育	Sports	8022	6361		1661
娱乐业	Entertainment	3761	812	47	2901
公共管理、社会保障和社会组织	**Public Management, Social Security and Social Organization**	**2208846**	**2203143**	**5543**	**159**
中国共产党机关	Organs of Chinese Communist Party	85556	85556		
国家机构	State Organs	2062910	2059231	3678	
人民政协、民主党派	CPPCC and Democratic Parties	15410	15410		
社会保障	The Social Security	12899	12724	16	159
群众团体、社会团体和其他成员组织	Mass Organizations, Social Organizations and Religious Organizations	29201	28446	755	
基层群众自治组织	The Grassroots Autonomous Organizations				

4—20 各市城镇非私营单位分行业就业人员工资总额（2013年）

Total Wages of Employed Persons of Urban Non-private Owned Units by Sector and Region (2013)

单位：万元（10000 yuan）

地区	Region	合计 Total	农林牧渔业 Agriculture, Forestry, Animal Husbandry and Fishery	采矿业 Mining	制造业 Manufacturing	电力、热力、燃气及水的生产和供应业 Production and Supply of Electricity, Heat, Gas and Water	建筑业 Construction	批发和零售业 Wholesale and Retail Trade	交通运输、仓储和邮政业 Transport, Storage, Post & Telecommunications	住宿和餐饮业 Accommodation and Catering Trade	信息传输、计算机服务和软件业 Information, Circulation Computer Services and Software
总计	**Total**	**24637193**	**121552**	**2318157**	**5311133**	**866578**	**4359606**	**877970**	**1034934**	**164099**	**327067**
合肥市	Hefei	7747263	3603	4863	1699378	299613	2568283	389114	392806	65205	112884
淮北市	Huaibei	1503256	27	770941	199477	21747	148224	16864	27434	3093	9416
亳州市	Bozhou	816327	640	55828	151158	18487	54474	43662	40025	5120	12645
宿州市	Suzhou	1153540	6873	149045	150169	29416	187939	38132	35585	4684	19120
蚌埠市	Bengbu	1082067	884		192039	25231	240882	40184	73098	5291	18085
阜阳市	Fuyang	1207131	4050	93338	125095	47536	86984	54437	54245	2760	17043
淮南市	Huainan	2086057	5504	1086416	178248	166649	77752	30206	49148	4716	8522
滁州市	Chuzhou	1007916	16735	7322	307645	26440	58376	26787	30802	3906	19388
六安市	Luan	891319	14842	17279	124682	36272	69031	30518	23950	2648	13433
马鞍山市	Maanshan	1252618	2868	114890	406610	35471	142310	24843	38278	1822	13761
芜湖市	Wuhu	2056437	1123	1301	819715	35946	256962	63730	147413	17806	22613
宣城市	Xuancheng	759872	5984	162	195159	23737	65887	32507	16996	2693	12279
铜陵市	Tongling	762971	9470	8366	306276	17990	134393	13339	23551	4792	6124
池州市	Chizhou	440153	2767	3686	68668	13670	70026	13202	21611	6867	6098
安庆市	Anqing	1364365	42895	4260	325375	55122	132606	45787	44210	12147	20749
黄山市	Huangshan	505901	3286	460	61439	13251	65477	14657	15783	20550	14907

地区	Region	金融业 Banking	房地产业 Real Estate	租赁和商务服务业 Leasing and Commercial Services	科学研究和技术服务业 Scientific Research and Technical Services	水利、环境和公共设施管理业 Water Conservancy, Environmental and Public Facilities Management	居民服务、修理和其他服务业 Residents Service, Repair and Other Services	教育 Education	卫生和社会工作 Health and Social Work	文化、体育和娱乐业 Culture, Sports and Entertainment	公共管理、社会保障和社会组织 Public Management, Social Security and Social Organization
总计	**Total**	**1113819**	**424855**	**288575**	**505018**	**254046**	**33085**	**2929238**	**1354409**	**144210**	**2208846**
合肥市	Hefei	340469	148339	141275	239723	38093	10059	530909	313400	53924	395323
淮北市	Huaibei	24856	6980	9278	7472	5461	879	108411	62542	2248	77908
亳州市	Bozhou	47704	16699	3866	6584	11698	1203	189219	58663	4970	93683
宿州市	Suzhou	54643	23847	10942	16265	7292	1810	229442	72135	6615	109588
蚌埠市	Bengbu	55166	23666	14330	39092	20486	1205	154162	71571	6135	100561
阜阳市	Fuyang	78189	10485	7208	11281	11368	605	302515	115361	5013	179619
淮南市	Huainan	57529	43856	24128	23997	24618	1231	132828	67278	5591	97838
滁州市	Chuzhou	45581	13115	8247	17281	19273	723	182750	63637	2694	157214
六安市	Luan	45532	9258	3082	13166	22196	1147	222445	86197	6825	148816
马鞍山市	Maanshan	59962	15215	17251	40433	14291	7065	120607	50243	6912	139790
芜湖市	Wuhu	98768	35306	12851	35088	21007	1203	210919	122475	5445	146768
宣城市	Xuancheng	47110	14491	4403	10022	10498	430	117405	61176	5789	133141
铜陵市	Tongling	32708	14071	4139	9829	6962	2185	50825	35361	4595	77996
池州市	Chizhou	27360	7854	12403	8015	4166	341	60832	29872	11964	70756
安庆市	Anqing	61009	27682	10228	18219	18277	2660	249744	104840	10192	178365
黄山市	Huangshan	37233	13992	4944	8552	18362	339	66227	39661	5299	101482

4—21 各市城镇非私营单位就业人员工资总额（2013年）
Total Wages of Employed Persons of Urban Non-private Owned Units at Their Posts by Region (2013)

单位：万元（10000 yuan）

地　区	Region	合　计 Total	国有单位 State-owned Units	城镇集体单位 Urban Collective-owned Units	其他单位 Units of Other Types of Ownership
总　计	**Total**	**24637193**	**9517563**	**607624**	**14512006**
合肥市	Hefei	7747263	2394469	63201	5289593
淮北市	Huaibei	1503256	307052	44666	1151538
亳州市	Bozhou	816327	476491	35954	303882
宿州市	Suzhou	1153540	578761	78492	496288
蚌埠市	Bengbu	1082067	518244	24273	539550
阜阳市	Fuyang	1207131	766391	57678	383062
淮南市	Huainan	2086057	442584	36726	1606747
滁州市	Chuzhou	1007916	540030	45361	422525
六安市	Luan	891319	564852	46932	279535
马鞍山市	Maanshan	1252618	386632	40533	825453
芜湖市	Wuhu	2056437	662013	19002	1375423
宣城市	Xuancheng	759872	378791	30714	350367
铜陵市	Tongling	762971	227258	1685	534028
池州市	Chizhou	440153	226357	12412	201384
安庆市	Anqing	1364365	775476	59375	529515
黄山市	Huangshan	505901	272164	10622	223115

4—22 城镇非私营单位分行业就业人员年平均工资
Average Wage of Employed Persons of Urban Non-private Owned Units by Sector

单位：元（yuan）

行　业	Sector	2010	2012	2013
总　计	**Total**	**33341**	**44601**	**47806**
农、林、牧、渔业	Agriculture, Forestry, Animal Husbandry and Fishery	16945	22845	24302
采矿业	Mining	57314	70568	70893
制造业	Manufacturing	29238	42393	43978
电力、热力、燃气及水的生产和供应业	Production and Supply of Electricity, Heat, Gas and Water	40467	55599	72363
建筑业	Construction	28046	39920	44677
批发和零售业	Wholesale and Retail Trades	26935	34988	39263
交通运输、仓储和邮政业	Transport, Storage and Post	29408	42787	47235
住宿和餐饮业	Hotels and Catering Services	18188	26406	28560
信息传输、软件和信息技术服务业	Information Transmission, Software and Information Technology	36316	47492	53755
金融业	Financial Intermediation	46561	59416	65920
房地产业	Real Estate	27250	39354	46679
租赁和商务服务业	Leasing and Business Services	28122	36804	41054
科学研究和技术服务业	Scientific Research and Technical Services	36068	51618	60816
水利、环境和公共设施管理业	Management of Water Conservancy, Environment	20949	29700	32453
居民服务、修理和其他服务业	Services to Households, Repair and Other Services	23258	35602	37074
教　育	Education	32445	42258	46183
卫生和社会工作	Health and Social Service	31811	44178	50908
文化、体育和娱乐业	Culture, Sports and Entertainment	28435	39138	42787
公共管理、社会保障和社会组织	Public Management, Social Security and Social Organization	33622	43086	46164

4—23 各市城镇非私营单位分行业就业人员年平均工资（2013年）

Average Wage of Employed Persons of Urban Non-private Owned Units by Sector By Region (2013)

单位：元（yuan）

地区	Region	合计 Total	农林牧渔业 Agriculture, Forestry, Animal Husbandry and Fishery	采矿业 Mining	制造业 Manufacturing	电力、热力、燃气及水的生产和供应业 Production and Supply of Electricity, Heat, Gas and Water	建筑业 Construction	批发和零售业 Wholesale and Retail Trade	交通运输、仓储和邮政业 Transport, Storage, Post & Telecommunications	住宿和餐饮业 Accommodation and Catering Trade	信息传输、计算机服务和软件业 Information, Circulation Computer Services and Software
总计	**Total**	**47806**	**24302**	**70893**	**43978**	**72363**	**44677**	**39263**	**47235**	**28560**	**53755**
合肥市	Hefei	54210	35220	45878	50774	98573	50012	47732	62315	29585	60395
淮北市	Huaibei	52383	45000	64317	36349	46848	52635	35031	47439	29596	42896
亳州市	Bozhou	37979	28462	63233	35661	66238	35101	31378	30996	25885	36813
宿州市	Suzhou	36596	14822	60989	30078	58412	30605	29966	30724	22826	54441
蚌埠市	Bengbu	42441	28990		32290	44816	46374	34597	50019	24911	52755
阜阳市	Fuyang	39470	17723	68170	30816	51918	33604	31185	29300	23960	47901
淮南市	Huainan	58597	23673	81886	37536	85910	32817	28823	39482	24835	63269
滁州市	Chuzhou	45156	22934	63286	47210	67657	39844	38504	38273	29234	44611
六安市	Luan	38624	20975	46474	36494	45862	30943	33237	43254	27211	46466
马鞍山市	Maanshan	53582	37050	63429	53053	73409	44969	33868	45628	32069	49392
芜湖市	Wuhu	48496	24896	81811	47440	56734	38782	41268	52998	32181	73228
宣城市	Xuancheng	48913	24862	41538	46638	68743	48033	45313	38151	23941	56095
铜陵市	Tongling	49051	35152	67091	46590	72569	41590	33787	44697	28866	54242
池州市	Chizhou	42010	29306	45055	34573	66069	43362	34823	43196	31922	40066
安庆市	Anqing	39328	25842	42015	38364	57287	31777	33756	37809	24755	48063
黄山市	Huangshan	43288	33915	27201	35675	63131	38771	39690	39427	29718	61856

地区	Region	金融业 Banking	房地产业 Real Estate	租赁和商务服务业 Leasing and Commercial Services	科学研究和技术服务业 Scientific Research and Technical Services	水利、环境和公共设施管理业 Water Conservancy, Environmental and Public Facilities Management	居民服务、修理和其他服务业 Residents Service, Repair and Other Services	教育 Education	卫生和社会工作 Health and Social Work	文化、体育和娱乐业 Culture, Sports and Entertainment	公共管理、社会保障和社会组织 Public Management, Social Security and Social Organization
总计	**Total**	**65920**	**46679**	**41054**	**60816**	**32453**	**37074**	**46183**	**50908**	**42787**	**46164**
合肥市	Hefei	98157	48589	51074	82058	37456	38631	54518	67682	48302	53855
淮北市	Huaibei	43607	44010	34788	37250	41843	33686	50328	48303	38291	45871
亳州市	Bozhou	48922	43725	28365	35473	21674	30374	38516	38919	34231	37907
宿州市	Suzhou	55458	38358	32325	30187	19665	25316	40345	35379	35970	34755
蚌埠市	Bengbu	52846	48585	33326	56167	33918	32469	46051	48180	40495	43724
阜阳市	Fuyang	47318	37445	24165	41473	23267	29222	43781	45232	32380	37998
淮南市	Huainan	58098	40191	35529	50015	31517	32392	47052	44549	39293	51766
滁州市	Chuzhou	60557	51635	30321	41283	30971	38668	46629	42798	43032	48711
六安市	Luan	55785	41054	26705	42954	27463	35511	40692	43653	38108	39409
马鞍山市	Maanshan	62060	65357	41458	78070	43784	39757	53739	50567	60312	61325
芜湖市	Wuhu	78957	57176	47178	63599	39583	48128	49864	64389	39886	47341
宣城市	Xuancheng	67628	46372	31791	46507	35371	39833	51110	51932	46875	50713
铜陵市	Tongling	87925	47762	44410	57750	30834	39652	59250	66907	58461	63370
池州市	Chizhou	44890	47858	37101	40275	27031	50896	45911	47566	43269	45672
安庆市	Anqing	57189	44114	31315	40078	35181	41628	41016	49817	33209	41417
黄山市	Huangshan	54747	46672	33954	48648	44502	38500	46478	50127	38037	46723

4—24 城镇非私营单位就业人员年平均工资（2013年）
Average Wage of Employed Persons of Urban Non-private Owned Units at Their Posts (2013)

单位：元（yuan）

行业	Sector	合计 Total	国有单位 State-owned Units	城镇集体单位 Urban Collective-owned Units	其他单位 Units of Other Types of Ownership
总计	**Total**	**47806**	**48683**	**37927**	**47765**
按执行会计标准类别分组	**Grouped by Executive Acounting System Type**				
企业	Enterprises	48335	53108	38766	47886
事业	Institutions	46658	47268	36433	40437
机关	Agencies & Organizations	46635	46678	35047	
民间非营利组织	Non-profit Organizations	35232		34736	35253
其他	Others	45614	63434	32244	33372
按国民经济行业分组	**Grouped by Economic Sector**				
农、林、牧、渔业	Agriculture, Forestry, Animal Husbandry and Fishery	24302	24310	24572	23002
采矿业	Mining	70893	62312	32703	72143
制造业	Manufacturing	43978	58696	33505	43330
电力、热力、燃气及水的生产和供应业	Production and Supply of Electricity, Heat, Gas and Water	72363	80356	32095	64532
建筑业	Construction	44677	41348	33278	45579
批发和零售业	Wholesale and Retail Trade	39263	46324	23736	38299
交通运输、仓储和邮政业	Transport, Storage and Postal Services	47235	56919	25080	40825
住宿和餐饮业	Accommodation and Catering Trade	28560	27910	25467	28730
信息传输、计算机服务和软件业	Information Circulation, Computer Service and Software	53755	49775	38722	55148
金融业	Banking	65920	57709	73705	69559
房地产业	Real Estate	46679	42734	31551	47478
租赁和商务服务业	Leasing and Commercial Services	41054	37523	32250	44778
科学研究和技术服务业	Scientific Research and Technical Services	60816	58328	50889	67239
水利、环境和公共设施管理业	Water Conservancy, Environmental and Public Facilities Management	32453	31812	23411	40837
居民服务、修理和其他服务业	Residents Service, Repair and Other Services	37074	38120	39526	36254
教育	Education	46183	46733	38388	37805
卫生和社会工作	Health and Social Work	50908	55214	36723	45271
文化、体育和娱乐业	Culture, Sports and Entertainment	42787	42395	30720	46713
公共管理、社会保障和社会组织	Public Management, Social Security and Social Organization	46164	46231	29392	35400

4—25 各市城镇非私营单位就业人员年平均工资（2013年）
Average Wage of Employed Persons of Urban Non-private Owned Units at Their Posts by Region (2013)

单位：元（yuan）

地区	Region	合计 Total	国有单位 State-owned Units	城镇集体单位 Urban Collective-owned Units	其他单位 Units of Other Types of Ownership
总计	**Total**	**47806**	**48683**	**37927**	**47765**
合肥市	Hefei	54210	64175	38218	50888
淮北市	Huaibei	52383	48599	34577	54607
亳州市	Bozhou	37979	39778	39689	35297
宿州市	Suzhou	36596	39370	29610	35024
蚌埠市	Bengbu	42441	47289	34884	38982
阜阳市	Fuyang	39470	40778	43527	36607
淮南市	Huainan	58597	48349	32797	63442
滁州市	Chuzhou	45156	45668	42915	44764
六安市	Luan	38624	39131	41244	37253
马鞍山市	Maanshan	53582	55877	41530	53316
芜湖市	Wuhu	48496	54612	42358	46103
宣城市	Xuancheng	48913	49489	50014	48213
铜陵市	Tongling	49051	58038	26909	46132
池州市	Chizhou	42010	46065	44440	38111
安庆市	Anqing	39328	41000	37966	37254
黄山市	Huangshan	43288	48440	47270	38181

4—26 城镇私营单位就业人员和工资情况（2013年）

Wages of Employed Persons in Private Enterprises of Urban Areas (2013)

行业	Sector	单位就业人员 Unit Employed People		工资总额	平均工资
		年末人数（人） Number of Persons At the end of Year (person)	平均人数（人） Average Number of Persons (person)	（千元） Total Wage (1000 yuan)	（元） Average Wage (yuan)
总计	**Total**	**3866278**	**3825840**	**118111332**	**30872**
按国民经济行业分组	**Grouped by Economic Sector**				
农、林、牧、渔业	Agriculture, Forestry, Animal Husbandry and Fishery	31219	31221	682111	21848
采矿业	Mining	54484	54354	1806279	33232
制造业	Manufacturing	2220973	2199925	70278282	31946
电力、热力、燃气及水的生产和供应业	Production and Supply of Electricity, Heat, Gas and Water	12454	12294	375410	30536
建筑业	Construction	328914	321425	11411737	35504
批发和零售业	Wholesale and Retail Trade	477937	473764	11676594	24646
交通运输、仓储和邮政业	Transport, Storage and Postal Services	151452	148628	4844255	32593
住宿和餐饮业	Accommodation and Catering Trade	117837	117041	3009736	25715
信息传输、计算机服务和软件业	Information Circulation, Computer Service and Software	43001	42571	1007936	23677
金融业	Banking	6603	6552	187099	28556
房地产业	Real Estate	139783	137487	4573903	33268
租赁和商务服务业	Leasing and Commercial Services	119018	118430	3125020	26387
科学研究和技术服务业	Scientific Research and Technical Services	55550	55081	2134756	38757
水利、环境和公共设施管理业	Water Conservancy, Environmental and Public Facilities Management	19005	19843	552286	27833
居民服务、修理和其他服务业	Residents Service, Repair and Other Services	38788	38508	831951	21605
教育	Education	15156	15134	591342	39074
卫生和社会工作	Health and Social Work	15855	15577	486159	31210
文化、体育和娱乐业	Culture, Sports and Entertainment	16716	16472	496416	30137
公共管理、社会保障和社会组织	Public Management, Social Security and Social Organization	1533	1533	40060	26132

4—27 城镇非私营单位分行业就业人员年平均工资（2013年）
Average Wage of Employed Persons of Urban Non-private Owned Units by Sector (2013)

单位：元（yuan）

行　　业	Sector	合　计 Total	国有单位 State-owned Units	城镇集体单位 Urban Collective-owned Units	其他单位 Units of Other Types of Ownership
总　　计	**Total**	**47806**	**48683**	**37927**	**47765**
按执行会计标准类别分组	**Grouped by Executive Acounting System Type**				
企　业	Enterprises	48335	53108	38766	47886
事　业	Institutions	46658	47268	36433	40437
机　关	Agencies & Organizations	46635	46678	35047	
民间非营利组织	Non-profit Organizations	35232		34736	35253
其　他	Others	45614	63434	32244	33372
按国民经济行业分组	**Grouped by Economic Sector**				
农、林、牧、渔业	**Agriculture, Forestry, Animal Husbandry and Fishery**	**24302**	**24310**	**24572**	**23002**
农　业	Farming	20935	20918	18400	30500
林　业	Forestry	24837	24823		40000
牧畜业	Animal Husbandry	19248	17979		21409
渔　业	Fishery	22812	21935	29368	
农、林、牧、渔服务业	Agricultural Services	32458	32761	24509	16667
采矿业	**Mining**	**70893**	**62312**	**32703**	**72143**
制造业	**Manufacturing**	**43978**	**58696**	**33505**	**43330**
#酒、饮料和精制茶制造业	Wine, Drinks and Refined Tea Manufacturing	36736	31184	25455	37339
烟草制品业	Tobacco	95252	98924	53966	
石油加工、炼焦和核燃料加工业	Petroleum Processing, Coking and Nuclear Fuel Processing	61509			61509
化学原料和化学制品制造业	Raw Chemical Materials and Chemical Products	44479	33431	26877	44829
橡胶和塑料制品业	Rubber and Plastic Products	43436	37814	19141	43771
非金属矿物制品业	Nonmetal Mineral Products	39499	53338	21466	38777
黑色金属冶炼和压延加工业	Smelting and Pressing of Ferrous Metals	56350	54342	30341	56390
有色金属冶炼和压延加工业	Smelting and Pressing of Nonferrous Metals	49857	21000		49883
金属制品业	Metal Products	48990	98560	26763	47347
通用设备制造业	Equipments in Current Use	44261	45118	22606	44278
汽车制造业	Automobile Manufacturing Industry	50287	32623	26553	50447
电气机械和器材制造业	Electric Equipment and Machinery	41415	50239	45434	41365
电力、热力、燃气及水的生产和供应业	**Production and Supply of Electricity, Heat, Gas and Water**	**72363**	**80356**	**32095**	**64532**
建筑业	**Construction**	**44677**	**41348**	**33278**	**45579**
房屋建筑业	Housing Industry	43541	40238	31916	44670
土木工程建筑业	Civil Engineering Construction	47273	45806	35985	47590
建筑安装业	Construction and Installation Industry	44538	31388	38785	46247
建筑装饰和其他建筑业	Building Decoration and Other Construction	44209	41717	28070	44535
批发和零售业	**Wholesale and Retail Trade**	**39263**	**46324**	**23736**	**38299**
批 发 业	Wholesale	48801	51337	25761	48563
零 售 业	Retail Trade	32753	28913	21275	33171
交通运输、仓储和邮政业	**Transport, Storage and Postal Services**	**47235**	**56919**	**25080**	**40825**
#铁路运输业	Railway Transport	77856	78307	26624	75152
道路运输业	Highway Transport	35726	33693	28656	36691
水上运输业	Water Way Transport	42460	34340	20654	53212
航空运输业	Air Transport	71498	58367		74833
邮 政 业	Postal Services	50938	50309		57486
住宿和餐饮业	**Accommodation and Catering Trade**	**28560**	**27910**	**25467**	**28730**
住 宿 业	Accommodation Trade	28864	27539	23425	29307
餐 饮 业	Catering Services	28126	29859	27834	28031
信息传输、软件和信息技术服务业	**Information Transmission, Software and Information Technology Services**	**53755**	**49775**	**38722**	**55148**
电信、广播电视和卫星传输服务	Telecommunications, Broadcasting and TV Transmission and Satellite Services	53201	49962	38486	54543
互联网和相关服务	The Internet and Related Services	44822	40538		44886
软件和信息技术服务业	Software and Information Technology Services	61786	32063	42538	62613

4—27 续表 continued

单位：元（yuan）

行业	Sector	合计 Total	国有单位 State-owned Units	城镇集体单位 Urban Collective-owned Units	其他单位 Units of Other Types of Ownership
金融业	**Banking and Insurance**	**65920**	**57709**	**73705**	**69559**
货币金融服务	Monetary and Financial Services	82837	71169	73799	95394
资本市场服务	Capital Market Services	104647	93595		115556
保险业	Insurance	33958	26142	131207	37226
其他金融业	Other Financial Activities	101586	42420	59183	137080
房地产业	**Real Estate**	**46679**	**42734**	**31551**	**47478**
#房地产开发经营	Real Estate Development and Operation	53378	55781	42790	53232
物业管理	Real Estate Management	28830	25908	30413	29097
租赁和商务服务业	**Leasing and Commercial Services**	**41054**	**37523**	**32250**	**44778**
租赁业	Leasing	45158	32859	50058	43671
商务服务业	Commercial Services	40984	37535	31214	44799
科学研究和技术服务业	**Scientific Research and Technical Services**	**60816**	**58328**	**50889**	**67239**
研究和试验发展	Research and Experimental Development	63442	63098	23518	66416
专业技术服务业	Professional and Technical Services	64327	60936	58739	71481
科技推广和应用服务业	Science and Technology Popularization and Application Services	38406	40231	42592	30921
水利、环境和公共设施管理业	**Water Conservancy, Environmental and Public Facilities Management**	**32453**	**31812**	**23411**	**40837**
水利管理业	Water Conservancy Management	36091	36063	40676	45100
生态保护和环境治理业	Ecological Protection and Environmental Governance Industry	33096	30380		42218
公共设施管理业	Public Facilities Management	30967	29874	22574	40713
居民服务、修理和其他服务业	**Residents Service, Repair and Other Services**	**37074**	**38120**	**39526**	**36254**
居民服务业	Resident Services	37491	39027	27030	35803
机动车、电子产品和日用产品修理业	Motor Vehicle Repair Industry, Electronic Products and Daily Products	39665	31254	45483	40889
其他服务业	Other Services	35916	34114	45933	35058
教育	**Education**	**46183**	**46733**	**38388**	**37805**
#高等教育	High Education	56599	58185		38383
中等教育	Secondary Education	46770	47276	41204	39696
初等教育	Primary Education	42986	43071	39273	37260
卫生和社会工作	**Health and Social Work**	**50908**	**55214**	**36723**	**45271**
卫生	Health	51119	55571	36752	45258
社会工作	Social Wwork	36220	36218	20082	47924
文化、体育和娱乐业	**Culture, Sports and Entertainment**	**42787**	**42395**	**30720**	**46713**
新闻和出版业	Press and Publication	55701	54043		59970
广播、电视、电影和影视录音制作业	Radio, Television, Film and Television Recording Studios	40458	40550	33361	39675
文化艺术业	Culture and Arts	38628	39096	30691	39309
体育	Sports	39401	41196		33766
娱乐业	Entertainment	42540	43213	19500	43174
公共管理、社会保障和社会组织	**Public Management, Social Security and Social Organizatio**	**46164**	**46231**	**29392**	**35400**
中国共产党机关	Organs of Chinese Communist Party	51842	51842		
国家机构	State Organs	45952	45981	33996	
人民政协、民主党派	CPPCC and Democratic Parties	56612	56612		
社会保障	The Social Security	39517	39588	31200	35400
群众团体、社会团体和其他成员组织	Mass Organizations, Social Organizations and Religious Organizations	47831	48344	34176	
基层群众自治组织	The Grassroots Autonomous Organizations				

4—28 各县（市）城镇非私营单位就业人员和平均工资（2013年）

Number of Employed Persons and Their Average Wages of Urban Non-private Owned Units by County (City) (2013)

县（市） County (City)		就业人员 （人） Staff (person)	#国有单位 State-owned Units	#城镇集体单位 Urban Collective-owned Units	就业人员工资总额 （千元） Total Wage of Staff (1000 yuan)	#国有单位 State-owned Units	#城镇集体单位 Urban Collective-owned Units	就业人员平均工资 （元） Average Wage of Staff (yuan)	#国有单位 State-owned Units	#城镇集体单位 Urban Collective-owned Units
巢湖市	Chaohu	72095	20895	2478	3057367	1064907	72984	42989	50695	29560
长丰县	Changfeng	43691	14179	1440	1969237	723938	52573	46322	51695	36484
肥东县	Feidong	37242	20499	3750	1559498	862703	154702	42644	42546	42724
肥西县	Feixi	81959	17246	1398	3887565	821991	64739	49623	46317	46777
庐江县	Lujiang	55862	22016	1167	2139487	1010889	41782	39411	45906	36683
濉溪县	Suixi	53115	20614	6919	2311520	1094654	239139	44082	53177	34840
谯城区	Qiaocheng District	81781	42248	2555	3186677	1633883	56478	40122	40628	23204
涡阳县	Guoyang	45328	30926	2554	1740008	1287902	124223	38066	41329	49236
蒙城县	Mengcheng	51040	27208	2639	1802643	1059686	96818	37096	39911	39777
利辛县	Lixin	42747	22520	1690	1433945	783442	82020	34795	35842	49173
埇桥区	Yongqiao District	162775	68501	8847	6386477	2956582	272778	40101	44133	31593
砀山县	Dangshan	37965	19251	1536	1219662	676132	48560	32328	35646	31822
萧　县	Xiaoxian	54316	22312	11257	1763059	784255	317655	32350	34640	28403
灵璧县	Lingbi	39256	20532	2295	1291917	717300	60747	33750	34949	27265
泗　县	Sixian	25498	18036	2783	874288	653338	85180	34357	36538	29002
怀远县	Huaiyuan	33830	19279	1647	1260683	756594	47237	37212	39048	29087
五河县	Wuhe	16975	11932	1357	742415	559736	45750	42793	47120	33939
固镇县	Guzhen	17989	11605	683	661142	448332	25638	37285	38780	37265
颍州区	Yingzhou District	61740	40282	710	2484257	1744071	25614	39912	42732	36802
颍东区	Yingdong District	37605	19840	1134	1594599	865249	52147	42813	43788	43061
颍泉区	Yingquan District	32900	15657	1581	1221344	640553	75337	36975	41278	47833
界首市	Jieshou	22391	14473	673	818170	525715	36845	36527	36070	55157
临泉县	Linquan	33268	25110	2697	1277512	1022242	122557	39144	41405	45425
太和县	Taihe	34513	23792	3333	1308429	1023336	125265	38653	43233	37640
阜南县	Funan	31530	24327	1018	1107027	891779	48857	34877	36535	48278
颍上县	Yingshang	39193	21713	1967	1717546	784218	84872	43893	35698	43148
凤台县	Fengtai	60880	16302	2287	3974936	631251	53071	65722	38661	23216
天长市	Tianchang	25464	15222	1399	1276366	669203	91833	50643	44539	66353
明光市	Mingguang	21200	14956	1929	748953	512687	62473	35350	34296	32521
来安县	Laian	22096	10247	1604	1002916	440539	74285	47229	43296	45883
全椒县	Quanjiao	21954	11145	417	1003091	538034	12447	45252	47664	29849
定远县	Dingyuan	22790	16065	1539	973309	668457	55839	42668	41501	35252
凤阳县	Fengyang	24298	15586	2635	1011887	666622	103478	41251	41900	39815
金安区	Jinan District	56289	30548	1219	2394241	1414417	38648	38096	42682	35199
裕安区	Yuan District	27537	21612	1943	1041344	794070	62761	36204	37205	30401
寿　县	Shouxian	31050	22964	973	976582	732534	27534	31350	31802	28211

4—28 续表 continued

县（市） County or City		就业人员（人） Staff (person)	#国有单位 State-owned Units	#城镇集体单位 Urban Collective-owned Units	就业人员工资总额（千元） Total Wage of Staff (1000 yuan)	#国有单位 State-owned Units	#城镇集体单位 Urban Collective-owned Units	就业人员平均工资（元） Average Wage of Staff (yuan)	#国有单位 State-owned Units	#城镇集体单位 Urban Collective-owned Units
霍邱县	Huoqiu	35173	23954	1910	1401026	968950	71522	39676	40006	38786
舒城县	Shucheng	25625	16812	2221	962910	670558	104344	38144	40122	47150
金寨县	Jinzhai	23731	16977	3137	855030	601187	143034	36488	35495	46066
霍山县	Huoshan	29258	9812	1239	1138535	385270	53810	39254	39305	43536
当涂县	Dangtu	15986	10468	675	888011	657923	30310	55629	63189	44904
含山县	Hanshan	16017	10263	352	723308	497175	13077	45747	48771	38125
和　县	Hexian	32383	13052	6856	1349374	640175	252254	45184	49161	40123
芜湖县	Wuhu	14119	7812	504	612969	384325	22195	43418	49877	44568
繁昌县	Fanchang	18704	6949	439	925171	345859	21362	47537	50175	49221
南陵县	Nanling	37822	9623	1041	1635063	428200	44184	43301	45326	42120
无为县	Wuwei	51339	26683	1520	2165238	1212102	53888	42681	45462	35877
宣州区	Xuanzhou District	32871	13720	3023	1611677	674733	134044	49896	49744	44312
宁国市	Ningguo	36368	11790	856	1810534	647911	52738	50295	55085	62762
郎溪县	Langxi	13968	8440	545	703924	390678	23440	50037	47041	41708
广德县	Guangde	28287	11621	533	1322422	547478	46796	49807	47777	86339
泾　县	Jingxian	15336	9488	554	687013	437138	21227	45148	46405	39603
绩溪县	Jixi	7435	6095	357	352543	292784	14726	47398	48084	41019
旌德县	Jingde	7972	4705	278	345717	224732	14001	43128	47907	52048
铜陵县	Tongling	21488	7573		999105	433080		47624	57453	
贵池区	Guichi District	36397	12464	1059	1516466	600548	50128	42444	48478	47246
东至县	Dongzhi	16133	11617	1049	678309	515052	31393	42299	44586	31206
石台县	Shitai	5833	4679	23	212841	173797	246	36402	37336	12300
青阳县	Qingyang	17600	6979	527	747906	316635	37119	42924	45677	69511
桐城市	Tongcheng	37926	21439	1676	1509595	933821	47108	39751	43204	28724
怀宁县	Huaining	17858	13521	1867	769159	602262	74929	42771	44258	40856
枞阳县	Zongyang	22888	14987	2797	919051	639080	107491	40664	42756	38847
潜山县	Qianshan	27734	13302	1419	1036837	562482	81842	37915	42375	59049
太湖县	Taihu	24627	13937	1264	945408	545298	79963	38610	39165	64747
宿松县	Susong	31706	25278	858	1234610	980108	32058	39124	38932	37407
望江县	Wangjiang	26569	13503	1154	905802	440753	26707	34693	32941	27169
岳西县	Yuexi	17694	11309	980	614059	428278	29901	35505	38147	31050
屯溪区	Tunxi District	47749	19596	184	2137097	1073083	7788	44704	55345	38554
黄山区	Huangshan District	15491	8071	306	682828	388357	16608	44726	48478	56108
徽州区	Huizhou District	11020	3255	249	470121	156720	23282	43122	48883	93879
歙　县	Shexian	14722	9893	488	625122	448893	17043	42703	45568	35213
休宁县	Xiuning	13253	6110	253	568221	256820	12071	42050	42115	47711
黟　县	Yixian	6262	3593	232	249918	158842	6028	40147	44494	25983
祁门县	Qimen	8513	6060	540	325698	238925	23396	38241	39420	43977

4—29 城镇登记失业人数及失业率
Number of Registered Urban Unemployed Persons and Unemployment Rate

单位：万人（10000 persons）

年份 Year	本年新登记失业人数 Number of New Unemployed Persons in this Year	登记失业人员中新增就业人数 New Added Employees of the Registered Urban Unemployed Persons	年末实有登记失业人数 Number of Unemployed Persons (Year-end)	#女性 Female	城镇登记失业率(%) Urban Unemployed Ratio (%)
2000	31.59	12.26	16.52	9.12	3.30
2005	34.63	32.88	13.60	13.60	4.40
2006	32.96	31.99	28.20	13.59	4.25
2007	29.78	29.71	28.02	13.70	4.06
2008	26.49	26.52	29.31	13.63	3.92
2009	25.24	26.08	30.07	13.89	3.92
2010	28.48	31.69	26.86	13.01	3.66
2011	36.91	30.64	33.13	15.65	3.74
2012	36.38	37.17	31.30	14.04	3.68
2013	39.53	38.14	32.36	14.31	3.41

4—30 各市城镇登记失业人数及失业率（2013年）
Number of Registered Urban Unemployed Persons and Unemployment Rate by Region (2013)

单位：人（person）

地区 Region	本年新登记失业人数 Number of New Unemployed Persons in this Year	登记失业人员中新增就业人数 New Added Employees of the Registered Urban Unemployed Persons	年末实有登记失业人数 Number of Unemployed Persons (Year-end)	#女性 Female	城镇登记失业率(%) Urban Unemployed Ratio (%)
总计 Total	**395296**	**381423**	**323559**	**143135**	**3.41**
合肥市 Hefei	63659	67051	107686	51581	3.25
淮北市 Huaibei	41743	39258	20941	17127	4.13
亳州市 Bozhou	21102	20659	7125	3784	3.84
宿州市 Suzhou	11877	10455	13237	8060	3.70
蚌埠市 Bengbu	35034	35872	17096	3288	3.10
阜阳市 Fuyang	11066	12728	6090	2367	2.09
淮南市 Huainan	30511	21432	29951	6212	4.00
滁州市 Chuzhou	25164	25002	10975	5330	3.51
六安市 Luan	16405	16306	17455	5281	3.64
马鞍山市 Maanshan	43524	34521	18267	8288	2.80
芜湖市 Wuhu	22041	20967	17643	8907	3.50
宣城市 Xuancheng	18481	18118	9508	4203	3.27
铜陵市 Tongling	26347	27464	9073	4971	3.16
池州市 Chizhou	2924	4507	7314	3447	3.20
安庆市 Anqing	19029	20472	25309	7462	4.11
黄山市 Huangshan	6389	6611	5889	2827	3.66

主要统计指标解释

就业人员

指从事一定社会劳动并取得劳动报酬或经营收入的全部劳动力。包括：1. 全部职工；2. 城镇私营企业从业人员；3. 城镇个体劳动者；4. 农村社会劳动者；5. 其他社会劳动者。这一指标反映了一定时期内全部劳动力资源的实际利用情况，是研究基本国情国力的重要指标。

单位就业人员

指在各级国家机关、政党机关、社会团体及企业、事业单位中工作，取得工资或其他形式的劳动报酬的全部人员。包括在岗职工、再就业的离退休人员、民办教师以及在各单位中工作的外方人员和港澳台方人员、兼职人员、借用的外单位人员和第二职业者。不包括离开本单位仍保留劳动关系的职工。各单位的从业人员反映了各单位实际参加生产或工作的全部劳动力。

城镇私营和个体就业人员

城镇私营就业人员指在工商管理部门注册登记，其经营地址设在县城关镇（含城关镇）以上的私营企业从业人员；包括私营企业投资者和雇工。城镇个体从业人员指在工商管理部门注册登记，并持有城镇户口或在城镇长期居住，经批准从事个体工商经营的从业人员；包括个体经营者和在个体工商户劳动的家庭帮工和雇工。

城镇登记失业人员

指有非农业户口，在一定的劳动年龄内，有劳动能力，无业而要求就业，并在当地就业服务机构进行求职登记的人员。

城镇登记失业率

指城镇登记失业人数同城镇从业人数与城镇登记失业人数之和的比。计算公式为：

城镇登记失业率=城镇登记失业人数/（城镇从业人数+城镇登记失业人数）×100%

在岗职工

指在本单位工作并由单位支付工资的人员，以及有工作岗位，但由于学习、病伤产假等原因暂未工作，仍由单位支付工资的人员。

专业技术人员

指从事专业技术工作的人员以及从事专业技术管理工作且已在1983年以前评定了专业技术职称或在1984年以后聘任了专业技术职务的人员。

专业技术人员具体指工程技术人员、农业技术人员、科研人员（含自然科学研究、社会科学研究及实验技术人员）、卫生技术人员、教学人员（含高等院校、中等专业学校、技工学校、中学、小学）、民用航空飞行技术人员、船舶技术人员、经济人员、会计人员、统计人员、翻译人员、图书资料、档案、文博人员、新闻、出版人员、律师、公证人员、广播电视播音人员、工艺美术人员、体育人员、艺术人员及政工人员。

专业技术管理人员具体指企业、事业单位的领导；企业、事业单位下设的职能机构、企业的生产车间和辅助车间（或附属辅助生产单位）中从事生产、技术、经济管理和政治工作的人员。

按照公务员管理或参照公务员管理的人员不统计为专业技术人员。

就业人员工资总额

指根据《关于工资总额组成的规定》（1990年1月1日国家统计局发布的一号令）进行修订，本单位在报告期内（季度或年度）直接支付给本单位全部就业人员的劳动报酬总额。包括计时工资、计件工资、奖金、津贴和补贴、加班加点工资、特殊情况下支付的工资，是在岗职工工资总额、劳务派遣人员工资总额和其他从业人员工资总额之和。

在岗职工工资总额

指本单位在报告期内直接支付给本单位全部在岗职工的劳动报酬总额。在岗职工工资总额由基本工资、绩效工资、工资性津贴和补贴、其他工资四部分组成。工资总额不包括病假、事假等情况的扣款。

就业人员平均工资

指本单位就业人员在报告期内平均每人所得的工资额。

在岗职工平均工资

指本单位在岗职工在报告期内平均每人所得的工资额。

Explanatory Notes for Major Statistical Indicators

Employed Persons

refers to the persons who are engaged in social labor and receive remuneration payment or earn business income, including: (1)Total staff and workers; (2)Employed persons in private enterprises in urban areas; (3)Self-employed individuals in urban areas; (4)Social laborers in rural areas; (5)Other social laborers. It reflects the utilization of total labor force during a given period of time.

Persons Employed in Various Units

refer to all the persons working in government agencies of various levels, political and party organizations, social organizations, enterprises and institutions, and receiving wages or other forms of payment. They include fully-employed staff and workers, re-employed retirees, teachers in schools run by the local people, foreigners and Chinese compatriots from Hong Kong, Macao, and Taiwan working in various units, part-time employees, employees of other units working temporarily at current posts, and employees holding the second job, but exclude staff and workers who have left their working units while keeping their labour contract (employment relation) unchanged. This indicator reflects the total number of laborers actually engaged in production or other operations in various units.

Persons Employed in Private Enterprises and Self-Employed Individuals in Urban Areas

Persons employed in private enterprises refer to the persons employed in the private enterprises which have been registered at the departments of industrial and commercial administration and are situated at a county town (i.e. a town where the county government is located) for business operation or at urban areas with the level higher than a county town. The self-employed individuals in urban areas refer to persons who hold the certificates of residence in urban areas or have resided in the urban areas for a long time and have been registered at the departments of industrial and commercial administration and approved to be engaged in individual industrial or commercial business, including self-employed persons as well as helpers and hired labourers who work in the individual households engaged in industrial or commercial business.

Registered Urban Unemployed Persons

The registered unemployed persons in urban areas refer to the persons who are registered as permanent residents in the urban areas engaged in non-agricultural activities, aged within the range of working age, capable to labour, unemployed but desirous to be employed and have been registered at the local employment service agencies to apply for a job.

Registered Urban Unemployment Rate

Registered unemployment rate in urban areas refers to the ratio of the number of the registered unemployed persons to the sum of the number of employed persons and the registered unemployed persons. The formula is as follows:

Registered urban unemployment rate =number of registered urban unemployed persons/(urban employed person number + registered urban unemployed person number)×100%

Fully Employed Staff and Workers

refer to persons who work in, and receive wages from their working units, as well as persons who have their work posts, but are temporarily absent from work for reasons of study or on sick, injury or maternal leave and still receive wages from their working units.

Professional and Technical Personnel

refers to professional, technical and managerial staff members in institutions who were rated professional and technical titles before 1983 or appointed professional and technical posts after 1984.

Professional and technical personnel includes the following: Engineering, Agriculture, Scientific Research (including natural science, social science and laboratory technique), Health care, Teaching, civil aviation, shipping, economics, accounting, statistics, translating, archives, publishing, lawyer, broadcasting, craft, physical culture, art and political workers.

Managerial staff refers to the leadership of enterprises and institutions and persons engaged in production, technology, economic management and political work in functioning organizations under enterprises or institutions and workshop of enterprises.

Public servants or the personnel in light of public service are not included.

Total wages of employed persons

According to the "Regulations of total wages" (No.1 decree issued in January 1, 1990 by the National Bureau of Statistics), it is revised, the unit during the report period (quarterly or annual) paid directly to the total remuneration of the units of all employees. Including hourly wages, piece-rate wages, bonuses, allowances and subsidies, overtime wages, wages under special circumstances, It is on the total wages of staff and workers, labor dispatch staff wages and other employees wages .

Total wages of employed staff and workers

Refers to the total remuneration directly to the total staff and workers of the units in the report period. Total wages of staff are made of four parts., the basic salary, performance salary, wages and allowances and subsidies, and other wages ,Total wages does not include Deduction by sick, personal leave and other ituation.

The average wage of employed persons

Refers to the average wages of staff in the report period

Average wages of employed staff and workers

Refers to the average wages of employed staff in the report period

第五篇

Chapter 5

固定资产投资

INVESTMENT IN FIXED ASSETS

简要说明

一、按照国家统计局现行统计制度规定，固定资产投资统计的范围包括：⑴城镇投资 500 万元以上项目；⑵房地产开发投资；⑶农村非农户投资。按登记注册类型分，包括内资、港澳台商及外商投资。

二、固定资产投资统计资料来源为：项目建设单位填报的报表和"一套表"平台房地产开发企业填的报表，由省统计局投资处加工整理提供。

三、固定资产投资统计的调查方法，均为全面统计报表。

Brief Introduction

I. According to the current statistical system stipulated by State Statistical Bureau, the fixed assets investment includes: (1) items in town with investment of five million yean and above; (2) the real estate investment; (3) invested not by farmers in rural districts; By the registration, they include domestic investment, investment from Hong Kong, Macao and Taiwan and investment from foreign countries.

II. Data sources for the statistics of investment in fixed assets are as follows: These tables filled by the project construction units and real estate development enterprises of a set of tables platform are provided and processed by investment department of Anhui Provincial Bureau of Statistics

III. Method of data collection: Urban and rural areas are collected by sample surveys.

5—1 固定资产投资主要指标
Total Investment in Fixed Assets

指　　标	Item	2012	2013	2013年比上年增长(%) Growth Rate in 2013 over 2012 (%)
投资总额　（万元）	**Total Investment　(10000 yuan)**	**150549510**	**182511212**	**21.2**
按构成分	Grouped by Structure			
建筑安装工程	Construction and Installation	98444220	125168903	27.2
设备工具器具购置	Purchase of Equipment and Instruments	33412711	38572123	15.4
其他费用	Others	18692579	18770186	0.4
按三次产业分	Grouped by Three Strata of Industry			
第一产业	Primary Industry	3019377	3893396	28.9
第二产业	Secondary Industry	69511160	82655965	18.9
第三产业	Tertiary Industry	78018973	95961851	23.0
投资资金来源　（万元）	**Sources of Funds for Investment　(10000 yuan)**	**162439023**	**200921449**	**23.7**
国家预算资金	State Budget	9716055	9743698	0.3
国内贷款	Domestic Loans	15419120	15126967	-1.9
债　券	Bonds	168038	89883	-46.5
利用外资	Foreign Investment	1114388	1082741	-2.8
自筹资金	Self-raising Funds	112801439	144509174	28.1
其他资金	Others	23219983	30368986	30.8
建设规模　（万元）	**Investment in Construction　(10000 yuan)**			
建设总规模	Total Investment in Construction	408547181	502758934	23.1
在建总规模	Total Investment in Projects under Construction	300271075	364747321	21.5
在建净规模	Net Investment in Projects under Construction	148440199	179061939	20.6
房屋建筑面积　（平方米）	**Floor Space of Buildings　(sq.m)**			
施工面积	Floor Space under Construction	495206756	577233000	16.6
#住　宅	Residential Buildings	222608134	259685927	16.7
竣工面积	Floor Space Completed	92144446	106647625	15.7
#住　宅	Residential Buildings	42462066	50576375	19.1

注：统计口径为500万元以上项目及房地产。
a) Statistics is for over 5000000 yuan project and real estate.

5—2 主要年份固定资产投资
Total Investment in Fixed Assets in Main Year

单位：万元（10000 yuan）

年 份 Year	固定资产投资 Investment in Fixed Assets	城 镇 Urban	#房地产开发 Real Estate Development	农 村 Rural	#非农户 Non-Rural Households
2000	8666667	6395369	879261	2271298	1064861
2001	9641133	7278532	1109914	2362601	1087470
2002	11333146	8700846	1464887	2632300	1112300
2003	14777162	12146765	2406505	2630397	1129546
2004	19142273	16120830	3502733	3021443	1121443
2005	25209640	21391395	4594413	3818245	1699350
2006	35446671	30611574	6374464	4835097	2460086
2007	50936811	44507343	7756432	6429468	3679677
2008	67999535	60016050	13626657	7983485	4800825
2009	92631822	81546076	16698263	11085746	7178208
2010	118494343	109284231	22518045	9210112	9210112
2011	121477794	113723717	26115374	7754077	7754077
2012	150549510	140700322	31516065	9849188	9849188
2013	182511212	168443835	39462264	14067377	14067377

注：2010年以后农村中不包含农户数据。
a) Rural data in 2010 do not include rural household data.

5—3 主要年份分行业固定资产投资
Investment in Fixed Assets by Sector in Main Year

单位：万元（10000 yuan）

行 业	Sector	2010	2012	2013
总 计	**Total**	**118494343**	**150549510**	**182511212**
农、林、牧、渔业	Agriculture, Forestry, Animal Husbandry and Fishery	2214109	3019377	3893396
采矿业	Mining	4074986	3897100	3411901
制造业	Manufacturing	44488295	60726216	73093924
电力、热力、燃气及水生产和供应业	Production and Supply of Electricity, Heat, Gas and Water	3865796	4348081	5318067
建筑业	Construction	3638962	539763	832073
批发和零售业	Wholesale and Retail Trade	2924336	3576526	4741913
交通运输、仓储和邮政业	Transport, Storage and Postal Services	6682157	6536148	8125253
住宿和餐饮业	Accommodation and Catering Trade	1901810	2153619	2765705
信息传输、软件和信息技术服务业	Information Circulation, Computer Service and Software	949936	728392	1157988
金融业	Banking	493228	626071	908580
房地产业	Real Estate	28565844	41063015	50132830
租赁和商务服务业	Leasing and Commercial Services	552443	1517707	2030808
科学研究和技术服务业	Scientific Research and Technical Services	748466	1412650	1510910
水利、环境和公共设施管理业	Water Conservancy, Environmental and Public Facilities Management	9898894	12722650	15750850
居民服务、修理和其他服务业	Residents Service, Repair and Other Services	461181	440946	636499
教 育	Education	2170713	2040464	2404843
卫生和社会工作	Health and Social Work	1143594	1076522	1351058
文化、体育和娱乐业	Culture, Sports and Entertainment	1193481	1580131	1878149
公共管理、社会保障和社会组织	Public Management, Social Security and Social Organization	2526112	2544132	2566465

注：2012年以后为500万元以上项目统计口径，与往年为50万元以上项目统计口径不具可比性。
a) In 2012 Statistics is for over 5000000 yuan project, it does not comparable with for over 500000 yuan in past project.

5—4 各市分行业固定资产投资（2013年）

Investment in Fixed Assets by Industry by Region (2013)

单位：万元（10000 yuan）

地区 Region	合计 Total	农林牧渔业 Agriculture, Forestry, Animal Husbandry and Fishery	采矿业 Mining	制造业 Manufacturing	电力、热力、燃气及水的生产和供应业 Production and Supply of Electricity, Heat, Gas and Water	建筑业 Construction	批发和零售业 Wholesale and Retail Trade	交通运输、仓储和邮政业 Transport, Storage, Post & Telecommunications	住宿和餐饮业 Accommodation and Catering Trade	信息传输、计算机服务和软件业 Information, Circulation Computer Services and Software
总计 Total	**182511212**	**3893396**	**3411901**	**73093924**	**5318067**	**832073**	**4741913**	**8125253**	**2765705**	**1157988**
合肥市 Hefei	45353715	546171	180736	15874194	909519	311396	1778719	1514836	1023606	616436
淮北市 Huaibei	7005287	123526	265337	3355282	402963		187588	202625	10196	
亳州市 Bozhou	5414925	70461	189186	2001089	128468	5580	92680	154546	22671	37092
宿州市 Suzhou	7732978	146456	468920	3675978	213813	47729	220264	398897	64837	2500
蚌埠市 Bengbu	10608899	247495	24176	4125013	87180	47151	85264	465258	115928	619
阜阳市 Fuyang	6452575	126907	73143	2130214	117306	3160	193309	476457	29332	34533
淮南市 Huainan	8005251	438053	690171	1811960	836695	14196	106382	190617	94905	45925
滁州市 Chuzhou	10757835	138360	46017	5219457	294486	300	98018	191970	71583	15636
六安市 Luan	8450393	302400	272777	3521626	330923	5685	66872	415493	140819	40182
马鞍山市 Maanshan	14316040	328246	154646	6090876	329325	19080	487945	446637	141744	165654
芜湖市 Wuhu	20406501	474729	140658	9342010	476120	109920	587096	863944	342727	127097
宣城市 Xuancheng	9781856	218721	193790	4280942	538454	77562	105985	827303	218469	3200
铜陵市 Tongling	6502389	170372	322089	2578509	105788	69640	335375	520870	91872	22453
池州市 Chizhou	4614756	73398	183667	2139203	166707	39081	23839	314925	46105	900
安庆市 Anqing	11857153	291765	187423	6007395	290897	74697	326620	656884	84438	33391
黄山市 Huangshan	5250659	196336	19165	940176	89423	6896	45957	483991	266473	12370

地区 Region	金融业 Banking	房地产业 Real Estate	租赁和商务服务业 Leasing and Commercial Services	科学研究和技术服务业 Scientific Research and Technical Services	水利、环境和公共设施管理业 Water Conservancy, Environmental and Public Facilities Management	居民服务、修理和其他服务业 Residents Service, Repair and Other Services	教育 Education	卫生和社会工作 Health and Social Work	文化、体育和娱乐业 Culture, Sports and Entertainment	公共管理、社会保障和社会组织 Public Management, Social Security and Social Organization
总计 Total	**908580**	**50132830**	**2030808**	**1510910**	**15750850**	**636499**	**2404843**	**1351058**	**1878149**	**2566465**
合肥市 Hefei	624711	13991940	633417	624937	4473004	196380	608801	532478	398694	513740
淮北市 Huaibei	9512	1931525	15901	9571	173826	3754	242164	12418	42558	16541
亳州市 Bozhou	6600	2029379			494058	15524	74511	41824	21065	30191
宿州市 Suzhou		1541702	41722	34647	478266		111817	43030	72575	169825
蚌埠市 Bengbu	4400	3981878	3526	437766	576376		94166	26957	53478	232268
阜阳市 Fuyang		2129327	28823	6062	511112	32000	130738	86253	33848	310051
淮南市 Huainan	258	2444746	58777	26846	850810	29407	116990	34116	137907	76490
滁州市 Chuzhou	3010	3317193	17272	21751	799420	3244	99716	72144	102937	245321
六安市 Luan	1443	1976759	47966	38041	779327	37425	122824	94605	63748	191478
马鞍山市 Maanshan	47741	3238229	165184	146078	2148423	90385	86769	48792	146455	33831
芜湖市 Wuhu	81272	5739858	534193	84900	1002027	49713	190445	105971	136712	17109
宣城市 Xuancheng	2440	2132387	18257	4895	616980	10338	213470	75195	150722	92746
铜陵市 Tongling	13365	1302458	96103	53297	502320	40858	36666	56971	23152	160231
池州市 Chizhou		1158697	144736	2699	185244	22260	39666	10275	13502	49852
安庆市 Anqing	95026	1669611	61481	7740	1497368	27239	144503	57879	201893	140903
黄山市 Huangshan	18802	1547141	163450	11680	662289	77972	91597	52150	278903	285888

5—5 各行业按登记注册类型分的固定资产投资（2013年）
Investment in Fixed Assets by Industry by Type of Registration (2013)

行业	Sector	总计 Total	内资 Domestic	国有 State-owned
总计	**Total**	**182511212**	**176026796**	**42802705**
#房地产开发	Real Estate Development	39462264	37806838	2689452
农、林、牧、渔业	**Agriculture, Forestry, Animal Husbandry and Fishery**	**3893396**	**3748148**	**467174**
农业	Farming	1602640	1554210	184349
林业	Forestry	623567	598600	93047
牧畜业	Animal Husbandry	878601	841272	12780
渔业	Fishery	261533	241246	1200
农、林、牧、渔服务业	Agricultural Services	527055	512820	175798
采矿业	**Mining**	**3411901**	**3394029**	**601627**
煤炭开采和洗选业	Coal Mining and Washing Industry	1458959	1458959	461791
石油和天然气开采业	Oil and Gas Industry	20426	20426	
黑色金属矿采选业	Ferrous Metal CaiXuanYe	565441	565441	79144
有色金属矿采选业	CaiXuanYe Nonferrous Metallic Deposits	447585	447585	53202
非金属矿采选业	CaiXuanYe Non-metallic Mineral	835381	818184	7020
开采辅助活动	Mining Auxiliary Activities	63020	62345	
其他采矿业	Other Mining	21089	21089	470
制造业	**Manufacturing**	**73093924**	**69825533**	**3381620**
农副食品加工业	Agricultural and Sideline Products Processing Industry	3942645	3788735	98699
食品制造业	Food Manufacturing	1582020	1537226	144471
酒、饮料和精制茶制造业	Wine, Drinks and Refined Tea Manufacturing	1292939	1185648	9902
烟草制品业	Tobacco Products	182547	182547	134156
纺织业	Textile Industry	2063966	1989177	5230
纺织服装、服饰业	Textile and Garment, Apparel Industry	2542477	2367071	84022
皮革、毛皮、羽毛及其制品和制鞋业	Leather, Fur, Feather and Its Products and Footwear	872589	830304	6794
木材加工和木、竹、藤、棕、草制品业	Wood Processing and Wood, Bamboo, Cane, Palm, Grass Products	1715581	1671704	38461
家具制造业	Furniture Manufacturing	1112742	1081929	4046
造纸和纸制品业	Paper and Paper Products	1069691	968316	75726
印刷和记录媒介复制业	Printing and Duplicating Industry Record Media	757130	754070	45112
文教、工美、体育和娱乐用品制造业	Cultural and Educational Supplies Manufacturing, Industrial, Sporting and Entertainment	964926	907748	55117
石油加工、炼焦和核燃料加工业	Petroleum Processing, Coking and Nuclear Fuel Processing	308976	267343	142795
化学原料和化学制品制造业	Raw Chemical Materials and Chemical Products	3777668	3565409	80773
医药制造业	Pharmaceutical Manufacturing Industry	2024073	1969387	64734
化学纤维制造业	Chemical Fiber Industry	302772	208565	
橡胶和塑料制品业	Rubber and Plastic Products	3280977	3083870	39393
非金属矿物制品业	Nonmetal Mineral Products	7307087	7048459	154275
黑色金属冶炼和压延加工业	Smelting and Pressing of Ferrous Metals	2363924	2337449	608681
有色金属冶炼和压延加工业	Smelting and Pressing of Nonferrous Metals	1808285	1766505	203743
金属制品业	Metal Products	3564247	3419419	167977

单位：万元（10000 yuan）

集体 Collective-owned	股份合作 Cooperative	联营 Joint	有限责任公司 Limited Liability	股份有限公司 Share-holding	私营 Private	其他 Others	港澳台商投资 Funds from Hong Kong, Macao and Taiwan	外商投资 Foreign Funded	个体 Self-employed Individual
2415494	**558512**	**871275**	**53774367**	**10629514**	**57554326**	**7420603**	**2835784**	**3014847**	**633785**
9745	61773	107361	21183717	1447006	11321134	986650	1086232	569194	
113524	**2560**	**30410**	**757813**	**132705**	**1843257**	**400705**	**10600**	**14336**	**120312**
51864	200	13312	323528	60702	741278	178977	8000	8800	31630
6100		2000	126473	20163	306412	44405			24967
16635		4650	202056	26161	470746	108244	2000	5536	29793
8629		5434	40767		162367	22849			20287
30296	2360	5014	64989	25679	162454	46230	600		13635
54739	**14368**	**32104**	**1369811**	**227641**	**978113**	**115626**		**4320**	**13552**
43401	3998	23259	789678	66981	24021	45830			
6000			14426						
5338		8845	203428	3620	247966	17100			
	8400		102760	108205	162335	12683			
	1970		239805	48835	499591	20963		4320	12877
			8095		40800	13450			675
			11619		3400	5600			
159691	**369419**	**212317**	**22371856**	**6660527**	**34125325**	**2544778**	**1056602**	**2021266**	**190523**
16463	10145	2451	1080822	125179	2142262	312714	39594	96913	17403
		3510	406732	77551	787143	117819	13120	26844	4830
8724	16900	2470	376435	322941	415828	32448	63495	41306	2490
17450			28341		2600				
6690	14000		662649	103607	1148100	48901	32704	34090	7995
			635822	155674	1386665	104888	37044	129721	8641
			312636	124760	372395	13719	41731	130	424
	7769		552788	34047	952275	86364	11300	14626	17951
			251966	26668	743496	55753	780	24375	5658
	3826		325014	101251	449121	13378	74198	15590	11587
5550		22695	216243	88777	348718	26975	1440	1620	
		2825	386248	19113	424996	19449	20616	30862	5700
	18340		24736	6670	72102	2700	38773		2860
10160	96068	6800	1081394	605987	1577111	107116	31933	177707	2619
6463	2745		833853	322976	686726	51890	47458	7228	
			65096	26975	116494			94207	
3000		17379	1016341	361052	1572125	74580	73091	116726	7290
15476	67626	4240	2311066	665170	3455985	374621	146117	69308	43203
			519661	271759	928825	8523		26475	
			502586	228314	766088	65774	1987	33408	6385
	9951	4950	735697	174723	2241984	84137	10761	129322	4745

5—5 续表1 continued

行业	Sector	总计 Total	内资 Domestic	国有 State-owned
通用设备制造业	Equipments in Current Use	5410871	5194874	226525
专用设备制造业	Special Equipment Manufacturing	5497764	5282867	192369
汽车制造业	Automobile Manufacturing Industry	4901302	4610627	188374
铁路、船舶、航空航天和其他运输设备制造业	Railway, Shipbuilding, Aerospace, and Other Transportation Equipment Manufacturing Industry	700619	648619	42191
电气机械和器材制造业	Electric Equipment and Machinery	6779717	6410535	218244
计算机、通信和其他电子设备制造业	Computers, Communications and Other Electronic Equipment Manufacturing Industry	5293968	5157414	287735
仪器仪表制造业	Instrument Manufacturing	654699	593984	3690
其他制造业	Other Manufacturing	382108	376608	42238
废弃资源综合利用业	Comprehensive Utilization of Waste Resources	544983	528493	16147
金属制品、机械和设备修理业	Metal Products, Machinery and Equipment Repair	90631	90631	
电力、热力、燃气及水的生产和供应业	**Production and Supply of Electricity, Heat, Gas and Water**	**5318067**	**4892163**	**3206390**
电力、热力生产和供应业	Electricity, Heat Production and Supply Industry	3808794	3500204	2594869
燃气生产和供应业	Gas Production and Supply Industry	504635	440708	96692
水的生产和供应业	Water Production and Supply Industry	1004638	951251	514829
建筑业	**Construction**	**832073**	**832073**	**221580**
房屋建筑业	Housing Industry	135088	135088	46562
土木工程建筑业	Civil Engineering Construction	319248	319248	148157
建筑安装业	Construction and Installation Industry	86530	86530	8708
建筑装饰和其他建筑业	Building Decoration and Other Construction	291207	291207	18153
批发和零售业	**Wholesale and Retail Trade**	**4741913**	**4476164**	**318911**
批发业	Wholesale	2154000	2130292	216630
零售业	Retail Trade	2587913	2345872	102281
交通运输、仓储和邮政业	**Transport, Storage and Postal Services**	**8125253**	**7996060**	**5585408**
铁路运输业	Railway Transport	1182994	1182994	1071571
道路运输业	Highway Transport	5022901	5020001	4034514
水上运输业	Water Way Transport	811826	709132	200617
航空运输业	Air Transport	128970	118401	118401
管道运输业	Pipeline Transport			
装卸搬运和运输代理业	Handling and Shipping Agents	310734	310734	13088
仓储业	Warehousing	591951	580421	126125
邮政业	Postal Services	75877	74377	21092
住宿和餐饮业	**Accommodation and Catering Trade**	**2765705**	**2501136**	**76670**
住宿业	Accommodation Trade	1683366	1480821	58856
餐饮业	Catering Services	1082339	1020315	17814
信息传输、软件和信息技术服务业	**Information Transmission, Software and Information Technology Services**	**1157988**	**1061304**	**330918**
电信、广播电视和卫星传输服务	Telecommunications, Broadcasting and TV Transmission and Satellite Services	510969	435722	315342
互联网和相关服务	The Internet and Related Services	74061	70261	5768
软件和信息技术服务业	Software and Information Technology Services	572958	555321	9808

单位：万元（10000 yuan）

集　体 Collective-owned	股份合作 Cooperative	联　营 Joint	有限责任公司 Limited Liability	股份有限公司 Share-holding	私　营 Private	其　他 Others	港澳台商投资 Funds from Hong Kong, Macao and Taiwan	外商投资 Foreign Funded	个　体 Self-employed Individual
1350	18155	48333	1527515	264835	2837173	270988	54014	157497	4486
26334	19096	56788	1367970	678885	2729101	212324	9347	197990	7560
5800		32176	1689108	709045	1865299	120825	145892	144783	
6962		4210	169442	24405	282378	119031		51000	1000
26349	71955		1774086	676378	3558921	84602	71040	275046	23096
	2400	3490	3074594	288264	1442607	58324	90167	43787	2600
2920	10443		117449	16950	408333	34199		60715	
			125854	28204	165031	15281		3500	2000
			195862	102147	191782	22555		16490	
			3850	28220	53661	4900			
83892	**4958**	**32061**	**565608**	**363543**	**549621**	**86090**	**346219**	**70738**	**8947**
24539	1200	15307	320471	323170	184052	36596	273489	32601	2500
14545	870		124797		193298	10506	41692	17380	4855
44808	2888	16754	120340	40373	172271	38988	31038	20757	1592
3955		**46932**	**155368**	**28523**	**298066**	**77649**			
			15326	6391	59329	7480			
1380		46932	40901	18702	46269	16907			
			12937		51995	12890			
2575			86204	3430	140473	40372			
83086	**16900**	**14005**	**1172514**	**209145**	**2351804**	**309799**	**181167**	**41621**	**42961**
3000	4000	4500	519621	68666	1164924	148951	2235	9457	12016
80086	12900	9505	652893	140479	1186880	160848	178932	32164	30945
108678		**53500**	**679596**	**379215**	**1073516**	**116147**	**15689**	**53024**	**60480**
		29688	54068	24077	3590				
93228		22860	295844	82275	416803	74477			2900
11590			138314	38696	315055	4860	1220	48574	52900
							10569		
2860			78238	61560	153588	1400			
1000		952	73847	172607	170480	35410	3900	4450	3180
			39285		14000				1500
102550	**13369**	**10300**	**695286**	**292563**	**1097965**	**212433**	**61934**	**115251**	**87384**
2950	13369	10300	383558	228417	659907	123464	59734	110751	32060
99600			311728	64146	438058	88969	2200	4500	55324
	3166		**237261**	**76291**	**382324**	**31344**	**59983**	**34701**	**2000**
			50871	57989	1900	9620	42346	32901	
			14719		45574	4200		1800	2000
	3166		171671	18302	334850	17524	17637		

5—5 续表2 continued

行 业	Sector	总 计 Total	内 资 Domestic	国 有 State-owned
金融业	**Banking**	**908580**	**906480**	**512170**
货币金融服务	Monetary and Financial Services	582133	582133	373746
资本市场服务	Capital Market Services	148681	147781	39110
保险业	Insurance	99795	99795	87144
其他金融业	Other Financial Activities	77971	76771	12170
房地产业	**Real Estate**	**50132830**	**48409159**	**9623015**
租赁和商务服务业	**Leasing and Commercial Services**	**2030808**	**2011568**	**406448**
租赁业	Leasing	122046	122046	
商务服务业	Commercial Services	1908762	1889522	406448
科学研究和技术服务业	**Scientific Research and Technical Services**	**1510910**	**1510890**	**380492**
研究和试验发展	Research and Experimental Development	459912	459892	161111
专业技术服务业	Professional and Technical Services	735223	735223	124694
科技推广和应用服务业	Science and Technology Popularization and Application Services	315775	315775	94687
水利、环境和公共设施管理业	**Water Conservancy, Environmental and Public Facilities Management**	**15750850**	**15728595**	**12151792**
水利管理业	Water Conservancy Management	1744386	1744386	1487261
生态保护和环境治理业	Ecological Protection and Environmental Governance Industry	295392	285532	165551
公共设施管理业	Public Facilities Management	13711072	13698677	10498980
居民服务、修理和其他服务业	**Residents Service, Repair and Other Services**	**636499**	**590042**	**183354**
居民服务业	Resident Services	392455	345998	149017
机动车、电子产品和日用产品修理业	Motor Vehicle Repair Industry, Electronic Products and Daily Products	177781	177781	16218
其他服务业	Other Services	66263	66263	18119
教 育	**Education**	**2404843**	**2399397**	**1732680**
卫生和社会工作	**Health and Social Wwork**	**1351058**	**1351058**	**921988**
卫 生	Health	1206788	1206788	851982
社会工作	Social Wwork	144270	144270	70006
文化、体育和娱乐业	**Culture, Sports and Entertainment**	**1878149**	**1852622**	**816564**
新闻和出版业	Press and Publication	19665	19665	3700
广播、电视、电影和影视录音制作业	Radio, Television, Film and Television Recording Studios	170375	163875	71423
文化艺术业	Culture and Arts	725723	725723	368386
体 育	Sports	416781	416021	279252
娱乐业	Entertainment	545605	527338	93803
公共管理、社会保障和社会组织	**Public Management, Social Security and Social Organizatic**	**2566465**	**2540375**	**1883904**
中国共产党机关	Organs of Chinese Communist Party	13329	13329	13329
国家机构	State Organs	1783557	1782557	1649344
人民政协、民主党派	CPPCC and Democratic Parties	6519	6519	3219
社会保障	The Social Security	97410	97410	57208
群众团体、社会团体和其他成员组织	Mass Organizations, Social Organizations and Religious Organizations	209421	209421	92531
基层群众自治组织	The Grassroots Autonomous Organizations	456229	431139	68273

单位：万元（10000 yuan）

集　体 Collective-owned	股份合作 Cooperative	联　营 Joint	有限责任公司 Limited Liability	股份有限公司 Share-holding	私　营 Private	其　他 Others	港澳台商投资 Funds from Hong Kong, Macao and Taiwan	外商投资 Foreign Funded	个　体 Self-employed Individual
16206	**16763**		**103870**	**45751**	**89918**	**121802**	**900**	**1200**	
6271	13663		22251	38100	18600	109502			
9935			72210	4600	17076	4850	900		
	3100		1700	3051		4800			
			7709		54242	2650		1200	
836030	**74037**	**258539**	**22156391**	**1575640**	**11959202**	**1926305**	**1090444**	**609426**	**23801**
13440	**768**	**17693**	**634955**	**41286**	**803674**	**93304**	**8000**	**11240**	
2665			56472		50354	12555			
10775	768	17693	578483	41286	753320	80749	8000	11240	
5020	**6100**	**20769**	**605344**	**189428**	**277054**	**26683**		**20**	
	5000		68353	154833	66632	3963		20	
	1100	16169	426204	27845	129091	10120			
5020		4600	110787	6750	81331	12600			
548501	**24050**	**106095**	**1382317**	**181964**	**747978**	**585898**	**3500**	**14860**	**3895**
54651		2300	109454	2500	35798	52422			
		100	38891	22560	31449	26981		9860	
493850	24050	103695	1233972	156904	680731	506495	3500	5000	3895
8770		**4980**	**90745**	**51746**	**188172**	**62275**		**2550**	**43907**
6070			40515	30716	92995	26685		2550	43907
		4980	37287	16580	73976	28740			
2700			12943	4450	21201	6850			
49012		**3618**	**147512**	**38291**	**266900**	**161384**	**746**	**3200**	**1500**
30605		**9732**	**93425**	**36020**	**148559**	**110729**			
20080		8983	88785	36020	101881	99057			
10525		749	4640		46678	11672			
41721	**9995**	**5000**	**495584**	**99235**	**316044**	**68479**		**16094**	**9433**
	8765				7200				
		300	63472	18270	7060	3350		6500	
24276		4700	126628	35932	122722	43079			
10475			110401		15893				760
6970	1230		195083	45033	163169	22050		9594	8673
156074	**2059**	**13220**	**59111**		**56834**	**369173**		**1000**	**25090**
20443	425	5300	27408		18059	61578		1000	
					2500	800			
25700			12602			1900			
4080		4700	6981		12875	88254			
105851	1634	3220	12120		23400	216641			25090

5—6 各市按登记注册类型分的固定资产投资（2013年）

Investment in Fixed Assets by Type of Registration by Region (2013)

单位：万元（10000 yuan）

地区	Region	总计 Total	国有 State-owned	集体 Collective-owned	股份合作 Cooperative	联营 Joint	有限责任公司 Limited Liability
总计	**Total**	**182511212**	**42802705**	**2415494**	**558512**	**871275**	**53774367**
合肥市	Hefei	45353715	11772439	725636	143402	373093	10494488
淮北市	Huaibei	7005287	1260024	194651	3998	31704	1432455
亳州市	Bozhou	5414925	1516323	17391	2806	3200	2220716
宿州市	Suzhou	7732978	1149037	69965	63268	58481	3030147
蚌埠市	Bengbu	10608899	2347224	32074	5145	21388	2727075
阜阳市	Fuyang	6452575	1907726	66214	1470	6400	2172644
淮南市	Huainan	8005251	2809476	199372	2700	31139	1946877
滁州市	Chuzhou	10757835	2351765	29021	29428	9696	4263839
六安市	Luan	8450393	2241212	275060	52713	26772	2262933
马鞍山市	Maanshan	14316040	3454626	91932	15936	54145	2646259
芜湖市	Wuhu	20406501	3339282	42696	6900	33745	8429717
宣城市	Xuancheng	9781856	2423968	46240	9580	46068	2366343
铜陵市	Tongling	6502389	910880	63142	15536	83727	2701638
池州市	Chizhou	4614756	884603	70274	2627	3400	2001331
安庆市	Anqing	11857153	2371048	433957	196833	57217	3739357
黄山市	Huangshan	5250659	2063072	57869	6170	31100	1338548

地区	Region	股份有限公司 Share-holding	私营 Private	个体 Self-employed Individual	其他 Others	港澳台商投资 Funds from Hong Kong, Macao and Taiwan	外商投资 Foreign Funded
总计	**Total**	**10629514**	**57554326**	**633785**	**7420603**	**2835784**	**3014847**
合肥市	Hefei	3768684	13558019	21757	1909257	1384099	1202841
淮北市	Huaibei	166212	3000039	7288	660860	58132	189924
亳州市	Bozhou	357088	822709	2024	430108	12000	30560
宿州市	Suzhou	469935	2290648	6050	270861	70226	254360
蚌埠市	Bengbu	929978	4188605	6450	222364	32827	95769
阜阳市	Fuyang	310435	1178184	70279	694574	43049	1600
淮南市	Huainan	495989	1851177	117437	213090	231947	106047
滁州市	Chuzhou	355807	3231839	22432	291611	63960	108437
六安市	Luan	313547	2858915	24350	301321	31919	61651
马鞍山市	Maanshan	557939	6583520	58400	495985	116913	240385
芜湖市	Wuhu	1261292	5748727	102038	502791	514909	424404
宣城市	Xuancheng	270832	4130525	14666	305449	11987	156198
铜陵市	Tongling	606842	1638771	2000	372913	98963	7977
池州市	Chizhou	206974	1299739	7515	60874	35889	41530
安庆市	Anqing	359822	4052285	141949	434153	34368	36164
黄山市	Huangshan	198138	1120624	29150	254392	94596	57000

5—7 各市按登记注册类型分的项目投资（2013年）
Projects Investment by Type of Registration by Region (2013)

单位：万元（10000 yuan）

地 区	Region	总 计 Total	国 有 State-owned	集 体 Collective-owned	股份合作 Cooperative	联 营 Joint	有限责任公司 Limited Liability
总 计	**Total**	**143048948**	**40113253**	**2405749**	**496739**	**763914**	**32590650**
合 肥 市	Hefei	34295606	10886081	724206	143402	338093	5487135
淮 北 市	Huaibei	5665201	1088383	194651	3998	31704	942681
亳 州 市	Bozhou	3924187	1488979	17391		3200	1352211
宿 州 市	Suzhou	6307956	1134185	69965	24000	58481	2088679
蚌 埠 市	Bengbu	7355678	1772467	32074	5145	16169	1093233
阜 阳 市	Fuyang	5047815	1804801	66214	1470	6400	1285808
淮 南 市	Huainan	6723174	2789617	199372	2700	31139	1244082
滁 州 市	Chuzhou	8140924	2140599	29021	22248	7946	2642711
六 安 市	Luan	7002846	2197563	273695	52713	26772	1656904
马鞍山市	Maanshan	11758564	3272166	91932	3826	34338	1362477
芜 湖 市	Wuhu	15945318	3254942	42696	6900	33745	5425179
宣 城 市	Xuancheng	7890775	2316231	46240	9580	46068	1229232
铜 陵 市	Tongling	5247755	888700	61537	15536	58667	1942866
池 州 市	Chizhou	3558010	820903	69029	2627		1367093
安 庆 市	Anqing	10359157	2345580	429857	196424	40092	2847974
黄 山 市	Huangshan	3825982	1912056	57869	6170	31100	622385

地 区	Region	股份有限公司 Share-holding	私 营 Private	个 体 Self-employed Individual	其 他 Others	港澳台商投资 Funds from Hong Kong, Macao and Taiwan	外商投资 Foreign Funded
总 计	**Total**	**9182508**	**46233192**	**633785**	**6433953**	**1749552**	**2445653**
合 肥 市	Hefei	3281487	10399761	21757	1562671	504337	946676
淮 北 市	Huaibei	164012	2650726	7288	425058	55093	101607
亳 州 市	Bozhou	185896	421982	2024	409944	12000	30560
宿 州 市	Suzhou	438030	1912648	6050	260439	70226	245253
蚌 埠 市	Bengbu	809181	3284788	6450	218407	21995	95769
阜 阳 市	Fuyang	263538	831381	70279	674075	42249	1600
淮 南 市	Huainan	489831	1320419	117437	211940	210590	106047
滁 州 市	Chuzhou	301394	2539645	22432	270562	63960	100406
六 安 市	Luan	280373	2145999	24350	252307	30519	61651
马鞍山市	Maanshan	534596	5672318	58400	440544	105353	182614
芜 湖 市	Wuhu	1010784	4808758	102038	450577	413610	396089
宣 城 市	Xuancheng	217483	3651919	14666	275439	11987	71930
铜 陵 市	Tongling	493929	1382517	2000	298663	95363	7977
池 州 市	Chizhou	201257	956908	7515	55379	35889	41410
安 庆 市	Anqing	336204	3548410	141949	407887	28616	36164
黄 山 市	Huangshan	174513	705013	29150	220061	47765	19900

5—8 各行业按隶属关系、构成、控股情况分的固定资产投资（2013年）

Investment in Fixed Assets by Industry by Administrative relationship, Composition, Controlled Conditions (2013)

行业	Sector	投资额 Investment	按隶属关系分 By Administrative Relationship	
			中央 Central Investment	地方 Local Investment
总计	**Total**	**182511212**	**3829072**	**178682140**
#房地产开发	Real Estate Development	39462264	436565	39025699
农、林、牧、渔业	**Agriculture, Forestry, Animal Husbandry and Fishery**	**3893396**	**4000**	**3889396**
农业	Farming	1602640	1400	1601240
林业	Forestry	623567	2600	620967
牧畜业	Animal Husbandry	878601		878601
渔业	Fishery	261533		261533
农、林、牧、渔服务业	Agricultural Services	527055		527055
采矿业	**Mining**	**3411901**	**72519**	**3339382**
煤炭开采和洗选业	Coal Mining and Washing Industry	1458959	72519	1386440
石油和天然气开采业	Oil and Gas Industry	20426		20426
黑色金属矿采选业	Ferrous Metal CaiXuanYe	565441		565441
有色金属矿采选业	CaiXuanYe Nonferrous Metallic Deposits	447585		447585
非金属矿采选业	CaiXuanYe Non-metallic Mineral	835381		835381
开采辅助活动	Mining Auxiliary Activities	63020		63020
其他采矿业	Other Mining	21089		21089
制造业	**Manufacturing**	**73093924**	**691673**	**72402251**
农副食品加工业	Agricultural and Sideline Products Processing Industry	3942645	1120	3941525
食品制造业	Food Manufacturing	1582020	8950	1573070
酒、饮料和精制茶制造业	Wine, Drinks and Refined Tea Manufacturing	1292939		1292939
烟草制品业	Tobacco Products	182547	36835	145712
纺织业	Textile Industry	2063966		2063966
纺织服装、服饰业	Textile and Garment, Apparel Industry	2542477		2542477
皮革、毛皮、羽毛及其制品和制鞋业	Leather, Fur, Feather and Its Products and Footwear	872589		872589
木材加工和木、竹、藤、棕、草制品业	Wood Processing and Wood, Bamboo, Cane, Palm, Grass Products	1715581		1715581
家具制造业	Furniture Manufacturing	1112742		1112742
造纸和纸制品业	Paper and Paper Products	1069691		1069691
印刷和记录媒介复制业	Printing and Duplicating Industry Record Media	757130		757130
文教、工美、体育和娱乐用品制造业	Cultural and Educational Supplies Manufacturing, Industrial, Sporting and Entertainment	964926		964926
石油加工、炼焦和核燃料加工业	Petroleum Processing, Coking and Nuclear Fuel Processing	308976	142795	166181
化学原料和化学制品制造业	Raw Chemical Materials and Chemical Products	3777668	6089	3771579
医药制造业	Pharmaceutical Manufacturing Industry	2024073	10500	2013573
化学纤维制造业	Chemical Fiber Industry	302772		302772
橡胶和塑料制品业	Rubber and Plastic Products	3280977	4538	3276439
非金属矿物制品业	Nonmetal Mineral Products	7307087	43957	7263130
黑色金属冶炼和压延加工业	Smelting and Pressing of Ferrous Metals	2363924	71003	2292921
有色金属冶炼和压延加工业	Smelting and Pressing of Nonferrous Metals	1808285		1808285

单位：万元（10000 yuan）

按构成分 By Use of Funds				按控股情况分 According to the Controlled Conditions					
建筑工程 Construction	安装工程 Installation	设备工器具购置 Purchase of Equipment and Instruments	其他费用 Others	国有控股 State-holding	集体控股 Collective-holding	私人控股 Private-holding	港澳台商控股 Hong Kong, Macao and Taiwan-holding	外商控股 Foreign-holding	其他 Other
111250193	**13918710**	**38572123**	**18770186**	**56558553**	**5018305**	**99969610**	**2232103**	**2374431**	**16358210**
26825656	3335426	440124	8861058	7580088	399119	24308172	951641	758477	5464767
2644533	**251546**	**574415**	**422902**	**478729**	**189166**	**3024090**		**1280**	**200131**
1130531	98121	209727	164261	184919	97110	1217446			103165
374155	47042	81021	121349	93418	6900	502950			20299
594305	54303	150116	79877	12780	31655	790950		1280	41936
170101	12891	59715	18826	5800	16266	222880			16587
375441	39189	73836	38589	181812	37235	289864			18144
1543224	**325848**	**1119933**	**422896**	**1318371**	**313077**	**1643230**		**4320**	**132903**
608126	155860	461462	233511	1017841	285399	109889			45830
15732	894	2850	950		6000	2000			12426
334118	43636	145217	42470	134133	5478	378260			47570
235935	43748	141508	26394	146907	14230	280686			5762
299195	71630	355903	108653	19020	1970	807806		4320	2265
39540	7100	7690	8690			49570			13450
10578	2980	5303	2228	470		15019			5600
34695962	**5523882**	**28876209**	**3997871**	**7906070**	**1406347**	**55812701**	**720627**	**1360138**	**5888041**
2182877	294331	1197856	267581	113547	34759	3453553	29424	63785	247577
779634	107734	627952	66700	150891	18848	1316940	13120	8680	73541
695505	89714	414834	92886	82760	109774	827636	20255	27156	225358
92941	13800	71228	4578	156097	17450	9000			
997498	133394	814990	118084	26276	21921	1911335	33454	19590	51390
1361417	230511	824456	126093	84022	12645	2164968	28930	32717	219195
469118	60184	277707	65580	6794	9493	787112	49371	2730	17089
876518	116181	616739	106143	38461	19769	1552986	1300		103065
657952	68907	329069	56814	9725	2429	1010241	780	22686	66881
503080	70105	438186	58320	75726	3826	707058	9056	64663	209362
388922	80019	251010	37179	95496	40945	574995	3060		42634
578533	58078	254315	74000	55117	3750	843812	935	11612	49700
89950	73856	107845	37325	142795	18740	100705	46736		
1601322	357531	1518593	300222	404148	238758	2669212	24769	183793	256988
1049388	133768	750270	90647	132523	67044	1589891	28949	20009	185657
122700	39324	133433	7315	3500		185502			113770
1588270	239306	1236323	217078	119525	62104	2715653	27335	59029	297331
3224361	562070	3137307	383349	380729	109602	6156075	143167	33512	484002
792227	164474	1288559	118664	1031057		1289946		26375	16546
939129	79841	703156	86159	226186	59744	1365376	1987	33408	121584

5—8 续表1 continued

行业	Sector	投资额 Investment	按隶属关系分 By Administrative Relationship 中央 Central Investment	地方 Local Investment
金属制品业	Metal Products	3564247		3564247
通用设备制造业	Equipments in Current Use	5410871	164665	5246206
专用设备制造业	Special Equipment Manufacturing	5497764	55086	5442678
汽车制造业	Automobile Manufacturing Industry	4901302	4850	4896452
铁路、船舶、航空航天和其他运输设备制造业	Railway, Shipbuilding, Aerospace, and Other Transportation Equipment Manufacturing Industry	700619	40548	660071
电气机械和器材制造业	Electric Equipment and Machinery	6779717	4986	6774731
计算机、通信和其他电子设备制造业	Computers, Communications and Other Electronic Equipment Manufacturing Industry	5293968	95751	5198217
仪器仪表制造业	Instrument Manufacturing	654699		654699
其他制造业	Other Manufacturing	382108		382108
废弃资源综合利用业	Comprehensive Utilization of Waste Resources	544983		544983
金属制品、机械和设备修理业	Metal Products, Machinery and Equipment Repair	90631		90631
电力、热力、燃气及水的生产和供应业	**Production and Supply of Electricity, Heat, Gas and Water**	**5318067**	**1007069**	**4310998**
电力、热力生产和供应业	Electricity, Heat Production and Supply Industry	3808794	1001311	2807483
燃气生产和供应业	Gas Production and Supply Industry	504635		504635
水的生产和供应业	Water Production and Supply Industry	1004638	5758	998880
建筑业	**Construction**	**832073**	**30038**	**802035**
房屋建筑业	Housing Industry	135088		135088
土木工程建筑业	Civil Engineering Construction	319248	27146	292102
建筑安装业	Construction and Installation Industry	86530		86530
建筑装饰和其他建筑业	Building Decoration and Other Construction	291207	2892	288315
批发和零售业	**Wholesale and Retail Trade**	**4741913**	**31309**	**4710604**
批发业	Wholesale	2154000	11327	2142673
零售业	Retail Trade	2587913	19982	2567931
交通运输、仓储和邮政业	**Transport, Storage and Postal Services**	**8125253**	**847706**	**7277547**
铁路运输业	Railway Transport	1182994	545912	637082
道路运输业	Highway Transport	5022901	221980	4800921
水上运输业	Water Way Transport	811826	59407	752419
航空运输业	Air Transport	128970	13519	115451
装卸搬运和运输代理业	Handling and Shipping Agents	310734	6888	303846
仓储业	Warehousing	591951		591951
邮政业	Postal Services	75877		75877
住宿和餐饮业	**Accommodation and Catering Trade**	**2765705**		**2765705**
住宿业	Accommodation Trade	1683366		1683366
餐饮业	Catering Services	1082339		1082339
信息传输、软件和信息技术服务业	**Information Transmission, Software and Information Technology Services**	**1157988**	**128227**	**1029761**
电信、广播电视和卫星传输服务	Telecommunications, Broadcasting and TV Transmission and Satellite Services	510969	128227	382742
互联网和相关服务	The Internet and Related Services	74061		74061
软件和信息技术服务业	Software and Information Technology Services	572958		572958

单位：万元（10000 yuan）

按构成分 By Use of Funds				按控股情况分 According to the Controlled Conditions					
建筑工程 Construction	安装工程 Installation	设备工器具购置 Purchase of Equipment and Instruments	其他费用 Others	国有控股 State-holding	集体控股 Collective-holding	私人控股 Private-holding	港澳台商控股 Hong Kong, Macao and Taiwan-holding	外商控股 Foreign-holding	其他 Other
1893912	291243	1161779	217313	181732	25147	2979453	5200	101778	270937
2449383	419504	2279968	262016	374748	26260	4485936	57846	105684	360397
2670218	356944	2128445	342157	475665	146603	4029600	7097	174768	664031
2116085	498008	2086399	200810	751829	82824	3254853	63687	150488	597621
325544	55268	253314	66493	56549	6962	456519			180589
3253935	522713	2699179	303890	352669	108939	5515159	35613	164978	602359
2155647	285161	2655944	197216	2269710	27965	2659686	85566	27517	223524
261550	56686	306415	30048	3690	26973	486249		8180	129607
229279	18137	105147	29545	46423	28204	294085		3500	9896
291340	41201	185967	26475	57680	72619	359604	2990	13500	38590
57727	5889	19824	7191		2250	59561			28820
2173873	**816316**	**1867210**	**460668**	**3728073**	**176794**	**943065**	**250674**	**40537**	**178924**
1352833	572113	1485018	398830	3027551	90554	386453	184315	19525	100396
247042	104570	132650	20373	124305	18236	294835	37321	11932	18006
573998	139633	249542	41465	576217	68004	261777	29038	9080	60522
478757	**73561**	**235992**	**43763**	**241146**	**51023**	**449038**			**90866**
83914	5186	37311	8677	46562	1000	84426			3100
217012	10559	69441	22236	167723	47448	68144			35933
35777	12294	32108	6351	8708		70502			7320
142054	45522	97132	6499	18153	2575	225966			44513
2976971	**473442**	**881860**	**409640**	**361795**	**126383**	**3552780**	**173675**	**26571**	**500709**
1265244	247422	516762	124572	230619	20977	1684221	2235	9457	206491
1711727	226020	365098	285068	131176	105406	1868559	171440	17114	294218
6011828	**231394**	**1087389**	**794642**	**5979008**	**114600**	**1679731**	**5120**	**22427**	**324367**
999228	2008	66284	115474	1179404		3590			
4009402	85982	346590	580927	4216938	96198	576043			133722
371792	30671	352853	56510	283690	11590	486704	1220	17977	10645
19481	30800	78499	190	128970					
161911	18189	120692	9942	18354	2860	275811			13709
393692	50747	118605	28907	130560	3952	284893	3900	4450	164196
56322	12997	3866	2692	21092		52690			2095
1806977	**327536**	**452547**	**178645**	**145623**	**115919**	**1914329**	**85047**	**108040**	**396747**
1109628	199419	248156	126163	125809	16319	1168790	85047	103540	183861
697349	128117	204391	52482	19814	99600	745539		4500	212886
516837	**263581**	**336341**	**41229**	**459106**	**42414**	**549137**	**32541**	**14721**	**60069**
193186	154205	152563	11015	400113	11633	28841	32541	14721	23120
44801	12452	13786	3022	7568		62293			4200
278850	96924	169992	27192	51425	30781	458003			32749

5—8 续表2 continued

行业	Sector	投资额 Investment	按隶属关系分 By Administrative Relationship 中央 Central Investment	地方 Local Investment
金融业	**Banking**	**908580**	**18691**	**889889**
货币金融服务	Monetary and Financial Services	582133	18433	563700
资本市场服务	Capital Market Services	148681		148681
保险业	Insurance	99795	258	99537
其他金融业	Other Financial Activities	77971		77971
房地产业	**Real Estate**	**10670566**	**141932**	**10528634**
租赁和商务服务业	**Leasing and Commercial Services**	**2030808**		**2030808**
租赁业	Leasing	122046		122046
商务服务业	Commercial Services	1908762		1908762
科学研究和技术服务业	**Scientific Research and Technical Services**	**1510910**	**6181**	**1504729**
研究和试验发展	Research and Experimental Development	459912		459912
专业技术服务业	Professional and Technical Services	735223	6181	729042
科技推广和应用服务业	Science and Technology Popularization and Application Services	315775		315775
水利、环境和公共设施管理业	**Water Conservancy, Environmental and Public Facilities Management**	**15750850**	**337542**	**15413308**
水利管理业	Water Conservancy Management	1744386	36929	1707457
生态保护和环境治理业	Ecological Protection and Environmental Governance Industry	295392	10530	284862
公共设施管理业	Public Facilities Management	13711072	290083	13420989
居民服务、修理和其他服务业	**Residents Service, Repair and Other Services**	**636499**		**636499**
居民服务业	Resident Services	392455		392455
机动车、电子产品和日用产品修理业	Motor Vehicle Repair Industry, Electronic Products and Daily Products	177781		177781
其他服务业	Other Services	66263		66263
教育	**Education**	**2404843**	**14059**	**2390784**
卫生和社会工作	**Health and Social Wwork**	**1351058**	**52396**	**1298662**
卫生	Health	1206788	40236	1166552
社会工作	Social Wwork	144270	12160	132110
文化、体育和娱乐业	**Culture, Sports and Entertainment**	**1878149**		**1878149**
新闻和出版业	Press and Publication	19665		19665
广播、电视、电影和影视录音制作业	Radio, Television, Film and Television Recording Studios	170375		170375
文化艺术业	Culture and Arts	725723		725723
体育	Sports	416781		416781
娱乐业	Entertainment	545605		545605
公共管理、社会保障和社会组织	**Public Management, Social Security and Social Organizatic**	**2566465**	**9165**	**2557300**
中国共产党机关	Organs of Chinese Communist Party	13329		13329
国家机构	State Organs	1783557	9165	1774392
人民政协、民主党派	CPPCC and Democratic Parties	6519		6519
社会保障	The Social Security	97410		97410
群众团体、社会团体和其他成员组织	Mass Organizations, Social Organizations and Religious Organizations	209421		209421
基层群众自治组织	The Grassroots Autonomous Organizations	456229		456229

单位：万元（10000 yuan）

按构成分 By Use of Funds				按控股情况分 According to the Controlled Conditions					
建筑工程 Construction	安装工程 Installation	设备工器具购置 Purchase of Equipment and Instruments	其他费用 Others	国有控股 State-holding	集体控股 Collective-holding	私人控股 Private-holding	港澳台商控股 Hong Kong, Macao and Taiwan-holding	外商控股 Foreign-holding	其他 Other
616631	**136325**	**106901**	**48723**	**536063**	**35969**	**205957**			**130591**
444538	41428	65382	30785	389988	22934	50920			118291
118014	10940	13467	6260	43710	9935	90186			4850
19789	72338	7468	200	90195	3100	1700			4800
34290	11619	20584	11478	12170		63151			2650
9285430	**456351**	**243978**	**684807**	**7657048**	**953181**	**1044918**	**2532**	**10920**	**1001967**
1452734	**202733**	**249764**	**125577**	**521266**	**24258**	**1273420**	**6000**	**7090**	**198774**
57142	13627	45022	6255		2665	101036			18345
1395592	189106	204742	119322	521266	21593	1172384	6000	7090	180429
916391	**200216**	**316871**	**77432**	**801528**	**11120**	**498632**			**199630**
239625	101299	111558	7430	161111	5000	133864			159937
472663	68232	145556	48772	521882	1100	184003			28238
204103	30685	59757	21230	118535	5020	180765			11455
12757868	**583484**	**782040**	**1627458**	**13138539**	**673206**	**1151798**	**3500**	**9860**	**773947**
1466957	40484	84684	152261	1582656	54651	53247			53832
207268	20851	36646	30627	195142		40849		9860	49541
11083643	522149	660710	1444570	11360741	618555	1057702	3500		670574
422821	**71548**	**100907**	**41223**	**197248**	**13954**	**336917**		**2550**	**85830**
265762	51114	46904	28675	157467	6274	195979		2550	30185
115290	15705	36586	10200	21662	4980	102344			48795
41769	4729	17417	2348	18119	2700	38594			6850
1902647	**159641**	**203658**	**138897**	**1758643**	**52362**	**423243**	**746**		**169849**
929710	**119853**	**220510**	**80985**	**939813**	**44940**	**232023**			**134282**
832004	111241	210688	52855	869807	34415	179505			123061
97706	8612	9822	28130	70006	10525	52518			11221
1290053	**165517**	**258089**	**164490**	**871696**	**99780**	**749452**		**6500**	**150721**
2665	2680	12325	1995	3700	8765	7200			
67005	31393	71168	809	76673	0	62142		6500	25060
572482	55218	32689	65334	418268	29836	213094			64525
291407	37292	57943	30139	279252	10475	126164			890
356494	38934	83964	66213	93803	50704	340852			60246
2001290	**200510**	**217385**	**147280**	**1938700**	**174693**	**176977**		**1000**	**275095**
10801	378	1025	1125	13329					
1392211	148886	173159	69301	1675832	22968	35089		1000	48668
1923	2096	2500		3219		2500			800
75820	6993	3906	10691	61410	25700	8400			1900
171240	10469	11584	16128	109862	4680	31188			63691
349295	31688	25211	50035	75048	121345	99800			160036

5—9 各市按隶属关系、构成、控股情况分的固定资产投资（2013年）

Investment in Fixed Assets by Industry by Administrative relationship, Composition, Controlled Conditions by Region (2013)

单位：万元（10000 yuan）

地区	Region	投资额 Total	按隶属关系分 By Administrative Relationship		按构成分 By Use of Funds			
			中央 Central Investment	地方 Local Investment	建筑工程 Construction	安装工程 Installation	设备工器具购置 Purchase of Equipment and Instruments	其他费用 Others
总计	**Total**	**182511212**	**3829072**	**178682140**	**111250193**	**13918710**	**38572123**	**18770186**
合肥市	Hefei	45353715	708847	44644868	28266041	5054700	7574784	4458190
淮北市	Huaibei	7005287	302301	6702986	4380638	191977	1770990	661682
亳州市	Bozhou	5414925	109534	5305391	3499586	231297	971230	712812
宿州市	Suzhou	7732978	82751	7650227	4887114	607621	1552538	685705
蚌埠市	Bengbu	10608899	122889	10486010	5988742	1026417	1854380	1739360
阜阳市	Fuyang	6452575	27919	6424656	4588945	256331	869354	737945
淮南市	Huainan	8005251	407259	7597992	5003459	726218	1331690	943884
滁州市	Chuzhou	10757835	100877	10656958	6449138	600589	2816266	891842
六安市	Luan	8450393	163215	8287178	5741611	756262	1416611	535909
马鞍山市	Maanshan	14316040	286069	14029971	7279165	828741	4666895	1541239
芜湖市	Wuhu	20406501	635246	19771255	11713379	1002259	6380836	1310027
宣城市	Xuancheng	9781856	244109	9537747	6329316	507771	1490937	1453832
铜陵市	Tongling	6502389	182511	6319878	3417683	411908	1856435	816363
池州市	Chizhou	4614756	72196	4542560	3097266	254570	909887	353033
安庆市	Anqing	11857153	199244	11657909	6964557	1034859	2676392	1181345
黄山市	Huangshan	5250659	184105	5066554	3643553	427190	432898	747018

地区	Region	按控股情况分 According to the Controlled Conditions					
		国有控股 State-holding	集体控股 Collective-holding	私人控股 Private-holding	港澳台商控股 Hong Kong, Macao and Taiwan-holding	外商控股 Foreign-holding	其他 Other
总计	**Total**	**56558553**	**5018305**	**99969610**	**2232103**	**2374431**	**16358210**
合肥市	Hefei	16847577	1184646	18788811	1116452	930543	6485686
淮北市	Huaibei	1714060	262014	4215226	8722	84153	721112
亳州市	Bozhou	1703456	51503	3048753	12000		599213
宿州市	Suzhou	2013334	390328	4712589	60626	39625	516476
蚌埠市	Bengbu	3375857	85036	6411583	41441	71146	623836
阜阳市	Fuyang	2077897	222575	3236802	48589		866712
淮南市	Huainan	3980065	360185	3264354	201269	28021	171357
滁州市	Chuzhou	2579935	209989	7215444	52082	261002	439383
六安市	Luan	2395554	414892	5174676	33689	65744	365838
马鞍山市	Maanshan	4458247	149068	8743041	105703	213695	646286
芜湖市	Wuhu	5010389	187657	11737744	334900	333406	2802405
宣城市	Xuancheng	2639754	237163	6293841	1987	142345	466766
铜陵市	Tongling	1700512	303976	3853357	67104	27578	549862
池州市	Chizhou	1246822	90019	2934907	47020	38108	257880
安庆市	Anqing	2586777	747088	7911888	35698	83965	491737
黄山市	Huangshan	2228317	122166	2426594	64821	55100	353661

5—10 各市按隶属关系、构成、控股情况分的项目投资（2013年）

Investment in Fixed Assets by Industry by Administrative Relationship, Composition, Controlled Conditions by Region (2013)

单位：万元（10000 yuan）

地区	Region	投资额 Total	按隶属关系分 By Administrative Relationship		按构成分 By Use of Funds			
			中央 Central Investment	地方 Local Investment	建筑工程 Construction	安装工程 Installation	设备工器具购置 Purchase of Equipment and Instruments	其他费用 Others
总计	**Total**	**143048948**	**3392507**	**139656441**	**84424537**	**10583284**	**38131999**	**9909128**
合肥市	Hefei	34295606	490600	33805006	21178521	4053827	7465487	1597771
淮北市	Huaibei	5665201	302301	5362900	3324669	137274	1764343	438915
亳州市	Bozhou	3924187	109534	3814653	2547797	148885	960950	266555
宿州市	Suzhou	6307956	82751	6225205	3873118	492811	1536533	405494
蚌埠市	Bengbu	7355678	122889	7232789	4203938	653497	1818478	679765
阜阳市	Fuyang	5047815	27919	5019896	3699687	191518	844697	311913
淮南市	Huainan	6723174	318430	6404744	4173762	601962	1313182	634268
滁州市	Chuzhou	8140924	100877	8040047	4564104	418422	2777345	381053
六安市	Luan	7002846	163215	6839631	4649878	615674	1395702	341592
马鞍山市	Maanshan	11758564	254079	11504485	5463095	625459	4623109	1046901
芜湖市	Wuhu	15945318	593989	15351329	8364143	662734	6328954	589487
宣城市	Xuancheng	7890775	244109	7646666	5086823	322518	1483151	998283
铜陵市	Tongling	5247755	182511	5065244	2504092	323830	1849228	570605
池州市	Chizhou	3558010	72196	3485814	2211001	196756	904263	245990
安庆市	Anqing	10359157	162802	10196355	5859005	917063	2655514	927575
黄山市	Huangshan	3825982	164305	3661677	2720904	221054	411063	472961

地区	Region	按控股情况分 According to the Controlled Conditions					
		国有控股 State-holding	集体控股 Collective-holding	私人控股 Private-holding	港澳台商控股 Hong Kong, Macao and Taiwan-holding	外商控股 Foreign-holding	其他 Other
总计	**Total**	**48978465**	**4619186**	**75661438**	**1280462**	**1615954**	**10893443**
合肥市	Hefei	14307945	1159584	12974148	375881	676718	4801330
淮北市	Huaibei	1348268	249255	3543162	5683	59962	458871
亳州市	Bozhou	1623483	22141	1744780	12000		521783
宿州市	Suzhou	1588634	370875	3867070	60626	30518	390233
蚌埠市	Bengbu	2476260	51909	4363946	30609	71146	361808
阜阳市	Fuyang	1933656	182678	2261705	47789		621987
淮南市	Huainan	3885864	355951	2183541	179912	28021	89885
滁州市	Chuzhou	2303521	172037	5408122	52082	82459	122703
六安市	Luan	2310180	361940	4009905	22689	65744	232388
马鞍山市	Maanshan	3718809	131908	7150552	100343	155924	501028
芜湖市	Wuhu	4126110	187657	9657487	232401	306291	1435372
宣城市	Xuancheng	2384464	202011	4981029	1987	58077	263207
铜陵市	Tongling	1474281	250803	3065195	63504	27578	366394
池州市	Chizhou	1027593	88774	2213731	47020	22480	158412
安庆市	Anqing	2421976	717449	6863254	29946	13036	313496
黄山市	Huangshan	2047421	114214	1373811	17990	18000	254546

5—11　分行业固定资产投资建设规模（2013年）
Total Investment in Fixed Assets of Construction（2013）

单位：万元（10000 yuan）

行　业	Sector	建设总规模 Total Investment in Construction	在建总规模 Total Investment in Projects under Construction	在建净规模 Net Investment in Projects under Construction
总　计	**Total**	**502758934**	**364747321**	**179061939**
#房地产开发	Real Estate Development	190564277	162852510	75565627
农、林、牧、渔业	**Agriculture, Forestry, Animal Husbandry and Fishery**	**6455301**	**3185824**	**1874491**
农　业	Farming	2837187	1564168	958801
林　业	Forestry	918797	341136	186981
牧畜业	Animal Husbandry	1378094	600708	314320
渔　业	Fishery	353149	118535	62501
农、林、牧、渔服务业	Agricultural Services	968074	561277	351888
采矿业	**Mining**	**8335242**	**5826905**	**2194714**
煤炭开采和洗选业	Coal Mining and Washing Industry	4244348	3675331	1136409
石油和天然气开采业	Oil and Gas Industry	48426	30000	25600
黑色金属矿采选业	Ferrous Metal CaiXuanYe	2020999	1407701	654895
有色金属矿采选业	CaiXuanYe Nonferrous Metallic Deposits	793723	320046	237810
非金属矿采选业	CaiXuanYe Non-metallic Mineral	1055017	269727	112778
开采辅助活动	Mining Auxiliary Activities	124570	89700	13283
其他采矿业	Other Mining	48159	34400	13939
制造业	**Manufacturing**	**151047190**	**93365651**	**48617080**
农副食品加工业	Agricultural and Sideline Products Processing Industry	6919416	4002525	2103592
食品制造业	Food Manufacturing	2668550	1340715	567360
酒、饮料和精制茶制造业	Wine, Drinks and Refined Tea Manufacturing	2863965	1684327	845621
烟草制品业	Tobacco Products	861093	693203	321592
纺织业	Textile Industry	3601679	1860791	899559
纺织服装、服饰业	Textile and Garment, Apparel Industry	3751576	1744367	695825
皮革、毛皮、羽毛及其制品和制鞋业	Leather, Fur, Feather and Its Products and Footwear	1554098	586781	220847
木材加工和木、竹、藤、棕、草制品业	Wood Processing and Wood, Bamboo, Cane, Palm, Grass Products	2774866	1080472	577224
家具制造业	Furniture Manufacturing	1824094	1063716	547707
造纸和纸制品业	Paper and Paper Products	2416389	1476794	745083
印刷和记录媒介复制业	Printing and Duplicating Industry Record Media	1407992	780949	428640
文教、工美、体育和娱乐用品制造业	Cultural and Educational Supplies Manufacturing, Industrial, Sporting and Entertainment	1988698	1424203	627813
石油加工、炼焦和核燃料加工业	Petroleum Processing, Coking and Nuclear Fuel Processing	1153894	1007210	150942
化学原料和化学制品制造业	Raw Chemical Materials and Chemical Products	9199769	5933325	3601472
医药制造业	Pharmaceutical Manufacturing Industry	4359634	2706443	1284605
化学纤维制造业	Chemical Fiber Industry	588530	365217	126432
橡胶和塑料制品业	Rubber and Plastic Products	7962000	5322854	2907767
非金属矿物制品业	Nonmetal Mineral Products	13113021	7597844	3810283
黑色金属冶炼和压延加工业	Smelting and Pressing of Ferrous Metals	6545156	4773953	2835570
有色金属冶炼和压延加工业	Smelting and Pressing of Nonferrous Metals	4460385	3283784	1928437
金属制品业	Metal Products	5857873	2849989	1569888

5—11 续表1 continued

单位：万元（10000 yuan）

行　业	Sector	建设总规模 Total Investment in Construction	在建总规模 Total Investment in Projects under Construction	在建净规模 Net Investment in Projects under Construction
通用设备制造业	Equipments in Current Use	10367268	5477429	2527274
专用设备制造业	Special Equipment Manufacturing	11147907	7006415	3798141
汽车制造业	Automobile Manufacturing Industry	10149953	5980281	2554530
铁路、船舶、航空航天和其他运输设备制造业	Railway, Shipbuilding, Aerospace, and Other Transportation Equipment Manufacturing Industry	1554295	1059953	641655
电气机械和器材制造业	Electric Equipment and Machinery	15471540	10090983	5291534
计算机、通信和其他电子设备制造业	Computers, Communications and Other Electronic Equipment Manufacturing Industry	13045694	10153691	5758049
仪器仪表制造业	Instrument Manufacturing	1078521	481330	271068
其他制造业	Other Manufacturing	821332	532805	257997
废弃资源综合利用业	Comprehensive Utilization of Waste Resources	1378320	891581	653212
金属制品、机械和设备修理业	Metal Products, Machinery and Equipment Repair	159682	111721	67361
电力、热力、燃气及水的生产和供应业	**Production and Supply of Electricity, Heat, Gas and Water**	**11900468**	**8201697**	**3607295**
电力、热力生产和供应业	Electricity, Heat Production and Supply Industry	9339846	6930506	3004213
燃气生产和供应业	Gas Production and Supply Industry	966150	587133	303449
水的生产和供应业	Water Production and Supply Industry	1594472	684058	299633
建筑业	**Construction**	**1574968**	**988290**	**743709**
房屋建筑业	Housing Industry	173841	112706	36593
土木工程建筑业	Civil Engineering Construction	1029390	817517	693006
建筑安装业	Construction and Installation Industry	90155	37840	11332
建筑装饰和其他建筑业	Building Decoration and Other Construction	281582	20227	2778
批发和零售业	**Wholesale and Retail Trade**	**8168449**	**4601608**	**2431865**
批发业	Wholesale	3365384	1721994	777874
零售业	Retail Trade	4803065	2879614	1653991
交通运输、仓储和邮政业	**Transport, Storage and Postal Services**	**30127727**	**24044986**	**13964476**
铁路运输业	Railway Transport	8780675	7807874	3303040
道路运输业	Highway Transport	16587455	12804108	8575818
水上运输业	Water Way Transport	1578413	1306827	659160
航空运输业	Air Transport	487249	46797	16544
管道运输业	Pipeline Transport			
装卸搬运和运输代理业	Handling and Shipping Agents	1146611	1009204	728456
仓储业	Warehousing	1441162	1024176	671414
邮政业	Postal Services	106162	46000	10044
住宿和餐饮业	**Accommodation and Catering Trade**	**5717704**	**3442216**	**1567987**
住宿业	Accommodation Trade	4264255	3075754	1400259
餐饮业	Catering Services	1453449	366462	167728
信息传输、软件和信息技术服务业	**Information Transmission, Software and Information Technology Services**	**1512456**	**639684**	**210652**
电信、广播电视和卫星传输服务	Telecommunications, Broadcasting and TV Transmission and Satellite Services	610256	205908	60131
互联网和相关服务	The Internet and Related Services	72210	6385	27
软件和信息技术服务业	Software and Information Technology Services	829990	427391	150494

5—11 续表2 continued

单位：万元（10000 yuan）

行 业	Sector	建设总规模 Total Investment in Construction	在建总规模 Total Investment in Projects under Construction	在建净规模 Net Investment in Projects under Construction
金融业	**Banking**	**1939164**	**1469139**	**625777**
货币金融服务	Monetary and Financial Services	1261673	1014786	396065
资本市场服务	Capital Market Services	298846	250042	108738
保险业	Insurance	171971	74834	63091
其他金融业	Other Financial Activities	206674	129477	57883
房地产业	**Real Estate**	**215093693**	**178926941**	**83622814**
租赁和商务服务业	**Leasing and Commercial Services**	**4502412**	**2892639**	**1655912**
租赁业	Leasing	130375	34968	10743
商务服务业	Commercial Services	4372037	2857671	1645169
科学研究和技术服务业	**Scientific Research and Technical Services**	**3065190**	**2047785**	**1096042**
研究和试验发展	Research and Experimental Development	922754	415452	200804
专业技术服务业	Professional and Technical Services	1527920	1205343	689838
科技推广和应用服务业	Science and Technology Popularization and Application Services	614516	426990	205400
水利、环境和公共设施管理业	**Water Conservancy, Environmental and Public Facilities Management**	**35252747**	**23999911**	**11828361**
水利管理业	Water Conservancy Management	3717403	2605567	1340623
生态保护和环境治理业	Ecological Protection and Environmental Governance Industry	532313	301715	129964
公共设施管理业	Public Facilities Management	31003031	21092629	10357774
居民服务、修理和其他服务业	**Residents Service, Repair and Other Services**	**1056172**	**529719**	**303990**
居民服务业	Resident Services	637168	310867	142007
机动车、电子产品和日用产品修理业	Motor Vehicle Repair Industry, Electronic Products and Daily Products	226732	74073	40542
其他服务业	Other Services	192272	144779	121441
教 育	**Education**	**4449422**	**2654022**	**1192775**
卫生和社会工作	**Health and Social Wwork**	**2932086**	**1930115**	**991917**
卫 生	Health	2709630	1804744	916435
社会工作	Social Wwork	222456	125371	75482
文化、体育和娱乐业	**Culture, Sports and Entertainment**	**4925498**	**3625425**	**1488594**
新闻和出版业	Press and Publication	30100	11600	4200
广播、电视、电影和影视录音制作业	Radio, Television, Film and Television Recording Studios	576329	241350	148543
文化艺术业	Culture and Arts	1890889	1497686	679867
体 育	Sports	787046	638103	169000
娱乐业	Entertainment	1641134	1236686	486984
公共管理、社会保障和社会组织	**Public Management, Social Security and Social Organization**	**4703045**	**2374764**	**1043488**
中国共产党机关	Organs of Chinese Communist Party	25294	18000	12068
国家机构	State Organs	3486210	1887800	812471
人民政协、民主党派	CPPCC and Domocratic Parties	4019		
社会保障	The Social Security	141777	87678	36384
群众团体、社会团体和其他成员组织	Mass Organizations, Social Organizations and Religious Organizations	471185	197832	109992
基层群众自治组织	The Grassroots Autonomous Organizations	574560	183454	72573

5—12 房屋施工、竣工面积和价值（2013年）
Value and Floor Space of Buildings under Construction and Completed（2013）

行　业	Sector	房屋施工面积（平方米）Floor Space of Buildings under Construction (sq.m)	#住宅 Residential Buildings	房屋竣工面积（平方米）Floor Space of Buildings Completed (sq.m)	#住宅 Residential Buildings	房屋竣工价值（万元）Value of Buildings Completed (10000 yuan)	#住宅 Residential Buildings
总　计	**Total**	**577233000**	**259685927**	**106647625**	**50576375**	**22250693**	**11520811**
#房地产开发	Real Estate Development	302352047	215312267	51803477	39190002	13418215	9961029
农、林、牧、渔业	**Agriculture, Forestry, Animal Husbandry and Fishery**	**4840466**	**153394**	**1631799**	**58024**	**218608**	**5809**
农　业	Farming	1422564	80620	240223	5550	51325	863
林　业	Forestry	233092	2549	72199	2549	14423	373
牧畜业	Animal Husbandry	2488288	7289	1075224	5389	113878	1226
渔　业	Fishery	154615	396	78635	396	15063	165
农、林、牧、渔服务业	Agricultural Services	541907	62540	165518	44140	23919	3182
采矿业	**Mining**	**869743**	**9900**	**507799**	**4900**	**96682**	**1238**
煤炭开采和洗选业	Coal Mining and Washing Industry	32260		12550		6205	
石油和天然气开采业	Oil and Gas Industry	16000		16000		2000	
黑色金属矿采选业	Ferrous Metal CaiXuanYe	167193	300	98330	300	18786	150
有色金属矿采选业	CaiXuanYe Nonferrous Metallic Deposits	233465		155685		27039	
非金属矿采选业	CaiXuanYe Non-metallic Mineral	390775	9600	196384	4600	37244	1088
开采辅助活动	Mining Auxiliary Activities	24850		23650		3460	
其他采矿业	Other Mining	5200		5200		1948	
制造业	**Manufacturing**	**128171582**	**424059**	**26775935**	**196919**	**4486667**	**31942**
农副食品加工业	Agricultural and Sideline Products Processing Industry	6691719	16286	1903560	8491	336984	1703
食品制造业	Food Manufacturing	2207360	48681	597082	1287	103301	223
酒、饮料和精制茶制造业	Wine, Drinks and Refined Tea Manufacturing	1929835	97975	505911	63975	72937	9630
烟草制品业	Tobacco Products	261676		55650		3808	
纺织业	Textile Industry	2707357	9740	1000062	9140	149968	1067
纺织服装、服饰业	Textile and Garment, Apparel Industry	4790422	31520	1217012	8690	243993	1060
皮革、毛皮、羽毛及其制品和制鞋业	Leather, Fur, Feather and Its Products and Footwear	2010070	2400	829015	1700	150144	750
木材加工和木、竹、藤、棕、草制品业	Wood Processing and Wood, Bamboo, Cane, Palm, Grass Products	2554178	21613	878429	17073	139075	2835
家具制造业	Furniture Manufacturing	2307780	332	574753	332	83585	65
造纸和纸制品业	Paper and Paper Products	2451269	8000	458195	8000	83989	1500
印刷和记录媒介复制业	Printing and Duplicating Industry Record Media	1512383		378404		57967	
文教、工美、体育和娱乐用品制造业	Cultural and Educational Supplies Manufacturing, Industrial, Sporting and Entertainment	1688414	2281	530642	1781	89641	257
石油加工、炼焦和核燃料加工业	Petroleum Processing, Coking and Nuclear Fuel Processing	165718		27900		5790	
化学原料和化学制品制造业	Raw Chemical Materials and Chemical Products	3903123	9750	655668	500	124635	97
医药制造业	Pharmaceutical Manufacturing Industry	3742000	8800	977485	4800	170490	490
化学纤维制造业	Chemical Fiber Industry	514002		27134		8321	
橡胶和塑料制品业	Rubber and Plastic Products	5528364	25156	1600572	23956	272756	3596
非金属矿物制品业	Nonmetal Mineral Products	9916419	29748	2172163	17797	385226	3376
黑色金属冶炼和压延加工业	Smelting and Pressing of Ferrous Metals	13480104	276	622340	276	98769	85
有色金属冶炼和压延加工业	Smelting and Pressing of Nonferrous Metals	3598013	32400	316515	5400	50821	1050

5—12 续表1 continued

行 业	Sector	房屋施工面积(平方米) Floor Space of Buildings under Construction (sq.m)	#住宅 Residential Buildings	房屋竣工面积(平方米) Floor Space of Buildings Completed (sq.m)	#住宅 Residential Buildings	房屋竣工价值(万元) Value of Buildings Completed (10000 yuan)	#住宅 Residential Buildings
金属制品业	Metal Products	6004104	13150	1562072	850	268024	93
通用设备制造业	Equipments in Current Use	8262718	2950	2002624	670	341560	180
专用设备制造业	Special Equipment Manufacturing	10186782	14810	1859024	6310	314099	1495
汽车制造业	Automobile Manufacturing Industry	7970578	10090	1278921	6400	174686	1020
铁路、船舶、航空航天和其他运输设备制造业	Railway, Shipbuilding, Aerospace, and Other Transportation Equipment Manufacturing Industry	1172134		364153		57784	
电气机械和器材制造业	Electric Equipment and Machinery	12944508	31618	2598689	3908	412887	608
计算机、通信和其他电子设备制造业	Computers, Communications and Other Electronic Equipment Manufacturing Industry	7261282	5020	1065485	4120	159284	538
仪器仪表制造业	Instrument Manufacturing	894005		380020		57763	
其他制造业	Other Manufacturing	624580	263	99825	263	29374	124
废弃资源综合利用业	Comprehensive Utilization of Waste Resources	773135	1200	196968	1200	30225	100
金属制品、机械和设备修理业	Metal Products, Machinery and Equipment Repair	117550		39662		8781	
电力、热力、燃气及水的生产和供应业	**Production and Supply of Electricity, Heat, Gas and Water**	**3638190**	**31930**	**286085**	**2130**	**68276**	**571**
电力、热力生产和供应业	Electricity, Heat Production and Supply Industry	3124039	1430	176860	630	44056	161
燃气生产和供应业	Gas Production and Supply Industry	120085		18663		5067	
水的生产和供应业	Water Production and Supply Industry	394066	30500	90562	1500	19153	410
建筑业	**Construction**	**1029905**	**26000**	**68250**	**7000**	**12454**	**1000**
房屋建筑业	Housing Industry	477392	7000	16300	7000	3320	1000
土木工程建筑业	Civil Engineering Construction	187287		1500		152	
建筑安装业	Construction and Installation Industry	91265	19000	30950		6326	
建筑装饰和其他建筑业	Building Decoration and Other Construction	273961		19500		2656	
批发和零售业	**Wholesale and Retail Trade**	**11451465**	**464817**	**1733085**	**123105**	**342470**	**25447**
批发业	Wholesale	4594522	126955	779202	31328	163257	4311
零售业	Retail Trade	6856943	337862	953883	91777	179213	21136
交通运输、仓储和邮政业	**Transport, Storage and Postal Services**	**5045373**	**61017**	**474315**	**48557**	**96092**	**5433**
铁路运输业	Railway Transport	254936					
道路运输业	Highway Transport	1421414	60260	268568	47800	52158	5200
水上运输业	Water Way Transport	338777		44997		7104	
航空运输业	Air Transport	15549					
装卸搬运和运输代理业	Handling and Shipping Agents	1242378	200	10906	200	2158	35
仓储业	Warehousing	1746119	557	130344	557	21572	198
邮政业	Postal Services	26200		19500		13100	
住宿和餐饮业	**Accommodation and Catering Trade**	**9572930**	**9398**	**615875**	**1980**	**170738**	**755**
住宿业	Accommodation Trade	8478676	7148	386668		119926	
餐饮业	Catering Services	1094254	2250	229207	1980	50812	755
信息传输、软件和信息技术服务业	**Information Transmission, Software and Information Technology Services**	**899139**		**66198**		**17236**	
电信、广播电视和卫星传输服务	Telecommunications, Broadcasting and TV Transmission and Satellite Services	129508		45660		13350	
互联网和相关服务	The Internet and Related Services	8160		660		66	
软件和信息技术服务业	Software and Information Technology Services	761471		19878		3820	

5—12 续表2 continued

行 业	Sector	房屋施工面积(平方米) Floor Space of Buildings under Construction (sq.m)	#住宅 Residential Buildings	房屋竣工面积(平方米) Floor Space of Buildings Completed (sq.m)	#住宅 Residential Buildings	房屋竣工价值(万元) Value of Buildings Completed (10000 yuan)	#住宅 Residential Buildings
金融业	**Banking**	**1121869**	**233000**	**69068**		**22718**	
货币金融服务	Monetary and Financial Services	669168		50268		11718	
资本市场服务	Capital Market Services	378659	233000				
保险业	Insurance	37437					
其他金融业	Other Financial Activities	36605		18800		11000	
房地产业	**Real Estate**	**367059040**	**254267452**	**67552584**	**48806573**	**15569193**	**11281688**
租赁和商务服务业	**Leasing and Commercial Services**	**5868995**	**62703**	**521978**	**5188**	**104918**	**651**
租赁业	Leasing	213154	811	67628	626	9324	147
商务服务业	Commercial Services	5655841	61892	454350	4562	95594	504
科学研究和技术服务业	**Scientific Research and Technical Services**	**2375691**	**261467**	**220632**	**235**	**31499**	**57**
研究和试验发展	Research and Experimental Development	735134	200	44317	200	7833	50
专业技术服务业	Professional and Technical Services	888552	39435	33145	35	6624	7
科技推广和应用服务业	Science and Technology Popularization and Application Services	752005	221832	143170		17042	
水利、环境和公共设施管理业	**Water Conservancy, Environmental and Public Facilities Management**	**13701522**	**889131**	**1356607**	**219470**	**218861**	**29504**
水利管理业	Water Conservancy Management	1077936	25542	13983	42	5279	17
生态保护和环境治理业	Ecological Protection and Environmental Governance Industry	78770	400	28350	300	6860	50
公共设施管理业	Public Facilities Management	12544816	863189	1314274	219128	206722	29437
居民服务、修理和其他服务业	**Residents Service, Repair and Other Services**	**868439**	**236487**	**243322**	**119487**	**31290**	**7839**
居民服务业	Resident Services	659091	236050	199900	119050	22363	7726
机动车、电子产品和日用产品修理业	Motor Vehicle Repair Industry, Electronic Products and Daily Products	166248	437	43422	437	8927	113
其他服务业	Other Services	43100					
教 育	**Education**	**8469838**	**61572**	**1448623**	**25569**	**267572**	**4289**
卫生和社会工作	**Health and Social Wwork**	**3553423**	**51835**	**532276**	**46139**	**107199**	**8675**
卫 生	Health	3368339	1000	455470	600	89225	42
社会工作	Social Wwork	185084	50835	76806	45539	17974	8633
文化、体育和娱乐业	**Culture, Sports and Entertainment**	**2643350**	**27397**	**328822**	**847**	**76480**	**530**
广播、电视、电影和	Radio, Television, Film and Television	15100					
影视录音制作业	Recording Studios	496958					
文化艺术业	Culture and Arts	1002991	27397	280187	847	60716	530
体 育	Sports	119736		24375		7291	
娱乐业	Entertainment	1008565		24260		8473	
公共管理、社会保障和	**Public Management, Social Security and**	**6052040**	**2414368**	**2214372**	**910252**	**311740**	**115383**
社会组织	**Social Organization**	**71077**		**21077**		**3834**	
中国共产党机关	Organs of Chinese Communist Party	3316666	1043840	838804	247404	146104	29366
国家机构	State Organs	1022					
社会保障	The Social Security	379939	180100	20100	20100	4100	4100
群众团体、社会团体和其他成员组织	Mass Organizations, Social Organizations and Religious Organizations	150520	20300	76502	20300	10571	3060
基层群众自治组织	The Grassroots Autonomous Organizations	2132816	1170128	1257889	622448	147131	78857

5—13 各市固定资产投资建设规模（2013年）
Total Investment in Fixed Assets In Construction by Region (2013)

单位：万元（10000 yuan）

地 区	Region	建设总规模 Total Investment in Construction	在建总规模 Total Investment in Projects under Construction	在建净规模 Net Investment in Projects under Construction
总 计	**Total**	**502758934**	**364747321**	**179061939**
合肥市	Hefei	126163637	88672286	43256164
淮北市	Huaibei	16451420	11525662	5977066
亳州市	Bozhou	16861693	13946728	6971898
宿州市	Suzhou	18794346	14212942	6827169
蚌埠市	Bengbu	27434492	20447785	10759537
阜阳市	Fuyang	17309767	12171051	6352094
淮南市	Huainan	23379100	18010879	9301762
滁州市	Chuzhou	32272678	24243560	12720597
六安市	Luan	23199311	16850872	9127460
马鞍山市	Maanshan	34819891	24099341	11844250
芜湖市	Wuhu	60128323	43431987	18780585
宣城市	Xuancheng	28233769	20468628	10637710
铜陵市	Tongling	18336318	13925188	6434348
池州市	Chizhou	14063031	10341566	5000046
安庆市	Anqing	27349226	18293657	9169934
黄山市	Huangshan	17961932	14105189	5901319

5—14 各市项目投资建设规模（2013年）
Total Projects Investment In Construction by Region (2013)

单位：万元（10000 yuan）

地 区	Region	建设总规模 Total Investment in Construction	在建总规模 Total Investment in Projects under Construction	在建净规模 Net Investment in Projects under Construction
总 计	**Total**	**312194657**	**201894811**	**103496312**
合肥市	Hefei	69972682	43511261	22789270
淮北市	Huaibei	10817802	6540538	3414837
亳州市	Bozhou	10661851	8163548	4253823
宿州市	Suzhou	11155506	7224905	2807890
蚌埠市	Bengbu	16855731	10835016	6095689
阜阳市	Fuyang	10900098	6584586	3495123
淮南市	Huainan	17022044	12937303	6830083
滁州市	Chuzhou	19420921	12986966	6973189
六安市	Luan	14431206	8779713	4447151
马鞍山市	Maanshan	23667941	14159016	7354082
芜湖市	Wuhu	37002314	24413430	11915898
宣城市	Xuancheng	19272912	12491551	7193243
铜陵市	Tongling	10725646	6994505	2909609
池州市	Chizhou	9700160	6883641	3740194
安庆市	Anqing	20825316	12711593	6538534
黄山市	Huangshan	9762527	6677239	2737697

5—15 各市房屋施工、竣工面积和价值（2013年）

Value and Floor Space of Buildings under Construction and Completed by Region（2013）

地 区	Region	房屋施工面积(平方米) Floor Space of Buildings under Construction (sq.m)	#住宅 Residential Buildings	房屋竣工面积(平方米) Floor Space of Buildings Completed (sq.m)	#住宅 Residential Buildings	房屋竣工价值(万元) Value of Buildings Completed (10000 yuan)	#住宅 Residential Buildings
总　计	**Total**	**577233000**	**259685927**	**106647625**	**50576375**	**22250693**	**11520811**
合肥市	Hefei	118714229	53864081	16975319	11063983	4089782	2912065
淮北市	Huaibei	32655099	14261155	3874277	1038896	596902	193789
亳州市	Bozhou	24537591	8369882	3642472	835515	445122	124608
宿州市	Suzhou	17492077	9508843	3746823	1896763	806862	448174
蚌埠市	Bengbu	27614031	15095817	4930700	1980572	880266	411244
阜阳市	Fuyang	33468058	15662936	9558182	4454355	1749216	643540
淮南市	Huainan	28312883	14446124	6769084	3262847	1112482	501680
滁州市	Chuzhou	47435107	23056442	10598550	4708371	2131737	1102888
六安市	Luan	28172878	13787910	7221515	2625396	1281335	498482
马鞍山市	Maanshan	28740766	12493442	9004683	3530692	1993660	846346
芜湖市	Wuhu	86425188	35414940	11312569	6495304	2773015	1646595
宣城市	Xuancheng	31732218	11385933	4436377	2037405	839782	384383
铜陵市	Tongling	15206842	7623860	3814978	2248540	1196038	781934
池州市	Chizhou	16130791	6000377	3438212	1107068	639887	253607
安庆市	Anqing	21772406	11498776	5469695	2358050	1364381	563096
黄山市	Huangshan	15822836	7215409	1854189	932618	350226	208380

5—16 各市项目投资的房屋施工、竣工面积和价值（2013年）

Floor Space of Projects Investment Under Construction and Completed and Their Value by Region（2013）

地 区	Region	房屋施工面积(平方米) Floor Space of Buildings under Construction (sq.m)	#住宅 Residential Buildings	房屋竣工面积(平方米) Floor Space of Buildings Completed (sq.m)	#住宅 Residential Buildings	房屋竣工价值(万元) Value of Buildings Completed (10000 yuan)	#住宅 Residential Buildings
总　计	**Total**	**274880953**	**44373660**	**54844148**	**11386373**	**8832478**	**1559782**
合肥市	Hefei	48561066	7065742	2622031	340735	356018	47538
淮北市	Huaibei	18146005	3387629	3075074	364945	416917	41359
亳州市	Bozhou	13351480	950999	2170456	122299	218655	21160
宿州市	Suzhou	5581284	530697	1651066	182497	282240	36123
蚌埠市	Bengbu	8364087	739660	2841601	390325	451841	89146
阜阳市	Fuyang	20804165	6010795	7792312	3191216	1307993	343538
淮南市	Huainan	15493721	4978858	5196290	1994457	769985	237346
滁州市	Chuzhou	20934350	3480074	5186548	449597	765910	56965
六安市	Luan	14607119	3037209	5236809	1026160	826277	139424
马鞍山市	Maanshan	14014187	1773000	5462806	678100	1070592	116632
芜湖市	Wuhu	49276742	8739505	4217093	1270003	545499	202322
宣城市	Xuancheng	17383017	1033860	2508310	635477	455846	111768
铜陵市	Tongling	3717225	437121	1269453	221797	311345	34647
池州市	Chizhou	7244689	612291	2187455	272794	312157	33801
安庆市	Anqing	10855268	982280	2664500	72021	656361	19019
黄山市	Huangshan	6546548	613940	762344	173950	84842	28994

5—17 各行业投资资金来源和新增固定资产（2013年）
Investment Funds Resource and Newly Added Infixed Assests By Industry (2013)

行业	Sector	本年资金来源合计 Total Funds This Year	国家预算资金 State Budget
总计	**Total**	**200921449**	**9743698**
#房地产开发	Real Estate Development	50771573	
农、林、牧、渔业	**Agriculture, Forestry, Animal Husbandry and Fishery**	**3990779**	**255830**
农业	Farming	1619762	81719
林业	Forestry	577049	25992
牧畜业	Animal Husbandry	919681	5300
渔业	Fishery	264031	100
农、林、牧、渔服务业	Agricultural Services	610256	142719
采矿业	**Mining**	**3554589**	**21214**
煤炭开采和洗选业	Coal Mining and Washing Industry	1594456	16486
石油和天然气开采业	Oil and Gas Industry	21426	
黑色金属矿采选业	Ferrous Metal CaiXuanYe	566717	
有色金属矿采选业	CaiXuanYe Nonferrous Metallic Deposits	454890	2928
非金属矿采选业	CaiXuanYe Non-metallic Mineral	818408	
开采辅助活动	Mining Auxiliary Activities	75445	
其他采矿业	Other Mining	23247	1800
制造业	**Manufacturing**	**76877710**	**182344**
农副食品加工业	Agricultural and Sideline Products Processing Industry	4083105	6016
食品制造业	Food Manufacturing	1625616	
酒、饮料和精制茶制造业	Wine, Drinks and Refined Tea Manufacturing	1412363	825
烟草制品业	Tobacco Products	295891	
纺织业	Textile Industry	2152738	1390
纺织服装、服饰业	Textile and Garment, Apparel Industry	2648632	18300
皮革、毛皮、羽毛及其制品和制鞋业	Leather, Fur, Feather and Its Products and Footwear	937762	
木材加工和木、竹、藤、棕、草制品业	Wood Processing and Wood, Bamboo, Cane, Palm, Grass Products	1697879	6255
家具制造业	Furniture Manufacturing	1153004	
造纸和纸制品业	Paper and Paper Products	1196815	
印刷和记录媒介复制业	Printing and Duplicating Industry Record Media	797960	
文教、工美、体育和娱乐用品制造业	Cultural and Educational Supplies Manufacturing, Industrial, Sporting and Entertainment	956234	14000
石油加工、炼焦和核燃料加工业	Petroleum Processing, Coking and Nuclear Fuel Processing	316678	
化学原料和化学制品制造业	Raw Chemical Materials and Chemical Products	4026548	416
医药制造业	Pharmaceutical Manufacturing Industry	2119684	17500
化学纤维制造业	Chemical Fiber Industry	314870	
橡胶和塑料制品业	Rubber and Plastic Products	3620534	
非金属矿物制品业	Nonmetal Mineral Products	7487741	17700
黑色金属冶炼和压延加工业	Smelting and Pressing of Ferrous Metals	2357667	90
有色金属冶炼和压延加工业	Smelting and Pressing of Nonferrous Metals	1977490	
金属制品业	Metal Products	3614890	260

单位：万元（10000 yuan）

国内贷款 Domestic Loans	债券 Bonds	利用外资 Foreign Investment	自筹资金 Self-raising Funds	其他资金 Others	投资额 Investment	新增固定资产 Newly Increased Fixed Assets	固定资产交付使用率(%) Rate of Projects of Fixed Assets Completed and Put into Use (%)
15126967	**89883**	**1082741**	**144509174**	**30368986**	**182511212**	**112472631**	**61.63**
4668745		10000	21436629	24656199	39462264	20075451	50.87
160539	**500**	**36187**	**3384001**	**153722**	**3893396**	**3061622**	**78.64**
101932		12427	1352804	70880	1602640	1197809	74.74
12530	500	1600	513614	22813	623567	513640	82.37
21700		20560	845962	26159	878601	696382	79.26
9050		1200	249681	4000	261533	229215	87.64
15327		400	421940	29870	527055	424576	80.56
456336		**24912**	**3012409**	**39718**	**3411901**	**2063002**	**60.46**
301471		18800	1255399	2300	1458959	444003	30.43
			21426		20426	18426	90.21
62160			501837	2720	565441	460412	81.43
38725			395065	18172	447585	360876	80.63
12980		6112	784190	15126	835381	734818	87.96
40000			34445	1000	63020	30720	48.75
1000			20047	400	21089	13747	65.19
4278244	**56250**	**657273**	**70480820**	**1222779**	**73093924**	**47502188**	**64.99**
151798		53900	3790056	81335	3942645	2723174	69.07
71869		1105	1495911	56731	1582020	1162403	73.48
36575		8432	1335012	31519	1292939	762765	58.99
25000			270891		182547	145863	79.90
96929		3848	2005918	44653	2063966	1375619	66.65
82113		20985	2477044	50190	2542477	1912344	75.22
51730		19300	861037	5695	872589	694733	79.62
57321		8280	1569436	56587	1715581	1402112	81.73
40650	500	21800	1083787	6267	1112742	698511	62.77
109526		1937	1066007	19345	1069691	675137	63.12
34880			752645	10435	757130	526886	69.59
65757		21096	827471	27910	964926	512513	53.11
60869			255809		308976	129675	41.97
298838		71420	3598426	57448	3777668	2628818	69.59
59977		64950	1922957	54300	2024073	1369897	67.68
15000			299870		302772	134284	44.35
177369		46720	3345536	50909	3280977	2308182	70.35
267388		88413	6941737	172503	7307087	4828505	66.08
534010	45350	2100	1752197	23920	2363924	1407931	59.56
114257			1860698	2535	1808285	953800	52.75
158324		2000	3420727	33579	3564247	2733572	76.69

5—17 续表1 continued

行业	Sector	本年资金来源合计 Total Funds This Year	国家预算资金 State Budget
通用设备制造业	Equipments in Current Use	5701010	
专用设备制造业	Special Equipment Manufacturing	6139964	66080
汽车制造业	Automobile Manufacturing Industry	5263957	
铁路、船舶、航空航天和其他运输设备制造业	Railway, Shipbuilding, Aerospace, and Other Transportation Equipment Manufacturing Industry	723940	
电气机械和器材制造业	Electric Equipment and Machinery	6924473	13707
计算机、通信和其他电子设备制造业	Computers, Communications and Other Electronic Equipment Manufacturing Industry	5510226	9118
仪器仪表制造业	Instrument Manufacturing	678694	
其他制造业	Other Manufacturing	405673	8500
废弃资源综合利用业	Comprehensive Utilization of Waste Resources	638561	2187
金属制品、机械和设备修理业	Metal Products, Machinery and Equipment Repair	97111	
电力、热力、燃气及水的生产和供应业	**Production and Supply of Electricity, Heat, Gas and Water**	**5741555**	**694850**
电力、热力生产和供应业	Electricity, Heat Production and Supply Industry	4245205	484051
燃气生产和供应业	Gas Production and Supply Industry	494872	3946
水的生产和供应业	Water Production and Supply Industry	1001478	206853
建筑业	**Construction**	**878047**	**92253**
房屋建筑业	Housing Industry	153600	
土木工程建筑业	Civil Engineering Construction	344620	92253
建筑安装业	Construction and Installation Industry	88230	
建筑装饰和其他建筑业	Building Decoration and Other Construction	291597	
批发和零售业	**Wholesale and Retail Trade**	**5098746**	**29699**
批发业	Wholesale	2236527	8460
零售业	Retail Trade	2862219	21239
交通运输、仓储和邮政业	**Transport, Storage and Postal Services**	**8509565**	**1212376**
铁路运输业	Railway Transport	1256030	273993
道路运输业	Highway Transport	5288876	862535
水上运输业	Water Way Transport	820584	37858
航空运输业	Air Transport	83046	
管道运输业	Pipeline Transport		
装卸搬运和运输代理业	Handling and Shipping Agents	299926	
仓储业	Warehousing	685938	37990
邮政业	Postal Services	75165	
住宿和餐饮业	**Accommodation and Catering Trade**	**2775597**	**614**
住宿业	Accommodation Trade	1682870	
餐饮业	Catering Services	1092727	614
信息传输、软件和信息技术服务业	**Information Transmission, Software and Information Technology Services**	**1161498**	**40386**
电信、广播电视和卫星传输服务	Telecommunications, Broadcasting and TV Transmission and Satellite Services	510430	38827
互联网和相关服务	The Internet and Related Services	74488	1200
软件和信息技术服务业	Software and Information Technology Services	576580	359

单位：万元（10000 yuan）

国内贷款 Domestic Loans	债券 Bonds	利用外资 Foreign Investment	自筹资金 Self-raising Funds	其他资金 Others	投资额 Investment	新增固定资产 Newly Increased Fixed Assets	固定资产交付使用率(%) Rate of Projects of Fixed Assets Completed and Put into Use (%)
349670	400	78772	5201301	70867	5410871	3783870	69.93
509314		3637	5495225	65708	5497764	3435075	62.48
134750		51357	5068839	9011	4901302	3073654	62.71
30150			682220	11570	700619	390146	55.69
436809	2500	72851	6321721	76885	6779717	4309260	63.56
183748		12370	5197385	107605	5293968	2369658	44.76
35095			616279	27320	654699	446738	68.24
15285	7500		323964	50424	382108	218587	57.21
67443		2000	552103	14828	544983	342975	62.93
5800			88611	2700	90631	45501	50.20
996827		**58938**	**3815630**	**175310**	**5318067**	**2903085**	**54.59**
904548		58800	2682861	114945	3808794	1793359	47.08
32100			451429	7397	504635	312779	61.98
60179		138	681340	52968	1004638	796947	79.33
3441			**773165**	**9188**	**832073**	**626033**	**75.24**
2000			144900	6700	135088	64512	47.76
941			249318	2108	319248	230543	72.21
500			87730		86530	63347	73.21
			291217	380	291207	267631	91.90
215463		**35762**	**4717560**	**100262**	**4741913**	**3292815**	**69.44**
129733		4762	2066443	27129	2154000	1592266	73.92
85730		31000	2651117	73133	2587913	1700549	65.71
1785110	**10583**	**24878**	**4432377**	**1044241**	**8125253**	**4707225**	**57.93**
585695	4500		103911	287931	1182994	40067	3.39
1050840	6083	6900	2657836	704682	5022901	3482111	69.32
59175		17978	664939	40634	811826	549627	67.70
			83046		128970	98500	76.37
31500			261965	6461	310734	137444	44.23
57200			588765	1983	591951	344459	58.19
700			71915	2550	75877	55017	72.51
104761	**2000**	**114969**	**2517435**	**35818**	**2765705**	**1843930**	**66.67**
79681		112969	1466935	23285	1683366	899037	53.41
25080	2000	2000	1050500	12533	1082339	944893	87.30
59215			**1055997**	**5900**	**1157988**	**871053**	**75.22**
7215			458488	5900	510969	425189	83.21
			73288		74061	61379	82.88
52000			524221		572958	384485	67.11

5—17 续表2 continued

行业	Sector	本年资金来源合计 Total Funds This Year	国家预算资金 State Budget
金融业	**Banking**	**932761**	**21287**
货币金融服务	Monetary and Financial Services	622975	13460
资本市场服务	Capital Market Services	128414	6902
保险业	Insurance	102245	
其他金融业	Other Financial Activities	79127	925
房地产业	**Real Estate**	**62578705**	**1674191**
租赁和商务服务业	**Leasing and Commercial Services**	**2115423**	**103112**
租赁业	Leasing	125146	
商务服务业	Commercial Services	1990277	103112
科学研究和技术服务业	**Scientific Research and Technical Services**	**1641566**	**48752**
研究和试验发展	Research and Experimental Development	467504	1923
专业技术服务业	Professional and Technical Services	796750	11575
科技推广和应用服务业	Science and Technology Popularization and Application Services	377312	35254
水利、环境和公共设施管理业	**Water Conservancy, Environmental and Public Facilities Management**	**15747161**	**3430062**
水利管理业	Water Conservancy Management	1641932	580471
生态保护和环境治理业	Ecological Protection and Environmental Governance Industry	280344	29813
公共设施管理业	Public Facilities Management	13824885	2819778
居民服务、修理和其他服务业	**Residents Service, Repair and Other Services**	**633685**	**44863**
居民服务业	Resident Services	388752	36765
机动车、电子产品和日用产品修理业	Motor Vehicle Repair Industry, Electronic Products and Daily Products	175024	7598
其他服务业	Other Services	69909	500
教育	**Education**	**2576186**	**626551**
卫生和社会工作	**Health and Social Wwork**	**1477849**	**297469**
卫生	Health	1336751	251383
社会工作	Social Wwork	141098	46086
文化、体育和娱乐业	**Culture, Sports and Entertainment**	**2009207**	**137950**
新闻和出版业	Press and Publication	21800	
广播、电视、电影和影视录音制作业	Radio, Television, Film and Television Recording Studios	168991	3700
文化艺术业	Culture and Arts	796977	58762
体育	Sports	469724	53798
娱乐业	Entertainment	551715	21690
公共管理、社会保障和社会组织	**Public Management, Social Security and Social Organization**	**2620820**	**829895**
中国共产党机关	Organs of Chinese Communist Party	10858	8648
国家机构	State Organs	1877705	751706
人民政协、民主党派	CPPCC and Domocratic Parties	6600	3300
社会保障	The Social Security	102210	17082
群众团体、社会团体和其他成员组织	Mass Organizations, Social Organizations and Religious Organizations	151721	9852
基层群众自治组织	The Grassroots Autonomous Organizations	471726	39307

单位：万元（10000 yuan）

国内贷款 Domestic Loans	债　券 Bonds	利用外资 Foreign Investment	自筹资金 Self-raising Funds	其他资金 Others	投资额 Investment	新　增 固定资产 Newly Increased Fixed Assets	固定资产 交付使用率(%) Rate of Projects of Fixed Assets Completed and Put into Use (%)
23503			**887351**	**620**	**908580**	**709292**	**78.07**
1025			607870	620	582133	491575	84.44
5678			115834		148681	48484	32.61
			102245		99795	95909	96.11
16800			61402		77971	73324	94.04
5285907		**39930**	**29777307**	**25801370**	**50132830**	**26707490**	**53.27**
32280		**10010**	**1871785**	**98236**	**2030808**	**1444321**	**71.12**
4000			121146		122046	99779	81.76
28280		10010	1750639	98236	1908762	1344542	70.44
69410			**1511476**	**11928**	**1510910**	**775742**	**51.34**
7310			453161	5110	459912	245566	53.39
5600			773392	6183	735223	345868	47.04
56500			284923	635	315775	184308	58.37
1154589	**15580**	**54994**	**9954982**	**1136954**	**15750850**	**10048966**	**63.80**
130960		4983	770070	155448	1744386	972998	55.78
40040			201138	9353	295392	221795	75.08
983589	15580	50011	8983774	972153	13711072	8854173	64.58
28547			**546630**	**13645**	**636499**	**485270**	**76.24**
16200			325820	9967	392455	308774	78.68
9847			157159	420	177781	135703	76.33
2500			63651	3258	66263	40793	61.56
256060		**2700**	**1606784**	**84091**	**2404843**	**1580138**	**65.71**
108980	**600**		**980289**	**90511**	**1351058**	**836363**	**61.90**
106380	600		893791	84597	1206788	738347	61.18
2600			86498	5914	144270	98016	67.94
77079	**2000**	**10300**	**1628992**	**152886**	**1878149**	**1124001**	**59.85**
			21800		19665	15728	79.98
12295			152996		170375	319599	187.59
33674	2000	700	621316	80525	725723	292062	40.24
16500		9600	365103	24723	416781	171444	41.14
14610			467777	47638	545605	325168	59.60
30676	**2370**	**11888**	**1554184**	**191807**	**2566465**	**1890095**	**73.65**
2210					13329	7397	55.50
25988	2310	11888	956948	128865	1783557	1224933	68.68
			3300		6519	6519	100.00
			73310	11818	97410	52648	54.05
			131477	10392	209421	224542	107.22
2478	60		389149	40732	456229	374056	81.99

5—18 各市固定资产投资资金来源和新增固定资产（2013年）
Investment Funds Resource and Newly Added Infixed Assests by Region (2013)

单位：万元（10000 yuan）

地 区	Region	本年资金来源合计 Total Funds This Year	国家预算资金 State Budget	国内贷款 Domestic Loans	债券 Bonds	利用外资 Foreign Investment
总 计	**Total**	**200921449**	**9743698**	**15126967**	**89883**	**1082741**
合肥市	Hefei	50772358	2288951	3099503		241243
淮北市	Huaibei	7881720	130650	1542867	2500	32410
亳州市	Bozhou	6405367	744443	141760	7500	4280
宿州市	Suzhou	8073759	250673	203348		79933
蚌埠市	Bengbu	11140955	350875	926477		122117
阜阳市	Fuyang	6803515	443310	517979		2200
淮南市	Huainan	9495684	611668	627533		6108
滁州市	Chuzhou	12360702	433860	870334	400	69884
六安市	Luan	9880812	1121792	444835	2870	111270
马鞍山市	Maanshan	14983402	286862	1904369	61530	38450
芜湖市	Wuhu	21764131	897789	1811063	2000	285886
宣城市	Xuancheng	10868347	730596	682996		52662
铜陵市	Tongling	6960014	358196	680673	4500	2000
池州市	Chizhou	4977395	128776	299761	500	5130
安庆市	Anqing	12936172	429175	860511	6083	21568
黄山市	Huangshan	5617116	536082	512958	2000	7600

地 区	Region	自筹资金 Self-raising Funds	其他资金 Others	投资额 Investment	新增固定资产 Newly Increased Fixed Assets	固定资产交付使用率(%) Rate of Projects of Fixed Assets Completed and Put into Use (%)
总 计	**Total**	**144509174**	**30368986**	**182511212**	**112472631**	**61.63**
合肥市	Hefei	34886446	10256215	45353715	26666860	58.80
淮北市	Huaibei	5351973	821320	7005287	4161653	59.41
亳州市	Bozhou	4520861	986523	5414925	2261366	41.76
宿州市	Suzhou	6447428	1092377	7732978	3987673	51.57
蚌埠市	Bengbu	8035343	1706143	10608899	6051803	57.04
阜阳市	Fuyang	4271614	1568412	6452575	4317582	66.91
淮南市	Huainan	7331697	918678	8005251	3592779	44.88
滁州市	Chuzhou	9179423	1806801	10757835	7610475	70.74
六安市	Luan	6667345	1532700	8450393	5962025	70.55
马鞍山市	Maanshan	11425293	1266898	14316040	10158647	70.96
芜湖市	Wuhu	16547595	2219798	20406501	12427453	60.90
宣城市	Xuancheng	8057965	1344128	9781856	5993551	61.27
铜陵市	Tongling	5051287	863358	6502389	5149014	79.19
池州市	Chizhou	3244680	1298548	4614756	2805113	60.79
安庆市	Anqing	9738633	1880202	11857153	8224206	69.36
黄山市	Huangshan	3751591	806885	5250659	3102431	59.09

5—19 各市项目投资资金来源和新增固定资产（2013年）
Projests Investment Funds Resource and Newly Added Infixed Assests by Region (2013)

单位：万元（10000 yuan）

地　区	Region	本年资金来源合计 Total Funds This Year	国家预算资金 State Budget	国内贷款 Domestic Loans	债　券 Bonds	利用外资 Foreign Investment
总　计	**Total**	**150149876**	**9743698**	**10458222**	**89883**	**1072741**
合 肥 市	Hefei	35258145	2288951	1576136		231243
淮 北 市	Huaibei	6447648	130650	1393203	2500	32410
亳 州 市	Bozhou	4492174	744443	51050	7500	4280
宿 州 市	Suzhou	6342733	250673	124246		79933
蚌 埠 市	Bengbu	7477527	350875	557892		122117
阜 阳 市	Fuyang	4752402	443310	379921		2200
淮 南 市	Huainan	7925972	611668	503534		6108
滁 州 市	Chuzhou	9027795	433860	704215	400	69884
六 安 市	Luan	7701642	1121792	294786	2870	111270
马鞍山市	Maanshan	11807086	286862	1369990	61530	38450
芜 湖 市	Wuhu	16971197	897789	1313087	2000	285886
宣 城 市	Xuancheng	8678643	730596	483700		52662
铜 陵 市	Tongling	5314212	358196	488417	4500	2000
池 州 市	Chizhou	3677675	128776	197262	500	5130
安 庆 市	Anqing	10614960	429175	683064	6083	21568
黄 山 市	Huangshan	3660065	536082	337719	2000	7600

地　区	Region	自筹资金 Self-raising Funds	其他资金 Others	投资额 Investment	新增固定资产 Newly Increased Fixed Assets	固定资产交付使用率(%) Rate of Projects of Fixed Assets Completed and Put into Use (%)
总　计	**Total**	**123072545**	**5712787**	**143048948**	**92397180**	**64.59**
合 肥 市	Hefei	30129586	1032229	34295606	21367656	62.30
淮 北 市	Huaibei	4757618	131267	5665201	3891685	68.69
亳 州 市	Bozhou	3395097	289804	3924187	1899606	48.41
宿 州 市	Suzhou	5594888	292993	6307956	3269758	51.84
蚌 埠 市	Bengbu	6116070	330573	7355678	5192999	70.60
阜 阳 市	Fuyang	3593295	333676	5047815	3756825	74.42
淮 南 市	Huainan	6716611	88051	6723174	3167575	47.11
滁 州 市	Chuzhou	7460854	358582	8140924	5994201	73.63
六 安 市	Luan	5940471	230453	7002846	5169048	73.81
马鞍山市	Maanshan	9784563	265691	11758564	8637053	73.45
芜 湖 市	Wuhu	14165522	306913	15945318	8958936	56.19
宣 城 市	Xuancheng	7244450	167235	7890775	5131093	65.03
铜 陵 市	Tongling	4278859	182240	5247755	3902180	74.36
池 州 市	Chizhou	2733162	612845	3558010	2409080	67.71
安 庆 市	Anqing	8734528	740542	10359157	6922993	66.83
黄 山 市	Huangshan	2426971	349693	3825982	2726492	71.26

5—20 各市分行业新增固定资产（2013年）
Newly Increased Fixed Assets by Industry by Region (2013)

单位：万元（10000 yuan）

地区 Region	合计 Total	农林牧渔业 Agriculture, Forestry, Animal Husbandry and Fishery	采矿业 Mining	制造业 Manufacturing	电力、热力、燃气及水的生产和供应业 Production and Supply of Electricity, Heat, Gas and Water	建筑业 Construction	批发和零售业 Wholesale and Retail Trade	交通运输、仓储和邮政业 Transport, Storage, Post & Telecommunications	住宿和餐饮业 Accommo-dation and Catering Trade	信息传输、计算机服务和软件业 Information, Circulation Computer Services and Software
总　计 Total	**112472631**	**3061622**	**2063002**	**47502188**	**2903085**	**626033**	**3292815**	**4707225**	**1843930**	**871053**
合肥市 Hefei	26666860	413914	171324	8708675	679956	297828	1198442	375194	785997	507604
淮北市 Huaibei	4161653	93711	248382	2586561	96286		80482	159066	4200	
亳州市 Bozhou	2261366	39083	64609	1274271	62794	5580	21630	47557	20956	18075
宿州市 Suzhou	3987673	117745	166340	1992987	80756	31910	163518	155671	22413	2500
蚌埠市 Bengbu	6051803	185078	21076	2889283	71972	20147	68569	534668	68365	519
阜阳市 Fuyang	4317582	110667	50990	1550406	109465		103059	557142	26972	34533
淮南市 Huainan	3592779	320450	84750	1067540	112411	3850	92019	106195	63619	15087
滁州市 Chuzhou	7610475	128982	36000	3716659	232246		62530	99056	54093	37607
六安市 Luan	5962025	252809	145048	2593475	188556	5685	55330	213303	54617	40182
马鞍山市 Maanshan	10158647	245435	187015	4713225	239481	15680	415515	235631	90354	80044
芜湖市 Wuhu	12427453	371725	117687	5460452	312561	106324	350297	305473	259761	79249
宣城市 Xuancheng	5993551	202511	169151	2892338	234391	80514	125631	356925	86732	3200
铜陵市 Tongling	5149014	161564	233224	2004866	120833	34552	260448	187301	98222	19715
池州市 Chizhou	2805113	39006	169224	1409989	95730		8919	118908	29575	900
安庆市 Anqing	8224206	203522	176207	4109474	204217	17067	243280	474350	74318	23328
黄山市 Huangshan	3102431	175420	21975	531987	61430	6896	43146	780785	103736	8510

地区 Region	金融业 Banking	房地产业 Real Estate	租赁和商务服务业 Leasing and Commercial Services	科学研究和技术服务业 Scientific Research and Technical Services	水利、环境和公共设施管理业 Water Conservancy, Environmental and Public Facilities Management	居民服务、修理和其他服务业 Residents Service, Repair and Other Services	教育 Education	卫生和社会工作 Health and Social Work	文化、体育和娱乐业 Culture, Sports and Entertainment	公共管理、社会保障和社会组织 Public Management, Social Security and Social Organization
总　计 Total	**709292**	**26707490**	**1444321**	**775742**	**10048966**	**485270**	**1580138**	**836363**	**1124001**	**1890095**
合肥市 Hefei	590271	6995101	581860	424733	3117940	145942	444717	333570	494466	399326
淮北市 Huaibei	5662	581505	17765	9627	183498	3754	61122	8233	5620	16179
亳州市 Bozhou		474215			178410		15968	11286	17596	9336
宿州市 Suzhou		775765	17208	5800	229701		71573	14000	57680	82106
蚌埠市 Bengbu	3580	1393285	6000	98775	343462		109167	38295	44211	155351
阜阳市 Fuyang		1117179	10500	6062	254079	19800	83526	29420	25472	228310
淮南市 Huainan		1099502	70734	2080	397469	17413	44528	18455	39239	37438
滁州市 Chuzhou	7060	2152327	31632	22841	654800		79666	27095	16046	251835
六安市 Luan	5000	1235432	52383	11897	613490	26048	134430	97928	96942	139470
马鞍山市 Maanshan	44771	2170810	88894	83517	1242722	78275	108534	34975	46730	37039
芜湖市 Wuhu	19341	4039355	219464	40003	454276	39777	122664	49505	63166	16373
宣城市 Xuancheng	1860	1059434	16701	4895	474692	8333	110047	17358	76956	71882
铜陵市 Tongling	11225	1261472	55374	49833	402609	37201	25137	40684	20465	124289
池州市 Chizhou		488831	159913	2299	149711	33800	19429	5625	812	72442
安庆市 Anqing	12800	1391748	55673	2400	889864	22985	113072	42559	69068	98274
黄山市 Huangshan	7722	471529	60220	10980	462243	51942	36558	67375	49532	150445

5—21 各行业施工、投产项目个数（2013年）
The Number of Construction and Put Into Operation by Industry (2013)

行业	Sector	施工项目（个）Number of Projects under Construction (unit)	#新开工 Started This Year	全部建成投产项目（个）Number of Projects Completed and Put into Use (unit)	项目建成投产率(%) Rate of Projects Completed & Put into Use (%)
总计	**Total**	**27179**	**19781**	**18565**	**68.31**
农、林、牧、渔业	**Agriculture, Forestry, Animal Husbandry and Fisher**	**1276**	**1003**	**895**	**70.14**
农业	Farming	459	360	318	69.28
林业	Forestry	170	136	119	70.00
牧畜业	Animal Husbandry	349	266	244	69.91
渔业	Fishery	101	87	78	77.23
农、林、牧、渔服务业	Agricultural Services	197	154	136	69.04
采矿业	**Mining**	**541**	**405**	**411**	**75.97**
煤炭开采和洗选业	Coal Mining and Washing Industry	65	50	37	56.92
石油和天然气开采业	Oil and Gas Industry	3	2	2	66.67
黑色金属矿采选业	Ferrous Metal CaiXuanYe	81	54	53	65.43
有色金属矿采选业	CaiXuanYe Nonferrous Metallic Deposits	121	88	105	86.78
非金属矿采选业	CaiXuanYe Non-metallic Mineral	252	196	199	78.97
开采辅助活动	Mining Auxiliary Activities	12	10	9	75.00
其他采矿业	Other Mining	7	5	6	85.71
制造业	**Manufacturing**	**13189**	**9397**	**9180**	**69.60**
农副食品加工业	Agricultural and Sideline Products Processing Industry	983	744	684	69.58
食品制造业	Food Manufacturing	337	250	235	69.73
酒、饮料和精制茶制造业	Wine, Drinks and Refined Tea Manufacturing	257	185	163	63.42
烟草制品业	Tobacco Products	19	8	12	63.16
纺织业	Textile Industry	398	281	286	71.86
纺织服装、服饰业	Textile and Garment, Apparel Industry	697	521	510	73.17
皮革、毛皮、羽毛及其制品和制鞋业	Leather, Fur, Feather and Its Products and Footwear	215	139	169	78.60
木材加工和木、竹、藤、棕、草制品业	Wood Processing and Wood, Bamboo, Cane, Palm, Grass Products	494	366	381	77.13
家具制造业	Furniture Manufacturing	241	185	162	67.22
造纸和纸制品业	Paper and Paper Products	218	158	156	71.56
印刷和记录媒介复制业	Printing and Duplicating Industry Record Media	181	135	118	65.19
文教、工美、体育和娱乐用品制造业	Cultural and Educational Supplies Manufacturing, Industrial, Sporting and Entertainment	224	172	142	63.39
石油加工、炼焦和核燃料加工业	Petroleum Processing, Coking and Nuclear Fuel Processing	31	21	21	67.74
化学原料和化学制品制造业	Raw Chemical Materials and Chemical Products	636	422	433	68.08
医药制造业	Pharmaceutical Manufacturing Industry	360	214	218	60.56
化学纤维制造业	Chemical Fiber Industry	33	24	21	63.64
橡胶和塑料制品业	Rubber and Plastic Products	751	575	510	67.91
非金属矿物制品业	Nonmetal Mineral Products	1502	1121	1094	72.84
黑色金属冶炼和压延加工业	Smelting and Pressing of Ferrous Metals	210	158	146	69.52
有色金属冶炼和压延加工业	Smelting and Pressing of Nonferrous Metals	185	134	113	61.08

注：本表不含房地产开发投资。
a) Data in this table do not include investment in real estate development.

5—21 续表1 continued

行业	Sector	施工项目（个） Number of Projects under Construction (unit)	#新开工 Started This Year	全部建成投产项目（个） Number of Projects Completed and Put into Use (unit)	项目建成投产率（%） Rate of Projects Completed & Put into Use (%)
金属制品业	Metal Products	775	585	570	73.55
通用设备制造业	Equipments in Current Use	910	597	649	71.32
专用设备制造业	Special Equipment Manufacturing	876	629	584	66.67
汽车制造业	Automobile Manufacturing Industry	718	445	486	67.69
铁路、船舶、航空航天和其他运输设备制造业	Railway, Shipbuilding, Aerospace, and Other Transportation Equipment Manufacturing Industry	111	65	69	62.16
电气机械和器材制造业	Electric Equipment and Machinery	1087	753	751	69.09
计算机、通信和其他电子设备制造业	Computers, Communications and Other Electronic Equipment Manufacturing Industry	428	280	289	67.52
仪器仪表制造业	Instrument Manufacturing	139	102	94	67.63
其他制造业	Other Manufacturing	73	50	47	64.38
废弃资源综合利用业	Comprehensive Utilization of Waste Resources	80	59	54	67.50
金属制品、机械和设备修理业	Metal Products, Machinery and Equipment Repair	20	19	13	65.00
电力、热力、燃气及水的生产和供应业	**Production and Supply of Electricity, Heat, Gas and Water**	**928**	**646**	**582**	**62.72**
电力、热力生产和供应业	Electricity, Heat Production and Supply Industry	484	319	281	58.06
燃气生产和供应业	Gas Production and Supply Industry	99	67	57	57.58
水的生产和供应业	Water Production and Supply Industry	345	260	244	70.72
建筑业	**Construction**	**183**	**159**	**142**	**77.60**
房屋建筑业	Housing Industry	21	15	14	66.67
土木工程建筑业	Civil Engineering Construction	56	46	37	66.07
建筑安装业	Construction and Installation Industry	25	22	17	68.00
建筑装饰和其他建筑业	Building Decoration and Other Construction	81	76	74	91.36
批发和零售业	**Wholesale and Retail Trade**	**1125**	**933**	**857**	**76.18**
批发业	Wholesale	555	471	435	78.38
零售业	Retail Trade	570	462	422	74.04
交通运输、仓储和邮政业	**Transport, Storage and Postal Services**	**1030**	**715**	**615**	**59.71**
铁路运输业	Railway Transport	26	10	4	15.38
道路运输业	Highway Transport	763	545	470	61.60
水上运输业	Water Way Transport	68	38	39	57.35
航空运输业	Air Transport	4	1	2	50.00
管道运输业	Pipeline Transport				
装卸搬运和运输代理业	Handling and Shipping Agents	46	31	24	52.17
仓储业	Warehousing	108	79	64	59.26
邮政业	Postal Services	15	11	12	80.00
住宿和餐饮业	**Accommodation and Catering Trade**	**506**	**387**	**377**	**74.51**
住宿业	Accommodation Trade	257	174	165	64.20
餐饮业	Catering Services	249	213	212	85.14
信息传输、软件和信息技术服务业	**Information Transmission, Software and Information Technology Services**	**245**	**208**	**189**	**77.14**
电信、广播电视和卫星传输服务	Telecommunications, Broadcasting and TV Transmission and Satellite Services	99	78	77	77.78
互联网和相关服务	The Internet and Related Services	16	16	14	87.50
软件和信息技术服务业	Software and Information Technology Services	130	114	98	75.38

5—21 续表2 continued

行 业	Sector	施工项目（个）Number of Projects under Construction (unit)	#新开工 Started This Year	全部建成投产项目（个）Number of Projects Completed and Put into Use (unit)	项目建成投产率（%）Rate of Projects Completed & Put into Use (%)
金融业	**Banking**	**122**	**98**	**78**	**63.93**
货币金融服务	Monetary and Financial Services	70	54	45	64.29
资本市场服务	Capital Market Services	26	23	15	57.69
保险业	Insurance	13	11	9	69.23
其他金融业	Other Financial Activities	13	10	9	69.23
房地产业	**Real Estate**	**1505**	**987**	**925**	**61.46**
租赁和商务服务业	**Leasing and Commercial Services**	**435**	**364**	**315**	**72.41**
租赁业	Leasing	42	40	31	73.81
商务服务业	Commercial Services	393	324	284	72.26
科学研究和技术服务业	**Scientific Research and Technical Services**	**263**	**214**	**203**	**77.19**
研究和试验发展	Research and Experimental Development	84	72	75	89.29
专业技术服务业	Professional and Technical Services	110	86	80	72.73
科技推广和应用服务业	Science and Technology Popularization and Application Services	69	56	48	69.57
水利、环境和公共设施管理业	**Water Conservancy, Environmental and Public Facilities Management**	**3455**	**2537**	**2202**	**63.73**
水利管理业	Water Conservancy Management	517	396	333	64.41
生态保护和环境治理业	Ecological Protection and Environmental Governance Industry	72	54	53	73.61
公共设施管理业	Public Facilities Management	2866	2087	1816	63.36
居民服务、修理和其他服务业	**Residents Service, Repair and Other Services**	**176**	**139**	**132**	**75.00**
居民服务业	Resident Services	107	85	80	74.77
机动车、电子产品和日用产品修理业	Motor Vehicle Repair Industry, Electronic Products and Daily Products	52	40	41	78.85
其他服务业	Other Services	17	14	11	64.71
教 育	**Education**	**636**	**469**	**464**	**72.96**
卫生和社会工作	**Health and Social Wwork**	**325**	**217**	**209**	**64.31**
卫 生	Health	260	165	156	60.00
社会工作	Social Wwork	65	52	53	81.54
文化、体育和娱乐业	**Culture, Sports and Entertainment**	**334**	**251**	**198**	**59.28**
新闻和出版业	Press and Publication	5	4	2	40.00
广播、电视、电影和影视录音制作业	Radio, Television, Film and Television Recording Studios	24	18	19	79.17
文化艺术业	Culture and Arts	142	107	74	52.11
体 育	Sports	59	41	35	59.32
娱乐业	Entertainment	104	81	68	65.38
公共管理、社会保障和社会组织	**Public Management, Social Security and Social Organization**	**905**	**652**	**591**	**65.30**
中国共产党机关	Organs of Chinese Communist Party	5	5	3	60.00
国家机构	State Organs	634	432	387	61.04
人民政协、民主党派	CPPCC and Domocratic Parties	2	2	2	100.00
社会保障	The Social Security	17	13	12	70.59
群众团体、社会团体和其他成员组织	Mass Organizations, Social Organizations and Religious Organizations	64	41	48	75.00
基层群众自治组织	The Grassroots Autonomous Organizations	183	159	139	75.96

5—22 各行业按建设性质分项目投资（2013年）

The Project Investment by Industries by Type of Construction (2013)

单位：万元（10000 yuan）

行业	Sector	新建 New Construction	扩建 Expansion	改建和技术改造 Reconstruction and Technical Transformation
总计	**Total**	**92710727**	**23339680**	**23201440**
农、林、牧、渔业	**Agriculture, Forestry, Animal Husbandry and Fishery**	**3296637**	**466593**	**120717**
农业	Farming	1382725	160324	58441
林业	Forestry	587781	33786	2000
牧畜业	Animal Husbandry	715934	140341	14537
渔业	Fishery	195354	57579	8600
农、林、牧、渔服务业	Agricultural Services	414843	74563	37139
采矿业	**Mining**	**1350083**	**497331**	**1524091**
煤炭开采和洗选业	Coal Mining and Washing Industry	543475	204362	704072
石油和天然气开采业	Oil and Gas Industry	20426		
黑色金属矿采选业	Ferrous Metal CaiXuanYe	266510	71146	226900
有色金属矿采选业	CaiXuanYe Nonferrous Metallic Deposits	86653	80160	261604
非金属矿采选业	CaiXuanYe Non-metallic Mineral	399950	129288	293320
开采辅助活动	Mining Auxiliary Activities	13450	11375	38195
其他采矿业	Other Mining	19619	1000	
制造业	**Manufacturing**	**43878526**	**12834795**	**14255874**
农副食品加工业	Agricultural and Sideline Products Processing Industry	2440783	499638	930952
食品制造业	Food Manufacturing	988665	242569	350786
酒、饮料和精制茶制造业	Wine, Drinks and Refined Tea Manufacturing	739006	232173	292614
烟草制品业	Tobacco Products	110691	51285	20571
纺织业	Textile Industry	1207632	314321	476863
纺织服装、服饰业	Textile and Garment, Apparel Industry	1567529	451891	428923
皮革、毛皮、羽毛及其制品和制鞋业	Leather, Fur, Feather and Its Products and Footwear	585322	152144	133207
木材加工和木、竹、藤、棕、草制品业	Wood Processing and Wood, Bamboo, Cane, Palm, Grass Products	1236101	192863	282047
家具制造业	Furniture Manufacturing	795576	157604	155424
造纸和纸制品业	Paper and Paper Products	676853	152290	210501
印刷和记录媒介复制业	Printing and Duplicating Industry Record Media	384088	151715	209877
文教、工美、体育和娱乐用品制造业	Cultural and Educational Supplies Manufacturing, Industrial, Sporting and Entertainment	602319	223993	127884
石油加工、炼焦和核燃料加工业	Petroleum Processing, Coking and Nuclear Fuel Processing	89865	52478	163133
化学原料和化学制品制造业	Raw Chemical Materials and Chemical Products	2171090	474615	967020
医药制造业	Pharmaceutical Manufacturing Industry	1381206	356467	268460
化学纤维制造业	Chemical Fiber Industry	168278	98629	35865
橡胶和塑料制品业	Rubber and Plastic Products	1910874	623269	673412
非金属矿物制品业	Nonmetal Mineral Products	4534456	978389	1554142
黑色金属冶炼和压延加工业	Smelting and Pressing of Ferrous Metals	804677	208290	748379
有色金属冶炼和压延加工业	Smelting and Pressing of Nonferrous Metals	1227081	206332	316021
金属制品业	Metal Products	1986952	874444	655248
通用设备制造业	Equipments in Current Use	3346003	867243	1098962

5—22 续表1 continued

单位：万元（10000 yuan）

行业	Sector	新建 New Construction	扩建 Expansion	改建和技术改造 Reconstruction and Technical Transformation
专用设备制造业	Special Equipment Manufacturing	3394073	1028588	906595
汽车制造业	Automobile Manufacturing Industry	2574651	1173510	1112548
铁路、船舶、航空航天和其他运输设备制造业	Railway, Shipbuilding, Aerospace, and Other Transportation Equipment Manufacturing Industry	521343	77489	80357
电气机械和器材制造业	Electric Equipment and Machinery	3771248	1522311	1316587
计算机、通信和其他电子设备制造业	Computers, Communications and Other Electronic Equipment Manufacturing Industry	3704599	1141442	380183
仪器仪表制造业	Instrument Manufacturing	286830	132281	220488
其他制造业	Other Manufacturing	264932	68676	48500
废弃资源综合利用业	Comprehensive Utilization of Waste Resources	352893	97035	83425
金属制品、机械和设备修理业	Metal Products, Machinery and Equipment Repair	52910	30821	6900
电力、热力、燃气及水的生产和供应业	**Production and Supply of Electricity, Heat, Gas and Water**	**3071318**	**1234769**	**974219**
电力、热力生产和供应业	Electricity, Heat Production and Supply Industry	2154339	903021	731989
燃气生产和供应业	Gas Production and Supply Industry	325201	116195	57546
水的生产和供应业	Water Production and Supply Industry	591778	215553	184684
建筑业	**Construction**	**412189**	**143378**	**174688**
房屋建筑业	Housing Industry	84369	11251	11744
土木工程建筑业	Civil Engineering Construction	218687	31442	28895
建筑安装业	Construction and Installation Industry	39176	22032	11520
建筑装饰和其他建筑业	Building Decoration and Other Construction	69957	78653	122529
批发和零售业	**Wholesale and Retail Trade**	**2834730**	**1093238**	**656338**
批发业	Wholesale	1165778	645117	255357
零售业	Retail Trade	1668952	448121	400981
交通运输、仓储和邮政业	**Transport, Storage and Postal Services**	**5662846**	**893740**	**1024404**
铁路运输业	Railway Transport	1009763	29448	92523
道路运输业	Highway Transport	3251528	635736	896551
水上运输业	Water Way Transport	449279	96827	16453
航空运输业	Air Transport	118401	10569	
管道运输业	Pipeline Transport			
装卸搬运和运输代理业	Handling and Shipping Agents	263597	42487	
仓储业	Warehousing	518643	63258	10050
邮政业	Postal Services	51635	15415	8827
住宿和餐饮业	**Accommodation and Catering Trade**	**1839978**	**507311**	**390448**
住宿业	Accommodation Trade	1245008	248873	178402
餐饮业	Catering Services	594970	258438	212046
信息传输、软件和信息技术服务业	**Information Transmission, Software and Information Technology Services**	**588767**	**295506**	**250564**
电信、广播电视和卫星传输服务	Telecommunications, Broadcasting and TV Transmission and Satellite Services	192562	116427	179509
互联网和相关服务	The Internet and Related Services	44840	27221	2000
软件和信息技术服务业	Software and Information Technology Services	351365	151858	69055

5—22 续表2 continued

单位：万元（10000 yuan）

行业	Sector	新建 New Construction	扩建 Expansion	改建和技术改造 Reconstruction and Technical Transformation
金融业	**Banking**	**627376**	**87490**	**183625**
货币金融服务	Monetary and Financial Services	452812	50936	68296
资本市场服务	Capital Market Services	117501	15835	15345
保险业	Insurance	11368	4800	83627
其他金融业	Other Financial Activities	45695	15919	16357
房地产业	**Real Estate**	**9361119**	**829895**	**246766**
租赁和商务服务业	**Leasing and Commercial Services**	**1355034**	**419774**	**203208**
租赁业	Leasing	76121	19447	18008
商务服务业	Commercial Services	1278913	400327	185200
科学研究和技术服务业	**Scientific Research and Technical Services**	**1044807**	**257301**	**188946**
研究和试验发展	Research and Experimental Development	251731	135994	71487
专业技术服务业	Professional and Technical Services	570361	90109	63452
科技推广和应用服务业	Science and Technology Popularization and Application Services	222715	31198	54007
水利、环境和公共设施管理业	**Water Conservancy, Environmental and Public Facilities Management**	**10986806**	**2515145**	**2185438**
水利管理业	Water Conservancy Management	887861	268533	568111
生态保护和环境治理业	Ecological Protection and Environmental Governance Industry	197217	54151	44024
公共设施管理业	Public Facilities Management	9901728	2192461	1573303
居民服务、修理和其他服务业	**Residents Service, Repair and Other Services**	**353918**	**156866**	**84990**
居民服务业	Resident Services	224017	73689	71554
机动车、电子产品和日用产品修理业	Motor Vehicle Repair Industry, Electronic Products and Daily Products	77388	78567	10536
其他服务业	Other Services	52513	4610	2900
教　育	**Education**	**1822442**	**390773**	**117929**
卫生和社会工作	**Health and Social Wwork**	**791563**	**261192**	**200607**
卫　生	Health	686431	232174	193987
社会工作	Social Wwork	105132	29018	6620
文化、体育和娱乐业	**Culture, Sports and Entertainment**	**1441554**	**235835**	**116268**
新闻和出版业	Press and Publication	13165	2800	3700
广播、电视、电影和影视录音制作业	Radio, Television, Film and Television Recording Studios	138475	6250	19525
文化艺术业	Culture and Arts	638539	43324	39610
体　育	Sports	334103	58885	23793
娱乐业	Entertainment	317272	124576	29640
公共管理、社会保障和社会组织	**Public Management, Social Security and Social Organization**	**1991034**	**218748**	**302320**
中国共产党机关	Organs of Chinese Communist Party	8912		
国家机构	State Organs	1346411	123392	270108
人民政协、民主党派	CPPCC and Democratic Parties	800		3219
社会保障	The Social Security	83674	4130	9606
群众团体、社会团体和其他成员组织	Mass Organizations, Social Organizations and Religious Organizations	161681	43323	3817
基层群众自治组织	The Grassroots Autonomous Organizations	389556	47903	15570

5—23 各市施工、投产项目个数（2013年）

The Number of Construction and Put Into Operation by Region(2013)

地 区	Region	施工项目 (个) Number of Projects under Construction (unit)	#新开工 Started This Year	全部建成投产项目 (个) Number of Projects Completed and Put into Use (unit)	项目建成投产率 (%) Rate of Projects Completed & Put into Use (%)
总 计	**Total**	**27179**	**19781**	**18565**	**68.31**
合肥市	Hefei	4666	3824	3667	78.59
淮北市	Huaibei	852	586	603	70.77
亳州市	Bozhou	825	457	406	49.21
宿州市	Suzhou	1052	798	654	62.17
蚌埠市	Bengbu	692	441	418	60.40
阜阳市	Fuyang	1311	897	901	68.73
淮南市	Huainan	1174	929	689	58.69
滁州市	Chuzhou	2223	1451	1416	63.70
六安市	Luan	2279	1614	1634	71.70
马鞍山市	Maånshan	2176	1673	1623	74.59
芜湖市	Wuhu	2422	1646	1691	69.82
宣城市	Xuancheng	1363	995	920	67.50
铜陵市	Tongling	843	628	627	74.38
池州市	Chizhou	820	552	481	58.66
安庆市	Anqing	3373	2547	2171	64.36
黄山市	Huangshan	1108	743	664	59.93

注：本表不含房地产开发投资。
a) Data in this table do not include investment in real estate development.

5—24 各市按建设性质分项目投资（2013年）

The Project Investment by Type of Construction by Region(2013)

单位：万元（10000 yuan）

地 区	Region	新建 New Construction	扩建 Expansion	改建和技术改造 Reconstruction and Technical Transformation
总 计	**Total**	**92710727**	**23339680**	**23201440**
合肥市	Hefei	16208114	10718785	6606254
淮北市	Huaibei	3903734	684160	992088
亳州市	Bozhou	2984098	406366	529795
宿州市	Suzhou	5179384	502596	595426
蚌埠市	Bengbu	6769201	225062	205122
阜阳市	Fuyang	2875338	1152175	924188
淮南市	Huainan	4385388	820172	1269667
滁州市	Chuzhou	6042631	792762	1174641
六安市	Luan	5074022	696654	1170417
马鞍山市	Maanshan	7351378	1675463	2521418
芜湖市	Wuhu	11968003	1602002	1768423
宣城市	Xuancheng	5688378	325493	1696124
铜陵市	Tongling	2554806	924033	919040
池州市	Chizhou	2730218	223348	480104
安庆市	Anqing	5832331	2328943	1983207
黄山市	Huangshan	3163703	261666	365526

5—25 按城乡分的项目投资主要指标（2013年）
Main Index of Investment Projects by Urban and Rural (2013)

指　　标	Item	合　计 Total	城　镇 Urban Area	农村非农户 Non-Rural Households
完成投资（万元）	Accomplished Investment (10000 yuan)	143048948	128981571	14067377
#住　宅	Residential Buildings	3848360	3338990	509370
按建设性质分	Grouped By Type of Construction			
#新　建	New Construction	92710727	82563283	10147444
扩　建	Expansion	23339680	21647209	1692471
改建和技术改造	Reconstruction and Technical Reconstruction	23201440	21225001	1976439
按构成分	Grouped by Composition			
建筑工程	Construction	84424537	75573976	8850561
安装工程	Installation	10583284	9570678	1012606
设备工器具购置	Purchase of Equipment and Instruments	38131999	35177402	2954597
#用于更新的设备	Using in Renewing Equipments	6100400	5608802	491598
其他费用	Others	9909128	8659515	1249613
施工项目个数（个）	Number of Projects (unit)			
施工项目个数	Number of Construction	27179	23047	4132
#本年新开工	Started this Year	19781	16453	3328
本年投产项目个数	Number of Putting Into Operation of Projects this Year	18565	15679	2886
房屋施工面积（平方米）	Floor Space of Buildings Under Construction (sq.m)	274880953	253243539	21637414
#住　宅	Residential Buildings	44373660	39149426	5224234
房屋竣工面积（平方米）	Floor Space of Buildings Completed (sq.m)	54844148	47314682	7529466
#住　宅	Residential Buildings	11386373	8795562	2590811
房屋竣工价值（万元）	Value of Buildings Completed (10000 yuan)	8832478	7777986	1054492
#住　宅	Residential Buildings	1559782	1234055	325727
新增固定资产（万元）	Newly Increased Assets (10000 yuan)	92397180	82123342	10273838
本年资金来源合计（万元）	Total Funds This Year (10000 yuan)	150149876	135557061	14592815
国家预算资金	State Budget	9743698	8453907	1289791
国内贷款	Domestic Loans	10458222	9929221	529001
债　券	Bonds	89883	87323	2560
利用外资	Foreign Investment	1072741	930372	142369
自筹资金	Self-raising Funds	123072545	111023548	12048997
其他资金	Others	5712787	5132690	580097

5—26 各市农村非农户固定资产投资完成情况（2013年）

Completion of the Non-farm households Investment in Fixed Asset in Rural Area by Region (2013)

地区	Region	完成投资（万元）Accomplished Investment (10000 yuan)	#住宅 Residential Buildings	新增固定资产（万元）Newly Increased Assets (10000 yuan)	房屋建筑施工面积（平方米）Floor Space of Buildings Under Construction (sq.m)	#住宅 Residential Buildings	房屋建筑竣工面积（平方米）Floor Space of Buildings Completed (sq.m)	#住宅 Residential Buildings
总计	**Total**	**14067377**	**509370**	**10273838**	**21637414**	**5224234**	**7529466**	**2590811**
合肥市	Hefei	1296735	8803	993420	1151671	63416	254319	36760
淮北市	Huaibei	364757	43022	231199	2383727	580010	563878	274930
亳州市	Bozhou	315886	320	205493	661573	1400	185723	1200
宿州市	Suzhou	1994857	18794	1327767	1353011	117537	939950	72637
蚌埠市	Bengbu	1501880	90868	1226372	1566298	639770	513778	295120
阜阳市	Fuyang	680104	91501	524023	2735853	1394052	1616144	865946
淮南市	Huainan	1368128	64139	889598	2954001	551961	1107155	395896
滁州市	Chuzhou	245440	8627	214322	584883	135220	220978	61420
六安市	Luan	655625	29751	578697	624265	291920	166142	47537
马鞍山市	Maanshan	1005953	23301	780715	1361737	495412	307165	198580
芜湖市	Wuhu	457698	17944	396236	906863	105676	105275	6476
宣城市	Xuancheng	1169383	24242	849559	1322097	93295	362222	43616
铜陵市	Tongling	273457	11575	209027	1027680	90130	71390	800
池州市	Chizhou	1132552	44931	881844	1482472	342488	631177	160073
安庆市	Anqing	785974	7070	495304	484087	80018	118379	1800
黄山市	Huangshan	818948	24482	470262	1037196	241929	365791	128020

5—27 主要年份农村农户固定资产投资和建房

Farm households Investment in Fixed Assets and Buildings Construction in Rural Area

年份 Year	投资总额（亿元）Total Investment (100 million yuan)	竣工房屋投资 Investment in Buildings Completed	#住宅 Residential Buildings	施工房屋建筑面积（万平方米）Floor Space of Buildings under Construction (10 000 sq.m)	竣工房屋建筑面积（万平方米）Floor Space of Buildings Completed (10 000 sq.m)	#住宅 Residential Buildings	竣工房屋造价（元/平方米）Cost of Buildings Completed (yuan/sq.m)	#住宅 Residential Buildings
2000	120.6	83.2	82.3	4859.0	4771.0	4712.0	174.4	174.6
2005	211.9	110.2	108.9	3028.2	2925.7	2871.0	376.8	379.2
2006	237.2	144.5	140.1	3661.1	3488.4	3381.5	414.1	414.3
2007	275.0	169.9	162.0	4005.2	3699.5	3507.2	459.3	461.9
2008	318.3	195.5	183.9	4224.3	3925.8	3698.5	497.9	497.1
2009	390.8	275.2	266.6	5365.2	5019.8	4803.6	548.1	555.1
2010	439.1	281.7	274.1	4968.0	4511.0	4344.0	624.4	631.0
2011	447.8	292.7	275.9	4828.0	4130.0	3808.0	708.7	724.6
2012	482.0	334.6	322.5	5011.0	4364.0	4149.0	766.7	777.2
2013	530.7	314.0	296.5	4962.0	4115.0	3841.0	763.2	771.8

5—28 房地产开发主要指标
Main Indicators of Real Estate Development

指　标	Item	2000	2005	2010	2012	2013
企业个数　（个）	**Number of Enterprises (unit)**	**988**	**1917**	**3385**	**3402**	**3418**
登记注册类型	Registration type					
内　资	Domestic Funded	901	1811	3249	3295	3321
#国　有	State-owned Enterprises	298	145	136	118	121
集　体	Collective Enterprises	148	51	25	18	13
港、澳、台投资	Funded by Entrepreneurs from Hong Kong, Macao and Taiwan	65	56	78	64	57
外商投资	Foreign Funded	22	50	58	43	40
企业控股情况	Controlling Stake of Enterprises					
国有控股	Controlling Stake of State-owner			312	285	292
集体控股	Controlling Stake of Group			116	86	70
私人控股	Controlling Stake of Priate			2620	2595	2606
港、澳、台商控股	Controlling Stake of Hong Kong, Macao and Taiwan Businessman			80	65	56
外商控股	Controlling Stake of Foreign Businessman			61	47	43
其　他	Other			196	324	351
本年完成投资额　（万元）	**Investment Completed this Year (10000 yuan)**	**879261**	**4594413**	**22518045**	**31516065**	**39462264**
#住　宅	Residential Buildings	575174	3233619	15952464	20592945	25498814
本年土地购置面积（万平方米）	**Land Space Purchased this Year (10000 sq.m)**	**641.30**	**1896.39**	**2611.07**	**2618.78**	**2760.18**
资金来源小计　（万元）	**Source of Funds (10000 yuan)**	**977459**	**5430807**	**28636982**	**38353425**	**50771573**
国内贷款	Domestically Loans	185685	757235	3237258	4062323	4668745
利用外资	Foreign Investment	19163	67788	61827	13860	10000
自筹资金	Fundraising	325053	2288821	12110747	16867994	21436629
其他资金	Other	447558	2316963	13227150	17409248	24656199
房屋建筑面积　（万平方米）	**Floor Space of Buildings (10000 sq.m)**					
施工面积	Floor Space Under Construction	1693.36	5306.92	17541.90	24836.06	30235.20
竣工面积	Floor Space Completed	759.33	1816.86	3020.57	3965.39	5180.35
本年新开工面积	Floor Space Started this Year	900.58	2623.41	7317.60	7874.22	10077.71
#住　宅	Residential Buildings	713.17	2181.61	5770.46	5468.39	7143.99
商品房屋销售面积(万平方米）	**Floor Space of Selling House (10000 sq.m)**	**536.20**	**1907.21**	**4113.88**	**4828.81**	**6265.35**
#住　宅	Residential Buildings	462.82	1686.03	3604.87	4275.36	5573.53
商品房屋销售价格(元/平方米）	**Selling Price of House (yuan/sq.m)**	**1193**	**2220**	**4212**	**4825**	**5080**
#住　宅	Residential Buildings	1040	2065	3907	4495	4776
实收资本合计　（万元）	**Total Capital Hold (10000 yuan)**	**801091**	**2976285**	**8603456**	**15650052**	**18051065**
#资产合计	State Capital	2471288	12152955	54332428	98837169	127860168
负债合计	Total Liabilities	1685674	8530794	40828272	74587728	96009073
资产负债率　（%）	Ratio of Liabilities to Assets (%)	68.21	70.20	75.15	75.47	75.09
主营业务收入　（万元）	**Total Revenue (10000 yuan)**	**701896**	**2720528**	**13150647**	**17971004**	**27713587**
#土地转让收入	land Transferred	12293	12785	81646	292738	320078

5—29 房地产开发企业（单位）财务状况
Enterprise's Financial Situation in Real Estate Development

单位：万元（10000 yuan）

项　目	Item	2005	2010	2012	2013
年初存货	**Opening Stock This Year**	**3403211**	**19892008**	**37702038**	**48665821**
年末资产负债	**Assets and Liabilities at the Year-end**				
流动资产合计	Total of Current Assets	10211981	46759621	84918485	109854881
#应收账款	Receivable Accounts			3473236	4321114
存　货	Stock	5013742	24613144	49732562	62109389
固定资产合计	Fixed Assets			3258985	4341819
固定资产原价	Prime Cost of Fixed Assets	642349	1537883	1815164	3169715
累计折旧	Progressive Depreciation	115739	316551	439303	610706
#本年折旧	Depreciation This Year	28292	67026	109591	157881
在建工程	Projects In building			2648870	3031495
资产总计	Total of Assets	12152955	54332428	98837169	127860168
流动负债合计	Current Liabilities			63768375	80149096
#应付账款	Payables			6264970	6969710
非流动负债合计	Non-Current Liabilities			10819354	15859977
负债合计	Total of Liabilities	8530794	40828272	74587728	96009073
所有者权益合计	Total of Ownership Interest	3622161	13504156	24249441	31851096
#实收资本	Pail-up Capital	2976285	8603456	15650052	18051065
损益及分配	**Profit and Loss and Distribution**				
营业收入	Business Income			18149953	27812835
#主营业务收入	Main Business Earning	2720528	13150647	17971004	27713587
土地转让收入	Earning of Land Transfer	12785	81646	292738	320078
商品房屋销售收入	Sales Revenue of Commercial Houses	2643962	12719888	16942885	26592076
房屋出租收入	Rental Income of Buildings	17969	85698	207885	127565
其他收入	Other Income	45812	263415	527497	673869
营业成本	Business Cost			13233511	20584123
#主营业务成本	Main Business Cost	2150369	9672150	13094354	20360157
营业税金及附加	Business Tax and Affixation			1487162	2064790
#主营业务税金及附加	Main Business Tax and Affixation	165159	972105	1445807	2036409
其他业务利润	Other Business Profit	14302	36519	95464	115855
销售费用	Sales Expense	79057	325905	578777	767855
管理费用	Management Expense	193611	539208	917426	1093596
财务费用	Financial Expense	57022	166459	322230	451786
营业利润	Operating Profit	89612	1547277	1751883	3004410
投资收益	Investment Yield	2949	29217	143507	108615
利润总额	Total of Profit	91318	1349105	1947798	3051762
应交所得税	Payable Income Tax	45306	270053	411195	477717
人工成本	**Labor cost**				
应付职工薪酬（贷方累计发生额）	Payable Employee Compensation Credit Cumulative Amount			412715	521075

5—30 房地产开发企业（单位）投资、资金和土地情况
Investment, Funds and Land Condition of Real Estate Developer

单位：万元（10000 yuan）

指　标	Item	2005	2010	2012	2013
计划总投资	Total Planned Investment	19301096	89896777	154552379	198409117
自开始建设累计完成投资	Accumulative Investment Actually Made Since Starting of Construction up to the End	8452758	59445213	95091644	125107341
本年完成投资	Investment Made this Year	4594413	22518045	31516065	39462264
#配套工程投资	Auxiliary Project	92904	235728	419311	494278
#国有控股	State-holding Stock		3582149	5906575	7580088
按构成分：建筑工程	Grouped by Composition: Construction Project	2910705	14092819	21287489	26825656
安装工程	Installation Project	192634	1524652	2582605	3335426
设备工器具购置	Purchase of Equipment and Instrument	42448	250578	395858	440124
其他费用	Other Expenses	1448626	6649996	7250113	8861058
#旧建筑物购置费	Total Expenses of Purchasing Old Buildings	35903	92803	106279	114496
土地购置费	Total Value of Land Purchased	1005275	5161690	5252699	6514770
按工程用途分：	Grouped by the Use of Project				
住　宅	Residential Buildings	3233619	15952464	20592945	25498814
#90平方米以下	Below $90m^2$		4402937	7461075	8772045
144平方米以上*	Above of $144m^2$		1213521	1934370	1922171
别墅、高档公寓	Villas and Good Apartments	61564	765862	629049	645382
办公楼	Office Buildings	132116	656341	1319806	1661961
商业营业用房	Houses for Business Use	648456	2924003	5649370	8008625
其　他	Other	580222	2985237	3953944	4292864
本年新增固定资产	Newly Increased Fixed Assets This Year	2366611	8564748	12350955	20075451
本年资金来源合计	Total by Source of Funds This Year	6388421	33029854	46832057	61877475
上年末结余资金	Surplus Funds at the End of Last Year	957614	4392872	8478632	11105902
本年资金来源小计	Total Funds this Year	5430807	28636982	38353425	50771573
国内贷款	Domestic Loans	757235	3237258	4062323	4668745
利用外资	Foreign Investment	67788	61827	13860	10000
自筹资金	Self-raising Fund	2288821	12110747	16867994	21436629
其他资金来源	Others	2316963	13227150	17409248	24656199
本年各项应付款合计	Total of All Payable Account This Year	630600	3511325	7640383	10588841
#工程款	Project Account	415047	1658561	3941443	6219521
待开发土地面积（万平方米）	Land Space Prepared for Development (10000 sq.m)	1504.06	1709.09	2558.98	3051.39
本年购置土地面积（万平方米）	Land Space Purchased this Year (10000 sq.m)	1896.39	2611.07	2618.78	2760.18
本年土地成交价款	Land Costs This Year	1195393	3599668	4739616	6416324

注：*2005、2010年为140平方米以上的口径。

a) In 2005, 2010,Statistics is for over 140 square meters.

5—31 房地产开发企业（单位）施工、销售和待售情况（2013年）
Construction, sale and for sale in Real Estate Development Units (2013)

指标	Item	合计 Total	住宅 Residential Buildings	#90平米以下 below 90 sq.m	#别墅、高档公寓 Villas and Good Apartments	办公楼 Office Buildings	商业营业用房 Houses for Business Use	其他 Others
房屋施工面积（万平方米）	Floor Space of Buildings Under Construction (10000 sq.m)	30235.2	21531.2	5841.0	431.7	1034.0	4787.7	2882.2
#新开工面积	Newly Started	10077.7	7144.0	1714.5	141.4	246.1	1624.8	1062.9
房屋竣工面积（万平方米）	Floor Space of Buildings Completed (10000 sq.m)	5180.3	3919.0	1156.8	69.4	131.9	698.8	430.6
#不可销售面积	Not for Sale	236.8	92.7	39.6	2.5	2.2	59.6	82.3
住宅竣工套数（套）	Sets of Commercial Residential Buildings Completed (set)		380896	146511	3500			
房屋竣工价值（万元）	Value of Buildings Completed (10000 yuan)	13418215	9961029	3181870	246879	494269	2037418	925499
批准预售面积（万平方米）	Advanced Sale Area by Authorization (10000 sq.m)	5815.6	4839.2	1044.8	84.3	95.8	809.6	71.0
批准预售住宅套数（套）	Advanced Sale Units by Authorization (set)		471050	130892	4886			
出租房屋面积（万平方米）	Floor Space of Buildings for Renting （10000 sq.m）	91.7	0.7			1.9	84.0	5.1
商品房销售面积（万平方米）	Floor Space of Selling House (10000 sq.m)	6265.4	5573.5	1497.6	78.2	95.0	506.3	90.5
#现房销售面积	Floor Space of Accomplished Buildings Sold	939.9	745.3	227.7	22.2	26.9	145.0	22.7
期房销售面积	Floor Space of Futures Marketable Housings Sold	5325.5	4828.3	1269.9	56.0	68.1	361.3	67.8
商品房销售额（万元）	Total Sales of Commercial Houses (10000 yuan)	31828650	26620419	7108727	641858	691068	4202724	314439
#现房销售额	Sales Value of Accomplished Buildings	4354748	3073106	929877	160855	183082	1032073	66487
期房销售额	Sales Value of Futures House	27473902	23547313	6178850	481003	507986	3170651	247952
商品住宅销售套数（套）	Sets of Commercial Residential Buildings Sold (set)		554834	190816	5105			
#现房销售套数	Sets of Accomplished Buildings Sold		72802	29736	933			
期房销售套数	Sets of Futures House		482032	161080	4172			
待售面积（万平方米）	Floor Space of Vacant Houses (10000 sq.m)	1342.1	866.6	213.7	73.4	38.0	357.8	79.8
待售1-3年	Vacant 1-3 Years	645.4	425.0	117.3	35.6	20.7	167.0	32.6
待售3年以上	Vacant More than 3 Years	113.7	79.8	29.4	28.2	1.2	26.1	6.7

5—32 房地产开发投资（2013年）
Investment in Real Estate Development (2013)

指　　标	Item	总计 Total	内资 Domestic Funded	国有 State-owned Enterprises
计划总投资	Total Planned Investment	198409117	188165938	12333328
自开始建设累计完成投资	Accumulative Investment Actually Made Since Starting of Construction up to the End	125107341	117807721	7792393
本年完成投资	Investment Made this Year	39462264	37806838	2689452
#配套工程投资	Auxiliary Project	494278	460576	16557
#国有控股	State Controlling Share Hold Enterprises	7580088	7552261	2689452
按构成分：建筑工程	Grouped by Composition: Construction Project	26825656	25688656	1896353
安装工程	Installation Project	3335426	3147091	266056
设备工器具购置	Purchase of Equipment and Instrument	440124	432481	25313
其他费用	Other Expenses	8861058	8538610	501730
#旧建筑物购置费	Total Expenses of Purchasing Old Buildings	114496	113011	28154
土地购置费	Total Value of Land Purchased	6514770	6264207	268256
按工程用途分：	Grouped by the Use of Project			
住　宅	Residential Buildings	25498814	24378268	1894903
#90平方米以下	Below 90m^2	8772045	8343723	782107
144平方米以上	Above of 144m^2	1922171	1814441	68908
#别墅、高档公寓	Villas and Good Apartments	645382	560271	3709
办公楼	Office Buildings	1661961	1529585	72741
商业营业用房	Houses for Business Use	8008625	7710678	294482
其　他	Other	4292864	4188307	427326
本年新增固定资产	Newly Increased Fixed Assets This Year	20075451	19583867	1786099
待开发土地面积　（平方米）	Land Space Prepared for Development (sq.m)	30513926	29109120	602200
本年购置土地面积　（平方米）	Land Space Purchased this Year (sq.m)	27601817	27208806	508872
本年土地成交价款	Land Costs This Year	6416324	6184226	108646
#拆迁补偿费	Compensation for Demolition	76938	76938	
土地使用权出让金	Selling of land using right	5849599	5617501	105354
契　税	Deed Tax	140023	136360	3429

单位：万元（10000 yuan）

集 体 Collective Enterprises	港、澳、台投资 Funded by Entrepreneurs from Hong Kong, Macao and Taiwan	外商投资 Foreign Funded	中 央 Central Government	省 Province	市 City	县 County	乡镇企业 Township and Village Enterprises	其 他 Other
19590	6418992	3824187	2279432	9654956	36739506	14929868	1993456	132811899
11590	4424138	2875482	1588377	6282937	22255940	9026432	1124068	84829587
9745	1086232	569194	436565	1773965	7026767	3691489	557792	25975686
25	3874	29828		37447	74177	30656	1846	350152
	27827		306479	1382684	2502344	1263155	155766	1969660
8309	724129	412871	290983	1135787	4812172	2564289	317877	17704548
706	107697	80638	57689	192869	512615	361301	32060	2178892
	2110	5533	10429	20764	79887	66248	1366	261430
730	252296	70152	77464	424545	1622093	699651	206489	5830816
	1485				1645	44535	616	67700
730	209468	41095	67776	322292	1153348	534596	184218	4252540
9184	737438	383108	355197	1074739	4615722	2616560	400294	16436302
6084	334322	94000	139306	374352	1685285	1164438	129521	5279143
1740	5635	102095	41673	109358	255239	72743	21366	1421792
	28907	56204		2347	88272	9560	4032	541171
	57628	74748	7750	203848	339919	91169	16983	1002292
375	222882	75065	44817	300499	1139902	695520	106963	5720924
186	68284	36273	28801	194879	931224	288240	33552	2816168
3936	351493	140091	189859	678537	3355974	1397152	120129	14333800
	774355	630451	324745	635584	4132878	2249054	946529	22225136
6830	225565	167446	225678	761333	4842589	1915436	522286	19334495
730	204427	27671	43195	187347	1095743	422321	117572	4550146
				93	6620	1661		68564
700	204427	27671	42230	157124	858513	401299	114284	4276149
30	2556	1107	1359	2525	20247	9433	741	105718

5—33 房地产开发企业财务状况（2013年）
Enterprise's Financial Situation in Real Estate Development (2013)

项 目	Item	流动资产合计 Circulating Funds	#存货 Stock	固定资产原价 Original Value of Fixed Assets	累计折旧 Accumulated Depreciation	资产合计 Total Assets
总 计	**Total**	**109854881**	**62109389**	**3169715**	**610706**	**127860168**
国有及国有控股企业	State Controlling Share Hold Enterprises	26652404	15074008	570686	68476	33729464
按注册类型分	**Grouped by Status of Registration**					
内 资	Domestic Funded	104691100	59009040	2946269	562483	121654999
#国 有	State-owned Enterprises	4331470	2024359	181121	24504	6240884
集 体	Collective Enterprises	25755	14220	1083	749	27459
港、澳、台投资	Funded by Entrepreneurs from Hong Kong, Macao and Taiwan	3372724	2065332	181976	37156	4080024
外商投资	Foreign Funded	1791058	1035017	41470	11067	2125145
按隶属关系分	**Grouped by Administrative Relationship**					
中 央	Central Government	1322911	796506	4190	2855	1397326
省	Province	6645394	3515755	96557	19285	8135015
地 区	Prefecture	20653305	12352360	427737	75428	24564754
县	County	8308912	4435620	371187	31322	10178131
乡镇企业	Township and Village Enterprises	611900	367410	9525	3027	659756
其 他	Other	72312458	40641738	2260519	478789	82925187
按资质等级分	**Grouped by qualification grade**					
一 级	First Grade	2792896	1611875	99146	17936	3413229
二 级	Second Grade	21232163	11545439	883006	178048	27211387
三 级	Third Grade	26697453	14788057	1076139	206859	30544535
四 级	Forth Grade	3116400	1726677	78636	25876	3422142
暂 定	Tentative	53636002	31062278	983242	175388	60236412
其 他	Other	2379968	1375064	49546	6600	3032464

5—34 各市房地产开发企业财务状况（2013年）
Enterprise's Financial Situation in Real Estate Development by Region (2013)

地 区	Region	流动资产合计 Circulating Funds	#存货 Stock	固定资产原价 Original Value of Fixed Assets	累计折旧 Accumulated Depreciation	资产合计 Total Assets
总 计	**Total**	**109854881**	**62109389**	**3169715**	**610706**	**127860168**
合肥市	Hefei	34883500	17825000	1169841	209795	41262583
淮北市	Huaibei	2655208	1500975	69177	15663	3084823
亳州市	Bozhou	5083176	3141303	86564	28919	6439174
宿州市	Suzhou	3353498	1991478	72462	12985	3668398
蚌埠市	Bengbu	5430192	3091074	204953	24296	6491274
阜阳市	Fuyang	3852211	1948471	164027	31403	4863769
淮南市	Huainan	4119443	2458017	70459	25007	4847638
滁州市	Chuzhou	6699555	4214152	202062	42998	7589422
六安市	Luan	3953221	2290581	130303	23829	4319316
马鞍山市	Maanshan	5265574	3363691	106982	35112	6351263
芜湖市	Wuhu	15441533	8680413	416234	46944	17829133
宣城市	Xuancheng	4205057	2802578	65733	22878	4563343
铜陵市	Tongling	4727693	2208559	107016	21755	5093654
池州市	Chizhou	2846695	1827582	62847	13204	3191068
安庆市	Anqing	4074662	2554367	122476	31494	4643561
黄山市	Huangshan	3263663	2211149	118578	24424	3621750

单位：万元（10000 yuan）

负债合计 Total Liabilities	资产负债率(%) Ratio of Liabilities to Assets (%)	所有者权益合计 Owners Equity	实收资本 Capital Hold	主营业务收入 Main Business Income	土地转让收入 Revenue of Land Transfer	主营业务成本 Main Business Cost	主营业务税金及附加 Main Business and Extra Charges	营业利润 Operating profit	应付职工薪酬 The payable staff pay
96009073	**75.09**	**31851096**	**18051065**	**27713587**	**320078**	**20360157**	**2036409**	**3004410**	**521075**
21495324	63.73	12234140	4516896	4342674	250485	3212510	264571	678684	69069
91479361	75.20	30175638	16860003	25918271	314978	19096770	1907833	2732555	495681
3516284	56.34	2724600	1629309	848832		660560	50888	117679	14675
22146	80.65	5313	3326	896		543	58	-7	180
2985555	73.17	1094469	762330	1205251	5000	792303	89749	235652	12684
1544157	72.66	580988	428732	590065	100	471085	38827	36203	12710
1242978	88.95	154348	113800	388002		319444	29959	23962	3439
6006923	73.84	2128092	1481019	1582290	5000	1178803	96470	234998	29593
16937164	68.95	7627589	3314360	3816759	124589	2798548	273230	464404	64409
7052100	69.29	3126032	1046961	1578043	121080	1169110	103451	197569	28765
526335	79.78	133421	130215	171414		139862	12358	836	2984
64243573	77.47	18681614	11964710	20177079	69409	14754389	1520941	2082641	391885
2636111	77.23	777118	346122	1129558		812637	72063	194227	14134
18653176	68.55	8558211	4191048	5046397	127237	3631772	375952	578171	88463
22771903	74.55	7772632	4582590	6902898	112258	5006178	512792	827527	133208
2729469	79.76	692673	535173	1037768	3721	814075	69520	74382	26672
46956226	77.95	13280186	8151147	13182254	76861	9812109	978824	1266727	248016
2262187	74.60	770277	244985	414712		283387	27258	63375	10582

单位：万元（10000 yuan）

负债合计 Total Liabilities	资产负债率(%) Ratio of Liabilities to Assets (%)	所有者权益合计 Owners Equity	实收资本 Capital Hold	主营业务收入 Main Business Income	土地转让收入 Revenue of Land Transfer	主营业务成本 Main Business Cost	主营业务税金及附加 Main Business and Extra Charges	营业利润 Operating profit	应付职工薪酬 The payable staff pay
96009073	**75.09**	**31851096**	**18051065**	**27713587**	**320078**	**20360157**	**2036409**	**3004410**	**521075**
31202459	75.62	10060124	6383523	10011547	13667	7225917	709581	1369110	143562
2551739	82.72	533083	419041	650972	1802	492337	59953	9968	12107
3568539	55.42	2870635	606315	1333518	4732	1067715	83113	101394	14739
3089853	84.23	578545	382716	780103	412	560028	68655	65923	25294
5113096	78.77	1378178	785505	1545571	9105	1020206	120992	308252	29221
3751106	77.12	1112663	791925	1010329	901	711388	82301	77808	21043
3925014	80.97	922625	943408	754793	44566	611365	63910	-13715	21115
6096977	80.34	1492445	1071406	1509553	2112	1101885	110939	120467	43190
3327030	77.03	992287	613183	1046117	1	788329	85119	79147	23976
4713313	74.21	1637950	934616	1093740		822204	77960	74624	29316
13083587	73.38	4745546	1912704	3247371	233823	2420686	221666	419787	48530
3819952	83.71	743391	612106	1155107	206	916939	89192	27990	22820
3437663	67.49	1655991	700829	662707		519160	45126	27243	15959
2145626	67.24	1045442	542860	1107889	5343	779524	78452	180091	16444
3359088	72.34	1284473	718229	1226788	1941	897071	95240	133480	30820
2824031	77.97	797718	632700	577482	1467	425404	44210	22843	22939

5—35 各市房地产开发企业（单位）个数（2013年）

Number of Enterprises for Real Estate Development by Region (2013)

单位：个（unit）

地 区	Region	企业个数 Number of Enterprises	内资企业 Domestic Funded Enterprises	#国有 State-owned	#集体 Collective-owned	#私营 Private Units	港澳台投资企业 Funded by Entrepreneurs from Hong Kong, Macao and Taiwan	外商投资企业 Foreign Funded Enterprises	国有控股 State-owned holdings
总 计	**Total**	**3418**	**3321**	**121**	**13**	**1351**	**57**	**40**	**292**
合肥市	Hefei	663	616	35	4	235	26	21	93
淮北市	Huaibei	89	84	4		41	1	4	6
亳州市	Bozhou	130	130	2		38			5
宿州市	Suzhou	134	132	6		44	1	1	13
蚌埠市	Bengbu	163	160	12		65	2	1	24
阜阳市	Fuyang	189	187	5		61	2		8
淮南市	Huainan	128	126	4		61	2		11
滁州市	Chuzhou	315	314	6		110		1	16
六安市	Luan	205	204	4	1	109	1		10
马鞍山市	Maanshan	188	184	8		104	2	2	26
芜湖市	Wuhu	258	246	8		112	8	4	18
宣城市	Xuancheng	206	204	4		65		2	9
铜陵市	Tongling	137	135	2	1	49	2		13
池州市	Chizhou	142	141	3	3	59		1	9
安庆市	Anqing	260	257	9	4	113	3		17
黄山市	Huangshan	211	201	9		85	7	3	14

5—36 各市按控股情况分的房地产企业（单位）个数（2013年）

Number of Real Estate Enterprises (units) by Controlled Holdings by Region (2013)

单位：个（unit）

地 区	Region	企业个数 Number of Enterprises	国有控股 State-owned Controlled Holdings	集体控股 Collective-owned Controlled Holdings	私人控股 Private Units Collective-owned Controlled Holdings	港澳台商控股 Funded by Entrepreneurs from Hong Kong, Macao and Taiwan Controlled Holdings	外商控股 Foreign Funded Enterprises Controlled Holdings	其他 Other
总 计	**Total**	**3418**	**292**	**70**	**2606**	**56**	**43**	**351**
合肥市	Hefei	663	93	13	434	24	21	78
淮北市	Huaibei	89	6	1	68	1	3	10
亳州市	Bozhou	130	5	3	107			15
宿州市	Suzhou	134	13	2	101	1	1	16
蚌埠市	Bengbu	163	24	3	118	2	1	15
阜阳市	Fuyang	189	8	4	144	2		31
淮南市	Huainan	128	11	3	103	2		9
滁州市	Chuzhou	315	16	6	268		3	22
六安市	Luan	205	10	5	171	2		17
马鞍山市	Maanshan	188	26	2	150	1	2	7
芜湖市	Wuhu	258	18		194	9	3	34
宣城市	Xuancheng	206	9	3	177		2	15
铜陵市	Tongling	137	13	6	96	2		20
池州市	Chizhou	142	9	4	107		2	20
安庆市	Anqing	260	17	11	204	3	1	24
黄山市	Huangshan	211	14	4	164	7	4	18

5—37 各市房地产开发建设投资总规模及完成投资（2013年）

General Scale of and Actually Completed Investment in Real Estate Development by Region (2013)

单位：万元（10000 yuan）

地 区	Region	计划总投资 Total Investment Actually Needed	自开始建设至本年底累计完成投资 Accumulative Investment Actually Made Since Starting of Construction up to the End of this Year	本年完成投资 Investment Made this Year	#配套工程投资额 Auxiliary Project	全部建成尚需投资 Further Investment Required for the Completion of Construction
总 计	**Total**	**198409117**	**125107341**	**39462264**	**494278**	**73301776**
合肥市	Hefei	59615694	40519185	11058109	98559	19096509
淮北市	Huaibei	5633618	3084929	1340086	21490	2548689
亳州市	Bozhou	6226542	3522220	1490738	20712	2704322
宿州市	Suzhou	7738874	3797678	1425022	20506	3941196
蚌埠市	Bengbu	10723561	6159940	3253221	80761	4563621
阜阳市	Fuyang	6620439	3845470	1404760	12854	2774969
淮南市	Huainan	6585123	4330180	1282077	22353	2254943
滁州市	Chuzhou	13731593	7834592	2616911	47440	5897001
六安市	Luan	8943905	4252069	1447547	24176	4691836
马鞍山市	Maanshan	11355979	6981491	2557476	25435	4374488
芜湖市	Wuhu	24182789	17516375	4461183	32964	6666414
宣城市	Xuancheng	9085665	5692529	1891081	40024	3393136
铜陵市	Tongling	8002295	4404525	1254634	11197	3597770
池州市	Chizhou	4562128	3316184	1056746	4943	1245944
安庆市	Anqing	6711373	4181486	1497996	21299	2529887
黄山市	Huangshan	8689539	5668488	1424677	9565	3021051

5—38 各市按用途分的房地产开发企业（单位）完成投资额（2013年）

Actually Completed Investment of Enterprises for Real Estate Development by Region and by Use (2013)

单位：万元（10000 yuan）

地 区	Region	本年完成投资额 Investment Made this Year	住宅 Residential Buildings	#90平米以下 Below 90 sq.m	144平米以上 Above of 144 sq.m	#别墅、高档公寓 Villas and Good Apartments	办公楼 Office Buildings	商业营业用房 Houses for Business Use	其他 Other
总 计	**Total**	**39462264**	**25498814**	**8772045**	**1922171**	**645382**	**1661961**	**8008625**	**4292864**
合肥市	Hefei	11058109	6743458	2536868	582840	169950	931316	1878622	1504713
淮北市	Huaibei	1340086	909262	613081	62432	17200	50911	218123	161790
亳州市	Bozhou	1490738	854182	151829	40072	5999	23749	325158	287649
宿州市	Suzhou	1425022	918759	250306	28354	7892	8039	343929	154295
蚌埠市	Bengbu	3253221	2141286	805002	48720	24977	79382	718553	314000
阜阳市	Fuyang	1404760	993131	275858	29361	3301	28092	199541	183996
淮南市	Huainan	1282077	835843	300150	96350	18197	43233	277130	125871
滁州市	Chuzhou	2616911	1687182	632453	110964	96702	44685	661882	223162
六安市	Luan	1447547	1140948	334259	56278	11910	9791	186846	109962
马鞍山市	Maanshan	2557476	1733030	448017	113880	77039	104342	481850	238254
芜湖市	Wuhu	4461183	3085236	1239316	370897	44889	176594	979020	220333
宣城市	Xuancheng	1891081	1229893	365958	104617	40141	33677	445818	181693
铜陵市	Tongling	1254634	639940	226004	57265	24119	37841	453436	123417
池州市	Chizhou	1056746	662418	212067	41573	10076	13286	186567	194475
安庆市	Anqing	1497996	1070954	158526	95794	1765	50501	271043	105498
黄山市	Huangshan	1424677	853292	222351	82774	91225	26522	381107	163756

5—39 各市房地产开发企业（单位）资金来源（2013年）

Sources of Funds of Enterprises for Real Estate Development by Region (2013)

单位：万元（10000 yuan）

地 区	Region	本年资金来源合计 Total Sources of Funds	上年末结余资金 Funds by the End of Last Year	本年资金来源小计 Total Funds This Year	国内贷款 Domestic Loans	#银行贷款 Bank Loan	利用外资 Foreign Investment	#外商直接投资 Foreign Direct Investment	自筹资金 Self-raising Funds	其他资金来源 Others
总　计	**Total**	**61877475**	**11105902**	**50771573**	**4668745**	**3823816**	**10000**	**10000**	**21436629**	**24656199**
合肥市	Hefei	19750195	4235982	15514213	1523367	1214624	10000	10000	4756860	9223986
淮北市	Huaibei	1690699	256627	1434072	149664	78530			594355	690053
亳州市	Bozhou	2413313	500120	1913193	90710	73180			1125764	696719
宿州市	Suzhou	2451384	720358	1731026	79102	75702			852540	799384
蚌埠市	Bengbu	4183390	519962	3663428	368585	300960			1919273	1375570
阜阳市	Fuyang	2497563	446450	2051113	138058	134358			678319	1234736
淮南市	Huainan	1895126	325414	1569712	123999	122699			615086	830627
滁州市	Chuzhou	3981851	648944	3332907	166119	136216			1718569	1448219
六安市	Luan	2599917	420747	2179170	150049	139815			726874	1302247
马鞍山市	Maanshan	3647720	471404	3176316	534379	480360			1640730	1001207
芜湖市	Wuhu	5451347	658413	4792934	497976	419100			2382073	1912885
宣城市	Xuancheng	2712847	523143	2189704	199296	100489			813515	1176893
铜陵市	Tongling	2139912	494110	1645802	192256	169970			772428	681118
池州市	Chizhou	1485828	186108	1299720	102499	89759			511518	685703
安庆市	Anqing	2822157	500945	2321212	177447	153519			1004105	1139660
黄山市	Huangshan	2154226	197175	1957051	175239	134535			1324620	457192

5—40 各市房地产开发建设房屋建筑面积和造价（2013年）
Floor Space of Buildings and their Cost in Real Estate Development by Region (2013)

地区	Region	施工房屋面积（平方米）Floor Space of Buildings Under Construction (sq.m)	新开工 Newly Started	竣工房屋面积（平方米）Floor Space of Buildings Completed (sq.m)	房屋建筑面积竣工率（%）Ratio of Floor Space of Buildings Completed (%)	竣工房屋价值（万元）Value of Buildings Completed (10000 yuan)	竣工房屋造价（元/平方米）Cost of Buildings Completed (yuan/sq.m)
总计	**Total**	**302352047**	**100777146**	**51803477**	**17.13**	**13418215**	**2590**
合肥市	Hefei	70153163	22110228	14353288	20.46	3733764	2601
淮北市	Huaibei	14509094	3543751	799203	5.51	179985	2252
亳州市	Bozhou	11186111	4284872	1472016	13.16	226467	1538
宿州市	Suzhou	11910793	5563407	2095757	17.60	524622	2503
蚌埠市	Bengbu	19249944	7166759	2089099	10.85	428425	2051
阜阳市	Fuyang	12663893	4848162	1765870	13.94	441223	2499
淮南市	Huainan	12819162	4526694	1572794	12.27	342497	2178
滁州市	Chuzhou	26500757	8833165	5412002	20.42	1365827	2524
六安市	Luan	13565759	4551373	1984706	14.63	455058	2293
马鞍山市	Maanshan	14726579	5568893	3541877	24.05	923068	2606
芜湖市	Wuhu	37148446	8676454	7095476	19.10	2227516	3139
宣城市	Xuancheng	14349201	5397430	1928067	13.44	383936	1991
铜陵市	Tongling	11489617	4156372	2545525	22.16	884693	3475
池州市	Chizhou	8886102	3065161	1250757	14.08	327730	2620
安庆市	Anqing	13917138	5560978	2805195	20.16	708020	2524
黄山市	Huangshan	9276288	2923447	1091845	11.77	265384	2431

5—41 各市按用途分的房地产开发企业（单位）新开工房屋面积（2013年）
Floor Space Started in Real Estate Development by Region and by Use (2013)

单位：平方米（sq.m）

地区	Region	本年新开工房屋面积 Floor Space Started This Year	住宅 Residential Buildings	#90平米以下 Below 90 sq.m	144平米以上 Above of 144 sq.m	#别墅、高档公寓 Villas and Good Apartments	办公楼 Office Buildings	商业营业用房 Houses for Business Use	其他 Other
总计	**Total**	**100777146**	**71439862**	**17144660**	**2832658**	**1413662**	**2460885**	**16247740**	**10628659**
合肥市	Hefei	22110228	14786531	4774385	635691	193293	814214	3488999	3020484
淮北市	Huaibei	3543751	2764525	1229947	79192	79392	101653	284882	392691
亳州市	Bozhou	4284872	2978919	283070	43355	5500	90381	870957	344615
宿州市	Suzhou	5563407	4301724	493293	30132	3205	34405	976882	250396
蚌埠市	Bengbu	7166759	5086307	1310086	134461	51586	179464	935397	965591
阜阳市	Fuyang	4848162	3710623	1058248	92130	61872	86331	623648	427560
淮南市	Huainan	4526694	3297661	830763	203898	86631	98552	763105	367376
滁州市	Chuzhou	8833165	6249079	1458782	248140	156623	105056	1813143	665887
六安市	Luan	4551373	3737265	664824	173018	42672	11913	579078	223117
马鞍山市	Maanshan	5568893	4009929	973223	60694	103224	163344	942156	453464
芜湖市	Wuhu	8676454	6016634	1429124	360110	32425	263039	1434093	962688
宣城市	Xuancheng	5397430	3955835	658144	132179	71679	69257	1013170	359168
铜陵市	Tongling	4156372	2257205	785628	62381	24220	300661	895429	703077
池州市	Chizhou	3065161	1759409	295467	82585	65749	58208	450885	796659
安庆市	Anqing	5560978	4429734	585061	235240	23086	24806	640347	466091
黄山市	Huangshan	2923447	2098482	314615	259452	412505	59601	535569	229795

5—42 各市商品房屋销售情况（2013年）
Selling of Commercial Houses by Region (2013)

地区	Region	房屋销售面积（平方米）Floor Space of Commercialized Buildings Sold (sq.m)	#住宅 Residential Buildings	现房 Completed Buildings	期房 Buildings Completed in Future	商品房销售额（万元）Total Sales of Commercialized Buildings (10000 yuan)	#住宅 Residential Buildings	现房 Completed Buildings	期房 Buildings Completed in Future
总计	**Total**	**62653523**	**55735341**	**9398896**	**53254627**	**31828650**	**26620419**	**4354748**	**27473902**
合肥市	Hefei	16280937	14516915	1366034	14914903	10230070	8831792	876576	9353494
淮北市	Huaibei	1582361	1434599	211521	1370840	740292	638763	92313	647979
亳州市	Bozhou	2657341	2041046	127017	2530324	1160742	808960	54802	1105940
宿州市	Suzhou	4203316	3801399	983348	3219968	1491350	1249730	338748	1152602
蚌埠市	Bengbu	4142450	3805452	578693	3563757	1933597	1663191	224365	1709232
阜阳市	Fuyang	2990127	2774755	325515	2664612	1476281	1284634	123170	1353111
淮南市	Huainan	2275202	2096018	287905	1987297	1084726	884581	153219	931507
滁州市	Chuzhou	4724745	4219255	905146	3819599	2040224	1705308	418710	1621514
六安市	Luan	2751940	2567833	314491	2437449	1236117	1110572	131133	1104984
马鞍山市	Maanshan	3121351	2862232	793200	2328151	1479623	1258564	324316	1155307
芜湖市	Wuhu	6126698	5518835	1202479	4924219	3370935	2841119	625008	2745927
宣城市	Xuancheng	3065934	2716619	396711	2669223	1423850	1181568	144040	1279810
铜陵市	Tongling	1262039	977696	303817	958222	700949	461586	165171	535778
池州市	Chizhou	1523223	1264606	206821	1316402	762682	537709	92833	669849
安庆市	Anqing	4351418	3804477	927264	3424154	1990155	1609690	399981	1590174
黄山市	Huangshan	1594441	1333604	468934	1125507	707057	552652	190363	516694

5—43 各市按用途分的商品房屋实际销售面积（2013年）
Floor Space of Commercial Houses Actually Sold by Use and by Region (2013)

单位：平方米（sq.m）

地区	Region	房屋销售面积 Floor Space of Selling House	商品住宅 Residential Buildings	#90平米以下 Below 90 sq.m	144平米以上 Above of 144 sq.m	#别墅、高档公寓 Villas and Good Apartments	办公楼 Office Buildings	商业营业用房 Houses for Business Use	其他 Other
总计	**Total**	**62653523**	**55735341**	**14975557**	**3238768**	**781947**	**949839**	**5062905**	**905438**
合肥市	Hefei	16280937	14516915	5464438	1124965	213172	580593	827185	356244
淮北市	Huaibei	1582361	1434599	471087	79643	21478	23900	116574	7288
亳州市	Bozhou	2657341	2041046	314151	139853		5536	387878	222881
宿州市	Suzhou	4203316	3801399	844673	161984	10130	2000	339373	60544
蚌埠市	Bengbu	4142450	3805452	1457720	62432	46197	1200	334394	1404
阜阳市	Fuyang	2990127	2774755	641819	29973	2163	41197	171405	2770
淮南市	Huainan	2275202	2096018	482536	108322	7250	4788	173317	1079
滁州市	Chuzhou	4724745	4219255	1089696	216752	101763	27720	431002	46768
六安市	Luan	2751940	2567833	539310	81611	5452	1000	144692	38415
马鞍山市	Maanshan	3121351	2862232	657473	271356	122948	15526	232332	11261
芜湖市	Wuhu	6126698	5518835	1468375	365320	81092	78131	478034	51698
宣城市	Xuancheng	3065934	2716619	469542	50168	53635	24068	312159	13088
铜陵市	Tongling	1262039	977696	262842	32369	1561	10915	254946	18482
池州市	Chizhou	1523223	1264606	169307	157489	50621	40722	209544	8351
安庆市	Anqing	4351418	3804477	346517	251857	3189	84551	439857	22533
黄山市	Huangshan	1594441	1333604	296071	104674	61296	7992	210213	42632

5—44 各市按用途分的商品房屋平均销售价格（2013年）
Average Selling Price of Commercial Houses by Region and by Use (2013)

单位：元/平方米（yuan/sq.m）

地 区	Region	房屋平均销售价格 Average Selling Price of Houses	商品住宅 Residential Buildings	#90平米以下 Below 90 sq.m	144平米以上 Above of 144 sq.m	#别墅、高档公寓 Villas and Good Apartments	办公楼 Office Buildings	商业营业用房 Houses for Business Use	其他 Other
总 计	**Total**	**5080**	**4776**	**4747**	**5587**	**8208**	**7276**	**8301**	**3473**
合肥市	Hefei	6283	6084	5692	6689	10997	8117	10043	2703
淮北市	Huaibei	4678	4453	4383	5943	6723	2867	8009	2995
亳州市	Bozhou	4368	3963	3567	5665		5000	6931	3648
宿州市	Suzhou	3548	3288	3163	3193	10314	5500	6430	3831
蚌埠市	Bengbu	4668	4371	4389	5345	8754	4417	8059	2742
阜阳市	Fuyang	4937	4630	4626	5327	5784	4637	9979	5394
淮南市	Huainan	4768	4220	3916	4505	5873	4946	11397	2363
滁州市	Chuzhou	4318	4042	4122	5281	7654	5040	7121	2996
六安市	Luan	4492	4325	3876	4707	6568	7180	7338	4856
马鞍山市	Maanshan	4740	4397	4054	5296	7007	4986	9077	2152
芜湖市	Wuhu	5502	5148	5013	6627	6398	6509	9210	7481
宣城市	Xuancheng	4644	4349	4296	4643	5763	4779	7047	4840
铜陵市	Tongling	5554	4721	3614	6821	19596	4115	8943	3720
池州市	Chizhou	5007	4252	3847	4415	6031	6104	9401	3747
安庆市	Anqing	4574	4231	4532	4140	9539	8073	6966	2582
黄山市	Huangshan	4435	4144	4221	5329	6317	8381	6561	2298

5—45 各市按用途分的商品房待售情况（2013年）
Commercial House for Sale by Used by Region (2013)

单位：平方米（sq.m）

地 区	Region	房屋待售面积 Square House for Sale	商品住宅 Residential Buildings	#90平米以下 Below 90 sq.m	144平米以上 Above of 144 sq.m	#别墅、高档公寓 Villas and Good Apartments	办公楼 Office Buildings	商业营业用房 Houses for Business Use	其他 Other
总 计	**Total**	**13421430**	**8665784**	**2137461**	**1457489**	**733911**	**380206**	**3577876**	**797564**
合肥市	Hefei	2201830	1181657	375323	244821	82158	130132	526569	363472
淮北市	Huaibei	314951	270339	83686	30909	19492	10679	32990	943
亳州市	Bozhou	127260	51547	3340	2694		1381	30596	43736
宿州市	Suzhou	1001581	702382	109634	11741	17939	1595	290922	6682
蚌埠市	Bengbu	435515	264599	160543	11112		17400	140608	12908
阜阳市	Fuyang	400327	174730	38103	7278	9096	4231	218644	2722
淮南市	Huainan	557668	328495	48812	69877	1060	23240	187598	18335
滁州市	Chuzhou	1317523	954066	252127	164900	90435	20993	315952	26512
六安市	Luan	1267245	891998	64734	64336		6373	278466	90408
马鞍山市	Maanshan	1125071	950282	447562	242388	162578	8148	130673	35968
芜湖市	Wuhu	723555	557972	110551	193423	126340	65102	97158	3323
宣城市	Xuancheng	881111	552128	122739	35820	15573	15574	291005	22404
铜陵市	Tongling	506459	264048	48310	37107		12955	188078	41378
池州市	Chizhou	390361	148818	9155	21810	1090	11386	217594	12563
安庆市	Anqing	974469	654347	98409	120875	2200	38892	228398	52832
黄山市	Huangshan	1196504	718376	164433	198398	205950	12125	402625	63378

5—46 各县（市、区）固定资产投资和新增固定资产（2013年）

Investment in Fixed Assets and Newly Increased Fixed Assets by County (City) (2013)

单位：万元，%（10000 yuan %）

县（市）	County (City)	固定资产投资 Investment in fixed Assets	项目投资 Investment Projects	城镇项目 Town Projects	房地产开发投资 Investment in Real Estate Development	新增固定资产 Newly Increased Fixed Assets	固定资产交付使用率 Rate of Projects of Fixed Assets Completed and Put into Use
合肥市直	Units directly under Hefei city	863347	863347	863347		18571	2.2
瑶海区	Yaohai District	2745236	1059318	1051668	1685918	942221	34.3
庐阳区	Luyang District	4251254	3314605	3199247	936649	2657091	62.5
蜀山区	Shushan District	6980877	3220851	3206951	3760026	4364259	62.5
包河区	Baohe District	7481262	5366938	5264114	2114324	6536345	87.4
长丰县	Changfeng	2474508	1473015	1407838	1001493	1226198	49.6
肥东县	Feidong	3927515	3532122	3326469	395393	2510517	63.9
肥西县	Feixi	4814322	4173472	4045288	640850	2223967	46.2
庐江县	Lujiang	1708266	1451974	1246669	256292	1088094	63.7
合肥高新区	Hefei Hi-tech District	2078401	2078401	2078401		1408286	67.8
合肥经开区	Hefei Economical Development District	3334843	3334843	3334843		1355051	40.6
新站区	Xinzhan District	2588984	2588984	2588984		326528	12.6
政务区	Zhengwu District	109973	109973	109973		238740	217.1
巢湖经开区	Chaohu Economical Development District	540265	540265	540265		535485	99.1
巢湖市	Chaohu	1454662	1187498	734814	267164	1235507	84.9
淮北市直	Units directly under Huaibei City	1262788	1262788	1260538		1161615	92.0
杜集区	Duji District	1287002	1117591	920252	169411	713800	55.5
相山区	Xiangshan District	1260228	336820	313476	923408	334841	26.6
烈山区	Lieshan District	1224027	1149611	1119239	74416	305706	25.0
濉溪县	Suixi	1971242	1798391	1686939	172851	1645691	83.5
谯城区	Qiaocheng District	2086884	1705336	1705336	381548	650049	31.2
涡阳县	Guoyang	1264231	935923	935923	328308	568108	44.9
蒙城县	Mengcheng	1194684	811332	598296	383352	742400	62.1
利辛县	Lixin	869126	471596	368746	397530	300809	34.6
宿州市直	Suzhou City	485996	485996	485996		43407	8.9
埇桥区	Yongqiao District	2503818	1501599	953047	1002219	614993	24.6
宿州经开区	Suzhou Economical Development District	586608	586608	586608		212818	36.3
砀山县	Dangshan	905683	795652	322511	110031	805974	89.0
萧　县	Xiaoxian	1470366	1397787	814457	72579	1111305	75.6
灵璧县	Lingbi	724695	583144	391795	141551	474928	65.5
泗　县	Sixian	751439	652797	454312	98642	604318	80.4
蚌埠市直	Units directly under Bengbu City	464353	464353	393936		530256	114.2
龙子湖区	Longzihu District	698574	415632	281006	282942	373824	53.5
蚌山区	Bengshan District	1407417	274843	173078	1132574	330133	23.5

5—46 续表1 continued

单位：万元，%（10000 yuan %）

县（市）	County (City)	固定资产投资 Investment in fixed Assets	项目投资 Investment Projects	城镇项目 Town Projects	房地产开发投资 Investment in Real Estate Development	新增固定资产 Newly Increased Fixed Assets	固定资产交付使用率 Rate of Projects of Fixed Assets Completed and Put into Use
禹会区	Yuhui District	997703	396800	114998	600903	429844	43.1
蚌埠经开区	Bengbu Economical Development District	524848	524848	524848		92611	17.7
蚌埠高新区	Bengbu High-tech District	1057432	1057432	1048231		706159	66.8
淮上区	Huaishang District	1925703	1347835	1114404	577868	1671555	86.8
怀远县	Huaiyuan	1501932	1307030	1148017	194902	922197	61.4
五河县	Wuhe	892800	569497	463187	323303	459166	51.4
固镇县	Guzhen	1138137	997408	592093	140729	536058	47.1
阜阳市直	Units directly under Fuyang City	416171	416171	342401		312162	75.0
颍州区	Yingzhou District	1246464	629772	554406	616692	563948	45.2
颍东区	Yingdong District	738367	639856	575006	98511	461778	62.5
颍泉区	Yingquan District	690120	552302	493648	137818	345186	50.0
界首市	Jieshou	432674	330666	330666	102008	208113	48.1
临泉县	Linquan	578007	431346	342480	146661	468990	81.1
太和县	Taihe	745289	627271	434460	118018	561253	75.3
阜南县	Funan	604052	520475	395288	83577	458411	75.9
颍上县	Yingshang	1001431	899956	899356	101475	937741	93.6
淮南市直	Units directly under Huainan City	399045	399045	399045		2265	0.6
大通区	Datong District	953101	830147	641273	122954	518379	54.4
田家庵区	Tianjiaan District	1843943	1164721	1016919	679222	741936	40.2
谢家集区	Xiejiaji District	782699	719279	453010	63420	588034	75.1
八公山区	Bagongshan District	137183	128819	94209	8364	73380	53.5
潘集区	Panji District	1861346	1771904	1471618	89442	670176	36.0
凤台县	Fengtai	1780385	1461710	1132051	318675	796302	44.7
毛集试验区	Maoji testing District	247549	247549	146921		202307	81.7
滁州市直	Units directly under Chuzhou City	1166452	1166452	1166452		709795	60.9
琅琊区	Langya District	721007	196195	196195	524812	541184	75.1
南谯区	Nanqiao District	1054408	388294	388294	666114	492591	46.7
天长市	Tianchang	2175499	1968160	1968160	207339	1703093	78.3
明光市	Mingguang	939800	789845	658676	149955	720902	76.7
来安县	Laian	1255543	878012	796184	377531	795116	63.3
全椒县	Quanjiao	1068614	811240	811240	257374	838481	78.5
定远县	Dingyuan	1220645	927324	915040	293321	633876	51.9
凤阳县	Fengyang	1155867	1015402	995243	140465	1175437	101.7
六安市直	Units directly under Luan City	289526	289526	289526		95493	33.0
金安区	Jinan District	1234550	877216	640738	357334	670920	54.4
裕安区	Yuan District	1201447	643504	643504	557943	953595	79.4

5—46 续表2 continued

单位：万元，%（10000 yuan %）

县（市）	County (City)	固定资产投资 Investment in fixed Assets	项目投资 Investment Projects	城镇项目 Town Projects	房地产开发投资 Investment in Real Estate Development	新增固定资产 Newly Increased Fixed Assets	固定资产交付使用率 Rate of Projects of Fixed Assets Completed and Put into Use
寿　县	Shouxian	1037154	904998	888669	132156	865652	83.5
霍邱县	Huoqiu	1199366	1078599	1030933	120767	541678	45.2
舒城县	Shucheng	877854	735861	643404	141993	713523	81.3
金寨县	Jinzhai	875001	819869	580043	55132	753843	86.2
霍山县	Huoshan	1093241	1011019	999772	82222	789182	72.2
叶集试验区	Yijie Experimental District	218208	218208	206586		152875	70.1
六安经开区	Lu'an Economical Development District	424046	424046	424046		425264	100.3
马鞍山市直	Units directly under Maanshan City	337615	337615	337615		14367	4.3
金家庄区	Jinjiazhuang District	533778	533778	529478		575924	107.9
花山区	Huashan District	2934432	1993229	1798129	941203	1999314	68.1
雨山区	Yushan District	3001389	2389071	2328751	612318	1646331	54.9
博望区	Bowang District	936796	837133	808933	99663	705888	75.4
当涂县	Dangtu	3738192	3363558	3296938	374634	3534636	94.6
含山县	Hanshan	1178593	1033181	565043	145412	717018	60.8
和　县	Hexian	1655245	1270999	1087724	384246	965169	58.3
芜湖市直	Units directly under Wuhu City	499469	499469	499469		181413	36.3
镜湖区	Jinghu District	2012175	677399	677399	1334776	1647716	81.9
弋江区	Yijiang District	2292967	1386609	1386609	906358	1662045	72.5
鸠江区	Jiujiang District	2374368	987794	984164	1386574	1474727	62.1
三山区	Sanshan District	2094309	1968738	1968738	125571	527576	25.2
芜湖经开区	Wuhu Economical Development District	2309743	2309743	2309743		798542	34.6
大桥开发区	Big Bridge Development District	175776	175776	175776		173523	98.7
芜湖县	Wuhu	2046512	1857797	1838544	188715	1200368	58.7
繁昌县	Fanchang	1915130	1787619	1730318	127511	1474535	77.0
南陵县	Nanling	1676349	1475767	1406750	200582	1212252	72.3
无为县	Wuwei	2309228	2118132	1809635	191096	1951241	84.5
江北集中区	Jiangbei District	700475	700475	700475		123515	17.6
宣城市直	Xuancheng City	299897	299897	299897		116192	38.7
宣州区	Xuanzhou District	2266984	1373476	928988	893508	1264634	55.8
宁国市	Ningguo	2007243	1753956	1525344	253287	1568106	78.1
郎溪县	Langxi	1578578	1315612	1314504	262966	505454	32.0
广德县	Guangde	1501829	1332514	1047695	169315	1230295	81.9
泾　县	Jingxian	860208	765296	620035	94912	720295	83.7
绩溪县	Jixi	950209	805414	805414	144795	375156	39.5

5—46 续表3 continued

单位：万元，%（10000 yuan %）

县（市）	County (City)	固定资产投资 Investment in fixed Assets	项目投资 Investment Projects	城镇项目 Town Projects	房地产开发投资 Investment in Real Estate Development	新增固定资产 Newly Increased Fixed Assets	固定资产交付使用率 Rate of Projects of Fixed Assets Completed and Put into Use
旌德县	Jingde	316908	244610	179515	72298	213419	67.3
铜陵市直	Units directly under Tongling City	173811	173811	173811		27000	15.5
铜官山区	Tongguanshan District	827987	493420	493420	334567	613485	74.1
狮子山区	Shizishan District	1536115	993536	849575	542579	1134581	73.9
铜陵经开区	Tongling Economical Development District	1050549	1050549	1050549		952287	90.7
郊　区	Suburban District	1249631	1191665	1159636	57966	1316814	105.4
铜陵县	Tongling	1664296	1344774	1247307	319522	1104847	66.4
池州市直	Chizhou City	55472	55472	55472		32697	58.9
贵池区	Guichi District	1903451	1083796	477830	819655	1285149	67.5
池州经开区	Chizhou Economical Development District	398083	398083	398083			
江南集中区	Jiangnan District	499097	499097	499097		87891	17.6
东至县	Dongzhi	910584	831560	616367	79024	591788	65.0
石台县	Shitai	108171	89076	50133	19095	131350	121.4
青阳县	Qingyang	716300	577328	304878	138972	616188	86.0
九华山区	Mount Jiuhua area	23598	23598	23598		60050	254.5
迎江区	Yingjiang District	854492	406994	323875	447498	658453	77.1
大观区	Daguan District	376413	302210	88117	74203	78514	20.9
安庆经开区	Anqing Economical Development District	1188361	1188361	1188361		553961	46.6
宜秀区	Yixiu District	699493	594190	585590	105303	364650	52.1
桐城市	Tongcheng	1931711	1790735	1722480	140976	1650101	85.4
怀宁县	Huaining	1309277	1209816	1027468	99461	719543	55.0
枞阳县	Zongyang	1509459	1262927	1236370	246532	1124837	74.5
潜山县	Qianshan	794855	698859	605988	95996	822802	103.5
太湖县	Taihu	740546	678491	631781	62055	594510	80.3
宿松县	Susong	1005264	842010	833615	163254	665210	66.2
望江县	Wangjiang	806671	760627	714076	46044	786467	97.5
岳西县	Yuexi	640611	623937	615462	16674	205158	32.0
屯溪区	Tunxi District	1712290	1010587	708719	701703	1101293	64.3
黄山区	Huangshan District	734251	522849	415307	211402	222578	30.3
徽州区	Huizhou District	362728	279073	189064	83655	268447	74.0
歙　县	Shexian	880663	699877	585470	180786	525213	59.6
休宁县	Xiuning	763069	601189	459719	161880	479179	62.8
黟　县	Yixian	297840	264807	231305	33033	206380	69.3
祁门县	Qimen	499818	447600	417450	52218	299341	59.9

主要统计指标解释

固定资产投资

固定资产投资额是以货币表现的建造和购置固定资产活动的工作量，它是反映固定资产投资规模、速度、比例关系和使用方向的综合性指标。固定资产投资按经济类型可分为国有、集体、个体、联营、股份制、外商、港澳台商、其他等。按照管理渠道，全社会固定资产投资统计的范围包括：⑴城镇和农村 500 万元以上固定资产投资项目；⑵房地产开发投资；⑶农村非农户投资。

房地产开发投资

指房地产开发公司、商品房建设公司及其他房地产开发法人单位和附属于其他法人单位实际从事房地产开发或经营的活动单位统一开发的包括统代建、拆迁还建的住宅、厂房、仓库、饭店、宾馆、度假村、写字楼、办公楼等房屋建筑物和配套的服务设施，土地开发工程（如道路、给水、排水、供电、供热、通讯、平整场地等基础设施工程）的投资；不包括单纯的土地交易活动。

建设总规模

是指在报告期内所有施工项目的计划总投资。

在建总规模

是指在报告期末所有在建项目的计划总投资。

在建净规模

是指报告期末所有在建项目建成投产尚需的投资总量。

在建净规模＝在建总规模－未投产项目（期末在建）累计完成投资。

固定资产投资的资金来源

根据固定资产投资的资金来源不同，分为国家预算内资金、国内贷款、利用外资、自筹资金和其他资金来源。

⑴国家预算资金：包括一般预算、政府性基金预算、国有资本经营预算和社保基金预算。各类预算中用于固定资产投资的资金全部用为国家预算资金填报，其中一般预算中用于固定资产投资的部分包括基建投资、车购税、灾后恢复重建基金和其他投资。各级政府债券也归入国家预算资金。

⑵国内贷款：指报告期内企、事业单位向银行及非银行金融机构借入的用于固定资产投资的各种国内借款。包括银行利用自有资金及吸收的存款发放的贷款、上级主管部门拨入的国内贷款、国家专项贷款（包括煤代油贷款、劳改煤矿专项贷款等)、地方财政专项资金安排的贷款、国内储备贷款、周转贷款等。

⑶利用外资：指报告期内收到的用于固定资产投资的国外资金，包括统借统还、自借自还的国外贷款，中外合资项目中的外资，以及对外发行债券和股票等。国家统借统还的外资指由我国政府出面同外国政府、团体或金融组织签订贷款协议、并负责偿还本息的国外贷款。

⑷自筹资金：指建设单位报告期内收到的，用于进行固定资产投资的上级主管部门、地方和企、事业单位自筹资金。

⑸其他资金来源：指报告期内收到的除以上各种拨款。

固定资产投资按建设性质分

建设项目的性质一般分为新建、扩建、改建、迁建、恢复。基本建设按建设项目划分建设性质，更新改造、国有单位其他固定资产投资及城镇集体投资等按整个企业、事业单位的建设情况确定建设性质，房地产开发单位、农村投资等投资不划分建设性质。

⑴新建：一般是指从无到有、“平地起家”新开始建设的单位。有的单位原有的基础很小，经过建设后其新增加的固定资产价值超过原有固定资产价值（原值）三倍以上的也算新建。

⑵扩建：一般是指为扩大原有产品的生产能力，在厂内或其他地点增建主要生产车间（或主要工程)、独立的生产线或分厂的企业；事业单位和行政单位在原单位增建业务用房（如学校增建教学用房、医院增建门诊部或病床用房、行政机关增建办公楼等）也作为扩建。

⑶改建：一般是指现有企业、事业单位为了技术进步，提高产品质量，增加花色品种，促进产品升级换代，降低消耗和成本，加强资源综合利用和三废治理、劳保安全等，采用新技术、新工艺、新设备、新材料等对现有设施、工艺条件进行技术改造或更新（包括相应配套的辅助性生产、生活福利设施)。有的企业为充分发挥现有生产能力，进行填平补齐而增建不增加本单位主要产品生产能力的车间等，也属于改建。

固定资产投资按构成分

固定资产投资活动按其工作内容和实现方式分为建筑安装工程，设备、工具、器具购置，其他费用三个部分。

⑴建筑安装工程（建筑安装工作量)：指各种房屋、建筑物的建造工程和各种设备、装置的安装工程。包括各种房屋建造工程，各种用途设备基础和各种工业窑炉的砌筑工程；为施工而进行的各种准备工作和临时工程以及完工后的清理工作等；铁路、道路的铺设，矿井的开凿及石油管道的架设等；水利工程；防空地下建筑等特殊工程；以及各种机械设备的安装工程；为测定安装工程质量，对设备进行的试运工作。在安装工程中，不包括被安装设备本身的价值。

⑵设备、工具、器具购置：指购置或自制达到固定资产标准的设备、工具、器具的价值，固定资产的标准按财务部门规定。新建单位、扩建单位的新建车间按照设计和计划要求购置或自制的全部设备、工具、器具，不论是否达到固定资产标准均计入“设备、工具、器具购置”中。

⑶其他费用：指在固定资产建造和购置过程中发生的，除建筑安装工程和设备、工具、器具购置以外的各种应摊入固定资产的费用。

施工项目

指报告期内曾进行建筑或安装工程施工活动的建设项目，包括报告期内新开工项目、报告期以前开工跨入报告期继续施工的项目以及报告期施过工并在报告期内全部建成投产或停缓建的项目。

全部建成投产项目

工业项目是指设计文件规定形成生产能力的主体工程及其相应配套的辅助设施全部建成，经负荷试运转，证明具备生产设计规定合格产品的条件，并经过验收鉴定合格或达到竣工验收标准，与生产性工程配套的生活福利设施可以满足近期正常生产的需要，正式移交生产的建设项目。非工业项目是指设计文件规定的主体工程和相应的配套工程全部建成，能够发挥设计规定的全部效益，经验收鉴定合格或达到竣工验收标准，正式移交使用的建设项目。

商品住宅

指房地产开发企业（单位）建设并出售、出租给使用者，仅供居住用的房屋。

土地开发投资额

指房地产开发企业完成的前期工程投资，即路通、水通、电通、场地平整等（也称七通一平）所完成的投资。一般指生地开发成熟地的投资。在旧城区（老区拆迁）的开发中，如果有统一的规划，如政府有关部门批准的小区建设的前期工程中，有场地平整，原有建筑物、构筑物拆除，供水供电工程等工作量也可计算。未进行开发工程、只进行单纯的土地交易活动不作为土地开发投资统计。土地开发投资额在房屋用途分组中能分摊的部分就分摊，不能分摊的全部计入其他。

土地购置费

指房地产开发企业为取得土地使用权而支付的费用。土地购置费按当期发生数计入投资，如土地购置费为分期付款的，可分期计入投资；不计入新增固定资产。土地购置费支出包括：①通过草拟方式取得的土地使用权所支付的土地补偿费、附着物和青苗补偿费、安置补偿费及土地征收管理费等；②通过出让方式取得土地使用权所支付的出让金。

投资额按房屋工程用途分组

指投资额中用于各类房屋建设的投资。

住宅

指专供居住的房屋，包括别墅、公寓、职工家属宿舍和集体宿舍（包括职工单身宿舍和学生宿舍）等。但不包括住宅楼中作为人防用、不住人的地下室等。

别墅、高档公寓

一般指单位建筑面积造价高于当地同等地段商品住宅平均造价一倍以上的公寓或别墅，或者经有权审批房地产投资计划的审批单位审定为高档公寓、别墅的房地产投资项目。

本年完成开发土地面积

指报告期内对土地进行开发并已完成七通一平等前期开发工程，具备进行房屋建筑物施工或出让条件的土地面积。

本年购置土地面积

指在本年内通过各种方式获得土地使用权的土地面积。

本年土地成交价款

指进行土地使用权交易活动的最终金额。在土地一级市场，是指土地最后的划拨款和出让价；在土地二级市场是指土地转让、出租、抵押等最后确定的合同价格。土地成交价款与土地购置面积同口径，目的是正确计算平均土地购置价格。

房屋施工面积

指报告期内施工的全部房屋建筑面积。包括本期新开工的面积和上年开工跨入本期继续施工的房屋面积，以及上期已停建在本期恢复施工的房屋面积。本期竣工和本期施工后又停建缓建的房屋面积仍包括在施工面积中，多层建筑应填各层建筑面积之和。

房屋竣工面积

指报告期内房屋建筑按照设计要求已全部完工，达到住人和使用条件，经验收鉴定合格或达到竣工验收标准（实行房地产开发小区综合验收的城市，应经小区综合验收合格），可正式移交使用的各栋房屋建筑面积的总和。

实际销售面积

指报告期内已竣工的房屋面积中已正式交付给购房者或已签订（正式）销售合同的商品房屋面积。不包括已签订预售合同正在建设的商品房屋面积，但包括报告期或报告期以前签订了预售合同，在报告期又竣工的商品房屋面积。

Explanatory Notes for Major Statistical Indicators

Total Investment in Fixed Assets in the Whole Country

Amount of investment in fixed assets refers to the volume of activities in construction and purchases of fixed assets in monetary terms. It is a comprehensive indicator which shows the size, pace, proportional relations and use orientation of the investment in fixed assets. Total investment in fixed assets in the whole country includes, by status of economic ownership, the investment by the state-owned units, collective units, individuals, joint ownership units, share-holding units, as well as investment by businessmen from foreign countries and from Hong Kong, Macao and Taiwan, and by other units. According to management channels, the statistical ranges of the investment in fixed assets include: (1) item invested half million Yuan and over in urban; (2) investment of real estates; (3) investment in rural district not by farmer; (4) investment in rural district by farmer.

Investment in Real Estate Development

It includes the investment by the real estate development companies, commercial buildings construction companies and other real estate development units of various types of ownership in the construction of house buildings, such as residential buildings, factory buildings, warehouses, hotels, guesthouses, holiday villages, office buildings, and the complementary service facilities and land development projects, such as roads, water supply, water drainage, power supply, heating, telecommunications, land leveling and other projects of infrastructure. It excludes the activities in simple land transactions.

Total Size of Construction

refers to the planned total investment for all construction projects during the reference period.

Total Size of Investment in Projects under Construction

refers to the planned total investment of all projects under construction at the end of the reference period.

Net Size of Investment in Projects under Construction

refers to the outstanding requirement of investment of all projects under construction at the end of the reference period.

Net size of investment in projects under construction= Total size of investment – Accumulated completed investment of projects under construction

Sources of Funds for Investment in Fixed Assets

state budgetary appropriation, domestic loans, foreign investment, self-raised funds, and others.

a) State budgetary appropriation refers to appropriation in the budget of the central and local governments earmarked for capital construction and for innovation projects, and the special appropriation from the budget of the central government for capital construction and for the transfer fund to banks to be issued as loans for capital construction projects.

b) Domestic loans refer to various funds borrowed by enterprises and institutions from banks and non-bank financial institutions during the reference period for the purpose of investment in fixed assets, including loans issued by banks from their self-owned funds and deposit, loans appropriated by higher responsible authorities, special loans by government (including loan for replacing petroleum with coal, special loan for reform-through-labour coal mines), loans arranged by local government from special funds, domestic reserve loan, and working loan, etc.

c) Foreign Investment refers to foreign funds received during the reference period for the purpose of investment in fixed assets, including foreign funds borrowed and managed by the government, by individual units, foreign fund in joint venture program, and issue of bonds and stocks at the international financial markets. The foreign funds borrowed and managed by the government refer to foreign loans borrowed by the government from foreign governments, organizations, or financial institutions under official agreements signed by both parties, under which government is responsible for the repayment of both the principal and interests of the foreign loans.

d) Self-raised funds refer to funds received by construction enterprises from their higher responsible authorities, local governments, or raised by enterprises or institutions themselves for the purpose of investment in fixed assets during the reference period.

f) Others refer to funds received during the reference period which are not included in the above-mentioned sources.

Investment in Fixed Assets by Type of Construction

The construction projects in general can be classified by the type of construction into new construction, expansion, reconstruction and moving away. In capital construction, the type of construction is determined by the condition of the project. In investment in innovation, in other investment by state-owned units and investment by collective-owned units, the type of construction is determined by the condition of the whole enterprise or institutions. Investment by type of construction is not applied to investment by real-estate development units, investment in rural areas.

a) New construction in general refers to newly constructed units. In the case in which the value of the original fixed assets is quite small, and the value of newly added fixed assets exceeds the original ones by three times, the expansion construction is considered as new construction.

b) Expansion refers to construction of new major production workshop or independent production line within a factory or in other locations, or construction of a branch factory so as to increase the production capacity of the original products. Newly constructed business houses in institutions and administrative organizations (such as the newly constructed teaching buildings in schools, clinics or bed building in hospitals, and office buildings in administrative agencies, etc.) are also classified as expansion.

c) Reconstruction refers to technical innovation and transformation of the existing equipment and technical conditions undertaken by enterprises and institutions for the purposes of technological advancement, improvement in product quality, enlarging variety of products, promoting new generation of products, reducing production consumption and cost, promoting comprehensive utilization of resources, strengthening treatment of waste gas, waste water and solid wastes, and safety in production, etc. through application of new technologies and techniques, use of new equipment and new materials (including accessory facilities for production or for living and welfare purposes).Construction of new workshops for improving existing production capacity rather than increasing production capacity is also considered as reconstruction.

Investment in Fixed Assets by Structure

refers to the three major parts of investment activities, i.e. construction and installation, purchase of equipment and instrument, and other expenses.

a) Construction and installation (work volume of construction and installation) refers to the construction of various houses and buildings and installation of various kinds of equipment and instruments, including construction of various houses, equipment foundations and industrial kilns and stoves, preparation works for project construction, and clearing up works post project construction, pavement of railways and roads, drilling of mines and putting up of oil pipes, construction of projects of water conservancy, construction of underground air-raid shelters and construction of other special projects, installation of various machinery equipment, testing operation for pre-testing the quality of installation projects. The value of equipment installed is not included in the value of installation projects.

b) Purchase of equipment and instruments refers to the total value of equipment, tools, and vessels purchased or self-produced which come up to standards for fixed assets. Equipment, tools and vessels purchased or self-produced for new workshops by newly established or expanded units are categorized as purchase of equipment and instruments no matter whether they come up to the standards for fixed assets or not.

c) Other expenses refer to expenses occurring during the construction or purchase of fixed assets other than construction, installation or purchase of equipment and instruments.

Projects Under Construction

refer to projects having construction and installation activities undertaken in the reference period, including projects started in the reference period, or continued from the previous period, or completed and put into production or suspended in the reference period.

Projects Completed and Put into Use

Industrial projects refer to the major projects and accessory facilities completed which result in forming production capacity and have been checked and accepted while the living and welfare facilities have been completed and can ensure normal production and formally put into production. Non-industrial projects refer to the major projects and accessory facilities completed which possess the designed capacity and have been checked, accepted and formally put into production.

Commercial Housing

refers to the building just for living sailed and rented to the user by real estate development company.

Amount of Investment on Land

refers to the previous construction investment completed by real estate development company, which includes road project completed, water project completed, electricity project completed, site grading and so on (and also called seven completed one grading). This investment is usually called fresh land developed in to mature land. If there lave unified planning in old section of city (the moving of old district) development, for example, in the prior project of housing estate construction authorized by related party of government the amount of work of site grading, demolition of primary buildings water supply project and power supply project can be calculated. The project without development and purely transaction of land can't be the statistics of development and investment in land. The amount of land development and investment must be apportioned if they can be apportioned in the group by the use of building. If the part can't be apportioned, they can be calculated in others wholly.

The Cost of Buying Land

refers to the cost paid by the real estate company, which can be used for gaining the usufruct of land. The cost of buying land can be calculated for investment based on the current period amounts. The cost of buying land can be calculated for investment by stages if the cost of buying land is divided payments. The cost of buying land can't be calculated for the new permanent assets. The cost of buying land includes ① compensation cost of land, adhesive material, green croups, allocation and management expenses of land expropriation paid by the land-use right in rough style. ②fees for assignment paid by the land-use right in remised style.

Amount of Investment Classified by the Use of Building

Engineering

refers to the investment of all types of building construction among of the amount of investment.

House

refers to the building for living merely including villa, apartment, dormitory of employee, collective dormitory (including the dormitory for bachelors and students) and so on, excluding the basement of resident buildings for civil air defense and no living.

Villas, High-grade Apartments

refer to per construction cost on villas or high-grade apartments are higher by over 100% compared with the average prices of commercial housing at the same place, or projects for the construction of villas or high-grade apartments approved by competent departments in chare of real estate development and investment plans.

Exploitative Land Area Completed This Year

refers to prior development project of land (seven completed one grading and soon) which was developed and completed at report period. The land area has building operations or remised condition.

The Land Area Bought This Year

refers to the area attained land-use right by all kinds of modes this year.

Bargain Price of Land This Year

refers to final sum bargained for the land-use right. The price refers to the final transfer and remised price at land primary market; The price refers to the finally affirmed contract price with land remised, rented, mortgage and so on at land secondary market. Bargain price of land have the same caliber with the land buying area, the aim is to calculate the mean land buying price correctly.

Floor Space Under Construction

refers to total floor space of all buildings under construction during the reference period, including floor space of newly started buildings during the reference period, floor space of construction extended from the previous period to the current period, floor space of construction suspended during the previous period and resumed in the current period, floor space of construction completed in the current period, and floor space of construction started and then suspended in the current period.

Floor Space of Buildings Completed

refers to the floor space of buildings completed in the reference period, which have come up to the designed standards and have been put into use.

第六篇

Chapter 6

能源生产和消费

PRODUCTION AND CONSUMPTION OF ENERGY

简要说明

一、本篇主要内容有：能源生产、消费及品种构成，能源生产和消费弹性系数，近年来综合能源平衡表和电力平衡表，分行业分主要能源品种的消费量等。

二、2011 年及以前年份为分行业主要能源品种消费量、分行业工业用水量是指全部国有及年销售收入 500 万元以上工业企业。2011 年起为全部国有及年销售收入 2000 万元以上工业企业，与历史年份不可比。

三、本篇资料取自省统计局能源处，是按照国家统计局报表制度逐级汇总整理。

四、关于数据口径与计算的说明

1. 一次能源生产量与工业统计数据一致。

2. 行业分类采用现行统一的国民经济行业分类国家标准。

3. 能源生产与消费弹性系数分别以能源生产、消费增长速度与国内生产总值增长速度相比求得。

Brief Introduction

I. Data in this chapter cover mainly the energy production, consumption and their composition, the elasticity ratio of energy production and consumption, the overall balance of energy and the balance of electricity, the consumption of energy by sector and by main variety.

II. The consumption of energy by sector and by main variety and industrial water consumption by sector include all state-owned industrial enterprises and the industrial enterprises with yearly sales revenue over five million yuan.

III. Data in this chapter are prepared and provided by the Division of Energy, Anhui Statistical Bureau, in accordance with the national reporting system.

IV. Coverage and calculation of data:

1. Data on the production of primary energy are the same as the concerned data of the industrial statistics.

2. The state classification of national economic sectors is used in the classification of sectors.

3. The elasticity ratio of energy production is calculated as the quotient of the growth rate of energy production divided by the growth rate of GDP; and the elasticity ratio of energy consumption is calculated as the quotient of the growth rate of energy consumption divided by the growth of GDP.

6—1 能源生产和消费总量及电力生产和消费量
Total Production and Consumption of Energy and Electricity

年份 Year	能源生产总量（万吨标准煤）Total Energy Production（10000 tons of SCE）	电力生产量（亿千瓦时）Electricity (100 million kwh)	能源消费总量（万吨标准煤）Total Energy Consumption（10000 tons of SCE）	电力消费量（亿千瓦时）Electricity (100 million kwh)
2000	3436.14	364.63	4878.82	338.92
2005	6215.42	648.38	6505.98	581.65
2006	5993.75	734.38	7069.39	662.40
2007	6742.44	868.04	7739.33	768.70
2008	8413.93	1101.94	8325.40	858.87
2009	9288.36	1328.58	8895.90	952.30
2010	9689.27	1463.31	9706.60	1077.92
2011	10281.42	1655.07	10570.23	1221.19
2012	10947.05	1807.84	11357.95	1361.10
2013	10161.34	1977.73	12060.36	1528.07

注：1.电力生产量为全社会发电量。能源生产和消费量按等价热值计算。2006年后能源生产总量不含跨地区原煤产量。
2.根据第二次全国经济普查结果，2005年以后的有关数据有所调整（下同）。
a) Electricity Production is the whole social power rate.Energy Production and Consumption are calculated on the basis of equal caloric value. After 2006, Total Energy Production does not contain the trans-regional raw coal output.
b) According to the second economic census result, after 2005 related data has been adjusted (same as below).

6—2 综合能源平衡表
Overall Energy Balance

单位：万吨标准煤（10000 tons of SCE）

指标	Item	2000	2005	2010	2012	2013
可供消费的能源总量	**Total Energy Available for Consumption**					
一次能源生产量	Primary Energy Output	3436.14	6215.42	9689.27	10947.05	10161.34
能源消费总量	**Total Energy Consumption**	**4878.82**	**6505.98**	**9706.60**	**11357.95**	**12060.36**
在总量中：	Consumption by Sector:					
农、林、牧、渔、水利业	Farming, Forestry, Animal Husbandry, Fishery and Water Conservancy	163.48	149.10	199.48	216.10	233.44
工业	Industry	3881.06	5016.86	7464.63	8363.59	8683.66
建筑业	Construction	53.93	54.32	114.56	155.06	169.20
交通运输和邮电通信业	Transportation, Post and Telecommunications Services	178.38	280.27	528.00	851.04	951.48
商业、饮食、物资供销和仓储业	Commerce, Catering Services, Materials Supply, Marketing and Storage	57.24	101.75	150.29	257.66	276.60
其他	Others	57.65	132.90	252.02	330.49	397.82
生活消费	Residential Consumption	487.07	770.78	997.58	1184.01	1348.17
在总量中：	Consumption by Usage:					
终端消费	Final Consumption	4689.61	6126.54	9259.76	10753.04	11496.17
#工业	Industry	3691.85	4637.41	6779.94	7758.68	8119.48
加工转换损失量	Losses in Processing and Transformation	189.21	379.44	440.06	412.62	402.27
输配损失量	Losses in Transportation and Delivery	73.64	155.34	237.84	293.09	307.06
平衡差额	**Balance**	**8.38**	**17.54**	**-43.42**	**41.98**	**-25.74**

6—3 能源生产弹性系数
Elasticity Ratio of Energy Production

年份 Year	能源生产比上年增长（%） Growth Rate of Energy Production over preceding Year (%)	电力生产比上年增长（%） Growth Rate of Electricity Production over Preceding Year (%)	安徽生产总值比上年增长（%） Growth Rate of Gross Domestic Product (GDP) over Preceding Year (%)	能源生产弹性系数 Elasticity Ratio of Energy Production	电力生产弹性系数 Elasticity Ratio of Electricity Production
2000	2.16	15.25	8.3	0.26	1.84
2005	6.32	6.02	11.8	0.54	0.51
2010	4.32	10.14	14.6	0.30	0.69
2012	6.47	9.23	12.1	0.54	0.76
2013	-7.18	9.40	10.4		0.90

注：能源生产增长速度按等价热值计算；电力生产增长速度按实物量计算。
a) The rate of rise of energy production is calculated on the basis of equal caloric value; The rate of rise of electricity production is calculated on the basis of real amount.

6—4 能源消费弹性系数
Elasticity Ratio of Energy Consumption

年份 Year	能源消费比上年增长（%） Growth Rate of Energy Consumption over Preceding Year (%)	电力消费比上年增长（%） Growth Rate of Electricity Consumption over Preceding Year (%)	安徽生产总值比上年增长（%） Growth Rate of Gross Domestic Product (GDP) over Preceding Year (%)	能源消费弹性系数 Elasticity Ratio of Energy Consumption	电力消费弹性系数 Elasticity Ratio of Electricity Consumption
2000	5.47	8.29	8.3	0.66	1.00
2005	8.33	12.74	11.8	0.71	1.08
2010	9.11	13.19	14.6	0.62	0.90
2012	7.45	11.46	12.1	0.62	0.95
2013	6.18	12.27	10.4	0.59	1.18

注：能源消费增长速度按等价热值计算；电力消费增长速度按实物量计算。
a) The rate of rise of energy consumption is calculated on the basis of equal caloric value; The rate of rise of electricity consumption is calculated on the basis of real amount.

6—5 能源加工转换效率
Efficiency of Energy Conversion

单位：%

年份 Year	总效率 Total Efficiency	火力发电 Thermal Power Generation	炼焦 Coking	炼油 Petroleum Refining
2005	65.58	34.66	88.99	94.17
2010	65.87	39.95	95.76	99.45
2012	65.24	40.61	94.97	98.87
2013	66.62	40.87	95.12	99.80

6—6 主要年份电力平衡表
Electricity Balance Sheet in Main Year

单位：亿千瓦时（100 million kwh）

指　标	Item	2000	2005	2010	2012	2013
可供量	**Total Energy Available for Consumption**					
生产量	Output	364.63	648.38	1463.31	1807.84	1977.73
水力发电及其它发电	Hydraulic Power Generation and Others	4.58	13.48	43.47	41.05	44.86
火　电	Thermal Power	360.05	634.90	1419.84	1766.79	1932.87
消费量	**Total Energy Consumption**	**338.92**	**581.65**	**1077.92**	**1361.10**	**1528.07**
在消费量中	Consumption by Sector					
农、林、牧、渔、水利业	Agriculture, Forestry, Animal Husbandry, Fishery and Water Conservancy	21.31	11.75	11.91	15.11	16.83
工　业	Industry	238.26	430.98	777.18	950.54	1057.12
#输配电损失量	Losses in Transmission	22.81	43.81	76.81	96.86	102.12
建筑业	Construction	3.75	4.88	14.75	21.76	24.71
交通运输、仓储和邮政业	Transport, Storage and Post	4.22	4.98	14.58	19.75	21.09
批发、零售业和住宿、餐饮业	Wholesale and Retail Trades, Hotels and Catering Services	5.74	12.57	34.97	54.78	62.17
其他行业	Others Sectors	12.61	26.79	50.55	75.99	92.07
生活消费	Household Consumption	53.03	89.70	173.98	223.18	254.07

6—7 主要年份平均每天各种能源消费量
Average Daily Energy Consumption by Variety in Main Year

指　标		Item		2000	2005	2010	2012	2013
合　计	**（万吨标准煤）**	**Total**	**(10000 tons of SCE)**	**13.36**	**17.82**	**26.59**	**31.12**	**33.04**
原　煤	（万吨）	Coal	(10000 tons)	15.96	23.24	37.55	46.74	50.44
焦　炭	（万吨）	Coke	(10000 tons)	1.46	1.48	2.49	2.73	2.88
原　油	（万吨）	Crude Oil	(10000 tons)	0.94	1.14	1.31	1.15	1.51
燃料油	（万吨）	Fuel Oil	(10000 tons)	0.13	0.07	0.03	0.03	0.03
汽　油	（万吨）	Gasoline	(10000 tons)	0.19	0.24	0.43	0.69	0.87
柴　油	（万吨）	Diesel Oil	(10000 tons)	0.39	0.58	1.00	1.58	1.72
电　力	（亿千瓦小时）	Electricity	(100 million kwh)	0.93	1.59	2.95	3.73	4.19

6—8 主要年份生活能源消费量
Average Annual Energy Consumption for Households in Main Year

指　标		Item		2000	2005	2010	2012	2013
合　计	**（万吨标准煤）**	**Total**	**(10000 tons of SCE)**	**487.07**	**770.78**	**997.55**	**1184.01**	**1348.17**
煤　炭	（万吨）	Coal	(10000 tons)	433.00	580.00	341.25	146.90	149.80
液化石油气	（万吨）	Liquefied Petroleum Gas	(10000 tons)	16.30	28.11	42.13	48.58	79.08
天然气	（亿立方米）	Natural Gas	(100 million cu.m)		0.40	2.80	9.05	10.30
热　力	（万百万千焦）	Heat	(10 billion kilo-joule)		653.00	661.00	1977.00	1138.95
电　力	（亿千瓦小时）	Electricity	(100 million kwh)	53.03	89.70	173.98	223.18	254.07

6—9 主要年份人均生活能源消费量
Annual per Capita Energy Consumption of Households in Main Year

指　标		Item		2000	2005	2010	2012	2013
平均每人生活消费能源	**（千克标准煤）**	**Annual per Capita Consumption for Households**	**(kg of SCE)**	**80.22**	**124.84**	**168.60**	**198.06**	**224.36**
煤　炭	（千克）	Coal	(kg)	71.31	93.94	57.68	24.57	24.93
液化石油气	（千克）	Liquefied Petroleum Gas	(kg)	2.68	4.55	7.12	8.13	13.16
天然气	（立方米）	Natural Gas	(cu.m)		0.65	4.73	15.14	17.14
热　力	（万千焦）	Heat	(kilo-joule)		10.58	11.17	33.07	18.95
电　力	（千瓦小时）	Electricity	(kwh)	87.34	145.29	294.04	373.34	422.82

注：按年平均人口数计算。

a) Data in the table are calculated with the data on the annual average population.

6—10 主要年份能源消耗指标
Energy Consumption Indices in Main Year

年 份 Year	单位地区生产总值能耗（等价值）Unit GDP Energy Consumption (Equal Values)		单位工业增加值能耗（规模以上，当量值）Unit GDP Energy Consumption (Above Scale, Equivalent Value)		单位地区生产总值电耗 Unit GDP Electricity Consumption	
	指标值（吨标准煤/万元）Indices (standard coal ton /10000Yuan)	上升或下降（±%）Up or Down	指标值（吨标准煤/万元）Indices (standard coal ton /10000Yuan)	上升或下降（±%）Up or Down	指标值（千瓦小时/万元）Indices (kilowatt-hour/10000 yuan)	上升或下降（±%）Up or Down
2005	1.216		3.13		1088.11	
2006	1.174	-3.44	2.86	-6.96	1099.86	1.08
2007	1.126	-4.11	2.63	-8.61	1118.33	1.68
2008	1.075	-4.52	2.34	-9.92	1109.06	-0.83
2009	1.017	-5.39	2.10	-11.13	1088.76	-1.83
2010	0.785	-4.78	1.33	-12.94	872.16	-1.17
2011	0.754	-4.06	1.20	-9.54	870.49	-0.19
2012	0.722	-4.15	1.09	-9.56	865.50	-0.57
2013	0.695	-3.78	1.03	-7.04	880.50	1.74

注：1、2010年以后，国内生产总值按照2010年可比价格计算(下同)。

2、按2005年可比价格计算的2010年单位生产总值能耗为0.97，单位工业增加值能耗为1.82，单位生产总值电耗为1075.99。

a) After 2010, GDP is calculated by 2010 comparable price.

b) As caculating by 2005 comparable price, Unit GDP Energy Consumption is 0.97, Unit GDP Energy Consumptionis 1.82, Unit GDP Electricity Consumption is 1075.99.

6—11 各市能源消耗指标（2013年）
Energy Consumption Indices by Region (2013)

地 区	Region	单位地区生产总值能耗（等价值）Unit GDP Energy Consumption (Equal Values)		单位工业增加值能耗（规模以上，当量值）Unit GDP Energy Consumption (Above Scale, Equivalent Value)		单位地区生产总值电耗 Unit GDP Electricity Consumption	
		指标值（吨标准煤/万元）Indices (standard coal ton /10000Yuan)	上升或下降（±%）Up or Down	指标值（吨标准煤/万元）Indices (standard coal ton /10000Yuan)	上升或下降（±%）Up or Down	指标值（千瓦小时/万元）Indices (kilowatt-hour/10000 yuan)	上升或下降（±%）Up or Down
合肥市	Hefei	0.581	-3.36	0.46	-4.36	491.95	-0.70
淮北市	Huaibei	0.975	-5.10	0.97	-6.10	762.87	-8.80
亳州市	Bozhou	0.612	-3.52	0.37	-16.95	649.18	5.73
宿州市	Suzhou	0.751	-3.09	1.41	0.06	670.76	0.97
蚌埠市	Bengbu	0.640	-4.04	0.78	-8.44	666.24	6.04
阜阳市	Fuyang	0.937	-3.55	1.39	-6.53	937.50	1.42
淮南市	Huainan	0.861	-4.04	2.57	-7.92	894.85	-3.60
滁州市	Chuzhou	0.643	-3.58	0.72	-6.00	936.13	1.90
六安市	Luan	0.689	-4.01	0.29	-5.79	734.90	0.77
马鞍山市	Maanshan	1.512	-6.18	2.41	-8.18	1201.94	-2.82
芜湖市	Wuhu	0.613	-3.53	0.75	-7.04	729.70	0.76
宣城市	Xuancheng	0.780	-4.57	0.91	-13.22	1125.55	3.78
铜陵市	Tongling	0.955	-4.45	1.46	-8.75	1012.92	1.64
池州市	Chizhou	1.052	-4.00	2.45	-2.04	1051.51	5.36
安庆市	Anqing	0.701	-3.38	1.02	-6.92	658.60	0.43
黄山市	Huangshan	0.428	-4.16	0.19	-28.86	577.71	-1.48

6—12 全社会用电情况
Electricity Used in Whole Society

单位：亿千瓦时（100 million kwh）

类　　别	Types	2010	2012	2013
全社会用电量总计	**Total of Electricity Used in Whole Society**	**1077.92**	**1361.10**	**1528.07**
全行业用电量合计	Total of Electricity Used in Whole Trade	903.94	1137.92	1274.00
第一产业	Primary Industry	11.91	15.11	16.83
第二产业	Secondary Industry	791.93	972.30	1081.83
第三产业	Tertiary Industry	100.10	150.52	175.34
城乡居民生活用电量合计	Electricity Used for Life	173.98	223.18	254.07
城镇居民	Urban	89.50	106.18	119.35
乡村居民	Rural	84.48	117.00	134.72
分行业用电	Grouped by Trade			
农、林、牧、渔业	Agriculture, Forestry, Animal Husbandry and Fishery	11.91	15.11	16.83
工　业	Industry	777.18	950.54	1057.12
#轻工业	Light Industry	108.54	127.61	136.10
重工业	Heavy Industry	668.64	822.93	921.02
#采矿业	Mining and Quarrying	79.45	99.10	110.29
制造业	Manufacturing	509.39	628.67	690.69
电力、燃气及水的生产和供应业	Production and Supply of Electricity Gas and Water	188.34	222.77	256.13
建筑业	Construction	14.75	21.76	24.71
交通运输、仓储和邮政业	Transport, Storage and Postal Services	14.58	19.75	21.09
信息传输、计算机服务和软件业	Information Circulation, Computer Services and Software	6.40	9.38	10.58
商业和住宿、餐饮业	Commercial、Accommodation and Catering Trade	34.97	54.78	62.17
金融、房地产、商务及居民服务业	Finance、Real Estate、Business Affair & Resident Service	14.46	21.13	29.27
公共事业及管理组织	Public Service & Management Organization	29.69	45.48	52.23

6—13 电力建设情况
Electric Power Construction Situation

类　　别		Types		2010	2012	2013
发电量	**（亿千瓦时）**	**Electric Power Generated**	**(100 million kwh)**	**1463.31**	**1807.85**	**1977.73**
线损率	**（%）**	**Electricity Loss Rate on Lines**	**(%)**	**9.14**	**8.55**	**7.87**
年末发电设备容量	**（万千瓦）**	**Power Generating Equipment Capacity (year-end)**	**(10000 kw)**	**2933.00**	**3532.13**	**3933.13**
架空线长度	**（公里）**	**Length of Overhead Lines**	**(km)**	**49017.00**	**54154.92**	**57799.00**
交流特高压		UHVAC				896.00
直流特高压		UHV DC			771.00	771.00
交流和直流500KV		500KV AC and DC		5115.00	5701.04	5776.00
220KV		220KV		10511.00	11629.72	12260.00
110KV		110KV		12538.00	13904.01	15182.00
35KV		35KV		20467.00	22149.20	22914.00
电缆长度	**（公里）**	**Length of Cable**	**(km)**	**376.00**	**898.63**	**937.00**
110KV		110KV		157.00	621.46	663.00
35KV		35KV		124.00	220.66	274.00
公用变电容量	**（万千伏安）**	**Public Transformer Capacity**	**(10000 kva)**	**8752.00**	**10729.59**	**12902.00**
交流特高压		UHV DC				900.00
500KV		500KV		1760.00	1910.00	2185.00
220KV		220KV		3366.00	4212.15	4633.00
110KV		110KV		2712.00	3376.80	3776.00
35KV		35KV		914.00	1230.64	1408.00
用电最高负荷	**（万千瓦）**	**Transport, Storage and Postal Services**	**(10000 kw)**	**1871.00**	**2271.34**	**2658.00**

注：2012、2013年线损率按照省电力公司的合并口径（含所辖县公司）填报。2010年线损率原为母公司口径（不含所辖县公司），现也按照合并口径进行调整。

a) 2012、2013 line loss rate in accordance with the provincial power company's consolidated basis (including the county under the jurisdiction of the company) reported. 2010 line loss rate was originally the parent caliber (excluding companies under the jurisdiction of the county), are also to be adjusted in accordance with a consolidated basis.

6—14 主要年份工业企业主要能源品种消费量
Major of Energy Consumption Species of Industrial Enterprises in Main Year

指 标		Item		2000	2005	2010	2012	2013
原 煤	（万吨）	Coal	(10000 tons)	3378.49	7121.30	13521.91	15649.24	17173.67
洗 精 煤	（万吨）	Washed and Refined Coal	(10000 tons)	399.60	643.14	1257.91	1274.19	1376.83
其他洗煤	（万吨）	Other Washed Coal	(10000 tons)		105.49	171.72	308.57	281.59
焦 炭	（万吨）	Coke	(10000 tons)	251.52	537.63	900.88	954.91	1006.19
原 油	（万吨）	Crude Oil	(10000 tons)	344.17	414.49	477.57	421.08	551.57
汽 油	（万吨）	Gasoline	(10000 tons)	4.02	4.98	7.48	7.17	7.13
煤 油	（万吨）	Kerosene	(10000 tons)		0.44	0.61	0.44	0.34
柴 油	（万吨）	Diesel Oil	(10000 tons)	11.00	21.22	33.26	36.49	37.76
燃 料 油	（万吨）	Fuel Oil	(10000 tons)	18.65	19.82	9.53	6.42	5.28
热 力	（万百万千焦）	Heat	(10 billion kilo-joule)		5381.30	5840.68	5723.45	7511.83

6—15 成品油批发和零售企业能源商品购进、销售与库存（2013年）
Energy Products Trade and Inventory of Refined Oil Wholesale and Retail Businesses (2013)

单位：吨（ton）

指 标	Item	汽 油 Gasoline	柴 油 Diesel Oil	煤 油 Kerosene	燃 料 油 Fuel Oil	润 滑 油 Lubricating oil
批发企业	**Wholesale Business**					
年初库存量	Inventory At the Beginning of the Year	65862	89752	12	1810	1719
累计购进量	Total Purchase	3254953	5801733	364	125133	10272
#购自省外	Purchased from Outside the Province	2351949	4999951	364	119926	1879
累计销售量	Total Sales	3231388	5792248	358	125437	9897
#销往省外	Sale to Outside the Province		28400		125099	1723
售予省内批发和零售企业	Sales to Wholesale and Retail Business	3231388	5763848	358	338	8174
期末库存量	Inventories at the end of Period	89427	99237	18	1506	2094
零售企业	**Retail Business**					
年初库存量	Inventory At the Beginning of the Year	143157	94482	19	123	1492
累计销售量	Total Sales	2989491	4985092	20	2350	6768
年末库存量	Inventories at the end of the Year	82973	102263	8	1810	46

6—16 主要年份分行业全社会工业用电量
Industrial Electricity Consumption of Sector in Main Year

单位：亿千瓦时（100 million kwh）

行　　业	Sector	2000	2005	2010	2012	2013
消 费 总 量	**Total Consumption**	**238.26**	**430.98**	**777.18**	**950.54**	**1057.12**
煤炭开采和洗选业	Coal Mining and Dressing	21.14	37.09	55.81	66.35	59.88
黑色金属矿采选业	Mining and Dressing of Ferrous Metals	3.69	5.74	13.63	22.97	23.46
有色金属矿采选业	Mining and Dressing of Nonferrous Metals	4.52	1.09	4.23	3.54	11.20
非金属矿采选业	Mining and Dressing of Nonmetal Minerals	2.45	2.05	5.78	6.01	11.97
开采辅助活动	Mining Auxiliary Activities				0.23	
其他矿采选业	Other Minerals Mining and Dressing	0.06				3.69
农副食品加工业	Agricultural and Non-staple Food Processing Industry	2.33	4.34	14.78	18.59	15.16
食品制造业	Food Production	1.67	4.52	3.56	4.31	4.51
饮料制造业	Beverage Manufacturing	1.55	2.72	3.75	3.74	8.81
烟草加工业	Tobacco Processing	1.25	1.55	1.01	0.98	1.02
纺织业	Textiles	10.90	15.28	17.07	21.16	22.14
纺织服装鞋帽制造业	Textile Dress, Headgear Manufacturing	0.20	1.39	2.97	4.10	4.28
皮革毛皮羽绒及其制品业	Leather, Furs, Related Products and Footwear Manufacturing	0.16	0.49	1.15	1.37	1.42
木材加工及竹藤棕草制品业	Timber Processing, Bamboo, Cane, Palm Fiber and Straw Products	0.55	3.90	9.61	13.29	14.27
家具制造业	Furniture Manufacturing	0.02	0.11	0.67	1.31	1.81
造纸及纸制品业	Papermaking and Paper Products	3.45	0.10	9.43	11.60	10.46
印刷业、记录媒介的复制	Printing and Record Medium Reproduction	1.80	1.29	2.75	3.06	2.67
文教体育用品制造业	Cultural, Educational and Sports Goods	0.12	0.49	1.40	1.46	1.19
石油加工、炼焦及核燃料加工业	Petroleum Processing, Coking and Nuclear Fuel Processing	2.63	2.11	3.38	4.43	6.79
化学原料及制品制造业	Raw Chemical Materials and Chemical Products	43.61	65.13	77.33	90.02	96.04
医药制造业	Medical and Pharmaceutical Products	1.35	3.96	5.33	5.49	5.97
化学纤维制造业	Chemical Fiber	3.83	7.41	7.01	7.92	10.00
橡胶和塑料制品业	Rubber and Plastic Products	2.51	8.22	15.39	20.09	22.05
非金属矿物制品业	Nonmetal Mineral Products	19.45	59.89	114.84	151.12	164.66
黑色金属冶炼及压延加工业	Smelting and Pressing of Ferrous Metals	26.95	66.74	126.24	134.66	137.44
有色金属冶炼及压延加工业	Smelting and Pressing of Nonferrous Metals	7.74	9.67	16.61	25.33	35.95
金属制品业	Metal Products	3.12	7.37	22.05	30.58	35.45
普通机械制造业	Ordinary Machinery	5.72	5.04	12.42	12.64	14.49
专用设备制造业	Equipment for Special Purposes	0.72	1.77	2.82	5.75	7.11
汽车制造业	Automobile Manufacturing Industry	1.69	6.32	12.49	13.49	15.83
铁路、船舶、航空航天和其他运输设备制造业	Railway, Shipbuilding, Aerospace, and Other Transportation Equipment Manufacturing Industry				2.67	2.71
电气机械及器材制造业	Electric Equipment and Machinery	0.90	5.65	15.35	22.00	27.01
通信设备、计算机及其他电子设备制造业	Telecommunication Equipments, Computer and Related Electronic Equipments	0.60	1.77	3.47	9.93	11.68
仪器仪表制造业	Instrument Manufacturing				0.62	0.59
其他制造业	Other Manufacturing	5.57	3.12	5.61	5.23	7.33
废弃资源综合利用业	Comprehensive Utilization of Waste Resources		0.51	0.90	1.31	1.49
金属制品、机械和设备修理业	Metal Products, Machinery and Equipment Repair				0.40	0.34
电力、热力的生产和供应业	Electricity, Heat Production and Supply Industry	52.10	88.61	179.61	212,12	245.21
煤气的生产和供应业	Production and Supply of Gas	0.06	0.64	1.20	1.84	1.84
自来水的生产和供应业	Production and Supply of Tap Water	3.66	4.90	7.53	8.81	9.19

6—17 分行业工业用水情况（2013年）
Industrial Water Situation by Industry (2013)

单位：万立方米（10000 M^3）

行业	Sector	工业取水总量 Industrial Water Got Total Amount of Industrial Water Got	地表水 Surface	地下水 Ground	自来水 Tap	其他水 Other	重复用水数量 Repeat of Water Consumption
消费总量	**Total Consumption**	**272425.3**	**201366.1**	**28219.1**	**36801.4**	**6038.7**	**1059995.3**
煤炭开采和洗选业	Coal Mining and Dressing	8131.0	281.5	6433.5	1286.6	129.2	10682.4
黑色金属矿采选业	Mining and Dressing of Ferrous Metals	4147.8	2585.2	719.9	609.6	233.1	14490.8
有色金属矿采选业	Mining and Dressing of Nonferrous Metals	366.4	105.5	219.4	30.6	10.9	440.0
非金属矿采选业	Mining and Dressing of Nonmetal Minerals	758.0	681.9	40.8	29.8	5.4	149.6
开采辅助活动	Mining Auxiliary Activities	16.2		16.1			0.1
农副食品加工业	Agricultural and Non-staple Food Processing Industry	2347.0	251.0	1015.6	1068.0	12.4	259.2
食品制造业	Food Production	2025.2	130.4	534.5	1221.0	139.4	1291.8
酒、饮料和精制茶制造业	Wine, Drinks and Refined Tea Manufacturing	4734.3	2288.6	1206.1	1204.5	35.1	33439.5
烟草加工业	Tobacco Processing	187.2	2.1	2.1	183.0		
纺织业	Textiles	2458.7	522.8	205.3	1706.5	24.2	736.5
纺织服装、服饰业	Textile and Garment, Apparel Industry	913.9	4.4	62.0	847.1	0.4	16.0
皮革毛皮羽毛及其制品和制	Leather, Furs, Down and Related Products	780.0	218.4	170.9	390.1	0.6	118.7
木材加工及竹藤棕草制品业	Timber Processing, Bamboo, Cane, Palm Fiber and Straw Products	676.6	50.7	305.0	317.9	2.9	47.4
家具制造业	Furniture Manufacturing	86.7	1.8	6.1	78.8		1.4
造纸及纸制品业	Papermaking and Paper Products	3456.7	2665.7	363.3	377.7	50.0	6299.8
印刷和记录媒介复制业	Printing and Record Medium Reproduction	239.9	3.1	6.6	229.3	0.9	26.9
文教、工美、体育和娱乐用品制造业	Cultural and Educational Supplies Manufacturing, Industrial, Sporting and Entertainment	192.2	3.6	49.8	138.7	0.1	11.8
石油加工、炼焦和核燃料加工业	Petroleum Processing, Coking and Nuclear Fuel Processing	2695.9		8.5	2535.7	151.7	85313.6
化学原料及制品制造业	Raw Chemical Materials and Chemical Products	13056.1	8210.0	1673.1	2846.1	326.9	114995.1
医药制造业	Medical and Pharmaceutical Products	2487.7	686.1	638.9	1161.4	1.3	566.0
化学纤维制造业	Chemical Fiber	1571.2	771.4	216.5	580.1	3.2	44478.5
橡胶和塑料制品业	Rubber and Plastic Products	1584.3	240.5	126.9	1195.1	21.8	5371.2
非金属矿物制品业	Nonmetal Mineral Products	9532.8	5841.6	1200.1	2284.7	206.4	10455.5
黑色金属冶炼和压延加工业	Smelting and Pressing of Ferrous Metals	18032.2	14047.2	61.7	950.7	2972.5	276236.4
有色金属冶炼和压延加工业	Smelting and Pressing of Nonferrous Metals	7876.8	820.8	2054.7	4980.4	20.8	60762.6
金属制品业	Metal Products	1109.0	28.9	79.6	987.6	12.8	348.7
通用设备制造业	Equipment in Current Use	1666.1	74.8	240.0	1345.6	5.8	244.2
专用设备制造业	Equipment in Special Use	764.9	8.3	23.6	730.9	2.0	1928.0
汽车制造业	Automobile Manufacturing Industry	1684.1	25.6	44.3	1540.9	73.4	1674.3
铁路、船舶、航空航天和其他运输设备制造业	Railway, Shipbuilding, Aerospace, and Other Transportation Equipment Manufacturing Industry	565.9	117.2	8.1	440.6		29.4
电气机械和器材制造业	Electric Equipment and Machinery	2688.9	43.6	252.8	2342.4	50.1	743.4
计算机、通信和其他电子设备制造业	Computer, Communication and Other Electronic Equipment Manufacturing Industry	1633.9	3.4	25.4	1605.2		19571.8
仪器仪表制造业	Instrument Manufacturing	44.2	0.1	2.3	41.5	0.2	1.7
其他制造业	Other Manufacturing	128.9	84.5	2.4	41.8	0.2	1.1
废弃资源综合利用业	Comprehensive Utilization of Waste Resources	46.7	2.4	12.2	25.1	7.0	19.1
金属制品、机械和设备修理业	Metal Products, Machinery and Equipment Repair	44.5			44.5		8.0
电力、热力生产和供应业	Electricity, Heat Production and Supply Industry	33840.1	29971.1	2166.0	705.3	997.7	369234.8
燃气生产和供应业	Production and Supply of Gas	67.4		1.2	66.1	0.1	
水的生产和供应业	Production and Supply of Tap Water	139786.0	130591.6	8023.8	630.5	540.1	

6—18 分行业工业企业主要能源品种消费量（2013年）
Consumption of Main Energy Varieties by Sector (2013)

行　业	Sector	原　煤（吨）Raw Coal (ton)
消费总量	**Total Consumption**	**171736721**
煤炭开采和洗选业	Coal Mining and Dressing	52431418
黑色金属矿采选业	Mining and Dressing of Ferrous Metals	51095
有色金属矿采选业	Mining and Dressing of Nonferrous Metals	256
非金属矿采选业	Mining and Dressing of Nonmetal Minerals	284092
开采辅助活动	Mining Auxiliary Activities	
农副食品加工业	Agricultural and Non-staple Food Processing Industry	581333
食品制造业	Food Production	196436
酒、饮料和精制茶制造业	Wine, Drinks and Refined Tea Manufacturing	1215370
烟草制品业	Tobacco Processing	23060
纺织业	Textiles	99433
纺织服装、服饰业	Textile and Garment, Apparel Industry	37830
皮革、毛皮、羽毛及其制品和制鞋业	Leather, Fur, Feather and Its Products and Footwear	39806
木材加工和木、竹、藤、棕、草制品业	Timber Processing, Bamboo, Cane, Palm Fiber and Straw Products	93492
家具制造业	Furniture Manufacturing	391
造纸和纸制品业	Papermaking and Paper Products	999381
印刷和记录媒介复制业	Printing and Record Medium Reproduction	28316
文教、工美、体育和娱乐用品制造业	Cultural and Educational Supplies Manufacturing, Industrial, Sporting and Entertainment	15913
石油加工、炼焦和核燃料加工业	Petroleum Processing, Coking and Nuclear Fuel Processing	536462
化学原料和化学制品制造业	Raw Chemical Materials and Chemical Products	8703464
医药制造业	Medical and Pharmaceutical Products	322567
化学纤维制造业	Chemical Fiber	608280
橡胶和塑料制品业	Rubber and Plastic Products	350284
非金属矿物制品业	Nonmetal Mineral Products	19187907
黑色金属冶炼和压延加工业	Smelting and Pressing of Ferrous Metals	4494638
有色金属冶炼和压延加工业	Smelting and Pressing of Nonferrous Metals	215788
金属制品业	Metal Products	60411
通用设备制造业	Equipment in Current Use	573510
专用设备制造业	Equipment in Special Use	25593
汽车制造业	Automobile Manufacturing Industry	56588
铁路、船舶、航空航天和其他运输设备制造业	Railway, Shipbuilding, Aerospace, and Other Transportation Equipment Manufacturing Industry	869
电气机械和器材制造业	Electric Equipment and Machinery	53827
计算机、通信和其他电子设备制造业	Computers, Communications and Other Electronic Equipment Manufacturing Industry	3997
仪器仪表制造业	Instrument Manufacturing	60
其他制造业	Other Manufacturing	1337
废弃资源综合利用业	Comprehensive Utilization of Waste Resources	126548
金属制品、机械和设备修理业	Metal Products, Machinery and Equipment Repair	
电力、热力生产和供应业	Production and Supply of Electric Power and Heating Power	80316970
燃气生产和供应业	Production and Supply of Gas	
水的生产和供应业	Production and Supply of Tap Water	

洗精煤 (吨) Washed and Refined Coal (ton)	其他洗煤 (吨) Other Washed Coal (ton)	煤制品 (吨) Coal Product (ton)	焦炭 (吨) Coke (ton)	焦炉煤气 (万立方米) Coke Oven Coal Gas (10000 cu.m)	原油 (吨) Crude Oil (ton)
13768335	**2815892**	**176650**	**10061909**	**255936**	**5515694**
2759532	2426184				
	298		24		
		115	554		
	5295		162		
		165			
		1598			
		4			2
307			52		8
		49			
			2716		23
1833792					5515524
494870	47089	6161	64681	2719	
49			195		
			381		
7936	12516	7821	3407		
8666243		157762	9871989	247604	
3836			44544	5520	
324			2607		
400		1484	44169		47
			4209		
689		1484	14909		
			1933		
126			4055	93	3
230		8			
			115		
			1207		
	324510				87

6—18 续表 continued

行业	Sector	汽油 (吨) Gasoline (ton)
消费总量	**Total Consumption**	**71280**
煤炭开采和洗选业	Coal Mining and Dressing	3201
黑色金属矿采选业	Mining and Dressing of Ferrous Metals	1107
有色金属矿采选业	Mining and Dressing of Nonferrous Metals	230
非金属矿采选业	Mining and Dressing of Nonmetal Minerals	185
开采辅助活动	Mining Auxiliary Activities	10
农副食品加工业	Agricultural and Non-staple Food Processing Industry	3209
食品制造业	Food Production	1162
酒、饮料和精制茶制造业	Wine, Drinks and Refined Tea Manufacturing	1617
烟草制品业	Tobacco Processing	851
纺织业	Textiles	616
纺织服装、服饰业	Textile and Garment, Apparel Industry	1132
皮革、毛皮、羽毛及其制品和制鞋业	Leather, Fur, Feather and Its Products and Footwear	967
木材加工和木、竹、藤、棕、草制品业	Timber Processing, Bamboo, Cane, Palm Fiber and Straw Products	324
家具制造业	Furniture Manufacturing	1137
造纸和纸制品业	Papermaking and Paper Products	893
印刷和记录媒介复制业	Printing and Record Medium Reproduction	2708
文教、工美、体育和娱乐用品制造业	Cultural and Educational Supplies Manufacturing, Industrial, Sporting and Entertainment	312
石油加工、炼焦和核燃料加工业	Petroleum Processing, Coking and Nuclear Fuel Processing	61
化学原料和化学制品制造业	Raw Chemical Materials and Chemical Products	3793
医药制造业	Medical and Pharmaceutical Products	791
化学纤维制造业	Chemical Fiber	13
橡胶和塑料制品业	Rubber and Plastic Products	5110
非金属矿物制品业	Nonmetal Mineral Products	5249
黑色金属冶炼和压延加工业	Smelting and Pressing of Ferrous Metals	1819
有色金属冶炼和压延加工业	Smelting and Pressing of Nonferrous Metals	552
金属制品业	Metal Products	3255
通用设备制造业	Equipment in Current Use	6769
专用设备制造业	Equipment in Special Use	3958
汽车制造业	Automobile Manufacturing Industry	5732
铁路、船舶、航空航天和其他运输设备制造业	Railway, Shipbuilding, Aerospace, and Other Transportation Equipment Manufacturing Industry	589
电气机械和器材制造业	Electric Equipment and Machinery	5864
计算机、通信和其他电子设备制造业	Computers, Communications and Other Electronic Equipment Manufacturing Industry	1319
仪器仪表制造业	Instrument Manufacturing	556
其他制造业	Other Manufacturing	450
废弃资源综合利用业	Comprehensive Utilization of Waste Resources	102
金属制品、机械和设备修理业	Metal Products, Machinery and Equipment Repair	210
电力、热力生产和供应业	Production and Supply of Electric Power and Heating Power	4569
燃气生产和供应业	Production and Supply of Gas	198
水的生产和供应业	Production and Supply of Tap Water	660

煤　油 （吨） Kerosene (ton)	柴　油 （吨） Diesel Oil (ton)	液化石油气 （吨） Liquefied Petroleum Gas (ton)	天然气（气态） （万立方米） Natural Gas (Gaseous) (10000 cu.m)	热　力 （百万千焦） Heat (10 billion kilo-joule)	电　力 （万千瓦时） Electric Power (10000 kh)	其他能源 （吨标准煤） Others Energy Source (tons of SCE)
3375	**377580**	**7109**	**100195**	**75118331**	**10057621**	**37109**
	21695				516982	
	35479		569		230553	
2	3181		69		31790	
28	34534			3530732	62542	
					1540	
2	3939	15	824	332424	260012	9985
	1296	299	3651	597575	64569	1301
	2309	93	1788	12181596	126220	917
	389	29	1144	291585	14661	
65	461	349	801	935207	260430	2153
	963	7	352	91480	63066	107
	74	10	59		20961	
5	2576	3			119502	10810
	169		6		15148	20
	3053	6	746	8826032	172732	196
6	2021		106	12096	35761	
	439	2	121		17134	34
	265	17	18	15979423	92139	
197	9335	331	9294	8452162	1046033	2306
	1182	46	688	1067154	67940	10
	230			8062	53774	
19	3019	449	1167	2261139	266071	580
47	158279	794	25490	100916	1498270	22
	21365		9366	16595300	1546885	256
36	13232	11	16288	87544	439952	1487
382	8490	424	2289	85310	132902	485
744	9398	1011	5303	12598	220026	95
66	5124	78	2733	6	107989	8
480	14328	374	4760	922907	197988	227
1	1385	289	527		33934	
21	4625	2069	4012	375669	337728	4632
91	859	402	1612	5649	146060	
3	40				7347	
	768				13765	
	457		38		10627	
1177	3419		247		2410	
	8419			2365764	1758004	1479
	396		6127		13809	
	390				50362	

6—19 规模以上工业企业能源购进、消费及库存（2013年）

Buys, Consumes and Stock of the Energy of Above Designated Size Industrial Enterprises (2013)

能源名称	Energy Item	购进量 Purchasing Amount		消费量 Consumption Amount			年末库存量 Volume of Stock of the end of the Year
		实物量 Real Amount	金额（万元）Amount (10000 yuan)	工业生产消费 Consumption of Industrial Production	#用于原材料 Used in the Raw Materials	非工业生产消费 Used in non-consumption of Industrial Production	
原　煤　（吨）	Raw Coal (ton)	118781686	7014186	171440677	3401551	296044	5575957
#无烟煤	Anthracite	4081599	401805	4574711	9821	22568	216768
炼焦烟煤	Byerlyte	45964	4418	1382598	579	57	7255
一般烟煤	Generally Bituminous Coal	114608951	6604910	165452962	3391151	273396	5318135
褐　煤	Lignite	30902	1655	30405		23	2559
洗精煤　（吨）	Washed and Refined Coal (ton)	11128105	1037666	13768324	406106	12	582129
其他洗煤　（吨）	Other Washed Coal (ton)	393031	15307	2815820		72	15109
煤制品　（吨）	Coal Product (ton)	180526	16173	175040	6011	1610	6427
焦　炭　（吨）	Coke (ton)	4882283	699647	10061839	70716	69	681941
其他焦化产品　（吨）	Other Coking Products (ton)	116616	27449	118560	96822		9639
焦炉煤气　（万立方米）	Coke Oven Coal Gas (10000 cu.m)	8529	5667	233294		22642	
高炉煤气　（万立方米）	Blast Furnace Gas (10000 cu.m)			3023647			
转炉煤气　（万立方米）	Converter Coal Gas (10000 cu.m)	3	2	186407			
发生炉煤气（万立方米）	Producer Gas (10000 cu.m)			122718			
天然气(气态)(万立方米)	Natural Gas(Gaseous) (10000 cu.m)	115184	303233	99830	3899	365	167
液化天然气　（吨）	Liquefied Natural Gas (ton)	5332	2897	5322	56	52	61
原　油　（吨）	Crude Oil (ton)	5559845	2794136	5515667		27	122959
汽　油　（吨）	Gasoline (ton)	68764	57231	35364	1056	35916	486
煤　油　（吨）	Kerosene (ton)	3053	2214	2119	315	1257	323
柴　油　（吨）	Diesel Oil (ton)	378877	293059	314074	18228	63506	16968
燃料油　（吨）	Fuel Oil (ton)	43838	18222	52619	457	230	1477
液化石油气　（吨）	Liquefied Petroleum Gas (ton)	7221	4428	6863	170	245	1179
炼厂干气　（吨）	Refinery Gas (ton)	37430	9069	212102			
石脑油　（吨）	Naphtha (ton)	21170	14123	127	1		
润滑油　（吨）	Lubricating Oil (ton)	2442	2369	2362	447	35	1632
石　蜡　（吨）	Paraffin (ton)	2362	1479	2399	1401		17
溶剂油　（吨）	Solvent Oil (ton)	4066	3451	4108	1162		68
石油焦　（吨）	Refinery Coke (ton)	85371	9369	85859	779		1040
石油沥青　（吨）	Petroleum asphalt (ton)	9393	4470	11497			424
其他石油制品　（吨）	Other Petroleum Products (ton)	293213	123434	733719	273013	5316	17792
热　力　（百万千焦）	Heat (10 billion kilo-joule)	30726425	302505	74698156		420175	
煤矸石用于燃料　（吨）	Coal gangue used as fuel (ton)	540309	6179	3355818	11200	2	6300
城市垃圾用于燃料（吨）	City garbage used as fuel (ton)	548191	242	553122			
生物质废料用于燃料(吨)	Waste biomass used as (ton)	2275400	76092	2517944	91694	273	104910
余热余压　（百万千焦）	Afterheat Excess Pressure (10 billion kilo-joule)	1853650	5425	47249072		1490515	
其它工业废料用于燃料　（吨）	Other Industrial Waste Used as Fuel (ton)	29075	1353	140469		1	
其他燃料　（吨标准煤）	Other fuels (tons of standard coal)	35582	3158	36973	1019	135	420

6—20 地区能源消费与单位GDP能耗
Energy Consumption and Unit GDP Energy Consumption

单位：万吨标准煤（10000 tons of SCE）

指　　标	Item	2010	2012	2013
能源消费总量（等价值）	Unit GDP Energy Consumption (Equal Values)	9706.60	11357.95	12060.36
第一产业能源消费	Primary Industry Energy Consumption	199.01	216.10	233.44
第二产业能源消费	Secondary Industry Energy Consumption	7580.68	8518.65	8852.86
工业能源消费	Industry Energy Consumption	7464.63	8363.59	8683.66
建筑业能源消费	Construction Industrial Energy Consumption	114.41	155.06	169.20
第三产业能源消费	Tertiary Industry Energy Consumption	929.33	1439.19	1625.89
#交通运输业能源消费	Transportation Industry Energy Consumption	528.00	851.04	951.48
居民生活用能	Residences Life Energy Consumption	997.58	1184.01	1348.17
城市居民	Urban	624.84	710.69	774.85
农村居民	Rural	372.75	473.31	573.32
单位GDP能耗(等价值)(吨标准煤/万元)	Unit GDP Energy Consumption (ton of SCE/10000 yuan)	0.785	0.722	0.695

注：GDP按照2010年可比价格计算。
a) GDP is calculated by 2010 comparable price.

6—21 各市全社会用电情况（2013年）
Electricity Used in Whole Society by Region (2013)

单位：亿千瓦时（100 million kwh）

地　区	Region	全社会用电量总计 Total of Electricity Used in Whole Society	全行业用电量合计 Total of Electricity Used in Whole Trade				城乡居民生活用电量合计 Electricity Used for Life		
				第一产业 Primary Industry	第二产业 Secondary Industry	第三产业 Tertiary Industry		城镇居民 Urban	乡村居民 Rural
总　计	**Total**	**1528.07**	**1274.00**	**16.83**	**1081.83**	**175.34**	**254.07**	**119.35**	**134.72**
合肥市	Hefei	213.06	165.97	2.05	115.58	48.34	47.09	33.91	13.18
淮北市	Huaibei	52.74	44.74	0.48	39.75	4.51	8.00	4.00	4.01
亳州市	Bozhou	46.14	29.62	0.33	22.04	7.24	16.52	5.86	10.66
宿州市	Suzhou	61.68	43.43	1.12	32.64	9.67	18.25	5.83	12.42
蚌埠市	Bengbu	81.92	65.65	1.72	52.57	11.37	16.27	7.59	8.67
阜阳市	Fuyang	92.84	67.18	0.77	54.85	11.57	25.66	8.03	17.62
淮南市	Huainan	74.94	62.95	0.92	55.41	6.63	11.98	8.01	3.97
滁州市	Chuzhou	72.94	57.92	1.33	46.01	10.58	15.02	5.74	9.28
六安市	Luan	66.90	47.90	1.19	37.11	9.60	19.00	5.85	13.15
马鞍山市	Maanshan	158.99	147.96	1.80	136.54	9.62	11.03	6.47	4.56
芜湖市	Wuhu	144.71	126.55	1.36	110.24	14.95	18.16	7.72	10.44
宣城市	Xuancheng	87.44	75.05	1.41	66.42	7.23	12.39	5.32	7.07
铜陵市	Tongling	65.78	61.62	0.17	57.17	4.27	4.16	2.94	1.22
池州市	Chizhou	44.22	38.23	0.41	34.09	3.73	5.98	2.36	3.62
安庆市	Anqing	90.84	72.24	1.33	60.66	10.25	18.60	6.58	12.02
黄山市	Huangshan	24.51	18.55	0.44	12.33	5.79	5.96	3.13	2.83

6—22 各市主要年份工业用电量
Industrial Electricity Used in Main Year by Region

单位：亿千瓦时（100 million kwh）

地　区	Region	2000	2005	2010	2012	2013
总　计	**Total**	**238.26**	**430.98**	**777.18**	**950.54**	**1057.12**
合 肥 市	Hefei	23.33	34.07	64.10	100.14	109.22
淮 北 市	Huaibei	15.11	20.51	31.63	37.78	38.89
亳 州 市	Bozhou		9.05	13.42	18.70	20.62
宿 州 市	Suzhou	7.75	13.55	20.32	29.16	31.43
蚌 埠 市	Bengbu	10.52	23.44	34.32	45.01	51.59
阜 阳 市	Fuyang	15.43	18.80	36.89	49.20	53.75
淮 南 市	Huainan	22.54	31.61	46.31	52.98	54.49
滁 州 市	Chuzhou	8.76	16.36	30.39	37.28	44.21
六 安 市	Luan	8.40	14.73	25.60	34.77	35.82
马鞍山市	Maanshan	28.35	60.64	104.54	126.71	135.40
芜 湖 市	Wuhu	12.64	27.03	62.03	95.40	107.78
宣 城 市	Xuancheng	4.81	23.93	48.13	55.93	64.23
铜 陵 市	Tongling	14.35	28.37	45.47	50.02	56.83
池 州 市	Chizhou	3.72	10.07	18.82	28.57	33.51
安 庆 市	Anqing	14.51	27.86	46.01	54.31	59.18
黄 山 市	Huangshan	1.63	4.12	7.89	11.12	11.74

6—23 各市工业用水情况（2013年）
Industrial Water Situation by Region (2013)

单位：万立方米（10000 M^3）

地　区	Region	工业取水总量 Industrial Water Got Total Amount of Industrial Water Got	#地表水数量 Surface Water	地下水数量 Ground Water	自来水数量 Tap Water	重复用水数量 Repeat of Water Consumption
总　计	**Total**	**272425.30**	**201366.10**	**28219.10**	**36796.00**	**1059995.30**
合 肥 市	Hefei	61856.40	54145.40	369.20	6782.50	281642.00
淮 北 市	Huaibei	9927.40	461.10	7448.10	1371.70	3921.80
亳 州 市	Bozhou	1531.10	72.30	1331.30	99.10	1771.70
宿 州 市	Suzhou	6752.20	1693.90	4420.10	54.10	54666.10
蚌 埠 市	Bengbu	12342.00	9671.60	716.30	1939.30	38732.70
阜 阳 市	Fuyang	7068.50	2889.90	3929.40	208.00	128987.50
淮 南 市	Huainan	34520.40	28624.50	4751.90	1074.40	81374.50
滁 州 市	Chuzhou	10428.90	7925.80	438.70	2018.50	15018.20
六 安 市	Luan	5931.40	3420.60	951.10	1490.20	619.40
马鞍山市	Maanshan	35118.30	28660.10	39.50	2952.40	283555.70
芜 湖 市	Wuhu	30553.40	25259.90	116.20	5121.10	3904.70
宣 城 市	Xuancheng	8193.50	5481.00	824.20	1811.50	3404.40
铜 陵 市	Tongling	19312.10	11712.30	2178.10	5411.30	64214.00
池 州 市	Chizhou	5407.40	4414.50	28.60	944.80	9742.70
安 庆 市	Anqing	19793.50	14138.00	622.40	4692.20	87840.50
黄 山 市	Huangshan	3688.60	2795.20	53.90	825.00	599.50

主要统计指标解释

能源生产总量

指一定时期内全省一次能源生产量的总和，是观察全省能源生产水平、规模、构成和发展速度的总量指标。一次能源生产量包括原煤，原油，天然气，水电、核能及其他动力能（如风能、地热能等）发电量，不包括低热值燃料生产量、生物质能、太阳能等的利用和由一次能源加工转换而成的二次能源产量。

能源消费总量

指一定时期内全省物质生产部门、非物质生产部门和生活消费的各种能源的总和，是观察能源消费水平、构成和增长速度的总量指标。能源消费总量包括原煤和原油及其制品、天然气、电力，不包括低热值燃料、生物质能和太阳能等的利用。能源消费总量分为终端能源消费量、能源加工转换损失量和损失量三部分。

⑴终端能源消费量：指一定时期内全省生产和生活消费的各种能源在扣除了用于加工转换二次能源消费量和损失量以后的数量。

⑵能源加工转换损失量：指一定时期内全省投入加工转换的各种能源数量之和与产出各种能源产品之和的差额，是观察能源在加工转换过程中损失量变化的指标。

⑶能源损失量：指一定时期内能源在输送、分配、储存过程中发生的损失和由客观原因造成的各种损失量，不包括各种气体能源放空、放散量。

能源生产弹性系数

是研究能源生产增长速度与国民经济增长速度之间关系的指标。计算公式为：

能源生产弹性系数＝能源生产总量年平均增长速度/国民经济年平均增长速度

国民经济年平均增长速度，可根据不同的目的或需要，用国民生产总值、国内生产总值等指标来计算，本年鉴是采用国内生产总值指标计算的。

电力生产弹性系数

是研究电力生产增长速度与国民经济增长速度之间关系的指标。一般来说，电力的发展应当快于国民经济的发展，也就是说电力应超前发展。计算公式为：

电力生产弹性系数＝电力生产量年平均增长速度/国民经济年平均增长速度

能源消费弹性系数

是反映能源消费增长速度与国民经济增长速度之间比例关系的指标。计算公式为：

能源消费弹性系数＝能源消费量年平均增长速度/国民经济年平均增长速度

电力消费弹性系数

反映电力消费增长速度与国民经济增长速度之间比例关系的指标。计算公式为：

电力消费弹性系数＝电力消费量年平均增长速度/国民经济年平均增长速度

能源加工转换效率

指一定时期内能源经过加工、转换后，产出的各种能源产品的数量与同期内投入加工转换的各种能源数量的比率。它是观察能源加工转换装置和生产工艺先进与落后、管理水平高低等的重要指标。计算公式为：

能源加工转换效率＝能源加工、转换产出量/能源加工、转换投入量×100

Explanatory Notes for Major Statistical Indicators

Total Energy Production

refers to the total production of primary energy by all energy producing enterprises in the province in a given period of time. It is a comprehensive indicator to show the capacity, scale, composition and development of energy production of the province. The production of primary energy includes that of coal, crude oil, natural gas, hydro-power and electricity generated by nuclear energy and other means such as wind power and geothermal power. However, it excludes the production of fuels of low calorific value, bio-energy, solar energy and the secondary energy converted from the primary energy.

Total Domestic Energy Consumption

refers to the total consumption of energy of various kinds by material production sectors, non material production sectors and households in the province in a given period of time. It is a comprehensive indicator to show the scale, composition and development of energy consumption. The total energy consumption includes that of coal, crude oil and their products, natural gas and electricity; However, it excludes the consumption of fuel of low calorific value, bio-energy and solar energy. Total domestic energy consumption can be divided into three parts:

a)Final Energy Consumption: It refers to the total energy consumption by material production sectors, non material production sectors and households in the province in a given period of time, but excludes the consumption in conversion of the primary energy into the secondary energy and the loss in the process of energy conversion.

b) Loss During the Process of Energy Conversion: It refers to the total input of various kinds of energy for conversion, minus the total output of various kinds of energy in the province in a given period of time. It is an indicator to show the loss that occurs during the process of energy conversion.

c) Loss: It refers to the total of the loss of energy during the course of energy transport, distribution and storage and the loss caused by any objective reason in a given period of time. The loss of various kinds of gas due to gas discharges and stocktaking is excluded.

Elasticity Ratio of Energy Production

is an indicator to show the relationship between the growth rate of energy production and the growth rate of the national economy. The formula is:

Elasticity Ratio of Energy Production=Average Annual Growth Rate of Energy Production / Average Annual Growth Rate of National Economy

The average annual growth rate of the national economy can be shown by the gross national product, gross domestic product and other indicators, depending upon the purposes or needs. The gross domestic product is used in calculation of the ratio in this chapter.

Elasticity Ratio of Electricity Production

is an indicator to show the relationship between the growth rate of electricity production and the growth rate of the national economy. Generally speaking, the growth rate of electricity production should be higher than that of the national economy. Its formula is:

Elasticity Ratio of Electricity Production=Average Annual Growth Rate of Electricity Production / Average Annual Growth Rate of National Economy

Elasticity Ratio of Energy Consumption

is an indicator to show the relationship between the growth rate of energy consumption and the growth rate of the national economy. The formula is:

Elasticity Ratio of Energy Consumption=Average Annual Growth Rate of Energy Consumption / Average Annual Growth Rate of National Economy

Elasticity Ratio of Electricity Consumption

is an indicator to show the relationship between the growth rate of electricity consumption and the growth rate of the national economy. The formula is:

Elasticity Ratio of Electricity Consumption=Average Annual Growth Rate of Electricity / Average Annual Growth Rate of National Economy

Efficiency of Energy Processing and Conversion

refers to the ratio of the total output of energy products of various kinds after processing and conversion and the total input of energy of various kinds for processing and conversion in the same reference period. It is an important indicator to show the current conditions of energy processing and conversion equipment, production technique and management. The formula is:

Efficiency of Energy Processing & Conversion=Output of Energy After Processing & Conversion/Input of Energy for Processing & Conversion×100%

第七篇

Chapter 7

财政、金融、保险

FINANCE, BANKING
AND INSURANCE

简要说明

一、本篇反映全省财政收支、金融保险业发展状况。

二、财政收支资料来源于省财政厅财政决算。

三、金融保险业资料有以下三个部分：

1、反映金融机构，包括中国人民银行、中资全国性大型银行、中资全国性中小型银行、中资区域性中小型银行、农村信用社等信贷收支情况，资料由中国人民银行合肥中心支行提供；

2、反映保险业务情况，资料由中国保险监督管理委员会安徽监管局提供；

3、反映股票发行及筹资情况，资料由中国证券监督管理委员会安徽监管局提供。

Brief Introduction

I. Data in this chapter show the provincial government revenue and expenditure and the development of banking and insurance.

II. Data on the government revenue and expenditure come from the Department of Finance in the province. Data are based on the final financial accounts.

III. Data of banking and insurance include the following three parts:

1. Data on the credit funds revenue and expenditure of banking institutions, including the people's Bank of China, the Chinese large national banks, Chinese-funded national small and medium-sized banks, Chinese-funded regional small and medium-sized banks , state-owned commercial banks and rural credit cooperatives are provided by Hefei Branch Office of the People's Bank of China.

2. Data on the business of insurance are provided by Anhui Regulatory Bureau of the Insurance Regulatory Commission of China.

3. Data on issuing summary for stocks are provided by Anhui Regulatory Bureau of the Securities Regulatory Commission of China.

7—1 财政收支总额及增长速度
Total Government Revenue and Expenditures and Their Increase Rate

年　份 Year	财政收入 (万元) Total Revenue (10000 yuan)	财政支出 (万元) Total Expenditures (10000 yuan)	增长速度 (%) Increase Rate (%) 财政收入 Total Revenue	财政支出 Total Expenditures
2000	2904229	3234728	8.0	12.1
2001	3095500	4037988	6.6	25.2
2002	3466520	4568579	12.0	13.1
2003	4122917	5074398	18.9	11.1
2004	5207114	6015280	26.3	18.5
2005	6565525	7130633	26.1	18.5
2006	8165120	9402329	24.4	31.9
2007	10347253	12438342	26.7	32.3
2008	13260466	16471253	28.2	32.4
2009	15512563	21419217	17.0	30.0
2010	20638197	25876135	33.0	20.8
2011	26330221	33029911	27.6	27.6
2012	30259871	39610080	14.9	19.9
2013	33650750	43496871	11.2	9.8

注：2000年财政收入增长速度按可比口径计算；2000年财政支出根据《安徽60年》做了修正，财政支出增长速度相应做出调整。

a) The increase rate of total revenue in 2000 is calculated according to comparable requirement. The total expenditures are corrected in 2000 according to <Anhui 60 Years>, the increase rate is adjusted as also.

7—2 财政收入占安徽生产总值的比重
Government Revenue as Percentage to Gross Product of Anhui

年　份 Year	财政收入 (万元) Total Revenue (10000 yuan)	安徽生产总值 (亿元) Gross Domestic Product (100 million yuan)	财政收入相当于生产总值的百分比 (%) Percentage of Government Revenue to the Gross Product of Anhui (%)
2000	2904229	2902.1	10.0
2001	3095500	3246.7	9.5
2002	3466520	3519.7	9.8
2003	4122917	3923.1	10.5
2004	5207114	4759.3	10.9
2005	6565525	5350.2	12.3
2006	8165120	6112.5	13.4
2007	10347253	7360.9	14.1
2008	13260466	8851.7	15.0
2009	15512563	10062.8	15.4
2010	20638197	12359.3	16.7
2011	26330221	15300.7	17.2
2012	30259871	17212.1	17.6
2013	33650750	19038.9	17.7

注：2005—2008年安徽生产总值数据根据2008年经济普查资料进行了修订。

a) In 2005-2008, According to 2008 the economical general survey material, Gross Product of Anhui has the adjustment.

7—3 中央和地方财政收入及比重
Total Revenue and Proportion of Central and Local Governments

年份 Year	绝对数 (万元) Total Revenue (10000 yuan)			比重 (%) Proportion (%)	
	全省 Total	中央 Central Government	地方 Local Governments	中央 Central Government	地方 Local Governments
2000	2904229	1117042	1787187	38.5	61.5
2005	6565525	2769790	3340170	42.2	50.9
2010	20638197	8318470	11493952	40.3	55.7
2011	26330221	10521113	14635608	40.0	55.6
2012	30259871	10782135	17927192	35.6	59.2
2013	33650750	11422965	20750750	33.9	61.7

注：2005—2011年财政收入包括出口货物退增值税。
a) Financial Revenue of 2005 - 2011 Includes Value-added Taxes Reimbursed from Exports.

7—4 税收收入和非税收入及比重
Total Revenue and Proportion of Tax and Non-tax

年份 Year	绝对数 (万元) Total Revenue (10000 yuan)			比重 (%) Proportion (%)	
	全省 Total	税收收入 Tax Revenue	非税收入 Non-tax Revenue	税收收入 Tax Revenue	非税收入 Non-tax Revenue
2000	1787187	1445761	341426	80.9	19.1
2005	3340170	2445450	894720	73.2	26.8
2010	11493952	8665517	2828435	75.4	24.6
2011	14635608	11083094	3552514	75.7	24.3
2012	17927192	13050933	4876259	72.8	27.2
2013	20750750	15202168	5548582	73.3	26.7

7—5 各项税收收入
Government Tax Revenue

单位：万元 (10000 yuan)

年份 Year	税收收入 Tax	#增值税 Value-added Tax	#营业税 Operation Tax	#契税 Contract Tax	#企业所得税 Enterprises' Income Tax	#个人所得税 Individual Income Tax
2000	1445761	262559	319719	23493	233524	94675
2005	2445450	577244	781042	178145	300808	124964
2010	8665517	1294839	2919300	959149	1065948	319746
2011	11083094	1646777	3791816	1002723	1532602	400445
2012	13050933	1753345	4514185	1170917	1844973	359124
2013	15202168	2244996	5022636	1878926	1904639	434399

7—6 地方财政收支情况
Revenue and Expenditure of Local Governments

单位：万元（10000 yuan）

指 标	Item	2010	2012	2013
收入合计	**Total Revenue**	**11493952**	**17927192**	**20750750**
增值税	Value-added Tax	1294839	1753345	2244996
营业税	Operation Tax	2919300	4514185	5022636
企业所得税	Enterprises' Income Tax	1065948	1844973	1904639
个人所得税	Individual Income Tax	319746	359124	434399
资源税	Resources Tax	126488	179243	197366
城市维护建设税	Tax on Town maintenance and Construction	543983	797056	881277
房产税	Tax on Real Estates	176182	298479	315444
印花税	Stamp Tax	111528	157772	188808
城镇土地使用税	Tax on the Use of Urban Land	325215	667523	712238
土地增值税	Land Value Added Tax	302222	700633	911505
车船税	Vehiclesand Ship Tax	59462	91360	106991
耕地占用税	Tax on the Occupancy of Cultivated Land	455748	506106	389848
契 税	Contract Tax	959149	1170917	1878926
烟叶税	Leaf Tobacco Tax	5707	10217	13095
专项收入	Expert Project Income	737869	874834	1032570
行政事业性收费收入	Income from Adiministrative Departments Fees	944613	1586178	1567353
罚没收入	Penalty and Confiscatory Income	267660	435699	492318
国有资本经营收入	Stated-owned Assets Profit	200537	455807	356603
国有资源（资产）有偿使用收入	Income from the Paid Use of Stated-owned Resources (Assets)	598012	1254425	1765539
其他收入	Other Income	79744	269316	334199
支出合计	**Total Expenditure**	**25876135**	**39610080**	**43496871**
一般公共服务	General Public Service	2737167	4259607	4691511
国 防	National Defence	46340	60087	47974
公共安全	Public Security	1194768	1491476	1637769
教 育	Education	3863071	7179357	7365882
科学技术	Science	579817	959996	1096698
文化体育与传媒	Culture, Sports and Media	516833	714343	795016
社会保障和就业	Social Security and Employment	3341539	4591897	5336402
医疗卫生	Public Health	1842232	3193939	3617987
节能环保	Energy Saving and Environmental Protection	647203	955189	1084246
城乡社区事务	Expenses in Urban、Rural Areas and Communities	2361782	3480292	4597953
农林水事务	Expenses of Agriculture、Forest and Irrigation	2925244	4304717	4781716
交通运输	Transport	1248616	2371742	2760124
资源勘探电力信息等事务	Resource Prospecting and Electric Power Information and so on	1249406	1314556	1456292
商业服务业等事务	Commercial and Service Industry and so on	458382	715308	601053
金融监管等事务支出	Finance Supervision and so on	51665	40372	36271
国土资源气象等事务	Land Resources and Meteorology and so on	616884	453950	412383
住房保障支出	Housing Safeguard	933614	2485770	2257665
粮油物资管理事务	Grain and Oil Management Service	307059	329756	341961
储备事务支出	Reserve Expenditure			
国债还本付息支出	National Debt Repay and Interests Expenditure	76237	159712	165763
其他支出	Other Expenditure	878276	520629	370705

7—7 各市地方财政收入（2013年）
Final Statement of Local Government Revenue by Region (2013)

单位：万元（10000 yuan）

地区	Region	收入合计 Total Revenue	增值税 Value-added Tax	营业税 Operation Tax	企业所得税 Enterprises' Income Tax
合肥市	Hefei	4386226	523980	1415166	349168
淮北市	Huaibei	506812	79975	115420	46053
亳州市	Bozhou	643813	89603	168407	27729
宿州市	Suzhou	663512	63823	166256	31803
蚌埠市	Bengbu	928392	124366	247320	43755
阜阳市	Fuyang	854566	116158	209631	41332
淮南市	Huainan	1107341	133585	214152	42932
滁州市	Chuzhou	1144231	104422	307043	55996
六安市	Luan	818338	75002	236126	44280
马鞍山市	Maanshan	1461823	162508	293432	47864
芜湖市	Wuhu	2139917	360711	488741	157587
宣城市	Xuancheng	1076682	125047	251703	41657
铜陵市	Tongling	641758	75698	141121	39386
池州市	Chizhou	651393	61583	130915	19945
安庆市	Anqing	984573	91851	280098	58415
黄山市	Huangshan	593828	54777	149348	24584

地区	Region	个人所得税 Individual Income Tax	资源税 Resources Tax	城市维护建设税 Tax on Town Maintenance and Construction	房产税 Tax on Real Estates	印花税 Stamp Tax
合肥市	Hefei	94367	11042	228139	88282	62950
淮北市	Huaibei	5711	8896	27137	9805	6010
亳州市	Bozhou	5229	2528	29280	5683	5234
宿州市	Suzhou	6733	9391	23037	6138	4810
蚌埠市	Bengbu	8140	155	72801	11444	8540
阜阳市	Fuyang	8752	4288	53410	10301	7004
淮南市	Huainan	19125	13920	45719	17570	8323
滁州市	Chuzhou	12105	14588	50886	20621	9030
六安市	Luan	8927	18685	29798	13556	6697
马鞍山市	Maanshan	16201	21585	55280	30354	15062
芜湖市	Wuhu	33693	25870	120039	41042	22214
宣城市	Xuancheng	12847	21176	40930	11265	8063
铜陵市	Tongling	7410	17246	22800	8312	6891
池州市	Chizhou	5788	10661	16078	8301	4045
安庆市	Anqing	14906	13482	37180	15807	8555
黄山市	Huangshan	7087	3853	15657	16194	4033

7—7 续表 continued

单位：万元（10000 yuan）

地 区	Region	城镇土地使用税 Tax on the Use of Urban Land	土地增值税 Land Value Added Tax	车船税 Tax on Vehicles and Vessels	耕地占用税 Tax on the Occupancy of Cultivated Land	契税 Contract Tax	烟叶税 Leaf Tobacco Tax
合肥市	Hefei	43590	261447	27422	25025	434396	
淮北市	Huaibei	34719	14521	3800	13418	65767	
亳州市	Bozhou	10707	22158	6366	15155	110032	1619
宿州市	Suzhou	17671	33162	5497	9264	88659	
蚌埠市	Bengbu	23321	39170	5649	13280	81746	
阜阳市	Fuyang	34538	36661	10050	19510	101400	524
淮南市	Huainan	48787	52222	4129	8213	77550	
滁州市	Chuzhou	45289	65918	5595	14500	111348	
六安市	Luan	18701	34604	7172	23603	77160	
马鞍山市	Maanshan	53285	95892	5141	16257	137573	
芜湖市	Wuhu	148698	67201	7944	37703	186509	2505
宣城市	Xuancheng	92042	37760	4859	14021	116640	6267
铜陵市	Tongling	37922	20825	2357	3861	46171	
池州市	Chizhou	58863	34721	2035	10931	97619	1752
安庆市	Anqing	28025	47848	6452	14894	78798	
黄山市	Huangshan	15545	47386	2523	7304	67558	428

地 区	Region	专项收入 Expert Project Income	行政事业性收费收入 Income from Adiministrative Departments Fees	罚没收入 Penalty and Confiscatory Income	国有资本经营收入 State-owned Assets Profit	国有资源（资产）有偿使用收入 Income from the Paid Use of Stated-owned Resources (Assets)	其他收入 Other Income
合肥市	Hefei	130024	222975	60015	48346	213762	146130
淮北市	Huaibei	19981	35730	9964	-6646	14730	1821
亳州市	Bozhou	17384	71151	21142	10083	22707	1616
宿州市	Suzhou	18822	75694	46964	6600	26484	22704
蚌埠市	Bengbu	40612	79165	44141	27932	43628	13227
阜阳市	Fuyang	31201	92435	29865	4008	39853	3645
淮南市	Huainan	38508	45348	20951	61162	227952	27193
滁州市	Chuzhou	42839	78743	36302	2094	159461	7451
六安市	Luan	32802	127805	25230		31729	6461
马鞍山市	Maanshan	42627	114244	21015	24995	298031	10477
芜湖市	Wuhu	103490	78664	28328	92493	119896	16589
宣城市	Xuancheng	27119	53565	40860	24123	143583	3155
铜陵市	Tongling	15469	47576	8454	6241	129667	4351
池州市	Chizhou	15658	94342	10019	5176	62900	61
安庆市	Anqing	30438	94906	29642	24894	89932	18450
黄山市	Huangshan	11703	31064	11036	25102	74530	24116

7—8 各市财政支出（2013年）
Final Statement of Government Expenditure by Region (2013)

单位：万元（10000 yuan）

地区	Region	支出合计 Total Expenditure	一般公共服务 General Public Service	国防 National Defence	公共安全 Public Security	教育 Education
合肥市	Hefei	6308509	768518	4281	206897	1044694
淮北市	Huaibei	1087215	121279	486	46414	164168
亳州市	Bozhou	2064319	222461	2284	67485	380724
宿州市	Suzhou	2226623	261790	952	92440	431222
蚌埠市	Bengbu	1914991	183567	2662	80019	339008
阜阳市	Fuyang	3126496	273203	3885	124461	601916
淮南市	Huainan	1686273	189441	2747	80919	225132
滁州市	Chuzhou	2508733	289700	3841	105175	402383
六安市	Luan	2860000	304675	1710	116404	580469
马鞍山市	Maanshan	2025888	216394	554	85354	313134
芜湖市	Wuhu	3196317	222881	3918	96388	507446
宣城市	Xuancheng	2051803	284145	974	69638	315749
铜陵市	Tongling	1005932	100592	287	40979	140836
池州市	Chizhou	1306761	188488	2906	39581	190923
安庆市	Anqing	2797223	367594	1868	117039	571349
黄山市	Huangshan	1367264	189750	3354	57861	128797

地区	Region	科学技术 Science	文化体育与传媒 Culture, Sports and Media	社会保障和就业 Social Security and Employment	医疗卫生 Public Health	节能环保 Energy Saving and Environmental Protection
合肥市	Hefei	260165	66055	525085	371851	254727
淮北市	Huaibei	13406	9450	121965	97550	14469
亳州市	Bozhou	15129	11967	294089	268372	22048
宿州市	Suzhou	13649	29547	205362	273541	41263
蚌埠市	Bengbu	72384	20570	198273	181485	55518
阜阳市	Fuyang	19028	18820	495262	384771	36664
淮南市	Huainan	32914	18790	187317	129335	36701
滁州市	Chuzhou	34755	29389	274471	276489	46553
六安市	Luan	26512	38078	272348	324988	51281
马鞍山市	Maanshan	60893	38187	182419	143929	33224
芜湖市	Wuhu	263329	43121	310883	216393	113703
宣城市	Xuancheng	68173	26290	184455	224680	48317
铜陵市	Tongling	48551	11091	89829	52399	50962
池州市	Chizhou	17887	17823	118240	120880	25655
安庆市	Anqing	55834	53967	311162	322350	46569
黄山市	Huangshan	31778	41004	150135	102273	84162

7—8 续表 continued

单位：万元（10000 yuan）

地 区	Region	城乡社区事务 Expenses in Urban、Rural Areas and Communities	农林水事务 Expenses of Agriculture、Forest and Irrigation	交通运输 Transport	资源勘探电力信息等事务 Resource Prospecting and Electric Power Information and so on	商业服务业等事务 Commercial and Service Industry and so on	金融监管等事务支出 Finance Supervision and so on
合肥市	Hefei	1269834	496045	216821	393101	79268	3786
淮北市	Huaibei	234174	111610	36279	23213	7815	317
亳州市	Bozhou	98699	277049	106900	47130	23274	460
宿州市	Suzhou	120091	333209	133623	61219	16599	2391
蚌埠市	Bengbu	250470	231756	100084	9659	40249	927
阜阳市	Fuyang	156982	415343	179048	73320	33780	6009
淮南市	Huainan	386193	133798	56337	45246	32558	1393
滁州市	Chuzhou	196614	448087	134311	47828	14738	970
六安市	Luan	113664	491157	230514	52112	26047	2199
马鞍山市	Maanshan	342994	172814	76131	68215	36454	1344
芜湖市	Wuhu	549245	254352	181363	72049	76587	4106
宣城市	Xuancheng	256095	260674	145394	13729	23039	1996
铜陵市	Tongling	146581	49829	63715	45216	67721	1683
池州市	Chizhou	173158	145080	80382	41419	16963	339
安庆市	Anqing	157472	390560	175823	30824	24096	6116
黄山市	Huangshan	140851	175459	88507	27639	42717	899

地 区	Region	国土资源气象等事务 Land Resources and Meteorology and so on	住房保障支出 Housing Safeguard	粮油物资储备事务 Supplies of Grain and Oil and Reserve Affairs	国债还本付息 National Debt Repay and Interests Expenditure	其他支出 Other Expenditure
合肥市	Hefei	44862	195016	20339	6261	80903
淮北市	Huaibei	7088	69876	4746	1348	1562
亳州市	Bozhou	12832	189868	19730	1700	2118
宿州市	Suzhou	13979	161366	17595	14309	2476
蚌埠市	Bengbu	7677	127610	9990	690	2393
阜阳市	Fuyang	19592	187003	18294	48895	30220
淮南市	Huainan	19009	82236	5504	16856	3847
滁州市	Chuzhou	21047	150674	22699	3612	5397
六安市	Luan	24027	152035	18259	17193	16328
马鞍山市	Maanshan	36012	194962	9397	3473	10004
芜湖市	Wuhu	34684	174568	8595	26432	36274
宣城市	Xuancheng	11874	100700	8317	5785	1779
铜陵市	Tongling	13151	72813	3922	897	4878
池州市	Chizhou	7683	88266	5889	2622	22577
安庆市	Anqing	17010	118853	15822	10289	2626
黄山市	Huangshan	10048	64171	4401	4261	19197

7—9 各县（市）地方财政收入（2013年）
Final Statement of Local Government Revenue by County (City) (2013)

单位：万元（10000 yuan）

县（市） County (City)		收入合计 Total Revenue	增值税 Value-added Tax	营业税 Operation Tax	企业所得税 Enterprises' Income Tax	个人所得税 Individual Income Tax	资源税 Resources Tax	城市维护建设税 Tax on Town Maintenance and Construction	耕地占用税 Tax on The Occupancy of Cultivated Land	契税 Contract Tax
合肥市本级	Hefei City at Its Own Level	2669500	328401	900025	235855	60388	818	158495	16053	333487
巢湖市	Chaohu	173495	18845	55928	11354	2927	6524	8318	1389	16930
长丰县	Changfeng	214867	29362	81283	13287	2287	12	8666	642	22314
肥东县	Feidong	232962	33914	81531	7305	2844	57	7304	3660	21038
肥西县	Feixi	277895	40612	87191	18656	4778	6	14996	776	32062
庐江县	Lujiang	155975	14902	43214	8067	3939	3621	4699	2505	8566
淮北市本级	Huaibei City at Its Own Level	273882	48067	31249	34622	3547	5291	17683	12216	56960
濉溪县	Suixi	131080	21186	38151	7816	1252	1454	7483	1202	8807
亳州市本级	Bozhou City at Its Own Level	167678	19213	34162	9621	2145		11546	5702	45962
涡阳县	Guoyang	137171	14020	32712	3010	1086	1933	4784	1885	27128
蒙城县	Mengcheng	121490	21603	30521	3631	631	493	3864	3301	15427
利辛县	Lixin	89123	16399	24385	3128	402	57	2574	1489	14206
宿州市本级	Suzhou City at Its Own Level	263644	20735	47365	16413	2021	1621	9122	5827	60260
砀山县	Dangshan	54624	4629	17305	1744	307	18	1347	517	5515
萧县	Xiaoxian	83481	6532	21168	3239	377	2460	1729	927	7779
灵璧县	Lingbi	51689	2262	15716	1766	340	1072	1084	812	5854
泗县	Sixian	57026	3865	17329	1877	392	58	1252	120	5511
蚌埠市本级	Bengbu City at Its Own Level	387552	45403	77393	18188	4225		49855	2866	57351
怀远县	Huaiyuan	126422	27120	28056	5343	688	81	4231	516	7118
五河县	Wuhe	86369	8495	32084	2640	459	21	2593	698	6124
固镇县	Guzhen	68174	7584	12630	1558	258	13	1615	5745	11153
阜阳市本级	Fuyang City at Its Own Level	262051	28306	41554	7463	3003	453	25052	8433	40500
界首市	Jieshou	75912	19590	11535	2679	905		6366	971	5270
临泉县	Linquan	57585	5484	18487	1762	1277	198	2077	4113	4975
太和县	Taihe	80424	11580	21062	2286	436	26	3719	633	6866
阜南县	Funan	44107	5086	15351	1513	450	120	1412	1619	3457
颍上县	Yingshang	138223	29197	23035	9821	1157	3177	6248	3137	6062
淮南市本级	Huainan City at Its Own Level	587765	32090	74486	26654	12557	9488	17052	4040	58743
凤台县	Fengtai	268532	60682	37993	2874	3080	3425	11447	1359	9484
滁州市本级	Chuzhou City at Its Own Level	255691	27576	69326	19626	3100	156	22842	6483	31444
天长市	Tianchang	219226	23441	43459	7530	1128	2971	8184	1922	21391
明光市	Mingguang	74407	4603	18720	2266	1183	665	2492	1729	10505
来安县	Laian	107249	9200	36217	4840	1242	448	3380	1233	6550
全椒县	Quanjiao	109413	7372	35669	5872	1432	2691	2931	443	8406
定远县	Dingyuan	90521	4345	29134	4478	903	2403	2149	474	14773
凤阳县	Fengyang	124019	11210	25455	5078	1338	4717	3319	1323	8131
六安市本级	Luan City at Its Own Level	253743	16046	73410	9183	2209	10	9433	6372	36666
寿县	Shouxian	58429	4862	23050	2565	877	209	1656	1546	7221

7—9 续表1 continued

单位：万元（10000 yuan）

县（市） County (City)	收入合计 Total Revenue	增值税 Value-added Tax	营业税 Operation Tax	企业所得税 Enterprises' Income Tax	个人所得税 Individual Income Tax	资源税 Resources Tax	城市维护建设税 Tax on Town Maintenance and Construction	耕地占用税 Tax on The Occupancy of Cultivated Land	契税 Contract Tax
霍邱县 Huoqiu	143324	17736	27307	8080	1521	16996	4733	8432	6522
舒城县 Shucheng	75442	6316	26042	5106	1103	55	2469	1086	7425
金寨县 Jinzhai	43207	4910	14532	1849	620	261	1417	2652	2233
霍山县 Huoshan	94043	12590	19867	7384	752	296	5560	1250	5116
马鞍山市本级 Maanshan City at Its Own Level	527342	70197	83598	13828	7121	6189	24865	10243	69799
当涂县 Dangtu	295511	33800	56159	7227	2135	2538	9019	1705	27441
含山县 Hanshan	94228	10442	25036	3431	1040	3174	2750	1111	12271
和县 Hexian	111269	9242	23727	4714	1610	5252	2636	952	26805
芜湖市本级 Wuhu City at Its Own Level	700735	120704	107366	64171	14504	2	64786	2414	47557
芜湖县 Wuhu	213361	68748	29732	11125	1142	1187	6462	1262	16646
繁昌县 Fanchang	223508	40973	21958	17804	1344	22964	6332	16267	9064
南陵县 Nanling	144210	27042	33788	6329	825	460	3652	4135	8962
无为县 Wuwei	173685	33432	48045	7806	2951	1236	7527	2002	12777
宣城市本级 Xuancheng City at Its Own Level	188027	9166	53165	5951	2242	2345	7804	1829	16018
宁国市 Ningguo	199095	27934	49185	13010	4794	2496	9884	1051	13585
郎溪县 Langxi	133281	16853	36138	3072	921	1165	4494	1755	18294
广德县 Guangde	164581	26102	39793	8335	1927	7607	5460	984	15222
泾县 Jingxian	75390	8595	16189	2776	958	1207	2414	1190	8834
旌德县 Jingde	43750	5581	8299	1479	381	478	1130	472	4872
绩溪县 Jixi	65767	5504	8099	1166	383	380	1315	3892	3283
铜陵市本级 Tongling City at Its Own Level	369933	25908	49401	24192	2775	10731	9383	1852	34256
铜陵县 Tongling	121903	13556	31732	4464	1034	6515	3422	2009	11915
池州市本级 Chizhou City at Its Own Level	263547	8803	61967	10276	1801	5139	8507	6611	43465
东至县 Dongzhi	92263	12919	15097	2806	823	1059	1828	1263	16889
石台县 Shitai	14177	1113	3949	471	259	581	317	46	998
青阳县 Qingyang	106259	15649	14641	2349	579	2290	1841	2358	18762
安庆市本级 Anqing City at Its Own Level	233653	29970	47635	17269	4171	167	12846	3477	31380
桐城市 Tongcheng	151027	10919	34043	8618	3199	607	4874	899	11700
怀宁县 Huaining	125144	10761	25163	5436	1562	4293	2737	5681	5805
枞阳县 Zongyang	97175	9226	18903	4574	362	6867	1672	366	8775
潜山县 Qianshan	56568	5751	16962	2151	481	203	1827	1116	5016
太湖县 Taihu	34325	2647	11513	1342	756	237	1045	963	2737
宿松县 Susong	55298	4778	13531	1792	950	358	1039	1392	7451
望江县 Wangjiang	39697	2834	14379	1567	366	297	1229	627	4078
岳西县 Yuexi	31978	3241	11893	1394	571	322	997	373	1856
黄山市本级 Huangshan City at Its Own Level	168006	7382	41171	5891	2640		4538	1272	26672
歙县 Shexian	85179	9802	23309	5325	960	719	2166	1619	7434
休宁县 Xiuning	64473	7031	16664	2671	835	539	1665	773	8969
黟县 Yixian	24619	3298	7256	948	261	207	606	284	1849
祁门县 Qimen	43198	4920	11553	1232	374	1026	1000	1386	3402

7—9　续表2　continued

单位：万元（10000 yuan）

县（市） County (City)	烟叶税 Leaf Tobacco Tax	其他各项税收收入 Other Income of Tax	专项收入 Expert Project Income	行政事业性收费收入 Income from Adiministr-ative Departments Fees	罚没收入 Penalty and Confisca-tory Income	国有资本经营收入 Stated-owned Assets Profit	国有资源（资产）有偿使用收入 Income from the Paid Use of Stated-owned Resources (Assets)	其他收入 Other Income
合肥市本级 Hefei City at Its Own Level		120922	98936	99875	25358	48346	146406	96135
巢　湖　市 Chaohu		19720	6387	19667	3008		2400	98
长　丰　县 Changfeng		24206	5716	13659	2956		1778	8699
肥　东　县 Feidong		19050	5483	32650	3934		4589	9603
肥　西　县 Feixi		33670	9361	23577	5884		6086	240
庐　江　县 Lujiang		12609	4117	17248	3972		28481	35
淮北市本级 Huaibei City at Its Own Level		20812	14038	17707	6384	-7000	11255	1051
濉　溪　县 Suixi		22491	4687	15125	610	354	194	268
亳州市本级 Bozhou City at Its Own Level		10952	5709	16389	5562		573	142
涡　阳　县 Guoyang		14033	3962	15613	5105	10083	1361	456
蒙　城　县 Mengcheng		9261	2651	17959	4192		6938	1018
利　辛　县 Lixin		6448	1917	11970	4187		1961	
宿州市本级 Suzhou City at Its Own Level		24694	7574	21768	20325	6600	9612	9707
砀　山　县 Dangshan		6413	1276	5474	4133		5463	483
萧　　　县 Xiaoxian		6563	1963	22078	6566		2082	18
灵　璧　县 Lingbi		4402	1160	6039	7598		1971	1613
泗　　　县 Sixian		5135	1193	10832	3861		5601	
蚌埠市本级 Bengbu City at Its Own Level		22498	27644	27289	15528	16352	16857	6103
怀　远　县 Huaiyuan		15865	3345	18478	3304		6890	5387
五　河　县 Wuhe		7769	1853	6317	1659	7100	7071	1486
固　镇　县 Guzhen		5427	1607	10122	2013		8198	251
阜阳市本级 Fuyang City at Its Own Level		21304	13816	35404	16287	4008	16408	60
界　首　市 Jieshou		5791	3703	3462	1809		10506	3325
临　泉　县 Linquan		5929	1787	6296	2042		3158	
太　和　县 Taihe	524	9374	2344	16560	4126		888	
阜　南　县 Funan		3888	950	9189	688		365	19
颍　上　县 Yingshang		26563	4793	15528	2970		6535	
淮南市本级 Huainan City at Its Own Level		70045	28266	31076	12989	61162	144906	4211
凤　台　县 Fengtai		31213	8037	7961	2957		78814	9206
滁州市本级 Chuzhou City at Its Own Level		29088	11007	19518	6915	1975	2745	3890
天　长　市 Tianchang		28512	16210	19832	6871		37775	
明　光　市 Mingguang		12843	1453	8068	3547		5997	336
来　安　县 Laian		12221	2547	2450	7340		19252	329
全　椒　县 Quanjiao		14831	3345	4724	1532		19861	304
定　远　县 Dingyuan		10448	2087	10374	3418		5535	
凤　阳　县 Fengyang		17699	3065	7129	4194		29052	2309
六安市本级 Luan City at Its Own Level		25605	6166	48141	8410		7241	4851
寿　　　县 Shouxian		5129	1172	5652	3989		501	

7—9 续表3 continued

单位：万元（10000 yuan）

县（市） County (City)	烟叶税 Leaf Tobacco Tax	其他各项税收收入 Other Income of Tax	专项收入 Expert Projcct Income	行政事业性收费收入 Income from Administr-ative Departments Fees	罚没收入 Penalty and Confisca-tory Income	国有资本经营收入 Stated-owned Assets Profit	国有资源（资产）有偿使用收入 Income from the Paid Use of Stated-owned Resources (Assets)	其他收入 Other Income
霍 邱 县 Huoqiu		8075	16135	17686	4963		4487	651
舒 城 县 Shucheng		12189	1496	7670	2070		2264	151
金 寨 县 Jinzhai		3838	1169	5461	924		3341	
霍 山 县 Huoshan		8990	3545	23006	2085		3477	125
马鞍山市本级 Maanshan City at Its Own Level		94285	19601	75625	7154	24995	19676	166
当 涂 县 Dangtu		44571	6141	15663	4228		84884	
含 山 县 Hanshan		6785	5870	6073	3491		11808	946
和 县 Hexian		9661	3601	7210	4049		11585	225
芜湖市本级 Wuhu City at Its Own Level		84195	52366	46327	11175	73430	5078	6660
芜 湖 县 Wuhu	1342	25134	3915	4477	4296		37791	102
繁 昌 县 Fanchang		31617	5260	7581	2828	12000	27237	279
南 陵 县 Nanling	1147	10723	23506	7296	2376	4063	7903	2003
无 为 县 Wuwei	16	22050	5068	10600	6749		6881	6545
宣城市本级 Xuancheng City at Its Own Level		36565	5108	18832	5646	15337	8019	
宁 国 市 Ningguo		31843	4861	7674	4743		28035	
郎 溪 县 Langxi	647	13917	3290	6175	9532		17028	
广 德 县 Guangde	179	24440	4678	9358	7255		13232	9
泾 县 Jingxian	397	10243	1620	6003	6460	6176	2328	
旌 德 县 Jingde	610	6613	893	1390	1731	110	8405	1306
绩 溪 县 Jixi	154	8872	849	1703	4223		24664	1280
铜陵市本级 Tongling City at Its Own Level		55178	12275	29514	6240	6241	97684	4303
铜 陵 县 Tongling		14559	3194	17188	1500		10815	
池州市本级 Chizhou City at Its Own Level		32844	6039	64269	3815	5176	4835	
东 至 县 Dongzhi	1531	14922	1724	2274	3033		16095	
石 台 县 Shitai	59	2128	335	909	629		2322	61
青 阳 县 Qingyang	124	17659	3599	4462	1625		20321	
安庆市本级 Anqing City at Its Own Level		17583	10378	19862	5368	24894	7319	1334
桐 城 市 Tongcheng		20084	2809	10333	2013		38812	2117
怀 宁 县 Huaining		13864	6375	28501	2851		12115	
枞 阳 县 Zongyang		7660	1617	8875	8059		14465	5754
潜 山 县 Qianshan		6038	1214	3784	2333		8523	1169
太 湖 县 Taihu		3366	1135	3492	2068		681	2343
宿 松 县 Susong		2606	776	8405	3394		4145	4681
望 江 县 Wangjiang		4438	1359	5666	803		1942	112
岳 西 县 Yuexi		2243	974	4276	1970		1020	848
黄山市本级 Huangshan City at Its Own Level		22866	3456	14362	2606		28985	6165
歙 县 Shexian	198	9796	2067	6262	2487		8933	4102
休 宁 县 Xiuning	90	8198	1268	1791	1598	10996	1019	366
黟 县 Yixian	3	3521	437	1712	510		501	3226
祁 门 县 Qimen	49	6131	983	1354	783	3556	2062	3387

7—10 各县（市）财政支出（2013年）
Final Statement of Government Expenditure by County (City) (2013)

单位：万元（10000 yuan）

县（市）	County (City)	支出合计 Total Revenue	一般公共服务 General Public Service	国防 National Defence	公共安全 Public Security	教育 Education	科学技术 Science	文化体育与传媒 Culture, Sports and Media
合肥市本级	Hefei City at Its Own Level	3512537	293070	2347	110207	440992	200986	43408
巢湖市	Chaohu	337040	41277	598	17120	58928	4123	2690
长丰县	Changfeng	387091	49940	286	11937	83565	2823	3285
肥东县	Feidong	437233	76586		13539	87402	21326	4721
肥西县	Feixi	457668	104914	286	19189	76432	20073	4467
庐江县	Lujiang	402108	48691	342	11781	81954	2909	2607
淮北市本级	Huaibei City at Its Own Level	488975	51899	486	28005	44660	3315	5283
濉溪县	Suixi	361817	33197		10858	75087	3680	3113
亳州市本级	Bozhou City at Its Own Level	332563	33306	1959	26597	28846	1583	2157
涡阳县	Guoyang	455275	40882	102	11505	95865	3418	2449
蒙城县	Mengcheng	398150	52027		11217	106030	4849	3571
利辛县	Lixin	434104	58888	223	13517	80744	2315	2476
宿州市本级	Suzhou City at Its Own Level	530561	43951	763	33315	27985	5081	16970
砀山县	Dangshan	268603	32521	109	10569	64723	1033	2390
萧县	Xiaoxian	368855	44245	12	13904	93915	1829	2805
灵璧县	Lingbi	333398	36435		11594	73123	912	2658
泗县	Sixian	283945	34845	68	13234	54939	1742	2414
蚌埠市本级	Bengbu City at Its Own Level	732716	40571	1159	39789	66516	44696	11558
怀远县	Huaiyuan	426362	43197	676	12959	117715	17258	3539
五河县	Wuhe	267419	34726	189	10130	57049	3474	2350
固镇县	Guzhen	242929	33073	364	8921	47841	679	1625
阜阳市本级	Fuyang City at Its Own Level	521381	61813	2562	43675	41758	4876	3790
界首市	Jieshou	245236	19440	50	10804	35916	3334	1829
临泉县	Linquan	455751	35705	305	15673	108350	602	2714
太和县	Taihe	476275	38494	182	14357	110648	2135	2243
阜南县	Funan	416747	24543	176	13678	97637	972	3245
颍上县	Yingshang	440200	34411	285	12416	86343	2766	2439
淮南市本级	Huainan City at Its Own Level	873066	96501	2147	56491	71038	22854	10780
凤台县	Fengtai	422143	43113	235	10380	68699	6588	5620
滁州市本级	Chuzhou City at Its Own Level	473653	56847	2340	33659	30889	7070	6952
天长市	Tianchang	390558	39999	186	12064	61292	8343	6904
明光市	Mingguang	247629	33652	53	9896	37945	2703	1693
来安县	Laian	238827	26900	78	9805	36827	2469	2626
全椒县	Quanjiao	239852	24154	948	9415	35319	4421	2252
定远县	Dingyuan	358105	34681	106	10757	72107	3735	2033
凤阳县	Fengyang	308288	46592	130	11722	63995	2199	5257
六安市本级	Luan City at Its Own Level	591455	43009	286	45929	45431	8846	8500
寿县	Shouxian	381658	36776	121	12959	89012	3666	4689

7—10 续表1 continued

单位：万元（10000 yuan）

县（市） County (City)		支出合计 Total Revenue	一般公共服务 General Public Service	国防 National Defence	公共安全 Public Security	教育 Education	科学技术 Science	文化体育与传媒 Culture, Sports and Media
霍邱县	Huoqiu	491723	55674	354	14852	102648	3534	5637
舒城县	Shucheng	305599	32682	106	14048	68987	2349	5006
金寨县	Jinzhai	303858	34333	150	9816	75076	2342	4859
霍山县	Huoshan	222627	28355	233	9117	48450	2713	3632
马鞍山市本级	Maanshan City at Its Own Level	726891	67373		29905	71752	35235	16171
当涂县	Dangtu	428827	56360		14484	67750	10359	5587
含山县	Hanshan	212489	21830	463	9930	43779	4395	10814
和县	Hexian	251081	30562	91	11067	47500	3896	4544
芜湖市本级	Wuhu City at Its Own Level	1306060	51181	2448	47250	114176	214314	25273
芜湖县	Wuhu	297670	24262	231	8204	36502	5804	2055
繁昌县	Fanchang	300008	35571	94	7696	35552	5684	4889
南陵县	Nanling	261716	25653	199	9949	56290	3890	1568
无为县	Wuwei	436082	35600	260	11399	120142	4837	3196
宣城市本级	Xuancheng City at Its Own Level	400993	36681	468	27785	23730	11580	4791
宁国市	Ningguo	316520	53839	160	9829	50709	9160	2309
郎溪县	Langxi	225666	28558		2115	37686	15797	2343
广德县	Guangde	317265	56628	53	11395	52276	11492	3987
泾县	Jingxian	192000	33770	120	3082	29326	4535	3936
旌德县	Jingde	103723	13258		6021	10471	4217	2454
绩溪县	Jixi	134676	21202		4807	21491	3292	4967
铜陵市本级	Tongling City at Its Own Level	643929	56176		26866	80425	40559	6431
铜陵县	Tongling	206605	23864	287	7949	34715	6376	3682
池州市本级	Chizhou City at Its Own Level	449154	47319	2551	18833	24413	6825	10147
东至县	Dongzhi	250222	41565		8009	58769	2504	1801
石台县	Shitai	87013	12276		3881	11854	878	1364
青阳县	Qingyang	197808	38546	248	5009	37028	4222	2595
安庆市本级	Anqing City at Its Own Level	576665	42865	1052	40261	54256	10495	20034
桐城市	Tongcheng	335091	41365		9836	74666	10669	5913
怀宁县	Huaining	272668	41449	418	10071	70750	4915	6414
枞阳县	Zongyang	291946	46802	277	7817	65382	5255	3913
潜山县	Qianshan	228520	36089	59	8302	48558	4171	2515
太湖县	Taihu	219744	29850	2	8320	48773	3876	3001
宿松县	Susong	299600	43491	60	9814	82131	5410	3386
望江县	Wangjiang	198981	26772		8006	38759	3877	2566
岳西县	Yuexi	198708	22149		6795	43532	3648	3743
黄山市本级	Huangshan City at Its Own Level	363075	36851	2586	18349	15694	7565	6994
歙县	Shexian	249024	24489	10	8662	38133	8554	7069
休宁县	Xiuning	168440	28604		7088	20614	3545	8337
黟县	Yixian	82328	10951	361	3990	7412	1575	6790
祁门县	Qimen	122271	14946	60	4511	14409	3628	2549

7—10 续表2 continued

单位：万元（10000 yuan）

县（市）	County (City)	社会保障和就业 Social Security and Employment	医疗卫生 Public Health	节能环保 Energy Saving and Environmental Protection	城乡社区事务 Expenses in Urban、Rural Areas and Communities	农林水事务 Expenses of Agriculture、Forest and Irrigation	交通运输 Transport	资源勘探电力信息等事务 Resource Prospecting and Electric Power Information and so on
合肥市本级	Hefei City at Its Own Level	214230	115996	196003	1027491	122634	159819	325808
巢湖市	Chaohu	61767	34920	9332	13696	50535	10571	11267
长丰县	Changfeng	37924	41494	7908	26695	58671	5862	26588
肥东县	Feidong	47974	51076	11073	19429	72714	9562	2680
肥西县	Feixi	42920	48709	10347	4549	66474	15886	4329
庐江县	Lujiang	53575	48271	9947	13878	80454	12396	10963
淮北市本级	Huaibei City at Its Own Level	38713	37732	10947	161380	25219	28206	5616
濉溪县	Suixi	43276	45624	930	48630	58330	7079	3018
亳州市本级	Bozhou City at Its Own Level	13305	13371	4906	65840	23303	69161	2951
涡阳县	Guoyang	73368	70544	5508	9457	63161	6853	22834
蒙城县	Mengcheng	57210	62815	3994	3449	57564	8934	1430
利辛县	Lixin	79537	65330	4000	4856	69909	9795	14080
宿州市本级	Suzhou City at Its Own Level	14772	13810	20075	78403	55485	88788	46756
砀山县	Dangshan	29796	41418	6745	3375	36807	8789	3261
萧县	Xiaoxian	44034	54977	3409	10269	49260	12069	4649
灵璧县	Lingbi	34200	52358	3695	4821	65187	8850	3432
泗县	Sixian	30336	41881	6083	15298	56104	4997	2447
蚌埠市本级	Bengbu City at Its Own Level	76858	49969	31353	156424	35266	76658	4566
怀远县	Huaiyuan	41124	59752	3258	16217	72165	7389	1938
五河县	Wuhe	30546	34870	1924	4241	58987	8843	406
固镇县	Guzhen	26774	25760	2161	25862	44860	5182	1222
阜阳市本级	Fuyang City at Its Own Level	33145	16905	5821	70668	39820	111176	13924
界首市	Jieshou	45784	29561	9790	7808	34870	4011	18397
临泉县	Linquan	87566	79832	4577	10810	67986	10766	4043
太和县	Taihe	75114	67282	4598	18791	56250	15464	15379
阜南县	Funan	64162	60193	3804	10051	60989	14869	4494
颍上县	Yingshang	76073	57192	3228	25612	72579	13526	7538
淮南市本级	Huainan City at Its Own Level	101343	48408	28090	275175	40173	40151	17202
凤台县	Fengtai	42368	53482	6827	64047	61784	14872	3455
滁州市本级	Chuzhou City at Its Own Level	33195	17497	13921	70780	47313	85594	24764
天长市	Tianchang	34535	61415	8333	26185	73359	12340	4555
明光市	Mingguang	30773	34488	5514	10248	50103	5296	5382
来安县	Laian	32402	23549	3002	25843	40262	6924	2776
全椒县	Quanjiao	28278	28845	4291	17886	46356	9675	3104
定远县	Dingyuan	49048	49842	5899	10055	84668	7562	370
凤阳县	Fengyang	35181	43381	4663	5629	57800	5402	2537
六安市本级	Luan City at Its Own Level	20741	19992	10709	48806	50924	165725	24393
寿县	Shouxian	43099	54624	4889	6607	80052	13581	7119

7—10 续表3 continued

单位：万元（10000 yuan）

县（市） County (City)		社会保障和就业 Social Security and Employment	医疗卫生 Public Health	节能环保 Energy Saving and Environmental Protection	城乡社区事务 Expenses in Urban、Rural Areas and Communities	农林水事务 Expenses of Agriculture、Forest and Irrigation	交通运输 Transport	资源勘探电力信息等事务 Resource Prospecting and Electric Power Information and so on
霍邱县	Huoqiu	52022	63090	4137	26400	108767	12603	6517
舒城县	Shucheng	37119	43065	4207	7748	58629	10065	4037
金寨县	Jinzhai	29028	32688	9023	5421	57479	7771	5369
霍山县	Huoshan	21138	24422	5149	13150	38593	7654	1749
马鞍山市本级	Maanshan City at Its Own Level	55155	34995	11571	170829	30346	57922	58517
当涂县	Dangtu	42540	43909	4778	87230	43870	4676	4365
含山县	Hanshan	20659	21171	4144	18777	36359	4187	976
和县	Hexian	25582	27536	5344	14089	49657	8422	478
芜湖市本级	Wuhu City at Its Own Level	94793	55483	86255	218288	75775	136106	28372
芜湖县	Wuhu	29438	24050	5476	91159	34483	5723	15194
繁昌县	Fanchang	29401	36002	8279	80486	26397	4560	1952
南陵县	Nanling	33700	24220	629	10230	36476	21521	4654
无为县	Wuwei	74055	58035	7891	20881	58605	7610	7195
宣城市本级	Xuancheng City at Its Own Level	16779	11199	10299	113046	21923	76086	4210
宁国市	Ningguo	33154	42923	3312	35835	36061	13571	2531
郎溪县	Langxi	15928	34978	4917	19063	32247	13767	995
广德县	Guangde	22175	36989	11529	24528	42842	19786	2028
泾县	Jingxian	26447	30713	3605	12676	23933	4294	
旌德县	Jingde	14527	10608	1765	9061	16931	4571	2148
绩溪县	Jixi	10830	17177	10344	11492	15637	2310	1402
铜陵市本级	Tongling City at Its Own Level	57180	26901	48408	108098	12937	52699	40419
铜陵县	Tongling	18524	19857	1614	11269	31908	5381	2938
池州市本级	Chizhou City at Its Own Level	21115	15291	13772	138873	32313	45573	33350
东至县	Dongzhi	34290	29650	5199	8679	31704	5691	1427
石台县	Shitai	10432	8115	3087	2163	16949	3332	2093
青阳县	Qingyang	20147	23262	3288	14532	23350	5481	2659
安庆市本级	Anqing City at Its Own Level	64091	40783	14673	53983	34198	115873	16565
桐城市	Tongcheng	28051	34011	3530	54179	45380	4683	4672
怀宁县	Huaining	26607	34828	4754	9626	35355	6249	1489
枞阳县	Zongyang	46557	45321	1892	2876	41851	5867	796
潜山县	Qianshan	29851	32412	5215	1765	36477	6973	1231
太湖县	Taihu	26667	27497	4623	2569	45131	6543	1707
宿松县	Susong	23278	39331	6428	10891	45969	13631	687
望江县	Wangjiang	30523	29650	994	2363	37977	6647	932
岳西县	Yuexi	26582	23516	3382	4772	37649	8758	1873
黄山市本级	Huangshan City at Its Own Level	23093	10100	44668	57377	11358	65062	9765
歙县	Shexian	36696	30974	9992	12031	41118	5870	3385
休宁县	Xiuning	21169	15359	4691	8093	30808	3231	2636
黟县	Yixian	10714	7000	3885	5336	13764	1764	910
祁门县	Qimen	17683	13002	2486	10956	23520	4931	2365

7—10 续表4 continued

单位：万元（10000 yuan）

县（市） County (City)	商业服务业等事务 Resource Prospecting and Electric Power Information and so on	金融监管等事务支出 Finance Supervision and so on	国土资源气象等事务 Land Resources and Meteorology and so on	住房保障支出 Housing Safeguard	粮油物资储备事务 Supplies of Grain and Oil and Reserve Affairs	国债还本付息 National Debt Repay and Interests Expenditure	其他支出 Other Expenditure
合肥市本级 Hefei City at Its Own Level	61370	1170	25261	122609	4986	4797	39353
巢湖市 Chaohu	2796	289	1830	12296	1726	582	697
长丰县 Changfeng	2367	100	9802	8857	3945	365	4677
肥东县 Feidong	4857	221	1813	9168	2460		632
肥西县 Feixi	2963	385	2507	19210	2489		11539
庐江县 Lujiang	2304	621	3646	12519	4733	517	
淮北市本级 Huaibei City at Its Own Level	1660	122	3972	38720	1967	892	181
濉溪县 Suixi	4360	195	2956	18176	2779	279	250
亳州市本级 Bozhou City at Its Own Level	1791	134	2274	39712	228	600	539
涡阳县 Guoyang	1246	256	5097	34492	6282	380	1576
蒙城县 Mengcheng	1620	19	1524	19508	2389		
利辛县 Lixin	805	51	833	19257	7133	355	
宿州市本级 Suzhou City at Its Own Level	7132	135	4479	65208	1066	5600	787
砀山县 Dangshan	1553	11	2196	20012	2223	187	885
萧县 Xiaoxian	3562	2037	3956	21182	2436	305	
灵璧县 Lingbi	2514	103	1037	19836	5446	6683	514
泗县 Sixian	1089		681	13895	2736	1156	
蚌埠市本级 Bengbu City at Its Own Level	16789	658	2828	75557	1224		277
怀远县 Huaiyuan	2384	202	2811	18643	3736		1399
五河县 Wuhe	2212	59	611	14667	1807	328	
固镇县 Guzhen	885		1405	12179	3223	196	717
阜阳市本级 Fuyang City at Its Own Level	5008	538	2826	5175	875	33331	23695
界首市 Jieshou	670	798	1002	19817	1136	219	
临泉县 Linquan	2464	176	875	19823	2903	561	20
太和县 Taihe	4785	1759	4666	39156	2876	289	1807
阜南县 Funan	2466		1164	43268	2174	5587	3275
颍上县 Yingshang	3321		3342	27616	3938	7449	126
淮南市本级 Huainan City at Its Own Level	15909	706	8237	15875	3137	15955	2894
凤台县 Fengtai	13876	686	2486	20116	2367	901	241
滁州市本级 Chuzhou City at Its Own Level	2903	444	4914	30083	992	1909	1587
天长市 Tianchang	3827	34	998	30737	4177	274	1001
明光市 Mingguang	1317	97	2146	12267	2694	161	1201
来安县 Laian	2126	20	7291	12946	2753	213	15
全椒县 Quanjiao	1591		692	19152	3225	248	
定远县 Dingyuan	920	75	1032	19929	3574	404	1308
凤阳县 Fengyang	1675	30	2542	16047	3197	229	80
六安市本级 Luan City at Its Own Level	4724	1000	2245	61247	1450	15669	11829
寿县 Shouxian	3328	44	595	16762	3409	326	

7—10 续表5 continued

单位：万元（10000 yuan）

县（市）	County (City)	商业服务业等事务 Resource Prospecting and Electric Power Information and so on	金融监管等事务支出 Finance Supervision and so on	国土资源气象等事务 Land Resources and Meteorology and so on	住房保障支出 Housing Safeguard	粮油物资储备事务 Supplies of Grain and Oil and Reserve Affairs	国债还本付息 National Debt Repay and Interests Expenditure	其他支出 Other Expenditure
霍邱县	Huoqiu	5759	503	14202	9561	3500		1963
舒城县	Shucheng	2003	480	1084	12014	1687	283	
金寨县	Jinzhai	5029	112	1902	22151	1033	276	
霍山县	Huoshan	19	60	1488	13077	1165	163	2300
马鞍山市本级	Maanshan City at Its Own Level	20718	533	11579	44008	2345	1727	6210
当涂县	Dangtu	4305	142	3067	31087	1291		3027
含山县	Hanshan	2042	474	1896	7847	2445	238	63
和县	Hexian	5130	195	3848	9662	3316	162	
芜湖市本级	Wuhu City at Its Own Level	34119	1344	9575	61728	2893	16276	30411
芜湖县	Wuhu	1698	25	202	12065	672	427	
繁昌县	Fanchang	674	670	1870	19171	549	511	
南陵县	Nanling	2308	354	20545	6869	1880	422	359
无为县	Wuwei	1681	1713	2298	17735	2601	348	
宣城市本级	Xuancheng City at Its Own Level	7517	140	4263	24604	1140	4583	169
宁国市	Ningguo	1919	673	1731	17607	519	232	446
郎溪县	Langxi	4195	158	431	11267	893	153	175
广德县	Guangde	4763	213	1283	11352	2675	322	949
泾县	Jingxian	1391	239	477	12580	503	373	
旌德县	Jingde	-3	289	2076	4816	473		40
绩溪县	Jixi	2812	209	708	5399	475	122	
铜陵市本级	Tongling City at Its Own Level	16765	894	2552	60797	3099	737	1986
铜陵县	Tongling	21148	789	7673	5607	823	160	2041
池州市本级	Chizhou City at Its Own Level	7442	160	3571	24652	494	1650	810
东至县	Dongzhi	935	79	391	17795	1077	237	420
石台县	Shitai	2575		976	6625	242	171	
青阳县	Qingyang	2178		1843	10246	2995	179	
安庆市本级	Anqing City at Its Own Level	5829	4748	2186	45055	1561	7980	177
桐城市	Tongcheng	1972	209	968	11926	1897	313	851
怀宁县	Huaining	2956	148	3868	7283	4995	421	72
枞阳县	Zongyang	1089	30	1956	12443	1564	258	
潜山县	Qianshan	3161	201	2800	7519	989	213	19
太湖县	Taihu	1313	60	781	7994	783	254	
宿松县	Susong	1171	578	2451	9076	1520	245	52
望江县	Wangjiang	571	142	387	7157	1444	214	
岳西县	Yuexi	1572		839	8895	648	355	
黄山市本级	Huangshan City at Its Own Level	29910	142	2678	6226	670	1122	12865
歙县	Shexian	1787	104	2452	15736	611	315	1036
休宁县	Xiuning	2888	188	1837	6606	567	122	2057
黟县	Yixian	557		634	5739	801	134	11
祁门县	Qimen	417		684	4841	410	143	730

7—11　主要年份金融机构人民币各项存款和贷款余额
Total Deposite and Loan (RMB) in Financial organ In Main Years

单位：亿元（100 million yuan）

年　份 Year	各项存款合计 Total Deposit	#企业存款 Enterprise Deposit	#农村存款 Countryside Deposit	#城乡居民储蓄存款 City and Countryside Resident Savings Deposit	#城　镇 Cities	各项贷款合计 Total Loan	#工业企业 Industrial Enterprise	#商业企业 Commercial Department	#农业贷款 Agriculture Loan
2000	2485.54	761.90		1447.15		2384.95	398.58	679.76	181.12
2002	3449.23	978.21		2047.51		2941.59	463.28	677.74	256.79
2003	4190.20	1234.15		2475.83		3374.59	515.85	632.96	307.80
2004	5045.34	1489.54		2972.37		3900.57	543.49	646.53	370.66
2005	5993.82	1661.44		3508.67		4313.55	490.97	626.47	430.60
2006	7100.37	2017.32		4077.80		5132.02	606.78	674.69	482.13
2007	8406.57	2537.03		4546.49		6042.51	714.89	734.27	564.87
2008	10303.30	3019.66		5647.51		6948.70	686.84	704.62	560.36
2009	13306.53	4318.24		6619.48		9289.40	757.79	788.58	630.23
2010	16366.10	5208.51		7788.48		11452.29			
2011	19404.30					13729.83			
2012	22977.30					16294.28			
2013	26739.30					19088.80			

注：本表中工业企业、商业企业、农业贷款均属短期贷款。
a) In this table, industrial enterprises, commercial enterprises, agriculture loans are short-term loans.

7—12 金融机构人民币信贷资金平衡表
Credit Funds Balance Sheet of Financial Institutions

（年末余额）(year-end) 单位：万元（10000 yuan）

项　　目	Item	2011	2012	2013
资金来源合计	**All Sources**	**194701601**	**225093333**	**257423132**
各项存款	Deposits	194043047	229772967	267393254
单位存款	Unit Deposits	92957385	106790744	123740652
活期存款	Carrent Deposits	52147132	55470712	57208224
定期存款	Fixed Deposits	18656413	25265108	33468655
通知存款	Notice Deposits	2007435	2011154	2065847
保证金存款	Margin Deposits	9340900	10651354	13240945
个人存款	Personal Deposits	93419257	113939937	133508718
储蓄存款	Urban and Rural Savings Deposits	92335727	111786239	129249107
保证金存款	Deposits	31578	110496	157582
结构性存款	Margin Deposits	1051952	2043202	4102029
财政性存款	Fiscal Deposits	5201162	5372881	6058855
临时性存款	Temporary Deposits	527379	705408	576402
委托存款	Commission Deposits	333827	429374	1002481
其他存款	Other Deposits	1604036	2534623	2506147
金融债券	Bonds	399178	399215	898674
应付及暂收款	Account Payable and Temporary Credit	3835596	5095060	6420802
#应付及预收利息	Payable and Pre-received Interest	1893672	2921826	3943482
同业往来	Commercial Dealings of the Same Trade	1975922	1793880	1424961
各项准备	Every Capital Reserve	2791171	3267170	3875660
#贷款损失准备金	Capital Reserves for Loss of Loan	2733042	3222597	3797041
所有者权益	Creditors' Equity	742634	9586782	11813074
#实收资本	Paid-in Capital	3003409	3741597	4766415
其　　他	Others	-21086784	-28651540	-41073874

注：本表金融机构包括中国人民银行、政策性银行、国有商业银行、股份制商业银行、徽商银行、农村合作银行、农村商业银行、邮储银行、农村信用社、财务公司、信托投资公司等。（下表同）

a) Financial institutions in this table include Chinese People's Bank, policy banks, state-sole-owned commercial bank, commercial banks of stock-sharing system, urban commercial banks, savings deposit agencies of postal banks, rural credit cooperative, rural credit cooperatives and financial trust investment agencies.

7—13 金融机构人民币信贷资金平衡表（资金运用）
Credit Funds Balance Sheet of Financial Institutions (Uses of Funds)

（年末余额）(year-end) 单位：万元（10000 yuan）

项　　目	Item	2010	2012	2013
资金运用合计	**Total of Capital Lutilization**	**158212499**	**225093333**	**257423132**
各项贷款	Loans	114522946	162942848	190887947
境内贷款	Within the Boundaries Loan	114522946	162934863	190823155
短期贷款	Short-term Loan	40441674	60384607	73430076
个人贷款及透支	Individual Loan and Overdrawing	9078913	12878862	15866976
#个人消费贷款	Individual Consumption Loan	1036971	1609249	2524758
单位贷款及透支	Unit Loan and Overdrawing	29846329	44409342	53916474
#经营贷款	Management Loan	29015839	44257082	53167095
固定资产贷款	Fixed Asset Loan	764732	151975	745725
普通并购贷款	Ordinary Merger Loan			2800
银团贷款	Syndicate Loan	85935	242890	249043
贸易融资	Trade Financing	1430497	2853513	3394783
中长期贷款	Medium and Long-term Loan	71004991	94318479	109529981
个人贷款	Individual Loan	23722000	33897339	42004031
#个人消费贷款	Individual Consumption Loan	19065546	27265009	34532808
单位贷款	Unit Loan	44323105	53361520	59367519
#经营贷款	Management Loan	9704317	7440266	7591923
固定资产贷款	Fixed Asset Loan	34513840	45921255	51775596
普通并购贷款	Ordinary Merger Loan		134500	168750
银团贷款	Syndicate Loan	2959886	6246121	7105633
贸易融资	Trade Finance		678050	883249
信托贷款	Trust Loans			
融资租赁	Capital Blending and Leasing		600025	973661
委托贷款	Commission Loans	148138		
票据融资	Note Financing	2918448	7481119	6777319
#贴　现	Discount	2879063	7481119	6777319
各项垫款	Advanced Money to be Paid Back Later	9694	150633	112118
境外贷款	Beyond Border Loan		7986	64792
有价证券及投资	Securities & Investment	7476663	4781826	5075057
应收及预付款	Receivables and prepayments	1457693	1377880	3051718
#应收利息	Interest Recievable	242239	643024	827872
同业往来	Commercial Dealings of the Same Trade	117246	230685	421208
行内资金往来	Inter-bank Debts	31955072	45169597	44606701
外汇占款	Purchase of Foreign Exchanges	13190		
固定资产	Fixed Assets	1634775	2524810	2938391
库存现金	Cash Stock	1033305	1478379	1650587
投资性房地产	Investment of Real Estate	1609	1316	13022

7—14 金融机构本外币合并信贷收支
Source and Uses of Credit Funds of Home and Foreign Currency of Financial Institutions

（年末余额）(year-end)　　单位：万元（10000 yuan）

项　目	Item	2011	2012	2013
各项存款	**Deposits**	**195473293**	**232114537**	**269382293**
单位存款	Unit Deposits	94092083	108803702	125343808
活期存款	Current Deposits	52897646	56882746	57958564
定期存款	Fixed Deposits	18945987	25710460	34125305
个人存款	Personal Deposits	93704839	114257372	133866967
储蓄存款	Saving Deposits	92612934	112094560	129597871
临时性存款	Temporary Deposits	557426	733335	619035
委托存款	Commission Deposits	334993	429606	1002950
其他存款	Other Deposits	1604426	2536022	2506824
各项贷款	**Loans**	**141463945**	**167951673**	**196881847**
短期贷款	Short-term Loans	52796065	63266208	76548430
个人贷款及透支	Personal Loans and Overdrafts	10578361	12879283	15868367
单位普通贷款及透支	Common Unit Loans and Overdrafts	38212896	45558643	54881302
中长期贷款	Medium-term & Long-term Loans	83888830	95940111	111485291
个人贷款	Personal Loans	29135265	33897339	42004183
单位普通贷款	Common Unit Loans	48967433	54207016	60574181
票据融资	Note Financing	4601902	7481119	6777319
各项垫款	Advanced Money to be Paid Back Later	18010	152547	114363

7—15 各市金融机构本外币信贷收支（2013年）
Credit Income and Expenses of Renminbi and Foreign Currencies of Financial Institutions by Region (2013)

（年末余额）(year-end)　　单位：万元（10000 yuan）

地　区	Region	各项存款 Deposits	单位存款 Unit Deposits	活期存款 Carrent Deposits	定期存款 Fixed Deposits	个人存款 Personal Deposits	储蓄存款 Saving Deposits	各项贷款 Loans
总　计	**Total**	**269382293**	**125343808**	**57958564**	**34125305**	**133866967**	**129597871**	**196881847**
合肥市	Hefei	83293699	52862448	20075130	17597818	25135239	23709301	74460373
淮北市	Huaibei	8649705	3718382	1825683	1147455	4833112	4717580	6129915
亳州市	Bozhou	9280438	2644078	1701369	543780	6453782	6395552	5229242
宿州市	Suzhou	11584594	3402331	2014121	737130	7737588	7638886	5590183
蚌埠市	Bengbu	12625459	5513639	2143759	1363197	6332170	6059505	8181686
阜阳市	Fuyang	17509454	4919659	3499006	594645	12332509	12181364	7881158
淮南市	Huainan	12124930	5241813	2302961	1593750	6762157	6532626	8836422
滁州市	Chuzhou	12870349	5105949	3189348	1100402	7237319	7130585	9011426
六安市	Luan	15252330	5859963	3344536	1190410	8853206	8764782	8242684
马鞍山市	Maanshan	14478520	6539294	2658408	1727358	7520526	7235960	9984951
芜湖市	Wuhu	21759638	11086497	4682120	2461381	10333461	10026789	19474509
宣城市	Xuancheng	9195054	3482774	2314796	595986	5463040	5409926	7180212
铜陵市	Tongling	6444052	3102970	1543564	781407	3160652	3105650	6782680
池州市	Chizhou	5972803	2105132	1128133	624913	3770669	3723867	4043515
安庆市	Anqing	19805742	6643979	4172260	1053011	12684727	12549732	10702370
黄山市	Huangshan	7430768	2800620	1329859	882562	4487182	4414459	4740853

7—16 人民币信贷收支情况（2013年）
Credit Receipts and Payments (2013)

（年末余额）(year-end) 单位：万元（10000 yuan）

项　目	Item	中资全国性大型银行 Chinese Large National Banks	中资全国性中小型银行 Chinese National Small and Medium-sized Banks	中资区域性中小型银行 Chinese Regional Small and Medium-sized Banks	#农村商业银行 Rural Commercial Bank	#农村合作银行 Roral Cooperative Bank	农村信用社 Rural Credit Cooperatives
各项存款	**Deposits**	**154201602**	**53404935**	**40077214**	**31418934**	**6670632**	**10839643**
单位存款	Unit Deposits	64852252	41432178	13431489	10540033	1428002	1789767
活期存款	Current Deposits	31053049	16838981	6964290	4962301	982448	1299639
定期存款	Fixed Deposits	18373792	10754319	3468892	2926841	262759	308938
通知存款	Notice Deposits	838170	1045063	9810	8160		
保证金存款	Margin Deposits	3287613	7518254	2129409	1841873	182795	181190
个人存款	Personal Deposits	86898256	11013011	26546391	20799880	5225878	9029521
储蓄存款	Saving Deposits	84314568	9349364	26543976	20799823	5224633	9029117
保证金存款	Margin Deposits	6998	147765	2415	57	1245	404
结构性存款	Commission Deposits	2576690	1515882				
临时性存款	Temporary Deposits	363071	93577	99334	79021	16752	20355
其他存款	Other Deposits	2088023	866168				
各项贷款	**Loans**	**100679222**	**51792791**	**27617558**	**21693173**	**4522543**	**6843929**
境内贷款	Within the Boundaries Loan	100656167	51751537	27617558	21693173	4522543	6843929
短期贷款	Short-term Loan	25524771	23815610	18819663	14182863	3434687	4020693
个人贷款及透支	Individual Loan and Overdrawing	3813352	3024188	6772783	4915551	1420203	2227411
#个人消费贷款	Individual Consumption Loan	1494323	396580	442991	322304	100873	162122
单位贷款及透支	Unit Loan and Overdrawing	18980635	20099485	11908776	9148067	1995625	1710703
#经营贷款	Management Loan	18391898	20020898	11843806	9084097	1994625	1699119
固定资产贷款	Fixed Asset Loan	585083	78588	64970	63970	1000	11584
银团贷款	Syndicate Loan	17000	11360	138104	119245	18859	82579
贸易融资	Trade Financing	2713784	677777				
中长期贷款	Medium and Long-term Loan	73900666	26120742	6187049	5190667	871451	2030768
个人贷款	Individual Loan	30152468	6748818	3100265	2521113	489482	1194912
#个人消费贷款	Individual Consumption Loan	26465053	5445294	1495700	1267830	193029	329032
单位普通贷款	Unit Loan	39486838	17204611	1939861	1753088	154341	333921
#经营贷款	Management Loan	2945642	2837518	1375002	1206976	136751	310902
固定资产贷款	Fixed Asset Loan	36541197	14367093	564859	546112	17590	23019
普通并购贷款	Ordinary Merger Loan	158800	9950				
银团贷款	Syndicate Loan	4080482	1295392	1146924	916466	227628	501935
贸易融资	Trade Financing	22078	861172				
境外筹资转贷款	Overseas financing Loan		799				
票据融资	Note Financing	1208856	1755822	2585502	2302389	208316	792468
#贴　现	Discount	1208856	1755822	2585502	2302389	208316	792468
各项垫款	Advanced Money to be Paid Back Later	21874	59363	25343	17254	8089	

注：1．本表中资全国性大型银行包括国家开发银行、中国工商银行、中国农业银行、中国银行、中国建设银行、交通银行、中国邮政储蓄银行。
2．本表中资全国性中小型银行包括中国进出口银行、中国农业发展银行、中信银行、光大银行、招商银行、兴业银行、民生银行、华夏银行、徽商银行、九江银行、杭州银行、东莞银行。
3．本表中资区域性中小型银行包括农村商业银行、农村合作银行、村镇银行。

a) The table of Chinese large national banks include: the National Development Bank, ICBC, Agricultural Bank of China, Bank of China, China Construction Bank, Bank of communications, China Post.

b) The table of Chinese national small and medium-sized banks include: the import and Export Bank of China, China Agricultural Development Bank, CITIC Bank, China Everbright Bank, China Merchants Bank, industrial bank, Minsheng bank, Bank of huaxia, Bank of huishang, Bank of Jiujiang, Bank of Hangzhou, Bank of Dongguan.

c)The table of Chinese regional small and medium-sized banks include rural commercial banks, rural cooperative banks, rural bank.

7—17 安徽省上市公司数量
Number of Listed Companies of Anhui

单位：家（unit）

年　份 Year	全省合计 Provincial Total	上交所 Shanghai Stock Exchange	深交所 Shenzhen Stock Exchange	仅发A股公司 A Share Only	发A、H股公司 A & H Share	发A、B股公司 A & B Share	仅发H股公司 H Share Only
2000	26	9	15	20	1	3	2
2001	29	12	15	23	1	3	2
2002	33	18	15	27	3	3	
2003	36	21	15	30	3	3	
2004	44	27	17	38	3	3	
2005	45	27	18	39	3	3	
2006	47	27	19	40	3	3	1
2007	53	28	24	46	3	3	1
2008	56	28	27	49	3	3	1
2009	58	28	29	51	3	3	1
2010	65	29	36	59	3	3	
2011	77	29	48	71	3	3	
2012	78	29	49	72	3	3	
2013	78	29	49	72	3	3	

7—18 安徽省股票发行及筹资情况
Issuing Summary for Stocks of Anhui

年　份 Year	股票发行（万股） Amount Issued (10000 shares)		筹资额合计（万元） Raised Capital (10000 yuan)						
	A　股 A Shares	H　股 H Shares		A　股 A Shares	H　股 H Shares	配股筹资 Shares Rights Issued	可转债筹资 Changeable Bonds	认股权行权 Stocks and Rights Issue	公司债 Corporate Bonds
2000	27300		391741	226602		165139			
2001	20300		245990	186680		59310			
2002	60500		288552	268140		20412			
2003	13300	7220	308633	94504	63129		151000		
2004	47817		339453	234020		17433	88000		
2005	4000		15200	15200					
2006	24500	16757	726267	125860	50407		550000		
2007	188184		1451247	1364247			87000		
2008	119083		1765186	1458052				307134	
2009	91711		1629589	1429589					200000
2010	128849		1713126	1513126			200000		
2011	122790		3583653	1993653			30000		1560000
2012	248280		1410770	415770					995000
2013	448722		2446186	1764186			32000		650000

注：股票发行包括首次发行、增发和认股权行权。
a) Amount issued and raised capital of shares include the-first-time issued and additional issued stocks and rights issues .

7—19 各市股票发行情况及筹资情况（截止2013年）
Issuing Summary for Stocks by Region (Up to 2013)

地　区	Region	上市公司（家）Number of Listed Companies (unit)	发行股票（只）Number of Listed Shares (unit)	股份总数（万股）Number of Shares (10000 share)	#无限售股份 Unlimited Shares	当年募集资金（万元）Raised Capital (10000 yuan)	#发行股票 Amount of Listed Shares
总　计	**Total**	**78**	**84**	**6092702**	**5153856**	**2446186**	**1764186**
合肥市	Hefei	30	32	1716544	1490422	878527	378527
淮北市	Huaibei	3	3	200823	195902		
亳州市	Bozhou	1	2	50360	50360		
宿州市	Suzhou	1	1	192298	192295		
蚌埠市	Bengbu	4	4	217838	181090	280500	280500
阜阳市	Fuyang	1	1	55578	55578		
淮南市	Huainan	1	1	259054	259054		
滁州市	Chuzhou	3	3	95303	53990	53613	53613
六安市	Luan	1	1	58657	58657		
马鞍山市	Maanshan	8	9	1384546	1023902	742920	710920
芜湖市	Wuhu	11	12	1094438	911749	270531	120531
宣城市	Xuancheng	3	3	177550	140126		
铜陵市	Tongling	6	6	354520	336499	75610	75610
池州市	Chizhou						
安庆市	Anqing	2	2	123783	112928	66152	66152
黄山市	Huangshan	3	4	111411	91304	78333	78333

注：增发股票、认股权行权募集资金包括在发行股票中。
a) The raised capital of additional listed stocks is included in the listed shares.

7—20 保险公司业务经济技术指标（2013年）
Main Professional Technical Indicators of Insurance Companies (2013)

单位：万元（10000 yuan）

项　目	Item	保费收入 Income From Premium	赔　付 Claim and Payment
合　计	**Total**	**4830124**	**2229899**
按公司类型分	**Devided By The Character of Company**		
财产保险公司	Property Insurance Companies	2109138	1176272
人身保险公司	Life Insurance Companies	2720986	1053626
按业务性质分	**Devided BY The Nature of The Business**		
财产保险业务	**Property Insurance Businesses**	**2038468**	**1152598**
企业财产险	Enterprise Property Insurance	73437	32090
家庭财产险	Family Property Insurance	7481	1651
机动车辆险	Motor Vehicle Insurance	1612855	922314
工程保险	Engineering Insurance	13566	2918
责任保险	Liability Insurance	52356	23201
信用保险	Credit Insurance	23900	16218
保证保险	Guarantee Insurance	36814	3198
船舶保险	Ship Insurance	16261	9678
货物运输险	Freight Transport Insurance	13271	6141
特殊风险保险	Peculiar Risk Insurance	212	5
农业保险	Agriculture Insurance	186625	134446
其他保险	Other Insurance	1689	739
人身保险业务	**Insurance Service of Life**	**2791657**	**1077300**
寿　险	Life Insurance	2425612	948972
健康险	Health Insurance	276008	110925
意外伤害险	Personal Accident Insurance	90036	17404

主要统计指标解释

财政收入

指国家财政参与社会产品分配所取得的收入，是实现国家职能的财力保证。财政收入所包括的内容几经变化，目前主要包括：

（1） 税收收入：包括增值税、消费税、营业税、企业所得税、个人所得税、资源税、城市维护建设税、房产税、印花税、城镇土地使用税、土地增值税、车船税、耕地占用税、契税和烟叶税等。

（2） 非税收入：包括专项收入、行政事业性收费收入、罚没收入、国有资本经营收入和国有资源（资产）有偿使用收入等。

财政支出

国家财政将筹集起来的资金进行分配使用，以满足社会各项事业发展和经济建设的需要，主要包括：

（1）一般公共服务：反映政府提供一般公共服务的支出。具体包括人大事务、政协事务、政府办公厅（室）及相关机构事务、发展与改革事务、统计信息事务、财政事务、税收事务、审计事务、海关事务、人事事务、纪律监察事务、人口与计划生育事务、商贸事务、知识产权事务、工商行政管理事务、食品和药品监督管理事务、质量技术监督与检验检疫事务、国土资源事务、海洋管理事务、测绘事务、地震事务、气象事务、民族事务、宗教事务、港澳台侨事务、档案事务、共产党事务、民主党派事务、群众团体事务、彩票事务、国债事务、其他一般公共服务支出。

（2）公共安全：反映政府维护社会公共安全方面的支出。具体包括武装警察、公安、国家安全、检察、法院、司法、监狱、劳教、国家保密、其他公共安全支出。

（3）教育：反映政府教育支出情况。具体包括教育管理事务、普通教育、职业教育、成人教育、广播电视教育、留学教育、特殊教育、教师进修及干部继续教育、教育附加及基金支出、其他教育支出。

（4）科学技术：反映国家用于科学技术方面的支出。具体包括科学技术管理事务、基础研究、应用研究、技术研究与开发、科技条件与服务、社会科学、科学技术普及、科技交流与合作、其他科学技术支出。

（5）文化体育与传媒：反映政府在文化、文物、体育、广播影视、新闻出版等方面支出。

（6）社会保障和就业：反映政府在社会保障与就业方面的支出。具体包括社会保障和就业管理事务、民政管理事务、财政对社会保险基金的补助、补充全国社会保障基金、行政事业单位离退休、企业关闭破产补助、就业补助、抚恤、退役安置、社会福利、残疾人事业、城市居民最低生活保障、其他城镇社会救济、农村社会救济、自然灾害生活救助、红十字事业、其他社会保障和就业支出。

（7）医疗卫生：反映政府用于医疗卫生方面的支出。具体包括医疗卫生管理事务、医疗服务、社区卫生服务、医疗保障、疾病预防控制、卫生监督、其他医疗卫生支出。

（8）环境保护：反映政府用于环境保护方面的支出。具体包括环境保护管理事务支出、环境监测与监察支出、污染防治支出、自然生态保护支出、天然林保护支出、退耕还林支出、风沙荒漠治理支出、退牧还草支出、已垦草原退耕还草支出等，

（9）城乡社区事务： 反映政府用于城乡社区事务方面的支出。包括城乡社区管理事务、城乡社区规划与管理、城乡社区公共设施、城乡社区住宅、城乡社区环境卫生、建设市场管理与监督、政府住房基金支出、土地有偿使用支出、城镇公用事业附加支出、其他城乡社区事务支出。

（10）农林水事务：反映政府用于农林水事务方面的支出。具体包括农业支出、林业支出、水利支出、南水北调支出、扶贫支出、农业综合开发支出、其他农林水事务支出。

（11）交通运输：反映政府用于交通运输方面的支出。具体包括公路运输支出、铁路运输支出、民用航空运输支出等。

信贷资金

指金融机构以信用方式积聚和分配的货币资金。金融机构信贷资金的来源有各项存款、对国际金融机构负债、流通中货币、银行自有资金及当年结益等；信贷资金的运用有各项贷款、黄金占款、外汇占款、财政借款及在国际金融机构中的资产等。

存款

指企业、机关、团体或居民根据资金必须收回的原则，把货币资金存入银行或其他信用机构保管并取得一定利息的一种信用活动形式。根据存款对象的不同可划分为企业存款、财政存款、机关团体存款、基本建设存款、城镇储蓄存款、

农村存款等科目。它是银行信贷资金的主要来源。

贷款

指银行或其他信用机构根据资金必须归还的原则，按一定利率，为企业、个人等提供资金的一种信用活动形式。我国银行贷款分为流动资金贷款、固定资产贷款、城乡个体工商户贷款以及农业贷款等科目。

保费

指投保人为取得保险人在约定范围内所承担赔偿责任而支付给保险人的费用。

赔款

指保险人根据保险合同的规定，向被保险人支付的赔偿保险责任损失的金额。

给付

包括死伤医疗给付和满期给付。死伤医疗给付是指保险人根据人寿保险及长期健康保险合同的规定，因被保险人在保险期内发生保险责任范围内的保险事故支付给被保险人（或受益人）的金额。满期给付是指被保险人生存期满，保险人按人寿保险合同规定支付给被保险人的满期保险金额。

Explanatory Notes for Major Statistical Indicators

Government Revenue

refers to the revenue of the government finance by means of participating in the distribution of the social products, which is the financial resource for ensuring the government to function. The contents of government revenue have been changed several times. Now it includes the following main items:

1) Various tax revenues, including value added tax, consumption tax, business tax, Enterprise tax, individual income tax, resource tax, city maintenance construction tax, estate tax, stamp tax, town land used tax, land value added tax, vehicle tax and land occupy tax, contract tax and tobacco tax etc.

2) Non tax revenue: Include special revenue and administrative collect fees revenue, punish revenue, state-owned capital operation revenue and state-owned resource (asset) used revenue etc.

Government Expenditure

refers to the distribution and use of the funds the government finance has raised, so as to meet the needs of social various causes and economic construction and. It includes the following main items:

(1) general public service: refers to government expenditure for general public service. Include affairs of the National People's Congress, affairs of the Chinese People's Political Consultative Conference , government office and its relation organization , affairs of development and reform , statistical information, financial, tax revenue, audit, customs, personnel and discipline, population and family planning, business trade , intellectual property, industry and commercial management, food and medicine management, quality and technical supervise and inspection and quarantine, territory resource, marine management, survey, Earthquake, meteorological, national, religious, Hong Kong and Macao and Taiwan, files, affairs of the Communist Party, affairs of democratic party, the organization of the masses, affairs of lottery ticket, affairs of national debt, other general public service expenditure.

(2) Public safety: refers to government expenditure for maintenance social public safety. Include armed police, public security, national safety, procurator work, court, administration of justice, prison, labor education, national security and other public safety expenditure.

(3) Education: Refers to government educational expenditure. Include educational management, ordinary education, professional education, adult education and the education of broadcasting television , study abroad education , special education, teacher study and cadre continued education , education additional and fund expenditure and other educational expenditure.

(4) Science and technology: refers to country expenditure for science and technology. Include the management, basic research, application research, technical research and development of science and technology, the condition of science and technology and service, social science, the popularity of science and technology, the exchange of science and technology and cooperative, other science and technology expenditure.

(5) Culture sport and media: refers to government expenditure for cultural, cultural relic, sports, broadcast movie and TV, news publication and other expenditure.

(6) Social security and employment: refers to government expenditure for social security and employment. Include social security and employment management, administration management and finance, the subsidy for social safety fund, the supplementary nation fund of social security and administrative institution of retirement ,and enterprise to close bankruptcy subsidy and employment subsidy, compensated , discharge to settle, social welfare, handicapped person, city resident lowest life guarantee, other town social relief , rural social relief , natural calamity life help, Red Cross , other social security and employment expenditure

(7) Medical and sanitary: refers to government expenditure for medical and sanitary. Include medical and sanitary management, medical service, community sanitary service, medical guarantee, disease prevention and control, sanitary supervise and other medical and sanitary expenditure.

(8) environmental protection: refers to government expenditure for environmental protection. Include the management expenditure for environmental protection, and supervise expenditure, pollution prevention expenditure, and natural ecology protection expenditure ,natural forest protection expenditure, retreating to plough forest expenditure, desert of dust storm administer expenditure , retreat to herd rough expenditure , already retreat to plough still rough expenditure,

(9) Town and rural community: Refers to government expenditure for the community of town and rural. Include the community management of town and rural, the community program and management of town and rural, community public facility of town and rural, the community residence of town and rural, the community sanitary of town and rural, building market and supervise, government housing fund expenditure and land used payment, town public affairs additional expenditure, the other community expenditure of town and rural of.

(10) Agricultural and forest and water: Refers to

government expenditure for agricultural and forest and water. Include agricultural expenditure, forestry expenditure, the expenditure of water conservancy, south water to north, help poor expenditure, agricultural comprehensive development expenditure and other expenditure agricultural and forest and water.

(11) Traffic transportation: refers to government expenditure for traffic transportation. Include highway transportation expenditure, railway transportation expenditure, civil aerial transportation expenditure and so on.

Credit Funds

refer to the funds issued as loans by banking institutions. The sources of credit funds of the banking institutions included deposits, liabilities to international financial institutions, currency in circulation, self-owned funds and current retained profits, etc. The credit funds can be used in forms of loans, gold, foreign exchange, government debt and assets in the international financial institutions.

Deposit

is a form of credit by which enterprises, institutions, organizations or households can put money into banks and other credit institutions for safekeeping and interest earning under the principle of free withdrawal. According to different depositors, deposits are divided into enterprise deposits, treasury deposits, deposits of government agencies and organizations, capital construction deposits, urban savings deposits, rural deposits and other deposits. Deposits are major sources of the credit funds of banks.

Loan

is a form of credit by which banks and other credit institutions provide funds at certain interest rate to enterprises and individuals in the light of the principle of unconditional repayment. Loans from Chinese banks include circulating capital loans, fixed assets loans, loans to urban and rural individuals engaged in industrial and commercial business and agricultural loans.

Premium

is the fee paid by the insurant to the insurer to obtain the obligation of compensation from the insurance within the agreed terms.

Settled Claim

is the compensation paid by the insurer to the insurant in accordance with the insurance contract.

Payment

includes payment for death, injury or medical treatment and mature payment. Payment for death, injury or medical treatment refers to the money paid to the insurant (or the beneficiary) in accordance with the life or health insurance contract when the insurant encounters accidents within the insured period covered in the contract. Mature payment refers to the mature payment to the insurant in accordance with the life insurance contract at the end of the insured period.

第八篇

Chapter 8

物价指数

PRICE INDICES

简要说明

一、本篇价格指数资料，反映生产、流通、消费与投资等环节的价格变动趋势和变动幅度。主要包括居民消费价格指数、商品零售价格指数、农业生产资料价格指数、农产品生产者价格指数、工业生产者出厂价格指数、原材料燃料动力购进价格指数、固定资产投资价格指数、房地产价格指数。

二、价格指数统计由国家统计局安徽调查总队组织实施，各市、县调查队依据国家统计局统一制定的价格统计调查制度向基层采集原始数据汇总后上报。

三、消费、零售价格指数都是采用分层抽样调查方法编制的，以样本推断总体，被抽选的调查市县 16 个。

四、农产品生产者价格调查采用抽样调查和重点调查相结合的调查方法，调查采用月报和季报相结合的方式，目前我省抽选的调查县为 31 个。

五、工业生产者出厂价格及购进价格指数采用重点调查和典型调查相结合的方法，调查实行月报，调查对象包括全省 16 个市的 2600 余家工业企业。

六、固定资产投资价格调查采用重点调查与典型调查相结合的方法，调查实行季报，调查对象为全省重点建筑施工企业和建设单位。

Brief Introduction

I. Data on the price indices in this chapter show the changing trend and change rates in production, circulation, consumption and investment, etc., including mainly consumer price indices of residents, retail price indices, price indices of agricultural means of production, purchasing price indices of farm products, producer price indices for industrial products, purchasing price indices of raw materials, fuels and power, prices of investment in fixed assets and price index of real estate.

II. The statistics of price indices is organized by the NBS Survey Office in Anhui. The survey offices of the selected cities and counties collect statistical data from the grassroots units in accordance with the scheme of prices survey stipulated by the State Statistical Bureau, tabulate them and report them to higher agencies.

III. Data for calculation of the consumer price indices of residents and the retail price indices are collected with the stratified sampling method. Data on the population are estimated on the basis of the sample. Sixteen cities and counties have been selected for this purpose.

IV. Agricultural product producer price surveys were calculated by sample survey and typical survey. The surveys were performed monthly and quarterly together including 31conties in Anhui province.

V. Data for the calculation of the price indices of industrial products, raw materials, fuels and energy are collected by the key survey and typical survey. The surveys are performed monthly including more than 2600 industrial enterprises in Anhui 16 cities.

VI. Data for the calculation of the price indices of the investment in fixed assets are collected by the key unit survey and typical survey. The surveys are performed quarterly including all important building and construction enterprises and construction units in Anhui province.

8—1 各种价格总指数
Price Indices

上年=100（preceding year=100）

年份 Year	居民消费价格指数 General Consumer Price Index	城市居民消费价格指数 Urban Areas	农村居民消费价格指数 Rural Areas	商品零售价格指数 General Retail Price Index	工业生产者出厂价格指数 Ex-factory Industrial Producer Price Index	工业生产者购进价格指数 Industrial Producer Purchasing Price Index	农业生产资料价格指数 Price Indices of Agricultural Means of Production	固定资产投资价格指数 Investment in Fixed Assets Price Index
2000	100.7	100.9	100.5	98.0	98.9	102.6	98.2	101.6
2001	100.5	100.0	101.3	99.6	98.6	100.2	97.9	99.5
2002	99.0	99.1	98.7	99.2	99.8	98.2	99.9	101.1
2003	101.7	101.8	101.7	101.3	103.5	106.7	100.2	103.5
2004	104.5	104.3	104.8	102.7	108.2	115.0	112.0	106.1
2005	101.4	101.0	101.9	100.6	103.3	107.1	108.3	101.0
2006	101.2	101.4	100.9	100.8	103.1	103.9	100.0	101.9
2007	105.3	105.3	105.2	104.5	103.6	105.1	106.8	105.4
2008	106.2	106.0	106.4	106.3	108.4	112.4	123.9	109.4
2009	99.1	98.9	99.4	99.0	92.8	95.3	95.8	96.0
2010	103.1	103.0	103.4	103.2	109.0	111.8	102.0	105.4
2011	105.6	105.4	105.9	105.3	108.3	110.8	114.3	108.1
2012	102.3	102.2	102.4	102.1	98.3	98.2	105.3	101.0
2013	102.4	102.4	102.5	101.2	98.2	96.9	100.9	100.2

8—2 各种价格定基指数
Fixed-base Price Indices

（1990=100）

年份 Year	居民消费价格指数 General Consumer Price Index	城市居民消费价格指数 Urban Areas	农村居民消费价格指数 Rural Areas	商品零售价格指数 General Retail Price Index	工业生产者出厂价格指数 Ex-factory Industrial Producer Price Index	工业生产者购进价格指数 Industrial Producer Purchasing Price Index	农业生产资料价格指数 Price Indices of Agricultural Means of Production	固定资产投资价格指数 Investment in Fixed Assets Price Index
2000	210.4	218.8	202.5	174.8	177.7	219.8	175.0	228.8
2001	211.5	218.8	205.1	174.1	175.3	220.2	171.4	227.6
2002	209.4	216.8	202.4	172.7	175.0	216.3	171.2	230.1
2003	213.0	220.7	205.8	175.0	181.1	230.8	171.5	238.2
2004	222.6	230.2	215.7	179.7	195.9	265.4	192.1	252.6
2005	225.7	232.5	219.8	180.8	202.4	284.2	208.0	255.1
2006	228.4	235.8	221.8	182.3	208.7	295.2	208.0	259.8
2007	240.5	248.3	233.3	190.5	216.2	310.3	222.1	273.8
2008	255.4	263.2	248.2	202.5	234.4	348.8	275.2	299.5
2009	253.1	260.3	246.7	200.5	217.5	332.4	263.6	287.5
2010	260.9	268.1	255.1	206.9	237.1	371.6	268.9	303.0
2011	275.5	282.6	270.2	217.9	256.8	411.7	307.4	327.5
2012	281.8	288.8	276.7	222.5	252.4	404.3	323.7	330.8
2013	288.6	295.7	283.6	225.2	247.9	391.8	326.6	331.5

注：工业生产者出厂价格、工业生产者购进价格、固定资产投资价格指数以1992年为100。
a) Ex-factory industrial producer price index, industrial producer purchasing price, the price index of investment in fixed assets are 100 in 1992.

8—3 居民消费价格分类指数（2013年）
Consumer Price Indices by Category (2013)

上年=100（preceding year=100）

类　　别	Item	全　省 Provincial Indices	城　市 Urban Indices	农　村 Rural Indices
居民消费价格总指数	**General Consumer Price Index**	**102.4**	**102.4**	**102.5**
食　品	**Food**	**104.7**	**104.9**	**104.4**
粮　食	Grain	104.3	105.6	102.6
淀粉及制品	Starch and Related Products	102.0	101.7	102.4
干豆类及豆制品	Bean and Its Products	102.7	103.2	101.6
油　脂	Oil and Fat	99.8	99.8	99.8
肉禽及其制品	Meat and Poultry	104.6	104.9	104.0
蛋	Eggs	104.5	104.8	103.8
水产品	Aquatic Products	105.6	105.4	106.0
菜	Vegetables	108.9	109.1	108.6
#鲜　菜	Fresh Vegetables	108.9	109.1	108.5
调味品	Flavoring	101.5	101.8	101.1
糖	Carbohydrate	100.3	100.1	100.6
茶及饮料	Tea and Beverages	101.6	100.8	103.2
干鲜瓜果	Melons and Fruits	106.3	105.4	108.5
糕点饼干面包	Cake and Bread	101.7	101.9	101.2
液体乳及乳制品	Liquid Breast and Its Products	103.6	104.4	101.8
在外用膳食品	Food for External Use	104.8	104.8	104.7
其他食品	Other Food and Food Processing Services	101.2	101.6	100.5
烟　酒	**Tobacco and Liquor**	**98.7**	**98.7**	**98.7**
烟　草	Tobacco	100.0	100.1	100.0
酒	Liquor	97.0	97.2	96.8
衣　着	**Clothing**	**102.1**	**101.8**	**102.9**
服　装	Garments	102.5	102.2	103.2
衣着材料	Clothing Material	100.8	102.1	99.6
鞋袜帽	Footwear and Hats	101.0	100.3	102.5
衣着加工服务费	Clothing Manufacturing Services	106.1	107.5	104.2
家庭设备用品及维修服务	**Household Facilities and Maintenance Service**	**100.9**	**100.6**	**101.4**
耐用消费品	Durable Consumer Goods	99.8	99.5	100.5
室内装饰品	Interior Decorations	100.9	100.2	102.5
床上用品	Bed Articles	98.0	98.4	97.0
家庭日用杂品	Daily Use Household Articles	100.6	100.2	101.4
家庭服务及加工维修服务	Household Services and Processing Maintenance Services	109.6	109.6	109.5
医疗保健和个人用品	**Medicine, Medical Services and Personal Articles**	**101.2**	**100.9**	**101.9**
医疗保健	Medical Services	101.3	101.1	101.7
个人用品及服务	Personal Articles and Services	101.0	100.5	102.5
交通和通信	**Means of Transportation and Communication**	**99.9**	**99.9**	**99.8**
交　通	Transportation	100.5	100.4	100.7
通　信	Communication	99.3	99.5	98.9
娱乐教育文化用品及服务	**Recreational, Educational and Cultural Articles & Services**	**102.7**	**102.3**	**103.6**
文娱用耐用消费品及服务	Durable Consumer Goods and Services for Recreational Use	98.7	98.5	99.2
教　育	Education	103.7	103.0	105.2
文化娱乐类	Cultural and Entertainment	100.8	100.9	100.5
旅　游	Traveling	104.5	103.9	106.5
居　住	**Housing**	**101.4**	**101.5**	**101.1**
建房及装修材料	Building and Decoration Material	101.1	100.9	101.5
住房租金	Housing Rents	101.7	101.9	100.5
自有住房	One's Own House	101.6	101.9	101.0
水、电、燃料	Water, Electricity and Fuel	101.1	101.0	101.2

8—4 商品零售价格分类指数（2013年）
Retail Price Indices by Category of Commodities (2013)

上年=100（preceding year=100）

类　　别	Item	全　省 Provincial Indices	城　市 Urban Indices	农　村 Rural Indices
商品零售价格总指数	**General Retail Price Index**	**101.3**	**101.2**	**101.4**
食　品	**Food**	**104.7**	**104.8**	**104.1**
粮　食	Grain	104.5	105.3	102.6
淀粉及制品	Starch and Related Products	101.8	101.6	102.3
干豆类及豆制品	Bean and Its Products	102.8	103.2	101.7
油　脂	Oil and Fat	99.9	99.9	99.8
肉禽及其制品	Meat and Poultry	104.6	104.8	104.0
蛋	Eggs	104.6	104.9	103.8
水产品	Aquatic Products	105.8	105.8	106.1
菜	Vegetables	108.8	109.0	108.4
调味品	Flavoring	101.7	101.9	101.1
糖	Carbohydrate	100.5	100.5	100.7
干鲜瓜果	Melons and Fruits	106.4	105.6	108.6
糕点饼干面包	Cake and Bread	101.5	101.9	100.3
液体乳及乳制品	Liquid Breast and Its Products	103.9	104.5	101.8
在外用膳食品	Food for Exteral Use	104.8	104.9	104.7
其他食品	Other Food	101.1	101.3	100.5
饮料、烟酒	**Beverages, Tobacco and Liquor**	**98.9**	**98.9**	**99.0**
茶及饮料	Tea and Beverages	101.5	100.9	103.0
烟　草	Tobacco	100.1	100.1	100.0
酒	Liquor	97.1	97.2	96.9
服装、鞋帽	**Garments, Shoes and Hats**	**102.0**	**101.7**	**102.9**
服　装	Garments	102.5	102.2	103.2
鞋袜帽	Footwear and Hats	100.9	100.3	102.5
其　他	Other	100.2	100.3	100.0
纺织品	**Textiles**	**99.1**	**99.6**	**98.0**
衣着材料	Clothing Material	100.9	101.7	99.6
床上用品	Bed Articles	98.2	98.6	96.9
家用电器及音像器材	**Household Electrical Appliance and Audio-video Supplies**	**99.1**	**98.8**	**100.0**
家庭设备	Household Facilities	99.9	99.4	101.4
文娱用耐用消费品	Durable Consumer Goods for Recreational Use	97.6	97.6	97.7
专业音像器材	Professional Video Equipment	99.6	99.6	99.4
文化办公用品	**Cultural and Office Articles**	**99.6**	**99.5**	**99.7**
日用品	**Articles for Daily Use**	**100.6**	**100.3**	**101.6**
日用百货	Daily Use Sundry Goods	100.2	99.9	100.9
日用杂品	Daily Use Groceries	100.5	100.1	101.7
洗涤用品	Washing Articles	101.4	100.8	103.3
其它日用品	Other Articles for Daily Use	100.6	100.4	101.2
体育娱乐用品	**Sports and Recreational Articles**	**100.3**	**100.3**	**100.3**
体育用品	Sports Articles	100.6	100.6	100.7
娱乐用品	Recreational Articles	100.1	100.1	100.0
交通、通信用品	**Transportation and Telecommunication Articles**	**97.0**	**96.8**	**97.6**
交通运输机械	Transportation Mechanism	97.7	97.6	98.1
通信器材	Telecommunication Facility	95.2	94.9	96.3
家　具	**Furniture**	**99.5**	**99.9**	**98.1**
化妆品	**Cosmetics**	**100.8**	**100.9**	**100.3**
金银珠宝	**Jewelry**	**90.9**	**91.0**	**90.7**
中西药品及医疗保健用品	**Traditional Chinese and Western Medicines and Health Care Articles**	**101.5**	**101.7**	**101.1**
医疗器具及用品	Medical Appliances and Articles	101.6	101.3	102.1
中药材及中成药	Traditional Chinese Medicine	101.5	101.9	100.3
西　药	Western Medicine	101.3	101.3	101.5
保健器具及用品	Health Care Appliances and Articles	102.4	102.8	101.3
书报杂志及电子出版物	**Newspapers, Magazines and Electronic Publications**	**103.4**	**103.6**	**102.7**
教材及参考书	Teaching Materials and Reference Books	107.0	107.6	105.2
书报杂志	Newspapers and Magzines	100.7	100.8	100.2
电子音像制品	Electronic Audio-video Products	100.2	100.3	100.1
燃　料	**Fuels**	**99.3**	**99.1**	**99.8**
煤炭及制品	Coal and Related Products	97.9	95.7	101.7
石油及制品	Petroleum and Related Products	99.6	99.7	99.2
建筑材料及五金电料	**Building Materials, Hardware and Electrical Materials**	**100.1**	**100.0**	**100.4**
建筑装璜材料	Building Decoration Materials	99.9	99.8	100.2
五金电料	Hardware and Electrical Materials	100.8	100.8	101.0

8—5 调查市、县居民消费价格分类指数（2013年）
Consumer Price Indices by Category and by Surveyed City and County (2013)

上年=100（preceding year=100）

市县 Surveyed City and County		总指数 General Index	食品 Food	#粮食 Grain	油脂 Oil or Fat	肉禽及其制品 Meat and Poultry	蛋 Eggs	水产品 Aquatic Products	菜 Vegetables	鲜菜 Fresh Vegetables
合肥市	Hefei	102.7	104.8	103.0	99.1	104.6	106.3	107.0	107.4	107.6
淮北市	Huaibei	102.1	104.2	106.7	100.0	105.6	104.0	100.6	105.5	105.2
亳州市	Bozhou	102.6	104.0	109.9	100.3	104.7	105.0	99.7	108.8	108.8
宿州市	Suzhou	102.3	104.2	106.3	95.2	106.6	102.5	104.8	106.9	105.8
蚌埠市	Bengbu	102.2	105.0	104.3	100.4	105.2	104.3	102.9	110.8	111.1
阜阳市	Fuyang	102.2	105.5	106.8	99.2	105.1	106.2	101.3	112.5	112.3
淮南市	Huainan	102.6	104.7	107.7	99.3	104.9	103.0	106.5	109.5	109.5
滁州市	Chuzhou	102.3	105.2	104.9	98.3	106.0	104.4	106.4	110.8	111.2
马鞍山市	Maanshan	101.8	104.5	105.8	102.4	103.5	101.7	107.6	107.4	107.8
芜湖市	Wuhu	102.5	104.9	104.8	101.1	103.8	104.8	110.6	111.0	110.8
宣城市	Xuancheng	102.3	104.1	103.2	99.8	103.7	105.4	108.0	104.7	104.2
铜陵市	Tongling	101.9	104.1	105.0	99.3	103.5	107.2	106.8	107.6	107.8
安庆市	Anqing	102.6	105.8	104.9	104.1	105.4	105.0	107.1	108.3	108.7
六安市	Luan	102.0	104.1	106.0	99.2	103.0	103.2	105.0	109.3	109.5
桐城市	Tongcheng	102.4	104.1	101.6	101.3	104.4	102.2	101.2	111.6	111.4
歙县	Shexian	103.0	105.2	102.5	97.8	104.2	103.0	107.5	112.9	113.6

市县 Surveyed City and County		茶及饮料 Tea and Beverages	干鲜瓜果 Melons and Fruits	烟酒 Tobacco and Ligquor	衣着 Clothing	家庭设备用品及维修服务 Household Facilities and Maintenance Service	医疗保健和个人用品 Medicine, Medical Services and Personal Articles	交通和通信 Means of Transportation & Communication	娱乐教育文化用品及服务 Recreational, Educational and Cultural Articles and Services	居住 Housing
合肥市	Hefei	101.4	107.8	98.6	101.3	102.1	101.1	100.1	102.3	102.8
淮北市	Huaibei	100.1	110.7	98.9	101.6	101.7	100.1	100.1	101.9	101.5
亳州市	Bozhou	99.6	103.0	100.2	104.0	98.9	99.9	100.5	101.3	104.5
宿州市	Suzhou	101.2	101.6	99.9	102.7	100.7	100.7	99.7	103.1	101.4
蚌埠市	Bengbu	103.7	102.0	98.8	103.3	99.5	100.3	99.3	102.5	100.5
阜阳市	Fuyang	99.9	104.2	97.4	100.4	99.3	100.5	99.8	101.4	101.0
淮南市	Huainan	98.3	107.0	98.9	102.0	100.1	102.8	100.3	103.3	101.2
滁州市	Chuzhou	102.9	105.0	98.3	101.2	101.3	100.2	99.5	102.1	101.0
马鞍山市	Maanshan	102.3	102.4	100.2	101.5	100.6	100.9	99.1	103.0	98.9
芜湖市	Wuhu	99.8	104.0	97.7	102.2	101.8	101.1	100.1	102.4	101.6
宣城市	Xuancheng	101.2	111.0	99.0	103.0	101.2	101.2	99.4	104.6	100.7
铜陵市	Tongling	99.8	104.7	101.2	99.8	100.9	100.3	101.2	102.3	100.5
安庆市	Anqing	100.2	112.0	98.6	100.6	100.5	102.2	99.8	102.5	100.9
六安市	Luan	101.3	105.1	98.8	104.9	99.1	101.9	99.9	100.8	100.1
桐城市	Tongcheng	103.4	105.9	98.2	103.0	102.1	102.5	100.2	102.7	100.7
歙县	Shexian	106.6	107.3	98.9	102.6	100.9	102.6	100.1	102.9	102.5

8—6 调查市、县商品零售价格分类指数（2013年）
Retail Price Indices by Category of Commodities and Surveyed City and County (2013)

上年=100（preceding year=100）

市 县 Surveyed City and County		总指数 General Index	#食品 Food	饮料、烟酒 Beverages, Tobacco and Liquor	服装、鞋帽 Clothing, Shoes and Hats	纺织品 Textiles	家用电器及音像器材 Household Electrical Appliance and Audio-video Supplies	文化办公用品 Cultural and Office Articles	日用品 Articles for Daily Use
合肥市	Hefei	101.2	104.6	98.6	101.2	100.7	99.0	99.4	100.5
淮北市	Huaibei	101.1	104.1	99.0	101.2	102.8	100.3	99.5	100.9
亳州市	Bozhou	101.1	104.2	100.1	103.9	94.4	99.9	99.7	100.6
宿州市	Suzhou	101.3	104.3	99.9	102.7	98.4	100.0	99.8	101.1
蚌埠市	Bengbu	101.5	105.2	99.1	102.8	101.9	98.3	99.6	99.2
阜阳市	Fuyang	101.0	105.7	97.7	100.3	99.8	97.7	97.7	99.1
淮南市	Huainan	101.4	104.8	98.7	101.9	99.0	97.5	99.7	99.8
滁州市	Chuzhou	101.3	105.1	98.9	100.9	101.0	98.2	99.2	100.7
马鞍山市	Maanshan	101.2	104.6	100.5	101.6	99.3	100.2	99.6	101.2
芜湖市	Wuhu	101.3	105.2	97.6	102.0	99.2	98.3	100.9	100.8
宣城市	Xuancheng	101.3	103.9	99.0	103.2	96.0	100.7	100.0	101.6
铜陵市	Tongling	101.1	104.2	101.2	100.0	101.3	100.7	100.0	100.0
安庆市	Anqing	101.5	105.5	98.5	100.7	97.6	99.3	100.4	100.4
六安市	Luan	101.1	104.0	99.0	104.8	98.1	96.3	97.8	100.7
桐城市	Tongcheng	101.4	103.9	98.5	103.0	99.7	98.7	99.3	102.3
歙县	Shexian	101.7	104.9	99.9	102.3	100.2	100.1	99.7	100.6

市 县 Surveyed City and County		体育娱乐用品 Sports and Recreational Articles	交通、通信用品 Transportation and telecommunication Articles	家具 Furniture	化妆品 Cosmetics	金银珠宝 Jewelry	中西药品及医疗保健用品 Traditional Chinese and Western Medicines and Health Care Articles	书报杂志及电子出版物 Newspapers, Magzines and Electronic Publications	燃料 Fuels	建筑材料及五金电料 Building Materials, Hardware and Electrical Materials
合肥市	Hefei	100.5	100.5	96.9	100.4	91.2	102.2	103.6	100.1	100.3
淮北市	Huaibei	100.9	100.3	97.3	102.4	88.0	100.8	102.4	96.5	100.5
亳州市	Bozhou	100.6	100.3	95.9	99.7	91.3	100.2	103.8	99.9	97.9
宿州市	Suzhou	101.1	100.0	96.5	100.9	90.2	100.9	104.2	97.2	101.5
蚌埠市	Bengbu	99.2	100.1	97.9	101.2	90.3	99.4	103.1	100.0	99.7
阜阳市	Fuyang	99.1	100.5	96.5	99.8	90.0	101.3	104.1	97.4	99.8
淮南市	Huainan	99.8	100.5	97.4	96.8	93.0	105.5	106.5	98.7	100.1
滁州市	Chuzhou	100.7	100.2	95.2	101.8	89.3	101.5	103.3	98.8	100.8
马鞍山市	Maanshan	101.2	100.8	96.9	99.1	92.1	101.9	104.8	96.9	100.2
芜湖市	Wuhu	100.8	97.3	96.3	99.3	91.1	101.3	103.8	99.7	100.7
宣城市	Xuancheng	101.6	100.1	97.5	97.2	90.3	100.5	102.8	100.5	100.0
铜陵市	Tongling	100.0	101.7	95.7	97.9	87.1	101.1	100.7	101.1	100.0
安庆市	Anqing	100.4	102.0	97.7	98.3	92.8	102.8	102.8	99.1	99.5
六安市	Luan	100.7	98.8	95.8	99.5	91.9	102.8	103.9	99.0	98.7
桐城市	Tongcheng	102.3	100.0	97.9	100.6	91.4	102.8	102.2	99.2	99.7
歙县	Shexian	100.6	101.2	97.5	97.1	90.4	100.5	103.0	99.1	101.9

8—7 农业生产资料价格分类指数
Price Indices of Agricultural Means of Production by Category

上年=100（preceding year=100）

类　别	Item	2000	2005	2010	2012	2013
总　指　数	**General Index**	**98.2**	**108.3**	**102.0**	**105.3**	**100.9**
农用手工工具	Hand Tools for Agriculture uses	100.5	111.1	99.4	107.3	102.5
饲　料	Forage	94.0	107.6	104.5	108.9	105.1
产品畜	Product Animals	111.8	114.7	106.1	104.8	102.7
半机械化农具	Semi-mechanized Farm Tools	97.6	105.0	99.0	100.8	100.0
机械化农具	Mechanized Farm Machinery	96.0	106.2	96.9	103.1	100.5
化学肥料	Chemical Fertilizer	92.2	109.0	99.6	103.5	95.7
农药及农药械	Pesticide & Its Appliances	97.1	103.9	99.0	101.1	101.4
农用机油	Oil for Farm Machinery	122.0	107.9	111.4	103.7	99.5
其他农业生产资料	Other Agricultural Means of Production			104.4	107.5	102.5
农业生产服务	Agricultural Production Service			104.0	109.0	104.4

注：农用手工工具2005年以前为小农具。
a) Before 2005 hand tools for agriculture were small farm tools .

8—8 调查市、县农业生产资料价格指数（2013年）
Price Indices of Agricultural Means of Production by Category and Surveyed City and County (2013)

上年=100（preceding year=100）

市　县 Surveyed City and County	总指数 General Index	农业手工工具 Hand Tools for Agriculture uses	饲料 Forage	产品畜 Product Animals	半机械化农具 Semimechanized Farm Tools	机械化农具 Mechanized Farm Machinery	化学肥料 Chemical Fertilizer	农药及农药械 Pesticide & Its Appliances	农用机油 Oil for Farm Machinery	其他农业生产资料 Other Agricultural Means of Production	农业生产服务 Agricultural Production Service
宣城市 Xuancheng	99.5	101.3	104.1	98.0	100.0	99.4	95.1	100.7	97.0	101.1	102.2
桐城市 Tongcheng	102.9	105.7	105.7	113.5	104.0	102.0	96.4	103.2	105.0	104.9	104.2
歙　县 Shexian	101.0	100.3	106.1	101.3	96.3	100.8	95.9	100.8	98.1	103.1	108.6

8—9 农产品生产者价格指数
Producer Price Indices of Agricultural Products

上年=100（preceding year=100）

类　别	Item	2005	2010	2012	2013
总指数	**General Index**	**98.71**	**110.82**	**102.95**	**103.71**
农业产品	**Agricultural Products**	**97.30**	**114.77**	**103.02**	**103.83**
谷　物	Cereal	95.41	109.97	103.11	103.40
小　麦	Wheat	91.51	107.65	105.35	109.20
稻　谷	Rice	98.98	110.43	102.33	100.34
玉　米	Corn	96.96	117.58	104.20	100.47
薯　类	Tubers	102.95	119.94	93.47	100.83
豆　类	Beans	88.64	115.38	102.95	105.01
油　料	Oil-bearing Crops	89.23	116.19	99.94	101.33
棉　花	Cotton	109.54	161.74	94.25	103.69
蔬　菜	Vegetables	102.89	115.16	103.90	105.36
茶	Tea	112.35	122.92	107.69	100.26
林业产品	**Forestry Products**	**107.39**	**106.36**	**106.79**	**103.95**
木　材	Timber	107.00	103.90	103.05	102.83
原　木	Logs	106.74	103.88	103.23	103.13
竹　材	Bamboo Material	110.39	103.07	104.80	99.44
牧　业(饲养动物及其产品)	**Animal Husbandry (Breeding Animals and Their Products**	**99.71**	**104.26**	**97.37**	**102.14**
活牲畜	Livestock Breeding (Live Animals)	108.01	108.25	96.67	102.19
牛	Cattle and Buffalo	108.25	105.45	115.92	122.23
羊	Sheep and Goats	112.56	111.29	110.12	109.79
猪	Pig	91.37	99.31	93.54	99.67
家　禽	Poultry	106.34	106.95	99.40	101.20
鸡	Chicken	103.76	105.93	98.81	101.20
鸭	Duck	102.41	110.51	99.50	99.85
禽　蛋	Poultry Eggs	110.74	106.65	94.86	102.31
鸡　蛋	Chicken Eggs	110.67	106.69	93.59	102.58
奶　类	Dairy Products	98.86	112.62		
渔　业	**Fishery**	**105.56**	**106.89**	**110.83**	**107.55**
淡水养殖产品	Aquatic products in Inland Water	105.56	106.89	110.83	107.55
养殖淡水鱼	Freshwater Fishes	104.93	105.57	111.85	107.99
养殖淡水虾	Freshwater Shrimps			110.74	106.68
养殖淡水蟹	Freshwater Crabs			104.86	107.65
其他淡水养殖产品	Other Freshwater Aquatic Products	100.00	111.10	107.69	101.39

8—10 工业生产者出厂价格分类指数
Producer Price Indices for Indnstrial Products by Category

上年=100（preceding year=100）

年份 Year	总指数 Total Industry Products	生产资料 Means of production	采掘工业 Mining & Quarrying Industry	原材料工业 Raw Materials Industry	加工工业 Manufacturing Industry	生活资料 Consumer Goods	食品 Food	衣着 Clothing	一般日用品 Articles for Daily Use	耐用消费品 Durable Consumer Goods
2000	98.86	102.05	100.11	106.16	98.78	93.73	91.14	98.48	96.12	98.22
2005	103.25	104.91	113.04	111.06	100.47	98.93	99.60	100.32	101.84	96.67
2006	103.07	104.53	97.85	114.90	100.56	98.36	98.43	100.68	101.55	96.86
2007	103.62	103.74	104.20	102.98	104.05	103.25	105.63	100.89	101.64	100.95
2008	108.41	109.27	119.54	104.54	109.92	105.42	109.70	102.03	102.24	101.25
2009	92.83	91.39	94.98	90.59	91.14	97.82	98.89	99.43	98.56	95.67
2010	108.98	110.86	111.45	116.89	108.12	103.03	104.96	101.97	102.67	100.45
2011	108.30	109.20	104.80	111.20	108.80	105.60	108.90	107.50	106.40	100.40
2012	98.30	97.00	96.90	99.20	96.00	101.70	102.60	103.10	100.30	101.10
2013	98.20	96.90	92.90	96.60	97.50	101.50	102.60	102.70	101.60	99.90

8—11 工业生产者出厂价格轻重工业分类指数
Sub-index of Light and Heavy industry of Ex-factory Industrial Producer Price Index

上年=100（preceding year=100）

年份 Year	轻工业 Light Industry	以农产品为原料 Using Farm Products as Raw Materials	以非农产品为原料 Using Non-farm Products Raw Materials	重工业 Heavy Industry	#采掘工业 Mining and Quarrying	原料工业 Raw Materials Industry	加工工业 Manufacturing Industry
2000	95.68	95.36	97.64	102.06	101.01	106.09	97.67
2005	99.05	99.54	98.62	106.31	112.59	111.32	101.36
2008	105.35	107.08	103.80	110.12	119.02	104.93	116.66
2009	97.01	97.87	96.19	90.52	95.40	90.33	89.45
2010	104.77	106.38	103.19	111.36	110.97	116.63	108.11
2011	107.70	109.90	103.60	108.50	104.80	110.90	107.70
2012	101.40	101.30	101.50	97.10	96.90	99.30	96.10
2013	101.50	102.20	100.10	96.90	92.90	96.90	97.40

8—12 工业生产者购进价格分类指数
Industrial Products Purchased from the Price Indices by Category

上年=100（preceding year=100）

年份 Year	全部原材料 Total Raw and Other Materials	#燃料、动力类 Fuel and Power	黑色金属材料 Ferrous Metals	有色金属材料和电线类 Nonferrous Metals	化工原料 Industrial Chemicals	木材及纸浆 Timber and Paper Pulp	建筑材料及非金属矿类 Building Materials and Nonmetal Mine Since	其他工业原材料及半成品 Other Raw Materials and Semi-finished Products	农副产品 Agricultural and Subsidiary Products	纺织原料 Textile Raw Material
2000	102.58	103.22	102.94	110.50	108.97	100.24	95.25	100.76	94.32	103.95
2005	107.13	114.95	108.07	116.42	106.87	103.47	106.55	104.35	98.16	95.41
2008	112.39	116.69	119.38	97.53	107.75	110.48	110.26	110.72	114.92	102.23
2009	95.25	98.54	86.93	84.32	90.50	99.32	100.16	94.17	96.08	97.04
2010	111.76	110.91	113.45	124.92	111.29	103.92	106.94	105.90	110.05	108.52
2011	110.80	112.90	110.10	116.10	109.50	108.70	117.40	103.90	116.30	112.10
2012	98.20	100.10	94.00	95.40	97.10	104.40	98.30	98.10	103.10	96.20
2013	96.90	91.60	96.90	93.80	97.90	99.60	95.70	98.70	103.40	100.30

8—13 固定资产投资价格指数
Price Indices of Investment in Fixed Assets

上年=100（preceding year=100）

年份 Year	固定资产投资 Investment in Fixed Assets	建筑安装工程 Construction and Installation	设备工器具购置 Purchase of Equipment, Tools and Instruments	其他费用 Others
2000	101.60	102.80	100.10	98.20
2005	101.04	100.98	100.33	102.26
2008	109.43	113.66	101.17	103.80
2009	95.97	94.35	97.10	101.05
2010	105.35	107.51	101.23	101.54
2011	108.13	110.99	101.93	103.96
2012	100.97	101.27	99.15	102.29
2013	100.15	100.31	98.97	101.20

主要统计指标解释

居民消费价格指数

是度量消费商品及服务项目价格水平随着时间而变动的相对数，反映居民家庭购买的消费品及服务价格水平的变动情况。它是宏观经济分析和决策、价格总水平监测和调控以及国民经济经济核算的重要指标。其按年度计算的变动率通常被用来作为反映通货膨胀（或紧缩）程度的指标。

商品零售价格指数

商品的零售价格是商品在流通过程中最后一个环节的价格，是工业、商业、餐饮业和其他零售企业向城乡居民、机关团体出售生活消费品和办公用品的价格。商品零售价格指数，反映了市场商品零售价格的变动趋势和变动程度，为国家宏观调控和国民经济核算提供参考依据。同时，还可以在此基础上编制其他派生价格指数。

农产品生产者价格指数

是反映一定时期内，农产品生产者出售农产品价格水平变动趋势及幅度的相对数。该指数可以客观反映全省农产品生产者价格水平和结构变动情况，满足农业与国民经济核算需要。其中某代表品生产者价格指数是通过对全部有出售该产品行为的调查单位的个体指数进行几何平均求得的，类价格指数是通过对其所属的类（或代表品）的价格指数进行加权平均求得的。季度累计价格指数的计算方法与分季指数的计算方法相同。

农业生产资料价格指数

指反映一定时期内农业生产资料价格变动趋势和程度的相对数。其编制目的是了解农业生产中投入物质资料价格的变动状况，服务于国民经济核算。1994 年以前，农业生产资料价格指数仅仅是商品零售价格指数的一个类别，此后，从商品零售价格指数中分离出来，单独编制。

工业生产者出厂价格指数

是反映各工业行业产品出厂价格总水平的变动趋势和程度的相对数。为国民经济核算、测算工业发展速度、宏观经济分析和调控、理顺价格体系提供依据。

工业生产者购进价格指数

是反映工业企业作为生产投入，而从物资交易市场和能源、原材料生产企业购买原材料、燃料和动力产品时，所支付的价格水平变动趋势和程度的统计指标，是扣除工业企业物质消耗成本中的价格变动影响的重要依据。

目前，我国编制的原材料、燃料和动力购进价格指数所调查的产品包括燃料动力、黑色金属、有色金属、化工、建材等九大类的900多种产品。

固定资产投资价格指数

是反映固定资产投资额价格变动趋势和程度的相对数。固定资产投资额是由建筑安装工程投资完成额、设备、工器具购置投资完成额和其他费用投资完成额三部分组成的。编制固定资产投资价格指数应首先分别编制上述三部分投资的价格指数，然后采用加权算术平均法求出固定资产投资价格总指数。

编制固定资产投资价格指数可以准确地反映固定资产投

资中涉及的各类商品和取费项目价格变动趋势和变动幅度，消除按现价计算的固定资产投资指标中的价格变动因素，真实地反映固定资产投资的规模、速度、结构和效益，为国家科学地制定、检查固定资产投资计划并提高宏观调控水平，为完善国民经济核算体系提供科学的、可靠的依据。

Explanatory Notes for Major Statistical Indicators

Resident's Consumer Price Index

As relative index which measures the change in price level of a group of representative consumer goods and services with the passage of time, reflecting the changes in prices of consumer goods and services purchased by residents. It is an important index of macroscopic economic analysis and decisions, general price level monitoring, adjustment and control, and national business accounting. Its changing rate by the year is usually regarded as reflecting the degree of inflation (or tightens).

Retail Price Index

Retail price of goods is the price of the last link in the circulating course. It is the price of consumer goods and official supplies sold to urban and rural residents or organs by industrial, commercial, catering trade and other retail enterprises. Retail price index reflects the trend and degree of changes in retail price of market commodities. It offers the consulting basis of national macroscopic adjustment and control and national business accounting. Besides, other deriving price indices could be worked out basing on it.

Producer Price Indices of Agricultural Production

reflect the trend and degree of changes in producers' prices received by farmers when they sell farm products during a given period. These indices depict the change in the level and structure of producer prices for farm products of the province and meet the needs of agricultural statistics and national accounts statistics. The producer price index for a given product is calculated as the geometrical mean of individual indices for all surveyed units which sell such product, and the indices for a product category is obtained as the weighted mean of price indices for all products in the category. Method for calculating accumulative quarterly indices is the same as for calculating the individual quarterly indices.

Price Indices for Means of Agricultural Production

reflect the trend and degree of changes in the prices of the means of agricultural production during a given period. Compilation of these indices helps to understand the price changes of material input in agricultural production and facilitate the compilation of national accounts. Before 1994, price indices for means of agricultural production were a sub-category in the retail price indices for commodities, and it has been compiled separately since 1994.

Ex-factory Price Index of Industrial Products

reflects the trend and degree of changes in general ex-factory prices of all industrial products. It offers basis of national business accounting, calculating industrial development speed, national macroscopic analysis, adjustment and control and rationalizing the price system.

Indices of Purchasing Prices of Raw Materials, Fuels and Power

reflect changes in the level and degree of prices paid by industrial enterprises when they purchase production input such as raw materials, fuels and power from the market or from other energy or raw materials producing enterprises. These indices provide important basis for measuring the material consumption of industrial enterprises after removing influence of price changes.

At present, over 900 products in 9 categories, including fuels and power, ferrous metals, non-ferrous metals, chemicals, building materials, are covered in China for the survey to produce indices of purchasing prices of raw materials, fuels and power.

Price Index of Investment in Fixed Assets

reflects the trend and degree of changes in prices of investment in fixed assets. The investment in fixed assets consists of three components, namely the investment in construction and installation, the investment in purchases of equipment and instrument, and the investment in other items. Price index of investment in fixed assets is calculated as the weighted arithmetic mean of the price indices of the three components of investment in fixed assets.

Removing the factor of price change in the aggregates of investment at current prices, this indicator shows the changes in the prices of commodities and fees involved in the investment of fixed assets, and can be used to observe the actual size, growth, structure, and efficiency of investment in fixed assets and provides reliable and scientific data for government planning, management, decision making, and further improving the current national accounting system.

第九篇

Chapter 9

城乡人民生活

LIVELIHOOD OF
URBAN AND RURAL PEOPLE

简要说明

一、本篇资料反映我省城乡人民生活状况。包括就业、居民收支、消费水平、住房及主要消费品拥有量、文化、教育、卫生、公用设施等。

二、本篇中有关城镇居民生活状况的数据来源于城镇住户调查资料，是对城镇居民家庭抽样调查汇总的结果。主要内容包括家庭人口及其构成、家庭现金收支、主要商品购买数量及支出金额、劳动就业状况、居住状况和耐用消费品的拥有量等。

城镇住户调查是由国家统计局安徽调查总队组织实施，各市、县调查队依据国家统计局统一制定的城镇住户调查方案收集资料逐级汇总上报。

2012 年，国家统计局对城市住户调查制度进行了较大改革，其中家庭总收入、可支配收入、消费支出等主要指标口径进行了调整，新老指标的数据不可直接使用比较。

三、有关农村居民生活的统计资料主要来源于国家统计局安徽调查总队的农村居民住户调查。主要内容包括农村居民家庭基本情况、人均纯收入、生活消费支出、主要消费品消费量、耐用消费品拥有量等。

Brief Introduction

I. Data in this chapter show the condition of urban and rural people's livelihood in Anhui, including employment, income and expenditure of the residents, standard of consumption, housing condition, possession of the consumer goods, culture, education, health care and public facilities.

II. Data on the livelihood of the urban residents in this chapter come from data collected by the sample survey on the urban households. The main content of the survey includes the population in the household and its composition, the cash income and expenditure of the household, the quantity of major commodities purchased and the expenditure for them, the employment of the household members, the housing condition and the ownership of the durable consumer goods.

The survey on the urban household is organized by the NBS Survey office in Anhui. The survey organization of the cities and counties collect Data in accordance with the survey scheme stipulated by the State Statistical Bureau and report them to the higher organization.

In 2012, big reforms were made in urban household survey system by the National Urban Socio-economic Survey Organization. The scope of total income of the household, disposable income and living expenditures have been adjusted, so that the old quota and the new one could not be contrasted directly.

III. Data on the livelihood of the rural residents come mainly from Data collected by the sample survey on the rural households, which is organized by the NBS Survey Office in Anhui. The main content of the survey includes the basic condition of the rural households, the per capita total income and net income, the expenditure for the residential consumption, the consumption of major consumer goods and the quantity of durable consumer goods owned.

9—1 人民物质文化生活情况
People's Material and Cultural Life

项　　目	Item	2000	2005	2010	2012	2013
就　业	**Employment**					
每一农村劳动力负担人数（人）	Number of Dependents per Rural Laborer (person)	1.51	1.45	1.39	1.42	1.50
每一城镇就业者负担人数（人）	Number of Dependents per Urban Employee (person)	1.86	1.92	1.93	1.94	1.86
城镇登记失业率（%）	Urban Unemployment Rate (%)	3.3	4.4	3.7	3.7	3.4
收　入	**Income of Rural and urban Residents**					
农村居民家庭人均纯收入（元）	Annual per Capita Net Income of Rural Residents (yuan)	1934.6	2641.0	5285.2	7160.5	8097.9
农村居民家庭人均纯收入指数（1990=100）	Index of Annual per Capita Net Income of Rural Residents (1990=100)	358.81	489.83	980.26	1328.08	1501.94
城镇居民家庭人均可支配收入（元）	Annual per Capita Disposable Income of Urban Residents (yuan)	5294	8471	15788	21024	23114
城镇居民家庭人均可支配收入指数（1990=100）	Index of Annual per Capita Disposable Income of Urban Residents (1990=100)	390.8	625.3	1165.6	1552.1	1706.4
农村居民家庭恩格尔系数（%）	Engle Coefficient of Rural Households (%)	52.5	45.5	40.7	39.3	39.6
城镇居民家庭恩格尔系数（%）	Engle Coefficient of Urban Households (%)	45.7	43.7	38.0	38.7	39.1
职工年平均工资（元）	Annual Average Wages of Staff and Workers (yuan)	6989	15334	33341	44601	47806
储　蓄	**Savings**					
城乡居民年底储蓄存款余额（亿元）	Balance of Savings Deposit of Rural and Urban Residents (year-end) (100 million yuan)	1447.2	3508.7	7788.5	11178.6	12924.9
平均每人储蓄存款余额（元）	Per Capita Balance of Saving Deposit (yuan)	2319	5408	11435	16227	18690
住房面积（平方米）	**Per Capita Floor Space of Residential Buildings (sq.m)**					
城市平均每人居住	Urban Areas (Net)	14.76	19.90	31.55	32.38	34.86
农村平均每人居住	Rural Areas (Net)	22.16	27.00	32.05	35.88	32.24
交　通	**Traffic**					
城镇每百户拥有摩托车（辆）	Number of Motor Cycles per 100 Households in Urban Areas (unit)	16.56	21.87	23.00	20.14	20.56
城市每万人拥有公共车辆(标台)	Number of Buses per 10000 Persons in Cities (unit)	7.6	7.3	8.2	10.4	10.9
城市公用事业	**Public Utilities in Urban Areas**					
自来水普及率（%）	Ratio of Access to Tap Water (%)	95.8	90.5	96.1	98.0	98.4
燃气普及率（%）	Ratio of Access to Tap Water (%)	77.0	72.3	90.5	94.6	96.1
人均公园绿地（平方米）	Per Capita Park Greenery Area (sq.m)	7.0	7.0	11.0	11.9	12.5
文　化	**Culture**					
城镇每百户有彩色电视机（台）	Number of Color TV Sets per 100 Household in Urban Areas (unit)	111.47	132.42	141.50	144.96	122.21
农村每百户有彩色电视机（台）	Number of Color TV Sets per 100 Household in Rural Areas (unit)	39.29	84.65	112.13	116.16	117.24
广播人口覆盖率（%）	Broadcast Covering Ratio of Population (%)	94.8	95.6	97.3	97.9	98.3
电视人口覆盖率（%）	TV Covering Ratio of Population (%)	93.8	95.0	97.5	98.1	98.6
教　育	**Education**					
学龄儿童入学率（%）	Enrollment Ratio of School-age Children (%)	99.7	99.5	99.9	99.9	99.7
每万人口中在校大学生数（人）	Number of University Students per 10000 Persons (person)	29	90	155	171	174
卫　生	**Public Health**					
每万人医院病床数（张）	Number of Hospital Beds per 10000 Persons (unit)	11.8	12.6	17.9	22.9	24.8
每万人有医生数（人）	Number of Doctors per 10000 Persons (person)	11.2	10.2	11.9	13.4	14.3

注：2009年始，城市平均每人居住面积为建筑面积。
a) Since 2009, urban per capita living space is the construction area.

9—2 全省城乡储蓄存款年末余额和年增加额
Savings Deposit in Urban and Rural Areas (Year-end)

单位：万元（10000 yuan）

年份 Year	年末余额 Outstanding Amount					年增加额 Increased Amount		
	储蓄存款 Savings Deposit	城镇 Urban	农村 Rural	定期 Fixed Deposits	活期 Current Deposits	储蓄存款 Savings Deposit	城镇 Urban	农村 Rural
2000	14471539	11199341	3272198	10914299	3557240	1442783	1148692	294091
2001	17004661	13220052	3784609	12550595	4454066	2533122	2020711	512411
2002	20475117	16091364	4383753	14738457	5736660	3470456	2871312	599144
2003	24758257	19613835	5144422	17506286	7251971	4283140	3522471	760669
2004	29723666	23556586	6167080	20759945	8963721	4965409	3942751	1022658
2005	35086727	27863991	7222736	24455447	10631280	5363061	4307405	1055656
2006	40778041	32301332	8476709	27728939	13049102	5691314	4437341	1253973
2007	45464944			30173327	15291617	4686903		
2008	56475121			38436895	18038226	11010177		
2009	66194831			42769530	23425302	9715535		
2010	77884800			48529277	29355524	11686596		
2011	92335727					14509808		
2012	111786239					19449855		
2013	129249107					17435708		

注：2009年、2010年储蓄存款增加额根据《安徽省金融统计月报》资料填列。

a) According to "Anhui Province Statistics of finances Monthly Report", the annual saving deposit rate increasing volume in 2009，2010 was filled out the forms.

9—3 城乡居民人均收入及恩格尔系数
Per Capita Annual Income and Engel's Coefficient of Urban and Rural Households

年份 Year	农村居民家庭人均纯收入 Per Capita Annual Net Income of Rural Households		城镇居民家庭人均可支配收入 Per Capita Annual Disposable Income of Urban Households		农村居民家庭恩格尔系数(%) Engle Coefficient of Rural Households (%)	城镇居民家庭恩格尔系数(%) Engle Coefficient of Urban Households (%)
	绝对数(元) Value (yuan)	指数(1990年=100) Index (1990=100)	绝对数(元) Value (yuan)	指数(1990年=100) Index (1990=100)		
2000	1934.57	358.81	5293.55	390.8	52.45	45.7
2001	2020.04	374.66	5668.80	418.5	49.75	44.2
2002	2117.57	392.75	6032.40	445.3	47.46	43.2
2003	2127.48	394.59	6778.03	500.4	46.03	44.2
2004	2499.33	463.56	7511.43	554.5	47.50	43.9
2005	2640.96	489.83	8470.68	625.3	45.50	43.7
2006	2969.08	550.69	9771.05	721.1	43.17	42.4
2007	3556.27	659.59	11473.58	847.0	43.30	39.7
2008	4202.49	779.45	12990.35	959.0	44.30	41.0
2009	4504.32	835.43	14085.74	1039.9	40.90	39.6
2010	5285.17	980.26	15788.17	1165.6	40.70	38.0
2011	6232.21	1155.91	18606.13	1373.5	41.10	39.8
2012	7160.46	1328.08	21024.21	1552.1	39.25	38.7
2013	8097.86	1501.94	23114.22	1706.4	39.65	39.1

9—4 城镇居民家庭基本情况
Basic Conditions of Urban Households

项目	Item	2000	2005	2010	2012	2013
平均每户家庭人口 （人）	**Average Household Size (person)**	**3.08**	**2.95**	**2.84**	**2.78**	**2.81**
平均每户就业人口 （人）	**Average Number of Employed persons per Household (person)**	**1.66**	**1.54**	**1.47**	**1.43**	**1.51**
平均每户就业面 （%）	**Percentage of Employment per Household (%)**	**53.90**	**52.20**	**51.76**	**51.44**	**53.74**
平均每一就业者负担人数（包括就业者本人） （人）	**Number of Persons Supported by Each Employee Including the Employee Himself or Herself (persons)**	**1.86**	**1.92**	**1.93**	**1.94**	**1.86**
平均每人全部年收入 （元）	**Per Capita Annual Income (yuan)**	**5331.58**	**9184.55**	**17626.71**	**23524.56**	**25006.16**
#可支配收入	Disposable Income	5293.55	8470.68	15788.2	21024.2	23114.22
工资性收入	Wages Income	3648.29	6425.54	11442.4	14812.5	15535.34
经营性收入	Net Income From Business	336.16	620.71	1172.36	2155.33	2558.66
财产性收入	Property Income	73.21	124.59	427.01	549.62	833.32
转移性收入	Transfer Income	1273.92	2013.71	4584.91	6007.07	6078.84
平均每人消费性支出 （元）	**Per Capita Annual Living Expenditures for Consumption (yuan)**	**4232.98**	**6367.67**	**11512.55**	**15011.66**	**16285.17**
#食　品	Food	1934.83	2781.50	4369.63	5814.92	6370.23
衣　着	Clothing	437.55	763.54	1225.56	1540.66	1687.49
居　住	Residence	370.90	590.27	1229.64	1396.97	1663.55
家庭设备用品及服务	Household Facilities, Articles and Service	301.43	290.88	678.75	811.23	898.55
医疗保健	Medicine and Medical Service	181.23	400.34	737.05	1142.96	869.89
交通和通信	Transportation and Communications	307.87	676.86	1356.57	1809.72	2411.16
教育文化娱乐服务	Education, Cultural & Recreation Service	508.62	666.42	1479.75	1932.74	1904.15
杂项商品与服务	Miscellaneous Commodities and Services	190.55	197.87	435.62	562.44	480.16
平均每人消费性支出构成（人均消费性支出=100） (%)	**Composition of per Capita Annual Living Expenditures for Consumption (%)**	**100.00**	**100.00**	**100.00**	**100.00**	**100.00**
#食　品	Food	45.71	43.68	37.96	38.70	39.12
衣　着	Clothing	10.34	11.99	10.65	10.26	10.36
居　住	Residence	8.76	9.27	10.68	9.31	10.22
家庭设备用品及服务	Household Facilities, Articles and Service	7.12	4.57	5.90	5.40	5.52
医疗保健	Medicine and Medical Service	4.28	6.29	6.40	7.61	5.34
交通和通信	Transportation and Communications	7.27	10.63	11.78	12.06	14.81
教育文化娱乐服务	Education, Cultural & Recreation Service	12.02	10.47	12.85	12.87	11.69
杂项商品与服务	Miscellaneous Commodities and Services	4.50	3.11	3.78	3.75	2.95

9—5 城镇居民家庭平均每人全年购买的主要商品数量
Per Capita Annual Purchases of Major Commodities in Urban Households

单位：千克（kg）

项　目	Item	2000	2005	2010	2012	2013
粮　食	Grain	93.30	85.13	83.00	88.19	93.50
鲜　菜	Fresh Vegetables	116.40	122.07	112.74	111.62	118.54
食用植物油	Edible Vegetable Oil	10.20	9.90	8.33	8.85	12.12
猪　肉	Pork	21.40	21.59	19.86	21.26	24.86
牛羊肉	Beef and Mutton	2.90	3.63	3.32	3.68	4.00
家　禽	Poultry	8.50	11.23	9.86	10.65	13.03
鲜　蛋	Fresh Eggs	13.60	14.71	12.97	13.39	13.68
水产品	Aquatic Products	13.00	12.02	12.76	12.81	16.39
酒　类	Liquor	13.20	13.17	10.80	12.72	12.40
煤　炭	Coal	196.90	157.09	25.64	14.85	12.58

9—6 城镇居民家庭平均每百户年末耐用消费品拥有量
Number of Major Durable Consumer Goods Owned Per 100 Urban Households at Year-end

项　目		Item		2000	2005	2010	2012	2013
摩托车	（辆）	Motorcycle	(unit)	16.56	21.87	23.00	20.14	20.56
助力车	（辆）	Strength-aid Cycle	(unit)		8.42	31.84	45.61	51.66
家用汽车	（辆）	Automobile	(unit)	0.65	0.76	4.95	11.37	12.03
洗衣机	（台）	Washing Machine	(unit)	87.17	97.28	97.35	95.62	89.14
电冰箱	（台）	Refrigerator	(unit)	83.50	91.75	96.61	98.31	91.21
彩　电	（台）	Color TV Set	(unit)	111.47	132.42	141.50	144.96	122.21
家用电脑	（台）	Computer	(unit)	6.72	25.97	63.79	79.57	62.67
组合音响	（套）	Music Center	(set)	19.04	22.00	19.22	16.22	4.91
摄像机	（架）	Pickup Camera	(unit)	1.12	2.39	3.77	7.89	5.48
照相机	（架）	Camera	(unit)	27.82	35.84	29.71	34.88	29.81
钢　琴	（架）	Piano	(unit)	0.82	1.96	1.11	1.56	
微波炉	（台）	Microwave Oven	(unit)	11.28	40.54	57.77	65.55	56.67
空调器	（台）	Air Conditioner	(unit)	30.77	81.82	120.04	136.05	128.84
淋浴热水器	（台）	Shower	(unit)	44.36	64.14	86.78	94.02	89.47
消毒碗柜	（台）	Sterilizing Cupboard	(unit)		5.76	6.59	7.41	4.56
洗碗机	（台）	Dish Washer	(unit)		0.41	0.31	0.77	0.48
健身器材	（套）	Setting-up Apparatus	(set)	2.81	3.86	2.32	3.27	2.29
普通电话	（部）	Ordinary Telephone	(unit)		95.94	85.34	74.57	52.88
移动电话	（部）	Mobile Telephone	(unit)		111.33	168.46	202.61	186.16

9—7 按收入等级分的城镇居民家庭基本情况（2013年）
Basic Conditions of Urban Households by Level of Income (2013)

项目	Item	总平均 The Total Average	低收入户 Low Income Households	中低收入户 In low and Middle-income Households	中等收入户 Middle Income Households	中高收入户 The High Income Families	高收入户 High Income Households
比重 (%)	Proportion (%)	100.00	20.00	20.00	20.00	20.00	20.00
平均每户家庭人口 (人)	Average Household Size (person)	2.81	3.25	2.99	2.85	2.65	2.30
平均每户就业人口 (人)	Average Number of Employees per Household (person)	1.51	1.52	1.42	1.58	1.59	1.43
平均每户就业面 (%)	Percentage of Employed Persons per Household (%)						
平均每一就业者负担人数（包括就业者本人）(人)	Number of Persons Supported by Each Employee (including the employee himself or herself) (person)	1.86	2.14	2.10	1.81	1.67	1.60
平均每人全部年收入 (元)	Per Capita Annual Income (yuan)	25006.16	10829.67	17340.94	23028.04	30490.05	51102.08
平均每人可支配收入 (元)	Per Capita Disposable Income (yuan)	23114.22	9854.71	16044.23	21211.08	28001.74	47736.45
平均每人消费性支出 (元)	Per Capita Annual Living Expenditure (yuan)	16285.17	8863.09	12039.32	15826.96	19545.47	29087.81

9—8 按收入等级分的城镇居民家庭就业情况（2013年）
Household Size and Employment of Urban Households by Level of Income (2013)

项目	Item	总平均 The Total Average	低收入户 Low Income Households	中低收入户 In low and Middle-income Households	中等收入户 Middle Income Households	中高收入户 The High Income Families	高收入户 High Income Households
家庭人口数 (人/户)	**Household Size (person/household)**	**2.81**	**3.25**	**2.99**	**2.85**	**2.65**	**2.30**
有收入者人数	Persons With Income	1.86	1.73	1.79	1.95	1.95	1.86
就业人口数	Number of Employed Persons per Household	1.51	1.52	1.42	1.58	1.59	1.43
国有经济单位职工人数	Working in State-owned Units	0.49	0.23	0.41	0.49	0.64	0.68
城镇集体经济单位职工人数	Workers and Staff of Urban Collective Economic Units						
其他经济单位职工人数	Working in Other Types of Units						
城镇个体经营者人数	Number of Self-employed Urban Individuals	0.21	0.26	0.15	0.22	0.25	0.19
城镇个体被雇者人数	Number of Employed Urban Individuals						
离退休再就业人数	Reemployed Retirees	0.04	0.03	0.04	0.05	0.02	0.05
其他就业者人数	Other Employed Persons	0.77	1.00	0.83	0.82	0.67	0.52
离退休者人数	Retired Persons	0.27	0.12	0.24	0.32	0.30	0.38
其他有收入者人数	Other Persons With Income	0.08	0.10	0.12	0.06	0.07	0.04
无收入者人数	Persons Without Income	0.95	1.52	1.20	0.90	0.70	0.44

9—9 按收入等级分的城镇居民家庭年人均现金收入（2013年）

Annual Per Capita Cash Income of Urban Households by Level of Income (2013)

单位：元（yuan）

项 目	Item	总平均 The Total Average	低收入户 Low Income Households	中低收入户 In low and Middle-income Households	中等收入户 Middle Income Households	中高收入户 The High Income Families	高收入户 High Income Households
家庭总收入	**Total Income**	**25006.16**	**10829.67**	**17340.94**	**23028.04**	**30490.05**	**51102.08**
#可支配收入	Disposable Income	23114.22	9854.71	16044.23	21211.08	28001.74	47736.45
工资性收入	Wages Income	15535.34	7069.79	11765.67	15062.73	19763.27	28100.16
经营性收入	Net Income From Business	2558.66	939.78	886.21	1972.62	2866.84	7382.66
财产性收入	Property Income	833.32	179.47	382.29	295.60	1043.67	2764.49
转移性收入	Transfer Income	6078.84	2640.63	4306.77	5697.08	6816.27	12854.76
出售财物收入	**Income From Selling Belongings**	**196.18**	**0.41**	**0.62**	**6.56**	**1.24**	**1184.58**
借贷收入	**Loan Income**	**2364.81**	**1062.68**	**863.55**	**1519.77**	**3485.93**	**5906.10**

9—10 按收入等级分的城镇居民家庭年人均现金支出（2013年）

Annual Per Capita Expenditure of Urban Households by Level of Income (2013)

单位：元（yuan）

项 目	Item	总平均 The Total Average	低收入户 Low Income Households	中低收入户 In low and Middle-income Households	中等收入户 Middle Income Households	中高收入户 The High Income Families	高收入户 High Income Households
家庭总支出	**Total Expenditure**	**21299.95**	**10559.21**	**14787.13**	**20064.46**	**26025.28**	**41004.42**
消费性支出	Consumption Expenditure	16285.17	8863.09	12039.32	15826.96	19545.47	29087.81
转移性支出	Transfer Expenditure	2353.71	858.94	1479.94	2206.67	2842.79	5216.51
财产性支出	Property Expenditure	70.78	0.18	13.07	31.00	95.30	266.27
社会保障支出	Social Protection Expenditure	1693.48	831.99	1141.65	1639.75	2258.62	3042.13
购房与建房支出	Expenditure From Buying and Constructing House	896.82	5.02	113.15	360.09	1283.11	3391.71
借贷支出	**Loan Expenditure**	**3884.56**	**898.18**	**2140.54**	**3295.09**	**5795.45**	**8894.86**

9—11 按收入等级分的城镇居民家庭年人均消费性支出（2013年）
Per Capita Annual Living Expenditure of Urban Households by Income Scale (2013)

单位：元（yuan）

项　　目	Item	总平均 The Total Average	低收入户 Low Income Households	中低收入户 In low and Middle-income Households	中等收入户 Middle Income Households	中高收入户 The High Income Families	高收入户 High Income Households
消费性支出	**Total Living Expenditures**	**16285.17**	**8863.09**	**12039.32**	**15826.96**	**19545.47**	**29087.81**
食　　品	Food	6370.23	3917.70	5402.36	6784.67	7298.38	9508.24
衣　　着	Clothing	1687.49	778.84	1220.60	1621.32	2159.42	3115.09
居　　住	Residence	1663.55	858.16	1270.95	1635.48	1700.76	3301.45
家庭设备用品及服务	Household Facilities, Articles and Services	898.55	459.61	638.23	880.61	981.06	1783.07
医疗保健	Medicine and Medical Services	869.89	775.18	573.18	847.37	917.42	1361.41
交通和通信	Transportation and Communications	2411.16	856.28	1162.97	1824.67	3435.55	5772.64
教育文化娱乐服务	Education, Cultural and Recreation Services	1904.15	1032.50	1495.28	1859.86	2412.38	3135.56
杂项商品和服务	Miscellaneous Commodities and Services	480.16	184.84	275.77	372.97	640.50	1110.36

9—12 按收入等级分的城镇居民家庭年人均消费性支出构成（2013年）
Composition of Per Capita Annual Living Expenditure of Urban Households by Income Scale (2013)

单位：%

项　　目	Item	总平均 The Total Average	低收入户 Low Income Households	中低收入户 In low and Middle-income Households	中等收入户 Middle Income Households	中高收入户 The High Income Families	高收入户 High Income Households
消费性支出	**Total Living Expenditures**	**100.00**	**100.00**	**100.00**	**100.00**	**100.00**	**100.00**
食　　品	Food	39.12	44.20	44.87	42.87	37.34	32.69
衣　　着	Clothing	10.36	8.79	10.14	10.24	11.05	10.71
居　　住	Residence	10.22	9.68	10.56	10.33	8.70	11.35
家庭设备用品及服务	Household Facilities, Articles and Services	5.52	5.19	5.30	5.56	5.02	6.13
医疗保健	Medicine and Medical Services	5.34	8.75	4.76	5.35	4.69	4.68
交通和通信	Transportation and Communications	14.81	9.66	9.66	11.53	17.58	19.85
教育文化娱乐服务	Education, Cultural and Recreation Services	11.69	11.65	12.42	11.75	12.34	10.78
杂项商品和服务	Miscellaneous Commodities and Services	2.95	2.09	2.29	2.36	3.28	3.82

9—13 按收入等级分的城镇居民家庭平均每百户年末耐用消费品拥有量（2013年）

Number of Durable Consumer Goods Owned Per 100 Urban Households at Year-end by Level of Income (2013)

项　目		Item		总平均 The Total Average	低收入户 Low Income Households	中低收入户 In low and Middle-income Households	中等收入户 Middle Income Households	中高收入户 The High Income Families	高收入户 High Income Households
摩托车	（辆）	Motorcycle	(unit)	20.56	26.90	20.63	19.72	22.60	12.95
助力车	（辆）	Strength-aid Cycle	(unit)	51.66	54.83	58.78	54.92	50.53	39.28
家用汽车	（辆）	Automobile	(unit)	12.03	3.44	6.58	13.26	14.36	22.48
洗衣机	（台）	Washing Machine	(unit)	89.14	84.38	86.02	92.24	90.62	92.43
电冰箱	（台）	Refrigerator	(unit)	91.21	86.67	84.93	92.35	95.99	96.10
彩　电	（台）	Color TV Set	(unit)	122.21	116.02	113.77	124.17	124.75	132.32
家用电脑	（台）	Computer	(unit)	62.67	46.76	49.01	63.65	71.94	81.94
组合音响	（套）	Combined Acoustics	(set)	4.91	3.32	3.36	5.71	5.01	7.12
摄像机	（架）	Pickup Camera	(unit)	5.48	0.56	2.56	5.27	7.97	11.04
照相机	（架）	Camera	(unit)	29.81	15.26	17.88	31.26	35.77	48.82
微波炉	（台）	Microwave Oven	(unit)	56.67	36.49	49.37	61.53	63.76	72.16
空调器	（台）	Air Conditioner	(unit)	128.84	98.15	109.34	129.38	140.30	166.93
淋浴热水器	（台）	Shower	(unit)	89.47	77.75	80.77	91.08	96.50	101.24
消毒碗柜	（台）	Sterilizing Cupboard	(unit)	4.56	2.82	2.15	3.24	4.94	9.61
洗碗机	（台）	Dish Washer	(unit)	0.48	0.45	0.60	0.30	0.51	0.55
健身器材	（套）	Setting-up Apparatus	(unit)	2.29	0.65	0.96	2.43	2.73	4.69
普通电话	（部）	Ordinary Telephone	(unit)	52.88	45.84	48.43	57.50	50.70	61.89
移动电话	（部）	Mobile Telephone	(unit)	186.16	172.72	170.00	195.25	203.98	188.85

9—14 按收入等级分的城镇居民家庭平均每人全年购买商品数量（2013年）

Per Capita Annual Purchases of Major Commodities of Urban Households by Level of Income (2013)

项　目		Item		总平均 The Total Average	低收入户 Low Income Households	中低收入户 In low and Middle-income Households	中等收入户 Middle Income Households	中高收入户 The High Income Families	高收入户 High Income Households
粮　食	（千克）	Grain	(kg)	93.50	83.69	93.05	103.41	94.99	93.98
淀粉及薯类	（千克）	Starches and Tubers	(kg)	11.13	8.64	10.79	13.11	12.03	11.62
食用植物油	（千克）	Edible Vegetable Oil	(kg)	12.12	9.83	11.45	13.60	13.71	12.59
猪　肉	（千克）	Pork	(kg)	24.86	18.55	23.41	26.54	27.73	30.30
牛　肉	（千克）	Beef	(kg)	2.97	1.50	2.56	3.93	3.39	3.90
羊　肉	（千克）	Mutton	(kg)	1.03	0.44	0.82	1.27	1.17	1.65
禽　类	（千克）	Poultry	(kg)	13.03	9.68	12.60	13.93	14.76	15.23
鲜　蛋	（千克）	Fresh Eggs	(kg)	13.68	10.26	12.64	14.92	14.94	16.91
鱼	（千克）	Fish	(kg)	13.26	10.10	13.15	14.11	14.53	15.36
虾	（千克）	Shrimp	(kg)	1.71	0.85	1.53	1.97	2.04	2.46
鲜　菜	（千克）	Fresh Vegetables	(kg)	118.54	89.10	113.60	131.31	129.16	138.51
白　酒	（千克）	Liquor	(kg)	4.68	3.51	4.23	5.08	4.93	6.14
啤　酒	（千克）	Beer	(kg)	7.56	5.92	7.21	8.83	8.76	7.38
鲜瓜果	（千克）	Fresh Melons & Fruits	(kg)	61.22	40.32	57.86	65.36	71.89	77.69
糕　点	（千克）	Cake	(kg)	5.87	4.31	5.19	6.10	6.25	8.24
鲜乳品	（千克）	Fresh Dairy Products	(kg)	12.34	5.74	9.08	14.49	15.60	19.51
奶　粉	（千克）	Milk Powder	(kg)	1.27	1.10	1.32	1.34	1.17	1.48
酸　奶	（千克）	Yogurt	(kg)	6.45	3.64	6.17	6.65	8.31	8.42
洗衣机	（台/百户）	Washing Machine	(unit/100 household)	4.60	2.27	2.50	5.04	4.72	8.43
电冰箱	（台/百户）	Refrigerator	(unit/100 household)	4.25	4.02	3.73	3.45	3.87	6.20
空调器	（台/百户）	Air Conditioners	(unit/100 household)	7.21	5.20	6.90	8.21	7.88	7.83
移动电话	（部/百户）	Mobile Telephone Subscribers	(unit/100 household)	32.80	23.38	28.92	31.76	41.48	38.42
彩色电视机	（台/百户）	Color Television Set	(unit/100 household)	7.58	4.32	5.83	9.20	9.98	8.58

9—15 各市城镇居民家庭年人均现金收支（2013年）
Annual Per Capita Cash Income and Expenditure of Urban Households by Region (2013)

项　　目	Item	全　省 Proince Indices	合肥市 Hefei	淮北市 Huaibei	亳州市 Bozhou	宿州市 Suzhou
家庭总收入	**Total Income**	**25006.16**	**30400.62**	**25749.49**	**23459.19**	**22415.89**
＃可支配收入	Disposable Income	23114.22	28082.74	22460.42	22604.81	21712.50
工资性收入	Wages Income	15535.34	19122.12	14866.84	10943.92	10841.98
经营性收入	Net Income From Business	2558.66	3760.63	4888.83	8942.01	5481.28
财产性收入	Property Income	833.32	1026.39	235.21	623.19	1149.29
转移性收入	Transfer Income	6078.84	6491.48	5758.60	2950.06	4943.34
出售财物收入	**Income From Selling Belongings**	**196.18**	**11.81**	**0.23**	**5.85**	**3.37**
借贷收入	**Loan Income**	**2364.81**	**1581.14**	**1072.08**	**3297.66**	**1268.40**
家庭总支出	**Total Expenditure**	**21299.95**	**23378.10**	**21153.26**	**20977.49**	**16740.39**
消费性支出	Consumption Expenditure	16285.17	19445.33	15273.47	14939.69	13402.29
财产性支出	Property Expenditure	70.78	170.47	8.13	44.99	
转移性支出	Transfer Expenditure	2353.71	1679.53	2712.76	2550.53	2798.78
社会保障费支出	Social Protection Expenditure	1693.48	2056.23	3158.90	709.97	539.32
购房与建房支出	Expenditure From Buying and Constructing House	896.82	26.54		2732.30	
借贷支出	**Loan Expenditure**	**3884.56**	**2737.98**	**3328.61**	**2861.12**	**4992.40**

单位：元（yuan）

蚌埠市 Bengbu	阜阳市 Fuyang	淮南市 Huainan	滁州市 Chuzhou	六安市 Luan	马鞍山市 Maanshan	芜湖市 Wuhu	宣城市 Xuancheng	铜陵市 Tongling	池州市 Chizhou	安庆市 Anqing	黄山市 Huangshan
24928.29	**22727.17**	**26884.20**	**25518.54**	**22304.02**	**37746.09**	**28470.21**	**24262.03**	**30114.95**	**24897.76**	**25419.61**	**25386.65**
22738.93	20933.11	22919.58	22591.37	21274.67	34048.05	26264.15	22730.97	27154.38	23481.86	22683.11	23355.64
15738.36	16893.49	19269.51	16079.39	16278.53	23251.95	15980.99	13801.37	20439.88	18181.05	16155.97	15931.09
2278.90	1478.96	1149.36	2889.23	4583.04	2568.74	3087.04	6170.82	1626.14	3851.60	2107.88	2352.97
110.87	653.96	276.49	437.77	401.38	1255.18	823.75	903.92	634.44	592.06	709.99	396.18
6800.16	3700.76	6188.84	6112.15	1041.08	10670.22	8578.43	3385.93	7414.49	2273.05	6445.77	6706.42
	3.85	**0.99**	**1.69**		**7.98**	**6.07**	**424.72**	**0.18**		**2.20**	**0.63**
2676.93	**699.36**	**5001.62**	**3257.66**	**806.32**	**4369.79**	**1567.29**	**4215.49**	**4089.83**	**2660.08**	**766.35**	**3063.35**
20741.10	**20263.82**	**25398.91**	**30817.54**	**20378.13**	**31020.86**	**22128.24**	**24011.84**	**33254.72**	**21396.70**	**23267.17**	**21641.71**
15492.34	16361.31	16311.10	18924.22	17223.96	22368.61	17580.37	18428.04	21726.25	17022.97	19251.64	17197.53
0.35	1.56	2.31	41.85		26.74	136.71	188.04	14.81	16.55	4.54	142.17
2178.59	2194.56	3735.31	3480.14	2290.05	2913.28	1677.36	2943.74	3989.82	2929.16	1456.89	2402.32
1885.55	1683.34	3625.36	2763.63	864.12	3467.13	2025.81	1416.46	2565.07	1236.23	2547.63	1899.68
1184.27	23.04	1724.84	5607.70		2245.11	707.99	1035.57	4958.76	191.79	6.46	
5234.40	**2405.39**	**8158.66**	**2738.64**	**1183.65**	**3717.68**	**7288.39**	**4087.19**	**2957.76**	**6938.09**	**5277.38**	**6827.16**

9—16 各市城镇居民平均每人全年家庭收入来源（2013年）
Per Capita Annual Income in Urban Residents by Source and by Region (2013)

单位：元（yuan）

地 区	Region	家庭总收入 Total Income	#可支配收入 Disposable Income	工资性收入 Wages Income	经营性收入 Management Income	财产性收入 Income From Property	转移性收入 Transfer Income
全 省	**Proince Indices**	**25006.16**	**23114.2**	**15535.34**	**2558.66**	**833.32**	**6078.84**
合肥市	Hefei	30400.62	28082.7	19122.12	3760.63	1026.39	6491.48
淮北市	Huaibei	25749.49	22460.4	14866.84	4888.83	235.21	5758.60
亳州市	Bozhou	23459.19	22604.8	10943.92	8942.01	623.19	2950.06
宿州市	Suzhou	22415.89	21712.5	10841.98	5481.28	1149.29	4943.34
蚌埠市	Bengbu	24928.29	22738.9	15738.36	2278.9	110.87	6800.16
阜阳市	Fuyang	22727.17	20933.1	16893.49	1478.96	653.96	3700.76
淮南市	Huainan	26884.20	22919.6	19269.51	1149.36	276.49	6188.84
滁州市	Chuzhou	25518.54	22591.4	16079.39	2889.23	437.77	6112.15
六安市	Luan	22304.02	21274.7	16278.53	4583.04	401.38	1041.08
马鞍山市	Maanshan	37746.09	34048.1	23251.95	2568.74	1255.18	10670.22
芜湖市	Wuhu	28470.21	26264.2	15980.99	3087.04	823.75	8578.43
宣城市	Xuancheng	24262.03	22731.0	13801.37	6170.82	903.92	3385.93
铜陵市	Tongling	30114.95	27154.4	20439.88	1626.14	634.44	7414.49
池州市	Chizhou	24897.76	23481.9	18181.05	3851.6	592.06	2273.05
安庆市	Anqing	25419.61	22683.1	16155.97	2107.88	709.99	6445.77
黄山市	Huangshan	25386.65	23355.6	15931.09	2352.97	396.18	6706.42

9—17 各市城镇居民家庭平均每人全年消费性支出（2013年）
Per Capita Annual Living Expenditure of Urban Residents by Region (2013)

单位：元（yuan）

地 区	Region	消费性支出 Living Expenditure	食品 Food	衣着 Clothing	家庭设备用品及服务 Houshold Facilities, Articles and Services	医疗保健 Medical and Medical Services	交通和通信 Transportation and Communications	教育文化娱乐服务 Recreation Education and Cultural Services	居住 Residence	杂项商品和服务 Miscellaneous Commodities and Services
全 省	**Proince Indices**	**16285.17**	**6370.23**	**1687.49**	**1663.55**	**898.55**	**869.89**	**2411.16**	**1904.15**	**480.16**
合肥市	Hefei	19445.33	7593.61	1879.59	2823.25	680.71	971.03	2849.21	2053.53	594.40
淮北市	Huaibei	15273.47	6966.67	1558.25	1053.20	785.40	1065.93	1726.57	1709.90	407.55
亳州市	Bozhou	14939.69	6731.83	1542.01	1625.49	727.75	683.28	1430.93	1555.77	642.64
宿州市	Suzhou	13402.29	4991.86	1738.30	1172.29	784.51	577.20	1414.94	2092.01	631.18
蚌埠市	Bengbu	15492.34	6799.79	1399.87	1108.93	770.85	1437.25	1625.97	1654.20	695.47
阜阳市	Fuyang	16361.31	6219.26	2157.27	1646.26	1051.55	842.73	2010.24	1604.13	829.88
淮南市	Huainan	16311.10	6957.58	1660.28	1595.07	727.75	799.05	1902.78	2191.00	477.60
滁州市	Chuzhou	18924.22	7154.65	1939.82	2137.22	1272.53	1582.34	1456.93	2381.21	999.52
六安市	Luan	17223.96	8349.08	2771.84	1006.06	1105.43	397.99	1361.57	1508.43	723.56
马鞍山市	Maanshan	22368.61	8359.20	2124.73	1773.68	1306.77	781.92	3719.26	3711.50	591.54
芜湖市	Wuhu	17580.37	6970.61	1651.01	1930.77	1221.68	1087.80	2456.06	1752.02	510.42
宣城市	Xuancheng	18428.04	6956.22	2106.11	1887.31	1108.55	997.70	2231.68	2567.27	573.17
铜陵市	Tongling	21726.25	8632.33	2214.49	1745.48	1399.13	967.00	3275.18	2689.71	802.93
池州市	Chizhou	17022.97	6711.46	2697.75	1602.95	1274.16	316.73	2161.15	2016.22	242.56
安庆市	Anqing	19251.64	8504.90	1884.26	1347.69	986.77	1002.57	2385.42	2400.14	739.90
黄山市	Huangshan	17197.53	5854.93	2139.35	1307.55	1109.84	652.45	3667.20	2044.58	421.64

注：分市收支数据仅是抽样汇总数，非市级发布数。

a) Remit the total balance data is only sampling points in city, the city issued several.

9—18 各市城镇居民家庭平均每百户年末耐用消费品拥有量（2013年）

Number of Major Durable Consumer Goods Owned Per 100 Urban Households at the Year-end by Region (2013)

地 区	Region	摩托车（辆）Motorcycle (unit)	助力车（辆）Strength-aid Cycle (unit)	家用汽车（辆）Automobile (unit)	洗衣机（台）Washing Machine (unit)	电冰箱（台）Refrigerator (unit)	彩色电视机（台）Color TV Set (unit)	家用电脑（台）Computer (unit)	组合音响（套）Combined Acoustics (set)	摄像机（架）Pickup Camera (unit)
全 省	**Proince Indices**	**20.56**	**51.66**	**12.03**	**89.14**	**91.21**	**122.21**	**62.67**	**4.91**	**5.48**
合肥市	Hefei	4.81	41.58	15.13	84.97	89.04	102.31	62.67	5.69	3.69
淮北市	Huaibei	14.28	19.61	13.19	96.29	95.79	119.40	59.79	5.21	5.46
亳州市	Bozhou	12.50	115.09	8.35	101.85	94.40	129.92	58.76	19.36	
宿州市	Suzhou	24.99	69.85	18.02	97.50	87.89	108.40	57.87	3.65	15.23
蚌埠市	Bengbu	10.62	19.84	2.73	95.25	93.18	125.69	65.24	0.35	1.43
阜阳市	Fuyang	10.08	70.97	10.97	91.53	81.06	110.13	37.85	9.93	2.54
淮南市	Huainan	8.52	28.88	5.19	95.63	96.85	130.15	77.04	5.72	6.36
滁州市	Chuzhou	19.76	62.17	16.64	89.80	96.71	135.32	76.25	5.02	1.45
六安市	Luan	40.35	42.94	23.26	83.58	96.96	120.06	70.65	15.66	10.33
马鞍山市	Maanshan	10.57	67.67	22.32	98.77	99.21	150.80	95.62	13.44	12.74
芜湖市	Wuhu	11.29	58.31	30.66	96.07	95.69	140.64	88.56	14.19	8.36
宣城市	Xuancheng	20.62	54.72	27.92	95.60	106.43	152.34	99.09	2.60	9.45
铜陵市	Tongling	8.01	21.88	13.78	94.88	97.09	116.93	69.47	8.33	12.79
池州市	Chizhou	28.42	71.35	22.68	97.40	100.00	102.42	83.14	12.51	2.78
安庆市	Anqing	32.63	73.61	6.55	95.47	99.01	113.82	73.67	9.16	3.64
黄山市	Huangshan	34.98	66.12	22.84	89.78	95.64	115.66	83.70	1.68	5.48

地 区	Region	照相机（架）Camera (unit)	微波炉（台）Microwave Oven (unit)	空调器（台）Air Conditioner (unit)	淋浴热水器（个）Shower (unit)	消毒碗柜（台）Sterilizing Cupboard (unit)	洗碗机（台）Dish Washer (unit)	健身器材（套）Setting-up Apparatus (set)	普通电话（部）Ordinary Telephone (unit)	移动电话（部）Mobile Telephone (unit)
全 省	**Proince Indices**	**29.81**	**56.67**	**128.84**	**89.47**	**4.56**	**0.48**	**2.29**	**52.88**	**186.16**
合肥市	Hefei	33.47	62.86	131.45	88.67	9.22		0.75	38.09	180.28
淮北市	Huaibei	17.21	45.82	127.85	94.11	5.38		1.91	57.91	191.50
亳州市	Bozhou	20.87	37.31	133.34	69.03	2.26		2.26	59.78	219.54
宿州市	Suzhou	23.33	28.82	110.72	86.23	4.84		1.45	52.41	189.51
蚌埠市	Bengbu	16.96	63.81	123.37	94.11	1.45	0.19	3.18	59.63	176.05
阜阳市	Fuyang	17.09	34.62	92.17	64.97	1.47	2.17	1.07	58.50	161.10
淮南市	Huainan	33.09	73.11	142.55	102.01	0.59		3.64	56.03	209.92
滁州市	Chuzhou	30.92	88.36	136.51	100.42			4.99	70.78	225.43
六安市	Luan	56.13	68.86	135.27	96.96	1.52		2.43	73.50	191.36
马鞍山市	Maanshan	56.12	91.98	185.74	107.94	10.29	0.95	5.19	75.81	212.89
芜湖市	Wuhu	52.99	80.63	166.27	99.03	4.63		3.45	66.46	211.21
宣城市	Xuancheng	38.86	60.24	183.60	109.16	9.14	1.04	2.09	47.05	241.00
铜陵市	Tongling	36.30	79.55	145.26	101.61	0.61		1.21	59.28	196.86
池州市	Chizhou	56.04	76.77	194.09	112.89	10.09	2.78	4.99	56.93	194.86
安庆市	Anqing	33.86	80.62	139.08	104.42	7.38	0.68		81.18	183.37
黄山市	Huangshan	36.28	53.44	129.81	96.01	8.95		0.72	53.84	201.99

9—19 城镇居民家庭居住情况
Living Condition of Urban Households

单位：%

项　　目	Item	2000	2005	2010	2012	2013
按房屋产权分	**Grouped by Property of Dwelling**	**100.00**	**100.00**	**100.00**	**100.00**	**100.00**
租赁公房	Rented Public House	16.06	5.44	2.04	2.37	0.95
租赁私房	Rented Private House	2.40	2.34	2.70	3.86	7.86
原有私房	Original Private House		17.67	15.16	13.26	29.84
房改私房	Private House of Housing Reform	72.23	49.72	40.69	33.92	21.09
商品房	Commercial House		22.78	36.20	43.48	37.15
其　他	Others	9.31	2.05	3.21	3.12	3.11
按住宅建筑式样分	**Grouped by the Type of Residential Building**	**100.00**	**100.00**	**100.00**	**100.00**	**100.00**
单栋住宅	Independent House	1.89	3.21	8.76	3.85	16.22
四居室	Four Rooms	1.37	1.45	1.85	2.64	1.82
三居室	Three Rooms	22.29	25.99	29.14	32.55	28.75
二居室	Two Rooms	34.86	42.09	46.24	46.24	36.30
一居室	Single Room	5.71	4.28	3.30	2.43	3.63
普通楼房	Ordinary Stored Building	11.54	8.96	6.39	8.59	1.61
平房及其他	Single-store House and Others	22.34	14.01	4.33	3.69	11.67
按饮水情况分	**Grouped by Water Drinking**		**100.00**	**100.00**	**100.00**	**100.00**
自来水	Tap Water		87.73	97.21	98.54	88.88
矿泉水	Mineral Water		0.24	0.11	0.17	
纯净水	Pure Water		8.30	2.09	0.85	7.35
井、河水	Well Water or River Water		3.73	0.57	0.44	3.27
其　他	Others			0.03		0.50
按用水情况分	**Grouped by Water Usage**		**100.00**	**100.00**	**100.00**	**100.00**
独用自来水	Tap Water for Sole Use	91.60	91.15	99.29	99.48	88.21
公用自来水	Public Tap Water	5.10	1.14	0.11	0.04	0.80
井、河水	Well Water or River Water		7.55	0.38	0.34	
其　他	Others		0.16	0.23	0.15	10.99
按卫生设备分	**Grouped by Sanitary Equipment**	**100.00**	**100.00**	**100.00**	**100.00**	**100.00**
无卫生设施	Without Sanitary Equipment	25.54	12.40	2.78	3.24	3.99
有浴室厕所	With Bathroom and Toilet	52.63	72.46	88.37	93.20	86.45
有厕所无浴室	With Toilet But No Bathroom	19.03	13.78	7.39	3.38	8.06
公　用	Public Sanitary Equipment	2.80	1.36	1.46	0.18	1.26
按取暖设备分	**Grouped by Heater**	**100.00**	**100.00**	**100.00**	**100.00**	**100.00**
无取暖设备	Without Heater	81.38	40.27	23.86	15.05	31.85
空调设备	Air Conditioner	16.03	51.46	72.06	80.73	
暖　气	Heating Installation	1.73	2.25	2.49	2.99	
其　他	Others	0.86	6.02	1.59	1.23	68.15
按炊用燃料使用情况分	**Grouped by Cooking Usage**	**100.00**	**100.00**	**100.00**	**100.00**	**100.00**
管道煤气、天然气	Pipeline petroleum Gas	22.91	22.69	42.56	50.76	43.01
液化石油气	Liquefied Petroleum	48.06	49.95	46.37	43.69	35.94
煤	Coal	28.51	26.83	9.62	3.26	2.73
其　他	Others	0.51	0.53	1.44	2.28	18.32
信息化情况	**Information of the Situation**					
接入互联网移动电话	Access Internet Mobile Phone				23.13	62.53
接入有线电视网络电视机	Access the Cable Network TV				99.34	87.60
接入互联网计算机	Access Internet Computer				58.24	54.36

9—20 农村居民家庭基本情况
Basic Conditions of Rural Households

项目	Item	2000	2005	2010	2012	2013
平均每户常住人口　（人）	**Average Number of Permanent Residents per Household (person)**	**4.18**	**4.08**	**4.03**	**3.85**	**4.39**
平均每户整半劳力　（人）	**Average Number of Able-bodied and Semi-able-bodied Laborers per Household (person)**	**2.76**	**2.83**	**2.89**	**2.71**	**3.02**
平均每个劳动力负担人口（含本人）　（人）	**Average Number of Persons Supported by a Laborer (including the laborer himself of herself) (person)**	**1.51**	**1.45**	**1.39**	**1.42**	**1.45**
平均每人年收入　（元）	**Per Capita Annual Income (yuan)**					
总收入	Total Revenue	2585.56	3669.00	6895.62	9630.25	10349.23
工资性收入	Wages Income	547.83	1010.05	2203.94	3243.47	3733.52
家庭经营收入	Household Business Income	1910.31	2471.25	4145.98	5558.76	5515.01
财产性收入	Property Income	24.70	44.91	141.95	111.81	113.63
转移性收入	Transfer Income	102.71	142.80	403.76	716.21	987.08
现金收入	Cash Income	1901.60	3043.19	5959.79	8505.06	9682.14
工资性收入	Wages Income	547.20	1009.70	2201.62	3237.63	3724.83
家庭经营收入	Household Business Income	1230.52	1872.49	3259.33	4496.13	4861.96
财产性收入	Property Income	23.15	25.88	103.16	82.53	114.12
转移性收入	Transfer Income	100.74	135.12	395.69	688.77	981.23
平均每人年支出　（元）	**Per Capita Annual Expenditures (yuan)**					
总支出	Total Expenditure	2045.56	3360.35	5909.58	8562.63	8134.87
家庭经营费用支出	Expendititure for Household Business	452.22	861.60	1357.76	2026.58	1532.73
购置生产性固定资产	Purchasing Productive Fixed Assets	53.66	108.86	150.57	250.54	321.30
税费支出	Expendititure for Tax and Fee	93.28	14.61	7.98	4.36	0.03
生活消费支出	Expendititure for Consumption	1321.50	2196.23	4013.31	5555.99	5724.54
转移性支出	Expendititure for Transfer	112.63	176.46	355.43	712.28	554.12
财产性支出	Expendititure for Property	12.26	2.59	24.53	3.28	1.25
现金支出	Cash Expenditure	1614.69	2887.90	5377.42	8094.96	7704.67
家庭经营费用支出	Expendititure for Household Business	395.44	788.56	1297.79	1971.07	1482.17
购置生产性固定资产	Purchasing Productive Fixed Assets	53.66	108.86	150.57	250.54	321.30
税费支出	Expendititure for Tax and Fee	91.65	14.52	7.98	4.36	0.03
生活消费支出	Expendititure for Consumption	954.93	1797.66	3541.90	5153.76	5344.91
转移性支出	Expendititure for Transfer	112.30	175.72	354.65	702.35	554.12
财产性支出	Expendititure for Property	6.69	2.59	24.53	3.28	1.25
平均每人年纯收入　（元）	**Per Capita Annual Net Income (yuan)**	**1934.57**	**2640.96**	**5285.17**	**7160.46**	**8097.86**
工资性收入	Wages Income	547.83	1010.05	2203.94	3243.47	3733.52
家庭经营纯收入	Household Business Income	1298.40	1499.25	2626.42	3265.64	3681.43
转移性纯收入	Transfer Income	63.64	86.75	312.86	539.54	113.63
财产性纯收入	Property Income	24.70	44.91	141.95	111.81	569.29

9—21 主要年份按来源分农村居民家庭人均纯收入
Per Capita Net Income of Rural Households Grouped by Source in Major Years

单位：元（yuan）

年 份 Year	纯收入 Net Income	工资性收入 Income from Wages and Salaries	家庭经营纯收入 Income from Household Operations	财产性收入 Income from Properties	转移性收入 Income from Transfers
2000	1934.6	547.8	1298.4	24.7	63.6
2005	2641.0	1010.1	1499.3	44.9	86.8
2006	2969.1	1184.1	1617.8	52.8	114.4
2007	3556.3	1470.1	1820.9	102.0	163.4
2008	4202.5	1737.8	2114.2	119.0	231.4
2009	4504.3	1882.4	2238.6	117.0	266.3
2010	5285.2	2203.9	2626.4	142.0	312.9
2011	6232.2	2723.2	2986.1	106.0	417.0
2012	7160.5	3243.5	3265.6	111.8	539.5
2013	8097.9	3733.5	3681.4	113.6	569.3

9—22 各市按来源分农村居民家庭人均纯收入（2013年）
Per Capita Net Income of Rural Households Grouped by Source by Region (2013)

单位：元（yuan）

地 区	Region	纯收入 Net Income	工资性收入 Income from Wages and Salaries	家庭经营纯收入 Income from Household Operations	财产性收入 Income from Properties	转移性收入 Income from Transfers
合肥市	Hefei	10352.05	5599.17	3788.94	358.14	605.80
淮北市	Huaibei	8239.94	4780.59	2892.14	216.41	350.80
亳州市	Bozhou	7456.27	3656.10	3137.33	244.43	418.42
宿州市	Suzhou	7571.04	3873.39	2779.26	393.28	525.11
蚌埠市	Bengbu	8741.01	3808.93	4271.48	120.81	539.80
阜阳市	Fuyang	6763.36	3220.66	2679.65	235.81	627.25
淮南市	Huainan	8868.70	4478.50	3333.30	381.70	675.20
滁州市	Chuzhou	9182.60	4178.60	4039.37	371.43	593.20
六安市	Luan	7430.60	3523.08	3189.88	186.77	530.88
马鞍山市	Maanshan	12340.22	7208.10	4131.13	306.34	694.65
芜湖市	Wuhu	10962.29	6046.74	3938.89	365.69	610.97
宣城市	Xuancheng	10247.03	5366.47	4103.01	187.86	589.69
铜陵市	Tongling	11186.66	7121.83	3105.92	390.11	568.80
池州市	Chizhou	9080.00	5253.00	3260.00	121.00	446.00
安庆市	Anqing	7748.38	4534.00	2301.77	166.31	746.30
黄山市	Huangshan	10389.18	5335.00	4212.94	220.08	621.16

9—23 农村居民人均收支情况
Per Capita Cash Income and Expenditure of Rural Residents

单位：元（yuan）

项目	Item	2000	2005	2010	2012	2013
总收入	**Total Income**	**2585.56**	**3669.00**	**6895.62**	**9630.25**	**10349.23**
工资性收入	Wage Income	547.83	1010.05	2203.94	3243.47	3733.52
家庭经营收入	Income From Household Business	1910.31	2471.25	4145.98	5558.76	5515.01
财产性收入	Property Income	24.70	44.91	141.95	111.81	113.63
转移性收入	Transfer Income	102.71	142.80	403.76	716.21	987.08
纯收入	**Net Income**	**1934.57**	**2640.96**	**5285.17**	**7160.46**	**8097.86**
按纯收入来源分	**By Source of Income**					
工资性收入	Wage Income	547.83	1010.05	2203.94	3243.47	3733.52
家庭经营收入	Income From Household Business	1298.40	1499.25	2626.42	3265.64	3681.43
财产性收入	Property Income	24.70	44.91	141.95	111.81	113.63
转移性收入	Transfer Income	63.64	86.75	312.86	539.54	569.29
按收入性质分	**By Type of Income**					
生产性纯收入	Productive Income	1819.54	2484.81	4787.31	6470.60	7302.00
非生产性纯收入	Non-productive Income	115.03	156.15	497.86	689.86	795.86
期内现金收入合计	**Total Income During the Period**	**1901.60**	**3043.19**	**5959.79**	**8505.06**	**9682.14**
工资性收入	Wage Income	547.20	1009.70	2201.62	3237.63	3724.83
家庭经营收入	Income From Household Business	1230.52	1872.49	3259.33	4496.13	4861.96
财产性收入	Property Income	23.15	25.88	103.16	82.53	114.12
转移性收入	Transfer Income	100.74	135.12	395.69	688.77	981.23
非收入所得	**Got Except Income**	**259.57**	**402.05**	**781.43**	**1312.30**	**2139.56**
期内现金支出合计	**Total Cash Expenditure in the Period**	**1614.69**	**2887.90**	**5377.42**	**8094.96**	**7704.67**
生产费用支出	Productive Expenditures	449.11	897.41	1448.36	2231.20	1804.36
家庭经营费用支出	Expenditures for Household Business	395.44	788.56	1297.79	1971.07	1482.17
购置生产性固定资产支出	Purchasing Productive Fixed Assets	53.66	108.21	150.57	250.54	321.30
税费支出	Tax Paid	91.65	14.52	7.98	4.36	0.03
生活消费支出	Consumption Expenditure	954.93	1797.66	3541.90	5153.76	5344.91
财产性支出	Property Expenditure	6.69	2.59	24.53	3.28	1.25
转移性支出	Transfer Expenditure	112.30	175.72	354.65	702.35	554.12
非消费性现金支出	**Non-consumption Expenditure**	**196.45**	**440.99**	**800.54**	**1270.01**	**2039.67**

9—24 农村居民家庭平均每人生活消费支出
Per Capita Living Expenditure of Rural Households

单位：元（yuan）

项　　目	Item	2000	2005	2010	2012	2013
生活消费支出	**Living Expenditure**	**1321.50**	**2196.23**	**4013.31**	**5555.99**	**5724.54**
按消费类别分	**By Category of Consumption**					
食　品	Food	693.15	999.79	1632.96	2180.80	2269.67
衣　着	Clothing	71.16	117.41	232.20	331.94	335.19
居　住	Residence	196.85	344.86	867.51	1139.78	1138.93
家庭设备用品及服务	Household Facilities, Articles and Services	57.58	106.36	231.23	346.90	390.42
医疗保健	Medicines and Medical Services	58.05	133.68	264.39	510.06	551.72
交通通讯	Transportation and Communications	58.44	196.72	338.99	516.60	540.94
文教娱乐用品及服务	Cultural, Educational and Recreational Articles and Services	145.46	256.80	363.92	385.92	376.66
其他商品及服务	Other Commodities and Services	40.81	40.61	82.11	144.00	121.03
按消费性质分	**By Source of Consumption**					
货币性消费	**Consumption Paid in Money**	**954.93**	**1797.66**	**3541.90**	**5153.76**	**5344.91**
食　品	Food	362.25	638.93	1215.05	1836.79	1970.48
衣　着	Clothing	70.76	117.21	232.13	331.77	332.77
居　住	Residence	161.58	310.20	814.16	1081.74	1064.30
家庭设备用品及服务	Household Facilities, Articles and Services	57.58	103.63	231.15	346.90	388.03
医疗保健	Medicines and Medical Services	58.05	133.68	264.39	510.06	551.67
交通通讯	Transportation and Communications	58.44	196.72	338.99	516.60	540.75
文教娱乐用品及服务	Cultural, Educational and Recreational Articles and Services	145.46	256.80	363.92	385.92	376.36
其他商品及服务	Other Commodities and Services	40.81	40.49	82.11	144.00	120.54
实物性消费	**Consumption in Kind**	**366.57**	**398.57**	**471.41**	**402.23**	**379.63**
食　品	Food	330.90	360.86	417.91	344.01	299.18
衣　着	Clothing	0.40	0.20	0.07	0.18	2.42
居　住	Residence	35.27	34.66	53.35	58.04	74.62

9—25 农村居民家庭平均每人生活消费支出构成
Composition of per Capita Living Expenditure of Rural Households

单位：%

项　　目	Item	2000	2005	2010	2012	2013
生活消费支出	**Living Expenditure**	**100.00**	**100.00**	**100.00**	**100.00**	**100.00**
按消费类别分	**By Category of Consumption**					
食　品	Food	52.45	45.52	40.70	39.25	39.65
衣　着	Clothing	5.38	5.35	5.78	5.97	5.86
居　住	Residence	14.90	15.70	21.62	20.51	19.90
家庭设备用品及服务	Household Facilities, Articles and Services	4.36	4.84	5.76	6.24	6.82
医疗保健	Medicines and Medical Services	4.39	6.09	6.58	9.18	9.64
交通通讯	Transportation and Communications	4.42	8.96	8.45	9.30	9.45
文教娱乐用品及服务	Cultural, Educational and Recreational Articles and Services	11.01	11.69	9.07	6.95	6.58
其他商品及服务	Other Commodities and Services	3.09	1.85	2.04	2.59	2.11
按消费性质分	**By Source of Consumption**					
货币性消费	**Consumption Paid in Money**	**100.00**	**100.00**	**100.00**	**100.00**	**100.00**
食　品	Food	37.93	35.54	34.31	35.64	36.87
衣　着	Clothing	7.41	6.52	6.55	6.44	6.23
居　住	Residence	16.92	17.26	22.99	20.99	19.91
家庭设备用品及服务	Household Facilities, Articles and Services	6.03	5.76	6.53	6.73	7.26
医疗保健	Medicines and Medical Services	6.08	7.44	7.46	9.90	10.32
交通通讯	Transportation and Communications	6.12	10.94	9.57	10.02	10.12
文教娱乐用品及服务	Cultural, Educational and Recreational Articles and Services	15.23	14.29	10.27	7.49	7.04
其他商品及服务	Other Commodities and Services	4.27	2.25	2.32	2.79	2.26
实物性消费	**Consumption in Kind**	**100.00**	**100.00**	**100.00**	**100.00**	**100.00**
食　品	Food	90.27	90.54	88.65	85.53	78.81
衣　着	Clothing	0.11	0.05	0.01	0.04	0.64
居　住	Residence	9.62	8.70	11.32	14.43	19.66

9—26 农村居民家庭平均每人主要消费品消费量
Per Capita Consumption of Major Consumer Goods in Rural Households

品 名		Item		2000	2005	2010	2012	2013
粮食（原粮）	（公斤）	Grain (Unprocessed)	(kg)	270.24	214.68	174.75	151.43	142.84
#细 粮		Wheat and Rice		255.78	203.18	165.18	142.73	129.48
蔬 菜	（公斤）	Fresh Vegetables	(kg)	80.28	78.70	77.27	68.98	61.36
食 油	（公斤）	Edible Oil	(kg)	7.66	6.31	6.46	8.08	7.51
猪牛羊肉	（公斤）	Pork, Beef and Mutton	(kg)	9.51	10.70	10.15	11.60	12.52
家 禽	（公斤）	Poultry	(kg)	3.57	4.64	4.76	6.05	7.40
蛋及制品	（公斤）	Eggs and Related Products	(kg)	5.56	4.69	5.85	7.23	6.67
鱼 虾	（公斤）	Fish and Shrimp	(kg)	3.50	5.00	5.33	5.95	6.30
食 糖	（公斤）	Sugar	(kg)	1.59	1.16	0.89	4.36	0.87
酒	（公斤）	Liquor	(kg)	9.99	12.72	12.02	12.24	12.23

9—27 农村居民家庭平均每百户年底耐用消费品拥有量
Number of Durable Consumer Goods Owned per 100 Rural Households at the Year-end

品 名		Item		2000	2005	2010	2012	2013
洗衣机	（台）	Washing Machine	(set)	14.74	32.71	56.52	60.06	71.13
电冰箱	（台）	Refrigerator	(set)	8.16	21.71	63.26	79.77	84.26
空调机	（台）	Air Conditioner	(set)			26.16	38.26	43.87
抽油烟机	（台）	Exhaust Fan	(set)			7.19	9.61	7.29
自行车	（辆）	Bicycle	(unit)	127.42	114.32	101.35	85.58	55.66
摩托车	（辆）	Motorcycle	(unit)	8.65	34.65	55.61	52.74	56.80
生活用汽车	（辆）	Automobile	(unit)				2.29	8.04
电话机	（部）	Telephone	(set)		72.84	68.10	53.61	38.69
移动电话	（部）	Mobile Telephone	(set)		50.23	136.90	174.77	181.08
彩色电视机	（台）	Color TV Set	(set)	39.29	84.65	112.13	116.16	117.24
照相机	（台）	Camera	(set)	2.03	3.06	3.71	2.16	3.09
家用计算机	（台）	Computer	(set)			7.94	13.87	15.57
热水器	（台）	Shower	(unit)	0.94	8.26	43.87	56.61	59.86

9—28 各市农村居民家庭平均每百户年底耐用消费品拥有量（2013年）

Number of Durable Consumer Goods Owned per 100 Rural Households at the Year-end by Region (2013)

地 区	Region	洗衣机（台）Washing Machine (set)	电冰箱（台）Refrigerator (set)	空调机（台）Air Conditioner (set)	抽油烟机（台）Exhaust Fan (set)	自行车（辆）Bicycle (unit)	摩托车（辆）Motorcycle (unit)	生活用汽车（辆）Automobile (unit)
合肥市	Hefei	61.61	93.93	68.28	18.20	87.14	36.05	7.31
淮北市	Huaibei	95.46	90.17	47.49	10.09	135.90	60.95	8.85
亳州市	Bozhou	93.44	60.66	19.18	1.47	129.59	54.80	4.24
宿州市	Suzhou	94.34	77.23	31.24	2.36	133.62	56.64	5.80
蚌埠市	Bengbu	98.47	91.39	60.12	12.37	114.47	62.76	2.35
阜阳市	Fuyang	80.00	57.30	21.42	1.59	125.05	45.98	2.34
淮南市	Huainan	98.35	96.86	83.92	25.89	98.50	56.46	5.52
滁州市	Chuzhou	90.60	98.16	71.84	19.26	79.13	74.06	5.00
六安市	Luan	49.23	84.94	39.25	11.36	74.48	61.41	6.42
马鞍山市	Maanshan	78.06	97.13	94.41	29.42	115.88	42.88	6.36
芜湖市	Wuhu	65.88	97.53	97.37	39.05	104.40	30.26	9.05
宣城市	Xuancheng	59.00	98.47	77.21	37.48	81.50	57.03	8.64
铜陵市	Tongling	55.64	95.60	92.69	28.46	62.84	40.54	3.93
池州市	Chizhou	33.29	95.47	69.41	27.65	76.24	83.12	7.53
安庆市	Anqing	29.09	70.86	47.27	15.99	67.54	49.88	5.22
黄山市	Huangshan	38.60	80.64	33.07	17.74	104.42	54.65	6.92

地 区	Region	电话机（部）Telephone (set)	移动电话（部）Mobile Telephone (set)	黑白电视机（台）Black and White TV Set (set)	彩色电视机（台）Color TV Set (set)	照相机（台）Camera (set)	家用计算机（台）Computer (set)
合肥市	Hefei	55.63	197.16	7.09	124.93	7.25	20.43
淮北市	Huaibei	41.84	204.18	6.25	124.69	9.37	27.65
亳州市	Bozhou	43.39	151.86	3.11	110.03	2.58	11.63
宿州市	Suzhou	35.19	191.47	4.77	118.78	2.79	11.94
蚌埠市	Bengbu	49.78	193.68	4.07	132.30	5.22	19.25
阜阳市	Fuyang	43.55	130.41	5.76	106.25	2.69	6.79
淮南市	Huainan	42.83	192.43	3.98	131.99	7.10	25.76
滁州市	Chuzhou	39.07	222.77	4.19	136.95	3.97	22.90
六安市	Luan	54.39	167.88	9.04	116.71	3.35	10.34
马鞍山市	Maanshan	63.79	209.02	3.92	138.29	8.21	34.64
芜湖市	Wuhu	47.71	212.39	6.46	136.42	9.01	28.78
宣城市	Xuancheng	58.95	233.56	3.60	138.67	8.53	29.37
铜陵市	Tongling	53.38	217.42	5.26	123.68	5.54	38.70
池州市	Chizhou	70.18	215.47	4.47	123.88	7.71	24.65
安庆市	Anqing	89.07	156.22	16.23	110.02	5.65	15.88
黄山市	Huangshan	77.02	187.03	7.98	132.85	6.43	22.32

9—29 农村居民人均粮食收支情况

Per Capita Grain Received and Expenditure of Rural Residents

单位：公斤（kg）

项　目	Item	2000	2005	2010	2012	2013
年内粮食收入合计	**Total Grain Received in the Year**	**808.17**	**831.05**	**1127.41**	**1276.95**	**1249.38**
家庭经营生产的	Produced From Household Operation	737.33	779.92	1035.35	1145.80	1132.87
购　入	Purchased	69.71	50.78	86.33	126.33	116.51
#从集市上购入	From Country Fair					
借　入	Borrowed	0.31	0.06	2.08	0.21	
收回借出粮	Recall of Loaned Grain	0.36	0.02	2.96	4.10	
其他粮食收入	Other Grain Income	0.45	0.27	0.69	0.50	
年内粮食支出合计	**Total Expenditure**	**712.37**	**729.93**	**923.67**	**1000.39**	**1132.59**
主食用粮	Staple Food	270.24	214.68	174.75	151.43	142.84
#稻　谷	Rice	171.81			98.61	76.99
小　麦	Wheat	83.97			44.12	52.49
其他生活用粮	Other Living Expense of Grain	0.94	0.58	0.57		
出　售	Sold	319.00	445.13	679.78	763.35	913.00
种　籽	Seeds	12.96	15.72	24.27	22.84	25.62
饲　料	Forage	103.11	53.34	44.21	62.27	51.13
借　出	Loaned Grain	1.64	0.11			
归还借粮	Returning Borrowed Grain	0.72	0.09			
其他粮食支出	Other Expenditure From Grain	1.59	0.27	0.08	0.49	
补充资料：生产加工用粮	Grain for Processing	1.19				
#食品加工用粮	For Food	0.44				
饲料加工用粮	For Feed	0.67				

9—30 农村家庭房屋使用情况
Housing Conditions of Rural Households

项　目	Item		2000	2005	2010	2012	2013
本年新建（购）房屋	**Rooms Newly Built Within the Year**						
面　积　（平方米/人）	Per Capita Floor Space of Houses	(sq.m/person)	0.91	1.03	1.12	1.22	1.54
#砖木结构	Brick and Wood Structure		0.26	0.19	0.09	0.10	
钢筋混凝土结构	Reinforced Concrete Structure		0.60	0.84	1.02	1.11	
每平方米价值　（元）	Value per Square Meter	(yuan)	227.86	373.88	681.37	776.62	3542.25
楼房面积　（平方米/人）	Per Capita Floor Space of Multi-floor Buildings	(sq.m/person)	0.60	0.87	1.03	1.09	
年末使用房屋	**Rooms Used at the Year-end**						
居住面积　（平方米/人）	Per Capita Floor Space	(sq.m/person)	22.16	27.02	35.03	35.88	32.24
#砖木结构	Brick and Wood Structure		12.80	14.04	12.83	13.01	6.79
钢筋混凝土结构	Reinforced Concrete Structure		7.72	12.37	18.77	21.83	24.62

9—31 农村居民人均居住情况
Living Condition of Rural Residents

单位：平方米（(sq.m）

项　目	Item		2010	2011	2012	2013
期末住房情况	**Housing Conditions End of this Term**					
住房面积	Living Area		32.05	35.03	35.88	32.24
住房价值　（元）	Housing Value	(yuan/sq.m)	12365.59	20923.07	23796.74	25535.96
住房类型	Housing Type					
楼房面积	Building of Two or More Storey Area		18.94	21.63	23.17	20.45
砖瓦平房面积	Bricks and Tiles Collage Area		12.51	12.51	11.93	10.59
其　他	Other		0.60	0.46	0.34	0.51
住房结构	Housing Structure					
钢筋混凝土结构面积	Reinforced Concrete Structure Housing Area		18.77	20.13	21.83	24.62
砖木结构面积	Bricks and Woods Structure Housing Area		12.83	13.95	13.01	6.79
其　他	Other		0.44	0.52	0.33	0.14
期内新建（购）住房情况	**Newly Built (Bought) Housing Situation This Term**					
新建（购）住房面积	Housing Area		1.12	1.33	1.22	1.54
新建（购）住房价值　（元）	Housing Value	(yuan)	762.97	1077.78	947.48	
新建（购）住房类型	Housing Style					
楼房面积	Building of Two or More Storey Area		1.03	1.21	1.09	
砖瓦平房面积	Bricks and Tiles Collage Area		0.09	0.12	0.12	
新建（购）住房结构	Newly built (Bought) Housing Structure					
钢筋混凝土结构面积	Reinforced Concrete Structure Housing Area		1.02	1.15	1.11	
砖木结构面积	Bricks and Woods Structure Housing Area		0.09	0.17	0.10	
期内新建（购）房屋资金来源	Fund Source of Newly Built Bought) Housing This Term					
自　筹　（元）	Self-financing	(yuan)	784.85	572.37	94.13	912.12
银行、信用社贷款　（元）	Loan from Bank and Credit Cooperative	(yuan)	20.40	48.92	839.56	135.71
其　他　（元）	Other	(yuan)	144.00	114.72	120.43	247.46

9—32 各市农村居民人均现金收入情况
Per Capita Income in Cash of Rural Households by Region

单位：元（yuan）

地 区	Region	2000	2005	2010	2012	2013
合肥市	Hefei	1981.94	3322.71	7063.07	8938.66	10430.33
淮北市	Huaibei	2331.63	3274.88	6108.99	7711.14	8175.23
亳州市	Bozhou	2289.60	3118.08	5413.95	7537.23	8176.11
宿州市	Suzhou	1987.23	2506.18	6037.39	7998.63	9100.55
蚌埠市	Bengbu	2329.05	3102.48	6226.47	8339.82	10421.75
阜阳市	Fuyang	2080.14	2611.10	4791.96	7009.35	8479.66
淮南市	Huainan	3186.96	3578.14	6439.77	8654.38	9393.74
滁州市	Chuzhou	2131.99	3047.04	6811.03	9728.93	11269.27
六安市	Luan	1716.47	2217.58	4823.54	7149.01	8239.58
马鞍山市	Maanshan	3098.44	5017.12	10473.38	11579.45	13073.42
芜湖市	Wuhu	2846.81	4235.57	8261.67	10600.72	12082.01
宣城市	Xuancheng	2086.29	3130.56	7230.20	9902.52	11239.66
铜陵市	Tongling	2802.74	3445.25	7786.18	10536.03	11830.25
池州市	Chizhou	2147.17	2994.06	6067.54	8753.33	10116.24
安庆市	Anqing	1816.93	2685.82	5276.46	7850.03	9233.01
黄山市	Huangshan	2117.47	2868.42	6896.13	9017.47	10247.19

9—33 各市农村居民人均现金支出情况
Per Capita Expenditure in Cash of Rural Households by Region

单位：元（yuan）

地 区	Region	2000	2005	2010	2012	2013
合肥市	Hefei	1442.25	2912.22	5134.15	6332.44	7200.78
淮北市	Huaibei	1644.72	2412.62	5564.33	6788.06	8423.72
亳州市	Bozhou	1605.84	2391.38	4478.39	6447.36	6810.83
宿州市	Suzhou	1459.43	2006.64	4739.26	6531.49	7473.85
蚌埠市	Bengbu	1698.30	2655.90	5139.39	6854.29	7508.19
阜阳市	Fuyang	1378.59	2121.57	3996.69	5729.32	6155.14
淮南市	Huainan	2052.62	2770.82	4898.68	7856.90	8062.33
滁州市	Chuzhou	1515.29	2365.21	5843.40	8656.37	9618.03
六安市	Luan	1247.34	1965.96	4467.93	6242.03	6548.64
马鞍山市	Maanshan	2034.54	4254.36	8164.55	8860.08	9502.70
芜湖市	Wuhu	1949.46	3131.96	6503.96	7924.97	9003.03
宣城市	Xuancheng	1673.42	2872.09	5877.99	8486.37	10034.37
铜陵市	Tongling	2063.78	2820.57	6653.73	8616.10	8978.79
池州市	Chizhou	1609.52	2682.19	4917.35	7500.04	8238.97
安庆市	Anqing	1271.68	2433.17	3765.59	6039.79	6654.77
黄山市	Huangshan	1541.60	2450.08	5014.58	6108.53	7223.67

9—34 各市、县农村居民人均现金收支情况（2013年）
Per Capita Income and Expenditure in Cash of Rural Households by County or City (2013)

单位：元（yuan）

市、县	County、city	期内现金收入合计 Total Cash Income in the Period	工资性收入 Wage Income	家庭经营现金收入 Cash Income From Household Business	#出售产品的现金 From Selling Products	批发零售贸易、住宿和餐饮业现金收入 Wholesale Retail Sales Trade, Lodging and Catering Cash Income	财产性收入 Property Income	转移性收入 Transfer Income
合肥市	**Hefei**	**10430.33**	**4841.83**	**4524.88**	**3310.63**	**173.40**	**300.83**	**762.79**
瑶海区	Yaohai District	12454.36	10403.89	734.43		25.74	712.77	603.27
庐阳区	Luyang District	16035.37	11606.97	2684.32	83.85	1153.68	1141.43	602.65
蜀山区	Shushan District	15573.56	11325.49	1092.37	11.26		2180.01	975.69
包河区	Baohe District	12971.98	9643.40	1139.76	893.70		1027.61	1161.21
长丰县	Changfeng	10197.34	4089.94	5296.61	4105.95	121.94	216.44	594.35
肥东县	Feidong	11816.99	6910.12	4201.77	3086.25	179.85	156.68	548.41
肥西县	Feixi	12405.69	6066.00	5299.12	4700.99	81.83	488.56	552.02
庐江县	Lujiang	9801.90	4608.95	4064.19	2746.64	198.91	245.23	883.52
巢湖市	Chaohu	9457.81	4342.93	4284.33	2593.94	304.82	75.21	755.33
淮北市	**Huaibei**	**8175.23**	**4770.04**	**2834.94**	**1782.08**	**255.50**	**173.31**	**396.94**
杜集区	Duji District	9975.92	6380.79	2728.40	781.07	920.27	119.15	747.59
相山区	Xiangshan District	9133.70	5056.64	3263.25	1849.22	670.05	243.97	569.84
烈山区	Lieshan District	8105.67	5979.03	1455.04	1455.04		494.44	177.15
濉溪县	Suixi	7806.26	4187.36	3142.37	2026.17	168.24	102.23	374.30
亳州市	**Bozhou**	**8176.11**	**3656.23**	**3909.84**	**3305.11**	**138.59**	**123.98**	**486.07**
谯城区	Qiaocheng District	8493.87	4337.00	3714.73	3229.87	213.85	106.36	335.78
涡阳县	Guoyang	8548.96	3759.00	3989.05	3072.75	135.03	240.92	559.99
蒙城县	Mengcheng	9354.94	3695.00	4954.42	4331.03	150.70	108.30	597.22
利辛县	Lixin	6559.47	2901.00	3158.07	2761.51	63.20	39.31	461.09
宿州市	**Suzhou**	**9100.55**	**3724.69**	**4612.56**	**3621.94**	**234.94**	**180.69**	**582.61**
埇桥区	Yongqiao District	9389.82	3435.52	4336.89	3750.10	103.62	508.11	1109.30
砀山县	Dangshan	8526.51	3380.35	4776.24	4286.38	271.68	17.52	352.41
萧县	Xiaoxian	9101.29	4151.20	4359.48	3272.86	88.70	107.00	483.60
灵璧县	Lingbi	8900.39	3618.00	4857.15	3302.14	400.30	21.55	403.69
泗县	Sixian	9343.93	4058.26	4837.28	3682.17	381.93	135.22	313.18
蚌埠市	**Bengbu**	**10421.75**	**3808.52**	**5914.58**	**4621.95**	**298.14**	**112.13**	**586.52**
龙子湖区	Longzihu District	10233.64	4183.50	5742.06	2072.07	2111.56	70.18	237.90
蚌山区	Bangshan District	8677.43	5029.24	3070.07	1881.74		118.61	459.50
禹会区	Yuhui District	10235.88	6168.08	3735.89	1945.00	814.20	80.10	251.81
淮上区	Huaishang District	9657.53	5479.90	3629.81	2741.09	302.57	174.76	373.07
怀远县	Huaiyuan	10380.39	3974.30	5781.07	4564.79	356.81	100.25	524.78
五河县	Wuhe	9760.87	3484.81	5577.07	3885.87	130.63	48.33	650.66
固镇县	Guzhen	11691.49	2913.00	7774.19	7016.03	104.44	203.98	800.31
阜阳市	**Fuyang**	**8479.66**	**3220.66**	**4439.98**	**3236.00**	**268.84**	**126.34**	**692.68**
颍州区	Yingzhou District	9852.20	4085.35	4912.75	2883.79	446.35	261.46	592.63
颍东区	Yingdong District	7321.40	2950.00	3711.77	2860.36	261.99	65.59	594.03
颍泉区	Yingquan District	9689.21	4239.00	4738.10	3712.22	381.26	192.23	519.88
临泉县	Linquan	7572.14	2362.22	4501.78	3812.43	134.42	13.84	694.30

9—34 续表1 continued

单位：元（yuan）

市、县	County、city	期内现金收入合计 Total Cash Income in the Period	工资性收入 Wage Income	家庭经营现金收入 Cash Income From Household Business	#出售产品的现金 From Selling Products	批发零售贸易、住宿和餐饮业现金收入 Wholesale Retail Sales Trade, Lodging and Catering Cash Income	财产性收入 Property Income	转移性收入 Transfer Income
太和县	Taihe	9185.17	4160.68	4327.33	2619.02	643.63	99.69	597.47
阜南县	Funan	6948.99	2680.00	3671.40	2796.92	84.92	58.78	538.81
颍上县	Yingshang	9154.81	2844.35	4891.46	3198.81	118.32	375.74	1043.26
界首市	Jieshou	10757.40	4549.91	5381.20	4168.21	368.71	42.57	783.73
淮南市	**Huainan**	**9393.74**	**4438.87**	**3923.45**	**1894.34**	**502.60**	**313.62**	**717.80**
大通区	Datong District	8627.00	3115.00	4861.00	1569.14	373.39	92.00	559.00
田家庵区	Tianjiaan District	11268.69	6062.00	4534.88	1694.17	1289.73	397.79	274.01
谢家集区	Xiejiaji District	10649.38	6313.00	3694.98	2131.83	425.20	143.79	497.61
八公山区	Bagongshan District	11562.88	8439.02	2160.08	303.21	20.95	222.11	741.67
潘集区	Panji District	9159.37	3995.01	4026.68	2547.50	578.11	364.18	773.49
凤台县	Fengtai	9561.98	4267.73	4083.99	1434.29	434.23	332.42	877.85
毛集区	Maoji Distrct	9002.27	3584.48	4385.83	2650.70		388.53	643.43
滁州市	**Chuzhou**	**11269.27**	**4153.28**	**6183.55**	**5374.47**	**167.99**	**253.45**	**678.99**
琅琊区	Langya District	12356.48	5915.57	5044.39	4764.43	119.18	515.15	881.37
南谯区	Nanqiao District	9255.04	3755.36	4558.22	3639.69	133.75	356.17	585.29
来安县	Laian	12766.34	4975.01	6814.32	6082.39	266.90	269.96	707.04
全椒县	Quanjiao	10800.37	3701.36	5961.84	5526.44	102.73	381.59	755.57
定远县	Dingyuan	11205.23	2226.92	8385.38	7651.74	159.42	76.74	516.18
凤阳县	Fengyang	10317.79	3709.50	5435.99	3851.92	270.28	236.61	935.69
天长市	Tianchang	13099.54	8009.50	4035.01	3887.02	6.61	416.40	638.63
明光市	Mingguang	10624.84	3611.58	6156.99	5253.74	199.75	243.20	613.07
六安市	**Luan**	**8239.58**	**3550.67**	**3992.45**	**2829.00**	**192.51**	**138.71**	**557.74**
金安区	Jinan District	7438.91	3336.66	3277.87	2345.40	40.45	181.23	643.15
裕安区	Yuan District	6492.95	3349.72	2638.78	1341.97	235.93	26.43	478.02
寿县	Shouxian	9101.03	3589.70	4954.81	4698.22	15.26	243.02	313.51
霍邱县	Huoqiu	8639.28	4577.60	3480.83	3003.34	34.10	22.31	558.54
舒城县	Shucheng	8737.61	2227.93	5448.20	2252.79	729.18	266.28	795.21
金寨县	Jinzhai	7995.73	2903.08	4368.70	2445.60	285.44	15.34	708.61
霍山县	Huoshan	8684.86	3422.32	4146.80	2744.74	326.28	423.50	692.24
叶集区	Yeji District	8101.05	5422.59	2187.30	1015.80	58.61	17.87	473.28
马鞍山市	**Maanshan**	**13073.42**	**7190.17**	**4767.10**	**4590.01**	**459.81**	**218.93**	**897.22**
花山区	Huashan District	16188.39	8594.07	5349.27	3573.61	990.30	928.58	1316.47
雨山区	Yushan District	15213.13	11982.44	2508.98	1580.93	41.70	106.64	615.07
博望区	Bowang District	16926.18	8333.79	7147.45	4916.40	517.56	246.81	1198.13
当涂县	Dangtu	13893.54	8975.72	4390.01	5280.38	542.85	204.75	323.06
含山县	Hanshan	10935.38	6266.94	4087.64	2425.05	899.80	64.26	516.54
和县	Hexian	12487.00	5127.88	6322.18	6136.87	20.50	224.37	812.57
芜湖市	**Wuhu**	**12082.01**	**5901.68**	**5153.77**	**2972.48**	**639.60**	**297.89**	**728.68**
镜湖区	Jinghu District	14112.86	8914.69	3888.09	1694.35	936.67	196.51	1113.57
弋江区	Yijiang District	13880.08	8399.46	4805.28	620.22	28.17	94.05	581.28
鸠江区	Jiujiang District	14335.28	6807.27	7076.43	5438.13	188.88	74.68	376.90
三山区	Sanshan District	12625.96	6323.36	5401.18	3451.60	951.85	113.74	787.69

9—34 续表2 continued

单位：元（yuan）

市、县	County、city	期内现金收入合计 Total Cash Income in the Period	工资性收入 Wage Income	家庭经营现金收入 Cash Income From Household Business	#出售产品的现金 From Selling Products	批发零售贸易、住宿和餐饮业现金收入 Wholesale Retail Sales Trade, Lodging and Catering Cash Income	财产性收入 Property Income	转移性收入 Transfer Income
芜湖县	Wuhu	12262.27	7137.58	3874.77	1826.91	609.09	345.46	904.45
繁昌县	Fanchang	12793.31	7829.02	3959.60	956.91	584.69	310.03	694.67
南陵县	Nanling	13494.33	7379.06	4800.05	3268.27	237.25	388.21	927.02
无为县	Wuwei	10585.97	3754.90	5936.65	3694.26	910.40	303.14	591.27
宣城市	**Xuancheng**	**11239.66**	**5232.08**	**5098.87**	**3560.28**	**369.36**	**180.46**	**728.26**
宣州区	Xuanzhou District	13607.17	4925.36	7721.46	5453.33	422.07	269.50	690.85
郎溪县	Langxi	9700.37	5701.98	3607.22	2806.58	268.23	60.15	331.03
广德县	Guangde	13093.22	6264.05	5531.37	2968.61	133.71	471.29	826.52
泾县	Jingxian	9297.95	4710.09	3777.00	2647.06	259.10	106.12	704.74
绩溪县	Jixi	9908.25	4086.32	4507.84	3547.76	120.60	174.61	1139.48
旌德县	Jingde	8739.80	4288.56	3362.63	1089.18	311.49	206.52	882.09
宁国市	Ningguo	12995.29	7874.81	4035.88	2541.82	550.00	542.00	542.61
铜陵市	**Tongling**	**11830.25**	**7120.43**	**3546.93**	**1769.26**	**164.97**	**386.33**	**776.57**
狮子山区	Shizishan District	13317.21	8274.00	3693.17	1548.94	142.31	555.03	795.02
郊区	Reigon of City	12972.10	7932.25	3733.22	1858.91	411.19	185.86	1120.77
铜陵县	Tongling	11475.68	6857.39	3500.02	1779.70	127.50	399.77	718.50
池州市	**Chizhou**	**10116.24**	**5384.12**	**3795.34**	**2228.30**	**371.78**	**210.92**	**725.87**
市辖区	Reigon of City	10816.90	5142.83	5443.41	230.79	516.10	20.70	209.95
贵池区	Guichi District	10231.68	5565.25	4099.63	2444.26	525.31	121.05	445.75
东至县	Dongzhi	10165.56	5707.95	3399.81	2149.13	382.33	112.74	945.06
石台县	Shitai	7334.46	2975.88	3844.26	3062.77	165.88	119.33	394.99
青阳县	Qingyang	11892.26	6343.59	3814.94	1542.01	234.39	630.89	1102.83
安庆市	**Anqing**	**9233.01**	**5452.53**	**2848.73**	**1500.04**	**214.67**	**115.85**	**815.90**
迎江区	Yingjiang District	17801.83	11019.51	6326.58	3711.74	879.14	174.77	280.98
大观区	Daguan District	13202.59	9506.13	2310.76	455.27	795.12	753.93	631.77
宜秀区	Yixiu District	12630.28	5936.77	4610.79	601.51	553.48	536.90	1545.82
怀宁县	Huaining	14076.13	9754.21	3143.48	1007.41	424.62	145.05	1033.39
枞阳县	Zongyang	8659.97	4445.57	3065.93	1191.63	149.02	132.05	1016.42
潜山县	Qianshan	7811.74	5270.53	2033.73	802.57	292.10	28.12	479.36
太湖县	Taihu	7634.02	4575.91	2564.08	1802.26	117.97	28.38	465.65
宿松县	Susong	7109.61	3627.92	2808.74	2076.66	133.02	99.63	573.32
望江县	Wangjiang	7801.13	3912.44	2584.68	2240.67	7.61	19.37	1284.64
岳西县	Yuexi	6835.49	3936.42	2588.99	1672.63	98.37	44.88	265.19
桐城市	Tongcheng	12529.89	8224.78	3074.36	1274.35	311.90	162.00	1068.74
黄山市	**Huangshan**	**10247.19**	**5328.98**	**3987.73**	**2940.59**	**200.98**	**213.66**	**716.82**
屯溪区	Tunxi District	13469.63	7641.88	4250.76	1415.92	251.88	682.06	894.93
黄山区	Huangshan District	10680.00	5396.24	4237.39	3671.95	149.84	387.06	659.31
徽州区	Huizhou District	10637.50	5131.30	4183.41	3629.84	248.49	270.84	1051.96
歙县	Shexian	10204.99	5723.56	3498.59	3005.95	72.35	165.44	817.39
休宁县	Xiuning	9838.00	5001.09	4173.64	2270.99	274.50	65.73	597.54
黟县	Yixian	10132.96	3900.25	5024.39	3643.02	383.61	489.23	719.09
祁门县	Qimen	9257.84	4613.74	4140.39	3058.81	358.88	93.79	409.93

9—34 续表3 continued

单位：元（yuan）

市、县	County、city	期内现金支出合计 Total Cash Expenditure in the Period	生产费用支出 Productive Expenditure	缴纳生产税 Productive Tax	生活消费支出 Expenses on Household Consumption	财产性支出 Expenses on Properties	转移性支出 Expenses on Transfers
合肥市	**Hefei**	**7200.78**	**1462.09**	**0.06**	**5196.51**	**28.35**	**505.64**
瑶海区	Yaohai District	8316.80	8.43		7674.74		633.63
庐阳区	Luyang District	14184.16	842.62		11685.35	906.36	725.75
蜀山区	Shushan District	10031.98	231.00		9049.34		751.64
包河区	Baohe District	10147.78	543.48		8963.38		640.92
长丰县	Changfeng	7616.50	2217.57		5113.54	7.29	277.39
肥东县	Feidong	6520.42	1548.81		4637.24	21.48	307.77
肥西县	Feixi	7369.94	1565.51	0.33	5118.58	13.65	664.36
庐江县	Lujiang	7316.13	1437.64		5148.31	50.31	675.49
巢湖市	Chaohu	6340.12	924.46		4905.83	1.42	505.15
淮北市	**Huaibei**	**8423.72**	**1619.39**		**6215.53**	**10.03**	**564.30**
杜集区	Duji District	8753.77	657.31	0.02	7058.79	13.17	1019.48
相山区	Xiangshan District	8852.83	1432.24		6016.35		1374.57
烈山区	Lieshan District	6023.92	1105.85		4745.56		157.37
濉溪县	Suixi	8893.76	1919.96		6428.41	12.60	518.00
亳州市	**Bozhou**	**6810.83**	**1637.06**	**0.83**	**4659.44**	**11.91**	**435.69**
谯城区	Qiaocheng District	6144.71	2029.74	3.07	3429.91	5.16	658.45
涡阳县	Guoyang	7602.31	1801.49		5456.57	4.80	320.45
蒙城县	Mengcheng	7898.06	1628.22	0.30	5823.10	21.60	409.92
利辛县	Lixin	5763.60	1124.76		4060.45	17.10	364.64
宿州市	**Suzhou**	**7473.85**	**2199.30**	**9.03**	**4943.17**	**14.43**	**297.79**
埇桥区	Yongqiao District	6084.64	1781.54		4009.23	3.05	280.31
砀山县	Dangshan	8340.96	2132.97		5697.86	44.32	457.96
萧县	Xiaoxian	6596.69	1598.44		4701.05	10.60	281.74
灵璧县	Lingbi	8865.08	3182.33	38.64	5311.59	16.36	302.47
泗县	Sixian	7983.93	2292.18		5501.09	5.72	171.02
蚌埠市	**Bengbu**	**7508.19**	**2845.61**	**2.26**	**4254.58**	**6.17**	**272.23**
龙子湖区	Longzihu District	6837.80	1512.98	1.23	4995.09		328.50
蚌山区	Bangshan District	9016.66	1951.85		6864.40		200.41
禹会区	Yuhui District	7701.69	1661.69	0.77	5880.83	2.35	136.96
淮上区	Huaishang District	6695.82	1496.22	8.07	4827.84	11.77	346.20
怀远县	Huaiyuan	7080.65	2646.98		3965.40	1.08	347.16
五河县	Wuhe	7400.97	3255.36	0.84	3717.19	6.34	122.63
固镇县	Guzhen	8768.04	3560.44	7.56	4889.62	16.90	281.43
阜阳市	**Fuyang**	**6155.14**	**2281.70**	**2.99**	**3413.24**	**25.80**	**410.03**
颍州区	Yingzhou District	6920.39	1777.79		4674.98	46.18	393.15
颍东区	Yingdong District	4567.82	1167.48		3108.01		289.70
颍泉区	Yingquan District	7794.77	1956.25	0.04	5048.32	8.51	735.21
临泉县	Linquan	5802.74	2731.48	2.20	2674.34	2.99	356.64

9—34 续表4 continued

单位：元（yuan）

市、县	County、city	期内现金支出合计 Total Cash Expenditure in the Period	生产费用支出 Productive Expenditure	缴纳生产税 Productive Tax	生活消费支出 Expenses on Household Consumption	财产性支出 Expenses on Properties	转移性支出 Expenses on Transfers
太和县	Taihe	6096.59	2189.08		3472.57	68.70	348.34
阜南县	Funan	5286.29	1662.43		3178.65	0.74	432.16
颍上县	Yingshang	6321.57	2832.98	14.84	3007.63	50.71	407.30
界首市	Jieshou	8517.50	2939.55		5015.68	23.31	509.35
淮南市	**Huainan**	**8062.33**	**2128.20**	**23.50**	**5534.56**	**14.02**	**334.95**
大通区	Datong District	10565.52	2986.29		7154.29		348.40
田家庵区	Tianjiaan District	6798.74	1592.94		4777.93	0.50	368.28
谢家集区	Xiejiaji District	7521.14	1932.26	0.11	5271.69	0.07	313.28
八公山区	Bagongshan District	6317.60	304.56	0.36	5908.35	0.09	103.91
潘集区	Panji District	9040.11	2698.67	9.84	6002.57	5.02	318.61
凤台县	Fengtai	7910.80	2029.80	54.59	5433.36	1.54	386.71
毛集区	Maoji Distrct	5215.47	1046.21		3686.01	159.98	166.17
滁州市	**Chuzhou**	**9618.03**	**2912.03**	**2.92**	**5918.06**	**28.26**	**691.37**
琅琊区	Langya District	8666.59	2311.04		5256.00	0.42	1093.53
南谯区	Nanqiao District	8395.30	1846.89	0.22	5703.97	48.01	791.50
来安县	Laian	12492.44	4184.83	1.71	6786.13	44.68	1113.08
全椒县	Quanjiao	9611.03	2460.69	1.91	6567.94	2.60	546.94
定远县	Dingyuan	10549.86	3872.44	3.82	5945.25	61.24	661.80
凤阳县	Fengyang	7903.18	2036.79	0.53	5397.89		371.69
天长市	Tianchang	10318.20	2495.90	3.04	6518.81	6.37	1285.51
明光市	Mingguang	8001.30	2692.74	7.12	5010.34	30.78	250.63
六安市	**Luan**	**6548.64**	**1727.11**	**0.68**	**4354.51**	**1.74**	**441.59**
金安区	Jinan District	5114.98	1085.56		3597.28		407.67
裕安区	Yuan District	4986.81	1214.59	1.29	3580.86	3.39	175.34
寿县	Shouxian	5823.81	2083.82		3259.88		444.84
霍邱县	Huoqiu	7705.68	1950.95	2.05	5238.23	3.81	496.70
舒城县	Shucheng	7751.72	2010.81		5147.03	1.26	548.99
金寨县	Jinzhai	7653.91	1966.86		5012.55	0.34	661.49
霍山县	Huoshan	7198.53	1348.18		5437.74	2.07	394.48
叶集区	Yeji District	4369.09	677.43		3451.99	1.15	231.16
马鞍山市	**Maanshan**	**9502.70**	**1914.73**	**2.83**	**6604.70**	**109.21**	**808.46**
花山区	Huashan District	10875.34	880.41		8939.83		1055.10
雨山区	Yushan District	11808.87	1162.94		9513.17	0.55	1131.99
博望区	Bowang District	9736.15	2303.80	0.57	6553.18	5.37	872.38
当涂县	Dangtu	12277.14	2310.04		8325.90	294.58	1330.83
含山县	Hanshan	7915.64	991.45	11.10	5893.42	0.70	805.33
和县	Hexian	7825.81	2353.13		5099.56	98.37	256.90
芜湖市	**Wuhu**	**9003.03**	**1433.81**	**0.92**	**6803.19**	**74.43**	**639.80**
镜湖区	Jinghu District	12320.18	1100.13		10482.48	117.14	618.38
弋江区	Yijiang District	11691.10	2597.89		8357.81		731.70
鸠江区	Jiujiang District	10717.71	3874.59		5764.69	27.00	1048.94
三山区	Sanshan District	8553.41	1679.02		5981.18	2.20	889.90

9—34 续表5 continued

单位：元（yuan）

市、县	County、city	期内现金支出合计 Total Cash Expenditure in the Period	生产费用支出 Productive Expenditure	缴纳生产税 Productive Tax	生活消费支出 Expenses on Household Consumption	财产性支出 Expenses on Properties	转移性支出 Expenses on Transfers
芜湖县	Wuhu	11661.35	1426.63		9440.24	48.26	730.31
繁昌县	Fanchang	9057.34	614.08		7511.64	220.65	665.26
南陵县	Nanling	9712.37	1310.19	0.18	7184.56	198.12	959.52
无为县	Wuwei	7249.98	1355.89	2.15	5448.41	5.37	361.06
宣城市	**Xuancheng**	**10034.37**	**1769.13**	**25.82**	**7166.33**	**83.61**	**979.48**
宣州区	Xuanzhou District	9722.57	2175.68	81.00	6590.47	62.44	809.29
郎溪县	Langxi	10281.86	1688.32	0.65	7610.47	14.21	966.04
广德县	Guangde	9708.79	1381.16		7155.68	13.81	1147.43
泾县	Jingxian	8669.41	1954.32	0.02	5959.06	26.82	718.46
绩溪县	Jixi	7274.06	2132.59		4658.63	21.09	461.14
旌德县	Jingde	8814.09	1601.37	0.37	6607.87	46.86	555.76
宁国市	Ningguo	13895.73	1179.64	0.96	10487.21	396.54	1793.83
铜陵市	**Tongling**	**8978.79**	**1268.79**		**6773.36**	**1.31**	**926.06**
狮子山区	Shizishan District	11695.50	2005.61		8886.64		798.69
郊区	Reigon of City	8936.80	1185.60		6705.07		1041.03
铜陵县	Tongling	8677.05	1198.63		6544.43	1.67	921.83
池州市	**Chizhou**	**8238.97**	**1824.32**	**3.34**	**5658.64**	**34.60**	**638.66**
市辖区	Reigon of City	7242.86	274.19		6276.52		691.68
贵池区	Guichi District	8437.01	2344.16	3.82	5391.18	20.07	554.31
东至县	Dongzhi	7458.58	1651.86		4968.16	17.20	743.98
石台县	Shitai	8474.42	1773.87	0.52	6095.56	99.28	443.53
青阳县	Qingyang	9234.45	1425.26	11.07	6990.11	44.87	734.87
安庆市	**Anqing**	**6654.77**	**1266.00**	**0.16**	**4925.26**	**5.80**	**402.55**
迎江区	Yingjiang District	8345.95	2460.53		4970.56	25.07	878.16
大观区	Daguan District	5421.34	299.21		4600.43	9.88	511.83
宜秀区	Yixiu District	5841.27	582.76		4851.58	4.69	402.24
怀宁县	Huaining	7246.43	3007.47		3952.20		266.16
枞阳县	Zongyang	7305.72	777.55		6322.38		155.44
潜山县	Qianshan	6451.84	976.51		4768.56	25.65	354.85
太湖县	Taihu	6505.60	2321.21	0.19	3824.40	2.33	335.89
宿松县	Susong	5093.92	1345.91	0.87	3364.75	3.29	369.97
望江县	Wangjiang	6529.51	1636.07		4366.55	2.11	507.44
岳西县	Yuexi	4810.81	269.24		3963.94	4.11	548.30
桐城市	Tongcheng	8741.25	744.20	0.05	7298.16	8.12	674.17
黄山市	**Huangshan**	**7223.67**	**1207.27**		**5533.10**	**23.71**	**444.71**
屯溪区	Tunxi District	12414.17	1312.11		10282.88	11.58	787.75
黄山区	Huangshan District	9816.43	2549.45		6231.83	107.81	916.88
徽州区	Huizhou District	7902.63	1191.26		6272.14	4.50	430.02
歙县	Shexian	5518.99	937.18		4274.28	11.69	273.96
休宁县	Xiuning	8138.38	920.44		6874.73	17.04	316.40
黟县	Yixian	7499.63	1512.09		5430.14	5.07	538.84
祁门县	Qimen	5832.13	1101.96		4129.06	20.87	568.80

9—35 各市、县农村居民家庭平均每人生活消费现金支出（2013年）
Per Capita Living Expenditure in Cash of Rural Households by County or City (2013)

单位：元（yuan）

市、县	County、city	生活消费支出合计 Living Expenditure	食 品 Food	衣 着 Clothing	居 住 Residence	医疗保健 Medicines and Medical Services	交通和通讯 Transport, and Communication Services	文教、娱乐用品及服务 Cultural, Educational and Recreational Articles and Services	其他商品及服务 Other Commodities and Services
合肥市	**Hefei**	**5196.51**	**1871.54**	**406.23**	**793.23**	**348.89**	**560.02**	**514.29**	**201.33**
瑶海区	Yaohai District	7674.74	4406.24	867.81	731.59	80.74	618.31	453.07	112.93
庐阳区	Luyang District	11685.35	4710.75	1156.05	1002.04	531.12	1676.82	1157.42	242.29
蜀山区	Shushan District	9049.34	4172.50	832.54	1497.63	257.96	804.67	844.03	236.51
包河区	Baohe District	8963.38	4197.84	977.69	1168.62	263.57	530.06	717.49	571.80
长丰县	Changfeng	5113.54	1780.53	396.43	926.35	455.34	606.94	468.50	126.77
肥东县	Feidong	4637.24	1480.24	347.10	621.21	300.35	507.10	521.37	215.70
肥西县	Feixi	5118.58	2028.95	498.43	596.09	235.50	449.07	489.88	136.84
庐江县	Lujiang	5148.31	1575.11	296.45	982.33	434.90	726.39	548.76	141.60
巢湖市	Chaohu	4905.83	2030.80	280.55	755.64	324.83	405.88	451.45	356.14
淮北市	**Huaibei**	**6215.53**	**2209.50**	**423.40**	**1463.73**	**446.07**	**521.64**	**479.20**	**247.59**
杜集区	Duji District	7058.79	2822.34	644.35	1118.78	667.32	607.25	486.09	236.20
相山区	Xiangshan District	6016.35	1961.24	460.15	889.04	581.39	509.23	844.91	156.01
烈山区	Lieshan District	4745.56	2868.91	396.16	286.03	184.12	351.17	212.87	176.23
濉溪县	Suixi	6428.41	1968.88	388.74	1842.69	458.54	547.61	511.91	273.30
亳州市	**Bozhou**	**4659.44**	**1570.58**	**369.95**	**1020.49**	**454.05**	**523.86**	**263.81**	**131.54**
谯城区	Qiaocheng District	3429.91	1297.08	326.81	645.31	264.84	305.44	207.78	89.14
涡阳县	Guoyang	5456.57	2022.04	521.59	1235.54	446.22	499.53	228.48	145.62
蒙城县	Mengcheng	5823.10	1599.68	326.87	1683.68	831.87	570.12	257.74	162.79
利辛县	Lixin	4060.45	1358.70	297.34	613.34	326.27	709.81	354.42	131.16
宿州市	**Suzhou**	**4943.17**	**1924.03**	**341.07**	**744.06**	**469.57**	**517.05**	**438.85**	**162.64**
埇桥区	Yongqiao District	4009.23	1584.08	309.83	482.56	368.32	483.64	242.73	215.66
砀山县	Dangshan	5697.86	2224.68	360.98	1145.25	403.28	437.15	548.71	137.09
萧县	Xiaoxian	4701.05	1757.55	425.28	674.42	560.48	410.78	395.83	191.12
灵璧县	Lingbi	5311.59	2066.44	297.03	937.65	585.04	407.60	601.41	83.53
泗县	Sixian	5501.09	2204.37	312.43	565.52	383.64	995.59	466.81	177.17
蚌埠市	**Bengbu**	**4254.58**	**1824.17**	**310.29**	**718.69**	**318.63**	**357.63**	**252.82**	**133.24**
龙子湖区	Longzihu District	4995.09	2498.46	708.16	582.00	70.33	538.63	252.40	97.07
蚌山区	Bangshan District	6864.40	3118.49	399.35	1836.04	415.26	436.11	226.90	43.53
禹会区	Yuhui District	5880.83	2627.49	565.98	387.42	186.16	460.22	354.59	592.86
淮上区	Huaishang District	4827.84	2247.84	386.05	542.14	268.81	433.31	303.60	200.28
怀远县	Huaiyuan	3965.40	1647.89	258.31	699.25	327.78	316.34	225.71	93.30
五河县	Wuhe	3717.19	1649.81	183.74	831.04	329.18	280.24	117.19	178.26
固镇县	Guzhen	4889.62	2020.86	465.30	665.95	341.80	476.88	447.50	98.22
阜阳市	**Fuyang**	**3413.24**	**1277.91**	**239.74**	**675.35**	**310.18**	**332.51**	**236.31**	**91.64**
颍州区	Yingzhou District	4674.98	1578.29	312.98	957.02	447.83	440.87	376.32	247.09
颍东区	Yingdong District	3108.01	1045.95	247.60	479.65	332.18	287.16	347.24	133.83
颍泉区	Yingquan District	5048.32	1690.30	276.20	1457.00	338.75	449.56	432.31	90.46
临泉县	Linquan	2674.34	1179.93	179.75	471.68	179.16	232.45	205.34	43.31

9—35 续表1 continued

单位：元（yuan）

市、县	County、city	生活消费支出合计 Living Expenditure	食品 Food	衣着 Clothing	居住 Residence	医疗保健 Medicines and Medical Services	交通和通讯 Transport, and Communi-cation Services	文教、娱乐用品及服务 Cultural, Educational and Recreational Articles and Services	其他商品及服务 Other Commodi-ties and Services
太和县	Taihe	3472.57	1036.14	295.63	994.30	318.46	344.94	143.35	114.85
阜南县	Funan	3178.65	1339.36	211.07	429.72	368.07	355.42	195.05	75.06
颍上县	Yingshang	3007.63	1156.54	164.80	494.92	241.92	324.99	186.67	78.44
界首市	Jieshou	5015.68	1917.04	438.53	855.67	569.67	440.33	393.48	115.48
淮南市	**Huainan**	**5534.56**	**2218.77**	**501.22**	**831.81**	**265.65**	**593.07**	**330.13**	**312.32**
大通区	Datong District	7154.29	1934.82	508.20	1132.29	330.53	1532.77	368.59	934.25
田家庵区	Tianjiaan District	4777.93	2005.38	583.36	441.63	316.19	427.24	374.45	117.07
谢家集区	Xiejiaji District	5271.69	2293.86	369.40	1167.33	192.21	469.39	312.06	83.54
八公山区	Bagongshan District	5908.35	2105.16	403.04	542.00	138.09	347.05	310.81	1765.90
潘集区	Panji District	6002.57	2296.00	491.45	1431.95	353.19	595.65	312.33	164.19
凤台县	Fengtai	5433.36	2382.79	563.75	404.76	235.63	527.13	332.92	339.64
毛集区	Maoji Distrct	3686.01	1634.56	280.98	736.06	90.63	288.60	308.36	67.49
滁州市	**Chuzhou**	**5918.06**	**2281.52**	**449.81**	**1031.31**	**407.76**	**581.54**	**524.13**	**202.06**
琅琊区	Langya District	5256.00	2211.00	357.00	682.00	452.00	566.00	383.00	157.00
南谯区	Nanqiao District	5703.97	2637.99	486.18	546.82	270.64	561.84	595.91	197.48
来安县	Laian	6786.13	2500.05	540.10	1376.87	369.74	643.59	612.41	257.67
全椒县	Quanjiao	6567.94	2318.35	460.14	1076.30	429.55	837.93	662.53	294.09
定远县	Dingyuan	5945.25	2483.54	379.95	946.35	458.01	534.57	550.28	205.81
凤阳县	Fengyang	5397.89	2227.22	450.82	1088.60	347.91	415.33	300.90	158.13
天长市	Tianchang	6518.81	1950.07	552.42	1247.92	546.47	720.07	760.49	207.70
明光市	Mingguang	5010.34	2039.81	375.68	809.56	328.78	530.92	355.21	152.63
六安市	**Luan**	**4354.51**	**1861.60**	**291.69**	**782.43**	**213.91**	**427.60**	**298.06**	**123.99**
金安区	Jinan District	3597.28	1854.52	293.91	325.95	161.16	281.51	287.69	44.81
裕安区	Yuan District	3580.86	1559.54	226.52	498.33	167.92	441.60	281.18	146.16
寿县	Shouxian	3259.88	1611.70	264.55	279.72	169.36	285.43	262.38	124.58
霍邱县	Huoqiu	5238.23	2000.73	261.20	1359.43	244.44	473.54	216.37	163.45
舒城县	Shucheng	5147.03	1881.98	383.93	1339.50	314.57	474.08	362.29	115.23
金寨县	Jinzhai	5012.55	2434.88	300.58	530.39	254.78	525.94	375.93	108.44
霍山县	Huoshan	5437.74	2077.62	491.46	918.25	189.91	740.65	619.18	107.23
叶集区	Yeji District	3451.99	1648.33	216.32	465.42	116.33	487.15	236.68	104.15
马鞍山市	**Maanshan**	**6604.70**	**2095.75**	**465.18**	**687.64**	**660.83**	**792.59**	**1315.95**	**168.58**
花山区	Huashan District	8939.83	3688.68	1010.84	368.48	908.34	1054.72	1321.24	244.12
雨山区	Yushan District	9513.17	4085.70	870.83	756.40	487.18	1156.90	1449.84	210.73
博望区	Bowang District	6553.18	1952.14	495.20	510.97	304.70	1130.53	1348.72	118.98
当涂县	Dangtu	8325.90	2408.20	512.26	727.07	1153.66	1192.35	1688.25	219.26
含山县	Hanshan	5893.42	1955.52	407.94	936.67	431.62	438.38	1245.75	171.49
和县	Hexian	5099.56	1593.10	361.81	529.82	559.79	524.90	1010.11	129.30
芜湖市	**Wuhu**	**6803.19**	**2825.91**	**513.73**	**888.20**	**425.98**	**720.15**	**610.84**	**278.97**
镜湖区	Jinghu District	10482.48	3855.97	1227.37	792.35	445.90	838.27	2106.03	401.66
弋江区	Yijiang District	8357.81	3189.85	1060.25	707.95	327.99	709.42	971.08	447.37
鸠江区	Jiujiang District	5764.69	1857.05	450.64	870.57	1109.84	490.20	467.75	151.19
三山区	Sanshan District	5981.18	2498.61	457.64	722.83	372.60	628.41	664.43	190.55

9—35 续表2 continued

单位：元（yuan）

市、县	County、city	生活消费支出合计 Living Expenditure	食 品 Food	衣 着 Clothing	居 住 Residence	医疗保健 Medicines and Medical Services	交通和通讯 Transport, and Communi-cation Services	文教、娱乐用品及服务 Cultural, Educational and Recreational Articles and Services	其他商品及服务 Other Commodi-ties and Services
芜湖县	Wuhu	9440.24	3435.07	721.00	2020.18	524.94	987.64	800.05	434.48
繁昌县	Fanchang	7511.64	2843.95	763.41	1143.86	362.28	934.07	683.04	288.56
南陵县	Nanling	7184.56	2686.31	521.34	837.30	759.94	768.16	631.04	398.18
无为县	Wuwei	5448.41	2731.83	307.33	538.65	198.61	586.52	415.83	163.42
宣城市	**Xuancheng**	**7166.33**	**2432.21**	**643.85**	**1096.99**	**445.09**	**929.82**	**713.42**	**257.14**
宣州区	Xuanzhou District	6590.47	2439.73	674.15	648.91	473.76	725.58	709.68	237.47
郎溪县	Langxi	7610.47	2809.11	803.16	749.72	346.07	909.84	1018.99	222.46
广德县	Guangde	7155.68	2096.11	646.28	1253.63	392.41	1098.50	832.76	253.14
泾县	Jingxian	5959.06	1801.09	427.50	1399.61	493.86	687.50	448.07	123.82
绩溪县	Jixi	4658.63	1322.97	250.78	1607.74	279.32	444.37	178.51	206.42
旌德县	Jingde	6607.87	3137.18	715.72	989.18	283.23	585.97	269.30	188.23
宁国市	Ningguo	10487.21	3869.78	790.06	1766.00	634.44	1266.00	947.07	461.85
铜陵市	**Tongling**	**6773.36**	**2378.07**	**574.14**	**1057.40**	**523.43**	**789.05**	**623.16**	**370.73**
狮子山区	Shizishan District	8886.64	3598.63	987.39	590.97	1199.88	921.61	800.47	81.97
郊区	Reigon of City	6705.07	2631.47	741.97	590.98	312.09	633.13	494.10	946.86
铜陵县	Tongling	6544.43	2198.23	499.91	1186.23	480.97	799.35	624.01	309.84
池州市	**Chizhou**	**5658.64**	**1952.73**	**407.13**	**890.88**	**361.97**	**702.81**	**609.88**	**259.13**
九华山	JiuHua Shan	6276.52	2317.16	785.07	733.64	96.15	714.64	1044.60	186.25
贵池区	Guichi District	5391.18	1913.11	412.85	763.61	349.54	715.51	665.34	229.08
东至县	Dongzhi	4968.16	1868.55	354.25	748.57	361.73	654.40	552.67	156.80
石台县	Shitai	6095.56	1785.27	352.04	1247.03	365.41	730.89	538.57	185.05
青阳县	Qingyang	6990.11	2270.21	502.75	1110.55	404.49	747.06	635.71	560.62
安庆市	**Anqing**	**4925.26**	**1846.98**	**323.71**	**963.26**	**210.98**	**502.43**	**394.31**	**256.53**
迎江区	Yingjiang District	4970.56	1448.15	450.08	1099.95	209.61	451.13	737.56	193.79
大观区	Daguan District	4600.43	1677.93	1209.96	249.92	547.77	375.77	321.21	48.35
宜秀区	Yixiu District	4851.58	2918.27	443.08	376.45	86.75	446.35	202.24	218.71
怀宁县	Huaining	3952.20	1697.55	311.22	256.35	213.41	579.62	290.92	214.53
枞阳县	Zongyang	6322.38	1402.28	349.10	3120.86	91.22	210.30	397.80	540.55
潜山县	Qianshan	4768.56	2123.89	401.20	703.88	128.26	486.35	309.63	69.77
太湖县	Taihu	3824.40	1742.52	209.81	278.63	154.36	354.41	414.20	117.24
宿松县	Susong	3364.75	1364.13	200.96	446.95	242.87	407.17	268.55	181.45
望江县	Wangjiang	4366.55	1665.37	279.29	424.92	282.29	649.94	558.95	203.17
岳西县	Yuexi	3963.94	1349.15	286.07	628.88	140.61	667.23	277.38	156.04
桐城市	Tongcheng	7298.16	3066.65	351.61	842.07	391.78	734.97	589.26	410.31
黄山市	**Huangshan**	**5533.10**	**1913.79**	**318.24**	**710.93**	**409.44**	**542.96**	**406.79**	**267.05**
屯溪区	Tunxi District	10282.88	4574.96	756.20	1173.51	405.15	1509.94	709.28	479.02
黄山区	Huangshan District	6231.83	2227.74	463.52	982.71	457.94	794.89	635.04	282.37
徽州区	Huizhou District	6272.14	3012.02	473.26	566.80	381.43	576.61	591.57	180.70
歙县	Shexian	4274.28	1672.22	175.39	716.04	460.83	407.39	293.34	231.72
休宁县	Xiuning	6874.73	1707.12	323.16	435.02	257.32	457.53	310.83	171.06
黟县	Yixian	5430.14	1670.98	327.32	615.70	490.81	577.66	522.16	877.02
祁门县	Qimen	4129.06	1147.92	335.37	871.17	447.76	447.86	414.66	173.58

主要统计指标解释

城镇家庭总收入

指调查户中生活在一起的所有家庭成员在调查期得到的工薪收入、经营净收入、财产性收入、转移性收入的总和，不包括出售财物和借贷收入。

城镇家庭可支配收入

指调查户可用于最终消费支出和其它非义务性支出以及储蓄的总和，即居民家庭可以用来自由支配的收入。它是家庭总收入扣除交纳的所得税、个人交纳的社会保障费以及调查户的记账补贴后的收入。计算公式为：

可支配收入=家庭总收入—交纳所得税—个人交纳的社会保障费—记账补贴

城镇家庭总支出

指家庭除借贷支出以外的全部实际支出。包括消费性支出、购房建房支出、转移性支出、财产性支出、社会保障支出。

城镇家庭消费性支出

指调查户用于本家庭日常生活的全部支出，包括食品、衣着、家庭设备用品及服务、医疗保健、交通和通信、教育文化娱乐服务、居住、杂项商品和服务八大类等。

农村居民家庭总收入

指调查期内农村住户和住户成员从各种来源渠道得到的收入总和。按收入的性质划分为工资性收入、家庭经营收入、财产性收入和转移性收入。

农村居民家庭纯收入

指农村住户当年从各个来源得到的总收入相应地扣除所发生的费用后的收入总和。计算方法：

纯收入=总收入—税费支出—家庭经营费用支出—生产性固定资产折旧—农村内部亲友赠送

纯收入主要用于再生产投入和当年生活消费支出，也可用于储蓄和各种非义务性支出。“农民人均纯收入”按人口平均的纯收入水平，反映的是一个地区或一个农户农村居民的平均收入水平。

农村居民家庭生活消费支出

指农村住户用于物质生活和精神生活方面的支出。生活消费支出包括食品、衣着、居住、家庭设备用品及服务、医疗保健、交通和通讯、文化教育娱乐用品及服务、其他商品和服务等消费支出。

城乡居民储蓄存款余额

指某一时点城乡居民存入银行及农村信用社的储蓄金额，包括城镇居民储蓄存款和农民个人储蓄存款，不包括居民的手存现金和工矿企业、部队、机关、团体等单位存款。

Explanatory Notes for Major Statistical Indicators

Total Income of Urban Households

refers to the total income of all the family members living together in the sample households, including wage income, net income of business, property income and transfer income. The income from selling belongings and loan income are excluded.

Disposable Income of Urban Households

refers to the total amount of the sample households, including that could be used as ultimate expenditure for consumption and other non-obligation expenditure and savings deposit that is the income that the household could freely budget. It is the balance that total income of household minus income tax, social protection fee and account subsidy of sample household. The formula is as follows:

Disposable income=total income of household – income tax – social protection fee paid by individual – account subsidy

Total Expenditure of Urban Households

refers to the total actual expenditure of the household except loan expenditure. It includes expenditure for consumption, expenditure from buying and constructing house, property expenditure and expenditure for social protection.

Expenditure for Consumption of Urban Households

refers to total expenditure of the sample households for consumption in daily life, including eight categories as follows: food, clothing, household appliances and services, health care and medical services, transport and communications, recreation, education and cultural services, housing, miscellaneous goods and services.

Total Income of Rural Households

refers to the sum of income earned from various sources by the rural households and their members during the reference period, and is classified as income from wages and salaries, income from household operations, income from properties and income from transfers.

Net Income of Rural Households

refers to the total income of rural households from all sources minus all corresponding expenses. The formula for calculation is as follows:

Net income = total income – household operation expenses – taxes and fees – depreciation of fixed assets for production – subsidy for participating in household survey – gifts to non-rural relatives

Net income is mainly used as input for reproduction and as consumption expenditure of the year, and also used for savings and non-compulsory expenses of various forms. "Per capita net income of farmers" is the level of net income averaged by population which reflects the average income level of rural households in a given area.

Expenditure on Consumption of Rural Households

refers to expenditure by rural households on their material and cultural life, including expenditure on food; clothing; housing; household appliances, articles and services; health and medical service; transportation and communications; articles and services on culture, education and recreation; and other goods and services.

The Savings Deposits of Urban and Rural Residents

refers to the total value of savings deposits of urban and rural households in banks and rural credit cooperatives at a given point of time, including the savings deposit of urban residents and the savings deposit of rural residents. The cash in hand by residents and the deposits of organizations such as enterprises, military units, government agencies, institutions, etc. are not included.

第十篇

Chapter 10

城市概况

GENERAL SURVEY OF CITIES

简要说明

一、本篇资料反映全省及16个地级城市市辖区社会、经济发展和城市建设的规模、效益及综合水平等基本情况，主要内容：

1. 人口、劳动力及土地面积；

2. 综合经济指标；

3. 固定资产投资；

4. 教育、科技、文化、卫生情况；

5. 财政、金融情况；

6. 人民生活情况；

7. 社会福利、劳动保险；

8. 市政公用事业情况；

二、全省城市社会经济资料由安徽省统计局综合处根据国家统计局《城市社会经济基本情况统计报表制度》搜集、汇总整理提供。

Brief Introduction

I. Data in this chapter show the social and economic development as well as the scale, economic efficiency, overall level and other basic conditions of 16 cities at the prefecture and county level in Anhui Province. The main content is composed of the following parts.

1. Population, labor force and area of land.

2. Comprehensive economic indicators.

3. Investment in fixed assets.

4. The conditions of education, science and technology, culture and health care.

5. The conditions of finance and banking.

6. People's livelihood.

7. Social welfare and labor insurance.

8. The conditions of municipal public utilities.

II. Data on the social and economic conditions of the cities in the province are prepared and provided by the Division of Integrated Statistics of Anhui Statistical Bureau in accordance with the statistical reporting scheme on the basic social and economical situations of the cities, which is stipulated by the State Statistical Bureau.

10—1 地级城市基本情况（2013年）
Basic Statement of Cities at Prefectural Level (2013)

指　　标	Item	全省 Province	#市区合计 City
人口、劳动力及土地面积	**Population, Labor Force and Land Area**		
年末户籍人口（万人）	Residence Population (year-end) (10000 persons)	6928.53	1977.62
年平均户籍人口（万人）	Annual Average Residence Population (10000 persons)	6915.25	1964.54
年末城镇非私营单位从业人员数（万人）	Number of Employed Persons of Urban Non-private Owned Units (year-end) (10000 persons)	519.52	337.63
城镇私营企业和个体从业人员(万人)	Self-employed Individuals in Urban Areas (10000 persons)	523.90	290.78
行政区域土地面积（平方公里）	Land Area (sq.m)	139427	26944
#建成区面积	Developed Area		1608
综合经济	**General Economy**		
地区生产总值（当年价格）（亿元）	Gross Regional Product (at current price) (100 million yuan)	19038.87	10096.52
第一产业	Primary Industry	2348.09	472.87
第二产业	Secondary Industry	10403.96	5792.07
第三产业	Tertiary Industry	6286.82	3831.58
财政、金融	**Government Finance and Banking**		
地方财政一般预算内收入（亿元）	Local Budgetary Financial Revenue (100 million yuan)	2075.08	1187.08
地方财政一般预算内支出（亿元）	Local Budgetary Financial Expenditure (100 million yuan)	4349.69	1784.28
一般性公共服务支出	General Public Service	469.15	181.97
科学技术支出	Expenses for Science	109.67	71.04
教育支出	Expenses for Education	736.59	251.65
文化体育与传媒支出	Culture, Sports and Media	79.50	22.34
社会保障和就业支出	Social Security and Employment	533.64	157.96
节能环保支出	Expenses for Energy Saving and Environmental Protection	108.42	61.26
医疗卫生支出	Expenses for Public Health	361.80	105.05
住房保障支出	Expenses for Housing Security	225.77	110.03
城乡社区事务支出	Expenses in Urban、Rural Areas and Communities	459.80	326.67
交通运输支出	Transport	276.01	131.29
居民人民币储蓄存款余额（亿元）	Balance of Savings Deposit of Residents (100 million yuan)	12924.91	6320.44
农　业	**Agriculture**		
蔬菜产量（万吨）	Output of Vegetables (10000 tons)	2417.95	
园林水果产量（万吨）	Output of Garden Fruits (10000 tons)	255.90	
肉类总产量（万吨）	Output of Meat (10000 tons)	403.83	
奶类产量（万吨）	Output of Milk (10000 tons)	25.34	
淡水产品产量（万吨）	Output of Freshwater Products (10000 tons)	215.53	
工　业	**Industry**		
规模以上工业法人企业	Industrial Corporate Enterprises above Designated Size		
工业企业数（个）	Number of Enterprises (unit)	16193	5574
内资企业	Domestic Funded Enterprises	15408	5125
港澳台商投资企业	Funded by Entrepreneurs from Hong Kong, Macao and Taiwan	308	173
外商投资企业	Foreign Funded Enterprises	477	276
工业总产值（当年价格）（亿元）	Gross Output Value (at current price) (100 million yuan)	33756.82	17241.61
内资企业	Domestic Funded Enterprises	29624.92	14066.50
港澳台商投资企业	Funded by Entrepreneurs from Hong Kong, Macao and Taiwan	1697.39	1239.01
外商投资企业	Foreign Funded Enterprises	2434.52	1936.10
从业人员年平均人数（万人）	Annual Average Number of Employed Persons (10000 persons)	307.49	153.32
流动资产合计（亿元）	Total Circulating Funds (100 million yuan)	11392.83	6937.95
固定资产合计（亿元）	Total Fixed Assets (100 million yuan)	10681.91	6615.97
主营业务收入（亿元）	Main Business Revenue (100 million yuan)	33788.82	17775.08
主营业务税金及附加（亿元）	Main Business Taxes and Extra-charges (100 million yuan)	427.44	322.60
本年应交增值税（亿元）	Value Added Tax Payable (100 million yuan)	1023.47	557.22
利润总额（亿元）	Total Profits (100 million yuan)	2108.77	970.47

10—1 续表1 continued

指　　标		Item		全　省 Province	#市区合计 City
交通运输、邮电通信、能源电力		**Transportation, Post & Telecommunication and Electric Power**			
铁路旅客运量	（万人）	Passenger Traffic of Railways	(10000 persons)	7210	
铁路货物运量	（万吨）	Freight Traffic of Railways	(10000 tons)	11566	
境内铁路营业里程	（公里）	Length of Railways Within the Boundary	(km)	3513	
民用汽车拥有量	（万辆）	Number of Civil Vehicles Owned	(10000 units)	376.02	
#私人汽车拥有量		Number of Motor Vehicls owned by Individuals		289.34	
公路客运量	（万人）	Passenger Traffic of Highways	(10000 persons)	237516	
公路货运量	（万吨）	Freight Traffic of Highways	(10000 tons)	300093	
境内公路里程	（公里）	Length of Highways Within the Boundary	(km)	173763	
境内高速公路里程	（公里）	Express Highways	(km)	3521	
内河港口货物吞吐量	（万吨）	Cargo Handled in Ports of Inland Rivers	(10000 tons)	39617.52	
水运客运量	（万人）	Passenger Traffic of Waterways	(10000 persons)	360	
水运货运量	（万吨）	Freight Traffic of Waterways	(10000 tons)	45050	
民用航空货邮运量	（万吨）	Freight Traffic of Civil Aviation	(10000 tons)	2.4	
民用航空客运量	（万人）	Passenger Traffic of Civil Aviation	(10000 persons)	264	
年末邮政局（所）数	（处）	Number of Post Offices (year-end)	(unit)	1695	556
邮政业务总量	（亿元）	Business Revenue of of Postal Services	(100 million yuan)	36.83	
电信业务总量	（亿元）	Business Revenue of of Telecommunication Services	(100 million yuan)	476.56	
年末固定电话用户数	（万户）	Local Telephone Subscribers at Year-end	(10000 subscribers)	976.73	
年末移动电话用户数	（万户）	Number of Mobile Telephone Subscribers at Year-end	(10000 subscribers)	3958.87	
国际互联网用户数	（万户）	Number of Subscribers of Internet Service	(10000 subscribers)	642.64	
全社会用电量	（亿千瓦时）	Total Electricity Consumption	(100 million kwh)	1528.07	732.19
#工　业		Industrial Electricity Consumption		1057.12	485.98
居民生活		Residential Power Consumption		254.07	108.95
内外贸易、外经、旅游		**Trade Foreign Trade and Tourism**			
限额以上批发和零售业商品销售总额	（亿元）	Total Sale of Enterprises Above Designed Size in Wholesale and Retail Trade	(100 million yuan)	8901.86	7115.27
社会消费品零售总额	（亿元）	Retailsale of Consumer Goods	(100 million yuan)	6481.40	3658.72
货物进口额（海关数）	（亿美元）	Total Imports (customs statistics)	(USD 100 million)	173.77	
货物出口额（海关数）	（亿美元）	Total Exports (customs statistics)	(USD 100 million)	282.56	
外商直接投资		Forign Drirect Investment			
当年新批项目个数	（个）	Number of Contracts Newly Signed	(unit)	246	
当年实际使用外资金额	（亿美元）	Amount of Foreign Capital Actually Used	(USD 100 million)	106.88	66.67
入境旅游人数	（万人）	Number of inbound Tourists	(10000 persons)	385.50	
#外国人		Foreigners		200.52	
港、澳、台同胞		Compatriots from Hong Kong, Macao and Taiwan		184.98	
旅游（外汇）收入	（亿美元）	Foreign Exchange Earnings from International Tourism	(USD 100 million)	17.31	
星级饭店数	（个）	Number of Tourist Hotel of Star Class	(unit)	471	
固定资产投资		**Investment in Fixed Assets**			
固定资产投资额	（亿元）	Total Investment in Fixed Assets	(100 million yuan)	18251.12	9941.69
#房地产开发投资		Total Investment in Real Estate Devlopment		3946.23	2715.76
#住　　宅		Residential Buildings		2549.88	1731.72
全年新增固定资产	（亿元）	Newly Increased Fixed Assets	(100 million yuan)	11247.26	5542.43

10—1 续表2 continued

指　　标	Item	全省 Province	#市区合计 City
商品房屋销售面积 （万平方米）	Floor Space of Selling House (10000 sq.m)	6265.35	3828.66
#住　　宅	Residential Buildings	5573.53	3367.88
商品房屋销售额 （亿元）	Total Sales of Commercial House (100 million yuan)	3182.87	2116.22
#住　　宅	Residential Buildings	2662.04	1764.93
商品房屋待售面积 （万平方米）	Square Commercial House for Sal (10000 sq.m)	1342.14	782.17
教育、科技、文化、卫生	**Education, S&T, Culture and Public Health**		
学校数 （所）	Number of Schools (unit)		
普通高等学校	Institutions of Higher Education	106	
中等职业教育学校	Secondary Vocational Technical School	489	231
普通中学	Regular Secondary Schools	3599	986
小　　学	Primary Schools	11507	2503
专任教师数 （人）	Number of Full-time Teachers (person)		
普通高等学校	Institutions of Higher Education	54903	51513
中等职业教育学校	Secondary Vocational Technical School	37582	15332
普通中学	Regular Secondary Schools	231987	72041
小　　学	Primary Schools	238131	67210
在校学生数 （万人）	Number of Student Enrollment (10000 persons)		
普通高等学校	Institutions of Higher Education	105.21	
高中阶段在校学生	Senior Secondary	125.51	70.95
中等职业教育学校	Secondary Vocational Technical School	76.29	41.65
普通中学	Regular Secondary Schools	325.20	104.60
小　　学	Primary Schools	409.20	120.99
成人高等学校在校学生数 （万人）	Student Enrollment in Institutions of Higher Education for Adults (10000 persons)	22.06	
体育场馆数 （个）	Number of Stadiuns and Gymnasiums (unit)	153	
公共图书馆图书总藏量 （千册、件）	Total Collecters of Public Libraries (1000 unit)	17765	11424
医院、卫生院数 （个）	Number of Hospitals (unit)	2325	923
医院、卫生院床位数 （张）	Number of Hospital Beds (unit)	221319	113342
医生数（执业医师+执业助理医师） （人）	Number of Doctors (Practicing Doctors + Practicing Mediatinuses) (person)	98630	48841
注册护士 （人）	Registered Nurses (person)	103404	60522
人民生活、社会保障	**Living Standards, Social Security**		
城镇非私营单位从业人员工资总额 （亿元）	Total Wages of Staff and Workers of Urban non-private Owned Units at Their Posts (100 million yuan)	2463.72	
城镇职工基本养老保险参保人数 （万人）	Number of Staff and Workers Participated in Endowment Insurance (10000 persons)	811.30	
城镇职工基本医疗保险参保人数 （万人）	Number of Staff and Workers Participated in Medical Insurance (10000 persons)	715.97	439.39
失业保险参保人数 （万人）	Number of People Participated in Unemployed Insurance (10000 persons)	409.04	277.63
社区服务设施数 （个）	Number of Service Facilities of Community (unit)	5452	4554
城镇居民最低生活保障人数 （万人）	Number of Urban Residents Living on the Minimum Standard of Living (10000 persons)	78.27	38.65
社会治安	**Public Security**		
交通事故死亡人数 （人）	Number of Deaths on Traffic Accidents (person)	2669	995
交通事故损失额 （万元）	Amount of Loss on Traffic Accidents (10000 yuan)	7376	3873
火灾事故死亡人数 （人）	Number of Deaths on Fire Accidents (person)	61	31
火灾事故损失额 （万元）	Amount of Loss on Fire Accidents (10000 yuan)	16320	8088

注：城镇职工基本养老保险、基本医疗保险参保人数，包括报告期末参加城镇基本养老保险、基本医疗保险并在社保经办机构已建立缴费记录档案的职工人数和离休、退休和退职人员的人数。

a) The population of basic old-age insurance for urban employees and basic medical insurance,including at the end of the reporting period population taking part in urban basic old-age insurance and basic medical insurance and these population have been set up records by social security agencies. and retired personnel.

10—2 地级城市市区基本情况（2013年）
Basic Statement of Cities at Prefectural Level by Region (2013)

指标	Item	合肥市 Hefei	淮北市 Huaibei	亳州市 Bozhou	宿州市 Suzhou
人口、劳动力及土地面积	**Population, Labor Force and Land Area**				
年末总人口（万人）	Population (year-end) (10000 persons)	240.78	106.78	167.03	187.04
年平均户籍人口（万人）	Annual Average Residence Population (10000 persons)	238.57	108.86	166.36	187.56
年末城镇非私营单位从业人员人数（万人）	Number of Employed Persons of Urban Non-private Owned Units (year-end) (10000 persons)	112.62	23.26	8.32	16.27
城镇私营企业和个体从业人员（万人）	Self-employed Individuals in Urban Areas (10000 persons)	77.92	24.01	13.86	10.05
行政区域土地面积（平方公里）	Land Area (sq.m)	1127	760	2226	2868
＃建成区面积	Developed Area	393	80	49	70
综合经济	**General Economy**				
地区生产总值(当年价格)（亿元）	Gross Regional Product (at current price) (100 million yuan)	3078.31	517.83	271.64	414.96
第一产业	Primary Industry	11.77	16.95	56.98	64.20
第二产业	Secondary Industry	1642.48	372.71	115.86	192.57
第三产业	Tertiary Industry	1424.06	128.17	98.80	158.19
财政、金融	**Government Finance, Banking and Insurance**				
地方财政一般预算内收入（亿元）	Local Budgetary Financial Revenue (100 million yuan)	333.10	37.57	29.60	15.30
地方财政一般预算内支出（亿元）	Local Budgetary Financial Expenditure (100 million yuan)	428.74	72.54	77.68	44.13
一般性公共服务支出	General Public Service	44.71	8.81	7.07	6.98
科学技术支出	Expenses for Science	20.89	0.97	0.45	0.31
教育支出	Expenses for Education	65.64	8.91	9.81	11.65
文化体育与传媒支出	Culture, Sports and Media	4.83	0.63	0.35	0.23
社会保障和就业支出	Social Security and Employment	28.09	7.87	8.40	5.22
节能环保支出	Expenses for Energy Saving and Environmental Protection	20.61	1.35	0.85	0.13
医疗卫生支出	Expenses for Public Health	14.74	5.19	6.97	6.91
住房保障支出	Expenses for Housing Security	13.30	5.17	11.66	2.12
城乡社区事务支出	Expenses in Urban、Rural Areas and Communities	119.16	18.55	8.09	0.79
交通运输支出	Transport	16.25	2.92	8.13	1.01
居民人民币储蓄存款余额（亿元）	Balance of Savings Deposit of Residents (100 million yuan)	1597.57	306.81	220.97	318.19
工业	**Industry**				
规模以上工业法人企业	Industrial Corporate Enterprises above Designated Size				
工业企业数（个）	Number of Enterprises (unit)	848	493	197	337
内资企业	Domestic Funded Enterprises	728	478	194	329
港澳台商投资企业	Funded by Entrepreneurs from Hong Kong, Macao and Taiwan	43	7		4
外商投资企业	Foreign Funded Enterprises	77	8	3	4
工业总产值(当年价格)（亿元）	Gross Output Value (at current price) (100 million yuan)	4667.99	1225.07	306.38	511.79
内资企业	Domestic Funded Enterprises	3313.64	1190.85	303.45	460.98
港澳台商投资企业	Funded by Entrepreneurs from Hong Kong, Macao and Taiwan	379.25	10.79		48.50
外商投资企业	Foreign Funded Enterprises	975.10	23.44	2.93	2.31
从业人员年平均人数（万人）	Annual Average Number of Employed Persons (10000 persons)	28.88	19.96	3.90	7.15
流动资产合计（亿元）	Total Circulating Funds (100 million yuan)	1746.21	510.02	128.46	123.12
固定资产合计（亿元）	Main Business Revenue (100 million yuan)	1079.77	874.18	72.17	185.63
主营业务收入（亿元）	Main Business Revenue (100 million yuan)	4388.55	1840.51	287.11	484.73
主营业务税金及附加（亿元）	Main Business Taxes and Extra-charges (100 million yuan)	73.51	12.10	7.61	3.84
本年应交增值税（亿元）	Value Added Tax Payable (100 million yuan)	142.98	51.70	11.61	20.96
利润总额（亿元）	Total Profits (100 million yuan)	310.15	39.44	42.29	28.90

蚌埠市 Bengbu	阜阳市 Fuyang	淮南市 Huainan	滁州市 Chuzhou	六安市 Luan	马鞍山市 Maanshan	芜湖市 Wuhu	宣城市 Xuancheng	铜陵市 Tongling	池州市 Chizhou	安庆市 Anqing	黄山市 Huangshan
103.57	215.98	179.09	53.88	188.63	82.35	136.14	86.77	45.21	67.02	73.37	43.98
98.31	215.73	179.39	54.01	187.86	82.21	129.75	86.66	44.99	67.07	73.32	43.89
19.23	13.80	29.26	4.85	21.40	8.45	30.30	8.63	13.43	6.17	14.21	7.43
21.20	15.95	11.44	14.60	8.58	4.84	48.36	10.21	7.39	9.97	3.17	9.23
803	1914	1690	1406	3583	704	1292	2621	355	2432	821	2342
119	98	106	83	70	89	155	49	69	37	81	60
559.42	347.97	597.37	256.42	326.04	825.92	1269.08	234.06	569.01	243.14	369.62	215.72
20.19	54.28	37.61	18.36	60.27	12.44	24.41	36.42	2.89	28.42	13.62	14.05
344.65	137.08	360.78	177.44	152.56	542.84	840.26	103.28	410.91	127.79	174.02	96.83
194.58	156.61	198.98	60.62	113.21	270.64	404.41	94.36	155.21	86.93	181.98	104.84
64.74	45.83	85.63	41.94	38.43	156.75	138.52	31.04	51.99	39.66	39.34	37.64
97.83	109.23	130.03	72.55	109.37	113.35	190.08	36.10	79.93	73.01	75.20	74.52
7.26	12.06	15.04	8.37	11.14	10.76	10.18	4.02	7.67	8.86	7.96	11.08
5.10	0.92	2.70	1.09	1.17	4.22	24.31	0.81	4.22	1.02	1.40	1.45
11.64	16.30	16.29	9.49	18.06	15.41	25.90	9.06	10.61	8.18	9.88	4.82
1.31	0.64	1.34	0.86	1.38	1.72	3.14	0.14	0.74	1.15	2.25	1.63
9.98	14.66	14.75	6.43	8.42	9.36	14.43	4.46	7.13	5.06	7.30	6.39
4.82	1.07	3.09	1.49	2.35	1.90	9.14	0.26	4.93	1.39	1.58	6.31
6.11	9.07	8.03	3.50	9.98	5.13	7.41	3.73	3.25	5.86	5.58	3.59
8.21	3.73	6.70	3.96	7.50	14.64	11.87	1.31	6.72	5.36	4.66	3.12
20.42	8.39	32.69	10.08	5.27	22.29	34.65	3.01	13.53	12.45	6.84	10.44
7.87	12.04	4.16	8.71	17.72	5.88	14.19	1.10	5.83	6.53	11.65	7.27
345.29	408.86	540.59	192.17	334.11	427.08	524.71	171.50	229.37	177.52	330.66	195.06
343	303	458	312	253	376	661	197	166	199	220	211
320	293	441	274	249	340	557	191	145	190	198	198
10	5	6	12	2	13	43	1	12	5	3	7
13	5	11	26	2	23	61	5	9	4	19	6
1019.56	445.41	963.73	606.83	322.60	1432.70	2817.51	171.14	1551.48	292.51	678.68	228.22
937.04	442.90	885.53	393.54	316.66	1293.41	2044.36	166.39	1172.76	283.56	642.50	218.94
60.87	0.96	61.71	83.20	2.24	42.04	199.44	0.45	334.42	5.93	3.22	5.99
21.66	1.55	16.49	130.09	3.70	97.26	573.71	4.30	44.29	3.03	32.96	3.29
8.25	5.18	20.85	6.62	3.39	11.51	18.36	2.34	6.87	2.76	5.00	2.30
372.49	163.29	460.24	199.12	82.40	719.99	1337.32	56.53	642.32	116.99	191.76	87.69
231.93	168.17	1367.56	160.17	59.33	666.65	880.46	30.66	386.33	166.51	245.65	40.80
909.55	424.05	960.26	600.63	300.92	1681.84	2532.85	166.82	1998.67	288.32	691.83	218.42
48.42	22.36	8.35	20.47	1.64	7.86	61.90	1.74	3.50	1.70	46.56	1.04
22.44	13.28	54.31	21.41	3.94	43.18	98.79	6.34	27.99	11.74	19.73	6.83
39.48	16.28	14.52	68.29	23.16	91.79	157.56	13.57	53.49	27.69	26.00	17.86

10—2 续表1 continued

指标	Item	合肥市 Hefei	淮北市 Huaibei	亳州市 Bozhou	宿州市 Suzhou
邮政、电力	**Post and Electric Power**				
年末邮政局（所）数 （处）	Number of Post Offices (year-end) (unit)	61	24	44	41
全社会用电量 （亿千瓦时）	Total Electricity Consumption (100 million kwh)	117.03	33.68	14.46	31.96
#工　业	Industrial Electricity Consumption	44.18	24.65	4.11	18.57
居民生活	Residential Power Consumption	30.09	4.63	6.00	6.50
内外贸易、外经	**Trade Foreign Trade and Tourism**				
限额以上批发零售贸易业商品销售总额 （亿元）	Total Sale of Enterprises Above Designed Size in Wholesale and Retail Trade (100 million yuan)	3743.93	148.46	56.56	157.63
社会消费品零售总额 （亿元）	Retailsale of Consumer Goods (100 million yuan)	1181.50	142.12	124.83	68.48
外商直接投资	Forign Drirect Investment				
当年新批项目数 （个）	Number of Contracts Newly Signed (unit)	69	3	3	
当年实际使用外资金额 （亿美元）	Amount of Foreign Capital Actually Used (USD 100 million)	14.72	3.06	1.19	0.62
固定资产投资	**Investment in Fixed Assets**				
固定资产投资额 （亿元）	Amount of Investment in Fixed Assets of Urban Area (100 million yuan)	3116.99	503.29	211.64	228.80
#房地产开发投资	Total Investment in Real Estate Devlopment	847.32	116.61	38.15	78.73
#住　宅	Residential Buildings	495.58	79.79	21.91	59.96
全年新增固定资产 （亿元）	Newly Increased Fixed Assets (100 million yuan)	1888.27	251.57	68.01	61.50
商品房屋销售面积 （万平方米）	Floor Space of Selling House (10000 sq.m)	1008.38	106.26	92.75	297.35
#住　宅	Residential Buildings	874.65	95.12	68.19	243.57
商品房屋销售额 （亿元）	Total Sales of Commercial House (100 million yuan)	704.64	54.13	43.44	106.57
#住　宅	Residential Buildings	602.88	46.26	30.93	89.63
商品房屋待售面积 （万平方米）	Square Commercial House for Sal (10000 sq.m)	128.16	23.94	5.35	56.57
教育、科技、文化、卫生	**Education, S&T, Culture and Public Health**				
学校数 （所）	Number of Schools (unit)				
普通高等学校	Institutions of Higher Education				
中等职业教育学校	Secondary Vocational Technical School	49	12	9	6
普通中学	Regular Secondary Schools	112	78	63	67
小　学	Primary Schools	153	144	353	250
专任教师数 （人）	Number of Full-time Teachers (person)				
普通高等学校	Institutions of Higher Education	22522	1839	716	897
中等职业教育学校	Secondary Vocational Technical School	2212	746	1223	773
普通中学	Regular Secondary Schools	10499	4794	5205	5786
小　学	Primary Schools	7348	4757	6433	5096
在校学生数	Number of Student Enrollment				
普通高等学校 （万人）	Institutions of Higher Education (10000 persons)	41.80	3.32	1.18	2.04
高中阶段在校学生 （万人）	Senior Secondary (10000 persons)	14.17	3.07	4.66	2.99
中等职业教育学校 （万人）	Secondary Vocational Technical School (10000 persons)	8.46	2.73	2.17	2.43
普通中学 （万人）	Regular Secondary Schools (10000 persons)	14.54	6.16	7.91	8.06
小　学 （万人）	Primary Schools (10000 persons)	19.80	7.00	11.87	10.50

蚌埠市 Bengbu	阜阳市 Fuyang	淮南市 Huainan	滁州市 Chuzhou	六安市 Luan	马鞍山市 Maanshan	芜湖市 Wuhu	宣城市 Xuancheng	铜陵市 Tongling	池州市 Chizhou	安庆市 Anqing	黄山市 Huangshan
24	45	46	32	41	18	55	31	17	26	22	29
39.25	36.90	55.14	21.01	23.93	112.21	85.95	19.76	57.92	29.64	40.80	12.53
24.22	22.32	39.41	8.34	10.99	100.20	65.04	12.44	51.25	24.10	31.23	4.93
6.37	4.41	8.89	3.12	7.03	6.47	8.59	3.85	2.91	2.72	4.46	2.91
255.78	525.82	262.53	187.45	162.10	416.15	628.68	142.66	143.48	85.60	104.90	93.55
276.05	201.48	240.42	82.71	177.90	190.49	342.06	117.97	131.78	80.11	197.62	103.18
6	2	3	11	4	18	46	2	6	11	3	3
7.31	0.76	2.26	2.46	0.53	13.32	10.46	0.66	3.06	1.49	3.28	1.50
699.76	306.99	620.40	294.19	312.40	849.60	1241.98	182.25	492.99	287.66	311.83	280.93
260.41	84.97	99.92	119.09	91.53	165.32	375.33	89.35	102.69	84.01	62.66	99.68
165.53	60.06	66.92	77.48	69.95	110.14	259.34	59.05	50.51	53.99	45.10	56.39
414.76	122.47	240.24	175.83	163.40	558.71	658.77	126.46	404.42	141.66	107.13	159.23
302.78	189.07	178.08	161.66	164.10	199.64	472.14	136.43	99.54	113.23	219.94	87.31
277.56	174.61	165.99	147.55	149.20	188.69	423.85	124.50	74.84	96.80	191.06	71.70
147.94	103.79	86.32	77.60	76.62	95.28	275.60	66.32	57.38	57.22	120.57	42.79
128.05	88.94	69.93	65.45	66.93	84.28	230.80	56.94	35.66	41.15	94.35	32.76
38.61	21.93	50.80	70.67	100.27	64.64	55.59	29.06	23.98	21.55	28.02	63.03
12	26	21	6	22	4	18	6	4	5	20	11
30	109	95	30	113	32	68	46	25	39	43	36
50	388	229	45	303	61	135	70	44	132	112	34
3023	1340	3078	1236	1871	2959	6508	473	1213	1275	1696	867
757	1958	1205	497	762	446	1023	721	229	800	1700	280
2689	7032	6914	2391	6402	3408	3888	3133	2065	2474	3584	1777
2337	8086	6621	2145	6072	2860	4401	2859	1691	2388	2556	1560
6.32	3.53	8.07	2.62	4.01	5.09	15.45	1.13	3.26	2.14	3.72	1.89
3.53	4.34	6.82	2.80	10.34	4.51	2.04	1.53	1.17	3.54	3.83	1.64
1.80	5.56	3.41	1.56	3.77	1.22	2.10	1.35	1.02	1.84	1.58	0.63
4.00	11.36	8.20	3.23	11.78	6.95	5.32	3.96	2.60	3.76	4.58	2.19
4.45	16.40	9.54	3.14	10.14	4.62	6.72	4.19	2.54	3.83	3.84	2.41

10—2 续表2 continued

指　　标	Item	合肥市 Hefei	淮北市 Huaibei	亳州市 Bozhou	宿州市 Suzhou
初中毕业生升学率 (%)	Proportion of Junior Secondary Graduates Entering into Senior Secondary Schools (%)	159	87	97	99
成人高等学校在校学生数 (万人)	Student Enrollment in Institutions of Higher Education for Adults (10000 persons)	11.96	0.16	1.15	1.13
体育场馆数 (个)	Number of Stadiuns and Gymnasiums (unit)	84	6	12	4
剧场、影剧院数 (个)	Number of Theaters and Music Halls (unit)	37	5	3	1
公共图书馆图书藏量(千册、件)	Total Collecters of Public Libraries (1000 units)	3835	770	200	42
医院、卫生院数 (个)	Number of Hospitals (unit)	235	63	38	52
医院、卫生院床位数 (张)	Number of Hospital Beds (unit)	26759	6228	4203	6733
医生数（执业医师+执业助理医师） (人)	Number of Doctors (Practicing Doctors + Practicing Mediatinuses) (person)	11013	2580	1542	3224
注册护士 (人)	Registered Nurses (person)	14669	3047	1866	3555
人民生活	**People's Livelihood**				
城镇非私营单位从业人员工资总额 (亿元)	Total Wages of Staff and Workers of Urban non-private Owned Units at Their Posts (100 million yuan)	633.66		31.87	63.86
城镇居民人均可支配收入 (元)	Annual Per Capita Disposable Income of Urban Households (yuan)	28083	22460	22605	21713
城镇居民人均消费支出 (元)	Annual Per Capita Consumption Expenditure of Urban (yuan)	20475	15273	14940	13402
#食　品	Food	7283	6967	6732	5392
居　住	Residence	2285	1053	1625	1172
教育文化娱乐服务	Education, Cultural & Recreation Service	2804	1710	1556	2092
每百户居民家庭拥有：	Per 100 Households Possessing				
家用汽车 (辆)	Automobile (unit)	15	13	8	18
家用电脑 (台)	Computer (unit)	63	60	59	58
人均住房建筑面积 (平方米)	Per-capita Area of Housing (sq.m)	30.85	33.08	72.26	36.16
居民消费价格指数(上年为100) (%)	Conumer Price Indices of Residents (preceding year=100) (%)	102.70	102.10	102.60	102.30
社会福利、劳动保险	**Social Welfare, Labor and Insurance**				
城镇职工基本医疗保险参保人数 (万人)	Number of Staff and Workers Participated in Medical Insurance (10000 persons)	112.76	28.97	7.44	6.70
失业保险参保人数 (万人)	Number of People Participated in Unemployed Insurance (10000 persons)	92.42	23.45	3.24	5.50
社区服务设施数 (个)	Number of Service Facilities of Community (unit)	380	151	136	88
城镇居民最低生活保障人数 (万人)	Number of People Enjoyed the Lowest Residential Living Protection Line (10000 persons)	1.73	4.75	0.97	1.58

蚌埠市 Bengbu	阜阳市 Fuyang	淮南市 Huainan	滁州市 Chuzhou	六安市 Luan	马鞍山市 Maanshan	芜湖市 Wuhu	宣城市 Xuancheng	铜陵市 Tongling	池州市 Chizhou	安庆市 Anqing	黄山市 Huangshan
114	99	118	106	100	99	96	93		104	104	107
2.68	0.82	0.77	0.63	0.20	0.84	2.64	0.01	0.81	0.26		0.93
21	4	3		2	10	10	9	6	4	8	5
6	2		1		6	6	1	2	3	9	6
843	138	320	122	297	886	737	34	513	100	781	1806
66	70	84	17	50	34	54	28	19	35	33	45
9100	8862	10046	3301	6572	3699	9855	3177	3875	2631	5601	2700
3268	3632	4148	1434	3166	2319	4519	1357	1607	1348	2374	1310
4624	4123	5501	1787	3189	2872	5672	1380	1989	1405	2996	1847
81.86	58.43	168.86	40.63	25.74	43.60	141.03		66.31	25.33	51.84	32.90
22739	20933	22920	22591	21275	34048	26264	22731	27154	23482	22683	23356
15492	16361	16311	18924	17518	22368	17580	18428	21047	17023	15243	16612
6800	6219	6958	7155	6647	8359	6971	6956	7198	6711	6734	6146
1109	1646	1595	2137	1082	1774	1931	1887	1745	1603	1067	1308
1654	1604	2191	2381	1905	3712	1752	2567	2690	2016	1900	2045
3	11	5	17	23	22	31	28	14	23	7	23
65	38	77	76	71	96	89	99	69	83	74	84
24.15	48.70	27.20	38.40	30.56	30.35	31.77	37.85	26.67	38.30	33.92	36.00
102.20	102.20	102.60	102.30	101.96	101.80	102.50	102.30	101.92	102.40	102.60	103.00
35.24	18.14	48.47	14.23	15.44	37.20	47.75		25.21	7.27	23.64	10.92
15.66	11.50	25.21	7.64	7.77	19.24	27.14	1.94	13.68	3.65	13.63	5.95
387	205	190	40	38	163	2164	178	126	34	128	146
2.94	4.81	4.52	1.26	2.22	3.28	3.93	0.95	1.41	1.03	2.21	1.07

10—3 城市市政公用基础设施基本情况
Basic Statistics on Urban Public Utilities

指 标	Item	2005	2010	2012	2013
城市面积	**Cities Areas**				
建成区面积 (平方公里)	Developed Areas (sq.km)	1260.35	1491.32	1696.01	1777.26
城市人口密度 (人/平方公里)	Population Density of Urban Districts (persons/sq.km)	1449	2469	2401	2359
供水、供气及供热	**Water Supply, Gas Supply and Heating**				
供水管道长度 (公里)	Length of the Pipeline for Supplying Water (km)	8745	14730	18869	20450
供水总量 (万立方米)	Annual Supply of Tap Water (10000 cu.m)	206386	160816	156888	161140
#居民家庭用水量	Water Consumption for Residential Use	49728	50889	59439	61328
人均日生活用水 (升)	Per Capita Water Consumption for Residential Use (liter)	195.69	160.83	165.45	166.15
用水普及率 (%)	Percentage of Population With Access to Tap Water (%)	90.52	96.06	98.02	98.40
天然气供气量 (万立方米)	Supply of Natural Gas (10000 cu.m)	11564	112190	171251	199095
#家庭用量	Consumption of Coal Gas for Residential Use	5123	25154	53131	57921
液化石油气供气量 (吨)	Liquefied Petroleum Gas (ton)	613614	615770	537160	619620
#家庭用量	Consumption of Liquefied Gas for Residential Use	195508	166335	143506	135713
供气管道长度 (公里)	Length of Gas Pipelines (km)	4068	10126	13447	15639
燃气普及率 (%)	Percentage of Population With Access to Gas (%)	72.29	90.52	94.61	96.14
集中供热面积 (万平方米)	Heated Area (10000 sq.m)	313.36	2463.70	2965.92	2329.08
公共交通	**Public Traffic**				
公共汽（电）车总数 (辆)	Number of Public Transportation Vehicles (buses and trolley buses etc.) (unit)	8450	11875	15128	16623
每万人拥有 (标台)	Number of Public Transportation Vehicles per 10000 Population (unit)	7.29	8.23	10.40	10.93
出租汽车 (辆)	Taxi (unit)	34287	50068	51511	52714
市政工程	**Municipal Engineering**				
道路长度 (公里)	Length of Paved Roads (km)	7985	10157	11571	12287
道路面积 (万平方米)	Area of Paved Roads (10000 sq.m)	13454	19927	24693	27070
每人拥有 (平方米)	Area of Paved Roads per Population (sq.m)	11.92	16.01	18.47	19.61
排水管道长度 (公里)	Length of Sewer Pipelines (km)	7606	13136	19885	21891
建成区排水管道密度 (公里/平方公里)	Density of Sewer Pipelines (km/sq.km)	6.03	8.81	11.72	12.32
污水排放量 (万立方米)	Volume of Waste Water Discharged (10000 cu.m)	126761	124449	131535	135346
污水处理厂处理量 (万立方米)	Volume of Waste Water Treated (10000 cu.m)	66347	89086	113636	119703
城市绿化	**Forestation in Cities**				
绿化覆盖面积 (公顷)	Afforested Area (hectare)	47946	85281	95952	101449
#建成区	Developed District	34680	55927	65806	70815
园林绿地面积 (公顷)	Greenery Area of Gardens (hectare)	41896	71463	79592	83910
#建成区	Developed District	28864	50214	58891	62868
公园绿地面积 (公顷)	Park Greenery Area (hectare)		13630	15941	17223
人均公园绿地面积 (平方米)	Per Capita Park Greenery Area (sq.m)		11	12	12
公园个数 (个)	Number of Parks (unit)	140	247	287	312
公园面积 (公顷)	Area of Parks (hectare)	3970	8685	9881	10843
市容环境卫生	**Environmental Sanitation**				
生活垃圾清运量 (万吨)	Volume of Disposal of Excrement (10000 tons)	477.00	435.25	442.06	455.93
生活垃圾无害化处理量 (万吨)	Environment-friendly Handling Capacity of the Domestic Rubbish (10000 tons)	83.87	281.00	402.91	450.54
生活垃圾无害化处理率 (%)	Living Refuse Treatment Rate (%)		64.56	91.14	98.82
公共厕所 (座)	Public Lavatory (unit)	3600	3168	3096	3122
#三类以上	Above Three Kinds		2469	2603	2579

10—4 各市城市建设情况（2013年）
Statistics on City Construction by Region (2013)

单位：平方公里（sq.km）

地 区	Region	城市建设用地面积 Land Area for City Construction	#居住用地 For Residence	公共设施用地 For Public Facilities	交通设施用地 For Transportation Facilities	绿地 For Green Areas	征用土地面积 Land Put in Requisition for State Construction Projects	城市人口密度（人/平方公里）Population Density of Urban Area (persons/sq.km)
总 计	**Total**	**1763.15**	**568.14**	**66.51**	**224.84**	**213.99**	**137.36**	**2359**
合肥市	Hefei	364.04	108.67	7.06	48.71	51.38	13.40	4256
淮北市	Huaibei	85.25	32.06	1.52	6.53	8.82	5.98	3937
亳州市	Bozhou	53.13	17.55	2.10	3.72	3.26	4.35	4062
宿州市	Suzhou	69.60	24.80	1.85	8.45	6.00	2.60	3165
蚌埠市	Bengbu	119.00	38.24	10.04	19.89	8.66	8.91	2516
阜阳市	Fuyang	96.81	48.79	1.54	14.10	4.85	12.67	2318
淮南市	Huainan	104.91	43.12	4.45	12.46	11.20	10.47	2546
滁州市	Chuzhou	101.66	29.43	2.75	20.18	7.71	18.13	1358
六安市	Luan	70.20	23.26	2.11	10.12	11.36	4.26	3540
马鞍山市	Maanshan	99.76	22.10	2.56	12.41	10.23	0.00	3809
芜湖市	Wuhu	153.50	34.50	11.00	18.00	49.00	14.50	1616
宣城市	Xuancheng	42.78	10.85	0.53	9.08	2.10	5.11	2485
铜陵市	Tongling	67.51	18.24	3.46	10.25	6.62	13.60	2416
池州市	Chizhou	37.06	13.98	0.79	7.63	3.38	4.06	1199
安庆市	Anqing	88.40	31.53	8.50	3.86	6.22	4.46	2086
黄山市	Huangshan	40.66	16.16	0.26	1.82	6.51	1.55	786
桐城市	Tongcheng	23.99	5.30	1.02	0.42	2.05	2.10	1770
天长市	Tianchang	31.18	8.85	0.60	4.80	3.60	0.50	5697
明光市	Mingguang	24.82	9.45	0.45	3.82	2.15	0.50	588
界首市	Jieshou	18.09	7.75	0.40	2.37	1.33	0.28	2314
宁国市	Ningguo	23.20	7.31	0.52	3.62	0.36	1.73	531
巢湖市	Chaohu	47.60	16.20	3.00	2.60	7.20	8.20	6708

10—5 各市城市市政设施情况（2013年）

Basic Statistics on Municipal Infrastructure in Cities by Region (2013)

地 区	Region	年末实有道路长度（公里）Length of Paved Roads (year-end) (km)	年末实有道路面积（万平方米）Area of Paved Roads (year-end) (10000 sq.m)	人均城市道路面积（平方米）Urban Road Area Per Capital (sq.m)	城市桥梁数（座）Number of City Bridges (unit)	城市道路照明灯（盏）Number of Street Lights (unit)	城市排水管道（公里）Length of City Sewage Pipes (km)	污水管道 Sewage Pipeline
总 计	**Total**	**12286.7**	**27069.8**	**19.61**	**1390**	**766222**	**21890.90**	**8508.20**
合肥市	Hefei	2110.7	5469.8	16.54	346	159610	6678.90	2915.80
淮北市	Huaibei	630.9	1066.0	12.89	30	20107	163.10	163.10
亳州市	Bozhou	809.6	1348.6	38.20	121	27852	962.90	357.40
宿州市	Suzhou	583.1	1258.2	24.16	47	43628	754.80	123.70
蚌埠市	Bengbu	778.3	1607.1	17.48	78	41000	1057.10	361.60
阜阳市	Fuyang	687.8	1584.2	20.55	112	35274	677.00	204.60
淮南市	Huainan	741.9	1468.6	13.88	48	23661	700.80	146.60
滁州市	Chuzhou	503.6	1510.0	39.35	67	32746	1153.30	426.60
六安市	Luan	471.4	1206.6	20.52	22	18512	452.20	236.70
马鞍山市	Maanshan	461.0	1206.0	18.01	63	28592	1379.90	487.50
芜湖市	Wuhu	1406.4	3204.4	27.47	85	75525	2288.00	792.00
宣城市	Xuancheng	340.6	871.9	26.62	59	18682	675.40	232.20
铜陵市	Tongling	293.0	501.0	11.48	30	17548	1075.00	347.00
池州市	Chizhou	416.0	740.6	24.43	28	60781	533.90	221.60
安庆市	Anqing	579.6	1080.8	16.64	74	36003	1013.80	358.10
黄山市	Huangshan	374.5	703.1	20.07	36	46681	457.30	330.20
桐城市	Tongcheng	112.6	312.4	19.27	10	7681	243.80	84.40
天长市	Tianchang	343.5	560.6	29.82	30	11255	212.00	54.00
明光市	Mingguang	147.2	295.8	19.33	9	11540	339.60	128.00
界首市	Jieshou	114.8	253.0	14.03	26	14331	171.60	45.00
宁国市	Ningguo	174.7	384.2	22.57	44	15563	268.90	93.90
巢湖市	Chaohu	205.7	437.0	13.57	25	19650	631.60	398.20

10—6 各市城市设施水平（2013年）
Level of Public Facilities in Cities by Region (2013)

地 区	Region	城市用水普及率(%) Coverage Rate of Urban Population with Access to Tap Warer (%)	城市燃气普及率(%) Coverage Rate of Urban Population with Access to Gas (%)	每万人拥有公共交通车辆(标台) Number of Public Transportation Vehicles Per 10000 Population (unit)	人均城市道路面积(平方米) Per Capita Area of Paved Roads (sq.m)	人均公园绿地面积(平方米) Per Capita Area of Parks and Green Land (sq.m)
总 计	**Total**	**98.40**	**96.14**	**10.93**	**19.61**	12.47
合 肥 市	Hefei	99.78	98.31	14.24	16.54	11.76
淮 北 市	Huaibei	99.03	98.15	9.99	12.89	14.86
亳 州 市	Bozhou	91.22	89.97	8.90	38.20	11.50
宿 州 市	Suzhou	99.96	95.14	6.18	24.16	11.73
蚌 埠 市	Bengbu	100.00	100.00	15.87	17.48	11.16
阜 阳 市	Fuyang	92.76	87.42	10.45	20.55	10.01
淮 南 市	Huainan	99.17	94.83	9.29	13.88	12.00
滁 州 市	Chuzhou	99.87	99.82	11.94	39.35	13.24
六 安 市	Luan	99.49	97.79	7.23	20.52	14.06
马鞍山市	Maanshan	100.00	100.00	9.83	18.01	15.71
芜 湖 市	Wuhu	100.00	100.00	12.62	27.47	13.80
宣 城 市	Xuancheng	99.11	96.89	7.18	26.62	12.54
铜 陵 市	Tongling	100.00	100.00	14.51	11.48	14.34
池 州 市	Chizhou	99.01	99.14	9.14	24.43	17.08
安 庆 市	Anqing	100.00	94.07	8.47	16.64	11.93
黄 山 市	Huangshan	98.69	98.03	7.59	20.07	14.96
桐 城 市	Tongcheng	93.15	86.37		19.27	8.64
天 长 市	Tianchang	86.22	86.17		29.82	14.79
明 光 市	Mingguang	90.72	94.44		19.33	4.84
界 首 市	Jieshou	85.86	56.93		14.03	4.60
宁 国 市	Ningguo	98.00	98.12		22.57	11.46
巢 湖 市	Chaohu	95.03	87.58	7.92	13.57	12.36

10—7 各市城市公共交通情况（2013年）
Basic Statistics on Public Transportation in Cities by Region (2013)

地 区	Region	年末公共交通运营数(辆) Number of Public Vehicles under Operation at Year-end (unit)	公共汽、电车 Bus and Trolley Bus	运营线路总长度(公里) Length of Operation Line (km)	公共汽、电车 Bus and Trolley Bus	公共交通客运总量(万人次) Passengers Transported by Public Vehicles (10000 person-times)	公共汽、电车 Bus and Trolley Bus	出租汽车(辆) Number of Taxi (unit)
总 计	**Total**	**16623**	**16623**	**18220**	**18220**	**244676**	**244676**	**52714**
合 肥 市	Hefei	4071	4071	2687	2687	69971	69971	9816
淮 北 市	Huaibei	709	709	479	479	10008	10008	1630
亳 州 市	Bozhou	464	464	398	398	2298	2298	2471
宿 州 市	Suzhou	573	573	805	805	7174	7174	2643
蚌 埠 市	Bengbu	1386	1386	1093	1093	23750	23750	2908
阜 阳 市	Fuyang	967	967	904	904	20658	20658	3483
淮 南 市	Huainan	894	894	879	879	14961	14961	3381
滁 州 市	Chuzhou	897	897	862	862	12502	12502	2922
六 安 市	Luan	917	917	1201	1201	9843	9843	4153
马鞍山市	Maanshan	665	665	755	755	11148	11148	3264
芜 湖 市	Wuhu	1878	1878	2224	2224	22832	22832	4974
宣 城 市	Xuancheng	590	590	1055	1055	7864	7864	2134
铜 陵 市	Tongling	523	523	412	412	7049	7049	1584
池 州 市	Chizhou	468	468	1678	1678	3843	3843	1055
安 庆 市	Anqing	1016	1016	1808	1808	13870	13870	4270
黄 山 市	Huangshan	361	361	692	692	3970	3970	766
巢 湖 市	Chaohu	244	244	287	287	2936	2936	1260

10—8 各市城市绿地和园林（2013年）
Basic Statistics on Parks and Green Areas in Cities by Region (2013)

地 区	Region	绿化覆盖面积（公顷）Green Areas (hectare)	建成区 Completed Area	园林绿地面积（公顷）Area of Urban Green Areas (hectare)	公园绿地面积（公顷）Park Green Areas (hectare)	人均公园绿地面积（平方米）Park Green Areas (sq.m)	公园（个）Number of Parks (unit)	建成区绿地率（%）Per Capita ParkGreen Areas (%)	建成区绿化覆盖率（%）Green Covered Area as % of Completed Area (%)
总 计	**Total**	**101449**	**70815**	**83910**	**17222.6**	**12.47**	**312**	**35.37**	**39.85**
合肥市	Hefei	16683	16460	14556	3890	11.76	50	35.79	41.88
淮北市	Huaibei	4094	3552	4166	1229	14.86	7	43.39	44.61
亳州市	Bozhou	2060	1956	1487	406	11.50	14	30.16	39.93
宿州市	Suzhou	3376	2671	2346	611	11.73	20	32.66	38.16
蚌埠市	Bengbu	5415	4620	4123	1026	11.16	15	34.04	38.81
阜阳市	Fuyang	4110	3245	3787	772	10.01	5	29.00	33.26
淮南市	Huainan	4709	4210	4183	1270	12.00	10	36.77	39.72
滁州市	Chuzhou	4536	3246	3928	508	13.24	19	35.75	39.16
六安市	Luan	2934	2618	2704	827	14.06	19	34.25	37.29
马鞍山市	Maanshan	5787	3900	5498	1052	15.71	15	41.09	43.82
芜湖市	Wuhu	6325	6195	6135	1610	13.80	22	36.40	39.97
宣城市	Xuancheng	3811	2009	3319	410.6	12.54	8	35.78	41.00
铜陵市	Tongling	4284	3172	5047	626	14.34	7	43.28	45.86
池州市	Chizhou	1714	1508	1375	518	17.08	8	32.33	40.83
安庆市	Anqing	11206	3313	3265	775	11.93	9	39.63	40.90
黄山市	Huangshan	13920	2757	13015	524	14.96	27	38.72	46.34
桐城市	Tongcheng	725	705	582	140	8.64	7	22.10	26.78
天长市	Tianchang	1340	1196	1252	278	14.79	7	37.25	41.38
明光市	Mingguang	338	260	165	74	4.84	7	5.22	10.61
界首市	Jieshou	1182	532	293	83	4.60	2	15.56	29.36
宁国市	Ningguo	1100	930	926	195	11.46	9	34.86	36.19
巢湖市	Chaohu	1800	1760	1758	398	12.36	25	36.71	37.61

10—9 各市城市燃气情况（2013年）
Basic Statistics on Supply of Gas in Cities by Region (2013)

地 区	Region	管道长度(公里) Length of Gas Pipelines (km)		全年供气总量 Volume of Gas Supply		用气人口(万人) Population with Access to Gas (10000 persons)	
		液化石油气 Liquefied Petroleum Gas	天然气 Natural Gas	液化石油气(吨) Liquefied Petroleum Gas (ton)	天然气(万立方米) Natural Gas (10000 cu.m)	液化石油气 Liquefied Petroleum Gas	天然气 Natural Gas
总 计	**Total**	**259.20**	**15380.14**	**619619.79**	**199095.12**	**351.47**	**975.86**
合肥市	Hefei	14.50	3828.85	33966.00	38658.50	40.00	285.11
淮北市	Huaibei		608.70	12201.00	5594.00	23.96	57.19
亳州市	Bozhou		513.50	19950.00	2762.74	19.00	12.76
宿州市	Suzhou		568.76	7450.00	2696.00	25.42	24.12
蚌埠市	Bengbu	13.00	1659.07	2400.00	23459.99	15.00	76.96
阜阳市	Fuyang		502.00	7865.00	9260.00	18.72	48.68
淮南市	Huainan		1017.88	11645.00	9250.23	29.00	71.32
滁州市	Chuzhou		671.34	6050.00	13857.60	6.20	32.10
六安市	Luan		567.06	7410.00	5608.54	30.50	27.00
马鞍山市	Maanshan		980.00		18962.00		66.97
芜湖市	Wuhu		1098.01	18000.00	28850.97	8.36	108.27
宣城市	Xuancheng	3.00	234.66	3600.00	2626.13	21.63	10.10
铜陵市	Tongling		775.63	530.19	18443.96	0.08	43.56
池州市	Chizhou		480.47	2715.30	2204.00	7.10	22.96
安庆市	Anqing	94.90	474.41	449177.00	5292.40	34.40	26.70
黄山市	Huangshan	34.50	153.95	12929.00	909.36	32.73	1.61
桐城市	Tongcheng	40.00	162.00	4400.00	725.00	6.50	7.50
天长市	Tianchang		69.00	5000.00	120.00	10.20	6.00
明光市	Mingguang		76.00	3005.00	159.50	3.80	10.65
界首市	Jieshou		99.35	1890.00	414.00	5.87	4.40
宁国市	Ningguo	59.30	270.50	8407.50	1140.00	11.00	5.70
巢湖市	Chaohu		569.00	1028.80	8100.20	2.00	26.20

10—10 城市供水用水情况
Water Supply and Water Use of Cities

年份 Year	综合生产能力 (万立方米/日) Integrated Production Capacity (10000 cu.m/day)	地下水 Ground Water	供水总量 (万立方米) Water Supply (10000 cu.m)	用水总量(万立方米) Water Use (10000 cu.m) #生产运营用水 Water Used for Business	公共服务用水 Water Used for Public Services	居民家庭用水 Water Used for Residents	消防及其他用水 Water Used for Fire Fighting and Others	人均日生活用水量 (升) Per Capita Water Use (liter)
2000	961.8	159.6	200918	123629		61398		211.84
2005	1032.7	156.5	206386	123285	23231	49728	10142	195.69
2006	1026.0	145.7	220174	102877	28373	57515	6778	237.84
2007	999.2	109.3	207574	116823	20918	48145	3780	180.40
2008	1728.7	109.4	195543	101119	19353	50323	3596	174.71
2009	2080.6	92.9	162243	67362	18656	49072	4248	160.96
2010	1992.8	99.2	160816	62871	19191	50889	5155	160.83
2011	820.2	103.2	158039	51387	18921	56014	5899	169.00
2012	1029.4	114.6	156888	47010	19443	59439	4406	165.45
2013	1074.0	98.8	161140	49071	20859	61328	5257	166.15

10—11 各市城市供水用水情况（2013年）
Water Supply and Water Use of Cities by Region (2013)

地区 Region	综合生产能力 (万立方米/日) Integrated Production Capacity (10000 cu.m/day)	地下水 Ground Water	供水总量 (万立方米) Water Supply (10000 cu.m)	用水总量(万立方米) Water Use (10000 cu.m) #生产运营用水 Water Used for Business	公共服务用水 Water Used for Public Services	居民家庭用水 Water Used for Residents	消防及其他用水 Water Used for Fire Fighting and Others	人均日生活用水量 (升) Per Capita Water Use (liter)
总计 Total	**1073.97**	**98.77**	**161140**	**49071**	**20859**	**61328**	**5257**	**166.15**
合肥市 Hefei	175.00		37596	5618	7789	18757		220.41
淮北市 Huaibei	41.59	23.09	5530	1916	280	2839	166	104.37
亳州市 Bozhou	10.50	10.50	2993	920	300	1373		142.35
宿州市 Suzhou	26.50	26.50	5073	1251	591	2548	59	165.24
蚌埠市 Bengbu	77.18	1.11	15784	8480	2677	3661	30	188.82
阜阳市 Fuyang	45.50	25.50	6769	2587	2061	1452	27	134.55
淮南市 Huainan	48.00		9722	1404	955	3850	570	125.72
滁州市 Chuzhou	32.00	2.00	5748	2055	511	1561	529	148.14
六安市 Luan	20.50	1.00	4546	736	436	1728	383	101.83
马鞍山市 Maanshan	120.54		17033	9680	895	3807	419	192.36
芜湖市 Wuhu	100.00		15809	4837	765	6192	1742	163.43
宣城市 Xuancheng	20.61	0.02	3013	671	527	1338	64	157.44
铜陵市 Tongling	209.59	0.54	6395	1424	1169	2613	42	237.43
池州市 Chizhou	16.95		2689	776	279	1065	52	122.66
安庆市 Anqing	56.85		8744	3976	576	2279	25	121.69
黄山市 Huangshan	21.44	0.05	3588	637	308	1337	594	142.38
桐城市 Tongcheng	5.70		1107	134	63	451	182	93.35
天长市 Tianchang	8.62		1737	125	156	984	92	192.68
明光市 Mingguang	6.50	3.26	1325	523	88	604	38	136.59
界首市 Jieshou	5.20	5.20	1265	331	83	746	6	146.63
宁国市 Ningguo	13.20		1652	630	35	822		140.76
巢湖市 Chaohu	12.00		3022	360	314	1321	238	146.41

10—12 各市城市污水排放和处理情况（2013年）
City Sewage Emission and Processing by Region (2013)

单位：万立方米（10000 cu.m）

地　区	Region	城市污水排放量 City Sewage discharge	城市污水处理总量 Total of Sewage Processing	污水处理厂处理量 Processing Amount of Sewage Processing Plant	其他污水处理量 Processing Amount of Others	城市污水处理率(%) Rate of City Sewage Treatment (%)	城市污水处理厂集中处理率(%) Central Processing Rate of Sewage Treatment Plant (%)
总　计	**Total**	**135346**	**130229**	**119703**	**10526**	**96.22**	**88.44**
合肥市	Hefei	36527	36089	31958	4131	98.80	87.49
淮北市	Huaibei	4699	4590	4211	379	97.68	89.61
亳州市	Bozhou	3695	3581	3330	251	96.91	90.12
宿州市	Suzhou	3680	3647	3167	480	99.10	86.06
蚌埠市	Bengbu	13399	13392	12426	966	99.95	92.74
阜阳市	Fuyang	5768	5192	5192		90.01	90.01
淮南市	Huainan	7640	7501	5841	1660	98.18	76.45
滁州市	Chuzhou	5173	4929	4827	102	95.28	93.31
六安市	Luan	3183	2901	2784	117	91.14	87.46
马鞍山市	Maanshan	12998	12655	11308	1347	97.36	87.00
芜湖市	Wuhu	12647	11887	11387	500	93.99	90.04
宣城市	Xuancheng	2157	1881	1841	40	87.20	85.35
铜陵市	Tongling	4726	4041	4041		85.51	85.51
池州市	Chizhou	2030	1855	1855		91.38	91.38
安庆市	Anqing	6123	5995	5487	508	97.91	89.61
黄山市	Huangshan	2906	2655	2655		91.36	91.36
桐城市	Tongcheng	779	661	631	30	84.85	81.00
天长市	Tianchang	1476	1475	1475		99.93	99.93
明光市	Mingguang	1190	1155	1155		97.06	97.06
界首市	Jieshou	1008	944	929	15	93.65	92.16
宁国市	Ningguo	1190	1157	1157		97.23	97.23
巢湖市	Chaohu	2352	2046	2046		86.99	86.99

10—13 各市城市市容环境卫生情况（2013年）

Basic Statistics on Urban Sanitation in Cities by Region (2013)

地 区	Region	清扫保洁面积（万平方米）Area under Cleaning Program (10000 sq.m)	生活垃圾清运量（万吨）Volume of Garbage Disposal (10000 tons)	生活垃圾无害化处理量（万吨）Volume of Garbage hazard-free Disposal (10000 tons)	生活垃圾无害化处理率（%）Living Refuse Treatment Rate (%)	粪便清运量（万吨）Volume of Excrement and Urine Disposal (10000 tons)	市容环卫专用车辆设备总数（台）Number of Special Vehicles for Environmental Sanitation (unit)	公共厕所（座）Number of Public Lavatories (unit)
总 计	**Total**	**24081**	**455.93**	**450.54**	**98.82**	**24.78**	**2765**	**3122**
合肥市	Hefei	5641	99.50	99.50	100.00	2.68	792	220
淮北市	Huaibei	693	29.56	29.56	100.00	0.29	85	39
亳州市	Bozhou	1230	10.42	10.42	100.00	5.73	89	264
宿州市	Suzhou	1297	17.00	16.78	98.71	1.45	143	123
蚌埠市	Bengbu	1167	28.18	28.18	100.00		249	327
阜阳市	Fuyang	837	25.41	23.89	94.02	4.75	152	223
淮南市	Huainan	1500	31.53	30.94	98.13	0.48	181	224
滁州市	Chuzhou	1206	12.04	12.04	100.00	2.05	43	169
六安市	Luan	735	18.60	18.60	100.00	3.60	82	273
马鞍山市	Maanshan	1050	19.78	19.28	97.47	0.60	72	87
芜湖市	Wuhu	2170	38.11	36.66	96.20		302	210
宣城市	Xuancheng	805	10.71	10.71	100.00		45	37
铜陵市	Tongling	1131	13.23	13.23	100.00		122	121
池州市	Chizhou	702	13.60	13.59	99.93	0.30	64	138
安庆市	Anqing	1351	35.30	34.65	98.16	0.60	57	180
黄山市	Huangshan	578	10.23	10.23	100.00		63	54
桐城市	Tongcheng	230	7.00	7.00	100.00		32	10
天长市	Tianchang	420	5.50	5.50	100.00		37	166
明光市	Mingguang	220	4.99	4.76	95.39		10	18
界首市	Jieshou	190	6.75	6.53	96.74	1.08	42	98
宁国市	Ningguo	360	5.59	5.59	100.00		43	35
巢湖市	Chaohu	568	12.90	12.90	100.00	1.17	60	106

主要统计指标解释

供水管道长度

指从送水泵至用户水表之间所有管道的长度。不包括新安装尚未使用、水厂内以及用户建筑物内的管道。

供水总量

指报告期供水企业（单位）供出的全部水量。包括有效供水量和漏损水量。

公共服务用水

指为城市社会公共生活服务的用水。包括行政事业单位、部队营区和公共设施服务、社会服务业、批发零售贸易业、旅馆饮食业以及社会服务业等单位的用水。

居民家庭用水

居民家庭用水指城市范围内所有居民家庭的日常生活用水。包括城市居民、农民家庭、公共供水站用水。

用水普及率

指报告期末城区内用水人口与总人口的比率。计算公式：

用水普及率=城区用水人口／（城区人口+城区暂住人口）×100%

供气总量

指报告期燃气企业（单位）向用户供应的燃气数量。包括销售量和损失量。

燃气普及率

指报告期末使用燃气的人口与总人口的比率。计算公式：

燃气普及率=城区用气人口／（城区人口+城区暂住人口）×100%

排水管道长度

指所有排水总管、干管、支管、检查井及连接井进出口等长度之和。

公园绿地

城市中向公众开放的、以游憩为主要功能，有一定的游憩设施和服务设施，同时兼有健全生态、美化景观、防灾减灾等综合作用的绿化用地。

公园面积

指报告期末综合公园、专类公园和带状公园的全部占地总面积。

Explanatory Notes for Major Statistical Indicators

Length of Water Supply Pipelines

refers to the total length of all the pipelines between the water pumps and the user water meters, excluding pipelines newly installed but not used yet, and in water plant, user building's pipeline as well as.

Volume of Water Supply

refers to the total volume of water supplied by water-works (units) during the reference period, including both the effective water supply and loss during the water supply.

Consumption of Water for Public Service

refers to the water consumption of urban society public service, including the consumption of government agencies and public institutions, military barracks, public facilities, wholesale and retail outlets, restaurants, hotels, and other units providing public services.

Consumption of Water for Residential Use

refers to the consumption of water for daily life of all households in the boundary of cities, including households of urban residents and farmers, and public water supply stations.

Percentage of Urban Population with Access to Tap Water

refers to the ratio of the urban population with access to tap water to the total urban population. The formula is:

Percentage of population with access to tap water=(Urban population with access to tap water) / (Urban population)×100%

Volume of Gas Supply

refers to the total volume of gas provided to users by gas-producing enterprises (units) in a year, including the volume sold and the volume lost.

Percentage of Urban Population with Access to Gas

refers to the ratio of the urban population with access to gas to the total urban population at the end of the reference period. The formula is:

Percentage of population with access to gas = (Urban population with access to gas / Urban population) x 100%

Length of Urban Sewage Pipes

refers to the total length of general drainage, trunks. branch and inspection wells, connection wells, inlets and outlets, etc.

Park Green Area

refers to green areas open to the public for amusement and rest with the facilities of amusement, rest and services. Its function includes perfecting ecology, beautifying landscape, and preventing and reducing disaster.

Park Area

Total areas of including comprehensive park, community park, topic park, belt-shaped park.

第十一篇

Chapter 11

自然资源和环境保护

NATURAL RESOURCES AND ENVIRONMENT PROTECTION

简要说明

一、自然状况包括地域、气象状况。自然资源包括土地、气候、林木、水资源。

1. 林木资料来自省林业厅；

2. 水资源资料由省水利厅和省水产局提供；

3. 气象资料由省气象中心整理提供。

二、环境保护统计资料由省环保厅提供。统计资料是依据国家环保总局制定的环境统计报表制度，由各市的环境统计年报汇总整理而成。主要包括“三废”排放与处理，反映各工业行业有关“三废”排放与处理的情况。

Brief Introduction

I. Natural conditions cover region and meteorological conditions. Natural resources cover land, climate, forest and water resources.

1. Data on forest are provided by the Department of Forestry of Anhui Province.

2. Data on water conservancy are provided by the Water Conservancy Department and the Marine Products Bureau of Anhui Province.

3. The meteorological data are provided by the Provincial Meteorological Center.

II. Data on environmental protection are provided by the Provincial Environment Protection Department. Data are collected and tabulated by the prefectures and cities in accordance with the annual environmental protection reporting scheme stipulated by the State Environment Protection General Bureau. Data include mainly the discharge and treatment of waste water, waste gas and solid wastes, which show various indicators about the discharge and treatment of waste water, waste gas and solid wastes in various regions and various industrial sectors.

11—1 自 然 状 况
Natural Conditions

项 目		Item		2013
区 域		**Climate**		
土地总面积	(平方公里)	Total Land Area	(sq.km)	139427
山 区		Mountain		41162
平 原		Plain		34608
丘 陵		Hills		40448
圩 区		Low-lying Paddy Fields		12097
湖泊洼地		Lakes and Low-lying Lands		11122
山峰高程	**(米)**	**Height of Mountain Peak**	**(m)**	
大别山		DaBie Shan		1729.0
黄 山		Huang Shan		1864.8
九华山		JiuHua Shan		1344.4
天柱山		TianZhu Shan		1489.8
河流长度(安徽境内)	**(公里)**	**Length (Within the territory of Anhui Province)**	**(km)**	
淮 河		Huaihe River		430
长 江		Changjiang River		416
新安江		Xin An Jiang River		240
湖泊面积		**Area of Lakes**		
巢 湖	(平方公里)	ChaoHu Lake	(sq.km)	800
气 候		**Climate**		
年平均气温	(摄氏度)	Annual Average Temperature	(℃)	
淮北地区		HuaiBei Area		15.8
江淮地区		JiangHuai Area		16.8
沿江地区		Along Chang Jiang River		17.4
江南地区		Lying South of Chang Jiang		16.7
降水量	(毫米)	Precipitation	(mm)	1023.4
淮河流域		Huaihe River Basin		811.4
淮河上游区		The Upper Reaches of Huaihe River		781.1
淮河中游区		The Middle Reaches of Huaihe River		810.8
淮河下游区		The Lower Reaches of Huaihe River		862.9
沂沭泗河		Yishusi River		660.0
长江流域		Changjiang River Basin		1181.9
湖口以下干流		Main Rivers Below Hukou		1162.8
鄱阳湖水系		River System of Poyang Lake		1604.3
太湖水系		River System of Taihu Lake		1262.2
东南诸河		South-eastern Rivers		1582.1
钱塘江		Qiantang Jiang River		1582.1

11—2 自 然 资 源
Natural Resources

项目		Item		2013
土地资源		**Land Resources**		
常用耕地面积	(千公顷)	Area of Cultivated Land	(1000 hectares)	4188.10
水田		Paddy Fields		1923.16
旱田		Dry Fields		2294.94
林业用地面积	(千公顷)	Area of Afforestated Land	(1000 hectares)	4431.80
#造林面积		Area of Afforesded Hilly Area		208.10
果园面积		Area of Orchard		118.22
茶园面积		Area of Tea Plantations		155.32
林木资源		**Forest Resources**		
活立木总蓄积量	(万立方米)	Total Standing Stock Volume	(10000 cu.m)	21710.12
森林面积	(千公顷)	Forest Area	(1000 hectares)	3804.20
森林覆盖率	(%)	Forest-cover Rate	(%)	27.53
水资源		**Water Resources**		
水资源总量	(亿立方米)	Total Resources	(100 million cu.m)	585.59
淮河流域		Huaihe River Basin		177.27
淮河上游区		The Upper Reaches of Huaihe River		0.98
淮河中游区		The Middle Reaches of Huaihe River		169.76
淮河下游区		The Lower Reaches of Huaihe River		6.02
沂沭泗河		Yishusi River		0.51
长江流域		Changjiang River Basin		346.49
湖口以下干流		Main Rivers Below Hukou		319.99
鄱阳湖水系		River System of Poyang Lake		25.29
太湖水系		River System of Taihu Lake		1.21
东南诸河		South-eastern Rivers		61.83
钱塘江		Qiantang River		61.83
天然年径流量	(亿立方米)	Natural Annual Flow	(100 million cu.m)	525.41
淮河流域		Huaihe River Basin		131.40
淮河上游区		The Upper Reaches of Huaihe River		0.56
淮河中游区		The Middle Reaches of Huaihe River		126.06
淮河下游区		The Lower Reaches of Huaihe River		4.57
沂沭泗河		Yishusi River		0.21
长江流域		Changjiang River Basin		332.18
湖口以下干流		Main Rivers Below Hukou		305.68
鄱阳湖水系		River System of Poyang Lake		25.29
太湖水系		River System of Taihu Lake		1.21
东南诸河		South-eastern Rivers		61.83
钱塘江		Qiantang River		61.83
地下水天然补给资源量	(亿立方米)	Natural Supply of Ground Water	(100 million cu.m)	187.25
淮河流域		Huaihe River Basin		83.49
长江流域		Changjiang River Basin		95.59
新安江流域		Xinanjiang River Basin		8.17
淡水面积	(千公顷)	Freshwater Area	(1000 hectares)	1054.00
#养殖面积		Cultivated Area		570.38
主要矿产基础储量		**Major Mineral Basic Reserves**		
煤炭	(亿吨)	Coal	(100 million tons)	113.10
铁矿	(矿石，亿吨)	Iron	(Ore, 100 million tons)	20.30
钒矿	(V_2O_5，万吨)	Vanadium	(V_2O_5, 10000 tons)	34.80
铜矿	(铜，万吨)	Copper	(Metal, 10000 tons)	213.50
铅矿	(铅，万吨)	Lead	(Metal, 10000 tons)	163.10
硫铁矿	(矿石，万吨)	Pyrite Ore	(Ore, 10000 tons)	31084.50
磷矿	(矿石，万吨)	Phosphorus Ore	(Ore, 10000 tons)	2934.10
高岭土	(矿石，万吨)	Kaolin Ore	(Ore, 10000 tons)	1239.80

11—3 主要城市平均气温（2013年）
Monthly Average Temperature in Major Cities (2013)

单位：摄氏度（℃）

城市	City	1月 Jan.	2月 Feb.	3月 Mar.	4月 Apr.	5月 May.	6月 June	7月 July	8月 Aug.	9月 Sept.	10月 Oct.	11月 Nov.	12月 Dec.	年平均 Annual Average
合肥市	Hefei	2.8	5.9	11.9	17.0	22.5	25.3	30.2	31.1	23.6	18.3	11.4	3.6	17.0
淮北市	Huaibei	0.7	4.2	10.6	15.9	22.1	26.4	30.1	30.2	23.1	17.8	9.9	3.2	16.2
亳州市	Bozhou	0.3	4.0	10.7	15.8	21.8	26.5	30.2	29.5	22.7	17.2	9.3	3.0	15.9
宿州市	Suzhou	1.0	4.5	10.4	15.5	21.7	26.2	30.3	29.9	23.1	17.9	10.0	3.0	16.1
蚌埠市	Bengbu	1.4	4.5	10.1	15.4	21.3	25.0	29.6	29.6	22.4	17.1	10.2	2.7	15.8
阜阳市	Fuyang	1.3	4.6	10.8	15.4	22.0	26.2	29.5	29.1	22.1	16.9	9.5	2.6	15.8
淮南市	Huainan	2.9	5.5	11.8	17.0	22.9	26.0	30.7	31.3	23.7	18.9	12.0	4.9	17.3
滁州市	Chuzhou	2.0	5.0	10.7	15.8	21.4	24.4	29.4	30.1	22.9	16.9	10.6	3.2	16.0
六安市	Luan	3.0	5.2	12.3	17.1	22.1	25.1	30.3	30.8	23.0	18.1	11.8	4.9	17.0
马鞍山市	Maanshan	3.6	5.7	11.4	16.6	22.0	24.2	30.4	30.9	23.4	18.7	12.6	5.2	17.1
芜湖市	Wuhu	3.5	6.4	11.8	17.0	22.4	25.0	31.3	31.7	24.0	18.7	12.3	4.7	17.4
宣城市	Xuancheng	3.3	6.3	11.3	16.3	22.1	24.5	30.3	30.7	23.7	18.0	11.6	3.8	16.8
铜陵市	Tongling	3.8	6.8	12.7	17.6	23.0	25.6	31.2	31.6	24.0	18.8	12.5	5.0	17.7
池州市	Chizhou	3.7	6.5	12.3	16.7	22.5	25.3	30.2	30.7	23.8	18.4	12.2	5.0	17.3
安庆市	Anqing	3.7	6.0	12.1	16.6	22.1	25.1	29.6	30.6	23.6	18.6	12.3	5.0	17.1
黄山市	Huangshan	4.2	8.1	12.7	16.3	22.8	24.9	30.1	30.0	24.4	18.5	12.5	4.3	17.4

11—4 主要城市降水量（2013年）
Monthly Precipitation in Major Cities (2013)

单位：毫米（millimeters）

城市	City	1月 Jan.	2月 Feb.	3月 Mar.	4月 Apr.	5月 May.	6月 June	7月 July	8月 Aug.	9月 Sept.	10月 Oct.	11月 Nov.	12月 Dec.	全年 Annual Total
合肥市	Hefei	18.5	66.6	38.1	25.3	137.6	86.6	305.5	66.0	118.6	9.1	17.1	4.2	893.2
淮北市	Huaibei	8.3	21.8	19.1	23.9	181.4	26.1	182.8	114.3	98.4	6.8	42.3		725.2
亳州市	Bozhou	7.9	13.9	15.1	37.5	169.3	34.6	168.9	161.9	68.7	16.1	31.9		725.8
宿州市	Suzhou	11.4	28.4	28.3	16.8	139.1	37.6	222.2	221.2	168.6	10.7	40.5	0.2	925.0
蚌埠市	Bengbu	19.3	67.7	35.0	11.5	97.0	122.3	121.1	80.5	175.0	8.7	27.3	5.5	770.9
阜阳市	Fuyang	18.6	28.6	19.8	26.5	91.4	25.7	213.1	102.7	258.0	14.6	18.1	0.1	817.2
淮南市	Huainan	25.3	68.0	27.5	15.1	84.3	177.2	123.2	44.2	224.2	8.6	33.7	1.2	832.5
滁州市	Chuzhou	20.1	67.8	44.4	18.4	101.7	170.1	268.3	48.9	126.2	17.7	27.1	1.1	911.8
六安市	Luan	35.5	69.4	50.8	44.1	145.5	68.5	298.6	44.3	133.6	16.3	26.4	1.1	934.1
马鞍山市	Maanshan	18.3	94.4	50.1	29.7	141.0	142.7	210.5	121.0	111.5	22.9	9.2	16.3	967.6
芜湖市	Wuhu	27.6	96.6	54.7	53.3	199.0	104.8	61.2	100.5	119.2	30.5	11.6	24.5	883.5
宣城市	Xuancheng	17.4	102.2	100.8	83.6	127.9	184.3	195.5	76.5	80.2	69.9	27.6	45.1	1111.0
铜陵市	Tongling	22.2	137.6	107.2	63.0	159.5	234.5	241.3	164.5	98.2	41.1	24.1	29.8	1323.0
池州市	Chizhou	18.3	112.9	109.2	108.8	163.8	254.4	208.4	155.4	78.4	31.2	25.4	34.1	1300.3
安庆市	Anqing	23.8	93.2	124.9	102.4	270.0	323.4	184.6	91.3	52.9	13.7	35.8	32.7	1348.7
黄山市	Huangshan	25.2	106.2	210.9	170.9	210.8	638.9	8.9	59.8	86.7	18.3	52.2	59.1	1647.9

11—5 各市全年降水量（2013年）
Total Precipitation by Region (2013)

地　区	Region	年降水量 Precipitation 毫　米 0.001(m)	亿立方米 (100 million cu.m)	多年平均降水量（亿立方米） Average Precipitation in Many Years (100 million cu.m)	与上年比较 Compared With Last Year (±%)	与多年平均比较 Compared With The Average Precipitation of Many Years (±%)
总　计	**Total**	**1023.4**	**1427.4**	**1636.3**	**-12.8**	**-12.8**
合 肥 市	Hefei	875.0	98.4	115.1	-9.9	-14.5
淮 北 市	Huaibei	729.5	19.9	23.0	-5.6	-13.6
亳 州 市	Bozhou	724.1	60.6	69.1	-6.2	-12.3
宿 州 市	Suzhou	753.2	74.2	82.6	-4.0	-10.2
蚌 埠 市	Bengbu	695.1	41.8	52.7	-5.0	-20.7
阜 阳 市	Fuyang	752.3	74.1	87.1	5.6	-14.9
淮 南 市	Huainan	793.8	20.7	23.1	-0.4	-10.5
滁 州 市	Chuzhou	830.3	110.7	127.4	1.6	-13.1
六 安 市	Luan	1002.0	184.8	218.0	-5.9	-15.2
马鞍山市	Maanshan	886.4	34.5	41.4	-15.4	-16.6
芜 湖 市	Wuhu	1060.5	63.3	72.8	-17.0	-13.1
宣 城 市	Xuancheng	1215.5	150.0	178.6	-26.3	-16.0
铜 陵 市	Tongling	1265.9	14.1	15.5	-10.5	-9.0
池 州 市	Chizhou	1422.8	119.9	135.6	-21.9	-11.5
安 庆 市	Anqing	1327.2	205.3	215.7	-10.2	-4.8
黄 山 市	Huangshan	1579.2	155.2	178.8	-24.7	-13.2

11—6 流域分区全年降水量（2013年）
Total Precipitation by Area of Rivers (2013)

流域分区 River Area	年降水量 Precipitation 毫　米 0.001(m)	亿立方米 (100 million cu.m)	多年平均降水量（亿立方米） Average Precipitation in Many Years (100 million cu.m)	与上年比较 Compared With Last Year (±%)	与多年平均比较 Compared With The Average Precipitation of Many Years (±%)
总　计 Total	**1023.4**	**1427.4**	**1636.3**	**-12.8**	**-12.8**
淮河流域 Huaihe River Basin	811.4	540.6	628.4	-2.4	-14.0
淮河上游区 The Upper Reaches of Huaihe River	781.1	2.9	3.5	5.1	-17.9
淮河中游区 The Middle Reaches of Huaihe River	810.8	519.0	602.7	-2.6	-13.9
淮河下游区 The Lower Reaches of Huaihe River	862.9	16.7	20.0	3.1	-16.3
沂沭泗河 Yishusi River	660.0	2.0	2.2	7.0	-11.2
长江流域 Changjiang River Basin	1181.9	784.9	892.8	-17.4	-12.1
湖口以下干流 Main Rivers Below Hukou	1162.8	736.6	840.8	-16.9	-12.4
鄱阳湖水系 River System of Poyang Lake	1604.3	45.5	48.9	-23.2	-7.0
太湖水系 River System of Taihu Lake	1262.2	2.8	3.1	-28.3	-8.7
东南诸河 South-eastern Rivers	1582.1	101.9	115.2	-23.7	-11.5
钱塘江 Qiantang River	1582.1	101.9	115.2	-23.7	-11.5

11—7 各市水资源总量（2013年）

Water Resources by Region (2013)

单位：亿立方米（100 million cu.m）

地　区	Region	天然年径流量 Natural Annual Flow by Region	山丘区地下水资源量 Ground Water Volume of Mountain and Hill Areas	山丘区河川基流量 River Flow of Mountain and Hill Areas	平原区降水入渗补给量 Permeated Precipitation Supply of Plain Areas	平原区降水入渗补给形成的河道排泄量 River Way Drainage Volume Caused by Permeated Precipitation Supply of Plain Areas	地下水资源与地表水资源不重复量 Amount of Non-repeat-calculated Water Between Ground Water and Surface Water	水资源总量 Total Amount of Water Resources by Region
总　计	**Total**	**525.41**	**65.02**	**64.26**	**73.28**	**7.55**	**60.18**	**585.59**
合肥市	Hefei	27.42	4.00	4.00	1.10		2.01	29.43
淮北市	Huaibei	2.79	0.27	0.02	3.39	0.42	3.22	6.01
亳州市	Bozhou	10.27			11.14	1.65	9.49	19.76
宿州市	Suzhou	11.39	0.65	0.14	12.70	1.72	11.49	22.88
蚌埠市	Bengbu	9.13	0.27	0.27	6.14	1.17	4.97	14.10
阜阳市	Fuyang	13.66			13.28	2.16	11.12	24.78
淮南市	Huainan	4.50	0.32	0.32	2.11	0.43	1.60	6.10
滁州市	Chuzhou	30.35	4.48	4.48	2.66		2.40	32.75
六安市	Luan	65.18	10.25	10.25	3.97		2.60	67.78
马鞍山市	Maanshan	9.15	0.69	0.69	2.30		1.83	10.98
芜湖市	Wuhu	23.16	1.70	1.70	4.31		2.32	25.48
宣城市	Xuancheng	69.13	9.65	9.65	1.06		0.83	69.96
铜陵市	Tongling	5.43	0.50	0.50	0.60		0.49	5.92
池州市	Chizhou	58.18	7.32	7.32	1.95		1.41	59.59
安庆市	Anqing	92.67	10.97	10.97	6.57		4.40	97.07
黄山市	Huangshan	93.00	13.95	13.95				93.00

11—8 流域分区水资源总量（2013年）

Water Resources by Area of Rivers (2013)

单位：亿立方米（100 million cu.m）

流域分区 River Area	天然年径流量 Natural Annual Flow by Region	山丘区地下水资源量 Ground Water Volume of Mountain and Hill Areas	山丘区河川基流量 River Flow of Mountain and Hill Areas	平原区降水入渗补给量 Permeated Precipitation Supply of Plain Areas	平原区降水入渗补给形成的河道排泄量 River Way Drainage Volume Caused by Permeated Precipitation Supply of Plain Areas	地下水资源与地表水资源不重复量 Amount of Non-repeat-calculated Water Between Ground Water and Surface Water	水资源总量 Total Amount of Water Resources by Region
总　计 Total	**525.41**	**65.02**	**64.26**	**73.28**	**7.55**	**60.18**	**585.59**
淮河流域 Huaihe River Basin	131.40	14.05	13.29	54.23	7.55	45.87	177.27
淮河上游区 The Upper Reaches of Huaihe River	0.56			0.51	0.09	0.42	0.98
淮河中游区 The Middle Reaches of Huaihe River	126.06	13.93	13.17	51.77	7.42	43.70	169.76
淮河下游区 The Lower Reaches of Huaihe River	4.57	0.12	0.12	1.61		1.45	6.02
沂沭泗河 Yishusi River	0.21			0.34	0.04	0.30	0.51
长江流域 Changjiang River Basin	332.18	41.70	41.70	19.05		14.31	346.49
湖口以下干流 Main Rivers Below Hukou	305.68	37.73	37.73	19.05		14.31	319.99
鄱阳湖水系 River System of Poyang Lake	25.29	3.79	3.79				25.29
太湖水系 River System of Taihu Lake	1.21	0.18	0.18				1.21
东南诸河 South-eastern Rivers	61.83	9.27	9.27				61.83
钱塘江 Qiantang River	61.83	9.27	9.27				61.83

11—9 主要年份供水和用水情况
Water Supply and Water Use in Rural Area

年份 Year	供水总量(亿立方米) Water Supply (100 million cu.m)	地表水 Surface Water	地下水 Ground-water	其他 Others	用水总量(亿立方米) Water Use (100 million cu.m)	农业 Agricul-ture	工业 Industry	城镇公共 Urban Public	居民生活 Residents Live	生态环境补水 Ecological Protection	人均用水量(立方米/人) Per Capita Water Use (cu.m/person)
2005	208.03	189.60	17.85	0.58	208.03	116.21	67.72	2.84	19.89	1.37	328.50
2006	245.17	226.82	17.87	0.48	245.17	138.27	82.69	3.13	19.64	1.44	401.30
2007	232.05	211.65	19.92	0.48	232.05	122.84	83.81	3.45	20.35	1.60	379.30
2008	266.36	242.38	23.50	0.48	266.36	154.15	85.40	3.66	21.52	1.63	434.20
2009	292.40	265.78	26.13	0.49	292.40	170.43	93.28	4.09	22.65	1.94	476.90
2010	292.50	258.54	33.08	0.89	292.50	167.54	94.32	4.91	23.40	2.30	491.60
2011	294.63	259.90	33.40	1.33	294.63	170.92	90.62	5.27	23.86	3.96	493.70
2012	288.56	253.66	34.01	0.89	288.56	156.67	97.02	7.13	23.96	3.78	481.90
2013	296.02	260.86	33.41	1.75	296.02	165.09	98.43	7.24	24.21	4.05	490.93

11—10 各市供水和用水情况（2013年）
Water Supply and Water Use by Region (2013)

地区 Region	供水总量(亿立方米) Water Supply (100 million cu.m)	地表水 Surface Water	地下水 Ground-water	其他 Others	用水总量(亿立方米) Water Use (100 million cu.m)	农业 Agricul-ture	工业 Industry	城镇公共 Urban Public	居民生活 Residents Live	生态环境补水 Ecological Protection	人均用水量(立方米/人) Per Capita Water Use (cu.m/person)
合肥市 Hefei	32.66	31.92	0.39	0.35	32.66	20.25	6.64	1.80	3.41	0.56	428.71
淮北市 Huaibei	4.95	1.44	3.46	0.05	4.95	2.13	1.83	0.15	0.80	0.04	231.09
亳州市 Bozhou	10.34	2.95	7.39		10.34	5.96	2.51	0.20	1.61	0.06	210.46
宿州市 Suzhou	11.14	3.68	7.44	0.02	11.14	5.80	2.98	0.25	2.07	0.04	205.44
蚌埠市 Bengbu	15.80	12.73	2.96	0.11	15.80	10.90	2.92	0.34	1.33	0.31	493.66
阜阳市 Fuyang	17.26	8.79	8.05	0.42	17.26	10.77	3.42	0.22	2.73	0.12	225.62
淮南市 Huainan	17.39	15.81	1.05	0.53	17.39	6.37	9.24	0.48	1.12	0.18	740.19
滁州市 Chuzhou	23.24	22.56	0.67	0.01	23.24	17.64	3.33	0.58	1.56	0.13	584.83
六安市 Luan	31.81	31.17	0.64		31.81	25.51	3.45	0.44	2.07	0.34	559.74
马鞍山市 Maanshan	31.50	31.33	0.17		31.50	8.58	20.85	0.56	1.06	0.45	1395.66
芜湖市 Wuhu	30.14	30.01	0.13		30.14	10.69	16.59	0.78	1.70	0.38	833.52
宣城市 Xuancheng	15.00	14.70	0.30		15.00	10.39	2.82	0.40	1.07	0.32	585.25
铜陵市 Tongling	10.89	10.79	0.08	0.02	10.89	1.38	8.58	0.16	0.39	0.38	1438.57
池州市 Chizhou	10.50	10.40	0.10		10.50	5.11	4.30	0.22	0.57	0.30	738.40
安庆市 Anqing	29.06	28.39	0.43	0.24	29.06	18.12	8.13	0.26	2.15	0.40	542.73
黄山市 Huangshan	4.34	4.19	0.15		4.34	2.49	0.84	0.40	0.57	0.04	315.36

11—11 环境综合整治
Environmental Improvement

指标	Item	2005	2010	2012	2013
环境质量	**Environment Quality**				
大气总悬浮微粒日平均值可吸入颗粒物（毫克/立方米）	The Average Daily Indicators of Respirable Suspended Particulate Matter in Atmosphere (mg/cu.m)	0.084	0.081	0.079	0.099
二氧化硫日平均值（毫克/立方米）	The Average Daily Indicators of Sulfur Dioxide (mg/cu.m)	0.030	0.027	0.028	0.029
二氧化氮日平均值（毫克/立方米）	The Average Daily Indicators of Nitrogen Dioxide (mg/cu.m)	0.031	0.026	0.027	0.029
饮用水源水质达标率 (%)	Up-to-standard Rate of Drinking Water Quality (%)	98.2	93.4	98.4	97.6
城市地面水质达标率 (%)	Up-to-standard Rate of Urban Surface Water Quality (%)	82.4			
区域环境噪声平均值(分贝(A))	The Average Indicator of Urban Noise (decibel)	54.8	54.1	53.4	53.9
交通干线噪声平均值(分贝(A))	The Average Indicator of Traffic Main Line Noise (decibel)	68.6	68.3	66.7	66.2
生态环境	**Eco-environment Protection**				
森林面积 (万公顷)	Area of Forest (10000 hectares)	360.1	380.4	380.4	380.4
森林覆盖率 (%)	Forest Coverage (%)	26.06	27.53	27.53	27.53
当年造林面积 (万公顷)	Area of Reforestation of the Year (10000 hectares)	5.7	6.6	11.2	20.8
自然保护区数 (个)	Number of Nature Reserves (unit)	31	38	38	39
#国家级	National Level	6	6	7	7
自然保护区面积 (万公顷)	Area of Nature Reserves (10000 hectares)	34.7	43.6	43.2	41.3
自然保护区面积占辖区面积比重 (%)	Area of Nature Reserves in Regions (%)	2.5	3.1	3.1	3.0
生态示范区数 (个)	Number of Demonstration Zones of Ecology (unit)	34	34	34	34
#国家级	National Level	30	30	17	17
污染控制	**Pollution Control**				
工业固体废物综合利用率 (%)	Rate of Comprehensive Utilization of Solid Industrial Waste (%)	79.3	84.6	81.5	84.0
危险废物处置率 (%)	Rate of Treatment of Hazardous Waste (%)	49.9	59.4	25.1	20.3
环境建设	**Environment Improvement**				
城市污水处理厂集中处理率 (%)	Rate of Concentrating Treatment of Sewage in the City (%)	26.31	71.58	86.39	88.44
城市燃气普及率 (%)	Rate of Gas Utilization in the City (%)	72.3	90.5	94.6	96.1
建成区绿化覆盖率 (%)	Green Coverage Rate in Constructed Areas (%)	27.5	37.5	38.8	39.9

注：饮用水源水质达标率自2008年起改变计算方法，与历史年份数据不可比。

a) The calculation method of up-to-standard rate of drinking water quality is changed since 2008, uncomparing with historical data.

11—11 续表 continued

指　　标	Item	2005	2010	2012	2013
自然灾害	**Natural Disaster**				
发生地质灾害起数 (次)	Geological Disaster (unit)	8548	338	350	261
#滑　坡	Landslide	3397	143	170	147
崩　塌	Collapse	4907	164	157	108
人员伤亡 (人)	Casualties (person)		12	5	2
#死亡人数	Deaths		6	3	1
森林病虫害防治面积 (万公顷)	Forest Area Affected and Cured from Diseasease and Pests (10000 hectares)	21.0	30.1	31.1	34.7
环境污染	**Pollution**				
突发环境事件次数 (次)	Suddenly Environment Event Number (time)	28	30	20	6
#水污染	Water Pollution	16	10	7	5
大气污染	Air Pollution	10	8	3	1
固体废物污染	Solid Waste Pollution		5	5	
人员伤亡 (人)	Personnel Casualty (person)				
污染直接经济损失 (万元)	Direct Economic Loss Due to Pollution (10000 yuan)	275.4	231.6	896.5	274.1
突发环境事件赔款总额 (万元)	Compensation Total Amount of Suddenly Environment Event (10000 yuan)	144.1	133.0	878.0	
污染损害罚款总额 (万元)	Fine Total Amount of Pollution Harm (10000 yuan)	55.2	23.0	1.0	9.8
二氧化硫排放量 (万吨)	Sulphur Dioxide Discharge (10000 tons)	67.20	53.26	51.96	50.13
#生　活	Life		4.82	4.94	5.09
COD排放量 (万吨)	COD Discharge (10000 tons)	44.38	41.11	92.43	90.27
氨氮排放总量 (万吨)	Ammonia Nitrogen Discharge (10000tons)		4.43	10.16	10.33
城镇生活污水排放量 (亿吨)	Urban Comsumption Waste Water Discharge (100 million tons)	9.31	11.37	18.70	19.51
#生活污水中化学需氧量排放量 (万吨)	COD Discharge from Urban Consumption Waste Water (10000 tons)		29.63	44.02	43.64
#生活污水中氨氮排放量 (万吨)	Ammonia Nitrogen Discharge from Urban Consumption Waste Water (10000 ton)		3.22	5.90	5.81
环境污染治理	**Investment in the Treatment of Environmental Pollution**				
省辖市空气质量达二级标准 (个)	Cities Directly under the Provincial Government Where the Air Quality Attains the Second Grade National Standards (unit)	14	16	15	8
建设项目环评执行率 (%)	Construct Projects Assessment against the Environment	97	98	99	100

11—12 环保系统机构、人员数
Environmental Protection Agencies and Persons Engaged

年份 Year	机构总数(个) Number of Agencies (unit)	人员总数(人) Total Number of Staff & Workers (person)	#科技人员 Scientific and Technical Personnel	#监测人员 Monitoring Personnel	#监察人员 Supervisory Personnel
2000	361	4104	1934	1442	957
2001	387	4371		1517	1122
2002	388	4388	1971	1517	1122
2003	379	4769	2027	1544	1435
2004	384	4896	2109	1551	1536
2005	388	5128	2195	1593	1626
2006	391	5281			
2007	402	5547			
2008	386	5532	2503	1675	2107
2009	405	5527	2513	1659	2109
2010	390	5722	2648	1767	2145
2011	429	5766	2735	1734	2223
2012	450	5816	4318	2070	3439
2013	419	5753		1624	2242

11—13 生活污染物排放
Discharge of Pollutants from Daily Life

年份 Year	城镇生活污水排放量(万吨) Volume of Urban Waste Water Discharged From Daily Life (10000 tons)	生活污水中化学需氧量排放量(吨) Absorption of Oxygen by Waste Water From Daily Life (ton)	生活及其他二氧化硫排放量(吨) Emission of Sulfur Dioxide From Daily Life and Others (ton)	生活及其他烟尘排放量(吨) Emission of Dust From Daily Life and Others (ton)
2000	80189	275104	44639	37166
2001	72564	284273	47588	37982
2002	78171	285012	47487	36105
2003	77735	289184	49500	35075
2004	84262	300908	50529	35439
2005	93104	307257	56495	45116
2006	96351	310100	65300	56535
2007	101771	311046	54969	51569
2008	101662	305954	53061	49435
2009	106259	295299	51560	50396
2010	113729	296274	48164	47958
2011	172384	450509	42246	15499
2012	186980	440215	49405	87153
2013	195091	436388	50928	44490

注：生活及其他烟尘排放量2011年数据为生活源烟（粉）尘排放量，不包括其他排放量。
a) Life and other soot emissions in 2011 data are life (powder) smoke and dust emissions, do not include other emissions.

11—14 工业企业“三废”排放及治理
Discharge and Treatment of Waste Water, Waste Gas and Solid Wastes by Industry Enterprises

指标	Item	2000	2005	2010	2012	2013
废水	**Waste Water**					
工业废水排放总量（万吨）	Total Volume of Waste Water Discharged (10000 tons)	63106	63487	70971	67175	70972
#工业废水COD排放量	COD Discharge from Industrial Waste			11.48	8.94	8.71
废气	**Waste Gas**					
工业废气排放总量（亿标立方米）	Total Volume of Industrial Waste Gas Emission (100 million cu.m)	3945	6960	17849	29645	28335
工业二氧化硫排放量（万吨）	Volume of Sulphur Dioxide Emission (10000 tons)	35.00	51.47	48.44	46.98	45.02
烟尘排放量（万吨）	Volume of Soot Emission (10000 tons)	24.00	25.27	20.74	35.16	35.18
工业粉尘排放量（万吨）	Volume of Industrial Dust Emission (10000 tons)	29.00	46.23	26.37		
固体废物	**Solid Wastes**					
工业固体废物产生量（万吨）	Volume of Industrial Solid Wastes Produced (10000 tons)	2815	4196	9158	12022	11937
工业固体废物综合利用量（万吨）	Volume of Industrial Solid Wastes Utilized (10000 tons)	2014	3357	7849	10266	10462
工业固体废物综合利用率（%）	Percentage of Industrial Solid Wastes Utilized (%)	71.60	79.32	84.55	81.50	83.99
工业固体废物贮存量（万吨）	Volume of Industrial Solid Wastes Accumulated (10000 tons)	489	360	518	895	933
工业固体废物处置量（万吨）	Volume of Industrial Solid Wastes Treated (10000 tons)	949	519	916	1705	1374
污染治理	**Pollution Treatment**					
本年施工项目总数（个）	Total of Construction Items (unit)	861	265	69	105	127
本年完成环保设施投资额（万元）	Complete Environmental Protection Facilities Investment this Year (10000 yuan)	56470	45443	58895	127350	339135
#治理废水	Treatment of Waste Water	26389	24122	14250	21476	21208
治理废气	Treatment of Waste Gas	25621	16768	30932	100711	268775
治理固体废物	Treatment of Solid Wastes	2165	2902		2489	6864
治理噪声	Noise Abatement	375	249	108	183	8085
治理其他	Others	1920	1402	13588	2491	34204
排污收费及使用	**Fee for Discharging Waste and Fines for Pollution**					
排污费交纳单位（个）	Number of Units Charged (unit)		22617	15031	12001	12480
排污费征收额（万元）	Amount of Pollution Charges (10000 yuan)	13215	28112	55838	62549	61511

11—15 各市工业废水排放及处理（2013年）

Discharge and Treatment of Industrial Waste Water by Region (2013)

地 区	Region	汇总工业企业个数（个）Number of Industrial Enterprises (unit)	工业废水排放总量（万吨）Total Volume of Waste Water Discharge (10000 tons)	#排入污水处理厂 Disperses into the Sewage Treatment Plants	工业废水中污染物排放量（吨）Total Volume Pollutant of Waste Water Discharge (ton) #化学需氧量 COD	#石油类 Petroleum
总 计	**Total**	**8365**	**70972.10**	**9174.97**	**87135.07**	**750.08**
合肥市	Hefei	913	6017.56	1926.56	7898.14	25.95
淮北市	Huaibei	365	2519.99	622.87	1970.30	15.19
亳州市	Bozhou	609	2055.21		2844.22	21.07
宿州市	Suzhou	487	3962.57	245.25	9457.90	32.34
蚌埠市	Bengbu	451	4171.76	3011.09	4292.11	21.81
阜阳市	Fuyang	600	2820.23	345.32	3080.16	116.20
淮南市	Huainan	273	10686.25		6525.20	120.63
滁州市	Chuzhou	747	6459.91		9358.06	66.83
六安市	Luan	622	2688.65		4620.48	77.19
马鞍山市	Maanshan	568	6744.69	607.10	6622.10	71.16
芜湖市	Wuhu	576	3779.42	1834.20	7364.93	28.05
宣城市	Xuancheng	954	5749.31	186.82	9035.60	79.40
铜陵市	Tongling	231	5653.64		5131.97	22.23
池州市	Chizhou	280	2174.25	187.68	3028.38	1.79
安庆市	Anqing	469	4862.83		4808.08	42.50
黄山市	Huangshan	220	625.83	208.09	1097.46	7.74

地 区	Region	#氨 氮 Ammonia & Nitrogen	废水治理设施数（套）Number of Facilities for Treatment of Waste Water (set)	废水治理设施处理能力（万吨/日）Handling Ability of Facilities for Treatmnent of Waste Water (10000cu.m/h)	废水治理设施运行费用（万元）Opearating Cost of Facilities of Waste Water (10000Yuan)
总 计	**Total**	**7651.61**	**2444**	**951.62**	**217062.0**
合肥市	Hefei	386.81	288	163.31	19595.4
淮北市	Huaibei	105.50	159	64.84	7053.2
亳州市	Bozhou	453.09	94	16.79	3788.9
宿州市	Suzhou	455.04	77	28.45	4877.3
蚌埠市	Bengbu	266.84	138	20.95	10994.8
阜阳市	Fuyang	1772.14	85	14.46	5228.6
淮南市	Huainan	1197.09	98	97.75	6295.3
滁州市	Chuzhou	1052.80	189	27.28	24797.2
六安市	Luan	433.07	131	25.05	4547.5
马鞍山市	Maanshan	237.79	195	314.29	72605.2
芜湖市	Wuhu	97.60	227	32.12	11465.9
宣城市	Xuancheng	400.95	221	23.26	4666.3
铜陵市	Tongling	320.22	148	77.87	19814.6
池州市	Chizhou	128.11	121	7.61	3344.4
安庆市	Anqing	238.46	186	33.03	16903.5
黄山市	Huangshan	106.10	87	4.54	1083.9

11—16 各市工业废气排放及处理（2013年）

Emission and Treatment of Industrial Waste Gas by Region (2013)

地 区	Region	汇总工业企业个数（个）Number of Industrial Enterprises (unit)	工业废气治理设施数（套）Number of Facilities for treat-ment of Waste Gas (set)	工业废气排放总量（亿标立方米）Total Volume of Industrial Waste Gas Emission (100 million cu.m)	工业二氧化硫排放量（吨）Volume of Sulphur Dioxide Emission by Industry (ton)
总 计	**Total**	**8365**	**6100**	**28335.4**	**450223.0**
合 肥 市	Hefei	913	603	2862.3	41483.1
淮 北 市	Huaibei	365	338	1213.0	43580.9
亳 州 市	Bozhou	609	157	301.6	12050.6
宿 州 市	Suzhou	487	314	1023.6	29360.2
蚌 埠 市	Bengbu	451	182	1918.5	16969.6
阜 阳 市	Fuyang	600	238	652.4	18266.8
淮 南 市	Huainan	273	296	2809.7	60770.3
滁 州 市	Chuzhou	747	285	1171.7	18522.0
六 安 市	Luan	622	330	1126.3	13644.6
马鞍山市	Maanshan	568	673	6876.8	64722.9
芜 湖 市	Wuhu	576	791	2644.1	37937.5
宣 城 市	Xuancheng	954	319	1286.9	19790.1
铜 陵 市	Tongling	231	647	2114.0	36888.6
池 州 市	Chizhou	280	482	957.2	15883.3
安 庆 市	Anqing	469	271	1326.9	17168.1
黄 山 市	Huangshan	220	174	50.5	3184.3

地 区	Region	工业二氧化硫去除量（吨）Volume of Industry Sulphur Dioxide Removed (ton)	工业烟（粉）尘排放量（吨）Volume of Industrial Soot Emission (ton)	工业烟（粉）尘去除量（吨）Volume of Industrial Soot Removed (ton)	废气治理设备运用运行费用（万元）Annual Expenditure for Operation (10000 yuan)
总 计	**Total**	**2565782.7**	**351757.3**	**40406470.7**	**558278.0**
合 肥 市	Hefei	81851.6	42387.4	4770974.5	43062.5
淮 北 市	Huaibei	31173.8	23083.9	610693.7	20108.5
亳 州 市	Bozhou	1529.4	6312.5	38401.9	1298.9
宿 州 市	Suzhou	46657.7	14592.0	1846949.5	25042.1
蚌 埠 市	Bengbu	36516.1	12641.9	100467.1	14488.0
阜 阳 市	Fuyang	37562.6	12811.7	1352849.6	16299.8
淮 南 市	Huainan	178127.0	22710.3	8646125.6	45639.2
滁 州 市	Chuzhou	11677.3	36994.6	1186099.5	18629.4
六 安 市	Luan	3804.1	10622.2	216083.3	3306.5
马鞍山市	Maanshan	114515.8	32178.4	4551508.7	182599.6
芜 湖 市	Wuhu	75046.0	39088.4	7717571.1	45912.1
宣 城 市	Xuancheng	11708.3	41782.4	2206936.7	12769.6
铜 陵 市	Tongling	1759798.9	16747.8	4701887.4	89051.8
池 州 市	Chizhou	78002.2	12029.7	866656.7	12542.7
安 庆 市	Anqing	97811.9	25300.1	1576793.2	26699.7
黄 山 市	Huangshan		2474.1	16472.3	827.6

11—17 各市工业固体废物产生及处理利用（2013年）
Discharge, Treatment and Utilization of Industrial Solid Wastes by Region (2013)

地 区	Region	汇总工业企业个数（个）Number of Industrial Enterprises (unit)	工业固体废物产生量（万吨）Volume of Industrial Solid Wastes Produced (10000 tons)	#危险废物（万吨）Hazardous Wastes (10000 ton)	工业固体废物综合利用量（万吨）Volume of Industrial Solid Wastes Utilized (10000 ton)	#危险废物（万吨）Hazardous Wastes (10000 ton)
总 计	**Total**	**8365**	**11936.74**	**55.84**	**10461.71**	**48.91**
合肥市	Hefei	913	1024.10	3.06	955.17	1.16
淮北市	Huaibei	365	963.18	1.74	917.14	1.67
亳州市	Bozhou	609	225.52	0.02	225.17	
宿州市	Suzhou	487	557.77	1.78	368.94	0.86
蚌埠市	Bengbu	451	219.65	0.40	217.56	0.00
阜阳市	Fuyang	600	441.85	7.32	441.74	7.26
淮南市	Huainan	273	2583.70	0.11	2447.40	0.02
滁州市	Chuzhou	747	218.95	0.24	211.88	0.10
六安市	Luan	622	448.31	0.06	345.27	0.04
马鞍山市	Maanshan	568	2380.85	22.22	1671.51	21.91
芜湖市	Wuhu	576	329.37	3.25	323.10	1.31
宣城市	Xuancheng	954	341.06	0.67	309.61	0.52
铜陵市	Tongling	231	1794.61	10.37	1656.26	9.87
池州市	Chizhou	280	164.30	0.99	143.07	0.78
安庆市	Anqing	469	207.28	3.49	200.79	3.37
黄山市	Huangshan	220	36.25	0.14	27.10	0.04

地 区	Region	工业固体废物综合利用率（%）Ratio of Industrial Solid Wastes Utilized (%)	工业固体废物贮存量（万吨）Volume of Industrial Solid Wastes in Stocks (10000 tons)	工业固体废物处置量（万吨）Volume of Industrial Solid Wastes Treated (10000 tons)	工业固体废物处置率（%）Handling Rate of Industrial Solid Wastes (%)
总 计	**Total**	**83.99**	**933.04**	**1373.65**	**11.21**
合肥市	Hefei	93.16	62.36	7.78	0.76
淮北市	Huaibei	92.52	73.95	0.24	0.02
亳州市	Bozhou	99.84		0.35	0.16
宿州市	Suzhou	60.33	133.40	138.55	23.60
蚌埠市	Bengbu	99.05	1.82	0.27	0.12
阜阳市	Fuyang	99.97		0.11	0.03
淮南市	Huainan	88.82	287.19	271.01	9.56
滁州市	Chuzhou	96.77		7.06	3.23
六安市	Luan	73.73	0.01	123.03	27.44
马鞍山市	Maanshan	70.21	185.79	523.59	21.99
芜湖市	Wuhu	96.66		11.14	3.38
宣城市	Xuancheng	83.97	30.75	41.87	11.81
铜陵市	Tongling	83.12	153.24	183.78	10.24
池州市	Chizhou	80.21	0.01	53.76	29.41
安庆市	Anqing	96.87		6.48	3.13
黄山市	Huangshan	74.76	4.52	4.62	12.76

11—18 各市城市空气质量指标（2013年）
Ambient Air Quality in Main Cities by Region (2013)

单位：毫克／立方米（milligram/cu.m）

地 区	Region	可吸入颗粒物 (PM_{10}) Clean Area	二氧化硫 (SO_2) Lightly Polluted Area	二氧化氮 (NO_2) Moderately Polluted Area	空气质量达到及好于二级的天数（天） Days of Air Quality Equal to or Above Grade Ⅱ (days)
全省平均	**Average**	**0.099**	**0.029**	**0.029**	**316**
合肥市	Hefei	0.115	0.022	0.037	288
淮北市	Huaibei	0.097	0.026	0.029	327
亳州市	Bozhou	0.096	0.033	0.027	326
宿州市	Suzhou	0.104	0.027	0.030	333
蚌埠市	Bengbu	0.111	0.026	0.038	300
阜阳市	Fuyang	0.090	0.028	0.030	324
淮南市	Huainan	0.115	0.030	0.028	289
滁州市	Chuzhou	0.102	0.022	0.027	308
六安市	Luan	0.077	0.032	0.033	340
马鞍山市	Maanshan	0.135	0.031	0.036	262
芜湖市	Wuhu	0.098	0.024	0.028	314
宣城市	Xuancheng	0.096	0.031	0.030	321
铜陵市	Tongling	0.099	0.064	0.026	324
池州市	Chizhou	0.078	0.025	0.027	351
安庆市	Anqing	0.113	0.027	0.032	284
黄山市	Huangshan	0.058	0.013	0.014	363

11—19 各市城市道路交通噪声监测情况（2013年）
Monitoring of Urban Road Traffic Noise in Key Cities by Region (2013)

地 区	Region	监测总长度（公里） Total Length of Roads (km)	路段平均宽度（米） Average Width of Roads (m)	平均车流量（辆/小时） Average Traffic Volume (car/hour)	噪声均值（分贝） Average Noise Value (LeqdBA)
总 计	**Total**	**1861.49**	**38.3**	**1624**	**66.2**
合肥市	Hefei	591.70	48.7	2257	67.8
淮北市	Huaibei	96.78	43.4	473	66.1
亳州市	Bozhou	66.23	45.7	200	60.4
宿州市	Suzhou	23.65	24.2	1656	69.4
蚌埠市	Bengbu	116.08	41.3	1522	69.1
阜阳市	Fuyang	29.43	43.1	2707	68.1
淮南市	Huainan	56.03	36.9	1368	67.9
滁州市	Chuzhou	65.95	31.6	986	65.8
六安市	Luan	66.65	31.7	1269	65.4
马鞍山市	Maanshan	98.53	43.3	1437	67.5
芜湖市	Wuhu	404.79	46.3	1727	64.0
宣城市	Xuancheng	67.26	37.1	2351	60.4
铜陵市	Tongling	38.47	33.8	2246	66.5
池州市	Chizhou	28.85	31.9	3154	64.9
安庆市	Anqing	48.61	42.8	1810	68.6
黄山市	Huangshan	62.50	31.8	828	66.5

11—20 水资源情况
Water Resources

年份 Year	水资源总量（亿立方米）Total Water Resources (100 million cu.m)	地表水资源量 Surface Water	地下水资源量 Ground Water	地表水与地下水资源重复量 Duplicated Measurement Between Surface Water and Groundwater	人均水资源量（立方米／人）Per Capita Water Resources (cu.m/person)
2000	644.21	554.62	188.74	99.15	1026.10
2005	719.25	672.20	195.41	148.36	1135.70
2006	580.50	532.77	159.12	111.39	950.10
2007	712.46	666.10	181.84	135.48	1164.50
2008	699.24	651.88	178.09	130.73	1139.80
2009	733.10	685.92	185.43	138.25	1195.70
2010	939.05	876.27	197.81	135.03	1578.20
2011	602.08	544.17	143.48	85.57	1008.80
2012	700.98	640.64	159.22	98.88	1172.60
2013	585.59	525.41	144.54	84.36	974.54

注：水资源总量=地表水资源量＋地下水资源量－地表水与地下水资源重复量。

a) Total Water Resources=Surface Water+Ground Water-Duplicated Measurement Between Surface Water and Groundwater.

11—21 各市水资源情况（2013年）
Water Resources by Region (2013)

地区	Region	水资源总量（亿立方米）Total Water Resources (100 million cu.m)	地表水资源量 Surface Water	地下水资源量 Ground Water	地表水与地下水资源重复量 Duplicated Measurement Between Surface Water and Groundwater	人均水资源量（立方米／人）Per Capita Water Resources (cu.m/person)
总计	**Total**	**585.59**	**525.41**	**144.54**	**84.36**	**974.54**
合肥市	Hefei	29.43	27.42	5.18	3.17	386.31
淮北市	Huaibei	6.01	2.79	3.98	0.76	280.58
亳州市	Bozhou	19.76	10.27	12.28	2.79	402.19
宿州市	Suzhou	22.88	11.39	14.51	3.02	421.95
蚌埠市	Bengbu	14.10	9.13	7.13	2.16	440.54
阜阳市	Fuyang	24.78	13.66	14.60	3.48	323.93
淮南市	Huainan	6.10	4.50	2.62	1.02	259.64
滁州市	Chuzhou	32.75	30.35	7.30	4.90	824.15
六安市	Luan	67.78	65.18	14.53	11.93	1192.68
马鞍山市	Maanshan	10.98	9.15	3.16	1.33	486.49
芜湖市	Wuhu	25.48	23.16	6.30	3.98	704.65
宣城市	Xuancheng	69.96	69.13	10.75	9.92	2729.61
铜陵市	Tongling	5.92	5.43	1.12	0.63	782.03
池州市	Chizhou	59.59	58.18	9.33	7.92	4190.58
安庆市	Anqing	97.07	92.67	17.80	13.40	1812.90
黄山市	Huangshan	93.00	93.00	13.95	13.95	6757.74

11—22 农 村 环 境 状 况
The Environment of Rural Areas

年　份 Year	农村改水受益率(%) Benefical Rate of the Water Renovation in Rural Areas (%)	农村自来水普及率(%) Popularity Rate of Tape Water in Rural Areas (%)	农村卫生厕所普及率(%) Popularity Rate of Sanitation Toilet in Rural Areass (%)	农村户用沼气 Marsh Gas in Rural House 用户数(万户) (10000 Housrholds)	农村户用沼气 Marsh Gas in Rural House 总产气量(万立方米) Total Volum Gas Production (10000 cu.m)	太阳能热水器 Solar Water Heater 面　积(万平方米) Area (10000 sq.m)
2000	98.5	36.8	40.1	11.44	2862	50.37
2005	99.0	37.6	54.2	31.94	9076	172.88
2006	98.2	39.5	55.6	37.64	10809	224.50
2007	96.2	35.2	51.9	49.21	14763	262.14
2008	97.7	39.1	53.3	56.43	17959	307.53
2009	98.4	43.7	54.1	67.06	20654	373.16
2010	99.6	47.8	57.5	75.26	22334	422.12
2011	96.1	50.4	58.0	79.08	27677	464.40
2012	94.4	53.6	59.2	82.99	25068	503.11
2013	97.0	58.6	62.6	85.76	24693	520.07

11—23 各市农村环境状况（2013年）
The Environment of Rural Areas by Region (2013)

地　区	Region	农村改水受益率(%) Benefical Rate of the Water Renovation in Rural Areas (%)	农村自来水普及率(%) Popularity Rate of Tape Water in Rural Areas (%)	农村卫生厕所普及率(%) Popularity Rate of Sanitation Toilet in Rural Areass (%)	农村户用沼气 Marsh Gas in Rural House 用户数(万户) (10000 Housrholds)	农村户用沼气 Marsh Gas in Rural House 总产气量(万立方米) Total Volum Gas Production (10000 cu.m)	太阳能热水器 Solar Water Heater 面　积(万平方米) Area (10000 sq.m)
总　计	**Total**	**97.03**	**58.56**	**62.57**	**85.76**	**24693.20**	**520.07**
合肥市	Hefei	88.47	58.68	86.24	8.97	2590.18	100.89
淮北市	Huaibei	100.00	71.09	67.60	1.95	636.56	21.42
亳州市	Bozhou	100.00	37.10	41.58	3.38	1102.01	28.13
宿州市	Suzhou	99.18	56.41	53.95	5.18	1732.85	34.72
蚌埠市	Bengbu	99.97	34.66	67.78	2.87	866.25	27.09
阜阳市	Fuyang	100.00	39.62	30.47	8.67	2191.42	31.82
淮南市	Huainan	98.92	56.72	80.25	1.62	408.45	14.69
滁州市	Chuzhou	98.14	67.04	67.02	4.99	1518.48	38.79
六安市	Luan	80.26	50.64	70.51	11.27	3084.48	45.06
马鞍山市	Maanshan	22.09	22.09	50.43	1.98	535.82	23.37
芜湖市	Wuhu	99.65	98.02	100.41	1.18	349.06	26.29
宣城市	Xuancheng	97.83	74.27	77.34	6.15	1795.01	40.50
铜陵市	Tongling	99.09	92.29	83.84	0.70	162.51	10.96
池州市	Chizhou	99.26	66.62	58.42	7.32	2085.22	14.42
安庆市	Anqing	128.45	96.50	68.75	15.82	4560.33	39.21
黄山市	Huangshan	99.07	93.51	81.69	3.71	1074.60	22.73

11—24 农村改水、改厕情况
The Water and Toilets Renovation in Rural Area

指　　标		Item		2005	2010	2012	2013
农村改水		**Water Renovation**					
农村总人口	（万人）	Total Rural Population	(10000 persons)	4490.8	5250.8	5393.0	5393.0
累计已改水受益人口	（万人）	Accumulative Population to Benefit from Water Renovation	(10000 persons)	4419.4	5227.5	5091.0	5233.0
自来水		Tap Water					
厂、站	（个）	Factory, Standion	(unit)	14162	14501	12116	12190
累计受益	（万人）	Accumulative Benefit Population	(10000 persons)	1690.6	2511.4	2891.3	3158.0
占农村总人口	(%)	Proportion of the Total Rural Population	(%)	37.7	47.8	53.6	58.6
手压机井		Manual Pumped Wells					
数　　量	（万台）	Number	(10000 unat)	640.0	543.1	551.7	532.0
累计受益	（万人）	Accumulative Benefit Population	(10000 persons)	2241.3	2438.3	2065.3	1946.0
占农村总人口	(%)	Proportion of the Total Rural Population	(%)	49.9	46.4	38.3	36.0
雨水收集		Rainwater Collection					
累计受益	（万人）	Accumulative Benefit Population	(10000 persons)	31.7	16.4	2.4	2.6
占农村总人口	(%)	Proportion of the Total Rural Population	(%)	0.7	0.3	0.1	0.1
其　他		Other					
累计受益	（万人）	Accumulative Benefit Population	(10000 persons)	455.8	261.4	131.9	125.7
占农村总人口	(%)	Proportion of the Total Rural Population	(%)	10.2	5.0	2.5	2.3
农村改厕		**Toilets Renovation in Rural Area**					
农村总户数	（万户）	Total Rural Households	(10000 subscribers)	1213.7	1346.5	1434.8	1434.8
累计使用卫生厕所户数	（万户）	Households Used Toilets	(10000 subscribers)	657.4	774.9	849.6	897.8
卫生厕所普及率	(%)	Rate of the Sanitation Toilets	(%)	54.2	57.5	59.2	62.6
累计使用卫生公厕户数	（万户）	Household Used Public Sanitation Toilets	(10000 subscribers)	82.3	125.9	155.5	148.1

11—25 农村改水、改厕投资情况
Investment of Water and Toilets Renovation in Rural Area

指　　标		Item		2005	2010	2012	2013
农村改水		**Water Renovation in Rural Area**					
农村改水投入	（万元）	Investment	(10000 yuan)	21669	132386	141648	142903
国家投入		State Investment		10011	114919	123654	126250
国家投入占总投入比重	(%)	The Proportion of State Investment	(%)	46.20	86.81	87.30	88.35
农村改厕		**Toilets Renovation in Rural Area**					
农村改厕投入	（万元）	Investment	(10000 yuan)	11413	33327	33940	36207
国家投入		State Investment		3577	21952	16755	19323
国家投入占总投入比重	(%)	The Proportion of State Investment	(%)	31.34	65.87	49.37	53.37

11—26 突发环境事件情况
Environmental Accidents

年 份 Year	突发环境事件次数（次） Number of Environmental Accidents (time)	水 污 染 Water Pollution	大气污染 Air Pollution	固体废物污 染 Solid Wastes Pollution	噪 声 与振动危害 Noise and Vibration Pollution	直 接经济损失（万元） Direct Economic Losses (10000 yuan)	突发环境事件罚款总额（万元） Reparations and Fines on Environmental Accidents (10000 yuan)	污染损害赔款总额（万元） Total Compensation Amount Damage of Pollution (10000 yuan)
2000	66	43	23			802.20	62.46	802.20
2005	28	16	10		2	275.40	55.20	275.40
2006	21	15	4		2	354.80	58.70	452.90
2007	22	13	9			450.00		
2008	16	9	6	1		1440.70		30.00
2009	22	12	3	7		625.36	17.00	
2010	30	10	8	5		231.60	23.00	133.00
2011	12	4	3	1		50.88	40.00	125.00
2012	20	7	3	5		896.50	1.00	878.00
2013	6	5	1			274.06	9.79	

11—27 各市突发环境事件情况（2013年）
Environmental Accidents by Region (2013)

地 区	Region	突发环境事件次数（次） Number of Environmental Accidents (time)	水 污 染 Water Pollution	大气污染 Air Pollution	噪 声 与振动危害 Noise and Vibration Pollution	直 接经济损失（万元） Direct Economic Losses (10000 yuan)	突发环境事件罚款总额（万元） Reparations and Fines on Environmental Accidents (10000 yuan)	污染损害赔款总额（万元） Total Compensation Amount Damage of Pollution (10000 yuan)
总 计	**Total**	**6**	**5**	**1**		**274.06**	**9.79**	
合 肥 市	Hefei	1	1					
淮 北 市	Huaibei							
亳 州 市	Bozhou							
宿 州 市	Suzhou							
蚌 埠 市	Bengbu							
阜 阳 市	Fuyang							
淮 南 市	Huainan							
滁 州 市	Chuzhou	2	1	1				
六 安 市	Luan	1	1					
马鞍山市	Maanshan							
芜 湖 市	Wuhu							
宣 城 市	Xuancheng							
铜 陵 市	Tongling	1	1			14.00	9.79	
池 州 市	Chizhou	1	1			260.00		
安 庆 市	Anqing							
黄 山 市	Huangshan							

11—28 地质灾害及防治情况
Geological Disasters and Prevention and Cure

年份 Year	发生地质灾害起数（次） Geological Disasters (time)	#滑坡 Land-slide	#崩塌 Collapse	人员伤亡（人） Casualties (person)	#死亡人数 Deaths	直接经济损失（万元） Direct Economic Losses (10000 yuan)	地质灾害防治项目（个） Number of Projects of Prevention of Geological Disasters (unit)	地质灾害防治投资（万元） Investment of Projects of Preven-tion of Geological Disasters (10000 yuan)
2005	8320	1528	6445	44	40	96800.0	46	3614
2006	360	72	260	6	3	3714.0	73	9921
2007	314	123	161	5	3	7486.6	123	9361
2008	556	247	285	3	2	8753.2	164	14814
2009	349	116	216	8	2	2179.3	156	12253
2010	338	143	164	12	6	2536.3	189	11352
2011	175	102	60	2	2	1569.6	338	27288
2012	350	170	157	5	3	4601.3	652	25201
2013	261	147	108	2	1	2247.8	624	29280

11—29 各市地质灾害及防治情况（2013年）
Geological Disasters and Prevention and Cure by Region (2013)

地区	Region	发生地质灾害起数（次） Geological Disasters (time)	#滑坡 Land-slide	#崩塌 Collapse	人员伤亡（人） Casualties (person)	#死亡人数 Deaths	直接经济损失（万元） Direct Economic Losses (10000 yuan)	地质灾害防治项目（个） Number of Projects of Prevention of Geological Disasters (unit)	地质灾害防治投资（万元） Investment of Projects of Preven-tion of Geological Disasters (10000 yuan)
总计	**Total**	**261**	**147**	**108**	**2**	**1**	**2247.8**	**624**	**29280**
合肥市	Hefei	1		1			0.3	10	238
淮北市	Huaibei								35
亳州市	Bozhou								19
宿州市	Suzhou							1	120
蚌埠市	Bengbu								30
阜阳市	Fuyang							9	
淮南市	Huainan								70
滁州市	Chuzhou	1						6	446
六安市	Luan	24	20	4			839.0	221	3056
马鞍山市	Maanshan	2		2				32	1342
芜湖市	Wuhu							17	1950
宣城市	Xuancheng	10	6	2	1	1	78.5	157	4573
铜陵市	Tongling							5	1899
池州市	Chizhou	15	8	7			112.7	18	2467
安庆市	Anqing	112	56	53			474.0	105	2655
黄山市	Huangshan	96	57	39	1		743.3	43	10380

11—30 自然保护基本情况
Basic Situation of Natural Protection

年份 Year	自然保护区(市级以上) Nature Reserves				珍稀濒危动物繁殖场(个) Number of Farms to Breed Rare or Endangered Animals (unit)	珍稀植物引种栽培场(个) Cultivating Farms of Rare Plants (unit)	生态示范区建设试点地区和单位(个) Number of Experimental Units and Region of Ecological Demonstration Zones (unit)	已批准国家级生态示范区(个) Number of Approved the National-level Ecological Demonstration Zones (unit)
	个数(个) Number of Nature Reserves (unit)	#国家级 Nation Level	面积(万公顷) Area of Nature Reserves (10000 hectares)	#国家级 Nation Level				
2005	31		34.68		5	1	34	9
2006	35		44.81		3		34	9
2007	37		44.00				34	11
2008	37		46.13				34	13
2009	38		43.84				34	13
2010	38	6	43.61	13.14			34	13
2011	38	7	43.20	13.92			34	17
2012	38	7	43.20	13.92			34	17
2013	39	7	41.28	13.92			34	17

11—31 各市自然保护基本情况(2013年)
Basic Situation of Natural Protection by Region (2013)

地区 Region	自然保护区(市级以上) Nature Reserves				珍稀濒危动物繁殖场(个) Number of Farms to Breed Rare or Endangered Animals (unit)	珍稀植物引种栽培场(个) Cultivating Farms of Rare Plants (unit)	生态示范区建设试点地区和单位(个) Number of Experimental Units and Region of Ecological Demonstration Zones (unit)	已批准国家级生态示范区(个) Number of Approved the National-level Ecological Demonstration Zones (unit)
	个数(个) Number of Nature Reserves (unit)	#国家级 Nation Level	面积(万公顷) Area of Nature Reserves (10000 hectares)	#国家级 Nation Level				
总计 Total	**39**	**7**	**41.28**	**13.92**			**34**	**17**
合肥市 Hefei								
淮北市 Huaibei							1	
亳州市 Bozhou							1	1
宿州市 Suzhou	5		2.09				2	1
蚌埠市 Bengbu	3		1.63				2	
阜阳市 Fuyang	2		2.56				3	2
淮南市 Huainan								
滁州市 Chuzhou	2		2.46				1	
六安市 Luan	4	1	5.17	2.89			3	3
马鞍山市 Maanshan	1		1.07				1	1
芜湖市 Wuhu							3	1
宣城市 Xuancheng	3	2	3.14	2.64			5	2
铜陵市 Tongling	1	1	3.15	3.15				
池州市 Chizhou	4	1	5.45	3.34			1	1
安庆市 Anqing	5	1	11.87	1.23			5	1
黄山市 Huangshan	9	1	2.70	0.67			5	4

11—32 森林资源情况
Forest Resources

年 份 Year	林业用地面积（千公顷） Area of Afforested Land (1000 hectares)	森林面积（千公顷） Forest Area (1000 hectares)	#人 工 林 Man-made Forest	森林覆盖率(%) Forest Coverage Rate (%)	活立木总蓄积量（万立方米） Total Standing Forest Stock (10000 cu.m)	森林蓄积量（万立方米） Stock Volume of Forest (10000 cu.m)
2000	4123.20	3318.70	1174.80	24.02	12667.41	10371.90
2005	4403.50	3600.70	2098.70	26.06	16258.35	13755.41
2007	4404.00	3601.00	2099.00	26.06	16258.35	13755.41
2008	4404.00	3601.00	2099.00	26.06	16258.35	13755.41
2009	4404.00	3601.00	2099.00	26.06	16258.35	13755.41
2010	4431.80	3804.20	2250.70	27.53	21710.12	18074.85
2011	4431.80	3804.20	2250.70	27.53	21710.12	18074.85
2012	4431.80	3804.20	2250.70	27.53	21710.12	18074.85
2013	4431.80	3804.20	2250.70	27.53	21710.12	18074.85

注：2005年及以后为一类资源清查数。
a) The figures after 2005 of the national first class forest resources by Surveyed.

11—33 各市森林资源情况（2013年）
Forest Resources by Region (2013)

地 区	Region	林业用地面积（千公顷） Area of Afforested Land (1000 hectares)	森林面积（千公顷） Forest Area (1000 hectares)	森林覆盖率(%) Forest Coverage Rate (%)	活立木总蓄积量（万立方米） Total Standing Forest Stock (10000 cu.m)	森林蓄积量（万立方米） Stock Volume of Forest (10000 cu.m)
合肥市	Hefei	183.31	163.54	14.30	937.45	605.64
淮北市	Huaibei	54.05	51.55	19.11	279.45	226.68
亳州市	Bozhou	161.97	156.30	18.54	1121.52	882.67
宿州市	Suzhou	300.45	279.35	28.41	1474.92	1276.56
蚌埠市	Bengbu	121.24	109.85	18.53	831.82	740.09
阜阳市	Fuyang	177.94	174.85	17.97	978.86	872.48
淮南市	Huainan	52.56	50.42	19.51	302.80	261.06
滁州市	Chuzhou	246.34	199.49	15.01	1702.48	1158.69
六安市	Luan	726.03	692.41	38.52	3206.49	2925.70
马鞍山市	Maanshan	77.33	64.38	15.90	333.96	278.86
芜湖市	Wuhu	124.69	107.43	17.94	497.28	365.28
宣城市	Xuancheng	760.68	711.88	57.57	2889.45	2799.80
铜陵市	Tongling	39.04	34.27	34.67	165.75	137.98
池州市	Chizhou	543.79	490.21	58.60	2733.30	2632.27
安庆市	Anqing	623.28	583.84	38.00	2873.52	2660.00
黄山市	Huangshan	820.61	786.95	81.04	4215.55	4171.91

注：数据为各地考核2013年基础数据
a) Data are 2013 foundation data of Local examination.

11—34 造 林 面 积
Area of Afforestation

单位：公顷（hectares）

年 份 Year	造林总面积 Total Area of Afforestation	#人工造林 Manual Planting	按林种用途分 by Function of Forest 用材林 Timber Forests	经济林 By-product Forests	防护林 Protection Forests	薪炭林 Fuel Forests	特种用途林 Forests for Special Purpose
2000	69214	69214	29068	33592	4730		1824
2005	57457	57457	26388	4489	25727	739	114
2006	45888	45888	19517	6655	19704		12
2007	58910	52240	21083	6947	29048	179	1653
2008	53322	48366	17037	8444	26440	1033	368
2009	83606	70229	25314	8858	48171		1263
2010	65612	57012	17724	12380	33804	849	855
2011	88731	72747	23939	22445	41121	405	821
2012	112197	100907	36082	34663	39251	267	1934
2013	208099	202766	72712	51817	73732	248	9590

11—35 各市造林面积（2013年）
Area of Afforestation by Region (2013)

单位：公顷（hectares）

地 区	Region	造林总面积 Total Area of Afforestation	#人工造林 Manual Planting	按林种用途分 by Function of Forest 用材林 Timber Forests	经济林 By-product Forests	防护林 Protection Forests	特种用途林 Forests for Special Purpose
总 计	**Total**	**208099**	**202766**	**72712**	**51817**	**73732**	**9590**
合肥市	Hefei	22803	22803	4047	2345	15305	1105
淮北市	Huaibei	5579	5579	26	1430	3950	169
亳州市	Bozhou	7208	7208	2444	683	2778	1294
宿州市	Suzhou	7033	7033	827	2145	3936	125
蚌埠市	Bengbu	8726	8726	1020	1889	5395	421
阜阳市	Fuyang	8489	8489	1974	2013	3985	515
淮南市	Huainan	2413	2413	166	247	2000	
滁州市	Chuzhou	41455	41455	23653	7510	9853	413
六安市	Luan	27232	27232	8294	11000	5591	2343
马鞍山市	Maanshan	10366	10033	7491	840	1562	463
芜湖市	Wuhu	13540	13407	5509	1619	4652	1730
宣城市	Xuancheng	14169	12502	5223	6104	2120	684
铜陵市	Tongling	1521	1514	286	170	1000	62
池州市	Chizhou	6883	6366	4000	1018	1781	49
安庆市	Anqing	22023	21023	5686	8991	7120	172
黄山市	Huangshan	8659	6984	2066	3813	2704	45

11—36 退耕还林工程建设情况

Situation of Projects for Reforesting Formerly Cultivated Land

单位：公顷（hectares）

年份 Year	造林总面积 Total Area of Afforestation	退耕地造林面积 Reforesting Formerly Cultivated Land Area	荒山荒地造林面积 Afforested Area of Waste Mountains & Land	按林种用途分 by Function of Forest: 用材林 Timber Forests	经济林 By-product Forests	防护林 Protection Forests	薪炭林 Fuel Forests	特种用途林 Forests for Special Purpose	林业投资完成额（万元） Completed Investment in Forestry (10000 yuan)
2005	17026	13333	3693	1054	725	15082	133	32	
2007	16557		16557	258	1635	14353		311	
2008	19567		19134	3556	3303	12705	3		
2009	32540		19211	1802	386	30144		208	
2010	17820		17820	4179	4441	8205	400	595	59665
2011	18520	1805	10229	3265	3155	11198	353	549	112715
2012	21238		14328	1885	2224	9828	201	100	63606
2013	5334	1721	3612	1913	1363	1799		259	58203

11—37 各市退耕还林工程建设情况（2013年）

Situation of Projects for Reforesting Formerly Cultivated Land by Region (2013)

单位：公顷（hectares）

地区	Region	造林总面积 Total Area of Afforestation	退耕地造林面积 Reforesting Formerly Cultivated Land Area	荒山荒地造林面积 Afforested Area of Waste Mountains & Land	按林种用途分 by Function of Forest: 用材林 Timber Forests	经济林 By-product Forests	防护林 Protection Forests	薪炭林 Fuel Forests	特种用途林 Forests for Special Purpose	林业投资完成额（万元） Completed Investment in Forestry (10000 yuan)
总计	**Total**	**5334**	**1721**	**3612**	**1913**	**1363**	**1799**		**259**	**58203**
合肥市	Hefei									10700
淮北市	Huaibei									717
亳州市	Bozhou									913
宿州市	Suzhou									2089
蚌埠市	Bengbu									1765
阜阳市	Fuyang									512
淮南市	Huainan									985
滁州市	Chuzhou									5885
六安市	Luan									5343
马鞍山市	Maanshan	334	127	206	249	10	42		33	1801
芜湖市	Wuhu	133	19	114	50	30	16		37	3322
宣城市	Xuancheng	1667	436	1231	668	434	474		91	4996
铜陵市	Tongling									701
池州市	Chizhou	533	264	269	164	150	185		34	2988
安庆市	Anqing	1000	305	695	318	408	236		38	9094
黄山市	Huangshan	1667	570	1097	464	331	846		26	6392

11—38 森林病虫害防治情况
Prevention of Forest Diseases and Pests

年份 Year	合计 Total 发生面积(公顷) Area of Occurrence (hectare)	合计 Total 防治面积(公顷) Area of Prevention (hectare)	合计 Total 防治率(%) Prevention Rate (%)	森林病害 Forest Diseases 发生面积(公顷) Area of Occurrence (hectare)	森林病害 Forest Diseases 防治面积(公顷) Area of Prevention (hectare)	森林病害 Forest Diseases 防治率(%) Prevention Rate (%)	森林虫害 Forest Plague 发生面积(公顷) Area of Occurrence (hectare)	森林虫害 Forest Plague 防治面积(公顷) Area of Prevention (hectare)	森林虫害 Forest Plague 防治率(%) Prevention Rate (%)
2000	370273	274367	74.10	55187	24580	44.54	315087	249787	79.28
2005	261516	210369	80.44	22508	20527	91.20	239008	189842	79.43
2006	324916	279230	90.27	41014	38758	100.00	283882	240452	84.70
2007	348314	271562	77.96	49604	44547	89.81	298640	227017	76.02
2008	351110	288916	82.29	48225	39811	82.55	302865	244150	80.61
2009	336606	260229	77.31	59401	49480	83.30	277139	210682	76.02
2010	355750	300543	84.48	55385	42130	76.07	300365	258413	86.03
2011	400865	349334	87.15	52667	40230	76.39	348119	309104	88.82
2012	383217	310850	81.12	47115	30632	65.02	336102	280218	83.37
2013	401666	346666	86.31	38800	33791	87.09	362866	312875	86.22

11—39 各市森林病虫害防治情况（2013年）
Prevention of Forest Diseases and Pests by Region (2013)

地区 Region	合计 Total 发生面积(公顷) Area of Occurrence (hectare)	合计 Total 防治面积(公顷) Area of Prevention (hectare)	合计 Total 防治率(%) Prevention Rate (%)	森林病害 Forest Diseases 发生面积(公顷) Area of Occurrence (hectare)	森林病害 Forest Diseases 防治面积(公顷) Area of Prevention (hectare)	森林病害 Forest Diseases 防治率(%) Prevention Rate (%)	森林虫害 Forest Plague 发生面积(公顷) Area of Occurrence (hectare)	森林虫害 Forest Plague 防治面积(公顷) Area of Prevention (hectare)	森林虫害 Forest Plague 防治率(%) Prevention Rate (%)
总计 Total	**401666**	**346666**	**86.31**	**38800**	**33791**	**87.09**	**362866**	**312875**	**86.22**
合肥市 Hefei	13504	10408	77.07	1750	1348	77.02	11754	9060	77.08
淮北市 Huaibei	5759	5336	92.65	3887	3596	92.52	1872	1740	92.92
亳州市 Bozhou	26443	22776	86.13	1773	1324	74.66	24670	21452	86.95
宿州市 Suzhou	87348	81766	93.61	6920	6240	90.17	80428	75403	93.75
蚌埠市 Bengbu	31874	28543	89.55	1428	1365	95.59	30446	27178	89.27
阜阳市 Fuyang	42550	36295	85.30	7607	5140	67.57	34943	31155	89.16
淮南市 Huainan	1797	598	33.27	29			1767	600	33.96
滁州市 Chuzhou	13856	10781	77.81	2008	1939	96.60	11848	8840	74.61
六安市 Luan	54270	47372	87.29	2793	2433	87.11	51477	44939	87.30
马鞍山市 Maanshan	2273	1099	48.34	172	172	100.00	2100	926	44.10
芜湖市 Wuhu	3356	3222	96.02				3356	3222	96.02
宣城市 Xuancheng	47668	45384	95.21	8886	8886	100.00	38781	36498	94.11
铜陵市 Tongling									
池州市 Chizhou	7826	796	10.17	98			7728	919	11.89
安庆市 Anqing	51529	42020	81.55	1449	1347	92.99	50080	40673	81.22
黄山市 Huangshan	11615	10270	88.42				11615	10270	88.42

主要统计指标解释

森林面积

指生长着乔木和竹林，郁闭度在0.3以上（不包括0.3）的林地面积，即有林地面积。它是反映森林资源总面积的重要指标。森林面积包括天然林面积和人工林面积。但不包括灌木林地和疏林地面积。

森林覆盖率

通常是指森林面积以及四旁树木的覆盖面积与土地总面积之比。森林覆盖率，是反映一个国家或地区森林资源和绿化水平的重要指标。计算公式：

森林覆盖率（%）＝森林面积/土地总面积×100%

活立林总蓄积量

指全部土地上树木蓄积的总量。包括森林蓄积、疏林蓄积、散生木蓄积和四旁树蓄积。

森林蓄积量

指一定森林面积上生长着林木树干材积总量。它是反映一个国家或地区森林资源总规模和水平的重要指标。

降水量

指降水深度，即降水平铺在地域面积上的深度。

水资源总量

一定区域内的水资源总量指当地降水形成的地表和地下产水量，即地表径流量与降水入渗补给量之和，不包括过境水量。

地表水资源量

指河流、湖泊、冰川等地表水体中由当地降水形成的、可以逐年更新的动态水量，即天然河川径流量。

地下水资源量

指当地降水和地表水对饱水岩土层的补给量。

地表水与地下水资源重复量

指地表水和地下水相互转化的部分，即在河川径流量中包括一部分地下水排泄量，地下水补给量中包括一部分来源于地表水的入渗量。

供水总量

指各种水源工程为用户提供的包括输水损失在内的毛供水量。

地表水源水供水量

指地表水体工程的取水量，按蓄、引、提、调四种形式统计。从水库、塘坝中引水或提水，均属蓄水工程供水量；从河道或湖泊中自流引水的，无论有闸或无闸，均属引水工程供水量；利用扬水站从河道或湖泊中直接取水的，属提水工程供水量；跨流域调配指水资源一级区或独立流域之间的跨流域调配水量，不包括在蓄、引、提水量中。

地下水源供水量

指水井工程的开采量，按浅层谈水、深层承压水和微咸水分别统计。城市地下水源供水量包括自来水厂的开采量和工矿企业自备井的开采量。

其他水源供水量

包括污水处理再利用、集雨工程、海水淡化等水源工程的供水量。

用水总量

指分配给用户的包括输水损失在内的毛用水量。按用户特性分为农业、工业、生活和生态用水四大类。

农业用水

包括农田灌溉和林牧渔业用水。林牧渔业用水指林果地灌溉、草地灌溉和鱼塘补水。

工业用水

按新水取用量计，不包括企业内部的重复利用水量。

生活用水

包括城镇生活用水和农村生活用水。城镇生活用水由居民用水和公共用水（含服务业、商饮业、货运邮电业及建筑业等用水）组成；农村生活用水除居民生活用水外，还包括畜用水在内。

生态环境补水

仅包括河湖人工补水和城市环境用水。

工业废水排放量

指经过企业厂区所有排放口排到企业外部的工业废水量。包括生产废水、外排的直接冷却水、超标排放的矿井地下水和与工业废水混排的厂区生活污水，不包括外排的间接冷却水（清污不分流的间接冷却水应计算在内）。

城镇生活污水排放量

指城镇居民每年排放的生活污水。用人均系数法测算。测算公式为：

城镇生活污水排放量=城镇生活污水排放系数×市镇非农业人口×365

城镇生活污水中化学需氧量（COD）产生量

指城镇居民每年排放的生活污水中的COD的产生量。用人均系数法测算。测算公式为：

城镇生活污水中COD 产生量=城镇生活污水中COD 产生系数×市镇非农业人口×365

化学需氧量（COD）

测量有机和无机物质化学所消耗氧的质量浓度的水污染指数。

工业废气排放量

指报告期内企业厂区内燃料燃烧和生产工艺过程中产生的各种排入大气的含有污染物的气体的总量，以标准状态（273K，101325Pa）计算。测算公式为：

工业废气排放量=燃料燃烧过程中废气排放量+生产工艺过程中废气排放量

生活及其他SO_2排放量

以生活及其他煤炭消费量和其含硫量为基础，根据以下公式计算：

生活及其他SO_2排放量=生活及其他煤炭消费量×含硫量×0.8×2

工业SO_2排放量

指报告期内企业在燃料燃烧和生产工艺过程中排入大气的SO_2总量，计算公式为：

工业SO_2排放量=燃料燃烧过程中SO_2排放量+生产工艺过程中SO_2排放量

工业烟(粉)尘排放量

指报告期内企业在燃料燃烧和生产工艺过程中排入大气的烟尘和工业粉尘的质量之和。

生活及其他烟尘排放量

指除工业生产活动以外的所有社会、经济活动及公共设施的经营活动中燃烧所排放的烟尘纯重量。以生活及其他煤炭消费量为基础进行测算。

工业固体废物产生量

指报告期内企业在生产过程中产生的固体状、半固体状和高浓度液体状废弃物的总量，包括危险废物、冶炼废渣、粉煤灰、炉渣、煤矸石、尾矿、放射性废物和其他废物等；不包括矿山开采的剥离废石和掘进废石（煤矸石和呈酸性或碱性的废石除外）。酸性或碱性废石指采掘的废石其流经水、雨淋水的pH值小于4或pH值大于10.5者。

危险废物

指列入国家危险废物名录或根据国家规定的危险废物鉴别标准和鉴别方法认定的，具有爆炸性、易燃性、易氧化性、毒性、腐蚀性、易传染疾病等危险特性之一的废物。

工业固体废物综合利用量

指报告期内企业通过回收、加工、循环、交换等方式，从固体废物中提取或者使其转化为可以利用的资源、能源和其他原材料的固体废物量（包括当年利用往年的工业固体废物贮存量），如用作农业肥料、生产建筑材料、筑路等。综合利用量由原产生固体废物的单位统计。

工业固体废物综合利用率

指工业固体废物综合利用量占工业固体废物产生量（包括综合利用往年贮存量）的百分率。计算公式为：

工业固体废物综合利用率=工业固体废物综合利用量/（工业固体废物产生量+综合利用往年贮存量）×100%

工业固体废物贮存量

指报告期内企业以综合利用或处置为目的，将固体废物暂时贮存或堆存在专设的贮存设施或专设的集中堆存场所内的数量。专设的固体废物贮存场所或贮存设施必须有防扩散、防流失、防渗漏、防止污染大气、水体的措施。

工业固体废物处置量

指报告期内企业将固体废物焚烧或者最终置于符合环境保护规定要求的场所，并不再回取的工业固体废物量（包括当年处置往年的工业固体废物贮存量）。处置方式有填埋（其中危险废物应安全填埋）、焚烧、专业贮存场（库）封场处理、深层灌注、回填矿井及海洋处置（经海洋管理部门同意投海处置）等。

工业固体废物排放量

指报告期内企业将所产生的固体废物排到固体废物污染防治设施、场所以外的数量，不包括矿山开采的剥离废石和掘进废石（煤矸石和呈酸性或碱性的废石除外）。

生活垃圾清运量

指报告期内收集和运送到垃圾处理厂（场）的生活垃圾数量。生活垃圾指城市日常生活或为城市日常生活提供服务的活动中产生的固体废物以及法律行政规定的视为城市生活垃圾的固体废物。包括：居民生活垃圾、商业垃圾、集市贸易市场垃圾、街道清扫垃圾、公共场所垃圾和机关、学校、厂矿等单位的生活垃圾。

生活垃圾无害化处理率

指报告期生活垃圾无害化处理量与生活垃圾产生量比率。在统计上，由于生活垃圾产生量不易取得，可用清运量代替。计算公式为：

生活垃圾无害化处理率=生活垃圾无害化处理量/生活垃圾产生量×100%

人工林面积

指由人工播种、植苗或扦插造林形成的生长稳定，（一般造林3-5年后或飞机播种5-7年后）每公顷保存株数大于或等于造林设计植树株数80%或郁闭度0.20以上（含0.20）的林分面积。

造林总面积

指报告期内在荒山、荒地、沙丘、退耕地等一切可以造林的土地上，采用人工播种、飞机播种、植苗造林、分植造林等方法新植成片乔木林和灌木林，经过检查验收符合《造林技术规程》要求的单位面积株数，并按《中华人民共和国森林法实施条例》规定，成活率达85%以上（含85%，年降雨量在400毫米以下且无浇灌条件的地区造林成活率达70%以上）的总面积。四旁植树如一侧在四行以上，连片面积0.066公顷（一亩）以上，应统计在造林面积内。造林面积，通常按所有制（国有、国有集体合作、集体和个人）、造林方式（人工、飞机播种）、主要林种用途（用材林、经济林、防护林、薪炭林、特种用途林）分组进行统计。

用材林

指以生产木材为主要目的的森林和林木，包括以生产竹材为主要目的的竹林。

经济林

指以生产果品，食用油料、饮料、调料，工业原料和药材为主要目的的林木。经济林是人们为了取得林木的果实、叶片、皮层、胶液等产品作为工业原料或者供食用所营造的林木，如油茶、油桐、核桃、樟树、花椒、茶、桑、果等。

防护林

指以防护为主要目的的森林、林木和灌木丛。包括水源涵养林，水土保持林，防风固沙林，农田、牧场防护林，护岸林，护路林等。

薪炭林

指以生产燃料为主要目的的林木。

特种用途林

指以国防、环境保护、科学实验等为主要目的的森林和林木。包括国防林、实验林、母树林、环境保护林、风景林，名胜古迹和革命纪念地的林木，自然保护区的森林。

退耕还林还草工程

是我国林业建设上涉及面最广、政策性最强、工序最复杂、群众参与度最高的生态建设工程。主要解决重点地区的水土流失问题。

野生动植物保护及自然保护区建设工程

野生动植物保护及自然保护区建设工程，是一个面向未来，着眼长远，具有多项战略意义的生态保护工程，也是呼应国际大气候、树立中国良好国际形象的“外交工程”。主要解决基因保存、生物多样性保护、自然保护、湿地保护等问题。

自然保护区

指对有代表性的自然生态系统、珍稀濒危野生动植物物种的天然分布区、水源涵养区、有特殊意义的自然历史遗迹等保护对象所在的陆地、陆地水体或海域，依法划出一定面积进行特殊保护和管理的区域。以县及县以上各级人民政府正式批准建立的自然保护区为准。风景名胜区、文物保护区不计在内。

生态示范区

指省级以上环境保护行政主管部门批准，以省、地、县政府为主按批准的生态示范区建设规划实施的行政区域。包括已经过国家或省级环境保护行政主管部门验收的和正在开展试点工作的。

滑坡

指斜坡上不稳定的岩土体在重力作用下沿一定软面（或滑动带）整体向下滑动的物理地质现象。地表水和地下水的作用以及人为的不合理工程活动对斜坡岩、土体稳定性的破坏，经常是促使滑坡发生的主要因素。在露天采矿、水利、铁路、公路等工程中，滑坡往往造成严重危害。

崩塌

指陡坡上大块的岩土体在重力作用下突然脱离母体崩落的物理地质现象。它可因多裂隙的岩体经强烈的物理风化、雨水渗入或地震而造成，往往毁坏建筑物，堵塞河道或交通路线。

突发环境事件

指由于违反环境保护法规的经济、社会活动与行为，以及意外因素的影响或不可抗拒的自然灾害等原因，致使环境受到污染，国家重点保护的野生动植物、自然保护区受到破坏，人体健康受到危害，社会经济和人民财产受到损失，造成不良社会影响的突发性事件。

环境污染治理投资

指在工业污染源治理和城市环境基础设施建设的资金投入中，用于形成固定资产的资金。包括工业新老污染源治理工程投资、建设项目“三同时”环保投资，以及城市环境基础设施建设所投入的资金。

Explanatory Notes for Major Statistical Indicators

Forest Area

refers to the area of forest land where trees, and bamboo grow with canopy density above 0.3, including land of natural woods and planted woods but excluding bush land and thin forest land, which reflects the total areas.

Forestry Coverage-rate

refers to the ratio of area of afforested land to total area of land (measured in recent). According to regulations of the country, when calculating Forestry Cover-rate, in addition to afforested land, bush land, forestry land inside farmland and along sides should be taken into account. This indicator reflects forestry resources and afforestation progress of a country or region. The statistics of Forestry Cover-rate in this statistical year book is calculated as follows:

Forestry Cover-rate(%) = Area of Forestry Land/Area of Total Land × 100%

Total Standing Stock Volume

refers to the total stock volume of trees growing in land, including trees in forest, tress in sparse forest, scattered trees and trees planted by the side of farm houses and along the roads, rivers and fields.

Stock Volume of Forest

refers to total stock volume of wood growing in forest area, which shows the total size and level of forest resources of a country or a region.

Precipitation

refers to deep of precipitation, the deep of the area by precipitation.

Total Water Resources

refers to total volume of water resources measured as run-off for surface water from rainfall and recharge for groundwater in a given area, excluding transit water.

Surface Water Resources

refers to total renewable resources which exist in rivers, lakes, glaciers and other collectors from rainfall and are measured as run-off of rivers.

Groundwater Resources

refers to replenishment of aquifers with rainfall and surface water.

Duplicated Measurement Between Surface Water and Groundwater

refers to mutual exchange between surface water and groundwater, i.e. run-off of rivers includes some depletion with groundwater while groundwater includes some replenishment with surface water.

Water Supply

refers to gross water supply by supply systems from sources to consumers, including losses during distribution.

Surface Water Supply

refers to withdrawals by surface water supply system, broken down with storage, flow, pumping and transfer. Supply from storage projects includes withdrawals from reservoirs; supply from flow includes withdrawals from rivers and lakes with natural flows no matter if there are locks or not; supply from pumping projects includes withdrawals from rivers or lakes with pumping stations; and supply from transfer refers to water supplies transferred from first-level regions of water resources or independent river drainage areas to others, and should not be covered under supplies of storage, flow and pumping.

Groundwater Supply

refers to withdrawals from supplying wells, broken down with shallow layer freshwater, deep layer freshwater and slightly brackish water. Groundwater supply for urban areas includes water mining by both waterworks and own wells of enterprises.

Other Water Supply Sources

include supplies by waste-water treatment, rain collection, seawater desalinization and other water projects.

Water Use

refers to gross water use distributed to users, including loss during transportation, broken down with use by agriculture, industry, living consumption and biological protection.

Water Use by Agriculture

includes uses of water by irrigation of farming fields and by forestry, animal husbandry and fishing. Water use by forestry, animal husbandry and fishing includes irrigation of forestry and orchards, irrigation of grassland and replenishment of fishing pools.

Water Use by Industry

refers to new withdrawals of water, excluding reuse of water within enterprises.

Water Use by Living Consumption

includes use of water for living consumption in both urban and rural areas. Urban water use by living consumption is composed of household use and public use (including services, commerce, restaurants, cargo transportation, posts, telecommunication and construction). Rural water use by living consumption includes both households and animals.

Water Use by Biological Protection

includes replenishment of rivers and lakes and use for urban environment.

Waste Water Discharged by Industry

refers to the volume of waste water discharged by industrial enterprises through all their outlets, including waste water from production process, directly cooled water, groundwater from mining wells which does not meet discharge standards and sewage from households mixed with waste water produced by industrial activities, but excluding indirectly cooled water discharged (It should be included if the discharge is not separated with waste water).

Urban Non-industrial Waste Water Discharge

refers to annual discharge of non-industrial waste water by urban households. It is estimated by per capita coefficient using the formula:

Urban non-industrial waste water discharge = urban non-industrial waste water discharge coefficient urban non-agricultural population 365

Volume of Chemical Oxygen Demand (COD) Generated by Urban Non-industrial Waster Water

refers to chemical oxygen demand generated through the annual discharge of non-industrial waste water by urban households. It is estimated as:

Volume of chemical oxygen demand (cod) generated by urban non-industrial waster water = Coefficient of COD generated through urban non-industrial waste water urban non-agricultural population 365

Chemical Oxygen Demand (COD)

refers to index of water pollution measuring the mass concentration of oxygen consumed by the chemical breakdown of organic and inorganic matter.

Industrial Waste Air Emission

refers to discharge into atmosphere of waste air containing pollutants generated from fuel burning and production process in enterprises within a given period of time. It is calculated at standard status (273K, 101325Pa) as:

Industrial waste air emission = emission through fuel burning + emission through production process

SO_2 Emission through Non-industrial and Other Activities

is calculated on the basis of consumption of coal by households and other activities and the sculpture content of coal with the following formula:

SO_2 emission through non-industrial and other activities = consumption of coal by households and other activities sculpture content 0.82

SO_2 Emission through Industrial Activities

refers to volume of sculpture dioxide emission from fuel burning and production process by enterprises during a given period of time. It is calculated as:

SO_2 emission through industrial activities = SO_2 emission from fuel burning + SO_2 emission from production process

Industrial Soot (Dust) Emission

refers to the total volume of soot and industrial dust emitted into the atmosphere in the fuel combustion and processes of enterprises in the reporting period.

Soot Emission by Consumption and Others

refers to net volume of soot emitted by fuel burning from all social and economic activities and operation of public facilities other than industrial activities. It is calculated on the basis of coal consumption by households and others.

Industrial Solid Wastes Produced

refers to total volume of solid, semi-solid and high concentration liquid residues produced by industrial enterprises from production process in a given period of time, including hazardous wastes, slag, coal ash, gangue, tailings, radioactive residues and other wastes, but excluding stones stripped or dug out in mining (gangue and acid or alkaline stones not included). A stone is acid or alkaline depending on the pH value of the water below 4 or above 10.5 when the stone is in, or soaked by, the water.

Hazardous Wastes

refers to those included in the national hazardous wastes catalogue or specified as any one of the following properties in the national hazardous wastes identification standards: explosive, ignitable, oxidizable, toxic, corrosive or liable to cause infectious diseases or lead to other dangers.

Industrial Solid Wastes Utilized

refers to volume of solid wastes from which useful materials can be extracted or which can be converted into usable resources, energy or other materials by means of reclamation, processing, recycling and exchange (including utilizing in the year the stocks of industrial solid wastes of the previous year). Examples of such utilizations include fertilizers, building materials and road materials. The information shall be collected by the producing units of the wastes.

Ratio of Industrial Solid Wastes Utilized

refers to the percentage of industrial solid wastes utilized over industrial solid wastes produced (including stocks of the previous years). It is calculated as:

Ratio of industrial solid wastes utilized = volume of industrial solid wastes utilized / (industrial solid wastes produced + stock of previous years) 100%

Stocks of Industrial Solid Wastes

refers to volume of solid wastes placed in special facilities or special sites for purposes of utilization or disposal. The sites or facilities should take measures against dispersion, loss, seepage, and air and water contamination.

Industrial Solid Wastes Disposed

refers to quantity of industrial solid wastes which are burnt or placed ultimately in the sites meeting the requirements for environmental protection and not salvaged or recycled (including disposition in the year of those wastes of previous years). The disposition includes landfill (Safe landfills should be conducted for hazardous wastes), incineration, containment spaces, deep underground disposal, backfill in mining pits and disposal at sea.

Industrial Solid Wastes Discharged

refers to volume of industrial solid wastes discharged by producing enterprises to disposal facilities or to other sites. The wastes exclude stones stripped or dug from mining (gangue and acid or alkaline waste stones not included).

Consumption Wastes Transported

refers to volume of consumption wastes collected and transported to disposal factories or sites. Consumption wastes are solid wastes produced from urban households or from service activities for urban households, and solid wastes regarded by laws and regulations as urban consumption wastes, including those from households, commercial activities, markets, cleaning of streets, public sites, offices, schools, factories, mining units and other sources.

Ratio of Consumption Wastes Treated

refers to consumption wastes treated over that produced. In practical statistics, as it is difficult to estimate, the volume of consumption wastes produced is replaced with that transported. It is calculated as:

Ratio of consumption wastes treated = consumption wastes treated / consumption wastes produced ×100%

Area of Man-made Forests

Refer to the arca of stable growing forests, planted manually or by airplanes, with a survival rate of 80% or higher of the designed number of trees per hectare, or with a canopy density of 0.20 degree or above after 3-5 years of manual planting or 5-7 years of airplane planting.

Total Area of Afforestation

refers to the total area of land suitable for afforestation, including barren hills, idle land, sand dunes, rain for green land, on which acres of arbores or bushes are planted through manual planting, airplane planting, plant seedlings, etc. in accordance with the required density standards of the Technical Procedures of Afforestation, and with a survival rate of over 85% in line with the Implementing Rules of the Forest Law of the People Republic of China (or a survival rate of 75% in areas with less that 400 mm of annual rainfall and without irrigation facilities). Included in the this category are trees planted alone the roadsides, riversides, or next to houses that occupy an area over 0.066 hectares, or where more than 4 lines of trees are planted. Total area of afforestation is further classified by ownership (state-owned, state-collective, collective or private), by approach of planting (manual, airplane), and by type of forests (timber, by-products, protection, fuel, special use, etc.).

Timber Forests

refer to forests which are mainly for the production of timber, including bamboo groves planted to harvest bamboos.

By-product Forests

refer to forests that mainly produce fruits, nuts, edible oil, beverages, indigents, raw materials and medicine materials. By-product forests are planted to harvest the fruits, leaves, bark or liquid of trees, and consume them as food or raw materials for the manufacturing industry, such as tea-oil trees, tong oil trees, walnut trees, camphor trees, tea bushes, mulberry trees, fruit trees, etc.

Protection Forests

refer to forests, trees and bushes planted mainly for protection or preservation purpose, including water resource conservation forests, water and soil conservation forests, windbreak and dune-fixing forests, farmland and pasture protection forests, riverside protection forests, roadside protection forests, etc.

Fuel Forests

refer to forests planted mainly for fuels.

Forests for Special Purpose

refer to forests planted mainly for national defense, environment protection or scientific experiments, including national defense forests, experimental forests, mother-tree forests, environment protection forests, scenery forests, and trees in historical or scenic spots, forests in natural reserves.

Project on Preservation of Natural Forests

is the Number One ecological project in China forest industry that involves the largest investment. It consists of 3 components: 1) Complete halt of all cutting and logging activities in the natural forests at the upper stream of Yangtze River and the upper and middle streams of the Yellow River. 2) Significant reduction of timber production of key state forest zones in northeast provinces and in Inner Mongolia. 3) Better protection of natural forests in other regions through rehabilitation programmers.

Projects on Converting Cultivated Land to Forests and Grassland (Grain for Green Projects)

aiming at preventing soil erosion in key regions, these projects are ecological construction projects in the development of forest industry that have the widest coverage and most sophisticated procedures, with strong policy implications and most active participation of the people.

Nature Reserves

refer to certain areas of land, waters or sea that are representative in natural ecological systems, or are natural habitats for rare or endangered wild animals or plants, or water conservation zones, or the location of important natural or historic relics, which are demarked by law and put under special protection and management. Nature reserves are designated by the formal approval of governments at and above county level. Scenic spots and cultural preservation zones are not included.

Ecological Demonstration Zones

refer to administrative areas approved by the environment protection agencies of central and provincial governments and established by provincial, prefecture or county governments in line with the approved programmed for ecological demonstration zones. They include those evaluated and accepted by the environment protection agencies of central and provincial governments and those under pilot development stage.

Landslides

refer to the geological phenomenon of unstable rocks and earth on slopes sliding down along certain soft surface as a result of gravitational force. Role of surface water and underground water, and destruction of the stability of slopes by irrational construction work are usually main factors triggering the landslides. Several damages are often caused by landslides in open mining, in water conservancy projects, and in the construction of railways and highways.

Collapse

refers to the geological phenomenon of large mass of rocks or earth suddenly collapsing from the mountain or cliff as a result of gravitational force. Usually caused by weathering of rocks, permanent of rain or earthquakes, collapse often destructs buildings and blocks river course or transport routes.

Environment Pollution and Destruction Accidents

refer to sudden accidents, due to economic or social activities that are in contrast to environment protection laws or due to unforeseen factors or natural disasters, that lead to the environment pollution, the destruction of protected wild animals, plants or nature reserves, the damage to human health, the economic and property losses, and the negative impact on the society.

Investment in Environment Pollution Harnessing Projects

refers to the proportion of investment in fixed assets in the total investment in harnessing industrial pollution and in the construction of urban environment infrastructure facilities. It includes investment in harnessing sources of industrial pollution, investment in environment protection facilities designed concurrently with construction projects, and investment in urban environment infrastructure facilities.

第十二篇

Chapter 12

农　业

AGRICULTURE

简要说明

一、本篇资料反映我省农业生产和农村经济的基本情况，内容主要包括乡村户数、人口与从业人员、耕地、农业机械拥有量、农林牧渔业产值、主要产品产量、水利设施与灌溉防涝、农村居民家庭拥有生产性固定资产等。

二、本篇资料来源：除农村居民家庭拥有生产性固定资产由国家统计局安徽调查总队提供外，其余资料均来源于省统计局农村处的农村统计调查报表制度。

农村统计调查报表制度的统计范围包括各市、县（区）辖区的各种经济类型的全部农林牧渔业以及各非农行业附属的农林牧渔业生产单位。但不包括农业科学试验机构进行的农业生产。

农村统计调查报表制度是按照国家统计局统一要求，由各市、县（区）统计局收集、汇总报送，采取抽样调查、典型调查、重点调查和其他调查所取得的。部分指标及林业生产情况、渔业生产情况等指标均取自同级业务部门的统计资料。

农田水利建设和灌溉防涝情况、农作物受灾情况、农业机械和农产品加工机械拥有量、国营农场基本情况等资料由省水利厅、省民政厅、省农机局、省农垦总公司提供。

Brief Introduction

I. Data in this chapter show the basic conditions of agricultural production and rural economy, including mainly number of rural households, population and number of laborers, cultivated land, quantity of agricultural machinery, output of farming, forestry, animal husbandry and fishery, output of major products, facilities of water conservancy and irrigation and flood prevention, productive fixed assets owned by the rural households.

II. Source of data: Data come from the Agricultural Statistical Reporting System stipulated by the Agricultural Office of Anhui Statistical Bureau, except Data on productive fixed assets owned by the Enterprise Survey Organization of Anhui, which is supplied by the Rural Socio-economic Survey Organization of Anhui.

Statistics on agriculture cover all agricultural production activities except activities undertaken by agriculture research institutions.

Data on agriculture are collected, tabulated and processed by the statistical bureau in cities and counties, with sample survey, survey on key units and typical units and other surveys. Data on forestry production, state farm are taken from the professional departments at the same level.

Data on facilities of water conservancy and irrigation and flood prevention, crops disaster, agricultural machinery and processing machinery of agricultural products and state farm are provided by the Water Conservancy Department, the Department of Civil Affairs, Bureau of Agricultural Machinery and General Company of Agricultural Reclamation.

12—1 农村基本情况和农业生产条件
Rural Basic Data and Agricultural Production Conditions

指　　标		Item		2000	2005	2010	2012	2013
乡镇数	(个)	Number of Township and Town Governments	(unit)	1841	1466	1232	1219	1217
#镇个数		Number of Town Governments		941	915	869	867	871
村民委员会	(个)	Number of Villagers' Committees	(unit)	30658	24076	15744	15014	14851
自来水受益村数	(个)	Villages with Access to Tap Water	(unit)	5490	6181	7866	9280	9968
通汽车村数	(个)	Villages with Motor Vehicle Communication	(unit)	29146	23317	15690	15000	14837
通电话村数	(个)	Villages with Telephone Communication	(unit)	50186	24034	15736	15014	14848
乡村户数	(万户)	Number of Rural Households	(10000 household)	1294.62	1346.13	1424.31	1446.06	1448.90
乡村人口数	(万人)	Rural Population	(10000 persons)			5363.95	5375.52	5356.97
#男		Male					2806.23	2794.18
乡村劳动力资源数	(万人)	Rural labor force resources number	(10000 persons)				3357.62	3334.28
#男		Male					1791.64	1781.22
乡村从业人员数	(万人)	Number of Engaged Persons in Rural Area	(10000 persons)	2797.76	2939.21	3075.86	3073.58	3049.70
#男		Male		1487.89	1574.17	1658.61	1657.91	1643.54
#农　业		Agriculture					1465.87	1413.79
年末实有耕地面积	(千公顷)	Areas of Cultivated (year-end)	(1000 hectares)	4229.55	4092.45	4181.29	4184.24	4188.10
农业机械总动力	(万千瓦)	Total Agricultural Machinery Power	(10000 kw)	2975.87	3983.83	5409.78	5902.77	6140.28
农用排灌机械总动力	(万千瓦)	Irrigation and Drainage Machinery for Agricultural Use	(10000 kw)	522.98	581.82	654.11	672.14	696.74
农用大中型拖拉机	(台)	Number of Large and Medium Agricultural Tractors	(unit)	29612	104798	124660	164549	179851
小型拖拉机	(万台)	Number of Mini-tractors	(10000 units)	165.78	207.98	236.12	232.78	224.97
大中型拖拉机配套农具	(万台)	Number of Related Farm Implements of Large and Medium Tractor	(10000 units)	2.80	7.97	23.31	32.61	37.75
小型拖拉机配套农具	(万台)	Related Farm Implements of Mini-tractor	(10000 units)	351.92	489.71	534.21	539.18	524.62
农用排灌柴油机	(万台)	Number of Diesel Engines	(10000 units)	31.41	33.70	38.65	39.87	40.14
联合收获机	(台)	Combine Harvester	(unit)	9499	48739	102167	128548	145003
机耕面积	(千公顷)	Area Ploughed by Tractors	(1000 hectares)	3600.94	3775.15	4056.35	4214.24	4335.86
机播面积	(千公顷)	Seeded Area by Tractors	(1000 hectares)	1995.52	2329.34	3606.59	4133.91	4356.20
机械植保作业面积	(千公顷)	Plant Protection Area by Tractors	(1000 hectares)	2864.51	2801.01	3547.89	4081.99	4240.85
机收面积	(千公顷)	Harvest Area by Tractors	(1000 hectares)	2425.13	3326.47	5264.28	5782.58	6025.72
农村用电量	(亿千瓦时)	Electricity Consumed in Rural Area	(100 million kwh)	45.81	64.22	107.41	128.80	138.39
农用化肥施用量	(万吨)	Consumption of Chemical Fertilizer	(10000 tons)			319.77	333.53	338.40
#氮　肥		Nitrogenous Fertilizer				112.14	114.08	113.52
磷　肥		Phosphate Fertilizer				35.94	36.51	35.56
农用塑料薄膜使用量	(万吨)	Used Plastic Film	(10000 tons)	5.81	7.83	8.07	9.12	9.49
#地膜使用量		Plastic Used		3.11	3.38	3.73	4.05	4.23
地膜覆盖面积	(千公顷)	Plastic Used Area	(1000 hectares)	697.76	477.76	425.57	437.25	440.01
农用柴油使用量	(万吨)	Diesel Oil Use for Agriculture	(10000 tons)	41.62	55.58	68.13	72.03	73.43
农药使用量	(万吨)	Used Agricultural Chemical Insecticides	(10000 tons)	7.56	9.48	11.66	11.67	11.78
除涝面积	(千公顷)	Flooded or Waterlogged Area Under Control	(1000 hectares)	2148.49	2210.00	2269.05	2297.34	2287.70
堤防保护耕地面积	(千公顷)	Protection Cultivated Land Areas of Embankment	(1000 hectares)	2293.85	2350.96	2341.48	2203.93	2581.21
有效灌溉面积	(千公顷)	Irrigated Area	(1000 hectares)	3197.35	3330.84	3519.78	3585.09	4305.53
规模以上机电井数	(万眼)	JiDianJing Above Designated Size	(10000 units)	16.31	19.54	19.74	22.99	20.22

注：1. 2002年以前交通运输、仓储及邮政业为交通运输仓储及邮电通信业；批发和零售业为批发零售贸易餐饮业。
2. 2004年从业人员增加信息传输、计算机服务和软件业及住宿和餐饮业。
3. "机电井数"改为"规模以上机电井"。

a) Before 2002, the sector of "transport, storage and postal services" was "transport, storage, postal and telecommunication" and the sector of "wholesale and retail trade" was "wholesale, retail trade and catering".
b) The range of employees added the sector of "information transmission, service of the computer and software industry and accommodation and catering trade" in 2004.
c) "JiDianJing number" instead of "JiDianJing above designated size.

12—2 主要年份农林牧渔业生产情况
Output of Farming, Forestry, Animal Husbandry and Fishery

指　　标	Item	2000	2005	2010	2012	2013
农产品产量 （万吨）	Yield of Farm Crops (10000 tons)					
粮　食	Grain	2472.01	2605.31	3080.50	3289.10	3279.60
谷　物	Cereal	2202.23	2399.66	2911.17	3123.25	3127.30
#稻　谷	Rice	1195.14	1317.25	1383.43	1393.50	1362.30
小　麦	Wheat	730.33	808.11	1206.67	1294.00	1332.00
玉　米	Corn	247.28	234.97	312.75	427.50	426.00
豆　类	Beans	114.60	101.98	121.91	120.50	114.00
薯　类	Tubers	233.18	103.67	47.42	45.35	38.30
油　料	Oil-bearing Crops	285.06	270.67	227.60	227.69	225.43
#花　生	Peanuts	111.15	79.29	86.40	86.86	88.66
油菜籽	Rapeseeds	156.77	182.33	133.73	134.32	130.05
芝　麻	Sesame	16.62	89.57	6.61	6.47	6.50
棉　花	Cotton	28.50	31.10	31.60	29.40	25.11
生黄红麻	Jute and Ambary Hemp	2.22	1.94	1.24	1.59	1.30
烟　叶	Tobacco	3.21	2.60	2.98	3.59	4.30
#烤　烟	Flue-cured Tobacco	3.09	2.47	2.91	3.50	4.22
蚕　茧	Silkworm Cocoons	2.46	3.13	3.32	3.26	3.22
茶　叶	Tea	4.54	5.96	8.33	9.54	10.09
#绿　茶	Green Tea			7.70	8.92	9.36
园林水果	Garden Fruits	110.61	151.72	235.67	261.32	255.90
农产品单位面积产量（公斤/公顷）	Yield of Farm Crops per Hectare (kg/hectare)					
谷　物	Cereal	4887	4829	5367	5680	5651
棉　花	Cotton	867	816	918	964	881
花　生	Peanuts	3328	3324	4440	4634	4734
油菜籽	Rapeseeds	1625	1912	1935	2203	2289
芝　麻	Sesames	1049	822	1263	1417	1412
生黄红麻	Jute and Ambary Hemp	2623	2981	2903	3412	2948
烤　烟	Flue-cured Tobacco	1638	2407	2735	2697	2582
造林面积 （千公顷）	Afforested Area (1000 hectares)	69.21	57.46	65.61	112.20	208.10
茶园面积 （千公顷）	Area of Tea Plantations at Year-end (1000 hectares)	108.37	117.61	133.53	149.69	155.32
果园面积 （千公顷）	Area of Orchards at Year-end (1000 hectares)	84.78	104.18	107.13	116.47	118.22
大牲畜年末头数 （万头）	Number of Large Animals (year-end) (10000 heads)	559.35	366.16	151.53	152.26	155.66
#牛	Cattle and Buffaloes	552.95	364.35	150.90	151.85	155.09
马	Horses	1.58	0.35	0.17	0.13	0.11
驴	Donkeys	3.73	1.12	0.37	0.22	0.40
骡	Mules	1.09	0.34	0.09	0.06	0.06
肉猪出栏头数 （万头）	Number of Slaughtered Fattened Hogs (10000 heads)	2393.18	2812.08	2782.10	2927.62	2971.53
猪年末头数 （万头）	Number of Hogs (year-end) (10000 heads)	1871.01	1737.41	1442.50	1555.20	1612.59
羊年末头数 （万只）	Number of Sheep and Goats (year-end) (10000 heads)	794.94	953.03	590.50	592.19	605.28
山　羊	Goats	792.52	950.18	589.60	591.21	604.22
绵　羊	Sheep	2.42	2.85	0.90	0.98	1.07
肉类产量 （万吨）	Output of Meat (10000 tons)	311.52	382.88	376.94	397.74	403.83
#猪牛羊肉	Pork, Beef and Mutton	241.59	280.79	271.30	282.39	286.56
猪　肉	Pork	198.50	231.74	238.80	249.67	253.42
牛　肉	Beef	31.88	31.46	18.30	18.13	18.15
羊　肉	Mutton	11.21	17.59	14.20	14.59	15.00
奶　类 （吨）	Milk (ton)	41204	110491	205000	240868	253393
#牛　奶	Cow Milk	41194	110186	205000	240868	253393
绵羊毛 （吨）	Sheep Wool (ton)	174	129	164	145	159
禽　蛋 （万吨）	Poultry Eggs (10000 tons)	107.40	122.06	119.00	122.65	124.53
淡水产品产量 （万吨）	Total Output of Freshwater Aquatic Products (10000 tons)	159.80	177.57	193.31	207.49	215.53

12—3 主要年份农作物总播种面积及构成
Total Sown Area and its Composition

单位：千公顷（1000 hectare）

指　　标	Sector	2000	2005	2010	2012	2013
农作物总播种面积	**Total Sown Area**	**8418.01**	**8755.19**	**9054.87**	**8969.60**	**8945.64**
粮　食	Grain Crops	5565.58	5988.10	6616.42	6622.00	6625.30
谷　物	Cereal	4506.56	4968.79	5424.45	5498.25	5534.40
#稻　谷	Rice	2005.49	2288.61	2245.37	2215.05	2214.10
小　麦	Wheat	1931.17	1989.53	2365.67	2415.51	2432.85
玉　米	Corn	486.61	595.08	761.11	822.53	845.10
豆　类	Beans	601.81	794.91	1021.23	960.27	937.60
薯　类	Tubers	457.21	224.40	170.74	163.48	153.30
油　料	Oil-bearing Crops	1457.36	1303.05	944.25	843.64	802.01
棉　花	Cotton	328.84	381.27	344.40	304.93	285.13
生　麻	Raw Hemp	15.02	12.84	9.44	8.96	8.04
糖　料	Sugar Crops	8.40	5.73	5.73	5.19	5.05
烟　叶	Tobacco	19.67	10.83	10.92	13.24	16.54
蔬　菜	Vegetables	539.68	664.87	775.61	810.58	835.96

指　　标	Sector	构　成（%） Composition				
		2000	2005	2010	2012	2013
农作物总播种面积	**Total Sown Area**					
粮　食	Grain Crops	66.12	68.39	73.07	73.83	74.06
谷　物	Cereal	53.53	56.75	59.91	61.30	61.87
#稻　谷	Rice	23.82	26.14	24.80	24.70	24.75
小　麦	Wheat	22.94	22.72	26.13	26.93	27.20
玉　米	Corn	5.78	6.80	8.41	9.17	9.45
豆　类	Beans	7.15	9.08	11.28	10.71	10.48
薯　类	Tubers	5.43	2.56	1.89	1.82	1.71
油　料	Oil-bearing Crops	17.31	14.88	10.43	9.41	8.97
棉　花	Cotton	3.91	4.35	3.80	3.40	3.19
生　麻	Raw Hemp	0.18	0.15	0.10	0.10	0.09
糖　料	Sugar Crops	0.10	0.07	0.06	0.06	0.06
烟　叶	Tobacco	0.23	0.12	0.12	0.15	0.18
蔬　菜	Vegetables	6.41	7.59	8.57	9.04	9.34

12—4 农村居民家庭平均每户生产性固定资产原值
Original Value of Productive Fixed Assets of per Rural Household

单位：元（yuan）

指标	Item	2000	2005	2010	2012	2013
合计	**Total**	**4160.98**	**5857.13**	**9296.89**	**15134.35**	**19790.98**
役畜和产品畜	Draught and Commodity Animals	377.83	453.07	424.63	520.47	453.44
大中型铁木农具	Large and Medium Wood and Iron Farm Tools	312.26	416.33	626.06	548.69	
农林牧渔业机械	Machinery of Farming, Forestry, Animal Husbandry and Fishery	1734.23	2719.81	3517.43	4243.17	4615.81
工业机械	Industrial Machinery	113.76	74.81	124.82	375.42	
运输机械	Transport Machinery	292.19	453.19	1151.15	1783.35	2726.93
生产用房	Buildings for Productive Purpose	994.81	1140.46	2243.74	4982.84	
其他	Others	335.90	599.46	1209.06	2680.41	

注：本表为农村住户抽样调查资料。
a) Data in this table are obtained from the sample surveys on rural households.

12—5 农村居民家庭每百户拥有生产性固定资产数量
Number of Productive Fixed Assets of per 100 Rural Household

指标		Item		2000	2005	2010	2012	2013
汽车	（辆）	Motor Vehicles	(unit)	0.47	1.00	1.72	2.87	
大中型拖拉机	（台）	Large and Medium Tractors	(unit)	1.40	2.15	3.66	5.74	2.85
小型及手扶拖拉机	（台）	Mini and Walking Tractors	(unit)	29.02	40.16	39.82	35.27	37.55
机动脱粒机	（台）	Motorized Threshing Machines	(unit)	19.18	14.27	16.14	12.55	6.43
胶轮大车	（辆）	Carts With Rubber Tires	(unit)	12.19	5.74	4.29	2.74	
收割机	（台）	Harvesters	(unit)	6.11	3.69	2.20	2.00	1.94
役畜	（头）	Draught Animals	(head)	23.22	9.24	5.57	2.48	1.89
产品畜	（头）	Commodity Animals	(head)	28.06	27.90	14.35	60.87	36.46

注：本表为农村住户抽样调查资料。
a) Data in this table are obtained from the sample surveys on rural households.

12—6 农林牧渔业总产值及指数
Gross Output Value of Farming, Forestry, Animal Husbandry and Fishery and Related Indices

本表按当年价格计算。 (Data in value terms in this table are calculated at current prices.)

年份 Year	绝对数（万元） Gross Output Value (10000 yuan)						指数（%） Related Indices (%)					
	农林牧渔业总产值 Total of Farming, Forestry, Animal Husbandry and Fishery	农业 Farming	林业 Forestry	牧业 Animal Husbandry	渔业 Fishery	农林牧渔服务业 Agricultural Services	农林牧渔业总产值 Total of Farming, Forestry, Animal Husbandry and Fishery	农业 Farming	林业 Forestry	牧业 Animal Husbandry	渔业 Fishery	农林牧渔服务业 Agricultural Services
2000	12199576	6752705	640199	3493827	1312845		101.66	98.60	107.58	105.50	105.02	
2005	16661915	8184809	784147	5535614	1656235	501110	101.41	97.85	105.18	103.91	106.68	115.49
2006	17427221	9075313	883803	4911580	1745031	811494	106.48	108.65	107.29	103.01	106.72	107.37
2007	20700913	10540065	1005045	6373559	1950244	832000	103.79	103.68	106.76	101.99	105.05	109.95
2008	24465113	11978860	1144563	8068922	2323265	949503	106.30	105.47	107.15	107.15	106.32	109.21
2009	25694570	13036410	1112508	7958223	2575913	1011516	105.54	103.99	111.33	106.41	107.50	106.93
2010	29554490	15444267	1352804	8649764	2948154	1159501	104.46	103.24	107.64	104.93	105.47	110.54
2011	34596589	17148396	1820685	10835360	3462285	1329863	103.95	103.93	109.04	102.63	103.91	108.20
2012	37282954	18676407	2094974	11197278	3844341	1469954	105.57	105.80	105.40	105.60	103.50	108.05
2013	40092418	20032646	2330736	11713607	4390661	1624768	103.41	103.24	106.93	102.01	104.63	107.94

注：1）从2003年年报起，农林牧渔业总产值增加农林牧渔服务业，原农业产值中的家庭兼营商品性工业取消。
2）2004年以后农林牧渔业总产值指数按农产品生产者价格指数缩减计算。
3）从2010年年报起，农林牧渔业总产值使用《统计用产品分类目录》计算，2009年数据作了相应调整。

a) From the year 2003 yearport, "agriculture, forestry, animal husbandry and fishing services" was added in the total output value, merchantability industry undertaken by rural households on the side" was cancelled.
b) After 2004, GDP index is calculated by producer price index of agricultural products reducing.
c) From 2010 annual report, the agriculture, forestry animal husbandry and fishery total output value use "Statistics with Product Classified catalog" calculating, in 2009 the data has adjusted correspondingly.

12—7 农林牧渔业增加值及构成
Value-added of Farming, Forestry, Animal Husbandry and Fishery and its Composition

本表按当年价格计算。 (Data in value terms in this table are calculated at current prices.)

年份 Year	绝对数（万元） Gross Output Value (10000 yuan)						构成（%） Composition (%)					
	农林牧渔业增加值 Value added of Farming, Forestry, Animal Husbandry and Fishery	农业 Farming	林业 Forestry	牧业 Animal Husbandry	渔业 Fishery	农林牧渔服务业 Agricultural Services	农林牧渔业增加值 Value added of Farming, Forestry, Animal Husbandry and Fishery	农业 Farming	林业 Forestry	牧业 Animal Husbandry	渔业 Fishery	农林牧渔服务业 Agricultural Services
2000	7320079	4296385	491481	1623483	908730		100.00	58.69	6.72	22.18	12.41	
2005	9664935	5033658	559526	2743105	1089396	239250	100.00	52.08	5.79	28.38	11.27	2.48
2006	10110276	5606000	631724	2355624	1151814	365114	100.00	55.45	6.25	23.30	11.39	3.61
2007	12001765	6468000	710665	3124000	1275000	424100	100.00	53.89	5.92	26.03	10.62	3.54
2008	14180737	7362249	803322	4023720	1519623	471823	100.00	51.92	5.66	28.37	10.72	3.33
2009	14954495	8036573	778866	3965014	1670359	503683	100.00	53.74	5.21	26.51	11.17	3.37
2010	17290240	9524691	942064	4302684	1943482	577319	100.00	55.09	5.45	24.88	11.24	3.34
2011	20153123	10575491	1268286	5364495	2282408	662443	100.00	52.48	6.29	26.62	11.32	3.29
2012	21787349	11517822	1459356	5543678	2534267	732226	100.00	52.86	6.70	25.44	11.63	3.36
2013	23480871	12354221	1623587	5799308	2894412	809343	100.00	52.61	6.91	24.70	12.33	3.45

12—8 主要年份耕地面积
Cultivated Area in Major Years

单位：公顷（hectare）

指　　标	Item	2000	2005	2010	2012	2013
年初实有耕地面积	Cultivated Area at the Beginning of the Year	4240001	4108856	4171222	4184323	4184235
年内新增耕地面积	Newly-increased Cultivated Area Within the Year	4215	16913	31151	22656	20354
年内减少耕地面积	Reduced Cultivated Area Within the Year	14665	28370	20644	17278	20719
#国家基建占地	Taken Up by National Capital Construction	7720	7027	9423	7217	6100
其他基建占地	Taken up by Others		3968	8338	7235	7434
退耕还林还草占地	Returning Land for Farming to Forestry and Grass Plot		3136	761	1019	3467
耕地改园地	Returning Land for Farming to Garden Plot		1431	185	475	625
年末实有耕地面积	Cultivated Area at the End of the Year	4229551	4092451	4181295	4184235	4188104
水　田	Paddy Field	1834333	1821499	1891774	1915886	1923161
旱　地	Dry Field	2395218	2270952	2289521	2268349	2264943

注：年内新增、减少面积为耕地总资源数。
a) The newly-increased and reduced cultivated area refer to the total area of cultivated land.

12—9 农田水利建设
Water Conservancy Construction

年　份 Year	水电站装机容量（千瓦） Capacity of Rural Hydropower Station an Year-end (kw)	已建成水库（座） Number of Reservoirs (unit)	水库库容量（亿立方米） Capacity of Reservoirs (100 million cu.m)	节水灌溉面积（千公顷） Irrigated Area With Saved Water (1000 hectares)	水土流失综合治理面积（千公顷） Comprehensive Control of Soil Erosion Area (1000 hectares)	堤防长度（公里） Total Length of Dikes (km)	堤防保护耕地面积（千公顷） Area of Land Protected by Dikes (1000 hectares)
2000	98102	4815	185.10	534.86	1765.30	19902	2184.20
2005	632092	4872	195.50	705.48	1955.90	20074	2226.94
2006	893122	4816	196.11	725.09	1983.64	20206	2319.11
2007	912200	4797	195.64	743.73	2017.53	20212	2319.86
2008	976400	4796	195.39	764.58	2059.19	20255	2357.22
2009	1068404	4808	194.99	788.63	2102.32	20377	2381.60
2010	1074105	4818	199.51	815.77	2136.08	20456	2341.48
2011	1129345	4926	199.99	842.69	2180.33	20632	2348.90
2012	1184653	5324	202.52	882.91	2245.01	20642	2203.93
2013	1241035	5821	324.25	826.67	1654.51	34795	2581.21

注：2013年水利部新修订了《水利综合统计报表制度》，部分指标定义范围发生变化。
a) In 2013, Ministry of Water Resources newly revised the system of water conservancy comprehensive statistical reporting, and definition of some indicators changed.

12—10　主要年份农村居民家庭平均每人出售主要农产品
Per Capita Major Farm Products Sold by Rural Households in Major Years

单位：公斤（kg）

年　份 Year	粮　食 Crain	棉　花 Cotton	油　料 Oil-bearing Crops	生　麻 Raw Hemp	烟　叶 Tobacco	蔬　菜 Vegetables	水　果 Fruits
2000	319.00	5.50	42.19	0.09	0.41	68.54	2.18
2005	444.13	25.24	39.37		0.21	55.82	3.74
2006	596.42	30.23	28.46	0.26	0.45	52.16	3.64
2007	562.56	37.65	23.67	0.07	0.20	42.01	3.82
2008	593.10	24.44	26.16	0.23	0.18	43.58	4.09
2009	621.14	40.55	41.77	0.05	0.17	44.25	4.03
2010	679.66	19.29	23.51	0.09	0.70	45.83	3.69
2011	714.28	25.70	19.31		1.99	38.59	1.17
2012	762.43	25.40	14.07		2.34	27.54	0.59
2013	913.00	14.59	12.13	0.17	0.00	31.55	4.63

注：本表为农村住户抽样调查资料。
a) Data in this table are obtained from the sample surveys on rural households.

12—11　主要年份农村居民家庭土地经营情况
Area of Land Managed by Rural Households in Maior Years

单位：亩/人（mu/person）

年　份 Year	经营耕地面积 Area of Cultivated Land under Management	经营山地面积 Hilly Area under Management	园地面积 Area of Garden Plot	养殖水面面积 Water Area for Breeding Aquatics
2000	1.43	0.19	0.03	0.02
2005	1.68	0.32		
2006	1.70	0.24		
2007	1.73	0.30	0.04	0.15
2008	1.76	0.31	0.05	0.08
2009	1.81	0.33	0.05	0.08
2010	1.87	0.34	0.05	0.11
2011	1.87	0.28	0.07	0.08
2012	1.89	0.26	0.06	0.08
2013	1.81	0.60	0.05	0.04

注：本表为农村住户抽样调查资料。
a) Data in this table are obtained from the sample surveys on rural households.

12—12 主要年份林业生产情况
Basic Data of Forest Production in Major Years

指 标		2000	2005	2010	2012	2013
营林情况 (公顷)	Management of Forest (hectares)					
人工造林面积	Afforested Area	75703	57457	57012	100907	202766
新封山育林面积	Area of Setting Apart Mountains for Forestation	45860	50964	20943	27332	26474
新增育苗面积	Area of Growing Seedlings	5933	7812	6709	15984	12575
未成林抚育面积	Area of Tending Young Forest	379356		307795	317873	386336
成林抚育面积	Area of Tending Adult Forest	431746	448187	629653	600527	443194
油桐籽 (吨)	Tung-oil Seeds (ton)	3109	3208	3054	2730	2830
油茶籽 (吨)	Tea-oil Seeds (ton)	10419	9743	25864	55309	63932
板 栗 (吨)	Chestnuts (ton)	45710	68786	137239	116228	124204
竹材采伐量 (万根)	Determination of Bamboo Cut (10000 units)	4000	6315	9784	11496	12915
木材采伐量 (万立方米)	Determination of Timber Cut (10000 cu.m)	263	328	458	496	478

12—13 主要年份茶叶、水果生产情况
Tea, Fruits Production in Major Years

单位：吨、公顷（ton，Hectares）

指 标	Item	2000	2005	2010	2012	2013
茶叶合计	Tea	45376	59619	83276	95374	100949
#绿 茶	Green Tea			76984	89150	93608
园林水果	Garden Fruits	1106071	1517201	2356680	2613227	2558955
#苹 果	Apples	302040	278143	406858	386624	360488
梨	Pears	616192	638058	966259	1069300	979468
柑橘类	Citrus	5282	12427	27750	34064	35381
其他水果	Other Garden Fruits		588573	955813	1123239	1183618
#桃	Peachs		212186	430134	478189	498366
葡 萄	Grapes	56156	173264	261114	316334	358070
茶园面积	Area of Tea Plantations at Year-end	108373	117606	133529	149692	155318
年末果园面积	Area of Orchards at Year-end	84784	104180	107127	116466	118221
#苹 果	Apples		13914	16806	15494	15595
梨	Pears		38605	38136	37309	37726
葡 萄	Grapes		6023	9434	13450	14765

12—14 主要年份牲畜饲养情况
Number of Livestock in Major Years

单位：万头（万只）（10000 heads）

年 份 Year	大牲畜年末头数 Large Animals (year-end)	牛 Cattle and Buffaloes	马（头） Horses (heads)	驴（头） Donkeys (heads)	骡（头） Mules (heads)	肉猪出栏头数 Slaughtered Fattened Hogs	猪年末头数 Hogs (year-end)	羊年末只数 Sheep and Goats (year-end)	山羊 Goats	活家禽 Poultry
2000	559.1	553.0	15805	37238	10929	2393.2	1871.0	794.9	792.5	
2005	366.2	364.4	3459	11217	3350	2812.1	1737.4	953.0	950.2	22672.8
2006	284.4	283.4	2884	5949	1598	2300.4	1471.0	819.8	817.7	22290.5
2007	144.0	143.0	2487	6134	1663	2363.1	1334.2	536.0	532.9	19801.5
2008	145.2	144.5	2105	3346	1092	2527.4	1432.4	560.3	557.3	21489.5
2009	149.5	148.8	1994	3564	1028	2680.2	1482.6	584.2	581.0	22540.8
2010	151.5	150.9	1746	3671	898	2782.1	1442.5	590.5	589.6	23329.8
2011	147.7	147.2	1461	2389	638	2721.1	1467.3	591.6	590.6	23906.0
2012	152.3	151.9	1291	2187	613	2927.6	1555.2	592.2	591.2	25043.1
2013	155.7	155.1	1113	3956	605	2971.5	1612.6	605.3	604.2	24717.6

12—15 主要年份畜产品产量
Output of Livestock Products in Major Years

单位：吨（ton）

年 份 Year	肉类总产量 Output of Meat	#猪牛羊肉 Output of Pork,Beef and Mutton	猪肉 Pork	牛肉 Beef	羊肉 Mutton	牛奶 Cow Milk	禽蛋 Poultry Eggs	天然蜂蜜 Honey	蚕茧 Sikworm Cocoons
2000	3115231	2415925	1984985	318794	112146	41194	1074038	10550	24563
2005	3828828	2807853	2317366	314553	175934	110186	1220556	11258	31300
2006	3938028	2830512	2358212	292696	179604	127955	1235618	12831	36000
2007	3236448	2326653	2024503	170643	131507	180937	1085618	14342	38695
2008	3439155	2479187	2173931	171099	134157	181275	1121000	14997	38359
2009	3625873	2612150	2298494	175448	138208	201000	1181919	16312	28838
2010	3769426	2713000	2388000	193000	142000	205000	1190000	16447	33177
2011	3754683	2650704	2330710	178200	141794	225135	1196541	18287	32335
2012	3977356	2823877	2496701	181270	145906	240868	1226455	18900	32610
2013	4038256	2865588	2534151	181451	149986	253393	1245342	20109	32247

注：全省猪、牛、羊、禽数据来源于国家统计局安徽调查总队畜禽监测数。
a) The pigs, sheep, poultry data is from Anhui Province survey organization of National bureau of statistics monitoring survey.

12—16 农林牧渔业总产值（2013年）
Gross Output Value of Farming, Forestry, Animal Husbandry and Fishery (2013)

单位：万元（10000 yuan）

指　　标	Item	按可比价格计算 Caculated According to Constant Price	按当年价格计算 At Current Prices
农林牧渔业总产值	**Total Gross Output Value**	**38553018**	**40092418**
农业产值	**Gross Output Value of Farming**	**19280963**	**20032646**
谷物及其他作物	Cereal and Other Crops	11462774	11734794
谷　物	Cereal		8303944
#小　麦	Wheat		3385406
稻　谷	Rice		3878250
玉　米	Corn		969789
薯　类	Tubers		159970
油　料	Oil-bearing Crops		1324059
#花　生	Peanuts		584976
油菜籽	Rapeseeds		650085
豆　类	Beans		619202
棉　花	Cotton		812248
生　麻	Raw Hemp		14271
糖　类	Sugar Crops		37630
烟　叶	Tobacco		93588
其他农作物	Other Crops		369882
#饲料作物	Feed Crops		56973
蔬菜、食用菌及花卉盆景园艺产品	Vegetables, Edible Fungus and Flowers and Plants Bonsai Horticultural Goods	4968679	5189270
#蔬菜（含菜用瓜）	Vegetables (Including Gourd)		4789938
水果、食用坚果、茶、饮料和香料	Fruits, Nut, Tea, Beverage and Spice	2468165	2713738
水果（含果用瓜）	Fruits (including fruited melon)		2078119
#苹　果	Apples		130381
食用坚果	Nut		159170
茶及饮料原料	Tea and Beverage Raw Material		475150
#茶	Tea		472455
香料作物	Spice Crops		1299
中草药材	Chinese Medicinal Herbs	381345	394844
林业产值	**Gross Output Value of Forestry**	**2240249**	**2330736**
林木的培育和种植	Cultivation and Planting of Woods	873507	907117
#造　林	Forestation		265344
竹木采运	Lumbering and Transport of Bamboo and Timber	673573	686780
#村及村以下	At Village Level and Below		426816
林产品	Forest Products	693169	736839
牧业产值	**Gross Output Value of Animal Husbandry**	**11422887**	**11713607**
牲畜饲养	Animals Breeding	1666177	1917059
#牛的饲养	Cattle and Buffaloes Breeding		933890
羊的饲养	Sheep and Goats Breeding		879701
其他牲畜饲养	Other Animals Breeding		7344
奶产品	Dairy Products		83862
#生牛奶	Milk		83862
毛绒产品	Down Products		1798
猪的饲养	Hogs Breeding	5941696	5922089
家禽的饲养	Poultry Breeding	3202879	3252209
狩猎和捕捉动物	Animals Hunting and Catching	44817	46422
其他畜牧业	Other Animal Husbandry	567318	575828
#蚕　茧	Silkworm Cocoon		110031
渔业产值	**Gross Output Value of Fishery**	**4022225**	**4390661**
淡水产品	Freshwater Aquatic Products	4022225	4390661
#养　殖	Cultured		3474334
#鱼　类	Fishes		2490247
虾蟹类	Shrimps and Crabs		1549949
农林牧渔服务业	**Agricultural Services**	**1586694**	**1624768**

12—17 农作物主要产品生产和结构情况（2013年）
Production of Major Farm Products (2013)

指　标	Item	播种面积（千公顷）Sown Area (1000 hectares)	结　构 Composi-tion	产　量（万吨）Yield (10000 tons)
农作物总播种面积	**Total**	**8945.64**	**100.00**	
粮食作物合计	Grain Crops	6625.30	74.06	3279.60
#夏收粮食	Summer-Harvest Crops	2473.30	27.65	1338.50
谷　物	Cereal	5534.40	61.87	3127.30
稻　谷	Rice	2214.10	24.75	1362.30
早　稻	Early Rice	235.50	2.63	130.80
中稻和一季晚稻	Middle-season Rice and Single-crop Late Rice	1730.10	19.34	1101.50
双季晚稻	Late Rice	248.50	2.78	130.00
小　麦	Wheat	2432.85	27.20	1332.00
冬小麦	Winter Wheat	2432.85	27.20	1332.00
玉　米	Corn	845.10	9.45	426.00
谷　子	Millet	0.10	0.00	0.04
高　粱	Sorghum	1.07	0.01	0.24
其他谷物	Other Cereal	41.18	0.46	6.72
#大　麦	Barley			
豆类合计	Beans	937.60	10.48	114.00
#大　豆	Soybean	856.70	9.58	107.00
绿　豆	Mung Bean	67.70	0.76	5.90
红小豆	Small Red Bean	5.03	0.06	1.10
薯　类	Tubers	153.30	1.71	38.30
#马铃薯	Potato	8.95	0.10	2.20
油料合计	Oil-bearing Crops	802.01	8.97	225.43
#花　生	Peanuts	187.26	2.09	88.66
油菜籽	Rapeseeds	568.13	6.35	130.05
芝　麻	Sesame	46.06	0.51	6.50
葵花籽	Sunflower Seeds	0.01	0.00	0.00
棉　花	Cotton	285.13	3.19	25.11
生麻合计	Fiber Crops	8.04	0.09	2.66
#生黄红麻	Jute and Ambary Hemp	4.41	0.05	1.30
生苎麻	Ramie	1.52	0.02	0.24
生大麻	Hemp	2.08	0.02	0.63
糖料合计	Sugar Crops	5.05	0.06	20.21
#甘　蔗	Sugarcane	5.04	0.06	20.21
烟叶合计	Tobacco	16.54	0.18	4.30
#烤　烟	Flue-cured Tobacco	16.34	0.18	4.22
中草药材	Crude Drugs	84.92	0.95	48.86
蔬菜（含菜用瓜）	Vegetables (including gourd)	835.96	9.34	2417.95
瓜果类（果用瓜）	Melon and Fruit (Fruited Melon)	176.46	1.97	649.16
#西　瓜	Watermelon	140.06	1.57	544.56
香　瓜	Muskmelon	17.19	0.19	51.32
草　莓	Strawberry	14.94	0.17	36.13
其他作物	Other Crops	106.23	1.19	
#青饲料	Green Feed	40.01	0.45	

12—18 各市农村基层组织情况（2013年）

Basic Conditions of Rural Grassroots Units by Region (2013)

单位：个 (unit)

地 区	Region	乡镇数 Number of Township and Town Governments	#镇数 Town Governments	村民委员会 Number of Villagers' Committees	自来水受益村 Villages with Access to Tap Water	通汽车村 Villages with Highway Communication	通电话村 Villages with Telephone Communication
总 计	**Total**	**1217**	**871**	**14851**	**9968**	**14837**	**14848**
合 肥 市	Hefei	80	61	1018	830	1015	1015
淮 北 市	Huaibei	17	17	301	170	301	301
亳 州 市	Bozhou	78	70	1241	598	1241	1241
宿 州 市	Suzhou	90	67	1163	639	1163	1163
蚌 埠 市	Bengbu	52	34	925	329	925	925
阜 阳 市	Fuyang	165	117	1738	733	1738	1738
淮 南 市	Huainan	45	31	561	217	561	561
滁 州 市	Chuzhou	90	78	1001	690	994	1001
六 安 市	Luan	155	103	2065	1115	2065	2065
马鞍山市	Maanshan	33	28	382	382	382	382
芜 湖 市	Wuhu	40	36	682	667	682	682
宣 城 市	Xuancheng	76	52	731	690	731	731
铜 陵 市	Tongling	12	7	143	140	143	143
池 州 市	Chizhou	42	33	587	530	587	587
安 庆 市	Anqing	147	90	1574	1510	1574	1574
黄 山 市	Huangshan	95	47	739	728	735	739

12—19 各市乡村人口与乡村从业人员（2013年）

Rural Population and workers by Region (2013)

单位：人 (person)

地 区	Region	乡村户数（户） Number of Households (household)	乡村人口数 Rural Population	乡村从业人员数 Number of Rural Laborers	#男 Male	#农业 Agriculture
总 计	**Total**	**14489022**	**53569665**	**30497036**	**16435442**	**14137921**
合 肥 市	Hefei	1250846	4501006	2575354	1378559	1024063
淮 北 市	Huaibei	367551	1397312	708399	388254	413500
亳 州 市	Bozhou	1304677	5054488	2771537	1487029	1270266
宿 州 市	Suzhou	1338688	5195732	2968348	1598331	1533820
蚌 埠 市	Bengbu	723717	2841034	1673117	887775	894655
阜 阳 市	Fuyang	2240906	8918075	4984191	2656386	2019947
淮 南 市	Huainan	368270	1369481	838810	452621	285608
滁 州 市	Chuzhou	940921	3620409	2085842	1125630	1107427
六 安 市	Luan	1806165	6424470	3612055	1978801	1807118
马鞍山市	Maanshan	403221	1426722	815031	443238	342515
芜 湖 市	Wuhu	721551	2342486	1401648	763546	561113
宣 城 市	Xuancheng	739989	2376864	1415527	783884	711374
铜 陵 市	Tongling	99427	301122	193285	102468	70346
池 州 市	Chizhou	396677	1368291	785457	416444	394289
安 庆 市	Anqing	1415547	5241204	2935577	1588550	1337876
黄 山 市	Huangshan	370869	1190969	732858	383926	364004

12—20　各市农、林、牧、渔业总产值及指数（2013年）

Gross Output Value of Farming, Forestry, Animal Husbandry and Fishery and Related Indices by Region (2013)

本表绝对数按当年价格计算，指数按可比价格计算。
Absolute figures in this table are calculated at current prices while indices are calculated at comparable prices.

地　区	Region	绝对数（万元） Gross Output Value of Farming, Forestry, Animal Husbandry and Fishery (10000 yuan)					
		农林牧渔业总产值 Total	农业 Farming	林业 Forestry	牧业 Animal Husbandry	渔业 Fishery	农林牧渔服务业 Agricultural Services
总　计	**Total**	**40092418**	**20032646**	**2330736**	**11713607**	**4390661**	**1624768**
合肥市	Hefei	4321854	2091689	120446	1418259	607432	84028
淮北市	Huaibei	960857	549291	32733	312141	42285	24407
亳州市	Bozhou	3437587	2236870	96674	793464	83139	227440
宿州市	Suzhou	4480917	2431590	168080	1609641	96503	175103
蚌埠市	Bengbu	2813745	1544318	72337	834300	299441	63349
阜阳市	Fuyang	5045560	2709940	221936	1738876	167081	207727
淮南市	Huainan	996855	540724	13441	286963	126674	29053
滁州市	Chuzhou	3522974	1674895	80696	1183048	523490	60845
六安市	Luan	3724479	1624802	319948	1247511	457304	74914
马鞍山市	Maanshan	1315821	664752	19845	204047	330289	96888
芜湖市	Wuhu	2293256	1014378	122250	377053	436946	342629
宣城市	Xuancheng	2030948	977527	206013	477765	224376	145267
铜陵市	Tongling	205551	102875	17753	38222	34835	11866
池州市	Chizhou	1123905	504957	118827	239200	186316	74605
安庆市	Anqing	3708879	1539706	265275	1015486	645673	242739
黄山市	Huangshan	892204	458572	132901	254321	23679	22731

地　区	Region	指数（上年=100） Gross Output Value of Farming, Forestry, Animal Husbandry and Fishery (preceding year=100)					
		农林牧渔业总产值 Total	农业 Farming	林业 Forestry	牧业 Animal Husbandry	渔业 Fishery	农林牧渔服务业 Agricultural Services
总　计	**Total**	**103.41**	**103.24**	**106.93**	**102.01**	**104.63**	**107.94**
合肥市	Hefei	103.16	102.68	107.62	101.24	108.37	106.57
淮北市	Huaibei	103.54	102.65	124.09	103.38	103.41	102.23
亳州市	Bozhou	103.82	101.44	107.99	103.86	108.62	126.93
宿州市	Suzhou	104.01	103.56	107.34	103.87	108.63	106.42
蚌埠市	Bengbu	103.90	101.81	106.12	105.49	109.80	106.26
阜阳市	Fuyang	103.84	101.98	111.14	103.76	103.55	126.09
淮南市	Huainan	103.65	102.39	111.45	104.07	105.27	113.05
滁州市	Chuzhou	103.75	101.90	132.73	104.25	105.02	102.58
六安市	Luan	103.30	101.65	100.00	107.04	102.16	99.79
马鞍山市	Maanshan	103.55	101.43	106.53	103.69	105.94	110.99
芜湖市	Wuhu	103.30	100.58	120.51	102.44	105.54	104.61
宣城市	Xuancheng	103.14	100.20	106.33	104.59	107.45	107.78
铜陵市	Tongling	103.58	101.48	103.53	108.67	104.41	103.51
池州市	Chizhou	103.40	102.28	105.29	103.91	103.77	105.75
安庆市	Anqing	103.31	99.99	111.29	102.30	107.57	110.84
黄山市	Huangshan	103.04	102.59	107.56	101.12	108.36	105.01

注：全省农林牧渔业总产值指数按农产品生产者价格指数缩减计算。

a) The index of gross output value of agriculture, forestry, animal husbandry and fishery of the whole province reduces calculating according to producer's price index of agricultural products.

12—21 各市农、林、牧、渔业增加值及构成（2013年）
Value-added of Farming, Forestry, Animal Husbandry and Fishery and its Composition by Region (2013)

本表按当年价格计算。 (Data in value terms in this table are calculated at current prices.)

地 区	Region	绝对数（万元） Gross Output Value (10000 yuan) 农林牧渔业增加值 Value-added of Farming, Forestry, Animal Husbandry and Fishery	农业 Farming	林业 Forestry	牧业 Animal Husbandry	渔业 Fishery	农林牧渔服务业 Agricultural Services
总计	**Total**	**23480871**	**12354221**	**1623587**	**5799308**	**2894412**	**809343**
合肥市	Hefei	2472120	1180258	82459	768236	392495	48672
淮北市	Huaibei	570415	323188	19472	185356	24901	17498
亳州市	Bozhou	1949784	1361872	77300	353262	58048	99302
宿州市	Suzhou	2511646	1490064	115317	769281	69944	67040
蚌埠市	Bengbu	1723599	918802	47516	484671	236455	36155
阜阳市	Fuyang	2725663	1528989	153695	815592	113203	114184
淮南市	Huainan	661395	343014	9554	198853	88566	21408
滁州市	Chuzhou	2081742	992985	51348	620056	377438	39915
六安市	Luan	2096030	975759	224707	598483	249042	48039
马鞍山市	Maanshan	794090	398963	11892	105208	220146	57881
芜湖市	Wuhu	1286025	579882	77770	171445	286195	170733
宣城市	Xuancheng	1198766	592572	141519	234834	146989	82852
铜陵市	Tongling	125726	66089	12446	18170	23228	5793
池州市	Chizhou	673965	318205	90348	118149	119033	28230
安庆市	Anqing	2137823	884182	173090	567002	396923	116626
黄山市	Huangshan	529591	279398	95171	129254	13954	11814

地 区	Region	构成（%） Composition (%) 农林牧渔业增加值 Value-added of Farming, Forestry, Animal Husbandry and Fishery	农业 Farming	林业 Forestry	牧业 Animal Husbandry	渔业 Fishery	农林牧渔服务业 Agricultural Services
总计	**Total**	**100.00**	**52.61**	**6.91**	**24.70**	**12.33**	**3.45**
合肥市	Hefei	100.00	47.74	3.34	31.08	15.88	1.97
淮北市	Huaibei	100.00	56.66	3.41	32.49	4.37	3.07
亳州市	Bozhou	100.00	69.85	3.96	18.12	2.98	5.09
宿州市	Suzhou	100.00	59.33	4.59	30.63	2.78	2.67
蚌埠市	Bengbu	100.00	53.31	2.76	28.12	13.72	2.10
阜阳市	Fuyang	100.00	56.10	5.64	29.92	4.15	4.19
淮南市	Huainan	100.00	51.86	1.44	30.07	13.39	3.24
滁州市	Chuzhou	100.00	47.70	2.47	29.79	18.13	1.92
六安市	Luan	100.00	46.55	10.72	28.55	11.88	2.29
马鞍山市	Maanshan	100.00	50.24	1.50	13.25	27.72	7.29
芜湖市	Wuhu	100.00	45.09	6.05	13.33	22.25	13.28
宣城市	Xuancheng	100.00	49.43	11.81	19.59	12.26	6.91
铜陵市	Tongling	100.00	52.57	9.90	14.45	18.48	4.61
池州市	Chizhou	100.00	47.21	13.41	17.53	17.66	4.19
安庆市	Anqing	100.00	41.36	8.10	26.52	18.57	5.46
黄山市	Huangshan	100.00	52.76	17.97	24.41	2.63	2.23

12—22　各市耕地面积（2013年）
Area of Cultivated Land by Region (2013)

单位：公顷（hectare）

地　区	Region	年初实有耕地面积 Cultivated Area at the Beginning of the Year	年内新增耕地面积 Newly-Increased Cultivated Area Within the Year	年内减少耕地面积 Reduced Cultivated Area Within the Year	#国家基建占地 Taken Up by National Capital Construction	年末实有耕地面积 Cultivated Area at the End of the Year	#水田 Paddy Field	水浇地 Irrigated Land
总　计	**Total**	**4184235**	**20354**	**20719**	**6100**	**4188104**	**1923161**	**1943135**
合肥市	Hefei	337167	3075	3098	321	336025	271217	62690
淮北市	Huaibei	133687	486	659	435	133993	1087	131130
亳州市	Bozhou	500152	1312	3370	469	498270	3982	494288
宿州市	Suzhou	480384	3079	2757	437	480137	7229	378910
蚌埠市	Bengbu	294870	694	824	409	296708	110338	174664
阜阳市	Fuyang	575283	1133	1906	744	574276	56156	432590
淮南市	Huainan	113313	64	312	257	113152	79358	28959
滁州市	Chuzhou	407555	168	181	101	407549	286604	65800
六安市	Luan	435387	3719	1752	418	436107	375278	46147
马鞍山市	Maanshan	124744	256	560	291	124441	111174	13267
芜湖市	Wuhu	175100	1806	1604	621	175371	136736	34577
宣城市	Xuancheng	154479	581	1223	601	155605	141752	2522
铜陵市	Tongling	23437	163	83	29	23544	18184	5360
池州市	Chizhou	82953	938	658	160	83284	61860	3096
安庆市	Anqing	299120	2607	1194	603	303240	223323	66369
黄山市	Huangshan	46604	273	538	204	46402	38883	2766

注：年内新增、年内减少耕地面积为耕地总资源数。
a) Newly-increased and reduced cultivated land within the year refer to the total area of cultivated land.

12—23　各市主要农业机械年末拥有量（2013年）
Agricultural Machinery at the Year-end by Region (2013)

地　区	Region	农业机械总动力（万千瓦）Total Power of Agricultural Machinery (10000 kw)	大中型拖拉机 Large and Medium Agricultural Tractors		小型拖拉机 Mini-tractors		大中型拖拉机配套农具（部）Number of Large and Medium Tractor Towing Farm Machinery (unit)	小型拖拉机配套农具（部）Number of Mini-tractor Towing Farm Machinery (unit)	农用运输车（辆）Capacity of Transport Vehicles for Agricultural Use (unit)	节水灌溉面积（千公顷）Irrigated Area With Saved Water (1000 hectares)
			数量（台）Number (unit)	动力（万千瓦）Capacity (10000 kw)	数量（台）Number (unit)	动力（万千瓦）Capacity (10000 kw)				
总　计	**Total**	**6140.28**	**179851**	**756.33**	**2249742**	**1823.43**	**377459**	**5246189**	**674877**	**1304.24**
合肥市	Hefei	397.06	8205	41.25	206662	112.57	10595	417123	16879	3.71
淮北市	Huaibei	268.36	14890	47.07	106248	114.65	29413	330786	16818	137.80
亳州市	Bozhou	796.75	20185	105.16	172002	198.27	39498	421779	247177	415.40
宿州市	Suzhou	804.98	42990	137.88	189022	192.32	87140	468536	187134	290.58
蚌埠市	Bengbu	524.44	11160	50.25	318805	295.67	25924	754342	7790	6.03
阜阳市	Fuyang	690.10	27320	122.08	119679	132.76	64442	302714	110272	316.76
淮南市	Huainan	181.27	4246	20.22	107405	87.96	8855	258629	7921	12.30
滁州市	Chuzhou	654.90	24673	104.40	435015	258.53	51831	937146	14714	42.33
六安市	Luan	706.46	14012	67.88	281935	204.67	36705	727852	27558	55.38
马鞍山市	Maanshan	137.81	3071	16.89	42005	24.04	6504	108282	4376	1.09
芜湖市	Wuhu	197.49	2651	13.17	56274	45.71	5745	112223	5094	0.20
宣城市	Xuancheng	232.07	1504	7.10	52622	47.59	2609	76551	11138	0.80
铜陵市	Tongling	38.00	466	2.19	5532	3.73	818	9581	1480	0.58
池州市	Chizhou	120.31	640	3.01	35839	23.56	849	104726	2282	8.10
安庆市	Anqing	312.38	3494	17.24	103379	68.45	6482	179684	10424	11.40
黄山市	Huangshan	77.91	344	0.55	17318	12.94	49	36235	3820	1.78

注：节水灌溉面积为农委部门统计数。
a) The areas of water saving irrigation were statisticed by the committee on agriculture.

12—24 各市有效灌溉面积、农用化肥施用、用电情况（2013年）
Irrigated Area and Consumption of Chemical Fertilizer and Electricity in Rural Area by Region (2013)

地 区	Region	有效灌溉面积（千公顷） Irrigated Area (1000 hectares)	化肥施用量（吨） Consumption of Chemical Fertilizer (ton)	#氮肥 Nitrogenous Fertilizer	磷肥 Phosphate Fertilizer	钾肥 Potash Fertilizer	农用排灌机械（台） Number of Diesel Engines (unit)
总 计	**Total**	**4305.53**	**3384041**	**1135163**	**355628**	**314137**	**1609995**
合肥市	Hefei	455.40	315477	108085	48195	38752	139980
淮北市	Huaibei	141.47	98750	26997	4123	5111	13403
亳州市	Bozhou	446.78	302675	63200	29436	29941	88565
宿州市	Suzhou	410.99	342400	112100	26713	38099	42041
蚌埠市	Bengbu	225.61	305224	113537	36116	27224	11740
阜阳市	Fuyang	394.52	400443	92428	23298	27248	212319
淮南市	Huainan	121.93	140922	54012	24014	10368	14096
滁州市	Chuzhou	485.75	343190	111589	46669	23913	87934
六安市	Luan	584.94	370462	166048	29845	31760	192152
马鞍山市	Maanshan	147.85	86591	26632	6839	4870	195661
芜湖市	Wuhu	196.59	164977	73386	21122	17429	260862
宣城市	Xuancheng	200.72	142596	51127	15562	10968	133442
铜陵市	Tongling	23.90	24550	9668	4603	3568	31805
池州市	Chizhou	95.00	62714	24738	1898	8434	63891
安庆市	Anqing	324.11	243868	82838	35889	33989	93339
黄山市	Huangshan	49.97	39202	18778	1306	2463	28765

地 区	Region	农村用电量（万千瓦时） Electricity Consumed in Rural Area (10000 kwh)	农用塑料薄膜使用量（吨） Used Plastic Film (ton)	#地膜使用量 Used of Plastic Film	地膜覆盖面积（公顷） The Area of Plastic Film Covered (hectares)	农用柴油使用量（吨） Consumption of Diesel Oil for Farm Use (ton)	农药使用量（吨） Consumption of Agricultural Pesticide (ton)
总 计	**Total**	**1383907**	**94882**	**42261**	**440011**	**734318**	**117774**
合肥市	Hefei	152992	13371	4439	35624	70431	5829
淮北市	Huaibei	24983	2160	495	3873	26187	2591
亳州市	Bozhou	85173	6694	3106	33994	78388	7850
宿州市	Suzhou	84604	15494	9145	60876	110757	23151
蚌埠市	Bengbu	80913	9903	5972	82683	59488	6550
阜阳市	Fuyang	127053	18119	3834	39986	46127	7686
淮南市	Huainan	84122	1368	618	7453	34489	6133
滁州市	Chuzhou	93591	3582	2074	41397	42272	5758
六安市	Luan	129906	6402	3305	32889	111058	15106
马鞍山市	Maanshan	48152	2771	899	16655	13561	3720
芜湖市	Wuhu	123323	3110	1704	30280	38408	4301
宣城市	Xuancheng	109841	4285	1513	16859	13324	4248
铜陵市	Tongling	19856	300	209	1579	4444	787
池州市	Chizhou	36730	522	289	5367	20190	5691
安庆市	Anqing	160302	4769	3298	23957	56717	14959
黄山市	Huangshan	22365	2032	1361	6539	8477	3414

12—25 各市农作物播种面积（2013年）
Total Sown Areas of Farm Crops by Region (2013)

单位：公顷（hectare）

地 区	Region	农作物总播种面积 Total Sown Area	粮食作物播种面积 Sown Area of Grain Crops	谷 物 Cereal	#稻谷 Rice	小 麦 Wheat	玉 米 Corn	豆 类 Soybeans	薯 类 Tubers	油 料 Oil-bearing Crops	#花 生 Peanuts	油菜籽 Rapeseeds	芝 麻 Sesame
总 计	**Total**	**8945642**	**6625300**	**5534400**	**2214100**	**2432850**	**845100**	**937600**	**153300**	**802008**	**187260**	**568126**	**46056**
合 肥 市	Hefei	743267	485037	465497	341093	107261	15745	11984	7556	115575	18518	94733	2324
淮 北 市	Huaibei	255013	235375	166202	316	120106	45405	68715	458	1898	734	794	370
亳 州 市	Bozhou	1055338	854172	622859	3754	403794	199074	204314	26999	11404	6785	1980	2639
宿 州 市	Suzhou	999796	806005	640909	7783	353740	276751	138696	26400	52712	42122	8473	2117
蚌 埠 市	Bengbu	629764	457616	417624	107872	237687	71508	34607	5385	66178	60732	3600	1846
阜 阳 市	Fuyang	1217577	1000881	802209	69028	487343	244992	173904	24768	40202	7060	15254	17888
淮 南 市	Huainan	243768	204045	191468	90350	99194	1831	10636	1941	4817	1909	2235	673
滁 州 市	Chuzhou	877099	712772	673904	356806	279555	36474	27215	11653	77382	24569	47565	5248
六 安 市	Luan	897011	719287	694253	429404	239626	24710	16971	8063	79764	9259	67482	2534
马鞍山市	Maanshan	235763	153540	147136	100477	43546	3113	4211	2193	40531	2302	36898	1267
芜 湖 市	Wuhu	374452	198743	188033	154840	27021	5803	6135	4575	49802	2460	46218	1124
宣 城 市	Xuancheng	354789	231022	211656	155861	49474	6243	10014	9352	49198	4459	42866	1873
铜 陵 市	Tongling	45796	27984	26538	16635	8220	1683	1049	397	7833	325	7369	139
池 州 市	Chizhou	201948	115896	110883	98856	6208	5805	3415	1598	38890	960	36551	1379
安 庆 市	Anqing	781506	456606	430399	380376	39505	9644	13259	12948	138528	4564	130707	3244
黄 山 市	Huangshan	129529	64406	48452	38498	275	9678	7654	8300	27294	502	25401	1391

地 区	Region	棉 花 Cotton	生 麻 Fiber Crops	#生黄红麻 Jute and Ambary Hemp	糖 料 Sugar Crops	烟 叶 Tobacco	#烤 烟 Fluecured Tobacco	中草药材 Crude Drugs	蔬 菜 Vegeta-bles	瓜果类 Melon	#西瓜 Water-melon	甜 瓜 Melon	草 莓 Strawb-erry
总 计	**Total**	**285130**	**8043**	**4405**	**5045**	**16539**	**16336**	**84923**	**835959**	**176461**	**140058**	**17189**	**14936**
合 肥 市	Hefei	32650	158		818			73	79563	23910	12510	1466	9885
淮 北 市	Huaibei	979			7	1		294	14004	2287	1948	334	1
亳 州 市	Bozhou	14233	21	21	70	2764	2764	54530	95620	22483	18885	2257	554
宿 州 市	Suzhou	20010	7	7	43	23	23	1878	74051	36470	33334	2880	256
蚌 埠 市	Bengbu	13574	12	12	24			33	67266	19340	17905	717	306
阜 阳 市	Fuyang	13106	101	101	341	468	304	8058	135545	16841	11155	3117	1161
淮 南 市	Huainan	913			40				27125	6436	3865	1544	1012
滁 州 市	Chuzhou	9613			152			45	45261	15092	14031	377	594
六 安 市	Luan	11870	6400	4174	564	20	20	4807	63980	7139	5938	192	72
马鞍山市	Maanshan	9362	109		352			20	24474	6679	3333	3239	107
芜 湖 市	Wuhu	44442	188	12	869	2909	2909	564	55295	4608	4243	278	85
宣 城 市	Xuancheng	9541	366		723	8241	8241	4377	35977	6224	5237	161	621
铜 陵 市	Tongling	3737	52		28			235	4468	1153	974	141	38
池 州 市	Chizhou	26841	467		38	1609	1606	913	15112	1518	1426	55	37
安 庆 市	Anqing	72518	150	78	311	44	42	3244	75346	4148	3252	369	175
黄 山 市	Huangshan	428	12		665	460	427	5852	22872	2133	2022	62	32

注：全省粮食及棉花播种面积来源于国家统计局安徽调查总队抽样调查数。

a) The sown area of grain is from Anhui Province survey organization of National bureau of Statistics sample survey.

12—26 各市主要农产品单位面积产量（2013年）
Yield of Major Farm Crops per Hectare by Region (2013)

单位：公斤/公顷（kg/hectare）

地 区	Region	谷物 Cereals	棉花 Cotton	花生 Peanuts	油菜籽 Rapeseeds	芝麻 Sesame	生黄红麻 Jute and Ambary Hemp	烤烟 Fluecured Tobacco	中草药材 Crude Drugs	蔬菜 Vegetables	瓜果类 Melon
总 计	**Total**	**5651**	**881**	**4734**	**2289**	**1412**	**2948**	**2582**	**5753**	**28924**	**36788**
合肥市	Hefei	6287	995	3834	2600	1685			4521	22776	24648
淮北市	Huaibei	6590	1550	3384	2069	1192			12510	35876	33955
亳州市	Bozhou	6562	1345	5886	2463	1369	2905	3737	4435	28765	35611
宿州市	Suzhou	5387	1302	4904	1921	1571	714	2174	3530	38967	46033
蚌埠市	Bengbu	6119	1582	6111	1602	1194	6000		4485	37359	48672
阜阳市	Fuyang	6045	1222	2828	2323	1274	5040	1803	17067	36870	39328
淮南市	Huainan	6856	2022	4644	2223	1730				30258	34834
滁州市	Chuzhou	5938	958	3545	2356	1336			2089	30746	36777
六安市	Luan	6253	1558	3757	1978	1764	2891	2000	12333	21177	26041
马鞍山市	Maanshan	6751	1358	2486	2458	1586				27682	26448
芜湖市	Wuhu	6756	1220	2791	2670	1559	4917	2752	3697	24485	39606
宣城市	Xuancheng	5723	1089	3199	2302	2308		2261	3670	20433	31862
铜陵市	Tongling	5567	1101	2908	2376	1705			6374	24310	26600
池州市	Chizhou	5742	1210	2574	2518	1508		2186	1060	24391	30664
安庆市	Anqing	5522	1290	2890	2122	1280	2769	2643	2940	19960	23917
黄山市	Huangshan	5896	1199	2470	1574	1115		2225	1524	17638	19921

12—27 各市主要农产品产量（2013年）
Yield of Major Farm Crops by Region (2013)

单位：吨（ton）

地 区	Region	粮食 Grain	谷物 Cereal	#稻谷 Rice	小麦 Wheat	玉米 Corn	豆类 Beans	薯类 Tubers	油料 Oil-bearing Crops	#花生 Peanuts	油菜籽 Rapeseeds	芝麻 Sesame
总 计	**Total**	**32796000**	**31273000**	**13623000**	**13320000**	**4260000**	**1140000**	**383000**	**2254320**	**886550**	**1300500**	**65043**
合肥市	Hefei	2996768	2926606	2391697	453276	75839	27074	43088	321255	71002	246337	3916
淮北市	Huaibei	1200800	1095195	2391	882631	209914	103647	1958	4568	2484	1643	441
亳州市	Bozhou	4474468	4087322	22019	3057529	917203	295023	92123	48426	39936	4877	3613
宿州市	Suzhou	3791445	3452477	54170	2286475	1107737	209181	129787	226151	206549	16276	3326
蚌埠市	Bengbu	2635964	2555408	767005	1457445	327944	53987	26569	379135	371162	5768	2205
阜阳市	Fuyang	5261119	4849305	407869	3234922	1203790	307953	103861	78190	19965	35434	22791
淮南市	Huainan	1339415	1312773	698342	609405	4493	18518	8124	14998	8865	4969	1164
滁州市	Chuzhou	4138251	4001336	2369678	1471265	154823	49641	87274	206180	87100	112068	7012
六安市	Luan	4441265	4341445	3031800	1186403	121504	44975	54845	174935	34789	133467	4470
马鞍山市	Maanshan	1017915	993353	760406	213124	19823	8888	15674	98435	5723	90702	2010
芜湖市	Wuhu	1327099	1270260	1118256	119521	30752	17324	39515	132010	6865	123393	1752
宣城市	Xuancheng	1277671	1211210	961932	213006	36159	17547	48914	117256	14264	98667	4322
铜陵市	Tongling	152549	147742	115258	23320	9164	2557	2250	18690	945	17508	237
池州市	Chizhou	652167	636688	597809	18012	20835	7510	7969	96584	2471	92033	2080
安庆市	Anqing	2476098	2376795	2219872	112358	41288	36063	63240	294731	13190	277373	4153
黄山市	Huangshan	334511	285654	260153	461	25039	15349	33508	42776	1240	39985	1551

注：全省粮食及棉花产量来源于国家统计局安徽调查总队抽样调查数。

a) The sown area of grain is from Anhui Province survey organization of National bureau of Statistics sample survey.

12—27 续表 continued

单位：吨（ton）

地 区 Region	棉 花 Cotton	生 麻 Fiber Crops	#生黄红麻 Jute and Ambary Hemp	烟 叶 Tobacco	#烤 烟 Fluecured Tobacco	药 材 Medicinal Materials	蔬 菜 Vegetables	瓜果类 Melon	#西 瓜 Water-melon	香 瓜 Melon	草 莓 Strawb-erry
总 计 Total	**251125**	**26635**	**12988**	**42997**	**42181**	**488595**	**24179512**	**6491612**	**5445614**	**513236**	**361349**
合 肥 市 Hefei	32475	161				330	1812134	589333	324372	26794	233432
淮 北 市 Huaibei	1517			1		3678	502407	77656	65682	10857	35
亳 州 市 Bozhou	19149	61	61	10331	10329	241829	2750486	800639	684481	80472	3600
宿 州 市 Suzhou	26045	5	5	50	50	6630	2885545	1678825	1583781	85878	9156
蚌 埠 市 Bengbu	21471	72	72			148	2513024	941318	855507	25965	19002
阜 阳 市 Fuyang	16011	509	509	1142	548	137528	4997544	662319	444662	121193	46541
淮 南 市 Huainan	1846						820747	224193	142874	49532	27587
滁 州 市 Chuzhou	9209					94	1391609	555041	541994	6737	4806
六 安 市 Luan	18491	23553	12066	40	40	59287	1354922	185910	150077	8077	1437
马鞍山市 Maanshan	12715	212					677500	176644	97282	77626	1736
芜 湖 市 Wuhu	54210	380	59	8006	8006	2085	1353915	182506	173905	6777	1802
宣 城 市 Xuancheng	10389	398		18766	18636	16063	735113	198312	179197	3350	7338
铜 陵 市 Tongling	4114	89				1498	108616	30670	28993	1259	418
池 州 市 Chizhou	32475	686		3514	3511	968	368602	46548	46015	335	198
安 庆 市 Anqing	93537	482	216	114	111	9536	1503934	99207	85744	7678	3625
黄 山 市 Huangshan	513	27		1033	950	8921	403414	42491	41048	706	636

12—28 各市茶叶、水果生产情况（2013年）
Tea, Fruits Production by Region (2013)

单位：吨（ton）

地 区 Region	茶 叶 Tea	#绿 茶 Green Tea	园林水果 Garden Fruits	#苹 果 Apples	梨 Pears	葡 萄 Grapes
总 计 Total	**100949**	**93608**	**2558955**	**360488**	**979468**	**358070**
合 肥 市 Hefei	1949	1949	155028	36	10165	78186
淮 北 市 Huaibei			89970	20233	11803	19849
亳 州 市 Bozhou			50659	6979	6457	6912
宿 州 市 Suzhou			1702055	324024	813167	159160
蚌 埠 市 Bengbu			78382	417	37869	7746
阜 阳 市 Fuyang			82664	6964	26942	12658
淮 南 市 Huainan			35371		6942	7623
滁 州 市 Chuzhou	496	496	69196	386	6363	19378
六 安 市 Luan	20435	20301	67134	356	13068	14628
马鞍山市 Maanshan	341	341	32401	264	3458	10749
芜 湖 市 Wuhu	2594	2584	40429	118	8605	5654
宣 城 市 Xuancheng	29034	28391	48327		21588	4217
铜 陵 市 Tongling	84	84	4358	11	109	2281
池 州 市 Chizhou	6942	4528	6867	17	670	418
安 庆 市 Anqing	10750	10428	37933	683	4879	824
黄 山 市 Huangshan	28324	24506	58181		7383	7787

12—29 各市主要林业生产情况（2013年）
Conditions of Forest Production by Region (2013)

地 区	Region	营林情况（公顷） Management of Forest (hectares) 人工造林面积 Man-made Afforested Area	新封山育林面积 Area of Setting Apart Mountains for Afforestation	新增育苗面积 Area of Growing Seedlings	未成林抚育面积 Area of Tending Young Forest	成林抚育面积 Area of Tending Adult Forest	油桐籽（吨） Tung-oil Seeds (ton)	油茶籽（吨） Tea-oil Seeds (ton)	竹材采伐量（万根） Determination of Bamboo Cut (10000 units)	木材采伐量（万立方米） Determination of Timber Cut (10000 cu.m)
总 计	**Total**	**202766**	**26474**	**12575**	**386336**	**443194**	**2830**	**63932**	**12915**	**478**
合 肥 市	Hefei	22803	2005	2922	26286	45789	4	140	14	10
淮 北 市	Huaibei	5579		244	16550	7510				4
亳 州 市	Bozhou	7208		1302	15371	11667				68
宿 州 市	Suzhou	7033	1662	616	13984	68656	25			47
蚌 埠 市	Bengbu	8726	333	893	16317	34888				24
阜 阳 市	Fuyang	8489		912	33980	33084				39
淮 南 市	Huainan	2413	200	466	1509	31471				1
滁 州 市	Chuzhou	41455	3737	1763	67463	32243	2	90	7	33
六 安 市	Luan	27232	3773	439	37543	31066	1375	25307	3041	36
马鞍山市	Maanshan	10033	864	484	6372	7268		88	9	3
芜 湖 市	Wuhu	13407	933	742	16926	17103	51	41	1250	10
宣 城 市	Xuancheng	12502	2600	146	30548	32625	131	710	6230	46
铜 陵 市	Tongling	1514	200	60	2213	1211	550	3	46	3
池 州 市	Chizhou	6366	1613	586	44192	37277	272	296	919	55
安 庆 市	Anqing	21023	6007	433	26175	33994	420	32431	706	52
黄 山 市	Huangshan	6984	2547	567	30907	17342		4826	693	46

12—30 各市牲畜饲养情况（2013年）
Number of Livestock by Region (2013)

单位：头（只） (heads)

地 区	Region	大牲畜年末头数 Large Animals (year-end)	牛 Cattle and Buffaloes	马 Horses	驴 Donkeys	骡 Mules	肉猪出栏头数 Slaughtered Fattened Hogs	猪年末头数 Hogs (year-end)	羊年末只数 Sheep and Goats (year-end)	#山羊 Goats	活家禽（万只） Poultry (10000 heads)
总 计	**Total**	**1556557**	**1550883**	**1113**	**3956**	**605**	**29715339**	**16125899**	**6052830**	**6042170**	**24717.56**
合 肥 市	Hefei	112305	112305				2859769	1418932	88506	84127	6141.20
淮 北 市	Huaibei	13879	13879				658060	410772	269660	268491	994.70
亳 州 市	Bozhou	141102	140243	453	111	296	2945937	1490758	1226360	1226360	1210.00
宿 州 市	Suzhou	178441	177961	113	322	45	4678103	2882053	2376087	2344812	3692.00
蚌 埠 市	Bengbu	231472	231472				1960070	933687	719723	714873	2052.14
阜 阳 市	Fuyang	327404	323504	193	3489	218	5399038	2741964	1339038	1339038	2462.81
淮 南 市	Huainan	62437	62437				489786	282812	128535	128535	775.22
滁 州 市	Chuzhou	173306	173306				3250152	1795881	360701	358701	2494.00
六 安 市	Luan	181158	181156		2		3982327	2096353	450297	450297	3826.14
马鞍山市	Maanshan	19061	19061				356982	184315	61960	61960	793.40
芜 湖 市	Wuhu	41280	41280				804513	431020	28524	28524	1372.80
宣 城 市	Xuancheng	51829	51829				1039252	541206	45564	45564	2560.40
铜 陵 市	Tongling	3946	3946				99693	68135	4083	4083	417.20
池 州 市	Chizhou	16072	16072				716401	419369	13946	13946	749.00
安 庆 市	Anqing	127627	127627				2758994	1718554	66780	66780	3373.30
黄 山 市	Huangshan	28352	27920	354	32	46	972635	706312	4786	4656	404.97

注：全省猪、牛、羊、禽数据来源于国家统计局安徽调查总队畜禽监测数。
a) The pigs, sheep, poultry data is from Anhui Province survey organization of National bureau of statistics monitoring survey.

12—31　各市畜产品产量（2013年）
Output of Livestock Products by Region (2013)

单位：吨（ton）

地区	Region	肉类总产量 Output of Meat	猪牛羊肉 Output of Pork,Beef and Mutton	猪肉 Pork	牛肉 Beef	羊肉 Mutton	生牛奶 Cow Milk	禽蛋 Poultry Eggs	天然蜂蜜 Honey	蚕茧 Sikworm Cocoons
总计	**Total**	**4038256**	**2865588**	**2534151**	**181451**	**149986**	**253393**	**1245342**	**20109**	**32247**
合肥市	Hefei	474953	243407	234495	7068	1844	113830	194526	44	4562
淮北市	Huaibei	87869	63772	56207	1157	6408	11398	53024		
亳州市	Bozhou	309335	274675	229974	18981	25720	14697	67381	30	
宿州市	Suzhou	497659	426934	352160	20073	54701	15992	257300	217	1493
蚌埠市	Bengbu	316167	221862	165402	38563	17897	35694	72137		
阜阳市	Fuyang	610439	530789	452242	46669	31878	4456	140206	1921	658
淮南市	Huainan	88753	54678	44650	6595	3433	49997	65151	3	3
滁州市	Chuzhou	379309	291137	265075	17862	8200	10367	110518	71	
六安市	Luan	530515	362095	330242	16527	15326	20280	115037	245	6484
马鞍山市	Maanshan	80145	30534	28730	392	1412	40767	20417	3250	
芜湖市	Wuhu	152893	73168	68547	4097	524	5385	79446	68	690
宣城市	Xuancheng	216849	87311	83428	3022	861	575	51501	1469	5368
铜陵市	Tongling	17991	8552	8306	184	62		9847	120	68
池州市	Chizhou	85819	60138	58373	1529	236		36734	770	1383
安庆市	Anqing	323612	230899	220239	9470	1190	70	190831	2242	6754
黄山市	Huangshan	90898	84235	82998	1157	80	5026	21273	9659	4784

注：全省猪、牛、羊、禽、奶数据来源于国家统计局安徽调查总队畜禽监测数。
a) The pigs, sheep, poultry, milk data is from Anhui Province survey organization of National bureau of statistics monitoring survey.

12—32　各市农村居民家庭平均每户动物产品的出售量（2013年）
Sales of Livestock, Poultry, Small Animals and Fishery Per Rural Household by Region (2013)

地区	Region	肉猪（头） Fattened Hogs (head)	菜羊（只） Mutton Sheep and Goat (head)	牛（头/百户） Cattle (head/100 households)	活家禽（只） Poultry (head)	蛋类（公斤） Poultry Cocoons (kg)	蚕茧（公斤） Silkworm Cocoons (kg)	水产品（公斤） Aquatic Products (kg)
合肥市	Hefei	0.29		0.69	18.18	5.34	2.42	18.13
淮北市	Huaibei	0.76	0.39	0.16	9.02	102.70		
亳州市	Bozhou	2.02	0.71	0.73	0.90	0.46		0.42
宿州市	Suzhou	1.78	0.32	0.56	14.97	24.85	1.25	0.55
蚌埠市	Bengbu	1.62	0.13	1.96	8.34	3.75		31.87
阜阳市	Fuyang	1.11	0.51	13.91	1.76	0.75	0.04	6.24
淮南市	Huainan	0.08	0.07	0.59	7.90	22.72		10.08
滁州市	Chuzhou	0.80	0.17	0.54	10.32	8.24		19.52
六安市	Luan	0.62	0.13	1.43	0.76	1.09	2.30	10.29
马鞍山市	Maanshan	1.13	0.02	0.10	39.14	3.10		81.48
芜湖市	Wuhu	2.70		2.32	1.70	5.94	0.17	59.18
宣城市	Xuancheng	0.34	0.01	0.70	33.50	2.47	4.15	75.01
铜陵市	Tongling	0.09		1.39	2.61	2.88		19.86
池州市	Chizhou	0.31		0.29	3.18	3.67	3.38	5.67
安庆市	Anqing	0.57		0.54	0.41	1.51	7.97	23.38
黄山市	Huangshan	1.12		0.53	0.32	2.56	14.84	2.41

12—33 各市水产品产量（2013年）
Output of Aquatic Products by Region (2013)

单位：吨（ton）

地区	Region	水产品总产量 Total Aquatic Products	养殖产量 Cultured Products	捕捞产量 Fishing Products	鱼类 Fish	虾蟹类 Crustacean	贝类 Shell-fish	其它类 Others
总计	**Total**	**2155341**	**1830292**	**325049**	**1713382**	**309501**	**88674**	**43784**
合肥市	Hefei	227017	168043	58974	164403	53051	4114	5449
淮北市	Huaibei	28230	27232	998	27972	234	16	8
亳州市	Bozhou	50550	42751	7799	48256	1691	532	71
宿州市	Suzhou	41550	38183	3367	36473	4339	195	543
蚌埠市	Bengbu	115818	86199	29619	92215	14674	3191	5738
阜阳市	Fuyang	96313	82114	14199	83308	9432	2462	1111
淮南市	Huainan	74877	55804	19073	61665	6501	5527	1184
滁州市	Chuzhou	317089	288646	28443	234000	70564	10002	2523
六安市	Luan	291290	223706	67584	249956	30154	7670	3510
马鞍山市	Maanshan	109307	94914	14393	67380	31141	9531	1255
芜湖市	Wuhu	162435	145077	17358	118973	24849	6377	12236
宣城市	Xuancheng	107325	91466	15859	71939	18749	12313	4324
铜陵市	Tongling	23199	21257	1942	20193	1528	864	614
池州市	Chizhou	126018	115955	10063	108913	9431	6202	1472
安庆市	Anqing	367327	333898	33429	311788	32748	19353	3438
黄山市	Huangshan	16996	15047	1949	15948	415	325	308

12—34 各市受灾面积（2013年）
Areas Covered by Natural Disaster by Region (2013)

单位：千公顷（1000 hectares）

地区	Region	农作物受灾情况合计 Total Situation of Crops Affected by Disaster		旱灾 Drought		洪涝灾 Flood	
		受灾面积 Areas Covered	绝收 Total Crops Failure	受灾面积 Areas Covered	绝收 Total Crops Failure	受灾面积 Areas Covered	绝收 Total Crops Failure
总计	**Total**	**2297.35**	**237.61**	**1796.21**	**207.22**	**296.56**	**29.77**
合肥市	Hefei	142.54	37.94	146.41	37.44	0.62	0.48
淮北市	Huaibei	0.50					
亳州市	Bozhou	285.08	4.67	284.74	4.58		
宿州市	Suzhou	253.86					
蚌埠市	Bengbu	67.22		67.22			
阜阳市	Fuyang	196.94	2.86	178.98	2.86		
淮南市	Huainan	22.22	2.47	16.35	2.39	5.16	0.07
滁州市	Chuzhou	194.59	24.05	184.02	23.50	3.72	0.51
六安市	Luan	395.63	51.29	365.60	49.20	31.40	1.68
马鞍山市	Maanshan	73.50	9.03	65.31	8.93	6.41	0.09
芜湖市	Wuhu	71.33	11.34	53.15	10.45	9.92	5.54
宣城市	Xuancheng	179.27	37.51	165.26	36.32	23.81	1.18
铜陵市	Tongling	16.36	2.24	11.63	2.01	9.32	0.28
池州市	Chizhou	80.09	12.36	61.10	10.34	54.52	1.48
安庆市	Anqing	244.63	29.59	157.15	17.98	108.22	11.36
黄山市	Huangshan	73.61	12.26	39.30	1.22	43.44	7.10

12—35 国营农场基本情况
Basic Statistics on State Farms

指　　标		Item		2000	2005	2010	2012	2013
农场数	(个)	Number of Farms	(unit)	25	25	21	20	20
职工人数	(人)	Number of Staff and Workers	(person)	57773	44849	44759	39915	39332
耕地面积	(千公顷)	Cultivated Area	(1000 hectares)	34.36	32.98	34.75	29.36	29.36
农业机械总动力	(千瓦)	Total Power of Agricultural Machinery	(1000 watts)	241215	316001	454679	459505	482188
农业机械拥有量	(台、辆)	Ownership of Agricultural Machinery	(unit)					
大中型农用拖拉机		Large and Medium Agricultural Tractors		1349	1765	2568	2606	2684
小型及手扶拖拉机		Mini and Walking Agricultural Tractors		3567	5569	6111	5446	5559
农用排灌动力机械		Machinery for Agricultural Drainage and Irrigation		3360	3802	5115	5009	5027
联合收获机		Combine Harvesters		626	730	1078	1259	1351
农用载重汽车		Trucks for Agricultural Use		186	71	181	180	181
农用化肥施用量	(吨)	Consumption of Chemical Fertilizers	(ton)	38355	47187	66814	66363	63395
农业总产值	(万元)	Gross Agricultural Output Value	(10000 yuan)	59620	102784	176197	174326	186562
农作物总播种面积	(千公顷)	Sown Area of Farm Crops	(1000 hectares)	58.40	55.57	68.53	58.01	58.99
粮食作物		Grain		47.54	44.24	61.04	53.33	54.75
棉　花		Cotton		3.31	6.20	3.77	2.16	1.51
油　料		Oil-bearing Crops		5.54	3.98	1.58	0.73	0.66
年末实有茶园面积		Area of Tea Plantations (year-end)		3.40	3.38	3.15	2.53	2.38
年末实有果园面积		Area of Orchards (year-end)		1.19	1.14	1.09	1.10	1.21
主要农产品产量		Yield of Major Farm Crops						
粮食作物	(吨)	Grain	(ton)	222809	233538	340720	305784	313540
棉　花	(吨)	Cotton	(ton)	3389	8730	5431	3515	2489
油　料	(吨)	Oil-bearing Crops	(ton)	7253	7258	3283	1562	1526
茶　叶	(吨)	Tea	(ton)	7793	10460	10894	9938	8873
水　果	(吨)	Fruits	(ton)	15937	16776	26589	22325	4199
畜牧业、渔业生产		Production of Animal Husbandry and Fishery						
大牲畜年末头数	(头)	Number of Large Animals (year-end)	(head)	6022	9581	7799	7351	7493
猪年末头数	(头)	Number of Hogs	(head)	17532	19660	38821	42792	43985
羊年末只数	(只)	Number of Sheep and Goats	(head)	6911	6319	5561	5947	5994
畜产品产量	(吨)	Output of Livestock Products	(ton)					
肉类总产量		Pork, Beef and Mutton		8204	5556	11037	12913	13564
#猪　肉		Pork		2432	2778	4553	5255	6202
生牛奶		Milk		11845	18982	19018	21755	21900
禽　蛋		Poultry Eggs		3220	2605	3346	3073	2794
水产品总产量	(吨)	Total Output of Aquatic Products	(ton)	2786	3431	4777	3923	4673

注：本表为农垦系统数据。
a) Data in this table cover those of the land reclamation department.

12—36 各县（市）农村基本情况（2013年）
Basic Statement of Rural Area by County or City (2013)

县（市）	County (City)	乡镇数（个）Number of Township and Town Governments	#镇数 Town Governments	村民委员会（个）Number of Villagers' Committees (unit)	乡村户数（户）Number of Households (household)	乡村人口数（人）Rural Population (person)	乡村从业人员数（人）Number of Rural Laborers (person)	#男 Male	自来水受益村（个）Villages with Access to Tap Water (unit)	通汽车村（个）Villages with Highway Communication (unit)
合肥市辖区	Hefei Reigon of City	9	7	86	108853	326030	180400	102196	83	86
巢湖市	Chaohu	12	11	137	191174	663107	364550	194832	129	137
长丰县	Changfeng	13	7	172	170507	655113	399214	213297	102	172
肥东县	Feidong	17	11	216	254140	951387	585376	315626	139	213
肥西县	Feixi	13	9	214	224971	820852	511390	279728	204	214
庐江县	Lujiang	16	16	193	301201	1084517	534424	272880	173	193
淮北市辖区	Huaibei Reigon of City	7	7	88	122913	455430	242260	132724	62	88
濉溪县	Suixi	10	10	213	244638	941882	466139	255530	108	213
亳州市辖区	Bozhou Reigon of City	22	20	263	339013	1247561	687778	376773	98	263
涡阳县	Guoyang	20	20	377	355761	1334158	731575	385329	217	377
蒙城县	Mengcheng	14	12	255	271220	1108570	618371	330117	131	255
利辛县	Lixin	22	18	346	338683	1364199	733813	394810	152	346
宿州市辖区	Suzhou Reigon of City	24	15	289	332608	1223749	683946	359699	105	289
砀山县	Dangshan	12	12	145	222520	856514	527860	273150	145	145
萧县	Xiaoxian	22	17	257	325566	1221157	667631	382506	101	257
灵璧县	Lingbi	18	12	300	261123	1102621	635152	338137	116	300
泗县	Sixian	14	11	172	196871	791691	453759	244839	172	172
蚌埠市辖区	Bengbu Reigon of City	12	8	201	152679	544470	312838	169858	90	201
怀远县	Huaiyuan	17	8	333	271561	1125020	657536	346426	112	333
五河县	Wuhe	13	11	199	153444	605044	363400	189990	65	199
固镇县	Guzhen	10	7	192	146033	566500	339343	181501	62	192
阜阳市辖区	Fuyang Reigon of City	29	19	315	439868	1636483	925851	502880	191	315
界首市	Jieshou	18	12	149	183023	675213	391692	205762	93	149
临泉县	Linquan	31	20	382	476922	2021450	1082091	568161	124	382
太和县	Taihe	30	25	306	415869	1542661	884119	468459	123	306
阜南县	Funan	28	20	321	351011	1554541	857843	454024	105	321
颍上县	Yingshang	29	21	265	374213	1487727	842595	457100	97	265
淮南市辖区	Huainan Reigon of City	27	21	310	196828	743194	460189	248733	147	310
凤台县	Fengtai	15	7	213	144161	523204	313597	169094	53	213
毛集区	Maoji District	3	3	38	27281	103083	65024	34794	17	38
滁州市辖区	Chuzhou Reigon of City	8	8	79	78936	251953	136395	73027	60	79
天长市	Tianchang	14	14	119	150834	545826	330681	165453	113	119
明光市	Mingguang	13	12	139	144792	541825	303651	165514	97	139
来安县	Laian	11	7	130	104605	401061	252288	139021	85	130
全椒县	Quanjiao	9	9	94	86258	333340	188840	102227	78	94
定远县	Dingyuan	21	15	242	201526	866409	484871	269437	188	239
凤阳县	Fengyang	14	13	198	173970	679995	389116	210951	69	194
六安市辖区	Luan Reigon of City	36	23	579	442403	1638252	947342	520439	297	579
寿县	Shouxian	25	21	235	389646	1304578	762951	412734	159	235

12—36 续表 continued

县（市） County (City)	乡镇数（个） Number of Township and Town Governments	#镇数 Town Governments	村民委员会（个） Number of Villagers' Committees (unit)	乡村户数（户） Number of Households (household)	乡村人口数（人） Rural Population (person)	乡村从业人员数（人） Number of Rural Laborers (person)	#男 Male	自来水受益村（个） Villages with Access to Tap Water (unit)	通汽车村（个） Villages with Highway Communication (unit)
霍邱县 Huoqiu	32	23	425	443963	1563120	862347	473597	141	425
舒城县 Shucheng	20	14	394	248768	879365	498545	273793	190	394
金寨县 Jinzhai	22	10	226	153998	575253	299158	165582	206	226
霍山县 Huoshan	16	12	135	91071	324995	168939	92597	113	135
叶集区 Yeji District	4	0	71	36316	138907	72773	40059	9	71
马鞍山市辖区 Maanshan Reigon of City	6	4	71	77188	261811	143432	79181	71	71
当涂县 Dangtu	10	7	130	110730	381687	214339	117490	130	130
含山县 Hanshan	8	8	96	95895	354520	207965	111605	96	96
和县 Hexian	9	9	85	119408	428704	249295	134962	85	85
芜湖市辖区 Wuhu Reigon of City	4	4	123	155643	482984	249721	140844	123	123
芜湖县 Wuhu	4	4	90	87315	306280	170369	92913	90	90
繁昌县 Fanchang	5	5	73	67455	213585	126168	69071	73	73
南陵县 Nanling	7	7	157	147486	491991	304763	163006	142	157
无为县 Wuwei	20	16	239	263652	847646	550627	297712	239	239
宣城市辖区 Xuancheng Reigon of City	18	14	166	238449	751011	445660	244279	164	166
宁国市 Ningguo	13	8	103	97291	314190	182481	98564	103	103
郎溪县 Langxi	8	6	83	80576	271856	156487	86750	82	83
广德县 Guangde	8	4	103	138675	475006	294220	170234	99	103
泾县 Jingxian	10	8	132	98718	298625	178395	98416	98	132
绩溪县 Jixi	10	7	76	49455	142114	85065	45877	76	76
旌德县 Jingde	9	5	68	36825	124062	73219	39764	68	68
铜陵市辖区 Tongling Reigon of City	4	3	40	24316	74025	42850	22747	39	40
铜陵县 Tongling	8	4	103	75111	227097	150435	79721	101	103
池州市辖区 Chizhou Reigon of City	11	10	164	151924	536437	293812	156456	150	164
东至县 Dongzhi	14	11	234	148086	503681	304872	160093	210	234
石台县 Shitai	7	5	79	27201	95560	56236	30449	79	79
青阳县 Qingyang	10	7	110	69466	232613	130537	69446	91	110
安庆市辖区 Anqing Reigon of City	13	5	73	104019	339994	191177	104375	73	73
桐城市 Tongcheng	12	12	197	179013	680465	391720	213708	185	197
怀宁县 Huaining	19	14	204	168514	639304	360304	196120	200	204
枞阳县 Zongyang	21	13	233	235953	845213	528482	290375	227	233
潜山县 Qianshan	15	10	175	141677	527222	267068	147816	171	175
太湖县 Taihu	14	9	175	137621	514396	276412	147562	140	175
宿松县 Susong	21	8	205	197379	743215	386965	205004	204	205
望江县 Wangjiang	9	7	130	150630	584316	334846	175780	128	130
岳西县 Yuexi	23	12	182	100741	367079	198603	107810	182	182
黄山市辖区 Huangshan Reigon of City	24	16	181	86743	276719	160032	84023	175	181
歙县 Shexian	27	12	183	142583	437422	273588	143968	182	179
休宁县 Xiuning	20	9	157	72267	251004	149074	78605	153	157
黟县 Yixian	7	3	66	26133	76487	51386	26218	66	66
祁门县 Qimen	17	7	152	43143	149337	98778	51112	152	152

12—37 各市、县农民人均纯收入
Per Capita Net Income of Peasants by City and County

单位：元（yuan）

地　区	Region	2000	2005	2010	2012	2013
合肥市	**Hefei**	**1975.24**	**3207.26**	**7117.47**	**9081.20**	**10352.26**
瑶海区	Yaohai District		5145.25	8148.08	10781.91	12366.72
庐阳区	Luyang District		5164.05	9758.25	12978.38	14795.67
蜀山区	Shushan District		5210.10	9844.40	13003.09	14823.47
包河区	Baohe District		5203.20	8377.22	11360.00	13041.30
长丰县	Changfeng	1460.93	2565.12	6120.07	8438.90	9815.01
肥东县	Feidong	1953.59	3134.44	7026.67	9708.70	11232.72
肥西县	Feixi	1950.29	3172.84	7096.82	9787.30	11303.98
庐江县	Lujiang	1984.09	2724.37	5837.31	8073.62	9435.99
巢湖市	Chaohu	2270.65	3003.01	5838.37	7925.50	9255.98
淮北市	**Huaibei**	**2084.73**	**2665.08**	**5336.95**	**7286.00**	**8239.94**
杜集区	Duji District	2357.44	3149.50	6351.60	8672.47	9799.89
相山区	Xiangshan District	2781.60	3750.30	5745.87	7807.04	8845.38
烈山区	Lieshan District	3004.99	2921.50	5305.60	7139.46	8124.71
濉溪县	Suixi	1977.20	2509.50	5178.24	7034.47	8000.52
亳州市	**Bozhou**	**1922.26**	**2353.06**	**4688.50**	**6551.55**	**7456.26**
谯城区	Qiaocheng District	2160.00	2630.20	5122.56	7099.00	8068.00
涡阳县	Guoyang	2157.00	2607.01	5105.66	7074.00	8039.00
蒙城县	Mengcheng	2120.00	2637.58	5211.51	7110.00	8075.00
利辛县	Lixin	1318.00	1601.75	3486.86	5086.02	5824.00
宿州市	**Suzhou**	**1800.56**	**2155.97**	**4765.70**	**6635.07**	**7570.73**
埇桥区	Yongqiao District	1866.79	2288.94	4851.71	6777.77	7730.49
砀山县	Dangshan	1798.57	2172.05	4520.08	6305.78	7192.59
萧　县	Xiaoxian	1969.08	2260.73	5020.37	7011.82	7979.77
灵璧县	Lingbi	1779.07	1963.44	4576.99	6357.81	7241.92
泗　县	Sixian	1685.05	2170.26	4715.19	6552.12	7450.84
蚌埠市	**Bengbu**	**2078.00**	**2780.20**	**5564.85**	**7673.96**	**8741.01**
龙子湖区	Longzihu District		2932.73	5509.70	7649.42	8723.56
蚌山区	Bangshan District		2681.27	5169.36	7247.30	8287.00
禹会区	Yuhui District		2962.66	5260.30	7331.82	8389.62
淮上区	Huaishang District		2843.13	5547.98	7653.54	8735.70
怀远县	Huaiyuan	2052.00	2757.17	5609.44	7717.05	8785.04
五河县	Wuhe	2152.00	2831.28	5547.75	7682.63	8744.94
固镇县	Guzhen	2087.22	2811.42	5562.14	7651.04	8717.80

12—37 续表1 continued

单位：元（yuan）

地　区	Region	2000	2005	2010	2012	2013
阜 阳 市	**Fuyang**	**1834.00**	**2085.16**	**4186.96**	**5922.05**	**6763.24**
颍 州 区	Yingzhou District	2201.00	2606.22	5228.00	7204.18	8209.16
颍 东 区	Yingdong District	1901.00	1903.95	3840.49	5326.95	6075.92
颍 泉 区	Yingquan District	1909.00	2415.02	5048.14	6995.69	7986.20
临 泉 县	Linquan	1498.00	1753.01	3476.38	5004.85	5720.58
太 和 县	Taihe	2124.00	2557.16	5057.50	6990.12	7986.93
阜 南 县	Funan	1398.00	1662.17	3401.48	4908.69	5588.54
颍 上 县	Yingshang	1835.00	1957.88	4107.59	5952.33	6795.34
界 首 市	Jieshou	2250.00	2608.16	5266.42	7343.75	8383.63
淮 南 市	**Huainan**	**2186.00**	**2786.16**	**5746.36**	**7834.70**	**8869.00**
大 通 区	Datong District	2597.22	2745.28	5586.14	7613.68	8627.00
田家庵区	Tianjaan District	3421.00	3196.21	6736.06	9193.96	10389.00
谢家集区	Xiejiaji District	3230.07	3127.03	6265.67	8573.57	9713.62
八公山区	Bagongshan District	3302.00	4268.23	7379.23	9965.32	11270.00
潘 集 区	Panji District	2028.00	2361.70	5285.26	7220.52	8188.61
凤 台 县	Fengtai	1980.00	2817.92	5955.10	8127.24	9216.70
毛 集 区	Maoji Distrct		3142.30	6112.64	8285.63	9372.11
滁 州 市	**Chuzhou**	**2239.78**	**2801.11**	**5915.44**	**8091.00**	**9183.00**
琅 琊 区	Langya District	2543.39	3938.32	7467.98	9606.09	10903.00
南 谯 区	Nanqiao District	2203.43	2887.67	5696.99	8779.72	9965.00
来 安 县	Laian	2260.00	3065.11	6924.94	9435.85	10719.00
全 椒 县	Quanjiao	2241.00	2852.00	6273.88	8611.76	9783.00
定 远 县	Dingyuan	2117.00	2335.78	5345.44	7335.20	8318.00
凤 阳 县	Fengyang	2158.27	2658.00	5759.57	7910.69	8971.04
天 长 市	Tianchang	2494.00	3803.46	7558.02	10369.15	11769.14
明 光 市	Mingguang	2102.23	2673.36	5425.48	7419.96	8414.00
六 安 市	**Luan**	**1571.27**	**2254.71**	**4713.63**	**6534.70**	**7430.43**
金 安 区	Jinan District	1578.25	2218.40	4714.43	6684.97	7619.24
裕 安 区	Yuan District	1426.18	2120.40	4681.02	6413.20	7305.12
寿　县	Shouxian	1492.00	2316.65	4597.58	6270.14	7148.19
霍 邱 县	Huoqiu	1556.00	2298.01	4773.00	6615.00	7526.09
舒 城 县	Shucheng	1598.30	2304.40	4818.52	6769.33	7605.00
金 寨 县	Jinzhai	1542.00	2045.27	4428.25	6255.95	7146.00
霍 山 县	Huoshan	1575.12	2344.10	5047.24	7001.00	8001.00
叶 集 区	Yeji District		2604.03	5058.00	6706.00	7571.40
马鞍山市	**Maanshan**	**2682.59**	**4511.19**	**9331.45**	**10920.28**	**12340.22**
花 山 区	Huashan District			10034.44	13853.47	15625.90
雨 山 区	Yushan District			9705.32	13295.67	15010.77
博 望 区	Bowang District				12231.38	13809.10
当 涂 县	Dangtu	2552.00	4397.61	9213.42	12383.45	13993.37
含 山 县	Hanshan	2175.64	3134.50	6986.57	9645.89	10909.57
和　县	Hexian	2177.13	3252.91	6933.23	9563.66	10846.40

12—37 续表2 continued

单位：元（yuan）

地 区	Region	2000	2005	2010	2012	2013
芜湖市	**Wuhu**	**2658.00**	**3993.40**	**7834.15**	**9675.49**	**10962.28**
镜湖区	Jinghu District				11180.06	12711.32
弋江区	Yijiang District	3318.00	4370.00	7278.71	9870.55	11165.28
鸠江区	Jiujiang District	3586.00	4607.09	7553.67	9679.30	10923.59
三山区	Sanshan District			7202.39	9750.90	10995.24
芜湖县	Wuhu	2625.00	3998.45	8238.62	11133.65	12632.58
繁昌县	Fanchang	2564.36	3894.70	7996.35	10887.68	12332.08
南陵县	Nanling	2574.00	3941.46	7861.09	10587.60	12001.83
无为县	Wuwei	1960.37	2814.54	6193.12	8374.69	9460.63
宣城市	**Xuancheng**	**2288.42**	**3157.21**	**6650.95**	**9036.38**	**10247.04**
宣州区	Xuanzhou District	2429.62	3438.32	7581.27	10243.19	11574.40
郎溪县	Langxi	1393.04	2225.90	5304.26	7424.11	8502.48
广德县	Guangde	2408.88	3753.00	7813.87	10629.34	12075.04
泾县	Jingxian	2360.63	2656.62	5313.27	7423.00	8417.78
绩溪县	Jixi	2364.50	3101.88	5941.06	8152.00	9245.00
旌德县	Jingde	2114.39	3053.40	5451.87	7413.00	8412.37
宁国市	Ningguo	2408.35	3953.99	8474.85	11451.00	12970.00
铜陵市	**Tongling**	**2436.00**	**3353.58**	**7266.10**	**9847.31**	**11186.68**
狮子山区	Shuzushan District		3629.91	8146.50	10960.42	12455.76
郊区	Region of City	3082.00	3760.80	7664.81	10395.09	11815.03
铜陵县	Tongling	2356.00	3251.25	7113.54	9630.17	10940.36
池州市	**Chizhou**	**2071.85**	**2939.50**	**5827.49**	**7986.20**	**9080.00**
市辖区	Reigon of City		4562.92	6294.52	8572.00	9754.90
贵池区	Guichi District	2267.97	3089.00	6214.22	8451.00	9607.40
东至县	Dongzhi	2053.87	2711.36	5837.78	8059.00	9152.60
石台县	Shitai	1144.77	1492.93	3280.64	4440.00	5053.00
青阳县	Qingyang	2145.86	2858.09	5949.93	8241.00	9359.30
安庆市	**Anqing**	**1804.07**	**2610.99**	**4985.26**	**6820.24**	**7747.92**
迎江区	Yingjiang District		3231.36	7086.06	9687.83	11015.00
大观区	Daguan District		3182.31	6979.69	9524.42	10810.00
宜秀区	Yixiu District	2513.48	3752.75	7042.59	9608.67	10916.00
怀宁县	Huaining	2386.00	3566.08	6345.92	8614.98	9795.26
枞阳县	Zongyang	1589.34	1796.00	4398.62	6063.43	6906.00
潜山县	Qianshan	1390.00	1810.28	3989.14	5455.71	6193.37
太湖县	Taihu	1456.49	1748.15	3853.57	5263.27	5974.00
宿松县	Susong	1391.48	1796.72	4489.24	6141.00	6994.60
望江县	Wangjiang	1706.39	1998.00	4347.47	5933.00	6752.00
岳西县	Yuexi	1387.02	1838.57	3600.00	4923.04	5612.00
桐城市	Tongcheng	2472.02	3728.08	7149.31	9806.96	11151.00
黄山市	**Huangshan**	**2241.00**	**3157.82**	**6715.67**	**9160.88**	**10389.16**
屯溪区	Tunxi District	3073.00	4268.40	7755.91	10558.00	12000.00
黄山区	Huangshan District	2416.00	3398.08	6928.61	9425.94	10680.00
徽州区	Huizhou District	2455.35	3393.45	6832.42	9311.05	10541.00
歙县	Shexian	2190.00	2988.26	6524.07	8945.95	10159.98
休宁县	Xiuning	2191.00	3170.19	6756.05	9238.59	10486.22
黟县	Yixian	2126.32	2995.53	6497.97	8902.02	10090.10
祁门县	Qimen	1944.13	2942.74	6536.83	8917.08	10080.00

12—38　各县（市）农林牧渔业总产值（2013年）
Gross Putput Value of Farming, Forestry, Animal Husbandry and Fishery by County or City (2013)

本表按当年价格计算　(Data in value terms in this table are calculated at current prices.)　单位：万元（10000 yuan）

县（市）	County (City)	农林牧渔业 Farming, Forestry, Animal Husban and Fishery	农　业 Farming	林　业 Forestry	牧　业 Animal Husban	渔　业 Fishery	农林牧渔服务业 Agricultural Services
合肥市辖区	Hefei Reigon of City	200100	104000	23439	27941	30205	14515
巢湖市	Chaohu	476512	225492	13793	126069	90306	20852
长丰县	Changfeng	896064	452884	15499	354901	63596	9184
肥东县	Feidong	1058053	474183	29877	387085	151529	15379
肥西县	Feixi	959746	402610	15303	397771	131412	12650
庐江县	Lujiang	731379	432520	22535	124492	140384	11448
淮北市辖区	Huaibei Reigon of City	290740	139775	14306	109899	23209	3551
濉溪县	Suixi	670117	409516	18427	202242	19076	20856
亳州市辖区	Bozhou Reigon of City	1004559	768099	14930	167885	20644	33001
涡阳县	Guoyang	800037	485873	16735	192616	19373	85440
蒙城县	Mengcheng	818480	513763	41573	178914	24230	60000
利辛县	Lixin	814511	469135	23436	254049	18892	48999
宿州市辖区	Suzhou Reigon of City	1117469	613379	34409	387992	25029	56660
砀山县	Dangshan	671473	430298	23403	187811	6446	23515
萧县	Xiaoxian	947733	467616	65650	386498	16644	11325
灵璧县	Lingbi	907644	455789	20202	344145	15583	71925
泗县	Sixian	836598	464508	24416	303195	32801	11678
蚌埠市辖区	Bengbu Reigon of City	332389	214349	4153	72522	30902	10463
怀远县	Huaiyuan	975602	550034	28031	271982	103511	22044
五河县	Wuhe	774932	367401	18052	242504	138113	8862
固镇县	Guzhen	730822	412534	22101	247292	26915	21980
阜阳市辖区	Fuyang Reigon of City	984713	521806	34298	351652	29541	47416
界首市	Jieshou	408007	217841	28059	140696	7382	14029
临泉县	Linquan	1126264	634487	21315	401837	18583	50042
太和县	Taihe	846879	513680	25772	275713	13214	18500
阜南县	Funan	851291	454918	46665	265833	41745	42130
颍上县	Yingshang	828406	367208	65827	303145	56616	35610
淮南市辖区	Huainan Reigon of City	498734	288165	4481	124884	68587	12617
凤台县	Fengtai	410864	208403	6981	137554	43215	14711
毛集区	Maoji District	87257	44156	1979	24525	14872	1725
滁州市辖区	Chuzhou Reigon of City	279911	155125	10157	78752	30114	5763
天长市	Tianchang	492455	200326	10711	130503	142437	8478
明光市	Mingguang	526760	203661	12739	147552	150174	12634
来安县	Laian	338289	190516	10103	100012	29583	8075
全椒县	Quanjiao	397715	221608	13846	97761	53480	11020
定远县	Dingyuan	911405	411953	15594	417253	58052	8553
凤阳县	Fengyang	576439	291706	7546	211215	59650	6322
六安市辖区	Luan Reigon of City	991067	469062	106109	278541	121880	15475
寿县	Shouxian	766721	291856	33120	296876	134919	9950

12—38 续表 continued

单位：万元（10000 yuan）

县（市）	County (City)	农林牧渔业 Farming, Forestry, Animal Husban and Fishery	农业 Farming	林业 Forestry	牧业 Animal Husban	渔业 Fishery	农林牧渔服务业 Agricultural Services
霍邱县	Huoqiu	855604	325395	68270	357441	95518	8980
舒城县	Shucheng	506741	238902	45980	143708	54315	23836
金寨县	Jinzhai	305919	164528	37147	77494	14450	12300
霍山县	Huoshan	207059	98865	24380	47462	32502	3850
叶集区	Yeji District	91368	36194	4942	45989	3720	523
马鞍山市辖区	Maanshan Reigon of City	182632	84234	2954	43803	45401	6240
当涂县	Dangtu	385320	135601	4157	39364	186798	19400
含山县	Hanshan	336077	165855	9104	50163	53810	57145
和县	Hexian	411792	279062	3630	70717	44280	14103
芜湖市辖区	Wuhu Reigon of City	425635	229329	10912	53220	77899	54275
芜湖县	Wuhu	295868	169250	7700	43649	59586	15683
繁昌县	Fanchang	158726	62478	28400	34560	23168	10120
南陵县	Nanling	478545	203028	29225	104852	108708	32732
无为县	Wuwei	934482	350293	46013	140772	167585	229819
宣城市辖区	Xuancheng Reigon of City	619728	339406	23614	85433	126089	45186
宁国市	Ningguo	321585	149997	28544	114125	13685	15234
郎溪县	Langxi	234353	124986	15840	30570	52812	10145
广德县	Guangde	318088	137712	45280	101635	18260	15201
泾县	Jingxian	261935	110642	53644	80785	5352	11512
绩溪县	Jixi	165248	78900	9393	39800	3265	33890
旌德县	Jingde	110011	35884	29698	25417	4913	14099
铜陵市辖区	Tongling Reigon of City	58532	25565	2815	12364	15133	2655
铜陵县	Tongling	147019	77310	14938	25858	19702	9211
池州市辖区	Chizhou Reigon of City	467613	200401	38728	110498	97804	20182
东至县	Dongzhi	448812	218631	35305	81764	67773	45339
石台县	Shitai	57154	31680	16358	7923	301	892
青阳县	Qingyang	150326	54245	28436	39015	20438	8192
安庆市辖区	Anqing Reigon of City	237218	93073	8308	45920	71035	18882
桐城市	Tongcheng	442075	159010	33296	172414	66495	10860
怀宁县	Huaining	354368	149837	13949	133060	41889	15633
枞阳县	Zongyang	515320	195390	30484	116461	158065	14920
潜山县	Qianshan	333594	158590	69306	89449	6889	9360
太湖县	Taihu	382715	119588	43393	164322	50388	5024
宿松县	Susong	703910	301793	19710	112670	148207	121530
望江县	Wangjiang	492079	217335	12996	120469	98849	42430
岳西县	Yuexi	247600	145090	33833	60721	3856	4100
黄山市辖区	Huangshan Reigon of City	250221	107251	50068	74319	14239	4344
歙县	Shexian	281024	168860	16667	86497	3200	5800
休宁县	Xiuning	209740	102486	31111	64422	4490	7231
黟县	Yixian	59836	23744	14732	17783	621	2956
祁门县	Qimen	91383	56231	20323	11300	1129	2400

12—39 各县（市）农作物产量和耕地面积（2013年）
Yield of Farm Crops and Area of Cultivated Land by County or City (2013)

县（市）	County (City)	棉花（吨）Cotton (ton)	油料（吨）Oil-bearing Crops (ton)	耕地面积（公顷）Cultivated Area (hectare)	#水田 Paddy Field	播种面积（公顷）Total Sown Area (hectare)
合肥市辖区	Hefei Reigon of City	264	2011	9018	6734	18950
巢湖市	Chaohu	8354	60215	45758	32911	89422
长丰县	Changfeng	5692	39994	66003	51557	142096
肥东县	Feidong	5770	117414	80916	63793	182795
肥西县	Feixi	7775	67718	61460	49690	134240
庐江县	Lujiang	4620	33903	72870	66532	175764
淮北市辖区	Huaibei Reigon of City	563	2551	21863	1087	49608
濉溪县	Suixi	954	2017	112130		205405
亳州市辖区	Bozhou Reigon of City	14302	5946	127357		281589
涡阳县	Guoyang	698	2901	130885		270066
蒙城县	Mengcheng	3020	35445	122984	2066	269193
利辛县	Lixin	1129	4134	117044	1916	234490
宿州市辖区	Suzhou Reigon of City	2740	19794	141546	507	279200
砀山县	Dangshan	5680	48595	37495		106587
萧县	Xiaoxian	12765	25609	91759	65	188717
灵璧县	Lingbi	1646	44877	120612	2016	229842
泗县	Sixian	3214	87276	88725	4641	195450
蚌埠市辖区	Bengbu Reigon of City	489	5408	38077	21336	84285
怀远县	Huaiyuan	3839	94469	120145	55971	239360
五河县	Wuhe	3135	69368	66865	31285	153377
固镇县	Guzhen	14008	209890	71621	1746	152742
阜阳市辖区	Fuyang Reigon of City	2013	15630	104964	39	225662
界首市	Jieshou	2080	5309	38602		84874
临泉县	Linquan	3952	22853	112808	1598	254668
太和县	Taihe	3530	9700	115580		227563
阜南县	Funan	1320	19302	98310	16966	208781
颍上县	Yingshang	3116	5396	104012	37553	216029
淮南市辖区	Huainan Reigon of City	1531	10348	57149	40289	129112
凤台县	Fengtai	315	4006	45981	32487	93761
毛集区	Maoji District		644	10022	6582	20895
滁州市辖区	Chuzhou Reigon of City	2603	21881	28102	14354	72390
天长市	Tianchang		14726	59519	58394	118568
明光市	Mingguang	387	33327	56767	27472	127211
来安县	Laian	341	32537	48021	36243	98395
全椒县	Quanjiao	3760	52323	41312	29832	89076
定远县	Dingyuan	1563	35562	105024	80206	222648
凤阳县	Fengyang	555	15824	68804	40103	148811
六安市辖区	Luan Reigon of City	7908	71319	94313	79279	213203
寿县	Shouxian	5256	24636	123629	106486	241826

12—39 续表 continued

县（市）	County (City)	棉花（吨）Cotton (ton)	油料（吨）Oil-bearing Crops (ton)	耕地面积（公顷）Cultivated Area (hectare)	#水田 Paddy Field	播种面积（公顷）Total Sown Area (hectare)
霍邱县	Huoqiu	2318	24766	125074	110681	246305
舒城县	Shucheng	2767	32478	41587	37247	97506
金寨县	Jinzhai	60	10627	23039	19180	47853
霍山县	Huoshan	132	4783	16856	14253	29222
叶集区	Yeji District	50	6326	11609	8152	21096
马鞍山市辖区	Maanshan Reigon of City	214	9727	13460	12340	26301
当涂县	Dangtu	1975	26848	34569	30305	66129
含山县	Hanshan	9262	38402	34797	31518	57230
和县	Hexian	1264	23458	41615	37011	86103
芜湖市辖区	Wuhu Reigon of City	9257	33947	26274	24727	67861
芜湖县	Wuhu	4293	18782	20102	16529	54312
繁昌县	Fanchang	1181	7711	16118	12069	20970
南陵县	Nanling	1636	12537	32982	32966	82913
无为县	Wuwei	37843	59033	79895	50445	148396
宣城市辖区	Xuancheng Reigon of City	7742	44232	55384	50777	131648
宁国市	Ningguo	206	14523	13446	10798	26484
郎溪县	Langxi	1145	13025	24704	21795	64744
广德县	Guangde	345	17571	26496	25427	52292
泾县	Jingxian	798	11604	19573	19308	41301
绩溪县	Jixi	29	9649	6690	5865	16810
旌德县	Jingde	124	6652	9312	7782	21510
铜陵市辖区	Tongling Reigon of City	553	2648	7505	6872	16652
铜陵县	Tongling	3561	16042	16039	11312	29144
池州市辖区	Chizhou Reigon of City	8456	38050	33680	25896	76839
东至县	Dongzhi	23135	45690	31952	20280	86946
石台县	Shitai	686	5304	3161	2691	8534
青阳县	Qingyang	198	7540	14491	12993	29629
安庆市辖区	Anqing Reigon of City	6659	12274	17571	11202	37451
桐城市	Tongcheng	2583	29347	40761	35679	86480
怀宁县	Huaining	5886	30317	39470	31858	105648
枞阳县	Zongyang	9945	40961	37944	30201	132748
潜山县	Qianshan	4210	14925	23143	21546	61027
太湖县	Taihu	8710	19625	26660	21757	62910
宿松县	Susong	31341	60848	48120	32340	137174
望江县	Wangjiang	23955	82779	53727	25592	120811
岳西县	Yuexi	248	3655	15844	13148	37257
黄山市辖区	Huangshan Reigon of City	194	7595	13496	10727	31661
歙县	Shexian	33	16504	9445	7682	39747
休宁县	Xiuning	32	10108	11877	10797	32147
黟县	Yixian	28	4279	4757	3939	10044
祁门县	Qimen	226	4290	6827	5738	15930

12—40 各县（市）主要林业生产情况（2013年）
Production of Major Forestry Products by County or City (2013)

县（市）	County (City)	营林情况（公顷） Management of Forest (hectares)			油桐籽（吨） Tung-oil Seeds (ton)	油茶籽（吨） Tea-oil Seeds (ton)	竹材采伐量（万根） Determination of Bamboo Cut (10000 units)	木材采伐量（万立方米） Determination of Timber Cut (10000 cu.m)
		人工造林面积 Man-made Afforested Area	新增育苗面积 Area of Growing Seedlings	未成林抚育面积 Area of Tending Young Forest				
合肥市辖区	Hefei Reigon of City	2150	301	428				0.08
巢湖市	Chaohu	2429	138	3667	4	54	3.85	2.96
长丰县	Changfeng	4770	133					4.76
肥东县	Feidong	4925	567	7429				0.41
肥西县	Feixi	5809	1667	11200				1.43
庐江县	Lujiang	2720	116	3562		86	9.87	0.84
淮北市辖区	Huaibei Reigon of City	1865	57	5447				1.26
濉溪县	Suixi	3714	187	11103				2.80
亳州市辖区	Bozhou Reigon of City	1637	110	3680				15.00
涡阳县	Guoyang	1443	200	6667				14.00
蒙城县	Mengcheng	1333	267	2000				19.50
利辛县	Lixin	2795	725	3024				19.29
宿州市辖区	Suzhou Reigon of City	2540	233		25			12.78
砀山县	Dangshan	441		7120				6.23
萧县	Xiaoxian	1123	200	1756				10.65
灵璧县	Lingbi	1523	158	2450				9.59
泗县	Sixian	1406	25	2658				7.96
蚌埠市辖区	Bengbu Reigon of City	1115	132	540				1.64
怀远县	Huaiyuan	2785	300	5877				1.15
五河县	Wuhe	2500	355	6800				7.70
固镇县	Guzhen	2326	106	3100				13.31
阜阳市辖区	Fuyang Reigon of City	2183	462	5080				7.64
界首市	Jieshou	773	100					2.93
临泉县	Linquan	1854	157	3100				6.34
太和县	Taihe	1038	60					8.60
阜南县	Funan	1399	133	21100				6.26
颍上县	Yingshang	1242		4700				6.90
淮南市辖区	Huainan Reigon of City	1409	426	873				0.60
凤台县	Fengtai	708	40	636				0.87
毛集区	Maoji District	296						
滁州市辖区	Chuzhou Reigon of City	2942	271	20881			2.79	17.24
天长市	Tianchang	8307	187	13015				8.30
明光市	Mingguang	6441	50	10980				1.31
来安县	Laian	4596	742	7430				1.37
全椒县	Quanjiao	2977	287	2400			3.72	1.83
定远县	Dingyuan	10801		6500				2.23
凤阳县	Fengyang	5391	226	6257	2	90		0.70
六安市辖区	Luan Reigon of City	5987	63	8656		420	508.00	8.87
寿县	Shouxian	5615	266	9867				

12—40 续表 continued

县（市）	County (City)	营林情况（公顷） Management of Forest (hectares) 人工造林面积 Man-made Afforested Area	新增育苗面积 Area of Growing Seedlings	未成林抚育面积 Area of Tending Young Forest	油桐籽（吨） Tung-oil Seeds (ton)	油茶籽（吨） Tea-oil Seeds (ton)	竹材采伐量（万根） Determination of Bamboo Cut (10000 units)	木材采伐量（万立方米） Determination of Timber Cut (10000 cu.m)
霍 邱 县	Huoqiu	5852		7900				1.44
舒 城 县	Shucheng	2881	79		37	18585	198.00	10.50
金 寨 县	Jinzhai	4042	28	8420	1338	4302	335.00	9.67
霍 山 县	Huoshan	2156	3	2700		2000	2000.00	6.00
叶 集 区	Yeji District	700						
马鞍山市辖区	Maanshan Reigon of City	1614	107				4.71	0.17
当 涂 县	Dangtu	3255						0.38
含 山 县	Hanshan	1033	10			88	3.30	0.47
和 县	Hexian	4130	367	6372			1.00	2.15
芜湖市辖区	Wuhu Reigon of City	3353	87	650			3.00	0.22
芜 湖 县	Wuhu	2010	5	7460				0.47
繁 昌 县	Fanchang	672	30			15	850.00	1.20
南 陵 县	Nanling	1055	100	1350	51		380.00	4.72
无 为 县	Wuwei	6317	520	7466		26	17.00	3.04
宣城市辖区	Xuancheng Reigon of City	2698	25				380.00	8.50
宁 国 市	Ningguo	1856	28	5200			1003.87	5.10
郎 溪 县	Langxi	1097	16	1667	35	20	125.96	1.42
广 德 县	Guangde	3568		14185			4000.00	5.20
泾 县	Jingxian	1088	3		80		635.00	15.15
绩 溪 县	Jixi	1586	13	6194		620	50.98	4.06
旌 德 县	Jingde	609	61	3302	16	70	34.38	6.87
铜陵市辖区	Tongling Reigon of City	462		172			0.30	0.64
铜 陵 县	Tongling	1052	60	2041	550	3	46.05	1.95
池州市辖区	Chizhou Reigon of City	1851	3	20375	40	100	58.00	15.01
东 至 县	Dongzhi	2833	35	16864	90	120	665.73	19.50
石 台 县	Shitai	287	8	3620	97	16	140.00	9.64
青 阳 县	Qingyang	1394	540	3333	45	60	54.97	11.00
安庆市辖区	Anqing Reigon of City	2291	15	374			24.00	1.64
桐 城 市	Tongcheng	2239				1000	8.70	7.10
怀 宁 县	Huaining	2172	80	721		59	1.00	1.69
枞 阳 县	Zongyang	1366	3				17.60	3.73
潜 山 县	Qianshan	2035	307		5	4320	148.50	18.30
太 湖 县	Taihu	2905	4	12480	390	13080	77.34	8.34
宿 松 县	Susong	2602	20	12600	5	706	255.00	5.85
望 江 县	Wangjiang	3374			20	16		1.90
岳 西 县	Yuexi	2039	4			13250	174.00	3.64
黄山市辖区	Huangshan Reigon of City	1555	335	1102		663	198.40	7.72
歙 县	Shexian	2114	19	8684		1930	8.51	2.61
休 宁 县	Xiuning	963	120	2010		953	251.10	9.49
黟 县	Yixian	550	83	2547		180	130.00	3.81
祁 门 县	Qimen	1803	10	16564		1100	105.00	21.94

12—41 各县（市）茶叶、水果生产情况（2013年）
Tea, Fruits Production by County or City (2013)

单位：吨（ton）

县（市）	County (City)	茶　叶 Tea	#绿　茶 Green Tea	园林水果 Garden Fruits	#葡　萄 Grapes
合肥市辖区	Hefei Reigon of City			18604	18552
巢　湖　市	Chaohu	476	476	10597	2755
长　丰　县	Changfeng			14934	2121
肥　东　县	Feidong	7	7	22337	1907
肥　西　县	Feixi	40	40	45104	11850
庐　江　县	Lujiang	1426	1426	43452	41001
淮北市辖区	Huaibei Reigon of City			87338	18335
濉　溪　县	Suixi			2632	1514
亳州市辖区	Bozhou Reigon of City			22488	512
涡　阳　县	Guoyang			8585	1358
蒙　城　县	Mengcheng			10736	1150
利　辛　县	Lixin			8850	3892
宿州市辖区	Suzhou Reigon of City			76014	8154
砀　山　县	Dangshan			1255425	36500
萧　　县	Xiaoxian			316002	113543
灵　璧　县	Lingbi			54208	958
泗　　县	Sixian			406	5
蚌埠市辖区	Bengbu Reigon of City			21586	1062
怀　远　县	Huaiyuan			11768	2015
五　河　县	Wuhe			24878	2081
固　镇　县	Guzhen			20150	2588
阜阳市辖区	Fuyang Reigon of City			14456	2130
界　首　市	Jieshou			9300	610
临　泉　县	Linquan			29992	7672
太　和　县	Taihe			4000	750
阜　南　县	Funan			19000	816
颍　上　县	Yingshang			5916	680
淮南市辖区	Huainan Reigon of City			23972	6509
凤　台　县	Fengtai			10901	1028
毛　集　区	Maoji District			498	86
滁州市辖区	Chuzhou Reigon of City	379	379	4611	103
天　长　市	Tianchang	10	10	33	
明　光　市	Mingguang	28	28	6784	168
来　安　县	Laian	15	15	6519	3407
全　椒　县	Quanjiao	60	60	6720	820
定　远　县	Dingyuan	4	4	15021	1941
凤　阳　县	Fengyang			29508	12939
六安市辖区	Luan Reigon of City	6846	6845	26705	3114
寿　　县	Shouxian			21951	2938

12—41 续表 continued

单位：吨（ton）

县（市）	County (City)	茶叶 Tea	#绿茶 Green Tea	园林水果 Garden Fruits	#葡萄 Grapes
霍邱县	Huoqiu			7888	1698
舒城县	Shucheng	2289	2156	8817	6867
金寨县	Jinzhai	5200	5200	980	
霍山县	Huoshan	6100	6100	351	
叶集区	Yeji District			442	11
马鞍山市辖区	Maanshan Reigon of City	141	141	3556	2317
当涂县	Dangtu	2	2	13694	5295
含山县	Hanshan	189	189	13730	2417
和县	Hexian	9	9	1421	720
芜湖市辖区	Wuhu Reigon of City	26	17	6100	1522
芜湖县	Wuhu	1760	1760	6450	694
繁昌县	Fanchang	89	89	3908	1264
南陵县	Nanling	480	480	1577	17
无为县	Wuwei	239	238	22394	2157
宣城市辖区	Xuancheng Reigon of City	13542	13496	31968	2713
宁国市	Ningguo	2250	2250	3800	150
郎溪县	Langxi	8200	7950	3048	356
广德县	Guangde	1352	1327	4080	542
泾县	Jingxian	1880	1659	2785	286
绩溪县	Jixi	1450	1450	1269	
旌德县	Jingde	360	259	1377	170
铜陵市辖区	Tongling Reigon of City	4	4	3067	1966
铜陵县	Tongling	80	80	1291	315
池州市辖区	Chizhou Reigon of City	1180	754	2746	220
东至县	Dongzhi	2382	1807	2005	146
石台县	Shitai	3093	1680	995	6
青阳县	Qingyang	287	287	1121	46
安庆市辖区	Anqing Reigon of City	17	12	4102	21
桐城市	Tongcheng	484	482	1640	58
怀宁县	Huaining	211	211	2920	153
枞阳县	Zongyang	246	235	596	59
潜山县	Qianshan	3008	2996	2127	2
太湖县	Taihu	2315	2273	5939	35
宿松县	Susong	426	176	8750	264
望江县	Wangjiang	43	43	11443	228
岳西县	Yuexi	4000	4000	416	4
黄山市辖区	Huangshan Reigon of City	3284	3284	10332	186
歙县	Shexian	9800	9800	41533	7461
休宁县	Xiuning	7010	5934	2052	2
黟县	Yixian	1885	1557	2207	50
祁门县	Qimen	6345	3931	2057	88

12—42 各县（市）畜牧业、渔业生产情况（2013年）
Production of Animal Husbandry, Fishery by County or City (2013)

县（市）	County (City)	出栏猪（头）Sjaughtered Fattened Hogs (heads)	出栏牛（头）Sjaughtered Cattle and Buffaloes (heads)	出栏羊（只）Sjaughtered Sheep and Goats (heads)	出栏活家禽（万只）Sjaughtered Poultry (10000 heads)	禽蛋产量（吨）Output of Poultry Eggs (ton)	水产品产量（吨）Output of Aquatic Products (ton)
合肥市辖区	Hefei Reigon of City	91279	197	688	346.66	957	12208
巢湖市	Chaohu	194623	4168	23046	1212.00	17473	36171
长丰县	Changfeng	946984	15087	51024	3258.00	28033	32938
肥东县	Feidong	960858	13200	24920	2137.00	46615	51855
肥西县	Feixi	450425	12554	30125	7275.00	78348	43045
庐江县	Lujiang	215600	4850	3010	1160.00	23100	50800
淮北市辖区	Huaibei Reigon of City	286165	3012	115518	620.40	18980	17280
濉溪县	Suixi	371895	7150	332551	1010.00	34044	10950
亳州市辖区	Bozhou Reigon of City	647375	23393	316861	745.00	17240	12585
涡阳县	Guoyang	627643	22885	576927	398.00	14826	13526
蒙城县	Mengcheng	770450	32370	352492	440.00	14167	12407
利辛县	Lixin	900469	54580	673803	751.59	21148	12032
宿州市辖区	Suzhou Reigon of City	1191207	19512	589770	1327.00	52820	14200
砀山县	Dangshan	478100	12885	877285	262.00	19010	3950
萧县	Xiaoxian	1005421	21234	953770	627.00	66275	6500
灵璧县	Lingbi	1092855	48231	458303	1037.00	84395	6250
泗县	Sixian	910520	53850	701250	1400.00	34800	10650
蚌埠市辖区	Bengbu Reigon of City	165804	19205	63862	990.83	8435	15840
怀远县	Huaiyuan	605257	107598	473775	1378.00	11915	40208
五河县	Wuhe	446137	69024	270666	1343.00	18841	49441
固镇县	Guzhen	742872	67396	470345	2489.00	32946	10329
阜阳市辖区	Fuyang Reigon of City	1130119	36375	670568	1416.92	27929	18046
界首市	Jieshou	292370	14695	179918	385.60	10818	4930
临泉县	Linquan	1184864	101720	488011	1184.50	28706	8485
太和县	Taihe	989105	34772	305631	694.25	15211	9850
阜南县	Funan	882915	49593	314243	757.67	28416	12285
颍上县	Yingshang	919665	73931	320026	555.86	29126	42717
淮南市辖区	Huainan Reigon of City	179070	20250	90712	1121.65	37482	37938
凤台县	Fengtai	261217	27132	166082	928.00	21825	27928
毛集区	Maoji District	49499	2511	20047	183.40	5844	9011
滁州市辖区	Chuzhou Reigon of City	158166	4634	86471	482.00	4096	23720
天长市	Tianchang	299601	806	51035	478.00	22863	69000
明光市	Mingguang	407436	43008	65591	631.00	21103	74016
来安县	Laian	249101	7502	61379	947.00	7541	24503
全椒县	Quanjiao	266655	5856	74166	1881.00	9426	45000
定远县	Dingyuan	1464087	26462	83199	947.00	22503	35013
凤阳县	Fengyang	405106	38186	157221	790.00	22986	45837
六安市辖区	Luan Reigon of City	760011	5348	79494	2526.00	12428	47670
寿县	Shouxian	1092700	42800	414980	2481.59	33096	95380

12—42 续表 continued

县（市）	County (City)	出栏猪（头） Sjaughtered Fattened Hogs (heads)	出栏牛（头） Sjaughtered Cattle and Buffaloes (heads)	出栏羊（只） Sjaughtered Sheep and Goats (heads)	出栏活家禽（万只） Sjaughtered Poultry (10000 heads)	禽蛋产量（吨） Output of Poultry Eggs (ton)	水产品产量（吨） Output of Aquatic Products (ton)
霍邱县	Huoqiu	1380000	39453	289330	2116.00	47669	87200
舒城县	Shucheng	224142	3046	5642	1976.00	20411	36160
金寨县	Jinzhai	267088	16530	57457	350.00		12400
霍山县	Huoshan	152300	5086	15013	301.00	947	10880
叶集区	Yeji District	106086	179	59223	207.00	486	1600
马鞍山市辖区	Maanshan Reigon of City	138605	2933	49792	476.40	10105	13833
当涂县	Dangtu	98941	695	43516	590.00	4150	56144
含山县	Hanshan	81810	1010	16350	524.00	5960	20200
和县	Hexian	87125	617	8885	1649.20	6046	19130
芜湖市辖区	Wuhu Reigon of City	115251	1968	6701	965.10	7928	28866
芜湖县	Wuhu	94880	622	10500	412.00	7750	28710
繁昌县	Fanchang	60015	453	1015	542.33	10136	11834
南陵县	Nanling	278420	4050	7100	1514.00	22300	33000
无为县	Wuwei	255947	19625	8939	1373.00	31332	60025
宣城市辖区	Xuancheng Reigon of City	186411	1133	23575	2264.00	11865	62118
宁国市	Ningguo	226850	1592	5784	2651.00	11512	7360
郎溪县	Langxi	69800	598	13180	394.00	7244	23800
广德县	Guangde	224375	359	17968	2472.00	12085	7500
泾县	Jingxian	118418	4808	4562	1142.00	6057	2817
绩溪县	Jixi	140290	6400	1080	39.00	1364	1890
旌德县	Jingde	73108	8166	1792	126.60	1374	1840
铜陵市辖区	Tongling Reigon of City	31168	520	529	157.68	2146	8464
铜陵县	Tongling	68525	565	2825	540.00	7701	14735
池州市辖区	Chizhou Reigon of City	290907	2848	8523	867.00	17711	56401
东至县	Dongzhi	303234	6919	6983	483.00	11024	51919
石台县	Shitai	36136	150	257	37.00	723	198
青阳县	Qingyang	86124	611	415	324.00	7276	17500
安庆市辖区	Anqing Reigon of City	114847	1790	2940	296.00	8211	42257
桐城市	Tongcheng	380260	3085	3915	598.00	56190	33520
怀宁县	Huaining	276046	5100	1810	700.08	24812	25910
枞阳县	Zongyang	211280	2983	2688	908.00	30075	84000
潜山县	Qianshan	252338	4915	8230	493.00	11260	4600
太湖县	Taihu	638433	19965	10476	1836.00	6440	32300
宿松县	Susong	349660	18586	9762	376.80	17479	79640
望江县	Wangjiang	366130	9230	9463	1188.00	34056	64000
岳西县	Yuexi	170000	4506	14430	130.00	2308	1100
黄山市辖区	Huangshan Reigon of City	225077	4360	1009	195.51	4801	9994
歙县	Shexian	328430	1582	2325	101.00	9741	2106
休宁县	Xiuning	293217	1622	275	112.50	4988	3497
黟县	Yixian	55639	663	689	26.95	638	638
祁门县	Qimen	70272	83	450	21.54	1105	761

12—43 各县（市）农业机械化及主要能源、物资消耗情况（2013年）
Mechanization of Agriculture and Consumption of Main Energy and Material by County or City (2013)

县（市）	County (City)	农业机械总动力（千瓦）Total Power of Agricultural Machinery (kw)	农用排灌机械（台）Number of Diesel Engines (unit)	农村用电量（万千瓦时）Electricity Consumed in Rural Areas (10000 kwh)	农用化肥施用量（吨）Consumption of Chemical Fertilizers (ton)	农用塑料薄膜使用量（吨）Consumption of Plastic Film for Farm Use (ton)	农药使用量（吨）Consumption of Agricultural Pesticide (ton)
合肥市辖区	Hefei Reigon of City	102155	4344	5252.00	8588	773	229
巢湖市	Chaohu	495451	22882	52606.00	39642	1619	836
长丰县	Changfeng	786359	3731	14040.00	77667	7011	811
肥东县	Feidong	642107	9869	26225.00	60045	1598	601
肥西县	Feixi	661646	10987	27185.00	52916	1872	2398
庐江县	Lujiang	1282911	88167	27684.00	76619	498	954
淮北市辖区	Huaibei Reigon of City	579167	3877	12287.00	18293	1767	1165
濉溪县	Suixi	2104418	9526	12696.00	80457	393	1426
亳州市辖区	Bozhou Reigon of City	1858807	31173	25645.00	81215	1689	1792
涡阳县	Guoyang	1970535	11943	21534.00	74987	1459	2228
蒙城县	Mengcheng	2337894	10891	17336.00	84790	2290	1710
利辛县	Lixin	1800288	34558	20658.00	61683	1256	2120
宿州市辖区	Suzhou Reigon of City	2102257	6164	21814.00	104743	3357	1359
砀山县	Dangshan	1081655	9045	9590.00	40150	4080	14530
萧县	Xiaoxian	1548166	11788	14544.00	53247	5542	4301
灵璧县	Lingbi	1634562	3527	20060.00	81630	973	2046
泗县	Sixian	1683143	11517	18596.00	62630	1542	915
蚌埠市辖区	Bengbu Reigon of City	515099	1634	15148.20	45076	1301	799
怀远县	Huaiyuan	2760122	6228	32646.00	117551	2666	2184
五河县	Wuhe	939122	1829	17322.00	67555	3011	2011
固镇县	Guzhen	1030077	2049	15797.00	75042	2925	1556
阜阳市辖区	Fuyang Reigon of City	1146887	16849	24514.00	94486	4052	816
界首市	Jieshou	455646	11373	17728.00	39083	862	750
临泉县	Linquan	1615756	130895	23579.00	81281	4124	1384
太和县	Taihe	1477743	23345	13500.00	70877	950	1486
阜南县	Funan	1204753	15169	28084.00	56037	4789	1284
颍上县	Yingshang	1000206	14688	19648.00	58679	3342	1966
淮南市辖区	Huainan Reigon of City	989761	10149	54072.00	79698	937	2572
凤台县	Fengtai	822969	3947	25300.00	49971	390	3163
毛集区	Maoji District			4750.00	11253	41	398
滁州市辖区	Chuzhou Reigon of City	474185	3875	4755.00	38784	327	205
天长市	Tianchang	1130700	8389	33305.00	48612	355	761
明光市	Mingguang	840660	2653	16129.00	41405	557	664
来安县	Laian	823719	27656	8579.00	37812	593	449
全椒县	Quanjiao	689348	13798	7566.00	33767	516	670
定远县	Dingyuan	1452565	11652	12795.00	82630	668	1479
凤阳县	Fengyang	1137841	19911	10462.00	60180	566	1530
六安市辖区	Luan Reigon of City	1765919	39520	34581.68	60948	581	1248
寿县	Shouxian	2189501	72497	28486.00	159460	402	5503

12—43 续表 continued

县（市）	County (City)	农业机械总动力（千瓦）Total Power of Agricultural Machinery (kw)	农用排灌机械（台）Number of Diesel Engines (unit)	农村用电量（万千瓦时）Electricity Consumed in Rural Areas (10000 kwh)	农用化肥施用量（吨）Consumption of Chemical Fertilizers (ton)	农用塑料薄膜使用量（吨）Consumption of Plastic Film for Farm Use (ton)	农药使用量（吨）Consumption of Agricultural Pesticide (ton)
霍邱县	Huoqiu	1607319	8482	31508.00	73865	3105	5755
舒城县	Shucheng	779144	40968	15576.00	24965	387	2215
金寨县	Jinzhai	416600	17440	11716.00	32071	1249	180
霍山县	Huoshan	306125	13245	5569.00	4673	525	109
叶集区	Yeji District			2469.00	14480	153	96
马鞍山市辖区	Maanshan Reigon of City	127765	23600	9427.00	8653	186	501
当涂县	Dangtu	390302	58140	13100.00	18569	317	1569
含山县	Hanshan	378243	45534	10412.00	24668	166	567
和县	Hexian	481744	68387	15213.00	34701	2102	1083
芜湖市辖区	Wuhu Reigon of City	384869	76458	23546.20	53611	1234	667
芜湖县	Wuhu	317888	37185	5338.00	20265	119	519
繁昌县	Fanchang	207838	27693	5275.00	5164	26	144
南陵县	Nanling	381835	46570	33071.00	36261	460	1661
无为县	Wuwei	682458	72956	56093.00	49676	1271	1310
宣城市辖区	Xuancheng Reigon of City	840382	48806	36268.00	46887	2398	1778
宁国市	Ningguo	268668	16050	15233.50	12193	435	345
郎溪县	Langxi	299439	15882	4857.00	20220	86	769
广德县	Guangde	554671	25647	34925.00	30419	631	426
泾县	Jingxian	176577	10222	10677.00	17626	479	546
绩溪县	Jixi	97147	12371	4804.00	10174	144	293
旌德县	Jingde	83790	4464	3076.60	5077	112	91
铜陵市辖区	Tongling Reigon of City	86272	2990	4380.30	8115	88	360
铜陵县	Tongling	293731	28815	15476.00	16435	212	427
池州市辖区	Chizhou Reigon of City	422433	22981	17343.00	19864	142	2388
东至县	Dongzhi	419103	24432	11501.00	31463	237	2643
石台县	Shitai	126244	1898	1279.80	2386	85	134
青阳县	Qingyang	235294	14580	6606.00	9001	58	526
安庆市辖区	Anqing Reigon of City	328860	7634	16132.00	15912	563	682
桐城市	Tongcheng	499965	26109	37068.00	19171	340	1223
怀宁县	Huaining	444356	15266	7411.00	13507	1131	2154
枞阳县	Zongyang	467415	13977	17853.25	35984	392	1903
潜山县	Qianshan	352000	6901	17896.00	27884	99	823
太湖县	Taihu	242365	9511	10648.60	32608	406	999
宿松县	Susong	362000	6583	28169.00	53481	1050	3393
望江县	Wangjiang	309674	5402	15468.60	33339	625	3607
岳西县	Yuexi	117155	1956	9656.00	11982	163	175
黄山市辖区	Huangshan Reigon of City	224771	10261	6783.00	8700	608	582
歙县	Shexian	203264	7276	7999.00	14878	695	1662
休宁县	Xiuning	165643	6114	4312.00	10192	436	739
黟县	Yixian	70914	2202	1581.00	3396	83	223
祁门县	Qimen	114470	2912	1690.00	2036	210	208

12—44　各县（市）农田水利情况（2013年）
Statement of Water Conservancy by County or City (2013)

单位：千公顷（1000 hectares）

县（市）	County (City)	有效灌溉面积 Irrigated Areas	节水灌溉面积 Irrigatcd Area With Saved Water	除涝面积 Flooded or Waterlogged Area Under Control	堤防保护耕地面积 Levee Protection Cultivated Area	已建成水库总库容（万立方米）Total of Established Reservoir Storage Capacity (10000 m^3)
合肥市辖区	Hefei Reigon of City	14.01	5.67	4.07	5.05	46859.02
巢湖市	Chaohu	55.96	3.11	23.77	17.90	9742.52
长丰县	Changfeng	65.37	4.99	4.01	6.40	30156.43
肥东县	Feidong	120.35	8.31	5.20	4.56	37570.50
肥西县	Feixi	101.93	35.50	7.95	8.85	11700.93
庐江县	Lujiang	97.78	22.24	23.77	34.55	5692.78
淮北市辖区	Huaibei Reigon of City	21.89	8.25	23.41	24.30	1296.26
濉溪县	Suixi	119.58	39.80	120.82	169.00	
亳州市辖区	Bozhou Reigon of City	114.86	24.05	115.30		
涡阳县	Guoyang	121.26	7.92	113.33	87.40	
蒙城县	Mengcheng	125.69	11.01	102.65	92.31	
利辛县	Lixin	84.97	9.18	89.90	115.00	
宿州市辖区	Suzhou Reigon of City	110.60	21.85	88.84	119.70	1775.05
砀山县	Dangshan	32.50	15.44	39.31	30.00	2945.22
萧县	Xiaoxian	73.92	20.85	65.17	74.87	1131.00
灵璧县	Lingbi	100.33	14.01	102.55	107.11	688.08
泗县	Sixian	93.64	15.78	69.20	86.67	248.00
蚌埠市辖区	Bengbu Reigon of City	32.61	5.37	25.26	36.93	185.00
怀远县	Huaiyuan	102.23	17.10	88.32	120.52	105.50
五河县	Wuhe	44.08	20.42	52.97	54.20	3714.18
固镇县	Guzhen	46.69	8.73	63.42	71.30	
阜阳市辖区	Fuyang Reigon of City	80.61	13.66	88.53	136.11	
界首市	Jieshou	28.30	6.42	30.41	20.45	
临泉县	Linquan	76.76	0.95	72.95	15.79	
太和县	Taihe	67.69	10.06	102.41	100.29	
阜南县	Funan	59.21	3.67	61.82	32.41	
颍上县	Yingshang	81.95	36.49	77.36	83.15	
淮南市辖区	Huainan Reigon of City	60.85	26.73	16.80	43.21	2796.88
凤台县	Fengtai	61.08	36.23	25.96	60.01	
毛集区	Maoji District					
滁州市辖区	Chuzhou Reigon of City	35.00	4.51	3.15	4.11	41441.30
天长市	Tianchang	80.64	5.44	12.00	15.67	50085.65
明光市	Mingguang	51.72	7.61	15.20	14.97	26144.75
来安县	Laian	76.58	3.17	13.10	14.00	26686.75
全椒县	Quanjiao	62.00	5.90	6.29	14.53	43734.66
定远县	Dingyuan	118.94	3.80	1.08	1.08	67094.78
凤阳县	Fengyang	60.86	2.01	9.81	14.30	31156.15
六安市辖区	Luan Reigon of City	131.15	47.92	10.11	14.53	12372.72
寿县	Shouxian	159.75	82.57	23.54	89.10	19882.40

12—44 续表1 continued

单位：千公顷（1000 hectares）

县（市）	County (City)	有效灌溉面积 Irrigated Areas	节水灌溉面积 Irrigated Area With Saved Water	除涝面积 Flooded or Waterlogged Area Under Control	堤防保护耕地面积 Levee Protection Cultivated Area	已建成水库总库容（万立方米） Total of Established Reservoir Storage Capacity ($10000\ m^3$)
霍邱县	Huoqiu	203.83	81.80	33.29	74.95	1237622.98
舒城县	Shucheng	43.91	18.21	10.39	30.00	95515.64
金寨县	Jinzhai	28.10	10.70	1.08	0.57	502792.84
霍山县	Huoshan	18.20	6.67	0.81	3.73	134305.00
叶集区	Yeji District					
马鞍山市辖区	Maanshan Reigon of City	18.07	3.30	15.47	13.91	499.83
当涂县	Dangtu	35.14	5.58	32.68	34.50	585.50
含山县	Hanshan	34.40	5.39	8.58	13.12	8784.35
和县	Hexian	60.24	6.04	30.18	29.84	7033.46
芜湖市辖区	Wuhu Reigon of City	39.97		27.49	17.24	
芜湖县	Wuhu	22.44	0.35	16.78	16.40	
繁昌县	Fanchang	9.99	1.00	9.43	9.50	1433.30
南陵县	Nanling	42.11	7.36	15.12	18.20	2393.55
无为县	Wuwei	82.08	2.53	67.20	68.48	2780.03
宣城市辖区	Xuancheng Reigon of City	80.07	2.82	26.18	26.16	5715.78
宁国市	Ningguo	15.37		0.30	6.55	97370.50
郎溪县	Langxi	34.09	9.94	8.61	11.01	8845.97
广德县	Guangde	30.80	5.05	4.80	9.60	13954.51
泾县	Jingxian	20.32	3.14	0.26	2.50	273434.57
绩溪县	Jixi	7.55	0.51		6.94	1774.79
旌德县	Jingde	12.52	0.94		7.93	1845.82
铜陵市辖区	Tongling Reigon of City	2.57	0.54	1.13	20.46	320.50
铜陵县	Tongling	21.33	4.66	13.25	17.83	1500.52
池州市辖区	Chizhou Reigon of City	38.81	0.20	27.35	32.30	4013.00
东至县	Dongzhi	39.49	1.89	22.16	21.57	14386.77
石台县	Shitai	3.40	0.75		0.80	2710.00
青阳县	Qingyang	13.30	1.06	4.05	2.31	8014.51
安庆市辖区	Anqing Reigon of City	15.93	1.72	8.90	3.47	893.57
桐城市	Tongcheng	39.78	2.61	11.54		13682.39
怀宁县	Huaining	34.00	3.99	11.80	10.61	9977.36
枞阳县	Zongyang	57.19	1.38	27.21	38.80	4372.81
潜山县	Qianshan	35.50	2.30	6.10		12085.00
太湖县	Taihu	36.01	4.15	2.42	2.40	246960.20
宿松县	Susong	50.87	1.52	13.96	40.86	12214.96
望江县	Wangjiang	41.05	1.63	27.98	36.73	1705.09
岳西县	Yuexi	13.78	1.37	0.03		12085.00
黄山市辖区	Huangshan Reigon of City	15.82	3.51	0.64	10.00	15758.74
歙县	Shexian	8.52	1.82		0.10	1116.51
休宁县	Xiuning	13.10	1.35	0.79	0.68	2306.00
黟县	Yixian	6.01	0.41		0.53	3072.32
祁门县	Qimen	6.52	1.76		0.30	3407.78

12—44 续表2 continued

县（市）	County (City)	全部堤防保护人口（万人）Protection Population of Compelete Embankment (10000 persons)	水土流失治理面积（千公顷）Area of Soil Erosion Under Control (1000 hectares)	农作物受灾面积（千公顷）Area of Farm Crops by Natural Disaster (1000 hectares)	旱灾（千公顷）Area Affected by Drought (1000 hectares)	洪涝灾（千公顷）Area Affected by Flood (1000 hectares)
合肥市辖区	Hefei Reigon of City	26.27	0.20	0.00		
巢湖市	Chaohu	38.41	16.51	17.45	21.78	0.62
长丰县	Changfeng	4.36	0.34	35.17	35.17	
肥东县	Feidong	25.45	3.62	25.87	25.80	
肥西县	Feixi	18.05	4.97	24.00	24.00	
庐江县	Lujiang	30.80	19.91	40.05	39.67	
淮北市辖区	Huaibei Reigon of City	107.39	8.59	0.44		
濉溪县	Suixi	90.00	0.20	0.06		
亳州市辖区	Bozhou Reigon of City	40.00		26.57	26.57	
涡阳县	Guoyang	98.75		114.66	114.66	
蒙城县	Mengcheng	86.00		62.60	62.46	
利辛县	Lixin	70.15		81.25	81.06	
宿州市辖区	Suzhou Reigon of City	90.90	7.30	2.22		
砀山县	Dangshan	53.28	3.55	69.21		
萧县	Xiaoxian	93.28	7.74	174.26		
灵璧县	Lingbi	98.10	3.74	4.00		
泗县	Sixian	74.52	1.25	4.17		
蚌埠市辖区	Bengbu Reigon of City	102.19	7.16	16.96	16.96	
怀远县	Huaiyuan	127.88		22.10	22.10	
五河县	Wuhe	55.25	2.35	13.50	13.50	
固镇县	Guzhen	63.40	0.04	14.67	14.67	
阜阳市辖区	Fuyang Reigon of City	186.33		70.35	69.38	
界首市	Jieshou	38.23		4.97	4.27	
临泉县	Linquan	23.25		35.11	20.00	
太和县	Taihe	129.71		21.16	20.00	
阜南县	Funan	43.45		60.00	60.00	
颍上县	Yingshang	92.54		5.37	5.33	
淮南市辖区	Huainan Reigon of City	145.86	5.04	12.04	8.46	3.53
凤台县	Fengtai	63.30	1.65	6.43	4.79	1.63
毛集区	Maoji District			3.75	3.10	
滁州市辖区	Chuzhou Reigon of City	6.35	37.25	30.30	28.74	1.51
天长市	Tianchang	25.00	4.27	17.88	11.58	
明光市	Mingguang	11.94	35.20	38.71	38.50	
来安县	Laian	14.91	19.46	6.00	6.00	
全椒县	Quanjiao	23.25	23.26	18.25	16.00	2.05
定远县	Dingyuan	2.09	28.94	56.10	56.00	
凤阳县	Fengyang	10.00	33.99	27.36	27.20	0.16
六安市辖区	Luan Reigon of City	30.81	40.67	83.14	78.50	6.41
寿县	Shouxian	69.00	4.48	79.18	79.05	

12—44 续表3 continued

县（市）	County (City)	全部堤防保护人口（万人）Protection Population of Compelete Embankment (10000 persons)	水土流失治理面积（千公顷）Area of Soil Erosion Under Control (1000 hectares)	农作物受灾面积（千公顷）Area of Farm Crops by Natural Disaster (1000 hectares)	旱灾（千公顷）Area Affected by Drought (1000 hectares)	洪涝灾（千公顷）Area Affected by Flood (1000 hectares)
霍邱县	Huoqiu	38.35	0.86	72.77	70.83	1.79
舒城县	Shucheng	52.02	69.96	13.82	9.66	1.45
金寨县	Jinzhai	1.62	153.24	108.05	108.05	8.80
霍山县	Huoshan	10.80	93.60	34.53	16.17	12.56
叶集区	Yeji District			4.13	3.33	0.40
马鞍山市辖区	Maanshan Reigon of City	49.13	11.13	10.68	9.79	0.87
当涂县	Dangtu	45.90	5.59	18.17	17.88	0.29
含山县	Hanshan	9.64	27.07	22.26	18.25	2.60
和县	Hexian	54.30	13.56	22.38	19.39	2.65
芜湖市辖区	Wuhu Reigon of City	94.36	0.51	5.72	4.57	0.06
芜湖县	Wuhu	29.14	2.51	8.36	8.28	0.07
繁昌县	Fanchang	16.00	5.25	6.25	3.67	2.53
南陵县	Nanling	32.10	12.61	16.33	7.76	5.77
无为县	Wuwei	130.00	8.32	34.67	28.87	1.50
宣城市辖区	Xuancheng Reigon of City	46.16	27.90	48.94	37.07	10.00
宁国市	Ningguo	12.00	90.63	25.57	25.06	0.08
郎溪县	Langxi	13.20	6.69	13.75	13.75	
广德县	Guangde	15.00	34.07	37.96	37.80	
泾县	Jingxian	8.50	40.92	15.33	14.00	1.33
绩溪县	Jixi	11.86	32.73	30.53	30.39	8.51
旌德县	Jingde	12.72	36.21	7.20	7.20	3.89
铜陵市辖区	Tongling Reigon of City	31.27	4.93	2.68	1.89	2.43
铜陵县	Tongling	26.99	16.88	13.68	9.74	6.89
池州市辖区	Chizhou Reigon of City	40.23	30.15	26.59	16.59	10.00
东至县	Dongzhi	26.83	54.03	33.90	26.16	32.88
石台县	Shitai	3.84	32.55	4.80	4.80	3.61
青阳县	Qingyang	4.97	29.60	14.80	13.55	8.04
安庆市辖区	Anqing Reigon of City	7.82	4.98	17.43	8.23	7.80
桐城市	Tongcheng	39.00	26.05	40.96	27.40	12.48
怀宁县	Huaining	18.15	8.98	26.78	16.01	10.72
枞阳县	Zongyang	96.00	16.31	34.60	23.33	33.00
潜山县	Qianshan	20.00	43.17	23.66	12.56	11.10
太湖县	Taihu	2.31	37.27	19.60	12.50	9.60
宿松县	Susong	72.50	14.76	34.43	24.73	9.16
望江县	Wangjiang	46.00	5.97	33.37	23.87	9.50
岳西县	Yuexi		74.98	13.80	8.51	4.87
黄山市辖区	Huangshan Reigon of City	28.80	91.43	18.75	10.21	11.67
歙县	Shexian	0.20	64.60	32.70	12.47	17.54
休宁县	Xiuning	2.70	54.58	10.14	7.69	8.47
黟县	Yixian	2.00	9.48	5.14	5.14	3.86
祁门县	Qimen	4.70	38.77	6.88	3.78	1.90

主要统计指标解释

农林牧渔业总产值

农林牧渔业总产值是以货币表现的农林牧渔业的全部产品总量和对农林牧渔业生产活动进行的各种支持性服务活动的价值。它反映一定时期内农林牧渔业生产总规模和总成果，是观察农林牧渔业生产水平和发展速度，研究农林牧渔业内部比例关系、农林牧渔业与工业、农林牧渔业与国家建设、人民生活比例关系的重要指标，同时也是计算农林牧渔业劳动生产率和农林牧渔业增加值的基础资料。1957 年以前的农业总产值中包括了厩肥和农民自给性手工业（如农民自制衣服、鞋、袜，自己从事粮食初步加工等）。1958 年及以后的农业总产值，林业中增加了村及村以下竹木采伐产值；牧业中取消了厩肥产值；副业中取消了农民自给性手工业产值，增加了村及村以下办的工业产值；渔业中增加了海洋捕捞水产品产值。1980 年及以后的农业总产值，在副业中增加了农民家庭兼营工业商品部分的产值。从 1984 年起村及村以下工业产值划归工业。从 1993 年起取消副业，将野生动物的捕猎划入牧业，野生植物采集和农民家庭兼营商品性工业划归农业。2003 年起，取消农业中的农民家庭兼营商品性工业，增加了农林牧渔服务业。

粮食产量

指全社会的产量。包括国有经济经营的、集体统一经营的和农民家庭经营的粮食产量，还包括工矿企业办的农场和其他生产单位的产量。粮食除包括稻谷、小麦、玉米、高粱、谷子及其他杂粮外，还包括薯类和豆类。其产量计算方法，豆类按去豆荚后的干豆计算；薯类（包括甘薯和马铃薯，不包括芋头和木薯）1963 年以前按每 4 公斤鲜薯折 1 公斤粮食计算，从 1964 年开始改为按 5 公斤鲜薯折 1 公斤粮食计算。城市郊区作为蔬菜的薯类（如马铃薯等）按鲜品计算，并且不作粮食统计。其他粮食一律按脱粒后的原粮计算。

油料产量

指全部油料作物的生产量。包括花生、油菜籽、芝麻、葵花籽、胡麻籽（亚麻籽）和其他油料。不包括大豆、木本油料和野生油料。花生以带壳干花生计算。

水产品产量

指人工养殖的水产品和天然生长的水产品的捕捞量。包括海水的鱼类、虾蟹类、贝类和藻类以及内陆水域的鱼类、虾蟹类和贝类，不包括淡水生植物。

猪、牛、羊肉产量

指当年出栏并已屠宰、除去头蹄下水后带骨肉（即胴体重）的重量。

期初（末）畜禽存栏头（只）数

指报告期初（末）农村各种合作经济组织和国营农场、农民个人、机关、团体、学校、工矿企业、部队等单位以及城镇居民饲养的大牲畜、猪、羊、家禽等畜禽的存栏数。

耕地面积

指可以用来种植农作物、经常进行耕锄的田地，包括熟地、当年新开荒地、连续撂荒未满三年的耕地和当年的休闲地（轮歇地），还包括以种植农作物为主并附带种植桑树、茶树、果树和其他林木的土地，以及沿海、沿湖地区已围垦利用的“海涂”、“湖田”等面积。不包括属于专业性的桑园、茶园、果园、果木苗圃、林地、芦苇地、天然或人工草地面积。

农作物播种面积

指实际播种或移植有农作物的面积。凡是实际种植有农作物的面积，不论种植在耕地上还是种植在非耕地上，均包括在农作物播种面积中。在播种季节基本结束后，因遭灾而重新改种和补种的农作物面积，也包括在内。

有效灌溉面积

指具有一定的水源，地块比较平整，灌溉工程或设备已经配套，在一般年景下当年能够进行正常灌溉的耕地面积。

农用化肥施用量

指本年内实际用于农业生产的化肥数量，包括氮肥、磷肥、钾肥和复合肥。化肥施用量要求按折纯量计算数量。折纯量是指把氮肥、磷肥、钾肥分别按含氮、含五氧化二磷、含氧化钾的百分之一百成份进行折算后的数量。复合肥按其所含主要成分折算。

农业机械总动力

指主要用于农、林、牧、渔业的各种动力机械的动力总和。包括耕作机械、排灌机械、收获机械、农用运输机械、植物保护机械、牧业机械、林业机械、渔业机械和其他农业机械〔内燃机按引擎马力折成瓦（特）计算、电动机按功率折成瓦（特）计算〕。不包括专门用于乡、镇、村、组办工业、基本建设、非农业运输、科学试验和教学等非农业生产方面用的动力机械与作业机械。

农林牧渔业劳动力

指全社会直接参加农林牧渔业生产活动的劳动力。

Explanatory Notes for Major Statistical Indicators

Gross Output Value of Farming, Forestry, Animal Husbandry and Fishery

refers to the total value of products and all kinds of supporting services of farming, forestry, animal husbandry and fishery, which reflects the total scale and result of agricultural production during a given period. It is an important indicator to observe the production level and the development speed of farming, forestry, animal husbandry and fishery and to research into the interior proportion relations of farming, forestry, animal husbandry and fishery, the proportion relations of farming, forestry, animal husbandry and fishery to industry, national construction and the lives of the people. It is also the basic data to calculate the labor productivity and value-added of farming, forestry, animal husbandry and fishery. Prior to 1957, Chinas gross agricultural output value included barnyard manure and handicraft products for self-consumption (clothes, shoes, stockings, and initial grain processing undertaken by peasant s). Since 1958, cutting and felling of bamboo and trees by villages and other cooperative organizations under villages have been included in forestry; value of barnyard manure has been excluded from animal husbandry; self consumed handicraft s has been excluded from sideline occupations, while the output value of industries run by villages and cooperative organizations under village had been included in sideline occupations and the out put value of fish catches by mot or fishing boats has been added to fishery. Since 1980, the value of handicraft products made for sale by individuals in households had been added to sideline occupations. Since 1984, industries run by villages and under villages have been included in the sector of industry. Since 1993, the subdivision of sideline occupations has been canceled, and the hunting of wild animals has been classified into animal husbandry, and the gathering of wild plants and commodity industry run by rural household have been included in farming. Since 2003, the commercial industrial activities undertaken by rural households as sideline production have been cancelled and the farming, forestry, animal husbandry and fishery services have been included in farming.

Grain Yield

refers to the yield in the whole country including grains produced by state farms, collective units, industrial enterprises and mines. Grain includes rice, wheat, corn, sorghum, millet and other miscellaneous grains as well as tubers and beans. Output of beans refers to dry beans without pods. The output of tubers (sweet potatoes and potatoes, not including taros and cassava) was converted into that of grain at the ratio 4:1, i.e. 4 kilograms of fresh tubers was equivalent to 1 kilogram of grain up to 1963.Since 1964 the ratio for conversion has been 5:1. Tubers supplied as vegetables (such as potatoes) in cities and suburbs are calculated as fresh vegetables and their output is not included in the output of grain. Output of all other grains refers to husked grain.

Yield of Oil-bearing Crops

refers to the total yield of oil bearing crops of various kinds, including peanuts, (dry, in shell) rapeseeds, sesame, sunflower seeds, flax seeds, and other oil bearing crops. Soybeans, oil-bearing woody plants, and wild oil-bearing crops are not included.

Output of Aquatic Products

refers to catches of both artificially cultured and naturally grown aquatic products, including fish, shrimps, crabs and shellfish in sea and inland water as well as seaweed. Freshwater plants are not included.

Output of Pork, Beef, and Mutton

refers to the meat of slaughtered hogs, cattle, sheep and goats with head, feet, and offal taken away.

Number of Livestock or Poultry in Stock at Beginning (or End)

refers to the total number of large animals, pigs, sheep, fowls, etc. raised by rural cooperative organizations, state farms, rural individuals, government agencies, schools, industrial and mining enterprises, army, and urban residents at the beginning (or end) of the reference period.

Cultivated Area (Area under cultivation)

refers to farmland which is plowed constantly for growing crops, including cultivated land, newly cultivated land in the current year, farmland left without cultivation for less than three years and fallow land in the current year, rotation land, rotation land of grass and crops, farmland with some fruit trees, mulberry trees and other trees and cultivated seashore land, lake land, and etc. The land of mulberry fields, tea plantations, orchards, nurseries of young plants, forest land, reed land, natural and man-made grassland and other land are not included in cultivated land.

Sown Area of Crops

refers to area of land sown or transplanted with crops regardless of being in cultivated area or non cultivated area.

Area of land re-sown due to natural disasters is also included.

Irrigated Area

refers to areas that are effectively irrigated, i.e. level land which has water source and complete sets of irrigation facilities to lift and move adequate water for irrigation purpose under normal conditions.

Consumption of Chemical Fertilizers in Agriculture

refers to the quantity of chemical fertilizers applied in agriculture in the year, including nitrogenous fertilizer, phosphate fertilizer, potash fertilizer, and compound fertilizer. The consumption of chemical fertilizers is required in calculation to convert the gross weight into weight containing 100% effective component (e.g. 100% nitrogen content in nitrogenous fertilizer, 100% phosphorous pent oxide contents in phosphate fertilizer, 100% potassium oxide contents in potash fertilizer). Compound fertilizer is converted with its major component.

Total Power of Farm Machinery

refers to total mechanical power of machinery used in farming, forestry, animal husbandry, and fishery, including plough , irrigation and drainage, harvesting, transport, plant protection, stock breeding, forestry and fishery. The power of internal combustion engines is required to convert horsepower into watts and the power of electric motors is required to be converted into watts. Machinery employed for non agricultural purposes, such as the machines used in township run and village-run industry, construction, non agricultural transport, scientific experiments and teaching, is excluded.

Labour Force Engaged in Farming, Forestry, Animal Husbandry and Fishery

refers to the total laborers who are directly engaged in production of farming, forestry, animal husbandry and fishery.

第十三篇

Chapter 13

工业

INDUSTRY

简要说明

一、本篇主要包括以下几部分汇总资料：

1. 全部工业企业按登记注册类型、行业分组的企业单位数和工业总产值(其中 1995 年后工业总产值均按新规定计算)。

2. 全部年主营业务收入在 2000 万元及以上的工业企业按地区和行业分组的主要经济指标和经济效益指标，主要包括工业总产值、工业增加值、资本金、流动资产、固定资产、流动负债、所有者权益、主营业务收入、主营业务税金及附加、利润总额、应交增值税、总资产贡献率、资产负债率、成本费用利润率、流动资产周转次数、产品销售率等指标。

3. 大中型工业企业的主要经济指标和经济效益指标。

4. 主要工业产品产量和生产能力等。

二、1998 年开始工业统计范围为全部国有企业及年主营业务收入在 500 万元及以上的非国有工业法人单位，2011 年开始工业统计范围为年主营业务收入在 2000 万元及以上的工业法人单位。与历史年份不具可比性。

三、1995 年及以后年份工业总产值为调整数。

四、行业分类按《国民经济行业分类》(GB/T 4754-2011)标准划分。

五、资料来源：由省统计局工业处根据国家统计局工业统计报表制度收集、汇总、整理提供。

Brief Introduction

Ⅰ. Data in this chapter cover the following parts:

1. The number of industrial enterprises, the gross industrial output value of all industrial enterprises classified by registration status and industrial division. (The gross industrial output value is calculated according to the new stipulation after 1995.)

2. Main economic indicators and efficiency indicators of all state-owned industrial enterprises, and of non-state enterprises each with an main business revenue of over five million yuan, classified by region and by industrial division, including gross industrial output value, industrial value-added, capital, circulating assets, fixed assets, liquid liabilities, creditor's equity, main business revenue, main business tax and extra-charges, sales profit, total profits, ratio of value-added to gross industrial output value, ratio of profits and taxes to funds and output value, turnover of working capital and overall labor productivity.

3. Main economic indicators and efficiency indicators of large and medium size industrial enterprises.

4. Output and production capacity of key industrial products.

Ⅱ. Since 1998, the coverage of industrial statistics is all state-owned industrial enterprises and non-state enterprises each with main business revenue over five million yuan.

Ⅲ. Data on gross industrial output value have been adjusted since 1995.

Ⅳ.Data by branch of industry are based on <National Industrial Classification of all Economic Activities>((GB/T 4754-2011).

Ⅴ. Source of data: All data are prepared and provided by the Division of Industrial Statistics, Anhui Statistical Bureau, in accordance with the industrial statistical reporting system of SSB. Data are collected, tabulated and processed by the statistical bureau in the prefectures and cities.

13—1 工业企业单位数和总产值
Number of Industrial Enterprises and Gross Industrial Output Value

分类	Sector	2000	2005	2010	2012	2013
企业单位数 （个）	**Number of Industrial Enterprises (unit)**	**3680**	**5277**	**16277**	**14514**	**16193**
在总计中：	Of the Total:					
国有及国有控股企业	State Controlling Share Hold Enterprises	1128	619	737	626	678
在总计中：	Of the Total:					
集体企业	Collective-owned Enterprises	979	261	194	93	80
私营企业	Private Enterprises	533	2725	11269	9070	11806
港澳台商投资企业	Enterprises Funded by Entrepreneurs from Hong Kong, Macao and Taiwan	118	200	375	316	308
外商投资企业	Foreign Funded Enterprises	133	296	539	467	477
工业总产值 （亿元）	**Gross Industrial Output Value (100 million yuan)**	**1661.44**	**4567.23**	**18732.00**	**29245.17**	**33756.82**
在总计中：	Of the Total:					
国有及国有控股企业	State Controlling Share Hold Enterprises	1044.54	2418.44	6902.07	8711.67	9233.75
在总计中：	Of the Total:					
集体企业	Collective-owned Enterprises	177.65	89.44	149.73	87.05	84.63
私营企业	Private Enterprises	77.16	714.73	6068.83	10354.42	14084.99
港澳台商投资企业	Enterprises Funded by Entrepreneurs from Hong Kong, Macao and Taiwan	60.84	226.49	804.94	1405.40	1697.39
外商投资企业	Foreign Funded Enterprises	152.40	517.32	1763.63	2127.57	2434.52

注：工业总产值按当年价格计算。
a) Gross industrial output value is calculated at current prices.

13—2 工业增加值
Value-added of Industry

本表按当年价格计算 (Data in this table are calculated at current prices) 单位：亿元（100 million yuan）

年份 Year	工业增加值 Value-added of Industry	内资企业 Domestic Funded Enterprise	#国有及国有控股企业 State-owned or Controlling Share Hold Industry	#集体企业 Collective-owned Industry	私营企业 Private Enterprises	港澳台商投资企业 Enterprises Funded by Entrepreneurs from Hong Kong, Macao and Taiwan	外商投资企业 Foreign Funded Enterprises
2000	507.38	451.57	340.42	49.60	22.24	17.56	38.18
2005	1483.76	1250.18	835.34	22.17	215.10	78.46	155.16
2006	1885.64	1584.14	973.45	38.48	333.64	94.68	206.82
2007	2562.70	2185.24	1211.17	45.21	537.00	91.35	286.11
2008	3259.71	2783.05	1471.12	46.27	822.74	154.94	321.72
2009	3980.55	3474.52	1778.23	30.33	1095.93	151.98	354.05
2010	5290.62	4618.07	2222.19	38.85	1577.45	209.35	463.20
2011	6776.02	5936.86	2541.42	40.65	2065.39	320.69	518.47
2012	7614.11	6742.77	2633.35	24.46	2493.43	333.13	538.21
2013	8646.00	7625.27	2670.89	23.71	3401.02	408.08	612.65

注：口径为规模以上工业企业（下同）。2008年为工业快报口径。
a) They referred to industrial enterprises above designated size. The same as following tables. in 2008, It is for express industrial-caliber.

13—3 规模以上工业企业工业增加值

Value-added of Industry of All State-owned and Non-state-owned Industrial Enterprises Above Designated Size

单位：亿元（100 million yuan）

行业	Sector	2000	2005	2010	2012	2013
总计	**Total**	**507.38**	**1483.75**	**5290.62**	**7614.11**	**8646.00**
总计中：	**Of the Total:**					
内资企业	Domestic Funded Enterprise	451.57	1250.13	4618.07	6742.77	7625.27
国有企业	State-owned Enterprise	171.00	247.63	319.25	837.69	672.78
集体企业	Collective-owned Enterprise	49.60	22.17	38.85	24.46	23.71
股份合作企业	Share Holding Cooperative Enterprises	16.45	9.81	16.69	14.95	5.97
联营企业	Joint Owned Enterprises	2.53	2.65	3.84	2.87	0.97
有限责任公司	Limited Liability Corporations	101.74	475.95	1924.16	2398.46	2519.61
股份有限公司	Share-holding Corporations Ltd.	85.05	272.50	716.51	876.70	934.73
私营企业	Private Enterprises	22.24	215.10	1577.55	2493.43	3401.02
其他企业	Other Enterprises	2.96	4.32	21.32	94.21	66.48
港澳台商投资企业	Enterprises Funded by Entrepreneurs from Hong Kong, Macao and Taiwan	17.62	78.46	209.35	333.13	408.08
外商投资企业	Foreign Funded Enterprises	38.19	155.16	463.20	538.21	612.65
总计中：	**Of the Total:**					
独资企业	Enterprise Owned by a Sole Investor	240.87		755.37	1345.19	1191.95
合作合伙企业	Cooperative Enterprises	24.93		67.02	187.11	121.56
股份有限公司	Share-holding Corporations Ltd.	92.56		873.02	1071.81	1199.12
有限责任公司	Limited Liability Corporations	149.03		3595.21	5010.00	6133.37
总计中：	**Of the Total:**					
国有及国有控股企业	State Controlling Share Hold Enterprises	340.42	835.34	2222.19	2633.35	2670.89
总计中：	**Of the Total:**					
轻工业	Light Industry	206.02	452.18	1498.68	2358.45	2754.56
重工业	Heavy Industry	301.36	1031.57	3791.94	5255.66	5891.44
总计中：	**Of the Total:**					
大型企业	Large-sized Enterprises	270.74	658.94	2102.42	3164.12	3371.39
中型企业	Medium-sized Enterprises	77.68	470.09	1277.42	1485.79	1739.31
小型企业	Small Enterprises	158.96	354.73	1910.78	2964.20	3535.30

13—4 各市规模以上工业企业工业增加值

Value-added of Industry of All State-owned and Non-state-owned Industrial Enterprises Above Designated Size by Region

单位：亿元（100 million yuan）

地区	Region	2000	2005	2010	2012	2013
总计	**Total**	**507.38**	**1483.8**	**5290.62**	**7614.11**	**8646.00**
合肥市	Hefei	81.29	263.74	1092.71	1798.17	1938.77
淮北市	Huaibei	29.8	99.65	375.51	542.59	555.25
亳州市	Bozhou		25.74	94.89	177.21	215.57
宿州市	Suzhou	11.81	38.01	184.80	247.20	315.00
蚌埠市	Bengbu	32.58	74.6	234.93	419.77	499.90
阜阳市	Fuyang	22.63	49.18	216.98	297.14	374.91
淮南市	Huainan	30.71	116.06	341.98	403.75	416.57
滁州市	Chuzhou	32.07	74.37	282.29	419.20	504.25
六安市	Luan	18.78	46.79	228.71	346.41	380.29
马鞍山市	Maanshan	49.7	197.52	358.32	484.28	578.49
芜湖市	Wuhu	48.79	167.05	609.74	1071.99	1228.20
宣城市	Xuancheng	20.09	49.54	262.21	304.97	355.66
铜陵市	Tongling	23.5	92.39	290.07	389.06	419.87
池州市	Chizhou	4.02	18.96	80.14	123.25	143.32
安庆市	Anqing	50.24	105.54	339.87	483.77	598.43
黄山市	Huangshan	8.09	21.87	85.23	105.35	121.52

13—5　分行业规模以上工业企业工业增加值
Value-added of Industry of All Industrial Enterprises Above Designated Size by Industry

单位：万元（10000 yuan）

行　　业	Sector	2012	2013
总　　计	**Total**	**76141103**	**86460026**
煤炭开采和洗选业	Mining and Washing of Coal	6736089	6086956
黑色金属矿采选业	Mining and Processing of Ferrous Metal Ores	1503058	1998176
有色金属矿采选业	Mining and Processing of Non-Ferrous Metal Ores	319403	309726
非金属矿采选业	Mining and Processing of Nonmetal Ores	340006	492772
开采辅助活动	Mining Auxiliary Activities	4051	3699
农副食品加工业	Processing of Food from Agriculture Products	3542180	4338603
食品制造业	Manufacture of Foods	988348	1226728
酒、饮料和精制茶制造业	Manufacture of Wine, Beverages and Refined Tea	1881930	1926633
烟草制品业	Manufacture of Tobacco	2354297	2596339
纺织业	Manufacture of Textile	1701997	1960708
纺织服装、服饰业	Manufacture of Textile Wearing Apparel and Clothing	1494868	1927007
皮革毛皮羽毛（绒）及其制品业	Manufacture of Leather, Furs, Feather and Related Products	732398	803711
木材加工及木竹藤棕草制品业	Processing of Timber, Manufacture of Wood, Bamboo, Rattan, Palm and Straw Products	906722	1182797
家具制造业	Manufacture of Furniture	381521	528536
造纸和纸制品业	Manufacture of Paper and Paper Products	596893	603176
印刷和记录媒介复制业	Printing, Reproduction of Recording Media	627445	952170
文教、工美、体育和娱乐用品制造业	Manufacture of Culture, Education, Art, Sports and Entertainment Supplies	580277	815981
石油加工、炼焦和核燃料加工业	Processing of Petroleum, Coking and Processing of Nuclear Fuel	421983	641836
化学原料和化学制品制造业	Manufacture of Raw Chemical Materials and Chemical Products	3970508	4808187
医药制造业	Manufacture of Medicines	1200643	1439559
化学纤维制造业	Manufacture of Chemical Fibers	139818	168724
橡胶和塑料制品业	Manufacture of Rubber and Plastics	2664047	2890421
非金属矿物制品业	Manufacture of Non-metallic Mineral Products	4695673	5466304
黑色金属冶炼和压延加工业	Smelting and Pressing of Ferrous Metals	4316519	4618957
有色金属冶炼和压延加工业	Smelting and Pressing of Non-ferrous Metals	3121817	3533989
金属制品业	Manufacture of Metal Products	2412894	2778437
通用设备制造业	Manufacture of General Purpose Machinery	3694303	4410980
专用设备制造业	Manufacture of Special Purpose Machinery	2611000	3078763
汽车制造业	Manufacture of Automobile	3989695	4414806
铁路、船舶、航空航天和其他运输设备制造业	Manufacture of Railroads, Ships, Aerospace and Other Transportation Equipments	542552	484127
电气机械和器材制造业	Manufacture of Electrical Machinery and Equipment	8538435	9694937
计算机、通信和其他电子设备制造业	Manufacture of Computers, Communication and Other Electronic Equipmei	2279652	2990195
仪器仪表制造业	Manufacture of Measuring Instruments and Machinery	421389	512646
其他制造业	Manufacture of Others	175566	209225
废弃资源综合利用业	Industry of Comprehensive utilization of waste resources	833155	1100508
金属制品、机械和设备修理业	Industry of Metal products, machinery and equipment repair	110564	118211
电力、热力生产和供应业	Production and Supply of Electric Power and Heat Power	4928740	4922932
燃气生产和供应业	Production and Supply of Gas	206129	248657
水的生产和供应业	Production and Supply of Water	174538	173907

13—6 规模以上工业企业主要经济指标（2013年）
Main Indicators Above Designated Size Industrial Enterprises (2013)

行　业	Sector	企业单位数（个）Number of Enterprises (unit)	工业总产值（现价）Gross Industrial Output Value
总　计	**Total**	**16193**	**33756.82**
总计中：	**Of the Total:**		
内资企业	Domestic Funded Enterprise	15408	29624.92
国有企业	State-owned Enterprise	142	2376.66
集体企业	Collective-owned Enterprise	80	84.63
股份合作企业	Share Holding Cooperative Enterprises	24	22.06
联营企业	Joint Owned Enterprises	3	3.19
有限责任公司	Limited Liability Corporations	2954	9020.20
股份有限公司	Share-holding Corporations Ltd.	338	3753.80
私营企业	Private Enterprises	11806	14084.99
其他企业	Other Enterprises	61	279.38
港澳台商投资企业	Enterprises Funded by Entrepreneurs from Hong Kong, Macao and Taiwan	308	1697.39
外商投资企业	Foreign Funded Enterprises	477	2434.52
总计中：	**Of the Total:**		
国有及国有控股企业	State Controlling Share Hold Enterprises	678	9233.75
总计中：	**Of the Total:**		
轻工业	Light Industry	6617	11008.48
重工业	Heavy Industry	9576	22748.35
总计中：	**Of the Total:**		
大型企业	Large-sized Enterprises	284	12114.26
中型企业	Medium-sized Enterprises	1474	7055.13
小型企业	Small Enterprises	14435	14587.43

单位：亿元（100 million yuan）

工业销售产值（现价） Value of Industrial Products Sales (At current prices)	#出口交货值 Delivery Value for Export	资产合计 Total Assets	流动资产合计 Circulating Funds	#存货 Stock	#产成品 Finished Product	固定资产合计 Total of Fixed Assets	固定资产原价 Original Value of Fixed Assets	固定资产累计折旧 Accumulated Depreciation of Fixed Assets
32913.47	**1629.19**	**25906.17**	**11392.83**	**2863.22**	**1044.13**	**10681.91**	**15416.55**	**6192.32**
28892.11	1267.89	23446.81	10116.24	2557.10	924.05	9791.41	13902.09	5514.37
2337.14	4.11	2219.79	593.44	216.76	19.53	1396.32	2176.12	938.55
80.64	1.72	44.42	27.46	6.00	1.74	10.86	21.91	12.77
21.26	0.24	13.83	7.47	1.90	0.56	4.54	6.18	2.21
3.19		1.48	0.35	0.05	0.01	0.40	0.49	0.15
8833.57	384.24	9389.29	3498.22	878.90	303.86	4341.86	5433.47	1907.70
3635.04	369.79	4704.71	2195.68	458.61	159.15	1631.18	2442.78	1001.79
13707.04	507.51	7004.99	3767.75	990.17	437.35	2380.81	3779.35	1631.87
274.24	0.28	68.30	25.87	4.69	1.85	25.44	41.78	19.34
1634.04	151.06	906.99	466.58	110.12	39.00	324.78	522.58	215.90
2387.32	210.24	1552.37	810.01	196.00	81.08	565.73	991.89	462.05
9042.80	360.96	12146.48	3990.33	1019.83	255.35	6145.34	8309.26	3220.42
10716.93	743.52	5743.93	3060.47	1017.42	392.48	1885.39	2982.98	1271.18
22196.55	885.67	20162.24	8332.37	1845.80	651.65	8796.52	12433.58	4921.14
11856.76	835.58	13265.96	5155.19	1277.65	388.41	5923.08	8159.45	3285.25
6833.20	422.97	4997.67	2200.22	559.21	224.48	2064.80	3167.32	1246.09
14223.52	370.63	7642.54	4037.42	1026.35	431.24	2694.03	4089.78	1660.98

13—6 续表1 continued

行　业	Sector	负债合计 Total Liabilities	流动负债 Liquid Liabilities
总　　计	**Total**	**15367.17**	**11153.29**
总计中:	**Of the Total:**		
内资企业	Domestic Funded Enterprise	13989.29	9982.22
国有企业	State-owned Enterprise	1477.40	1007.14
集体企业	Collective-owned Enterprise	22.39	20.09
股份合作企业	Share Holding Cooperative Enterprises	5.56	4.48
联营企业	Joint Owned Enterprises	0.38	0.37
有限责任公司	Limited Liability Corporations	6112.07	4064.52
股份有限公司	Share-holding Corporations Ltd.	2748.81	1886.00
私营企业	Private Enterprises	3579.26	2960.48
其他企业	Other Enterprises	43.41	39.12
港澳台商投资企业	Enterprises Funded by Entrepreneurs from Hong Kong, Macao and Taiwan	538.08	464.74
外商投资企业	Foreign Funded Enterprises	839.80	706.33
总计中:	**Of the Total:**		
国有及国有控股企业	State Controlling Share Hold Enterprises	8026.78	5128.78
总计中:	**Of the Total:**		
轻工业	Light Industry	2902.64	2452.46
重工业	Heavy Industry	12464.52	8700.83
总计中:	**Of the Total:**		
大型企业	Large-sized Enterprises	8371.45	5710.74
中型企业	Medium-sized Enterprises	2931.27	2187.51
小型企业	Small Enterprises	4064.45	3255.03

单位：亿元（100 million yuan）

非流动负债 Long-term Liabilities	所有者权益 Creditors' Equity	#实收资本 Capital Hold	主营业务收入 Revenue from principal Business	主营业务成本 Cost of Principal Business	主营业务税金及附加 Business and Extra Charges	利润总额 Total Profits	本年应付职工薪酬 Wages Payable in This Year	本年应交增值税 Value Added Tax Payable
3503.50	**10428.50**	**4913.50**	**33788.82**	**28867.56**	**427.44**	**2108.77**	**1707.34**	**1023.47**
3347.72	9374.56	4245.24	29967.67	25668.55	402.84	1848.41	1553.71	889.95
434.00	739.63	240.71	2278.16	1659.92	173.60	147.52	149.37	109.13
1.52	21.41	4.65	83.97	68.91	0.58	8.15	5.19	3.00
0.17	7.92	3.71	19.38	15.71	0.18	1.14	1.85	0.62
0.01	1.10	0.72	3.08	2.17	0.01	0.73	0.33	0.08
1844.81	3255.12	1728.47	9874.90	8714.34	96.33	467.44	633.22	307.26
762.94	1961.26	641.24	3769.63	3206.23	47.96	233.96	235.41	115.25
303.01	3363.26	1617.88	13665.18	11767.30	80.78	967.52	523.81	344.02
1.26	24.86	7.85	273.38	233.97	3.40	21.96	4.53	10.57
62.97	363.44	234.26	1608.43	1359.69	10.45	110.07	59.22	48.27
92.81	690.49	434.00	2212.72	1839.32	14.16	150.28	94.40	85.26
2734.05	4111.50	1835.26	10241.64	8745.53	271.35	455.28	779.50	359.25
278.25	2799.12	1123.77	10547.43	8798.42	244.77	732.44	482.52	304.81
3225.25	7629.37	3789.72	23241.39	20069.13	182.68	1376.33	1224.83	718.67
2530.17	4866.05	1900.97	12913.96	11138.61	304.52	645.86	882.68	481.91
538.83	2049.38	1063.14	6752.04	5493.48	40.63	527.93	347.97	210.29
434.49	3513.07	1949.39	14122.82	12235.47	82.30	934.98	476.70	331.27

13—6 续表2 continued

行　业	Sector	企业单位数（个） Number of Enterprises (unit)	工业总产值（现价） Gross Industrial Output Value
按行业分	**Grouped by Sector**		
煤炭开采和洗选业	Mining and Washing of Coal	61	924.98
黑色金属矿采选业	Mining and Processing of Ferrous Metal Ores	118	427.60
有色金属矿采选业	Mining and Processing of Non-Ferrous Metal Ores	71	88.69
非金属矿采选业	Mining and Processing of Nonmetal Ores	223	190.81
开采辅助活动	Mining Auxiliary Activities	6	1.83
农副食品加工业	Processing of Food from Agriculture Products	1553	2555.75
食品制造业	Manufacture of Foods	355	501.77
酒、饮料和精制茶制造业	Manufacture of Wine, Beverages and Refined Tea	300	559.93
烟草制品业	Manufacture of Tobacco	7	323.60
纺织业	Manufacture of Textile	658	843.70
纺织服装、服饰业	Manufacture of Textile Wearing Apparel and Clothing	925	729.62
皮革毛皮羽毛及其制品和制鞋业	Manufacture of Leather, Furs, Feather and Related Products	258	335.20
木材加工及木竹藤棕草制品业	Processing of Timber, Manufacture of Wood, Bamboo, Rattan, Palm and Straw Products	585	571.41
家具制造业	Manufacture of Furniture	230	206.19
造纸及纸制品业	Manufacture of Paper and Paper Products	208	267.06
印刷和记录媒介复制业	Printing, Reproduction of Recording Media	268	328.15
文教工美体育和娱乐用品制造业	Manufacture of Culture, Education, Art, Sports and Entertainment Supplies	314	305.33
石油加工、炼焦和核燃料加工业	Processing of Petroleum, Coking and Processing of Nuclear Fuel	29	444.76
化学原料和化学制品制造业	Manufacture of Raw Chemical Materials and Chemical Products	921	1963.60
医药制造业	Manufacture of Medicines	303	528.43
化学纤维制造业	Manufacture of Chemical Fibers	30	73.81
橡胶和塑料制品业	Manufacture of Rubber and Plastics	931	1157.44
非金属矿物制品业	Manufacture of Non-metallic Mineral Products	1803	1945.20
黑色金属冶炼和压延加工业	Smelting and Pressing of Ferrous Metals	430	2084.39
有色金属冶炼和压延加工业	Smelting and Pressing of Non-ferrous Metals	193	1757.95
金属制品业	Manufacture of Metal Products	799	1118.95
通用设备制造业	Manufacture of General Purpose Machinery	940	1728.55
专用设备制造业	Manufacture of Special Purpose Machinery	747	1168.98
汽车制造业	Manufacture of Automobile	737	1966.72
铁路船舶航空航天和其他运输设备制造业	Manufacture of Railroads, Ships, Aerospace and Other Transportation Equipments	173	232.25
电气机械和器材制造业	Manufacture of Electrical Machinery and Equipment	1101	4078.09
计算机通信和其他电子设备制造业	Manufacture of Computers, Communication and Other Electronic Equipments	364	1074.70
仪器仪表制造业	Manufacture of Measuring Instruments and Machinery	106	155.59
其他制造业	Manufacture of Others	79	77.49
废弃资源综合利用业	Industry of Comprehensive Utilization of Waste Resources	104	418.42
金属制品、机械和设备修理业	Industry of Metal Products, Machinery and Equipment Repair	12	37.39
电力、热力生产和供应业	Production and Supply of Electric Power and Heat Power	166	2444.56
燃气生产和供应业	Production and Supply of Gas	47	104.74
水的生产和供应业	Production and Supply of Water	38	33.39

单位：亿元（100 million yuan）

工业销售产值（现价）Value of Industrial Products Sales (At current prices)	#出口交货值 Delivery Value for Export	资产合计 Total Assets	流动资产合计 Circulating Funds	#存货 Stock	#产成品 Finished Product	固定资产合计 Total of Fixed Assets	固定资产原价 Original Value of Fixed Assets	固定资产累计折旧 Accumulated Depreciation of Fixed Assets
918.35		2919.55	575.03	87.59	27.68	1786.09	1796.63	646.17
420.51		556.07	142.63	15.92	7.85	152.38	188.81	67.18
88.16		75.85	39.55	4.91	3.36	24.17	46.43	28.32
187.36	0.38	107.75	42.49	7.97	5.58	43.28	56.53	17.51
1.82		0.82	0.70	0.08	0.04	0.11	0.30	0.20
2514.06	37.94	970.30	522.13	197.49	63.81	315.65	523.07	236.15
484.90	23.35	236.84	106.79	34.11	13.44	89.26	132.81	49.58
530.07	9.77	418.34	227.45	93.51	35.35	129.60	179.62	57.86
319.15	0.33	269.37	190.60	150.83	5.14	62.19	104.11	48.59
818.16	114.52	526.75	232.79	81.46	35.30	189.24	300.28	128.70
719.07	115.80	287.57	151.74	38.49	16.53	102.20	139.47	45.87
325.00	53.01	185.37	108.27	29.16	12.24	51.06	62.38	20.03
559.77	39.55	221.91	114.78	44.04	19.97	87.03	117.25	38.67
202.34	6.67	83.02	43.97	13.33	6.78	29.40	49.35	21.04
258.07	3.21	262.75	84.13	18.83	9.17	99.48	130.69	37.01
317.86	2.38	194.34	108.70	26.46	10.68	68.54	107.25	47.04
296.96	121.56	131.80	75.12	21.32	10.13	46.95	68.57	26.32
412.24		183.93	53.27	28.90	11.60	124.91	223.17	93.30
1926.28	73.62	1530.80	674.20	155.34	78.16	621.70	864.89	289.37
505.51	20.05	384.41	215.40	53.18	22.37	119.06	152.67	56.91
71.00	7.36	102.52	39.82	14.09	6.84	49.58	64.17	23.84
1131.03	105.20	718.59	387.27	94.72	37.50	250.20	401.91	182.09
1892.24	28.35	1614.27	738.27	129.71	51.88	692.50	998.59	359.71
2051.75	43.17	1569.61	678.52	207.09	63.23	725.04	1282.60	650.01
1741.73	53.15	1066.11	562.80	243.24	33.42	259.39	348.55	129.04
1074.97	29.50	664.72	409.65	103.44	50.42	178.01	317.64	159.69
1662.11	63.87	1236.61	715.70	197.27	91.47	338.23	574.73	260.79
1117.13	29.54	778.16	446.60	106.74	34.21	230.62	353.62	138.21
1905.55	185.23	1905.40	1020.89	174.97	58.73	557.45	818.18	324.33
228.72	7.45	182.39	90.81	28.37	9.36	58.60	73.62	20.35
3945.08	185.98	2223.98	1411.41	292.95	163.03	559.22	1029.99	515.15
1036.41	259.54	1110.42	614.42	90.32	29.68	372.14	464.35	129.39
151.55	7.37	124.98	80.27	10.13	4.03	33.07	58.03	27.29
77.00	0.89	47.42	26.41	9.66	3.84	12.93	18.65	7.14
415.57		108.84	74.92	16.03	6.89	28.53	73.81	46.79
36.98	0.45	61.09	41.55	9.48	1.63	16.32	25.51	9.47
2433.48		2575.06	257.05	27.05	1.43	2043.81	3089.82	1194.85
103.25		137.74	47.13	2.40	0.90	63.18	75.16	18.77
32.28		130.70	39.61	2.64	0.48	70.81	103.32	39.60

13—6 续表3 continued

行 业	Sector	负债合计 Total Liabilities	流动负债 Liquid Liabilities
按行业分	**Grouped by Sector**		
煤炭开采和洗选业	Mining and Washing of Coal	2101.35	1195.84
黑色金属矿采选业	Mining and Processing of Ferrous Metal Ores	318.44	230.49
有色金属矿采选业	Mining and Processing of Non-Ferrous Metal Ores	37.35	32.56
非金属矿采选业	Mining and Processing of Nonmetal Ores	52.78	36.85
开采辅助活动	Mining Auxiliary Activities	0.22	0.14
农副食品加工业	Processing of Food from Agriculture Products	480.05	415.45
食品制造业	Manufacture of Foods	111.88	92.35
酒、饮料和精制茶制造业	Manufacture of Wine, Beverages and Refined Tea	207.14	184.57
烟草制品业	Manufacture of Tobacco	79.10	76.71
纺织业	Manufacture of Textile	276.50	212.25
纺织服装、服饰业	Manufacture of Textile Wearing Apparel and Clothing	146.96	121.14
皮革毛皮羽毛及其制品和制鞋业	Manufacture of Leather, Furs, Feather and Related Products	87.81	70.44
木材加工及木竹藤棕草制品业	Processing of Timber, Manufacture of Wood, Bamboo, Rattan, Palm and Straw Products	105.61	79.77
家具制造业	Manufacture of Furniture	40.56	35.48
造纸及纸制品业	Manufacture of Paper and Paper Products	124.09	81.50
印刷和记录媒介复制业	Printing, Reproduction of Recording Media	93.63	74.83
文教工美体育和娱乐用品制造业	Manufacture of Culture, Education, Art, Sports and Entertainment Supplies	65.15	55.43
石油加工、炼焦和核燃料加工业	Processing of Petroleum, Coking and Processing of Nuclear Fuel	116.93	112.06
化学原料和化学制品制造业	Manufacture of Raw Chemical Materials and Chemical Products	887.54	656.39
医药制造业	Manufacture of Medicines	187.93	152.28
化学纤维制造业	Manufacture of Chemical Fibers	65.65	48.59
橡胶和塑料制品业	Manufacture of Rubber and Plastics	340.15	254.81
非金属矿物制品业	Manufacture of Non-metallic Mineral Products	847.12	659.55
黑色金属冶炼和压延加工业	Smelting and Pressing of Ferrous Metals	976.84	706.62
有色金属冶炼和压延加工业	Smelting and Pressing of Non-ferrous Metals	763.43	551.93
金属制品业	Manufacture of Metal Products	361.50	307.79
通用设备制造业	Manufacture of General Purpose Machinery	671.37	507.58
专用设备制造业	Manufacture of Special Purpose Machinery	427.16	349.90
汽车制造业	Manufacture of Automobile	1236.93	916.98
铁路船舶航空航天和其他运输设备制造业	Manufacture of Railroads, Ships, Aerospace and Other Transportation Equipments	106.55	84.40
电气机械和器材制造业	Manufacture of Electrical Machinery and Equipment	1211.49	1064.13
计算机通信和其他电子设备制造业	Manufacture of Computers, Communication and Other Electronic Equipments	625.40	433.39
仪器仪表制造业	Manufacture of Measuring Instruments and Machinery	54.97	44.57
其他制造业	Manufacture of Others	18.32	15.39
废弃资源综合利用业	Industry of Comprehensive Utilization of Waste Resources	67.56	61.81
金属制品、机械和设备修理业	Industry of Metal Products, Machinery and Equipment Repair	31.14	28.04
电力、热力生产和供应业	Production and Supply of Electric Power and Heat Power	1896.36	1094.51
燃气生产和供应业	Production and Supply of Gas	86.00	63.96
水的生产和供应业	Production and Supply of Water	58.20	42.82

单位：亿元（100 million yuan）

非流动负债 Long-term Liabilities	所有者权益 Creditors' Equity	#实收资本 Capital Hold	主营业务收入 Revenue from principal Business	主营业务成本 Cost of Principal Business	主营业务税金及附加 Business and Extra Charges	利润总额 Total Profits	本年应付职工薪酬 Wages Payable in This Year	本年应交增值税 Value Added Tax Payable
897.09	821.33	313.81	1456.78	1282.03	12.77	0.91	338.39	89.54
76.48	233.32	128.42	411.60	340.04	4.50	30.51	15.99	18.70
4.63	38.32	15.55	88.94	66.58	1.21	8.00	5.69	3.68
8.89	54.02	28.00	187.46	149.15	3.62	13.82	11.19	6.99
	0.60	0.40	1.87	1.60	0.02	0.18	0.14	0.06
28.67	481.98	180.68	2501.97	2259.55	7.47	131.33	56.24	36.72
10.14	123.13	56.73	492.57	406.23	3.23	37.50	20.78	12.20
11.21	209.39	79.99	506.98	342.67	35.43	60.41	32.77	27.20
	190.27	38.48	318.63	94.50	161.45	35.36	21.47	33.98
46.52	247.20	101.92	828.53	731.43	3.78	56.35	47.57	17.84
9.06	137.18	64.97	718.04	617.32	5.10	41.69	70.48	16.62
5.64	95.93	31.76	323.57	281.90	1.24	23.88	17.75	8.95
9.58	114.13	45.47	561.61	498.12	3.15	33.92	19.29	12.53
1.95	42.15	24.14	201.21	167.65	1.61	14.67	9.91	4.64
39.68	138.06	79.76	255.65	225.13	0.81	14.13	10.54	8.12
6.38	98.59	38.23	313.26	258.79	1.57	26.61	16.44	8.28
2.66	65.80	24.42	291.57	245.34	2.28	19.62	18.52	7.01
4.77	66.99	101.36	432.02	378.61	44.88	-2.81	5.87	8.88
180.07	644.71	296.74	1879.97	1574.98	8.85	133.02	67.84	43.89
26.84	192.80	82.76	532.58	427.57	2.77	46.92	30.40	16.07
16.94	36.81	22.01	85.08	73.45	0.23	4.12	4.33	1.82
34.78	375.51	169.57	1092.76	927.05	5.73	80.57	55.33	28.53
129.73	756.73	381.74	1873.16	1538.69	14.22	169.86	84.16	78.51
212.04	590.42	223.59	2319.98	2136.53	10.35	116.55	65.28	77.16
196.10	301.30	132.69	2199.88	2062.24	4.12	47.07	33.81	25.45
36.71	300.54	128.66	1091.47	947.26	6.86	68.58	54.07	26.57
101.19	556.49	234.58	1685.33	1453.55	9.62	115.87	80.16	46.82
59.51	343.83	166.74	1104.00	930.96	7.63	82.86	52.44	31.42
266.98	658.43	264.61	1809.87	1564.04	20.23	106.21	104.19	43.16
17.02	74.73	32.94	226.80	202.57	1.07	11.85	12.24	6.42
76.12	985.79	576.85	3769.84	3155.56	19.64	273.80	125.27	122.11
175.84	482.32	317.82	1024.85	878.32	5.86	80.80	56.66	34.42
7.36	69.58	19.73	153.59	114.79	0.96	17.85	9.39	5.41
1.39	28.92	7.65	76.18	62.10	0.36	7.53	3.49	2.32
3.21	41.22	21.21	415.06	379.24	4.23	21.87	4.98	37.29
2.70	29.90	8.39	31.00	24.24	0.13	3.13	4.17	0.49
760.19	679.19	419.34	2389.31	1957.72	9.43	158.80	130.24	70.28
21.18	48.48	20.96	102.55	84.90	0.56	12.00	4.29	2.30
14.26	72.40	30.83	33.31	25.15	0.50	3.44	5.58	1.10

13—7 规模以上工业企业主要经济效益指标（2013年）
Main Indicators on Economic Benefit Above Designated Size Industrial Enterprises by Industrial Branch (2013)

行　业	Sector
总　　计	**Total**
总计中：	**Of the Total:**
内资企业	Domestic Funded Enterprise
国有企业	State-owned Enterprise
集体企业	Collective-owned Enterprise
股份合作企业	Share Holding Cooperative Enterprises
联营企业	Joint Owned Enterprises
有限责任公司	Limited Liability Corporations
股份有限公司	Share-holding Corporations Ltd.
私营企业	Private Enterprises
其他企业	Other Enterprises
港澳台商投资企业	Enterprises Funded by Entrepreneurs from Hong Kong, Macao and Taiwan
外商投资企业	Foreign Funded Enterprises
总计中：	**Of the Total:**
国有及国有控股企业	State Controlling Share Hold Enterprises
总计中：	**Of the Total:**
轻工业	Light Industry
重工业	Heavy Industry
总计中：	**Of the Total:**
大型企业	Large-sized Enterprises
中型企业	Medium-sized Enterprises
小型企业	Small Enterprises

总资产贡献率(%) Ratio of Total Assets to Industrial Output Value (%)	资产负债率(%) Assets-liability Ratio (%)	流动资产周转次数(次/年) Number of Times of Annual of Turnover Circulating Funds (times/year)	工业成本费用利润率(%) Ratio of Profits to Industrial Cost (%)	产品销售率(%) Proportion of Products Sold (%)
15.10	**59.32**	**3.01**	**6.67**	**97.50**
14.82	59.66	3.00	6.59	97.53
20.53	66.56	3.87	8.28	98.34
26.93	50.42	3.06	10.80	95.28
14.92	40.23	2.60	6.02	96.38
55.24	25.96	8.73	31.03	99.96
10.86	65.10	2.88	4.89	97.93
9.58	58.43	1.78	6.35	96.84
21.36	51.10	3.64	7.63	97.32
53.98	63.56	10.58	8.83	98.16
19.55	59.33	3.50	7.50	96.27
16.73	54.10	2.80	7.13	98.06
10.37	66.08	2.64	4.69	97.93
23.43	50.53	3.48	7.55	97.35
12.72	61.82	2.83	6.28	97.57
12.09	63.10	2.56	5.23	97.87
17.07	58.65	3.11	8.68	96.85
19.03	53.18	3.51	7.09	97.51

13—7 续表 continued

行　业	Sector
按行业分	**Grouped by Sector**
煤炭开采和洗选业	Mining and Washing of Coal
黑色金属矿采选业	Mining and Processing of Ferrous Metal Ores
有色金属矿采选业	Mining and Processing of Non-Ferrous Metal Ores
非金属矿采选业	Mining and Processing of Nonmetal Ores
开采辅助活动	Mining Auxiliary Activities
农副食品加工业	Processing of Food from Agriculture Products
食品制造业	Manufacture of Foods
酒、饮料和精制茶制造业	Manufacture of Wine, Beverages and Refined Tea
烟草制品业	Manufacture of Tobacco
纺织业	Manufacture of Textile
纺织服装、服饰业	Manufacture of Textile Wearing Apparel and Clothing
皮革毛皮羽毛及其制品和制鞋业	Manufacture of Leather, Furs, Feather and Related Products
木材加工及木竹藤棕草制品业	Processing of Timber, Manufacture of Wood, Bamboo, Rattan, Palm and Straw Products
家具制造业	Manufacture of Furniture
造纸及纸制品业	Manufacture of Paper and Paper Products
印刷和记录媒介复制业	Printing, Reproduction of Recording Media
文教工美体育和娱乐用品制造业	Manufacture of Culture, Education, Art, Sports and Entertainment Supplies
石油加工、炼焦和核燃料加工业	Processing of Petroleum, Coking and Processing of Nuclear Fuel
化学原料和化学制品制造业	Manufacture of Raw Chemical Materials and Chemical Products
医药制造业	Manufacture of Medicines
化学纤维制造业	Manufacture of Chemical Fibers
橡胶和塑料制品业	Manufacture of Rubber and Plastics
非金属矿物制品业	Manufacture of Non-metallic Mineral Products
黑色金属冶炼和压延加工业	Smelting and Pressing of Ferrous Metals
有色金属冶炼和压延加工业	Smelting and Pressing of Non-ferrous Metals
金属制品业	Manufacture of Metal Products
通用设备制造业	Manufacture of General Purpose Machinery
专用设备制造业	Manufacture of Special Purpose Machinery
汽车制造业	Manufacture of Automobile
铁路船舶航空航天和其他运输设备制造业	Manufacture of Railroads, Ships, Aerospace and Other Transportation Equipments
电气机械和器材制造业	Manufacture of Electrical Machinery and Equipment
计算机通信和其他电子设备制造业	Manufacture of Computers, Communication and Other Electronic Equipments
仪器仪表制造业	Manufacture of Measuring Instruments and Machinery
其他制造业	Manufacture of Others
废弃资源综合利用业	Industry of Comprehensive Utilization of Waste Resources
金属制品、机械和设备修理业	Industry of Metal Products, Machinery and Equipment Repair
电力、热力生产和供应业	Production and Supply of Electric Power and Heat Power
燃气生产和供应业	Production and Supply of Gas
水的生产和供应业	Production and Supply of Water

总资产贡献率 (%) Ratio of Total Assets to Industrial Output Value (%)	资产负债率 (%) Assets-liability Ratio (%)	流动资产周转次数 (次/年) Number of Times of Annual of Turnover Circulating Funds (times/year)	工业成本费用利润率 (%) Ratio of Profits to Industrial Cost (%)	产品销售率 (%) Proportion of Products Sold (%)
5.47	71.98	2.66	0.06	99.28
10.74	57.27	2.91	7.98	98.34
19.00	49.24	2.25	10.31	99.39
23.87	48.98	4.42	8.19	98.19
31.89	26.87	2.66	10.56	99.55
19.86	49.47	4.81	5.50	98.37
23.52	47.24	4.66	8.27	96.64
30.00	49.51	2.26	14.33	94.67
85.80	29.37	1.69	28.52	98.62
16.31	52.49	3.59	7.22	96.97
23.14	51.10	4.74	6.27	98.55
19.70	47.37	3.00	7.90	96.96
24.23	47.59	4.91	6.41	97.96
26.59	48.86	4.59	7.97	98.13
10.42	47.23	3.06	5.78	96.64
19.74	48.18	2.91	9.27	96.86
23.76	49.43	3.89	7.22	97.26
29.87	63.58	8.37	-0.69	92.69
13.67	57.98	2.83	7.49	98.10
17.98	48.89	2.48	9.62	95.66
8.05	64.04	2.17	4.99	96.20
17.34	47.34	2.85	7.91	97.72
17.49	52.48	2.56	9.93	97.28
14.24	62.23	3.43	5.24	98.43
8.91	71.61	3.94	2.21	99.08
16.74	54.38	2.68	6.71	96.07
14.92	54.29	2.38	7.27	96.16
16.75	54.89	2.49	8.08	95.56
9.75	64.92	1.86	5.89	96.89
11.44	58.42	2.52	5.41	98.48
19.74	54.47	2.72	7.71	96.74
11.66	56.32	1.68	8.44	96.44
19.59	43.99	1.93	13.23	97.41
22.61	38.63	2.91	11.10	99.36
55.58	62.07	5.56	5.59	99.32
6.12	50.98	0.76	10.83	98.90
11.32	73.64	9.40	7.68	99.55
11.18	62.44	2.23	12.83	98.58
4.17	44.53	0.92	10.18	96.68

13—8 国有控股工业企业主要经济指标（2013年）
Main Indicators of State-owned and State-holding Industrial Enterprises (2013)

行　业	Sector	企业单位数（个）Number of Enterprises (unit)	工业总产值（现价）Gross Industrial Output Value
总　计	**Total**	**678**	**9233.75**
总计中：	**Of the Total:**		
内资企业	Domestic Funded Enterprise	637	8987.36
国有企业	State-owned Enterprise	142	2376.66
联营企业	Joint Owned Enterprises	1	0.53
有限责任公司	Limited Liability Corporations	424	4516.08
股份有限公司	Share-holding Corporations Ltd.	70	2094.09
港澳台商投资企业	Enterprises Funded by Entrepreneurs from Hong Kong, Macao and Taiwan	14	138.47
外商投资企业	Foreign Funded Enterprises	27	107.92
总计中：	**Of the Total:**		
轻工业	Light Industry	150	1181.54
重工业	Heavy Industry	528	8052.21
总计中：	**Of the Total:**		
大型企业	Large-sized Enterprises	109	6989.58
中型企业	Medium-sized Enterprises	201	1425.75
小型企业	Small Enterprises	368	818.41
按行业分	**Grouped by Sector**		
煤炭开采和洗选业	Mining and Washing of Coal	19	895.12
黑色金属矿采选业	Mining and Processing of Ferrous Metal Ores	9	112.18
有色金属矿采选业	Mining and Processing of Non-Ferrous Metal Ores	4	6.06
非金属矿采选业	Mining and Processing of Nonmetal Ores	11	16.76
农副食品加工业	Processing of Food from Agriculture Products	28	53.21
食品制造业	Manufacture of Foods	8	17.09
酒、饮料和精制茶制造业	Manufacture of Wine, Beverages and Refined Tea	12	104.18
烟草制品业	Manufacture of Tobacco	4	318.32
纺织业	Manufacture of Textile	13	47.10
纺织服装、服饰业	Manufacture of Textile Wearing Apparel and Clothing	11	8.96
木材加工及木竹藤棕草制品业	Processing of Timber, Manufacture of Wood, Bamboo, Rattan, Palm and Straw Products	4	7.81
造纸及纸制品业	Manufacture of Paper and Paper Products	2	4.37
印刷和记录媒介复制业	Printing, Reproduction of Recording Media	7	11.84
石油加工、炼焦和核燃料加工业	Processing of Petroleum, Coking and Processing of Nuclear Fuel	2	344.87
化学原料和化学制品制造业	Manufacture of Raw Chemical Materials and Chemical Products	40	355.97
医药制造业	Manufacture of Medicines	16	63.02
化学纤维制造业	Manufacture of Chemical Fibers	2	23.62
橡胶和塑料制品业	Manufacture of Rubber and Plastics	17	87.95
非金属矿物制品业	Manufacture of Non-metallic Mineral Products	67	329.59
黑色金属冶炼和压延加工业	Smelting and Pressing of Ferrous Metals	13	990.93
有色金属冶炼和压延加工业	Smelting and Pressing of Non-ferrous Metals	9	780.85
金属制品业	Manufacture of Metal Products	20	65.48
通用设备制造业	Manufacture of General Purpose Machinery	44	227.47
专用设备制造业	Manufacture of Special Purpose Machinery	27	148.77
汽车制造业	Manufacture of Automobile	45	967.72
铁路船舶航空航天和其他运输设备制造业	Manufacture of Railroads, Ships, Aerospace and Other Transportation Equipments	10	38.62
电气机械和器材制造业	Manufacture of Electrical Machinery and Equipment	25	451.34
计算机通信和其他电子设备制造业	Manufacture of Computers, Communication and Other Electronic Equipments	28	277.41
仪器仪表制造业	Manufacture of Measuring Instruments and Machinery	3	14.37
其他制造业	Manufacture of Others	2	2.44
废弃资源综合利用业	Industry of Comprehensive Utilization of Waste Resources	2	34.91
金属制品、机械和设备修理业	Industry of Metal Products, Machinery and Equipment Repair	3	27.94
电力、热力生产和供应业	Production and Supply of Electric Power and Heat Power	139	2338.05
燃气生产和供应业	Production and Supply of Gas	10	37.05
水的生产和供应业	Production and Supply of Water	22	22.38

单位：亿元（100 million yuan）

工业销售产值（现价） Value of Industrial Products Sales (At current prices)	#出口交货值 Delivery Value for Export	资产合计 Total Assets	流动资产合计 Circulating Funds	#存货 Stock	#产成品 Finished Product	固定资产合计 Total of Fixed Assets	固定资产原价 Original Value of Fixed Assets	固定资产累计折旧 Accumulated Depreciation of Fixed Assets
9042.80	**360.96**	**12146.48**	**3990.33**	**1019.83**	**255.35**	**6145.34**	**8309.26**	**3220.42**
8801.84	353.57	11966.78	3918.96	1002.29	248.14	6065.18	8164.32	3153.98
2337.14	4.11	2219.79	593.44	216.76	19.53	1396.32	2176.12	938.55
0.53		1.02	0.23	0.04	0.01	0.08	0.08	0.06
4448.70	154.02	6699.74	2027.71	518.71	145.41	3454.40	4163.11	1442.83
2015.47	195.44	3046.22	1297.59	266.78	83.20	1214.39	1825.01	772.53
134.51	7.11	40.57	22.84	6.70	3.46	14.96	30.50	13.27
106.45	0.27	139.13	48.54	10.84	3.75	65.20	114.44	53.17
1122.77	51.06	1059.92	603.36	256.81	63.68	308.31	510.08	228.94
7920.02	309.90	11086.55	3386.97	763.01	191.67	5837.03	7799.18	2991.47
6854.97	331.68	9762.02	3260.76	861.24	199.72	4873.47	6454.40	2559.09
1384.48	21.91	1572.95	462.58	108.67	39.12	831.18	1220.15	439.19
803.35	7.37	811.50	267.00	49.92	16.51	440.70	634.71	222.14
888.13		2882.08	560.04	85.65	26.97	1770.23	1772.13	634.25
105.77		336.63	66.40	4.41	2.12	76.92	96.09	33.54
6.39		16.52	8.74	0.53	0.25	4.61	7.10	2.82
15.91	0.14	30.81	7.87	1.33	0.95	14.69	21.72	7.08
52.92		24.32	13.68	6.48	1.04	8.09	9.69	2.27
16.99	3.51	6.16	2.14	0.97	0.65	3.12	5.47	2.27
86.59	1.60	103.38	65.76	18.44	4.76	21.56	33.16	12.60
313.73	0.32	262.92	187.67	150.06	4.83	60.09	101.31	47.25
46.35	6.43	94.74	25.80	5.69	2.70	33.74	52.32	20.21
8.58		9.61	6.49	1.20	0.33	2.91	4.24	1.36
7.41		5.66	1.63	0.92	0.52	2.05	2.67	0.79
4.61	0.29	6.00	2.96	1.71	0.96	1.59	2.59	1.00
11.72		8.11	4.60	1.16	0.78	2.81	3.02	1.62
316.40		135.79	33.26	20.63	6.64	102.34	167.77	59.96
338.21	6.92	514.94	162.05	40.89	21.55	272.02	341.39	91.46
59.51		63.24	33.65	9.74	4.97	23.26	31.34	11.22
21.70	4.48	63.29	17.69	5.60	2.79	34.63	42.36	16.26
87.93	2.00	101.68	44.28	11.56	5.34	39.63	63.30	24.35
320.40	8.68	471.63	190.38	20.33	7.99	235.02	336.26	121.81
998.01	18.44	1051.20	400.69	134.19	32.63	536.10	941.60	486.52
779.58	46.74	758.54	377.80	180.55	10.27	178.50	225.33	80.33
63.73	0.88	85.35	59.08	12.47	6.49	18.77	26.38	9.48
211.50	12.93	263.31	163.98	48.30	17.06	73.78	112.84	41.00
132.66	1.56	151.07	88.47	19.24	5.25	31.92	41.84	13.24
947.41	141.62	1235.31	665.18	88.64	25.81	320.25	450.20	177.89
40.18	5.34	82.03	47.52	16.04	6.04	24.04	32.57	8.58
426.02	21.72	306.10	232.05	60.30	44.86	46.33	122.56	78.60
267.20	77.35	407.19	176.35	33.89	8.40	177.05	214.95	61.43
14.07		29.57	19.55	1.59	0.11	4.43	8.98	4.56
3.04		4.73	2.74	0.49	0.02	1.69	2.49	1.00
34.91		6.89	6.62	2.54	0.00	0.08	0.09	0.01
27.94		49.30	34.36	7.45	0.19	12.43	18.84	6.68
2329.02		2410.26	228.41	23.84	1.29	1926.27	2899.15	1118.80
36.72		67.73	19.43	0.81	0.41	30.32	36.39	10.16
21.55		100.40	33.01	2.20	0.40	54.07	81.14	30.01

13—8 续表 continued

行业	Sector	负债合计 Total Liabilities	流动负债 Liquid Liabilities
总计	**Total**	**8026.78**	**5128.78**
总计中:	**Of the Total:**		
内资企业	Domestic Funded Enterprise	7934.13	5050.24
国有企业	State-owned Enterprise	1477.40	1007.14
联营企业	Joint Owned Enterprises	0.23	0.22
有限责任公司	Limited Liability Corporations	4501.53	2768.85
股份有限公司	Share-holding Corporations Ltd.	1954.97	1274.02
港澳台商投资企业	Enterprises Funded by Entrepreneurs from Hong Kong, Macao and Taiwan	28.51	23.21
外商投资企业	Foreign Funded Enterprises	64.14	55.33
总计中:	**Of the Total:**		
轻工业	Light Industry	475.89	403.09
重工业	Heavy Industry	7550.89	4725.70
总计中:	**Of the Total:**		
大型企业	Large-sized Enterprises	6421.92	4102.60
中型企业	Medium-sized Enterprises	1063.82	686.57
小型企业	Small Enterprises	541.04	339.61
按行业分	**Grouped by Sector**		
煤炭开采和洗选业	Mining and Washing of Coal	2075.85	1175.69
黑色金属矿采选业	Mining and Processing of Ferrous Metal Ores	202.06	147.37
有色金属矿采选业	Mining and Processing of Non-Ferrous Metal Ores	2.97	2.43
非金属矿采选业	Mining and Processing of Nonmetal Ores	15.41	7.90
农副食品加工业	Processing of Food from Agriculture Products	14.64	12.41
食品制造业	Manufacture of Foods	2.71	2.05
酒、饮料和精制茶制造业	Manufacture of Wine, Beverages and Refined Tea	38.88	35.86
烟草制品业	Manufacture of Tobacco	76.43	74.04
纺织业	Manufacture of Textile	49.47	31.60
纺织服装、服饰业	Manufacture of Textile Wearing Apparel and Clothing	3.68	3.29
木材加工及木竹藤棕草制品业	Processing of Timber, Manufacture of Wood, Bamboo, Rattan, Palm and Straw Products	5.32	1.81
造纸及纸制品业	Manufacture of Paper and Paper Products	2.80	2.46
印刷和记录媒介复制业	Printing, Reproduction of Recording Media	3.64	2.33
石油加工、炼焦和核燃料加工业	Processing of Petroleum, Coking and Processing of Nuclear Fuel	87.66	86.39
化学原料和化学制品制造业	Manufacture of Raw Chemical Materials and Chemical Products	358.33	213.74
医药制造业	Manufacture of Medicines	31.00	25.37
化学纤维制造业	Manufacture of Chemical Fibers	37.23	23.36
橡胶和塑料制品业	Manufacture of Rubber and Plastics	39.29	26.80
非金属矿物制品业	Manufacture of Non-metallic Mineral Products	240.89	165.63
黑色金属冶炼和压延加工业	Smelting and Pressing of Ferrous Metals	674.16	465.22
有色金属冶炼和压延加工业	Smelting and Pressing of Non-ferrous Metals	570.42	390.79
金属制品业	Manufacture of Metal Products	46.88	40.20
通用设备制造业	Manufacture of General Purpose Machinery	141.99	105.81
专用设备制造业	Manufacture of Special Purpose Machinery	92.13	68.59
汽车制造业	Manufacture of Automobile	839.92	576.85
铁路船舶航空航天和其他运输设备制造业	Manufacture of Railroads, Ships, Aerospace and Other Transportation Equipments	56.81	41.50
电气机械和器材制造业	Manufacture of Electrical Machinery and Equipment	181.59	173.57
计算机通信和其他电子设备制造业	Manufacture of Computers, Communication and Other Electronic Equipments	217.65	89.19
仪器仪表制造业	Manufacture of Measuring Instruments and Machinery	10.71	8.57
其他制造业	Manufacture of Others	1.59	1.02
废弃资源综合利用业	Industry of Comprehensive Utilization of Waste Resources	5.43	5.24
金属制品、机械和设备修理业	Industry of Metal Products, Machinery and Equipment Repair	26.59	23.68
电力、热力生产和供应业	Production and Supply of Electric Power and Heat Power	1781.96	1033.70
燃气生产和供应业	Production and Supply of Gas	48.41	34.29
水的生产和供应业	Production and Supply of Water	42.31	30.03

单位：亿元（100 million yuan）

非流动负债 Long-term Liabilities	所有者权益 Creditors' Equity	#实收资本 Capital Hold	主营业务收入 Revenue from principal Business	主营业务成本 Cost of Principal Business	主营业务税金及附加 Business and Extra Charges	利润总额 Total Profits	本年应付职工薪酬 Wages Payable in This Year	本年应交增值税 Value Added Tax Payable
2734.05	**4111.50**	**1835.26**	**10241.64**	**8745.53**	**271.35**	**455.28**	**779.50**	**359.25**
2723.40	4028.80	1770.95	10004.30	8536.22	270.62	438.15	766.81	349.35
434.00	739.63	240.71	2278.16	1659.92	173.60	147.52	149.37	109.13
0.01	0.79	0.70	0.41	0.23	0.01	0.04	0.15	0.04
1653.08	2198.73	1184.49	5515.72	4934.98	70.83	196.95	460.15	182.85
636.31	1089.65	345.05	2210.00	1941.09	26.18	93.65	157.14	57.33
5.30	12.06	6.87	137.04	121.61	0.41	10.97	5.69	6.38
5.35	70.65	57.43	100.31	87.70	0.31	6.16	7.00	3.52
67.68	581.21	170.81	1115.72	741.86	174.74	98.15	77.35	62.89
2666.37	3530.29	1664.45	9125.93	8003.67	96.61	357.13	702.15	296.36
2246.29	3340.05	1275.21	8068.48	7058.00	260.76	291.33	666.17	282.43
311.77	504.32	356.40	1370.95	974.67	6.89	110.36	80.68	49.79
175.99	267.13	203.65	802.21	712.87	3.69	53.59	32.65	27.03
893.07	808.97	307.14	1425.76	1253.88	12.51	2.08	334.26	88.26
51.36	133.37	96.11	115.89	91.02	1.47	10.33	10.58	7.26
0.54	13.55	1.28	6.01	3.33	0.08	1.65	1.84	0.42
3.59	15.40	10.33	14.47	8.68	0.48	2.11	1.92	0.98
2.14	9.65	7.10	52.21	48.76	0.18	1.46	1.09	0.62
0.66	3.45	1.91	16.17	14.90	0.04	0.27	0.85	0.26
1.70	64.50	16.16	85.96	37.54	10.75	12.84	11.07	7.92
0.00	186.49	37.66	312.90	89.90	161.43	35.22	20.37	33.78
17.86	45.28	7.93	60.16	56.46	0.23	6.55	4.95	1.54
0.29	5.84	2.91	8.76	5.68	0.10	1.00	1.31	0.60
1.19	0.39	0.55	7.12	6.50	0.06	0.14	0.42	0.36
0.34	3.20	1.27	4.60	3.14	0.03	0.80	0.78	0.23
1.10	4.47	1.63	10.08	8.18	0.07	0.32	2.46	0.12
1.27	48.14	85.15	340.09	293.74	44.60	-8.19	4.74	7.51
116.28	156.12	83.33	347.97	309.57	0.74	7.63	17.29	6.33
5.33	30.63	14.36	65.87	50.60	0.31	3.85	9.52	2.90
13.87	26.06	15.23	35.94	31.12	0.11	0.48	1.89	0.35
11.21	61.79	31.16	84.22	73.37	0.28	2.79	5.92	2.39
68.51	230.01	111.27	321.52	243.40	1.84	51.22	16.15	31.03
188.94	377.04	125.51	1235.30	1166.32	5.06	30.85	41.18	40.06
179.60	188.12	65.10	1257.66	1223.74	1.93	7.61	23.77	5.97
6.61	38.37	17.69	63.12	50.02	0.34	6.02	6.51	2.49
28.78	120.60	45.23	277.51	245.78	1.35	15.18	22.38	7.33
23.53	58.91	18.48	136.12	111.83	1.05	12.28	8.79	3.59
230.26	395.99	110.54	847.74	742.52	14.40	41.10	53.31	13.38
15.31	25.15	14.49	39.80	35.50	0.14	-0.10	4.89	0.88
7.44	123.32	29.23	383.67	327.87	1.58	28.02	17.28	12.93
119.21	187.73	147.55	262.74	223.14	0.72	25.39	17.39	6.85
2.15	18.64	5.31	14.03	11.07	0.06	1.25	0.51	0.42
0.57	3.14	1.00	2.98	2.12	0.01	0.51	0.37	0.08
0.19	1.46	10.20	34.91	34.22	0.14	0.23	0.19	5.61
2.51	22.71	5.73	21.96	16.75	0.07	2.34	2.70	0.12
713.79	628.78	376.71	2289.75	1875.43	8.65	146.85	126.95	65.43
13.26	16.22	9.15	36.68	31.66	0.16	3.68	1.63	0.46
11.62	58.00	20.85	21.98	17.80	0.38	1.51	4.23	0.81

13—9 国有控股工业企业主要经济效益指标（2013年）
Main Indicators on Economic Benefit of State-owned and State-holding Industrial Enterprises (2013)

行　业	Sector
总　计	**Total**
总计中：	**Of the Total:**
内资企业	Domestic Funded Enterprise
国有企业	State-owned Enterprise
联营企业	Joint Owned Enterprises
有限责任公司	Limited Liability Corporations
股份有限公司	Share-holding Corporations Ltd.
港澳台商投资企业	Enterprises Funded by Entrepreneurs from Hong Kong, Macao and Taiwan
外商投资企业	Foreign Funded Enterprises
总计中：	**Of the Total:**
轻工业	Light Industry
重工业	Heavy Industry
总计中：	**Of the Total:**
大型企业	Large-sized Enterprises
中型企业	Medium-sized Enterprises
小型企业	Small Enterprises
按行业分	**Grouped by Sector**
煤炭开采和洗选业	Mining and Washing of Coal
黑色金属矿采选业	Mining and Processing of Ferrous Metal Ores
有色金属矿采选业	Mining and Processing of Non-Ferrous Metal Ores
非金属矿采选业	Mining and Processing of Nonmetal Ores
农副食品加工业	Processing of Food from Agriculture Products
食品制造业	Manufacture of Foods
酒、饮料和精制茶制造业	Manufacture of Wine, Beverages and Refined Tea
烟草制品业	Manufacture of Tobacco
纺织业	Manufacture of Textile
纺织服装、服饰业	Manufacture of Textile Wearing Apparel and Clothing
木材加工及木竹藤棕草制品业	Processing of Timber, Manufacture of Wood, Bamboo, Rattan, Palm and Straw Products
造纸及纸制品业	Manufacture of Paper and Paper Products
印刷和记录媒介复制业	Printing, Reproduction of Recording Media
石油加工、炼焦和核燃料加工业	Processing of Petroleum, Coking and Processing of Nuclear Fuel
化学原料和化学制品制造业	Manufacture of Raw Chemical Materials and Chemical Products
医药制造业	Manufacture of Medicines
化学纤维制造业	Manufacture of Chemical Fibers
橡胶和塑料制品业	Manufacture of Rubber and Plastics
非金属矿物制品业	Manufacture of Non-metallic Mineral Products
黑色金属冶炼和压延加工业	Smelting and Pressing of Ferrous Metals
有色金属冶炼和压延加工业	Smelting and Pressing of Non-ferrous Metals
金属制品业	Manufacture of Metal Products
通用设备制造业	Manufacture of General Purpose Machinery
专用设备制造业	Manufacture of Special Purpose Machinery
汽车制造业	Manufacture of Automobile
铁路船舶航空航天和其他运输设备制造业	Manufacture of Railroads, Ships, Aerospace and Other Transportation Equipments
电气机械和器材制造业	Manufacture of Electrical Machinery and Equipment
计算机通信和其他电子设备制造业	Manufacture of Computers, Communication and Other Electronic Equipments
仪器仪表制造业	Manufacture of Measuring Instruments and Machinery
其他制造业	Manufacture of Others
废弃资源综合利用业	Industry of Comprehensive Utilization of Waste Resources
金属制品、机械和设备修理业	Industry of Metal Products, Machinery and Equipment Repair
电力、热力生产和供应业	Production and Supply of Electric Power and Heat Power
燃气生产和供应业	Production and Supply of Gas
水的生产和供应业	Production and Supply of Water

总资产贡献率 (%) Ratio of Total Assets to Industrial Output Value (%)	资产负债率 (%) Assets-liability Ratio (%)	流动资产周转次数 (次/年) Number of Times of Annual of Turnover Circulating Funds (times/year)	工业成本费用利润率 (%) Ratio of Profits to Industrial Cost (%)	产品销售率 (%) Proportion of Products Sold (%)
10.37	**66.08**	**2.64**	**4.69**	**97.93**
10.28	66.30	2.62	4.62	97.94
20.53	66.56	3.87	8.28	98.34
7.87	22.93	1.82	9.84	99.78
8.40	67.19	2.80	3.60	98.51
6.93	64.18	1.78	4.19	96.25
44.35	70.28	6.07	8.66	97.14
7.99	46.10	2.09	6.40	98.64
31.91	44.90	1.89	11.16	95.03
8.31	68.11	2.77	4.05	98.36
9.95	65.78	2.54	3.73	98.07
12.13	67.63	3.06	9.90	97.11
11.93	66.67	3.09	6.84	98.16
5.52	72.03	2.68	0.14	99.22
6.58	60.03	1.77	9.14	94.29
12.92	17.99	0.70	36.93	105.40
13.01	50.01	1.86	16.02	94.94
11.29	60.21	3.85	2.83	99.45
10.17	44.01	7.56	1.72	99.41
29.75	37.61	1.33	19.94	83.12
87.76	29.07	1.68	29.77	98.56
9.28	52.21	2.34	10.88	98.41
16.39	38.29	1.36	13.32	95.74
12.87	93.87	4.37	1.94	94.95
17.99	46.60	1.58	19.97	105.56
6.02	44.91	2.28	3.07	98.97
34.86	64.55	10.55	-2.60	91.74
4.90	69.59	2.23	2.13	95.01
11.91	49.02	1.98	6.09	94.43
3.76	58.82	2.03	1.34	91.90
6.32	38.64	1.93	3.35	99.97
19.05	51.07	1.74	18.04	97.21
8.49	64.13	3.09	2.55	100.71
3.69	75.20	3.37	0.60	99.84
11.05	54.93	1.10	10.17	97.34
9.77	53.92	1.76	5.45	92.98
12.20	60.99	1.57	9.69	89.17
6.16	67.99	1.40	4.56	97.90
1.93	69.26	0.88	-0.23	104.05
13.94	59.32	1.74	7.34	94.39
8.98	53.45	1.51	10.46	96.32
5.38	36.23	0.72	9.88	97.92
12.25	33.63	1.12	19.70	124.28
27.60	78.79	5.27	0.67	100.00
4.82	53.94	0.65	11.57	100.00
11.18	73.93	10.14	7.42	99.61
6.44	71.47	1.93	10.75	99.10
2.85	42.14	0.73	6.35	96.31

13—10 外商投资和港澳台投资工业企业主要经济指标（2013年）
Main Indicators of Industrial Enterprises with Hong Kong, Macao, Taiwan and Foreign Funds (2013)

行　业	Sector	企业单位数（个）Number of Enterprises (unit)	工业总产值（现价）Gross Industrial Output Value
总　计	**Total**	**785**	**4131.90**
总计中：	**Of the Total:**		
港澳台商投资企业	Enterprises Funded by Entrepreneurs from Hong Kong, Macao and Taiwan	308	1697.39
外商投资企业	Foreign Funded Enterprises	477	2434.52
总计中：	**Of the Total:**		
轻工业	Light Industry	363	1728.57
重工业	Heavy Industry	422	2403.33
总计中：	**Of the Total:**		
大型企业	Large-sized Enterprises	52	1957.42
中型企业	Medium-sized Enterprises	210	1462.82
小型企业	Small Enterprises	523	711.65
按行业分	**Grouped by Sector**		
黑色金属矿采选业	Mining and Processing of Ferrous Metal Ores	2	27.09
有色金属矿采选业	Mining and Processing of Non-Ferrous Metal Ores	1	0.36
非金属矿采选业	Mining and Processing of Nonmetal Ores	5	2.62
农副食品加工业	Processing of Food from Agriculture Products	26	134.08
食品制造业	Manufacture of Foods	21	105.15
酒、饮料和精制茶制造业	Manufacture of Wine, Beverages and Refined Tea	25	71.60
纺织业	Manufacture of Textile	42	66.95
纺织服装、服饰业	Manufacture of Textile Wearing Apparel and Clothing	69	119.13
皮革毛皮羽毛及其制品和制鞋业	Manufacture of Leather, Furs, Feather and Related Products	23	62.43
木材加工及木竹藤棕草制品业	Processing of Timber, Manufacture of Wood, Bamboo, Rattan, Palm and Straw Products	12	12.85
家具制造业	Manufacture of Furniture	5	22.94
造纸及纸制品业	Manufacture of Paper and Paper Products	11	28.27
印刷和记录媒介复制业	Printing, Reproduction of Recording Media	14	43.14
文教工美体育和娱乐用品制造业	Manufacture of Culture, Education, Art, Sports and Entertainment Supplies	25	60.51
石油加工、炼焦和核燃料加工业	Processing of Petroleum, Coking and Processing of Nuclear Fuel	3	39.62
化学原料和化学制品制造业	Manufacture of Raw Chemical Materials and Chemical Products	56	304.61
医药制造业	Manufacture of Medicines	21	35.28
化学纤维制造业	Manufacture of Chemical Fibers	2	20.55
橡胶和塑料制品业	Manufacture of Rubber and Plastics	42	157.29
非金属矿物制品业	Manufacture of Non-metallic Mineral Products	43	115.77
黑色金属冶炼和压延加工业	Smelting and Pressing of Ferrous Metals	14	198.78
有色金属冶炼和压延加工业	Smelting and Pressing of Non-ferrous Metals	7	309.44
金属制品业	Manufacture of Metal Products	31	79.51
通用设备制造业	Manufacture of General Purpose Machinery	44	309.08
专用设备制造业	Manufacture of Special Purpose Machinery	33	233.79
汽车制造业	Manufacture of Automobile	69	200.95
铁路船舶航空航天和其他运输设备制造业	Manufacture of Railroads, Ships, Aerospace and Other Transportation Equipments	2	1.63
电气机械和器材制造业	Manufacture of Electrical Machinery and Equipment	53	800.96
计算机通信和其他电子设备制造业	Manufacture of Computers, Communication and Other Electronic Equipments	35	294.26
仪器仪表制造业	Manufacture of Measuring Instruments and Machinery	5	43.56
废弃资源综合利用业	Industry of Comprehensive Utilization of Waste Resources	4	38.57
金属制品、机械和设备修理业	Industry of Metal Products, Machinery and Equipment Repair	2	1.72
电力、热力生产和供应业	Production and Supply of Electric Power and Heat Power	9	117.98
燃气生产和供应业	Production and Supply of Gas	26	66.66
水的生产和供应业	Production and Supply of Water	3	4.78

单位：亿元（100 million yuan）

工业销售产值（现价）Value of Industrial Products Sales (At current prices)	#出口交货值 Delivery Value for Export	资产合计 Total Assets	流动资产合计 Circulating Funds	#存货 Stock	#产成品 Finished Product	固定资产合计 Total of Fixed Assets	固定资产原价 Original Value of Fixed Assets	固定资产累计折旧 Accumulated Depreciation of Fixed Assets
4021.36	**361.30**	**2459.36**	**1276.59**	**306.12**	**120.09**	**890.50**	**1514.47**	**677.95**
1634.04	151.06	906.99	466.58	110.12	39.00	324.78	522.58	215.90
2387.32	210.24	1552.37	810.01	196.00	81.08	565.73	991.89	462.05
1690.72	174.61	859.93	443.88	113.28	46.97	319.99	559.27	263.08
2330.64	186.69	1599.43	832.71	192.84	73.12	570.52	955.20	414.87
1906.21	188.43	1014.78	596.07	126.80	56.72	304.35	531.27	245.73
1421.46	97.63	901.03	396.36	107.60	36.83	401.06	655.44	275.46
693.69	75.25	543.55	284.16	71.73	26.53	185.10	327.76	156.76
26.39		37.75	17.28	0.48	0.22	9.29	14.42	5.13
0.41		1.45	0.73	0.05	0.01	0.22	0.58	0.36
2.56	0.24	4.02	2.05	0.33	0.15	0.81	1.56	0.76
129.09	4.76	91.19	34.40	15.37	5.78	38.00	74.93	38.33
95.44	2.07	55.32	17.68	5.11	1.12	22.01	33.53	11.78
70.27		69.99	22.78	11.97	0.57	38.87	53.70	15.54
65.34	15.43	46.32	17.80	8.15	2.35	21.58	43.66	22.69
116.32	36.45	45.45	24.03	6.58	2.21	17.93	27.63	10.47
61.77	11.96	40.73	23.26	2.24	0.71	13.28	11.48	4.38
12.63	4.92	7.97	3.89	2.00	0.95	1.16	2.06	0.94
22.91		5.27	3.53	0.35	0.18	1.59	2.94	1.35
24.85	0.14	21.68	4.90	2.32	1.22	14.58	13.58	2.02
40.65	0.38	25.61	17.20	4.27	0.91	6.84	13.28	6.65
59.36	51.69	28.10	13.64	2.28	1.30	13.64	15.03	2.71
36.01		26.76	7.09	2.46	0.78	15.45	47.27	31.82
326.72	7.40	192.55	110.23	15.27	6.89	67.90	97.03	37.44
32.96	4.04	26.53	14.03	4.92	1.61	8.39	13.91	5.74
20.52		14.33	10.65	5.80	2.63	3.68	6.78	3.57
153.52	30.36	144.91	72.14	13.89	5.84	63.21	102.27	48.85
105.87	7.39	156.05	55.75	11.69	4.18	74.72	103.98	30.33
188.63	10.88	76.83	47.36	16.63	6.68	19.48	38.78	17.42
308.33		52.56	33.21	15.30	5.08	13.20	15.99	3.16
77.06	6.89	52.44	33.16	6.88	2.65	15.41	21.97	7.33
304.25	8.83	172.59	98.47	37.33	21.12	39.37	78.05	40.64
228.96	2.58	128.21	74.39	25.99	5.39	42.27	68.72	27.44
192.75	25.64	148.83	89.66	15.99	5.33	42.08	70.07	30.74
1.60	0.15	4.34	1.80	0.25	0.03	1.59	1.70	0.15
766.67	40.14	328.03	209.82	45.45	26.82	85.08	205.90	125.27
280.10	82.58	183.02	130.96	16.31	3.47	47.28	59.33	13.53
42.82	5.92	28.91	23.29	2.05	1.00	3.92	7.89	3.98
38.37		8.04	5.83	3.11	2.59	2.19	2.46	0.30
1.72	0.45	1.77	0.65	0.19	0.04	0.76	1.46	0.70
116.53		136.19	26.73	3.70	0.00	93.67	201.58	108.25
65.49		74.52	25.04	1.05	0.20	38.03	43.60	10.25
4.51		21.11	3.16	0.36	0.05	13.04	17.32	7.93

13—10 续表 continued

行 业	Sector	负债合计 Total Liabilities	流动负债 Liquid Liabilities
总 计	**Total**	**1377.88**	**1171.07**
总计中:	**Of the Total:**		
港澳台商投资企业	Enterprises Funded by Entrepreneurs from Hong Kong, Macao and Taiwan	538.08	464.74
外商投资企业	Foreign Funded Enterprises	839.80	706.33
总计中:	**Of the Total:**		
轻工业	Light Industry	466.50	412.97
重工业	Heavy Industry	911.38	758.10
总计中:	**Of the Total:**		
大型企业	Large-sized Enterprises	582.49	511.73
中型企业	Medium-sized Enterprises	504.59	414.69
小型企业	Small Enterprises	290.79	244.64
按行业分	**Grouped by Sector**		
黑色金属矿采选业	Mining and Processing of Ferrous Metal Ores	10.14	5.32
有色金属矿采选业	Mining and Processing of Non-Ferrous Metal Ores	0.42	0.42
非金属矿采选业	Mining and Processing of Nonmetal Ores	0.55	0.55
农副食品加工业	Processing of Food from Agriculture Products	58.43	55.96
食品制造业	Manufacture of Foods	23.69	20.98
酒、饮料和精制茶制造业	Manufacture of Wine, Beverages and Refined Tea	45.08	42.03
纺织业	Manufacture of Textile	22.43	19.65
纺织服装、服饰业	Manufacture of Textile Wearing Apparel and Clothing	23.93	19.54
皮革毛皮羽毛及其制品和制鞋业	Manufacture of Leather, Furs, Feather and Related Products	11.72	11.34
木材加工及木竹藤棕草制品业	Processing of Timber, Manufacture of Wood, Bamboo, Rattan, Palm and Straw Products	5.64	3.21
家具制造业	Manufacture of Furniture	3.68	3.68
造纸及纸制品业	Manufacture of Paper and Paper Products	8.54	8.45
印刷和记录媒介复制业	Printing, Reproduction of Recording Media	11.56	9.35
文教工美体育和娱乐用品制造业	Manufacture of Culture, Education, Art, Sports and Entertainment Supplies	12.54	11.69
石油加工、炼焦和核燃料加工业	Processing of Petroleum, Coking and Processing of Nuclear Fuel	14.90	11.59
化学原料和化学制品制造业	Manufacture of Raw Chemical Materials and Chemical Products	117.72	100.78
医药制造业	Manufacture of Medicines	11.80	8.30
化学纤维制造业	Manufacture of Chemical Fibers	11.77	10.41
橡胶和塑料制品业	Manufacture of Rubber and Plastics	67.96	54.18
非金属矿物制品业	Manufacture of Non-metallic Mineral Products	70.74	53.63
黑色金属冶炼和压延加工业	Smelting and Pressing of Ferrous Metals	57.01	52.66
有色金属冶炼和压延加工业	Smelting and Pressing of Non-ferrous Metals	36.64	32.92
金属制品业	Manufacture of Metal Products	27.23	24.86
通用设备制造业	Manufacture of General Purpose Machinery	94.17	66.50
专用设备制造业	Manufacture of Special Purpose Machinery	69.07	62.27
汽车制造业	Manufacture of Automobile	85.32	78.66
铁路船舶航空航天和其他运输设备制造业	Manufacture of Railroads, Ships, Aerospace and Other Transportation Equipments	1.54	0.62
电气机械和器材制造业	Manufacture of Electrical Machinery and Equipment	183.19	163.17
计算机通信和其他电子设备制造业	Manufacture of Computers, Communication and Other Electronic Equipments	139.82	121.42
仪器仪表制造业	Manufacture of Measuring Instruments and Machinery	18.17	17.82
废弃资源综合利用业	Industry of Comprehensive Utilization of Waste Resources	4.89	4.54
金属制品、机械和设备修理业	Industry of Metal Products, Machinery and Equipment Repair	0.82	0.82
电力、热力生产和供应业	Production and Supply of Electric Power and Heat Power	76.57	52.68
燃气生产和供应业	Production and Supply of Gas	38.61	31.15
水的生产和供应业	Production and Supply of Water	11.59	9.94

单位：亿元（100 million yuan）

非流动负债 Long-term Liabilities	所有者权益 Creditors' Equity	#实收资本 Capital Hold	主营业务收入 Revenue from principal Business	主营业务成本 Cost of Principal Business	主营业务税金及附加 Business and Extra Charges	利润总额 Total Profits	本年应付职工薪酬 Wages Payable in This Year	本年应交增值税 Value Added Tax Payable
155.78	**1053.93**	**668.26**	**3821.15**	**3199.00**	**24.60**	**260.36**	**153.63**	**133.53**
62.97	363.44	234.26	1608.43	1359.69	10.45	110.07	59.22	48.27
92.81	690.49	434.00	2212.72	1839.32	14.16	150.28	94.40	85.26
44.51	381.99	229.05	1580.90	1288.44	12.14	100.20	70.51	61.10
111.27	671.94	439.21	2240.25	1910.56	12.46	160.16	83.12	72.43
66.46	419.62	217.64	1774.56	1471.81	11.49	122.16	68.93	74.08
62.65	385.73	276.27	1379.63	1160.64	9.52	85.51	55.45	40.63
26.67	248.58	174.35	666.96	566.55	3.59	52.69	29.25	18.82
1.88	24.76	3.92	10.73	6.66	0.46	2.86	0.55	1.31
	1.03	0.12	0.41	0.25	0.01	0.06	0.14	0.06
	3.47	1.73	2.54	1.83	0.04	0.23	0.17	0.15
2.46	32.75	28.07	133.39	124.83	0.15	1.21	4.31	2.51
2.37	31.63	22.34	96.83	70.52	1.41	10.61	4.18	4.05
2.58	24.37	18.10	62.04	44.92	3.64	5.04	5.08	3.24
2.54	23.49	17.90	63.73	55.51	0.20	3.86	3.83	1.26
2.80	20.99	14.97	117.36	100.17	1.00	4.13	12.85	2.79
0.37	27.95	7.71	61.20	51.61	0.37	7.46	5.05	3.57
0.07	2.18	1.02	12.71	11.38	0.04	0.54	0.55	0.38
	1.58	0.95	22.15	18.93	0.25	1.97	0.60	0.79
0.06	13.14	11.52	24.34	20.59	0.05	2.36	0.97	1.80
0.38	12.99	6.03	37.57	28.53	0.34	5.84	1.60	1.65
0.68	15.10	4.55	58.41	46.12	0.93	3.90	3.87	1.03
3.31	11.86	10.45	31.39	28.76	0.16	4.02	0.53	0.49
16.25	74.48	58.37	298.62	221.71	1.74	22.77	9.48	12.43
3.04	14.71	6.19	33.48	22.36	0.15	4.29	1.32	1.56
1.36	2.56	1.84	19.91	17.33	0.04	2.02	0.85	0.84
11.17	76.51	58.34	141.67	119.59	0.70	7.96	12.86	4.43
14.52	84.98	51.63	103.53	80.26	0.53	12.19	6.99	3.63
3.30	19.81	20.28	204.23	185.05	0.90	15.01	2.70	10.88
3.72	15.92	12.89	297.53	233.31	0.05	16.10	0.72	0.17
1.92	25.10	12.53	78.40	66.91	0.62	6.63	3.47	2.64
4.55	74.64	34.56	274.02	247.11	1.21	16.60	7.45	10.43
6.76	57.35	37.28	216.25	187.19	1.94	17.09	7.07	7.10
5.71	61.58	46.85	186.98	162.72	0.83	7.35	12.54	5.38
0.46	2.26	2.13	0.63	0.66		-0.23	0.16	0.01
16.45	137.08	58.28	680.78	573.27	2.96	29.90	19.38	26.68
17.46	42.99	44.96	286.14	257.62	2.35	12.79	11.24	11.87
0.35	10.71	2.03	43.58	26.94	0.41	7.53	3.64	1.63
	3.15	1.32	36.84	34.45	0.04	4.19	0.17	0.11
	0.95	0.78	1.72	1.60	0.02	0.02	1.02	0.18
20.17	59.62	49.03	110.23	92.55	0.65	14.37	4.67	6.52
7.46	32.72	12.09	66.71	54.98	0.32	8.51	2.51	1.76
1.65	9.51	7.48	5.13	2.78	0.10	1.18	1.10	0.18

13—11 外商投资和港澳台工业企业主要经济效益指标（2013年）

Main Indicators on Economic Benefit of Industrial Enterprises with Hong Kong, Macao, Taiwan and Foreign Funds (2013)

行　业	Sector
总　计	**Total**
总计中：	**Of the Total:**
港澳台商投资企业	Enterprises Funded by Entrepreneurs from Hong Kong, Macao and Taiwan
外商投资企业	Foreign Funded Enterprises
总计中：	**Of the Total:**
轻工业	Light Industry
重工业	Heavy Industry
总计中：	**Of the Total:**
大型企业	Large-sized Enterprises
中型企业	Medium-sized Enterprises
小型企业	Small Enterprises
按行业分	**Grouped by Sector**
黑色金属矿采选业	Mining and Processing of Ferrous Metal Ores
有色金属矿采选业	Mining and Processing of Non-Ferrous Metal Ores
非金属矿采选业	Mining and Processing of Nonmetal Ores
农副食品加工业	Processing of Food from Agriculture Products
食品制造业	Manufacture of Foods
酒、饮料和精制茶制造业	Manufacture of Wine, Beverages and Refined Tea
纺织业	Manufacture of Textile
纺织服装、服饰业	Manufacture of Textile Wearing Apparel and Clothing
皮革毛皮羽毛及其制品和制鞋业	Manufacture of Leather, Furs, Feather and Related Products
木材加工及木竹藤棕草制品业	Processing of Timber, Manufacture of Wood, Bamboo, Rattan, Palm and Straw Products
家具制造业	Manufacture of Furniture
造纸及纸制品业	Manufacture of Paper and Paper Products
印刷和记录媒介复制业	Printing, Reproduction of Recording Media
文教工美体育和娱乐用品制造业	Manufacture of Culture, Education, Art, Sports and Entertainment Supplies
石油加工、炼焦和核燃料加工业	Processing of Petroleum, Coking and Processing of Nuclear Fuel
化学原料和化学制品制造业	Manufacture of Raw Chemical Materials and Chemical Products
医药制造业	Manufacture of Medicines
化学纤维制造业	Manufacture of Chemical Fibers
橡胶和塑料制品业	Manufacture of Rubber and Plastics
非金属矿物制品业	Manufacture of Non-metallic Mineral Products
黑色金属冶炼和压延加工业	Smelting and Pressing of Ferrous Metals
有色金属冶炼和压延加工业	Smelting and Pressing of Non-ferrous Metals
金属制品业	Manufacture of Metal Products
通用设备制造业	Manufacture of General Purpose Machinery
专用设备制造业	Manufacture of Special Purpose Machinery
汽车制造业	Manufacture of Automobile
铁路船舶航空航天和其他运输设备制造业	Manufacture of Railroads, Ships, Aerospace and Other Transportation Equipments
电气机械和器材制造业	Manufacture of Electrical Machinery and Equipment
计算机通信和其他电子设备制造业	Manufacture of Computers, Communication and Other Electronic Equipments
仪器仪表制造业	Manufacture of Measuring Instruments and Machinery
废弃资源综合利用业	Industry of Comprehensive Utilization of Waste Resources
金属制品、机械和设备修理业	Industry of Metal Products, Machinery and Equipment Repair
电力、热力生产和供应业	Production and Supply of Electric Power and Heat Power
燃气生产和供应业	Production and Supply of Gas
水的生产和供应业	Production and Supply of Water

总资产贡献率 (%) Ratio of Total Assets to Industrial Output Value (%)	资产负债率 (%) Assets-liability Ratio (%)	流动资产周转次数 (次/年) Number of Times of Annual of Turnover Circulating Funds (times/year)	工业成本费用利润率 (%) Ratio of Profits to Industrial Cost (%)	产品销售率 (%) Proportion of Products Sold (%)
17.77	**56.03**	**3.06**	**7.28**	**97.32**
19.55	59.33	3.50	7.50	96.27
16.73	54.10	2.80	7.13	98.06
20.76	54.25	3.67	6.65	97.81
16.17	56.98	2.73	7.74	96.98
20.98	57.40	3.06	7.23	97.38
16.11	56.00	3.54	6.78	97.17
14.55	53.50	2.37	8.40	97.48
11.05	26.86	0.65	33.61	97.43
7.25	28.99	0.57	16.37	113.48
9.96	13.67	1.23	10.25	97.81
5.29	64.07	3.99	0.88	96.28
29.26	42.82	5.57	12.59	90.76
17.57	64.41	2.90	8.70	98.14
12.72	48.44	3.61	6.43	97.59
18.28	52.64	4.90	3.80	97.64
28.52	28.77	2.64	13.44	98.93
14.77	70.79	3.27	4.41	98.31
57.65	69.85	6.28	9.76	99.86
20.28	39.39	4.98	10.67	87.91
31.43	45.15	2.21	18.39	94.23
22.62	44.62	4.28	7.28	98.10
18.36	55.67	4.90	12.82	90.87
19.69	61.13	2.77	8.34	107.26
23.15	44.48	2.41	14.64	93.42
22.16	82.11	1.87	11.35	99.86
10.40	46.90	2.05	5.72	97.60
11.04	45.33	1.92	12.75	91.45
36.92	74.21	4.35	7.75	94.90
32.35	69.71	8.97	6.73	99.64
19.71	51.94	2.38	9.19	96.92
16.63	54.56	2.80	6.40	98.44
21.29	53.87	2.93	8.59	97.93
10.11	57.33	2.14	3.95	95.92
-3.78	35.51	0.36	-23.97	98.55
18.49	55.85	3.39	4.42	95.72
14.99	76.40	2.19	4.70	95.19
32.44	62.84	1.91	20.66	98.29
55.46	60.83	6.48	11.49	99.49
13.02	46.32	2.66	1.17	100.00
17.94	56.22	4.17	14.86	98.77
14.94	51.81	2.73	14.12	98.25
7.40	54.92	1.92	24.62	94.34

13—12 私营工业企业主要经济指标（2013年）
Main Indicators of Private Enterprises (2013)

行　业	Sector	企业单位数（个）Number of Enterprises (unit)	工业总产值（现价）Gross Industrial Output Value
总　计	**Total**	**11806**	**14084.99**
总计中：	**Of the Total:**		
私营独资	Private Sole-source Investment Enterprise	475	429.23
私营合伙	Private Partnership Enterprise	80	50.58
私营有限责任公司	Private Companies with Limited Liabilities	10709	12628.38
私营股份有限公司	Private Share-holding Companies with Limited Liabilities	542	976.82
总计中：	**Of the Total:**		
轻工业	Light Industry	4873	5610.63
重工业	Heavy Industry	6933	8474.36
总计中：	**Of the Total:**		
大型企业	Large-sized Enterprises	56	910.34
中型企业	Medium-sized Enterprises	743	2742.62
小型企业	Small Enterprises	11007	10432.03
按行业分	**Grouped by Sector**		
煤炭开采和洗选业	Mining and Washing of Coal	25	24.14
黑色金属矿采选业	Mining and Processing of Ferrous Metal Ores	85	238.19
有色金属矿采选业	Mining and Processing of Non-Ferrous Metal Ores	54	71.86
非金属矿采选业	Mining and Processing of Nonmetal Ores	155	129.58
开采辅助活动	Mining Auxiliary Activities	3	0.62
农副食品加工业	Processing of Food from Agriculture Products	1229	1861.86
食品制造业	Manufacture of Foods	252	266.77
酒、饮料和精制茶制造业	Manufacture of Wine, Beverages and Refined Tea	195	233.16
纺织业	Manufacture of Textile	456	562.79
纺织服装、服饰业	Manufacture of Textile Wearing Apparel and Clothing	715	508.60
皮革毛皮羽毛及其制品和制鞋业	Manufacture of Leather, Furs, Feather and Related Products	200	198.98
木材加工及木竹藤棕草制品业	Processing of Timber, Manufacture of Wood, Bamboo, Rattan, Palm and Straw Products	432	420.52
家具制造业	Manufacture of Furniture	182	160.78
造纸及纸制品业	Manufacture of Paper and Paper Products	158	155.38
印刷和记录媒介复制业	Printing, Reproduction of Recording Media	188	177.45
文教工美体育和娱乐用品制造业	Manufacture of Culture, Education, Art, Sports and Entertainment Supplies	234	203.86
石油加工、炼焦和核燃料加工业	Processing of Petroleum, Coking and Processing of Nuclear Fuel	14	46.22
化学原料和化学制品制造业	Manufacture of Raw Chemical Materials and Chemical Products	656	792.89
医药制造业	Manufacture of Medicines	155	216.93
化学纤维制造业	Manufacture of Chemical Fibers	20	16.75
橡胶和塑料制品业	Manufacture of Rubber and Plastics	739	686.42
非金属矿物制品业	Manufacture of Non-metallic Mineral Products	1366	1141.22
黑色金属冶炼和压延加工业	Smelting and Pressing of Ferrous Metals	370	736.41
有色金属冶炼和压延加工业	Smelting and Pressing of Non-ferrous Metals	145	399.05
金属制品业	Manufacture of Metal Products	625	712.78
通用设备制造业	Manufacture of General Purpose Machinery	703	768.75
专用设备制造业	Manufacture of Special Purpose Machinery	555	572.16
汽车制造业	Manufacture of Automobile	496	581.65
铁路船舶航空航天和其他运输设备制造业	Manufacture of Railroads, Ships, Aerospace and Other Transportation Equipments	129	167.27
电气机械和器材制造业	Manufacture of Electrical Machinery and Equipment	796	1416.49
计算机通信和其他电子设备制造业	Manufacture of Computers, Communication and Other Electronic Equipments	224	279.22
仪器仪表制造业	Manufacture of Measuring Instruments and Machinery	82	82.00
其他制造业	Manufacture of Others	65	63.52
废弃资源综合利用业	Industry of Comprehensive Utilization of Waste Resources	78	172.21
金属制品、机械和设备修理业	Industry of Metal Products, Machinery and Equipment Repair	4	4.45
电力、热力生产和供应业	Production and Supply of Electric Power and Heat Power	9	6.49
燃气生产和供应业	Production and Supply of Gas	6	4.85
水的生产和供应业	Production and Supply of Water	6	2.92

单位：亿元（100 million yuan）

工业销售产值（现价） Value of Industrial Products Sales (At current prices)	#出口交货值 Delivery Value for Export	资产合计 Total Assets	流动资产合计 Circulating Funds	#存货 Stock	#产成品 Finished Product	固定资产合计 Total of Fixed Assets	固定资产原价 Original Value of Fixed Assets	固定资产累计折旧 Accumulated Depreciation of Fixed Assets
13707.04	**507.51**	**7004.99**	**3767.75**	**990.17**	**437.35**	**2380.81**	**3779.35**	**1631.87**
420.87	13.50	113.13	54.00	14.86	7.74	47.10	75.94	33.31
49.70	1.69	21.19	10.76	3.52	2.15	8.35	11.94	4.29
12292.37	453.47	6191.17	3323.94	874.54	378.64	2150.08	3459.56	1516.27
944.11	38.86	679.52	379.06	97.25	48.81	175.28	231.91	78.00
5473.93	347.59	2347.33	1258.81	430.78	186.36	814.50	1269.07	534.49
8233.11	159.92	4657.66	2508.94	559.39	250.98	1566.31	2510.28	1097.38
883.36	58.03	755.36	339.18	79.47	39.95	307.57	472.14	194.32
2654.84	217.14	1456.61	767.55	210.92	94.35	494.77	867.22	413.49
10168.84	232.35	4793.03	2661.03	699.78	303.05	1578.48	2439.99	1024.06
24.16		23.06	6.79	1.30	0.59	12.34	19.10	9.98
235.10		140.25	38.37	8.41	4.22	48.83	59.84	22.93
71.28		48.88	25.71	3.60	2.71	17.55	35.50	23.59
127.73		53.63	22.54	4.74	3.38	21.21	24.08	6.08
0.62		0.66	0.62	0.05	0.01	0.04	0.09	0.05
1829.91	27.50	609.82	332.43	139.22	47.55	209.91	351.61	160.52
261.87	9.66	115.57	58.29	20.90	8.08	44.46	67.64	28.24
228.14	8.14	117.68	62.35	25.35	11.65	36.21	52.65	19.16
546.52	76.02	263.16	135.38	46.71	21.22	95.82	155.33	69.00
503.01	60.94	192.33	100.23	24.95	11.32	67.51	90.15	28.70
191.75	21.47	95.21	53.26	18.79	8.24	26.85	36.26	11.66
412.09	31.27	166.21	85.88	31.76	14.63	67.37	92.14	30.72
157.54	4.70	67.85	34.71	10.62	5.34	24.31	41.50	18.05
151.05	2.78	72.24	31.38	8.49	3.62	32.30	46.03	15.66
173.16	0.82	93.85	47.55	12.67	5.74	38.77	58.26	25.57
198.04	54.79	87.52	52.54	16.94	7.80	27.03	46.49	21.97
45.78		13.78	7.88	4.55	3.26	4.73	5.12	0.85
769.04	28.01	394.78	206.95	53.94	30.77	125.58	187.00	72.39
210.30	8.28	112.59	64.47	14.56	6.50	35.02	41.51	12.53
16.17	1.49	9.36	3.25	1.28	1.01	5.58	6.38	0.91
668.72	10.46	345.53	193.53	45.89	21.45	117.07	187.72	81.44
1113.58	9.97	699.02	360.72	73.80	30.88	262.30	392.66	154.11
717.67	12.15	376.89	191.73	45.95	19.67	152.32	286.57	144.76
392.14	1.33	120.88	77.90	21.65	7.90	30.09	40.12	13.35
682.26	18.17	379.34	230.64	62.21	32.35	96.73	188.69	99.74
736.23	24.32	419.98	228.53	62.90	29.75	130.73	251.41	136.39
550.64	16.43	274.11	145.72	37.15	15.10	101.22	157.67	63.24
557.78	12.59	298.52	150.38	39.52	15.58	114.72	185.62	79.75
162.76	0.02	82.33	33.79	9.56	2.76	27.78	32.29	9.36
1370.41	46.33	884.62	555.79	103.48	47.95	240.14	390.77	175.28
270.06	18.64	281.72	140.69	23.53	9.12	104.74	133.61	37.68
79.70	1.15	54.63	30.16	4.59	2.40	20.95	33.79	14.81
62.45	0.08	28.45	15.46	5.39	1.85	8.64	13.56	5.74
170.99		56.12	32.30	3.51	1.64	20.89	54.61	35.00
4.20		5.57	4.46	1.25	1.00	0.76	1.32	0.56
6.18		14.06	3.12	0.55	0.04	8.16	8.95	0.80
5.08		1.69	0.72	0.36	0.21	0.80	1.01	0.21
2.91		3.10	1.52	0.04	0.03	1.38	2.31	1.07

13—12 续表 continued

行　业	Sector	负债合计 Total Liabilities	流动负债 Liquid Liabilities
总　计	**Total**	**3579.26**	**2960.48**
总计中：	**Of the Total:**		
私营独资	Private Sole-source Investment Enterprise	45.47	36.53
私营合伙	Private Partnership Enterprise	9.36	6.15
私营有限责任公司	Private Companies with Limited Liabilities	3180.74	2661.44
私营股份有限公司	Private Share-holding Companies with Limited Liabilities	343.69	256.36
总计中：	**Of the Total:**		
轻工业	Light Industry	1173.57	990.30
重工业	Heavy Industry	2405.68	1970.18
总计中：	**Of the Total:**		
大型企业	Large-sized Enterprises	398.39	310.98
中型企业	Medium-sized Enterprises	753.10	624.21
小型企业	Small Enterprises	2427.76	2025.29
按行业分	**Grouped by Sector**		
煤炭开采和洗选业	Mining and Washing of Coal	12.60	7.57
黑色金属矿采选业	Mining and Processing of Ferrous Metal Ores	83.46	61.63
有色金属矿采选业	Mining and Processing of Non-Ferrous Metal Ores	28.45	24.54
非金属矿采选业	Mining and Processing of Nonmetal Ores	27.42	20.97
开采辅助活动	Mining Auxiliary Activities	0.15	0.07
农副食品加工业	Processing of Food from Agriculture Products	280.77	241.41
食品制造业	Manufacture of Foods	55.38	47.72
酒、饮料和精制茶制造业	Manufacture of Wine, Beverages and Refined Tea	60.32	51.59
纺织业	Manufacture of Textile	146.62	117.58
纺织服装、服饰业	Manufacture of Textile Wearing Apparel and Clothing	98.82	84.36
皮革毛皮羽毛及其制品和制鞋业	Manufacture of Leather, Furs, Feather and Related Products	48.52	39.78
木材加工及木竹藤棕草制品业	Processing of Timber, Manufacture of Wood, Bamboo, Rattan, Palm and Straw Products	77.27	56.55
家具制造业	Manufacture of Furniture	31.77	26.87
造纸及纸制品业	Manufacture of Paper and Paper Products	35.94	30.49
印刷和记录媒介复制业	Printing, Reproduction of Recording Media	49.28	41.81
文教工美体育和娱乐用品制造业	Manufacture of Culture, Education, Art, Sports and Entertainment Supplies	44.63	36.86
石油加工、炼焦和核燃料加工业	Processing of Petroleum, Coking and Processing of Nuclear Fuel	10.74	10.49
化学原料和化学制品制造业	Manufacture of Raw Chemical Materials and Chemical Products	200.52	168.98
医药制造业	Manufacture of Medicines	52.48	44.05
化学纤维制造业	Manufacture of Chemical Fibers	4.88	3.80
橡胶和塑料制品业	Manufacture of Rubber and Plastics	162.87	139.83
非金属矿物制品业	Manufacture of Non-metallic Mineral Products	378.45	310.70
黑色金属冶炼和压延加工业	Smelting and Pressing of Ferrous Metals	199.49	150.77
有色金属冶炼和压延加工业	Smelting and Pressing of Non-ferrous Metals	74.85	68.41
金属制品业	Manufacture of Metal Products	201.72	173.33
通用设备制造业	Manufacture of General Purpose Machinery	206.91	169.89
专用设备制造业	Manufacture of Special Purpose Machinery	141.43	122.77
汽车制造业	Manufacture of Automobile	176.65	147.89
铁路船舶航空航天和其他运输设备制造业	Manufacture of Railroads, Ships, Aerospace and Other Transportation Equipments	42.83	37.58
电气机械和器材制造业	Manufacture of Electrical Machinery and Equipment	424.64	356.44
计算机通信和其他电子设备制造业	Manufacture of Computers, Communication and Other Electronic Equipments	142.68	103.26
仪器仪表制造业	Manufacture of Measuring Instruments and Machinery	19.85	13.81
其他制造业	Manufacture of Others	11.15	9.10
废弃资源综合利用业	Industry of Comprehensive Utilization of Waste Resources	30.59	28.08
金属制品、机械和设备修理业	Industry of Metal Products, Machinery and Equipment Repair	1.94	1.85
电力、热力生产和供应业	Production and Supply of Electric Power and Heat Power	10.52	7.56
燃气生产和供应业	Production and Supply of Gas	0.79	0.63
水的生产和供应业	Production and Supply of Water	1.89	1.47

单位：亿元（100 million yuan）

非流动负债 Long-term Liabilities	所有者权益 Creditors' Equity	#实收资本 Capital Hold	主营业务收入 Revenue from principal Business	主营业务成本 Cost of Principal Business	主营业务税金及附加 Business and Extra Charges	利润总额 Total Profits	本年应付职工薪酬 Wages Payable in This Year	本年应交增值税 Value Added Tax Payable
303.01	**3363.26**	**1617.88**	**13665.18**	**11767.30**	**80.78**	**967.52**	**523.81**	**344.02**
2.31	65.27	26.63	420.79	366.35	2.99	27.09	14.13	10.36
1.00	10.34	6.42	47.98	41.88	0.72	2.88	1.89	0.85
261.78	2965.93	1458.90	12247.59	10548.05	71.45	857.59	470.35	312.72
37.92	321.72	125.93	948.82	811.01	5.62	79.96	37.43	20.08
84.20	1152.25	453.48	5444.43	4726.19	30.09	369.26	232.04	109.93
218.81	2211.01	1164.41	8220.75	7041.11	50.69	598.25	291.77	234.10
83.26	350.58	147.48	895.12	766.23	4.26	66.31	50.80	34.03
68.40	692.07	256.82	2655.47	2250.15	15.00	213.79	141.59	76.87
151.35	2320.61	1213.58	10114.59	8750.92	61.52	687.42	331.43	233.13
3.89	10.86	4.90	24.93	22.29	0.18	0.17	2.74	0.88
18.22	55.49	24.24	232.48	201.67	1.89	12.84	3.31	7.22
3.75	20.25	12.59	72.66	55.45	0.99	5.35	3.12	2.79
4.13	25.83	11.02	128.87	104.99	2.60	8.27	5.83	4.96
	0.52	0.36	0.66	0.47	0.01	0.14	0.11	0.06
16.97	322.78	111.43	1823.46	1644.23	5.39	103.62	37.93	25.61
2.08	58.83	22.13	266.82	225.76	1.36	17.22	10.47	5.14
5.41	56.71	21.54	221.11	173.08	6.50	25.89	8.65	6.92
15.57	114.63	50.37	544.48	478.36	2.60	36.34	28.22	11.66
5.40	91.35	38.55	502.20	434.81	3.24	31.60	48.17	11.65
3.17	46.17	17.60	192.43	171.87	0.72	11.18	9.47	4.24
8.03	87.51	33.23	411.17	363.40	2.55	26.57	13.98	9.32
1.90	35.81	21.52	156.18	129.22	1.27	11.64	8.35	3.61
3.19	35.92	15.73	147.18	130.06	0.60	10.08	5.57	2.76
2.86	43.55	18.15	173.72	144.41	0.78	13.53	6.75	2.76
1.63	42.59	16.23	195.85	167.41	1.13	13.25	11.47	5.00
0.15	3.04	2.79	46.15	42.83	0.07	1.07	0.42	0.81
16.94	187.15	84.77	761.13	647.02	3.84	63.42	20.78	15.53
4.62	58.55	23.90	207.25	171.38	1.35	18.59	7.94	4.92
0.96	4.43	1.90	15.76	12.66	0.07	1.72	0.91	0.34
10.86	181.29	72.87	658.63	557.68	3.82	54.35	26.81	14.09
29.15	313.22	160.81	1100.14	924.61	9.46	78.79	46.02	33.32
15.67	175.23	67.02	734.89	656.34	3.16	60.20	18.03	24.31
1.82	45.75	28.37	391.95	366.57	1.36	18.07	4.75	13.84
15.21	175.91	72.08	693.46	602.46	3.89	44.14	26.59	15.62
17.28	209.22	86.65	740.08	618.56	4.82	57.29	31.59	18.03
6.36	129.15	54.92	548.18	466.10	3.55	36.04	23.85	14.89
16.80	120.80	51.81	546.75	469.81	3.31	36.42	26.73	16.20
1.02	39.00	12.25	162.27	145.69	0.74	10.43	6.07	4.92
26.35	446.83	357.41	1362.99	1125.66	5.81	111.10	50.86	37.44
35.82	138.53	93.26	268.51	224.53	1.08	26.76	18.29	10.31
3.80	34.61	8.90	81.27	65.13	0.41	7.29	4.11	3.00
0.64	17.12	4.20	62.41	52.24	0.33	5.63	2.30	1.91
1.87	25.47	8.10	172.16	156.05	1.82	7.42	2.76	9.55
0.09	3.59	1.12	4.20	3.14	0.03	0.51	0.16	0.17
0.80	3.54	3.76	5.16	4.76	0.01	0.16	0.48	0.06
0.15	0.83	0.64	4.73	4.19	0.02	0.20	0.07	0.13
0.42	1.20	0.76	2.88	2.39	0.01	0.20	0.16	0.07

13—13 私营工业企业主要经济效益指标（2013年）
Main Indicators on Economic Benefit of Private Industrial Enterprises (2013)

行　业	Sector
总　计	**Total**
总计中：	**Of the Total:**
私营独资	Private Sole-source Investment Enterprise
私营合伙	Private Partnership Enterprise
私营有限责任公司	Private Companies with Limited Liabilities
私营股份有限公司	Private Share-holding Companies with Limited Liabilities
总计中：	**Of the Total:**
轻工业	Light Industry
重工业	Heavy Industry
总计中：	**Of the Total:**
大型企业	Large-sized Enterprises
中型企业	Medium-sized Enterprises
小型企业	Small Enterprises
按行业分	**Grouped by Sector**
煤炭开采和洗选业	Mining and Washing of Coal
黑色金属矿采选业	Mining and Processing of Ferrous Metal Ores
有色金属矿采选业	Mining and Processing of Non-Ferrous Metal Ores
非金属矿采选业	Mining and Processing of Nonmetal Ores
开采辅助活动	Mining Auxiliary Activities
农副食品加工业	Processing of Food from Agriculture Products
食品制造业	Manufacture of Foods
酒、饮料和精制茶制造业	Manufacture of Wine, Beverages and Refined Tea
纺织业	Manufacture of Textile
纺织服装、服饰业	Manufacture of Textile Wearing Apparel and Clothing
皮革毛皮羽毛及其制品和制鞋业	Manufacture of Leather, Furs, Feather and Related Products
木材加工及木竹藤棕草制品业	Processing of Timber, Manufacture of Wood, Bamboo, Rattan, Palm and Straw Products
家具制造业	Manufacture of Furniture
造纸及纸制品业	Manufacture of Paper and Paper Products
印刷和记录媒介复制业	Printing, Reproduction of Recording Media
文教工美体育和娱乐用品制造业	Manufacture of Culture, Education, Art, Sports and Entertainment Supplies
石油加工、炼焦和核燃料加工业	Processing of Petroleum, Coking and Processing of Nuclear Fuel
化学原料和化学制品制造业	Manufacture of Raw Chemical Materials and Chemical Products
医药制造业	Manufacture of Medicines
化学纤维制造业	Manufacture of Chemical Fibers
橡胶和塑料制品业	Manufacture of Rubber and Plastics
非金属矿物制品业	Manufacture of Non-metallic Mineral Products
黑色金属冶炼和压延加工业	Smelting and Pressing of Ferrous Metals
有色金属冶炼和压延加工业	Smelting and Pressing of Non-ferrous Metals
金属制品业	Manufacture of Metal Products
通用设备制造业	Manufacture of General Purpose Machinery
专用设备制造业	Manufacture of Special Purpose Machinery
汽车制造业	Manufacture of Automobile
铁路船舶航空航天和其他运输设备制造业	Manufacture of Railroads, Ships, Aerospace and Other Transportation Equipments
电气机械和器材制造业	Manufacture of Electrical Machinery and Equipment
计算机通信和其他电子设备制造业	Manufacture of Computers, Communication and Other Electronic Equipments
仪器仪表制造业	Manufacture of Measuring Instruments and Machinery
其他制造业	Manufacture of Others
废弃资源综合利用业	Industry of Comprehensive Utilization of Waste Resources
金属制品、机械和设备修理业	Industry of Metal Products, Machinery and Equipment Repair
电力、热力生产和供应业	Production and Supply of Electric Power and Heat Power
燃气生产和供应业	Production and Supply of Gas
水的生产和供应业	Production and Supply of Water

总资产贡献率(%) Ratio of Total Assets to Industrial Output Value (%)	资产负债率(%) Assets-liability Ratio (%)	流动资产周转次数(次/年) Number of Times of Annual of Turnover Circulating Funds (times/year)	工业成本费用利润率(%) Ratio of Profits to Industrial Cost (%)	产品销售率(%) Proportion of Products Sold (%)
21.36	**51.10**	**3.64**	**7.63**	**97.32**
37.43	40.19	7.81	6.98	98.05
21.63	44.17	4.49	6.39	98.27
21.55	51.38	3.70	7.55	97.34
16.89	50.58	2.51	9.12	96.65
23.33	50.00	4.34	7.29	97.56
20.36	51.65	3.29	7.86	97.15
14.80	52.74	2.66	8.07	97.04
22.76	51.70	3.48	8.70	96.80
21.96	50.65	3.81	7.32	97.48
5.93	54.63	3.67	0.69	100.10
17.55	59.51	6.08	5.99	98.70
21.89	58.20	2.83	8.36	99.19
30.89	51.12	5.72	7.12	98.58
30.47	22.30	1.06	26.54	98.68
23.96	46.04	5.50	5.99	98.28
22.02	47.92	4.58	6.97	98.17
35.26	51.26	3.55	13.56	97.85
21.07	55.71	4.05	7.15	97.11
25.44	51.38	5.01	6.81	98.90
18.18	50.96	3.62	6.20	96.37
25.03	46.49	4.80	6.88	98.00
25.72	46.82	4.51	8.16	97.98
20.19	49.75	4.73	7.23	97.22
19.56	52.51	3.67	8.50	97.58
24.09	50.99	3.73	7.22	97.14
15.66	77.91	5.86	2.43	99.06
22.42	50.79	3.69	9.04	96.99
23.17	46.61	3.22	9.90	96.94
24.07	52.16	4.86	12.38	96.52
22.38	47.14	3.41	9.02	97.42
18.74	54.14	3.06	7.78	97.58
24.25	52.93	3.86	8.80	97.46
29.60	61.93	5.05	4.78	98.27
18.25	53.18	3.02	6.85	95.72
20.44	49.27	3.25	8.39	95.77
21.07	51.60	3.77	7.10	96.24
20.21	59.17	3.64	7.18	95.90
20.35	52.03	4.81	6.78	97.31
18.99	48.00	2.46	8.93	96.75
14.71	50.65	1.94	10.72	96.72
20.44	36.33	2.70	10.07	97.19
29.31	39.19	4.05	10.14	98.33
34.81	54.50	5.34	4.53	99.29
13.61	34.80	0.95	13.61	94.36
2.79	74.83	1.70	3.08	95.25
21.74	46.53	6.57	4.52	104.71
9.55	61.10	1.89	7.67	99.58

13—14 大中型工业企业主要经济指标（2013年）

Main Indicators of Large and Medium-sized Industrial Enterprises (2013)

行　业	Sector	企业单位数（个）Number of Enterprises (unit)	工业总产值（现价）Gross Industrial Output Value
总　计	**Total**	**1758**	**19169.39**
总计中:	**Of the Total:**		
内资企业	Domestic Funded Enterprise	1496	15749.14
国有企业	State-owned Enterprise	81	2262.25
集体企业	Collective-owned Enterprise	11	31.47
股份合作企业	Share Holding Cooperative Enterprises	2	5.32
联营企业	Joint Owned Enterprises	2	0.83
有限责任公司	Limited Liability Corporations	443	6118.09
股份有限公司	Share-holding Corporations Ltd.	156	3459.78
私营企业	Private Enterprises	799	3652.96
其他企业	Other Enterprises	2	218.43
港澳台商投资企业	Enterprises Funded by Entrepreneurs from Hong Kong, Macao and Taiwan	106	1421.50
外商投资企业	Foreign Funded Enterprises	156	1998.75
总计中:	**Of the Total:**		
轻工业	Light Industry	826	5639.12
重工业	Heavy Industry	932	13530.27
总计中:	**Of the Total:**		
大型企业	Large-sized Enterprises	284	12114.26
中型企业	Medium-sized Enterprises	1474	7055.13
按行业分	**Grouped by Sector**		
煤炭开采和洗选业	Mining and Washing of Coal	28	906.01
黑色金属矿采选业	Mining and Processing of Ferrous Metal Ores	13	154.24
有色金属矿采选业	Mining and Processing of Non-Ferrous Metal Ores	7	13.11
非金属矿采选业	Mining and Processing of Nonmetal Ores	9	23.49
开采辅助活动	Mining Auxiliary Activities	91	720.04
农副食品加工业	Processing of Food from Agriculture Products	45	254.77
食品制造业	Manufacture of Foods	45	327.77
酒、饮料和精制茶制造业	Manufacture of Wine, Beverages and Refined Tea	6	322.84
纺织业	Manufacture of Textile	107	404.79
纺织服装、服饰业	Manufacture of Textile Wearing Apparel and Clothing	182	330.64
皮革毛皮羽毛及其制品和制鞋业	Manufacture of Leather, Furs, Feather and Related Products	48	168.14
木材加工及木竹藤棕草制品业	Processing of Timber, Manufacture of Wood, Bamboo, Rattan, Palm and Straw Products	18	72.29
家具制造业	Manufacture of Furniture	9	48.39
造纸及纸制品业	Manufacture of Paper and Paper Products	15	90.19
印刷和记录媒介复制业	Printing, Reproduction of Recording Media	22	98.66
文教工美体育和娱乐用品制造业	Manufacture of Culture, Education, Art, Sports and Entertainment Supplies	42	124.30
石油加工、炼焦和核燃料加工业	Processing of Petroleum, Coking and Processing of Nuclear Fuel	3	369.03
化学原料和化学制品制造业	Manufacture of Raw Chemical Materials and Chemical Products	71	1003.57
医药制造业	Manufacture of Medicines	46	216.77
化学纤维制造业	Manufacture of Chemical Fibers	6	55.26
橡胶和塑料制品业	Manufacture of Rubber and Plastics	62	439.27
非金属矿物制品业	Manufacture of Non-metallic Mineral Products	96	591.73
黑色金属冶炼和压延加工业	Smelting and Pressing of Ferrous Metals	40	1627.51
有色金属冶炼和压延加工业	Smelting and Pressing of Non-ferrous Metals	24	1267.98
金属制品业	Manufacture of Metal Products	56	425.94
通用设备制造业	Manufacture of General Purpose Machinery	112	963.24
专用设备制造业	Manufacture of Special Purpose Machinery	79	593.87
汽车制造业	Manufacture of Automobile	114	1347.46
铁路船舶航空航天和其他运输设备制造业	Manufacture of Railroads, Ships, Aerospace and Other Transportation Equipments	17	68.60
电气机械和器材制造业	Manufacture of Electrical Machinery and Equipment	154	2873.84
计算机通信和其他电子设备制造业	Manufacture of Computers, Communication and Other Electronic Equipments	81	787.92
仪器仪表制造业	Manufacture of Measuring Instruments and Machinery	7	71.72
其他制造业	Manufacture of Others	5	20.00
废弃资源综合利用业	Industry of Comprehensive Utilization of Waste Resources	7	189.52
金属制品、机械和设备修理业	Industry of Metal Products, Machinery and Equipment Repair	5	32.41
电力、热力生产和供应业	Production and Supply of Electric Power and Heat Power	65	2086.84
燃气生产和供应业	Production and Supply of Gas	7	57.61
水的生产和供应业	Production and Supply of Water	14	19.65

单位：亿元（100 million yuan）

工业销售产值（现价） Value of Industrial Products Sales (At current prices)	#出口交货值 Delivery Value for Export	资产合计 Total Assets	流动资产合计 Circulating Funds	#存货 Stock	#产成品 Finished Product	固定资产合计 Total of Fixed Assets	固定资产原价 Original Value of Fixed Assets	固定资产累计折旧 Accumulated Depreciation of Fixed Assets
18689.96	**1258.56**	**18263.63**	**7355.41**	**1836.87**	**612.89**	**7987.88**	**11326.78**	**4531.34**
15362.29	972.50	16347.82	6362.98	1602.48	519.33	7282.48	10140.07	4010.15
2223.74	4.02	2087.18	544.76	210.20	18.50	1321.08	2061.00	896.95
28.29	0.61	15.57	8.34	1.25	0.29	4.70	6.28	2.45
5.19		4.67	2.06	0.87	0.41	1.77	2.55	0.93
0.83		1.24	0.34	0.05	0.01	0.18	0.26	0.14
6000.37	332.20	7511.20	2630.70	669.18	218.58	3567.79	4355.19	1528.54
3350.37	360.50	4474.24	2058.05	429.27	146.95	1570.32	2346.10	957.80
3538.20	275.17	2211.96	1106.72	290.39	134.30	802.33	1339.36	607.80
215.30	0.00	41.75	12.01	1.26	0.29	14.31	29.34	15.54
1366.18	127.08	707.78	351.88	77.28	27.42	264.50	432.66	181.44
1961.49	158.98	1208.03	640.55	157.11	66.13	440.91	754.05	339.75
5467.26	500.66	3334.01	1769.42	591.11	220.93	1064.82	1759.59	785.60
13222.70	757.90	14929.62	5585.99	1245.76	391.96	6923.07	9567.19	3745.74
11856.76	835.58	13265.96	5155.19	1277.65	388.41	5923.08	8159.45	3285.25
6833.20	422.97	4997.67	2200.22	559.21	224.48	2064.80	3167.32	1246.09
899.50		2906.53	567.71	86.15	27.06	1782.19	1791.42	644.61
147.29		441.00	97.30	5.57	2.43	99.52	130.72	45.09
13.21		20.62	10.09	0.96	0.26	7.64	9.29	3.10
22.63	0.14	11.98	4.86	0.82	0.58	4.48	9.37	4.89
708.47	19.96	398.94	208.84	63.12	20.42	122.37	190.69	77.29
242.15	11.42	115.74	47.64	12.41	4.15	45.93	66.99	22.69
303.41	1.92	282.60	156.19	65.10	22.20	84.08	122.96	42.92
318.19	0.33	268.54	189.91	150.70	5.06	62.07	103.76	48.35
390.71	78.40	317.26	122.07	42.87	18.70	115.04	190.06	86.53
324.77	71.68	127.36	65.91	16.64	6.26	48.72	61.31	16.04
161.04	37.56	118.84	68.38	14.68	5.73	31.42	36.37	12.48
71.17	21.23	35.72	21.77	8.95	4.25	9.68	18.05	6.88
48.18	0.02	17.54	10.08	2.94	1.78	6.06	10.01	3.95
84.90	0.29	167.41	43.05	7.51	4.74	56.72	73.53	17.42
92.84	1.52	68.14	41.53	9.11	3.97	19.31	36.70	19.75
120.76	82.53	53.11	29.77	8.18	3.83	20.09	35.04	16.06
336.83		165.58	42.21	23.82	7.57	118.74	185.26	61.22
993.25	45.13	1040.24	413.54	89.60	43.82	459.65	623.62	194.86
208.19	7.81	159.18	79.17	19.77	10.72	61.17	76.21	27.96
53.10	5.87	90.29	33.75	11.87	5.78	44.14	55.17	20.17
433.40	94.07	339.00	175.45	44.98	13.64	124.48	190.13	84.29
564.49	15.51	745.79	284.56	46.00	17.86	374.19	525.53	179.91
1613.12	37.22	1354.69	547.64	172.28	46.05	665.34	1187.63	608.42
1261.02	52.64	907.65	465.19	218.83	24.78	220.94	294.76	110.69
406.29	19.74	316.54	201.53	53.48	27.82	73.55	110.38	46.10
929.08	45.40	808.62	478.67	134.07	63.95	207.59	359.71	160.55
561.39	21.19	439.82	250.28	58.78	15.83	126.43	191.82	72.91
1311.93	162.49	1574.48	842.51	130.30	41.22	438.98	629.49	243.15
70.27	7.27	89.59	51.59	17.31	6.40	27.66	38.22	10.69
2770.92	166.41	1448.22	923.17	205.68	125.94	361.88	743.87	404.67
760.54	244.13	919.68	517.68	70.49	21.65	311.31	387.45	108.86
70.08	6.66	78.17	50.27	4.78	2.36	20.03	35.13	15.13
20.20		8.44	4.60	1.80	0.78	2.43	2.73	0.56
188.69		41.59	25.27	5.92	2.94	14.55	42.16	28.11
32.25		53.97	36.48	8.00	0.59	14.67	23.00	8.60
2080.19		2144.25	191.15	20.05	1.16	1705.11	2602.45	1030.56
56.66		86.84	27.90	1.05	0.17	40.76	50.17	12.73
18.83		99.66	27.71	2.28	0.43	58.92	85.63	33.15

13—14 续表 continued

行 业	Sector	负债合计 Total Liabilities	流动负债 Liquid Liabilities
总 计	**Total**	**11302.71**	**7898.26**
总计中:	**Of the Total:**		
内资企业	Domestic Funded Enterprise	10215.63	6971.83
国有企业	State-owned Enterprise	1385.69	949.74
集体企业	Collective-owned Enterprise	9.56	9.24
股份合作企业	Share Holding Cooperative Enterprises	1.65	0.85
联营企业	Joint Owned Enterprises	0.37	0.36
有限责任公司	Limited Liability Corporations	4993.75	3243.07
股份有限公司	Share-holding Corporations Ltd.	2641.28	1802.53
私营企业	Private Enterprises	1151.49	935.19
其他企业	Other Enterprises	31.84	30.84
港澳台商投资企业	Enterprises Funded by Entrepreneurs from Hong Kong, Macao and Taiwan	425.30	372.16
外商投资企业	Foreign Funded Enterprises	661.79	554.27
总计中:	**Of the Total:**		
轻工业	Light Industry	1717.68	1460.59
重工业	Heavy Industry	9585.03	6437.67
总计中:	**Of the Total:**		
大型企业	Large-sized Enterprises	8371.45	5710.74
中型企业	Medium-sized Enterprises	2931.27	2187.51
按行业分	**Grouped by Sector**		
煤炭开采和洗选业	Mining and Washing of Coal	2092.93	1188.70
黑色金属矿采选业	Mining and Processing of Ferrous Metal Ores	245.35	180.27
有色金属矿采选业	Mining and Processing of Non-Ferrous Metal Ores	4.61	4.03
非金属矿采选业	Mining and Processing of Nonmetal Ores	5.36	4.62
开采辅助活动	Mining Auxiliary Activities	223.82	197.23
农副食品加工业	Processing of Food from Agriculture Products	52.33	45.06
食品制造业	Manufacture of Foods	139.20	125.35
酒、饮料和精制茶制造业	Manufacture of Wine, Beverages and Refined Tea	78.92	76.53
纺织业	Manufacture of Textile	165.71	122.80
纺织服装、服饰业	Manufacture of Textile Wearing Apparel and Clothing	69.13	60.14
皮革毛皮羽毛及其制品和制鞋业	Manufacture of Leather, Furs, Feather and Related Products	53.10	40.33
木材加工及木竹藤棕草制品业	Processing of Timber, Manufacture of Wood, Bamboo, Rattan, Palm and Straw Products	19.66	15.75
家具制造业	Manufacture of Furniture	11.60	11.49
造纸及纸制品业	Manufacture of Paper and Paper Products	77.54	41.11
印刷和记录媒介复制业	Printing, Reproduction of Recording Media	28.69	21.37
文教工美体育和娱乐用品制造业	Manufacture of Culture, Education, Art, Sports and Entertainment Supplies	25.82	23.09
石油加工、炼焦和核燃料加工业	Processing of Petroleum, Coking and Processing of Nuclear Fuel	108.26	103.69
化学原料和化学制品制造业	Manufacture of Raw Chemical Materials and Chemical Products	635.61	446.51
医药制造业	Manufacture of Medicines	67.64	52.85
化学纤维制造业	Manufacture of Chemical Fibers	59.61	43.63
橡胶和塑料制品业	Manufacture of Rubber and Plastics	158.57	100.56
非金属矿物制品业	Manufacture of Non-metallic Mineral Products	353.48	256.19
黑色金属冶炼和压延加工业	Smelting and Pressing of Ferrous Metals	840.50	591.12
有色金属冶炼和压延加工业	Smelting and Pressing of Non-ferrous Metals	663.62	467.64
金属制品业	Manufacture of Metal Products	182.93	154.72
通用设备制造业	Manufacture of General Purpose Machinery	446.23	321.05
专用设备制造业	Manufacture of Special Purpose Machinery	251.12	197.13
汽车制造业	Manufacture of Automobile	1033.10	746.27
铁路船舶航空航天和其他运输设备制造业	Manufacture of Railroads, Ships, Aerospace and Other Transportation Equipments	60.00	44.49
电气机械和器材制造业	Manufacture of Electrical Machinery and Equipment	852.00	762.63
计算机通信和其他电子设备制造业	Manufacture of Computers, Communication and Other Electronic Equipments	524.81	345.62
仪器仪表制造业	Manufacture of Measuring Instruments and Machinery	34.39	27.54
其他制造业	Manufacture of Others	3.60	2.45
废弃资源综合利用业	Industry of Comprehensive Utilization of Waste Resources	25.16	24.13
金属制品、机械和设备修理业	Industry of Metal Products, Machinery and Equipment Repair	27.85	24.83
电力、热力生产和供应业	Production and Supply of Electric Power and Heat Power	1579.72	955.49
燃气生产和供应业	Production and Supply of Gas	58.43	38.75
水的生产和供应业	Production and Supply of Water	42.32	33.09

单位：亿元（100 million yuan）

非流动负债 Long-term Liabilities	所有者权益 Creditors' Equity	#实收资本 Capital Hold	主营业务收入 Revenue from principal Business	主营业务成本 Cost of Principal Business	主营业务税金及附加 Business and Extra Charges	利润总额 Total Profits	本年应付职工薪酬 Wages Payable in This Year	本年应交增值税 Value Added Tax Payable
3069.01	**6915.43**	**2964.11**	**19666.00**	**16632.09**	**345.15**	**1173.78**	**1230.65**	**692.20**
2939.90	6110.08	2470.20	16511.80	13999.63	324.14	966.11	1106.26	577.49
403.90	699.80	212.18	2165.12	1560.79	173.05	140.47	144.68	105.85
0.00	5.52	1.13	30.38	23.90	0.27	4.17	2.56	1.25
0.00	3.02	1.55	5.19	3.55	0.02	0.52	1.30	0.27
0.01	0.87	0.71	0.71	0.51	0.01	0.03	0.31	0.08
1633.55	2509.42	1268.99	7047.02	6237.44	82.22	308.13	535.11	240.73
749.77	1838.89	579.79	3495.97	2972.62	46.44	214.25	226.89	109.11
151.66	1042.65	404.30	3550.59	3016.37	19.25	280.10	192.38	110.90
1.00	9.91	1.55	216.82	184.45	2.87	18.45	3.03	9.31
51.72	278.19	174.64	1346.38	1139.21	9.10	91.94	48.02	40.72
77.39	527.16	319.27	1807.81	1493.25	11.91	115.73	76.36	73.99
196.67	1596.83	571.42	5316.46	4240.74	215.31	397.90	293.17	208.58
2872.34	5318.60	2392.69	14349.54	12391.34	129.84	775.89	937.48	483.62
2530.17	4866.05	1900.97	12913.96	11138.61	304.52	645.86	882.68	481.91
538.83	2049.38	1063.14	6752.04	5493.48	40.63	527.93	347.97	210.29
896.93	816.33	311.30	1437.07	1263.51	12.69	1.09	337.52	89.28
62.14	192.80	106.59	136.24	100.04	2.58	15.87	12.74	10.37
0.58	16.01	2.49	12.78	9.66	0.26	1.63	3.07	0.68
0.47	6.62	1.72	22.10	17.40	0.39	1.99	6.03	0.59
11.46	172.44	57.84	705.21	629.08	1.81	35.42	22.54	15.06
5.97	63.24	28.56	247.15	193.94	2.05	21.77	11.83	8.79
7.26	142.97	46.26	294.88	174.73	29.33	37.19	25.36	21.46
	189.62	38.42	317.67	93.78	161.45	35.32	21.25	33.89
37.84	150.52	51.77	404.76	364.11	1.50	29.20	29.46	8.85
4.14	56.75	29.86	323.46	278.05	2.12	18.26	37.13	8.28
4.72	65.18	15.52	156.79	131.34	0.63	15.48	11.35	5.10
3.00	15.35	5.97	74.33	65.24	0.33	4.75	3.52	2.49
0.11	5.90	3.89	47.77	39.03	0.40	4.54	3.04	1.81
36.42	89.87	54.05	86.53	77.24	0.14	2.72	4.24	4.96
2.08	38.38	15.19	90.30	73.46	0.40	8.67	8.12	3.05
0.67	26.82	8.40	116.56	95.86	1.16	8.42	8.43	2.19
4.56	57.32	96.00	356.95	309.32	44.60	-5.35	5.32	7.49
159.29	410.63	168.90	956.79	781.94	4.42	64.28	43.41	25.92
13.55	89.85	29.23	210.55	164.59	1.07	19.48	17.48	8.17
15.98	30.68	19.13	68.33	59.81	0.13	2.53	3.40	1.42
24.24	179.72	82.21	405.07	342.51	1.81	28.80	29.49	13.54
88.54	391.02	168.74	557.63	432.02	3.29	77.91	34.90	40.94
205.48	513.85	167.82	1883.91	1744.80	8.53	85.60	53.37	64.98
189.27	242.97	97.12	1727.25	1616.93	2.68	23.61	29.25	10.12
27.02	133.39	45.92	423.40	366.42	3.22	27.03	30.79	12.03
86.82	357.75	135.94	967.74	841.87	5.56	65.45	51.88	29.70
50.25	184.60	88.89	551.68	463.68	4.02	47.61	29.94	18.38
250.33	532.65	190.76	1228.79	1056.76	17.02	71.89	77.48	27.46
15.51	29.58	14.97	69.18	61.33	0.37	1.75	7.13	1.83
59.13	579.40	237.72	2610.98	2178.98	13.60	189.22	90.45	92.81
169.59	392.98	258.47	757.78	651.04	4.82	61.77	43.59	27.43
6.79	43.76	7.46	70.93	47.48	0.52	9.76	5.20	2.55
0.50	4.85	1.48	19.21	15.33	0.15	2.00	0.89	0.80
1.03	16.43	2.98	186.75	168.76	2.88	12.14	2.76	24.46
2.61	26.12	6.85	26.27	20.67	0.10	2.65	3.94	0.31
596.20	566.44	333.82	2037.56	1640.48	8.58	134.91	117.28	63.11
19.68	25.31	9.57	55.90	46.08	0.29	6.95	2.50	1.03
8.80	57.34	22.28	19.74	14.86	0.28	1.48	4.55	0.88

13—15 大中型工业企业主要经济效益指标（2013年）
Main Indicators on Economic Benefit of Large and Medium-sized Industrial Enterprises (2013)

行业	Sector
总计	**Total**
总计中：	**Of the Total:**
内资企业	Domestic Funded Enterprise
国有企业	State-owned Enterprise
集体企业	Collective-owned Enterprise
股份合作企业	Share Holding Cooperative Enterprises
联营企业	Joint Owned Enterprises
有限责任公司	Limited Liability Corporations
股份有限公司	Share-holding Corporations Ltd.
私营企业	Private Enterprises
其他企业	Other Enterprises
港澳台商投资企业	Enterprises Funded by Entrepreneurs from Hong Kong, Macao and Taiwan
外商投资企业	Foreign Funded Enterprises
总计中：	**Of the Total:**
轻工业	Light Industry
重工业	Heavy Industry
总计中：	**Of the Total:**
大型企业	Large-sized Enterprises
中型企业	Medium-sized Enterprises
按行业分	**Grouped by Sector**
煤炭开采和洗选业	Mining and Washing of Coal
黑色金属矿采选业	Mining and Processing of Ferrous Metal Ores
有色金属矿采选业	Mining and Processing of Non-Ferrous Metal Ores
非金属矿采选业	Mining and Processing of Nonmetal Ores
开采辅助活动	Mining Auxiliary Activities
农副食品加工业	Processing of Food from Agriculture Products
食品制造业	Manufacture of Foods
酒、饮料和精制茶制造业	Manufacture of Wine, Beverages and Refined Tea
纺织业	Manufacture of Textile
纺织服装、服饰业	Manufacture of Textile Wearing Apparel and Clothing
皮革毛皮羽毛及其制品和制鞋业	Manufacture of Leather, Furs, Feather and Related Products
木材加工及木竹藤棕草制品业	Processing of Timber, Manufacture of Wood, Bamboo, Rattan, Palm and Straw Products
家具制造业	Manufacture of Furniture
造纸及纸制品业	Manufacture of Paper and Paper Products
印刷和记录媒介复制业	Printing, Reproduction of Recording Media
文教工美体育和娱乐用品制造业	Manufacture of Culture, Education, Art, Sports and Entertainment Supplies
石油加工、炼焦和核燃料加工业	Processing of Petroleum, Coking and Processing of Nuclear Fuel
化学原料和化学制品制造业	Manufacture of Raw Chemical Materials and Chemical Products
医药制造业	Manufacture of Medicines
化学纤维制造业	Manufacture of Chemical Fibers
橡胶和塑料制品业	Manufacture of Rubber and Plastics
非金属矿物制品业	Manufacture of Non-metallic Mineral Products
黑色金属冶炼和压延加工业	Smelting and Pressing of Ferrous Metals
有色金属冶炼和压延加工业	Smelting and Pressing of Non-ferrous Metals
金属制品业	Manufacture of Metal Products
通用设备制造业	Manufacture of General Purpose Machinery
专用设备制造业	Manufacture of Special Purpose Machinery
汽车制造业	Manufacture of Automobile
铁路船舶航空航天和其他运输设备制造业	Manufacture of Railroads, Ships, Aerospace and Other Transportation Equipments
电气机械和器材制造业	Manufacture of Electrical Machinery and Equipment
计算机通信和其他电子设备制造业	Manufacture of Computers, Communication and Other Electronic Equipments
仪器仪表制造业	Manufacture of Measuring Instruments and Machinery
其他制造业	Manufacture of Others
废弃资源综合利用业	Industry of Comprehensive Utilization of Waste Resources
金属制品、机械和设备修理业	Industry of Metal Products, Machinery and Equipment Repair
电力、热力生产和供应业	Production and Supply of Electric Power and Heat Power
燃气生产和供应业	Production and Supply of Gas
水的生产和供应业	Production and Supply of Water

总资产贡献率 (%) Ratio of Total Assets to Industrial Output Value (%)	资产负债率 (%) Assets-liability Ratio (%)	流动资产周转次数 (次/年) Number of Times of Annual of Turnover Circulating Funds (times/year)	工业成本费用利润率 (%) Ratio of Profits to Industrial Cost (%)	产品销售率 (%) Proportion of Products Sold (%)
13.45	**61.89**	**2.73**	**6.37**	**97.50**
12.84	62.49	2.65	6.24	97.54
21.21	66.39	4.00	8.39	98.30
36.65	61.36	3.65	15.68	89.88
18.84	35.31	2.52	9.19	97.60
9.18	30.13	2.11	3.99	99.86
10.02	66.48	2.74	4.48	98.08
9.42	59.03	1.76	6.25	96.84
20.05	52.06	3.23	8.55	96.86
75.10	76.26	18.06	9.41	98.57
20.97	60.09	3.88	7.52	96.11
17.35	54.78	2.91	6.70	98.14
25.57	51.52	3.06	8.27	96.95
10.74	64.20	2.62	5.70	97.73
12.09	63.10	2.56	5.23	97.87
17.07	58.65	3.11	8.68	96.85
5.48	72.01	2.66	0.07	99.28
7.38	55.64	1.42	12.38	95.49
12.66	22.36	1.28	14.58	100.76
26.34	44.72	4.58	9.57	96.37
14.77	56.10	3.40	5.22	98.39
29.27	45.21	5.29	9.73	95.05
31.36	49.26	1.92	15.76	92.57
86.01	29.39	1.69	28.70	98.56
14.00	52.23	3.36	7.50	96.52
23.73	54.28	4.92	6.08	98.22
19.22	44.68	2.31	10.69	95.78
24.29	55.06	3.42	6.71	98.46
39.24	66.15	4.77	10.44	99.58
6.30	46.32	2.02	3.21	94.14
18.33	42.10	2.22	10.38	94.10
24.20	48.60	3.92	7.81	97.16
30.47	65.38	8.78	-1.60	91.27
10.72	61.10	2.38	7.01	98.97
18.98	42.50	2.68	10.03	96.04
6.66	66.02	2.07	3.75	96.09
14.34	46.77	2.35	7.49	98.66
17.59	47.40	2.01	15.74	95.40
12.96	62.04	3.45	4.73	99.12
5.71	73.11	3.75	1.41	99.45
14.68	57.79	2.13	6.78	95.39
13.33	55.18	2.06	7.06	96.45
17.01	57.10	2.24	9.32	94.53
8.18	65.62	1.56	5.71	97.36
5.37	66.98	1.38	2.51	102.43
21.37	58.83	2.90	7.64	96.42
10.95	57.06	1.48	8.73	96.53
16.31	44.00	1.43	16.08	97.72
38.40	42.60	4.19	12.12	101.00
95.88	60.50	7.43	7.03	99.56
5.56	51.60	0.73	10.76	99.50
11.61	73.67	10.72	7.84	99.68
9.93	67.29	2.06	13.62	98.35
2.78	42.46	0.79	7.06	95.84

13—16 工业分行业职工人数
Number of Staff and Workers in Industry by Industrial Branch

单位：人（person）

项　　目	Item	2012	2013
总　　计	**Total**	**2993025**	**3156740**
按登记注册类型分	**Grouped Type of Registration**		
国　　有	State-owned	172132	114658
集　　体	Collective-owned	15299	11302
其　　他	Other Ownership	2805594	3030780
按行业分	**Grouped by Sector**		
采掘业	**Mining and Quarrying**	**374001**	**374790**
煤炭开采和洗选业	Mining and Washing of Coal	312911	299874
黑色金属矿采选业	Mining and Processing of Ferrous Metal Ores	31833	41021
有色金属矿采选业	Mining and Processing of Non-Ferrous Metal Ores	12433	12588
非金属矿采选业	Mining and Processing of Nonmetal Ores	16439	20945
开采辅助活动	Mining Auxiliary Activities	385	362
制造业	**Manufacturing**	**2516492**	**2675019**
农副食品加工业	Processing of Food from Agriculture Products	144509	161277
食品制造业	Manufacture of Foods	56877	62693
酒、饮料和精制茶制造业	Manufacture of Wine, Beverages and Refined Tea	70815	68803
烟草制品业	Manufacture of Tobacco	12310	10605
纺织业	Manufacture of Textile	134901	139795
纺织服装、服饰业	Manufacture of Textile Wearing Apparel and Clothing	193162	212431
皮革毛皮羽毛及其制品和制鞋业	Manufacture of Leather, Furs, Feather and Related Products	54409	57450
木材加工及木竹藤棕草制品业	Processing of Timber, Manufacture of Wood, Bamboo, Rattan, Palm and Straw Products	51722	56668
家具制造业	Manufacture of Furniture	20794	23714
造纸及纸制品业	Manufacture of Paper and Paper Products	32951	28629
印刷和记录媒介复制业	Printing, Reproduction of Recording Media	27577	37742
文教工美体育和娱乐用品制造业	Manufacture of Culture, Education, Art, Sports and Entertainment Supplies	47640	56605
石油加工、炼焦和核燃料加工业	Processing of Petroleum, Coking and Processing of Nuclear Fuel	6702	6598
化学原料和化学制品制造业	Manufacture of Raw Chemical Materials and Chemical Products	125864	139839
医药制造业	Manufacture of Medicines	52416	58691
化学纤维制造业	Manufacture of Chemical Fibers	11587	11143
橡胶和塑料制品业	Manufacture of Rubber and Plastics	113689	122530
非金属矿物制品业	Manufacture of Non-metallic Mineral Products	186688	208174
黑色金属冶炼和压延加工业	Smelting and Pressing of Ferrous Metals	115347	108654
有色金属冶炼和压延加工业	Smelting and Pressing of Non-ferrous Metals	54560	56293
金属制品业	Manufacture of Metal Products	134269	127085
通用设备制造业	Manufacture of General Purpose Machinery	157474	167903
专用设备制造业	Manufacture of Special Purpose Machinery	105490	114276
汽车制造业	Manufacture of Automobile	176972	181859
铁路船舶航空航天和其他运输设备制造业	Manufacture of Railroads, Ships, Aerospace and Other Transportation Equipments	28956	26651
电气机械和器材制造业	Manufacture of Electrical Machinery and Equipment	255727	269031
计算机通信和其他电子设备制造业	Manufacture of Computers, Communication and Other Electronic Equipmer	104732	117811
仪器仪表制造业	Manufacture of Measuring Instruments and Machinery	14507	14879
其他制造业	Manufacture of Others	8427	8478
废弃资源综合利用业	Industry of Comprehensive Utilization of Waste Resources	11293	12154
金属制品、机械和设备修理业	Industry of Metal Products, Machinery and Equipment Repair	4125	6558
电力、热力、燃气及水生产和供应业	**Electricity, Heat, Gas and Water Production and Supply Industry**	**102532**	**106931**
电力、热力生产和供应业	Production and Supply of Electric Power and Heat Power	84596	88500
燃气生产和供应业	Production and Supply of Gas	7282	7526
水的生产和供应业	Production and Supply of Water	10654	10905

13—17 各市全部规模以上工业企业单位数和总产值（2013年）
Number Above Designated Size Industrial Enterprises and Gross Industrial Output Value by Region (2013)

单位：亿元（100 million yuan）

地区	Region	企业单位数（个）Number of Enterprises (unit)	#国有及国有控股企业 State-owned or Controlling Share Hold Industry	工业总产值（现价）Gross Industrial Output Value	#国有及国有控股企业 State-owned or Controlling Share Hold Industry	工业增加值（现价）Value-added of Industry	#国有及国有控股企业 State-owned or Controlling Share Hold Industry	工业销售产值（当年价）Value of Industrial Products Sales	#国有及国有控股企业 State-owned or Controlling Share Hold Industry
总　计	**Total**	**16193**	**678**	**33756.82**	**9233.75**	**8646.00**	**2670.89**	**32913.47**	**9042.80**
合肥市	Hefei	2334	176	8274.48	2750.01	1938.77	576.50	8042.56	2688.98
淮北市	Huaibei	732	29	1637.49	523.01	555.25	279.25	1613.42	524.98
亳州市	Bozhou	657	20	743.65	201.08	215.57	85.76	718.04	187.59
宿州市	Suzhou	982	34	1202.50	182.42	315.00	83.38	1174.11	168.28
蚌埠市	Bengbu	738	35	1822.62	284.08	499.90	123.47	1743.99	262.47
阜阳市	Fuyang	1070	26	1357.68	263.40	374.91	107.88	1324.96	256.07
淮南市	Huainan	609	26	1077.69	611.79	416.57	296.56	1063.28	606.48
滁州市	Chuzhou	1253	44	2002.94	307.86	504.25	94.61	1956.04	299.66
六安市	Luan	1018	30	1525.01	139.14	380.29	41.19	1480.87	139.08
马鞍山市	Maanshan	895	49	2377.39	1067.83	578.49	260.17	2312.57	1051.44
芜湖市	Wuhu	1836	63	4808.86	1125.95	1228.20	308.41	4715.30	1120.05
宣城市	Xuancheng	1181	30	1500.68	140.88	355.66	35.60	1464.86	141.41
铜陵市	Tongling	245	35	1780.90	1037.33	419.87	264.13	1760.61	1032.35
池州市	Chizhou	466	18	552.91	81.22	143.32	22.78	542.70	81.81
安庆市	Anqing	1674	52	2580.89	505.04	598.43	88.10	2504.24	469.57
黄山市	Huangshan	503	11	511.13	12.70	121.52	3.09	495.92	12.55

13—18 各市全部规模以上工业总产值（2013年）
Gross Industrial Output Value Industrial Enterprises Above Designated Size by Region (2013)

本表按当年价格计算 (Data in value terms in this table are calculated at current prices)　　单位：亿元（100 million yuan）

地区	Region	工业总产值合计（当年价）Gross Industrial Outpnt Value	国有及国有控股企业 State-owned or Controlling Share Hold Industry	集体企业 Collective-owned Enterprises	股份有限公司 Share Holding Enterprises	港澳台商投资企业 Enterprises Funded by Enterpreneurs form Hong Kong, Macao and Taiwan	外商投资企业 Foreign Funded Enterprises	轻工业 Light Industry	重工业 Heavy Industry
总　计	**Total**	**33756.82**	**9233.75**	**84.63**	**3753.80**	**1697.39**	**2434.52**	**11008.48**	**22748.35**
合肥市	Hefei	8274.48	2750.01	22.67	995.84	599.99	1087.36	2881.45	5393.03
淮北市	Huaibei	1637.49	523.01	1.86	57.20	48.32	33.77	530.17	1107.32
亳州市	Bozhou	743.65	201.08	3.26	82.62	2.51	3.49	466.27	277.38
宿州市	Suzhou	1202.50	182.42	2.45	83.30	55.80	19.79	593.98	608.52
蚌埠市	Bengbu	1822.62	284.08	4.14	197.44	87.76	27.30	776.95	1045.67
阜阳市	Fuyang	1357.68	263.40	2.42	66.85	11.07	45.96	646.37	711.31
淮南市	Huainan	1077.69	611.79	6.00	106.26	62.33	16.69	180.24	897.45
滁州市	Chuzhou	2002.94	307.86	8.83	151.14	97.96	153.88	786.99	1215.95
六安市	Luan	1525.01	139.14	4.53	155.27	20.42	77.30	796.74	728.27
马鞍山市	Maanshan	2377.39	1067.83	5.14	747.98	51.90	164.95	348.48	2028.91
芜湖市	Wuhu	4808.86	1125.95	4.70	676.31	227.12	624.88	1020.82	3788.03
宣城市	Xuancheng	1500.68	140.88	3.32	200.93	24.37	64.36	402.92	1097.76
铜陵市	Tongling	1780.90	1037.33	0.40	26.06	335.61	49.20	48.06	1732.84
池州市	Chizhou	552.91	81.22	0.91	39.01	8.12	14.85	123.42	429.48
安庆市	Anqing	2580.89	505.04	13.01	152.25	55.85	45.09	1156.76	1424.13
黄山市	Huangshan	511.13	12.70	1.00	15.34	8.26	5.66	248.85	262.28

13—19 各市全部规模以上工业企业主要经济指标（2013年）

Main Indicators Above Designated Size Industrial Enterprises by Region (2013)

单位：亿元（100 million yuan）

地 区 Region	企业单位数（个）Number of Enterprises (unit)	工业总产值（现价）Gross Industrial Output Value	工业销售产值（当年价）Value of Industrial Products Sales	资产合计 Total Assets	流动资产合计 Circulating Funds	固定资产合计 Total of Fixed Assets	固定资产原价 Original Value of Fixed Assets	负债合计 Total Liabilities
总 计 Total	**16193**	**33756.82**	**32913.47**	**25906.17**	**11392.83**	**10681.91**	**15416.55**	**15367.17**
合肥市 Hefei	2334	8274.48	8042.56	5651.06	2690.77	2282.33	4084.48	3328.65
淮北市 Huaibei	732	1637.49	1613.42	2076.94	609.85	977.27	1298.61	1308.06
亳州市 Bozhou	657	743.65	718.04	503.06	213.72	209.94	270.19	295.87
宿州市 Suzhou	982	1202.50	1174.11	637.26	237.28	306.78	408.16	344.52
蚌埠市 Bengbu	738	1822.62	1743.99	950.51	503.51	304.13	499.68	524.55
阜阳市 Fuyang	1070	1357.68	1324.96	833.92	366.61	348.27	584.16	464.22
淮南市 Huainan	609	1077.69	1063.28	2077.81	477.35	1381.24	1396.82	1462.57
滁州市 Chuzhou	1253	2002.94	1956.04	1415.20	682.41	552.87	719.98	790.66
六安市 Luan	1018	1525.01	1480.87	1022.01	448.28	395.39	453.92	580.85
马鞍山市 Maanshan	895	2377.39	2312.57	2270.51	955.18	875.70	1357.42	1302.86
芜湖市 Wuhu	1836	4808.86	4715.30	3777.16	1953.81	1334.47	1989.79	2256.60
宣城市 Xuancheng	1181	1500.68	1464.86	964.28	509.08	324.27	416.78	540.62
铜陵市 Tongling	245	1780.90	1760.61	1504.79	741.35	486.88	652.39	1041.09
池州市 Chizhou	466	552.91	542.70	475.75	188.19	223.28	302.10	267.60
安庆市 Anqing	1674	2580.89	2504.24	1436.65	631.44	583.47	849.09	695.20
黄山市 Huangshan	503	511.13	495.92	309.27	184.00	95.62	133.00	163.23

地 区 Region	#流动负债 Liquid Liabilities	所有者权益 Creditors Equity	#实收资本 Total Capital Hold	主营业务收入 Revenue from principal Business	主营业务成本 Cost of Principal Business	主营业务税金及附加 Business and Extra Charges	利润总额 Total Profits	本年应交增值税 Value Added Tax Payable
总 计 Total	**11153.29**	**10428.50**	**4913.50**	**33788.82**	**28867.56**	**427.44**	**2108.77**	**1023.47**
合肥市 Hefei	2564.41	2286.87	1033.57	7830.86	6714.47	90.59	508.10	245.69
淮北市 Huaibei	798.03	764.53	219.90	2244.83	1963.07	17.56	61.46	58.33
亳州市 Bozhou	203.04	202.19	84.73	700.23	544.68	12.04	82.66	23.39
宿州市 Suzhou	206.22	301.87	142.63	1169.29	1035.77	7.89	60.17	29.27
蚌埠市 Bengbu	404.02	418.85	172.11	1672.42	1407.46	52.44	62.06	27.76
阜阳市 Fuyang	350.51	367.63	125.28	1299.85	1083.65	32.51	84.60	63.14
淮南市 Huainan	926.41	614.08	430.95	1072.55	943.34	8.54	19.01	54.89
滁州市 Chuzhou	612.85	611.53	308.98	1967.11	1573.18	26.82	219.46	63.25
六安市 Luan	431.91	430.30	190.82	1467.50	1252.23	14.96	119.01	31.93
马鞍山市 Maanshan	926.50	963.20	469.38	2581.71	2273.53	12.40	151.20	77.70
芜湖市 Wuhu	1673.45	1512.93	731.45	4515.50	3833.94	73.67	276.03	167.70
宣城市 Xuancheng	411.85	414.78	279.42	1453.12	1244.95	7.71	128.15	50.67
铜陵市 Tongling	763.52	464.61	213.12	2213.74	1986.60	3.99	63.11	32.21
池州市 Chizhou	204.51	203.24	93.77	544.62	438.76	3.31	52.74	17.58
安庆市 Anqing	547.41	726.65	363.70	2564.50	2158.17	60.02	186.98	63.98
黄山市 Huangshan	128.65	145.22	53.67	490.98	413.79	2.99	34.00	15.98

13—20　各市国有控股工业企业主要经济指标（2013年）

Main Indicators of State-owned and State Holding Majority Shares Industrial Enterprises by Region (2013)

单位：亿元（100 million yuan）

地　区	Region	企业单位数（个）Number of Enterprises (unit)	工业总产值（现价）Gross Industrial Output Value	工业销售产值（当年价）Value of Industrial Products Sales	资产合计 Total Assets	流动资产合计 Circulating Funds	固定资产合计 Total of Fixed Assets	固定资产原价 Original Value of Fixed Assets	负债合计 Total Liabilities
总　计	**Total**	**678**	**9233.75**	**9042.80**	**12146.48**	**3990.33**	**6145.34**	**8309.26**	**8026.78**
合肥市	Hefei	176	2750.01	2688.98	2700.02	975.04	1425.57	2154.98	1660.52
淮北市	Huaibei	29	523.01	524.98	1539.57	371.53	751.15	921.61	1077.42
亳州市	Bozhou	20	201.08	187.59	185.59	56.75	104.89	153.20	140.83
宿州市	Suzhou	34	182.42	168.28	188.30	34.80	127.09	211.54	148.12
蚌埠市	Bengbu	35	284.08	262.47	330.08	164.90	98.43	138.88	175.19
阜阳市	Fuyang	26	263.40	256.07	305.76	89.18	155.88	223.62	178.84
淮南市	Huainan	26	611.79	606.48	1750.23	314.74	1257.25	1198.78	1260.16
滁州市	Chuzhou	44	307.86	299.66	355.77	101.89	184.48	232.03	239.82
六安市	Luan	30	139.14	139.08	159.37	27.33	117.99	147.39	130.28
马鞍山市	Maanshan	49	1067.83	1051.44	1414.95	521.69	638.19	1040.31	863.82
芜湖市	Wuhu	63	1125.95	1120.05	1485.21	679.36	542.98	783.16	974.47
宣城市	Xuancheng	30	140.88	141.41	151.68	52.44	91.40	141.43	111.92
铜陵市	Tongling	35	1037.33	1032.35	1072.36	475.10	362.49	495.93	774.16
池州市	Chizhou	18	81.22	81.81	115.57	27.44	71.75	112.25	65.29
安庆市	Anqing	52	505.04	469.57	375.31	93.64	204.69	335.17	214.50
黄山市	Huangshan	11	12.70	12.55	16.70	4.49	11.12	18.97	11.45

地　区	Region	#流动负债 Liquid Liabilities	所有者权益 Creditors Equity	#实收资本 Total Capital Hold	主营业务收入 Revenue from principal Business	主营业务成本 Cost of Principal Business	主营业务税金及附加 Business and Extra Charges	利润总额 Total Profits	本年应交增值税 Value Added Tax Payable
总　计	**Total**	**5128.78**	**4111.50**	**1835.26**	**10241.64**	**8745.53**	**271.35**	**455.28**	**359.25**
合肥市	Hefei	1179.57	1032.90	444.23	2603.96	2294.85	55.45	120.04	78.13
淮北市	Huaibei	614.87	460.23	100.37	1150.14	1010.16	6.06	10.57	39.46
亳州市	Bozhou	73.41	44.76	16.72	169.24	95.51	7.48	40.11	13.68
宿州市	Suzhou	54.89	42.43	24.01	165.84	147.63	1.52	2.92	9.43
蚌埠市	Bengbu	113.93	154.80	53.53	244.35	128.42	43.92	20.86	13.41
阜阳市	Fuyang	113.73	126.91	26.66	241.51	156.76	21.44	17.05	13.87
淮南市	Huainan	758.64	490.07	357.61	614.07	537.68	6.39	-2.61	44.69
滁州市	Chuzhou	134.08	115.19	67.99	305.75	209.01	19.50	31.30	11.25
六安市	Luan	84.45	29.00	24.04	139.15	106.60	1.13	24.50	4.95
马鞍山市	Maanshan	594.04	550.24	257.44	1319.07	1175.08	5.31	46.72	34.99
芜湖市	Wuhu	601.04	509.68	139.10	1025.03	847.23	53.64	80.72	47.08
宣城市	Xuancheng	59.31	39.03	31.12	141.59	117.68	0.75	17.07	5.54
铜陵市	Tongling	535.07	300.18	122.30	1506.88	1402.05	2.95	28.26	26.00
池州市	Chizhou	39.73	50.13	30.12	84.48	56.72	0.38	8.75	3.78
安庆市	Anqing	168.36	160.70	138.89	518.03	448.92	45.38	8.76	12.52
黄山市	Huangshan	3.66	5.25	1.12	12.57	11.24	0.03	0.25	0.49

13—21 各市外商投资和港澳台工业企业主要经济指标（2013年）

Main Indicators on Economic Benefit of Industrial Enterprises with Hong Kong, Macao, Taiwan and Foreign Funds by Region (2013)

单位：亿元（100 million yuan）

地区	Region	企业单位数（个）Number of Enterprises (unit)	工业总产值（现价）Gross Industrial Output Value	工业销售产值（当年价）Value of Industrial Products Sales	资产合计 Total Assets	流动资产合计 Circulating Funds	固定资产合计 Total of Fixed Assets	固定资产原价 Original Value of Fixed Assets	负债合计 Total Liabilities
总计	**Total**	**785**	**4131.90**	**4021.36**	**2459.36**	**1276.59**	**890.50**	**1514.47**	**1377.88**
合肥市	Hefei	190	1687.35	1662.81	899.70	520.41	294.02	578.89	512.01
淮北市	Huaibei	26	82.09	74.51	67.36	23.07	31.35	79.03	35.90
亳州市	Bozhou	7	5.99	5.91	3.35	1.25	1.86	1.97	1.39
宿州市	Suzhou	27	75.59	75.16	47.47	25.25	18.43	14.89	20.06
蚌埠市	Bengbu	33	115.06	108.19	67.73	34.95	22.81	30.41	36.68
阜阳市	Fuyang	21	57.03	54.60	54.27	14.63	29.59	49.05	30.92
淮南市	Huainan	19	79.02	77.03	114.79	38.67	54.67	109.34	77.63
滁州市	Chuzhou	79	251.84	246.06	174.18	77.17	80.35	116.12	102.92
六安市	Luan	21	97.72	95.82	68.14	35.80	26.28	33.33	24.70
马鞍山市	Maanshan	55	216.85	202.14	129.41	62.83	44.03	65.70	74.68
芜湖市	Wuhu	142	852.01	819.23	555.87	300.17	183.34	305.73	307.64
宣城市	Xuancheng	50	88.73	86.35	65.05	41.49	16.38	24.51	33.86
铜陵市	Tongling	25	384.80	379.45	110.17	59.68	40.34	47.65	68.52
池州市	Chizhou	18	22.97	21.22	31.90	11.00	18.54	19.77	19.76
安庆市	Anqing	52	100.94	99.95	60.38	24.46	25.95	34.71	25.46
黄山市	Huangshan	20	13.92	12.93	9.58	5.73	2.58	3.37	5.73

地区	Region	#流动负债 Liquid Liabilities	所有者权益 Creditors Equity	#实收资本 Total Capital Hold	主营业务收入 Revenue from principal Business	主营业务成本 Cost of Principal Business	主营业务税金及附加 Business and Extra Charges	利润总额 Total Profits	本年应交增值税 Value Added Tax Payable
总计	**Total**	**1171.07**	**1053.93**	**668.26**	**3821.15**	**3199.00**	**24.60**	**260.36**	**133.53**
合肥市	Hefei	423.12	371.40	239.29	1554.35	1320.22	12.19	92.46	64.23
淮北市	Huaibei	24.28	30.26	24.28	75.62	65.09	0.59	4.73	1.50
亳州市	Bozhou	1.29	1.81	1.64	5.39	4.89	0.10	0.24	0.04
宿州市	Suzhou	18.10	26.60	7.80	73.95	62.16	0.49	9.11	3.26
蚌埠市	Bengbu	30.92	28.16	20.15	102.98	88.51	1.23	3.18	1.64
阜阳市	Fuyang	20.70	23.11	16.28	51.93	44.30	0.90	4.71	2.57
淮南市	Huainan	60.89	37.16	30.25	73.98	61.11	0.46	9.30	3.30
滁州市	Chuzhou	83.74	70.48	51.95	250.19	208.38	0.57	25.49	7.83
六安市	Luan	20.23	41.34	8.58	78.60	60.43	2.11	7.94	2.39
马鞍山市	Maanshan	66.20	54.62	45.62	210.76	177.16	1.56	23.43	9.75
芜湖市	Wuhu	290.07	246.78	138.26	762.98	633.72	2.82	42.99	27.62
宣城市	Xuancheng	32.86	30.94	17.28	85.19	73.85	0.47	5.60	3.63
铜陵市	Tongling	59.07	41.65	30.10	364.56	290.80	0.18	22.56	1.74
池州市	Chizhou	13.61	12.07	11.29	21.70	17.65	0.21	1.29	0.83
安庆市	Anqing	20.98	33.70	23.27	95.70	79.59	0.63	6.58	2.91
黄山市	Huangshan	5.00	3.85	2.23	13.26	11.15	0.09	0.75	0.31

13—22　各市私营工业企业主要经济指标（2013年）
Main Indicators of Private Enterprises by Region (2013)

单位：亿元（100 million yuan）

地　区	Region	企业单位数（个）Number of Enterprises (unit)	工业总产值（现价）Gross Industrial Output Value	工业销售产值（当年价）Value of Industrial Products Sales	资产合计 Total Assets	流动资产合计 Circulating Funds	固定资产合计 Total of Fixed Assets	固定资产原价 Original Value of Fixed Assets	负债合计 Total Liabilities
总　计	**Total**	**11806**	**14084.99**	**13707.04**	**7004.99**	**3767.75**	**2380.81**	**3779.35**	**3579.26**
合肥市	Hefei	1615	2265.86	2173.00	1134.68	657.54	355.32	1004.06	611.56
淮北市	Huaibei	542	824.41	807.49	335.66	150.95	155.79	256.72	141.31
亳州市	Bozhou	254	189.64	187.53	117.14	57.09	33.74	38.90	60.48
宿州市	Suzhou	520	513.75	504.77	189.77	83.56	73.81	85.26	72.74
蚌埠市	Bengbu	488	908.19	873.88	237.18	132.77	77.21	169.97	123.80
阜阳市	Fuyang	826	636.33	622.35	280.07	155.84	101.35	183.09	134.35
淮南市	Huainan	431	245.61	239.44	109.24	62.84	35.89	42.12	52.65
滁州市	Chuzhou	1072	1318.36	1286.34	750.69	426.28	252.64	325.38	388.47
六安市	Luan	875	1008.67	977.41	619.69	283.76	201.49	212.32	325.93
马鞍山市	Maanshan	755	991.32	961.78	531.86	299.12	151.32	190.68	284.18
芜湖市	Wuhu	1372	1893.20	1859.24	1017.77	557.58	364.09	539.97	538.49
宣城市	Xuancheng	1045	1024.04	994.80	535.43	295.17	163.99	186.50	298.17
铜陵市	Tongling	122	140.11	134.34	134.49	82.33	34.08	37.66	83.96
池州市	Chizhou	270	289.49	283.84	195.38	84.35	92.73	109.47	95.17
安庆市	Anqing	1247	1495.61	1470.37	629.53	324.64	231.31	323.15	269.86
黄山市	Huangshan	372	340.41	330.46	186.42	113.91	56.03	74.12	98.13

地　区	Region	#流动负债 Liquid Liabilities	所有者权益 Creditors Equity	#实收资本 Total Capital Hold	主营业务收入 Revenue from principal Business	主营业务成本 Cost of Principal Business	主营业务税金及附加 Business and Extra Charges	利润总额 Total Profits	本年应交增值税 Value Added Tax Payable
总　计	**Total**	**2960.48**	**3363.26**	**1617.88**	**13665.18**	**11767.30**	**80.78**	**967.52**	**344.02**
合肥市	Hefei	521.05	513.60	225.73	2161.81	1828.44	10.84	163.28	54.04
淮北市	Huaibei	119.10	192.82	71.55	815.48	719.01	6.13	33.68	13.53
亳州市	Bozhou	54.33	55.12	22.02	183.78	155.70	0.91	15.04	3.33
宿州市	Suzhou	53.35	116.52	62.57	504.38	450.71	3.81	24.72	6.41
蚌埠市	Bengbu	103.38	109.70	40.44	846.81	759.70	4.03	24.23	6.98
阜阳市	Fuyang	111.95	145.12	59.19	622.07	540.89	5.44	41.00	19.46
淮南市	Huainan	46.07	55.70	24.10	238.24	211.45	0.74	10.92	2.58
滁州市	Chuzhou	335.15	351.22	156.77	1288.37	1062.05	6.10	147.93	38.46
六安市	Luan	251.52	286.25	129.81	976.24	852.54	4.97	67.56	18.05
马鞍山市	Maanshan	219.68	244.28	108.56	955.22	838.27	5.24	75.55	28.30
芜湖市	Wuhu	430.89	475.71	284.11	1863.48	1614.68	11.84	103.11	64.92
宣城市	Xuancheng	262.40	229.53	213.90	998.16	866.37	5.62	81.82	33.64
铜陵市	Tongling	67.77	50.31	29.48	133.01	116.10	0.40	5.22	1.96
池州市	Chizhou	84.50	96.36	26.71	284.25	238.24	1.61	27.62	7.88
安庆市	Anqing	216.23	353.46	132.30	1468.19	1238.01	10.98	122.45	35.70
黄山市	Huangshan	83.12	87.56	30.64	325.69	275.13	2.09	23.37	8.81

13—23 各市大中型工业企业主要经济指标（2013年）
Main Indicators of Large-scale and Medium-scale Industrial Enterprises by Region (2013)

单位：亿元（100 million yuan）

地 区	Region	企业单位数（个）Number of Enterprises (unit)	工业总产值（现价）Gross Industrial Output Value	工业销售产值（当年价）Value of Industrial Products Sales	资产合计 Total Assets	流动资产合计 Circulating Funds	固定资产合计 Total of Fixed Assets	固定资产原价 Original Value of Fixed Assets	负债合计 Total Liabilities
总 计	**Total**	**1758**	**19169.39**	**18689.96**	**18263.63**	**7355.41**	**7987.88**	**11326.78**	**11302.71**
合 肥 市	Hefei	340	6044.62	5900.68	4329.61	1954.54	1875.60	3104.72	2590.05
淮 北 市	Huaibei	95	874.86	866.54	1760.51	470.79	834.50	1042.70	1193.34
亳 州 市	Bozhou	56	335.19	317.44	266.38	97.85	128.35	182.29	174.50
宿 州 市	Suzhou	87	427.74	411.85	289.32	92.96	155.19	225.82	187.79
蚌 埠 市	Bengbu	114	705.68	659.73	518.48	250.03	167.79	251.00	274.11
阜 阳 市	Fuyang	96	675.26	654.67	524.02	188.62	243.27	422.53	314.36
淮 南 市	Huainan	48	780.42	773.07	1915.90	387.18	1329.08	1332.27	1376.42
滁 州 市	Chuzhou	153	979.73	951.82	793.95	349.12	324.69	430.20	454.03
六 安 市	Luan	118	653.95	634.22	545.80	220.24	211.90	257.85	327.21
马鞍山市	Maanshan	91	1363.70	1323.96	1796.90	678.49	740.11	1179.06	1043.59
芜 湖 市	Wuhu	205	2864.69	2815.51	2719.16	1392.62	941.63	1446.04	1669.87
宣 城 市	Xuancheng	90	538.00	527.63	450.76	232.88	149.37	199.72	243.98
铜 陵 市	Tongling	40	1539.67	1523.79	1280.83	620.50	405.03	551.28	901.40
池 州 市	Chizhou	25	155.52	150.46	215.95	65.65	117.34	142.53	118.74
安 庆 市	Anqing	175	1135.59	1086.38	762.98	298.56	333.67	512.13	397.37
黄 山 市	Huangshan	25	94.77	92.21	93.08	55.39	30.39	46.64	35.95

地 区	Region	#流动负债 Liquid Liabilities	所有者权益 Creditors Equity	#实收资本 Total Capital Hold	主营业务收入 Revenue from principal Business	主营业务成本 Cost of Principal Business	主营业务税金及附加 Business and Extra Charges	利润总额 Total Profits	本年应交增值税 Value Added Tax Payable
总 计	**Total**	**7898.26**	**6915.43**	**2964.11**	**19666.00**	**16632.09**	**345.15**	**1173.78**	**692.20**
合 肥 市	Hefei	1969.14	1715.89	734.96	5714.96	4918.13	80.43	352.63	198.47
淮 北 市	Huaibei	708.83	565.17	142.23	1490.07	1302.38	11.45	27.57	45.75
亳 州 市	Bozhou	98.64	89.82	28.82	297.78	197.19	10.26	52.62	17.02
宿 州 市	Suzhou	87.19	113.92	36.36	409.11	361.52	2.92	17.63	19.72
蚌 埠 市	Bengbu	194.04	241.13	87.52	604.96	447.67	47.95	28.72	17.37
阜 阳 市	Fuyang	225.35	209.39	58.89	632.93	502.10	27.15	42.07	44.71
淮 南 市	Huainan	853.94	539.48	393.17	783.54	687.50	7.48	6.67	51.39
滁 州 市	Chuzhou	356.11	332.03	156.05	963.83	728.78	22.53	119.77	37.77
六 安 市	Luan	241.55	214.02	81.41	627.57	514.37	10.80	65.39	16.86
马鞍山市	Maanshan	707.68	751.50	344.84	1611.79	1411.60	6.47	80.52	43.99
芜 湖 市	Wuhu	1203.48	1047.28	436.39	2640.58	2189.78	62.30	181.40	110.66
宣 城 市	Xuancheng	160.57	202.14	62.78	511.17	418.38	2.81	59.40	20.17
铜 陵 市	Tongling	644.47	380.66	158.84	1974.32	1785.01	3.27	44.08	27.42
池 州 市	Chizhou	95.71	97.21	25.91	155.80	117.19	0.38	16.45	6.44
安 庆 市	Anqing	323.44	358.65	203.55	1155.84	975.96	48.64	70.84	31.44
黄 山 市	Huangshan	28.11	57.13	12.38	91.76	74.52	0.31	8.03	3.02

13—24 主要工业产品产量
Output of Major Industrial Products

项目		Item		2000	2005	2010	2012	2013
原　煤	（万吨）	Raw Coal	(10000 tons)	4790	8434	13030	15049	13880
洗　煤	（万吨）	Coal Washing	(10000 tons)	464	823	1603	2651	4349
铁矿石原矿量	（万吨）	Iron Ore Products	(10000 tons)	836	1100	3237	4199	5081
铜金属含量	（吨）	Amount Contained of Copper	(ton)	45564	66466	129145	175117	184103
混合饲料	（万吨）	Blending Feed	(10000 tons)	102.9	161.0	121.9	83.6	91.7
原　盐	（吨）	Raw Salt	(ton)	328413	567340	1461487	1419551	1561366
大　米	（吨）	Rice	(ton)	951857	1567509	10421141	14247000	15769573
食用植物油	（万吨）	Edible Vegetable Oil	(10000 tons)	39.72	49.99	66.23	127	115
乳制品	（吨）	Dairy Products	(ton)	14970	54343	664812	752301	940515
罐　头	（吨）	Can (tin)	(ton)	24897	61143	308924	423870	479429
鲜、冻畜肉	（万吨）	Fresh and Frozen Meat	(10000 tons)	10.2	14.8	59.0	74.0	90.3
糖　果	（吨）	Candy	(ton)	6740	4289	27682	61684	41312
酱　油	（吨）	Soy Sauce	(ton)	22367	7021	41281	119222	125661
发酵酒精	（万千升）	Fermented Alcohol	(10000 kl)	9.5	25.5	68.0	24.9	23.2
白　酒	（万千升）	Liquor	(10000 kl)	46.7	22.4	48.0	40.8	40.2
啤　酒	（万千升）	Beer	(10000 kl)	119.3	115.5	154.1	149.8	163.6
精制茶	（吨）	Refined Tea	(ton)	9951	57042	178927	214866	222543
卷　烟	（亿支）	Cigarettes	(100 million pieces)	788.5	1030.6	1225.9	1286.1	1313.4
纱	（吨）	Yarn	(ton)	275052	383057	565419	819219	899691
布	（万米）	Cloth	(10000 m)	74047	56293	108663	97447	100123
棉　布	（万米）	Cotton Cloth	(10000 m)	35778	37373	82439	46561	37562
印染布	（万米）	Printing and Dyeing Cloth	(10000 m)	14377	18332	18392	10645	12779
绒线（毛线）	（吨）	Knitting Wool	(ton)	31	1996	528	1905	1795
麻袋（混合数）	（万条）	Gunny Sack	(10000 pieces)	1238	413	194		
丝	（吨）	Silk	(ton)	2118	3807	6438	8139	8909
丝织品	（万米）	Silk Fabrics	(10000 m)	3446	2867	4005	7673	7766
服　装	（万件）	Clothing	(10000 units)	6283	11288	53505	80695	84944
梭织服装		Shuttled Clothing		3799	5079	30888	57142	57743
针织服装		Knit Clothing		2433	3625	22617	23553	27201
人造板	（万立方米）	Man-made Board	(10000 cu.m)	65.4	200.2	573.0	1314.5	1093.2
机制纸及纸板	（万吨）	Machine-made Paper and Paperboard	(10000 tons)	55.0	111.1	221.1	222.7	226.9

13—24 续表1 continued

项目		Item		2000	2005	2010	2012	2013
纸制品	(吨)	Paper Products	(ton)	53876	228047	690161	1058801	1118713
原油加工量	(万吨)	Volume of Processed Crude Oil	(10000 tons)	344.8	416.0	476.6	420.4	550.8
汽　油	(万吨)	Gasoline	(10000 tons)	79.4	86.0	97.0	83.1	126.9
柴　油	(万吨)	Diesel Oil	(10000 tons)	151.9	177.4	196.0	180.0	225.1
燃料油	(万吨)	Fuel Oil	(10000 tons)	10.7	8.3	12.4	6.0	4.6
液化石油气	(万吨)	Liquefied Petroleum	(10000 tons)	20.4	30.5	34.1	44.5	43.8
焦　炭	(万吨)	Coke	(10000 tons)	330.2	487.9	839.6	898.9	904.4
硫酸（折100%）	(万吨)	Sulfuric Acid (100%)	(10000 tons)	143.1	202.5	439.7	478.9	584.2
浓硝酸（折100%）	(万吨)	Enriched Nitric Acid (100%)	(10000 tons)	13.6	32.5	54.5	67.2	71.2
氢氧化钠（烧碱）（折100%）	(万吨)	Caustic Soda (100%)	(10000 tons)	10.8	18.8	29.0	35.3	47.0
碳酸钠（纯碱）	(万吨)	Soda Ash	(10000 tons)	8.1	24.1	35.4	49.4	54.7
合成氨	(万吨)	Synthetic Ammonia	(10000 tons)	179.4	231.4	266.4	294.4	331.3
农用氮肥磷钾化学肥料总计	(万吨)	Chemical Fertilizers	(10000 tons)	157.6	204.1	255.4	309.8	325.8
氮肥（折含N100%）	(万吨)	Nitrogen Fertilizers	(10000 tons)	120.9	148.2	201.5	246.0	256.9
磷　肥	(万吨)	Phosphate Fertilizers	(10000 tons)	36.5	55.9	54.0	63.8	68.8
化学农药	(万吨)	Chemical Pesticide	(10000 tons)	1.8	3.7	15.1	25.0	19.8
塑料树脂及共聚物	(吨)	Plastics	(ton)	71687	268920	568858	572838	750419
肥　皂	(吨)	Soap	(ton)	20326	22803	20704		
合成洗涤剂	(万吨)	Synthetic Detergents	(10000 tons)	39.8	41.3	74.6	77.7	89.6
牙膏（自然支）	(万支)	Toothpaste	(10000 units)	6941	65764	77835		
化学原料药	(吨)	Chemical Medicine	(ton)	4807	18960	9208	22334	23619
中成药	(吨)	Traditional Chinese Medicine	(ton)	9371	9672	26190	33290	43552
化学纤维	(万吨)	Chemical Fiber	(10000 tons)	12.4	11.4	22.0	26.2	32.7
轮胎外胎	(万条)	Tires	(10000 units)	574.0	1073.6	3744.3	2517.4	2944.7
塑料制品	(吨)	Plastic Products	(ton)	321435	735029	1867544	2117729	2273262
塑料薄膜	(吨)	Plastic Film	(ton)	28057	173228	166674	210676	208880
水　泥	(万吨)	Cement	(10000 tons)	2136	3218	7874	10870	12131
大理石板材	(万平方米)	Marble Plate	(10000 sq.m)	2.01	3.30	13.90	124.12	228.80
花岗石板材	(万平方米)	Granite Plate	(10000 sq.m)	4.07	11.60	109.82	397.48	434.10
平板玻璃	(万重量箱)	Plate Glass	(10000 weight cases)	151.5	507.7	1044.3	2388.1	3002.8
生　铁	(万吨)	Pig Iron	(10000 tons)	524.3	1105.7	1844.9	1926.6	2017.3
钢	(万吨)	Steel	(10000 tons)	460.6	1105.6	1853.8	2147.0	2787.5

13—24 续表2 continued

项目		Item		2000	2005	2010	2012	2013
钢　材	（万吨）	Rolled Steel	(10000 tons)	431.7	1141.6	2446.4	2765.4	3138.6
铁道用钢材		Steel Use for Railway		9.0	14.8	11.9	18.8	15.0
中小型钢材		Rolled-steel, Medium and Small		185.3	124.7	158.5	212.4	312.5
无缝钢管		Seamless Steel Pipe		3.0	25.4	20.0	97.4	81.3
线　材		Wire Rod		105.8	171.9	301.1	299.5	319.2
铜	（万吨）	Copper	(10000 tons)	22.8	35.9	83.1	92.3	121.1
工业锅炉	（蒸吨）	Industrial Boilers	(ton)	779	2478	5196	26877	25799
内燃机	（万千瓦）	Internal Combustion Engines	(10000 kw)	265.7	713.1			
金属切削机床	（台）	Metal-cutting Machine Tools	(unit)	4743	11769	26283	60012	71846
起重设备	（吨）	Derrick Equipment	(ton)	2761	54935	334543	731915	843374
叉　车	（台）	Forklift	(unit)	10017	20303	40613	72878	64130
泵	（台）	Pump	(unit)	97578	82312	409494	1236962	1411119
轴　承	（万套）	Bearing	(10000 sets)	3212	8055	23665	60944	47825
矿山设备	（吨）	Mining Equipment	(ton)	39769	112593	74055	321376	344676
小型拖拉机	（台）	Mini-tractors	(unit)	168271	119899	17833	19583	21311
农业运输机械	（辆）	Machinery for Agricultural Transportation	(unit)	250987	32287			
汽　车	（辆）	Motor Vehicles	(unit)	107187	401087	1244735	1085175	1030513
载货汽车		Trucks		37441	116639	273645	249223	284317
公路汽车		Coach		69452	84980	78426	60055	45838
交流电动机	（万千瓦）	Alternating Current Motor	(10000 kw)	164.4	515.8	1599.5	1771.0	1948.4
变压器	（万千伏安）	Transformer	(10000 KVA)	520.3	1758.6	4136.9	3616.5	4232.0
蓄电池	（千伏安时）	Storage Battery	(KVA.h)	143046	806458	6610665	8044890	12347384
家用洗衣机	（万台）	Household Washing Machines	(10000 units)	131.7	441.8	1267.0	1499.3	1697.8
家用电冰箱	（万台）	Household Refrigerators	(10000 units)	169.9	530.4	2078.9	2589.1	2973.9
电风扇	（万台）	Electric Fans	(10000 units)	11.00	2.93		42	40
房间空气调节器	（万台）	Air Conditioners	(10000 units)	115.80	515.00	1666.08	2992.9	3046.7
电视机	（万部）	TV Sets	(10000 units)	159.7	374.4	395.3	610.5	561.8
＃彩色电视机		Color TV		156.1	374.4	395.3	610.5	561.8
微型电子计算机	（部）	Micro-computers	(unit)	141777	42737	18118	3393618	6718042
发电量	（亿千瓦时）	Electricity	(100 million kwh)	368.1	645.7	1443.9	1767.5	1958.4
火　电		Thermal Power		363.5	634.9	1420.2	1649.5	1926.7
水　电		Hydropower		4.58	10.87	18.85	19.62	25.8
煤　气	（亿立方米）	Gas	(100 million cu.m)	90.9	147.6	286.6	274.3	282.4

13—25 各市主要工业产品产量（2013年）
Output of Major Industrial Products by Region (2013)

项目		Item		合肥市 Hefei	淮北市 Huaibei	亳州市 Bozhou	宿州市 Suzhou
铁矿石原矿量	（万吨）	Iron Ore Products	(10000 tons)	438.7	196.9		
原　盐	（万吨）	Raw Salt	(10000 tons)				
大　米	（万吨）	Rice	(10000 tons)	308.4			3.6
混合饲料	（万吨）	Blending Feed	(10000 tons)	3.5	19.2		2.4
食用植物油	（万吨）	Edible Vegetable Oil	(10000 tons)	24.7	2.7	2.1	0.9
白　酒	（千升）	Liquor	(kl)	2918.0	33568.0	126615.0	6773.0
精制茶	（吨）	Refined Tea	(ton)	7117.9			
纱	（吨）	Yarn	(ton)	19836.3	63189.0	14554.1	82700.2
布	（万米）	Cloth	(10000 m)	4467.1	8796.4	2154.0	4807.6
机制纸及纸板	（万吨）	Machine-made Paper and Paperboard	(10000 tons)	13.3		1.1	28.0
原油加工量	（万吨）	Volume of Processed Crude Oil	(10000 tons)				
农用氮肥磷钾化学肥料总计	（万吨）	Chemical Fertilizers	(10000 tons)	25.4		15.8	49.0
中成药	（吨）	Traditional Chinese Medicine	(ton)	4953.6	64.7		4243.0
化学纤维	（万吨）	Chemical Fiber	(10000 tons)	5.3			
轮胎外胎	（万条）	Tires	(10000 units)	2124.4			
水　泥	（万吨）	Cement	(10000 tons)	1921.0	904.3	323.9	845.4
平板玻璃	（万重量箱）	Plate Glass	(10000 weight cases)				
生　铁	（万吨）	Pig Iron	(10000 tons)	151.3			
钢	（万吨）	Steel	(10000 tons)	175.5			
成品钢材	（万吨）	Steel Products	(10000 tons)	223.4			5.2
铜	（万吨）	Copper	(10000 tons)				
叉　车	（台）	Forklift	(unit)	59125			
汽　车	（辆）	Motor Vehicles	(unit)	520617		9418	
载货汽车		Trucks		263285			
家用洗衣机	（万台）	Household Washing Machines	(10000 units)	1658.4			
家用电冰箱	（万台）	Household Refrigerators	(10000 units)	2656.1			
房间空气调节器	（万台）	Air Conditioners	(10000 units)	1353.1			
彩色电视机	（万部）	Color TV	(10000 units)	319.2			
发电量	（亿千瓦时）	Electricity	(100 million kwh)	179.8	99.9	1.5	129.7

蚌埠市 Bengbu	阜阳市 Fuyang	淮南市 Huainan	滁州市 Chuzhou	六安市 Luan	马鞍山市 Maanshan	芜湖市 Wuhu	宣城市 Xuancheng	铜陵市 Tonglin	池州市 Chizhou	安庆市 Anqin	黄山市 Huangshan
			1.0	2597.0	1690.9	120.8				35.1	
			156.1								
91.9	72.9	125.6	218.5	248.9	55.5	79.6	129.6	0.9	23.2	207.9	10.5
7.8	0.8		39.1	1.0		0.4	17.6				
11.9	2.4	2.8	0.8	21.3	20.0	3.3	5.1	1.2	5.1	10.8	0.4
22312.0	94445.8		28320.9	49655.9	19774.6		5228.0	239.3	2144.0	9975.8	
				24413.5			39832.5		23490.0	504.0	127185.3
115146.7	131470.0	6077.0	32056.5	74525.1	8482.0	54591.0	13586.4	3288.0	12173.9	255526.4	12488.3
9361.2	1272.4	4147.0	378.0		300.8	1736.0	11533.0	1088.9		23969.2	26111.0
5.2	2.1	0.7	12.8	8.3	104.0	8.5	16.4		4.0	20.4	2.1
										550.8	
	88.8	32.4	10.6					88.0	2.1	13.5	
142.3	1702.0	146.0	14732.0	1649.6		7273.7	784.2		253.5	6758.9	848.1
	2.0		12.3	0.2	0.1					12.9	
636.0						180.1					4.2
267.5	272.7	793.1	931.3	483.1	1364.2	1617.4	610.8	732.5	191.5	753.3	119.5
344.0			800.8			1858.1					
	2.8				1691.5	165.3	6.5				
		65.1	21.0	118.4	1733.8	339.5	122.1	128.8	76.6	6.8	
28.0		62.8	96.1	111.0	1943.6	378.2	140.3	98.7	49.8	0.7	0.9
						0.9		120.1			0.1
	1918			2542		545					
		2280			21032	477166					
					21032						
			39.4								
			276.7	41.0							
			109.4	12.1		1572.1					
			241.3			1.3					
93.0	77.9	537.8	31.1	19.1	295.0	172.0	43.4	175.8	39.5	62.7	

13—26 工业主要产品生产能力
Main Prodnct Productivity of Industrial Enterprises

项目		Item		2010	2012	2013
化学纤维	（吨）	Chemical Fiber	(ton)	446804	413363	467313
棉纺绽（环锭纺）	（锭）	Cotton Printing and Dyeing	(unit)	3334137	6664363	3968970
气流纺绽（转杯纺）	（头）	Gas Spins and Splits	(unit)	159082	111232	180838
棉布织机	（台）	Cotton Fabric Loom	(unit)	33314	68355	91373.4
家用电冰箱	（台）	Household Refrigerators	(unit)	27610000	31190000	35000000
房间空气调节器	（台）	Air Conditioners	(unit)	19700000	38417594	38297064
卷　烟	（万支）	Cigarettes	(10000 pieces)	15106500	14890500	15862500
彩色电视机	（台）	Color TV	(unit)	6850400	9547367	10936517
农用氮磷钾化学肥料总计	（吨）	Chemical Fertilizers	(ton)	3385983	4760160	4139620
发电设备容量总计	（万千瓦）	Total of Generating Set Capacity	(10000 kw)	2867	3478	4007
#火　电		Thermal Power		2735	3223	3749
水　电		Hydropower		123	229	223
金属切削机床	（台）	Metal-cutting Machine Tools	(unit)	46373	70515	128882
汽　车	（辆）	Motor Vehicles	(unit)	1501000	1855755	1888431
轿　车	（辆）	Cars	(unit)	992000	1020000	1010000
电子计算机	（台）	Computer	(unit)	101000	5066500	
微型电子计算机	（台）	Micro-computers	(unit)	101000	5041500	17000587
原　煤	（吨）	Raw Coal	(ton)	137410052	178229188	182769585
生　铁	（吨）	Pig Iron	(ton)	22126700	20741805	22072000
粗　钢	（吨）	Thick Steel	(ton)	24674168	30222438	35437969
钢　材	（吨）	Rolled Steel	(ton)	32493772	36405066	39706368
铁合金	（吨）	Ferroalloy	(ton)	941	83049	113380
焦　炭	（吨）	Cofe	(ton)	9910000	9600000	9900000
水泥熟料	（吨）	Cement Clinker	(ton)	110035705	141378882	148490500
水　泥	（吨）	Cement	(ton)	116298921	163948091	182147083
平板玻璃	（重量箱）	Plate Glass	(weight cases)	11690000	29070330	34343971
浮法玻璃		Float Glass		9490000	20820330	

13—27　各县（市）工业企业单位数和总产值（2013年）

Number and Output Value of Industrial Enterprises by County or City (2013)

单位：亿元（100 million yuan）

县（市）	County (City)	企业单位数（个）Number of Enterprises (unit)	工业总产值（当年价）Gross Industrial Output Value (at current prices)	工业销售产值（当年价）Sales Value of Industry (at current prices)	工业增加值（当年价）Value Added of Industry (at current prices)
瑶海区	Yaohai District	62	119.14	117.36	28.86
庐阳区	Luyang District	114	251.41	238.77	64.74
蜀山区	Shushan District	109	168.79	164.74	43.78
包河区	Baohe District	144	1533.38	1515.69	318.55
巢湖市	Chaohu	138	315.96	303.98	77.39
长丰县	Changfeng	353	581.08	547.05	138.79
肥东县	Feidong	344	733.45	707.69	174.90
肥西县	Feixi	285	325.48	311.00	78.80
庐江县	Lujiang	204	174.34	167.28	45.55
杜集区	Duji District	170	200.35	198.18	49.70
相山区	Xiangshan District	86	181.96	178.92	41.80
烈山区	Lieshan District	129	238.60	234.04	61.15
濉溪县	Suixi	239	412.42	405.04	105.19
谯城区	Qiaocheng District	197	306.38	285.26	87.21
涡阳县	Guoyang	169	189.92	187.81	64.82
蒙城县	Mengcheng	160	156.83	155.56	43.12
利辛县	Lixin	131	90.52	89.40	20.42
埇桥区	Yongqiao District	236	233.85	227.48	53.46
砀山县	Dangshan	199	193.86	190.46	43.44
萧县	Xiaoxian	172	224.14	222.65	52.89
灵璧县	Lingbi	129	186.81	182.94	37.80
泗县	Sixian	145	85.90	85.16	18.93
龙子湖区	Longzihu District	45	85.08	80.02	21.33
蚌山区	Bengshan District	17	23.19	21.72	5.99
禹会区	Yuhui District	70	321.66	295.58	89.22
淮上区	Huaishang District	122	302.38	289.42	73.21
怀远县	Huaiyuan	183	368.93	364.77	85.00
五河县	Wuhe	82	169.88	167.07	40.20
固镇县	Guzhen	130	264.24	248.75	63.33
阜阳开发区	Fuyang development area	40	75.03	73.45	16.39
颍州区	Yingzhou District	86	129.02	120.21	37.03
颍东区	Yingdong District	105	166.45	166.06	62.57
颍泉区	Yingquan District	104	85.44	82.35	22.72
界首市	Jieshou	152	292.33	284.95	74.91
临泉县	Linquan	109	112.50	110.46	25.84
太和县	Taihe	184	205.55	199.14	50.62

注：部分县区因开发区划分原因，2013年数据与上年相差较大。

a)　Some counties because of the development zones, divided into 2013 data large difference with the previous year.

13—27 续表1 continued

单位：亿元（100 million yuan）

县（市）	County (City)	企业单位数（个）Number of Enterprises (unit)	工业总产值（当年价）Gross Industrial Output Value (at current prices)	工业销售产值（当年价）Sales Value of Industry (at current prices)	工业增加值（当年价）Value Added of Industry (at current prices)
阜南县	Funan	166	122.95	121.10	29.16
颍上县	Yingshang	125	168.42	167.24	55.68
大通区	Datong District	134	121.06	115.64	34.15
田家庵区	Tianjaan District	47	182.90	178.88	62.50
谢家集区	Xiejiaji District	83	116.85	114.60	39.58
八公山区	Bagongshan District	49	70.03	70.02	36.63
潘集区	Panji District	105	223.90	222.90	88.85
毛集实验区	Maoji District	34	29.01	28.96	11.25
凤台县	Fengtai	150	280.12	278.19	108.18
滁州市辖区	District of Chuzhou City	147	451.19	437.91	127.26
琅琊区	Langya District	59	52.72	50.97	12.97
南谯区	Nanqiao District	122	138.26	135.30	33.86
天长市	Tianchang	325	678.37	664.77	167.67
明光市	Mingguang	107	101.42	97.84	24.48
来安县	Laian	142	171.39	168.86	42.28
全椒县	Quanjiao	127	147.71	143.41	33.62
定远县	Dingyuan	119	115.90	115.90	24.60
凤阳县	Fengyang	105	145.98	141.08	37.51
金安区	Jinan District	105	164.84	158.40	39.44
裕安区	Yuan District	148	157.77	152.54	38.25
寿县	Shouxian	84	80.86	78.76	17.27
霍邱县	Huoqiu	136	268.59	266.31	79.60
舒城县	Shucheng	141	180.67	176.71	40.84
金寨县	Jinzhai	84	102.54	100.81	24.30
霍山县	Huoshan	141	298.58	289.04	76.07
叶集试验区	Yeji District	87	100.00	98.29	21.54
花山区	Huashan District	100	375.64	373.78	94.98
雨山区	Yushan District	138	403.63	377.61	104.83
博望区	Bowang District	136	121.87	118.24	33.03
当涂县	Dangtu	238	560.37	540.37	135.40
含山县	Hanshan	153	163.50	158.61	41.05
和县	Hexian	128	220.82	212.30	47.28
镜湖区	Jinghu District	13	103.18	102.84	22.15
弋江区	Yijiang District	135	623.77	624.62	191.90
鸠江区	Jiujiang District	246	502.81	482.65	118.96
三山区	Sanshang District	69	180.59	179.82	43.06
大桥开发区	Daqiao development area	2	1.20	1.18	0.30
芜湖经开区	Wuhu economic development area	195	1405.95	1373.94	326.24
芜湖县	Wuhu	352	432.74	416.72	108.37

13—27　续表2　continued

单位：亿元（100 million yuan）

县（市）	County (City)	企业单位数（个）Number of Enterprises (unit)	工业总产值（当年价）Gross Industrial Output Value (at current prices)	工业销售产值（当年价）Sales Value of Industry (at current prices)	工业增加值（当年价）Value Added of Industry (at current prices)
繁昌县	Fanchang	304	612.62	609.91	189.34
南陵县	Nanling	270	264.36	259.28	67.48
无为县	Wuwei	250	681.63	664.35	160.40
宣城市直	Xuancheng directly under	46	104.78	104.88	25.20
宣州区	Xuanzhou District	197	171.14	165.67	40.90
宁国市	Ningguo	262	441.76	426.43	114.19
郎溪县	Langxi	204	227.79	224.07	49.14
广德县	Guangde	252	342.02	337.11	76.78
泾县	Jingxian	111	102.78	100.81	24.31
绩溪县	Jixi	70	68.84	65.78	15.42
旌德县	Jingde	39	41.57	40.12	9.73
铜官山区	Tongguanshan District	28	344.58	345.21	84.48
狮子山区	Shizishan District	37	108.52	106.96	25.29
郊区	Suburb District	33	204.08	199.93	54.84
铜陵县	Tongling	76	229.43	222.45	65.63
铜陵开发区	Tongling development area	69	571.41	561.92	111.24
贵池区	Guichi District	134	186.29	188.25	48.99
东至县	Dongzhi	133	135.95	132.45	33.55
石台县	Shitai	21	14.17	13.47	3.82
青阳县	Qingyang	113	110.28	107.93	28.78
池州开发区	Chizhou development area	62	104.30	98.70	27.67
安庆开发区	Anqin development area	76	460.14	421.36	81.67
迎江区	Yingjiang District	35	49.41	48.14	11.32
大观区	Daguan District	55	103.06	98.24	25.04
宜秀区	Yixou District	55	72.51	70.90	19.04
桐城市	Tongcheng	345	440.43	436.48	105.23
怀宁县	Huaining	249	324.65	318.62	79.74
枞阳县	Zongyang	220	318.83	315.55	80.18
潜山县	Qianshan	168	178.43	175.26	44.49
太湖县	Taihu	113	152.89	149.53	33.26
宿松县	Susong	159	184.71	181.31	46.12
望江县	Wangjiang	98	163.02	158.47	39.42
岳西县	Yuexi	101	132.81	130.38	32.92
屯溪区	Tunxi District	94	66.36	63.09	16.44
黄山区	Huangshan District	23	43.80	42.90	8.36
徽州区	Huizhou District	94	118.06	115.03	29.35
歙县	Shexian	131	150.73	145.95	37.71
休宁县	Xiuning	56	66.09	64.84	14.06
黟县	Yixian	42	21.00	20.31	4.85
祁门县	Qimen	63	45.09	43.81	10.74

主要统计指标解释

工业

指从事自然资源的开采，对采掘品和农产品进行加工和再加工的物质生产部门。具体包括：(1)对自然资源的开采，如采矿、晒盐等(但不包括禽兽捕猎和水产捕捞)；(2)对农副产品的加工、再加工，如粮油加工、食品加工、缫丝、纺织、制革等；(3)对采掘品的加工、再加工，如炼铁、炼钢、化工生产、石油加工、机器制造、木材加工等，以及电力、自来水、煤气的生产和供应等；(4)对工业品的修理、翻新，如机器设备的修理、交通运输工具(如汽车)的修理等。

工业统计调查单位为独立核算法人工业企业。

独立核算法人工业企业指从事工业生产经营活动的单位。独立核算法人工业企业应同时具备以下条件：①依法成立，有自己的名称、组织机构和场所，能够承担民事责任；②独立拥有和使用资产，承担负债，有权与其他单位签订合同；③独立核算盈亏，并能够编制资产负债表。

国有及国有控股企业

指国有企业加上国有控股企业。国有企业(即原全民所有制工业或国营工业)指企业全部资产归国家所有，并按《中华人民共和国企业法人登记管理条例》规定登记注册的非公司制的经济组织。包括国有企业、国有独资公司和国有联营企业。1957 年以前的公私合营和私营工业，后均改造为国营工业，1992 年改为国有工业，这部分工业的资料不单独分列时，均包括在国有企业内。国有控股企业是对混合所有制经济的企业进行的“国有控股”分类。它是指这些企业的全部资产中国有资产(股份)相对其他所有者中的任何一个所有者占资(股)最多的企业。该分组反映了国有经济控股情况。

本篇涉及的其他企业登记注册类型的解释详见综合篇。

轻工业

指主要提供生活消费品和制作手工工具的工业。按其所使用的原料不同，可分为两大类：(1)以农产品为原料的轻工业，是指直接或间接以农产品为基本原料的轻工业。主要包括食品制造、饮料制造、烟草加工、纺织、缝纫、皮革和毛皮制作、造纸以及印刷等工业；(2)以非农产品为原料的轻工业，是指以工业品为原料的轻工业。主要包括文教体育用品、化学药品制造、合成纤维制造、日用化学制品、日用玻璃制品、日用金属制品、手工工具制造、医疗器械制造、文化和办公用机械制造等工业。

重工业

指为国民经济各部门提供物质技术基础的主要生产资料的工业。按其生产性质和产品用途，可以分为下列三类：(1)采掘(伐)工业，是指对自然资源的开采，包括石油开采、煤炭开采、金属矿开采、非金属矿开采等工业；(2)原材料工业，指向国民经济各部门提供基本材料、动力和燃料的工业。包括金属冶炼及加工、炼焦及焦炭、化学、化工原料、水泥、人造板以及电力、石油和煤炭加工等工业；(3)加工工业，是指对工业原材料进行再加工制造的工业。包括装备国民经济各部门的机械设备制造工业、金属结构、水泥制品等工业，以及为农业提供的生产资料如化肥、农药等工业。

根据上述划分原则，修理业中以重工业产品为修理作业对象的划为重工业，反之划为轻工业。

工业总产值

(1)定义：

工业总产值是工业企业在一定时期内生产的以货币形式表现的工业最终产品或提供工业性劳务活动的总价值量。它反映一定时间内工业生产的总规模和总水平。

(2)计算原则：

工业生产的原则，即凡是企业在报告期生产的经检验合格的产品，不管是否在报告期销售，均包括在内。

最终产品的原则，即凡是计入工业总产值的产品，必须是本企业生产的经检验合格的，不需要再进行任何加工的最终产品。如果企业有中间产品(半成品)对外销售，则对外销售的中间产品应视为企业的最终产品。

工厂法原则，即工业总产值是以工业企业作为基本计算(核算)单位，即按企业的最终产品计算工业总产值。按这种方法计算的工业总产值，不允许同一产品价值在企业内部重复计算，不能把企业内部各个车间(分厂)生产的成果相加，但允许企业间的重复计算。

(3)内容及计算方法：

1995 年全国工业普查对工业总产值(原规定)的内容及计算原则和方法做了某些修订，修订后的工业总产值(新规定)包括三项内容：即本期生产成品价值、对外加工费收入、在制品半成品期末期初差额价值三部分。

本期生产成品价值：指企业本期生产，并在报告期内不再进行加工，经检验、包装入库的全部工业成品(半成品)价值合计，包括企业生产的自制设备及提供给本企业在建工程、其他非工业部门和福利部门等单位使用的成品价值。本期生产成品价值为按自备原材料生产的产品的数量乘以本期不含增值税（销项税额）的产品实际销售平均单价计算；会计核算中按成本价格转帐的自制设备和自产自用的成品，按成本价格计算生产成品价值。生产成品价值中不包括用定货者来料加工的成品（半成品）价值。

对外加工费收入：指企业在报告期内完成的对外承接的工业品加工（包括用定货者来料加工产品）的加工费收入和对外工业修理作业所取得的加工费收入。对外加工费收入按不含增值税（销项税额）的价格计算，可根据会计“产品销售收入”科目的有关资料取得。

对于本企业对内非工业部门提供的加工修理、设备安装的劳务收入，如果企业会计核算基础较好，能取得这部分资料，而且这部分价值所占比重较大，应包括在对外加工费收入中。

自制半成品在制品期末期初差额价值：指企业报告期在制品期末减期初的差额价值，本指标一般可以从会计核算资料中取得。如果会计产品成本核算中不计算半成品、在制品的成本，则总产值中也不包括这部分价值，反之则包括。

(4)工业总产值统计范围变化和计算方法修订情况：

1984 年以前工业总产值不包括村办工业，村办工业总产值划归农业。1984 年以后工业总产值包括村办工业。

1995 年工业普查对工业总产值计算方法做了修订，即从 1995 年始按新修订（新规定）方法计算工业总产值。新规定与原规定的区别如下：

全价与加工费的计算原则不同：新规定为凡自备原材料，不论其生产繁简程度如何，一律按全价计算工业总产值；凡来料加工，允许按加工费计算工业总产值。原规定则视生产加工的繁简程度不同，规定哪些行业按全价，哪些行业按加工费计算工业总产值。

自制半成品、在产品期末期初差额价值的计算原则不同：新规定要求，凡会计产品成本核算时计算了成本的差额价值，总产值中就应包括，否则可不包括；原规定则按生产周期六个月的界限区分，凡生产周期六个月以上的企业，总产值计算中应包括这部分差额价值，否则可不包括。

计算价格不同：新规定按不含增值税（销项税额）的价格计算；原规定则按含增值税（销项税额）的价格计算。

工业增加值

指工业企业在报告期内以货币表现的工业生产活动的最终成果。

工业增加值有两种计算方法：一是生产法，即工业总产出减去工业中间投入加上应交增值税；二是收入法，即从收入的角度出发，根据生产要素在生产过程中应得到的收入份额计算，具体构成项目有固定资产折旧、劳动者报酬、生产税净额、营业盈余，这种方法也称要素分配法。

资产总计

指企业拥有或控制的能以货币计量的经济资源，包括各种财产、债权和其他权利。资产按流动性分为流动资产、长期投资、固定资产、无形资产、递延资产和其他资产。该指标根据企业会计“资产负债表”中“资产总计”项目的期末数增列。

流动资产

指企业可以在一年内或者超过一年的一个生产周期内变现或者耗用的资产，包括现金及各种存款、短期投资，应收及预付款项、存货等。

固定资产原价

指企业在建造、购置、安装、改建、扩建、技术改造某项固定资产时所支出的全部货币总额。它一般包括买价、包装费、运杂费和安装费等。

固定资产净值

指固定资产原价减去历年已提折旧额后的净额。计算公式为：

固定资产净值=固定资产原价-累计折旧

负债合计

指企业所承担的能以货币计量，将以资产或劳务偿付的债务，偿还形式包括货币、资产或提供劳务。负债一般按偿还期长短分为流动负债和长期负债。根据会计“资产负债表”中“负债合计”的年末数填列。

所有者权益合计

指企业投资人对企业净资产的所有权。企业净资产为企业全部资产与企业全部负债的差额，包括实收资本、资本公积、盈余公积、未分配利润等。根据会计“资产负债表”中“所有者权益”项的期末数填列。

主营业务收入

指会计“利润表”中对应指标的本年累计数。未执行 2001 年《企业会计制度》的企业，用“产品销售收入”的本期累计数代替。

主营业务成本

指会计“利润表”中对应指标的本年累计数。未执行 2001 年《企业会计制度》的企业，用“产品销售成本”的本期累计数代替。

主营业务税金及附加

指会计“利润表”中对应指标的本年累计数。未执行 2001

年《企业会计制度》的企业，用“产品销售税金及附加” 的本期累计数代替。

利润总额

指企业在生产经营过程中各种收入扣除各种耗费后的盈余，反映企业在报告期内实现的盈亏总额，包括营业利润、补贴收入、投资净收益和营业外收支净额。根据会计“利润表”中的对应指标的本期累计数填列。

本年应交增值税

指企业按税法规定，从事货物销售或提供加工、修理修配劳务等增加货物价值的活动本期应交纳的税金。指企业在报告期应交增值税额。计算公式为：

本年应交增值税=销项税额-（进项税额-进项税额转出）-出口抵减内销产品应纳税额-减免税款+出口退税

本年进项税额指工业企业在报告期内购入货物或接受应税劳务而支付的、准予从销项税额中抵扣的增值税额。

本年销项税额指工业企业在报告期内销售货物或提供应税劳务应收取的增值税额。

从业人员平均人数

是指报告期内每天拥有的从业人员人数。其计算公式为：

月平均人数=报告月内每天实有人数之和/报告月日历日数

季平均人数=季内各月平均人数之和/3

年平均人数=年内各月平均人数之和/12

总资产贡献率

反映企业全部资产的获利能力，是企业经营业绩和管理水平的集中体现，是评价和考核企业盈利能力的核心指标。计算公式为：

总资产贡献率（%）=（利润总额+税金总额+利息支出）/平均资金总额×100%

公式中：税金总额为产品销售税金及附加与应交增值税之和；平均资产总额为期初期末资产之和的算术平均值。

资产负债率

该指标既反映企业经营风险的大小，也反映企业利用债权人提供的资金从事经营活动的能力。计算公式为：

资产负债率（%）=负债总额/资产总额×100%

资产与负债均为报告期期末数。

流动资产周转次数

指一定时期内流动资产完成的周转次数，反映投入工业企业流动资金的周转速度。计算公式为：

流动资产周转次数=主营业务收入/全部流动资产平均余额

公式中：全部流动资产平均余额为期初和期末的流动资产之和的算术平均值。

成本费用利润率

反映企业投入的生产成本及费用的经济效益，同时也反映企业降低成本所取得的经济效益。计算公式为：

成本费用利润率（%）=利润总额/成本费用总额×100%

公式中：成本费用总额为主营业务成本、销售费用、管理费用、财务费用之和。

产品销售率

该指标反映工业产品已实现销售的程度，是分析工业产销衔接情况，研究工业产品满足社会需求的指标。计算公式为：

产品销售率（%）=工业销售产值/工业总产值（现价）×100%

Explanatory Notes for Major Statistical Indicators

Industry

refers to the material production sector which is engaged in the extraction of natural resources and processing and reprocessing of minerals and agricultural products, including (1) extraction of natural resources, such as mining, salt production (but not including hunting and fishing); (2) processing and reprocessing of farm and sideline produces, such as rice husking, flour milling, wine making, oil pressing, silk reeling, spinning and weaving, and leather making; (3) manufacture of industrial products, such as steel making, iron smelting, chemicals manufacturing, petroleum processing, machine building, timber processing; water and gas production and electricity generation and supply; (4)repairing of industrial products such as the repairing of machinery and means of transport (including cars).

In industrial statistics surveys, the units of enquiry are corporate industrial enterprises with independent accounting systems.

Corporate industrial enterprises with independent accounting systems refer to enterprises engaging in industrial production activities, which meet the following requirements: (1) They are established legally, having their own names, organizations, location and able to take civil liability; (2) They possess and use their assets independently, assume liabilities and are entitled to sign contracts with other units; (3) They are financially independent and compile their own balance sheets.

State-owned and State-holding Enterprises

refer to state-owned enterprises plus State-holding enterprises. State-owned enterprises (originally known as State-run enterprises with ownership by the whole society) are non-corporate economic entities registered in accordance with the Regulation of the People's Republic of China on the Management of Registration of Legal Enterprises, where all assets are owned by the State. Included in this category are State-owned enterprises, State-funded corporations and State-owned joint-operation enterprises. Joint State-private industries and private industries, which existed before 1957, were transformed into state-run industries since 1957, and into State-owned industries after 1992. Statistics on those enterprises are included in the State-owned industries instead of being grouped them separately. State-holding enterprises are a sub-classification of enterprises with mixed ownership, referring to enterprises where the percentage of State assets (or shares by the State) is larger than any other single share holder of the same enterprise. This sub-classification illustrates the control of the State over a particular industry.

For explanation of enterprises of other types of registration covered in this chapter, please refer to General Survey.

Light Industry

refers to the industry that produces consumer goods and hand tools. It consists of two categories, depending on the materials used:

(1) Industries using farm products as raw materials. These are the branches of light industry which directly or indirectly use farm products as basic raw materials, including the manufacture of food and beverages, tobacco processing, textile, clothing, fur and leather manufacturing, paper making, printing, etc.

(2) Industries using non-farm products as raw materials. These are the branches of light industry which use manufactured goods as raw materials, including the manufacture of cultural, educational articles and sports goods, chemicals, synthetic fibre, chemical products for daily use, glass products for daily use, metal products for daily use, hand tools, medical apparatus and instruments, and the manufacture of cultural and office machinery.

Heavy Industry

refers to the industry which produces capital goods, and provides various sectors of the national economy with necessary material and technical basis for production. It consists of the following three branches according to the purpose of production or the use of products:

(1) Mining, quarrying and logging industry, which refers to the industry that extracts natural resources, including extraction of petroleum, coal, metal and non-metal ores.

(2) Raw materials industry refers to the industry that provides various sectors of the national economy with raw materials, fuels and power. It includes smelting and processing of metals, coking and coke chemistry, chemical materials and building materials such as cement, plywood, and power, petroleum refining and coal dressing.

(3) Manufacturing industry which refers to the industry that processes raw materials. It includes machine-building industries which equip sectors of the national economy; industries producing metal structure and cement products; and industries producing means of agricultural production, such as chemical fertilizers and pesticides.

In accordance with the above principles of classification,

the repairing trades, which are engaged primarily in repairing products of heavy industry, are classified as heavy industry while those which are engaged in repairing products of light industry are classified as light industry.

Gross Industrial Output Value

(1) Definition: Gross industrial output value is the total volume of final industrial products produced and industrial services provided during a given period in monetary terms. It reflects the total achievements and overall scale of industrial production during a given period.

(2) Principles for calculation:

Statistics on industrial production follow the principle that all products produced by the enterprises and accepted through quality check during the reference period are to be included no matter whether they are sold or not during the reference period.

Determination of final products follows the principle that all products that are included in the calculation of gross industrial output value are the final products of the enterprise which have been accepted through quality check and require no further processing. If an enterprise has intermediate (semi-finished) products to sell, these intermediate products are considered as the final products of the enterprise.

Gross industrial output value is calculated following the principle of factory approach, i.e. industrial enterprise is used as the basic accounting unit in calculating the gross industrial output value. By this approach, value of the same product is not to be double-counted, and the output value of different workshops (branch factories) within the enterprise should not be added. However, this approach allows the possibility of double counting between enterprises.

(3) Content and method of calculation: The old definition of gross industrial output value was modified during the 1995 National Industrial Census. The revised (new) definition of gross industrial output value consists of 3 components: value of the finished products during the reference period, income from processing for external parties, and value of change in semi-finished products between the end and the beginning of the reference period.

Value of finished products during the reference period: refers to the value of all finished (semi-finished) industrial products that are produced during the reference period without the need for further processing, checked for acceptance, packed and put into the warehouse of the enterprise, including the value of own-produced equipment and the value of products provided to the projects under construction of the enterprise, and to other non-industrial or welfare units. Value of finished products during the reference period is calculated by the quantity of products produced using own materials multiplied by the average unit prices at which products are sold (excluding value-added tax). Own-produced equipment and products produced for own use are valued at cost prices as in the case of enterprise accounting. Value of finished products does not include the value of finished products (semi-finished products) that are produced using the materials from the clients who place the orders.

Income from external processing: refers to income from contracted external processing of industrial products (including processing of industrial products using materials from the clients), and the income from industrial repairing work provided to other parties. Income from external processing is calculated using information from the item "products sales income" in the enterprise accounting at the prices with value-added tax excluded.

For income from services such as processing, repairing and installation of equipment provided to non-industrial units within the enterprise, if the accounting work of the enterprise is good enough to separate it from other records, and the share of such services is significant, it should also be included in the income from external processing.

Value of change in semi-finished products between the end and the beginning of the reference period: refers to the value of change in semi-finished products between the end and the beginning of the reference period, which generally can be obtained from accounting records of enterprises. If the enterprise accounting excludes the cost of semi-finished products, then it should not be included in the gross industrial output value, and the reverse if otherwise.

(4) Changes in the scope and method of calculation of the gross industrial output value

Prior to 1984, the value of rural industry run by villages was classified into agriculture instead of industry. Since 1984, it has been included in the gross industrial output value. Method of calculation for the gross industrial output value was modified in the industrial census in 1995. The difference in the new method as compared with the old one is outlined below:

Principle in using full value vs. processing fee: The new method stipulates that all products produced using own materials are to be calculated with full value in reporting the gross industrial output value irrespective of the complexity of production, and for external processing, it allows calculation using processing fee. In the old method, however, the use of full value or processing fee was determined by the degree of complexity of production in different branches of industries.

Principle in determining the value of change in semi-finished products: The new method requires that value of change in semi-finished products should be included in the gross industrial output value if it is included in the accounting record of the enterprise, otherwise it should not be included. In the old method, it is determined by the type of enterprises in terms of production cycle. If the production cycle is over 6 months, the value of change in semi-finished products is included in the gross industrial output value, otherwise it is not.

Difference in prices: The new method uses prices excluding value-added tax in the calculation of gross industrial output value, while the old method used prices including value-added tax.

Value-added of Industry

refers to the final results of industrial production of industrial enterprises in money terms during the reference period.

Industrial value-added can be calculated by two approaches: the production approach, i.e. gross industrial output value minus intermediate input plus value-added tax, and the income approach, i.e. income for various factors used in the course of production, including depreciation of fixed assets, remuneration of labourers, net of production tax, and operating surplus.

Total Assets

refer to all economic resources, in monetary term, these are owned or controlled by enterprises, including properties, creditor's equity and other economic rights of all forms. Classified by the degree of liquidity, total assets include working capitals, long-term investment, fixed assets, intangible assets, deferred assets and other assets. Data on this indicator can be obtained by the year-end figures of total assets in the Assets and Liability Table of accounting records of enterprises.

Working Capital

refers to capital that an enterprise can cash or use during one year or one production cycle that may exceed one year, including cash and savings deposits of various forms, short-term investment, money receivable and prepaid money, inventories, etc.

Annual Average Value of Working Capital

refers to the average value of all working capital of the enterprise during the reference period.

Original Value of Fixed Assets

refers to the total value, in monetary terms, that an enterprise spent on fixed assets, through construction, purchase, installation, transformation, expansion or technical upgrading. Generally, it covers cost of purchase, packing, transportation and installation, etc.

Net Value of Fixed Assets

refers to the original value of fixed assets minus depreciation over the years, i.e.:

Net value of fixed assets = original value of fixed assets - cumulative depreciation

Total Liabilities

refer to payable liabilities of enterprises that have to be repaid in terms of money, assets or labour services. In terms of payment, it can be divided into liquid liabilities and long-term liabilities. Data on this item is obtained from the ending figures on total liabilities from the Assets and Liability Table from the enterprises.

Total Equity

refers to the ownership of net assets of enterprise by its investors. Net assets equal total assets minus total liabilities of the enterprise, including the paid-in capital, accumulation of capital and operating surplus and non-distributed profits. Data are obtained from the ending figures on "total equity" from the "balance sheets".

Revenue from Principal Business

refers to the annual accumulation of the corresponding item in the "profit table" of the accountant. For enterprises that do not follow the 2001 Enterprise Accounting Standards, the year-end accumulation of revenue from the sales of products is used as a substitute.

Cost of Principal Business

refers to the annual accumulation of the corresponding item in the "profit table" of the accountant. For enterprises that do not follow the 2001 Enterprise Accounting Standards, the year-end accumulation of cost for the sales of products is used as a substitute.

Tax and Extra Charges from Principal Business

refer to the annual accumulation of the corresponding item in the "profit table" of the accountant. For enterprises that do not follow the 2001 Enterprise Accounting Standards, the year-end accumulation of tax and extra charges from the sales of products is used as a substitute.

Total Profits

refers to the balance of various incomes minus various spendings in the course of operation, reflecting the total profits and losses of enterprises in reporting period. It includes: operating profits, income from subsidies, net investment income and net income from activities other than operation. Data are obtained from the annual accumulation of the corresponding item in the "profit table" of the accountant.

Value-added Tax Payable in the Current Year

refers to the payable tax of enterprises which engaged in selling of goods or providing services that bring added value to the goods, such as processing, repairing, fitting and other activities should be paid according to Tax Law. It refers to the amount of the value-added tax which should be paid by the enterprises during the reference period. The formula is as follows:

Value-added Tax Payable in the Current Year = tax on sales-(tax on purchase-transferred tax on purchase)-exports deduct tax payable on domestic sales-tax relief+the export tax rebate.

Tax on Purchase in Current Year

refers to goods purchased by industrial enterprises or value added tax that should be paid but being granted the right to deduct from the tax on sales.

Tax on Sales in Current Year

refers to value added tax on industrial enterprises from sales of goods or taxable services that should be charged value added tax.

Average Annual Number of Employed Persons

Employed persons refer to all those who are employed in enterprises and receive remunerations there from, including currently working employees, retirees who are re-employed, teachers of local-run schools, as well as foreigners, staff from Hong Kong, Macao and Taiwan, part-time employees and persons with second job who are employed by the enterprise, and employees of other units temporarily working in the enterprises, but excluding former employees who left the enterprise with their employment records still being kept by the enterprises.

Average number of employed persons refers to the number of employee everyday during the reference period, calculated with the following formula:

Monthly average number = sum of actual employees everyday in reference month / number of calendar dates in reference month

Quarterly average number = sum of monthly average number in reference quarter / 3

Annual average number = sum of monthly average number in reference year / 12

Ratio of Profits, Taxes and Interests to Average Assets

reflects the profit-making capability of all assets of the enterprise and is a key indicator manifesting the performance and management and evaluating the profit-making potential of the enterprise. It is calculated as follows:

Ratio of Profits, Taxes and Interests to Average Assets (%) = (total profits + total taxes + interest payment) / average assets × 100%

In the above formula, total taxes is the sum of tax and extra charges on the sales of products and value-added tax payable; and average assets is the arithmetic mean of the sum of beginning assets and ending assets.

Ratio of Debts to Assets

reflects both the operation risk and the capability of the enterprise in making use of the capital from the creditors. It is calculated as follows:

Ratio of Debts to Assets (%) = total debts / total assets × 100%

Both assets and debts are figures at the end of the reference period.

Turnover of Working Capital

refers to the number of times of turnover of working capital in a given period of time, which reflects the speed of the turnover of working capital of industrial enterprises, and is calculated as follows:

Turnover of Working Capital = sales revenue of products / average balance of total working capital

In the above formula, average balance of total working capital refers to the arithmetic mean of the sum of working capital at the beginning and at the end of the reference period.

Ratio of Profits to Total Industrial Costs

refers to the ratio of profits realized in a given period to the total costs in the same period, which reflects the economic efficiency of input cost and is calculated as follows:

Ratio of Profits to Total Industrial Cost (%) = total profits / total costs × 100%

Total costs in the above formula are the sum of cost of products sold, marketing cost, management cost and financial cost.

Sales Ratio of Products

is an indicator reflecting the actual sale of industrial products, analyzing the production-selling and supply-demand relations. It is calculated as:

Sales Ratio of Products (%) = value of industrial sales / gross industrial output value (current prices) × 100%

第十四篇

Chapter 14

建筑业

CONSTRUCTION

简要说明

一、本篇资料反映我省建筑业概况和发展情况。主要包括建筑业企业生产经营情况，指标有企业个数、从业人员数、建筑业总产值、房屋建筑面积、机械设备、资产负债、利润税金、劳动生产率、技术装备率等。此外，2003 年及以前还包括农村建筑队主要指标。

二、建筑业企业资料由省统计局固定资产投资处提供。建筑业统计范围从 1996 年年报起由原城镇及城镇以上各种经济类型的建筑业企业扩大到具有建筑业资质等级的各种经济类型的建筑业企业，资料来源依据国家统计局制定的“建筑业统计报表制度”收集的有关年报资料。

Brief Introduction

I. Data in this chapter show the general situation and the development of the construction in the province. They cover mainly the situation of production and management of the enterprises of construction, including number of enterprises number of employed persons, gross output value, floor space of the building, machinery and equipment, assets and liabilities, profits and taxes, labor productivity, per capita machinery, etc. They also cover the main indicators of the rural construction teams at 2003 and before.

II. Data on the enterprises of construction in this chapter are provided by the Division of Statistics in Investment in Fixed Assets, Anhui Statistical Bureau. The coverage of construction statistics has been enlarged since 1996 when the annual statistical reports were submitted. The original coverage includes all the construction enterprises of various types of ownership at and above town level. The new coverage includes all the construction enterprises of various types of ownership with qualification. Data are collected in accordance with the “reporting scheme of construction statistics” stipulated by the National Bureau of Statistics.

14—1 建 筑 业 企 业 概 况
Main Indicators on Construction Enterprises

年 份 Year	总 计 Total	内 资 Domestic Funded	#国有经济 State-owned	#集体经济 Collective-owned	港澳台商投资企业 Funded from Hong Kong, Macao and Taiwan	外 商 投资企业 Foreign Funded	国有及国有控股企业 State Controlling Funded Hold Enterprises
企业单位数（个） Number of Enterprises (unit)							
2000	40785		258				
2005	1946	1934	193	278	8	4	321
2006	1996	1980	185	212	12	4	305
2007	2153	2137	183	176	12	4	303
2008	2357	2344	184	163	7	6	292
2009	2408	2394	172	151	7	7	259
2010	2469	2457	168	139	6	6	249
2011	2528	2516	153	134	6	6	249
2012	2662	2651	154	126	6	5	252
2013	2757	2745	122	85	5	7	234
从业人员（万人） Number of Persons Engaged (10000 persons)							
2000	125.62		21.66				
2005	98.57	98.13	16.67	13.45	0.32	0.11	24.35
2006	112.26	111.63	21.47	9.83	0.44	0.19	32.99
2007	123.25	122.52	22.09	8.75	0.50	0.23	34.10
2008	138.07	137.67	30.56	8.77	0.18	0.22	40.67
2009	143.53	143.14	27.00	7.67	0.14	0.26	37.65
2010	157.97	157.62	31.79	6.68	0.16	0.19	42.66
2011	167.01	166.73	29.85	5.60	0.12	0.15	42.27
2012	168.90	168.62	26.89	5.84	0.15	0.13	37.08
2013	176.88	176.62	21.48	4.17	0.13	0.13	38.52
总 产 值（万元） Gross Output Value (10000 yuan)							
2000	5320294		1349050				
2005	9230814	9194875	2678924	815820	25256	10683	3674953
2006	11682365	11623868	3494138	623919	40253	18244	5651081
2007	15169772	15079204	4376254	582524	62313	28256	7081557
2008	18578870	18527361	5772807	767214	22006	29503	8085556
2009	22399290	22338010	6799816	777343	26469	34812	9256453
2010	28649619	28583665	8940053	743385	32530	33424	12034370
2011	35996220	35922882	8871556	799971	27509	45829	14371631
2012	42304412	42221898	9479797	940326	27020	55494	15572915
2013	49655149	49579834	9286296	605431	19409	55906	17750941

注：1. 附营施工单位的生产活动在整个建筑生产活动中所占份额极小，加之资料不全，因而在总计中已略去。
2. 2005年及以后年份为总承包和专业承包建筑业企业，城镇集体和农村建筑队不作统计。

a) The production activity of subsidiary construction units is omitted in the total because the portion is very small and the data are incomplete.
b) After 2005, Data are general contracting and professional contract of construction enterprises, Cities collective and construction crew of countryside doesn't count.

14—2 主要年份建筑业企业主要经济指标
Main Economic Indicators on Construction Enterprises

指　　标		Item		2000	2005	2010	2012	2013
企业单位数	（个）	Number of Construction Enterprises	(unit)	1571	1946	2469	2662	2757
从业人数	（万人）	Staff and Workers (annual average)	(10000 persons)	71.41	98.57	157.97	168.90	176.88
自有固定资产原价	（万元）	Fixed Assets Owned (original value)	(10000 yuan)	1135784	2403291	4034386	4688589	5227028
自有固定资产净值	（万元）	Fixed Assets Owned (net value)	(10000 yuan)	783712	1666488	2744333	3108803	4263738
自有机械设备净值	（万元）	Net Value of Machinery and Equipment Owned	(10000 yuan)	326347	889068	1466999	1678457	1774012
自有机械设备总台数	（台）	Number of Machinery and Equipment Owned	(unit)	237822	383944	415557	446964	490344
自有机械设备总功率	（万千瓦）	Total Power of Machinery and Equipment Owned	(10000 kw)	250.57	464.92	663.58	914.00	1115.18
建筑业总产值	（万元）	Gross Output Value of Construction	(10000 yuan)	3028240	9230814	28649619	42304412	49655149
建筑工程		Construction Projects		2621894	7859068	25058430	36379941	42491968
安装工程		Installation Projects		331987	993979	2468351	3319106	4171061
其　　他		Others		74359	377768	1122838	2605365	2992120
固定资产本年折旧	（万元）	Depreciation of Fixed Assets	(10000 yuan)	55430	139061	260805	287378	357205
应付职工薪酬	（万元）	Payable Employee compensation	(10000yuan)				5791787	7954344
主营业务税金及附加	（万元）	Main Business Tax and Additon	(10000yuan)	89526	300229	1043879	1182530	1461781
管理费用中的税金	（万元）	Taxes in Management Expenses	(10000 yuan)	8423	20141	73676	59489	60230
营业利润	（万元）	Business Profit	(10000yuan)				1480718	1862180
利润总额	（万元）	Total Profits	(10000 yuan)	28123	178167	983596	1541256	1885181
利税总额	（万元）	Total Taxes	(10000 yuan)	126073	498536	2101151	2783275	3407191
劳动生产率	（元/人）	Overall Labor Productivity	(yuan/person)					
按总产值计算		In Terms of Gross Output Value		42406	95803	177486	291191	281968
房屋建筑施工面积	（万平方米）	Floor Space of Buildings Under Construction	(10000 sq.m)	4631.27	9869.50	23295.69	33335.65	36274.08
房屋建筑竣工面积	（万平方米）	Floor Space of Buildings Completed	(10000 sq.m)	2595.33	5081.27	10512.36	13346.21	14851.11
技术装备率	（元/人）	Value of Machines per Laborer	(yuan/person)	4570	9020	9287	9937	10074
动力装备率	（千瓦/人）	Power of Machines per Laborer	(kw/person)	3.51	4.72	4.20	5.41	6.33
房屋建筑面积竣工率	（%）	Ratio of Floor Space of Buildings Completed	(%)	56.04	51.48	45.13	40.04	40.94
产值利润率	（%）	Ratio of Profit to Gross Output Value	(%)	0.93	1.93	3.43	3.64	3.80
产值利税率	（%）	Ratio of Per-tax Profit to Gross Output Value	(%)	4.16	5.40	7.33	6.58	6.86

14—3 国有经济建筑业企业主要经济指标
Main Economic Indicators on State-owned Construction Enterprises

指标		Item		2000	2005	2010	2012	2013
企业单位数	(个)	Number of Construction Enterprises	(unit)	258	193	168	154	122
从业人数	(万人)	Staff and Workers (annual average)	(10000 persons)	21.66	16.67	31.79	26.89	21.48
自有固定资产原价	(万元)	Fixed Assets Owned (original value)	(10000 yuan)	636476	918516	1127747	956408	993354
自有固定资产净值	(万元)	Fixed Assets Owned (net value)	(10000 yuan)	403625	602836	713964	532334	612738
自有机械设备净值	(万元)	Net Value of Machinery and Equipment Owned	(10000 yuan)	160000	347370	336767	289247	287736
自有机械设备总台数	(台)	Number of Machinery and Equipment Owned	(unit)	63023	52287	57483	51813	56508
自有机械设备总功率	(万千瓦)	Total Power of Machinery and Equipment Owned	(10000 kw)	127.93	134.58	166.01	138.04	92.63
建筑业总产值	(万元)	Gross Output Value of Construction	(10000 yuan)	1349050	2678924	8940053	9479797	9286296
建筑工程		Construction Projects		1199993	2228410	8187459	8673403	8503678
安装工程		Installation Projects		128402	365681	545846	617083	579254
其　他		Others		20655	84834	206749	189311	203363
固定资产本年折旧	(万元)	Depreciation of Fixed Assets	(10000 yuan)	34460	63261	98762	90514	89626
应付职工薪酬	(万元)	Payable Employee compensation	(10000yuan)				1090090	1233666
主营业务税金及附加	(万元)	Main Business Tax and Additon	(10000yuan)	39416	87807	346359	243075	254647
管理费用中的税金	(万元)	Taxes in Management Expenses	(10000 yuan)	3070	3375	17833	11038	6886
营业利润	(万元)	Business Profit	(10000yuan)				134950	146561
利润总额	(万元)	Total Profits	(10000 yuan)	-5159	34788	246938	136378	147302
利税总额	(万元)	Total Taxes	(10000 yuan)	37327	91182	611130	390491	408835
劳动生产率	(元/人)	Overall Labor Productivity	(yuan/person)					
按总产值计算		In Terms of Gross Output Value		62283	154711	242736	375714	462557
房屋建筑施工面积	(万平方米)	Floor Space of Buildings Under Construction	(10000 sq.m)	1167	1995	4552	6480	5588
房屋建筑竣工面积	(万平方米)	Floor Space of Buildings Completed	(10000 sq.m)	566.55	747.17	1040.81	1566.52	1217.02
技术装备率	(元/人)	Value of Machines per Laborer	(yuan/person)	7387	20836	10594	10756	14332
动力装备率	(千瓦/人)	Power of Machines per Laborer	(kw/person)	5.91	8.07	5.22	5.13	4.61
房屋建筑面积竣工率	(%)	Ratio of Floor Space of Buildings Completed	(%)	48.57	37.46	22.86	24.17	21.78
产值利润率	(%)	Ratio of Profit to Gross Output Value	(%)	-0.38	1.30	2.76	1.44	1.59
产值利税率	(%)	Ratio of Per-tax Profit to Gross Output Value	(%)	2.77	3.40	6.80	4.12	4.40

14—4 建筑业企业主要生产指标（2013年）
Main Indicators on Construction Enterprises (2013)

指　　标		Item		合　计 Total Enterprises	总承包 General Contractor	专业承包 Professional Contractor
企业单位个数	（个）	Number of Enterprises in Charge of Construction	(unit)	2757	1738	1019
签订的合同额	（万元）	Volume of Signed Contracts	(10000 yuan)	82784471	76866875	5917596
直接从建设单位承揽工程完成的产值	（万元）	Accomplished Output Value of the Project Taken Directly from Construction Units	(10000 yuan)	49059590	44546884	4512707
自行完成施工产值		Output Value Completed by Self		48533013	44090500	4442513
分包出去工程产值		Engineering Subcontract Value		526578	456384	70194
从建设单位以外承揽工程完成的产值	（万元）	Accomplished Output Value of the Project Not Taken from Construction Units	(10000 yuan)	1122136	1023366	98769
建筑业总产值	（万元）	Gross Output Value of Construction	(10000 yuan)	49655149	45113866	4541282
#装饰装修产值		Decoration and Fixing UP		1808381	842777	965605
在外省完成产值		In Other Provinces		10644388	9610890	1033498
#建筑工程		Construction Projects		42491968	40371723	2120245
安装工程		Installation Projects		4171061	2712734	1458326
其　　他		Others		2992120	2029409	962711
竣工产值	（万元）	Output Value of Buildings Completed	(10000 yuan)	26602038	23590990	3011048
房屋建筑施工面积	（万平方米）	Floor Space of Buildings Under Construction	(10000 sq.m)	36274.08	35942.55	331.53
#本年新开工		Newly Started Projects in this Year		17427.71	17179.43	248.28
#投标承包的面积		Floor Space Through Tender for the Construction		27641.77	27431.45	210.32
#本年新开工		Newly Started Projects in this Year		14138.38	13956.20	182.18
房屋建筑竣工面积	（万平方米）	Floor Space of Buildings Completed	(10000 sq.m)	14851.11	14619.68	231.43
房屋竣工价值	（万元）	Value of Buildings Completed	(10000 yuan)	17503999	17307423	196577
自有机械设备净值	（万元）	Net Value of Machinery owned	(10000 yuan)	1774012	1614140	159872
自有机械设备总台数	（台）	Number of Machinery Owned	(set)	490344	429295	61049
自有机械设备总功率	（万千瓦）	Capacity of Machinery Owned	(10000 kw)	1115.18	1019.31	95.88
主要建筑材料消耗量		Main Building Material Consumption				
#水　泥	（万吨）	Cement	(10000 tons)	5763.90	5559.28	204.62
平板玻璃	（万重量箱）	Flat glass	(10000 weight boxes)	518.52	481.84	36.68
铝　材	（万吨）	Aluminum	(10000 tons)	93.72	89.36	4.36
直接从事生产经营活动的平均人数	（万人）	The Average Number of People Directly Engaged in Production and Business Activities	(10000 person)	176.10	158.20	17.90
从业人员	（万人）	Employed Persons at the Year-End	(10000 person)	176.88	159.49	17.39
#工程技术人员		Engineering Technical Personnel		25.38	22.76	2.62
#一级建造师		First Grade Architect		1.06	0.90	0.16
劳动生产率	（元/人）	Overall Labor Productivity	(yuan/person)	281968	285046	253673
技术装备率	（元/人）	Per Capita Machinery Value	(yuan/person)	10074	10203	8930
动力装备率	（千瓦/人）	Per Capita Machines Power	(kw/person)	6.33	6.44	5.36
房屋建筑面积竣工率	（%）	Rate of Floor Space of Buildings Completed	(%)	40.94	40.68	69.81

内资企业 Domestic Funded	#集 体 Collective-owned	#私 营 Private	港澳台商投资企业 Funded Enterprises from Hong, Kong, Macao and Taiwan	外商投资企业 Foreign Funded	国有及国有控股企业 State Controlling Funded Hold Enterprises	房屋建筑业 Building	土木工程建筑业 Civil Engineering	建筑安装业 Construction Installation Industry	建筑装饰和其他建筑业 Architectural Decoration and Other Construction Industry
2745	85	1602	5	7	234	1273	529	355	600
82680013	761811	24360391	20835	83623	35990871	48799017	27419720	4502940	2062795
48984336	590966	17434900	19409	55846	17702821	29578054	14485400	3342076	1654061
48457773	589490	17362162	19409	55831	17374716	29324247	14375557	3183381	1649828
526563	1476	72738		15	328105	253807	109843	158695	4233
1122061	15941	395622		75	376226	661397	293899	131045	35795
49579834	605431	17757785	19409	55906	17750941	29985644	14669456	3314426	1685622
1803144	3784	1086769	638	4599	227599	713882	91056	53529	949915
10630588	169206	1177802	905	12896	7392338	4406998	5098580	1009929	128881
42453187	371647	15095095	6888	31893	15833818	27084114	12528620	1798067	1081168
4142111	56058	1421938	10855	18095	1348991	1717580	1209100	1044417	199964
2984535	177727	1240752	1667	5918	568132	1183950	931737	471942	404491
26546771	490126	11102302	19451	35816	7111746	17741174	5667618	2011523	1181722
36242.25	446.18	14391.52	10.57	21.26	10278.71	33201.00	1673.81	1304.68	94.59
17413.23	282.28	8163.28	2.49	12.00	3431.63	16033.38	910.69	412.77	70.87
27627.29	364.46	9889.70	2.49	12.00	9888.43	25337.90	1312.33	925.15	66.38
14126.38	252.57	6002.10		12.00	3384.69	13024.96	765.78	291.06	56.58
14828.24	287.14	7459.17	8.44	14.43	1674.30	13657.49	624.21	497.79	71.61
17482346	294181	8200052	9235	12418	2278701	16097125	790570	545192	71112
1772066	31183	734838	1353	593	483770	987009	632412	83794	70797
489613	14694	205403	421	310	81692	356484	78202	33970	21688
1113.91	13.27	445.81	1.04	0.23	181.59	799.89	238.64	36.53	40.13
5751.22	95.47	2860.57	0.46	12.21	1050.62	4247.71	1286.73	149.11	80.36
517.94	1.74	321.51	0.25	0.33	46.50	402.60	46.45	35.47	34.01
93.69	1.09	61.12	0.01	0.02	2.62	81.94	4.44	2.44	4.91
175.81	3.93	80.81	0.13	0.16	41.68	121.40	34.72	10.70	9.29
176.62	4.17	83.74	0.13	0.13	40.59	123.47	33.50	10.96	8.94
25.32	0.61	13.28	0.04	0.02	4.44	16.90	5.49	1.79	1.19
1.06	0.01	0.44			0.36	0.55	0.34	0.08	0.10
281891	154156	219494	149531	351830	425836	247002	421924	309861	181525
10079	7940	9093	10425	3731	11605	8130	18214	7834	7624
6.34	3.38	5.52	7.99	1.47	4.36	6.59	6.87	3.41	4.32
40.91	64.35	51.83	79.81	67.90	16.29	41.14	37.29	38.15	75.71

14—5 建筑业企业主要财务指标（2013年）
Main Financial Indicators on Construction Enterprises (2013)

指　标	Item	企业数（个）Number of Enterprises (unit)	流动资产合计 Circulating Funds	#存货 Stock
总　计	**Total**	**2757**	**28854814**	**5611141**
#国有及国有控股企业	State Controlling Share Hold Enterprises	234	13046678	2860247
按登记注册类型分	**Grouped by registration Type**			
内资企业	Domestic Funded Enterprise	2745	28753736	5579659
国有企业	State-owned Enterprise	84	1926310	302710
集体企业	Collective-owned Enterprise	85	181634	62305
股份合作企业	Share Holding Cooperative Enterprises	13	225558	58449
联营企业	Joint Owned Enterprises	2	24014	8030
有限责任公司	Limited Liability Corporations	860	16336120	3361354
股份有限公司	Share-holding Corporations Ltd.	92	1970513	317562
私营企业	Private Enterprises	1602	8072457	1401395
其他企业	Other Enterprises	7	17130	67855
港澳台商投资企业	Enterprises Funded by Entrepreneurs from Hong Kong, Macao and Taiwan	5	64754	28797
外商投资企业	Foreign Funded Enterprises	7	36325	2685
按国民经济行业分	**Grouped by Sector**			
房屋建筑业	Building	1273	13395996	2434888
土木工程建筑业	Civil Engineering	529	11990536	2406134
#铁路道路隧道和桥梁工程建筑业	Railroad Road Tunnel &Bridge Engineering Enterprises	303	7025251	1282334
建筑安装业	Construction Installation Industry	355	1945964	592055
建筑装饰和其他建筑业	Architectural Decoration and Other Construction Industry	600	1522319	178064
建筑装饰业	Construction Decoration Industry	506	1071302	125108
按资质等级分	**By Qualification Standard**			
施工总承包	Chief Construction Contract	1738	25499518	5094758
特　级	Top Grade	3	4156152	798900
一　级	First Grade	160	12172747	2599272
二　级	Second Grade	686	6185407	1104179
三级及以下	Third Grade and Below	889	2985212	592408
专业承包	Professional Contract	1019	3355296	516382
一　级	First Grade	89	1212453	136193
二　级	Second Grade	291	996920	175310
三级及以下	Third Grade and Below	639	1145923	204880

单位：万元（10000 yuan）

固定资产合计 Total Fixed Assets	固定资产原价 Original Value of Fixed Assets	累计折旧 Progessive Depreciation	#本年折旧 Depreciation this Year	资产总计 Total of Assets	负债合计 Total of Liabilities	#流动负债 Current Liabilities	所有者权益 Creditors' Equity	#实收资本 Capital Hold	#国家资本 National Capital
4263738	**5227028**	**1843192**	**357205**	**36734079**	**24982091**	**22243000**	**11721404**	**7584118**	**1032815**
1156498	1821319	796902	149879	16010491	13134127	11981897	2875071	1575200	929716
4224279	5184646	1826955	355347	36584878	24864901	22128897	11689392	7564269	1024266
281964	376392	130660	20240	2307768	1863805	1552394	443270	316533	234517
64805	100875	40935	4430	272704	123818	111283	147731	78096	2796
44722	49701	16840	3829	319054	243056	239792	75998	21809	1500
4144	9879	5735	593	28158	15459	14090	12699	2301	2284
1749276	2468540	1003474	192784	20422577	15582885	14088515	4836273	2851272	738681
267993	332328	97691	29798	2549149	1801365	1502173	747784	309851	17870
1805908	1843682	530244	103519	10658757	5227383	4613887	5410699	3974723	20341
5467	3248	1376	155	26711	7129	6764	14939	9684	6278
16388	19882	13013	1138	87389	66954	66954	20435	14279	8548
23071	22500	3224	720	61812	50235	47149	11576	5570	
2216550	2435221	723151	152410	17018519	10934300	9296388	6060026	3535758	211567
1537895	2221013	929710	169868	15454701	11586400	10737422	3863594	2072051	751625
815168	1152177	474822	77112	9120155	6987575	6747752	2127937	1290336	501602
277889	309289	107521	20738	2399199	1499761	1326627	898296	1500176	50861
231405	261505	82809	14190	1861661	961630	882564	899488	476135	18761
175015	180289	50614	9578	1317314	614296	547867	702476	353519	2385
3687181	4551964	1601981	314184	32449417	22427419	19871982	9993665	5623429	937337
322359	583326	296238	63805	5612857	4776163	4299699	836694	379940	379940
1355024	1772283	644154	128221	14926266	11321646	9954430	3604620	1754142	354950
1205264	1361767	445852	70410	7823266	4307033	3909251	3505025	2155217	131973
804533	834588	215736	51749	4087028	2022577	1708602	2047327	1334130	70474
576557	675064	241210	43021	4284663	2554672	2371018	1727738	1960690	95477
177753	209335	75147	11079	1446447	907109	867553	539338	245034	61802
186719	234916	85872	16008	1340991	737678	672935	602655	1347077	18092
212085	230814	80191	15934	1497225	909886	830531	585745	368578	15584

14—5 续表 continued

指　标	Item	主营收入 Project Settlement Income	主营成本 Project Settlement Cost	主营税金及附加 Project Settlement Tax and Extra Charges
总　计	**Total**	**43820835**	**37639039**	**1461781**
#国有及国有控股企业	State Controlling Share Hold Enterprises	16398817	14585184	513314
按登记注册类型分	**Grouped by registration Type**			
内资企业	Domestic Funded Enterprise	43731274	37592566	1459819
国有企业	State-owned Enterprise	3283375	2974441	111182
集体企业	Collective-owned Enterprise	533193	445421	21231
股份合作企业	Share Holding Cooperative Enterprises	309526	242132	7805
联营企业	Joint Owned Enterprises	22642	10680	395
有限责任公司	Limited Liability Corporations	21508000	18561932	681464
股份有限公司	Share-holding Corporations Ltd.	2960308	2540849	104544
私营企业	Private Enterprises	15097818	12804166	532621
其他企业	Other Enterprises	16412	12944	578
港澳台商投资企业	Enterprises Funded by Entrepreneurs from Hong Kong, Macao and Taiwan	42430	29638	656
外商投资企业	Foreign Funded Enterprises	47130	16836	1306
按国民经济行业分	**Grouped by Sector**			
房屋建筑业	Building	25318000	21937032	857688
土木工程建筑业	Civil Engineering	13680179	11803213	449055
#铁路道路隧道和桥梁工程建筑业	Railroad Road Tunnel &Bridge Engineering Enterprises	7786425	6869489	261741
建筑安装业	Construction Installation Industry	3083852	2569553	95275
建筑装饰和其他建筑业	Architectural Decoration and Other Construction Industry	1738803	1329242	59763
建筑装饰业	Construction Decoration Industry	1239160	958331	43732
按资质等级分	**By Qualification Standard**			
施工总承包	Chief Construction Contract	39561122	34283673	1330660
特　级	Top Grade	3480416	3031391	99886
一　级	First Grade	20573356	18290812	663604
二　级	Second Grade	10400799	8728660	374636
三级及以下	Third Grade and Below	5106551	4232809	192534
专业承包	Professional Contract	4259713	3355366	131121
一　级	First Grade	1831026	1420023	55393
二　级	Second Grade	1345774	1086758	42379
三级及以下	Third Grade and Below	1082912	848586	33349

单位：万元（10000 yuan）

其他业务利润 Other Business Profit	销售费用 Operating Expense	管理费用 Management Expense	#税金 Tax	财务费用 Financial Expenses	营业利润 Operating Profit	利润总额 Total Profit	应交所得税 Payable Income Tax	本年应付工资薪酬 Total Payable Wages this Year
46353	**216254**	**1359463**	**60230**	**259085**	**1862180**	**1885181**	**373637**	**7954344**
11856	21099	544148	13327	46488	510901	523408	109091	2405724
45271	211853	1355221	60133	258905	1852162	1875122	370770	7944395
3751	4198	110039	4579	13597	39984	43516	30983	417998
2319	7927	22540	1138	1659	27171	28078	4851	134349
1459	1193	33713	1987	4446	29192	29351	4235	35706
13	206	393	82	3	748	748	180	6283
23042	77413	674538	23033	97427	772430	783724	147389	3631155
2701	13663	73242	4721	25725	184864	192871	22729	525050
11986	106739	439372	24551	116017	796813	795876	160080	3186760
	514	1385	41	32	961	958	325	7096
168	4250	2380	53	-48	5726	5717	1707	3966
914	151	1862	44	229	4292	4342	1160	5983
19509	100369	589143	31056	174879	943773	945208	201126	5284847
16949	48533	545835	16939	55239	645256	653837	125792	1843089
9376	18607	296501	8233	-7499	349848	355185	78465	931833
5682	46555	146625	6309	16332	165151	178575	27881	489894
4213	20797	77860	5926	12636	108001	107561	18839	336514
2750	14266	50528	2763	7759	80108	79859	12649	278913
35780	145188	1112287	48632	231882	1574401	1585142	327492	7220045
740	2395	170140	236	-10633	147943	145796	21609	440645
22984	39719	435226	14675	135629	664781	673362	139825	3724938
8320	55325	308191	16967	76124	449671	454872	104401	2062935
3736	47748	198729	16754	30762	312007	311112	61656	991526
10573	71066	247177	11598	27204	287779	300038	46146	734299
98	25084	77647	2588	10841	114744	116244	16339	349146
3327	22275	91600	5248	8601	103661	105735	16908	221674
7148	23707	77930	3762	7762	69374	78060	12898	163480

14—6 建筑业企业技术装备情况
Number and Power of Machinery and Equipment Owned by Construction Enterprises

年份 Year	自有机械设备净值（万元）Net Value of Machinery and Equipment Owned (10000 yuan)	自有机械设备总台数（台）Number of Machinery and Equipment Owned (unit)	自有机械设备总功率（万千瓦）Total Power of Machinery and Equipment Owned (10000 kw)	#施工机械功率 Power of Construction Machines	技术装备率（元/人）Value of Machines per Laborer (yuan/person)	动力装备率（千瓦/人）Power of Machines per Laborer (kw/person)
2000	326347	237822	250.57	197.56	4570	3.51
2001	428163	319755	316.30	272.26	4750	3.51
2002	735011	351576	370.81	312.15	8287	4.18
2003	723018	352540	310.48	310.48	7700	4.07
2004	690428	349167	450.59		7554	4.93
2005	889068	383944	464.92		9020	4.72
2006	781405	402482	515.72		6961	4.59
2007	951296	433405	532.35		7718	4.32
2008	1111351	395274	580.00		7875	4.11
2009	1166826	383615	591.68		8129	4.12
2010	1466999	415557	663.58		9287	4.20
2011	1775380	441058	798.88		10630	4.78
2012	1678457	446964	914.00		9937	5.14
2013	1774012	490344	1115.18		10074	6.33

14—7 国有经济建筑业企业技术装备情况
Number and Power of Machinery and Equipment of State-owned Construction Enterprises

年份 Year	自有机械设备净值（万元）Net Value of Machinery and Equipment Owned (10000 yuan)	自有机械设备总台数（台）Number of Machinery and Equipment Owned (unit)	自有机械设备总功率（万千瓦）Total Power of Machinery and Equipment Owned (10000 kw)	#施工机械功率 Power of Construction Machines	技术装备率（元/人）Value of Machines per Laborer (yuan/person)	动力装备率（千瓦/人）Power of Machines per Laborer (kw/person)
2000	160000	63023	127.93	94.08	7387	5.91
2001	164475	72763	138.34	108.92	6415	5.40
2002	327766	86991	168.11	100.91	11341	5.95
2003	202299	60514	114.67	89.49	9427	5.34
2004	197022	52973	129.16		10586	6.94
2005	347370	52287	134.58		20836	8.07
2006	167597	60046	163.36		7805	7.61
2007	286147	60430	168.34		12954	7.62
2008	378195	55035	144.10		12035	4.59
2009	355830	44235	155.42		13181	5.76
2010	336767	57483	166.01		10594	5.22
2011	307325	50140	139.86		10295	4.69
2012	289247	51813	138.04		10756	5.13
2013	287736	56508	92.63		14332	4.61

14—8 劳务分包建筑业企业生产经营情况（2013年）
Productions and Business Indicators of Subcontract Construction Enterprises (2013)

指　标		Item		合　计 Total	国有及国有控股企业 State-owned and State-controlled Enterprises
生产情况		**Producing Indicators**			
企业单位数	（个）	Number of Enterprises	(unit)	364	11
建筑业总产值	（万元）	Gross Output Value of Costruction	(10000 yuan)	941141	86853
#装饰装修产值		Outpnt Value of Construction Pecoration		178546	20845
年末从业人数	（万人）	Number of Employed Persons at the Year-end	(10000 person)	16.11	2.86
#现场施工工人		Persons On-site Construction		12.42	2.75
财务状况		**Financial Indicators**			
资产负债		Assets and Liabilities			
固定资产原价	（万元）	Prime Cost of Fixed Assets	(10000 yuan)	58754	668
本年折旧	（万元）	Depreciation This Year	(10000 yuan)	7915	32
资产总计	（万元）	Total of Assets	(10000 yuan)	348954	38556
负债合计	（万元）	Total of Liabilities	(10000 yuan)	182207	29314
实收资本	（万元）	Paicl-up Capital	(10000 yuan)	92380	8311
损益及分配		Profit and Loss and Distribution			
营业收入	（万元）	Business Earning	(10000 yuan)	985228	83170
#主营业务收入		Main Business Earning		978925	83168
营业成本	（万元）	Sales Cost	(10000 yuan)	867243	80156
#主营业务成本		Main Business Cost		833534	80156
营业税金及附加	（万元）	Business Tax and Surcharges	(10000 yuan)	45057	797
#主营业务税金及附加		Main Business Tax and Affixation		42591	782
销售费用	（万元）	Total Expense	(10000 yuan)	15521	
管理费用	（万元）	Management expense	(10000 yuan)	26087	1360
#税金本期		Taxes This Period		2783	13
财务费用	（万元）	Financial expense	(10000 yuan)	4823	103
营业利润	（万元）	Operating Profit	(10000 yuan)	40349	755
利润总额	（万元）	Total of Profit	(10000 yuan)	39865	755
从业人员工资总额	（万元）	Labour Reward of Staff and Workers	(10000 yuan)	642349	159654
全部从业人员年平均人数	（万人）	Average Number of Staff and Workers	(10000 person)	15.08	2.77

14—9 建筑业企业房屋建筑完成情况（2013年）
Floor Space of Buildings Completed by Construction Enterprises (2013)

指 标	Item	房屋建筑竣工面积（万平方米）Completed Area of Building Construction (10000 sq.m)	#国有及国有控股企业 State Controlling Funded Hold Enterprises	竣工房屋价值（万元）Value of the Completed House (10000 yuan)	#国有及国有控股企业 State Controlling Funded Hold Enterprises
总 计	**Total**	**14851.11**	**2429.20**	**17503999**	**3421502**
住 宅	Residential Buildings	9683.19	1674.30	11663944	2278701
商业及服务用房屋	Buildings Used for Business and Services	740.90	108.83	944638	156005
批发和零售用房	Buildings Used for Wholesale and Retail	325.19	21.75	443516	28462
住宿用房	Buildings Used for Accommodation	66.37	5.78	114231	8711
餐饮用房	Buildings Used for Catering Services	21.81	8.37	25253	10137
商务会展用房屋	Buildings Used for	19.51	12.06	29185	21127
居民服务业用房	Buildings Used for Resident Services	308.01	60.88	332454	87568
办公用房	Office Buildings	1084.91	173.22	1391270	329712
科研、教育、医疗用房	Buildings Used for Scientific Research,Education, Medical Services	701.48	104.16	822573	137636
科研用房	Buildings Used for Scientific Research	20.57	0.98	24334	1300
教育用房	Buildings Used for Education	539.20	69.99	632137	84040
卫生医疗用房	Buildings Used for Sanitation and Medical Services	141.71	33.18	166103	52296
文化、体育和娱乐用房	Buildings Used for Culture, Physical Training and Entertainment	117.03	16.45	145054	37690
厂房及建筑物	Workshops and Buildings	2020.82	314.00	2043445	389174
厂 房	Workshops	1216.22	259.16	1256747	232784
仓 库	Storehouses	68.00	4.89	77200	3406
其他用房	Others	425.58	34.83	425076	87690

14—10 各市建筑业企业房屋建筑完成情况（2013年）
Floor Space of Buildings Completed by Construction Enterprises by Region (2013)

地 区	Region	房屋建筑竣工面积（万平方米）Completed Area of Building Construction (10000 sq.m)	#住 宅 Residential Buildings	竣工房屋价值（万元）Value of the Completed House (10000 yuan)	#住 宅 Residential Buildings
总 计	**Total**	**14851.11**	**9683.19**	**17503999**	**11663944**
合肥市	Hefei	6038.74	3973.04	7771060	5159422
淮北市	Huaibei	190.25	123.88	178720	96867
亳州市	Bozhou	173.52	122.79	177804	126638
宿州市	Suzhou	475.55	315.18	465723	297845
蚌埠市	Bengbu	852.34	703.15	1109308	938949
阜阳市	Fuyang	518.94	337.42	597251	407921
淮南市	Huainan	195.94	105.20	186115	102663
滁州市	Chuzhou	850.59	595.94	936322	682012
六安市	Luan	1000.44	509.74	1012998	543719
马鞍山市	Maanshan	881.34	669.65	1200183	862518
芜湖市	Wuhu	1041.51	670.10	1104120	742314
宣城市	Xuancheng	476.22	281.85	550548	349586
铜陵市	Tongling	316.52	222.19	360016	252885
池州市	Chizhou	480.74	242.05	509075	266389
安庆市	Anqing	1013.39	596.97	969698	607425
黄山市	Huangshan	345.09	214.04	375059	226791

14—11 各市按登记注册类型和行业分的建筑业企业单位数（2013年）
Number of Construction Enterprises by Registration Status, Section and Region (2013)

单位：个（unit）

地 区	Region	合 计 Total Enterprises	内资企业 Domestic Funded	港澳台商投资企业 Funded by Entrepreneurs from Hong Kong, Macao and Taiwan	外商投资企业 Foreign Funded	国有及国有控股企业 State-owned and State-controlled Enterprises	房屋工程建筑业 Building	土木工程建筑业 Civil Engineering	建筑安装业 Construction Installation Industry	建筑装饰和其他建筑业 Architectural Decoration and Other Construction Industry
总 计	**Total**	**2757**	**2745**	**5**	**7**	**234**	**1273**	**529**	**355**	**600**
合 肥 市	Hefei	840	836	2	2	79	261	169	182	228
淮 北 市	Huaibei	53	51	2		8	21	14	8	10
亳 州 市	Bozhou	42	42			6	31	9	1	1
宿 州 市	Suzhou	158	158			13	83	28	25	22
蚌 埠 市	Bengbu	150	148		2	14	55	32	24	39
阜 阳 市	Fuyang	127	127			14	74	28	7	18
淮 南 市	Huainan	81	81			13	39	16	15	11
滁 州 市	Chuzhou	141	139		2	12	80	25	12	24
六 安 市	Luan	158	158			10	97	46	7	8
马鞍山市	Maanshan	147	146	1		11	67	31	16	33
芜 湖 市	Wuhu	212	212			17	109	33	19	51
宣 城 市	Xuancheng	126	125		1	1	56	22	10	38
铜 陵 市	Tongling	105	105			8	46	14	5	40
池 州 市	Chizhou	96	96			6	51	13	11	21
安 庆 市	Anqing	242	242			16	160	38	11	33
黄 山 市	Huangshan	79	79			6	43	11	2	23

14—12 各市按经济类型和行业分的建筑业总产值（2013年）
Overall Output Value of Enterprises in Charge of Construction by Ownership and Region (2013)

单位：万元（10000 yuan）

地 区	Region	合 计 Total Enterprises	内资企业 Domestic Funded	港澳台商投资企业 Funded by Entrepreneurs from Hong Kong, Macao and Taiwan	外商投资企业 Foreign Funded	国有及国有控股企业 State-owned and State-controlled Enterprises	房屋工程建筑业 Building	土木工程建筑业 Civil Engineering	建筑安装业 Construction Installation Industry	建筑装饰和其他建筑业 Architectural Decoration and Other Construction Industry
总 计	**Total**	**49655149**	**49579834**	**19409**	**55906**	**17750941**	**29985644**	**14669456**	**3314426**	**1685622**
合 肥 市	Hefei	25352143	25346029	1543	4571	12849414	13812692	8558145	1958277	1023029
淮 北 市	Huaibei	761267	744217	17050		540893	186667	545447	20452	8700
亳 州 市	Bozhou	322891	322891			35971	256490	63275		3126
宿 州 市	Suzhou	1729000	1729000			381626	703712	310783	683218	31287
蚌 埠 市	Bengbu	3362755	3353110		9645	1088438	1971851	1273364	61103	56437
阜 阳 市	Fuyang	1309557	1309557			200267	969435	289011	11831	39281
淮 南 市	Huainan	858387	858387			584212	267485	548506	36645	5751
滁 州 市	Chuzhou	1990281	1982344		7937	152953	1459265	288780	189081	53155
六 安 市	Luan	1831353	1831353			64175	1395043	406206	11211	18893
马鞍山市	Maanshan	2719377	2718560	817		742443	2140040	477619	26338	75380
芜 湖 市	Wuhu	3836547	3836547			586573	2456518	1108633	152276	119121
宣 城 市	Xuancheng	1234041	1200288		33753	10025	946653	218000	12882	56506
铜 陵 市	Tongling	1033660	1033660			148811	713936	181302	25747	112676
池 州 市	Chizhou	942091	942091			44027	725321	106784	84436	25550
安 庆 市	Anqing	1698329	1698329			290157	1384616	235152	40320	38241
黄 山 市	Huangshan	673471	673471			30957	595919	58451	609	18491

14—13 各市建筑业企业生产情况（2013年）
Production Indicators on Construction Enterprises by Region (2013)

地 区	Region	企业单位个数（个）Number of Enterprises (unit)	总产值（万元）Total Output Value (10000 yuan)	建筑工程 Construction	安装工程 Installation	其它产值 Other Output Value	竣工产值（万元）Outpu Value of Buildings Completed (10000 yuan)
总 计	**Total**	**2757**	**49655149**	**42491968**	**4171061**	**2992120**	**26602038**
合肥市	Hefei	840	25352143	22048944	2069934	1233264	11831586
淮北市	Huaibei	53	761267	656852	53485	50929	576470
亳州市	Bozhou	42	322891	302680	14782	5429	252816
宿州市	Suzhou	158	1729000	1075640	349856	303504	1268485
蚌埠市	Bengbu	150	3362755	2973460	174826	214469	1845942
阜阳市	Fuyang	127	1309557	1187003	45057	77497	865540
淮南市	Huainan	81	858387	461945	368944	27498	383865
滁州市	Chuzhou	141	1990281	1667331	160941	162009	1305831
六安市	Luan	158	1831353	1636230	98218	96905	1367656
马鞍山市	Maanshan	147	2719377	2230528	267901	220948	1726369
芜湖市	Wuhu	212	3836547	3291144	286476	258927	1573257
宣城市	Xuancheng	126	1234041	1106073	77389	50579	719371
铜陵市	Tongling	105	1033660	892637	87624	53399	611699
池州市	Chizhou	96	942091	843890	43675	54526	588659
安庆市	Anqing	242	1698329	1563651	38736	95942	1218049
黄山市	Huangshan	79	673471	553960	33216	86295	466443

地 区	Region	房屋建筑施工面积（万平方米）Floor Space of Building Under Construction (10000 sq.m)	房屋建筑竣工面积（万平方米）Floor Space of Building Completed (10000 sq.m)	自有施工机械设备 Machinery and Equipment Owned: 净值（万元）Net Value (10000 yuan)	总台数（台）Number (unit)	总功率（万千瓦）Total Power (10000 kw)	期末从业人数（万人）Staff and Workers (annual average) (10000 persons)
总 计	**Total**	**36274.08**	**14851.11**	**1774012**	**490344**	**1115.18**	**176.88**
合肥市	Hefei	17571.03	6038.74	757647	158092	347.73	81.31
淮北市	Huaibei	366.74	190.25	21120	8698	20.25	3.77
亳州市	Bozhou	269.74	173.52	21627	8903	9.29	1.76
宿州市	Suzhou	777.75	475.55	99199	26522	35.51	8.18
蚌埠市	Bengbu	2497.54	852.34	59738	58570	47.84	7.23
阜阳市	Fuyang	1290.12	518.94	59584	26000	31.88	4.93
淮南市	Huainan	401.90	195.94	56603	20837	18.66	2.45
滁州市	Chuzhou	1597.07	850.59	55043	13834	48.67	7.85
六安市	Luan	1671.00	1000.44	87077	27777	49.72	10.69
马鞍山市	Maanshan	2058.86	881.34	107608	19838	48.95	8.65
芜湖市	Wuhu	2441.24	1041.51	196988	24853	312.77	10.77
宣城市	Xuancheng	1038.59	476.22	56468	24559	30.17	5.20
铜陵市	Tongling	914.84	316.52	25971	10498	33.68	4.40
池州市	Chizhou	798.57	480.74	31599	8006	13.29	4.11
安庆市	Anqing	1926.60	1013.39	116636	44003	54.16	11.52
黄山市	Huangshan	652.50	345.09	21107	9354	12.61	4.06

14—14 各市建筑业企业主要财务指标（2013年）
Main Financial Indicators on Construction Enterprises by Region (2013)

单位：万元（10000 yuan）

地区 Region	流动资产合计 Circulating Funds	固定资产合计 Total Fixed Assets	固定资产原价 Original Value of Fixed Asseds	累计折旧 Depreciation Drawn Accumulated	#本年 This Year	资产总计 Total Assets	负债合计 Total Liabilities	所有者权益 Creditors' Equity	#实收资本 Capital Hold
总 计 Total	**28854814**	**4263738**	**5227028**	**1843192**	**357205**	**36734079**	**24982091**	**11721404**	**7584118**
合 肥 市 Hefei	15261661	1989996	2524438	938403	192306	19485369	14201813	5279137	2675907
淮 北 市 Huaibei	533242	90705	135042	60259	6666	640070	415340	224730	75062
亳 州 市 Bozhou	169880	52066	57838	11771	3501	231581	125872	105709	81028
宿 州 市 Suzhou	578450	222721	238246	69341	13209	841872	398724	440406	289567
蚌 埠 市 Bengbu	1900790	105956	148241	64249	17449	2340380	1731194	603926	361745
阜 阳 市 Fuyang	1177558	136001	154344	42976	9842	1397822	995741	402081	272469
淮 南 市 Huainan	682653	111819	142565	51525	9174	838915	622363	216552	123513
滁 州 市 Chuzhou	825945	199932	201451	55392	11645	1095330	623751	471496	297624
六 安 市 Luan	827330	232520	283296	92227	12367	1206273	510048	690787	329496
马鞍山市 Maanshan	1624990	179992	246204	89960	16073	1969123	1350583	618540	420090
芜 湖 市 Wuhu	1932288	320304	366314	136175	27309	2411961	1510675	899064	554591
宣 城 市 Xuancheng	728834	127519	142724	40411	6241	925491	552313	373178	236601
铜 陵 市 Tongling	947220	86299	118764	43236	7775	1082531	740271	342246	1190974
池 州 市 Chizhou	532939	85188	85394	25444	6331	670694	404004	266690	168596
安 庆 市 Anqing	864147	260899	298965	90652	13203	1242204	593070	638826	398024
黄 山 市 Huangshan	266889	61823	83201	31171	4114	354465	206329	148037	108831

地区 Region	主营收入 Main Business Income	主营成本 Main Business Cost	主营税金及附加 Main Business and Extra Charges	销售费用 Operating Expense	管理费用 Management Expense	#税金 Tax	财务费用 Financial Expenses	营业利润 Operating Profit	利润总额 Total Profit	本年应付薪酬总额 Payable Salary This Year
总 计 Total	**43820835**	**37639039**	**1461781**	**216254**	**1359463**	**60230**	**259085**	**1862180**	**1885181**	**7954344**
合 肥 市 Hefei	22490652	19714308	736469	75222	693207	25071	120460	844421	856017	4037225
淮 北 市 Huaibei	779027	660958	19360	5917	26908	993	871	49343	47618	170684
亳 州 市 Bozhou	302491	242415	12423	4816	16515	442	1059	15682	15747	60169
宿 州 市 Suzhou	1567354	1202607	50754	25972	66587	3757	12553	111312	110769	235565
蚌 埠 市 Bengbu	2428467	2165890	78625	5337	54081	3027	19072	141052	152183	494634
阜 阳 市 Fuyang	1079507	953824	38309	5047	31647	2900	3999	43729	43727	163840
淮 南 市 Huainan	888064	783766	24898	5821	29689	1772	2473	33888	36118	99319
滁 州 市 Chuzhou	1524192	1225265	67593	7687	57614	3803	10294	94808	95236	334822
六 安 市 Luan	1704503	1474186	56733	9049	49836	3005	17607	103385	102969	386047
马鞍山市 Maanshan	2775749	2474174	84371	20589	80989	2353	11809	91154	90222	379715
芜 湖 市 Wuhu	3135458	2452840	107190	9915	87007	2278	20161	110684	111791	562362
宣 城 市 Xuancheng	1010974	796487	34238	4889	33555	1617	7072	44500	44363	190145
铜 陵 市 Tongling	1052670	882697	33523	1360	34737	1985	10821	34620	34885	185088
池 州 市 Chizhou	851497	693266	33865	13431	28757	1131	4678	61949	61777	169038
安 庆 市 Anqing	1621035	1371755	59847	15714	55246	5637	12969	64960	64617	346927
黄 山 市 Huangshan	609195	544602	23584	5491	13088	461	3188	16693	17142	138766

主要统计指标解释

建筑业统计单位

指从事房屋、构筑物建造和设备安装活动的法人企业。建筑业法人企业应具有建筑业资质并能够独立核算，同时其应具备以下条件：①依法成立，有自己的名称、组织机构和场所，能够承担民事责任；②独立拥有和使用资产，承担负债，有权与其他单位签订合同；③独立核算盈亏，能够编制资产负债表。

建筑业总产值

是以货币形式表现的建筑业企业在一定时期内生产的建筑业产品和提供的服务的总和。建筑业总产值包括：

⑴建筑工程产值：指列入建筑工程预算内的各种工程价值。

⑵安装工程产值：指设备安装工程价值，不包括被安装设备本身的价值。

⑶其他产值：建筑业总产值中除建筑工程、安装工程以外的产值。包括房屋构筑物修理产值、非标准设备制造产值、总包企业向分包企业收取的管理费以及不能明确划分的施工活动所完成的产值。

a. 房屋构筑物修理产值：指房屋和构筑物修理所完成的产值，但不包括被修理房屋、构筑物本身价值和生产设备的修理价值。

b. 非标准设备制造产值：指加工制造没有定型的非标准生产设备的加工费和原材料价值(如化工厂、炼油厂用的各种罐、槽，矿井生产统一使用的各种漏斗、三角槽、阀门等)以及附属加工厂为本企业承建工程制作的非标准设备的价值。

房屋建筑施工面积

指在报告期内施过工的全部房屋建筑面积，包括本期新开工的房屋面积、上期施工跨入本期继续施工的房屋面积、上期停缓建在本期恢复施工的房屋面积、本期竣工的房屋面积及本期施工后又停缓建的房屋面积。

房屋建筑竣工面积

指在报告期内房屋建筑按照设计要求全部完工，达到了使用条件，经验收鉴定合格，正式移交使用单位的房屋建筑面积。

自有机械设备年末总功率

指本企业自有施工机械、生产设备、运输设备以及其他设备等列为在册固定资产的生产性机械设备年末总功率，按设定能力或查定能力计算。包括机械本身的动力和为该机械服务的单独动力设备，如电动机等。计算单位用千瓦，动力换算可按 1 马力＝0.735 千瓦折合成千瓦数。电焊机、变压器、锅炉不计算动力。

Explanatory Notes for Major Statistical Indicators

Statistical Unit in the Construction Industry

refers to a corporate enterprise engaged in the construction of buildings and structures and in the installation of equipment. A corporate construction enterprise should have qualification certificates with independent accounting system, and should meet the following 3 requirements: a) being set up in line with relevant legal basis, having its full name, organization and location, and capable of taking civil liabilities; b) independently possessing and using its assets and assuming its liabilities, and entitled to sign contracts with other institutions; and c) making independent accounts of its profits and losses, and capable of compiling its own balance sheet.

Gross Output Value of Construction

refers to total of construction products and services, expressed in money terms, produced or rendered by construction and installation enterprises during a given period of time. It includes:

(1) Output value of construction projects: the value of projects covered by the project budgets;

(2) Output value of installation projects: the value of the installation of equipment, (excluding the value of the equipment to be installed);

(3) Other output values: the output value of construction industry apart from that of construction projects and installation projects. It includes: output value of repair of buildings and structures; output value of non-standard equipment manufacturing; overhead expenses received by contracted enterprises from the sub-contracted enterprises and the completed output value of construction activities for which there is no clear definition.

a. Output value of repair of buildings and structures: the value created through the repairs of buildings or structures. It does not include the value of buildings or structures being repaired and the value of the repair of production equipment;

b. Output value of manufactured non-standard equipment: the value of non-standard production equipment, including raw materials and manufacturing cost, made for the construction project (i.e., chemical plant; kettles or tanks used by refineries; various fillers, triangle tanks, valves used by mines). It also includes the output value of equipment manufactured by subsidiary workshops.

Floor Space of Buildings Under Construction

refers to floor space of buildings under construction during the reference period, including the floor space of buildings for which construction has newly started; buildings for which construction has started earlier and is continuing during the reference period; and buildings for which construction has been suspended earlier but has restarted during the reference period; buildings completed during the reference period; and buildings under construction but construction has subsequently been during the reference period.

Floor Space of Buildings Completed

refers to the floor space of buildings that are completed in the reference period in accordance with the requirements of the design, up to the standard for being put into use, and having been checked and accepted by departments concerned as qualified ones.

Total Power of Machinery and Equipment Owned by the End of Year

refers to the total power of machinery and equipment owned

by the enterprises, and listed as the fixed assets of the enterprises by the end of the year, including machinery and equipment for construction, production and transportation. The power of the machinery is calculated on basis of the designed or verified capacity, covering the power of the machinery/equipment and the separate power equipment serving the machinery/equipment (such as electric motors), but excluding welders, transformers and boilers. The unit used for the calculation of power is kilowatt, with horsepower converted to kilowatt by 1 horsepower=0.735 kilowatt.

第十五篇

Chapter 15

运输和邮电

TRANSPORT, POST AND
TELECOMMUNICATION SERVICES

简要说明

一、交通运输业资料主要包括：铁路、公路、水路、民航四种运输方式的线路里程、运输设备拥有量，各种运输方式完成的货物运输量等。

邮电通信业资料主要包括：全省邮电局(所)及邮路情况，邮电通信主要电路及设备拥有量，主要邮电业务完成情况，邮电通信发展水平等资料。

二、有关交通运输资料分别来源于上海铁路局，省交通运输厅，民航安徽监管办，东航安徽分公司，省公安厅及本局有关年报资料。邮电通信业资料来源于省邮政公司、通信管理局。

三、各部门资料调查范围及统计单位。

1. 铁路资料：包括国家以及国有控股合资铁路运营情况，资料来源于国家铁道部反馈数据。

2. 公路、水运、港口资料：公路和水运线路里程为年末通车和通航里程数(不含在建和未正式投入使用的公路和航道)由省交通运输厅提供。民用和公路营运车辆拥有量分别由省公安厅、省交通运输厅和农机局提供。

3. 民航运输资料：民航运输统计对象为我省境内从事民用航空运输飞行和通用飞行的东方航空公司安徽分公司。

4. 邮电通信资料：邮电通信包括邮政和电信业务。邮电业务量按业务范围分为国内业务量和国际及港澳业务量(对台业务量统计在港澳中)。

Brief Introduction

I. Data of transport cover mainly the length of the routes of railways, highways, waterways and civil aviation transport, the ownership of the transport equipment, the freight traffic and passenger traffic accomplished by various means of transportation.

Data of post and telecommunications cover mainly the situation of post and telecommunications offices and postal routes, the telephone lines, telegraph lines and the ownership of the telecommunication facilities, the principal postal and telecommunications services rendered, and the level of the development of the postal and telecommunications services, etc.

II. Data on transport come from Shanghai Railway Bureau, the Department of Transportation, Civil Aviation Administration of Anhui Province, China Eastern Anhui Branch, the Department of Public Security and related annual report of Anhui Statistical Bureau. Data on post and telecommunications come from the provincial administrative bureau of post and telecommunications.

III. The statistical coverage and statistical units of the various data:

1. Data on railways Include State-owned holding joint capital railway operation situation Data come from National Railway Department .

2. Data on highways, waterways and ports: The length of highways and waterways refer to the length open to traffic or navigation at the end of the year (not including the mileage of highways and waterways under construction but not officially put into use.) and Data are provided by the Department of Communication. Data on the stock of the highway civilian and transport business vehicles are provide by the Department of Public Security and Department of transportation and Agricultural Machinery Bureau .

3. Data on the civil aviation transport: The statistical units of the civil aviation transport include the enterprises registered in Anhui and engaged in the civil aviation transport flights and flights for general purpose, including the enterprises directly under the Civil Aviation Administration of Anhui Province or not under it.

4. Data on post and telecommunications: The post and telecommunications statistics cover postal and telecommunication services. The business volume of post and telecommunications is classified by business area into the domestic volume, the volume between China mainland and Hong Kong and Macao (including Taiwan) and the international volume.

15—1 交通运输业基本情况
Basic Conditions of Transportation

指　　标	Item	2000	2005	2010	2012	2013
运输线路长度　（公里）	Length of Transportation Routes (km)					
铁路营业里程	Railways in Operation	2164	2353	2850	3260	3513
公　路	Highways	44493	72807	149382	165157	173763
内　河	Navigable Inland Waterways	5611	5587	5587	5623	5642
民　航	Total Civil Aviation Routes	60553	72263	76303	59260	78462
#国际航线	International Routes	6536	11616	6575	13571	13228
客运量总计　（万人）	Total Passenger Traffic (10000 persons)	62033	72871	159597	213671	245350
铁　路	Railways	2994	3486	5552	6385	7210
国　家	National	2808	3307	5552	6385	7210
地　方	Local and Joint Venture Railways	186	179			
公　路	Highways	58026	68927	153697	206888	237516
水　运	Waterways	860	244	139	159	360
民　航	Total Civil Aviation Routes	153	214	208	239	264
旅客周转量总计（万人公里）	Total Passenger-kilometers (10000 passenger-km)	5368953	8062657	15027550	18550908	21185869
铁　路	Railways	2040820	3008651	4680584	4965902	5520822
国　家	National	1945470	2908851	4680584	4965902	5520822
地　方	Local and Joint Venture Railways	95350	99800			
公　路	Highways	3141134	4812462	10101874	13276815	15340111
水　运	Waterways	36408	3093	2684	2947	3876
民　航	Total Civil Aviation Routes	150591	238451	242408	305244.1	321059.4
货运量总计　（万吨）	Total Freight Traffic (10000 tons)	44535.5	67128.0	228106.1	312442.0	356711.4
铁　路	Railways	6473	10386	12091	12263	11566
国　家	National	6026	8638	12091	12263	11566
地　方	Local and Joint Venture Railways	447	1748			
公　路	Highways	32740	49614	183658	259461	300093
水　运	Waterways	5320	7125	32355	40716	45050
民　航	Total Civil Aviation Routes	1.5	3.0	2.2	2.0	2.4
货物周转量总计（万吨公里）	Total Freight Ton-kilometers (10000 tons-km)	10777360	15664802	71536800	98315954	111589620
铁　路	Railways	6201382	8837574	10165481	9509540	8776513
国　家	National	6106612	8577452	10165481	9509540	8776513
地　方	Local and Joint Venture Railways	94770	260122			
公　路	Highways	2747117	4226699	50049069	72667708	84330462
水　运	Waterways	1826251	2596868	11319581	16136007	18479712
民　航	Total Civil Aviation Routes	2610	3661	2669	2699.59	2932.46
民用汽车拥有量　（辆）	Number of Civil Vehicles Owned (unit)	386706	804952	2432339	3301757	3760219
载客汽车辆数	Number of Buses and Cars	187940	436372	1409937	2259818	2758362
载货汽车辆数	Number of Trucks	192348	332139	663361	742279	799354
私人汽车拥有量	Number of Motor Vehicles Owned by Individuals	156577	354139	1661937	2466708	2893385
民用运输船舶拥有量　（艘）	Number of Civil Transport Vessels (unit)		33372	29186	29481	28721
#机动船	Motor Vessels	21692	30439	27041	27505	27193
驳　船	Barges	3946	2933	2145	1976	1528
私人运输船舶拥有量（艘）	Number of Private-owned Transport Vessels (unit)		10010	4278	3128	2501
机动船	Motor Vessels	12350	9989	4262	3128	2501
驳　船	Barges	445	21	16		

15—2 运 输 路 线 长 度
Length of Transportation Routes

单位：公里（km）

指　　标	Item	2000	2005	2010	2012	2013
铁　路	**Railways**					
营业里程（省境内）	Length of Railways in Operation (within the boundaries of the province)	2164	2353	2850	3260	3513
公　路	**Highways**					
公路里程	Total Length of Highways	44493	72807	149382	165157	173763
国道、省道	National and Provincial Routes	10497	10997	12412	12707	13015
县　道	County Routes	17494	24200	23970	25315	24207
乡　道	Village and town Routes	16226	36606	36226	37820	36492
专用公路	Special Highways	276	1004	1004	1002	1002
高速公路	Express-way	470	1501	2929	3210	3521
一级公路	First Class	264	338	499	1758	2280
二级公路	Second Class	6347	9633	10504	9933	10411
三级公路	Third Class	9050	12537	15306	16416	17568
四级公路	Forth Class	26448	43074	113106	128110	134303
等外公路	Highway Below Class IV	1914	5724	7042	5730	5680
在公路里程中：	Of the Total Length of Highways:					
晴雨通车里程	Length of Highways Opened to Traffic Despite Rain or Shine	43252	69975	145514	161517	169655
绿化里程	Length of Forestation Highways	29512	49843	60448	96553	128587
水　运	**Waterways**					
内河航道通航里程	Length of Navigable Inland Waterways	5611	5587	5587	5623	5642
民　航	**Total Civil Aviation Routes**					
国际航线	International Routes	6536	11616	6575	13571	13228
国内航线	Domestic Routes	54017	60647	69728	45689	65234

15—3 运输线路质量
Quality of Transportation Routes

指　　标		Item		2000	2005	2010	2012	2013
铁路营业里程	**（公里）**	**Length of Railways in Operation**	**(km)**	**2164**	**2353**	**2850**	**3260**	**3513**
#复线里程	（公里）	Double-Tracking Length	(km)	947	1080	1523	1968	2009
复线里程比重	(%)	Proportion	(%)	43.8	45.9	53.4	60.4	57.2
公路线路里程	**（公里）**	**Length of Highways**	**(km)**	**44493**	**72807**	**149382**	**165157**	**173763**
#等级公路里程	（公里）	Expressway and Class I to IV Highways	(km)	42579	67083	142340	159427	168083
等级公路里程比重	(%)	Proportion	(%)	95.7	92.1	95.3	96.5	96.7
内河航道里程	**（公里）**	**length of Navigable Inland Waterways**	**(km)**			**6507**	**6525**	**6525**
#等级航道里程	（公里）	Standard Waterways	(km)			5226	5253	5253
等级航道里程比重	(%)	Proportion	(%)			80.3	80.5	80.5

15—4 内河港口码头吞吐量
Volume of Passenger and Freight Handled in Ports of Inland Rivers

年　　份 Year	旅客吞吐量 （万人） Passenger Handled (10000 persons)	#旅客离港量 Out-port	货物吞吐量 （万吨） Cargo Handled (10000 tons)	#集装箱（万标准箱） Container (10000 standard cases)
2000	164.00	77.00	7114.00	2.40
2005	182.49	137.49	17156.70	11.26
2006	166.20	116.20	19995.80	16.17
2007	191.35	161.35	24700.60	21.79
2008	203.00	118.28	27267.01	23.91
2009	96.11	54.61	26449.00	19.91
2010	69.18	57.00	32502.00	22.20
2011	105.00	54.20	37418.60	38.80
2012	70.05	35.44	36097.20	45.58
2013	78.52	41.35	39617.52	52.67

注：2011年以后统计范围为通过能力在200万吨以上内河港口，以及从事外贸、集装箱的港口。与历年数据具有不可比性。
a) 2011 statistic range are ports of capacity of 2000000 tons and over in inland river, and portsengaged in foreign trade, container port. the data of the past years are not comparable.

15—5 主要港口分货类吞吐量
Volume of Throughput in Major Ports by Type of Freight

单位：万吨（10000 tons）

货 类	Type of Goods	2005	2010	2012	2013
吞吐量合计	**Total Throughput**	**1850.47**	**1049.70**	**964.80**	**965.81**
煤炭及制品	Coal and Products	962.91	571.73	615.74	647.41
金属矿石	Metal Ores	282.10	185.02	139.82	86.58
钢 铁	Steel and Iron	35.41	99.79	52.55	42.13
矿建材料	Mineral Building	243.00	24.97	3.17	4.05
水 泥	Cement	154.41	8.70		3.28
木 材	Timber	21.33			
非金属矿石	Nonmetal Ores	63.21	5.14	3.51	0.27
化肥及农药	Chemical Fertilizers and Pesticides	4.60			
盐	Salt	2.35			
粮 食	Grain	1.13			
机械、设备、电器	Machinery , Equipment, Electric Apparatus	3.23	0.13		
化工原料及制品	Industrial Chemicals and Products	3.40	10.33		0.72
轻工、医药产品	Light industry, Medical Products	0.83			
农林牧渔业产品	Agriculture, Forestry, Animal Husbandry and Fishery Products	1.95	0.08		
其 他	Other	70.61	143.81	150.01	181.37

注：资料来源芜湖港口有限责任公司。
a) Data from Wuhu port Co.,Ltd.

15—6 全社会水路分货类运输量
Freight Traffic of Waterway

货 类	Type of Goods	货运量（万吨）Freight Traffic (10000 tons)		货物周转量（万吨公里）Frright Ton-kilometers (10000 tons-km)	
		2012	2013	2012	2013
合 计	**Total**	**40716**	**45050**	**16136607**	**18479712**
煤炭及制品	Coal and Products	4005	4575	2134006	2567149
石油天然气及制品	Petroleum Gas and Products	573	481	282153	233023
金属矿石	Metal Ores	2216	2061	569791	752829
钢 铁	Steel and Iron	1915	1562	880917	757434
矿建材料	Mineral Building	19039	19879	6167558	6982458
水 泥	Cement	5011	5475	2458877	2589099
木 材	Timber	126	84	34506	15912
非金属矿石	Nonmetal Ores	3756	5870	1747569	2717510
化肥及农药	Chemical Fertilizers and Pesticides	379	332	205827	145265
盐	Salt	59	118	12184	20561
粮 食	Grain	1246	1577	587841	662366
机械、设备、电器	Machinery, Equipment, Electric Apparatus	696	1460	280595	262012
化工原料及制品	Industrial Chemicals and Products	728	530	348969	314234
有色金属	Nonferrous Metals	43	129	19350	41391
轻工、医药产品	Light Industry, Medical Products	263	300	108639	126092
农林牧渔业产品	Agriculture, Forestry, Animal Husbandry and Fishery Products	171	151	84581	63126
其 他	Other	490	466	213244	229251

15—7 全社会公路分货类运输量
Freight Traffic of Highway

货　类	Type of Goods	货运量(万吨) Freight Traffic (10000 tons)		货物周转量(万吨公里) Frright Ton-kilometers (10000 tons-km)	
		2012	2013	2012	2013
合　计	**Total**	**259461**	**300093**	**72667708**	**84330462**
煤炭及制品	Coal and Products	31214	35592	9604872	10545659
石油天然气及制品	Petroleum Gas and Products	8350	8532	2482897	2741862
#原　油	Crude Oil	176	486	70841	172495
金属矿石	Metal Ores	9487	9469	1995296	1820498
钢　铁	Steel and Iron	18542	21674	5594077	6430818
矿建材料	Mineral Building	41528	46865	9521639	11609575
水　泥	Cement	18886	22977	5271145	6450011
木　材	Timber	6101	7637	2008260	2421547
非金属矿石	Nonmetal Ores	9040	10244	1995990	2305925
#磷　矿	Phosphorus Ores	255	292	74508	127961
化肥及农药	Chemical Fertilizers and Pesticides	10105	11404	2864620	3147143
盐	Salt	2582	1879	1047839	1915845
粮　食	Grain	14581	17723	4832426	5455891
机械、设备、电器	Machinery, Equipment, Electric Apparatus	11171	15498	3742104	4919612
化工原料及制品	Industrial Chemicals and Products	16321	19098	3947735	4480419
有色金属	Nonferrous Metals	5918	6994	1457398	1765774
轻工、医药产品	Light Industry, Medical Products	11924	14960	3936112	4582089
#日用工业品	Industrial Commodity	4882	6082	1604224	1951851
农林牧渔业产品	Agriculture, Forestry, Animal Husbandry and Fishery Products	9412	12630	2629611	3426542
#棉　花	Cotton	559	1190	214235	479336
其　他	Other	34299	36917	9735687	10311252

15—8 各市公路客货运输量（2013年）
Volum of Highway Transportation By Region (2013)

地　区	Region	客运量(万人) Passenger Traffic (10000 persons)	旅客周转量(万人公里) Passenger-kilometers (10000 passenger-km)	货运量(万吨) Freight Traffic (10000 tons)	货物周转量(万吨公里) Freight Ton-kilometers (10000 tons-km)
总　计	**Total**	**237516**	**15340111**	**300093**	**84330462**
合肥市	Hefei	37147	3040341	36703	9039182
淮北市	Huaibei	9235	312585	7725	1374926
亳州市	Bozhou	9209	720575	17699	8377751
宿州市	Suzhou	7210	423576	25179	7265642
蚌埠市	Bengbu	18032	724028	19435	6297662
阜阳市	Fuyang	29531	2270783	33170	13217867
淮南市	Huainan	8376	787193	8204	1975760
滁州市	Chuzhou	13841	947227	15893	4753392
六安市	Luan	34460	2016260	33690	13274160
马鞍山市	Maanshan	8246	777365	16747	2478800
芜湖市	Wuhu	16591	1016493	16382	3058329
宣城市	Xuancheng	13260	472628	12900	2098020
铜陵市	Tongling	11971	300650	11869	781672
池州市	Chizhou	7451	421746	8272	1283709
安庆市	Anqing	9803	770280	28229	6125362
黄山市	Huangshan	3153	338381	7996	2928228

15—9 主要年份公路线路年底到达数（按技术等级分）
Length of Highway Routes at the Year-end (classified by technical level)

单位：公里（km）

年份 Year	公路里程总计 Total Length of Highways	等级路 Express-way and Class I to IV Hughway	高速 Express-way	一级 First Class	二级 Second Class	三、四级公路 Third and Forth Class	等外公路 Highway Below Class IV
2000	44493	42579	470	264	6347	35498	1914
2005	72807	67083	1501	338	9633	55611	5724
2006	147611	122584	1747	347	9162	111328	25027
2007	148372	128241	2206	362	9824	115849	20130
2008	148827	134669	2506	385	10077	121700	14158
2009	149184	139424	2810	475	10312	125827	9759
2010	149382	142340	2929	499	10504	128412	7042
2011	149535	143403	3009	627	10640	129128	6131
2012	165157	159427	3210	1758	9933	144526	5730
2013	173763	168083	3521	2280	10411	151871	5680

15—10 公路线路年底到达数（按技术等级分）（2013年）
Length of Highway Routes at the Year-end (classified by technical level) (2013)

单位：公里（km）

项目	Item	公路里程总计 Total Length of Highways	等级公路 Expressway and Class I to IV Highway 合计 Total	高速 Express-way	一级 First Class	二级 Second Class	三级 Third Class	四级 Forth Class	等外公路 Highway Below Class IV
上年年底到达数	End of Last Year	165157	159427	3210	1758	9933	16416	128110	5730
国道	National Routes	5137	5137	2687	653	1579	97	122	
省道	Provincial Routes	7570	7570	523	853	5365	533	296	
县道	County Routes	25315	25315		235	2691	13901	8487	
乡道	Village and town Routes	37820	36817		14	198	1201	35404	1002
专用公路	Highways for Special Use	1002	992			43	233	716	11
村道	Village Routes	88314	83597		3	57	451	83085	4718
本年新建数	Newly Built in This Year	2245	2245	311	233	22	74	1605	
国道	National Routes								
省道	Provincial Routes	317	317	311	6				
县道	County Routes	3	3			3			
乡道	Village and town Routes								
专用公路	Highways for Special Use								
村道	Village Routes	1925	1925		227	19	74	1605	
本年改建变更数	Changed in This Year	6360	6411		290	456	1078	4588	-51
国道	National Routes	-1	-1		40	-27	-14		
省道	Provincial Routes	-8	-8		117	-93	-3	-29	
县道	County Routes	-1110	-1110		38	218	296	-1662	
乡道	Village and town Routes	-1328	-1326		-2	42	456	-1822	-2
专用公路	Highways for Special Use					3		-3	
村道	Village Routes	8808	8857		97	313	344	8103	-49
本年年底到达数	End of This Year	173763	168083	3521	2280	10411	17568	134303	5680
国道	National Routes	5136	5136	2687	693	1552	83	122	
省道	Provincial Routes	7879	7879	834	975	5272	530	267	
县道	County Routes	24207	24207		273	2913	14197	6825	
乡道	Village and town Routes	36492	35491		13	239	1656	33582	1001
专用公路	Highways for Special Use	1002	992			46	233	713	11
村道	Village Routes	99047	94379		327	390	869	92793	4668

15—11 各市公路线路年底到达数（按技术等级分）（2013年）
Length of Highway Routes at the Year-end by Region (classified by technical level) (2013)

单位：公里（km）

地　区	Region	公路里程总计 Total Length of Highways	等级公路 Expressway and Class I to IV Highway 合计 Total	高速 Express-way	一级 First Class	二级 Second Class	三级 Third Class	四级 Forth Class	等外公路 Highway Below Class IV
总　计	**Total**	**173763**	**168083**	**3521**	**2280**	**10411**	**17568**	**134303**	**5680**
合 肥 市	Hefei	16955	15349	443	273	874	1824	11935	1606
淮 北 市	Huaibei	3787	3787	87	36	240	561	2861	
亳 州 市	Bozhou	11440	11050	215	169	499	1522	8643	390
宿 州 市	Suzhou	13406	12710	236	93	1019		9956	
蚌 埠 市	Bengbu	7674	7225	152	109	446	832	5687	449
阜 阳 市	Fuyang	12513	12127	256	276	584	1514	9497	385
淮 南 市	Huainan	4432	4268	66	84	216	581	3321	164
滁 州 市	Chuzhou	16586	16586	290	163	1000	1526	13606	
六 安 市	Luan	22408	22052	370	156	1142	2195	18189	356
马鞍山市	Maanshan	6989	6753	160	223	585	668	5117	237
芜 湖 市	Wuhu	9533	9135	126	206	584	1148	7071	398
宣 城 市	Xuancheng	10355	10304	127	130	794	835	8418	51
铜 陵 市	Tongling	1555	1530	65	61	194	120	1090	25
池 州 市	Chizhou	7868	7139	215	114	651	435	5725	729
安 庆 市	Anqing	16810	16803	288	102	820	938	14657	7
黄 山 市	Huangshan	6258	6230	352	57	494	910	4417	28
广 德 县	Guangde	2876	2752	42	24	179	192	2314	125
宿 松 县	Susong	2318	2284	31	4	88	361	1800	33

15—12 公路密度及通达情况
Density and Reaching Status of Highways

指　标	Item	2000	2005	2010	2012	2013
公路密度	**Density of Highway**					
以国土面积计算（公里/百平方公里）	By Area of Territory (km/100 sq.m)	31.87	52.23	107.16	118.48	124.65
以人口数量计算（公里/万人）	By Population (km/10000 persons)	7.17	11.27	21.98	24.02	25.18
公路通达	**Reaching Status of Highways**					
乡镇数量（个）	Number of Townships (unit)	1923	1547	1382	1378	1378
#不通公路	Without Highway Communication	3	1			
不通公路乡镇所占比重（%）	Proportion of Townships Without Highway Communication (%)	0.20	0.06			
行政村数量（个）	Number of Villages (unit)	29820	25553	17274	17070	17070
#不通公路	Without Highway Communication	4303	187	5	3	1
不通公路行政村所占比重（%）	Proportion of Villages Without Highway Communication (%)	14.40	0.73	0.03	0.02	0.01

15—13 主要年份民用车辆拥有量
Possession of Civil Vehicles

单位：万辆（10000 units）

指标	Item	2000	2005	2010	2012	2013
总计	**Total**		**575.48**	**909.66**	**1031.07**	**922.58**
载客汽车	Passenger Vehicles	18.79	43.64	140.99	225.98	275.84
大型	Large		2.87	3.82	3.91	4.24
中型	Medium		4.10	4.94	3.29	3.05
小型	Small		29.62	124.91	211.46	263.26
微型	Minicar		7.05	7.31	7.32	5.30
载货汽车	Trucks	19.23	33.21	66.34	74.23	79.94
重型	Heavy		5.09	20.24	24.06	27.05
中型	Medium		12.86	12.41	5.95	5.02
轻型	Light		13.74	33.12	43.84	47.57
微型	Mini		1.52	0.56	0.37	0.30
其他汽车	Others		29.00	35.90	29.97	20.25
摩托车	Motorcycles	86.81	246.50	409.38	444.27	295.68
拖拉机	Tractors	168.74	218.46	248.58	249.23	242.96
挂车	Trailers	2.08	4.65	8.45	7.37	7.90
其他类型车	Other Types of Vehicle	1.64	0.02	0.02	0.02	0.01
机动车驾驶员（万人）	Number of Motor Drivers (10000 persons)	147.69	439.73	692.42	852.28	914.08
#汽车驾驶	Automobile Drivers	94.14	258.40	475.65	650.47	731.02

15—14 主要年份私人车辆拥有量
Possession of Private Vehicles

单位：辆（unit）

指标	Item	2000	2005	2010	2012	2013
总计	**Total**	**156577**	**583762**	**5726403**	**6887829**	**5836859**
载客汽车	Passenger Vehicles	79225	229835	1078206	1876953	2360095
大型	Large		4396	4293	1191	993
中型	Medium		18314	22519	12522	10435
小型	Small		154414	988464	1798170	2300474
微型	Minicar			62930	65070	48193
载货汽车	Trucks	76691	121068	285022	349549	376930
重型	Heavy			28064	30788	31500
中型	Medium		41398	42674	21297	18817
轻型	Light		60221	209976	294492	324207
微型	Mini			4308	2972	2406
其他汽车	Others		232859	298709	240206	156360
摩托车	Motorcycles	681185		4058172	4417791	2939571
挂车	Trailers			6249	3282	3873
其他类型车	Other Types of Vehicle			45	48	30

注：2005年其他汽车含摩托车、拖拉机、其他类型车。
a) In 2005 other motor vehicles including motorcycles, tractors and other type of vehicles.

15—15 民用车辆拥有量营运情况（2013年）
Civilian Vehicles Capacity of Transportion Situation (2013)

单位：万辆（10000 units）

指标	Item	总计 Total			总计中 In the Total			报废 Write-off
			营运 For Business	非营运 Not for Business	进口 Import	个人 Individual	新注册 Registered Newly	
总计	**Total**	**922.58**	**100.16**	**579.28**	**8.56**	**583.69**	**88.53**	**21.52**
#校车	The School Bbus	0.18						
汽车	Number	376.02	85.98	289.86	8.55	289.34	70.27	2.61
载客汽车	Passenger Vehicles	275.84	11.67	263.99	8.51	236.01	56.43	1.68
#大型	Large	4.24	3.18	0.95	0.02	0.10	0.64	0.16
中型	Medium	3.05	1.30	1.67	0.05	1.04	0.26	0.23
小型	Small	263.26	7.06	256.19	8.39	230.05	55.34	0.81
微型	Minicar	5.30	0.13	5.17	0.05	4.82	0.19	0.49
#轿车	Cars	186.51	6.62	179.89	3.84	164.29	39.16	0.55
载货汽车	Trucks	79.94	59.81	20.13	0.03	37.69	12.58	0.50
#重型	Heavy	27.05	26.40	0.65	0.02	3.15	4.88	0.11
中型	Medium	5.02	4.74	0.28		1.88	0.33	0.12
轻型	Light	47.57	28.54	19.03	0.01	32.42	7.37	0.26
微型	Mini	0.30	0.13	0.17		0.24	0.01	0.01
#普通载货	General Trucks	39.79	23.88	15.91	0.01	26.18	6.16	0.29
其他汽车	Others	20.25	14.50	5.75	0.02	15.64	1.26	0.42
#三轮汽车	Tricar	10.93	8.08	2.85		10.86	0.79	0.22
低速货车	Low-Speed Truck	6.35	5.82	0.53		3.91	0.15	0.13
摩托车	Motorcycles	295.68	6.32	289.36	0.01	293.96	17.19	18.88
普通	General	292.74	6.32	286.42	0.01	291.02	16.94	18.19
轻便	Portable	2.94		2.94		2.93	0.25	0.69
拖拉机	Tractors	242.96						
挂车	Trailers	7.90	7.85	0.05		0.39	1.06	0.03
其他类型车	Other Types of Vehicle	0.01						
机动车驾驶员（万人）	Number of Motor Drivers（10000 persons）	914.08						
#汽车驾驶员	Automobile Drivers	731.02						

15—16 各市民用车辆拥有量（2013年）
Possession of Civil Vehicles by Region (2013)

单位：辆（unit）

地区	Region	汽车 Number	载客汽车 Buses and Cars	载货汽车 Ordinary Trucks	其他汽车 Other Motor Vehicles	摩托车 Motorcycle	拖拉机 Tractors	挂车 Trailers	其他类型车 Other Types of Vehicle	机动车驾驶员(人) Number of Motor Drivers (person)
总计	**Total**	**3760219**	**2758362**	**799354**	**202503**	**2956828**	**2429593**	**79018**	**104**	**9140840**
合肥市	Hefei	820675	695883	111934	12858	206278	214867	8737	28	1349472
淮北市	Huaibei	134097	95857	24666	13574	108953	121138	3915		305773
亳州市	Bozhou	256057	149636	83009	23412	210811	192187	5575		659169
宿州市	Suzhou	202907	143558	53790	5559	129805	232012	6549		643529
蚌埠市	Bengbu	164439	110940	50989	2510	135075	329965	7252	10	430925
阜阳市	Fuyang	430840	219546	140966	70328	500007	146999	17833		801423
淮南市	Huainan	142483	108646	31419	2418	87357	111651	3437		293605
滁州市	Chuzhou	184207	131676	50639	1892	115289	459688	8530		503365
六安市	Luan	298359	206768	85715	5876	301221	295947	5944		923897
马鞍山市	Maanshan	138925	119489	17319	2117	120650	45076	1667	61	350688
芜湖市	Wuhu	275844	238456	29803	7585	120123	58925	1470		588781
宣城市	Xuancheng	171829	130957	29514	11358	166458	54126	1963		610999
铜陵市	Tongling	69642	56527	10577	2538	49745	5998	348	5	176774
池州市	Chizhou	71196	55142	14136	1918	122580	36479	578		256985
安庆市	Anqing	259399	201487	48152	9760	458595	106873	2081		915691
黄山市	Huangshan	117135	74000	16114	27021	122157	17662	3139		329764

15—17 各市私人车辆拥有量（2013年）
Possession of Private Vehicles by Region (2013)

单位：辆（unit）

地区	Region	汽车总计 Total	载客汽车 Passenger Vehicles	大型 Large	中型 Medium	小型 Small	载货汽车 Trucks	中型 Light-heavy	轻型 Light	其他汽车 Others
总计	**Total**	**2893164**	**2359874**	**993**	**10434**	**2300254**	**376930**	**18817**	**324207**	**156360**
合肥市	Hefei	619789	590199	214	2210	578131	21918	531	20812	7672
淮北市	Huaibei	111383	84869	16	178	83028	13578	764	8938	12936
亳州市	Bozhou	210557	137734	19	424	132950	50912	1548	47167	21911
宿州市	Suzhou	163342	127016	66	473	123082	31568	1762	23849	4758
蚌埠市	Bengbu	106687	90684	61	789	86838	14786	497	13505	1217
阜阳市	Fuyang	326495	193782	40	787	185968	64352	1229	60693	68361
淮南市	Huainan	97452	86374	3	148	84180	10098	147	9498	980
滁州市	Chuzhou	136759	110963	101	987	107679	24883	2353	17977	913
六安市	Luan	238374	185290	50	1245	179878	48571	2552	41649	4513
马鞍山市	Maanshan	105949	99818	25	351	98250	5218	352	4397	913
芜湖市	Wuhu	224086	206819	16	391	203662	11360	507	9895	5907
宣城市	Xuancheng	138488	111981	39	690	109791	19593	2331	14389	6914
铜陵市	Tongling	51824	46060	49	155	45245	3968	135	3548	1796
池州市	Chizhou	58864	47805	21	190	47297	9753	1113	7820	1306
安庆市	Anqing	227997	179908	252	1155	175669	39566	2759	33937	8523
黄山市	Huangshan	75118	60572	21	261	58606	6806	237	6133	7740

注：本表与15—14、15—15中私人汽车拥有量有差异，系取数时间节点不同造成，属合理波动。

a) The table with 15 to 14 and 15-15 private car ownership has the difference, is taking some time in different nodes, is reasonable.

15—18 公路营运汽车拥有量
Possession of Vehicles for Highway Business Transportation

年份 Year	汽车总计 (辆) Total Number (unit)	载客汽车 Passenger Vehicles 辆数 (辆) Number (unit)	载客汽车 客位 (客位) Number of Seats (seat)	载货汽车 Trucks 辆数 (辆) Number (unit)	#普通载货汽车 Ordinary Trucks	吨位 (吨) Capacity (ton)	#普通载货汽车 Ordinary Trucks
2000	195800	41083	634782	154717	152711	574050	560603
2005	265746	43515	691381	222231	215938	917083	861406
2006	317385	76114	872788	241271	229341	1007575	917584
2007	347440	78737	914353	268703	258529	1138171	1044463
2008	396461	81956	985120	314505	301548	1662018	1515155
2009	454224	86344	1054876	367880	349971	2089256	1892368
2010	472861	36815	868682	436046	417858	2723868	2504762
2011	551229	37683	908227	513546	496083	3366246	3121167
2012	647425	38143	946386	609282	585617	4318585	4015249
2013	695637	34410	897033	661227	550291	4727364	4182303

注：不包含出租车、公交车（下表同）。
a) Not including taxi, bus (the same the following table)。

15—19 各市公路营运汽车拥有量（2013年）
Possession of Vehicles for Highway Business Transportation by Region (2013)

地区	Region	汽车总计 (辆) Total Number (unit)	载客汽车 Passenger Vehicles 辆数 (辆) Number (unit)	载客汽车 客位 (客位) Number of Seats (seat)	载货汽车 Trucks 辆数 (辆) Number (unit)	#普通载货汽车 Ordinary Trucks	吨位 (吨) Capacity (ton)	#普通载货汽车 Ordinary Trucks
总计	**Total**	**695637**	**34410**	**897033**	**661227**	**550291**	**4727364**	**4182303**
合肥市	Hefei	95099	4252	118784	90847	73286	434399	357295
淮北市	Huaibei	24880	850	24498	24030	19949	261738	250418
亳州市	Bozhou	57000	2305	55409	54695	46373	415824	404882
宿州市	Suzhou	52969	2087	60547	50882	41158	461104	407807
蚌埠市	Bengbu	45904	1630	48833	44274	33991	408532	369411
阜阳市	Fuyang	108823	3350	88547	105473	84727	859026	759619
淮南市	Huainan	27167	987	29343	26180	21002	184549	154000
滁州市	Chuzhou	47867	2181	63035	45686	35307	437487	410409
六安市	Luan	69523	4275	96950	65248	56602	389820	348659
马鞍山市	Maanshan	18164	1349	31606	16815	13440	132956	86876
芜湖市	Wuhu	28924	1726	53907	27198	23827	166234	141413
宣城市	Xuancheng	24291	1856	48770	22435	19567	166092	151140
铜陵市	Tongling	7785	482	11927	7303	6637	53384	49144
池州市	Chizhou	11586	967	29240	10619	9570	56332	51010
安庆市	Anqing	60294	4619	92487	55675	53991	162446	146804
黄山市	Huangshan	15361	1494	43150	13867	10864	137441	93416

15—20 国、省道公路交通量（2013年）
Highway Traffic Quantity of National and Provincial Rortes (2013)

指标	Item	国道 National Routes	省道 Provincial Routes
观测里程（公里）	Length of Observation (km)	2937	6021
年平均日交通混合当量合计（辆/日）	Year Average Diurnal Transportation Mix Equivalent Total (unit/day)		
机动车（当量数）	Vehicle (Equivalent Number)	14264	9691
汽车（当量数）	Automobile (equivalent number)	12943	8111
小型货车（自然数）	Jubilee wagon (natural number)	949	806
中型货车（自然数）	Medium freight vehicle (natural number)	852	465
大型货车（自然数）	Large Freight Vehicle (Natural Number)	836	352
小型客车（自然数）	Small Passenger Auto (natural number)	4573	3115
大型客车（自然数）	Large Passenger Auto (Natural Number)	587	294
拖拉机（当量数）	Tractors(Equivalent Number)	350	389
非机动车（当量数）	Converted Number of Non-motor Vehicles	970	1192
行驶量（万车公里/日）	Driving Quantity (10000 vehicle-km/day)	5157	5771
适应交通量（辆/日）	Suitable Traffic Quantity (unit/day)	25395	14252
交通拥挤度	Crowded Degree of Traffic	0.56	0.68

15—21 各市民用运输船舶拥有量（2013年）
Number of Civil Transport Vessels Owned by Region (2013)

地区	Region	总艘数（艘） Total Number (unit)	机动船 Motor Vessels				驳船 Barges	
			艘数（艘） Number (unit)	净载重量（吨） Dead Weight Tonnage (ton)	载客量（客位） Passenger Capacity (seat)	功率（千瓦） Drawing Power (km)	艘数（艘） Number (unit)	净载重量（吨） Dead Weight Tonnage (ton)
总计	**Total**	**28721**	**27193**	**31035562**	**15193**	**8419370**	**1528**	**716437**
合肥市	Hefei	2202	2189	1805520	2108	514676	13	7755
淮北市	Huaibei	231	229	94492		39103	2	770
亳州市	Bozhou	1423	1342	1053478		361282	81	36313
宿州市	Suzhou	609	609	354689		117706		
蚌埠市	Bengbu	4208	4037	4411452		1198659	171	122439
阜阳市	Fuyang	2940	2395	3275037		813998	545	234736
淮南市	Huainan	1592	991	1010557		303532	601	244892
滁州市	Chuzhou	1593	1582	784958		297554	11	6115
六安市	Luan	2520	2498	3635393	1521	846643	22	14816
马鞍山市	Maanshan	1890	1882	2322226		646371	8	2210
芜湖市	Wuhu	4085	4041	6048348	1933	1620147	44	24044
宣城市	Xuancheng	2016	2016	2476654	467	661512		
铜陵市	Tongling	518	518	585202		164672		
池州市	Chizhou	1177	1175	1310851		325682	2	530
安庆市	Anqing	1549	1521	1824943	4473	486165	28	21817
黄山市	Huangshan	167	167	34562	4691	18801		
其他	Other	1	1	7200		2867		

15—22 各市私人运输船舶拥有量（2013年）
Number of Private-owned Transport Vessels Owned by Region (2013)

地区	Region	总艘数（艘）Total Number (unit)	机动船 Motor Vessels 艘数（艘）Number (unit)	净载重量（吨）Dead Weight Tonnage (ton)	载客量（客位）Passenger Capacity (seat)	功率（千瓦）Drawing Power (km)
总计	**Total**	**2501**	**2501**	**1381484**		**514528**
合肥市	Hefei	738	738	331655		117829
淮北市	Huaibei					
亳州市	Bozhou					
宿州市	Suzhou					
蚌埠市	Bengbu					
阜阳市	Fuyang					
淮南市	Huainan					
滁州市	Chuzhou	71	71	30905		12368
六安市	Luan					
马鞍山市	Maanshan	393	393	171162		65216
芜湖市	Wuhu					
宣城市	Xuancheng	847	847	482216		216340
铜陵市	Tongling	28	28	15333		6067
池州市	Chizhou	393	393	346736		94396
安庆市	Anqing					
黄山市	Huangshan	31	31	3477		2312

15—23 全省机场运输业务量（2013年）
Traffic Capacity of Airports (2013)

指标	Item	运输起降架次（次）Number of Sorties of Taking-off and Landing	旅客（人）Number of Passengers (person)	#过站旅客 Transit Passengers	货邮合计（吨）Goods and Postal Parcels (ton)	#货物 Goods
总计	**Total**	**65964**	**6712601**	**854420**	**43038.6**	**39870.4**
国内航线	Domestic Routes	63559	6527170	838610	42916.5	39838.1
港澳台航线	Hong Kong, Macao and Taiwan Routes	1574	164896		514.9	514.7
国际航线	International Routes	2405	185431	15810	122.1	33.2
进港	Arrival	32948	2960627		20821.9	18946.9
国内航线	Domestic Routes	31763	2877953		20716.0	18929.9
港澳台航线	Hong Kong, Macao and Taiwan Routes	780	82856		364.0	363.8
国际航线	International Routes	1185	82674		105.9	17.0
出港	Departure	33016	3751974	854420	22216.7	20923.5
国内航线	Domestic Routes	31796	3649217	838610	22200.5	20908.1
港澳台航线	Hong Kong, Macao and Taiwan Routes	794	82040		150.9	150.9
国际航线	International Routes	1220	102757	15810	16.2	15.4

注：货邮吞吐量不包括行李，2007以前年度包含行李。过站旅客包含在出港部分，是旅客的其中项。

a) The cargo throughput does not include baggage, Befoer 2007 it included baggage. Transit Passengers have been included in export visitors, It is a part of the passengers.

15—24 民航机场吞吐量（2013年）
Volume of Passenger and Freight Handled in Civil Airports (2013)

项　目	Item	旅客吞吐量（人）Passenger Handled (person)	#发运量 Delivered	货物吞吐量（吨）Cargo Handled (ton)	#发运量 Delivered
合　计	**Total**	**6712601**	**3751974**	**43038.6**	**22216.7**
合肥机场	Hefei Airport	5628013	3140711	40073.1	19794.5
黄山机场	Huangshan Airport	552359	323433	2520.7	2149.2
安庆机场	Anqing Airport	117563	66982	127.9	39.3
阜阳机场	Fuyang Airport	352329	174999	316.9	233.7
池州机场	Chizhou Airport	62337	45849		

15—25 东航（安徽公司）基本情况
Basic Statistics on Anhui Branch of the Eastern Air Lines, Inc.

指　标		Item		2000	2005	2010	2012	2013
定期航班航线条数	（条）	Number of Civil Aviation Routes	(unit)	64	63	57	42	58
#国内航线		Domestic Routes		59	57	53	35	51
定期航班线里程	（公里）	Length of Civil Aviation Routes	(km)	60553	72263	76303	59260	78462
#国内航线		Domestic Routes		54017	60647	69728	45689	65234
民用航班飞行机场	（个）	Number of Civil Airports	(unit)	34	45	50	38	42
民用飞机架数	（架）	Number of Civil Aircraft	(unit)	13	11	7	10	11
客运量	（万人）	Passenger Traffic	(10000 person)	153.45	214.05	208.17	239.07	263.51
旅客周转量	（万人公里）	Passenger-kilometers	(10000 passenger-km)	150447.8	238451.4	242408.1	305244.1	321059.4
货（邮）运量	（吨）	Freight Traffic	(ton)	15653.9	29753.4	21814.2	20409.3	23589.4
货（邮）周转量	（万吨公里）	Freight Ton-kilometers	(10000 ton-km)	1628.29	3661.38	2668.88	2699.59	2932.46
总周转量	（万吨公里）	Total Air Traffic Ton-kilometers	(10000 ton-km)	15071.24	24977.00	24248.62	29845.90	31449.44
#国际航线		International Routes		866.63	1584.94	145.12	958.33	2430.95
国内航线		Domestic Routes		14204.61	23392.06	24103.50	28887.57	29018.49

15—26 邮电业务基本情况
Basic Statistics of Postal and Telecommunications Services

指标	Item	2000	2005	2010	2012	2013
邮电业务总量 （万元）	**Business Volume of Postal and Telecommunications Services (10000 yuan)**	**1201398**	**2840149**	**3003244**	**4051792**	**5133986**
函件 （万件）	Number of Letters (10000 pcs)	19270	21141	21121	16405	13328
国内普通包裹 （万件）	Domestic ordinary parcel (10000 pcs)	356	253	151	92	101
快递 （万件）	Pieces of Express Mail Services (10000 pcs)	310	506	1303	1837	1984
报刊期发数 （万份）	Issue of Newspapers and Magazines (10000 copies)	930	738	602	556	652
固定长途电话通话时长 （亿分钟）	Length of Long-distance Calls of Fixed Telephone (100 million minutes)			24.8	17.6	18.5
移动短信业务量 （万条）	Mobile Short Note Business Volume (10000 unit)		860595	3150048	2790430	2618206
固定互联网宽带接入用户 （万户）	Internet Wide Band Turning on Users (10000 households)			342.02	507.01	642.64
移动电话年末用户 （万户）	Number of Mobile Telephone Subsecribers at Year-end (10000 subscribers)		1046.90	2798.70	3609.84	3958.87
#3G移动电话用户	3G Mobile Phone Subscribers			119.14	853.44	1394.14
固定电话年末用户 （万户）	Number of Fixed Telephone Subsecribers at Year-end (10000 subscribers)	483.82	1349.52	1230.97	1081.94	976.73
城市	Urban	272.99	680.02	612.89	631.47	603.78
#住宅	Household		501.76	388.29	404.78	359.33
农村	Rural	210.83	669.50	618.08	450.46	372.95
#住宅	Household		642.14	561.73	390.32	316.27
营业网点 （处）	Number of Postal Offices (unit)	3562	3488	5496	5604	4389
邮路及农村投递路线总长度 （公里）	Length of Postal Routes and Rural Delivery Routes (km)	205887	206287	196442	188698	193361
#汽车邮路	Highway Routes	30061	51111	41321	43722	45995
铁路邮路	Railway Routes	2320	1725	2434	2355	2355
长途光缆纤芯长度（芯公里）	Length of Long-distance Optical Cable Core(core kilometer)			713011	751653	822862
长途电话交换机容量（路端）	Capacity of Long-distance Telephone Exchanges (circuit)	185549	350538	716701	563185	248116
本地固定电话局用交换机容量 （万门）	Capacity of Local Telephone C.O. Switches Capacity (10000 lines)	717.05	1611.67	1214.90	905.04	1041.00

注：本表邮政相关数据仅包含省邮政公司和省邮政速递公司（下同）。
a) Data of this table contains only provincal postal company and postal courier company (the same below).

15—27 各市邮电业务量（2013年）
Post and Telecommunication Services by Region (2013)

地区	Region	邮电业务总量（万元）Business Volume of Post and Telecommunications (10000 yuan)	邮政业务总量 Business Volume of Post	电信业务总量 Business Volume of Telecommunications	函件（万件）Number of Letters (10000 pcs)	快递（万件）Pieces of Express Mail Services (10000 pcs)	报刊期发数（万份）Newspapers and Magazines Circulation (10000 copies)	国内普通包裹（万件）Domestic Ordinary Parcel (10000 pcs)
总计	**Total**	**5133985.82**	**368339.59**	**4765646.23**	**13328**	**1984.00**	**652.00**	**101.00**
合肥市	Hefei	1047585.80	64346.91	983238.88	5858	811.01	93.91	35.05
淮北市	Huaibei	180566.07	11101.64	169464.43	502	27.05	15.82	2.30
亳州市	Bozhou	283944.46	23686.41	260258.05	226	54.09	26.44	4.30
宿州市	Suzhou	353653.19	28701.98	324951.21	560	68.09	33.68	3.16
蚌埠市	Bengbu	264088.33	16037.51	248050.82	517	93.71	33.70	5.57
阜阳市	Fuyang	484545.90	45537.95	439007.95	826	162.75	49.66	6.30
淮南市	Huainan	216913.78	13865.79	203047.99	510	41.10	29.23	2.56
滁州市	Chuzhou	305160.86	15481.58	289679.28	287	108.12	69.69	3.56
六安市	Luan	329385.54	25941.03	303444.51	513	83.17	63.05	5.98
马鞍山市	Maanshan	221194.62	14157.12	207037.50	734	43.30	22.36	3.16
芜湖市	Wuhu	365887.46	24699.88	341187.58	1294	165.43	41.30	9.96
宣城市	Xuancheng	220527.74	12128.36	208399.37	214	47.19	43.79	5.50
铜陵市	Tongling	97399.99	6623.89	90776.10	89	23.05	11.91	1.46
池州市	Chizhou	128059.96	11511.61	116548.35	168	42.14	27.24	1.46
安庆市	Anqing	375363.85	44851.21	330512.64	553	164.48	60.80	6.03
黄山市	Huangshan	125290.19	9666.70	115623.49	477	50.22	28.87	4.54
其他	Others	134418.07		134418.07				

地区	Region	固定互联网宽带接入用户（万户）Internet Wide Band Turning on Users (10000 subscriber)	移动电话年末用户（万户）Number of Mobile Telephone Subscribers (10000 subscriber)	固定电话年末用户（万户）Year-end Installed Telephones (10000 subscriber)	城市 Urban	#住宅 Residential Buildings	农村 Rural	#住宅 Residential Buildings	公用电话（万部）Public Telephone (10000 unit)
总计	**Total**	**642.64**	**3958.87**	**976.73**	**603.78**	**359.33**	**372.95**	**316.27**	**79.38**
合肥市	Hefei	121.00	718.93	179.26	149.42	76.85	29.83	21.10	20.03
淮北市	Huaibei	26.27	150.50	33.41	25.06	16.62	8.35	7.03	2.48
亳州市	Bozhou	30.66	253.04	41.43	18.21	10.88	23.23	19.86	3.56
宿州市	Suzhou	38.54	315.81	60.14	27.87	15.31	32.27	27.67	4.10
蚌埠市	Bengbu	36.89	213.76	51.11	34.92	21.65	16.20	12.77	5.73
阜阳市	Fuyang	50.57	400.34	78.31	39.10	23.23	39.21	35.85	4.00
淮南市	Huainan	32.50	165.01	40.30	30.45	19.46	9.85	7.34	3.77
滁州市	Chuzhou	42.50	262.98	65.07	31.51	19.63	33.56	28.12	11.24
六安市	Luan	37.42	293.57	64.51	25.08	16.92	39.43	35.06	3.06
马鞍山市	Maanshan	34.31	167.88	56.56	45.77	29.77	10.79	8.27	3.76
芜湖市	Wuhu	54.55	273.06	73.99	57.99	36.13	16.00	11.77	6.33
宣城市	Xuancheng	32.70	185.54	51.87	24.65	16.45	27.23	23.30	2.44
铜陵市	Tongling	16.85	66.17	20.02	16.96	9.64	3.06	2.28	1.37
池州市	Chizhou	17.85	97.25	28.26	13.22	7.77	15.04	13.50	0.94
安庆市	Anqing	50.81	297.51	95.93	41.17	28.28	54.76	50.26	4.12
黄山市	Huangshan	19.21	97.52	36.55	22.41	10.74	14.14	12.08	2.47
其他	Others								

15—28 邮电局所数及邮递线路（年底数）
Postal and Telecommunication Services Facilities (year-end)

单位：处（unit）

年份 Year	邮电局所 Number of Post and Telecommu-nications Offices	邮政信筒信箱 Postal Mailbox	邮路总长度（公里）Length of Postal Routes (km)	#汽车邮路 Highway Routes	铁路邮路 Railway Routes	农村投递线路（公里）Rural Delivery Routes (km)
2000	3562	6333	63445	30061	2320	142442
2005	3488	6378	70599	51111	1725	135688
2006	3836	6471	64927	42634	2097	139571
2007	3894	6334	68800	44614	2097	141777
2008	6387	6112	88337	47466	1929	141632
2009	5867	6736	86463	50607	2485	150570
2010	5496	6693	45541	41321	2434	150902
2011	4659	4554	55668	52939	2292	132819
2012	6161	3961	188698	43722	2355	133560
2013	4389	4641	48523	45995	2355	144838

注：由于邮政系统调整，2010年的邮路总长度与往年口径不同，不具可比性。
a) As the postal system adjustment, the caliber of Length of postal routes in 2010 and previous years were different, did not have the commeasurability.

15—29 各市邮电局所数及邮递线路（2013年）
Postal and Telecommunication Services Facilities by Region (2013)

单位：处（unit）

地区	Region	邮政局所 Number of Post and Telecommu-nications Offices	邮政信筒信箱 Postal Mailbox	邮路总长度（公里）Length of Postal Routes (km)	#汽车邮路 Highway Routes	铁路邮路 Railway Routes	农村投递线路（公里）Rural Delivery Routes (km)
总计	**Total**	**1695**	**4641**	**48523**	**45995**	**2355**	**144838**
合肥市	Hefei	177	300	17830	15475	2355	13174
淮北市	Huaibei	46	691	1012	982		4609
亳州市	Bozhou	82	143	2095	2095		17064
宿州市	Suzhou	114	303	1859	1859		15107
蚌埠市	Bengbu	83	275	2733	2703		7036
阜阳市	Fuyang	171	402	3250	3250		18266
淮南市	Huainan	62	377	696	696		3032
滁州市	Chuzhou	156	292	1461	1461		10006
六安市	Luan	172	435	2939	2939		8408
马鞍山市	Maanshan	65	87	1446	1446		2046
芜湖市	Wuhu	89	152	3156	3156		3668
宣城市	Xuancheng	113	352	2379	2379		8493
铜陵市	Tongling	31	56	666	578		786
池州市	Chizhou	72	181	1554	1554		8623
安庆市	Anqing	172	264	3393	3393		13811
黄山市	Huangshan	90	331	2055	2030		10709

15—30 各市邮电通信线路
Telecommunication Facilities by Region

地区	Region	长途光缆纤芯长度（芯公里）Length of Long-distance Optical Cable Core		本地用中继光缆纤芯长度（芯公里）Length of Local relaying Optical Cable Core	
		2012	2013	2012	2013
总计	**Total**	**751653**	**822862**	**4076014**	**5600579**
合肥市	Hefei	175282	159886	702448	997069
淮北市	Huaibei	22741	14057	170839	304364
亳州市	Bozhou	24977	22815	161179	197215
宿州市	Suzhou	43230	29557	272639	287726
蚌埠市	Bengbu	66919	50043	244557	312279
阜阳市	Fuyang	32390	25799	275724	293342
淮南市	Huainan	21754	20962	139475	196575
滁州市	Chuzhou	65189	53981	357511	869641
六安市	Luan	43211	26024	363656	355421
马鞍山市	Maanshan	16754	12324	164643	299947
芜湖市	Wuhu	38585	27463	257874	297019
宣城市	Xuancheng	49059	32117	263010	222023
铜陵市	Tongling	16553	15374	73287	113484
池州市	Chizhou	37741	25409	122853	185260
安庆市	Anqing	73041	46514	340230	410995
黄山市	Huangshan	24225	21822	166089	258220
其他	Others		238716		

15—31 各市邮电通信设备年末拥有量（2013年）
Telecommunication Facilities at Year-end by Region (2013)

地区	Region	接入网光缆线纤芯长度（芯公里）Length of Access Network Optical Cable Core	本地固定电话局用交换机容量（门）Capacity of Local Telephone C.O. Switches (line)	#接入设备网容量 Capacity of Connected Equipment Net	用户交换机容量（门）Capacity of Exchanges Owned by Users (line)
总计	**Total**	**7123536**	**10426387**	**1030494**	**86428**
合肥市	Hefei	1356468	1690051	183595	24135
淮北市	Huaibei	255777	402711	68026	5399
亳州市	Bozhou	351667	468975	44911	510
宿州市	Suzhou	435388	641261	19923	1635
蚌埠市	Bengbu	276408	696974	113415	6808
阜阳市	Fuyang	430335	899156	61731	9139
淮南市	Huainan	299209	468744	37702	2542
滁州市	Chuzhou	401749	707702	26510	6826
六安市	Luan	481680	647030	26314	4076
马鞍山市	Maanshan	298402	550495	70188	2968
芜湖市	Wuhu	608533	823222	49476	1457
宣城市	Xuancheng	636105	451766	26463	2839
铜陵市	Tongling	139835	189656	21642	1605
池州市	Chizhou	262372	312510	48101	3034
安庆市	Anqing	622053	1066030	176804	2029
黄山市	Huangshan	267553	410104	55694	11427

注：接入设备网容量，指标口径调整，与上年不具可比性。
a) Access devices network capacity, rate adjustment, not comparable with that of last year.

主要统计指标解释

铁路营业里程

又称营业长度（包括正式营业和临时营业里程），指办理客货运输业务的铁路正线总长度。凡是全线或部分建成双线及以上的线路，以第一线的实际长度计算；复线、站线、段管线、岔线和特殊用途线以及不计算运费的联络线都不计算营业里程。铁路营业里程是反映铁路运输业基础设施发展水平的重要指标，也是计算客货周转量、运输密度和机车车辆运用效率等指标的基础资料。

公路里程

是指凡达到交通部《公路工程技术标准》规定的技术等级公路，并经公路主管部门正式验收交付使用的里程。包括大中城市的郊区公路以及通过城镇街道的里程和桥梁、隧道、渡口的长度，不包括大中城市的街道、厂矿、林区生产用道和农业生产用道的里程。两条或多条公路共同经由同一路段，只计算一次，不得重复计算里程长度。按公路技术等级分：等级公路里程和等外公路里程，等级公路里程可分为高速公路、一级公路、二级公路、三级公路、四级公路里程。

内河航道里程

是指凡能通航机动船、木帆船以及运输排筏（指利用排筏经营运输），其枯水期水深在0.3米及以上的天然河流、人工河渠、湖泊、水库航道里程。不包括仅供放流木材的河道。湖泊、水库航道里程（库区航道）按固定航线计算。两省以河为界的航道里程，双方均按一半计算，以免重复。

民用航空航线里程

指民用运输班机飞行的航线长度。航线长度指机场之间的距离。航空航线里程以年末到达数为准，因气候关系不能全年通航的航线，按年末情况统计，如果年末能继续通航则计入总长度，否则应扣除不计。计算航线里程可按重复和不重复两种方法，前者是指各航线相加的总和，后者则要扣除各航线之间的重复区段计算。

货（客）运量

指在一定时期内，各种运输工具实际运送的货物（旅客）数量。它是反映运输业为国民经济和人民生活服务的数量指标，也是制定和检查运输生产计划、研究运输发展规模和速度的重要指标。货运按吨计算，客运按人计算。货物不论运输距离长短、货物类别，均按实际重量统计。旅客不论行程远近或票价多少，均按一人一次客运量统计；半价票、小孩票也按一人统计。

货物（旅客）周转量

指在一定时期内，由各种运输工具运送的货物（旅客）数量与其相应运输距离的乘积之总和。它是反映运输业生产总成果的重要指标，也是编制和检查运输生产计划，计算运输效率、劳动生产率以及核算运输单位成本的主要基础资料。计算货物周转量通常按发出站与到达站之间的最短距离，也就是计费距离计算。计算公式为：

货物（旅客）周转量＝Σ货物（旅客）运输量×运输距离。

民用汽车拥有量

指报告期末，在公安交通管理部门按照《机动车注册登记工作规范》，已注册登记领有民用车辆牌照的全部汽车数量。汽车拥有量统计的主要分类：根据汽车结构分为载客汽车、载货汽车及其他汽车；根据汽车所有者不同分为个人（私人）汽车、单位汽车；根据汽车的使用性质分为营运汽车、非营运汽车；根据汽车大小规格不同载客汽车分为大型、中型、小型和微型，载货汽车分为重型、中型、轻型和微型。

邮电业务总量（又称通信业务总量）

是以货币形式表现的通信企业为社会提供各类通信服务的总和。是用于观察通信业务发展变化总趋势的综合性总量指标。根据专业性质分为邮政业务总量和电信业务总量。电信业务总量又可细分为本地网通信业务总量、长途通信业务总量、移动通信业务总量、数据通信业务总量、电报业务总量等。按通信范围可分为：国内通信业务总量、国际及港澳台通信业务总量。计算公式为：

邮电业务总量＝Σ（各类通信业务量×不变单价）+出租代维及其他业务收入

＝邮政业务总量+电信业务总量

邮政业务总量＝Σ（各类邮政业务量×不变单价）+邮政出租代维及其他业务收入

电信业务总量＝Σ（各类电信业务量×不变单价）+电信出租代维及其他业务收入

移动电话用户

指通过移动电话交换机进入移动电话网、占用移动电话号码的电话用户。用户数量以报告期末在移动电话营业部门实际办理登记手续进入移动电话网的户数进行计算，一部移动电话统计为一户。计量单位：户。

电话用户

指接入国家公众固定电话网，并按固定电话业务进行经营管理的电话用户。1997 年以前，电话用户分为市内电话用户和农村电话用户。“市内电话用户”是指接入县城及县以上城市的电话网上的电话用户；“农村电话用户”是指接入县邮电局农话台及县以下农村电话交换点，以县城为中心（除市话用户外）联通县、乡（镇）、行政村、村民小组的用户。从1997 年起，电话用户数分组调整为以用户所在区域划分为“城市电话用户”和“乡村电话用户”，与过去的按市内电话和农村电话划分方法不同。而电话用户总数、电话机总部数统计范围不变。

住宅电话用户

指安装在居民住宅或农民家里并按照住宅电话用户登记注册和收费的电话用户。包括私人付费、单位付费和按规定免费安装的住宅电话用户。

Explanatory Notes for Major Statistical Indicators

Length of Railways in Operation

refers to the total length of the trunk line under passenger and freight transportation (including both full operation and temporary operation). The calculation is based on the actual length of the first line even if this line has a full or partial double track or more tracks, excluding double tracks, station sidings, tracks under the charge of stations, branch lines, special-purpose lines and the non-payable connecting lines. The length of railways in operation is an important indicator to show the development of the infrastructure for the railway transport, and also the essential data to calculate volume of passenger freight transport, traffic density and utilization efficiency of the locomotives and carriages.

Length of Highways

refers to the length of highways which are built in conformity with the grades specified by the <Highway Engineering Standard> formulated by the Ministry of Communications, and have been formally checked and accepted by the departments of highways and put into use. The length of highways includes that of the suburb highways at large and medium-sized cities, highways passing through streets at small cities and towns, and also the length of bridges and ferries. It does not include the length of streets in big and medium-sized cities and highways built for the production purpose at factories, mines, forest areas and agricultural areas. If two or more highways go the same section of the way, the length of the section is only calculated for once and no duplication is allowed. They could be classified by technical level into class highway and substandard highways. Class highway includes express-way and first class, second class, third class and forth class highway.

Length of Navigable Inland Waterways

refers to the length of the natural rivers, artificial rivers and canals, lakes, and reservoirs open to navigation that deep in 0.3 meters and above in dry season, which enables the transport by motor vessel, wooden sailing boats and rafts (using rafts to transport), excluding river courses which are only used to float odd logs. If two provinces take river as circle, the length of section is only calculated half to both sides, so as not to repeat.

Length of Civil Aviation Routes

refers to the length of all routes for regular civil aviation flights and it is usually the distance between airports. The length is calculated at the end of the year as the standard. The lines that can't open all through the year because of the weather are calculated at the end of the year. If it could continue and open at the end of the year, it should be calculated, otherwise it should be deducted and disregarded. There are usually two ways to calculate the length: duplicated calculation and unduplicated calculation. The former is to put the length of all air routes together, and the later is not to allow the duplication in calculation.

Freight (Passenger) Traffic

refers to the volume of freight (passenger) transported with various means. Freight transport is calculated in tons and passenger traffic is calculated in the number of persons. Despite the type of freight and traveling distance, the freight transport is calculated in the actual weight of the goods: and despite the traveling distance and ticket price, the passenger traffic is calculated by the principle that one person can be counted only once in one travel. The passenger who travels with a half price ticket or a child ticket is also calculated as one person. The freight (passenger) traffic provides a quantitative measure to show how the transport industry serves the national economy and people, and is also an important indicator for planning the transport industry and for studying the development scale and speed of the transport industry.

Freight Ton-kilometers (Passenger-kilometers)

refer to the sum of the products of the volume of transported cargo (passengers) multiplying by the transport distance, usually using ton-kilometer and passenger-kilometer as units for measurement. Normally, the shortest distance between the departure station and the destination station (i.e., the payable distance) is the basis to calculate the freight ton-kilometers. This is an important indicator to show the total results of the transport industry, to prepare and examine the transport plan and to measure the efficiency, the labour productivity and the unit cost of transport. The formula is as follows:

Freight Ton-kilometers (Passenger-kilometers) =∑ {Freight (Passenger) Traffic × Distance of Transportation}

Measuring unit: ton-kilometer (person-kilometer)

Possession of Civil Motor Vehicles

refer to the total numbers of vehicles that are registered and received vehicles license tags according to the Work Standard for Motor Vehicles Registration formulated by the Transport Management Office under the department of public security at the end of the reference period. They are divided into categories. According to the structure of motor vehicles, they are divided into passenger vehicles, trucks and others; according to ownership into private vehicles and vehicles for the unit's use; according to kind of usage into working vehicles and non-working vehicles; and according to size of vehicles into large passenger vehicles, medium-sized passenger vehicles, small passenger vehicles and mini passenger vehicles, heavy trucks, light-heavy trucks, light trucks and mini-trucks.

Business Volume of Post and Telecommunications (Also called Business Volume of Communications)

refers to the total amount of communications services, expressed in currency terms, provided by communications enterprises for the society. It is a comprehensive indicator reflects the total trend of communication service. It could be divided into business volume of post and telecommunication by type and business volume of telecommunication includes business volume of local network, long-distance, mobile communication, digital communication and telegram. It could be divided into domestic, international and business volume of Hong Kong, Macao and Taiwan by the coverage. The formula is as follows:

Business Volume of Post and Telecommunications = Σ (Transaction of Communication Service × Constant Price) + Income from Leasing Maintenance and other Services

= Business Volume of Postal Services + Business Volume of Telecommunication Services

Business Volume of Postal Services =Σ (Transaction of Postal Service × Constant Price) + Income from Leasing, Maintenance and other Services

Business Volume of Telecommunication Services = Σ (Transaction of Telecommunication Service × Constant Price) + Income from Leasing, Maintenance and other Services

Mobile Telephone Subscribers

refer to the persons who own mobile telephone number connected with the mobile telephone communication network and have registered in mobile communication enterprises. The number of subscribers is calculated only when the subscribers who have gone through all the register formalities and entered into the mobile telephone network at the end of the report. One mobile telephone is treated as a subscriber.

Telephone Subscribers

refer to subscribers that are connected to the public line telephone network provided with telephone services. Before 1997, telephone subscribers were classified as city subscribers and village subscribers. City subscribers referred to those connected to city telephone networks in county towns and cities, while village subscribers referred to those connected to village telephone stations at and below counties. Since 1997, the classification of telephone subscribers was modified on the basis of physical location of the subscribers as "urban telephone subscribers" and "rural telephone subscribers", which is different from the previous classification of categorizing "local telephones" and "rural telephones", while the definition of total subscribers and total number of telephones remain unchanged.

Household Telephone Subscribers

refer to telephone sets installed in the dwelling units of residents or peasant families and registered and charged according to house telephone subscribers. They included three types of payment for the service: private payment, unit payment and free installing service.

第十六篇

Chapter 16

国内贸易

DOMESTIC TRADE

简要说明

一、本篇资料反映我省国内市场发展情况和批发零售业、餐饮业和住宿业商品经营情况。主要内容有批发零售业商品流通，限额以上批发零售企业、住宿餐饮企业财务状况，社会消费品零售总额、国内集市贸易等。

二、本篇资料是根据国家统计局的批发零售、住宿餐饮业统计报表制度进行搜集和加工整理。

本资料的调查范围：财务状况报表为各种经济类型的限额以上批发和零售业法人企业、住宿和餐饮业法人企业。社会消费品零售总额报表为有零售业务的各种经济类型的企业、行政事业单位。以上统计报表从基层起报，自下而上逐级综合上报，主要采取全面调查方法，局部资料有的以抽样调查推断，有的利用工商、税务等部门的有关资料推算。

三、限额以上批发和零售业、住宿和餐饮业统计限额标准：批发业：年主营业务收入在 2000 万元及以上；零售业：年主营业务收入在 500 万元以及上；住宿业：年主营业务收入在 200 万元及以上；餐饮业：年主营业务收入在 200 万元及以上。

Brief Introduction

I. Data in this chapter show the development of Anhui's domestic market and the sales of the commodities in wholesale and retail sale trade as well as catering trade accommodation industry, including mainly the circulation of commodities in the wholesale and retail sale trades, the financial condition of the wholesale, retail, accommodation and catering trade enterprises, the total sales of the consumer goods in the whole country and the domestic fair trade, etc.

II. Data in this chapter are collected and processed in accordance with the statistical reporting scheme on wholesale and retail sale trades as well as accommodation industry, catering trade, stipulated by the National Bureau of Statistics.

Statistical coverage: Statistics on financial conditions include all corporate enterprises of wholesale, retail, catering trade above the designated size and star size accommodation. Statistics on retail sales of consumer goods include all enterprises, institutional units and peasants engaged in retail sale business. The method used in data collection is a complete enumeration, under which all units are covered in the survey and data are reported from lower to higher level statistical offices. For local data, sample surveys are used, and in some cases, administrative registers from industrial and commercial administration and taxation administration are used in the estimation.

III. Criteria for wholesale and retail sale trades, hotels and catering services above designated size are as follows: wholesale trade, having 20 or more employees at year-end with annual sales over 20 million yuan; retail trade, having 60 or more employees at year-end with annual sales over 5 million yuan; hotels, certified hotels with star-ranking; catering services, having 40 or more employees with annual income over 2 million yuan.

16—1 国内贸易基本情况
Basic Conditions of Domestic Trade

指　　标	Item	2000	2005	2010	2012	2013
法人机构　　（个）	**Number of Corporation Unit　(unit)**					
批发零售业	Engaged in Wholesale and Retail Trades	651	815	2449	4030	5213
住宿餐饮业	Accommodation and Catering Trade	15	460	1021	1321	1571
从业人员　（万人）	**Persons Engaged　(10000 persons)**					
批发零售业	Engaged in Wholesale and Retail Trades	13.2	12.8	26.2	31.4	34.6
住宿餐饮业	Accommodation and Catering Trade	0.6	5.3	10.2	12.7	12.4
批发零售贸易业　（亿元）	**Wholesale and Retail Trade　(100 million yuan)**					
商品购进总额	Total Purchases	1901.1	1513.1	4653.0	7184.6	7961.6
商品销售总额	Total Sale	1764.0	3835.3	10044.5	15830.5	18632.8
商品库存总额	Total Inventory	393.8	116.2	397.5	526.6	632.9
社会消费品零售总额（亿元）	**Total Retail Sales of Consumer Goods (100 million yuan)**	**1077.8**	**1776.7**	**4151.5**	**5685.6**	**6481.4**
按销售单位所在地分	By Location of Establishments					
城　镇	Urban			3481.0	4670.7	5283.3
#城　区	City			2352.2	3246.6	3676.4
乡　村	Rural			670.5	1014.8	1198.1
按消费形态分	Grouped by consumption patterns					
餐饮收入	Catering income			509.3	680.1	699.7
商品零售	Commodity retail			3642.2	5005.5	5781.7

注：1．2000年及以后法人机构和从业人员为限额以上企业。
2．2005年及以后的商品购进总额、库存总额为限额以上口径，住宿业从2005年纳入统计范围。
3．2005—2008年社会消费品零售总额是根据第二次经济普查结果重新调整后的数据。
4．2010年和2011年中按销售单位所在地分组调整为"1.城镇，其中：城区；2.乡村"（城镇+乡村=社会消费品零售额总额）。
5．2010年–2103年社会消费品零售总额中取消"按行业分"，改为"按消费形态分"。

a) Corporation unit and persons engaged refer to statistics for enterises above designated size after 2000.
b) After 2005, Total purchases and inveutory of commodities are above limited. Accommodation and Catering Trade are in statistcs from 2005
c) Total Retail Sales of Consumer Goods is readjustment data after first and the second economical general survey result In 2005--2008.
d) In 2010 and 2011 ,according to the Marketing unit locus grouping adjustment is "1. City; 2. village" (city + village = Total Retail Sales of Consumer Goods).
e) In Total Retail Sales of Consumer Goods in 2010-2013, We Cancel "divided by industry", instead of "divided by consumption patterns".

16—2 限额以上批发零售、住宿餐饮业基本情况（2013年，按登记注册类型分）

Basic Conditions of Enterprises Above Designated Size in Wholesale and Retail Sale and Catering Trade by Registration (2013)

指　　标	Item	法人企业（个） Number of Corporation Enterprises (unit)	从业人数（人） Engaged Persons (person)
总　　计	**Total**	**6784**	**469666**
批发业合计	**Wholesale Trade**	**1774**	**112620**
国有控股	State-holding Enterprises	202	37978
内　资	Domestic-funded	1757	108783
国　有	State-owned	61	13661
集　体	Collective-owned	13	701
股份合作	Cooperative	6	481
联　营	Joint Ownership	2	38
有限责任公司	Limited Liability Corporations	580	31356
股份有限公司	Share-holding Corporations Ltd.	60	20183
私　营	Private	1006	40052
其　他	Other	29	2311
港澳台商投资	With Investment from Hong Kong, Macao and Taiwan	3	186
合资经营	Joint-venture	1	35
独资经营	With Sole Fund	2	151
外商投资	With Foreign Investment	14	3651
中外合资经营	Joint-venture	3	108
外　资	Solely Foreign Funded	9	2980
外商投资有限公司	Foreign Investment Corporations Ltd.	2	563
零售业合计	**Retail Trade**	**3439**	**233094**
国有控股	State-holding Enterprises	181	31436
内　资	Domestic-funded	3370	214339
国　有	State-owned	43	5263
集　体	Collective-owned	23	730
股份合作	Cooperative	8	447
联　营	Joint Ownership	4	445
有限责任公司	Limited Liability Corporations	905	82466
股份有限公司	Share-holding Corporations Ltd.	96	20903
私　营	Private	2253	102646
其　他	Other	38	1439
港澳台商投资	With Investment from Hong Kong, Macao and Taiwan	33	9563
合资经营	Joint-venture	5	1070
独资经营	With Sole Fund	27	8143
股份有限公司	Share-holding Corporations Ltd.	1	350
外商投资	With Foreign Investment	36	9192
中外合资经营	Joint-venture	5	3409
中外合作经营	Sino-foreign Cooperative Operation	1	29
外　资	Solely Foreign Funded	27	5361
外商投资有限公司	Foreign Investment Corporations Ltd.	2	239
其他外商投资	Other Foreign Investment	1	154

16—2 续表 continued

指 标	Item	法人企业（个）Number of Corporation Enterprises (unit)	从业人数（人）Engaged Persons (person)
住宿业合计	**Accommodation**	**541**	**51107**
国有控股	State-holding Enterprises	90	11063
内 资	Domestic-funded	525	48156
国 有	State-owned	43	4168
集 体	Collective-owned	4	288
股份合作	Cooperative	3	78
有限责任公司	Limited Liability Corporations	169	19650
股份有限公司	Share-holding Corporations Ltd.	25	3632
私 营	Private	279	20108
其 他	Other	2	232
港澳台商投资	With Investment from Hong Kong, Macao and Taiwan	9	1667
合资经营	Joint-venture	4	671
独资经营	With Sole Fund	5	996
外商投资	With Foreign Investment	7	1284
中外合资经营	Joint-venture	3	630
外 资	Solely Foreign Funded	3	486
外商投资有限公司	Foreign Investment Corporations Ltd.	1	168
餐饮业合计	**Catering Trade**	**1030**	**72845**
国有控股	State-holding Enterprises	28	2532
内 资	Domestic-funded	1019	71424
国 有	State-owned	10	884
集 体	Collective-owned	6	386
股份合作	Cooperative	1	10
有限责任公司	Limited Liability Corporations	213	18947
股份有限公司	Share-holding Corporations Ltd.	16	946
私 营	Private	760	49732
其 他	Other	13	519
港澳台商投资	With Investment from Hong Kong, Macao and Taiwan	8	1190
合资经营	Joint-venture	2	95
独资经营	With Sole Fund	6	1095
外商投资	With Foreign Investment	3	231
外 资	Solely Foreign Funded	1	103
外商投资有限公司	Foreign Investment Corporations Ltd.	2	128

16—3 限额以上批发零售业商品购进、销售和库存情况（2013年，按注册类型分）

Total Purchases, Sales and Inventory of Enterprises Above Designated Size in Wholesale and Retail Trade by Registration (2013)

单位：万元（10000 yuan）

指　标	Item	购进总额		销售总额			年末库存
		Total Purchases Value	#进口 Imports	Total Sales Value	批发 Wholesale Value	零售 Retail Value	总额 Stock (year-end)
总　计	**Total**	**79615763**	**2397223**	**89018624**	**57527397**	**31491227**	**6328973**
批发业合计	**Wholesale Trade**	**52752527**	**2198074**	**59441043**	**54400789**	**5040254**	**3399129**
国有控股	State-holding Enterprises	24251611	1314927	27978005	25375162	2602843	1428944
内　资	Domestic-funded	51573218	2192663	57516311	52497823	5018488	3293768
国　有	State-owned	4749602	8487	5829982	5286705	543278	519064
集　体	Collective-owned	66929		70051	63755	6296	3055
股份合作	Cooperative	1196260	243218	1246696	1245523	1173	9481
联　营	Joint Ownership	15778		16101	16101		1059
有限责任公司	Limited Liability Corporations	19135632	562057	21818298	20175632	1642666	1287790
股份有限公司	Share-holding Corporations Ltd.	11713067	1115249	12904033	11613068	1290965	426125
私　营	Private	14368068	260252	15249787	13774909	1474878	1030493
其　他	Other	327881	3401	381362	322130	59232	16700
港澳台商投资	With Investment from Hong Kong, Macao and Taiwan	63785		67840	67140	700	720
合资经营	Joint-venture	4736		4736	4736		83
独资经营	With Sole Fund	59049		63104	62404	700	637
外商投资	With Foreign Investment	1115524	5411	1856892	1835825	21066	104642
中外合资经营	Joint-venture	163612		171211	169628	1583	54
外　资	Solely Foreign Funded	884976	5411	1620297	1608104	12193	76832
外商投资有限公司	Foreign Investment Corporations Ltd.	66937		65384	58093	7291	27756
零售业合计	**Retail Trade**	**26863236**	**199149**	**29577581**	**3126608**	**26450973**	**2929844**
国有控股	State-holding Enterprises	7225570	565	8454199	1812800	6641399	394453
内　资	Domestic-funded	25234617	199149	27875266	3111359	24763907	2761761
国　有	State-owned	935947		936632	74623	862008	37259
集　体	Collective-owned	30716		39005	1626	37379	1739
股份合作	Cooperative	34989		37139		37139	2316
联　营	Joint Ownership	28887		33571	6755	26816	3921
有限责任公司	Limited Liability Corporations	9625870	82239	10309645	941337	9368307	1481913
股份有限公司	Share-holding Corporations Ltd.	5079864		6242258	1421098	4821160	222161
私　营	Private	9373861	116910	10137560	634793	9502767	1003545
其　他	Other	124483		139457	31127	108330	8908
港澳台商投资	With Investment from Hong Kong, Macao and Taiwan	781597		854565	15249	839317	67725
合资经营	Joint-venture	58048		71185		71185	10432
独资经营	With Sole Fund	690916		750748	15249	735499	57293
股份有限公司	Share-holding Corporations Ltd.	32633		32633		32633	
外商投资	With Foreign Investment	847021		847750		847750	100357
中外合资经营	Joint-venture	260339		251259		251259	29079
中外合作经营	Sino-foreign Cooperative Operation	6537		6185		6185	352
外　资	Solely Foreign Funded	507088		519043		519043	64439
外商投资有限公司	Foreign Investment Corporations Ltd.	31345		32713		32713	1377
其他外商投资	Other Foreign Investment	41712		38551		38551	5111

16—4 限额以上批发零售业商品购进销售情况（2013年，按行业分）

Total Purchases, Sales and Inventory of Enterprises Above Designated Size in Wholesale and Retail Trade by Sector (2013)

单位：万元（10000 yuan）

指 标	Item	购进总额 Total Purchases Value	销售总额 Total Sales Value	批 发 Wholesale Value	零 售 Retail Value	年末库存总 额 Stock (year-end)
总 计	**Total**	**79615763**	**89018624**	**57527397**	**31491227**	**6328973**
批发业合计	**Wholesale Trade**	**52752527**	**59441043**	**54400789**	**5040254**	**3399129**
农、林、牧产品批发	Wholesale of Agriculture, Forest, Animal Husbandry Products	1795102	1795337	1634563	160774	358888
谷物、豆及薯类批发	Wholesale of Corn, Bean and Potato	825479	846385	748161	98224	249918
种子批发	Wholesale of Seed	311415	315712	308493	7219	37035
饲料批发	Wholesale of Feed	215631	188343	169737	18606	42515
棉、麻批发	Wholesale of Cotton, Linen	145222	146585	136669	9916	15503
林业产品批发	Wholesale of Foresty Products	18809	22228	21603	625	5380
牲畜批发	Wholesale of Livestock	24966	28485	21740	6745	1030
其他农牧产品批发	Wholesale of Other Agricultural Products	253581	247599	228160	19440	7507
食品、饮料及烟草制品批发	Wholesale of Food, Beverages and Tobaccos	7374253	9218399	8705888	512510	770138
米、面制品及食用油批发	Wholesale of Rice, Flour and Edible Oil	1385580	1310816	1193423	117392	379209
糕点、糖果及糖批发	Wholesale of Cakes, Candy and Sugar	26694	28307	27418	889	4867
果品、蔬菜批发	Wholesale of Fruits, Vegetables	362835	371619	269602	102017	5966
肉、禽、蛋及水产品批发	Wholesale of Meat, Poultry, Eggs and Aquatic Products	544633	565762	494436	71326	14898
盐及调味品批发	Wholesale of Salt and Spices	178526	207380	199549	7832	11528
营养及保健品批发	Wholesale of Nutrition and Health Care Products	43595	52340	42962	9378	2554
酒、饮料及茶叶批发	Liquor, Beverage and Tea Wholesale	1256703	1700544	1543993	156550	65527
烟草制品批发	Wholesale of Tobaccos	3272644	4670985	4629565	41420	269223
其他食品批发	Wholesale of Other Food	303043	310647	304940	5707	16365
纺织、服装及日用品批发	Wholesale of Textiles, Garments and Daily Consumer Articles	6689161	7694136	7504308	189829	393161
纺织品、针织品及原料批发	Wholesale of Textiles, Knitwear and Raw Materials	1056524	1109091	1101745	7346	31252
服装批发	Wholesale of Garments	383133	473274	439248	34026	17586
鞋帽批发	Wholesale of Shoes and Hats	21442	21900	21861	39	414
化妆品及卫生用品批发	Wholesale of Cosmetics and Health Supplies	926372	1669969	1661393	8576	101100
厨房、卫生间用具及日用杂货批发	Wholesale of Kitchen, Bathroom Appliances	16810	18275	16850	1425	943
灯具、装饰物品批发	Wholesale of Lamps and Decorative Items	217723	222267	220304	1962	9816
家用电器批发	Wholesale of Household Electrical Appliances	4018232	4127255	3997179	130076	227961
其他日用品批发	Wholesale of Other Commodities	48927	52106	45728	6379	4090

16—4 续表1 continued

单位：万元（10000 yuan）

指标	Item	购进总额 Total Purchases Value	销售总额 Total Sales Value	批发 Wholesale Value	零售 Retail Value	年末库存总额 Stock (year-end)
文化、体育用品及器材批发	Wholesale of Culture, Sports Appliances and Equipments	882958	1295185	1255689	39496	149923
文具用品批发	Wholesale of Stationery	104026	124297	123497	800	15501
体育用品及器材批发	Wholesale of Sporting goods and equipment	20287	19338	19338		579
图书批发	Wholesale of Book	325301	337889	308871	29018	73903
首饰、工艺品及收藏品批发	Wholesale of Jewelry, Crafts and Collectibles	21487	20277	13270	7007	8863
其他文化用品批发	Wholesale of Other Cultural Goods	411857	793384	790713	2671	51077
医药及医疗器材批发	Wholesale of Medicines and Medical Appliances	6655119	7495148	6015496	1479653	466287
西药批发	Wholesale of Western Medicine	6041288	6798509	5496258	1302251	442680
中药批发	Wholesale of Traditional Chinese Medicine	585690	663857	490610	173247	22096
医疗用品及器材批发	Wholesale of Medical Supplies and Equipment	28142	32782	28628	4154	1511
矿产品、建材及化工产品批发	Wholesale of Mineral Products, Building Materials and Chemical Products	22689171	24940027	22743091	2196936	681735
煤炭及制品批发	Wholesale of Coal and Related Products	4081636	4884277	4600003	284274	89142
石油及制品批发	Wholesale of Petroleum and Related Products	5540091	6130089	4589516	1540573	182088
非金属矿及制品批发	Wholesale of Western Medicine	90424	96552	96552		2334
金属及金属矿批发	Wholesale of Metal Materials	9708521	10183506	10112593	70913	199534
建材批发	Wholesale of Building Materials	1258225	1539842	1268058	271784	63880
化肥批发	Wholesale of Chemical Fertilizer	1302075	1391103	1374576	16527	87842
农药批发	Wholesale of Pesticides	72450	64903	64267	636	22163
其他化工产品批发	Wholesale of Other Chemical Products	635749	649756	637527	12229	34754
机械设备、五金交电及电子产品批发	Wholesale of Machinery, Hardware and Electronic Equipment	4423886	4475690	4051613	424077	493775
农业机械批发	Wholesale of Agricultural Machinery	158057	168529	147865	20664	13473
汽车批发	Wholesale of Automobiles	866366	951128	855569	95559	75532
汽车零配件批发	Wholesale of Auto Parts	1153604	1049199	1037036	12163	184673
摩托车及零配件批发	Wholesale of Motorcycles and Their Parts	59404	62452	61384	1068	11278
五金产品批发	Wholesale of Hardware	55468	70511	69450	1061	2604
电气设备批发	Wholesale of Household Electrical Appliances	406085	419846	388183	31663	6003
计算机、软件及辅助设备批发	Wholesale of Computer, Software and Assistant Appliances	724246	721500	680149	41351	10580
通讯及广播电视设备批发	Wholesale of Communications and Radio and Television Equipment	194125	212947	183778	29169	12244
其他机械设备及电子产品批发	Wholesale of Other Mechanical Equipment and Electronic Products	806531	819577	628198	191378	177387

16—4 续表2 continued

单位：万元（10000 yuan）

指标	Item	购进总额 Total Purchases Value	销售总额 Total Sales Value	批发 Wholesale Value	零售 Retail Value	年末库存总额 Stock (year-end)
贸易经纪与代理	Trade Broker and Agency	43199	97541	97090	452	8542
贸易代理	Trade agent	31036	72586	72135	452	6694
拍卖	Auction	1464	1671	1671		3
其他贸易经纪与代理	Other Trade Broker and Agency	10700	23284	23284		1846
其他批发	Other Wholesale not Classified Elsewhere	2199676	2429580	2393052	36528	76681
再生物资回收与批发	Recycling and Renewable Materials Wholesale	1831652	1925834	1894963	30870	54267
其他未列明的批发	Wholesale of Other Unlisted	368025	503747	498089	5658	22413
零售业合计	**Retail Trade**	**26863236**	**29577581**	**3126608**	**26450973**	**2929844**
综合零售	Integrated Retail	8197076	8557195	697754	7859442	1225323
百货零售	Retail of General Merchandise	3860354	4573002	622384	3950618	294727
超级市场零售	Retail of Supermarkets	4154180	3783201	69367	3713834	916625
其他综合零售	Retail of Others	182543	200992	6002	194990	13971
食品、饮料及烟草制品专门零售	Retail of Food, Beverages and Tobaccos	902261	1143568	180889	962679	86148
粮油零售	Retail of Grain and Oil	54696	56812	24454	32359	5866
糕点、面包零售	Retail of Cakes, Bread	19164	22038	217	21821	2286
果品、蔬菜零售	Retail of Fruit, Vegetables	64017	184425	49548	134877	1461
肉、禽、蛋及水产品零售	Retail of Meat, Poultry, Eggs and Aquatic Products	225893	236856	11793	225063	8148
营养和保健品零售	Retail of Nutrition and health care products	21900	26453	800	25653	1815
酒、饮料及茶叶零售	Retail of Wine, tea and beverages	436201	454941	68692	386249	54544
烟草制品零售	Retail of Tobacco Products	14418	16611	3050	13562	1825
其他食品零售	Retail of Other Food	65971	145432	22337	123096	10203
纺织、服装及日用品专门零售	Special Retail of Textiles, Garments and Daily Consumer Articles	586724	711411	55234	656177	101063
纺织品及针织品零售	Retail of Textile and Knitwear	17079	19843	1090	18753	3683
服装零售	Retail of Garments	366655	449364	35650	413714	66978
鞋帽零售	Retail of Shoes and Hats	38332	44946	5609	39338	10927
化妆品及卫生用品零售	Retail of Cosmetics and Health Supplies	58495	67799	151	67647	2424
钟表、眼镜零售	Retail of Watches, Glasses	15846	30112		30112	9516
箱、包零售	Retail of Boxes, Bags	1804	2853		2853	285
厨房用具及日用杂品零售	Retail of Kitchen Appliances and Daily-used Goods	16010	18524	6454	12070	1447
自行车零售	Retail of Bicycles	6173	6401		6401	1043
其他日用品零售	Retail of Other Daily Necessities	66330	71569	6281	65289	4760
文化、体育用品及器材专门零售	Retail of Culture, Sports Appliances and Equipments	712450	723899	37312	686587	101913
文具用品零售	Retail of Stationery	10112	10992	523	10469	1457
体育用品及器材零售	Retail of Sporting Goods and Equipment	7102	11142	7485	3657	1687
图书、报刊零售	Retail of Books, Newspapers	418604	413440	15765	397675	70527

16—4 续表3 continued

单位：万元（10000 yuan）

指 标	Item	购进总额 Total Purchases Value	销售总额 Total Sales Value	批 发 Wholesale Value	零 售 Retail Value	年末库存总 额 Stock (year-end)
珠宝首饰零售	Retail of Jewelry	34076	45617	8393	37223	10134
工艺美术品及收藏品零售	Retail of Arts and Crafts and Collectibles	220015	219083	164	218919	11658
乐器零售	Retail of Instruments	3349	3572	2257	1314	3250
照相器材零售	Retail of Photographic equipment	6647	7473	2725	4748	687
其他文化用品零售	Retail of Other Cultural Goods	12545	12580		12580	2514
医药及医疗器材专门零售	Retail of Medicines and Medical Appliances	2069379	2248977	547609	1701369	187912
药品零售	Retail of Medicines	2003175	2176904	533729	1643175	184842
医疗用品及器材零售	Retail of Medical Supplies and Equipment	66203	72074	13879	58194	3070
汽车、摩托车、燃料及零配件专门零售	Retail of Motor Vehicles, Motorcycles, Fuel and Parts	11112571	12669043	1174671	11494372	910468
汽车零售	Retail of Motor Vehicles	7134960	7579750	180943	7398807	796014
汽车零配件零售	Retail of Auto Parts	206919	217158	14126	203032	14796
摩托车及零配件零售	Retail of Motorcycles and Spare Parts	90780	94206	6883	87323	13618
机动车燃料零售	Retail of Fuel of Motor Vehicles	3679912	4777930	972719	3805210	86041
家用电器及电子产品专门零售	Special Retail of Household Electric Appliances and Electronic Products	2154240	2287392	338216	1949176	220776
家用视听设备零售	Retail of Home Audio-visual Equipment	1123040	1178846	194173	984672	130386
日用家电设备零售	Retail of Household Appliances	699283	732429	52626	679803	65259
计算机、软件及辅助设备零售	Retail of Computer, Software and Assistant Appliances	243268	277649	75159	202490	16462
通讯设备零售	Retail of Communication Equipments	62474	70946	10017	60929	5692
其他电子产品零售	Retail of Other Electronic Products	26176	27522	6241	21281	2977
五金、家具及室内装修材料专门零售	Retail of Hardware, Furniture and Decoration Materials	761629	811869	41786	770084	74202
五金零售	Retail of Hardware	62165	70466	4165	66301	7417
灯具零售	Retail of Lamps	4956	6458		6458	519
家具零售	Retail of Furniture	339198	370025	12798	357227	32744
涂料零售	Retail of Paint	4013	4867	856	4011	457
卫生洁具零售	Retail of Sanitary Ware	1247	1513		1513	991
木制装饰材料零售	Retail of Wooden Decorative Materials	34506	36037	6799	29238	6112
陶瓷、石材装饰材料零售	Retail of Ceramic, Stone Decoration Materials	72948	68964	9152	59812	6950
其他室内装修材料零售	Retail of Other interior decoration materials	242598	253539	8015	245524	19012
货摊、无店铺及其他零售业	Retail of Stalls, No Shop and Other	366905	424226	53137	371089	22040
互联网零售	Retail of Internet	66988	76419	8205	68214	9919
邮购及电视、电话零售	Retail of Television, Telephone and Mail Order	46712	79194		79194	
生活用燃料零售	Retail of Living Fuel	123022	128047	31843	96203	4110
其他未列明的零售	Retail of Other Unlisted	130183	140566	13089	127477	8011

16—5 限额以上批发零售业主要商品分类销售额（2013年）

Total Sales of Enterprises Above Designated Size in Wholesale and Retail Sale by Category of Main Commodities (2013)

单位：万元（10000 yuan）

指标	Item	合计 Total	批发 Wholesale	零售 Retail Sale
总计	**Total**	**88094145**	**55568124**	**32526021**
粮油、食品、饮料、烟酒类	Grain and Edible Vegetable Oil, Food, Beverages, Tobacco and Liquor	15992912	10437123	5555789
粮油、食品类	Grain and Edible Vegetable Oil, Food	7127920	3614729	3513191
#粮油类	Grain and Edible Vegetable Oil	2266775	1305770	961005
肉禽蛋类	Meat, Poultry and Eggs	935566	289960	645606
水产品类	Aquatic Products	324557	169362	155195
蔬菜类	Vegetables	514152	249922	264230
干鲜果品类	melons and Fruits	686605	341358	345248
饮料类	Beverages	998746	343980	654766
烟酒类	Tobacco and Liquor	7866247	6478415	1387832
服装鞋帽、针、纺织品类	Garments, Footwear, Hats, Knitwear and Textiles	4357630	1671624	2686005
服装类	Garments	2723099	869068	1854031
鞋帽类	Footwear and Hats	840244	325712	514532
针、纺织品类	Knitwear and Textiles	794287	476845	317443
化妆品类	Cosmetics	743761	313392	430369
金银珠宝类	Gold, Silver and Jewelry	903246	200719	702527
日用品类	Articles for Daily Use	2277300	1342956	934344
洗涤用品类	Washing Articles	757296	492019	265277
儿童玩具类	Toys	81345	15958	65387
五金、电料类	Hardware and Electrical Materials	334385	199025	135360
体育、娱乐用品类	Sports and Recreation Articles	135695	52729	82966
书报杂志类	Newspapers and Magazines	750590	349349	401241
电子出版物及音像制品类	E-journal and Video Products	28745	11765	16980
家用电器和音像器材类	Household Appliances and Video Appliances	7504183	4838601	2665582
中西药品类	Traditional Chinese and Western Medicines	8779213	5585394	3193819
西药	Western Medicines	6295651	4191977	2103674
中草药及中成药	Chinese Herbal Medicine and Proprietary Chinese Medicine	1276698	801373	475325
文化、办公用品类	Cultural and Official Goods	1518611	1050918	467693
家具类	Furniture	444933	14335	430598
通讯器材类	Communication Appliances	493733	217632	276101
煤炭及制品类	Coal and Related Product	3472854	3386148	86705
木材及制品类	Wood and Wooden Product	56386	56386	
石油及制品类	Petroleum and Related Product	10968045	5528966	5439079
化工材料类	Raw Chemical Materials	2506806	2506806	
化肥类	Chemical Fertilizer	1080771	1080771	
金属材料类	Metal Materials	7413881	7413881	
建筑及装潢材料类	Building and Decoration Materials	1462080	587354	874725
机电产品及设备类	Mechanical and Electrical Products	1983646	1858848	124798
农机类	Agricultural Machinery	89414	89414	
汽车类	Automobile	9631366	2209599	7421766
种子饲料类	Seed and Feedstuff	421528	421528	
棉麻类	Cotton, Hemp	248110	237994	10116
其他类	Other	5664508	5075051	589457

16—6 限额以上批发零售企业主要财务指标情况（2013年，按登记注册类型分）

Main Financial Indicators of Enterprises Above Designated Size in Wholesale and Retail Sale by Registration (2013)

指　标	Item	企业数（个）Number of Enterprises (unit)	流动资产合计 Circulating Funds	#存货 Stock
批发零售企业总计	**Total**	**5220**	**28613427**	**5564941**
批发企业合计	**Wholesale Trade**	**1776**	**18519625**	**3374010**
国有控股	State-holding Enterprises	202	8140557	1437077
内　资	Domestic-funded	1759	17989431	3259880
国　有	State-owned	61	2040387	439050
集　体	Collective-owned	13	11776	3637
股份合作	Cooperative	6	146339	12435
联营企业	Joint Ownership Enterprises	2	5904	95
有限责任公司	Limited Liability Company	581	8008572	1296317
股份有限公司	Share-holding Corporations Ltd.	60	3490297	608279
私　营	Private	1007	4234881	886813
其　他	Other	29	51276	13254
港澳台商投资	With Investment from Hong Kong, Macao and Taiwan	3	10471	717
合资经营	Joint-venture	1	241	150
独资经营	With Sole Fund	2	10230	567
外商投资	With Foreign Investment	14	519723	113413
中外合资经营	Joint-venture	3	104248	42419
外　资	Solely Foreign Funded	9	405975	66947
外商投资股份有限公司	Share-holding Corporations Ltd	2	9501	4047
其他外商投资企业	Other Foreign Funded Enterprises			
零售企业合计	**Retail Trade**	**3444**	**10093802**	**2190932**
国有控股	State Controlling Share Hold Enterprises	181	3046899	329392
内　资	Domestic-funded	3370	9524024	2026647
国　有	State-owned	43	245669	27602
集　体	Collective-owned	23	5074	1310
股份合作	Cooperative	8	6868	3487
联　营	Joint Ownership Enterprises	4	7851	3346
有限责任公司	Limited Liability Corporations	905	3360979	852105
股份有限公司	Share-holding Corporations Ltd.	96	2361225	197312
私　营	Private	2253	3496614	932617
其　他	Other	38	39746	8868
港澳台商投资	With Investment from Hong Kong, Macao and Taiwan	33	259961	42876
合资经营企业	Joint-venture	5	11475	7831
合作经营企业	Cooperative Management			
独资经营	With Sole Fund	27	247761	35045
投资股份有限公司	Share-holding Corporations Ltd.	1	726	
其他投资企业	Other Investment Enterprises			
外商投资	With Foreign Investment	36	309817	121408
中外合资经营	Joint-venture	5	86540	48550
中外合作经营企业	Sino-foreign Cooperative Enterprises	1		
外　资	Solely Foreign Funded	27	199495	64114
投资股份有限公司	Share-holding Corporation Ltd.	2	11166	3890
其他外商投资企业	Other Foreign Funded Enterprises	1	12616	4854

单位：万元（10000 yuan）

固定资产合计 Total Fixed Assets	固定资产原价 Original Value of Fixed Assets	累计折旧 Progessive Deprecia-tion	#本年折旧 Deprecia-tion this Year	资产总计 Total of Assets	负债合计 Total of Liabilities	流动负债 Working Liabilities	所有者权益 Creditors' Equity	#实收资本 Capital Hold	#国家资本 National Capital
3556988	**4954065**	**1497167**	**356682**	**37471976**	**25719623**	**24715397**	**11752352**	**5699752**	**1557292**
1402283	**1993677**	**626304**	**141050**	**23013285**	**15865749**	**15395722**	**7147536**	**3122825**	**1051881**
668753	1033990	366575	74934	10684900	6181420	5949284	4503480	1493520	1036684
1395228	1977492	617173	138399	22466128	15094250	14655410	7371878	3100957	1051881
254746	398191	144418	42362	2560758	833375	813526	1727383	172322	152631
7318	8392	1075	213	23496	10587	9643	12909	7291	700
3093	5741	2648	297	163057	143254	131735	19802	10555	5000
601	665	63	20	6505	2998	2998	3507	3020	1530
361691	499935	145184	38320	9476567	7031630	6877267	2444938	1511181	738025
344625	527543	183169	24787	4920210	3156728	3029384	1763482	451008	151673
408759	518284	136270	31115	5244449	3868160	3747293	1376290	932215	2322
14395	18740	4345	1285	71086	47519	43565	23567	13364	
477	838	360	54	11168	9523	9523	1645	2344	
207	455	248	14	448	90	90	359		
270	383	112	40	10720	9433	9433	1287	2344	
6578	15348	8770	2596	535990	761976	730790	-225987	19523	
788	1185	397	93	105039	89776	69776	15263	10981	
5742	14064	8322	2462	421382	650993	639806	-229611	8442	
48	98	51	41	9568	21208	21208	-11640	100	
2154705	**2960387**	**870864**	**215633**	**14458690**	**9853874**	**9319675**	**4604816**	**2576928**	**505411**
475809	673857	238948	42969	4157790	2605697	2548793	1552092	683712	487922
1918013	2584612	731376	186437	13570019	9114307	8602613	4455712	2412555	505411
53971	79827	26161	3357	349013	257237	252667	91776	58995	57642
2637	3799	1162	125	9125	4996	4206	4129	1820	
2258	4276	2018	150	9783	4708	4155	5074	3420	
196	550	354	47	8213	6071	5641	2141	1206	
716490	1003213	297962	79790	4732750	3374634	3175567	1358115	906903	182164
412757	550358	175961	27786	3386960	2139807	2053436	1247153	507106	265304
716226	924342	222819	74099	5017212	3288598	3069359	1728614	917728	16
13479	18246	4939	1084	56963	38255	37583	18708	15376	285
112388	157763	45754	14020	426833	288045	272777	138787	118988	
969	1599	630	267	27892	18267	16994	9626	2675	
107888	151422	43914	13158	394671	267477	253481	127194	114965	
3531	4742	1211	595	4269	2302	2302	1967	1348	
124303	218012	93733	15176	461839	451522	444286	10317	45385	
50938	96270	45332	7137	145367	115442	115442	29925	17421	
72467	120696	48253	7986	290600	321830	314594	-31229	17906	
825	928	104	53	12932	7621	7621	5311	5059	
74	118	44		12940	6629	6629	6311	5000	

16—6 续表 continued

指 标	Item	主营收入 Project Settlement Income	主营成本 Project Settlement Cost	主营税金及附加 Project Settlement Tax and Extra Charges
批发零售企业总计	**Total**	**76383749**	**68933985**	**506387**
批发企业合计	**Wholesale Trade**	**50402486**	**45839019**	**390363**
国有控股	State-holding Enterprises	22502216	20368990	274931
内 资	Domestic-funded	48715180	44706858	382272
国 有	State-owned	5152538	4109694	227661
集 体	Collective-owned	66729	58838	322
股份合作	Cooperative	1069245	1058308	234
联营企业	Joint Ownership Enterprises	14115	12018	228
有限责任公司	Limited Liability Company	19289141	17776076	95995
股份有限公司	Share-holding Corporations Ltd.	9235440	8788141	8763
私 营	Private	13538137	12600894	47262
其 他	Other	349835	302891	1809
港澳台商投资	With Investment from Hong Kong, Macao and Taiwan	58156	54543	131
合资经营	Joint-venture	4220	3877	9
独资经营	With Sole Fund	53935	50666	122
外商投资	With Foreign Investment	1629151	1077618	7960
中外合资经营	Joint-venture	167961	147204	410
外 资	Solely Foreign Funded	1393369	865547	7485
外商投资股份有限公司	Share-holding Corporations Ltd	67821	64867	65
其他外商投资企业	Other Foreign Funded Enterprises			
零售企业合计	**Retail Trade**	**25981263**	**23094965**	**116024**
国有控股	State Controlling Share Hold Enterprises	7160295	6447757	24951
内 资	Domestic-funded	24509420	21857550	107550
国 有	State-owned	848350	767529	2359
集 体	Collective-owned	38707	33719	160
股份合作	Cooperative	34142	29043	669
联 营	Joint Ownership Enterprises	28502	23712	94
有限责任公司	Limited Liability Corporations	9191735	8197791	45935
股份有限公司	Share-holding Corporations Ltd.	5112770	4595562	13857
私 营	Private	9125133	8095512	43582
其 他	Other	130082	114683	896
港澳台商投资	With Investment from Hong Kong, Macao and Taiwan	749566	634706	4631
合资经营企业	Joint-venture	61671	45409	283
合作经营企业	Cooperative Management			
独资经营	With Sole Fund	659465	564339	4189
投资股份有限公司	Share-holding Corporations Ltd.	28429	24959	159
其他投资企业	Other Investment Enterprises			
外商投资	With Foreign Investment	722277	602709	3842
中外合资经营	Joint-venture	214690	174173	1990
中外合作经营企业	Sino-foreign Cooperative Enterprises	5286	4211	9
外 资	Solely Foreign Funded	441632	370039	1696
投资股份有限公司	Share-holding Corporation Ltd.	27718	23817	96
其他外商投资企业	Other Foreign Funded Enterprises	32950	30469	51

单位：万元（10000 yuan）

其他业务利润 Other Business Profit	销售费用 Operating Expense	管理费用 Management Expense	#税金 Tax	财务费用 Financial Expenses	营业利润 Operating Profit	利润总额 Total Profit	应交所得税 Payable Income Tax	本年应付工资薪酬 Total Payable Wages this Year
246668	**3145685**	**1511493**	**79309**	**330867**	**2129180**	**2094679**	**358365**	**1401243**
66605	**1863552**	**804179**	**47379**	**164571**	**1388817**	**1397672**	**259471**	**639730**
17001	618103	371722	22669	30630	843270	849788	172333	326064
53768	1345082	750838	45772	156003	1419413	1396415	259085	573499
3970	98158	212708	9393	-29795	552943	568213	120967	156528
	2324	1067	292	152	3758	3339	159	1644
	682	2763	754	548	6930	3755	269	2495
	988	943		115	-177	-177		93
27189	655162	230796	14028	91597	397341	426708	88892	165976
8791	253029	81218	5620	20650	128017	112860	13745	104333
13805	324718	213710	14291	71735	304792	255972	34433	134060
14	10021	7635	1395	1002	25809	25745	621	8372
16	1877	1062		-5	562	563	155	847
	405	18			-89	-89		118
16	1472	1045		-5	651	652	155	729
12821	516594	52279	1607	8572	-31158	694	231	65384
12	617	228	7	9499	-63	-49	121	775
12809	510076	51784	1600	-932	-27781	-971	105	62407
	5901	266		6	-3315	1714	5	2202
180063	**1282132**	**707313**	**31929**	**166296**	**740363**	**697006**	**98894**	**761513**
32065	289831	151948	7158	9764	205199	206238	26377	157010
144675	1111212	644956	28253	163559	716725	686596	90157	689562
5103	51981	16560	525	1115	11934	13335	1784	19006
99	1284	1512	87	143	1977	1950	58	1488
74	1311	1063	132	96	2021	2065	409	746
234	2461	1638	133	17	811	799	188	1894
71143	483325	242758	9676	54638	256729	246934	35075	287284
24701	189429	97994	6037	11833	160016	154643	14032	94472
43286	376639	278998	11410	93981	279499	263059	38083	280731
35	4782	4434	254	1736	3737	3812	529	3940
8092	84524	33454	1482	1457	8282	3567	4094	34755
	12100	1964		175	2527	2725	610	3778
8092	72424	27274	1460	1223	5004	41	3284	29381
		4216	22	58	751	801	200	1596
27297	86396	28903	2194	1281	15357	6844	4642	37197
20984	25176	14295	196	271	8607	7255	1326	13322
	320	180	7	8	559	559	19	101
5929	57998	13644	1913	1136	3139	-4340	2929	21974
12	870	248	73	-21	2707	3044	258	1155
371	2033	536	6	-113	345	327	110	645

16—7 限额以上批发零售企业主要财务指标情况（2013年，按行业分）

Main Financial Inventory of Enterprises Above Designated Size in Wholesale and Retail by Sector (2013)

指　标	Item	企业数（个）Number of Enterprises (unit)	流动资产合计 Circulating Funds	#存货 Stock
总　计	**Total**	**5220**	**28613427**	**5564941**
批发业合计	**Wholesale Trade**	**1776**	**18519625**	**3374010**
农、林、牧产品批发	Wholesale of Farming, Forestry, Animal Husbandry Products	162	628440	241288
食品、饮料及烟草制品批发	Wholesale of Food, Beverages and Tobaccos	269	3704109	787523
#米、面制品及食用油批发	Wholesale of Rice, Flour and Edible Oil	49	677189	326171
烟草制品批发	Wholesale of Tobaccos	16	1603726	277698
纺织、服装及家庭用品批发	Wholesale ofTextile, Clothing and Household Goods	125	1888955	394685
#服装批发	Wholesale of Garments	21	218895	14464
文化、体育用品及器材批发	Wholesale of Culture, Sports Appliances and Equipments	39	745402	136278
医药及医疗器材批发	Wholesale of Medicines and Medical Appliances	224	2224808	429111
矿产品、建材及化工产品批发	Wholesale of Mineral Products, Building Materials and Chemical Products	566	6262874	809132
#煤炭及制品批发	Wholesale of Coal and Related Products	123	1321444	88715
石油及制品批发	Wholesale of Petroleum and Related Products	38	1534775	220402
金属及金属矿批发	Wholesale of Metal Materials	134	2216046	250289
建材批发	Wholesale of Building Materials	110	403244	102414
化肥批发	Wholesale of Chemical Fertilizer	75	518560	88556
机械设备、五金交电及电子产品批发	Wholesale of Machinery, Hardware and Electronic Equipment	267	2014637	465698
#汽车批发	Wholesale of Automobiles	89	419177	131965
电气设备批发	Wholesale of Electrical Equipments	22	92085	3693
计算机、软件及辅助设备批发	Wholesale of Computer, Software and Assistant Appliances	13	344072	8885
贸易经纪与代理	Trade Broker and Agency	14	28224	8434
其他批发	Other Wholesale not Classified Elsewhere	109	1022178	101861
零售业合计	**Retail Trade**	**3444**	**10093802**	**2190932**
综合零售	Integrated Retail	642	2351492	638214
#百货零售	Retail of General Merchandise	312	1394570	250986
超级市场零售	Retail of Supermarkets	297	906207	375600
食品、饮料及烟草制品专门零售	Retail of Food, Beverages and Tobaccos	404	354629	91707
纺织、服装及日用品专门零售	Special Retail of Textiles, Garments and Daily Consumer Artic	178	307156	101469
#服装零售	Retail of Garments	89	205772	68177
文化、体育用品及器材专门零售	Retail of Culture, Sports Appliances and Equipments	125	281524	78210
#体育用品及器材零售	Sporting Goods and Equipment Retail	3	10393	1308
图书、报刊零售	Books, Newspapers and Retail	54	198603	49040
医药及医疗器材专门零售	Retail of Medicines and Medical Appliances	170	921138	170505
#药品零售	Retail of Medicines	154	881492	164472
汽车、摩托车、燃料及零配件专门零售	Retail of Motor Vehicles, Motorcycles, Fuel and Parts	1023	4274052	802059
#汽车零售	Retail of Motor Vehicles	797	2471032	718518
机动车燃料零售	Retail of Fuel of Motor Vehicles	122	1721209	64699
家用电器及电子产品专门零售	Special Retail of Household Electric Appliances and Electronic Products	558	1270246	223004
#日用家电设备零售	Retail of household appliances	240	338364	70925
计算机、软件及辅助设备零售	Retail of Computer, Software and Assistant Appliances	105	423004	22894
通讯设备零售	Retail of Communication Equipments	24	20852	6270
五金、家具及室内装修材料专门零售	Special Retail of Hardware, Furniture and Decoration Materials	223	216232	65274
无店铺及其他零售	Non-shop and Other Retails	116	117334	20491

单位：万元（10000 yuan）

固定资产合计 Total Fixed Assets	固定资产原价 Original Value of Fixed Assets	累计折旧 Progessive Deprecia-tion	#本年折旧 Deprecia-tion this Year	资产总计 Total of Assets	负债合计 Total of Liabilities	流动负债 Working Liabilities	所有者权益 Creditors' Equity	#实收资本 Capital Hold	#国家资本 National Capital
3556988	**4954065**	**1497167**	**356682**	**37471976**	**25719623**	**24715397**	**11752352**	**5699752**	**1557292**
1402283	**1993677**	**626304**	**141050**	**23013285**	**15865749**	**15395722**	**7147536**	**3122825**	**1051881**
140922	179670	38977	8406	957741	532009	489611	425732	213315	52970
355401	533120	183345	29902	4476298	1944139	1887359	2532159	253214	80907
41356	49087	11378	2234	751436	638092	622787	113343	56533	17695
183450	302241	118791	15169	1873252	127659	127659	1745594	14993	4154
76401	112745	39114	9460	2095824	2079540	2019912	16284	156350	6546
25129	40253	17725	2420	310398	200801	183250	109597	92154	2460
16891	27130	10239	1849	1008825	552658	552059	456168	131927	96650
156649	208987	56166	15192	2522706	2126507	2050356	396199	286996	8770
527028	749004	239201	61815	8561009	5742902	5534711	2818108	1778267	792449
49556	72857	23890	4018	2113054	1247388	1196252	865666	787153	584137
301682	456449	154830	40389	2281244	1352735	1248751	928508	309572	133689
84166	94167	24124	4476	2585687	2153802	2129089	431885	339054	30850
29984	40073	10335	3979	482116	299431	292760	182685	131847	25125
49078	63499	15932	3970	799939	465641	455817	334298	153264	15741
70333	105845	36905	9411	2205193	1918940	1896696	286254	217388	625
16207	24570	8563	2046	477870	416134	411593	61736	70520	
3240	4275	1038	279	101501	82889	82878	18612	6233	
930	1837	907	98	350990	327235	326482	23755	20303	
685	1284	599	82	28951	20070	20070	8881	7861	1680
57973	75892	21757	4933	1156738	948986	944947	207752	77507	11284
2154705	**2960387**	**870864**	**215633**	**14458690**	**9853874**	**9319675**	**4604816**	**2576928**	**505411**
962643	1377716	423141	97975	4160917	3099511	2890705	1061406	652463	124975
529370	725136	200348	47459	2524760	1789420	1617070	735340	355517	96745
415389	627236	215320	48859	1559273	1268794	1233614	290479	276189	27630
78097	101381	24888	7483	539367	263109	242437	276259	136330	25488
35929	43974	12706	5033	417257	216003	195796	201254	163090	180
22108	31006	9041	4184	245021	144816	127449	100205	87029	180
63685	95417	32647	4144	388506	148779	141203	239727	84798	42125
229	293	79	55	10760	9934	9934	825	1400	
38308	68423	30637	3529	272222	94230	93422	177993	65263	39733
71007	102205	32458	7769	1046491	860831	845449	185660	142653	34608
68981	99328	31412	7389	1003602	829054	813765	174548	135414	34208
708060	925354	260912	69748	5821433	4108296	3956046	1713137	983417	256158
399759	518790	125252	48566	3451117	2620712	2514134	830405	584527	4067
286227	378461	129596	19230	2255498	1408012	1378091	847486	380296	252091
58368	85470	27998	9030	1481046	780896	764431	700150	275995	11028
21259	29243	7986	1844	389391	193949	191115	195442	157878	550
8596	16657	8260	4684	436121	86029	81577	350092	41218	877
1630	2246	765	156	23119	15110	14995	8009	7407	3681
143468	188606	46704	12341	412977	274301	189277	138676	87382	500
33448	40265	9411	2110	190697	102149	94332	88548	50800	10349

16—7 续表 continued

指 标	Item	主营收入 Project Settlement Income	主营成本 Project Settlement Cost	主营税金及附加 Project Settlement Tax and Extra Charges
总 计	**Total**	**76383749**	**68933985**	**506387**
批发业合计	**Wholesale Trade**	**50402486**	**45839019**	**390363**
农、林、牧产品批发	Wholesale of Farming, Forestry, Animal Husbandry Products	1697172	1521602	10100
食品、饮料及烟草制品批发	Wholesale of Food, Beverages and Tobaccos	8196762	6452732	273493
#米、面制品及食用油批发	Wholesale of Rice, Flour and Edible Oil	1204702	1150532	1693
烟草制品批发	Wholesale of Tobaccos	4268061	3206940	251281
纺织、服装及家庭用品批发	Wholesale ofTextile, Clothing and Household Goods	6725123	5915737	13022
#服装批发	Wholesale of Garments	434881	389984	321
文化、体育用品及器材批发	Wholesale of Culture, Sports Appliances and Equipments	1159417	1090242	1078
医药及医疗器材批发	Wholesale of Medicines and Medical Appliances	6591523	6269773	13836
矿产品、建材及化工产品批发	Wholesale of Mineral Products, Building Materials and Chemical Products	19687733	18693864	37739
#煤炭及制品批发	Wholesale of Coal and Related Products	4237742	3961821	3792
石油及制品批发	Wholesale of Petroleum and Related Products	5135635	4843948	5501
金属及金属矿批发	Wholesale of Metal Materials	6771859	6537464	11216
建材批发	Wholesale of Building Materials	1459580	1390451	6443
化肥批发	Wholesale of Chemical Fertilizer	1352567	1285254	7089
机械设备、五金交电及电子产品批发	Wholesale of Machinery, Hardware and Electronic Equipment	4107385	3841872	9006
#汽车批发	Wholesale of Automobiles	844354	774556	2666
电气设备批发	Wholesale of Electrical Equipments	394870	361642	594
计算机、软件及辅助设备批发	Wholesale of Computer, Software and Assistant Appliances	708062	694343	1067
贸易经纪与代理	Trade Broker and Agency	93922	91441	37
其他批发	Other Wholesale not Classified Elsewhere	2143450	1961758	32052
零售业合计	**Retail Trade**	**25981263**	**23094965**	**116024**
综合零售	Integrated Retail	7299697	6365251	52601
#百货零售	Retail of General Merchandise	3813139	3384786	31747
超级市场零售	Retail of Supermarkets	3301740	2827649	19328
食品、饮料及烟草制品专门零售	Retail of Food, Beverages and Tobaccos	1008049	858637	6225
纺织、服装及日用品专门零售	Special Retail of Textiles, Garments and Daily Consumer Artic	639660	516094	6201
#服装零售	Retail of Garments	409822	329504	4702
文化、体育用品及器材专门零售	Retail of Culture, Sports Appliances and Equipments	658679	525341	3321
#体育用品及器材零售	Sporting Goods and Equipment Retail	11110	10288	2
图书、报刊零售	Books, Newspapers and Retail	381951	300433	1316
医药及医疗器材专门零售	Retail of Medicines and Medical Appliances	1993728	1814204	4065
#药品零售	Retail of Medicines	1921584	1750467	3792
汽车、摩托车、燃料及零配件专门零售	Retail of Motor Vehicles, Motorcycles, Fuel and Parts	11235955	10291599	20187
#汽车零售	Retail of Motor Vehicles	6903297	6356729	14809
机动车燃料零售	Retail of Fuel of Motor Vehicles	4038368	3667038	4489
家用电器及电子产品专门零售	Special Retail of Household Electric Appliances and Electronic Products	2019190	1787141	8429
#日用家电设备零售	Retail of household appliances	668307	589370	3089
计算机、软件及辅助设备零售	Retail of Computer, Software and Assistant Appliances	246201	220718	1251
通讯设备零售	Retail of Communication Equipments	62594	57582	378
五金、家具及室内装修材料专门零售	Special Retail of Hardware, Furniture and Decoration Materials	735630	612544	12791
无店铺及其他零售	Non-shop and Other Retails	390675	324154	2204

单位：万元（10000 yuan）

其他业务利润 Other Business Profit	销售费用 Operating Expense	管理费用 Management Expense	#税金 Tax	财务费用 Financial Expenses	营业利润 Operating Profit	利润总额 Total Profit	应交所得税 Payable Income Tax	本年应付工资薪酬 Total Payable Wages this Year
246668	**3145685**	**1511493**	**79309**	**330867**	**2129180**	**2094679**	**358365**	**1401243**
66605	**1863552**	**804179**	**47379**	**164571**	**1388817**	**1397672**	**259471**	**639730**
641	41724	35297	1007	14130	80380	84315	6899	27412
9611	414842	301622	7026	-32011	827464	847193	181733	216182
983	25388	11335	393	13167	3598	16909	1726	13021
445	59310	207830	3091	-44773	590527	598731	137037	134529
17810	662352	109346	3674	14943	10945	24247	12641	105047
1464	12709	7127	357	2473	20688	1552	620	8088
1318	34943	13953	613	-9508	36630	36108	713	14730
7156	135842	84903	6117	18259	75265	62849	10568	57542
16884	394882	161006	24560	123614	264186	230157	27602	135976
3936	114141	42610	1207	27120	54391	36729	4477	13250
4516	171298	33579	10441	22203	62063	40895	4441	73944
3402	53258	35890	5719	55086	80512	81729	7883	15175
2494	11336	16563	696	7212	28650	28182	4623	14264
1545	23746	19184	1458	6981	26114	31652	4494	14027
5328	129499	51429	3248	18691	52999	52039	9799	46686
947	46946	8540	881	5611	11074	11579	1248	11894
169	5769	2526	253	520	2044	2280	465	1542
7	2113	4208	93	-190	6630	6815	2666	1752
55	1109	907	35	296	267	503	126	540
7802	48360	45717	1100	16157	40683	60264	9392	35615
180063	**1282132**	**707313**	**31929**	**166296**	**740363**	**697006**	**98894**	**761513**
113082	550881	294675	10918	40195	163598	164048	41594	308672
42436	182487	158747	5951	23327	107172	112170	24824	127542
67172	359154	126455	4804	15952	44928	40119	15128	175516
1307	47370	33445	1164	8284	60538	61528	4652	43759
19243	62077	29628	1166	3324	27291	24879	5781	32251
7323	43192	22455	749	2168	12258	10311	4163	23388
3022	40757	31352	836	-1026	63805	65138	6372	29986
	372	325	2	69	54	54	2	156
3009	30808	21046	716	-1759	34969	35487	158	25295
3400	80305	48592	1861	16515	33178	32377	5752	48528
3294	77209	45320	1754	15724	32145	31127	5635	46839
28771	329990	186929	11568	79870	256936	234057	20890	197662
19806	181880	136211	7789	72933	169021	151665	15846	135336
7590	142581	43242	3449	5762	75515	69815	3370	56722
6874	111154	46023	1865	10024	65879	56641	7844	59780
2461	31388	15009	506	6034	25548	19296	3146	15259
184	12263	5675	266	829	9150	9439	899	8902
1499	3027	1880	42	492	687	653	105	2510
1120	25925	25112	2201	8235	49117	38000	3887	29220
3245	33673	11559	352	876	20021	20337	2122	11655

16—8 限额以上住宿餐饮业经营情况（2013年）
Above Designated Accommodation Catering Business (2013)

指　　标	Item	营业额 Turnover
总　　计	**Total**	**1683245**
住宿业合计	**Total of Accommodation Enterprises**	**682471**
国有控股	State-holding Enterprises	152752
按登记注册类型分组	**Grouped Type of Registration**	
内　资	Domestic-funded	641001
国　有	State-owned	55679
集　体	Collective-owned	3428
股份合作企业	Cooperative	1840
有限责任公司	Limited Liability Company	254175
股份有限公司	Share-holding Corporations Ltd.	51678
私　营	Private	271289
其　他	Other	2911
港澳台商投资	With Investment from Hong Kong, Macao and Taiwan	25698
外商投资企业	Enterprises with Foreign Investment	15773
按国民经济行业分	**Grouped by Sector**	
旅游饭店	Tourist Hotel	544477
一般旅馆	Common Hotel	126075
其他住宿服务	Other Accommodation Service	11920
餐饮业合计	**Catering Trade**	**1000774**
国有控股	State-holding Enterprises	39237
按登记注册类型分组	**Grouped Type of Registration**	
内　资	Domestic-funded	968956
国　有	State-owned	12732
集　体	Collective-owned	4415
股份合作企业	Cooperative	779
有限责任公司	Limited Liability Company	256492
股份有限公司	Share-holding Corporations Ltd.	10712
私　营	Private	679268
其　他	Other	4557
港澳台商投资企业	With Investment from Hong Kong, Macao and Taiwan	29403
外商投资企业	Enterprises with Foreign Investment	2415
按国民经济行业分	**Grouped by Sector**	
正餐服务	Dinner	864154
快餐服务	Fast Food	127501
饮料及冷饮服务	Drink and Cold Drink Service	3706
其他餐饮服务	Other Catering Service	5414

单位：万元（10000 yuan）

客房收入 Room Revenue	餐费收入 Meals Income	商品销售收入 Commodity Sales	其他收入 Other Income	客房数 （间） Guestroom Number (unit)	床位数 （个） Bed Capacity (unit)	餐位数 （位） Number of Seating Arrangement (unit)
413793	**1114032**	**88887**	**66534**	**95965**	**167998**	**679840**
304252	**310346**	**24428**	**43446**	**67710**	**116591**	**220140**
69229	64019	7203	12302	12833	23651	44011
286144	291725	23564	39567	63458	109733	209302
20760	25868	3998	5054	4668	8278	20585
1751	1555		123	432	807	1120
484	1251	92	13	308	542	1468
110594	114344	10563	18674	25522	43526	79656
30409	19172	244	1852	4260	8376	12183
120631	128590	8526	13542	28063	47886	93360
1516	947	140	308	205	318	930
12319	11038	786	1555	2705	4188	6882
5788	7582	78	2324	1547	2670	3956
231601	256117	18308	38451	51978	90666	184215
66922	49018	6019	4116	14396	23604	33029
5728	5212	101	879	1336	2321	2896
109541	**803686**	**64459**	**23088**	**28255**	**51407**	**459700**
10880	24705	1797	1856	1659	2962	11033
108363	773254	64424	22915	27435	49881	451425
5148	6723	500	362	779	1501	3205
351	3229	537	298	87	164	1880
	486	293				1000
36974	190029	19835	9654	8870	17705	102961
1540	8728	329	115	445	824	5089
63194	560854	42741	12479	16847	29007	334539
1156	3205	190	7	407	680	2751
267	29082	33	21	62	98	6875
912	1350	1	152	758	1428	1400
108306	683583	52951	19313	28065	51111	408094
1235	111141	11487	3638	190	296	47852
	3601	16	90			1239
	5361	5	47			2515

16—9 限额以上住宿业和餐饮企业主要财务指标情况（2013年）

Main Financial Indicators of Enterprises Above Designated Size in Catering Trades by Status of Registration and by Sector (2013)

指　标	Item	企业数（个）Number of Enterprises (unit)	流动资产合计 Circulating Funds	#存货 Stock
总　计	**Total**	**1572**	**1498914**	**117246**
住宿业合计	**Total of Accommodation Enterprises**	**542**	**787979**	**46373**
国有控股	State-holding Enterprises	90	81790	5394
内　资	Domestic-funded	526	639722	44740
国　有	State-owned	43	35914	1969
集　体	Collective-owned	4	1638	192
股份合作企业	Cooperative	3	1799	84
有限责任公司	Limited Liability Company	170	234402	19283
股份有限公司	Share-holding Corporations Ltd.	25	36320	2622
私　营	Private	279	325854	20529
其　他	Other	2	3794	63
港澳台商投资	With Investment from Hong Kong, Macao and Taiwan	9	141656	802
外商投资企业	Enterprises with Foreign Investment	7	6601	830
按国民经济行业分	**By Sector**			
旅游饭店	Tourist Hotel	365	659800	35918
一般旅馆	Common Hotel	165	120677	7681
其他住宿服务	Other Accommodation Service	12	7502	2773
餐饮业合计	**Catering Trade**	**1030**	**710935**	**70874**
国有控股	State-holding Enterprises	28	13460	1168
内　资	Domestic-funded	1019	702667	68783
国　有	State-owned	10	6477	293
集　体	Collective-owned	6	1243	161
股份合作企业	Cooperative	1	338	11
有限责任公司	Limited Liability Company	213	186105	18644
股份有限公司	Share-holding Corporations Ltd.	16	15773	1456
私　营	Private	760	491733	47989
其　他	Other	13	997	230
港澳台商投资企业	With Investment from Hong Kong, Macao and Taiwan	8	4692	997
外商投资企业	Enterprises with Foreign Investment	3	3576	1093
按国民经济行业分	**By Sector**			
正餐服务	Dinner	981	645493	63510
快餐服务	Fast Food	32	61791	6602
饮料及冷饮服务	Drink and Cold Drink Service	11	736	153
其他餐饮服务	Other Catering Service	6	2915	609

单位：万元（10000 yuan）

固定资产合计 Total Fixed Assets	固定资产原价 Original Value of Fixed Assets	累计折旧 Progessive Deprecia-tion	#本年折旧 Deprecia-tion this Year	资产总计 Total of Assets	负债合计 Total of Liabilities	流动负债 Working Liabilities	所有者权益 Creditors' Equity	#实收资本 Capital Hold	#国家资本 National Capital
1490188	**2045027**	**589535**	**145540**	**4136024**	**2877911**	**2261631**	**1258113**	**1074010**	**119519**
935561	**1329553**	**408589**	**94026**	**2403450**	**1720359**	**1283279**	**683091**	**616753**	**104484**
259974	407445	148424	25005	417951	234799	191605	183152	147691	102295
855387	1210367	369492	86818	2015251	1352555	1033216	662696	561838	103584
81322	125663	45295	4948	139470	101006	85144	38464	34942	30071
2418	4160	1742	340	4973	2059	1662	2914	415	
33	100	67	18	2028	1469	1226	559	569	
340744	508098	171977	46799	839600	583907	421753	255693	268110	49996
90047	136340	46343	7054	139257	85379	71086	53878	41130	23317
333974	427195	102108	26911	875839	570802	444458	305037	214471	200
6849	8810	1961	748	14085	7934	7888	6151	2200	
31600	59745	28145	4940	329104	316232	218180	12872	42333	900
48574	59441	10952	2267	59095	51572	31883	7524	12582	
768279	1117557	362733	81881	2031317	1483084	1088550	548232	505926	93949
127055	164892	38979	8690	315927	187246	153237	128682	99968	10535
40227	47104	6877	3455	56206	50029	41492	6178	10859	
554627	**715474**	**180947**	**51514**	**1732574**	**1157552**	**978352**	**575022**	**457257**	**15035**
41902	51805	12194	2406	68080	65799	61420	2280	13899	9554
539601	698731	174795	51021	1674179	1123177	947671	551003	432689	15035
16307	20558	5180	700	30194	30468	29406	-275	2009	1699
670	1091	420	89	1979	5585	5585	-3606	239	
3	18	15	3	341	186	186	155		
132604	188416	63578	17765	471352	328148	267936	143204	124024	6870
33034	34544	2871	1175	55555	44784	38722	10771	12043	6000
355226	451927	102197	31174	1111519	712777	604798	398742	292286	466
1757	2178	534	116	3239	1227	1039	2011	2088	
13932	15096	5598	212	21775	15612	11917	6163	4397	
1093	1647	554	281	36620	18764	18764	17856	20171	
524111	679463	170942	49604	1625933	1087701	912735	538232	438755	9979
23248	27458	8668	1245	94295	67021	63351	27274	16364	5057
946	1066	173	73	2558	756	705	1801	1203	
6322	7486	1164	593	9788	2073	1561	7715	935	

16—9 续表 continued

指 标	Item	主营收入 Project Settlement Income	主营成本 Project Settlement Cost	主营税金及附加 Project Settlement Tax and Extra Charges
总 计	**Total**	**1654814**	**837292**	**82619**
住宿业合计	**Total of Accommodation Enterprises**	**667274**	**306966**	**35330**
国有控股	State-holding Enterprises	148006	71193	7964
内 资	Domestic-funded	627167	294257	33048
国 有	State-owned	52348	23809	2774
集 体	Collective-owned	3437	2183	242
股份合作企业	Cooperative	2266	1199	112
有限责任公司	Limited Liability Company	247609	107600	13763
股份有限公司	Share-holding Corporations Ltd.	50674	26406	2772
私 营	Private	267940	132115	13220
其 他	Other	2893	946	166
港澳台商投资	With Investment from Hong Kong, Macao and Taiwan	25874	5941	1480
外商投资企业	Enterprises with Foreign Investment	14233	6767	803
按国民经济行业分	**By Sector**			
旅游饭店	Tourist Hotel	528278	233154	29258
一般旅馆	Common Hotel	127065	67014	5488
其他住宿服务	Other Accommodation Service	11931	6798	584
餐饮业合计	**Catering Trade**	**987541**	**530326**	**47289**
国有控股	State-holding Enterprises	37272	22359	1818
内 资	Domestic-funded	955868	516939	45578
国 有	State-owned	12750	7291	524
集 体	Collective-owned	4138	2267	238
股份合作企业	Cooperative	779	363	44
有限责任公司	Limited Liability Company	249006	128933	11580
股份有限公司	Share-holding Corporations Ltd.	10791	5484	644
私 营	Private	673846	370235	32331
其 他	Other	4557	2365	218
港澳台商投资企业	With Investment from Hong Kong, Macao and Taiwan	29086	11884	1591
外商投资企业	Enterprises with Foreign Investment	2586	1503	120
按国民经济行业分	**By Sector**			
正餐服务	Dinner	854863	472093	42478
快餐服务	Fast Food	123598	53313	4469
饮料及冷饮服务	Drink and Cold Drink Service	3704	2217	138
其他餐饮服务	Other Catering Service	5376	2704	203

单位：万元（10000 yuan）

其他业务利润 Other Business Profit	销售费用 Operating Expense	管理费用 Management Expense	#税金 Tax	财务费用 Financial Expenses	营业利润 Operating Profit	利润总额 Total Profit	应交所得税 Payable Income Tax	本年应付工资薪酬 Total Payable Wages this Year
32043	**416689**	**290863**	**13235**	**65428**	**-17410**	**-7766**	**16788**	**361190**
14579	**179532**	**169622**	**8494**	**36147**	**-44937**	**-33903**	**5220**	**160947**
3968	38159	40646	2194	1891	-6439	-3719	483	40075
14579	168234	149487	8414	29870	-37337	-27129	5118	150811
2984	15215	15966	534	517	-2471	-689	42	14117
9	282	712	68	9	9	10	19	772
	1012	144	13	16	-216	-225	4	587
3717	80225	74239	3914	12215	-36826	-31397	1892	65011
234	7372	10397	793	1530	2794	3124	35	13765
7635	63203	47363	3033	15574	-825	1816	3127	55983
	925	667	58	10	197	234	1	576
	8153	14795	80	6125	-5558	-5391	67	6408
	3145	5339		152	-2042	-1384	34	3728
9337	149599	143805	6222	31663	-44594	-34507	3734	133523
5243	27528	23096	1773	4069	526	1343	1404	24696
	2405	2720	500	415	-869	-739	81	2728
17464	**237157**	**121242**	**4741**	**29281**	**27527**	**26137**	**11569**	**200242**
3	6403	7916	440	188	-1212	-487	168	8200
16907	222785	118700	4738	29067	27872	26744	11483	194222
2	2158	2548	31	43	173	213	24	3003
90	1349	413	97	25	-64	-56	64	1145
	320				153	153		143
3495	73699	30328	1038	9571	579	1815	3158	47946
1234	4405	1964	206	813	-2272	-2176	70	4194
12085	139724	82601	3355	18594	29327	26796	8160	136369
1	1131	847	11	21	-25	1	8	1423
557	14303	1445	3	89	-218	-481	85	5166
	70	1096		126	-127	-126		854
16907	184515	111484	4691	28043	19902	18409	10115	172888
557	51284	8947	23	1104	6289	6336	1367	25110
	369	442	8	57	302	353	29	1059
	990	369	19	77	1034	1040	58	1185

16—10 限额以上批发和零售业连锁经营情况（2013年）
Basic Conditions of Chain-Enterprise Above Quota Wholesale and Retail (2013)

指　标		Item		合　计 Total	直销店 Directly-run Shops	加盟店 Alliance Shops
门店总数	（个）	Gross Number of Shops	(unit)	9667	4126	5541
从业人数	（人）	Number of People Engaged	(person)	99961	81129	18832
零售营业面积	（平方米）	Area of Business	(sq.m)	5416577	5059134	357443
连锁门店商品购进额	（万元）	Total Purchases	(10000 yuan)	15720652	14229603	1491049
#统一配送商品购进额		Centralized Purchase and Delivery		11991931	10967581	1024349
#自有配送中心配送商品购进额		Total Revenue of Purchasing by Self Purchase and Delivery		5944277	5362867	581410
非自有配送中心配送商品购进额		Total Revenue of Purchasing by Non-self Purchase and Delivery		365128	82501	282628
连锁门店商品销售额	（万元）	Sales Value of Commodities	(10000 yuan)	14761760	13863593	898167
#零售额		Revenue of Retail Sales		8893807	8552085	341722

16—11 限额以上住宿和餐饮业连锁经营情况（2013年）
Basic Conditions of Chain-Enterprise Above Quota Lodging and food and Beverage Industry (2013)

指　标		Item		合　计 Total	直销店 Directly-run Shops	加盟店 Alliance Shops
门店总数	（个）	Gross Number of Shops	(unit)	439	427	12
从业人数	（人）	Number of People Engaged	(person)	11511	10892	619
餐饮营业面积	（平方米）	Area of Business	(sq.m)	390434	379549	10885
客房数	（间）	Guestroom Number	(unit)	646	440	206
床位数	（个）	Bed Capacity	(unit)	1040	710	330
餐位数	（位）	Number of Seating Arrangement	(unit)	60446	58521	1925
连锁门店商品购进(采购)额	（万元）	Chain shops Commodity Purchasing Volume	(10000 yuan)	59996	57870	2126
#统一配送商品购进额		Centralized Purchase and Delivery		44495	44085	410
#自有配送中心配送商品购进(采购)额		Total Revenue of Purchasing by Self Purchase and Delivery		33760	33661	100
非自有配送中心配送商品购进(采购)额		Total Revenue of Purchasing by Non-self Purchase and Delivery		1507	1500	7
连锁门店营业额	（万元）	Chain shops Turnover	(10000 yuan)	127024	120086	6938
#餐费收入		Catering Income		115740	111331	4410
商品销售额		Total Sales of Goods		7774	6534	1240

16—12 各市限额以上批发和零售业连锁经营情况（2013年）
Basic Conditions of Chain-Enterprise Above Quota Wholesale and Retail by Region (2013)

地 区 Region	门店总数（个）Gross Number of Shops (unit)	从业人员（人）Number of People Engaged (person)	零售营业面积（平方米）Area of Business (sp.m)	商品购进总额（万元）Total Purchases (10000 yuan)	#统一配送商品购进额 Centralized Purchase and Delivery	#自有配送中心配送 Total Revenue of Purchasing by Self	商品销售额（万元）Sales Value of Commodities (10000 yuan)	零售额 Retail
总　计 Total	**9667**	**99961**	**5416577**	**15720652**	**11991931**	**5944277**	**14761760**	**8893807**
合肥市 Hefei	8195	76359	4114016	13326876	10056547	4822363	13195753	7500348
淮北市 Huaibei								
亳州市 Bozhou	86	1387	25190	49493	29456		53765	53765
宿州市 Suzhou								
蚌埠市 Bengbu	136	1643	65183	81907	81907		89332	89332
阜阳市 Fuyang	640	6999	246741	710320	406308	234196	278368	246328
淮南市 Huainan	61	2552	150094	169491	91137		175920	175920
滁州市 Chuzhou	65	1413	38050	50785	50785	46281	62355	62355
六安市 Luan								
马鞍山市 Maanshan	200	1937	161180	293025	280571	277716	285198	193092
芜湖市 Wuhu	3	72	1300	2341	2341	2341	2883	1901
宣城市 Xuancheng	52	1686	112640	560276	560276	560276	93818	93818
铜陵市 Tongling	6	26	1800	1078	1078		735	735
池州市 Chizhou								
安庆市 Anqing	223	5887	500383	475063	431526	1105	523632	476212
黄山市 Huangshan								

16—13 各市限额以上住宿和餐饮业连锁经营情况（2013年）
Basic Conditions of Chain-Enterprise Above Quota Lodging and Food and Beverage Industry by Region (2013)

地 区 Region	门店总数（个）Gross Number of Shops (unit)	从业人员（人）Number of People Engaged (person)	餐饮营业面积（平方米）Area of Business (sp.m)	客房数（间）Guestroom Number (unit)	床位数（个）Bed Capacity (unit)	餐位数（位）Number of eating Arrangement (unit)	商品购进总额（万元）Total Purchases (10000 yuan)	营业额（万元）Turnover (10000 yuan)
总　计 Total	**439**	**11511**	**390434**	**646**	**1040**	**60446**	**59996**	**127024**
合肥市 Hefei	422	10200	353974	599	946	51146	52143	112051
淮北市 Huaibei								
亳州市 Bozhou								
宿州市 Suzhou								
蚌埠市 Bengbu								
阜阳市 Fuyang								
淮南市 Huainan								
滁州市 Chuzhou								
六安市 Luan								
马鞍山市 Maanshan	13	1046	26560	47	94	8300	5690	10333
芜湖市 Wuhu								
宣城市 Xuancheng								
铜陵市 Tongling								
池州市 Chizhou								
安庆市 Anqing	4	265	9900			1000	2163	4640
黄山市 Huangshan								

16—14 各市限额以上批发零售企业主要财务指标情况（2013年）

Main Financial Indicators of Enterprises Above Designated Size in Wholesale and Retail by Region (2013)

地 区	Region	企业数（个）Number of Enterprises (unit)	流动资产合计 Circulating Funds	#存货 Stock	固定资产合计 Total Fixed Assets	固定资产原价 Original Value of Fixed Assets
总 计	**Total**	**5220**	**28613427**	**5564941**	**3556988**	**4954065**
合肥市	Hefei	899	13031409	2356140	974069	1451909
淮北市	Huaibei	210	649216	113346	74772	105392
亳州市	Bozhou	304	773471	153758	97258	130595
宿州市	Suzhou	301	942126	194168	235687	297801
蚌埠市	Bengbu	275	1269810	205307	154865	234055
阜阳市	Fuyang	404	1895909	416802	240482	352554
淮南市	Huainan	293	1090693	200630	143485	214867
滁州市	Chuzhou	419	706826	231458	238157	301651
六安市	Luan	211	671821	158638	137198	201794
马鞍山市	Maanshan	206	1198604	198613	184183	235329
芜湖市	Wuhu	567	2822973	534399	392261	503239
宣城市	Xuancheng	252	620447	200751	194611	245595
铜陵市	Tongling	152	763457	222134	79235	111642
池州市	Chizhou	155	478139	71563	120662	175405
安庆市	Anqing	407	1261685	231276	220249	290673
黄山市	Huangshan	165	436843	75958	69816	101563

16—15 各市限额以上住宿和餐饮企业主要财务指标情况（2012年）

Main Financial Indicators of Enterprises Above Designated Size in Catering Trades by Status of Registration and by Sector by Region (2012)

地 区	Region	企业数（个）Number of Enterprises (unit)	流动资产合计 Circulating Funds	#存货 Stock	固定资产合计 Total Fixed Assets	固定资产原价 Original Value of Fixed Assets
总 计	**Total**	**1572**	**1498914**	**117246**	**1490188**	**2045027**
合肥市	Hefei	340	568298	30646	355968	516078
淮北市	Huaibei	15	18865	1661	8509	16489
亳州市	Bozhou	46	38182	1712	41487	50166
宿州市	Suzhou	55	21903	2764	32782	44720
蚌埠市	Bengbu	74	43808	14210	31955	51048
阜阳市	Fuyang	83	53979	3237	46995	66088
淮南市	Huainan	65	33507	2958	38770	53409
滁州市	Chuzhou	136	71850	5928	74508	97259
六安市	Luan	68	73062	4312	81924	98585
马鞍山市	Maanshan	67	74203	5100	56818	74742
芜湖市	Wuhu	158	133704	14087	203263	277047
宣城市	Xuancheng	79	64783	6741	62966	84269
铜陵市	Tongling	94	93619	5862	35577	48805
池州市	Chizhou	67	41348	3833	85585	109082
安庆市	Anqing	133	79832	8431	175003	213782
黄山市	Huangshan	92	87971	5767	158080	243459

单位：万元（10000 yuan）

累计折旧 Progessive Depreciation	#本年折旧 Depreciation this Year	资产总计 Total of Assets	负债合计 Total of Liabilities	#流动负债 Working Liabilities	所有者权益 Creditors' Equity	#实收资本 Capital Hold	#国家资本 National Capital
1497167	**356682**	**37471976**	**25719623**	**24715397**	**11752352**	**5699752**	**1557292**
490981	146016	16629815	12034612	11704613	4595203	2347710	1114550
33591	6327	922396	581990	543673	340406	210882	25827
38320	7639	963871	634510	612652	329360	154489	16771
90434	15134	1374257	841467	796537	532790	222655	46300
80039	20614	1632888	1090785	1036545	542103	266300	30112
112571	18427	2352664	1728065	1649422	624599	307943	36706
73977	15355	1316317	655216	632911	661101	164006	22341
68798	18267	1160973	660393	630832	500580	271583	40430
67297	11966	936849	466891	456405	469958	150401	29138
64431	13102	1565621	1188604	1156874	377017	193286	21531
128916	28502	3901154	2930127	2710493	971028	628621	24984
53428	15493	927743	520740	493701	407003	158427	2763
32529	6323	944786	646159	638360	298627	196120	76421
56669	13690	658497	420251	373635	238247	95994	28731
72116	13560	1626699	983254	947269	643445	252540	34262
33070	6270	557446	336559	331476	220887	78797	6426

单位：万元（10000 yuan）

累计折旧 Progessive Depreciation	#本年折旧 Depreciation this Year	资产总计 Total of Assets	负债合计 Total of Liabilities	#流动负债 Working Liabilities	所有者权益 Creditors' Equity	#实收资本 Capital Hold	#国家资本 National Capital
589535	**145540**	**4136024**	**2877911**	**2261631**	**1258113**	**1074010**	**119519**
169051	55874	1266250	945761	763146	320489	275554	50479
8429	1795	30175	15512	11002	14662	12510	4240
8730	2309	96474	66721	64226	29753	20656	1087
11995	2304	129256	65262	41348	63993	48881	2020
19535	4075	98823	56807	45700	42016	22827	2588
19644	3184	137756	93225	85807	44531	36482	1606
15611	2814	98175	80780	76114	17395	30526	3283
24705	9109	181185	124561	114525	56625	53421	3363
19606	5045	222971	153785	124862	69186	51500	1604
22965	6832	212384	152961	142584	59422	61277	1102
78142	20313	406190	309142	214341	97048	92742	1000
22749	3568	200709	134654	91335	66055	42760	483
13302	3631	159911	104430	79946	55480	45542	
26484	9653	175378	91012	61691	84366	59110	26723
40626	6512	300355	153482	108268	146873	83302	500
87963	8521	420034	329814	236738	90220	136919	19443

16—14 续表 continued

地区	Region	主营收入 Project Settlement Income	主营成本 Project Settlement Cost	主营税金及附加 Project Settlement Tax and Extra Charges	其他业务利润 Other Business Profit
总计	**Total**	**76383749**	**68933985**	**506387**	**246668**
合肥市	Hefei	31786402	29138732	116806	123179
淮北市	Huaibei	1531427	1314027	19073	6252
亳州市	Bozhou	2400369	1995023	22878	12051
宿州市	Suzhou	4255046	3788578	32125	2597
蚌埠市	Bengbu	2734112	2272874	32349	11542
阜阳市	Fuyang	6846952	6330636	44087	10178
淮南市	Huainan	2299729	2099596	16796	6250
滁州市	Chuzhou	2723520	2418322	32864	6011
六安市	Luan	2526444	2155282	28917	12154
马鞍山市	Maanshan	4355006	4067878	19695	14746
芜湖市	Wuhu	6507493	5912112	46948	14770
宣城市	Xuancheng	2069701	1867976	22566	11695
铜陵市	Tongling	1427022	1289384	13545	4424
池州市	Chizhou	887572	716298	13949	1609
安庆市	Anqing	2879723	2543515	31492	8032
黄山市	Huangshan	1153232	1023749	12298	1177

16—15 续表 continued

地区	Region	主营收入 Project Settlement Income	主营成本 Project Settlement Cost	主营税金及附加 Project Settlement Tax and Extra Charges	其他业务利润 Other Business Profit
总计	**Total**	**1654814**	**837292**	**82619**	**32043**
合肥市	Hefei	580800	262616	29730	7103
淮北市	Huaibei	20152	11717	876	10
亳州市	Bozhou	35074	18833	1698	375
宿州市	Suzhou	40892	19889	1795	930
蚌埠市	Bengbu	55073	24903	2581	6
阜阳市	Fuyang	58484	33986	2697	1470
淮南市	Huainan	43879	24550	2204	1205
滁州市	Chuzhou	99062	59855	5005	637
六安市	Luan	58867	31827	2750	2252
马鞍山市	Maanshan	63880	29125	3567	2614
芜湖市	Wuhu	150499	72710	7513	8647
宣城市	Xuancheng	77557	41150	4766	4195
铜陵市	Tongling	62212	28820	2863	2134
池州市	Chizhou	53290	25769	2633	636
安庆市	Anqing	144708	85134	6246	1015
黄山市	Huangshan	110385	66408	5695	-1186

单位：万元（10000 yuan）

销售费用 Operating Expense	管理费用 Management Expense	#税金 Tax	财务费用 Financial Expenses	营业利润 Operating Profit	利润总额 Total Profit	应交所得税 Payable Income Tax	本年应付工资薪酬 Total Payable Wages this Year
3145685	**1511493**	**79309**	**330867**	**2129180**	**2094679**	**358365**	**1401243**
1469556	551431	24574	114013	545182	561871	112652	540908
62598	44188	1148	11734	82616	70307	12501	33669
189512	67770	1569	4644	123623	126677	25471	62471
185749	104223	2516	22247	109469	90082	16182	55300
76684	71918	14258	14713	289863	263904	21243	63071
225857	99086	5272	15361	149884	150905	25128	96947
92372	44949	1987	5761	50321	51887	10873	46035
95014	75475	2295	16495	91162	93152	16992	69515
115222	56431	1693	6766	173831	143909	33170	69280
112225	59594	7812	13138	94208	81484	14131	65403
219428	108744	6301	50093	119146	127327	14681	109393
71729	53835	3239	10359	45449	67369	15151	52797
45260	34179	736	18586	28239	39418	7416	24271
45540	31316	1048	3450	74834	76645	9332	21891
95067	77485	3880	19665	113448	111265	21033	62757
43870	30869	983	3843	37904	38478	2411	27535

单位：万元（10000 yuan）

销售费用 Operating Expense	管理费用 Management Expense	#税金 Tax	财务费用 Financial Expenses	营业利润 Operating Profit	利润总额 Total Profit	应交所得税 Payable Income Tax	本年应付工资薪酬 Total Payable Wages this Year
416689	**290863**	**13235**	**65428**	**-17410**	**-7766**	**16788**	**361190**
186760	103844	4448	23886	-14038	-14148	7964	134596
2099	5430	92	442	-498	-468	13	5499
5443	5759	156	826	2511	2889	254	8433
10039	6359	292	2020	900	1020	214	7703
11190	7609	300	1262	8863	10318	894	10881
11872	8306	317	1834	99	-191	389	11000
13686	6756	362	1646	-4725	-4396	122	10007
11921	14248	526	2543	5263	5017	1626	16801
12054	11185	842	4028	-2535	-1388	363	12160
17063	13640	787	1858	355	-473	342	18499
46533	26478	1177	8096	-9654	-4463	1960	31043
13508	13946	412	3790	1948	2072	861	14989
15204	12685	324	2123	1077	1255	486	13173
12087	7549	610	859	5404	5552	249	14359
26654	18666	638	4723	3401	3088	855	22927
20577	28403	1952	5495	-15781	-13450	197	29121

16—16 各市限额以上批发零售业商品购进、销售和库存情况（2013年）

Total Purchases, Sales and Inventory of Enterprises Above Designated Size in Wholesale and Retail and Inventory by Region (2013)

单位：万元（10000 yuan）

地区	Region	从业人员（人） Persons Engaged (persons)	购进总额 Total Purchases Value	#进口 Imports	销售总额 Total Sales Value	批发 Wholesale Value	零售 Retail Value	年末库存总额 Stock (year-end)
总计	**Total**	**345714**	**79615763**	**2397223**	**89018624**	**57527397**	**31491227**	**6328973**
合肥市	Hefei	104951	34966632	1730232	38557655	27959374	10598281	2354756
淮北市	Huaibei	11584	1680883	760	1766834	884461	882373	145959
亳州市	Bozhou	15910	2011675	12357	2549272	1504140	1045131	124125
宿州市	Suzhou	14671	3822982	80	4951363	3223188	1728176	216649
蚌埠市	Bengbu	15648	2439184	137100	3128569	1345920	1782650	195611
阜阳市	Fuyang	29788	6975265	4960	7898736	5231605	2667131	467085
淮南市	Huainan	14635	2714151	24948	2878235	1800589	1077645	201352
滁州市	Chuzhou	20228	2869929	8	3124467	1780959	1343508	341660
六安市	Luan	20419	2477570	517	2818402	1264201	1554202	172646
马鞍山市	Maanshan	15836	4748072	401916	5057901	3887972	1169929	234253
芜湖市	Wuhu	26695	6366920	58085	7217972	4527523	2690448	536557
宣城市	Xuancheng	12842	2184301	974	2209732	923700	1286032	698159
铜陵市	Tongling	6375	1542488	9287	1615127	1060903	554224	238617
池州市	Chizhou	6335	877892		1038620	478566	560054	79057
安庆市	Anqing	23475	2724739	9809	2923059	1116508	1806551	238345
黄山市	Huangshan	6322	1213080	6189	1282681	537788	744893	84141

16—17 各市限额以上住宿餐饮业经营情况（2013年）

Above Designated Accommodation Catering Business by Region (2013)

单位：万元（10000 yuan）

地区	Region	从业人员（人） Persons Engaged (persons)	营业额 Turnover	客房收入 Room Revenue	餐费收入 Meals Income	商品销售收入 Commodity Sales	其他收入 Other Income	客房数（间） Guestroom Number (unit)	床位数（个） Bed Capacity (unit)	餐位数（位） Number of Seating Arrangement (unit)
总计	**Total**	**123952**	**1683245**	**413793**	**1114032**	**88887**	**66534**	**95965**	**167998**	**679840**
合肥市	Hefei	41685	584275	100874	416877	43222	23303	19803	32413	208526
淮北市	Huaibei	1571	20279	6380	13159	305	435	1203	1863	5288
亳州市	Bozhou	3564	35267	9726	23975	623	943	2609	4469	16608
宿州市	Suzhou	3436	43135	10504	31630	616	385	2676	4583	18240
蚌埠市	Bengbu	3783	55730	18713	32471	3151	1395	4118	7158	23502
阜阳市	Fuyang	4750	59093	15150	38129	3024	2790	4037	6818	21253
淮南市	Huainan	3962	44490	7999	31922	3928	641	2396	3852	34044
滁州市	Chuzhou	6181	99096	28305	66123	1408	3260	7026	11980	47346
六安市	Luan	5519	62312	19634	40014	888	1776	4897	8677	26400
马鞍山市	Maanshan	5800	63970	15667	45283	1687	1333	3737	6323	32585
芜湖市	Wuhu	10064	157931	44205	102781	4035	6911	10087	15653	49178
宣城市	Xuancheng	5492	79606	24057	44318	3385	7845	4627	7928	32444
铜陵市	Tongling	5021	63698	12080	48257	1820	1541	2516	4464	30542
池州市	Chizhou	4504	54925	22637	28160	1186	2941	5246	9724	26167
安庆市	Anqing	9592	148478	33963	94122	16913	3481	9362	19460	63192
黄山市	Huangshan	9028	110961	43899	56811	2696	7555	11625	22633	44525

16—18 亿元商品交易市场情况（2013年）
Market Above 100 million Yuan (2013)

指标	Item	市场个数（个）Number of Markets (unit)	年末摊位数（个）Number of Booths (unit)	总成交额（万元）Transaction Value (10000 yuan)
全省	**Total**	**139**	**111894**	**29033322**
综合市场	**Comprehensive Markets**	**46**	**58139**	**9831959**
生产资料综合市场	The Material of Production Comprehensive Markets	2	10165	2677838
工业品综合市场	Markets for Manufactured Goods	10	25868	2571124
农业品综合市场	Markets for Agricultural Goods	20	12525	3174264
其他综合市场	Other Comprehensive Markets	14	9581	1408733
专业市场	**Specialized markets**	**94**	**53755**	**19201363**
生产资料市场	The Material of Production Markets	17	6881	9247303
农产品市场	Agricultural Product Markets	30	11190	2462800
食品饮料烟酒市场	Food, Drink, Tobacco and Liquor	3	2362	333981
纺织品服装鞋帽市场	Textile, Clothing, Shoes and Hats	10	9043	887064
日用品及文化用品市场	Daily Necessities and Cultual Product Markets			
电器通讯器材电子设备市场	Electrical Communication Equipment Electronic Equipment Markets	1	3417	978203
医药医疗用品及器材市场	Medicine and Medical Supplies and Equipment Markets	2	5303	2653759
家具五金及装饰材料市场	Furniture, Hardware and Decorative Materials Markets	17	9773	1590728
汽车摩托车及零配件市场	Automobile and Motorcycle Spare Parts Markets	9	2689	853382
花鸟鱼虫市场	Flower, Bird, Fish, Insect Markets	2	1682	114900
其他专业市场	Other Professional Markets	2	1415	79243

16—19 各市亿元商品交易市场情况（2013年）
Market Above 100 million Yuan by Region (2013)

地区	Region	市场个数（个）Number of Markets (unit)	年末摊位数（个）Number of Booths (unit)	营业面积（平方米）Business Area (sq.m)	总成交额（万元）Transaction Value (10000 yuan)
总计	**Total**	**139**	**111894**	**11025041**	**29033322**
合肥市	Hefei	37	24242	3013889	9485509
淮北市	Huaibei	7	9070	625595	836039
亳州市	Bozhou	2	5680	42000	2778042
宿州市	Suzhou				
蚌埠市	Bengbu	6	7645	483328	1222511
阜阳市	Fuyang	22	13744	1430062	2071068
淮南市	Huainan	6	1888	211484	3631823
滁州市	Chuzhou	13	11491	1015266	910016
六安市	Luan	3	2876	22860	97137
马鞍山市	Maanshan	7	2029	207600	825401
芜湖市	Wuhu	13	15912	1503043	2122846
宣城市	Xuancheng	6	3001	35426	1145468
铜陵市	Tongling	6	1793	413300	404182
池州市	Chizhou	2	744	44211	93953
安庆市	Anqing	9	11779	1976977	3409327
黄山市	Huangshan				

16—20 亿元以上商品交易市场摊位分类情况（2013年）
Classification of Commodity Exchange Markets of Transaction Value over 100 Million Yuan (2013)

指　　标	Item	年末摊位数（个）Number of Booths (unit)	总成交额（万元）Transaction Value (10000 yuan)
合　计	**Total**	**111894**	**29033322**
食品、饮料、烟酒类	Food, Beverages, Tobacco and Liquor	30541	6729599
服装鞋帽、针、纺织品类	Clothing, Shoes, Hats and Textiles	24207	2158987
化妆品类	Cosmetics	813	100688
金银珠宝类	Gold, Silver and Jeweler	1651	319878
日用品类	Articles for Daily Use	4744	386799
五金、电料类	Hardware & Electrical Materials	3714	544590
体育、娱乐用品类	Sports & Recreational Articles	281	16035
书报杂志类	Newspapers and Magazines	371	180138
电子出版物及音像制品类	E-journal and Video Products	231	7105
家用电器和音像器材类	Household Appliances and Video Equipments	2645	869782
中西药品类	Traditional Chinese and Western Medicine	4842	2671446
文化办公用品类	Cultural and official Goods	468	57459
家具类	Furniture	2618	1218797
通讯器材类	Communication Appliances	54	8363
煤炭及制品类	Coal and Related Products	7	350
木材及制品类	Wood and Wooden Products	1688	534283
石油及制品类	Petroleum and Related Products	2	150
化工材料及制品类	Raw Chemical Materials and Related Products	743	228955
金属材料类	Metal Materials	2267	8324654
建筑及装潢材料类	Building and Decoration Materials	12908	2377343
机电产品及设备类	Mechanical & Electrical Products	1791	459866
汽车类	Automobile	1972	859835
种子饲料类	Seed and Feedstuff	227	21807
棉麻类	Cotton and Hemp	48	27541
其他类	Others	13061	928872

16—21 各市社会消费品零售总额（2013年）
Total Retailsale of Consumer Goods in Major Years by Region (2013)

单位：万元（10000 yuan）

地　区	Region	社会消费品零售总额 Total Retail Sales of Consumer Goods	城　镇 Urban	城　区 City	乡　村 Rural	餐饮收入 Catering Income	商品零售 Commodity Retail
总　计	**Total**	**64814188**	**52832987**	**36764235**	**11981202**	**6997352**	**57816836**
合肥市	Hefei	14808408	14430265	11899100	378143	887671	13920737
淮北市	Huaibei	1954577	1559416	1250811	395161	283093	1671484
亳州市	Bozhou	3450943	2522866	950036	928077	386388	3064556
宿州市	Suzhou	3036694	2593621	1130661	443073	331902	2704792
蚌埠市	Bengbu	4248198	3879877	2675689	368321	432366	3815832
阜阳市	Fuyang	5080164	3580222	1610938	1499942	759841	4320323
淮南市	Huainan	2912336	2504609	1991164	407727	2587801	324535
滁州市	Chuzhou	3384770	2767199	1396877	617571	484968	2899802
六安市	Luan	4342297	1982171	1444771	2360126	446218	3896079
马鞍山市	Maanshan	3013382	2787571	1746150	225811	383811	2629571
芜湖市	Wuhu	5599547	5070991	3414171	528556	712625	4886922
宣城市	Xuancheng	3035679	1948305	1108024	1087374	475766	2559913
铜陵市	Tongling	1555663	1396597	1342175	159066	124311	1431352
池州市	Chizhou	1424834	1110865	711858	313969	102300	1322534
安庆市	Anqing	5235890	3558307	2349868	1677583	879630	4356261
黄山市	Huangshan	1961207	1559673	1254614	401535	390953	1570254

16—22 各县（市）社会消费品零售总额（2013年）

Total Retailsale of Consumer Goods in Major Years by County or City (2013)

单位：万元（10000 yuan）

县（市）	County or City	社会消费品零售总额 Total Retail Sales of Consumer Goods	城镇 Urban	乡村 Rural	餐饮收入 Catering Income	商品零售 Commodity Retail
合肥市辖区	Hefei Region of City	11815021	11815021		534170	11280851
巢湖市	Chaohu	699762	634600	65162	42275	657487
长丰县	Changfeng	370707	321114	49593	65672	305035
肥东县	Feidong	633373	535892	97481	44319	589054
肥西县	Feixi	622578	546331	76247	101964	520614
庐江县	Lujiang	666966	577306	89660	99270	567696
淮北市辖区	Huaibei Region of City	1421208	1172723	248485	222881	1198327
濉溪县	Suixi	533369	386693	146676	60212	473157
亳州市辖区	Bozhou Region of City	1248303	976004	272299	133013	1115290
涡阳县	Guoyang	792292	551835	240457	93456	698836
蒙城县	Mengcheng	747863	545390	202473	85160	662703
利辛县	Lixin	662485	431263	231222	74759	587726
宿州市辖区	Suzhou Region of City	1434378	1259599	174779	84616	1349762
砀山县	Dangshan	392455	343894	48561	96823	295632
萧县	Xiaoxian	564360	464145	100215	77660	486700
灵璧县	Lingbi	344456	299025	45431	35885	308571
泗县	Sixian	301045	226958	74087	36918	264127
蚌埠市辖区	Bengbu Region of City	2760480	2734504	25976	312449	2448032
怀远县	Huaiyuan	708518	519388	189130	41243	667275
五河县	Wuhe	413886	324070	89816	38086	375800
固镇县	Guzhen	365315	301916	63399	40589	324726
阜阳市辖区	Fuyang Region of City	2014827	1414417	600410	149085	1865742
界首市	Jieshou	373969	280699	93270	92741	281228
临泉县	Linquan	614009	427313	186697	119154	494856
太和县	Taihe	1001060	786940	214120	114754	886306
阜南县	Funan	522369	305475	216894	162295	360074
颍上县	Yingshang	553930	365378	188552	121813	432117
淮南市辖区	Huainan Region of City	2377336	2103359	273977	2084902	292435
凤台县	Fengtai	534999	401249	133750	502899	32100
滁州市辖区	Chuzhou Region of City	827137	796852	30284	67615	759522
天长市	Tianchang	532970	425166	107804	71673	461297
明光市	Mingguang	441227	354036	87191	85508	355719
来安县	Laian	391549	308633	82916	110071	281478
全椒县	Quanjiao	386554	312687	73867	51281	335273
定远县	Dingyuan	392989	313981	79008	52542	340447
凤阳县	Fengyang	412345	255844	156501	46278	366067
六安市辖区	Luan Region of City	1778977	1376557	402421	103949	1675028
寿县	Shouxian	609225	143335	465890	86543	522681

16—22 续表 continued

单位：万元（10000 yuan）

县（市）	County or City	社会消费品零售总额 Total Retail Sales of Consumer Goods	城镇 Urban	乡村 Rural	餐饮收入 Catering Income	商品零售 Commodity Retail
霍邱县	Huoqiu	653617	153600	500017	72752	580865
舒城县	Shucheng	517364	123369	393995	66730	450634
金寨县	Jinzhai	420729	98871	321857	80526	340202
霍山县	Huoshan	255798	61391	194406	26635	229162
叶集区	Yeji District	106588	25048	81540	9082	97506
马鞍山市辖区	Maanshan Region of City	1904941	1861247	43694	230109	1674832
当涂县	Dangtu	427276	360095	67181	48344	378932
含山县	Hanshan	267649	212611	55038	40920	226729
和县	Hexian	413516	353618	59898	64438	349078
芜湖市辖区	Wuhu Region of City	3420607	3414171	6436	370101	3050506
芜湖县	Wuhu	422074	293930	128144	63286	358788
繁昌县	Fanchang	338506	238171	100336	51894	286612
南陵县	Nanling	530884	355953	174931	68450	462434
无为县	Wuwei	887476	768766	118710	158894	728582
宣城市辖区	Xuancheng Region of City	1179717	790411	389306	106175	1073542
宁国市	Ningguo	559883	369132	190751	35596	524287
郎溪县	Langxi	232003	145830	86173	188522	43481
广德县	Guangde	451061	259728	191333	42846	408215
泾县	Jingxian	270540	165449	105091	43000	227540
绩溪县	Jixi	198696	132172	66524	30871	167825
旌德县	Jingde	143779	85583	58196	28756	115023
铜陵市辖区	Tongling Region of City	1317818	1249347	68471	71985	1245833
铜陵县	Tongling	237845	147250	90595	52326	185519
池州市辖区	Chizhou Region of City	737133	678036	59098	52920	684213
东至县	Dongzhi	315092	182520	132572	22630	292462
石台县	Shitai	88271	51600	36671	6340	81931
青阳县	Qingyang	284338	198709	85629	20410	263928
安庆市辖区	Anqing Region of City	1976185	1976185		441935	1534250
桐城市	Tongcheng	596127	295269	300858	97639	498488
怀宁县	Huaining	513697	182838	330859	75171	438525
枞阳县	Zongyang	496478	224949	271530	69811	426668
潜山县	Qianshan	426446	207362	219085	81175	345271
太湖县	Taihu	295885	117979	177906	25866	270019
宿松县	Susong	429780	322163	107617	42354	387425
望江县	Wangjiang	309632	136173	173459	29869	279763
岳西县	Yuexi	191661	95390	96271	15809	175852
黄山市辖区	Huangshan Region of City	1031808	957471	74336	226434	805373
歙县	Shexian	483470	333509	149961	75219	408251
休宁县	Xiuning	228830	133472	95358	32028	196802
黟县	Yixian	69439	39364	30076	19562	49877
祁门县	Qimen	147660	95856	51804	37709	109951

主要统计指标解释

批发业

指批发商向批发、零售单位及其他企事业、机关单位批量销售生活用品和生产资料的活动，以及从事进出口贸易和贸易经纪与代理的活动。批发商可以对所批发的货物拥有所有权，并以本单位、公司的名义进行交易活动；也可以不拥有货物的所有权，而以中介身份做代理销售商。还包括各类商品批发市场中固定摊位的批发活动。

零售业

指百货商店、超级市场、专门零售商店、品牌专卖店、售货摊等主要面向最终消费者（如居民等）的销售活动。包括以互联网、邮政、电话、售货机等方式的销售活动，还包括在同一地点，后面加工生产，前面销售的店铺（如前店后厂的面包房）。不包括：谷物、种子、饲料、牲畜、矿产品、生产用原料、化工原料、农用化工产品、机械设备（乘用车、计算机及通信设备等除外）等生产资料的销售（列入批发业）；非零售单位附带的零售活动，如汽车修理单位销售汽车零件（列入单位主业所对应的行业类别中）；商业零售单位所在商厦的物业管理（列入物业管理）；商业零售单位所在的商品市场、商业大厦的市场管理活动（列入市场管理）。

批发和零售业商品购进、销售、库存额

指各种登记注册类型的批发和零售业企业(单位)以本企业(单位)为总体的，从国内、国外市场购进的商品总量，销售和出口的商品总量，库存的商品总量等情况。该指标可以反映商品流转过程中商品的购进、销售、库存之间的比例关系和存在的问题。

商品购进额

指从本企业以外的单位和个人购进（包括从国外直接进口）作为转卖或加工后转卖的商品金额（含增值税）。商品购进包括：（1）从工农业生产者、批发和零售业企业、住宿和餐饮业企业、出版社或报社的出版发行部门和其他服务业企业购进的商品；（2）从机关团体、事业单位购进的商品；（3）从海关、市场管理部门购进的缉私和没收的商品；（4）从居民收购的废旧商品等。不包括：（1）企业为本单位自身经营用，不是作为转卖而购进的商品，如材料物资、包装物、低值易耗品、办公用品等；（2）未通过买卖行为而收入的商品，如接受其他部门移交的商品、借入的商品、收入代其他单位保管的商品、其他单位赠送的样品、加工回收的成品等；（3）经本单位介绍，由买卖双方直接结算，本单位只收取手续费的业务；（4）销售退回和买方拒付货款的商品；（5）商品溢余。

商品销售额

指对本单位以外的单位和个人出售的商品金额（包括售给本单位消费用的商品，含增值税）。商品销售包括（1）售给城乡居民和社会集团消费用的商品；（2）售给农业、工业、建筑业、运输邮电业、服务业、公用事业等国民经济各行业用于生产、经营用的商品，包括售予批发和零售业作为转卖或加工后转卖的商品；（3）对国（境）外直接出口的商品。不包括：（1）未通过买卖行为付出的商品，如随机构变动移交给其他企业单位的商品、借出的商品、归还受其他单位委托代保管的商品、付出的加工原料和赠送给其他单位的样品等；（2）经本单位介绍，由买卖双方直接结算，本单位只收取手续费的业务；（3）购货退回的商品；（4）商品损耗和损失；（5）出售本单位自用的废旧物资。

商品库存额

指报告期末各种登记注册类型的批发和零售业企业(单位)已取得所有权的商品。它反映批发和零售业企业(单位)的商品库存情况和对市场商品供应的保证程度。商品库存包括：(1)存放在批发和零售业经营单位(如门市部、批发站、采购站、经营处)的仓库、货场、货柜和货架中的商品；(2)挑选、整理、包装中的商品；(3)已记入购进而尚未运到本单位的商品，即发货单或银行承兑凭证已到而货未到的商品；(4)寄放他处的商品，如因购货方拒绝付款而暂时存在购货方的商品；(5)委托其他单位代销(未作销售或调出)尚未售出的商品；(6)代其他单位购进尚未交付的商品。不包括：所有权不属于本单位的商品；委托外单位加工的商品；外贸企业代理其他单位从国外进口尚未付给订货单位的商品；代国家物资储备部门保管的商品等。

连锁总店（总部）

指负责连锁企业资源（商号、商誉、经营模式、服务标准、管理模式等等）的开发、配置、控制或使用等功能的企业核心管理机构。连锁经营是指经营同类商品或服务，使用统一商号的若干店铺，在同一总店（总部）的管理下，采取统一采购或特许经营等方式，实现规模效益的组织形式，包括直营连锁、特许连锁和自愿连锁三种形式。其中，直营连锁是指连锁店铺由连锁公司全资或控股开设，在总部的直接控制下，开展统一经营的连锁经营形式；特许连锁是指拥有注册商标、企业标志、专利、专有技术等经营资源的企业（特许人），以合同形式将其拥有的经营资源许可其他经营者（被特许人）使用，被特许人按合同约定在统一的经营模式下开展经营，并向特许人支付特许经营费用的连锁经营形式；自愿连锁是指若干个店铺或企业自愿组合起来，在不改变各自资产所有权关系的情况下，以同一个品牌形象面对消费者，以共同进货为纽带开展的连锁经营形式。

亿元以上商品交易市场

指年成交额在亿元及以上的商品交易市场。商品交易市场是指经有关部门和组织批准设立，有固定场所、设施，有经营管理部门和监管人员，若干市场经营者入内，常年或实际开业三个月以上，集中、公开、独立地进行生活消费品、生产资料等现货商品交易以及提供相关服务的交易场所，包括各类消费品市场、生产资料市场等。

社会消费品零售总额

指企业（单位、个体户）通过交易直接售给个人、社会集团非生产、非经营用的实物商品金额，以及提供餐饮服务所取得的收入金额。个人包括城乡居民和入境人员，社会集团包括机关、社会团体、部队、学校、企事业单位、居委会或村委会等。

批发和零售业、住宿和餐饮业重点企业限额标准

批发业：年销售额在80000万元及以上；零售业：年销售额在20000万元以及上；住宿业：年营业收入在2000万元及以上；餐饮业：年营业收入在3000万元及以上。

Explanatory Notes for Major Statistical Indicators

Wholesale Trade

refers to the activities of wholesaler selling at wholesale commodities for daily use and capital goods to enterprises of wholesale and retail trades and other enterprises, institutions and government offices, including the activities of wholesaler engaged in import and export and acting as a trade agent. The wholesaler may have the right of ownership over the commodities of wholesale and trade in the name of its own's or a company, the wholesaler may not have the right of ownership, only acts an agent. The wholesale trade also include the activities of wholesaler at the fixed stalls of the wholesale market of different commodities.

Retail Trade

refers to the activities of department store, supermarket, franchised store, brand store, retail stall and on-the-spot-making-selling store selling commodities to the final consumers (citizens) by any means including internet, post, telephone, sales machine. Retail trade excludes the activities of sales of capital goods such a grain, seed, feed, livestock, mineral products, raw material for production, industrial chemicals, chemical products for farm, machine and equipment (vehicle, computer and communication equipment), and the activities of supplementary sales of non-retailer such as the sales of spare parts of car repair business (listed as branch in correspondence with principle business), property management of buildings of retail units (listed as property management); market management of commercial markets and buildings of retail units (listed as market management) .

Purchase, Sales and Stock of Commodities by Wholesale and Retail Trades

refer to the total volume of commodities purchased, total volume of sales and exports, and the stock of commodities by wholesale and retail enterprises (establishments) of different status of registration from domestic and overseas markets. This indicator reflects the relationship among purchase, sales and stock of commodities in the circulation of goods and reveals the existing problems.

Total Purchases of Commodities

refer to the total value of purchases of commodities by enterprises (establishments) from other establishments or individuals (including direct import from abroad) for the purpose of re-selling, either with or without further processing of the commodities purchased. The commodities include: (1) commodities purchased from agricultural and industrial producer, wholesaler, retailer, publishing house and other service business; (2) commodities purchased from institutions and government departments; (3) confiscated goods purchased from the customs authorities or market management agencies; (4) second-hand goods and wastes purchased from residents; The commodities exclude 1. commodities purchased by enterprises (establishments) for use in their own business operation, commodities obtained without buying or selling procedures such as materials, consumable goods of low value, office appliance, etc. 2. received goods without trading, such as goods handed over from others, borrowed goods, preserved goods for others, donated goods from others, processed and retrieved goods, etc. 3. goods of direct settlement between buyer and seller with handling fees introduced by others, 4. goods returned or refused to pay by the buyer, 5. excessive goods.

Total Sales of Commodities

refer to value of commodities sold by the establishments to other establishments and individuals (including goods sold for self consumption, including the value-added tax). The commodities include: (1) commodities sold to urban and rural residents and social groups for their consumption; (2) commodities sold to establishments in all industries for their production and operation, including agriculture, industry, construction, transportation, post and telecommunications, catering services, and public utility including commodities sold to wholesale and retail establishments for re-selling, with or without further processing; and (3) commodities for direct export to abroad. Excluded are (1) extended commodities without trading, such as goods handed over to other enterprises and institutions because of the change of organizations, lent goods, returned goods preserved for others, extended processing materials and samples donated to others, (2) goods of direct settlement between buyer and seller with handling fees introduced by others, 3. goods returned after purchase, (4) damaged and spoiled goods, (5) waste and used goods of self use,

Total Stock of Commodities

refers to total commodities possessed by wholesaler and retailer of various types of registration status at the end of the reference period, reflecting the commodity stock level of various wholesaler and retailer and the potential for market supply. It includes: (1) commodities located in storage, garages, counters, and shelves of operating places of wholesale and retail trades (such as sale stores, wholesale centres, procurement stations and operating offices); (2) commodities in the process of being selected, sorted, and packed; (3) commodities not arrived but recorded as purchase in the account, i.e. commodities not arrived but payment receipts for the commodities from the sellers or the banks arrived; (4) commodities deposited in other places rather than places mentioned above, for instance: commodities in the hold of purchasers temporarily due to the refusal of payment; (5) commodities entrusted to other units to sell but not sold yet; (6) commodities purchased for other units but not delivered yet. Commodities not included as stock are those not owned by the enterprises (units), commodities on commission for processing, imported commodities of agency of foreign trade enterprise but not yet delivered to ordering units and finally those put in stock on behalf of the state material reserves units.

Chain Head Stores (headquarter)

refer to the core leading stores responsible for development, allocation, administration and utilization of resources (name of stores, brand of stores, operation model, service standard, management way, etc.) of chain stores. Chain stores refers to the stores engaged in providing homogeneous commodities or services, with the central leadership of head store (headquarters) and guided by common policies, conduct centralized purchase and distributed selling of commodities, in order to gain better efficiency through standardized operation. The chain stores include regular chain stores, franchise chain stores and voluntary chain stores. Regular Chain store refers to chain stores that are invested or controlled by the headquarters. They operate under direct and unified management from the headquarters. Franchise chain store refers to the chain stores (franchisees) which are franchised with operation resources such as trade marks, names, patent and operation know-how by the franchisors in form of contract and pay the operation fees to the franchisors. Voluntary chain store refers to the stores operate jointly on the voluntary bases while maintaining their status of independent legal entities with full ownership of their assets. They sell goods of same brand from same channel of resource to the consumers.

Large Commodity Markets with Transaction Value over 100 Million Yuan

refers to the commodity markets with an annual transaction at and above 100 million. The commodity market refers to the markets approved and managed by related departments, where there are fixed sites, facilities, managers and administration offices, where there are a certain number of traders to operate for three month and above or all the year, where the commodities including the articles for daily consumption and capital goods and services are traded in a centralized, independent and open way. Such market includes markets of daily goods and market of capital goods, etc.

Total Retail Sales of Consumer Goods

refer to the amount obtained by enterprises (units, self-employed individuals) through direct sales of non-production and non-business physical commodity to individuals, social institutions, and revenue from providing catering services. Individuals include rural and urban households, population from abroad, social institutions include government agencies, social organizations, military units, schools, institutions, neighbourhood (village) committees.

Designated Size Standard of Mian Enterprises in Wholesale and Retail Trade and Accommodation and Catering Industry

Wholesale trade: sales value above 800 million yuan per yuan; Retail sale trade: Sales value above 200 million yuan per year; Accommodation industry: business income above 20 million yuan per year; Catering industry:business income above 30 million yuan per year.

第十七篇

Chapter 17

对外经济贸易

FOREIGN TRADE AND ECONOMIC COOPERATION

简要说明

一、我省进出口贸易的规模、进出口商品结构、贸易伙伴国的进出口总额以及三资企业的进出口变化情况，根据合肥海关资料加工整理。

二、利用外资资料来源于省商务厅，是根据国家商务部和国家统计局共同制订的《利用外资统计制度》加工、整理而成。

三、外商投资企业注册登记情况。资料来源于省工商行政管理局，是根据国家工商行政管理局制订的《工商行政管理系统统计报表制度》进行统计、加工、整理而得。凡以工商行政管理机关核准注册，在我省的中外合资经营企业、中外合作经营企业、外商独资企业、中外股份公司、在华从事经营活动的外国及港澳台地区企业及外国公司在我省境内设立的分支机构均列入统计范围。

四、对外承包工程和劳务合作的发展状况。资料来源于省商务厅，是根据国家商务部与国家统计局共同制订的《对外承包工程和劳务合作统计制度》通过全面调查方法进行加工、整理而得。

Brief Introduction

I. Data on scale of import and export, commodity structure, total volume of import and export to trade partner and change in import and export of joint, cooperative or exclusively foreign-funded ventures are collected in accordance with the data provided by the Hefei Customs.

II. Data on overall situation of the utilization of foreign capital in Anhui come from the Provincial Department of Commerce and are tabulated in accordance with the "Statistical Scheme on the Utilization of Foreign Capital" designed by the Ministry of Commerce and Economic Cooperation and the National Bureau of Statistics.

III. Data on the registration of the foreign-funded enterprises in various regions come from the Provincial Administration for Industry and Commerce and are tabulated in accordance with the "Statistical Reporting Scheme in the Administrative System of Administration for Industry and Commerce" stipulated by the State Administration for Industry and Commerce. The statistical coverage includes all the Sino-foreign joint ventures, Sino-foreign cooperative enterprises, ventures exclusively with foreign investment, Sino-foreign shareholding companies, foreign enterprises and enterprises of Hong Kong, Macao and Taiwan engaged in commercial activities and the branch offices of the foreign companies, which have been approved by and registered at the Administration for Industry and Commerce to set up in boundary of Anhui Province.

IV. Data on development of the contracted projects, labor services cooperation and design and consultation service with foreign countries come from the Provincial Department of Commerce and are collected with the method of complete enumeration and are tabulated in accordance with the "Statistical Reporting Scheme on the Contracted Projects and Labor Services Cooperation with Foreign Countries" jointly stipulated by the Ministry of Commerce and Economic Cooperation and the National Bureau of Statistics.

17—1 对外经济贸易基本情况
Foreign Trade and Economic Cooperation

单位：万美元（USD 10000）

指　　标	Item	2000	2005	2010	2012	2013
进出口总额	**Total Imports and Exports**	**334689**	**911971**	**2427677**	**3932527**	**4563375**
出口总额	Total Exports	217206	519038	1241288	2675228	2825638
初级产品	Primary Products	28988	37045	78229	171013	182310
工业制成品	Industrial Manufactured Goods	188218	481993	1163059	2504215	2643328
进口总额	Total Imports	117483	392933	1186388	1257299	1737737
初级产品	Primary Products	45718	208280	629398	719769	997841
工业制成品	Industrial Manufactured Goods	71765	184653	556991	537530	739896
进出口差额	Import and Export Balance	+99723	+126105	+54900	+1417929	+1087901
利用外商直接投资	**Foreign Direct Investment Utilization**					
新批项目　（个）	The New Projects　(unit)	247	421	281	194	246
合同外资额	The Contract Amount of Foreign Investment	63602	155358	216462	253481	268851
实际利用外商直接投资额	The Actual Use of Foreign Direct Investment	31847	68845	501446	863811	1068772
外商投资企业基本情况	**The Basic Situation of Enterprises With Foreign Investment**					
年底登记户数　（户）	At The End of The Registration Number　(household)	2216	2165	2546	2415	4466
投资总额	The Total Amount of Investment	914400	1548601	3032426	4003508	4161207
注册资本	Registered Capital	586788	890476	1734905	2069592	2266047
#外　方	Foreign	341328	593280	1293032	1541660	1673775
对外承包工程和劳务合作	**Foreign Contracted Projects and Labor Service Cooperation**					
对外承包工程新签合同额	Newly Signed Contract of Foreign Contracted Projects	11768	36396	151147	233764	275023
对外承包工程完成营业额	Foreign Contracted Projects Completed Turnover	7308	12585	192746	281148	291394
劳务人员实际收入总额	Labor Income Amount				19046	18161
外派劳务人数　（人）	Expatriate Population　(person)	2019	5756	12631	13770	12531
年末在外劳务人员　（人）	At the end of the Year in Foreign Labor Service Personnel　(person)	4272	11042	20236	23748	21655
对外投资	**Foreign Investment**					
新批境外企业（机构）数　（家）	A new Batch of Overseas Enterprises (Institutions) Number　(home)		15	44	56	59
协议对外投资额	Agreement of Foreign Investment		704	112504	107263	271752
实际对外投资额	The Actual Amount of Foreign Investment		1841	80966	54516	68576

注：2013年外商投资企业年底登记户数含外商投资企业分支机构。

a) By the end of 2013 registration number of enterprises with foreign investment include branches of enterprises .

17—2 海关出口商品分类金额
Value of Exports by Category of Commodities (Customs Statistics)

单位：万美元（USD 10000）

指标	Item	2000	2005	2010	2012	2013
总额	**Total**	**217206**	**519038**	**1241288**	**2675228**	**2825638**
初级产品	Primary Goods	28988	37045	78229	171013	182310
食品及主要供食用的活动物	Food and Live Animals Used Chiefly for Food	18098	22603	47659	68359	77706
饮料及烟类	Beverages and Tobacco	29	17	129	219	298
非食品原料	Non-edible Raw Materials	10246	14288	29947	38633	43777
矿物燃料、润滑油及有关原料	Mineral Fuels, Lubricants and Related Materials	596	16	65	79	539
动、植物油脂及腊	Animal and Vegetable Oils, Fats and Wax	19	121	428	63723	59990
工业制成品	Manufactured Goods	188218	481993	1163059	2504215	2643328
化学品及有关产品	Chemicals and Related Products	22855	60227	148644	176442	191105
轻纺产品、橡胶制品、矿冶产品及其制品	Light and Textile Industrial Products, Rubber Products, Minerals Metallurgical Products	72552	205767	281446	821852	867486
机械及运输设备	Machinery and Transport Equipment	25386	142220	421797	754604	878659
杂项制品	Miscellaneous Products	67425	72718	310905	646530	601633
未分类的商品	Goods not Classified		1061	267	104786	104444

17—3 海关进口商品分类金额
Value of Imports by Category of Commodities (Customs Statistics)

单位：万美元（USD 10000）

指标	Item	2000	2005	2010	2012	2013
总额	**Total**	**117483**	**392933**	**1186388**	**1257299**	**1737737**
初级产品	Primary Goods	45718	208280	629398	719769	997841
食品及主要供食用的活动物	Food and Live Animals Used Chiefly for Food	941	8113	27272	53522	76953
饮料及烟类	Beverages and Tobacco		4	110	399	458
非食品原料	Non-edible Raw Materials	43747	189954	568818	588157	821418
矿物燃料、润滑油及有关原料	Mineral Fuels, Lubricants and Related Materials	577	8101	26226	24586	27883
动、植物油脂及腊	Animal and Vegetable Oils, Fats and Wax	453	2108	6971	53105	71130
工业制成品	Manufactured Goods	71765	184653	556991	537530	739896
化学品及有关产品	Chemicals and Related Products	12448	30386	60091	83963	102020
轻纺产品、橡胶制品、矿冶产品及其制品	Light and Textile Industrial Products, Rubber Products, Minerals Metallurgical Products	14791	42157	85325	140283	169930
机械及运输设备	Machinery and Transport Equipment	41439	102515	367495	225908	329982
杂项制品	Miscellaneous Products	3087	9595	43856	59043	75065
未分类的商品	Goods not Classified			224	28332	62899

17—4 海关进出口商品分类金额
Value of Imports and Exports by Category of Commodities (Customs Statistics)

单位：万美元（USD 10000）

品名	Item	2012		2013	
		出口 Exports	进口 Imports	出口 Exports	进口 Imports
总值	**Total**	**2675228**	**1257299**	**2825638**	**1737737**
初级产品	**Primary Goods**	**171013**	**719769**	**182310**	**997841**
食品及活动物	Food and Live Animals	68359	53522	77706	76953
活动物	Live Animals	346	7479	564	
肉及肉制品	Meat and Related Products	1143	5558	1324	8410
乳品及蛋品	Dairy Products and Eggs	39	5394	12	11938
鱼、甲壳及软体类动物及其制品	Fish, Shellfish and Mollusks and Related Products	3560	268	4395	548
谷物及其制品	Cereals and Related Products	3250	473	4413	3065
蔬菜及水果	Vegetables and Fruits	24837	8207	25175	17338
糖、糖制品及蜂蜜	Sugar, Sugar Products and Honey	6796	1433	7423	582
咖啡、茶、可可、调味料及其制品	Coffee, Tea, Coco, Spices and Related Products	11841	577	14991	691
饲料（不包括未碾磨谷物）	Feed (excluding unbranded cereal)	1905	10566	2173	15197
杂项食品	Miscellaneous Food	14643	13566	17236	19183
饮料及烟类	Beverages and Tobacco	219	399	298	458
饮料	Beverages	192	399	297	458
烟草及其制品	Tobacco and Its Products	27		1	
非食用原料（燃料除外）	Inedible Material (excluding fuel)	38633	588157	43777	821418
生皮及生毛皮	Raw Hides and Raw Furs	30	375	92	575
油籽及含油果实	Oil Seeds and Fruits Containing Oil	4502	7567	5735	14085
生橡胶（包括合成橡胶及再生橡胶）	Raw Rubber (including synthetic rubber and reclaimed rubber)	362	18882	470	21299
软木及木材	Cork and Timber	4796	7904	4428	13875
纸浆及废纸	Paper Pulp and Waste Paper	2982	40617	2192	39605
纺织纤维（羊毛条除外）及其原料	Textile Fibers (excluding wool taps) and Related Waste Material	8585	16658	7473	15798
天然肥料及矿物（煤、石油及宝石除外）	Natural Fertilizer and Mineral (excluding coal, petroleum and precious stone)	573	641	2131	1455
金属矿砂及金属废料	Metal Ore and Metal Waste Material	6	494982	37	713782
其他动、植物原料	Other Animal and Plant Material	16797	531	21221	945
矿物燃料、润滑油及有关原料	Mineral Fuel, Lubrication Oil and Related Raw Material	79	24586	539	27883
煤、焦炭及煤砖	Coal, Coke and Briquette	19	20389	162	17481
石油、石油产品及有关原料	Petroleum, Petroleum Products and Related Material	56	3425	115	9345
天然气及人造气	Natural Gas and Person Gas-producing	4	772	262	1057
动植物油、脂及蜡	Animal Fat, Vegetable Oil and Wax	63723	53105	59990	71130
动物油、脂	Animal Fat	344	4316	288	3175
植物油、脂	Vegetable Oil	151	40253	209	58309
已加工的动植物油、脂及动植物蜡	Processed Animal Fat, Vegetable Oil and Wax	17	118	36	95
其他动植物油、脂及蜡	Other Animal Fat,Vegetable Oil and Wax	63210	8419	59457	9551
工业制品	**Industrial Products**	**2504215**	**537530**	**2643328**	**739896**
化学成品及有关产品	Chemical Products and Related Products	176442	83963	191105	102020
有机化学品	Organic Chemical Products	81118	24628	78031	30264
无机化学品	Inorganic Chemical Products	16212	4693	28924	2820

17—4 续表 continued

单位：万美元（USD 10000）

品名	Item	2012 出口 Exports	2012 进口 Imports	2013 出口 Exports	2013 进口 Imports
染料、鞣料及着色料	Dyestuff, Tanning Material and Coloring Material	8843	1342	7204	1794
医药品	Medical and Pharmaceutical Products	14917	485	15991	1829
精油、香料及盥洗、光洁制品	Essential Oil, Perfume, Sanitary and Surface Finishing Articles	15397	5991	15898	8700
制成废料	Produced Wasted Articles	5833	1	8062	
初级形状的塑料	Primary Shaped Plastics	8309	31647	10381	40997
非初级形状的塑料	Non-primary Shaped Plastics	18711	3029	17533	4020
其他化学原料及产品	Other Chemical Material and Products	7103	12147	9082	11596
轻纺产品、橡胶制品、矿冶产品及其制品	Textile Products, Rubber Products, Mining and Metallurgical Products	821852	140283	867486	169930
皮革、皮革制品及已鞣毛皮	Leather and Its Products and Tan Hide	44730	9	38502	13
橡胶制品	Rubber Products	48924	17800	56164	16878
软木及木制品（家具除外）	Cork and Wooden Products (excluding furniture)	8908	228	13759	1311
纸及纸板、纸浆、纸及纸板制品	Paper, Paperboard, Paper Pulp and Paper Products	34886	1769	41030	1707
纺纱、织物、制成品及有关产品	Spinning, Fabric and Related Products	336282	20023	357367	28800
非金属矿物制品	Nonmetal Mineral Products	100240	30309	108357	23082
钢　铁	Iron and Steel	88299	14878	70301	17238
有色金属	Nonferrous Metal	24532	49254	58823	75778
金属制品	Metal Products	135050	6014	123183	5123
机械及运输设备	Machinery and Transportation Equipment	754604	225908	878659	329982
动力机械及设备	Dynamic Machinery and Equipment	34105	21784	41237	22478
特种工业专用机械	Special Industrial Machinery	66088	50468	62172	61101
金工机械	Metalworking	8393	39952	9320	39919
通用工业机械设备及零件	General Industrial Machinery Equipment and Accessories	129297	63996	165192	138760
办公用机械及自动数据处理设备	Office Machinery and Automatic Data Processing Equipment	20290	7799	88417	29964
电信和声音的录制及重放装置设备	Telecommunication, Sound Recording and Playing Equipment	48937	2210	58142	2745
电力机械、器具及其电气零件	Electric Machinery, Implements and Spare Parts	198751	36735	225081	32308
陆路车辆（包括气垫式）	Land Route Vehicles (including hover-motor)	222772	2634	194724	2535
其他运输设备	Other Transportation Equipment	25971	329	34373	172
杂项制品	Miscellaneous Manufactured Articles	646530	59043	601633	75065
活动房屋、卫生水道、供热及照明装置	Prefabricated House, Sanitation, Water Pipe, Heating and Lighting Installation	75169	96	70826	224
家具及其零件、褥垫及类似填充制品	Furniture and Accessories, Mattress, Bedding Articles	125565	200	117113	208
旅行用品、手提包及类似品	Box and Bag, Travel Goods	43296	8	45128	15
服装及衣着附件	Garments, Clothing Accessories	11268	40	10193	47
鞋　靴	Footwear	76502	158	83230	60
专业、科学及控制用仪器装置	Professional, Scientific and Dominating Instrument	55260	34301	81193	47657
摄影器材、光学物品及钟表	Photographic Equipment, Optical Goods, Clocks and Watches	10007	13955	10019	14598
杂项制品	Miscellaneous Manufactured Articles	249464	10285	183932	12257
未分类的商品	Goods Not Classified	104786	28332	104444	62899

17—5 安徽省同各国（地区）进出口总额

Anhui's Foreign Trade With Related Countries and Territories

单位：万美元（USD 10000）

国别（地区）	Country (region)	2012 进出口总额 Total	2012 出口总额 Exports	2012 进口总额 Imports	2013 进出口总额 Total	2013 出口总额 Exports	2013 进口总额 Imports
合　计	**Total**	**3932527**	**2675228**	**1257299**	**4563375**	**2825638**	**1737737**
亚　洲	**Asia**	**1486168**	**1039555**	**446613**	**1854714**	**1187392**	**667322**
阿富汗	Afghanistan	436	436		333	333	
巴　林	Bahrain	8892	8887	5	4031	4019	12
孟加拉国	Bangladesh	20207	19658	549	24229	23428	801
不　丹	Kingdom of Bhutan	321	321		83	83	
文　莱	Brunei	7464	7464		5617	5617	
缅　甸	Myanmar	5668	5663	5	6002	5980	22
柬埔寨	Cambodia	3895	3652	243	5596	4809	787
塞浦路斯	Cyprus	769	756	13	925	925	
朝　鲜	Democratic People's Republic of Korea	2561	1686	875	14433	13535	899
香　港	Hong Kong	69511	66588	2923	134344	132334	2009
印　度	India	101911	72488	29423	110760	69697	41063
印度尼西亚	Indonesia	106736	61100	45636	136627	69814	66814
伊　朗	Iran	56550	53033	3517	69033	59173	9860
伊拉克	Iraq	30786	30782	4	13249	13244	5
以色列	Israel	16386	16047	339	14552	13012	1540
日　本	Japan	230400	115870	114530	266259	125889	140371
约　旦	Jordan	9192	9050	142	6798	6758	40
科威特	Kuwait	3755	3589	166	5051	4901	150
老　挝	Laos	5703	1363	4340	10499	924	9575
黎巴嫩	Lebanon	7986	7984	2	4801	4801	
澳　门	Macao	3790	3783	7	9307	9307	
马来西亚	Malaysia	115314	91341	23973	152483	109445	43038
马尔代夫	Maldives	101	101		82	82	
蒙　古	Mongolia	2259	2259		1197	1197	
尼泊尔	Nepal	307	307		383	383	
阿　曼	Oman	13914	8992	4922	4704	4662	42
巴基斯坦	Pakistan	28820	23782	5038	25959	21415	4544
巴勒斯坦	Palestine	32	32		188	188	
菲律宾	The Philippines	27880	21257	6623	38405	26263	12142
卡塔尔	Qatar	3320	2365	955	6453	4725	1727
沙特阿拉伯	Saudi Arabia	61752	57052	4700	47187	37757	9430
新加坡	Singapore	64006	59476	4530	70711	62570	8141
韩　国	Republic of Korea	130879	57352	73527	209458	81129	128329
斯里兰卡	Sri Lanka	5208	4904	304	5438	4706	733
叙利亚	Syria	2676	2676		1861	1861	
泰　国	Thailand	60736	42269	18467	76719	45610	31109
土耳其	Turkey	36428	30024	6404	36669	29989	6680
阿联酋	United Arab Emirates	51290	50647	643	65947	59023	6923
也门共和国	Arab Republic of Yemen	13903	13903		5999	5948	50
越　南	Viet Nam	43800	41438	2362	59739	53370	6369
台　湾	Taiwan	96189	24831	71358	146774	47021	99753
东帝汶	East Timor	399	399		83	83	
哈萨克斯坦	Kazakhstan	4672	4439	233	6431	5984	447

17—5 续表1 continued

单位：万美元（USD 10000）

国 别（地区）	Country (region)	2012 进出口总额 Total	2012 出口总额 Exports	2012 进口总额 Imports	2013 进出口总额 Total	2013 出口总额 Exports	2013 进口总额 Imports
吉尔吉斯坦	Kirghiz Tanzania	3382	3377	5	3760	3759	1
塔吉克斯坦	Tajikistan	1617	1244	373	799	799	
土库曼斯坦	Turkmenistan	2321	2210	111	5434	5434	
乌兹别克斯坦	Uzbekistan	2719	2678	41	5585	5408	176
亚洲其他	Other of Asia	19325		19325	33738		33738
非 洲	**Africa**	**305165**	**264526**	**40639**	**292513**	**250439**	**42075**
阿尔及利亚	Algeria	27891	27856	35	31187	31177	10
安哥拉	Angola	27900	27582	318	11686	11686	
贝 宁	Benin	5007	5007		5834	5723	110
博茨瓦那	Botswana	639	639		452	452	
布隆迪	Burundi	5	5		28	28	
喀麦隆	Cameroon	2638	2638		2908	2807	102
加那利群岛	Canary Islands	5	5				
佛得角	Cape Verde	233	233		136	136	
中 非	Central Africa	3	3				
乍 得	Chad	5	5		18	18	
科摩罗	Comoros	51	51		62	62	
刚 果	The Congo	1323	1300	23	1201	1199	2
吉布提	Djibouti	3024	3024		1575	1575	
埃 及	Egypt	30039	29214	825	20429	20258	171
赤道几内亚	Equatorial Guinea	755	755		176	176	
埃塞俄比亚	Ethiopia	5144	2419	2725	11351	8574	2778
加 蓬	Gabon	1602	1602		777	570	207
冈比亚	Gambia	395	395		603	603	
加 纳	Ghana	21494	21493	1	11391	10751	640
几内亚	Guinea	3248	3243	5	3084	2452	632
几内亚比绍	Guineabissau	113	113		119	119	
科科迪瓦	Cote D'ivoire	2054	2054		1998	1938	60
肯尼亚	Kenya	10599	10341	258	8423	8407	16
利比里亚	Liberia	675	675		5909	5907	1
利比亚	Libya	5856	5856		4530	4530	
马达加斯加	Madagascar	1287	1287		1167	1167	
马拉维	Malawi	1642	1642		1446	1446	
马 里	Mali	2681	979	1702	1295	797	498
毛里塔尼亚	Mauritania	3096	1646	1450	2865	1237	1627
毛里求斯	Mauritius	1253	1243	10	1006	1006	
摩洛哥	Morocco	11391	10075	1316	10512	9377	1136
莫桑比克	Mozambique	6908	6191	717	5571	4537	1033
纳米比亚	Namibia	1624	545	1079	472	472	
尼日尔	Niger	416	248	168	957	449	508
尼日利亚	Nigeria	21372	21260	112	27218	26991	227
留尼汪	Reunion	356	344	12	230	230	
卢旺达	Rwanda	129	129		116	116	
圣多美普林西比	Sao Tome Principe	10	10				
塞内加尔	Senegal	4022	3999	23	3897	3886	12

17—5 续表2 continued

单位：万美元（USD 10000）

国 别（地区）	Country (region)	2012			2013		
		进出口总额 Total	出口总额 Exports	进口总额 Imports	进出口总额 Total	出口总额 Exports	进口总额 Imports
塞舌尔	Seychelles	17	17		29	29	
塞拉利昂	Sierra Leone	363	363		430	429	2
索马里	Somali	454	454		343	343	
南 非	South Africa	44639	31725	12914	40038	35377	4660
苏 丹	Sudan	6050	4832	1218	14753	11526	3227
坦桑尼亚	Tanzania	5589	4778	811	8611	4599	4012
多 哥	Togo	11918	11737	181	20146	18387	1759
突尼斯	Tunisia	6080	6058	22	3164	3123	41
乌干达	Uganda	1110	1078	32	1589	855	734
布基纳法索	Burkina Faso	258	258		291	270	21
扎伊尔	Zaire	11244	2286	8958	9153	2135	7019
赞比亚	Zambia	7064	1340	5724	11499	669	10829
津巴布韦	Zimbabwe	3224	3224		1463	1463	
莱索托	Lesotho	135	135		104	104	
梅利利亚	Melilla	5	5				
斯威士兰	Swaziland	5	5				
厄立特里亚	Eritrea	60	60		51	51	
马约特岛	Mayuete Island	60	60		174	174	
南苏丹共和国	Republic of South Sudan				49	49	
非洲其他	Other of Africa	5	5				
欧 洲	**Europe**	**713079**	**556223**	**156856**	**745970**	**570370**	**175600**
比利时	Belgium	36411	31854	4557	32523	27997	4525
丹 麦	Denmark	9071	7654	1417	11527	9949	1578
英 国	United Kingdom	84272	79144	5128	86340	81143	5197
德 国	Germany	163514	94873	68641	174301	92137	82163
法 国	France	43625	33324	10301	46795	39240	7555
爱尔兰	Ireland	3915	3213	702	6033	2685	3348
意大利	Italy	57163	41016	16147	56581	40674	15907
卢森堡	Luxembourg	952	457	495	483	337	146
荷 兰	Netherlands	55399	51770	3629	61978	56699	5279
希 腊	Greece	7467	7270	197	6715	6222	493
葡萄牙	Portugal	4809	4682	127	5699	4419	1280
西班牙	Spain	39856	35217	4639	38587	33707	4879
阿尔巴尼亚	Albania	914	913	1	1328	767	561
安道尔	Andorra	190	190		4	4	
奥地利	Austria	10184	3076	7108	8660	3672	4988
保加利亚	Bulgariy	2018	1951	67	2445	1987	458
芬 兰	Finland	8752	6741	2011	18453	8208	10245
匈牙利	Hungary	6712	6490	222	4210	4013	197
冰 岛	Iceland	21	21		267	71	196
列支敦士登	Principality of Liechtenstein	63		63	32	2	30
马耳他	Malta	4937	4896	41	6371	6260	111
摩纳哥	Monaco	731	731		469	469	
挪 威	Norway	4245	3599	646	7595	5024	2571
波 兰	Poland	25694	25154	540	25154	23267	1887
罗马尼亚	Romania	4984	4784	200	4422	4346	76

17—5 续表3 continued

单位：万美元（USD 10000）

国 别（地区）	Country (region)	2012 进出口总额 Total	2012 出口总额 Exports	2012 进口总额 Imports	2013 进出口总额 Total	2013 出口总额 Exports	2013 进口总额 Imports
瑞 典	Sweden	11000	6103	4897	12866	9425	3441
瑞 士	Switzerland	6929	2068	4861	8995	5242	3754
爱沙尼亚	Estonia	3417	3395	22	3325	3309	16
拉脱维亚	Latvia	1956	1920	36	1656	1654	2
立陶宛	Lithuania	3602	3578	24	3976	3947	30
格鲁吉亚	Georgia	2379	2379		1641	1617	23
亚美尼亚	Armenia	97	97		139	139	
阿塞拜疆	Azerbaijan	1361	1334	27	661	661	
白俄罗斯	Byelorussia	586	512	74	740	740	
摩尔多瓦	Moldora	455	450	5	130	128	3
俄罗斯	Russia	69199	56957	12242	72271	61550	10721
乌克兰	Ukraine	21192	17336	3856	13490	13314	176
斯洛文尼亚	Slovenia	4474	3369	1105	4558	3744	814
克罗地亚	Croatia	2312	1995	317	2609	1938	671
捷克共和国	Czech	5047	3147	1900	8589	6355	2234
斯洛伐克	Slovak	1482	1328	154	2410	2365	44
前南马其顿	Macedonia	102	102		202	202	
波 黑	Bosnia	36	36		34	34	
塞尔维亚	Serbra	1242	785	457	464	464	
黑 山	Montenegro	312	312		247	247	
拉丁美洲	**Latin America**	**618936**	**320736**	**298200**	**743316**	**291737**	**451580**
安提瓜	Antigua	11	11		6	6	
阿根廷	Argentina	18821	17114	1707	24818	18790	6028
阿鲁巴岛	Aruba Island	26	26		25	25	
巴哈马	The Bahamas	1009	1009		350	350	
巴巴多斯	Barbados	243	242	1	48	43	5
伯利兹	Belize	53	53		53	53	
玻利维亚	Bolivia	1990	1990		2065	1930	135
巴 西	Brazil	124425	69325	55100	132290	65245	67045
智 利	Chile	192530	47920	144610	276615	38356	238259
哥伦比亚	Colombia	20003	20003		17895	17753	142
多米尼克	Commonwealth of Dominica	40	38	2	19	19	
哥斯达黎加	Costa Rica	2239	2237	2	2200	2192	8
古 巴	Cuba	525	525		1766	1766	
库腊索岛	Curacao	71	71		26	26	
多米尼加	Dominican	1561	1554	7	1465	1426	38
厄瓜多尔	Ecuador	7498	7476	22	8998	8291	706
法属圭亚那	French Guiana	408	408		38	38	
格林纳达	Grenada	114	114		98	98	
瓜德罗普	Guaderopu	100	100		99	99	
危地马拉	Guatemala	1690	1659	31	2573	2570	3
圭亚那	Guyana	646	646		305	305	
海 地	Haiti	916	916		808	808	

17—5 续表4 continued

单位：万美元（USD 10000）

国 别（地区）	Country (territory)	2012			2013		
		进出口总额 Total	出口总额 Exports	进口总额 Imports	进出口总额 Total	出口总额 Exports	进口总额 Imports
洪都拉斯	Honduras	5197	5190	7	4094	4083	12
牙买加	Jamaica	4086	4086		5896	5896	
马提尼克	Matinik	61	61		51	51	
墨西哥	Mexico	44341	31510	12831	45522	30406	15116
尼加拉瓜	Nicaragua	735	735		691	691	
巴拿马	Panama	27899	27686	213	20838	20617	220
巴拉圭	Paraguay	4684	4650	34	4446	4422	24
秘 鲁	Peru	97358	17783	79575	135416	15617	119800
波多黎各	Puerto Rico	1082	1081	1	807	807	
圣卢西亚	Saint Lucia	169	169		135	135	
圣马丁岛	Saint Martin Island	1	1		9	9	
圣文格林纳	Saint Article Greener	12	12		7	7	
萨尔瓦多	El Salvador	1081	1081		1000	1000	
苏里南	Surinam	687	682	5	626	626	
特立—巴哥	Trinidad and Tobago	727	727		454	454	
乌拉圭	Uruguay	15675	11624	4051	15531	11494	4038
委内瑞拉	Venezuela	40126	40125	1	35188	35188	
英属维尔京群岛	Virgin	8	8		4	4	
圣其茨和尼维斯	Federation of Saint Kitts and Nevis	3	3				
荷属安第列斯群岛	Antilles Guilder Ang	85	85		40	40	
北美洲	**North America**	**585598**	**440763**	**144835**	**661708**	**470722**	**190986**
加拿大	Canada	91465	48610	42855	105914	48222	57692
美 国	United States	494092	392144	101948	555744	422477	133268
格陵兰	Greenland	32		32	26		26
百慕大	Bermuda Is.	9	9		24	24	
大洋洲	**Oceanic**	**223548**	**53417**	**170131**	**265098**	**54978**	**210120**
澳大利亚	Australia	208914	44002	164912	250212	43662	206550
库克群岛	Cook Islands				1	1	
斐 济	Fiji	511	511		530	530	
新喀里多尼	New Karidoni	271	271		146	146	
瓦努阿图	Vanuatu	96	96		38	38	
新西兰	New Zealand	11293	6074	5219	9985	6420	3564
巴布亚新几	Papua New Guinea	1346	1346		1075	1071	4
社会群岛	Society Islands	7	7		9	9	
所罗门群岛	Solomon Is.	235	235		184	184	
汤 加	Tonga	61	61		58	58	
萨摩亚	Samoa	325	325		84	84	
基里巴斯	Kiribati	144	144		120	120	
图瓦卢	Tuvalu	237	237		10	10	
密克罗尼西	Micronesia	1	1		7	7	
马绍尔群岛	Marshall Island	10	10		2539	2539	
贝劳共和国	Palau	5	5		1	1	
法属波利尼西亚	French Polynesia	87	87		98	95	2
大洋洲其他	Other of Oceania	5	5				
国别(地区)不详	**Nationality (Area) Unclear**	**33**	**8**	**25**	**56**		**56**

17—6 进出口商品贸易方式总值（2013年）

Total Value of Import and Export Trade Way (2013)

单位：万美元（USD 10000）

指　　标	Item	进出口 Imports & Exports 金额 Value	比重（%） Portion (%)	出口 Exports 金额 Value	比重（%） Portion (%)	进口 Imports 金额 Value	比重（%） Portion (%)
总　　计	**Total**	**4563375**	**100.00**	2825638	**100.00**	**1737737**	**100.00**
一般贸易	General Trade	3509596	76.91	2216859	78.46	1292737	74.39
国家间、国际组织无偿援助和赠送的物资	Between Countries, International Organizations Aid and Donated Materials	301	0.01	301	0.01		
其他境外捐赠物资	Other Donations of Goods Outside						
补偿贸易	Compensation						
来料加工装配贸易	Assembly Processing Trade	19699	0.43	13085	0.46	6614	0.38
进料加工贸易	Processing With Imported Trade	875196	19.18	520771	18.43	354425	20.40
加工贸易进口设备	Processing Trade Imported Equipment						
寄售代销贸易	Consignment Selling Trade						
边境小额贸易	Small Amount Border Trade						
对外承包工程出口货物	Exports Contracted Projects	14598	0.32	14598	0.52		
租赁贸易	Lease Trade	345	0.01	345	0.01		
外商投资企业作为投资进口的设备、物品	Foreign-invested Enterprises as the Import Investment of Equipment, Goods	17715	0.39			17715	1.02
出料加工	Material Processing	5929	0.13	2311	0.08	3618	0.21
易货贸易	Barter						
免税外汇商品	Duty-free Foreign Exchange Goods						
保税仓库进出境货物	Inward and Outward Goods of Free Trade Storehouse	44327	0.97	27001	0.96	17326	1.00
保税区仓储转口货物	Re-export Goods of Free Trade Zone	47832	1.05	7998	0.28	39835	2.29
出口加工区进口设备	Export Processing Zones Imported Equipment	3701	0.08			3701	0.21
其　　他	Other	24136	0.53	22369	0.79	1767	0.10

17—7 外国及港澳台直接投资（按投资方式）
Foreign and Hong Kong, Macao and Taiwan Direct Investment (fdi) (by way)

单位：万美元（USD 10000）

指　　标	Item	2000	2005	2010	2012	2013
新批项目	**A new Batch of Project**	**247**	**421**	**281**	**194**	**246**
#合资经营	Joint Ventures Enterprises	106	168	100	78	108
合作经营	Cooperative Operation Enterprises	27	18	8	2	5
独资经营	Foreign Own Investment Enterprises	114	233	172	112	131
外商投资股份制	Foreign Invested Shareholding Enterprises		2	1	2	1
合同外资额	**More Foreign Contract**	**63602**	**155358**	**216462**	**253481**	**268851**
#合资经营	Joint Ventures Enterprises	5974	41919	47726	70431	110209
合作经营	Cooperative Operation Enterprises	20784	9563	9115	4472	18279
独资经营	Foreign Own Investment Enterprises	36844	102721	156738	170532	136011
外商投资股份制	Foreign Invested Shareholding Enterprises		1155	2883	8046	3351
实际利用外商直接投资额	**Actual Use of Foreign Direct Investment**	**31847**	**68845**	**501446**	**863811**	**1068772**
#合资经营	Joint Ventures Enterprises	11921	24801	173910	269883	327720
合作经营	Cooperative Operation Enterprises	6965	2316	3922	1971	4414
独资经营	Foreign Own Investment Enterprises	12961	41728	307925	569825	708629
外商投资股份制	Foreign Invested Shareholding Enterprises			15689	22132	28009

17—8 外国和港澳台地区直接投资（按行业）（2013年）
Direct Investment of Foreign Countries, Hong Kong, Macao and Taiwen by Sector (2013)

指　标	Item	新签协议 Newly Signed Agreement 合同数（个）Number of Contracts (unit)	新签协议 Newly Signed Agreement 投资额（万美元）Investment (USD 10000)	实际投资合计（万美元）Total Actual Investment (USD 10000)	期末实有企业数（个）Number of Enterprises at the End of the Period (unit)	#本期新增企业 Newly Increased In this Period
总　计	**Total**	**246**	**268851**	**1068772**	**4466**	**447**
按投资方式分	**Grouped by Type of Investment**					
#合资企业	Joint Ventures Enterprises	108	110209	327720	1042	85
合作企业	Cooperative Operation Enterprises	5	18279	4414	49	5
外资企业	Foreign Investment Enterprises	131	136011	708629	1306	119
外商投资股份制	Foreign Invested Shareholding Enterprises	1	3351	28009	26	
按国民经济行业分	**Grouped by Sector**					
农林牧渔业	Farming, Forestry, Animal Husbandry and Fishery	8	9723	27495	63	5
采矿业	Mining and Quarrying	1	10908	14255	31	1
制造业	Manufacturing	111	130034	662449	1651	83
电力、煤气及水的生产和供应业	Production and Supply of Electric Power, Gas and Water	16	25394	55543	181	18
建筑业	Construction	3	3130	6539	111	15
交通运输、仓储及邮政业	Transportation, Storage and Postal Services	10	12858	25976	81	13
信息传输、计算机服务和软件业	Information Circulation, Computer Service and Software	6	2249	12141	367	23
批发和零售业	Wholesale and Retail Trade	29	7299	33488	788	114
住宿和餐饮业	Accommodation and Catering Trade	6	1623	12321	283	50
金融业	Banking	3	5285	4081	181	24
房地产业	Real Estate Trade	7	25702	171630	262	15
租赁和商务服务业	Leasing and Commercial Services	23	16529	15389	203	45
科学研究、技术服务和地质勘查业	Scientific Research, Technical Services and Geological Prospecting	9	5843	6364	112	27
水利、环境和公共设施管理业	Water Conservancy, Environmental and Public Facilities Management	5	4000	3750	33	4
居民服务和其他服务业	Resident Services and Other Services	5	3770	8483	97	6
教　育	Education					
卫生、社会保障和社会福利业	Health Care, Social Protection and Social Welfare	1	588			
文化、体育和娱乐业	Culture, Sports and Entertainment	3	3918	8868	21	4
其他行业	Others				1	

17—9 外国和港澳台地区直接投资（按国别和地区）（2013年）

Direct Investment of Foreign Countries and Hong Kong, Macao and Taiwen by Countries and Regions (2013)

指 标	Item	新签协议 Newly Signed Agreement 合同数（个）Number of Contracts (unit)	投资额（万美元）Investment (USD 10000)	实际投资合计（万美元）Total Actual Investment (USD 10000)	期末实有企业数（个）Number of Enterprises at the End of the Period (unit)	#本期新增企业 Newly Increased In this Period
合 计	**Total**	**246**	**268851**	**1068772**	**4466**	**447**
亚 洲	**Asia**	**192**	**218766**	**778830**	**1483**	**121**
日 本	Japan	9	8200	51728	150	6
韩 国	Republic of Korea	10	3076	17070	77	7
香 港	Hong Kong	118	166065	586992	868	74
澳 门	Macao			570	12	1
台 湾	Taiwan	32	14631	52477	232	18
亚洲其他	Other of Asia	23	26794	69993	144	15
非 洲	**Africa**	**4**	**-424**	**11000**	**19**	**1**
埃 及	Egypt				2	
南 非	South Africa			1610		
毛里求斯	Mauritius	1	-1680	9171	9	
塞舌尔	Seychelles	3	1256	219	5	1
非洲其他	Other of Africa				3	
欧 洲	**Europe**	**21**	**29410**	**135633**	**238**	**11**
英 国	United Kingdom	4	764	10077	37	1
德 国	Germany	4	18481	46553	56	3
法 国	France	3	986	28389	19	1
俄罗斯	Russia			150	13	
欧洲其他	Other of Europe	10	9179	50464	113	6
拉丁美洲	**Latin America**	**4**	**7026**	**47479**	**217**	**10**
巴 西	Brazil			1557	5	
开曼群岛	Cayman Islands			8359	16	1
英属维尔京群岛	Virgin	4	7026	31167	171	8
拉丁美洲其他	Other of Latin America			6396	25	1
北美洲	**North America**	**18**	**9003**	**73647**	**285**	**13**
加拿大	Canada	4	1012	2104	43	2
美 国	United States	14	7766	68138	232	11
百慕大群岛	Bermuda Is.		225	3405	10	
大洋洲	**Oceanic**	**8**	**5065**	**22182**	**91**	**4**
澳大利亚	Australia		15	10923	43	1
新西兰	New Zealand	1	100	1200	9	
萨摩亚	Samoa	6	4450	10059	19	3
大洋洲其他	Other of Oceanic	1	500		20	
其 他	**Other**				**90**	**49**

17—10 按国别（地区）对外投资
According to the Country (region) of Foreign Investment

国 别（地区）	Country (region)	新批境外企业（机构）数（个） A new Batch of Foreign Enterprises (institutions) (unit)		协议对外投资额（万美元） Foreign Investment Agreement（USD 10000）		实际对外投资额（万美元） Actual Foreign Investment（USD 10000）	
		2012	2013	2012	2013	2012	2013
合　计	**Total**	**56**	**59**	**107262**	**271752**	**54516**	**68576**
亚　洲	**Asia**	**21**	**34**	**8257**	**27642**	**8247**	**4680**
印度尼西亚	Indonesia	1	4	200	650	1950	213
中国香港	Hong Kong	8	17	3833	12658	5010	3500
中国澳门	Macao		1		362		
泰　国	Thailand	1	3	720	1490	697	103
老　挝	Laos	1		500		22	23
日　本	Japan	1		900		68	
伊　朗	Iran	1		980			
孟加拉国	Bangladesh	1		70			
韩　国	Republic of Korea	1	2	30	9850		9
印　度	India	1		100			
朝　鲜	Democratic People's Republic of Korea	1		170			
新加坡	Singapore	2		134			205
越　南	Viet Nam	1	1	120	200		27
柬埔寨	Cambodia	1	3	500	2317	500	583
阿联酋	United Arab Emirates		1		100		
菲律宾	The Philippines		1		15		15
台　湾	Taiwan		1				
非　洲	**Africa**	**5**	**3**	**81600**	**24709**	32088	40830
津巴布韦	Zimbabwe	1	2	80600	24560	17140	40117
赞比亚	Zambia	2		600		476	245
安哥拉	Angola	1		100		3	263
尼日利亚	Nigeria	1		300			
莫桑比克	Mozambique					14286	146
刚　果	The Congo					15	
坦桑尼亚	Tanzania				100	100	60
阿尔及利亚	Algeria					67	
肯尼亚	Kenya		1		49		
欧　洲	**Europe**	**9**	**3**	**3266**	**324**	**3304**	**3182**
瑞　士	Switzerland					500	3152
英　国	United Kingdom	1		10			
德　国	Germany	1		1770		1847	
意大利	Italy	2		378		331	5
保加利亚	Bulgariy	1		800		613	
俄罗斯	Russia	2	1	184	200	13	5
匈牙利	Hungary	1		4			
立陶宛	Lithuania	1		120			20
波　兰	Poland		1		100		
乌克兰	Ukraine		1		24		
拉丁美洲	**Latin America**	**2**	**3**	**494**	**36842**	**2081**	**10892**
巴　西	Brazil	1	2	100	31782	1613	5700
哥伦比亚	Colombia	1		394		290	
秘　鲁	Peru					178	132
开曼群岛	Cayman Islands		1		5060		5060
北美洲	**North America**	**16**	**14**	**13035**	**181435**	**8070**	**8267**
美　国	United States	15	12	12175	9257	6882	3541
加拿大	Canada	1	2	860	172178	1188	4726
大洋洲	**Oceanic**	**3**	**2**	**610**	**800**	**726**	**725**
澳大利亚	Australia	2		310	70	726	442
新西兰	New Zealand	1	1	300	700		283
西萨摩亚	Western Samoa		1		30		

17—11 按国别（地区）对外承包工程和劳务合作
According to the Country (region) of Foreign Contracted Projects and Labor Service Cooperation

国 别（地区）	Country (region)	承包工程（万美元） Contracted Projects（USD 10000）				劳务合作（人） Labor Service Cooperation (person)			
		新签合同额 New Signing Stood		完成营业额 Complete Turnover		外派劳务人数 Field Services Number		年末在外人数 Out at the End of the Number	
		2012	2013	2012	2013	2012	2013	2012	2013
合 计	**Total**	**233764**	**275023**	**281148**	**291394**	**13370**	**12531**	**23748**	**21655**
亚 洲	**Asia**	**121239**	**45118**	**57734**	**68712**	**6622**	**8216**	**10994**	**13052**
阿 曼	Oman	135		413	137	48		40	40
阿联酋	United Arab Emirates				700		50	162	38
哈萨克斯坦	Kazakhstan			240	10	15	2		
老 挝	Laos	147	5208	170	2766	28	283	28	263
新加坡	Singapore	3880	750	4060	1738	1480	1189	3082	2217
巴基斯坦	Pakistan	3305	140	2504	3027	145	150	225	264
菲律宾	The Philippines				5				
科威特	Kuwait	67000		18003	18795	345	886	654	1125
中国香港	Hong Kong			200	10			10	10
尼泊尔	Nepal			228	1683	7		9	7
蒙 古	Mongolia	12000	24	7741	24	610		278	270
越 南	Viet Nam	1566		7516	5154	361	383	447	217
泰 国	Thailand	745	1755	1069	837	208	449	207	253
台湾省	Taiwan					15			
印 度	India			4325	4227	32	18	44	56
沙特阿拉伯	Saudi Arabia	20279	8944	10392	15292	2362	2568	2831	4277
日 本	Japan					905	1046	2475	2716
以色列	Israel							148	148
马来西亚	Malaysia	77	290	69	1443		138		133
阿富汗	Afghanistan		32		32				
土耳其	Turkey				76		10	173	10
孟加拉国	Bangladesh				1734	5		5	5
印度尼西亚	Indonesia	11818	28044	605	10902	32	875	158	833
伊 朗	Iran	167		17	48				
伊拉克	Iraq					18	163	18	170
缅 甸	Myanmar	120		182	72	6	6		
非 洲	**Africa**	**111310**	**192370**	**183876**	**179723**	**5823**	**3979**	**11690**	**8082**
毛里求斯	Mauritius					203	52	253	84
埃 及	Egypt			174	1512	16	90	12	
喀麦隆	Cameroon			1845	966	55	32	85	108
埃塞俄比亚	Ethiopia	6500	6958	3221	6969	93	228	138	261
赞比亚	Zambia	3020	10243	7968	7919	167	292	389	450

17—11　续表　continued

国　别（地区）	Country (region)	承包工程（万美元） Contracted Projects（USD 10000）				劳务合作（人） Labor Service Cooperation (person)			
		新签合同额 New Signing Stood		完成营业额 Complete Turnover		外派劳务人数 Field Services Number		年末在外人数 Out at the End of the Number	
		2012	2013	2012	2013	2012	2013	2012	2013
马拉维	Malawi	2200	1699	8427	2942	79		259	
贝　宁	Benin		1300	3188	500	72		129	
科特迪瓦	Cote D'ivoire			1327	1936	10	27	55	28
莫桑比克	Mozambique	7330	66738	4882	21967	29		144	
阿尔及利亚	Algeria		5873	46022	52580	2192	1899	2784	2622
突尼斯	Tunisia			3157	3001	20	31	18	17
毛里塔尼亚	Mauritania		183	2949	2475	32	114	52	80
利比亚	Libya						2		2
加　纳	Ghana			2662	1971	10	15	39	24
乌干达	Uganda	3		8					
安哥拉	Angola	90137	28854	66213	52069	2258	595	6342	3792
赤道几内亚	Equatorial Guinea			8895	3805	290	362	436	346
苏　丹	Sudan			803	34	83	8	23	10
马达加斯加	Madagascar		86	3264	1367	8		76	5
刚果(布)	The Congo		63165	610	5528	72	78	77	99
津巴布韦	Zimbabwe	2120	6017	15050	7701	116	4	312	
塞拉利昂	Sierra Leone		150		146			3	
尼日利亚	Nigeria		1104	3057	4290	18	138	64	143
莱索托	Lesotho			154					
欧　洲	**Europe**		**10**	**1229**	**433**	**822**	**175**	**651**	**1**
俄罗斯联邦	Russia			100		196	23	121	1
白俄罗斯	Byelorussia		10	1129	433	626	152	359	
爱尔兰	Ireland							167	
德　国	Germany							4	
拉丁美洲	**Latin America**	**1215**	**36892**	**37303**	**41442**	**87**	**146**	**319**	**419**
委内瑞拉	Venezuela	1048	20474	33897	37889	57	120	198	303
智　利	Chile			1043					
苏里南	Surinam					10		10	
巴巴多斯	Barbados			50		2	5	18	10
巴　西	Brazil	167	982	1123	1792				
特克斯和凯科斯岛	Turks and Caicos Islands							57	57
格林纳达	Grenada		14138	56	58			7	
厄瓜多尔	Ecuador		1190	1134	1658	18		29	29
哥斯达黎加	Costa Rica		107		44				
大洋洲	**Oceanic**		**435**	**1006**	**1002**	**16**	**1**	**94**	**87**
斐　济	Fiji						1		1
西萨摩亚	Western Samoa		3	44	19			2	2
澳大利亚	Australia		268	962	879	16		92	84

17—12 外商投资企业年末企业数、投资总额及注册资本（2013年）

Number, Investment and Registered Capital of Foreign-funded Enterprises (2013)

项 目	Item	企业数（个）Number of Registered Enterprises (unit)	投资总额（万美元）Total Investment (USD 10000)	注册资本（万美元）Registered Capital (USD 10000)	#外方 Capital Invested by Foreign Partner
总 计	**Total**	**4466**	**4161207**	**2266047**	**1673775**
按投资方式分	**Grouped by Type of Investment**				
#中外合资	Joint Ventures Enterprises	1042	1643860	823872	411505
中外合作	Cooperative Operation Enterprises	49	107511	60704	42865
外资企业	Foreign Investment Share Enterprises	1306	2192667	1164105	1164105
外商投资股份制	Foreign Invested Shareholding Enterprises	26	217169	217169	55126
按国民经济行业分	**Grouped by Sector**				
农林牧渔业	Farming, Forestry, Animal Husbandry and Fishery	63	99522	48854	43274
采矿业	Mining and Quarrying	31	39840	22404	14530
制造业	Manufacturing	1651	2405191	1332824	939709
电力、煤气及水的生产和供应业	Production and Supply of Electric Power, Gas and Water	181	456537	153499	109269
建筑业	Construction	111	71762	37485	29069
交通运输、仓储及邮政业	Transportation, Storage and Postal Services	81	114037	74987	46296
信息传输、计算机服务和软件业	Information Circulation, Computer Service and Software	367	30715	13527	12949
批发和零售业	Wholesale and Retail Trade	788	161986	85789	79927
住宿和餐饮业	Accommodation and Catering Trade	283	53347	30300	27132
金融业	Banking	181	34784	19034	9977
房地产业	Real Estate Trade	262	412296	280487	240341
租赁和商务服务业	Leasing and Commercial Services	203	110555	74628	49531
科学研究、技术服务和地质勘查业	Scientific Research, Technical Services and Geological Prospecting	112	107897	63623	49369
水利、环境和公共设施管理业	Water Conservancy, Environmental and Public Facilities Management	33	52647	22491	18133
居民服务和其他服务业	Resident Services and Other Services	97	3428	2266	1662
教 育	Education				
卫生、社会保障和社会福利业	Health Care, Social Protection and Social Welfare				
文化、体育和娱乐业	Culture, Sports and Entertainment	21	6665	3848	2608
其他行业	Others	1			

17—13 各市外商投资企业年末企业数、投资总额及注册资本（2013年）

Number, Investment and Registered Capital of Foreign-funded Enterprises by Region (2013)

地 区	Region	企业数（个）Number of Registered Enterprises (unit)	投资总额（万美元）Total Investment (USD 10000)	注册资本（万美元）Registered Capital (USD 10000)	#外方 Capital Invested by Foreign Partner
总 计	**Total**	**4466**	**4161207**	**2266047**	**1673775**
合 肥 市	Hefei	1697	2134871	1238176	887137
淮 北 市	Huaibei	88	83212	38183	21134
亳 州 市	Bozhou	83	19506	11105	6097
宿 州 市	Suzhou	122	83228	40488	32518
蚌 埠 市	Bengbu	212	102278	55392	45380
阜 阳 市	Fuyang	130	89373	36160	27191
淮 南 市	Huainan	95	143814	48952	43896
滁 州 市	Chuzhou	267	150779	74988	59208
六 安 市	Luan	152	91096	53925	45698
马鞍山市	Maanshan	294	203808	96795	78299
芜 湖 市	Wuhu	509	564585	312695	234126
宣 城 市	Xuancheng	181	76138	40399	29729
铜 陵 市	Tongling	96	99785	53805	34005
池 州 市	Chizhou	168	66332	34411	27901
安 庆 市	Anqing	220	166431	86902	66191
黄 山 市	Huangshan	152	85971	43669	35265

17—14 各市商品进出口总额
Import and Export Commodities by Region

单位：万美元（USD 10000）

地 区	Region	2012			2013			同比增长% Increased by %
		进出口总额 Total	出口总额 Exports	进口总额 Imports	进出口总额 Total	出口总额 Exports	进口总额 Imports	
总 计	**Total**	**3932527**	**2675228**	**1257299**	**4563375**	**2825638**	**1737737**	**16.0**
合肥市	Hefei	1764175	1362782	401393	1819000	1189889	629111	3.1
淮北市	Huaibei	34854	30812	4042	46841	43828	3013	34.4
亳州市	Bozhou	49906	46228	3678	42630	37773	4857	-14.6
宿州市	Suzhou	40604	36378	4226	53463	47192	6271	31.7
蚌埠市	Bengbu	122794	100162	22632	170950	124423	46527	39.2
阜阳市	Fuyang	109718	89565	20153	136558	111401	25157	24.5
淮南市	Huainan	34883	24452	10431	50487	40634	9853	44.7
滁州市	Chuzhou	153247	116045	37202	185545	138270	47275	21.1
六安市	Luan	73689	71088	2601	80064	77720	2344	8.7
马鞍山市	Maanshan	365213	120047	245166	362511	138631	223880	-0.7
芜湖市	Wuhu	462439	337026	125413	543322	393136	150186	17.5
宣城市	Xuancheng	135483	120227	15256	187883	175152	12731	38.7
铜陵市	Tongling	357036	35338	321698	582335	62213	520122	63.1
池州市	Chizhou	34468	21873	12595	41018	25751	15267	19.0
安庆市	Anqing	123899	100520	23379	180426	149469	30957	45.6
黄山市	Huangshan	70119	62685	7434	80340	70154	10186	14.6

17—15 各市外商直接投资
Foreign Direct Investment by Region

地 区	Region	项 目（个） Number of Projects (unit)			合同外资额（万美元） Contract Value (USD 10000)		实际利用外资额（万美元） Used Value (USD 10000)		
		2012	2013	同比增长% Increased by	2012	2013	2012	2013	同比增长% Increased by
总 计	**Total**	**194**	**246**	**26.8**	**253481**	**268851**	**863811**	**1068772**	**23.7**
合肥市	Hefei	63	84	33.3	117693	96929	160110	189021	18.1
淮北市	Huaibei	3	3		555	2337	37786	45934	21.6
亳州市	Bozhou	4	6	50.0	4179	1157	36063	47383	31.4
宿州市	Suzhou	6	6		7636	1619	37049	46813	26.4
蚌埠市	Bengbu	12	8	-33.3	18125	7949	73250	96830	32.2
阜阳市	Fuyang	4	8	100.0	2900	8238	10512	13134	24.9
淮南市	Huainan	1	3	200.0	-161	10301	18924	23914	26.4
滁州市	Chuzhou	10	19	90.0	15201	9335	51910	72596	39.8
六安市	Luan	6	14	133.3	3614	24676	26030	30403	16.8
马鞍山市	Maanshan	21	14	-33.3	14203	9462	127912	147895	15.6
芜湖市	Wuhu	26	28	7.7	40236	49129	131655	160548	21.9
宣城市	Xuancheng	8	13	62.5	6268	7508	43625	57303	31.4
铜陵市	Tongling	4	10	150.0	6345	16215	33368	40310	20.8
池州市	Chizhou	11	13	18.2	6824	7741	21017	26208	24.7
安庆市	Anqing	5	10	100.0	2533	11471	32667	45178	38.3
黄山市	Huangshan	10	7	-30.0	7330	4784	21933	25302	15.4

17—16 各市外国和港澳台地区直接投资（2013年）
Direct Investment of Foreign Countries, Hong Kong, Macao and Taiwen by Sector by Region (2013)

地区	Region	新签协议 Newly Signed Agreement 合同数（个）Number of Contracts (unit)	新签协议 Newly Signed Agreement 投资额（万美元）Investment (USD 10000)	实际投资合计（万美元）Total Actual Investment (USD 10000)	期末实有企业数（个）Number of Enterprises at the End of the Period (unit)	#本期新增企业 Newly Increased In this Period
总计	**Total**	**246**	**268851**	**1068772**	**4466**	**447**
合肥市	Hefei	84	96929	189021	1697	208
淮北市	Huaibei	3	2337	45934	88	8
亳州市	Bozhou	6	1157	47383	83	9
宿州市	Suzhou	6	1619	46813	122	13
蚌埠市	Bengbu	8	7949	96830	212	26
阜阳市	Fuyang	8	8238	13134	130	10
淮南市	Huainan	3	10301	23914	95	6
滁州市	Chuzhou	19	9335	72596	267	24
六安市	Luan	14	24676	30403	152	15
马鞍山市	Maanshan	14	9462	147895	294	30
芜湖市	Wuhu	28	49129	160548	509	35
宣城市	Xuancheng	13	7508	57303	181	17
铜陵市	Tongling	10	16215	40310	96	13
池州市	Chizhou	13	7741	26208	168	9
安庆市	Anqing	10	11471	45178	220	16
黄山市	Huangshan	7	4784	25302	152	8

主要统计指标解释

进出口总额

指实际进出我国国境的货物总金额。包括对外贸易实际进出口货物，来料加工装配进出口货物，国家间、联合国及国际组织无偿援助物资和赠送品，华侨、港澳台同胞和外籍华人捐赠品，租赁期满归承租人所有的租赁货物，进料加工进出口货物，边境地方贸易及边境地区小额贸易进出口货物（边民互市贸易除外），中外合资企业、中外合作经营企业、外商独资经营企业进出口货物和公用物品，到、离岸价格在规定限额以上的进出口货样和广告品（无商业价值、无使用价值和免费提供出口的除外），从保税仓库提取在中国境内销售的进口货物，以及其他进出口货物。进出口总额用以观察一个国家在对外贸易方面的总规模。我国规定出口货物按离岸价格统计，进口货物按到岸价格统计。

商品经营单位所在地进、出口额

指所在地海关注册登记的有进出口经营权的企业实际进、出口额。

商品目的地进口额和商品货源地出口额

目的地进口额是指进口货物的消费、使用或最终抵运地的实际进口额；货源地出口额是指出口货物的产地或原始发货地的实际出口额。

利用外资

指我国各级政府、部门、企业和其他经济组织通过对外借款、吸收外商直接投资以及用其他方式筹措的境外现汇、设备、技术等。

对外借款

是我国利用外资的重要部分。指通过对外正式签订借款协议，从境外筹措的资金，包括外国政府贷款、国际金融组织贷款、外国银行商业贷款、出口信贷以及对外发行债券等。1996 年及以前还包括对外发行股票。

外商直接投资

指外国企业和经济组织或个人（包括华侨、港澳台胞以及我国在境外注册的企业）按我国有关政策、法规，用现汇、实物、技术等在我国境内开办外商独资企业、与我国境内的企业或经济组织共同举办中外合资经营企业、合作经营企业或合作开发资源的投资（包括外商投资收益的再投资），以及经政府有关部门批准的项目投资总额内企业从境外借入的资金。

对外承包工程

指各对外承包公司以招标议标承包方式承揽的下列业务：⑴承包国外工程建设项目，⑵承包我国对外经援项目，⑶承包我国驻外机构的工程建设项目，⑷承包我国境内利用外资进行建设的工程项目，⑸与外国承包公司合营或联合承包工程项目时我国公司分包部分，⑹对外承包兼营的房屋开发业务。对外承包工程的营业额是以货币表现的本期内完成的对外承包工程的工作量，包括以前年度签订的合同和本年度新签订的合同在报告期内完成的工作量。

对外劳务合作

指以收取工资的形式向业主或承包商提供技术和劳动服务的活动。我国对外承包公司在境外开办的合营企业，中国公司同时又提供劳务的，其劳务部分也纳入劳务合作统计。劳务合作营业额按报告期内向雇主提交的结算数(包括工资、加班费和奖金等）统计。

Explanatory Notes for Major Statistical Indicators

Total Imports and Exports at Customs

refer to the value of commodities imported into and exported from the boundary of China. They include the actual imports and exports through foreign trade, imported and exported goods under the processing and assembling trades and materials, supplies and gifts as aid given gratis between governments and by the United Nations and other international organizations, and contributions donated by overseas Chinese, compatriots in Hong Kong and Macao and Chinese with foreign citizenship, leasing commodities owned by tenant at the expiration of leasing period, the imported and exported commodities processed with imported materials, commodities trading in border areas (excluding mutual exchange goods), the imported and exported commodities and articles for public use of the Sino-foreign joint ventures, cooperative enterprises and ventures exclusively with foreign own investment. Also included are import or export of samples and advertising goods for whose CIF or FOB value are beyond the permitted ceiling (excluding goods of no trading or use value and free commodities for export), imported goods sold in China from bonded warehouses and other imported or exported goods. The indicator of the total imports and exports at customs can be used to observe the total size of external trade in a country. In accordance with the stipulation of the Chinese government, imports are calculated at CIF, while exports are calculated at FOB.

Import Export Value by Location of China's Foreign Trade Managing Units

refers to actual value of imports and exports carried out by corporations which have been registered by the local customhouse and are vested with right to run import export business.

Import Value of Commodities by the Places of their Destination and Export Value of Commodities by the Places of their Origin in China

The former indicator refers to the value of import commodities of the places of their consumption, utilization or the places of their final destination. The latter indicator refers to the value of export commodities of the places of their origin or the places of the commodities dispatched.

Utilization of Foreign Capital

refers to remittance, equipment and technology financed from abroad, by loans, foreign direct investment and other forms undertaken by the Chinese governments at all levels, by various departments, enterprises and other economic units.

Foreign Borrowings

an important part of China's utilization of foreign capital, it refer to funds borrowed from abroad through formal signing of borrowing agreements with foreign institutions, including loans of foreign governments, loans of international financial institutions, commercial loans of foreign banks, export credit, and funds raised by Chinese bonds (and shares before 1996) issued abroad.

Direct Investment by Foreign Entrepreneurs

refers to the investments inside China by foreign enterprises and economic organizations or individuals (including overseas Chinese, compatriots from Hong Kong and Macao, and Chinese enterprises registered abroad), following the relevant policies and laws of China, for the establishment of ventures exclusively with foreign own investment, Sino-foreign joint ventures and cooperative enterprises or for co-operative exploration of resources with enterprises or economic organizations in China. It includes the re investment of the foreign entrepreneurs with the profits gained from the investment and the funds that enterprises borrow from abroad in the total investment of projects which are approved by the relevant department of the government.

Contracted Projects with Foreign Countries

refer to projects undertaken by Chinese contractors (project contracting companies) through bidding process. They include: (1)overseas civil engineering construction projects financed by foreign investors; (2)overseas projects financed by the Chinese government through its foreign aid programs; (3)construction projects of Chinese diplomatic missions, trade offices and other institutions stationed abroad; (4)construction projects in China financed by foreign investment; (5)sub-contracted projects to be taken by Chinese contractors through a joint umbrella project with foreign contractor(s); (6)housing development projects. The business income from international contracted projects is the work volume of contracted projects completed during the reference period, expressed in monetary terms, including completed work on projects signed in previous years.

Service Cooperation with Foreign Countries

refers to the activities of providing technology and labour services to employers or contractors in the forms of receiving salaries and wages. Labour services providing by contractual joint ventures of Chine statistics of service co operation with foreign countries. The business income of labour service co operation is the income in the form of wages and salaries, overtime pay, bonuses and other remuneration received from the employers during the reference period.

第十八篇

Chapter 18

旅游

TOURISM

简要说明

一、旅游业发展情况。入境国际旅游(外国人、华侨、港澳同胞和台湾同胞)人数、不同经济类型的涉外饭店数量及规模情况的资料来源于省旅游局。

二、全省及各市国内旅游资料，是安徽省统计局、安徽省旅游局根据国家旅游局的抽样调查方案和工作要求，组织调查取得。

Brief Introduction

I. Development of tourism: Data on total number of international tourists received (foreigners, overseas Chinese, Chinese compatriots from Hong Kong, Macao and Taiwan), number of tourist hotel in various types and their scale come from the Provincial Tourism Administration.

II. Data on domestic tourism in the province and all cities are collected by the Provincial Statistical Bureau and the Provincial Tourism Administration in accordance with the sample survey scheme stipulated by the State Tourism Administration.

18—1 旅 游 事 业 发 展
Development of Tourism

指　　标	Item	2000	2005	2010	2012	2013
旅行社总数　（个）	Total Number of Travel Agencies (unit)	332	599	947	1124	1098
组团社	Number of Groups	35	37	20	38	46
国内旅行社	Domestic Travel Agencies	297	562	927	1086	1052
旅行社职工人数　（人）	Number of Staff and Workers of Travel Agencies (person)	3848	6900	9593	10203	9680
入境旅游人数　（人）	Total Number of International Tourists Inbound (person)	318430	632895	1984174	3314679	3855000
外 国 人	Foreigners	167850	410580	1173988	1904052	2005232
港澳和台湾同胞	Compatriots from Hong Kong, Macao and Taiwan	150580	222315	810186	1410627	1849768
国内居民出境总人数(人)	Total Number of Domestic Resident Outbound (person)	5140	64806	127800	177800	
国内旅游人数　（万人次）	Total Number of Domestic Tourists (10000 persons)	2974	4684	15349	29229	33601
旅游收入	Income of Tourism					
国际旅游外汇收入(万美元)	Foreign Exchange Earnings (USD 10000)	8621.5	18558.9	82025.2	156266.8	173141.6
国内旅游收入　（亿元）	Earnings from Domestic Tourism (100 million yuan)	150.5	289.0	1094.8	2519.1	2903.2
旅游部门基本情况	**Basic Statement of Tourism Departments**					
旅游星级宾馆　（个）	Tourist Hotels With Star Class (unit)	163	373	453	480	471
#五星级	Five Star Class		5	14	22	22
四星级	Four Star Class	6	38	88	115	119
三星级	Three Star Class	52	111	182	208	213
二星级	Two Star Class	90	202	166	134	116
一星级	One Star Class	15	17	3	1	1
旅游涉外或星级宾馆	Tourist Hotels Concerning Foreign Affairs or With Star Class					
客　房　（间）	Number of Rooms (unit)	22824	34759	44982	55431	179479
床　位　（张）	Number of Beds (unit)	48318	67782	81867	97959	307578
客房出租率　（%）	Room Occupancy (%)	50.98	63.19	59.27	65.84	52.00
经营情况	Business Status					
营业收入　（亿元）	Business Income (100 million yuan)	38.83	51.75	50.38	58.93	54.17
利润总额　（万元）	Total Profits (10000 yuan)	-2125.6	16961.0	21964.0	13500.0	16896.0

注：2000年前的客房、床位、客房出租率为涉外饭店情况，2001年以后为星级宾馆情况。

a) Number of rooms, beds and room occupancy refered to hotels concerning foreign affairs before 2000 and they refered to hotels with star class after 2001.

18—2 各市旅游星级饭店（宾馆）住宿设施情况（2013年）
Accommodation Facilities of Hotels Concerning Foreign Affairs by Region (2013)

地　区	Region	饭　店（宾馆）（个）Number of Hotels (unit)	五星级 Five Star Class	四星级 Four Star Class	三星级 Three Star Class	二星级 Two Star Class	一星级 One Star Class	客　房（间）Number of Rooms (unit)	床　位（张）Number of Beds (unit)	客房出租率（%）Room Occupancy (%)
总　计	**Total**	**471**	**22**	**119**	**213**	**116**	**1**	**179479**	**307578**	**52.00**
合肥市	Hefei	75	9	20	32	14		9600	14982	58.62
淮北市	Huaibei	4	1		1	2		722	1224	68.72
亳州市	Bozhou	13		4	4	5		855	1519	48.88
宿州市	Suzhou	4		1	2	1		340	621	59.53
蚌埠市	Bengbu	17	1	4	8	4		46063	72360	47.64
阜阳市	Fuyang	12		3	5	4		1080	1892	61.03
淮南市	Huainan	24		6	10	8		1425	2467	59.77
滁州市	Chuzhou	19	1	3	6	9		1675	3002	53.10
六安市	Luan	41	1	10	20	10		3747	5118	49.69
马鞍山市	Maanshan	19	2	5	8	4		46121	80770	49.74
芜湖市	Wuhu	34	1	8	18	7		3296	5474	52.42
宣城市	Xuancheng	37		10	20	7		2884	5184	63.61
铜陵市	Tongling	16	1	3	3	8	1	1336	2154	51.02
池州市	Chizhou	35	1	8	23	3		47459	86317	51.84
安庆市	Anqing	53		10	22	21		4413	8177	57.04
黄山市	Huangshan	68	4	24	31	9		8463	16317	37.57

注：本表星级宾馆（酒店）指2013年底止已得到国家旅游局或省旅游局批准的，不包括已报未批部分。

a) The star class of hotel in this table refer to be approved by the National Tourism Administration or Anhui Tourism Administration up to the Year-end of 2013 excluding those hed been reported but unapproved.

18—3 国际旅游外汇收入及构成
Foreign Exchange Earnings and It's Composition

指　标	Iten	2005 数额（万美元）Value (10000 USD)	2005 比重（%）Percentage (%)	2010 数额（万美元）Value (10000 USD)	2010 比重（%）Percentage (%)	2012 数额（万美元）Value (10000 USD)	2012 比重（%）Percentage (%)	2013 数额（万美元）Value (10000 USD)	2013 比重（%）Percentage (%)
总　计	**Total**	**18558.1**	**100.00**	**82025.2**	**100.00**	**156266.8**	**100.00**	**173141.6**	**100.00**
长途交通	Long Distance Transportation	4676.6	25.20	26986.3	32.90	53599.5	34.30	5693.6	33.40
#民　航	Air	3544.6	19.10	12385.8	15.10	39691.8	25.40	42766.0	23.30
铁　路	Railway	575.3	3.10	8202.5	10.00	6094.4	3.90	9349.6	4.50
汽　车	Highway	278.4	1.50	6398.0	7.80	4062.9	2.60	4848.0	3.40
游　览	Visiting	686.7	3.70	3691.1	4.50	8594.7	5.50	11081.1	5.40
住　宿	Accommodation	2208.4	11.90	8776.7	10.70	15157.9	9.70	16794.7	9.80
餐　饮	Cater	1818.7	9.80	7874.4	9.60	11876.3	7.60	14543.9	8.80
商品销售	Commodity Sale	5957.2	32.10	19111.9	23.30	35785.1	22.90	36013.4	22.60
娱　乐	Entertainment	1132.0	6.10	4839.5	5.90	10469.9	6.70	18872.4	6.80
邮电通讯	Postal and Communication	631.0	3.40	1886.6	2.30	3125.3	2.00	6925.7	3.20
市内交通	Local Transportation	185.6	1.00	1558.5	1.90	3750.4	2.40	3809.1	1.90
其他服务	Other Service	1262.0	6.80	7300.2	8.90	13907.7	8.90	8137.3	8.10

18—4　接待外国人旅游人数（按国别分）
Number of Foreign Tourists by Country

单位：人（person）

指　标	Item	2000	2005	2010	2012	2013
总　计	**Total**	**167850**	**410580**	**1173988**	**1904052**	**2005232**
#日　本	Japan	47272	47040	135277	171059	151781
韩　国	Republic of Korea	21659	188096	405538	700101	702346
新加坡	Singapore	16568	13392	43507	89552	93302
美　国	United States	18456	37124	101700	171781	224742
英　国	United Kingdom	3111	7639	49069	64486	75357
法　国	France	5836	13839	63837	83935	84810
德　国	Federal Republic Of Germany	4699	16012	52934	63080	71796
俄罗斯	Russia	832	1636	23990	38406	48724

18—5　国内旅游情况人数结构（按年龄、身份和职业分）（2013年）
Number of Domestic Tourists by Age, Identity and Occupation (2013)

单位：万人（10000 person）

指　标	Item	按身份分组 By Identity			按职业分组 By Occupation									
		人数合计 Total	城镇居民 Urban Residents	非城镇居民 Unurban Residents	公务员 Public Servicers	事业单位工作人员 Institution Staff	企业工作人员 Enterprise Staff	社会团体工作人员 Social Organizations Staff	个体户 Self-employed	军人 Military People	农民 Peasants	离退休人员 Retirees	学生 Students	其他 Other ents
合　计	**Total**	**33601.1**	**25175.9**	**8425.2**	**2318.3**	**3040.1**	**10870.0**	**2511.3**	**7227.8**	**93.1**	**1516.7**	**854.8**	**3545.7**	**1623.2**
55岁以上	55 and Over	2358.3	1806.1	552.1	83.2	143.0	578.8	146.4	508.9	6.7	186.3	602.0	3.3	99.8
45—54岁	45—54	5917.3	4556.9	1360.4	362.6	498.9	1959.1	545.5	1583.3	20.0	422.4	252.8	3.3	269.4
35—44岁	35—44	9765.7	7563.7	2201.9	781.7	1001.2	3728.7	831.5	2507.9	23.3	435.7		13.3	442.4
25—34岁	25—34	9173.6	7024.9	2148.7	864.8	1027.8	3332.8	758.4	1932.5	26.6	262.8		475.6	492.3
24岁以下	24 and Under	6386.3	4224.3	2162.0	226.2	369.2	1270.6	229.5	695.2	16.6	209.5		3050.1	319.3

18—6 国内旅游主要经济指标
Main Economic Indicators of Domestic Tourism

年份 Year	人数（万人次） Total Number (10000 persons)	总收入（亿元） Total Income (100 million yuan)	一日游 One-day Tour 人数（万人次） Total Number (10000 persons)	收入（亿元） Income (100 million yuan)	过夜旅游 Overnight Tour 人数（万人次） Total Number (10000 persons)	收入（亿元） Income (100 million yuan)
2000	2974.0	150.5	630.0	5.0	2344.0	145.4
2005	4684.0	289.0	917.0	20.4	3767.0	268.6
2006	6159.0	387.6	1161.0	28.3	4998.0	359.4
2007	7849.0	543.7	1600.8	54.0	6248.2	489.7
2008	9938.0	700.2	2566.0	97.9	7372.0	602.3
2009	12268.0	863.8	3901.0	165.5	8367.0	698.3
2010	15349.0	1094.8	5332.0	212.7	10017.0	882.1
2011	22534.8	1815.0	8378.8	385.8	14156.0	1429.2
2012	29229.1	2519.1	9615.2	458.3	19613.9	2060.8
2013	33601.1	2903.2	11981.3	666.1	21619.8	2237.1

18—7 各市国内旅游主要经济指标（2013年）
Main Economic Indicators of Domestic Tourism by Region (2013)

地区	Region	总收入（亿元） Total Income (100 million yuan)	一日游 One-day Tour 人数（万人次） Total Number (10000 persons)	收入（亿元） Income (100 million yuan)	过夜旅游 Overnight Tour 人数（万人次） Total Number (10000 persons)	收入（亿元） Income (100 million yuan)
总计	**Total**	**2903.2**	**11981.3**	**666.1**	**21619.8**	**2237.1**
合肥市	Hefei	676.4	1904.7	145.0	3847.8	531.3
淮北市	Huaibei	48.5	313.1	11.8	496.8	36.7
亳州市	Bozhou	76.0	380.9	15.5	713.9	60.5
宿州市	Suzhou	68.3	393.5	15.0	755.9	53.3
蚌埠市	Bengbu	113.0	798.9	29.8	1176.4	83.2
阜阳市	Fuyang	78.2	417.0	15.2	813.0	62.9
淮南市	Huainan	65.7	461.6	15.9	725.7	49.9
滁州市	Chuzhou	97.5	416.8	20.8	846.6	76.7
六安市	Luan	113.2	528.7	22.3	1129.3	90.9
马鞍山市	Maanshan	120.0	757.5	34.8	1053.3	85.2
芜湖市	Wuhu	259.8	860.0	63.4	1522.5	196.3
宣城市	Xuancheng	118.2	518.3	22.4	1063.6	95.8
铜陵市	Tongling	52.8	327.8	14.1	485.9	38.8
池州市	Chizhou	295.2	1105.8	77.5	1960.6	217.6
安庆市	Anqing	296.0	1430.6	76.8	1972.5	219.1
黄山市	Huangshan	424.4	1366.1	85.7	3055.9	338.7

18—8 国内旅游人均花费（2013年）
Per Capita Costs of Domestic Tourism (2013)

单位：元（yuan）

指　　标	Item	平均每人花费 Per Capita Expenditure	交通费 Local Transportation	住宿费 Accommod-ation	餐饮费 Cater	购物费 Commodity Sale	游览费 Tour Admission Fee
总花费	Total Expenditure	873.7	151.4	134.5	124.2	230.8	85.4
一日游	One-day Tour	553.1	113.6		86.8	179.6	66.7
过夜花费	Overnight Tour	1052.0	172.5	209.3	144.9	259.2	95.8
#宾馆饭店	Living in Hotel	1118.3	178.6	252.7	149.1	265.7	100.3
#住亲友家	Living in Relative's or Friend's Home	732.2	143.2		124.8	227.7	73.9

18—9 各市国内旅游人均花费（2013年）
Per Capita Costs of Domestic Tourism by Region (2013)

单位：元（yuan）

地　区	Region	平均每人花费 Per Capita Expenditure	交通费 Local Transportation	住宿费 Accommod-ation	餐饮费 Cater	购物费 Commodity Sale	平均逗留天数（天） Average Number of Days (day)
总　　计	**Total**	**873.7**	**151.4**	**134.5**	**124.2**	**230.8**	**1.63**
合 肥 市	Hefei	1227.6	171.5	193.7	165.7	427.7	1.90
淮 北 市	Huaibei	602.6	93.3	83.5	85.6	219.2	1.36
亳 州 市	Bozhou	700.4	135.0	107.6	96.1	152.9	1.68
宿 州 市	Suzhou	590.0	141.8	112.2	54.9	103.3	1.71
蚌 埠 市	Bengbu	596.0	140.0	97.1	62.2	102.7	1.39
阜 阳 市	Fuyang	639.2	123.8	105.4	83.2	106.8	1.68
淮 南 市	Huainan	552.7	91.8	102.3	116.2	100.7	1.50
滁 州 市	Chuzhou	778.7	144.1	134.2	121.8	206.9	1.69
六 安 市	Luan	680.8	127.0	117.8	144.3	127.6	1.71
马鞍山市	Maanshan	663.9	125.6	96.2	113.5	144.0	1.41
芜 湖 市	Wuhu	1081.0	156.1	130.7	141.2	337.0	1.62
宣 城 市	Xuancheng	749.2	109.6	148.0	125.6	215.1	1.81
铜 陵 市	Tongling	647.6	122.3	97.3	97.4	170.6	1.39
安 庆 市	Anqing	869.7	138.6	110.2	113.7	248.2	1.45
池 州 市	Chizhou	980.2	173.0	163.8	138.0	253.2	1.40
黄 山 市	Huangshan	959.0	186.4	136.4	133.1	219.1	1.81

18—10 国家级黄山风景区旅游事业发展情况
Development of Tourism of Huang Shan Scenic at National Level

指　　标		Item		2000	2005	2010	2012	2013
接待人数	（人次）	Tourists Received	(person-time)	1172871	1709658	2518346	3007570	2746457
接待海外游客		Overseas Tourists		73485	159980	256753	309842	163455
国内游客		Domestic Tourists		1099386	1549678	2261593	2697728	2583002
营业收入	（万元）	Business Income	(10000 yuan)	47881	75017	168945	201760	200211
#游览设施		Touring Facilities		18040	41505	78812	94834	82965
住宿设施		Lodging Facilities		9655	14517	19832	24450	23982
娱乐设施		Entertainment Facilities			334	524	505	465
餐饮设施		Catering Facilities		4004	7427	14580	17643	16332
商业设施		Commercial Facilities		182	500	785	742	698
外汇收入	（万美元）	Foreign Exchange Earnings	(USD 10000)	588	2080	5398	6615	3566
涉外宾馆（酒店）住宿设施		Lodging Facilities of Tourist Hotels						
宾馆（酒店）	（个）	Number of Hotels	(unit)	15	14	14	14	14
#五星级		Five Star Class				2	3	4
四星级		Four Star Class			6	8	10	9
三星级		Three Star Class		5	4	1	1	1
二星级		Two Star Class		1	2			
客　房	（间）	Number of Rooms	(unit)	1781	1496	2728	3487	3082
床　位	（张）	Number of Beds	(unit)	5775	4562	5690	7648	6410
客房出租率	（%）	Room Occupancy	(%)	42	62	51	50	43
旅游车辆	（辆）	Number of Touring Vehicles	(unit)	191	95	131	139	131
#大型车辆		Large-sized Vehicles		25	65	96	100	98
中型车辆		Middle-sized Vehicles		50	5	6	10	4
小型车辆		Small-sized Vehicles		62	25	29	29	29

18—11　国家级九华山风景区旅游事业发展情况
Development of Tourism of Jiu Hua Shan Scenic at National Level

指　　标		Item		2000	2005	2010	2012	2013
接待人数	（人次）	Tourists Received	(person-time)	443900	648308	4001139	6156789	8015923
接待海外游客		Overseas Tourists		13569	24695	150009	225695	292567
国内游客		Domestic Tourists		430331	623613	3851130	5931094	7723356
营业收入	（万元）	Business Income	(10000 yuan)	12000	28962	390008	671842	871803
#游览设施		Touring Facilities		3579	11006	156003	268736	348720
住宿设施		Lodging Facilities		2493	7240	97502	167961	217951
娱乐设施		Entertainment Facilities		293	579	7800	13436	17357
餐饮设施		Catering Facilities		2860	4345	58501	100776	130770
商业设施		Commercial Facilities		2775	5792	70201	120993	157004
外汇收入	（万美元）	Foreign Exchange Earnings	(USD 10000)	334	307		15481	
涉外宾馆（酒店）住宿设施		Lodging Facilities of Tourist Hotels						
宾馆（酒店）	（个）	Number of Hotels	(unit)	3	8	9	9	10
#五星级		Five Star Class						
四星级		Four Star Class			1	2	3	3
三星级		Three Star Class		1	4	7	6	7
二星级		Two Star Class		2	3			
客　房	（间）	Number of Rooms	(unit)	299	646	831	942	1041
床　位	（张）	Number of Beds	(unit)	625	1266	1551	1828	1926
客房出租率	（%）	Room Occupancy	(%)	45	58	65	70	62
旅游车辆	（辆）	Number of Touring Vehicles	(unit)	59	64	112	111	123
#大型车辆		Large-sized Vehicles		19	32	61	21	54
中型车辆		Middle-sized Vehicles		30	22	17	85	64
小型车辆		Small-sized Vehicles		10	10	34	5	5

18—12 风 景 名 胜 区（2013年）
Scenic Spots (2013)

名 称 Name	级 别 Grade	主要特点 Main Characteristics	类 别 Kinds	面 积 （平方公里） Area(sq.km)	地 址 Address
黄 山	国家级	世界自然和文化遗产，中国十大风景名胜。以“奇松、怪石、云海、温泉”四绝而闻名	山岳型	154	黄山市
九华山	国家级	中国四大佛教名山之一，是佛教地藏菩萨道场。始于唐开元年间，现存古寺庙94座，佛像1万余尊、文物五千余件	山岳型	120	池州市
天柱山	国家级	“擎天一柱”海拔1450米，道、佛教同存，汉武帝封“南岳”。佛教二、三祖修行地。李白、白居易、苏轼等400余摩崖碑刻	山岳型	82.46	潜山县
琅琊山	国家级	宋代大文学家欧阳修《醉翁亭》而闻名，有著名醉翁亭、醒图、琅琊寺等	山岳型	78.2	滁州市
齐云山	国家级	中国四大道教名山之一，始于唐，盛于明，兴于清，有道教墓葬22外和大量摩崖石碑刻，属丹霞地貌	山岳型	110.4	休宁县
采石矶	国家级	长江三大名矶之首，有“采石山水甲江南”之誉。唐代大诗人李白留下许多不朽诗篇，并在附近香山归宿		48	马鞍山市
巢 湖	国家级	中国五大淡水湖之一，著名姥山、褒禅山、中庙、范增墓等景点	湖泊型	1000	巢湖市
花山谜窟	国家级	人工石窟群，口小内大，有36处，最高30米。所建年代？为何建？何年成？为“千古之谜”		80.6	黄山市
太极洞	国家级	洞龄2.5亿年，长5400多米，分干、水洞而得名。宋代范仲淹等留下不少碑文石刻，《中国石林》称为“桂林山水，广德石洞”	溶洞型	20	广德县
花亭湖	国家级	著名人口湖，有龙山、西风湖、佛图寺、海会寺等六大景区和温泉，沿湖生长方形法华竹而绝名	湖泊型	250	太湖县
浮 山	省 级	古火山之一，佛教禅宗鼻祖慧可大师道场，中国禅宗发祥地。有36岩、72洞、26怪石、34奇峰。南宋以来480多摩崖石刻	山岳型	45	枞阳县
天堂寨	省 级	主峰天堂顶海拔129米，有天塘“瑶池”。大小瀑布100余条而闻名，大别山山脉第二高峰	山岳型	37.2	金寨县
太平湖	省 级	安徽最大人工湖，有“西山观鱼，三峡水趣，桂林景色，龙门”等五大景区。堪与太湖媲美，漓江竟秀	湖泊型	260	黄山区
敬亭山	省 级	原名昭亭山，晋文帝时改为敬亭山，南齐谢眺以来李白等文人留下诗文800余篇，为中国著名“江南诗山”	山岳型	15.3	宣城市
白崖寨	省 级	建寨700余年，寨十华里，宽1米，高2.8—5米，大块岩石砌成。有炮台、点将台等，誉称“南国小长城”	山岳型	57	宿松县
西 山	省 级	溶洞、石、峰、泉、花、树、禽为一体，有古乌霞寺，著名“牡丹之乡”。唐代诗人李白等留下脍炙人口的诗文	山岳型	22.6	南陵县
齐山——秋浦仙境	省 级	全长180公里，是著名“诗河”。李白、杜牧、苏轼等留下40余首诗篇，有古石城遗址，昭明钓台、仰天堂古迹名胜	山岳型	25.78	池州市
石台溶洞群	省 级	石台称为“溶洞之县”，有蓬莱、鱼龙、慈云等100余处溶洞。著名“蓬莱仙洞”长3000余米，钟乳奇秀，玲珑剔透	溶洞型	29.3	池州市
小孤山	省 级	孤峰如柱，兀立长江，称“长江绝岛”，有古炮台、烽火石等古战场遗迹，古刹启秀寺是长江中唯一“妈祖古庙”		8.5	宿松县

18—12　续表　continued

名　　称 Name	级 别 Grade	主要特点 Main Characteristics	类　别 Kinds	面　　积 （平方公里） Area(sq.km)	地　址 Address
凤阳山	省　级	有明中都皇故城、明皇陵石刻、鼓楼台、龙兴寺、古钟、离城、佛教古寺、卧牛湖、奇洞等	山岳型	45	凤阳县
涂山——白乳泉	省　级	大禹娶涂山氏为妻，著名“启母石”——涂山氏化身。唐贞元年白乳泉得名，誉为“天下第七泉”	山岳型	66.35	怀远县
南岳山—佛子岭水库	省　级	古岳庙留汉武帝封石刻门楣，有书法家于佑仁题“小南岳”等文人石刻，为“远东第一坝”	山岳、湖泊型	175	霍山县
万佛山—龙河口水库	省　级	“世界第一人工土石大坝”，有周瑜祖坟、祖慈钓鱼台、五老观太极等景观，国家级保护动植物50余种	山岳、湖泊型	207	舒城县
皇藏峪	省　级	汉高祖称帝前因避秦兵而藏身此地，封为“皇藏峪”。有天然洞穴、井泉、峰峦叠翠、涧水淙淙	山岳型	22.76	萧　县
八公山	省　级	西汉淮南王刘安等八公在此炼丹并食之成仙得名，有珍珠、玛瑙等24泉、淮南王、碧霞元君庙等	山岳型	90	淮南市
大龙山	省　级	山势雄伟、蜿蜒似龙，有92峰、82岩、72岭、82洞、32壑、108奇石和乌、白、黄、赤四大名溪和6大瀑布等	山岳型	120	安庆市
颍州西湖	省　级	北宋宰相晏殊、文学家欧阳修、苏轼等留下113首诗篇。原碑林长廓、八卦阵、八仙石雕和“会老堂”等		24.32	阜阳市
龙须湖	省　级	湖水容量3252万立方米，植被丰富，珍禽野兽较多，湖光山色、风光秀美	湖泊型	110	郎溪县
铜锣寨	省　级	碧峰伟崖，陡不可攀，海拔1096米，有奇松、怪石、云海、温泉“四绝”，素称“江北小黄山”	山岳、古关寨	47	霍山县
大华山	省　级	云峰寺始唐朝，地藏王在此结庵1300余年。太平军的“羊破寨”、庆云寺等，东石笋高38米，为“中华第一石笋”	山岳型	56	六安市
合肥环城公园—西郊	省　级	西郊有蜀山风景、董铺和大房郢水库、森林公园、科学岛等，著名北宋“包拯”——包公祠座落环城公园	城市近郊公园	32	合肥市
紫蓬山	省　级	三国名刹——西庐寺，魏将李典，宋名将葛升墓，淮军名将刘铭传故居。有21米高的如来大佛，五百罗汉、文昌阁等	山岳型	48	肥西县
五柳	省　级	著名“呵泉、龙泉、珍珠泉”等，大方寺、闵祠等殷商文化遗址和众多汉墓		26	宿州市
凤凰山	省　级	宋代古民居，荆公书堂，大明寺，莲花寺和大雄宝殿等自然和人文景观20余处	山岳型	28.4	铜陵市
司空山	省　级	中华佛教禅宗发源地，有“祖禅刹、三祖洞、乌牛古石、南崖瀑布”等，赵朴初题为“禅宗第一山”	山岳型	46.8	岳西县
大历山	省　级	唐玄宗二年始建“翠观庵”，明建“尧舜寺”，有法藏寺、尧池、舜井、伏虎洞、白龙洞等，钟乳奇异，山色峻美	山岳型	26	东至县
卜塘	省　级	山恋叠峰、沟壑纵横、林木绢绣、飞泉叮咚，竹海、古树、清泉、钟鼓并称“四绝”	山岳型	45	马鞍山市
龙子湖	省　级	禹王庙、汤和墓、东明皇陵、中都城、龙兴寺、栖岩寺和淮河风情园等	湖泊型	36.2	蚌埠市
汤池	省　级	汉文帝建庐江国时称“坑泉”，水温63℃，为“华东第一温泉”，有三国周郎和小乔沐浴池、古寺、十三庵等	温泉	22.5	庐江县

18—13 国家级重点文物保护单位
National Grade Main Cultural Relics

名　　称 Name	时　　代 Era	地　　址 Address	批　　次 Batch	公布时间 Announcement Time
新四军军部旧址	1938–1941	泾县云岭乡	第一批	1961.3
明中都皇故城及皇陵石刻	明	凤阳县	第二批	1982.2
安丰塘（芍陂）	春秋–清	寿县	第三批	1988.1
龙川胡氏宗祠	明–清	绩溪县瀛洲乡	第三批	1988.1
潜口民宅	明–清	黄山市徽州区尘潜口村	第三批	1988.1
许国石坊	明	歙县	第三批	1988.1
花戏楼	清	亳州市谯城区	第三批	1988.1
广教寺双塔	宋	宣州市宣州区敬亭山	第三批	1988.1
和县猿人遗址	旧石器时代	和县陶店乡	第三批	1988.1
薛家岗遗址	新石器时代	潜山县	第四批	1996.11
大工山–凤凰山铜矿遗址	西周至宋	南陵县、铜陵市	第四批	1996.11
棠樾石牌坊群	明、清	歙县郑村乡	第四批	1996.11
老屋阁及绿绕亭	明	黄山市徽州区西溪南村	第四批	1996.11
罗东舒祠（宝伦阁）	明	黄山市徽州区呈坎村	第四批	1996.11
渡江战役总前委旧址	1949年3月–4月	肥东县撮镇瑶岗村	第四批	1996.11
陈山遗址	旧石器时代	宣州市宣州区	第五批	2001.6
凌家滩遗址	新石器时代	含山县	第五批	2001.6
尉迟寺遗址	新石器时代	蒙城县	第五批	2001.6
寿春城遗址	战国	寿县	第五批	2001.6
寿州窑遗址	南朝至塘	淮南市	第五批	2001.6
柳孜运河码头遗址	唐至宋	濉溪县	第五批	2001.6
繁昌窑遗址	宋	繁昌县	第五批	2001.6
皖南土墩墓群	西周至春秋	南陵县、繁昌县	第五批	2001.6
曹氏家族墓群	东汉、三国	亳州市谯城区	第五批	2001.6
朱然家族墓地	三国	马鞍山市	第五批	2001.6
水西双塔	宋	泾县	第五批	2001.6
亳州古地道	宋、元	亳州市谯城区	第五批	2001.6
白崖寨	元至清	宿松县	第五批	2001.6
程氏三宅	明	黄山市屯溪区	第五批	2001.6
呈坎村古建筑群	明、清	黄山市徽州区	第五批	2001.6
渔梁坝	唐至清	歙县	第五批	2001.6
宏村古建筑群	明、清	黟县	第五批	2001.6
西递村古建筑群	明、清	黟县	第五批	2001.6
寿县古城墙	宋至清	寿县	第五批	2001.6
查济古建筑群	宋至清	泾县	第五批	2001.6
天柱山山谷流泉摩崖石刻	宋至清	潜山县	第五批	2001.6
人字洞遗址	旧石器时代	繁昌县	第六批	2006.5
临涣城址	战国	濉溪县	第六批	2006.5
李白墓	唐	当涂县	第六批	2006.5
蒙城万佛塔	宋	蒙城县	第六批	2006.5
溪头三槐堂	明	休宁县	第六批	2006.5
振风塔	明	安庆市迎江区	第六批	2006.5
郑氏宗祠	明	歙县	第六批	2006.5
江村古建筑群	明至清	旌德县	第六批	2006.5
南屏村古建筑群	明至清	黟县	第六批	2006.5
祁门古戏台	明至清	祁门县	第六批	2006.5
许村古建筑群	明至民国	歙县	第六批	2006.5
黄田村古建筑群	清	泾县	第六批	2006.5
世太史第	清	安庆市迎江区	第六批	2006.5
竹山书院	清	歙县	第六批	2006.5
齐云山石刻	宋至清	休宁县	第六批	2006.5
李氏庄园	清	霍邱县	第六批	2006.5
刘铭传旧居	清	肥西县	第六批	2006.5
冯玉祥旧居	1936－1937年	巢湖市居巢区	第六批	2006.5
半塔保卫战旧址	1941年	来安县	第六批	2006.5
淮海战役总前委和华东野战军指挥部旧址	1948年	濉溪县、萧县	第六批	2006.5

18—14　省级文物保护单位
Provincial Cultural Relic Preservation Institutions

名称 Name	时代 Era	地址 Address	批次 Batch	公布时间 Announcement Time
古遗址（77处）				
龙潭洞遗址	旧石器时代	和县	第一批	1981年9月8日
银山遗址	旧石器时代	巢湖市	第二批	1986年7月3日
陈山旧石器出土地点	旧石器时代	宣城市宣州区	第三批	1989年5月27日
官山、毛竹山遗址	旧石器时代	宁国市	第四批	1998年5月4日
人字洞遗址	旧石器时代	繁昌县	第五批	2004年10月28日
薛家岗遗址	新石器时代	潜山县	第一批	1981年9月8日
张四墩遗址	新石器时代	安庆市	第一批	1981年9月8日
大城头遗址	新石器时代	肥东县	第一批	1981年9月8日
大陈墩遗址	新石器时代	肥东县	第一批	1981年9月8日
青凤岭遗址	新石器时代	亳州市	第一批	1981年9月8日
钓鱼台遗址	新石器时代	亳州市	第一批	1981年9月8日
胡家村遗址	新石器时代	绩溪县	第一批	1981年9月8日
花家寺遗址	新石器时代	萧县	第一批	1981年9月8日
傅庄遗址	新石器时代	亳州市	第三批	1989年5月27日
石山孜遗址	新石器时代	濉溪县	第三批	1989年5月27日
侯家寨遗址	新石器时代	定远县	第四批	1998年5月4日
尉迟寺遗址	新石器时代	蒙城县	第四批	1998年5月4日
古埂遗址	新石器时代	肥西县	第四批	1998年5月4日
玉石山遗址	新石器时代	灵璧县	第四批	1998年5月4日
凌家滩遗址	新石器时代	含山县	第四批	1998年5月4日
灰角寺遗址	新石器时代	太和县	第四批	1998年5月4日
黄家堰遗址	新石器时代	望江县	第四批	1998年5月4日
下阳遗址	新石器时代	广德县	第四批	1998年5月4日
双墩遗址	新石器时代	蚌埠市	第五批	2004年10月28日
中土坑遗址	新石器时代	祁门县	第五批	2004年10月28日
夫子城遗址	新石器时代	安庆市	第五批	2004年10月28日
小山口遗址	新石器时代	宿州市	第五批	2004年10月28日
古台寺遗址	新石器时代	宿州市	第五批	2004年10月28日
红墩寺遗址	新石器——商周	霍邱县	第三批	1989年5月27日
濮家墩遗址	新石器——商周	滁州市	第二批	1986年7月3日
阮墩遗址	新石器——商周	繁昌县	第五批	2004年10月28日
孙家城土城遗址	新石器——商周	怀宁市	第五批	2004年10月28日
东城都遗址	新石器——西周	六安市	第四批	1998年5月4日
化家湖遗址	新石器——汉	濉溪县	第五批	2004年10月28日
“伍奢冢”遗址	新石器——汉	利辛县	第五批	2004年10月28日
大城墩遗址	新石器——隋唐	含山县	第二批	1986年7月3日
斗鸡台遗址	夏、商	寿县	第四批	1998年5月4日
老邱堆遗址	殷	临泉县	第一批	1981年9月8日
倪邱集遗址	殷	太和县	第一批	1981年9月8日
青莲寺遗址	商周	寿县	第四批	1998年5月4日
贺胜台遗址	商周	阜南县	第四批	1998年5月4日
欧墩遗址	商周	郎溪县	第四批	1998年5月4日
烟墩山遗址	商周	马鞍山市	第五批	2004年10月28日
花城遗址	周	舒城县	第四批	1998年5月4日
牯牛山遗址	周	南陵县	第四批	1998年5月4日
石梁土城遗址	商周、唐宋	天长市	第三批	1989年5月27日
大工山古矿冶遗址	西周——宋	南陵县	第三批	1989年5月27日

18—14 续表1 continued

名　称 Name	时　代 Era	地　址 Address	批　次 Batch	公布时间 Announcement Time
凤凰山铜矿遗址（木鱼山、金牛洞、铜井山遗址、罗家村大炼渣）	西周——宋	铜陵市	第四批	1998年5月4日
古昭关遗址	春秋	含山县	第三批	1989年5月27日
钟离城遗址	春秋	凤阳县	第一批	1981年9月8日
寿春城遗址（含西南小城）	战国	寿县	第四批	1998年5月4日
陈胜、吴广起义遗址	秦	宿州市	第一批	1981年9月8日
蕲县古城遗址	秦	宿州市	第二批	1986年7月3日
垓下遗址	秦	固镇县	第二批	1986年7月3日
新阳城遗址	秦汉	界首市	第四批	1998年5月4日
东城遗址	秦——唐	定远县	第四批	1998年5月4日
龙城遗址	汉	肥东县	第一批	1981年9月8日
六安西古城遗址	汉	六安市	第一批	1981年9月8日
谷阳城遗址	汉	固镇县	第五批	2004年10月28日
北平城遗址	汉	涡阳县	第五批	2004年10月28日
临涣古城遗址	汉—元	濉溪县	第二批	1986年7月3日
三国新城遗址	三国	合肥市	第四批	1998年5月4日
寿州窑址	六朝——唐	淮南市	第一批	1981年9月8日
白土寨窑址	唐——宋	萧县	第一批	1981年9月8日
琴溪窑址	唐——宋	泾县	第二批	1986年7月3日
霞间窑址	五代——北宋	绩溪县	第三批	1989年5月27日
东门渡窑址	五代——北宋	芜湖县	第四批	1998年5月4日
清流关	南唐——宋	滁州市	第三批	1989年5月27日
柯家村遗址	宋	繁昌县	第一批	1981年9月8日
下符桥窑址	宋	霍山县	第二批	1986年7月3日
天静宫遗址	宋	涡阳县	第四批	1998年5月4日
汤池果树窑址	宋	庐江县	第五批	2004年10月28日
“古井贡酒”古井及窖池	宋——明	亳州市	第四批	1998年5月4日
明王台遗址	元	亳州市	第一批	1981年9月8日
明中都城城址	明	凤阳县	第一批	1981年9月8日
琉璃瓦窑址	明	当涂县	第一批	1981年9月8日
谢朓楼遗址	清	宣城市宣州区	第四批	1998年5月4日
古墓葬（45处）				
汤王墓	商	亳州市	第一批	1981年9月8日
武王墩	周	长丰县	第一批	1981年9月8日
万牛墩土墩墓群	周	繁昌县	第三批	1989年5月27日
千峰山土墩墓群	西周——春秋	南陵县	第二批	1986年7月3日
共姬墓	春秋	淮北市	第五批	2004年10月28日
黄泥孤堆（黄歇墓）	战国	淮南市	第五批	2004年10月28日
廉颇墓	战国	寿县	第五批	2004年10月28日
严氏孤堆	战国——汉	长丰县	第一批	1981年9月8日
薛家孤堆	汉	亳州市	第一批	1981年9月8日
虞姬墓	汉	灵璧县	第二批	1986年7月3日
刘安墓	汉	寿县	第二批	1986年7月3日
放王岗古墓群	汉	巢湖市	第四批	1998年5月4日
董园2号石墓	东汉	亳州市	第一批	1981年9月8日
曹四孤堆	东汉	亳州市	第一批	1981年9月8日
张园汉暮	东汉	亳州市	第四批	1998年5月4日
古城画像石墓	东汉	濉溪县	第四批	1998年5月4日
周瑜墓	三国	庐江县	第三批	1989年5月27日
朱然墓	三国·吴	马鞍山市	第二批	1986年7月3日
宋山古墓	三国·吴	马鞍山市	第四批	1998年5月4日
李白墓	唐	当涂县	第一批	1981年9月8日

18—14　续表2　continued

名　　称 Name	时　　代 Era	地　　址 Address	批　　次 Batch	公 布 时 间 Announcement Time
何堿墓	唐	庐江县	第五批	2004年10月28日
陈翥墓	北宋	铜陵县	第四批	1998年5月4日
明皇陵	明	凤阳县	第一批	1981年9月8日
汤和墓	明	蚌埠市	第二批	1986年7月3日
郑之珍墓	明	祁门县	第三批	1989年5月27日
万孺人墓	明	广德县	第五批	2004年10月28日
常氏三王墓	明	怀远县	第五批	2004年10月28日
化明塘严氏墓	明	五河县	第五批	2004年10月28日
余珊墓	明	桐城市	第五批	2004年10月28日
方以智墓	清	枞阳县	第一批	1981年9月8日
戴东原墓	清	休宁县	第一批	1981年9月8日
渐江墓	清	歙县	第二批	1986年7月3日
邓石如墓	清	怀宁县	第二批	1986年7月3日
姚鼐墓	清	枞阳县	第二批	1986年7月3日
戴名世墓	清	桐城市	第二批	1986年7月3日
刘大木魁墓	清	枞阳县	第三批	1989年5月27日
梅文鼎墓	清	宣城市宣州区	第三批	1989年5月27日
姚莹墓	清	桐城市	第三批	1989年5月27日
梅清墓	清	宣城市宣州区	第四批	1998年5月4日
赵文楷墓	清	太湖县	第四批	1998年5月4日
吴汝纶墓	清	枞阳县	第四批	1998年5月4日
孝子墩古墓	清	长丰县	第五批	2004年10月28日
施闰章墓	清	宣城市宣州区	第五批	2004年10月28日
皋陶墓		六安市	第三批	1989年5月27日
六安汉代王陵墓地	西汉	六安市金安区		2007年8月9日
古建筑（234处）				
芍陂遗址	春秋——清	寿县	第二批	1986年7月3日
汉阙遗址及水牛墓	汉	淮北市	第五批	2004年10月28日
七门堰	汉——清	舒城县	第四批	1998年5月4日
杏花村古井	唐	池州市贵池区	第三批	1989年5月27日
禹王宫	唐——清	怀远县	第三批	1989年5月27日
渔梁坝	唐——清	歙县	第三批	1989年5月27日
西风禅寺及摩崖石刻	唐——近代	太湖县	第五批	2004年10月28日
广教寺双塔	宋	宣城市宣州区	第一批	1981年9月8日
景德寺塔	北宋	宣城市宣州区	第四批	1998年5月4日
多宝庵塔	北宋	六安市	第四批	1998年5月4日
天寿寺塔	宋	广德县	第一批	1981年9月8日
万佛塔	宋	蒙城县	第一批	1981年9月8日
太平塔	宋	潜山县	第一批	1981年9月8日
广济寺塔	宋	芜湖市	第一批	1981年9月8日
黄金塔	宋	无为县	第一批	1981年9月8日
长庆寺塔	宋	歙县	第一批	1981年9月8日
水西大观塔及小方塔	宋	泾县	第一批	1981年9月8日
米公祠	宋	无为县	第一批	1981年9月8日
黄山塔	宋	当涂县	第二批	1986年7月3日
净居寺塔	宋	青阳县	第五批	2004年10月28日
东谯楼	宋	歙县	第五批	2004年10月28日
新州石塔	南宋	歙县	第一批	1981年9月8日
伟溪塔	南宋	祁门县	第三批	1989年5月27日
万寿塔	南宋	和县	第四批	1998年5月4日
仙人塔	南宋	宁国市	第四批	1998年5月4日
望江寺塔	南宋	六安市	第四批	1998年5月4日

18—14 续表3 continued

名 称 Name	时 代 Era	地 址 Address	批 次 Batch	公布时间 Announcement Time
上水关、下水关、广惠桥	宋、明、唐	滁州市	第五批	2004年10月28日
亳州古地下道	宋——元	亳州市	第二批	1986年7月3日
寿县古城墙	宋——清	寿县	第二批	1986年7月3日
丰乐亭	宋——清	滁州市	第二批	1986年7月3日
衙署前门	宋——清	芜湖市	第五批	2004年10月28日
硖山口《慰农亭》及摩崖石刻	宋——清	凤台县	第五批	2004年10月28日
法华禅庵塔	元	嘉山县	第二批	1986年7月3日
寿县孔庙	元——清	寿县	第五批	2004年10月28日
白崖寨	元——清	宿松县	第二批	1986年7月3日
曹门厅	明	歙县	第一批	1981年9月8日
方文泰宅	明	歙县	第一批	1981年9月8日
老屋阁及绿绕亭	明	歙县	第一批	1981年9月8日
苏雪痕宅	明	歙县	第一批	1981年9月8日
罗润坤、罗来龙宅	明	歙县	第一批	1981年9月8日
张林福宅	明	歙县	第一批	1981年9月8日
方春福宅	明	歙县	第一批	1981年9月8日
三槐堂	明	休宁县	第一批	1981年9月8日
方士载宅	明	歙县	第一批	1981年9月8日
贞白门	明	歙县	第一批	1981年9月8日
觉寂塔	明	潜山县	第一批	1981年9月8日
迎江寺及振风塔	明	安庆市	第一批	1981年9月8日
龙兴寺	明	凤阳县	第一批	1981年9月9日
圣僧庵壁画	明	歙县	第一批	1981年9月8日
潜口明代民居建筑群	明	歙县	第二批	1986年7月3日
程氏宅	明	黟县	第二批	1986年7月3日
胡文光刺史坊	明	黟县	第二批	1986年7月3日
奕世尚书坊	明	绩溪县	第二批	1986年7月3日
郑村忠烈坊	明	歙县	第二批	1986年7月3日
黄村进士第	明	休宁县	第二批	1986年7月3日
太和县文庙大成殿	明	太和县	第二批	1986年7月3日
寿县清真寺	明	寿县	第二批	1986年7月3日
六角楼	明	黄山市	第三批	1989年5月27日
冯村进士坊	明	绩溪县	第三批	1989年5月27日
鼓楼基座	明	凤阳县	第三批	1989年5月27日
程大位故居	明	黄山市屯溪区	第三批	1989年5月27日
大观亭	明	歙县	第四批	1998年5月4日
郑氏宗祠	明	歙县	第四批	1998年5月4日
丰口四面坊	明	歙县	第四批	1998年5月4日
殷尚书坊及大司徒坊	明	歙县	第四批	1998年5月4日
韩氏宗祠	明	黟县	第四批	1998年5月4日
梓坞祠堂	明	休宁县	第四批	1998年5月4日
程氏宗祠	明	黄山市屯溪区	第四批	1998年5月4日
岩寺文峰塔	明	黄山市徽州区	第四批	1998年5月4日
长春社	明	黄山市徽州区	第四批	1998年5月4日
五教堂	明	绩溪县	第三批	1989年5月27日
敦履堂	明	绩溪县	第四批	1998年5月4日
父子进士坊	明	旌德县	第四批	1998年5月4日
叶家桥	明	当涂县	第四批	1998年5月4日
清溪塔	明	池州市贵池区	第四批	1998年5月4日
兴济桥	明	池州市贵池区	第四批	1998年5月4日
汪氏宗祠	明	石台县	第四批	1998年5月4日
净信寺	明	青阳县	第四批	1998年5月4日

18—14　续表4　continued

名　称 Name	时　代 Era	地　址 Address	批　次 Batch	公布时间 Announcement Time
法云寺塔	明	岳西县	第四批	1998年5月4日
观音寺塔	明	六安市	第四批	1998年5月4日
江淮桥	明	含山县	第四批	1998年5月4日
运河桥	明	阜南县	第四批	1998年5月4日
薛阁塔	明	亳州市	第四批	1998年5月4日
玉虚宫牌坊	明	休宁县	第四批	1998年5月4日
柯乔门坊	明	青阳县	第四批	1998年5月4日
中江塔	明	芜湖市	第五批	2004年10月28日
水东花戏楼	明	宣城市宣州区	第五批	2004年10月28日
明代城墙	明	郎溪县	第五批	2004年10月28日
耿村明代耿姓民宅	明	广德县	第五批	2004年10月28日
叶集江西会馆	明	六安市	第五批	2004年10月28日
天心堂	明	歙县	第五批	2004年10月28日
金紫祠	明	黄山市徽州区	第五批	2004年10月28日
敬本堂	明	歙县	第五批	2004年10月28日
大邦伯祠	明	歙县	第五批	2004年10月28日
金柱塔	明	当涂县	第五批	2004年10月28日
司谏第	明（弘治）	歙县	第一批	1981年9月8日
许国石坊	明（1583年）	歙县	第一批	1981年9月8日
程氏三宅	明末	屯溪	第一批	1981年9月8日
宝伦阁	明末清初	歙县	第一批	1981年9月8日
石牌坊群	明——清	歙县	第一批	1981年9月8日
太平桥	明——清	歙县	第一批	1981年9月8日
化城寺	明——清	九华山风景区	第一批	1981年9月8日
龙川胡氏宗祠	明——清	绩溪县	第二批	1986年7月3日
太平山房	明——清	青阳县	第二批	1986年7月3日
安城堡	明——清	太湖县	第二批	1986年7月3日
桐城县文庙	明——清	桐城市	第二批	1986年7月3日
江宁会馆	明——清	亳州市	第三批	1989年5月27日
霍山文庙	明——清	霍山县	第三批	1989年5月27日
镇淮楼	明——清	和县	第三批	1989年5月27日
南谯楼	明——清	歙县	第三批	1989年5月27日
舒余庆堂	明——清	黟县	第三批	1989年5月27日
道德中宫	明——清	亳州市	第三批	1989年5月27日
安庆谯楼	明——清	安庆市	第四批	1998年5月4日
查济民居（含宝公祠、德厅屋、进士门、二甲祠、洪公祠、怀素堂）	明——清	泾县	第四批	1998年5月4日
许氏宗祠及听泉楼	明——清	绩溪县	第三批	1989年5月27日
慈光阁	明——清	黄山风景区	第四批	1998年5月4日
姥山塔	明——清	巢湖市	第四批	1998年5月4日
吴氏大宗祠	明——清	泾县	第五批	2004年10月28日
三溪乐成桥	明——清	旌德县	第五批	2004年10月28日
毛坦厂老街重点古建筑	明——清	六安市	第五批	2004年10月28日
杜氏宗祠	明——清	池州市贵池区	第五批	2004年10月28日
榉根关古徽道	明——清	石台县	第五批	2004年10月28日
金氏宗祠	明——清	东至县	第五批	2004年10月28日
屏山村古建筑群	明——清	黟县	第五批	2004年10月28日
南屏村古建筑群	明——清	黟县	第五批	2004年10月28日
洪坑牌坊群及洪氏家庙	明——清	徽州区	第五批	2004年10月28日
合一堂	明——清	祁门县	第五批	2004年10月28日
古城岩明清建筑群	明——清	休宁县	第五批	2004年10月28日
稠墅牌坊群	明——清	歙县	第五批	2004年10月28日

18—14 续表5 continued

名　称 Name	时　代 Era	地　址 Address	批　次 Batch	公布时间 Announcement Time
棠樾古民居	明——清	歙县	第五批	2004年10月28日
池河太平桥	明——清	定远县	第五批	2004年10月28日
左忠毅公祠	明——清	桐城市	第五批	2004年10月28日
章氏宗祠	明——清	池州市贵池区	第五批	2004年10月28日
太和城关清真寺	明——清	太和县	第四批	1998年5月4日
祁门古戏台群	明——清	祁门县	第三批	1989年5月27日
教弩台旧址	清	合肥市	第一批	1981年9月8日
陶公祠	清	东至县	第一批	1981年9月8日
华祖庵	清	亳州市	第一批	1981年9月8日
包公祠	清	合肥市	第一批	1981年9月8日
琅琊寺	清	滁州市	第一批	1981年9月8日
太白楼	清	马鞍山市	第一批	1981年9月8日
醉翁亭	清	滁州市	第一批	1981年9月8日
花戏楼	清	亳州市	第一批	1981年9月8日
西递清代民居建筑群	清	黟县	第二批	1986年7月3日
泗县文庙大成殿	清	泗县	第二批	1986年7月3日
踏歌岸阁	清	泾县	第二批	1986年7月3日
铁砚山房	清	怀宁	第二批	1986年7月3日
旌德文庙	清	旌德县	第三批	1989年5月27日
文昌阁	清	泾县	第三批	1989年5月27日
资福寺	清	阜阳市	第三批	1989年5月27日
沫河口关卡	清	五河县	第三批	1989年5月27日
显通寺	清	淮北市	第三批	1989年5月27日
半山阁	清	桐城市	第三批	1989年5月27日
蒙城文庙	清	蒙城县	第四批	1998年5月4日
阜阳文峰塔	清	阜阳市	第四批	1998年5月4日
南京巷钱庄	清	亳州市	第四批	1998年5月4日
闵子骞祠及墓	清	宿州市	第四批	1998年5月4日
林探花府	清	宿州市	第四批	1998年5月4日
国光楼	清	全椒县	第四批	1998年5月4日
中庙	清	巢湖市	第四批	1998年5月4日
武壮公祠	清	庐江县	第四批	1998年5月4日
振湖塔	清	肥东县	第四批	1998年5月4日
包氏宗祠	清	肥东县	第四批	1998年5月4日
四望堡寨址	清	霍山县	第四批	1998年5月4日
世太史第	清	安庆市	第四批	1998年5月4日
安庆关南清真寺	清	安庆市	第四批	1998年5月4日
廖河戏台	清	宿松县	第四批	1998年5月4日
雷阳书院	清	望江县	第四批	1998年5月4日
杨家祠堂	清	潜山县	第四批	1998年5月4日
东流双塔	清	东至县	第四批	1998年5月4日
崇德堂戏台	清	石台县	第四批	1998年5月4日
李氏宗祠	清	青阳县	第四批	1998年5月4日
曹氏宗祠	清	青阳县	第四批	1998年5月4日
侯家祠堂	清	朗溪县	第四批	1998年5月4日
溥公祠	清	旌德县	第四批	1998年5月4日
黄田村古民居群	清	泾县	第四批	1998年5月4日
翟氏宗祠	清	泾县	第四批	1998年5月4日
金溪花戏楼	清	泾县	第四批	1998年5月4日
汪氏住宅	清	绩溪县	第四批	1998年5月4日
湖村民居（余社旺宅、章祖望宅、章祖强宅、章秀珍宅）	清	绩溪县	第四批	1998年5月4日

18—14　续表6　continued

名　称 Name	时　代 Era	地　址 Address	批　次 Batch	公布时间 Announcement Time
绩溪文庙	清	绩溪县	第四批	1998年5月4日
周氏宗祠	清	绩溪县	第四批	1998年5月4日
檀干园	清	黄山市徽州区	第四批	1998年5月4日
宏村民居（承志堂、三立堂、南湖书院）	清	黟县	第四批	1998年5月4日
竹山书院	清	歙县	第四批	1998年5月4日
吴氏宗祠	清	歙县	第四批	1998年5月4日
潘氏宗祠	清	歙县	第四批	1998年5月4日
风雨廊桥	清	歙县	第四批	1998年5月4日
庐州府城隍庙戏楼	清	合肥市	第五批	2004年10月28日
大孔祠堂	清	合肥市	第五批	2004年10月28日
唐五房圩转心楼	清	肥西县	第五批	2004年10月28日
父子进士祠堂	清	肥东县	第五批	2004年10月28日
尹氏宗祠	清	长丰县	第五批	2004年10月28日
云氏宗祠及《长生殿》戏文砖雕贞节坊	清	广德县	第五批	2004年10月28日
江村古民居群	清	旌德县	第五批	2004年10月28日
胡炳衡宅	清	绩溪县	第五批	2004年10月28日
石家村古建筑群	清	绩溪县	第五批	2004年10月28日
周氏祠堂	清	宁国市	第五批	2004年10月28日
六安古城墙	清	六安市	第五批	2004年10月28日
褚氏祠堂	清	舒城县	第五批	2004年10月28日
狮山中学玉玺楼	清	霍山县	第五批	2004年10月28日
霍邱文庙	清	霍邱县	第五批	2004年10月28日
祇园寺	清	九华山风景区	第五批	2004年10月28日
百岁宫	清	九华山风景区	第五批	2004年10月28日
甘露寺	清	九华山风景区	第五批	2004年10月28日
严氏宗祠	清	石台县	第五批	2004年10月28日
宁氏宗祠	清	青阳县	第五批	2004年10月28日
赛金花故居	清	黟县	第五批	2004年10月28日
倪望重宅（“一府六县”）	清	祁门县	第五批	2004年10月28日
苏氏宗祠与海宁学舍	清	黄山市黄山区	第五批	2004年10月28日
希范堂	清	黄山市黄山区	第五批	2004年10月28日
程氏宗祠	清	黄山市黄山区	第五批	2004年10月28日
钟鼓楼	清	休宁县	第五批	2004年10月28日
曹氏二宅	清	歙县	第五批	2004年10月28日
员公支祠	清	歙县	第五批	2004年10月28日
周氏宗祠	清	歙县	第五批	2004年10月28日
古戏台、火神庙、嘉祐院古建筑群	清	明光市	第五批	2004年10月28日
尊胜禅院旧址	清	来安县	第五批	2004年10月28日
程文炳宅	清	阜阳市颍东区	第五批	2004年10月28日
臧家公馆	清	界首市	第五批	2004年10月28日
徐氏宗祠暨杨虎城在太和旧居	清	太和县	第五批	2004年10月28日
孙氏宗祠	清	岳西县	第五批	2004年10月28日
占庄老屋	清	潜山县	第五批	2004年10月28日
萧县文庙	清	萧县	第五批	2004年10月28日
建德文庙大成殿	清——民国	东至县	第三批	1989年5月27日
黄宾虹故居	清——民国	歙县	第三批	1989年5月27日
尤家花园及故居	清——民国	颍上县	第五批	2004年10月28日
肉身殿	民国	九华山风景区	第一批	1981年9月8日
李家圩地主庄园	民国	霍邱县	第一批	1981年9月8日
贞一堂	民国	祁门县	第四批	1998年5月4日
淮南市日寇侵华罪行遗址	1939—1945年	淮南市（含：万人坑、碉堡水牢、秘密水牢、窑神庙）	第二批	1986年7月3日

18—14 续表7 continued

名 称 Name	时 代 Era	地 址 Address	批 次 Batch	公布时间 Announcement Time
管鲍祠		颍上县	第二批	1986年7月3日
陋室		和县	第二批	1986年7月3日
霸王祠		和县	第二批	1986年7月3日
石窟寺及石刻（30处）				
九女坟画像石刻	汉	宿州市	第二批	1986年7月3日
小孤山石刻	南北朝——清	宿松县	第三批	1989年5月27日
花山石窟群	唐——清	黄山市屯溪区	第五批	2004年10月28日
玉蟹泉摩崖石刻	唐——宋——清	凤阳县	第四批	1998年5月4日
琴高山摩崖石刻	唐——清	泾县	第五批	2004年10月28日
刘冲崖刻	唐——清	九华山风景区	第五批	2004年10月28日
琅琊山摩岩崖石刻及碑刻	唐——民国	滁州市	第四批	1998年5月4日
黄山摩崖石刻	唐—近代	黄山风景区	第五批	2004年10月28日
程九万墓石刻	宋	青阳县	第四批	1998年5月4日
磐石山摩崖造像	宋	灵璧县	第四批	1998年5月4日
华阳洞石刻	宋	含山县	第五批	2004年10月28日
刘源题字石刻	宋末元初	潜山县	第一批	1981年9月8日
米芾芜湖县学记碑和明刻李阳冰歘卦碑	宋、明	芜湖市	第一批	1981年9月8日
王乔洞石窟造像	宋——明	巢湖市	第一批	1981年9月8日
浮山摩崖石刻	宋——清	枞阳县	第一批	1981年9月8日
山谷流泉摩岩石刻	宋——清	潜山县	第一批	1981年9月8日
齐云山碑刻及摩岩石刻	宋——清	休宁县	第一批	1981年9月9日
新安碑园石刻	宋——清	歙县	第二批	1986年7月3日
齐山摩崖石刻	宋——清	池州市	第三批	1989年5月27日
贵池区万罗山摩崖石刻	宋——民国	池州市贵池区	第四批	1998年5月4日
吴复墓石刻	明	肥东县	第三批	1989年5月27日
阮峰墓石刻	明	枞阳县	第四批	1998年5月4日
汪珊墓石刻	明	青阳县	第四批	1998年5月4日
陈德墓石刻	明	凤阳县	第五批	2004年10月28日
报恩寺罗汉	明末清初	寿县	第一批	1981年9月8日
金鸡碑及五猖神庙碑	清	怀宁县	第二批	1986年7月3日
汪由敦墓石刻	清	休宁县	第三批	1989年5月27日
杨捷墓石刻	清	天长市	第四批	1998年5月4日
张廷玉墓石刻	清	桐城市	第四批	1998年5月4日
慧居寺菩萨、罗汉塑像	清——民国	九华山风景区	第一批	1981年9月8日
近现代重要史迹及代表性建筑（69处）				
王步文故居	清	岳西县温泉镇	第四批	1998年5月4日
刘铭传故居	清	肥西县南分路乡	第四批	1998年5月4日
胡适故居	清	绩溪县	第四批	1998年5月4日
李鸿章故居及享堂	清	合肥市	第四批	1998年5月4日
安庆天主堂	清	安庆市	第五批	2004年10月28日
英驻芜领事署	清	芜湖市	第五批	2004年10月28日
天主堂	清	芜湖市	第五批	2004年10月28日
圣雅各中学旧址	清	芜湖市	第五批	2004年10月28日
怀远教会建筑旧址	清	怀远县	第五批	2004年10月28日
许世英故居	清	东至县	第五批	2004年10月28日
李克农故居	清	巢湖市居巢区	第五批	2004年10月28日
汪晓娣等宅（孙起孟旧居）	清	休宁县	第五批	2004年10月28日
太平天国英王府及太平天国英王府壁画	清	安庆市	第五批	2004年10月28日
三河大捷遗迹及古民居	清、近代	肥西县	第五批	2004年10月28日
安徽大学红楼及敬敷书院旧址	清、近代	安庆市	第五批	2004年10月28日
王稼祥故居	近代	泾县	第二批	1986年7月3日
吴樾故居	近代	桐城市	第二批	1986年7月3日

18—14　续表8　continued

名　称 Name	时　代 Era	地　址 Address	批　次 Batch	公布时间 Announcement Time
施从云墓	近代	桐城市	第二批	1986年7月3日
冯玉祥故居	近代	巢湖市	第三批	1989年5月27日
张治中故居	近代	巢湖市	第三批	1989年5月27日
老芜湖海关	近代	芜湖市	第五批	2004年10月28日
观瀑楼及听涛居	近代	黄山风景区	第五批	2004年10月28日
黄山古观景亭	近代	黄山风景区	第五批	2004年10月28日
张乐行故居	1810年——?	涡阳县	第一批	1981年9月8日
捻军会盟旧址	1855年	涡阳县	第一批	1981年9月8日
太平军枞阳会议旧址	1858年	枞阳县	第一批	1981年9月8日
太平军攻城图壁画	太平天国	绩溪县	第一批	1981年9月8日
同仁医院旧址	1906年	安庆市	第四批	1998年5月4日
熊成基安庆起义会议旧址	1908年	安庆市	第一批	1981年9月8日
熊、范二烈士专祠	1912年	安庆市	第四批	1998年5月4日
砀山天主教堂	1917年	砀山县	第四批	1998年5月4日
安徽邮务管理局旧址	1926年	安庆市	第四批	1998年5月4日
中共安徽地委旧址	1926−1927年	安庆市	第四批	1998年5月4日
中国国民党安徽省党部旧址	1926年−1927年	安庆市	第四批	1998年5月4日
“四·九”暴动旧址	1928年	阜阳县	第一批	1981年9月8日
立夏节起义旧址	1929年	金寨县	第一批	1981年9月8日
红军第11军32师成立旧址	1929年	金寨县	第一批	1981年9月8日
列宁小学旧址	1929—1931年	金寨县	第一批	1981年9月8日
独山革命旧址群	1929—1932年	六安市	第一批	1981年9月8日
赤城县赤色邮政局旧址	1930年	金寨县	第四批	1998年5月4日
六安中心县委、六英霍暴动总指挥部旧址	1930年	金寨县	第五批	2004年10月28日
苏家埠战斗旧址	1932年	六安市	第一批	1981年9月8日
红军中央独立第2师司令部旧址	1934年	岳西县	第一批	1981年9月8日
中共鄂豫皖省委会议旧址	1934年	金寨县	第一批	1981年9月8日
皖南苏区江边特区革命委员会旧址	1934年	黟县	第一批	1981年9月8日
中国工农红军第二十八军重建会议旧址	1935年	岳西县	第一批	1981年7月3日
中共皖浙赣省委驻地旧址	1936—1937年	休宁县	第四批	1998年5月4日
南方八省红军游击队集中地旧址	1938年	歙县	第一批	1981年9月8日
安徽省民众总动员委员会旧址	1938年	六安市	第四批	1998年5月4日
中共鄂豫皖区委员会旧址	1938—1939年	金寨县	第一批	1981年9月8日
新四军四支队驻舒旧址	1938.2—1939.6	舒城县	第五批	2004年10月28日
新四军军部旧址	1938—1941年	泾县	第一批	1981年7月3日
新四军四师司令部旧址	1938—1941年	涡阳县	第一批	1981年7月3日
半塔保卫战旧址	1940年	来安县	第一批	1981年9月8日
新四军七师司令部旧址	1941—1945年	无为县	第三批	1989年5月27日
抗大八分校旧址	1942—1945年	天长市	第四批	1998年5月4日
野人寨抗日阵亡将士墓	1943年	潜山县	第四批	1998年5月4日
陈独秀墓	1947年	安庆市	第四批	1998年5月4日
淮海战役双堆集战场旧址	1948年11月	濉溪县	第一批	1981年9月8日
渡江战役期间总前委旧址	1949年3—4月	肥东县	第二批	1986年7月3日
渡江战役中线指挥部旧址	1949年	枞阳县	第一批	1981年9月8日
新四军抗日殉国烈士墓	1949年	泾县	第一批	1981年9月8日
渡江战役总前委孙家圩子旧址	1949年	蚌埠市	第五批	2004年10月28日
中共淮海战役总前委旧址	近现代	濉溪县、萧县	第一批	1981年9月8日
洪家大屋	近现代	祁门县	第一批	1981年9月8日
林散之墓	1991年	马鞍山市采石风景区	第五批	2004年10月28日
安徽省博物馆陈列展览大楼	1956年	合肥市庐阳区		2007年8月9日
江淮大戏院主体建筑	1956年	合肥市庐阳区		2007年8月9日
金寨革命烈士陵园	建国后	金寨县		2009年2月25日

18—15 自然保护区
Nature Protection Areas

名　称 Name	级　别 Grade	保护对象 Protection Objects	类　型 Kinds	面　积 (公顷) Area(hectares)	地　址 Address
牯牛降自然保护区	国家级	中亚热带常绿阔叶林，珍稀动植物	森林生态	6713	祁门县，石台县
鹞落坪自然保护区	国家级	北亚热带常绿阔叶林，珍稀动植物	森林生态	12300	岳西县
天马自然保护区	国家级	北亚热带常绿落叶阔叶林，珍稀动植物	森林生态	28914	金寨县
杨子鳄自然保护区	国家级	野生杨子鳄	野生动物	18565	宣州市
升金湖自然保护区	国家级	白头鹞等珍稀水禽，湿地生态	湿地生态	33400	东至县
淡水豚自然保护区	国家级	珍稀水生生物	野生动物	31518	铜陵县
皇甫山自然保护区	省　级	森林生态，鸟类	森林生态	3600	滁州市
清凉峰自然保护区	省　级	中亚热带常绿阔叶林，珍稀动植物	森林生态	2761	歙　县
皇藏峪自然保护区	省　级	暖温带落叶阔叶林	森林生态	2067	萧　县
清凉峰自然保护区	省　级	中亚热带常绿阔叶林，珍稀动植物	森林生态	5050	绩溪县
岭南自然保护区	省　级	中亚热带常绿阔叶林，珍稀动植物	森林生态	2771	休宁县
十里山自然保护区	省　级	中亚热带常绿阔叶林，珍稀动植物	森林生态	1936	黄山区
板桥自然保护区	省　级	中亚热带常绿阔叶林，珍稀动植物	森林生态	5000	宁国市
板仓自然保护区	省　级	北中亚热带常绿落叶阔叶林，珍稀动植物	森林生态	1523	潜山县
万佛山自然保护区	省　级	北亚热带常绿落叶阔叶林，珍稀动植物	森林生态	2000	舒城县
枯井园自然保护区	省　级	北中亚热带常绿落叶林，珍稀动植物	森林生态	4000	岳西县
五溪山自然保护区	省　级	中亚热带常绿阔叶林，珍稀动植物	森林生态	4050	黟　县
天湖自然保护区	省　级	中亚热带常绿阔叶林，珍稀动植物	森林生态	4500	徽州区
佛子岭自然保护区	省　级	森林生态	森林生态	6667	霍山县
老山自然保护区	省　级	中亚热带常绿阔叶林，珍稀动植物	森林生态	16909	贵池区
九龙峰自然保护区	省　级	中亚热带常绿阔叶林，珍稀动植物	森林生态	2720	黄山区
查湾自然保护区	省　级	中亚热带常绿阔叶林，珍稀动植物	森林生态	1600	祁门县
紫石塔自然保护区	省　级	中亚热带常绿阔叶林，珍稀动植物	森林生态	6670	东至县
沿江自然保护区	省　级	珍稀水禽及其生境	湿地生态	120000	安庆市
沱湖自然保护区	省　级	珍稀水禽及其生境	湿地生态	4200	五河县
十八索自然保护区	省　级	珍稀水禽及其生境	湿地生态	7500	贵池区
八里河自然保护区	省　级	珍稀水禽及其生境	湿地生态	14600	颍上县
东西湖自然保护区	省　级	珍稀水禽及其生境	湿地生态	14200	霍邱县
石白湖自然保护区	省　级	珍稀水禽及其生境	湿地生态	10666	当涂县
酥梨种质资源保护区	省　级	种质资源	植　物	13980	砀山县
颍州西湖自然保护区	省　级	湿地及水禽	湿地生态	11000	颍州区
六股尖自然保护区	省　级	华东黄杉等珍稀植物	森林生态	2747	休宁县
盘台自然保护区	省　级	南方红豆杉等	森林生态	668	青阳县
大方寺自然保护区	省　级	暖温带落叶阔叶林	森林生态	2080	埇桥区
女山湖自然保护区	省　级	珍稀水禽	湿地生态	21000	明光市

主要统计指标解释

旅游人数

(1)入境旅游人数：指报告期内来我国观光、度假、探亲访友、就医疗养、购物、参加会议或从事经济、文化、体育、宗教活动的外国人、港澳台同胞等入境游客。统计时，外国人、港澳台同胞每入境一次统计 1 人次。

(2)出境人数：指中国（大陆）居民因公或因私出境前往其他国家、中国香港特别行政区、澳门特别行政区和台湾省观光、度假、探亲访友、就医疗养、购物、参加会议或从事经济、文化、体育、宗教活动的人数，即出境游客。统计时，按每出境一次统计 1 人次。

(3)国内旅游人数：指在报告期内在中国（大陆）观光游览、度假、探亲访友、就医疗养、购物、参加会议或从事经济、文化、体育、宗教活动的中国（大陆）居民人数，其出游的目的不是通过所从事的活动谋取报酬。统计时，国内游客按每出游一次统计 1 人次。

国际旅游(外汇)收入

指入境游客在中国（大陆）境内旅行、游览过程中用于交通、参观游览、住宿、餐饮、购物、娱乐等全部花费。

国内旅游收入

又称旅游总花费。指国内游客在国内旅行、游览过程中用于交通、参观游览、住宿、餐饮、购物、娱乐等全部花费。

国际旅行社

指经营业务范围包括入境旅游业务、出境旅游业务和国内旅游业务的旅行社。

国内旅行社

指经营范围仅限于国内旅游业务的旅行社。

星级饭店

指设备、设施、服务符合《旅游饭店星级的划分与评定》（GB/T14308-2003），通过相关旅游管理部门评定，并取得星级饭店称号的饭店（含预备星级饭店）。

Explanatory Notes for Major Statistical Indicators

Number of Tourists

(1) Visitor arrivals refer to the number of foreigners, Chinese compatriots from Hong Kong, Macao and Taiwan Chinese (mainland) who come to China (mainland) for sight-seeing, vacation, visiting relatives, medical treatment, shopping, attending conference, or to engage in economic, cultural, sports and religious activities. In compiling statistics, each time of entering China is counted as one person-time.

(2) Number of Chinese residents going abroad refer to the number of Chinese (mainland) residents going to other countries, Hong Kong Special Administrative region, Macao Special Administrative region and Taiwan for on official or private purposes, for sight-seeing, vacation, visiting relatives, medical treatment, shopping, attending conference, or to engage in economic, cultural, sports and religious activities. In compiling statistics, each time of leaving is counted as one person-time.

(3) Number of domestic tourists refers to the number of Chinese (mainland) residents who travel within China (mainland) for sight-seeing, vacation, visiting relatives, medical treatment, shopping, attending conference, or to engage in economic, cultural, sports and religious activities. In compiling statistics, each time of travelling is counted as one person-time.

Foreign Exchange Earnings from International Tourism

refer to the total expenditure of foreigners, overseas Chinese, Chinese compatriots from Hong Kong, Macao and Taiwan during their stay in the mainland of China on transportation, sighting, accommodation, food, shopping and entertainment.

Income from Domestic Tourism

refer to expenditure of domestic tourists on transportation, sighting, accommodation, food, shopping and entertainment while they travel.

International Travel Agencies

refer to travel agencies engaged in tourism entering China, Chinese residents going abroad and domestic tourism.

Domestic Travel Agencies

refer to travel agencies only engaged in domestic tourism.

Star-rated Hotels

refer to hotels rated with stars as assessed by the relevant tourism authorities according to GB/T14308-2003 standard with reference to their infrastructure, facilities and service levels.

第十九篇

Chapter 19

教育和科技

EDUCATION AND SCIENCE

简要说明

一、教育统计资料包括公办教育和民办教育、学历教育和非学历教育。具体有高等教育（研究生教育、普通高等教育和成人高等教育）中等教育（高中阶段教育和初中阶段教育）、初等教育（小学）、学前教育、特殊教育（盲聋哑和弱智儿童学校等）以及教育经费等资料。主要指标包括学校数、在校学生数、招生数、毕业生数、教职工数和专任教师数、教育经费等。

教育事业统计资料由省教育厅提供；技工学校的资料由省人力资源和社会保障厅提供。

二、科技统计资料主要内容包括：全社会以及工业企业、政府部门属研究机构、高校的研究与试验发展（R&D）活动情况；国内外专利申请和授权情况；技术市场交易情况；开发区高新技术企业主要经济指标；科协系统科技活动情况；气象、质量监督检验检疫等综合技术服务部门业务活动情况；大中型工业企业研究与试验发展（R&D）活动情况等。

资料来源：全省综合资料、企业及有关行业企事业单位的研究与试验发展（R&D）活动情况由省统计局文化产业处提供；政府部门属研究机构资料、科学研究和研究与试验发展（R&D）活动情况资料由省科技厅提供；科协系统科技活动资料由省科协提供；专业技术人员资料由省人力资源和社会保障厅提供；气象、技术市场资料、产品质量监督抽查、专利等资料，分别由省气象局、省质量监督检验检疫局、省知识产权局等部门提供。

Brief Introduction

I. Data on education cover the situations on education funded by government and non-government agencies, and the education with and without academic credentials including higher education (education of postgraduates, general higher education and adult education), secondary education (senior and junior high schools), elementary education (primary schools), preschool education, special education (schools for the blind, deaf-mutes and mentally retarded) and their expenditure. The main indicators include the number of schools, the number of students enrolled, the number of new students enrolled, the number of graduates, the number of staff and workers, the number of full-time teachers, sources and outlay of education funding, and education expenditure from the State budget.

The provincial Ministry of Education provides statistical data on education undertakings and education funding. Data on technical training schools are provided by provincial Ministry of Human Resources and Social Security.

II. Data on technology mainly include: data on scientific and technological activities, R&D activities all over the country, including industrial enterprises, scientific and technological institutions under government departments, universities and colleges; data on domestic and foreign patents application accepted and granted, data on production, research and development activities of high-tech enterprises, data on scientific and technological papers; data on import and export trade of high-technological products; data on technological markets; main economic indicators of high and new-tech industrial enterprises in development zones; data on the number of scientific and technological personnel in state-owned enterprises and institutions; data on the scientific and technological activities in the system of associations for science and technology; data on operation institutions and activities of meteorology, surveying and mapping, product quality supervision, data from the Second National Census on R&D Resources.

Sources of data: data on national aggregates and R&D activities of various enterprises and institutions and data from the Second National Census on R&D Resources are from National Bureau of Statistics; data on scientific and technological institutions under government departments are from Ministry of Science and Technology, and State Administration of Science, Technology and Industry for National Defense; data on scientific research, technical service and geologic prospecting, scientific and technological papers; technological markets and high and new-tech industrial enterprises in development zones are from Ministry of Science and Technology; data on scientific and technological activities in universities and colleges are from Ministry of Education; data on import and export trade of high-technological products are from General Administration of Customs; Data on the number of scientific and technological personnel are from Ministry of Human Resources and Social Security. The China Association for Science and Technology provides data on the scientific and technological activities of associations for science and technology. Data on the development of surveying and mapping, meteorology, earthquake, product quality supervision and patents are provided separately by the State Bureau of Surveying and Mapping, China Meteorological Administration, China Earthquake Administration, National Bureau of Marine Administration, General Administration of Quality Supervision, Inspection and Quarantine, and State Intellectual Property Office.

19—1 教育事业基本情况
Basic Statistics on Education

指标	Item	2000	2005	2010	2012	2013
学校数 (所)	**Number of Schools (unit)**					
普通高等学校	Regular Institutions of Higher Education	42	81	100	107	106
中等学校	Secondary Schools	4621	4533	4241	4051	4002
普通中等专业学校	Regular Specialized Secondary Schools	138	98	108	112	115
中等技术学校	Technical Secondary Schools	104	79	95	99	102
中等师范学校	Teacher Secondary Schools	34	19	13	13	13
普通中学	Regular Secondary Schools	3767	3948	3738	3635	3599
高　中	Senior Secondary Schools	674	760	743	716	698
初　中	Junior Secondary Schools	3093	3188	2995	2919	2901
职业中学	Vocational Secondary Schools	716	487	345	304	288
小　学	Primary Schools	24281	20142	13997	12547	11507
幼儿园	Kindergartens	3932	2715	4018	5192	6075
特殊教育	Special Schools	70	67	62	64	65
专任教师 (万人)	**Number of Full-time Teachers (10000 persons)**					
普通高等学校	Regular Institutions of Higher Education	1.51	3.24	4.93	5.31	5.49
中等学校	Secondary Schools	18.63	22.04	25.18	26.34	26.29
普通中等专业学校	Regular Specialized Secondary Schools	0.88	0.61	0.77	1.02	1.04
普通中学	Regular Secondary Schools	15.81	19.70	23.01	23.28	23.20
高　中	Senior Secondary Schools	2.92	5.11	6.69	7.18	7.38
初　中	Junior Secondary Schools	12.90	14.59	16.32	16.10	15.81
职业中学	Vocational Secondary Schools	1.94	1.73	1.40	2.05	2.05
小　学	Primary Schools	27.37	25.95	24.57	24.15	23.81
幼儿园	Kindergartens	2.65	1.65	2.96	4.30	5.11
特殊教育	Special Schools	0.09	0.10	0.12	0.13	0.13
招生数 (万人)	**New Student Enrollment (10000 persons)**					
普通高等学校	Regular Institutions of Higher Education	7.62	19.87	29.69	30.30	31.51
中等学校	Secondary Schools	150.27	185.31	158.37	139.55	128.09
普通中等专业学校	Regular Specialized Secondary Schools	4.92	7.85	10.44	9.28	8.78
普通中学	Regular Secondary Schools	129.75	155.43	129.74	112.91	103.31
高　中	Senior Secondary Schools	21.96	43.46	42.41	43.97	38.05
初　中	Junior Secondary Schools	107.78	111.97	87.33	68.93	65.26
职业中学	Vocational Secondary Schools	15.59	22.03	18.19	17.36	16.00
小　学	Primary Schools	116.60	81.52	81.90	69.39	75.31
幼儿园	Kindergartens	84.29	50.02	66.60	90.89	95.01
特殊教育	Special Schools	0.22	0.24	0.22	0.22	0.21
在校学生 (万人)	**Student Enrollment (10000 persons)**					
普通高等学校	Regular Institutions of Higher Education	18.24	58.91	93.90	102.30	105.21
中等学校	Secondary Schools	422.79	534.19	484.20	417.26	396.58
普通中等专业学校	Regular Specialized Secondary Schools	19.19	18.55	28.93	27.33	25.69
普通中学	Regular Secondary Schools	358.32	460.86	406.58	342.30	325.20
高　中	Senior Secondary Schools	54.14	116.90	127.60	129.29	125.51
初　中	Junior Secondary Schools	304.18	343.96	278.99	213.01	199.69
职业中学	Vocational Secondary Schools	45.28	54.78	48.68	47.62	45.68
小　学	Primary Schools	644.24	584.11	460.44	404.70	409.20
幼儿园	Kindergartens	116.19	72.38	100.82	157.87	167.95
特殊教育	Special Schools	1.83	1.80	1.40	1.00	1.03
毕业生数 (万人)	**Graduates (10000 persons)**					
普通高等学校	Regular Institutions of Higher Education	2.59	11.70	23.22	26.55	28.01
中等学校	Secondary Schools	123.18	160.90	163.94	152.71	138.00
普通中等专业学校	Regular Specialized Secondary Schools	6.04	3.78	9.61	8.99	8.96
普通中学	Regular Secondary Schools	102.31	142.61	136.57	128.23	114.06
高　中	Senior Secondary Schools	13.15	30.10	44.38	41.28	41.67
初　中	Junior Secondary Schools	89.16	112.52	92.19	86.95	72.39
职业中学	Vocational Secondary Schools	14.83	14.51	17.76	15.49	14.98
小　学	Primary Schools	121.20	116.25	87.41	72.09	65.49
幼儿园	Kindergartens		40.24	38.89	57.71	64.61
特殊教育	Special Schools	0.20	0.20	0.16	0.11	0.11

19—2 研　究　生　数
Number of Postgraduates

单位：人（person）

年份 Year	研究生数 Number of Postgraduates 在学人数 Student Enrollment	硕士 Master	招生数 New Student Enrollment	硕士 Master	毕业生数 Graduates	硕士 Master
2000	5820	4689	2522	2060	1135	890
2005	21505	17865	8198	7000	4148	3300
2009	34603	30503	13067	11784	9244	8206
2010	38991	34669	14047	12728	9302	8224
2011	41773	37103	14774	13389	11106	10043
2012	44351	39346	15677	14148	11977	10843
2013	46506	41112	16312	14727	13205	11976

19—3 普通高等学校本科分科学生数
Number of Students of the Ordinary College Undergraduate Course Branch

单位：人（person）

项目	Item	2012			2013		
		毕业生数 Graduates	招生数 New Student Enrollment	在校学生数 Student Enrollment	毕业生数 Graduates	招生数 New Student Enrollment	在校学生数 Student Enrollment
合　计	**Total**	**114858**	**150215**	**552299**	**121965**	**154935**	**583089**
哲　学	Philosophy	57	52	204	54	48	189
经济学	Economics	6279	8479	31846	7252	9510	34591
法　学	Law	3227	3250	13326	3224	3454	13193
教育学	Education	3832	4673	17267	3714	4326	15915
文　学	Literature	18926	22998	82451	13597	13838	51602
历史学	History	651	440	1810	529	435	1683
理　学	Science	17841	19790	77350	14696	14371	59668
工　学	Engineering	36056	52396	181948	40946	58084	213061
农　学	Agriculture	2216	2730	10233	2496	2994	11406
医　学	Medicine	8832	10296	46696	8896	10673	48221
管理学	Management	16941	25111	89168	19723	26703	98413
艺术学	Art				6838	10499	35147

注：2013年起，根据教育部统一部署，使用新颁布的《高等学校本科专业目录》，新增了艺术学学科。

a) Since 2013, according to the unified deployment of the ministry of education, the use of new catalogue of the institutions of higher learning undergraduate, new art discipline.

19—4 普通高等学校专科分科学生数
Number of Students of the Ordinary College Specialty Undergraduate Branch

单位：人（person）

项 目	Item	2012 毕业生数 Graduates	2012 招生数 New Student Enrollment	2012 在校学生数 Student Enrollment	2013 毕业生数 Graduates	2013 招生数 New Student Enrollment	2013 在校学生数 Student Enrollment
合 计	**Total**	**150619**	**152821**	**470734**	**158141**	**160187**	**469034**
农林牧渔大类	Farm, Forest, Animal and Fishery Category	1655	1857	5870	1979	1912	5733
交通运输大类	Transportation Category	2641	2768	8407	2823	3325	8940
生化与药品大类	Biochemical and Drug Category	3197	2732	9899	3647	2627	8842
资源开发与测绘大类	Resource Development and Mapping Category	1514	1656	5453	1957	1345	4790
材料与能源大类	Materials and Energy Category	1432	1468	4389	1419	1394	4300
土建大类	Construction Category	10144	13347	38873	11893	15896	42982
水利大类	Water Conservancy Category	565	639	1799	529	733	1997
制造大类	Manufacture Category	21453	21670	68828	22925	23797	68742
电子信息大类	Electronic Information Category	21292	18449	61590	21918	16963	55430
环保、气象与安全大类	Environmental, Meteorological and Safety Category	295	457	1072	312	402	1121
轻纺食品大类	Textile, Food Category	2561	2520	7836	2599	2643	7714
财经大类	Finance and Economics Category	34590	37962	113357	36458	38374	115615
医药卫生大类	Medical and Health Category	15182	18008	50652	16926	21132	54620
旅游大类	Tourism Category	5950	5532	19112	6518	5456	17443
公共事业大类	Public Category	1285	916	3045	1097	1031	2965
文化教育大类	Culture and Education Category	18079	15725	45955	16713	15008	43736
艺术设计传媒大类	Art Design and Media Category	6067	5249	18712	6475	6155	17937
公安大类	Public Security Category	1019	8	319			473
法律大类	Law Category	1698	1858	5566	1953	1994	5654

19—5 普通高等学校分科专任教师数（2013年）
Number of Full-time Teachers by Field of Study in Regular Higher Educational Institutions (2013)

单位：人（person）

项 目	Item	合 计 Total	正高级 With Chief Senior Title	副高级 With Deputy Senior Title	中 级 With Middle-rank Title	初 级 With Junior Title	未定职级 Undetermined rank
合 计	**Total**	**54903**	**4430**	**14650**	**20916**	**11771**	**3136**
哲 学	Philosophy	1832	126	491	750	359	106
经济学	Economics	3941	254	1017	1617	821	232
法 学	Law	2335	149	550	997	474	165
教育学	Education	4285	182	1060	1706	1054	283
文 学	Literature	7980	357	1862	3383	1994	384
历史学	History	755	94	220	288	124	29
理 学	Science	7553	984	2286	2646	1279	358
工 学	Engineering	13678	1188	3819	5115	2710	846
农 学	Agriculture	1115	165	378	395	144	33
医 学	Medicine	4611	591	1475	1439	886	220
管理学	Management	4035	240	960	1579	1015	241
艺术学	Art	2783	100	532	1001	911	239

19—6 普通中等专业学校分科学生数（2013年）
Number of Students by Field of Study in Regular Specialized Secondary Schools (2013)

单位：人（person）

项　目	Item	毕业生数 Graduates	招生数 New Student Enrollment	在校学生数 Student Enrollment
合　计	**Total**	**89586**	**87825**	**256912**
农林牧渔类	Farm, Forestry, Herd Fish Class	2713	2218	8871
资源环境类	Resources Environment Class	2425	1043	4692
能源与新能源类	Energy and New Energy Class			3
土木水利类	Construction Water Conservation Class	5988	5068	15032
加工制造类	Processing Manufacture Class	17199	14524	44023
石油化工类	Petroleum Chemical Industry Class	1065	452	1728
轻纺食品类	Light Industry and Food Class	471	310	1511
交通运输类	Transportation Class	2727	5339	12129
信息技术类	Information Technology Class	12843	10976	29888
医药卫生类	Medicine Health Class	18922	15753	48758
休闲保健类	Leisure Health Care Class	15	159	267
财经商贸类	Finance and Economics Business Class	8413	10002	26949
旅游服务类	Tourist Service Class	3161	3957	9438
文化艺术类	Cultural and art Class	2078	4085	8836
体育与健身	Sports and Fitness Class	1083	1101	3039
教育类	Education Class	9808	10976	37147
司法服务类	Judicial Service Class			
公共管理与服务类	Public Administration and Service Class	218	252	567
其　他	Other	457	1610	4034

19—7 普通中等专业学校分科专任教师数（2013年）
Full-time Teachers in Regular Specialized Secondary Schools by Field of Study (2013)

单位：人（person）

项　目	Item	合计 Total	正高级 With Chief Senior Title	副高级 With Deputy Senior Title	中级 With Middle-rank Title	初级 With Junior Title	未定职级 Undetermined rank
总　计	**Total**	**10444**	**8**	**2922**	**3659**	**2763**	**1092**
文化基础课	Cultural Base	4042	3	1146	1346	1111	436
专业课	Professional Course	6000	5	1694	2124	1561	616
农林牧渔类	Farm, Forestry, Herd Fish Class	199		93	72	27	7
资源环境类	Resources Environment Class	2			2		
能源与新能源类	Energy and New Energy Class	55		19	11	25	
土木水利类	Construction Water Conservation Class	131		41	53	25	12
加工制造类	Processing Manufacture Class	1203	3	343	425	316	116
石油化工类	Petroleum Chemical Industry Class	17		14	3		
轻纺食品类	Light Industry and Food Class	88		25	29	19	15
交通运输类	Transportation Class	185		46	88	44	7
信息技术类	Information Technology Class	1073		250	422	284	117
医药卫生类	Medicine Health Class	627		181	193	187	66
休闲保健类	Leisure Health Care Class	6			1	4	1
财经商贸类	Finance and Economics Business Class	440		156	160	88	36
旅游服务类	Tourist Service Class	214		63	68	49	34
文化艺术类	Cultural and art Class	310		67	124	88	31
体育与健身	Sportsand Fitness Class	241	2	50	91	79	19
教育类	Education Class	788		201	225	227	135
司法服务类	Judicial Service Class	9		4	2	2	1
公共管理与服务类	Public Administration and Service Class	47		10	14	20	3
其　他	Other	365		131	141	77	16
实习指导课	Practice and Instruction	402		82	189	91	40

19—8 技工学校数和学生数
Number of Technical Schools, Students, Staff and Teachers

年 份 Year	学校数（所） Schools (unit)	在校学生数（人） Student Enrollment (person)	毕业生数（人） Graduates (person)	招生数（人） New Student Enrollment (person)	教职工数（人） Staff and Teachers (person)
2000	114	42628	24532	13583	6359
2005	109	86431	27287	34393	6031
2006	95	87463	28792	39482	5319
2007	93	87041	29515	38355	5601
2008	96	101131	37599	50210	5735
2009	93	93647	31393	31836	6716
2010	91	83154	34982	29441	6295
2011	91	71144	34252	25768	6284
2012	88	56048	22674	20686	6452
2013	86	49126	17668	18570	6649

19—9 初中毕业生和小学毕业生升学率及小学学龄儿童入学率
Percentage of Graduates of Junior Secondary Schools and Primary Schools Entering Higher Level Schools, Percentage of School-Age Children Enrolled

年 份 Year	初中毕业生升学率 Percentage of Graduates of Junior Secondary Schools Entering Senior Secondary Schools Entering Senior			小学毕业生升学率 Percentage of Graduates of Primary Schools Entering Junior Secondary Schools			小学学龄儿童入学率 Percentage of School-age Children Enrolled		
	初中毕业生数（万人） Graduates of Junior Secondary Schools (10000 persons)	高级中等学校招生数（万人） Students Entering Senior Secondary Schools (10000 persons)	升学率（%） Percentage of Graduates of Junior Secondary Schools Entering Senior Secon-dary Schools	小学毕业生数（万人） Graduates of Primary Schools (10000 persons)	初级中等学校招生数（万人） Students Entering Junior Secondary Schools (10000 persons)	升学率（%） Percentage of Graduates of Junior Schools Entering Junior Secondary Schools	学龄儿童数（万人） School-age Children (10000 person)	已入学学龄儿童数（万人） School-age Children Enrolled in Schools (10000 persons)	入学率（%） Enrollment Ratio
2000	97.60	32.66	33.46	121.20	118.22	97.55	620.02	617.94	99.67
2005	117.50	71.10	60.51	116.25	115.73	99.56	549.35	546.83	99.54
2006	118.17	77.60	65.66	110.40	110.37	99.97	523.41	521.96	99.72
2007	114.66	79.13	69.02	96.02	99.49	103.62	513.99	512.98	99.81
2008	108.59	76.94	70.86	103.93	105.17	101.18	493.73	492.92	99.84
2009	101.67	74.70	73.47	98.37	99.17	100.81	466.60	466.03	99.88
2010	92.20	77.32	83.86	87.41	87.34	99.92	446.82	446.50	99.93
2011	92.21	77.91	84.49	76.94	76.09	98.89	431.67	430.72	99.78
2012	86.96	75.08	86.34	72.09	68.94	95.63	395.59	395.29	99.92
2013	72.40	69.10	95.44	65.49	65.26	99.65	401.48	400.29	99.70

19—10 平均每万人口在校学生数和大中小学学生构成
Student Enrollment per 100 Population and Composition of Students Enrolled

年 份 Year	各级学校在校学生数占全省人口(%) Students as Percentage of Total Population	平均每万人口中（人） Number of Students per 10000 Population (person)			大中小学学生占学生总数（%） Students of Different Level as Percentage of Total Students (%)		
		大学生 University and College Students	中学生 Secondary School Students	小学生 Primary School Students	大学生 University and College Students	中学生 Secondary School Students	小学生 Primary School Students
2000	17.38	29.05	574.05	1032.11	1.67	32.83	59.03
2005	19.21	90.42	791.40	896.49	4.71	41.21	46.68
2006	20.36	108.63	853.27	913.73	5.34	41.91	44.88
2007	20.28	119.41	835.75	898.17	5.89	41.21	44.29
2008	19.87	131.93	815.38	849.35	6.64	41.03	42.74
2009	19.23	143.12	785.08	793.87	7.44	40.82	41.28
2010	18.95	155.45	753.69	762.25	8.20	39.77	40.23
2011	18.70	166.26	715.57	743.95	8.89	38.26	39.78
2012	18.09	170.84	651.17	675.85	9.44	36.00	37.36
2013	17.91	174.48	615.08	678.63	9.74	34.37	37.89

注：1．2013年人口数为当年年底常住人口。
2．各级学校在校生数包括普通高校、普通中专、普通中学、职业中学、普通小学、幼儿园及特殊教育学校在校学生数。
3．中学生数包括普通中学、职业中学在校学生数。

a) Before 2013, population is permanent population by end of the year.
b) The number of students include students of Colleges and universitiest, he general secondary school, middle school, ordinary occupation schools, primary school, kindergarten and special education schools.
c) Middle school students number including ordinary secondary school, vocational school students.

19—11 各级学校教师负担学生数
Student-teacher Ratio by Level of School

单位：人 (person)

年 份 Year	普通高等学校 Regular Institutions of Higher Education		中等学校 Secondary Schools		小学 Primary Schools		幼儿园 Kindergartens	
	专任教师数 Full-time Teachers	平均每个教师负担学生数 Student-teacher Ratio	专任教师数 Full-time Teachers	平均每个教师负担学生数 Student-teacher Ratio	专任教师数 Full-time Teachers	平均每个教师负担学生数 Student-teacher Ratio	专任教师数 Full-time Teachers	平均每个教师负担学生数 Student-teacher Ratio
2000	15065	12.11	186323	22.69	273745	23.53	26470	43.90
2005	32438	18.16	220408	24.24	259493	22.51	16516	43.83
2006	36797	18.04	227771	23.90	256368	21.78	18122	40.45
2007	40743	17.93	235381	22.85	254777	21.57	19220	40.69
2008	43624	18.53	241885	21.80	251020	20.73	20738	42.21
2009	46374	18.93	246388	20.68	248595	19.59	25004	37.52
2010	49298	19.05	251776	19.23	245726	18.74	29591	34.07
2011	51185	19.37	259691	17.50	243319	18.23	36161	32.30
2012	53108	19.26	263397	15.84	241504	16.76	42959	36.75
2013	54903	19.16	262920	15.08	238131	17.18	51120	32.85

19—12 各级学校女学生和女教师数
Number of Female Students and Teachers by Level of School

指　　标	Item	2000	2005	2010	2012	2013
女学生数　（万人）	**Number of Female Students (10000 persons)**	**504.95**	**546.15**	**479.02**	**428.35**	**422.41**
普通高等学校	Regular Institutions of Higher Education	5.96	25.50	44.81	49.70	51.36
普通中等专业学校	Regular Specialized Secondary Schools	10.94	10.52	16.33	15.50	14.59
普通中学	Regular Secondary Schools	161.20	211.58	186.49	157.44	149.51
职业中学	Vocational Secondary Schools	20.37	25.14	21.86	22.16	21.16
小　学	Primary Schools	306.48	273.41	209.53	183.56	185.79
女学生占学生总数的百分比(%)	**Percentage of Female Students to Total Students (%)**	**46.45**	**46.39**	**45.97**	**46.35**	**46.37**
普通高等学校	Regular Institutions of Higher Education	32.67	43.29	47.72	48.58	48.81
普通中等专业学校	Regular Specialized Secondary Schools	56.99	56.71	56.44	56.71	56.80
普通中学	Regular Secondary Schools	44.99	45.91	45.87	45.99	45.97
职业中学	Vocational Secondary Schools	44.98	45.89	44.91	46.53	46.33
小　学	Primary Schools	47.57	46.81	45.51	45.36	45.40
女教师数　（万人）	**Number of Female Teachers (10000 persons)**	**15.36**	**18.19**	**21.44**	**22.71**	**23.12**
普通高等学校	Regular Institutions of Higher Education	0.48	1.19	2.00	2.20	2.29
普通中等专业学校	Regular Specialized Secondary Schools	0.31	0.23	0.33	0.42	0.45
普通中学	Regular Secondary Schools	4.05	5.78	7.91	9.35	9.59
职业中学	Vocational Secondary Schools	0.45	0.50	0.48	0.69	0.68
小　学	Primary Schools	10.06	10.48	10.71	10.05	10.11
女教师占教师总数的百分比(%)	**Percentage of Female Teachers to Total Teachers(%)**	**32.33**	**35.51**	**39.07**	**40.71**	**41.59**
普通高等学校	Regular Institutions of Higher Education	32.05	36.82	40.56	41.44	41.66
普通中等专业学校	Regular Specialized Secondary Schools	32.05	38.25	43.14	41.68	43.01
普通中学	Regular Secondary Schools	35.17	29.36	34.39	40.15	41.36
职业中学	Vocational Secondary Schools	23.29	28.79	34.43	33.75	33.34
小　学	Primary Schools	36.76	40.40	43.58	41.63	42.45

19—13 各级各类成人学校基本情况（2013年）
Student Enrollment in Adult Schools by Level and Type (2013)

单位：人（person）

指　标	Item	学校数（所）Schools (unit)	毕业生数 Graduates	招生数 New Student Enrollment	在校学生数 Student Enrollment	教职工人数 Teachers and Staff	专任教师 Full-time Teachers
总　计	**Total**						
成人高等教育	**Adult's Higher Education**	**6**	**67611**	**108111**	**220642**	**1308**	**741**
＃成人高等学校	Adult Education Schools	6	1359	1708	4080	1308	741
广播电视大学	Radio and TV Universities	1	434	586	1820	288	134
职工、农民高等学院	Schools of Higher Education for Staff, Workers and Peasants	3	673	727	1403	355	282
管理干部学院	Colleges for Management Cadres	1	252	395	857	665	325
教育学院	Institute of Education	1					
成人中等专业学校	**Specialized Secondary Schools for Adults**	**61**	**15513**	**13041**	**36804**	**2153**	**1609**
成人中小学校	**Secondary and Primary Schools for Adults**	**162**	**44339**		**45586**	**532**	**322**
成人中学	Secondary Schools for Adults	107	36847		33942	134	62
职工中学	Staff Middle School	56	10866		8272	4	4
农民中学	Secondary Schools for Peasants	51	25981		25670	130	58
成人小学	Primary Schools for Adults	55	7492		11644	398	260
成人技术培训学校	**Technical Training Schools for Adults**	**264**	**820389**		**507803**	**2434**	**1229**
职工技术培训学校	Technical Training Schools for Staff and Workers	34	48687		51861	824	472
农民技术培训学校	Technical Training Schools for Peasants	213	762936		447312	1441	631
其他培训机构（含社会培训机构）	Other Training Organs (Including Social Training Organs)	17	8766		8630	169	126

19-14 民办教育基本情况（2013年）
Statstics for Non-state Education (2013)

单位：人（person）

项　目	Item	校数（所）Number of Schools (unit)	毕业生数 Numer of Students Graduated	招生数 New Enrollment	在校学生数 Enrolled Students	教职工数 Teachers and Staff	专任教师 Full-time Teachers
合　计	**Total**	**4827**	**624783**	**789406**	**2085703**	**139063**	**91897**
民办高等教育	**Civilian-run Higher Education**	**20**	**43949**	**51055**	**176044**	**11989**	**8927**
民办中等教育	**Civilian-run Secondary Education**	**618**	**239604**	**255329**	**787450**	**59698**	**43078**
高中阶段教育	Senior High School Education	305	111862	114126	373319	36587	26169
民办普通高中	Civilian-run Senior High Schools	178	61118	54267	200139	27998	19536
民办中等职业教育	Civilian-run Secondary Vocational Education	127	50744	59859	173180	8589	6633
初中阶段教育	Junior High School Education	313	127742	141203	414131	23111	16909
民办小学	**Civilian-run Primary Schools**	**231**	**44611**	**29233**	**218475**	**6345**	**4596**
民办幼儿园	**Civilian-run Kindergartens**	**3958**	**296619**	**453789**	**903734**	**61031**	**35296**
此外：民办非学历教育	In addition: Civilian-run Non-academic Education						
民办高等教育机构	Civilian-run Higher Education Institutions	7	469		1191	1007	688
民办职业技术培训机构	Vocational Technical Training Institutions	21	21351		21098	330	162

注：表中民办普通高中教职工数为初中高中合计数；中等职业教育不含技工学校数字。
资料来源：安徽省教育厅。
a) The total number of tables of common high schools teachers and staff is number of junior high school; secondary occupation education does not contain technical school.
Source: Anhui Municipal Commission of Education.

19—15 各市普通高等学校和中等专业学校情况（2013年）
Number of Specialized Secondary Schools by Region and Type (2013)

单位：人（person）

地 区	Region	学校数（所）Number of Schools (unit)		毕业生数 Number of Graduates		招生数 New Student Enrollment		在校学生数 Student Enrollment	
		高等 Advanced	中等 Middle	高等 Advanced	中等 Middle	高等 Advanced	中等 Middle	高等 Advanced	中等 Middle
总 计	**Total**	**106**	**115**	**280106**	**89586**	**315122**	**87825**	**1052123**	**256912**
合肥市	Hefei	50	35	118418	24242	138923	26618	443401	74003
淮北市	Huaibei	3	5	9084	8592	9837	6400	34796	19188
亳州市	Bozhou	2	4	3575	7259	4482	7370	11821	20944
宿州市	Suzhou	2	7	6789	5036	5425	5043	20446	17686
蚌埠市	Bengbu	5	10	15581	4850	16693	5505	63230	16324
阜阳市	Fuyang	4	9	9815	7902	9059	6050	35361	16929
淮南市	Huainan	5	5	17055	6871	17881	5705	64872	15685
滁州市	Chuzhou	4	3	11707	2312	12526	2632	44666	6861
六安市	Luan	5	3	11118	2437	12061	1776	40076	6635
马鞍山市	Maanshan	4	5	12048	3580	14926	2699	50867	10395
芜湖市	Wuhu	8	8	33161	3502	36455	3055	123112	10008
宣城市	Xuancheng	1	6	2002	851	1873	4869	5735	11763
铜陵市	Tongling	3	2	7854	795	10276	1182	32559	3442
池州市	Chizhou	3	3	6239	1617	6227	871	21359	2998
安庆市	Anqing	5	4	11341	6916	12445	6140	40896	18014
黄山市	Huangshan	2	6	4319	2824	6033	1910	18926	6037

19—16 各市特殊教育情况（2013年）
Basic Statistics on Special Education by Region (2013)

单位：人（person）

地 区	Region	学校数（所）Number of Schools (unit)	毕业生数 Number of Graduates	招生数 New Student Enrollment	在校学生数 Student Enrollment	教职工数 Number of Staff and Teachers	专任教师 Full-time Teachers
总 计	**Total**	**65**	**1132**	**2072**	**10344**	**1500**	**1297**
合肥市	Hefei	6	142	252	1455	172	168
淮北市	Huaibei	1	5	62	252	47	44
亳州市	Bozhou	4	61	211	1262	148	135
宿州市	Suzhou	5	65	236	783	186	142
蚌埠市	Bengbu	5	39	51	414	97	87
阜阳市	Fuyang	6	237	237	882	158	130
淮南市	Huainan	1	22	24	219	37	30
滁州市	Chuzhou	5	62	163	768	72	68
六安市	Luan	7	67	111	566	118	98
马鞍山市	Maanshan	3	53	97	519	69	63
芜湖市	Wuhu	4	51	128	519	103	83
宣城市	Xuancheng	4	67	87	485	50	45
铜陵市	Tongling	1	12	9	152	32	30
池州市	Chizhou	3	37	121	814	54	37
安庆市	Anqing	8	194	235	973	133	114
黄山市	Huangshan	2	18	48	281	24	23

19—17 各市普通中学分城乡学校数和在校学生数（2013年）

Number of Regular Secondary Schools and Student Enrollment by Urban and Rural Areas and by Region (2013)

地区	Region	学校数（所）Number of Regular Secondary Schools (unit) 合计 Total	高中 Senior Secondary Schools	城区 Urban Areas	高中 Senior Secondary Schools	镇区 Counties and Towns	高中 Senior Secondary Schools	乡村 Rural Areas	高中 Senior Secondary Schools
总计	**Total**	**3599**	**698**	**593**	**224**	**1558**	**435**	**1448**	**39**
合肥市	Hefei	367	114	116	46	140	62	111	6
淮北市	Huaibei	134	24	57	15	45	9	32	
亳州市	Bozhou	291	25	19	6	150	19	122	
宿州市	Suzhou	244	45	17	6	117	35	110	4
蚌埠市	Bengbu	166	36	30	10	51	24	85	2
阜阳市	Fuyang	461	51	61	21	180	26	220	4
淮南市	Huainan	129	37	54	21	39	14	36	2
滁州市	Chuzhou	287	61	32	15	136	44	119	2
六安市	Luan	416	63	22	7	172	50	222	6
马鞍山市	Maanshan	102	26	27	8	46	16	29	2
芜湖市	Wuhu	211	40	46	13	106	25	59	2
宣城市	Xuancheng	157	20	24	9	90	11	43	
铜陵市	Tongling	45	17	20	9	14	8	11	
池州市	Chizhou	106	23	17	8	48	14	41	1
安庆市	Anqing	367	94	35	20	175	66	157	8
黄山市	Huangshan	116	22	16	10	49	12	51	

地区	Region	在校学生数（人）Student Enrollment (person) 合计 Total	高中 Senior Secondary Schools	城区 Urban Areas	高中 Senior Secondary Schools	镇区 Counties and Towns	高中 Senior Secondary Schools	乡村 Rural Areas	高中 Senior Secondary Schools
总计	**Total**	**3252035**	**1255132**	**874597**	**411323**	**1840835**	**782224**	**536603**	**61585**
合肥市	Hefei	379263	155058	153650	58106	184109	88665	41504	8287
淮北市	Huaibei	126768	51146	57606	28011	59039	23135	10123	
亳州市	Bozhou	259498	80229	51908	24913	175943	55316	31647	
宿州市	Suzhou	283345	106395	44469	23104	192738	78870	46138	4421
蚌埠市	Bengbu	171975	61305	40177	17067	96871	43867	34927	371
阜阳市	Fuyang	443183	146432	106726	52757	236853	71598	99604	22077
淮南市	Huainan	115042	43354	62847	30720	36130	12320	16065	314
滁州市	Chuzhou	221219	79453	59417	31484	128279	47969	33523	
六安市	Luan	342234	143648	60333	32572	204266	105747	77635	5329
马鞍山市	Maanshan	116399	48100	34711	13510	62190	29388	19498	5202
芜湖市	Wuhu	164148	69665	42603	17523	100958	49198	20587	2944
宣城市	Xuancheng	113354	43067	37977	18236	64840	24831	10537	
铜陵市	Tongling	37437	15914	24234	10734	10195	4952	3008	228
池州市	Chizhou	88138	39368	27443	16848	47067	22199	13628	321
安庆市	Anqing	330373	147346	52224	26576	207429	108679	70720	12091
黄山市	Huangshan	59659	24652	18272	9162	33928	15490	7459	

19—18 各市普通中学分城乡招生数和毕业生数（2013年）

Number of New Student Enrollment and Graduates of Regular Secondary Schools by Urban and Rural Areas and by Region (2013)

单位：人（person）

地区	Region	招生数 New Student Enrollment							
		合计		城区		镇区		乡村	
		Total	高中 Senior Secondary Schools	Urban Areas	高中 Senior Secondary Schools	Counties and Towns	高中 Senior Secondary Schools	Rural Areas	高中 Senior Secondary Schools
总计	**Total**	**1033086**	**380526**	**285603**	**129804**	**581664**	**232932**	**165819**	**17790**
合肥市	Hefei	120144	49070	51874	19478	56617	26950	11653	2642
淮北市	Huaibei	40863	16333	18556	8789	19339	7544	2968	
亳州市	Bozhou	90685	25740	18234	8067	60937	17673	11514	
宿州市	Suzhou	89248	32100	14541	7481	61460	23632	13247	987
蚌埠市	Bengbu	56235	21388	13758	6000	31761	15231	10716	157
阜阳市	Fuyang	153380	48382	35915	17032	82900	24093	34565	7257
淮南市	Huainan	36713	13992	20709	10247	11157	3649	4847	96
滁州市	Chuzhou	72260	27526	19651	10403	42457	17123	10152	
六安市	Luan	99188	36772	18350	9335	57396	25824	23442	1613
马鞍山市	Maanshan	36594	14650	11327	4479	19453	8733	5814	1438
芜湖市	Wuhu	50911	20192	13233	4698	31213	14409	6465	1085
宣城市	Xuancheng	35153	12920	12195	5681	19800	7239	3158	
铜陵市	Tongling	11655	4940	7676	3287	3265	1653	714	
池州市	Chizhou	27715	12475	8757	5326	14885	7023	4073	126
安庆市	Anqing	94124	37336	15032	6854	58934	28093	20158	2389
黄山市	Huangshan	18218	6710	5795	2647	10090	4063	2333	

地区	Region	毕业生数 Number of Graduates							
		合计		城区		镇区		乡村	
		Total	高中 Senior Secondary Schools	Urban Areas	高中 Senior Secondary Schools	Counties and Towns	高中 Senior Secondary Schools	Rural Areas	高中 Senior Secondary Schools
总计	**Total**	**1140578**	**416723**	**291578**	**134543**	**640641**	**262366**	**208359**	**19814**
合肥市	Hefei	130599	47305	49921	17987	62246	26738	18432	2580
淮北市	Huaibei	45616	15507	19697	8539	21294	6968	4625	
亳州市	Bozhou	83705	27646	17096	9237	56072	18363	10537	46
宿州市	Suzhou	96519	32121	14405	7355	63895	23590	18219	1176
蚌埠市	Bengbu	59330	20665	13165	5568	33016	15010	13149	87
阜阳市	Fuyang	141860	45070	34778	17561	74130	20632	32952	6877
淮南市	Huainan	39587	14500	21113	9988	12764	4311	5710	201
滁州市	Chuzhou	79152	24674	19382	9261	46122	15413	13648	
六安市	Luan	118123	47499	17487	8630	71467	37583	29169	1286
马鞍山市	Maanshan	41616	14569	12198	4187	22266	8899	7152	1483
芜湖市	Wuhu	62049	24332	15654	6700	38394	17144	8001	488
宣城市	Xuancheng	42651	15630	13924	6715	23943	8915	4784	
铜陵市	Tongling	12649	4622	7680	2961	3737	1661	1232	
池州市	Chizhou	31542	12704	9161	5584	16561	7050	5820	70
安庆市	Anqing	134402	60729	20072	11107	82388	44102	31942	5520
黄山市	Huangshan	21178	9150	5845	3163	12346	5987	2987	

19—19 各市小学分城乡学校数和在校学生数（2013年）

Basic Statistics on Primary Schools by Urban and Rural Areas and by Region (2013)

地 区	Region	学校数（所）Number of Primary Schools (unit)	城区 Urban Areas	镇区 Counties and Towns	乡村 Rural Areas	在校学生数（人）Student Enrollment (person)	城区 Urban Areas	镇区 Counties and Towns	乡村 Rural Areas
总 计	**Total**	**11507**	**850**	**2454**	**8203**	**4091967**	**833475**	**1539532**	**1718960**
合肥市	Hefei	894	147	205	542	426911	207272	128966	90673
淮北市	Huaibei	350	84	78	188	143820	54880	45512	43428
亳州市	Bozhou	1305	40	229	1036	464213	42585	180017	241611
宿州市	Suzhou	962	27	197	738	371600	35657	144687	191256
蚌埠市	Bengbu	730	50	99	581	221091	44499	61747	114845
阜阳市	Fuyang	2111	74	361	1676	726707	86003	250305	390399
淮南市	Huainan	370	58	67	245	142462	56956	36190	49316
滁州市	Chuzhou	431	42	161	228	243572	46985	124734	71853
六安市	Luan	1501	30	296	1175	391851	35822	154207	201822
马鞍山市	Maanshan	293	44	75	174	123496	41101	47000	35395
芜湖市	Wuhu	418	66	131	221	188637	52014	82903	53720
宣城市	Xuancheng	221	20	82	119	132529	28016	73282	31231
铜陵市	Tongling	85	30	16	39	38503	22345	7406	8752
池州市	Chizhou	315	31	78	206	90610	21522	35899	33189
安庆市	Anqing	1369	89	329	951	319059	41978	137233	139848
黄山市	Huangshan	152	18	50	84	66906	15840	29444	21622

地 区	Region	毕业生数（人）Number of Graduates (person)	城区 Urban Areas	镇区 Counties and Towns	乡村 Rural Areas	招生数（人）New Student Enrollment (person)	城区 Urban Areas	镇区 Counties and Towns	乡村 Rural Areas
总 计	**Total**	**654897**	**133675**	**256646**	**264576**	**753090**	**154976**	**275886**	**322228**
合肥市	Hefei	68542	30917	20663	16962	83299	41953	25247	16099
淮北市	Huaibei	25333	9342	8083	7908	24764	9452	7751	7561
亳州市	Bozhou	65941	7557	28331	30053	86363	7762	32426	46175
宿州市	Suzhou	56669	5317	24098	27254	78889	7798	28171	42920
蚌埠市	Bengbu	38935	6835	9756	22344	42433	8534	12412	21487
阜阳市	Fuyang	102570	12534	39940	50096	133884	15460	44149	74275
淮南市	Huainan	23213	9833	6059	7321	27862	10778	7222	9862
滁州市	Chuzhou	44706	7977	23339	13390	41793	8518	20801	12474
六安市	Luan	61187	5656	24493	31038	67799	5918	27057	34824
马鞍山市	Maanshan	22436	6784	8444	7208	20367	6889	8133	5345
芜湖市	Wuhu	33136	8275	14497	10364	31800	9254	13794	8752
宣城市	Xuancheng	22225	4684	12143	5398	23657	5466	12665	5526
铜陵市	Tongling	6665	3914	1385	1366	6863	3985	1279	1599
池州市	Chizhou	15286	3539	6189	5558	16358	3576	6398	6384
安庆市	Anqing	56862	7860	24212	24790	55330	6819	23549	24962
黄山市	Huangshan	11191	2651	5014	3526	11629	2814	4832	3983

19—20 各市职业中学基本情况（2013年）
Basic Statistics on Vocational Secondary Schools by Region (2013)

单位：人（person）

地　区	Region	学校数（所）Number of Schools (unit)	毕业生数 Number of Graduates	招生数 New Student Enrollment	在校学生数 Student Enrollment	教职工数 Number of Staff and Teachers	专任教师 Full-time Teachers
总　计	**Total**	**288**	**149791**	**159977**	**456823**	**23604**	**20489**
合肥市	Hefei	40	14365	12157	44458	1515	1137
淮北市	Huaibei	8	1985	1173	4522	651	413
亳州市	Bozhou	16	6266	14336	35754	2293	2112
宿州市	Suzhou	14	5400	14858	28328	1598	1417
蚌埠市	Bengbu	13	3480	3278	15534	1242	1163
阜阳市	Fuyang	42	17961	17553	46887	2841	2513
淮南市	Huainan	11	7979	5683	15833	482	378
滁州市	Chuzhou	20	16902	17232	44581	1973	1798
六安市	Luan	33	15311	21107	48503	1839	1512
马鞍山市	Maanshan	9	4544	3136	10521	260	239
芜湖市	Wuhu	18	7825	7239	21631	1186	1012
宣城市	Xuancheng	8	9689	6692	21453	935	826
铜陵市	Tongling	4	3699	1612	5049	270	176
池州市	Chizhou	7	7015	7933	17371	1102	1056
安庆市	Anqing	34	22458	22234	84376	5039	4465
黄山市	Huangshan	11	4912	3754	12022	378	272

19—21 各市幼儿园基本情况（2013年）
Basic Statistics on Kindergartens by Region (2013)

单位：人（person）

地　区	Region	园数（所）Number of Schools (unit)	毕业生数 Number of Graduates	招生数 New Student Enrollment	幼儿数（人）Student Enrollment	教职工数 Number of Staff and Teachers	教师 Teachers
总　计	**Total**	**6075**	**646059**	**950067**	**1679511**	**83663**	**51120**
合肥市	Hefei	768	76966	93703	211791	15511	8341
淮北市	Huaibei	231	26348	45009	66656	3432	2478
亳州市	Bozhou	484	76614	110145	182646	6540	4879
宿州市	Suzhou	549	68390	111121	168100	5749	4054
蚌埠市	Bengbu	294	40771	70803	104139	4609	2873
阜阳市	Fuyang	563	85704	136403	237885	8348	5627
淮南市	Huainan	187	20848	40103	69230	3371	1985
滁州市	Chuzhou	545	39841	45961	99116	3978	2567
六安市	Luan	639	62090	93944	149931	7006	4357
马鞍山市	Maanshan	241	19551	25421	50170	3959	2020
芜湖市	Wuhu	431	29031	37423	83020	7101	3826
宣城市	Xuancheng	451	21813	21581	66366	5431	3142
铜陵市	Tongling	72	5431	7403	15248	1399	762
池州市	Chizhou	136	13230	17158	33300	1456	821
安庆市	Anqing	326	48219	77199	106719	3742	2054
黄山市	Huangshan	158	11212	16690	35194	2031	1334

19—22 各级各类学校教育经费收入情况（2013年）
Basic Statistics on Educational Funds in Various Schools (2013)

单位：万元（10000 yuan）

指标	Item	合计 Total	国家财政性教育经费 Government Appropriation for Education	公共财政预算教育经费 The Budget of Public Finance Education Funds	民办学校中举办者投入 Conducting Investment of Voluntary School	社会捐赠经费 Donations for Education	事业收入 Undertaking Revenue	其他收入 Other Income
总　计	**Total**	**10301261**	**8482807**	**7712976**	**46870**	**14121**	**1638949**	**118515**
高等教育	Institutions of Higher Education	1803429	1039285	994369	4484	3850	703522	52289
普通高等学校	Regular Institutions of Higher Education	1766024	1022837	978557	4484	3850	683528	51325
本科学校	Undergraduate Courses Schools	1252375	744643	725967	1122	3439	472456	30715
高职高专	Higher Vocational College	513649	278195	252590	3362	411	211072	20610
#职业学校	Vocational Schools	387789	204332	189614	3337	397	160461	19263
成人高等学校	Institutions of Higher Education for Adults	37405	16448	15813			19993	964
中等职业学校	Vocational Secondary Schools	775931	662291	480188	2437	189	95447	15567
中等专业学校	Specialized Secondary Schools	375332	314722	215984	1571	48	51526	7466
职业高中	Vocational Schools	353758	320270	242014	434	141	30280	2632
#农　村	Rural Areas	110409	99845	78677	411	48	9413	693
技工学校	Technical Schools	21331	9409	8803			7148	4773
成人中等专业学校	Specialized Secondary Schools for Adults	25510	17890	13387	432		6494	695
中　学	Secondary Schools	3575287	2962728	2658259	21919	7212	552409	31020
普通中学	Ordinary High School	3575287	2962728	2658259	21919	7212	552409	31020
普通高中	Senior Secondary Schools	1490313	1042093	887144	9761	5332	414654	18474
#农　村	Rural Areas	317226	224148	215851	7911	735	81932	2500
普通初中	Regular Junior Secondary Schools	2084974	1920635	1771114	12158	1880	137755	12546
#农　村	Rural Areas	1370894	1332955	1255748	9927	876	24253	2883
小　学	Primary Schools	3125735	3055770	2884749	7852	2147	51173	8793
普通小学	Regular Primary Schools	3125735	3055770	2884749	7852	2147	51173	8793
#农　村	Rural Areas	2274391	2245173	2143108	2746	1124	20424	4924
特殊教育	Special Education	25123	24334	19888		30	294	465
特殊教育学校	Special Education School	24898	24109	19662		30	294	465
工读学校	Work-and-study Schools	225	225	225				
幼儿园	Kindergartens	467934	246644	208520	10178	283	207692	3137
#农　村	Rural Areas	217376	140268	119690	3145	120	73072	771
教育行政单位	Education Administrative Units	84612	73645	63233		17	7396	3554
教育事业单位	Education Institution	97938	81431	69737		388	13172	2947
其　他	Others	345273	336678	334034		6	7845	744

注：1.普通高等学校中央共建经费16079万元。其中：教育事业费拨款12510万元、科研拨款819万元、其他拨款750万元、基本建设2000万元。
2.事业收入中从非本级财政或其他政府部门、公办科研机构取得的来源于中央的用于科研的财政拨款11025.6万元。
3.捐赠收入中港、澳、台及海外捐赠105.6万元。
4.其他收入中联合办学（班）收入716万元。

a) Ordinary institutions of higher learning the central building funds of 160.79 million yuan. Among them: allocated 125.1 million yuan, the operating expense of education scientific research funding other allocated 7.5 million yuan and RMB 8.19 million yuan, 20 million yuan capital construction.

b) Business income from the fiscal or other government departments at the corresponding level, and public research institutions obtained from 110.256 million yuan the central fiscal funding for scientific research.

c) Donation income donated 1.056 million yuan Hong Kong, Macao and Taiwan and overseas.

d) The compact other income (class) income is 7.16 million yuan.

19—23 全省科技活动基本情况
Basic Statistics on Scientific and Technological Activities

指标	Item	2000	2005	2010	2012	2013
科技活动	**Scientific and Technological Activities**					
科技机构数 (个)	Number of Scientific Technological Research Institutions (unit)	984	917	2221	3013	3484
科技活动人员 (万人)	Personnel Engaged in S&T Activities (10000 persons)	9.72	8.94	23.65	30.52	33.91
#大学本科及以上学历	Bachelor's degree or above			9.66	13.01	14.36
研究与试验发展经费支出 (亿元)	Expenditure on R&D (100 million yuan)	20.02	45.61	163.72	281.80	352.08
#基础研究	Basic Research		4.12	12.23	18.31	22.13
应用研究	Applied Research		9.15	15.66	26.91	33.49
试验发展	Experimental Development		27.99	135.83	236.57	296.47
#政府资金	Government Fund		14.48	36.07	60.21	82.89
企业资金	Self-raised Funds by Enterprise		27.40	118.86	209.19	257.93
#相当于GDP比例 (%)	Proportion of Expenditure on R&D to GDP (%)		0.85	1.32	1.64	1.85
科技成果及获奖数 (项)	**Achievements in S&T and National Prizes Won (item)**					
重大科学技术成果	Number of Major Achievements in Science and Technology	511	546	780	878	920
国家发明奖	Number of National Invention Prizes Awarded				2	2
国家科学技术进步奖	Number of National Scientific and Technological Progress Prizes Awarded	1	4	7	6	9
获国家自然科学奖	Number of National Natural Sciences Prize Awarded		1	2	3	3
技术市场成交额 (万元)	**Transaction Value in Technical Market (10000 yuan)**	**61011**	**142553**	**461470**	**861592**	**1307716**
专利	**Patent**					
专利申请受理量 (件)	Total Patent Applications Examined (unit)	1877	3516	37780	74888	93353
发明	Creation and Inventions	301	903	6396	19391	34857
实用新型	Utility Models	1080	1715	14417	36641	45148
外观设计	Designs	496	898	16967	18856	13348
专利申请授权量 (件)	Total Patent Applications Authorized (unit)	1482	1939	16012	43321	48849
发明	Creation and Inventions	104	238	1111	3066	4241
实用新型	Utility Models	894	1072	8839	27191	36003
外观设计	Designs	484	629	6062	13064	8605

19—24 县级以上政府部门属研究与开发机构及科技信息与文献机构数、人员数

State-owned Research and Development Institutions and Information and Literature Institutions at and Above County Level and Persons Engaged

年份 Year	合计 Total		自然科学技术领域 Field of Natural Sciences and Humanities			社会、人文科学技术领域 Field of Social Sciences and Humanities			科技信息和文献机构 Scientific-technical Information and Literature Institutions		
	机构(个) Institutions (unit)	从业人员(人) Employees (person)	机构(个) Institutions (unit)	从业人员(人) Employees (person)	科技活动人员 S&T Personnel	机构(个) Institutions (unit)	从业人员(人) Employees (person)	科技活动人员 S&T Personnel	机构(个) Institutions (unit)	从业人员(人) Employees (person)	科技活动人员 S&T Personnel
2000	167	7373	139	6690	4523	10	369	289	18	314	229
2005	125	6425	100	5764	4155	8	327	292	17	334	307
2006	122	6412	97	5748	4183	8	327	301	17	337	312
2007	116	6027	91	5364	4140	8	331	299	17	332	310
2008	108	6292	85	5431	4153	8	389	336	15	472	415
2009	104	6224	81	5397	4278	7	343	310	16	484	454
2010	104	6227	83	5405	4402	7	335	313	14	487	455
2011	100	6318	80	5641	4699	7	336	280	13	341	325
2012	98	6527	77	5832	5027	7	334	297	14	361	356
2013	101	6964	80	6258	5450	7	331	305	14	375	335

19—25 县级以上政府部门属研究与开发机构及科技信息与文献机构科技经费筹集和支出总额

Total Funds and Total Expenditures of State-owned Research and Development Institutions and Information and Literature Institutions at and Above County Level

单位：万元（10000 yuan）

年份 Year	合计 Total		自然科学技术领域 Field of Natural Sciences and Humanities			社会、人文科学技术领域 Field of Social Sciences and Humanities			科技信息和文献机构 Scientific-technical Information and Literature Institutions		
	科技活动收入 S&T Income	科技经费内部支出 Intramural Expenditure on S&T	科技活动收入 S&T Income	政府资金 Government Funds	科技经费内部支出 Intramural Expenditure on S&T	科技活动收入 S&T Income	政府资金 Government Funds	科技经费内部支出 Intramural Expenditure on S&T	科技活动收入 S&T Income	政府资金 Government Funds	科技经费内部支出 Intramural Expenditure on S&T
2000	101388	51908	98004	26988	48804	1871	1231	1741	1513	955	1363
2005	69881	66852	63694	51429	61396	3991	2268	3026	2196	1774	2430
2006	76227	67613	69374	52703	61476	3937	2482	3656	2916	2485	2481
2007	90051	83437	81096	62910	76123	4910	3123	4457	4045	3008	2857
2008	100551	90811	85274	71395	77284	5405	3970	5361	9872	6965	8166
2009	156716	103130	142846	107400	91744	6543	4455	5364	7327	5182	6022
2010	191056	134839	172837	149390	118150	8210	5816	6851	10009	8608	9837
2011	225659	175123	212688	142596	163397	7812	5551	7352	5159	4306	4374
2012	234114	194232	219720	158395	182437	7423	7315	5435	6971	6213	6359
2013	237275	216299	221116	183338	201724	8067	5294	6268	8091	7204	8307

19—26 自然科学和技术领域经费收入（2013年）
Receipts in the Field of Natural Science and Technology (2013)

单位：万元（10000 yuan）

指标	Item	科技活动收入 S&T Income	政府资金 Government Funds	非政府资金 Non-Government Funds	生产经营活动收入 Production Activities Income	其他收入 Others
总计	**Total**	**237275**	**195836**	**41439**	**24874**	**18383**
按隶属关系分	**Group by Administrative Relationship**					
省级部门属	Under the Provincial Departments	100250	79581	20669	18230	9298
地市级部门属	Under the Prefectural Departments	16285	15383	902	2624	3355
中央部门属	Under the Departments of the State Council	120740	100872	19868	4019	5730
中国科学院	Under the Chinese Academy of Science	117715	98434	19281	4019	5730
按学科领域分	**Group by Branch of Science**					
自然科学	Natural Science	130130	107385	22745	13445	8633
农业科学	Agriculture	39642	34692	4950	951	5052
医学科学	Medicine	4187	3151	1035	5379	433
工程科学与技术	Engineering and Technology	49532	40303	9229	5099	2436
社会、人文科学	Social Sciences and Humanities	13785	10305	3479		1829

19—27 自然科学和技术领域经费支出（2013年）
Expenditures in the Field of Natural Science and Technology (2013)

单位：万元（10000 yuan）

指标	Item	科技经费内部支出 Intramural Expenditure on S&T	#人员劳务费 Personnel Expenditure	其他日常支出 Other Routine Expenditure	设备购置费 Expenditure for Equipment	生产经营支出 Expenditure of Production	其他支出 Others
总计	**Total**	**216299**	**65248**	**100588**	**30351**	**19610**	**26908**
按隶属关系分	**Group by Administrative Relationship**						
省级部门属	Under the Provincial Departments	86715	32373	41408	8453	14431	13098
地市级部门属	Under the Prefectural Departments	14162	7043	5588	817	1128	3997
中央部门属	Under the Departments of the State Council	115422	25832	53592	21082	4051	9813
中国科学院	Under the Chinese Academy of Science	113108	25035	52739	20782	4051	9107
按学科领域分	**Group by Branch of Science**						
自然科学	Natural Science	124001	30055	57794	21600	10458	12494
农业科学	Agriculture	34747	13720	16934	2198	1700	5760
医学科学	Medicine	3747	1590	1883	266	4193	1239
工程科学与技术	Engineering and Technology	41075	14213	18845	4901	3241	4739
社会、人文科学	Social Sciences and Humanities	12729	5670	5132	1386	18	2677

19—28 科协系统科技活动情况（2013年）

Basic Statistics on Scientific and Technological Activities of Associations for Science and Technology (2013)

项　　目		Item		科协合计 Total Number of Associations for Science & Technology	省科协 provincial Associations	省级学会 Provincial-level Learned Societies
机构数	**（个）**	**Number of Associations or Learned Societies**	**(unit)**	**123**	**1**	**156**
人员数	**（人）**	**Personnel**	**(person)**			
机　关		Associations		822	38	
直属单位		Enterprises and Non-profit Organizations Attached to Associations or Learned Societies		476	159	
学会理事		Members of Councils				10073
学术活动		**Academic Activities**				
国内学术会议		Domestic Academic Meetings				
次　数	（次）	Number	(times)	100	22	427
参加人数	（人次）	Number of Participants	(person-time)	15950	5500	44362
交流论文数	（篇）	Number of Papers Presented	(unit)	3609	1200	10553
国际学术会议		International Meetings Held in China				
次　数	（次）	Number	(times)	1	1	26
参加人数	（人次）	Number of Participants	(person-time)	100	100	2602
交流论文数	（篇）	Number of Papers Presented	(unit)	12	12	384
国际民间科技交流		International Folk Exchange of S&T				
接待来访科技团组	（个）	International Group on S&T Received Home	(unit)			
接待总人数	（人次）	Person Received	(person-time)	102	102	190
外派科技团组	（个）	Number of Study Tours Sent Aboard	(unit)			
外派总人数	（人次）	Total People Sent Aboard	(person-time)	11	11	245
科技培训		**Training Program**				
院校培训人数	（人次）	Number of Persons Trained in Universities and Colleges	(person-time)			
科普活动		**Activities for Popular Science**				
讲座次数	（次）	Number of Lectures	(times)	353	45	101
听讲座人数	（人次）	Number of Participants	(person-time)	324752	40000	256706
展览次数	（次）	Number of Exhibitions	(times)	844	23	21
参观展览人数	（人次）	Number of Participants	(person-time)	1788650	90000	297000
青少年科技竞赛次数	（次）	Number of Teenagers Participating in Science and Technology Competitions	(time)	248	7	28
咨询活动		**Consultative Activities**				
完成合同	（项）	Number of Consultative Contracts Completed	(item)	62	62	
合同实现金额	（万元）	Revenue from Fulfillment of Consultative Contracts	(10000 yuan)	437	437	
出　版		**Publications**				
科技期刊种数	（种）	Number of Academic Journals	(kind)	9		46
论文集种数	（种）	Number of Collections of Articles	(kind)	42		120
论文集发行量	（册）	Number of Copies Distributed	(copies)	3720		10655
科技报纸种数	（种）	Number of Scientific & Technological Newspapers	(kind)	3	1	3

19—29 研究与试验发展（R&D）研究机构情况（2013年）
Institution of Research and Development (2013)

指标	Item	机构数（个）Number of Institutions (unit)	R&D人员（人）R&D Personnel (person)	博士 Doctor's Degree	R&D经费支出（万元）R&D Funds Disburse (10000 yuan)	科研用仪器设备原价（万元）Initial cost Used Scientific Research Equipment (10000 yuan)	进口 Import
总计	**Total**	**3484**	**70992**	**4351**	**1688322**	**2289744**	**463941**
按学科分	**Group by Branch of Science**						
自然科学	Natural Science	49	4284	1496	137260	236387	112862
农业科学	Agriculture	112	1346	131	20108	16766	3402
医学科学	Medicine	69	772	144	4668	45958	27518
工程科学与技术	Engineering and Technology	3135	62905	2118	1516950	1988400	320049
社会、人文科学	Social Sciences and Humanities	119	1685	462	9335	2233	110
按国民经济行业分	**Grouped by Sector**						
农、林、牧、渔业	Agriculture, Forestry, Animal Husbandry and Fishery	39	94	3	625	820	62
采矿业	Mining	34	1926	32	11551	137436	90
制造业	Manufacturing	2692	51913	1126	1189005	1385718	211607
电力、燃气及水的生产和供应业	Production and Supply of Electricity Gas and Water	11	311	11	14298	64223	1086
建筑业	Construction	146	1054	11	18514	135764	695
交通运输、仓储和邮政业	Transport, Storage and Postal Services	5	55	1	6082	2504	
信息传输、计算机服务和软件业	Information Circulation, Computer Services and Software	21	37	3	167	266	
批发和零售业	Wholesale and Retail Trade						
住宿和餐饮业	Accommodation and Catering Trade						
金融业	Banking						
房地产业	Real Estate						
租赁和商务服务业	Leasing and Commercial Services	2	6		103	98	
科学研究、技术服务和地质勘查业	Scientific Research, Technical Services and Geological Prospecting	120	11524	1783	391267	304533	108961
水利、环境和公共设施管理业	Water Conservancy, Environmental and Public Facilities Management	4				14	
居民服务和其他服务业	Resident Services and Other Services						
教育	Education	375	3558	1354	46747	248332	136771
卫生、社会保障和社会福利业	Health, Social Securities and Social Welfare	35	514	28	9964	10037	4670
文化、体育和娱乐业	Culture, Sports and Entertainment						
公共管理和社会组织	Public Management and Social Organizations						
按机构类型分	**Grouped by Organization Type**						
政府部门办	Government Department	141	11838	1906	391920	304891	108968
与国内高校合办	Collaborate with Domestic University	24	226	109	2227	19541	9752
与国内独立机构合办	Collaborate with Domestic Independent Institution	2	55	6	19	4	1
与境外机构合办	Collaborate with Foreign Institution						
与境外注册外商独资企业合办	Collaborate with Foreign Sole Ownership Enterprise Registed in Foreign						
与境内注册其他企业合办	Collaborate with Domestic Other Enterprise	45	268	79	4217	18849	8856
单位自办	Unit Oneself	3272	58605	2251	1289938	1946458	336364
其他	Other						
按隶属关系分	**Grouped by Subordination Relations**						
中央	Central	201	11924	2166	429009	567323	195641
地方	Local	3283	59068	2185	1259313	1722421	268300

19—30 科技活动、研究与试验发展（R&D）人员（2013年）
People in Science and Technology Activity, Research and Development (2013)

指 标	Item	科技活动人员（人）Personnel Engaged in S&T Activities (person)	#大学本科及以上 University Degree and Above
总 计	**Total**	**339063**	**143568**
按隶属关系分	**Grouped by Subordination Relations**		
中 央	Central	41726	20024
地 方	Local	297337	123544
按国民经济行业分	**Grouped by Sector**		
农、林、牧、渔业	Agriculture, Forestry, Animal Husbandry and Fishery	826	126
采矿业	Mining	16844	2141
制造业	Manufacturing	200295	66150
电力、燃气及水的生产和供应业	Production and Supply of Electricity Gas and Water	6016	780
建筑业	Construction	14363	2781
交通运输、仓储和邮政业	Transport, Storage and Postal Services	3571	594
信息传输、计算机服务和软件业	Information Circulation, Computer Services and Software	4135	930
批发和零售业	Wholesale and Retail Trade		
住宿和餐饮业	Accommodation and Catering Trade		
金融业	Banking	86	
房地产业	Real Estate		
租赁和商务服务业	Leasing and Commercial Services	4929	147
科学研究、技术服务和地质勘查业	Scientific Research, Technical Services and Geological Prospecting	22678	16810
水利、环境和公共设施管理业	Water Conservancy, Environmental and Public Facilities Management	338	89
居民服务和其他服务业	Resident Services and Other Services		
教 育	Education	57771	51576
卫生、社会保障和社会福利业	Health, Social Securities and Social Welfare	5590	438
文化、体育和娱乐业	Culture, Sports and Entertainment	1621	1006
公共管理和社会组织	Public Management and Social Organizations		

调查单位数（个）Number of Investigation Units (unit)	有R&D活动单位 Activity for R&D	R&D人员（人）Staff of R&D (person)	#研究人员 Staff of Researcher	#全时人员 Staff of Full Time	#博士 Doctor's Degree	R&D人员折合全时当量（人年）Full-time Equivalent of R&D Personnel (man-years)	#研究人员 Staff of Researcher	基础研究 Basic Research	应用研究 Apply Researcher	试验发展 Experimental and Development Researcher
21994	**2838**	**180632**	**72996**	**109197**	**8059**	**119340**	**47602**	**8870**	**13672**	**96799**
261	84	23361	13091	15956	3161	17674	10153	3036	4149	10490
21733	2754	157271	59905	93241	4898	101666	37449	5834	9523	86310
127	21	186	106	65	10	122	84			122
479	24	12403	7080	4182	36	7515	4644		1012	6504
15454	2327	112858	30125	74008	1353	77204	20799		642	76562
251	18	2366	1272	222	30	1281	676		12	1269
3118	42	4779	1836	2699	46	3276	1285		483	2793
1246	4	727	288	422	1	365	89			365
185	9	642	309	600	4	264	86		18	246
12										
456	3	1150	254	1137		315	79			315
225	171	15932	9259	12472	2008	13878	8316	2209	4034	7635
112	5	64	15	36	1	50	10			50
181	171	24737	19655	11073	4538	12163	9805	5961	5612	591
46	42	4588	2597	2147	30	2862	1683	700	1859	303
102	1	200	200	134	2	45	45			45

19—31 研究与试验发展（R&D）产出情况（2013年）
Output of Research and Development (2013)

指　标	Item	专　利申请数（件）Patent Applica-tions (piece)	发明专利 Inventions
总　计	**Total**	**40394**	**14394**
按隶属关系分	**Grouped by Subordination Relations**		
中　央	Central	4408	2480
地　方	Local	35986	11914
按国民经济行业分	**Grouped by Sector**		
农、林、牧、渔业	Agriculture, Forestry, Animal Husbandry and Fishery	26	25
采矿业	Mining	590	156
制造业	Manufacturing	31535	10392
电力、燃气及水的生产和供应业	Production and Supply of Electricity Gas and Water	784	318
建筑业	Construction	994	267
交通运输、仓储和邮政业	Transport, Storage and Postal Services	6	
信息传输、计算机服务和软件业	Information Circulation, Computer Services and Software	32	21
批发和零售业	Wholesale and Retail Trade		
住宿和餐饮业	Accommodation and Catering Trade		
金融业	Banking		
房地产业	Real Estate		
租赁和商务服务业	Leasing and Commercial Services		
科学研究、技术服务和地质勘查业	Scientific Research, Technical Services and Geological Prospecting	1889	1061
水利、环境和公共设施管理业	Water Conservancy, Environmental and Public Facilities Management	1	1
居民服务和其他服务业	Resident Services and Other Services		
教　育	Education	4467	2111
卫生、社会保障和社会福利业	Health, Social Securities and Social Welfare	70	42
文化、体育和娱乐业	Culture, Sports and Entertainment		
公共管理和社会组织	Public Management and Social Organizations		

专利授权数（件）Patents Granted (piece)	发明专利 Inventions	有效发明专利数（件）Number of patents In Force (piece)	专利所有权转让及许可数（件）Patent all Power Transfer and Clearance Number (piece)	专利所有权转让及许可收入（万元）Patent all Power Transfer and Clearance Income (10000 yuan)	集成电路布图设计登记数（件）Registration Number of Integrated Circuit Layout (unit)	植物新品种权授予数（项）Granted Number of Plant Variety Right (unit)	形成国家或行业标准数（项）Standard Number of Formed Nation and Industry (unit)	发表科技论文（篇）Scientific Papers Issued (piece)	出版科技著作（种）Publication on Science and Technology (kind)
3488	**1002**	**17923**	**915**	**14686**	**3**	**52**	**1329**	**50448**	**1220**
1004	634	3140	66	1698	3		360	11384	54
2484	368	14783	849	12988		52	969	39064	1166
		3					1	28	
		96	6				9	777	
		13379	728	12164			1168	3171	
		107					13	984	
		183	3				32	379	
							2	7	
		11	9	13			11	9	
935	315	2041	48	1221	3	21	83	4352	76
								6	
2553	687	2103	121	1289		31	10	37394	1120
								3341	24

19—32 研究与试验发展（R&D）经费支出情况（2013年）
Research and Development Funds and Internal Expenditure (2013)

单位：万元（10000 yuan）

项目	Item	R&D经费支出 Expenditure for R&D	按活动类型分 By Activities: 基础研究 Fundamental Research	应用研究 Applied Rescarch	试验发展 Experimental	#人员劳务费 Labor Expenses
总计	**Total**	**3520833**	**221279**	**334878**	**2964676**	**865982**
按执行部门分组	**Grouped by Execution Department**					
科研机构	Scientific Research Institution	364642	73112	107696	183834	79139
高等学校	College	299401	140763	126281	32357	54717
工业企业	Industrial Enterprise	2477246		40371	2436875	641704
非工业企业	Non-Industrial Enterprise	324152	1635	30978	291538	69738
事业单位	Institution	55393	5769	29552	20072	20684
按隶属关系分组	**Grouped by Subordination Relations**					
中央	Central	661949	124585	159149	378216	148216
地方	Local	2858884	96695	175729	2586460	717767

19—33 各市研究与试验发展（R&D）研究机构情况（2013年）
Institution of Research and Development by Region (2013)

地区	Region	机构数（个） Number of Institutions (unit)	R&D人员（人） R&D Personnel (person)	博士 Doctor's Degree	R&D经费支出（万元） R&D Funds Disburse (10000 yuan)	科研用仪器设备原价（万元） Initial cost Used Scientific Research Equipment (10000 yuan)	进口 Import
总计	**Total**	**3484**	**70992**	**4351**	**1688322**	**2289744**	**463941**
合肥市	Hefei	897	28224	3040	767087	906996	263392
淮北市	Huaibei	81	2414	103	22379	155512	3188
亳州市	Bozhou	81	602	19	8932	37188	3636
宿州市	Suzhou	83	1079	44	13711	39507	2937
蚌埠市	Bengbu	295	4734	116	124552	142386	26317
阜阳市	Fuyang	68	971	39	31857	23076	832
淮南市	Huainan	129	2229	150	27943	41537	3354
滁州市	Chuzhou	427	4768	103	100520	131821	11634
六安市	Luan	107	1746	44	25800	45548	3985
马鞍山市	Maanshan	192	3462	139	96680	163738	47342
芜湖市	Wuhu	420	11816	376	298646	308773	59999
宣城市	Xuancheng	154	2716	35	42135	60271	7822
铜陵市	Tongling	81	1606	22	50994	87733	1018
池州市	Chizhou	95	416	17	8498	15716	4064
安庆市	Anqing	262	2780	83	45625	104288	20550
黄山市	Huangshan	112	1429	21	22963	25654	3871

19—34 各市科技活动、研究与试验发展（R&D）人员（2013年）

People in Science and Technology Activity, Research and Development by Region (2013)

地区	Region	科技活动人员（人） Personnel Engaged in S&T Activities (person)	#大学本科及以上 University Degree and Above	调查单位数（个） Number of Investigation Units (unit)	有R&D活动单位 Activity for R&D	R&D人员（人） Staff of R&D (person)	#女性 Female	#研究人员 Staff of Researcher	全时人员 Staff of Full Time	非全时人员 Staff of Non-Full Time
总计	**Total**	**339063**	**143568**	**21994**	**2838**	**180632**	**37133**	**72996**	**109197**	**71435**
合肥市	Hefei	114703	59868	4155	598	62140	14822	26674	42206	19934
淮北市	Huaibei	11583	3595	876	53	8117	1090	5910	4540	3577
亳州市	Bozhou	4070	1579	839	58	1842	560	508	1081	761
宿州市	Suzhou	5520	2132	1240	80	2778	801	1039	1312	1466
蚌埠市	Bengbu	22613	10694	1095	252	12132	2565	5389	7787	4345
阜阳市	Fuyang	5622	2467	1389	79	3427	683	1465	1976	1451
淮南市	Huainan	17995	5527	779	128	12318	1434	5280	4106	8212
滁州市	Chuzhou	18534	7779	1537	308	9414	1669	3426	5704	3710
六安市	Luan	9815	4388	1271	92	3975	844	1484	2830	1145
马鞍山市	Maanshan	22176	7942	1241	206	11203	1843	4730	5680	5523
芜湖市	Wuhu	54111	22167	2312	329	25640	5419	6679	16888	8752
宣城市	Xuancheng	11760	2713	1396	189	6516	1113	1558	3501	3015
铜陵市	Tongling	14950	3264	454	95	8119	1373	3782	4685	3434
池州市	Chizhou	5106	1572	667	63	2643	544	945	1246	1397
安庆市	Anqing	14404	5422	2073	208	6851	1689	3026	3797	3054
黄山市	Huangshan	6101	2459	670	100	3517	684	1101	1858	1659

地区	Region	博士毕业 Doctor	硕士毕业 Master	本科毕业 University Degree	其他学历 Other	R&D人员折合全时当量（人年） Full-time Equivalent of R&D Personnel (man-years)	#研究人员 Staff of Researcher	基础研究 Basic Research	应用研究 Apply Researcher	试验发展 Experimental and Development Researcher
总计	**Total**	**8059**	**22185**	**52912**	**97476**	**119340**	**47602**	**8870**	**13672**	**96799**
合肥市	Hefei	5051	10811	20012	26266	42934	18250	5225	6681	31027
淮北市	Huaibei	251	613	1429	5824	5830	4132	262	203	5365
亳州市	Bozhou	25	117	522	1178	1211	316	12	65	1135
宿州市	Suzhou	51	302	600	1825	1510	550	53	251	1206
蚌埠市	Bengbu	458	2170	3778	5726	8288	3753	823	1596	5868
阜阳市	Fuyang	127	407	1072	1821	2097	820	135	263	1699
淮南市	Huainan	275	970	2151	8922	6578	2963	617	1258	4703
滁州市	Chuzhou	245	1049	3123	4997	6737	2440	267	795	5675
六安市	Luan	77	386	1548	1964	2245	829	49	234	1963
马鞍山市	Maanshan	365	1254	3516	6068	7286	2881	144	919	6223
芜湖市	Wuhu	709	2327	8687	13917	15850	3600	713	642	14495
宣城市	Xuancheng	39	98	1174	5205	4349	1089		9	4340
铜陵市	Tongling	118	583	1615	5803	6219	2814	110	553	5556
池州市	Chizhou	37	246	348	2012	1042	372	105	56	881
安庆市	Anqing	183	528	2182	3958	4904	2149	281	103	4520
黄山市	Huangshan	48	324	1155	1990	2262	643	73	45	2145

19—35 各市研究与试验发展（R&D）产出情况（2013年）

Output of Research and Development by Region (2013)

地 区	Region	专利申请数（件）Patent Applications (piece)	发明专利 Inventions	专利授权数（件）Patents Granted (piece)	发明专利 Inventions	有效发明专利数（件）Number of patents In Force (piece)	专利所有权转让及许可数（件）Patent all Power Transfer and Clearance Number (piece)
总 计	**Total**	**40394**	**14394**	**3488**	**1002**	**17923**	**915**
合 肥 市	Hefei	12593	5135	1153	711	6880	162
淮 北 市	Huaibei	814	218	15	10	406	64
亳 州 市	Bozhou	570	138	3	3	269	27
宿 州 市	Suzhou	435	150	58	2	166	21
蚌 埠 市	Bengbu	2760	1190	149	49	1110	51
阜 阳 市	Fuyang	498	218	3	2	151	2
淮 南 市	Huainan	2042	555	744	36	447	49
滁 州 市	Chuzhou	2892	1070	189	37	685	21
六 安 市	Luan	1519	325	210	9	791	25
马鞍山市	Maanshan	2568	984	193	75	1500	68
芜 湖 市	Wuhu	7403	2392	637	55	3041	188
宣 城 市	Xuancheng	1657	577			723	22
铜 陵 市	Tongling	1127	389	4	3	482	18
池 州 市	Chizhou	797	230	9	1	433	22
安 庆 市	Anqing	1942	644	24	1	551	94
黄 山 市	Huangshan	777	179	97	8	288	81

地 区	Region	专利所有权转让及许可收入（万元）Patent all Power Transfer and Clearance Income (10000 yuan)	集成电路布图设计登记数（件）Registration Number of Integrated Circuit Layout (unit)	植物新品种权授予数（项）Granted Number of Plant Variety Right (unit)	形成国家或行业标准数（项）Standard Number of Formed Nation and Industry (unit)	发表科技论文（篇）Scientific Papers Issued (piece)	出版科技著作（种）Publication on Science and Technology (kind)
总 计	**Total**	**14686**	**3**	**52**	**1329**	**50448**	**1220**
合 肥 市	Hefei	4756	3	51	486	27457	565
淮 北 市	Huaibei				18	1315	15
亳 州 市	Bozhou				25	250	4
宿 州 市	Suzhou				24	908	12
蚌 埠 市	Bengbu	418			106	3707	63
阜 阳 市	Fuyang				15	1330	56
淮 南 市	Huainan	1078			28	3241	76
滁 州 市	Chuzhou	694			110	2088	109
六 安 市	Luan	65			30	1365	50
马鞍山市	Maanshan	1189			55	1997	21
芜 湖 市	Wuhu	168			181	3820	175
宣 城 市	Xuancheng	72			53	114	
铜 陵 市	Tongling	1			40	641	27
池 州 市	Chizhou	1			9	414	8
安 庆 市	Anqing	1314			92	1190	33
黄 山 市	Huangshan	4930		1	57	611	6

19—36 各市研究与试验发展（R&D）经费支出情况（2013年）

Research and Development Funds and Internal Expenditure by Region (2013)

单位：万元（10000 yuan）

地区	Region	R&D经费 Expenditure for R&D	按活动类型分 By Activities			按支出用途分 By Expenditure	
			基础研究 Fundamental Research	应用研究 Applied Rescarch	试验发展 Experimental	人员劳务费 Labor Expenses	设备购置费 Expenditure for Equipment
总计	**Total**	**3520833**	**221279**	**334878**	**2964676**	**865982**	**435427**
合肥市	Hefei	1446956	158745	188930	1099281	357615	144798
淮北市	Huaibei	99330	3046	2856	93428	27231	13830
亳州市	Bozhou	28104	38	1013	27054	7124	4620
宿州市	Suzhou	32294	332	3049	28913	7848	7461
蚌埠市	Bengbu	203268	11508	35030	156730	44820	43158
阜阳市	Fuyang	51030	3035	4277	43719	17147	6867
淮南市	Huainan	149643	14136	25671	109837	53526	15696
滁州市	Chuzhou	183258	7140	27873	148245	44086	34403
六安市	Luan	59183	494	1161	57528	13826	13205
马鞍山市	Maanshan	290518	3252	23760	263506	55494	39061
芜湖市	Wuhu	533495	10534	7484	515477	128390	57409
宣城市	Xuancheng	97934	11	460	97463	23796	14221
铜陵市	Tongling	190471	806	7947	181718	47551	10290
池州市	Chizhou	32981	696	867	31419	6015	6073
安庆市	Anqing	83195	7190	3824	72182	21457	18346
黄山市	Huangshan	39173	318	678	38177	10056	5990

19—37 高等学校科技活动情况

Basic Statistics on Higher Education for Scientific and Technological Activities

指标	Item	2000	2005	2010	2012	2013
科技活动人员（人）	S&T Personnel (person)	23242	24530	31082	54848	57771
#科学家和工程师	Scientists and Engineers	22366	23608			
研究与发展人员全时当量（人年）	Full-time Equivalent of R&D Personnel (man.year)	7100	5022	7337	11867	12163
#科学家和工程师	Scientists and Engineers	6800	4395			
#基础研究	Fundamental Research	1300	1500	3273	6174	5961
应用研究	Applied Research	1500	2501	3471	5087	5612
试验发展	Experimental Development	4000	397	595	607	591
研究与发展经费支出（万元）	R&D Expenditure (10000 yuan)	17259	66574	141849	243774	299401

19—38 工业企业科技活动基本情况
Basic Statistics on Science and Technology Activities of Industrial Enterprises

指　　标	Item	2012	2013
有研究与试验发展活动的企业 （个）	Number of Enterprises Having R&D Activities (unit)	1970	2369
有研究与试验发展活动的企业占全部企业的比重 (%)	Percentage of Enterprises Having R&D Activities to Total Number of Enterprises (%)	13.57	14.64
科技机构数 （个）	Number of Scientific and Technological Institutions (unit)	2387	2737
科技活动人员 （万人）	Personnel Engaged in S&T Activities (10000 persons)	21.00	22.32
研究与试验发展折合全时人员 （万人年）	Full-time Equivalent of R&D Personnel (10000 man-year)	7.34	8.58
科技机构科技活动人员数 （万人）	Personnel Engaged in S&T Activities in S&T Institutions (10000 persons)	9.05	9.30
开发新产品经费支出 （亿元）	Expenditure on New Product Development (100 million yuan)	279.30	324.47
研究与试验发展经费支出 （亿元）	Expenditure on R&D (100 million yuan)	208.98	247.72
＃政府资金	Government Funds	12.96	18.34
企业资金	Self-raised Funds by Enterprises	192.79	227.27
研究与试验发展经费支出占主营业务收入的比重 (%)	Percentage of Expenditure on R&D To Sales Revenue (%)	0.72	0.73
技术引进经费支出 （亿元）	Expenditure for Acquisition of Foreign Technology (100 million yuan)	10.65	9.45
消化吸收经费支出 （亿元）	Expenditure for Assimilation of Technology (100 million yuan)	4.90	6.24
购买国内技术支出 （亿元）	Expenditure for Purchase of Domestic Technology (100 million yuan)	8.15	5.96
专利申请数 （件）	Patent Applications (piece)	26665	32909
＃发明专利数	Invention Patents	8147	10866
拥有发明专利数 （件）	Invention Patents Owned (piece)	9215	13582

19—39 各市工业企业R&D基本情况（2013年）
R&D Basic Situation of Industrial Enterprise by Region (2013)

地 区	Region	企业单位数（个）Number of Enterprises (unit)	#有R&D活动 Activity for R&D	#有科技机构 Unit Of S&T	新产品销售收入（万元）Revenue of New Pproduct Sales (10000 yuan)	R&D人员合计（人）Staff Of R&D (person)	#参加项目人员 Staff of Participating in Project	#女性 Female
总 计	**Total**	**16184**	**2369**	**2076**	**43790809**	**127627**	**118135**	**21964**
合肥市	Hefei	2329	430	355	13624550	35593	33012	7010
淮北市	Huaibei	732	41	44	466057	6941	6430	802
亳州市	Bozhou	657	52	54	402307	1674	1573	508
宿州市	Suzhou	982	71	62	363314	1860	1710	382
蚌埠市	Bengbu	736	214	195	2024624	7541	6938	1311
阜阳市	Fuyang	1070	64	47	814448	2240	2017	318
淮南市	Huainan	608	99	71	407750	9154	8664	640
滁州市	Chuzhou	1253	257	285	5474353	7264	6705	1130
六安市	Luan	1018	74	62	1294544	3301	2989	652
马鞍山市	Maanshan	895	176	112	3178002	8158	7674	1133
芜湖市	Wuhu	1836	296	280	8437263	20285	18697	3823
宣城市	Xuancheng	1181	178	127	1035006	6412	5814	1095
铜陵市	Tongling	245	80	50	3865093	6891	6383	1043
池州市	Chizhou	466	55	41	304996	1467	1329	229
安庆市	Anqing	1673	194	213	1737050	5839	5360	1384
黄山市	Huangshan	503	88	78	361454	3007	2840	504

地 区	Region	#研究人员 Staff of Researcher	#全时人员 Staff of Full Time	R&D人员折合全时当量合计（人年）Total Work Volume of Conversion Staff of Full Time (person year)	#研究人员 Staff of Researcher	应用研究人员 Staff of Apply Researcher	试验发展人员 Staff of Experimental and Development Researcher
总 计	**Total**	**38369**	**78343**	**85832**	**26066**	**1666**	**84167**
合肥市	Hefei	9391	25045	24264	6362	180	24083
淮北市	Huaibei	4951	3897	5195	3592		5195
亳州市	Bozhou	378	1007	1127	259	26	1101
宿州市	Suzhou	537	923	1084	304	4	1080
蚌埠市	Bengbu	2011	5149	5081	1431	91	4990
阜阳市	Fuyang	723	1557	1498	491	1	1498
淮南市	Huainan	3288	2370	4542	1671	1013	3528
滁州市	Chuzhou	2052	4407	5189	1514	3	5186
六安市	Luan	1024	2510	1834	573	9	1825
马鞍山市	Maanshan	2588	3924	5407	1670	189	5217
芜湖市	Wuhu	3753	14067	13547	2371		13547
宣城市	Xuancheng	1495	3469	4302	1067	8	4293
铜陵市	Tongling	2806	4106	5506	2256	122	5383
池州市	Chizhou	417	714	767	210		767
安庆市	Anqing	2216	3468	4430	1793	18	4412
黄山市	Huangshan	739	1730	2062	503		2062

19—40 各市工业企业R&D经费情况（2013年）
R&D Funds Basic Situation of Industrial Enterprise by Region (2013)

单位：万元（10000 yuan）

地　区	Region	R&D经费内部支出合计 Expenditure for R&D	按活动类型分组 Grouped by Active Type: 应用研究支出 Applied Research Expenditure	试验发展支出 Experiment Development Expanditure	按支出用途分组 Grouped by Using of Funds: 经常费支出 Normal Funds Expenditure	#人员劳务费 Salary	资产性支出 Capital Expenditure	#土建工程 Construction Project
总　计	**Total**	**2477246**	**40371**	**2436875**	**2170722**	**641704**	**306524**	**9387**
合肥市	Hefei	759825	4527	755298	690031	219672	69795	2453
淮北市	Huaibei	92786		92786	80943	26212	11844	91
亳州市	Bozhou	27841	911	26931	22923	6958	4919	300
宿州市	Suzhou	27448	118	27330	20671	5851	6777	168
蚌埠市	Bengbu	117595	2281	115314	101043	27952	16552	424
阜阳市	Fuyang	42769	12	42757	36804	15458	5965	118
淮南市	Huainan	104191	21021	83169	93845	41047	10346	310
滁州市	Chuzhou	139041	102	138939	115491	37527	23550	446
六安市	Luan	56140	359	55782	42906	12839	13234	214
马鞍山市	Maanshan	236391	6357	230035	200159	37416	36232	1557
芜湖市	Wuhu	457575		457575	402692	112081	54883	1628
宣城市	Xuancheng	96545	294	96252	82181	23433	14364	568
铜陵市	Tongling	181145	4146	176999	170465	41832	10679	536
池州市	Chizhou	30243		30243	24287	4839	5956	100
安庆市	Anqing	71431	246	71186	56045	19644	15386	373
黄山市	Huangshan	36280		36280	30237	8944	6043	100

地　区	Region	按资金来源分组 Grouped by Source of Funds: 政府资金 Govern-ment	企业资金 Enterprise	境外资金 Alien	R&D经费外部支出 Outside Expenditure	对境内研究机构支出 Foreign Research Institution	对境内高等学校支出 Demestic University
总　计	**Total**	**183378**	**2272717**	**5433**	**172207**	**58651**	**34198**
合肥市	Hefei	89494	666035	1484	110293	30720	8971
淮北市	Huaibei	5675	86659		12123	6631	5486
亳州市	Bozhou	984	26057		1053	385	572
宿州市	Suzhou	1494	25111	627	1366	721	613
蚌埠市	Bengbu	2328	113650		3980	2020	1710
阜阳市	Fuyang	1827	40943		2272	1447	773
淮南市	Huainan	4343	99306		7642	2602	3865
滁州市	Chuzhou	4240	134428	58	2581	1321	1001
六安市	Luan	939	55140		2957	646	822
马鞍山市	Maanshan	21143	213892	35	4472	1593	1449
芜湖市	Wuhu	37260	417492	291	11374	6010	3691
宣城市	Xuancheng	4674	86910	2114	1513	427	745
铜陵市	Tongling	2196	178425	513	2461	1189	1267
池州市	Chizhou	1487	26615	311	3294	765	681
安庆市	Anqing	3821	67371		3904	1646	2186
黄山市	Huangshan	1472	34684		924	528	369

19—41 各市工业企业全部R&D项目和政策情况（2013年）
All R&D Itens and Policies Situation of Industrial Enterprise by Region (2013)

地　区	Region	项目数（项）Number of Items (unit)	参加项目人员（人）Staff Taken Part in Items (person)	项目人员折合全时当量（人年）ZFull-time Equivalent of Staff Taken Part in Items (person/year)	全部项目经费内部支出（万元）All Project Interior Expense (10000 yuan)	使用来自政府部门的科技活动资金（万元）Using from Government Department's Technique Cctivity Fund (10000 yuan)	研究开发费用加计扣除减免税（万元）Total Research and Development Expense Counting Tax Reliefs (10000 yuan)	高新技术企业减免税（万元）Tax Reliefs of High and New Technology Enterprises (10000 yuan)
总　计	**Total**	**14394**	**118135**	**79724**	**2161182**	**242707**	**92260**	**211580**
合肥市	Hefei	4492	33012	22592	645833	99942	27544	81704
淮北市	Huaibei	390	6430	4886	82943	6525	4712	1702
亳州市	Bozhou	222	1573	1060	21344	3325	558	3187
宿州市	Suzhou	260	1710	996	23078	2617	599	1116
蚌埠市	Bengbu	1080	6938	4704	100699	5225	3730	15016
阜阳市	Fuyang	185	2017	1357	39445	3264	1977	1533
淮南市	Huainan	687	8664	4264	90586	4855	5813	3090
滁州市	Chuzhou	991	6705	4805	119703	8930	4059	5770
六安市	Luan	602	2989	1661	41127	3969	7488	1047
马鞍山市	Maanshan	883	7674	5094	212652	36108	6980	10348
芜湖市	Wuhu	1719	18697	12564	419985	47489	15183	42401
宣城市	Xuancheng	1126	5814	3892	78395	5737	3782	15933
铜陵市	Tongling	550	6383	5126	165767	3120	2654	8195
池州市	Chizhou	213	1329	692	27367	3366	830	1410
安庆市	Anqing	638	5360	4083	60009	5587	5217	13142
黄山市	Huangshan	356	2840	1948	32250	2647	1133	5987

19—42 各市工业企业自主知识产权和技术情况（2013年）
Self-owned Intellectual Property Rights and Technology Situation Industrial Enterprise by Region (2013)

地区	Region	专利申请数（件）Number of Patent Application (unit)	发明专利 Patent of Invention	有效发明专利数（件）Invention Number of Patents Effectively (unit)	境外授权 Overseas Authorization	专利所有权转让及许可数（项）Patent all Power Transfer and Clearanc eNumber (item)	专利所有权转让及许可收入（万元）Patent all Power Transfer and Clearance Income (10000 yuan)	发表科技论文（篇）Publish Technical Papers (unit)
总计	**Total**	**32909**	**10866**	**13582**	**46**	**734**	**12164**	**4932**
合肥市	Hefei	10088	3374	4186	17	113	3619	2258
淮北市	Huaibei	737	150	361		64		366
亳州市	Bozhou	567	135	266		24		37
宿州市	Suzhou	372	147	164	2	21		65
蚌埠市	Bengbu	2254	778	1031		51	418	401
阜阳市	Fuyang	458	185	142		2		113
淮南市	Huainan	888	266	306		3	550	409
滁州市	Chuzhou	2488	880	628	1	20	690	49
六安市	Luan	1114	283	582	3	25	65	106
马鞍山市	Maanshan	1735	675	999	9	50	879	580
芜湖市	Wuhu	6228	2035	2476	12	149	105	138
宣城市	Xuancheng	1654	574	723		22	72	80
铜陵市	Tongling	1060	365	474		18	1	99
池州市	Chizhou	785	226	420	2	21	1	51
安庆市	Anqing	1905	635	550		70	834	127
黄山市	Huangshan	576	158	274		81	4930	53

地区	Region	拥有注册商标数（件）Registered Trademark Nubmer (unit)	境外注册 Overseas Registered	形成国家行业标准数（项）National and Industry Standard Number (item)	引进技术经费支出（万元）Introduction Technology funds Experditure (10000 yuan)	消化吸收经费支出（万元）Digestion Absorption Funds Experditure (10000 yuan)	购买国内技术经费支出（万元）Purchasing Domestic Technology Funds Experditure (10000 yuan)	技术改造经费支出（万元）Technological Transforma-tion Funds Experditure (10000 yuan)
总计	**Total**	**9335**	**1161**	**1190**	**94508**	**62378**	**59579**	**1567789**
合肥市	Hefei	3107	598	412	39100	5090	28755	317066
淮北市	Huaibei	233	2	16		179	1145	16037
亳州市	Bozhou	733	47	25	269	98	401	17114
宿州市	Suzhou	271	2	23	741	209	587	26267
蚌埠市	Bengbu	785	158	81	251	664	998	49638
阜阳市	Fuyang	296	3	14	276	685	2550	71727
淮南市	Huainan	162		17	106	2162	449	70969
滁州市	Chuzhou	434	4	106	1123	2403	4690	69945
六安市	Luan	280	13	29	1200	1612	582	22969
马鞍山市	Maanshan	398	25	47	5864	10446	1729	399841
芜湖市	Wuhu	987	191	172	19898	21908	11152	151790
宣城市	Xuancheng	305	23	51	36	1278	747	16291
铜陵市	Tongling	127	11	39	3027	1037	212	210573
池州市	Chizhou	261	25	9	237	325	198	16244
安庆市	Anqing	596	53	92	22134	13525	5254	90343
黄山市	Huangshan	360	6	57	247	759	131	20974

19—43 省级以上开发区主要经济指标
Main Economic Indicators of Development Areas above the Provincial Level

项　　目	Item	2010	2012	2013
全区经营（销售）收入　（万元）	Business (Sales) Income　(10000 yuan)	106648759	200681483	251066248
#规模以上工业销售收入	Industrial Sales Value	76160676	131138993	166867169
工业总产值（当年价格）　（万元）	Gross Industrial Output Value　(10000 yuan)	86688472	149275068	180253830
#规模以上工业企业	Industrial Enterprises Above Definited Size	80245963	140291597	169352747
#高新技术产业产值	High and New Technology Industrial Output		70855990	84039335
第二产业增加值　（万元）	The Value-added of the Secondary Industry (10000 yuan)	24996921	41054504	49800652
#工业增加值	Industrial Added Value	23036230	38888573	46775136
#规模以上工业增加值	Industrial Output		36075432	43460864
进出口总额　（万美元）	Total Import and Export　(USD 10000)		2022342	2356481
出口额	Export	627112	1389278	1609508
进口额	Import	491467	633064	746973
税收总额　（万元）	Total Tax　(10000 yuan)	3699792	6214951	7022463
财政收入　（万元）	Financial Revenue　(10000 yuan)	5164713	8568700	10238881
#土地收入	Revenue From Land	1577733	1773965	2979483
固定资产投资总额　（万元）	Investment in Fixed Assets　(10000 yuan)	36269297	51465302	64629493
#工业投资	Industrial Investment		35089416	42857473
基础设施投资	In Infrastructure Projects	5452776	5604043	6748949
利用外商直接投资情况	Foreign Direct Investments			
当年新批进区外商投资企业　（个）	Foreign Investment Enterprises Entered this Year(unit)	191	114	125
当年实际利用外商直接投资额　（万美元）	Foreign Direct Investment Amount Actually Used this Year　(USD 10000)	341308	558458	675333
利用内资情况（在建亿元以上项目）	Domestic Investment (Construction project of one hundred million yuan of above)			
项目个数　（个）	Project Number　(unit)		1520	1848
到位省外境内资金额　（万元）	In Place of Domestic Funds Outside the Province　(10000 yuan)		23167991	24006434
专利申请授权情况　（件）	Patent License　(unit)			
专利申请量	Patent Applications		38964	46536
专利授权量	Patent Grant		24811	26353

19—44 国家级开发区主要经济指标（2013年）
Main Economic Indicators of Enterprises in Development Areas (2013)

指标		Item		合肥高新技术产业开发区 Hefei New High Technology Industry Devlopment District
全区企业经营收入	（万元）	Business Income	(10000 yuan)	17956554
工业总产值	（万元）	Gross Industrial Output Value	(10000 yuan)	9456680
#规上工业总产值		Industrial Enterprises Above Definited Size		9156680
工业增加值	（万元）	Industrial Added Value	(10000 yuan)	2817814
#规上工业增加值		Industrial Output		2727814
出口总额	（万美元）	Total Export	(USD 10000)	96054
进口总额	（万美元）	Total Import	(USD 10000)	42734
税收总额	（万元）	Total Tax	(10000 yuan)	503702
财政收入	（万元）	Financial Revenue	(10000 yuan)	771183
固定资产投资总额	（万元）	Investment in Fixed Assets	(10000 yuan)	3306238
#基础设施投资额		In Infrastructure Projets		628185
新批进区外商投资企业	（个）	Number of Foreign Funded Enterprises Approved Into Development Areas	(unit)	15
实际利用外商直接投资额	（万美元）	Foreign Direct Investment Amount Actually Used this Year	(USD 10000)	40042
亿元以上省外投资项目	（个）	Investment Projects (outside the provice, Above 100 million yuan)	(unit)	33
亿元以上项目到位省外境内资金额	（万元）	Investment Projects of Gaining Fund (outside the provice, Above 100 million yuan)	(10000 yuan)	721292
专利申请量	（件）	Patent Applications	(unit)	3771
专利授权量	（件）	Patent Grant	(unit)	2520

合肥经济技术开发区 Hefei Economy and Technology Development District	芜湖经济技术开发区 Wuhu Economy and Technology Development District	芜湖高新技术产业开发区 Wuhu New High Technology Industry Devlopment District	蚌埠高新技术产业开发区 Bengbu New High Technology Industry Devlopment District	马鞍山经济技术开发区 Maanshan Economy and Technology Development District	马鞍山慈湖高新技术开发区 Maanshan New High Technology Industry Devlopment District	铜陵经济技术开发区 Tongling Economy and Technology Development District	安庆经济技术开发区 Anqing Economy and Technology Development District	滁州经济技术开发区 Chuzhou Economy and Technology Development District	池州经济技术开发区 Chizhou Economy and Technology Development District
31947786	23506274	8168732	3468140	4020880	3150542	7250000	8202595	4979800	1938689
22225874	14631809	6595592	1667914	2830735	2348561	5800000	4929555	3666900	1162151
22014519	14431809	6422092	1588159	2638640	2205138	5689409	4877792	3160836	1076151
5554788	3452106	2246406	457763	707683	648856	1081266	1602208	1066900	309577
5501965	3332106	2072906	433837	685277	567999	1069120	1426902	753335	285430
350265	243096	21169	25501	28695	10012	41580	26696	20727.19	4530
248968	113762	8254	2557	9120	3623	11879	11572	14587.75	12167
872725	695899	290205	93243	140990	74259	174381	150036	149861	99118
1126529	809571	506941	192575	231912	118352	255647	169467	153265	136258
4474462	2660100	2292967	1272207	1392880	1696133	1275647	1236382	1304406	642000
235513	151873	85000	105104	112465	70850	80413	141176	182450	137180
12	1	5	1	7		2	2	3	
42008	56095	6572	16876	41995	22056	14298	15670	18379	7506
37	62	79	41	35	56	71	22	21	39
653375	957482	921129	640795	446572	286850	613437	398300	282500	412380
2259	3222	1990	1291	469	533	731	460	1114	264
1386	2234	1474	607	388	272	400	197	770	105

19—45 各市省级以上开发区主要经济指标（2013年）
Main Economic Indicators of Development Areas above the Provincial Level by Region (2013)

地区	Region	全区经营（销售）收入（万元） Business (Sales) Income (10000 yuan)	#规上工业销售收入 Industrial Sales Value	工业总产值（当年价格）（万元） Gross Industrial Output Value (10000 yuan)	#规模以上工业企业 Industrial Enterprises Above Definited Size	第二产业增加值（万元） The Value-added of the Secondary Industry (10000 yuan)	#工业增加值 Industrial Added Value	出口总额（万美元） Total Export (USD 10000)	进口总额（万美元） Total Import (USD 10000)	税收总额（万元） Total Tax (10000 yuan)
总计	**Total**	**251066248**	**166867169**	**180253830**	**169352747**	**49800652**	**46775136**	**1609508**	**746973**	**7022463**
合肥市	Hefei	90619299	54953825	56480353	54202998	15688130	14347499	608137	452095	2265764
淮北市	Huaibei	4264714	3701438	3912185	3791726	1058441	1002850	20279	2022	115009
亳州市	Bozhou	4835578	2945185	3287504	3045903	915346	833752	33974	4049	154290
宿州市	Suzhou	3720774	2172466	2247607	2192679	606784	581702	14588	4091	123945
蚌埠市	Bengbu	14691265	9904793	11243586	10261896	3026456	2863222	55498	5935	314390
阜阳市	Fuyang	9229226	6657893	7992987	6938110	2145444	2058142	62331	12358	227080
淮南市	Huainan	2823160	1094638	1334285	1140513	419030	375030	23575	7195	96530
滁州市	Chuzhou	11045244	8078521	9555633	8316978	2698244	2569827	78535	34637	356789
六安市	Luan	9819107	6562130	7127403	6621981	2095516	2000109	36556	1603	346803
马鞍山市	Maanshan	12699228	8966117	9896750	9207827	2626931	2548787	53814	13931	342766
芜湖市	Wuhu	43856089	30754056	32630802	31838016	8785570	8454128	359798	148897	1361781
宣城市	Xuancheng	8333010	6026819	7320091	6214328	2015288	1926594	108298	9311	387817
铜陵市	Tongling	10488287	7853006	8396006	8041631	1834638	1756127	54056	16081	314080
池州市	Chizhou	3331233	2255245	2639984	2346723	791930	676792	15935	12252	171309
安庆市	Anqing	19990003	13908834	15049111	14125992	4811349	4510500	79489	22013	411966
黄山市	Huangshan	1320031	1032203	1139543	1065447	281555	270075	4645	505	32145

地区	Region	财政收入（万元） Financial Revenue (10000 yuan)	固定资产投资总额（万元） Investment in Fixed Assets (10000 yuan)	#基础设施投资 In Infrastructure Projects	新批进区外商投资企业（个） Foreign Investment Enterprises Entered this Year (unit)	实际利用外商直接投资（万美元） Foreign Direct Investment Amount Actually Used this Year (USD 10000)	亿元以上省外境内投资项目个数（个） Investment Projects (outside the province, Above 100 million yuan) (unit)	亿元以上项目到位省外境内资金额（万元） Investment Projects of Gaining Fund (outside the province, Above 100 million yuan) (10000 yuan)	专利申请量（件） Patent Applications (unit)	专利授权量（件） Patent Grant (unit)
总计	**Total**	**10238881**	**64629493**	**6748949**	**125**	**675333**	**1848**	**24006434**	**46536**	**26353**
合肥市	Hefei	3776258	19486142	2132317	45	125550	286	4891480	12072	7790
淮北市	Huaibei	140306	1898931	166048		21145	39	535515	382	242
亳州市	Bozhou	198684	2237139	426802	2	39450	101	712759	1328	411
宿州市	Suzhou	131907	1412693	271762	6	26642	82	1111579	138	85
蚌埠市	Bengbu	656117	6146052	547499	3	70737	141	2893995	4310	1881
阜阳市	Fuyang	440574	1740486	255651	8	6823	97	704675	1892	973
淮南市	Huainan	106114	890550	57350	1	4483	23	220016	517	136
滁州市	Chuzhou	402372	3345027	409887	3	42522	72	1501920	3111	1616
六安市	Luan	391014	2578290	304835	5	26657	53	657595	1435	967
马鞍山市	Maanshan	539860	4044885	366412	8	70035	144	1214713	3415	2143
芜湖市	Wuhu	1726704	10236656	485741	21	126654	329	4776985	10606	6514
宣城市	Xuancheng	486242	2486391	475811	6	43923	191	1794167	1860	954
铜陵市	Tongling	437618	2586059	149412	3	25692	99	1019982	2370	1241
池州市	Chizhou	222020	1489560	197930	5	9481	51	474780	1076	519
安庆市	Anqing	547125	3831981	479502	8	33619	119	1401380	1951	785
黄山市	Huangshan	35966	218651	21990	1	1920	21	94893	73	96

19—46 合肥国家高新技术产业开发区企业经营状况（2013年）

Enterprises Business of Hefei National Development Zone for New and High-level Technology Industries (2013)

经济类型 Ownership	企业数（家）Enterprises (unit)	总产值（万元）Gross Output Vaue (10000 yuan)	总收入（万元）Total Revenue (10000 yuan)	技术性收入 Technical Revenue	利税总额（万元）Total Pre-tax Profit (10000 yuan)	利润 Profit	出口创汇（万美元）Foreign Exchange Earned Through Export (USD 10000)	年末职工人数（人）Number of Staff and Norkers at Year-end (person)	全员劳动生产率（万元/人）Overall Labor Productivity (10000 yuan /person)
总计 Total	**530**	**26934243**	**29764718**	**4540780**	**6711202**	**3264766**	**657744**	**156427**	**65.68**
国有经济 State-owned	33	6493169	7206259	2409380	3807298	1280243	138152	29085	75
私营企业 Private	208	2336347	2659705	744602	1490023	67389	91207	16143	61
股份制经济 Share Holding	250	12743394	13954430	1130103	1126093	1764236	286886	89848	65
中外合资 Sino-foreign Joint Venture	14	5010798	5527418	141902	220750	127601	107558	17644	81
港澳台侨与大陆合资 China-Hong Kong/macao/ Taiwan Joint Venture	10	218083	243004		40346	12578	32017	2030	62
港澳台侨独资企业 H.K/Macao/Taiwan Funded	4	98338	124912	114793	21937	9783		778	55
其他经济 Others	10	34114	48991		4756	2935	1924	897	50
总计中：三资企业 Joint, Cooperative or Exclusively Foreign-funded Ventures	57	4023279	4260167	264588	446179	201566	164339	21682	57

19—47 合肥国家高新技术产业开发区产品概况（2013年）

Products of Hefei National Development Zone for New and High-level Technology Industries (2013)

单位：万元（10000 yuan）

技术领域	Field of Technology	产品数（种）Quantity of Products (kind)	产值 Output Value	年销售收入 Annual Sales Revenue	出口额 Volume of Export
总计	**Total**	**1629**	**22995992**	**20581351**	**135854**
电子与信息	Electronics and Information Industry	684	606556	550217	25594
生物医药技术	Biology and Medicine	188	649470	554716	7769
新材料	New Materials	69	605506	591106	10234
光机电一体化	Photoelectric, Mechanical and Electrical products	337	9692897	8703551	86900
新能源高效节能	New Energy Sources and Energy Saving Devices	83	5659548	4990167	2142
环境保护	Environmental Protection	35	61385	53718	
航空航天技术	Aviation Technology	12	6501	5706	
核应用技术	Nuclear Application Technology	12	3728	2928	
其他高技术	Other High-level Technology	158	2172661	1780639	
非高技术	Unhigh-level Technology	51	3537742	3348604	3215

19—48 全省监督抽查产品质量情况
Results of Sampling Check on Product Quality Under Provincial Supervision

年 份 Year	抽查企业（个） Number of Enterprises Selected (unit)	无不合格品企业数（个） Number of Enterprises Without Products Unqualified	抽 查 产 品 Products Selected in Sampling		合格产品（批次） Number of Products Qualified (kind)	样品合格率（%） Rate of Sample Products Qualified (%)
			（类） Number of Types	（种） Number of Kinds		
2000	34063	94204	12	102		
2005	16282	12966	12	99	14656	80.59
2006	16701	13666	12	99	15495	83.03
2007	15964	2539	12	102	15558	85.59
2008	17021	15001	12	114	16665	88.14
2009	19424	17100	12	103	21981	89.34
2010	11459	10154	12	110	12954	90.77
2011	17537	16009	12	157	25077	93.75
2012	15754	14565	12	151	18681	93.27
2013	13851	13086	12	134	16397	93.93

19—49 技术市场成交情况
Business of Technological Markets

项 目	Item	成交项目（项）Transaction Projects (item)		成交金额（万元）Transaction Value (10000 yuan)	
		2012	2013	2012	2013
总 计	**Total**	**6806**	**6951**	**861592**	**1307716**
按卖方分	**By Selling Party**				
企业法人	Enterprise Artificial Person	3483	4006	748404	1139212
事业法人	Institution Artificial Person	3255	2891	108535	163493
社团法人	Social Organization Artificial Person	27	31	1221	2323
自然人	Natural Person	11	4	911	134
机关法人	Agencies & Organization Artificial Person	19	7	1966	1556
其 他	Others	11	12	556	998
按买方分	**By Buying Party**				
企业法人	Enterprise Artificial Person	4509	4483	722007	977381
事业法人	Institution Artificial Person	1199	1291	65759	107699
社团法人	Social Organization Artificial Person	10	10	542	92
自然人	Natural Person	22	17	378	767
机关法人	Agencies & Organization Artificial Person	1015	1122	70347	212736
其 他	Others	51	28	2559	9041

19—50 产品质量监督检查情况（2013年）
Results of The Quality of Products and Commodities Under State Supervision (2013)

项　　目	Item	产品质量 Product Quality 监督检验企业数（个） Number of Enterprises Supervised & Checked (unit)	有不合格产品企业所占比例（%） Proportion of Enterprises With Products Unqualified (%)	批次合格率（%） Rate of Batch-time Qualified (%)
总　计	**Total**	**13851**	**5.52**	**93.93**
农用产品	**Agricultural Products**	**536**	**7.09**	**92.51**
农用配件	Fitting Used in Agricultural	47		100.00
农用化肥	Chemical Fertilizers	350	8.88	90.12
化学农药	Chemical Pesticides	69	7.24	95.96
饲　料	Forages	14		100.00
农用薄膜	Agricultural Films	7		100.00
其他农用产品	Other Agricultural Products	49	8.16	93.48
食品及相关产品	**Food and Related Products**	**3772**	**4.29**	**96.65**
小麦粉	Wheat Flour	188		100.00
大　米	Rice	913	1.10	99.11
挂　面	Hanging Noodles	71	21.13	83.00
其它粮食加工品	Other Food Products	60	10.00	92.59
食用植物油	Edible Vegetable Oil	50	10.00	90.00
芝麻油	Sesame Oil	84	8.33	92.47
食用油脂制品	Edible Oil Products	3		100.00
酱　油	Soy Sauce	28	3.57	96.55
食　醋	Vinegar	26		100.00
酱类	Sauce Class	23	4.35	96.55
调味料产品	Seasoning Products	56		100.00
肉制品	Meat Product	45		100.00
液体乳	Liquid Milk	14	7.14	99.28
乳　粉	Milk Powder	3		100.00
婴幼儿配方乳粉	Infant Formula Milk Powder	1		100.00
饮用水	Drinking Water	273	21.25	79.58
饮　料	Drink Material	48	2.08	98.53
方便食品	Convenience Foods	40	2.50	98.31
饼　干	Biscuit	21		100.00
罐头食品	Canned Food	26		100.00
冷冻饮品	Frozen Drinks	10		100.00
速冻食品	Fast Frozen Foods	44		100.00
粽　子	See the Child	9		100.00
膨化食品	Puffed Food	11	9.09	91.67
糖果制品	Candy Products	23	4.35	96.88

19—50 续表1 continued

项目	Item	产品质量 Product Quality 监督检验企业数（个） Number of Enterprises Supervised & Checked (unit)	有不合格产品企业所占比例（%） Proportion of Enterprises With Products Unqualified (%)	批次合格率（%） Rate of Batch-time Qualified (%)
果　冻	Fruit Jelly	3		100.00
茶　叶	Tea Leaves	273		100.00
含茶制品	Candy Products	8		100.00
代用茶	Substitute of Tea	69		100.00
白　酒	Spirit	132	9.09	93.15
啤　酒	Beer	15		100.00
葡萄酒及果酒	Wine and Fruit Wine	1		100.00
黄酒及料酒	Yellow Wine and Cooking Wine	8	12.50	87.50
其他酒	Other Wine	10		100.00
酱腌菜	Pickles	76	3.95	97.04
蔬菜制品	Vegetable Products	71	1.41	
蜜　饯	Honey Candy	5		100.00
水果制品	Fruit Products	13		100.00
炒货食品及坚果制品	Food and Nuts Roasted Seeds and Nuts	79	6.33	95.93
蛋制品	Egg Products	46	4.35	96.00
食　糖	Eat the Sugar	30	3.33	97.14
水产加工品	Aquatic Products	21		100.00
淀　粉	Starch	25	4.00	96.15
淀粉制品	Starch Products	22		100.00
普通糕点	Ordinary Cakes	142		100.00
绿豆糕	Bean Paste Cake	146	6.16	94.04
月　饼	Moon Cake	275	4.36	96.17
豆制品	Soy Products	91	3.30	97.89
蜂　蜜	Honey	23		100.00
蜂王浆	Royal Jelly	6		100.00
蜂花粉	Bee Pollen	3		100.00
蜂制品	Bee Products	4		100.00
食品用塑料包装	Food Packaged in Plastic	105	3.81	96.26
家用电器	**Household Electric Appliances**	**191**	**5.76**	**92.99**
电视机、录像机	TV, VCR	9		100.00
洗衣机	Washer	23	8.70	89.47
电风扇	Electric Fan	5		100.00
冰箱、冷藏冷冻箱	Refrigerator, Household Freezer	52	4.00	90.73

19—50 续表2 continued

项 目	Item	产品质量 Product Quality 监督检验企业数(个) Number of Enterprises Supervised & Checked (unit)	有不合格产品企业所占比例(%) Proportion of Enterprises With Products Unqualified (%)	批次合格率(%) Rate of Batch-time Qualified (%)
空调器	Air-conditioner	20		100.00
厨房电器具	Kitchen Electrical Appliance	2	50.00	66.67
电热器具	Electric Heating Appliances	40	5.00	95.56
其他家用电器	Other	40	5.00	95.45
轻工产品	**Light Industrial Products**	**2620**	**5.23**	**92.42**
纸	Paper	73	19.18	82.95
纸制品	Paper Products	40	5.00	95.12
玩 具	Toy	25	12.00	90.32
家 具	Furniture	98	3.06	93.75
眼镜（架、片）	Spectacles (glass & frame)	1412	3.19	92.13
灯泡灯管	Electric Bulbs & Fluorescence Tubes	8		100.00
电热燃气淋浴器	Electric Heating Fuel Gas Shower	2	50.00	50.00
玻璃制品	Glass Product	119	0.80	92.14
燃气灶具	Cooking Utensils of Gas	43		100.00
合成洗涤剂	Synthetic Detergent	14		100.00
化妆品	Cosmetics	4		100.00
橡胶，塑料制品	Rubber, Plastic Product	238	8.00	92.57
其他轻工产品	Other	544	9.01	92.61
纺织、鞋类产品	**Textile and Shoes**	**431**	**16.01**	**88.25**
布（印染、色织、坯布）	Cloth	52	19.23	83.87
服 装	Clothing	214	21.03	87.33
棉纺织	Cotton Product	63	14.29	84.51
鞋	Shoe	1		100.00
丝麻织品	Silk & Fabrics	19	15.79	85.71
其他轻纺产品	Other Textile Product	82	2.44	98.46
化工产品	**Chemical Products**	**332**	**4.02**	**96.98**
涂料，油漆	Paint	173	4.62	96.76
化学试剂	Chemical Reagent	63		100.00
其他化工产品	Other Chemical Industry Product	96	6.25	94.64
建材产品	**Building Raw Materials**	**3794**	**6.38**	**91.73**
水 泥	Cement	821	0.61	96.80
水泥预制构件	Cement Prefabricated Components	414	6.28	92.78
砖 瓦	Bricks & Tiles	1641	8.41	88.49

19—50 续表3 continued

项 目	Item	产品质量 Product Quality 监督检验企业数（个）Number of Enterprises Supervised & Checked (unit)	有不合格产品企业所占比例（%）Proportion of Enterprises With Products Unqualified (%)	批次合格率（%）Rate of Batch-time Qualified (%)
平板玻璃	Plate Glass	64	1.56	98.51
水暖管件	Waterpipe	59	15.25	86.11
卫生建筑陶瓷	Health Structural Ceramics	14	7.14	97.92
装饰材料	Decorating Materials	145	9	90.32
人造板	Building Board	243	9.47	91.05
其他建材产品	Other Building Product	393	6.62	91.82
机械、电器产品	**Mechanical and Electrical Products**	**1376**	**4.07**	**95.93**
轴 承	Bearings	22	4.55	96.97
阀门、泵	Valves	85	1.18	99.07
电线、电缆	Electric Wire	519	4.05	94.61
通用设备	General Equipment	8		100.00
电动工具	Power Tool	37	5.41	96.08
工业专用设备	Industry Special Purpose Equipment	33		100.00
电工仪器仪表	Electrician Instruments and Meters	53		100.00
低压电器元件	Low-voltage Electric Elements	168	2.38	97.77
消防器材	Fire Equipment	4	25.00	75.00
安全防范设备	Safe Guard Equipment	59	3.39	97.37
电动机，柴油机	Electric Motor, Diesel Engine	35	11.43	90.00
汽车，摩托车	Automobile, Motorcycle	74	1.35	98.88
自行车	Bicycle	30	3.33	97.22
其他机电产品	Other Mechanical and Electrical Product	249	7.23	94.30
冶金产品及金属制品	**Metallurgical and Metal Products**	**496**	**6.25**	**94.75**
线 材	Wire Rod	154	11.69	89.12
型 材	Section Steel	113	4.42	96.25
其他冶金产品	Other Metallurgical Product	229	3.50	97.30
能源产品	**Energy product**	**214**	**4.21**	**95.61**
原 煤	Raw Coal	50		100.00
焦 炭	Coke	1		100.00
汽油，柴油	Gasoline, Diesel	78	9.00	93.27
其他能源产品	Other Energy Product	85	2.35	95.31
医疗器械	**Medical instrument**	**10**	**30.00**	**70.00**
其他医疗器械产品	Other Medical Instrument Product	10	30.00	70.00
其他大类产品	**Others**	**79**	**3.80**	**93.75**

19—51 三种专利申请受理、授权量

Three Types of Patent Applications Examined and Authorized

单位：项（item）

指　　标	Item	2000	2005	2010	2012	2013
申请受理量合计	**Total Applications Examined**	**1877**	**3516**	**37780**	**74888**	**93353**
发　　明	Creations and Inventions	301	903	6396	19391	34857
实用新型	Utility Models	1080	1715	14417	36641	45148
外观设计	Designs	496	898	16967	18856	13348
申请受理人情况	**People of Acceptance of the Application**					
个　　人	Individual	1423	2282	15316	21296	25364
大专院校	Universities and Colleges	72	209	981	2997	5083
科研单位	Research Institutions	75	167	719	959	1289
企　　业	Enterprises	300	839	20600	49290	61014
机关团体	Government Agencies and Organizations	7	19	164	346	603
申请授权量合计	**Total Applications Authorized**	**1482**	**1939**	**16012**	**43321**	**48849**
发　　明	Creations and Inventions	104	238	1111	3066	4241
实用新型	Utility Models	894	1072	8839	27191	36003
外观设计	Designs	484	629	6062	13064	8605
申请受权人情况	**Authorized Person of the Application**					
个　　人	Individual	1085	1234	4852	10464	9738
大专院校	Universities and Colleges	30	85	503	1697	2428
科研单位	Research Institutions	58	70	364	587	520
企　　业	Enterprises	302	537	10254	30489	35961
机关团体	Government Agencies and Organizations	7	13	39	84	202

19—52 各市三种专利申请受理、授权量（2013年）
Three Types of Patent Applications Examined and Authorized by Region (2013)

单位：项（item）

地区	Region	申请受理量合计 Total Applications Examined	发明 Creations and Inventions	实用新型 Utility Models	外观设计 Designs	申请受理人情况 People of Acceptance of the Application: 个人 Individual	大专院校 Universities and Colleges	科研单位 Research Institutions	企业 Enterprises	机关团体 Government Agencies and Organizations
总计	**Total**	**93353**	**34857**	**45148**	**13348**	**25364**	**5083**	**1289**	**61014**	**603**
合肥市	Hefei	19425	7671	9824	1930	1850	1839	833	14823	80
淮北市	Huaibei	2588	686	1756	146	1282	12	17	1263	14
亳州市	Bozhou	1968	764	877	327	1274	5		689	
宿州市	Suzhou	2275	1037	925	313	1109	101	8	1044	13
蚌埠市	Bengbu	8506	3646	3532	1328	4992	52	234	3178	50
阜阳市	Fuyang	3751	1713	1606	432	1848	6		1793	104
淮南市	Huainan	3585	1450	1970	165	536	1406	29	1601	13
滁州市	Chuzhou	6944	3105	2776	1063	1965	272	10	4679	18
六安市	Luan	3658	824	2268	566	1086	56		2459	57
马鞍山市	Maanshan	6404	2221	3941	242	899	190	46	5173	96
芜湖市	Wuhu	19019	6404	7294	5321	5407	932	96	12551	33
宣城市	Xuancheng	4471	1713	2272	486	1336			3055	80
铜陵市	Tongling	3026	1423	1532	71	161	14	5	2844	2
池州市	Chizhou	2077	635	1075	367	269	10		1782	16
安庆市	Anqing	4309	1253	2689	367	1240	12		3032	25
黄山市	Huangshan	1347	312	811	224	110	176	11	1048	2

地区	Region	申请授权量合计 Total Applications Authorized	发明 Creations and Inventions	实用新型 Utility Models	外观设计 Designs	申请受权人情况 Authorized Person of the Application: 个人 Individual	大专院校 Universities and Colleges	科研单位 Research Institutions	企业 Enterprises	机关团体 Government Agencies and Organizations
总计	**Total**	**48849**	**4241**	**36003**	**8605**	**9738**	**2428**	**520**	**35961**	**202**
合肥市	Hefei	11487	1547	8315	1625	978	1072	313	9099	25
淮北市	Huaibei	1747	100	1466	181	792	11	8	936	
亳州市	Bozhou	971	105	610	256	442			529	
宿州市	Suzhou	792	28	607	157	282	35		475	
蚌埠市	Bengbu	3409	411	2297	701	1414	17	66	1908	4
阜阳市	Fuyang	1916	128	1273	515	825	1		1090	
淮南市	Huainan	1735	135	1482	118	205	633	16	880	1
滁州市	Chuzhou	3013	150	2231	632	641	82	6	2282	2
六安市	Luan	2656	124	2002	530	617	16	16	1998	9
马鞍山市	Maanshan	4127	280	3398	449	987	102	5	3033	
芜湖市	Wuhu	9256	750	6481	2025	1175	325	84	7518	154
宣城市	Xuancheng	2332	91	1586	655	691			1635	6
铜陵市	Tongling	1972	138	1753	81	76	2		1894	
池州市	Chizhou	1115	113	801	201	131	13		971	
安庆市	Anqing	1394	78	1021	295	401			993	
黄山市	Huangshan	927	63	680	184	81	119	6	720	1

主要统计指标解释

普通高等学校

指按国家规定的设置标准和审批程序批准举办的，通过全国普通高等学校统一招生考试，招收高中毕业生为主要培养对象，实施高等学历教育的全日制大学、独立设置的学院和高等专科学校、高等职业学校及其他机构（独立学院和分校、大专班）。

成人高等学校

指按照国家规定的设置标准和审批程序批准举办的，通过全国成人高等教育统一招生考试，招收具有高中毕业或同等学历的人员为主要培养对象，利用函授、业余、脱产等多种形式对其实施高等学历教育的学校。包括职工高等学校、农民高等学校、管理干部学院、教育学院、独立函授学院、广播电视大学、其他机构等。其他机构是承担国家成人招生计划任务不计校数的机构。

小学学龄儿童入学率

指调查范围内已入小学学习的学龄儿童占校内外学龄儿童总数（包括弱智儿童，不包括盲聋哑儿童）的比重。计算公式为：

小学学龄儿童入学率＝已入学的小学学龄儿童数/校内外小学学龄儿童总数×100%

财政性教育经费

包括财政预算内教育经费，各级政府征收用于教育的税费，企业办学校教育经费，校办产业、勤工俭学和社会服务收入用于教育的经费。

研究与试验发展（R&D）

指在科学技术领域，为增加知识总量，以及运用这些知识去创造新的应用进行的系统的创造性的活动，包括基础研究、应用研究、试验发展三类活动。国际上通常采用 R&D 活动的规模和强度指标反映一国的科技实力和核心竞争力。

基础研究

指为了获得关于现象和可观察事实的基本原理的新知识(揭示客观事物的本质、运动规律，获得新发现、新学说)而进行的实验性或理论性研究，它不以任何专门或特定的应用或使用为目的。其成果以科学论文和科学著作为主要形式。用来反映知识的原始创新能力。

应用研究

指为获得新知识而进行的创造性研究，主要针对某一特定的目的或目标。应用研究是为了确定基础研究成果可能的用途，或是为达到预定的目标探索应采取的新方法(原理性)或新途径。其成果形式以科学论文、专著、原理性模型或发明专利为主。用来反映对基础研究成果应用途径的探索。

试验发展

指利用从基础研究、应用研究和实际经验所获得的现有知识，为产生新的产品、材料和装置，建立新的工艺、系统和服务，以及对已产生和建立的上述各项作实质性的改进而进行的系统性工作。

R&D 人员

指参与研究与试验发展项目研究、管理和辅助工作的人员，包括项目（课题）组人员，企业科技行政管理人员和直接为项目（课题）活动提供服务的辅助人员。反映投入从事拥有自主知识产权的研究开发活动的人力规模。

R&D 人员全时当量

指全时人员数加非全时人员按工作量折算为全时人员数的总和。例如：有两个全时人员和三个非全时人员（工作时间分别为 20%、30%和 70%），则全时当量为 2+0.2+0.3+0.7=3.2 人年。为国际上比较科技人力投入而制定的可比指标。

R&D 经费内部支出合计

指调查单位用于内部开展 R&D 活动（基础研究、应用研究和试验发展）的实际支出。包括用于 R&D 项目（课题）活动的直接支出，以及间接用于 R&D 活动的管理费、服务费、与 R&D 有关的基本建设支出以及外协加工费等。不包括生产性活动支出、归还贷款支出以及与外单位合作或委托外单位进行 R&D 活动而转拨给对方的经费支出。

R&D 经费内部支出中政府资金

指 R&D 经费内部支出中来自各级政府部门的各类资金，包括财政科学技术拨款、科学基金、教育等部门事业费以及政府部门预算外资金的实际支出。

R&D 经费内部支出中企业资金

指 R&D 经费内部支出中来自本企业的自有资金和接受其他企业委托而获得的经费，以及科研院所、高校等事业单位从企业获得的资金的实际支出。

新产品销售收入

指报告期企业销售新产品实现的销售收入。

发明（专利）

指对产品、方法或者其改进所提出的新的技术方案。是国际通行的反映拥有自主知识产权技术的核心指标。

实用新型（专利）

指对产品的形状、构造或者其结合所提出的适于实用的新的技术方案。反映具有一定技术含量的技术成果情况。

外观设计（专利）

指对产品的形状、图案、色彩或者其结合所作出的富有美感并适于工业上应用的新设计。反映拥有自主知识产权的外观设计成果情况。

Explanatory Notes for Major Statistical Indicators

Regular Institutions of Higher Education

refer to educational establishments set up according to the government evaluation and approval procedures, recruiting graduates from senior secondary schools as the main target by National Matriculation TEST. They include full-time universities, colleges, institutions of higher professional education, institutions of higher vocational education, institutions of higher vocational education and others (non-university tertiary, branch schools and undergraduate classes).

Institutions of Higher Education for Adults

refer to educational establishments, set up in line with relevant rules approved by the government, enrolling staff and workers with senior secondary school or equivalent education, and providing higher education courses in many forms of correspondence, spare time, or full time for adults. Professionals thus trained receive a qualification equivalent to graduates studying regular courses at regular universities, colleges and professional colleges. Institutions of higher learning for adults include schools of higher education for staff and workers, schools of higher education for peasants, colleges for management cadres, pedagogical colleges, independent correspondence colleges, Radio and TV universities and other educational establishments. Other educational establishments have undertakings to enrol adult students but not enumerated in the schools under the State Plan.

Enrollment Rate of Primary School age Children

refers to the proportion of school age children enrolled at schools to the total number of school age children both in and outside schools (including retarded children, but excluding blind, deaf and mute children). The formula is:

Enrollment Rate of Primary School age Children=(Total Primary School age Children at Schools)/(Total Primary School age Children Both at and Outside Schools)×100%

Government Appropriation for Education

refers to State budgetary fund for education, taxes and fees collected by governments at all levels that are used for education purpose, education fund for enterprise-run schools, income from school-run enterprises, work-study programme and social services that are used for education purpose.

Research and Development (R&D)

refers to systematic and creative activities in the field of science and technology aiming at increasing the knowledge and using the knowledge for new application. R&D includes 3 categories of activities: basic research, applied research and experimentation for development. The scale and intensity of R&D are widely used internationally to reflect the strength of S&T and the core competitiveness of a country in the world.

Basic Research

refers to empirical or theoretical research aiming at obtaining new knowledge on the fundamental principles regarding phenomena or observable facts to reveal the intrinsic nature and underlying laws and to acquire new discoveries or new theories. Basic research takes no specific or designated application as the aim of the research. Results of basic research are mainly released or disseminated in the form of scientific papers or monographs. This indicator reflects the innovation capacity for original knowledge.

Applied Research

refers to creative research aiming at obtaining new knowledge on a specific objective or target. Purpose of the applied research is to identify the possible uses of results from basic research, or to explore new (fundamental) methods or new approaches. Results of applied research are expressed in the form of scientific papers, monographs, fundamental models or invention patents. This indicator reflects the exploration of ways to apply the results of basic research.

Experiments and Development

refer to systematic activities aiming at using the knowledge from basic and applied researches or from practical experience to develop new products, materials and equipment, to establish new production process, systems and services, or to make substantial improvement on the existing products, process or services. Results of experiment and development activities are embodied in patents, exclusive technology, and monotype of new products or equipment. In social sciences, experiment and development activities refer to the process of converting the knowledge from basic or applied researches into feasible programmes (including conduct of demonstration projects for assessment and evaluation). There are no experiment and development activities in the science of humanities. This indicator reflects the capability of transferring the results of S&T into technique and products, and measures the realization of S&T in spearheading the economic and social development.

Scientists and Engineers

refer to persons who have completed university or higher education or obtained titles of senior and middle level professional positions.

R & D Personnel

refer to persons engaged in research, management and supporting activities of R & D, including persons in the project teams, persons engaged in the management of S&T activities of enterprises and supporting staff providing direct service to the research projects. This indicator reflects the size of personnel engaged in R&D activities with independent intellectual property.

Full-time Equivalent of R&D Personnel

refers to the sum of the full-time persons and the full-time equivalent of part-time persons converted by workload. For instance, if there are 2 full-time persons and 3 part-time workers (20%, 30% and 70% of working hours respectively on R&D activities), the full-time equivalent are 2+0.2+0.3+0.7=3.2 person-years. This is an internationally comparable indicator of S&T manpower input.

Total Internal Expenditure of Funds on R&D

refers to the real expenditure of surveyed units on their own R&D activities (basic research, application study, test and development) including direct expenditure on R&D activities, indirect expenditure of management and services on R&D activities, expenditure on capital construction and material processing by others. Excluding the expenditure on production activities, return of loan, and fees transferred to cooperated and entrusted agencies on R&D activities.

Internal Expenditure of Government Funds

Refers to the expenditure of funds on R&D activities from government agencies at different levels, including appropriate funds on science and technology from financial departments, scientific funds, operating expenses from education departments and the real expenditure of extra budgetary funds from government agencies.

Internal Expenditure of Funds of Enterprises

refers to the expenditure of funds on R&D activities from self-raised funds of enterprises and funds from other enterprises through entrustment, and the expenditure of funds of institutions, such as institution of scientific research and universities, from enterprises.

Sales Income of New Products

refers to the real sales income of new products of the enterprises at the reporting period.

Patented Inventions

refer to new technical proposals to the products or methods or their modifications. This is universal core indicator reflecting the technologies with independent intellectual property.

Patented Utility Models

refer to the practical and new technical proposals on the shape and structure of the product or the combination of both. This indicator reflects the condition of technological results with certain technical content.

Designs

refer to the aesthetics and industrially applicable new designs for the shape, pattern and colour of the product, or their combinations. This indicator reflects the appearance design achievements with independent intellectual property.

第二十篇

Chapter 20

卫生和社会服务

PUBLIC HEALTH AND SOCIAL SERVICES

简要说明

一、本篇主要反映卫生、民政、劳动保障事业的发展情况。

卫生部分主要包括卫生机构、卫生人员、卫生设施，医疗服务，农村和社区卫生、妇幼保健、医疗保障制度等情况。

民政事业和劳动保障统计资料主要包括社会服务企事业机构、人员、床位情况，优抚和社会救济情况，社区服务设施和农村社会保障网络情况，婚姻服务情况等情况。

二、卫生部分的资料来自省卫生厅。民政事业和劳动保障统计资料分别由省民政厅、省人力资源和社会保障厅依据统计报表制度整理提供。

Brief Introduction

I. Data in this chapter mainly reflect the development of public health, civil affairs, labor and social security.

Data on public health include mainly the number of health institutions, health personnel, health facility; health expenses, medical services, rural and community health, maternal and child health, people's health, major diseases as the causes of death, and health security system.

Data on civil affairs and labor and social security include: institutions, personnel and beds of social services， social welfare relief, community service facilities and rural network of social security, marriage registration service, funeral and interment services, social donations and welfare lottery, retirement pensions, arbitration of labor disputes, etc.

II. Data on public health are mainly from the Information Center under the Ministry of Health. Data on civil affairs, labor and social security are from the Ministry of Civil Affairs and the Ministry of Human Resources and Social Security based on statistical reporting form scheme.

20—1 医疗卫生机构数

Number of Health Institutions

单位：个（unit）

年　份 Year	总　计 Total	#医　院 Hospitals	社区卫生服务中心(站) Community Health Service Center (station)	乡　镇卫生院 Township Hospitals	村卫生室 Village Health Room	疾病预防控制中心(防疫站) Disease Prevention and Controlling Center (Epidemic Prevention Station)	专科疾病防治院(所.站) Specialized Disease Prevention and Treatment Canters (stations)	妇幼保健院(所.站) Maternity and Child Care Centers (stations)	急救中心(站) First-aid Center (station)	卫　生监督所 Health Supervision Centers
2005	32044	683	635	1980	22847	132	54	117	5	41
2006	31660	699	903	1864	22372	130	50	116	6	71
2007	29144	690	808	1842	20642	129	48	118	7	96
2008	27130	720	918	1824	19276	127	44	119	10	102
2009	24736	713	986	1702	17719	124	47	118	10	103
2010	23019	730	1730	1437	15636	124	50	119	11	110
2011	22884	916	1924	1395	15321	124	52	119	11	111
2012	23278	930	1948	1384	15306	121	52	118	12	119
2013	24645	938	1942	1387	15310	120	50	121	13	113

20—2 医疗卫生机构人员数

Number of Engaged Persons in Health Institutions

单位：人（person）

年　份 Year	人员合计 Total	卫生技术人员 Medical Technical Personnel	#执业(助理)医师 Licensed (Assistant) Doctors	注册护士 Registered Nurse	每万人口专业卫生技术人员数 Number of Medical Technical Personnel per 10000 Population
2000	188278	153808	69943	41226	25.24
2005	193973	159788	66102	47329	26.11
2006	204498	169181	69421	50392	27.69
2007	214121	174724	69132	55081	28.56
2008	227470	187785	73845	60860	30.61
2009	244477	202382	79230	69291	33.01
2010	247493	205403	81097	76550	34.48
2011	315514	217709	84773	84495	36.48
2012	334736	236172	92009	95042	39.44
2013	353835	253549	98630	103404	42.05

注：本表2011年起人员含村卫生室人员情况。每万人口专业卫生技术人员按常住人口计算。

a) From 2011, Data in this table personnel include village health room staff.Professional health workers of Per 10000 population is calculated by permanent population.

20—3 医疗卫生机构、床位、人员数（2013年）
Number of Health Units, Beds and Staff (2013)

指　　标	Item	机构数（个）Health Institutions (unit)	床位数（张）Beds (unit)	人员数（人）Persons Engaged (person)	卫生技术人员 Medical technical Personnel
总　计	**Total**	**24645**	**235959**	**353835**	**253549**
医　院	Hospitals	938	171508	189572	157615
综合医院	Comprehensive Hospitals	633	125039	142740	118811
中医医院	Hospitals of Traditional Chinese Medicine	92	22994	25629	21846
中西医结合医院	Hospitals Combined by Medium Doctors	14	1456	1457	1227
专科医院	Specialized Hospitals	197	21893	19686	15691
口腔医院	Stomatological Hospitals	13	170	751	638
眼科医院	Ophthalmology Hospitals	25	919	1018	709
耳鼻喉科医院	Ear, Nose and Throat Hospitals	4	120	112	99
肿瘤医院	Malignant Tumour Hospitals	9	2362	2003	1713
心血管病医院	Cardiovascular Disease Hospitals	1	175	218	168
妇产(科)医院	Gynecology Hospitals	20	1000	1678	1145
儿童医院	Children's Hospitals	3	1063	1091	982
精神病医院	Mental Hospitals	20	7545	4348	3497
传染病医院	Infection Hospitals	9	2365	2293	1864
皮肤病医院	Dermatological Hospitals	3	125	155	129
结核病医院	Tubercle Hospitals	2	1047	860	744
麻风病医院	Leprosy Hospitals	2	14	9	5
骨科医院	Orthopedic Hospitals	18	1053	1071	875
康复医院	Rehabilitation Hospitals	17	1673	1456	1151
整形外科医院	Plastic Surgery Hospital	2	40	135	114
美容医院	Cosmetology Hospitals	5	226	357	192
其他专科医院	Other Specialized Hospitals	44	1996	2131	1666
护理院	Nursing Hospitals	2	126	60	40
基层医疗卫生机构	The Basic Medical Institutions	21872	57785	135219	74253
社区卫生服务中心(站)	Community Health Service Center (station)	1942	7469	18636	16375
社区卫生服务中心	Community Health Center	414	7469	10362	9007
社区卫生服务站	Community Health Service Station	1528		8274	7368
卫生院	Commune Hospitals	1388	49811	48484	41801
街道卫生院	Hospitals in the Streets	1	30	36	31
乡镇卫生院	Township Hospitals	1387	49781	48448	41770
中心卫生院	Center Hospitals	447	23192	22860	19893
乡卫生院	Rural Hospitals	940	26589	25588	21877
村卫生室	Village Health Room	15310		59489	7849
门诊部	Outpatient Departments	161	505	2024	1814
诊所、卫生所、医务室	Clinics、Health Institute、Medical Office	3071		6586	6414
专业公共卫生机构	Professional Public Health Institutions	1748	5744	26386	20434
疾病预防控制中心	Disease Prevention and Controlling Center	120		5168	3981
专科疾病防治院（所、站）	Specialized Disease Prevention and Treatment Canters (stations)	50	2172	2352	1724
健康教育所（站、中心）	Health Education Offices (stations or centers)	2		20	8
妇幼保健院（所、站）	Maternity and Child Care Centers (stations)	121	3569	6733	5608
急救中心（站）	First-aid Center (station)	13	3	427	224
采供血机构	Blood Collecting and Supply Organizations	23		1219	908
卫生监督所(中心)	Health Supervision Centers	113		2630	2324
计划生育技术服务机构	Birth Control Technical Services	1306		7837	5657
其他卫生机构	Other Health Institutions	87	922	2658	1247
疗养院	Sanatoriums	7	922	469	296
医学科学研究机构	Research Institutes of Medical Science	11		267	129
医学在职培训机构	Medical On-the-job Training Organizations	24		663	251
临床检验中心（所、站）	Clinical Testing Center (station)	6		611	291
其　他	Other	39		648	280

20—4 医疗卫生机构各类人员数（2013年）
Persons Engaged in Health Care Institutions by Type of Occupation (2013)

单位：人（person）

指标	Item	合计 Total	按设置主办单位分 Grouped by Managing Organization 政府办 Set Up by Government	社会办 Set Up by Society	个人办 Set Up by Individual
总计	**Total**	**353835**	**238160**	**82368**	**33307**
卫生技术人员	Medical Technical Personnel	253549	189572	37421	26556
其他技术人员	Other Technical Personnel	13976	11205	1384	1387
管理人员	Managerial Personnel	13276	9646	2071	1559
工勤技能人员	Logistics Workers	21394	16516	2764	2114
乡村医生和卫生员	Rural Doctors and Medical Corpsman	51640	11221	38728	1691
卫生技术人员	**Medical Technical Personnel**				
执业（助理）医师	Licensed (Assistant) Doctors	98630	70026	17304	11300
#执业医师	Licensed Doctors	75953	56308	11109	8536
注册护士	Registered Nurses	103404	77547	14889	10968
药师（士）	Pharmaceutics Personnel	12276	9784	1569	923
技师（士）	Laboratory Personnel	15040	12075	1804	1161
#检验师	Teacher of Examine	10203	8208	1287	708
其他	Others	24199	20140	1855	2204

20—5 各市医疗卫生机构人员数（2013年）
Number of Persons Engaged in Health Institutions by Region (2013)

单位：人（person）

地区	Region	合计 Total	卫生技术人员 Medical Technical Personnel	#执业（助理）医师 Licensed (Assistant) Doctors	执业医师 Licensed Doctors	注册护士 Senior and Junior Nurses
总计	**Total**	**353835**	**253549**	**98630**	**75953**	**103404**
合肥市	Hefei	54711	43182	16353	14325	19491
淮北市	Huaibei	13604	10200	3996	3223	4468
亳州市	Bozhou	22618	12864	4470	2990	4862
宿州市	Suzhou	27883	18754	7696	4809	7025
蚌埠市	Bengbu	21662	15591	5487	4330	7122
阜阳市	Fuyang	41919	26243	10254	7201	9459
淮南市	Huainan	17527	13197	4918	4153	5959
滁州市	Chuzhou	20923	14513	5813	4230	5670
六安市	Luan	27646	18486	7941	5493	6659
马鞍山市	Maanshan	13433	10476	3919	3221	4412
芜湖市	Wuhu	22885	17967	6920	5770	7852
宣城市	Xuancheng	14645	11388	4725	3598	4388
铜陵市	Tongling	6275	5237	2023	1821	2324
池州市	Chizhou	9247	6859	2869	2196	2625
安庆市	Anqing	29138	20686	8313	6294	7705
黄山市	Huangshan	9719	7906	2933	2299	3383

注：本表含村卫生室情况。

a) This table includes village health room.

20—6 各市医疗卫生机构数(2013年)
Number of Medical Health Institutions by Region (2013)

单位:个(unit)

地区 Region	总计 Total	#医院 Hospitals	社区卫生服务中心(站) Community Health Service Center (station)	乡镇卫生院 Township Hospitals	村卫生室 Village Health Room	疾病预防控制中心(防疫站) Disease Prevention and Controlling Center (Epidemic Prevention Station)	专科疾病防治院(所.站) Specialized Disease Prevention and Treatment Canters (stations)	妇幼保健院(所.站) Maternity and Child Care Centers (stations)	急救中心(站) First-aid Center (station)	卫生监督所 Health Supervision Centers
总计 Total	**24645**	**938**	**1942**	**1387**	**15310**	**120**	**50**	**121**	**13**	**113**
合肥市 Hefei	2207	141	217	123	1134	11	7	12	3	11
淮北市 Huaibei	707	74	149	28	305	5	1	6		2
亳州市 Bozhou	1625	37	98	94	1267	5	1	5		4
宿州市 Suzhou	1852	63	109	107	1307	6	1	6		6
蚌埠市 Bengbu	1428	79	157	55	920	9	1	9	1	4
阜阳市 Fuyang	2628	88	174	164	1767	9	2	9	1	8
淮南市 Huainan	1202	62	175	45	570	8	2	9	1	8
滁州市 Chuzhou	1645	63	123	94	1044	8	2	8		9
六安市 Luan	2654	34	139	167	2005	9		9		8
马鞍山市 Maanshan	971	48	103	43	435	7	5	7	1	7
芜湖市 Wuhu	1392	72	133	57	779	9	8	8	1	9
宣城市 Xuancheng	1319	39	65	84	825	8	5	8	1	8
铜陵市 Tongling	311	18	56	14	136	2	2	5	1	5
池州市 Chizhou	1054	29	40	59	617	6	3	3	1	6
安庆市 Anqing	2508	61	161	152	1568	10	8	10	1	10
黄山市 Huangshan	1142	30	43	101	631	8	2	7	1	8

20—7 各市医疗卫生机构床位数(2013年)
Number of beds of Medical Health Institutions by Region (2013)

单位:张(unit)

地区 Region	总计 Total	#医院 Hospitals	#综合医院 Comprehensive Hospitals	中医医院 Hospitals of Traditional Chinese Medicine	中西医结合医院 Hospitals Combined by Medium Doctors	专科医院 Specialized Hospitals	社区卫生服务中心 Community Health Service Center	乡镇卫生院 Township Hospitals	专科疾病防治院(所.站) Specialized Disease Prevention and Treatment Centers (stations)	妇幼保健院(所.站) Maternity and Child Care Centers (stations)
总计 Total	**235959**	**171508**	**125039**	**22994**	**1456**	**21893**	**7469**	**49781**	**2172**	**3569**
合肥市 Hefei	39045	32701	20637	3151	481	8432	976	4062	108	484
淮北市 Huaibei	10905	8339	6201	953	20	1165	509	1187	650	220
亳州市 Bozhou	13798	8169	5968	1894	192	115	471	4894	20	244
宿州市 Suzhou	16791	10582	9211	852	35	484	512	5556	30	81
蚌埠市 Bengbu	15996	13240	10676	1169	103	1292	335	2113	20	156
阜阳市 Fuyang	26825	17069	11386	2730		2953	972	8454	10	265
淮南市 Huainan	12611	9469	7852	286		1331	911	1272	510	246
滁州市 Chuzhou	14543	10230	7814	1539	520	357	472	3500	160	171
六安市 Luan	18593	10309	6410	2711		1188	403	7278		598
马鞍山市 Maanshan	7258	5848	4414	906		430	198	999		204
芜湖市 Wuhu	14855	12078	9468	1357		1253	390	1978	214	107
宣城市 Xuancheng	10084	7325	5130	1402	53	740	467	2049	66	158
铜陵市 Tongling	4979	4194	2892	400		874	136	254	60	335
池州市 Chizhou	5445	4214	3358	729		127	33	1041	117	10
安庆市 Anqing	18069	13135	9885	2307	32	911	553	3921	207	253
黄山市 Huangshan	6162	4606	3737	608	20	241	131	1223		37

20—8 计划生育状况
Family Planning

项 目		Item		2012	2013	2013年比2012年增、减 Increase /decrese in 2013 over 2012
已婚育龄妇女人数（户籍）	**（人）**	**Number of Married Women of Child-bearing Age (registered)**	**(person)**	**14428653**	**14414854**	**-13799**
非农业户口		Non-agricultural Population		2577006	2660315	83309
农业户口		Agricultural Population		11844938	11746941	-97997
实际采取节育措施人数(户籍)	**（人）**	**Number of Women Actually Taking Birth Control Measures (registered)**	**(person)**	**12215736**	**12680825**	**465089**
非农业户口		Non-agricultural Population		1764404	2301411	537007
农业户口		Agricultural Population		10446249	10375103	-71146
符合政策生育（户籍）	**（人）**	**In Line With the Policy of Birth (registered)**	**(person)**	**642511**	**624099**	**-18412**
政策符合率（户籍）	**（%）**	**Policy Rate (registered)**	**(%)**	**78.0**	**77.6**	**-0.4**
非农业户口		Non-agricultural Population		92.2	90.0	-2.2
农业户口		Agricultural Population		75.6	75.5	-0.1
独生子女领证率（户籍）	**（%）**	**Acceptance Rate of Only-child Certificate (registered)**	**(%)**	**35.6**	**41.1**	**5.5**
非农业户口		Non-agricultural Population		42.8	47.8	5.0
农业户口		Agricultural Population		32.7	38.3	5.6

资料来源：安徽省卫生和计划生育委员会。

Source: Anhui province health and family planning commission.

20—9 医疗机构门诊、住院服务情况（2013年）
Outpatient Service of Medical Institution、the Situation of Hospital Service (2013)

机构类别	Institution Category	总诊疗人次数（人次） Total Number of Patients Treated (person-times)	门、急诊 Out-patients and Emergency Patients	入院人数（人） Hospital Admissions (person)	出院人数（人） Being Out of Hospital (person)	每百门、急诊入院人数（人） Hospital Admissions per 100 Out-patient Times and Emergency Patient-times (person)
总 计	**Total**	**253105995**	**240695333**	**7625812**	**7560368**	**5.36**
#医 院	Hospitals	79951417	77681036	5592380	5544366	7.20
疗养院	Sanatoriums	92721	92509	3933	3824	4.25
社区卫生服务中心(站)	Community Health Service Centers	20052896	18694549	134430	131560	0.72
卫生院	Commune Hospitals	42822423	41673125	1723633	1710212	4.14
门诊部	Clinics	1151243	1059647	8033	8033	
诊所、卫生所、医务室	Clinics、Health Institute、Medical Office	10749504	10377507			
妇幼保健院（所、站）	Maternity and Child Care Centers (stations)	4716438	3991377	145385	144748	3.64
专科疾病防治院（所、站）	Speclalized Disease Prevention and Treatment Centers (stations)	266686	243628	18018	17625	7.40
村卫生室	Village Clinics	93099352	86678640			

20—10 重大传染病救治及救助情况
Significant Infectious Diseases Treatment and Rescue Situation

指　　标	Item	2010	2012	2013
重大传染病救治财政投入（万元）	Significant Financial Investment for Treatment of Infectious Diseases (10000 yuan)			
艾滋病	AIDS	1606.54	1902.94	1777.53
结核病	Tuberculosis	684.98	839.16	837.21
晚期血吸虫病	Advanced Schistosomiasis	3010	2705	2595
重大传染病免费救治（人）	Free Treatment of Major Infectious Diseases (person)			
艾滋病	AIDS	2702	3880	4397
结核病	Tuberculosis	9547	11127	11100
晚期血吸虫病	Advanced Schistosomiasis	6106	5410	4816

20—11 医疗机构病床使用情况（2013年）
Utilization of Hospital Beds at and Above County Level (2013)

机构类别	Type of Hospital	病床周转次数（次）Turnover of Beds (times)	病床工作日（日）Number of Days per Bed in Use in a Year (days)	病床使用率（%）Utilization Rate of Beds (%)	出院者平均住院日（日）Average Hospitalization Period (days)
总　计	**Total**	**33.3**	**291.2**	**79.77**	**8.3**
医　院	Hospitals	33.4	316.9	86.82	9.2
疗养院	Sanatoriums	4.4	100.7	27.59	10.2
社区卫生服务中心（站）	Community Health Service Centers	19.2	162.8	44.61	7.1
卫生院	Commune Hospitals	35.9	227.8	62.41	5.8
妇幼保健院（所、站）	Maternity and Child Care Centers (stations)	41.8	253.1	69.34	5.9
专科疾病防治院（所、站）	Speclalized Disease Prevention and Treatment Centers (stations)	8.4	258.1	70.72	27.8

20—12 主要年份医院病床使用情况
Hospital Beds Usage in Main Years

年 份 Year	实有床位(张) Hospital Beds (number)	出院人数(人) Patients Discharged from Hosptials (person)	病床周转次数(次) Turnover of Beds (time)	病床工作日(日) Number of Days per Bed in Use in a Year (days)	病床使用率(%) Utilization Rate (%)	出院者平均住院日(日) Average Stay Days in Hospital (day)
2005	82224	1866751	24.18	250.52	68.64	9.60
2006	133956	2071908	27.62	225.94	61.90	7.51
2007	147848	4045739	29.66	252.44	69.16	7.98
2008	159802	4991581	33.09	269.46	73.82	8.39
2009	113785	3318862	30.40	311.20	85.26	9.80
2010	122171	3718022	31.12	313.48	85.88	9.72
2011	139738	4388588	32.57	318.23	87.19	9.51
2012	157817	5151804	33.85	322.59	88.14	9.28
2013	171508	5544366	33.41	316.88	86.82	9.16

20—13 各市医院病床使用情况（2013年）
Hospital Beds Usage by Region (2013)

地 区	Region	实有床位(张) Hospital Beds (number)	出院人数(人) Patients Discharged from Hosptials (person)	病床周转次数(次) Turnover of Beds (time)	病床工作日(日) Number of Days per Bed in Use in a Year (days)	病床使用率(%) Utilization Rate (%)	出院者平均住院日(日) Average Stay Days in Hospital (day)
总 计	**Total**	**171508**	**5544366**	**33.4**	**316.9**	**86.82**	**9.16**
合肥市	Hefei	32701	925491	29.4	319.7	87.58	10.64
淮北市	Huaibei	8339	205794	25.8	278.5	76.29	10.27
亳州市	Bozhou	8169	346586	43.5	324.1	88.80	7.24
宿州市	Suzhou	10582	400027	38.2	329.8	90.36	8.38
蚌埠市	Bengbu	13240	419885	31.9	321.3	88.03	9.79
阜阳市	Fuyang	17069	654119	39.2	328.6	90.03	7.60
淮南市	Huainan	9469	242846	25.9	312.5	85.61	11.57
滁州市	Chuzhou	10230	314926	34.4	302.6	82.89	8.25
六安市	Luan	10309	372696	39.1	314.4	86.14	7.96
马鞍山市	Maanshan	5848	178747	31.6	293.8	80.49	8.84
芜湖市	Wuhu	12078	376221	31.6	314.5	86.15	9.69
宣城市	Xuancheng	7325	271359	38.2	331.1	90.72	8.34
铜陵市	Tongling	4194	89189	21.9	328.2	89.91	15.15
池州市	Chizhou	4214	142359	35.8	307.7	84.30	8.44
安庆市	Anqing	13135	455979	35.3	319.9	87.63	8.93
黄山市	Huangshan	4606	148142	32.8	311.6	85.38	9.40

20—14 主要年份乡镇卫生院病床使用情况
Hospital Beds Usage of Beds of Township Hospitals in Main Years

年份 Year	实有床位(张) Hospital Beds (number)	出院人数(人) Patients Discharged from Hosptials (person)	病床周转次数(次) Turnover of Beds (time)	病床工作日(日) Number of Days per Bed in Use in a Year (days)	病床使用率(%) Utilization Rate (%)	出院者平均住院日(日) Average Stay Days in Hospital (day)
2005	36873	1177482	36.08	141.97	38.90	3.61
2006	38390	1162179	33.22	144.52	39.60	3.99
2007	40837	1473432	38.24	167.75	45.96	3.96
2008	47251	1943976	44.10	205.00	56.13	4.20
2009	51302	2054152	42.50	220.60	60.44	4.80
2010	48944	1495925	31.71	193.91	53.13	5.49
2011	47226	1281046	28.68	186.76	51.17	5.94
2012	48289	1645159	35.54	219.23	59.90	5.95
2013	49781	1709374	35.91	227.82	62.42	5.84

20—15 各市乡镇卫生院病床使用情况（2013年）
Hospital Beds Usage of Beds of Township Hospitals by Region (2013)

地区	Region	实有床位(张) Hospital Beds (number)	出院人数(人) Patients Discharged from Hosptials (person)	病床周转次数(次) Turnover of Beds (time)	病床工作日(日) Number of Days per Bed in Use in a Year (days)	病床使用率(%) Utilization Rate (%)	出院者平均住院日(日) Average Stay Days in Hospital (day)
总计	**Total**	**49781**	**1709374**	**35.91**	**227.82**	**62.42**	**5.84**
合肥市	Hefei	4062	100939	25.96	200.04	54.80	6.96
淮北市	Huaibei	1187	40385	34.11	234.90	64.36	6.78
亳州市	Bozhou	4894	281622	60.64	310.53	85.08	4.90
宿州市	Suzhou	5556	243179	45.37	267.28	73.23	5.65
蚌埠市	Bengbu	2113	59565	28.72	235.22	64.44	7.30
阜阳市	Fuyang	8454	396308	48.20	295.70	81.01	5.54
淮南市	Huainan	1272	43672	39.20	242.78	66.52	5.41
滁州市	Chuzhou	3500	83981	24.39	187.46	51.36	6.82
六安市	Luan	7278	268355	37.19	222.99	61.09	5.81
马鞍山市	Maanshan	999	15451	15.91	109.89	30.11	6.04
芜湖市	Wuhu	1978	14446	10.60	107.61	29.48	5.81
宣城市	Xuancheng	2049	39314	19.80	140.58	38.52	6.46
铜陵市	Tongling	254	3138	12.35	124.13	34.01	7.29
池州市	Chizhou	1041	32530	32.72	213.88	58.60	6.07
安庆市	Anqing	3921	66280	17.59	138.85	38.04	7.10
黄山市	Huangshan	1223	20209	18.12	151.12	41.40	6.35

20—16 主要年份村卫生室基本情况
The Basic Situation of Health Room in Main Years

年 份 Year	机构数 (个) Health Institu-tions (unit)	按设置、主办单位分 Grouped by Managing Organization 村 办 Set Up by Village	乡卫生院设 点 Spot of Township Commune Hospital	联 合 办 Joint Set Up	私 人 办 Private Set Up	其 他 Others	乡村医生和卫生员 (人) Rural Doctors and Health Workers (person)	乡村医生 Rural Doctors	卫 生 员 Health Workers
2005	22847	11339	580	2393	7466	1069	46523	43416	3107
2006	22372	11743	1250	2037	6615	727	46271	44433	1838
2007	20612	10053	1433	1623	6477	1026	44463	43062	1401
2008	19276	9014	2217	1714	5059	1272	49516	47505	2011
2009	17788	8236	3202	1258	3730	1362	54844	52607	2237
2010	15636	7912	3501	1020	1748	1455	55784	53638	2146
2011	15321	7534	4053	1120	1155	1459	55282	52875	2407
2012	15306	7659	4045	1097	1011	1494	53068	50171	2897
2013	15310	7823	3507	1454	945	1581	51640	48365	3275

20—17 各市村卫生室基本情况（2013年）
The Basic Situation of Health Room by Region (2013)

地 区	Region	机构数 (个) Health Institu-tions (unit)	按设置、主办单位分 Grouped by Setting Up and Managing Organizations 村 办 Set Up by Village	乡卫生院设 点 Spot of Township Commune Hospital	联 合 办 Joint Set Up	私 人 办 Private Set Up	其 他 Others	乡村医生和卫生员 (人) Rural Doctors and Health Workers (person)	乡村医生 Rural Doctors	卫 生 员 Health Workers
总 计	**Total**	**15310**	**7823**	**3507**	**1454**	**945**	**1581**	**51640**	**48365**	**3275**
合 肥 市	Hefei	1134	131	628	56	88	231	3251	3020	231
淮 北 市	Huaibei	305	176	115	1		13	1242	1222	20
亳 州 市	Bozhou	1267	869	322	49	1	26	6560	6175	385
宿 州 市	Suzhou	1307	829	210	194	53	21	5803	5300	503
蚌 埠 市	Bengbu	920	671	146	24	25	54	2925	2707	218
阜 阳 市	Fuyang	1767	1200	201	84		282	9891	9025	866
淮 南 市	Huainan	570	38	185		61	286	1560	1337	223
滁 州 市	Chuzhou	1044	385	411	152	26	70	3631	3330	301
六 安 市	Luan	2005	570	808	452	14	161	6145	5977	168
马鞍山市	Maanshan	435	395	1	1	38		879	850	29
芜 湖 市	Wuhu	779	344	238	59	91	47	1650	1623	27
宣 城 市	Xuancheng	825	476	93	32	185	39	1286	1246	40
铜 陵 市	Tongling	136	74	36			26	147	144	3
池 州 市	Chizhou	617	351	34	27	126	79	1438	1392	46
安 庆 市	Anqing	1568	1060	43	194	44	227	4526	4319	207
黄 山 市	Huangshan	631	254	36	129	193	19	706	698	8

20—18 民政行业单位基本情况
Basic Conditions of Civil Affairs Agencies

项目	Item	单位数（个）Number of Enterprises (unit) 2012	2013	职工人数（人）Number of Staff and Workers (person) 2012	2013
民政行政机关	Civil Affairs Administrative Departments	122	122	2701	2701
民政事业单位	Civil Affairs Institutions				
优抚安置单位	Agencies for Serviceman	141	147	1417	1417
救灾储备单位	Salvation and Institutions	12	13	28	35
社区服务中心	Community Service Centers	983	1150	5433	5830
婚姻登记服务类单位	Marriage Registration Institutions	73	78	391	427
收养类单位	Residential Institutions	2423	2498	16684	17623
救助类单位	Salvation Institutions	45	59	373	452
殡仪类单位	Funeral and Interment Institutions	188	191	2980	2983
福利彩票发行单位	Welfare Lottery Issuing Institutions	38	37	461	525
慈善团体	Charity Institutions				
老龄行政机构	Aging Population Institutions	105	107	250	265
其他事业单位	Other Institutions	37	22	179	116
民间组织	Non-governmental Organizations				
社会团体	Social Organizations	11023	11671	184060	103731
基金会	Fund Organizations	52	71	147	194
民办非企业单位	Non-enterprise Units Run by NGO	7652	8963	92150	102493
基层群众自治组织	Grass Roots Autonomy Organizations				
社区居委会	Neighborhood Committee	3100	3182	16132	16840
村委会	Village Committee	15054	14925	60910	62389
福利企业	Social Welfare Enterprises	367	360	19372	18460

20—19 社会福利救济主要费用情况
Basic Statistics on Social Welfare Relief Funds

单位：万元（10000 yuan）

指标	Item	2000	2005	2010	2012	2013
总计	**Total**	**81751.9**	**230317.2**	**662248.6**	**936935.8**	**1080062.8**
国家支出	Government Funds	34226.4	210274.1	662248.6	936935.8	1080062.8
优抚对象补助金额	Funds for Family Members of Martyrs and Disabled Veterans	39372.4	88134.3	156802.1	180393.5	241885.2
国家支出	Government Funds	21314.6	71018.2	156802.1	180393.5	241885.2
困难户得救济金额	Funds for Poor Households	9539.6	110022.3	392297.4	593201.1	654609.1
国家支出	Government Funds	8404.2	110022.3	392297.4	593201.1	654609.1
社会散居孤老残幼供养金额	Funds for Orphans, Disabled, Elderly and Young Persons in Society	25044.1	22867.4	58797.5	75555.4	80736.2
国家支出	Government Funds	1385.3	22867.4	58797.5	75555.4	80736.2
城乡各种福利院支出	Funds for Urban and Rural Welfare Homes of All Types	7795.8	9293.2		87785.8	102832.3
光荣院	Homes for the Disabled Veterans	659.1	951.3	9848.6	13471.5	14996.8
国家支出	Government Funds	659.1	934.5	9848.6	13471.5	14996.8
城乡社会福利院	Social Welfare Homes	7136.7	8341.9	44503.0	74314.3	87835.5
国家支出	Government Funds	2463.2	5431.7	44503.0	74314.3	87835.5

20—20 社会福利事业单位基本情况（2013年）
Basic Statistics on Social Welfare Institutions (2013)

项　目	Item	单位数（个）Number of Homes (unit)	工作人员（人）Number of Staff and Workers (person)	床　位（张）Number of Beds (unit)	年末收养人数（人）Number of Persons Housed (person)
收养性福利事业单位	Adopting Social Welfare Institutions	2498	17623	282229	200978
#光荣院	Homes for Disabled Veterans	53	394	4572	1325
社会福利院	Social Welfare Homes	59	1160	7310	4244
儿童福利院	Baby Welfare Homes	41	949	5709	3291
城镇老年性福利机构	Urban Elderly Welfare Units	220	2966	29407	16269
农村老年性福利机构	Rural Elderly Welfare Units	2113	11449	232934	174790
优抚安置单位	Units for Arranging the Family Members of Martyrs and Disabled Veterans	147	1417	2209	3538
救助类单位	Rescue Agencies	59	452	4371	713

20—21 享受补助、救济人员情况
Persons Receiving Subsidies or Relief Funds

单位：人、户（person、household）

指　标	Item	2005	2010	2012	2013
城乡居民最低生活保障人数	**Number of Persons Receiving Lowest Cost-of-living in Urban Area and Rural Area**	**1228365**	**3030182**	**2964637**	**2943205**
城镇居民最低生活保障人数	Number of Persons Receiving Lowest Cost-of-living in Urban Area	977182	883944	818502	782663
农村居民最低生活保障人数	Number of Persons Receiving Lowest Cost-of-living in Rural Area	251183	2146238	2146135	2160542
传统救济情况	**Traditional Relief**				
农村定期救济户数	Number of Households Receiving Periodic Relief in Rural Areas	617775	519831	501954	485737
#困难户	Households in Urgent Need	174210	52199	50752	49361
五保户	Households Enjoying the Five Guarantees	375129	467632	451202	436376

20—22 婚姻服务情况
Number of Marriage and Divorces

指标	Item		2000	2005	2010	2012	2013
内地居民登记结婚 （对）	Registered Marriages	(couple)	491959	439401	650861	764886	804284
初婚 （人）	First Marriages	(person)	956554	832838	1038265	1349499	1401155
再婚 （人）	Remarriages	(person)	27358	45964	263457	180273	210143
离婚 （对）	Divorces	(couple)	42723	57476	132374	162294	186471
离婚率 （‰）	Divorce Rate	(‰)	1.37	1.77	3.89	4.71	5.39

注：本表数据由民政厅、法院提供。
a) The data in this table were provided by the home office, the courts.

20—23 各市婚姻服务情况（2013年）
Number of Marriage and Divorces by Region (2013)

地区	Region	内地居民登记结婚（对） Registered Marriages (couple)	初婚（人） First Marriages (person)	再婚（人） Remarriages (person)	登记离婚数（对） Quantity of Registered Divorcing (couple)	离婚率（‰） Divorce Rate (‰)
总计	**Total**	**804284**	**1401155**	**210143**	**124815**	**3.61**
省本级	Provincial Level	3	2480	256	94	
合肥市	Hefei	94688	160532	28844	21023	5.91
淮北市	Huaibei	29576	53926	5226	4976	4.60
亳州市	Bozhou	74119	137327	10911	9221	2.96
宿州市	Suzhou	84386	155240	13532	10026	3.10
蚌埠市	Bengbu	49627	84808	14446	9053	4.93
阜阳市	Fuyang	135552	254687	16417	11581	2.21
淮南市	Huainan	30467	50574	10360	4655	3.82
滁州市	Chuzhou	53481	90034	16928	7822	3.47
六安市	Luan	73892	130243	17541	8751	2.45
马鞍山市	Maanshan	25378	41306	9450	6345	5.56
芜湖市	Wuhu	39666	56814	22518	8256	4.30
宣城市	Xuancheng	28424	41226	15622	7167	5.12
铜陵市	Tongling	6421	9733	3109	2172	5.85
池州市	Chizhou	12174	20843	3505	2813	3.47
安庆市	Anqing	53119	88725	17513	8118	2.61
黄山市	Huangshan	13311	22657	3965	2742	3.72

注：本表数据由民政厅提供，离婚人数不包括法院的调解和判决离婚数。
a) Data in this table are provided by provincial department of civil affairs. The number of divorces excludes those mediated and iudged by courts.

20—24 城乡居民最低生活和社会保障网络基本情况

Basic Statistics on People Receiving Lowest Cost-of-living and Social Security Network in Urban and Rural Area

年份 Year	城镇社区服务设施数（个） Number of Urban Welfare Facilities (unit)	社区服务单位个数 Number of Community Service	城镇便民、利民服务网点（个） Number of Urban Service Points for Civilian (unit)	城乡居民最低生活保障 People Receiving Lowest Cost-of-living in Urban and Rural Area: 城镇低保人数（万人） Number of Persons Receiving Lowest Cost-of-living in Urban Area (10000 person)	保障金额（万元） Amount of Money (10000 yuan)	农村低保人数（万人） Number of Persons Receiving Lowest Cost-of-living in Rural Area (10000 person)	保障金额（万元） Amount of Money (10000 yuan)
2000	7868	1728	17334	12.64	12054.2	10.30	1802.4
2005	6815	327	18327	97.72	76012.5	25.12	3594.9
2006	5419		12323	100.92	89285.5	27.10	5763.2
2007	3649		17452	100.40	119365.7	142.00	53082.4
2008	3675		16727	99.35	160436.7	186.27	102582.1
2009	4982		14306	94.98	185934.6	212.93	160335.4
2010	3623		13105	88.40	197149.3	214.62	195417.7
2011	3929	2176	9018	84.20	268292.0	216.59	280596.0
2012	5105	3194	7028	81.90	277417.0	214.61	315783.0
2013	5452	3869	7940	78.27	296775.2	216.05	357833.9

20—25 各市城乡居民最低生活和社会保障网络基本情况（2013年）

Basic Statistics on People Receiving Lowest Cost-of-living and Social Security Network in Urban and Rural Area by Region (2013)

地区	Region	城镇社区服务设施数（个） Number of Urban Welfare Facilities (unit)	城镇便民、利民服务网点（个） Number of Urban Service Points for Civilian (unit)	城乡居民最低生活保障 People Receiving Lowest Cost-of-living in Urban and Rural Area: 城镇低保人数（人） Number of Persons Receiving Lowest Cost-of-living in Urban Area (person)	保障金额（万元） Amount of Money (10000 yuan)	农村低保人数（人） Number of Persons Receiving Lowest Cost-of-living in Rural Area (person)	保障金额（万元） Amount of Money (10000 yuan)
总计	**Total**	**5452**	**7940**	**782663**	**296775.2**	**2160542**	**357833.9**
合肥市	Hefei	753		45008	23523.6	167002	36711.0
淮北市	Huaibei	176		57947	19837.1	35174	7327.4
亳州市	Bozhou	31		29566	11011.1	208491	33640.6
宿州市	Suzhou	109	297	42428	13296.1	277199	36171.5
蚌埠市	Bengbu	512	3479	46852	16117.1	88813	14100.0
阜阳市	Fuyang	540	156	110688	35969.3	351080	48742.2
淮南市	Huainan	226		53136	19384.2	49585	9031.8
滁州市	Chuzhou	969	1394	62924	28303.1	147891	26773.8
六安市	Luan	52		70033	21506.9	259119	36004.2
马鞍山市	Maanshan	315	255	49157	19365.7	47368	12236.5
芜湖市	Wuhu	332	582	65752	30976.1	93559	18413.9
宣城市	Xuancheng	197		31003	12186.2	90892	16355.0
铜陵市	Tongling	297	18	16719	6464.4	9871	2496.9
池州市	Chizhou	7	650	19757	7952.1	54155	9755.4
安庆市	Anqing	262	110	60946	22665.6	228228	40063.9
黄山市	Huangshan	674	999	20747	8216.6	52115	10009.8

20—26 工 伤 保 险 情 况
Sitution of Industrial Injury Insurance

单位：人、万元（person, 10000 yuan）

项 目	Item	2005	2010	2012	2013
参保人数	Insurance Population	1481894	3594632	4579314	4732232
农民工人数	Number of Rural Workers		1239885	1628132	1614913
享受伤残待遇人数	Number of Enjoy Wounded and Disabled Treatment Population	8356	39101	75287	68513
享受工伤保险待遇的职业病人数	Number of Enjoy Industrial Injury Insurance Treatment Population	2806	5407	5573	5590
因工死亡人数	Number of On-duty Deaths	95	575	902	663
供养亲属人数	Number of Support Relatives	4717	4348	11675	11858
基金收入	Fund Revenue	14709	65403	160501	207579
基金支出	Fund Expense	7176	42040	126587	143476
累计结余	Accumulative Surplus	17243	107429	206383	270486
储备金	Reserve Fund	357	9785	18724	33911

20—27 各市基本医疗保险情况（2013年）
Medical Insurance Situation by Region (2013)

地 区	Region	参保人数（人） Numbers of Population Participated in Medical Insurance (person)			基 金（万元） Fund (10000 yuan)			
		合 计 Total	职工小计 Total of Staffs & Workers	退休人员小计 Total of Retirees	收 入 Income	支 出 Expenditure	累计结余 Accumulative Surplus	个人帐户 Personal Account
总 计	**Total**	**7159660**	**5126997**	**2032663**	**1594845**	**1283736**	**1752515**	**683270**
合肥市	Hefei	1713591	1319077	394514	497894	370508	623283	162332
淮北市	Huaibei	467933	317048	150885	61312	52206	85184	30258
亳州市	Bozhou	194635	141998	52637	46333	36688	61048	25891
宿州市	Suzhou	289502	223247	66255	51727	39717	93790	27419
蚌埠市	Bengbu	446874	293065	153809	86169	77434	74606	42808
阜阳市	Fuyang	361044	268524	92520	74418	65254	71932	44213
淮南市	Huainan	514771	324038	190733	90137	78986	75546	32175
滁州市	Chuzhou	392473	292377	100096	92042	70667	118034	43952
六安市	Luan	339927	244975	94952	72927	56439	113917	44731
马鞍山市	Maanshan	477557	319928	157629	109590	94297	69931	50257
芜湖市	Wuhu	620092	428700	191392	131033	109825	107053	67577
宣城市	Xuancheng	311726	226577	85149	55218	50958	41018	18306
铜陵市	Tongling	279114	195872	83242	64249	41191	74204	38876
池州市	Chizhou	133524	100122	33402	26972	24835	26466	15904
安庆市	Anqing	434489	306426	128063	96424	82345	79345	16509
黄山市	Huangshan	182408	125023	57385	38400	32386	37158	22062

注：合肥市医疗保险基金收入、支出、累计结余项目中包含省本级相应项目基金。
a) The medcial insurance fund income,expenditure and accumulative suplus of Hefei city including provincial corresponding item fund.

20—28 基本养老保险情况
Conditions of Basic Endowment Insurance

年份 Year	参保职工（人）Active Contributors (person) 年末数 Number at the year-end	#企业 Enterprises	离休、退休退职人员年末人数（人）Retirees at the Year-end (person)	基金收支情况（万元）Revenue and Expenses (10000 yuan) 基金收入 Revenue	基金支出 Expenses	累计可用结余基金 Total Usable Balance
2000	3119157	3091751	903164	431000	526700	148000
2005	3469852	3383325	1247613	1210063	1011918	585680
2006	3614088	3532764	1338138	1639319	1304720	925172
2007	3855442	3767541	1447758	2076644	1540523	1461173
2008	4202763	4107353	1581377	2648464	1975524	2134114
2009	4586947	4492001	1694577	3006151	2334678	2805587
2010	4920498	4824616	1774880	3432478	2708340	3529725
2011	5377490	5245417	1915225	4594510	3341022	4783213
2012	5784030	5648688	2053564	5084201	3974490	5892924
2013	5922049	5112893	2191238	6249422	4688128	7454218

20—29 各市基本养老保险情况（2013年）
Conditions of Basic Endowment Insurance by Region (2013)

地区	Region	参保职工（人）Active Contributors (person) 年末数 Number at the year-end	#企业 Enterprises	离休、退休退职人员年末人数（人）Retirees at the Year-end (person)	基金收支情况（万元）Revenue and Expenses (10000 yuan) 基金收入 Revenue	基金支出 Expenses	累计可用结余基金 Total Usable Balance
总计	**Total**	**5922049**	**5112893**	**2191238**	**6249422**	**4688128**	**7454218**
合肥市	Hefei	1395595	1133772	323373	1116137	755734	1448704
淮北市	Huaibei	316942	271359	72350	235827	144801	532696
亳州市	Bozhou	122947	114697	44531	101393	90623	121568
宿州市	Suzhou	213452	189031	66891	138512	135102	92451
蚌埠市	Bengbu	370285	261782	143840	312703	283017	25966
阜阳市	Fuyang	240460	196958	94899	186107	192442	124231
淮南市	Huainan	329921	274057	126568	248738	241506	100545
滁州市	Chuzhou	321335	292356	116532	226855	215166	341397
六安市	Luan	226405	196751	109135	190431	199961	168918
马鞍山市	Maanshan	427652	316478	178236	434409	401129	223663
芜湖市	Wuhu	518007	507733	234370	463540	451767	197549
宣城市	Xuancheng	267281	225720	80824	203241	147437	297644
铜陵市	Tongling	189823	121554	60082	117856	114420	102607
池州市	Chizhou	106241	89615	32445	61354	59894	93251
安庆市	Anqing	410082	368835	162471	334586	334992	142864
黄山市	Huangshan	164128	111616	49373	106786	98348	96121

注：总计数中含省直数据。
a) Provincial data is contained in the total number.

20—30 主要年份城镇居民参加医疗保险情况
Medical Insurance for Urban Residents in Main Years

年 份 Year	参保人数（人）People Participated in Medical Insurance (person)	基金收支情况（万元）Revenue and Expenses (10000 yuan)		
		基金收入 Revenue	基金支出 Expenses	累计结余 Balance at Year-end
2007	4670801	54104	4588	49516
2008	7950481	96295	42962	104297
2009	8655631	147704	97360	155885
2010	9308874	184683	133787	206781
2011	9535889	252180	176054	275948
2012	9747635	321603	236587	356475
2013	9448680	417549	344626	402958

20—31 各市城镇居民参加医疗保险情况（2013年）
Medical Insurance for Urban Residents by Region (2013)

地 区	Region	参保人数（人）People Participated in Medical Insurance (person)	基金收支情况（万元）Revenue and Expenses (10000 yuan)		
			基金收入 Revenue	基金支出 Expenses	累计结余 Balance at Year-end
总 计	**Total**	**9448680**	**417549**	**344626**	**402958**
合肥市	Hefei	1308786	49135	42237	76152
淮北市	Huaibei	345690	13819	14329	10154
亳州市	Bozhou	605771	14180	8096	21205
宿州市	Suzhou	578572	20630	16797	23901
蚌埠市	Bengbu	625942	18920	14807	28626
阜阳市	Fuyang	533309	14983	7879	27305
淮南市	Huainan	599234	25991	27133	24141
滁州市	Chuzhou	704100	26532	15512	44116
六安市	Luan	790508	82522	76545	31146
马鞍山市	Maanshan	510500	19145	18406	10537
芜湖市	Wuhu	950993	39123	33513	28960
宣城市	Xuancheng	441323	12653	11615	9674
铜陵市	Tongling	194221	28920	22046	12036
池州市	Chizhou	145186	6372	4394	7241
安庆市	Anqing	892055	35677	24863	37416
黄山市	Huangshan	222490	8947	6454	10348

注：合肥市参保人数、基金收入、支出、累计结余项目中包含省本级相应项目基金。

a) In Hefei City, number of insurance, fund income and expenditure, the accumulative surplus items include in the provincial level corresponding project fund.

20—32 新型农村合作医疗基本情况
Basic Information of New Type Rural Cooperative Medical

年 份 Year	参合人口 (万人) Participation Population (10000 persons)	参合率 (%) Participation Rate	补偿受益 (万人次) Compensation Benefit (10000 persons times)	住院率 (%) Hospitalization Rate (%)	住院实际补偿比 (%) Hospitalization Compensation Rate (%)	基金总额 (万元) The Total Volume of Funds (10000 yuan)	当年筹资 (万元) Yearly Raised Fund (10000 yuan)	农民缴纳 Fund from Farmers	基金支出 (万元) Fund Expenditure (10000 yuan)	住院 Hospitalization
2005	614.0	81.2	181.7	3.1	23.2	20506.0	17376.6	6271.5	14804.6	12553.6
2008	4523.9	90.2	1798.3	5.5	46.1	494812.5	430155.8	72296.2	380801.8	346963.6
2009	4651.7	93.6	2477.7	6.6	46.9	590908.0	471793.3	92409.4	506910.8	452125.8
2010	4750.2	96.0	4260.2	6.3	46.3	806507.7	721087.9	142981.6	632122.3	528924.6
2011	4917.1	98.7	6379.8	6.6	51.3	1307626.7	1129839.8	148044.7	932038.5	728213.2
2012	5043.8	99.5	10070.2	8.2	59.3	1869843.8	1487169.7	252338.2	1428580.6	1088589.3
2013	5149.6	100.6	10382.2	9.0	59.8	2326102.6	1895768.1	309303.1	1775727.8	1340230.5

20—33 各市新型农村合作医疗基本情况（2013年）
Basic Information of New Type Rural Cooperative Medical by Region (2013)

地 区 Region	参合人口 (万人) Participation Population (10000 persons)	参合率 (%) Participation Rate	补偿受益 (万人次) Compensation Benefit (10000 persons times)	住院率 (%) Hospitalization Rate (%)	住院实际补偿比 (%) Hospitalization Compensation Rate (%)	基金总额 (万元) The Total Volume of Funds (10000 yuan)	当年筹资 (万元) Yearly Raised Fund (10000 yuan)	农民缴纳 Fund from Farmers	基金支出 (万元) Fund Expenditure (10000 yuan)	住院 Hospitalization
总 计 Total	**5149.6**	**100.6**	**10382.2**	**9.0**	**59.8**	**2326102.6**	**1895768.1**	**309303.1**	**1775727.8**	**1340230.5**
合肥市 Hefei	421.5	103.6	724.4	7.9	56.6	182090.5	148598.4	25287.3	147242.9	118058.8
淮北市 Huaibei	133.1	105.8	291.7	8.4	60.0	55045.1	47454.4	7986.0	42048.3	30081.5
亳州市 Bozhou	521.2	100.4	1354.8	10.6	61.9	246220.1	196275.8	31273.7	183304.3	130223.7
宿州市 Suzhou	527.3	98.5	910.0	9.2	62.4	232684.0	195081.9	31650.3	175290.9	130332.7
蚌埠市 Bengbu	265.7	101.1	760.7	8.9	63.1	114725.2	96223.7	15945.9	90342.7	65979.7
阜阳市 Fuyang	846.0	96.9	2084.6	10.2	62.9	415114.1	316949.9	50690.2	298738.3	229580.0
淮南市 Huainan	125.8	103.6	169.6	7.8	61.4	57682.9	44867.4	7550.6	38362.6	32740.1
滁州市 Chuzhou	348.4	100.4	795.4	9.0	59.3	156041.1	126321.3	20907.7	125096.7	94791.9
六安市 Luan	587.7	99.2	1042.5	9.2	57.9	268146.9	223306.8	35263.2	205214.0	160243.8
马鞍山市 Maanshan	138.0	101.3	193.8	7.6	55.9	57432.2	48781.1	8167.4	46115.1	35186.9
芜湖市 Wuhu	228.1	117.9	363.2	6.7	57.1	101956.9	84201.6	13686.6	80839.7	59668.2
宣城市 Xuancheng	229.0	101.1	411.1	8.3	61.7	102311.0	82003.0	14091.0	75269.0	53482.0
铜陵市 Tongling	31.8	101.2	29.9	8.1	58.2	13967.7	11968.4	1909.1	11388.1	8910.3
池州市 Chizhou	133.9	102.2	170.8	9.3	59.5	54620.1	47625.9	8037.0	47466.6	37299.3
安庆市 Anqing	500.0	98.8	874.4	7.7	57.5	225020.0	186474.0	29980.0	171245.0	126278.0
黄山市 Huangshan	111.9	101.1	205.4	9.0	56.8	43044.4	39634.7	6876.2	37763.0	27373.5

20—34 各市失业保险基本情况（2013年）

Basic Conditions of Unemloyment Insurance by Region (2013)

单位：万人（10000 persons）

地 区	Region	本年参保人数 Contributors This Year 合计 Total	企业 Enterprises	国有企业 State-owned Enterprises	集体企业 Collected-owned Enterprises	事业单位 Institutions
总 计	**Total**	**409.04**	**303.22**	**145.22**	**25.69**	**89.89**
合肥市	Hefei	105.07	87.32	42.26	2.10	9.48
淮北市	Huaibei	25.02	22.15	13.75	1.20	2.88
亳州市	Bozhou	15.08	8.47	4.00	0.99	6.60
宿州市	Suzhou	20.14	11.58	5.72	1.73	8.56
蚌埠市	Bengbu	21.28	14.85	5.25	0.68	6.12
阜阳市	Fuyang	25.00	15.32	12.47	1.05	9.68
淮南市	Huainan	29.21	26.44	20.90	4.98	2.76
滁州市	Chuzhou	21.23	15.21	3.48	2.26	6.02
六安市	Luan	19.00	9.93	3.23	1.12	8.94
马鞍山市	Maanshan	24.67	21.40	2.91	1.90	3.09
芜湖市	Wuhu	35.11	29.20	13.64	3.62	5.90
宣城市	Xuancheng	13.16	9.41	2.77	0.81	3.66
铜陵市	Tongling	14.78	12.87	8.18	1.02	1.91
池州市	Chizhou	7.09	4.58	1.85	0.53	2.43
安庆市	Anqing	23.57	8.27	3.35	1.49	9.08
黄山市	Huangshan	9.63	6.22	1.47	0.22	2.77

地 区	Region	领取失业保险金人数 Beneficiaries of Unemployment Insurance this year	基金（万元）Fund (10000 yuan) 收入 Income	支出 Expenditure	累计结余 Accumulative Surplus
总 计	**Total**	**11.64**	**327930.34**	**189612.38**	**687790.17**
合肥市	Hefei	2.98	99380.41	45308.64	235259.43
淮北市	Huaibei	0.54	23408.75	22745.22	52525.13
亳州市	Bozhou	0.18	5983.61	1592.07	17728.72
宿州市	Suzhou	0.67	8460.87	5113.56	20108.09
蚌埠市	Bengbu	1.07	16293.81	18813.61	20234.51
阜阳市	Fuyang	0.50	13032.05	4152.28	33708.01
淮南市	Huainan	0.30	30104.54	17631.15	54929.05
滁州市	Chuzhou	0.83	17689.73	9226.18	32293.48
六安市	Luan	0.48	15071.93	3085.84	36801.97
马鞍山市	Maanshan	0.94	22821.17	21994.61	45333.15
芜湖市	Wuhu	1.10	25924.39	18011.65	38847.38
宣城市	Xuancheng	0.34	7936.12	2843.92	16007.18
铜陵市	Tongling	0.43	10759.52	6894.02	16659.72
池州市	Chizhou	0.15	5172.72	3304.02	11133.95
安庆市	Anqing	0.90	17757.57	6701.10	35687.49
黄山市	Huangshan	0.21	8133.16	2194.52	20532.90

20—35 城乡居民基本养老保险情况
Situation of Rural and Rural Residents Old-age Insurance

单位：万人、万元（10000 persons, 10000 yuan）

项　目	Item	2012	2013
参保人数	People Participated in	3351	3309
本年领取养老金人数	People Receiving Old-age Pension This Year	803	840
本年保险资金收入	Insurance Fund Revenue This Year	960662	1074085
本年保费收入	Insurance Premium This Year	952393	1037655
个人缴费	Individual Paying	337474	358099
集体补助	Collective Subsidy	23	235
政府补贴	Government Subsidy	614896	679321
本年基金运营收益	Fund Operating Earning	7895	28211
其他收入	Other Earning	374	588
转移收入	Income Transfer		7631
本年保险金支出	Insurance Expenditure This Year	531246	633687
养老金支出	Old-age Pension Expenditure	514640	617191
年末基金滚存结余	Fund Blance Year-end	844731	1296446

注：2013年养老金支出为基础养老金支出和个人账户养老金支出合计数，2012年仅为基础养老金。
a) 2013 pension expense based on individual account pension expense and pension spending totals, 2012 was only the basic pension.

20—36 重点服务业企业分行业主要经济指标（2013年）
Main Economic Indicators of the Service Industries Key Enterprises By Industry (2013)

单位：亿元（100 million yuan）

行　业	Sector	单位数（个） Number of Units (unit)	资产总计 Total Assets	营业收入 Operating Income	营业税金及附加 Business Tax and Additional	营业利润 Operating Profit	应付职工薪酬 Handle Employee Compensation	年平均从业人员（人） Annual Average Employees (person)
总　计	**Total**	**2891**	**9517.2**	**2458.4**	**41.6**	**306.1**	**271.6**	**467264**
交通运输、仓储和邮政业	Transportation, Storage and Postal Services	1245	2508.5	1223.5	13.4	63.0	114.2	212164
信息传输、软件和信息技术服务业	Information Circulation, Computer Service and Software	185	539.9	427.6	12.4	80.8	42.9	53646
房地产业	Real Estate	206	26.8	19.9	1.1	0.9	9.3	29012
租赁和商务服务业	Leasing and Commercial Services	456	5543.1	423.5	8.8	119.9	38.2	67652
科学研究和技术服务业	Leasing and Commercial Services	316	291.1	189.3	2.8	24.0	34.7	39577
水利、环境和公共设施管理业	Water Conservancy, Environmental and Public Facilities Management	96	360.7	47.4	1.3	10.0	5.0	11723
居民服务、修理和其他服务业	Residents Service, Repair and Other Services	78	13.1	11.8	0.3	0.6	2.8	8136
教　育	Education	124	46.5	17.6	0.5	1.1	5.7	15010
卫生和社会工作	Health and Social Work	89	51.5	44.5	0.1	2.4	12.0	21750
文化、体育和娱乐业	Culture, Sports and Entertainment	96	136.0	53.3	0.9	3.4	6.8	8594

20—37 就业训练中心综合情况
Comprehensive Insitution of Occupation Training Center

项　目		Item		2010	2012	2013
就业训练中心个数	（个）	Numbers of Occupation Training Center	(unit)	117	117	117
在职教职工总人数	（人）	Total Numbers of Teaching and Administra1tive Staffs on the Job	(person)	1519	1580	1592
教　师		Teachers		1019	1101	1103
兼职教师人数	（人）	Part-time Teachers	(person)	790	812	815
经费来源总计	（万元）	Total of Source of Fund	(10000 yuan)	68404	68745	68634
财政补助费		Fiscal Subsidies		12991	13507	13601
职业培训补贴		Subsidies for Vocational Training		45595	56165	57115
就业训练人数	（人）	Numbers of Occupation Training Persons	(person)	249678	254975	258764
女　性		Female		117532	130104	136263
上年末结转		Carried Forward from the Previous Year				
结业人数	（人）	Graduation Population	(person)	245696	253864	259128
按训练对象分组		Grouped by Training Object				
劳动预备制学员		Labor Preparation System Student		18678	20176	21112
下岗失业人员		Laid-off Workers		75320	78498	79565
农村劳动者		Employment of Rural Labor		122584	124013	126123
其他人员		Other Person		33096	33015	46021
按训练期限分组		Grouped by Training Allowed Time				
六个月以下		6 Month & Below		236125	246186	248727
六个月至一年		6 Month－1 Year		10380	6125	6264
一年以上		1 Year & up		3173	3012	3113
按获取证书分组		Grouped by Obtained Certificate				
初级职业资格		Elementary Professional Qualification		158562	194786	201478
中级职业资格		Intermediate Professional Qualification		35261	39478	41234
高级职业资格		Senior Professional Qualification		4589	8012	9028
技师资格		Technician Qualification		3216	3304	3578
就业人数	（人）	Employment Figures (person)	(person)	194623	234708	245617
农村劳动者		Employment of Rural Labor		115328	176256	183147

20—38 人力资源服务机构综合情况（2013年）
Human Resources Service Organization Comprehensive Situation (2013)

项　目		Item		公共就业服务机构 Public Employment Service Organization	公共人才服务机构 Public Talented Person Service Organization	国有性质服务企业 State-owned Service Enterprise	私营性质服务企业 Private Service Enterprise
服务机构数	（个）	Service Organization	(unit)	107	83	33	273
从业人员人数	（人）	Population of Jobholder	(person)	1330	701	450	5444
#大专及以下		Junior College and Below		843	312	251	4338
本　科		Undergraduate Course		466	360	168	1002
硕士及以上		Master and Above		21	29	31	104
#取得职业资格人数		Obtaining Professional Qualification Population		557	368	276	1095
设立固定招聘场所	（个）	Fixed Employment Advertise Place	(unit)	97	59	25	224
总资产	（万元）	Total Assets	(10000 yuan)	17473	6664	73925	272043
建立人力资源服务网站	（个）	Human Resources Service Network	(unit)	55	51	19	126
全年营业总收入	（万元）	Annual Business Gross Income	(10000 yuan)	1370	1940	46823	155008

注：本年口径有变化，仅统计县以上机构。
a) Caliber of this year there is a change, just above the county statistical agency.

20—39 人力资源服务业务基本情况（2013年）
Human Resources Service Basic Situation (2013)

项　目	Item	公共就业服务机构 Public Employment Service Organization	公共人才服务机构 Public Talented Person Service Organization	国有性质服务企业 State-owned Service Enterprise	私营性质服务企业 Private Service Enterprise
服务人员总数 (人)	Total of Service Personnel Registration (person)	2998427	978535	314375	3449770
登记要求流动人员 (人)	Nubmer of Registration Requesting Flowing Personnel (person)	1236015	554949	148477	1226370
#大专及以下	Junior College and Below	1096190	420611	96853	806822
本　科	Undergraduate Course	104488	108939	49289	311795
硕士及以上	Master and Above	3877	27938	2798	25999
实现就业和流动人数 (人)	Realizing Employment and Flowing Population (person)	835982	498916	124840	1071506
服务用人单位数 (个)	Number of Service Personnel Units (unit)	47345	20040	4381	108635
#国有企、事业单位	State-owned Enterprise and Institution	2389	1403	1475	11609
私营企业	Private Enterprise Foreign-funded Enterprise	26724	15427	804	60110
外资企业	Foreign-funded Enterprise	674	311	357	6641
建立人力资源数据库 (个)	Establishment Human Resources Database (unit)	185	32	17	253
现存数据库求职信息总量 (人次)	Total of Extant Database Seeking Employment Information (person time)	2003235	592561	127370	4988288
#全年入库求职信息	Whole Year Warehousing Seeking Employment Information	2020182	57280	32458	958714
现场招聘服务	Scene Employment Advertise Service				
举办招聘会次数 (次)	Number of Times of Conducting Job Fair (time)	2677	1270	366	2329
#毕业生专场	Graduate Specially	458	394	90	533
农民工专场	Peasant Laborer Specially	637	312	44	788
参会用人单位 (家)	Attending the Meeting Employer (unit)	46704	15166	3427	57583
提供招聘岗位 (个)	Providing Employment Post (unit)	1179278	397047	52209	913046
参会求职人数 (人)	Attending the Meeting Seeking Employment Population (person)	1398869	390192	204528	967268
网络招聘服务 (条)	Network Employment Advertise Service (unit)	816173	201842	45418	1923205
发布岗位信息	Issue Post Information	498775	119765	6816	1112694
发布求职信息	Issue Seeking Employment Information	317398	82077	38602	810511
劳务(人才)派遣服务	The Service (talented person) to Dispatch to Serve				
派遣单位 (个)	Detached Organization (unit)	2466	631	808	2434
派遣人员总量 (人)	Total of Detached Personnel (person)	37191	4029	64579	62031
登记要求派遣人数 (人)	Registration Requesting Detached Population (person)	25015	3278	23290	68974
人力资源管理咨询	Human Resources Management Consulting				
服务用人单位 (个)	Service Employer Unit (unit)	29980	15238	3541	40509
人力资源外包服务	Human Resources Outsourcing Service				
服务用人单位 (个)	Service Employer Unit (unit)	12439	57	615	1336
流动人员档案管理	Flowing Personnel Record Management				
现存档案数量 (人)	Number of Extant File (person)	624644	500749	122862	184654
依托档案提供服务 (次)	Depending on the File to Provide Service (time)	353115	145533	24987	89115
培训服务	Training Service				
举办培训班 (个)	Conducting Training Class (unit)	2369	564	1194	2091
参加人数 (人)	Participating Population (person)	138504	32221	86562	111610
测评服务	Evaluation Service				
测评人数 (人)	Evaluation Population (person)	20600	5118	4390	42280
猎头服务	Headhunting Service				
成功推荐人才 (人)	Successful to Recommend Talented Person (person)	5603	106	78	8936

20—40 各市职业技能鉴定综合情况（2013年）
Vocational Skill Appraisal Comprehensive Situation by Region (2013)

单位：人（person）

地区 Region	鉴定机构数（个）Number of Appraisal Institution (unit) 小计 Total	#鉴定中心 Appraisal Center	#职业技能鉴定所 Vocational Skill Appraisal Institution	#行业特有工种鉴定站 Industry-specific Types of Appraisal Points	考评人员人数 Number of Evaluation Staff	鉴定考核人数 Appraisal Number of Assessment 小计 Total	初级 Primary	中级 Middle-level	高级 High level
总计 Total	**438**	**20**	**389**	**13**	**9079**	**645951**	**270065**	**268886**	**92770**
合肥市 Hefei	68	2	66		1574	138681	22408	73490	38465
淮北市 Huaibei	18	1	17		307	18147	7300	7698	2670
亳州市 Bozhou	11	1	10		235	26149	10000	14000	1849
宿州市 Suzhou	38	1	28	2	305	39988	22901	13421	2832
蚌埠市 Bengbu	33	1	32		392	25450	13878	7152	3703
阜阳市 Fuyang	19	1	18		321	37012	14219	19000	3343
淮南市 Huainan	28	1	27		1090	38508	23590	9857	3658
滁州市 Chuzhou	18	1	14		571	46654	21589	16722	7603
六安市 Luan	28	1	27		330	47350	30798	12724	3355
马鞍山市 Maanshan	22	1	21		664	31009	19087	8607	2329
芜湖市 Wuhu	27	1	26		1103	59778	25807	26558	5827
宣城市 Xuancheng	22	2	7	7	246	36416	19588	12451	4126
铜陵市 Tongling	18	1	15	2	402	14815	5807	5408	3100
池州市 Chizhou	13	1	12		114	21145	13893	4292	2604
安庆市 Anqing	27	2	23	2	290	25731	6521	15857	2747
黄山市 Huangshan	8	1	7		106	19447	12588	3825	2803
省直 Provincial-level	40	1	39		1029	19671	91	17824	1756

地区 Region	技师 Technician	高级技师 Senior Technician	获取证书人数 Number of Obtaining a Certificate 小计 Total	初级 Primary	中级 Middle-level	高级 High level	技师 Technician	高级技师 Senior Technician	通过率(%) Pass Rate (%)
总计 Total	**12645**	**1585**	**537215**	**234800**	**229601**	**65983**	**6262**	**569**	**83.17**
合肥市 Hefei	3230	1088	112938	20989	66364	24750	520	315	81.44
淮北市 Huaibei	433	46	14368	5757	6620	1700	280	11	79.18
亳州市 Bozhou	300		22911	9013	12089	1549	260		87.62
宿州市 Suzhou	814	20	34651	21143	11126	2178	201	3	86.65
蚌埠市 Bengbu	710	7	24227	13597	7096	3043	488	3	95.19
阜阳市 Fuyang	450		29696	12476	15200	1730	290		80.23
淮南市 Huainan	1214	189	32053	20051	8381	3066	481	74	83.24
滁州市 Chuzhou	740		35616	17271	12542	5322	481		76.34
六安市 Luan	473		38207	25331	10267	2344	265		80.69
马鞍山市 Maanshan	945	41	24892	16429	6313	1685	444	21	80.27
芜湖市 Wuhu	1450	136	49816	21506	22132	4857	1208	113	83.34
宣城市 Xuancheng	242	9	30724	14759	11828	3890	242	5	81.88
铜陵市 Tongling	500		13259	5710	4975	2232	342		89.50
池州市 Chizhou	356		19779	13236	4080	2317	146		93.54
安庆市 Anqing	557	49	19668	5490	12467	1275	412	24	75.30
黄山市 Huangshan	231		18466	11959	3685	2620	202		94.96
省直 Provincial-level			15944	83	14436	1425			81.05

主要统计指标解释

卫生机构

指从卫生行政部门取得《医疗机构执业许可证》，或从民政、工商行政、机构编制管理部门取得法人单位登记证书，为社会提供医疗保健、疾病控制、卫生监督服务或从事医学科研和教育等工作的单位。卫生机构包括医院、疗养院、社区卫生服务中心（站）、卫生院、门诊部、诊所（卫生所、医务室）、急救中心（站）、采供血机构、妇幼保健院（所、站）、专科疾病防治院（所、站）、疾病预防控制中心（防疫站）、卫生监督所、卫生监督监测机构、医学科研机构、医学在职培训机构、健康教育所（站）等其他卫生机构。

医疗机构

指从卫生行政部门取得《医疗机构执业许可证》的机构，包括医院、疗养院、社区卫生服务中心（站）、卫生院、门诊部、诊所（卫生所、医务室）、妇幼保健院（所、站）、专科疾病防治院（所、站） 、急救中心(站)和临床检验中心。

社区卫生服务中心（站）

指为本社区居民提供预防、医疗、保健、康复、健康教育、计划生育技术服务等的基层卫生机构。包括社区卫生服务中心和社区卫生服务站。

卫生人员

指在医疗、预防保健、医学科研和在职教育等卫生机构工作的职工，包括卫生技术人员、其他技术人员、管理人员和工勤人员。

卫生技术人员

包括执业（助理）医师、注册护士、药师（士）、检验和影像人员等卫生专业人员。不包括从事管理工作的卫生技术人员。

执业医师

指《医师执业证》“级别”为“执业医师”且实际从事医疗、预防保健工作的人员，不包括实际从事管理工作的执业医师。执业医师类别分为临床、中医、口腔和公共卫生四类。

执业助理医师

指《医师执业证》“级别”为“执业助理医师”且实际从事医疗、预防保健工作的人员，不包括实际从事管理工作的执业助理医师。执业助理医师类别同样分为临床、中医、口腔和公共卫生四类。

每万人口执业（助理）医师

每万人口执业（助理）医师=（执业医师数+执业助理医师数）/人口数×10000。

每万人口医院、卫生院床位数

每万人口医院卫生院床位数=（医院床位数+卫生院床位数）/人口数×10000。

每万人口卫生技术人员

每万人口卫生技术人员=卫生技术人员数/人口数×10000。

参加新农合人数

指根据本地新农合实施方案到年内新农合筹资截止时已缴纳新农合资金的人口数。

新农合当年基金支出

指本年度实际从新农合基金帐户中支出用于新农合补偿的资金。

新农合补偿支出受益人次

指年内新农合参合人员因病就医获得补偿的人次数，包括住院、家庭帐户形式、门诊、特殊病种大额门诊、住院正常分娩、体检和其他补偿人次之和。

新农合本年度筹资总额

指为本年度筹集的、实际进入新农合专用帐户的基金数额。包括本年度中央及地方财政配套资金、农民个人交纳资金（含民政部门及其他相关部门代缴的救助资金）、新农合基金本年度产生的全部利息收入及其他渠道实际筹集到的新农合基金额。筹资数额以进入新农合专用帐户的基金数额为准，不含上年结转额资金。

城市居民最低生活保障人数

指在报告期末家庭平均收入在当地规定的最低生活保障线以下的城镇居民数。包括“三无”对象，失业人员和在职、下岗、退休人员等。

农村居民最低生活保障人数

指报告期末在建立农村最低生活保障制度的地区，得到当地政府或集体给予最低生活保障的农业人口家庭人数。

五保户

指无法定抚养义务人，或者虽有法定抚养义务人，但是抚养人无抚养能力的；无劳动能力的；无生活来源的老年人、残疾人和未成年人。

离婚率

指当年离婚人数占户籍人口的比重，计算公式为：

离婚率＝当年离婚人数/户籍人数×1000‰。

社会福利企业

指以集中安置有一定劳动能力的残疾人员就业为目的（残疾职工占生产人员 10%以上）、带有社会福利性质的企业总称。主要包括福利工厂、假肢厂和其他福利企业。

社区服务设施数

指报告期末设立的以非营利为目的，为本社区居民服务，特别是为老年人、残疾人、儿童服务的社区服务中心、活动站、服务站、养老院、老年公寓（托老所），残疾人工疗站、残疾儿童日托所、家务服务站、婚姻介绍所等福利性设施以及职工社会保险管理服务的机构数。几种不同类型的社区服务单位，共用一个场所的，只能统计为一个社区服务设施。成为社区服务设施的条件：（1）是独立核算单位；（2）有固定的从业人员；（3）有一定的服务项目；（4）有一定的场所。

城镇职工基本养老保险

1.（参保）职工人数

指报告期末按照国家法律、法规和有关政策规定参加基本养老保险并在社保经办机构已建立缴费记录档案的职工人数，包括中断缴费但未终止养老保险关系的职工人数，不包括只登记未建立缴费记录档案的人数。

2.（参保）离退休人员人数

指报告期末参加基本养老保险的离休、退休和退职人员的人数。

3.基金收入

指根据国家有关规定，由纳入基本养老保险范围的缴费单位和个人按国家规定的缴费基数和缴费比例缴纳的养老保险基金，以及通过其他方式取得的形成基金来源的收入。包括单位和职工个人缴纳的基本养老保险费、基本养老保险基金利息收入、上级补助收入、下级上解收入、转移收入、财政补贴和其他收入。

4.基金支出

指按照国家政策规定的开支范围和开支标准从养老保险基金中支付给参加基本养老保险的个人的养老金、丧葬抚恤补助，以及由于保险关系转移、上下级之间调剂资金等原因而发生的支出。包括离休金、退休金、退职金、各种补贴、医疗费、死亡丧葬补助费、抚恤救济费、社会保险经办机构管理费、补助下级支出、上解上级支出、转移支出、其他支出等。

5.基金累计结余

指截止报告期末基本养老保险基金收支相抵后的累计余额。

基本医疗保险

1.参保人数

指报告期末按国家有关规定参加相应基本医疗保险的人数。

2.基金收入

指由用人单位和个人按照国家规定的缴费基数、缴费比例或缴费标准缴纳的基本医疗保险基金，财政补助资金以及通过其他方式取得的形成基金来源的款项，包括：单位缴纳收入、个人缴纳收入、财政补助收入（含医疗救助补助个人收入）、财政补贴收入、利息收入和其他收入。

3.基金支出

指按照国家政策规定的开支范围和开支标准，从基本医疗保险基金中支付给参保人员的医疗保险待遇支出，以及其他支出。包括住院医疗费用支出、门急诊医疗费用支出、个人账户基金支出、其他支出。

4.基金累计结余

指截止报告期末基本医疗保险基金累计结余金额。

失业保险

1.参保人数

指报告期末按照国家法律、法规和有关政策规定参加了失业保险的城镇企业、事业单位的职工及地方政府规定参加失业保险的其他人员的人数。

2.基金收入

指报告期内筹集的失业保险基金的总额，包括失业保险费收入、利息收入、财政补贴收入、其他收入、转移收入、上级补助收入、下级上解收入。

3.基金支出

指报告期内为保障失业人员基本生活、促进其再就业等支出的基金总额，包括失业保险金支出、医疗补助金支出、丧葬补助金和抚恤金支出、职业培训和职业介绍补贴支出、农民合同制工人一次性生活补助支出、其他支出、转移支出、上级补助支出、下级上解支出。

4.基金累计结余

指截止报告期末失业保险基金收支相抵后的累计余额。

工伤保险

1.参加保险人数

指报告期末依据国家有关规定参加工伤保险的职工人数

和有雇工的个体工商户的雇工数。

2.享受保险待遇人数

指年初至报告期末因工伤或职业病而享受工伤保险待遇的人数。为享受工伤医疗待遇中未评定等级的人数、享受伤残待遇人数以及享受因工死亡待遇人数之和。

3.基金收入

指根据国家有关规定，由参加工伤保险的单位按国家规定的缴费基数和缴费比例缴纳的工伤保险基金，以及通过其他形式取得的形成基金来源的款项。包括：单位缴纳的社会统筹基金收入、财政补贴收入、利息收入、其他收入。

4.基金支出

指按照国家政策规定的开支范围和开支标准从工伤保险基金中支付给参加工伤保险的人员及供养直系亲属工伤保险待遇支出及其他支出。包括工伤医疗费、伤残补助金、工亡补助金、护理费、丧葬补助费、工伤预防费用、职业康复费用和其他支出。

5.基金累计结余

指截止报告期末工伤保险基金累计结余金额。

Explanatory Notes for Major Statistical Indicators

Health Care Institutions

refer to the units which have been qualified the Certification of Health Care Institution by the administration of public health, or qualified the Certification of Corporate Unit by the civil affairs, administration for industry and commerce, commission office for public sector reform, and engaging in medical care, disease prevention and control, health supervision and inspection, medicine research and health education, etc., including: hospitals, sanatoriums, community health service centers (stations), health centers, clinics (health stations and infirmaries), first-aid centres (stations), blood gathering and supplying institutions, women and children care agencies (centres and stations), special disease prevention and curing agencies (centres and stations), disease prevention and control centres (epidemic prevention stations), health supervision and inspection agencies, sanitary inspection institutions, medicinal scientific research and on-job training institutions, health education centres and so on.

Medical Organizations

refer to the institutions which have been qualified the Certification of Health Care Institution by the administration of public health, including: hospitals, sanatoriums, community health service centers (stations), health centers, clinics (health stations and infirmaries), women and children care agencies (centres and stations), special disease prevention and curing agencies (centres and stations), first-aid centres (stations) and clinic inspection centers.

Community Health Service Centres (stations)

refer to the primary units that provide the health care for community residents, such as disease prevention and control, medical treatment, health care, rehabilitation, health education, family planning technical services, including community health service centres and community health service stations.

Health Care Employee

refer to all employee engaged in the health care institutions, such as medical organizations, disease prevention and control centres, health care agencies, medicinal scientific research and on-job training institutions, including medical technical personnel, other technical personnel, manager and labour.

Medical Technical Personnel

refer to the professional staff engaged in health care, including licensed (assistant) doctors, registered nurse, pharmacists, laboratory technician, and imaging staff, excluding the medical technical personnel engaged in management job.

Licensed Doctors

refer to the medical workers who have obtained the licenses of qualified doctors and are employed in medical treatment, disease prevention or healthcare institutions, excluding the licensed doctors engaged in management job. The licensed doctors are divided into 4 categories: clinician, Chinese medicine physicians, dentist and public health physicians.

Licensed Assistant Doctors

refer to the medical workers who have obtained the licenses of qualified assistant doctors and are employed in medical treatment, disease prevention or healthcare institutions, excluding the licensed assistant doctors engaged in management job. The classification of licensed assistant doctors is clinician, Chinese medicine, dentist and public health.

Number of Licensed (Assistant) Doctors per 10000 Population

the formula is: Number of Licensed Doctors per 10000 Population = (Number of Licensed Doctors + Number of Licensed Assistant Doctors)/ Population×10000

The population is the figure of household registration from the Ministry of Public Security.

Number of Beds of Hospitals and Health Care per 10000 Population

the formula is: Number of Beds of Hospitals and Health Care per 10000 Population = Number of Beds of Hospitals + Number of Beds of Health Care) / Population ×10000

The population is the figure of household registration from the Ministry of Public Security.

Number of Medical Technical Personnel per 10000 Population

the formula is: Number of Medical Technical Personnel per 10000 Population = Number of Medical Technical Personnel/Population ×10000

The population is the figure of household registration from the Ministry of Public Security.

Number of Persons Participated in the New Rural Cooperative Medical System

refers to the number of persons who have given payment to the new cooperative medical system by the deadline of fundraising during the year according to the implementation plan of the new system.

Expenditure of Funds for the New Rural Cooperative Medical System This Year

refers to expenditures on compensation funds for the new rural cooperative medical system from the fund account of new cooperative medical system this year.

Persons Benefited from the Compensation Expenditure of New Rural Cooperative Medical System

refers to the number of persons participated in the new system who have been compensated for medical treatment in the year, including hospitalization, family account form, out-patient, large special diseases out-patient, normal childbirth in hospital, medical examination and other compensations

Funds Raised for the New Rural Cooperative Medical

System this Year

refers to the amount of funds raised this year and put into the special new rural cooperative medical account, including the matching funds of central and local governments, paid money by farmers (including relief funds paid by the civil affairs department and other relevant departments), all the interest income generated this year of the funds and funds actually raised from other channels this year. The amount of funding equals to the funds entering into the special new rural cooperative medical account, excluding the carry-over funds from the previous year.

Number of Urban Residents Entitled to Minimum Living Allowances

refers to the number of those whose average family income is below a minimum local standard by the end of the reporting period, including both the employed and unemployed, laid off and retired, and those jobless people without stable residence or valid IDs.

Number of Rural Residents Entitled to Minimum Living Allowances

refers to the number of those receiving the minimum living allowances from the local government or community in the rural areas where this allowances system is in place as of the end of the reporting period.

Households Enjoying Five Guarantees

refers to those senior citizens, handicapped or under-aged who, without labour ability, can not make a living by themselves and whose statutory providers are unable to support them or who have no statutory providers at all.

The divorce rate

Refers to the number of divorce proportion of the population, the calculation formula is:

Divorce rate = the number of divorce, the household registration number * 1000 ‰.

Social Welfare Enterprises

refers to those welfare-oriented enterprises employing a significant number of handicapped people with certain labour ability (handicapped employees shall exceed 10% of the production staff), including welfare factories, artificial limb plants as well as other welfare enterprises.

Number of Service Facilities in Communities

refers to the number non-profit welfare facilities set up community residents' in particular the community-based centers that serve senior citizens, the handicapped or children, recreational centers, service centers, nursing homes, apartments for the elderly (nursery for the aged), work and treatment stations for the handicapped, day-care centers for handicapped children, domestic help agencies and dating services, as well as social insurance management agencies for the employees. Different types of community service providers that share the same premise are regarded as one community service facility. The requirements for a social service facility of communities include: (1) independent accounting; (2) fixed employees; (3) provision of certain services; and (4) with certain places.

Basic Pension Insurance

1. Number of staff and workers covered

refer to staff and workers participating in the basic pension insurance programme according to national laws, regulations and related policies at the end of the reference period, who have already had payment records in social security management agencies, including those who have interrupt payment without terminating the insurance programme. Those who have registered in the programme but with no payment records are not included.

2. Number of retirees participating in the basic pension insurance programme

refer to the number of retirees participating in basic pension insurance programmes by the end of the reference period.

3. Revenue of the basic pension insurance programme

refers to payments made by employers and individuals participating in the pension insurance programme in accordance with the basis and proportion stipulated in State regulations, and income from other sources that become source of pension insurance fund, including the premium paid by employers and staff and workers, interest income, subsidies from higher level agencies, income as transfer from subordinate agencies, transferred income, government financial subsidies and other income.

4. Expenditure of basic pension insurance programme

refer to payment made on pensions and funeral subsidies to those retired and resigned people covered in pension insurance programmes according to related national policies on scope and standard of expenditure. Also included are expenditure which arises due to shift of the insurance relationship or adjustment of funds among agencies. More specifically, included are pensions for resigned people, pensions for retired people, pension for people quitting jobs, various subsidies, medical fees, funeral subsidies, compensation payments, management fees for social security agencies, expenses on subsidies to lower subordinates, expenses as transfer to agencies at higher level, transferred expenditure and other expenditure.

5. Balance of basic pension insurance programme

refers to the balance of basic pension insurance funds at the end of the reference period after deducting expenses from revenue.

Basic Medical Care Insurance

1. Number of people participating in the insurance programme

refers to people participating in the basic medical care insurance programme according to related regulations as at the end of reference period.

2. Revenue of the insurance programme

refers to payments made by employers and individuals participating in the medical care insurance programme in accordance with the basis and proportion stipulated in State regulations, and income from other sources that become source of medical insurance fund, including income paid by units, individual paid income, financial assistance's income (including individual income from medicaid), financial subsidies' income, interest income and other income.

3. Expenditure of the insurance programme

refers to payment made to people covered in basic medical care insurance programme within the scope and standards of expenditure according to related national policies, and medical care payment and other expenses, including medical expenses of hospital inpatients, medical expenses for outpatients and emergency patients, payment from individual accounts and other expenditure.

4. Balance of the basic medical care insurance programme

refers to the balance of medical care insurance funds at the end of the reference period.

Unemployment Insurance

1. Number of people covered

refers to staff and workers in urban enterprises or institutions who have participated in the unemployment insurance programme according to relevant policies and regulations, and other people who have participated according to local government regulations, as at the end of reference period.

2. Revenue of the unemployment insurance programme

refers to the total unemployment insurance funds raised in the reference period, including unemployment insurance premium, interest income, financial subsidies, other income, transferred income, subsidies from higher level agencies and income as transfer from subordinate agencies..

3. Expenditure of the unemployment insurance programme

refers to total expenses during the reference period to guarantee the basic livelihood of unemployed people, and to encourage their re-employment. Included are unemployment relief, medical fees, funeral subsidies, compensation payments, training expenses, management fees for unemployment insurance agencies, subsidies to lower level agencies, expenses as transfer to higher level agencies, transferred expenditure and other expenditure.

4. Balance of the unemployment insurance programme

refers to the balance of revenue of the programme after deducting expenses at the end of the reference period.

Work Injury Insurance

1. Number of people covered

refers to staff and workers who have participated in the work injury insurance programme and number of employees in private business according to relevant national regulations at the end of the reference period.

2. Number of beneficiaries

refers to number of people benefited from work injury insurance, as a result of work injury or occupational disease. It is the sum of beneficiaries from the work injury medical treatment withut rating, disabilities and deaths at work places.

3. Revenue of the work injury insurance programme

refers to payments made by employers participating in the work injury insurance programme in accordance with the basis and proportion stipulated in State regulations, and income from other sources that become source of work injury insurance fund, including income of social comprehensive funds paid by employers, government financial subsidies, interest income and other income.

4. Expenditure of the work injury insurance programme

refers to payments made from work injury insurance funds to those who participated in the work injury insurance programme and their direct dependents within the scope and standards of expenditure according to related national policies, and other expenditure, including medical fees for work injury, injury and disability subsidies, death subsidies, nursing fees, funeral subsidies, injury prevention fees, occupational rehabilitation fees and other expenditure.

5. Balance of the work injury insurance programme

refers to the balance of the work injury funds at the end of the reference period.

Maternity Insurance

1. Number of people covered

refers to people who have participated in the maternity insurance programme according to relevant regulation at the end of the reporting period.

2. Number of enjoying insurance

refers to people of sum who enjoy treatment of inductrial injury insurance, medical treatment for not rating work-related injuries , the disability beneficiaries and the worker death and treatment at the beginning of the year to the end of the reporting period

3. Revenue of maternity insurance

refers to payments made by employers participating in the maternity insurance programme in accordance with the basis and proportion stipulated in State regulations, and income from other sources that become source of maternity insurance fund, including income of funds paid by employers, interest income and other income.

4. Expenditure of the maternity insurance programme

refers to payments made from maternity insurance funds to staff and workers who participate in the maternity insurance programme within the scope and standards of expenditure in accordance with related national policies, expenses paid for pregnancy, child delivery or surgeries related to family planning, and other expenditure, including allowance for child bearing, medical fees and other expenditure.

5. Balance of the maternity programme

refers to the balance of the maternity insurance funds at the end of reference period.

第二十一篇

Chapter 21

文化和体育

CULTURE AND SPORTS

简要说明

一、本篇主要反映文化、体育、新闻出版、广播电影电视事业的发展情况。

文化部分主要包括艺术表演团体、艺术表演场所、公共图书馆、文化馆、文化站、广播、电视、新闻出版以及文物等文化事业的机构、人员、经费和业务活动情况。体育部分主要包括群众体育和竞技体育，主要内容有体育系统职工情况，竞技体育成绩，群众体育活动等情况。

二、根据各部门制定的统计报表制度汇总加工整理而成。艺术业、图书馆业、群众文化服务业的资料主要来自省文化厅；文物资料来自省文物局；广播、电视资料来自省广播电视局；新闻出版资料来自省新闻出版局；体育部分的资料来自省体育局。

Brief Introduction

I. Data in this chapter mainly reflect the development of culture; sports; news and publication; and radio broadcasting, films and television.

Data on culture cover mainly the situations on institutions, personnel and business activities of cultural undertakings including arts performing groups and performance venues; public libraries; museums; cultural centres; archives; cultural stations; broadcasting; films; television; news and publication; and cultural relics. Data on sports cover mass sports (sports for all) and athletic sports, including mainly the number of staff and workers in sports departments, number of stadiums and gymnasiums, achievements in athletic sports events, mass sports activities and the international exchanges of sports delegations.

II. Data are collected and tabulated in accordance with the statistical reporting schemes stipulated by the departments concerned. Data on the arts, libraries, mass culture are provided by the Ministry of Culture. Data on archives are from State Archives Administration. Data on cultural relics are from State Administration of Cultural Heritage. Data on radio, film and television are mainly from State Administration of Radio, Film and Television. Data on news and publication are mainly provided by General Administration of Press and Publication. Data on sports are mainly from General Administration of Sport.

21—1 文化艺术和文物事业机构、人员情况（2013年）
Number of Institutions and Personnel in Culture, Art and Cultural Relies (2013)

机构类别	Category of Institution	机构数（个）Number of Institutions (unit)	从业人员（人）Number of Persons Engaged (person)
文化及相关产业	**Culture and Relative Industry**	**13137**	**93121**
公有制艺术事业	Public art Career	109	4643
艺术表演团体	Art Performance Troupes	61	3376
话剧、儿童剧、滑稽剧团	Drama, Children, Plays and Comedy Troupes	1	88
歌舞、音乐类	Dance, Music Class	9	836
京剧、昆曲类	Beijing Opera and Kunqu Classes	2	206
#京　剧	Beijing Opera Troupes	2	206
地方戏曲类	The Local Drama Class	38	1497
杂技、魔术、马戏类	Acrobatics, Magic, Circus	2	191
曲艺类	Folk art Classes	1	41
综合性艺术表演团体	Comprehensive Performing Arts Groups	8	517
艺术表演场所	Art Centers	48	1261
剧场、影剧院	Theaters and Music Halls	36	811
图书馆事业	Libraries	107	1412
群众文化事业	Mass Culture	1557	6155
省级文化馆、群众艺术馆	Provincial Cultural Building & People's Art Center	1	36
地市级文化馆、群众文化馆	Prefeture-level City Cultural Building & People's Art Center	14	277
县、市文化馆	County & City Cultural Building	105	1221
文化站	Cultural Stations	1437	4621
乡镇文化站	Township Cultural Stations	1288	4234
艺术教育事业	Culture and Education	6	508
文艺科研	Literary and Scientific Research	11	134
文化科技研究	Cultural Science and Technology Research	3	37
综合性艺术研究	Comprehensive Artistic Research	3	21
地方戏艺术研究	Local Opera art Research	4	68
其他科研机构	Other Scientific Research Institution	1	8
文化市场经营单位	Cultural Market Management Unit	10819	72346
文物业	Cultural Relics	257	3146
文物机构合计	Total of Cultural Relic Organization	101	598
文物保护管理机构	Cultural Relic Protection Management Organization	92	466
文物科研机构	Scientific and Research Historical Relics Agency	1	42
其他文物机构	Other Historical Relics Agency	8	90
博物馆合计	Museums	154	2500
艺术类博物馆	Comprehensive Museum	11	233
综合性博物馆	Historical Museum	76	1315
历史类博物馆	Other Museum	44	546
文物商店	Cultural Relics Agencies	2	48
其　他	Other	268	4777

注：2013年艺术事业机构数，不包括非公有制艺术表演团体及场所。
a) Number of arts institutions in 2013, not including the non-public sectors of the performing arts groups and places.

21—2 艺术表演团体演出情况（2013年）
Basic Statistics on Performance of Art Troupes (2013)

种　　类	Item	演出场数（场）Number of Performances (shows)	到农村演出 Shows in Rural Areas	国内演出观众人数（千人次）Number of Audience While Perfoming at Home (1000 person-times)
总　　计	**Total**	**12980**	**6950**	**12357**
国有剧团	Troupes Sponsored by State-owned Units	9230	4750	8596
集体经营剧团	Troupes Sponsored by Collective Units	3750	2200	3761
按剧种分	**Art Troupes**			
话剧、儿童剧、滑稽剧团	Drama, Children, Plays and Comedy Troupes	270	10	265
歌舞、音乐类	Dance, Music Class	2110	780	2654
京剧、昆曲类	Beijing Opera and Kunqu Classes	320	20	235
＃京　剧	Beijing Opera Troupes	320	20	235
地方戏曲类	The Local Drama Class	7270	5130	6156
杂技、魔术、马戏类	Acrobatics, Magic, Circus	920	10	217
曲艺类	Folk art Classes	380	310	760
综合性艺术表演团体	Comprehensive Performing Arts Groups	1710	690	2070

注：2013年演出场数包括了公有制企业数据。
a) Doing a 2013 include the public ownership enterprise data.

21—3 群众艺术馆、文化馆站业务活动及经费情况（2013年）
Basic Statistics on Activities and Expenditures of Mass Art Centers and Cultural Centers (2013)

项　　目		Item		总　计 Total	群众艺术馆、文化馆 Mass Art Centers Cultural Centers	文化站 Cultural Stations
单位数	（个）	Number of Units	(unit)	1557	120	1437
举办展览	（个）	Exhibition	(unit)	4730	873	3857
组织文艺活动	（次）	Art Performances and Story-telling Sessions	(times)	27422	5420	22002
举办训练班		Training Coirses				
班　次	（次）	Number of Classes	(times)	15174	3760	11414
培训人次	（万人次）	Training People	(10000 person-times)	126	34	92
群众艺术馆、文化馆负责指导单位		Units Responsible for Guiding Mass Art Centers and Cultural Centers				
馆办文艺团体	（个）	Literature Groups Hold by Art and Cultural Buildings		290	290	
群众业余演出团、队	（个）	Part-time Art Groups	(unit)	8079	1798	6281
总支出	（万元）	Total Expenditures	(10000 yuan)	44696	18667	26028

21—4 公共图书馆业务活动及经费情况（2013年）
Facilities, Services and Expenditures of Public Libraries (2013)

项 目		Item		总 计 Total	省级公共图书馆 Public Libraries at Provincial Level	地市级公共图书馆 Public Libraries at Prefectural Level	县级公共图书馆 Public Libraries at County Level
公共图书馆	（个）	Number of Public Libraries	(unit)	107	1	17	89
总藏量	（千册）	Total Collections	(1000 volumes)	17765	2879	6546	8340
图 书		Books		14640	2212	5378	7050
#古 籍		Ancient Works		596	353	169	74
报 刊		Newspapers and Periodicals		1508	301	513	694
开架书刊	（千册）	Open Books and Periodicals	(1000 volumes)	6012	527	1789	3696
有效借书证数	（个）	Valid Card Number	(unit)	650698	175845	248825	226028
图书流通情况		Circulation of Books					
总流通人次	（千人次）	Total Number of Circulation	(1000 person-times)	13468	1189	4234	8045
书刊文献外借册次	（千册次）	CeCi Borrow Books and Literature	(1000 volume-times)	12581	1795	3827	6959
为读者服务举办各种活动		Service Activities Provided for Readers					
次 数	（次）	Number of Activities	(times)	2687	103	715	1869
参加人数	（千人次）	Number of Readers Involved	(1000 person-times)	1034	28	359	647
总支出	（万元）	Total Expenditures	(10000 yuan)	24087	5017	7436	11634
#基本支出		Basic Expenditures		13053	2719	4307	6027
#新增藏量购置费		The New Inventory Purchase Expense		2667	572	1063	1032
本年新增藏量	（千册）	This Year the New Inventory	(1000 volumes)	3406	138	1964	1304
公用房屋建筑面积	（千平方米）	Floor Space of Public Buildings	(1000 sq.m)	354	37	116	201
#书 库		Stack Rooms		74	8	24	42
阅览室		Reading Rooms		111	9	37	65
阅览室坐席数	（个）	Seating Capacity of Reading Rooms	(unit)	27298	1659	8695	16944

注：2013年总藏量不包括电子图书。
a) In 2013, a total does not include electronic books.

21—5 博物馆、文物机构业务活动及经费情况（2013年）
Facilities, Services and Expenditures of Museums and Cultural Relic Agencies (2013)

项 目		Item		文物保护管理机构 protection and Management Agencies	文物科研机 构 Scientific and Research Historical Relics Preservation	其 他文物机构 Other Agencies	博 物 馆 Museums
藏 品	（件）	Number of Units	(unit)	43180	3529		670420
#一级品		Number of Exhibitions	(unit)	259	29		1873
业务活动		Art Performances and Story-telling Sessions					
陈列展览	（个）	Training Courses	(unit)	58			731
参观人次	（千人次）	Number of Classes	(1000 person-times)	1611			20372
总支出	（万元）	Total Expenditures	(10000 yuan)	7217	2770	2155	32368
#基本支出		Basic Expenditures		3114	618	755	14790
修缮费		Cultural Centers in County Towns		1830			603
增加值	（万元）	Cultural Clubs	(10000 yuan)	2649	1186	524	15494

21—6 档案事业基本情况（2013年）
Basic Statistics on Archiving Institution (2013)

项目		Item		合计 Total	省属 Under the Jurisdiction of Province	市属 Under the Jurisdiction of the City	区县属 Under the Jurisdiction of a District/County
档案馆个数	**（个）**	**Number of National Archives**	**(unit)**	**155**	**14**	**34**	**107**
建筑面积	**（平方米）**	**Floor Space of Building**	**(sq.m)**	**281238**	**35247**	**92777**	**153214**
馆藏档案情况		**Files Collected in Archives**					
全　宗	（个）	Full Archives	(unit)	11725	445	2135	9145
案　卷	（万卷件）	Records	(10000 rolls)	2193.43	197.58	475.41	1520.44
建国前档案	（万卷件）	Files Prior to Foundation of PRC	(10000 rolls)	15.02	7.68	4.28	3.06
建国后档案	（万卷件）	Files After Foundation of PRC	(10000 rolls)	2178.41	189.90	471.13	1517.38
录音、录像、影片档案	（盘）	Tape,Video,and Film Files	(piece)	18351	8859	2432	7060
照片档案	（张）	Photo Files	(disc)	776980	287075	352989	136916
缩微胶片		Microfiche					
平片、开窗卡	（张）	Flat and Window-open Microfich	(disc)	4			4
卷　片	（万幅）	Rolled Microfiche	(10000 rolls)	264	264		
档案利用情况		**File Utilization**					
本年利用档案人次	（人次）	Persons Using Files in the Year	(person-times)	251827	13081	35641	203105
本年利用资料人次	（人次）	Persons Using Datas in the Year	(person-times)	6235	661	1000	4574
本年利用档案数量	（万卷件次）	Files Used in the Year	0000 roll.times)	56	6	7	43
本年利用资料数量	（册次）	Datum Used in the Year	(volume-times)	21601	6669	2225	12707
本年编研档案、资料	（万字）	Files and Data Prepared and Studied in the Year	(10000 Chinese characters)	3434	591	298	2545

资料来源：安徽省档案局。
Source: Anhui Municipal Bureau of Archives.

21—7 广播、电视事业发展情况
Basic Statistics on Broadcasting and Television Stations

指标		Item		2005	2010	2012	2013
职工人数	（人）	Number of Staff and Workers	(person)	16026	20041	22714	22517
广播电台	（座）	Number of Broadcasting Stations	(set)	17	15	15	15
中波发射台及转播台	（座）	Number of Broadcast Transmission Stations and Relaying Stations	(set)	22	23	23	23
中波发射机功率	（千瓦）	Broadcast Power of Transmitters	(kw)	633	903	1112	1416
县广播电视台	（座）	Number of Wire Broadcast Stations in Counties and Cities	(set)	62	62	61	61
广播人口覆盖率	（%）	Listener Rating	(%)	95.58	97.31	97.85	98.34
电视台	（座）	Number of Television Stations	(set)	17	15	15	15
电视发射台及转播台	（座）	Television Transmission Stations and Relaying Stations	(set)	218	163	142	142
电视发射机功率	（千瓦）	Power of Trandmitters	(kw)	429.30	849.91	859.77	945.46
电视人口覆盖率	（%）	Viewer Rating	(%)	95.00	97.50	98.10	98.57

21—8 广播、电视覆盖率
Listeners and Viewers Rate

指标	Item	覆盖人口（万人） Covered Population (10000 persons)		覆盖率（%） Covering Ratio (%)	
		2012	2013	2012	2013
广播	**Broadcasting**	**6727.77**	**6787.67**	**97.85**	**98.34**
中央台节目	Program I of China National Broadcasting	6630.21	6712.59	96.43	97.26
省级台节目	Program I of Provincial Broadcasting	6598.73	6680.41	95.97	96.79
地市级台节目	Program I of Prefectural (city) Broadcasting	6072.26	6171.75	88.31	89.42
县级台节目	Programs of County Broadcasting	4597.52	4642.27	66.86	67.26
电视	**Television**	**6744.89**	**6802.99**	**98.10**	**98.57**
中央台节目	Relaying Program I of CCTV	6701.81	6761.78	97.47	97.97
省级台节目	Program I of Provincial Television	6686.09	6747.81	97.24	97.77
地市级台节目	Programs of Prefectural (city) Television	6238.15	6327.56	90.73	91.68
县级台节目	Programs of County Television	4775.66	4825.13	69.46	69.91

21—9 广播、电视节目制作时间
Basic Statistics on Broadcasting and Television

单位：小时（hour）

指标	Item	2012	2013
广播节目制作	**Production of Broadcasting**	**183679**	**172742**
新闻	News Programs	38236	34928
专题	Special Subject Programs	45225	43894
综艺	Variety Entertainment	42881	41836
广播剧	Broadcasting Play	3439	3317
广告	Advertisement	22701	17464
其他	Others	31197	31303
电视节目制作	**Production of TV Programs**	**86881**	**76886**
新闻	News Programs	25704	24560
专题	Special Subject Programs	24108	22111
综艺	Variety Entertainment	8060	8459
影视剧	TV Play	5667	1910
广告	Advertisement	14940	11662
其他	Others	8402	8184

21—10 广播、电视宣传基本情况（2013年）
Basic Statistics on Broadcasting and Television (2013)

项目	Item	节目套数（套）Number of Programs (set)	全年公共节目播出时间（小时）Time of Program Transmission All the Year (hour)	制作节目时间（小时）Time of Making Program (hour)	#新闻节目 News Programs	专题节目 Special Subject Programs	综艺节目 Variety Emtertainment
无线广播合计	**All Radio Broadcasting Stations**	**105**	**508540**	**172742**	**34928**	**43894**	**41836**
省级	Provincial	9	68820	37360	4399	11247	7588
市县级	City and County	96	439720	135382	30529	32647	34248
电视播映合计	**All Television Stations**	**112**	**602604**	**76886**	**24560**	**22111**	**8459**
省级	Provincial	6	44029	19711	5413	5074	4005
市县级	City and County	106	558575	57175	19147	17037	4454

注：2013年起全省广播电视节目制作时间包括各级广播电视台和社会影视节目制作机构制作的时间。

a) 2013 from the province's radio and television program production time includes all levels of radio and television program production and social organization produced television time.

21—11 图书、杂志和报纸出版数量
Number of Books, Magazines and Newspaper Published

年份 Year	图书 Books Published				杂志 Magazines Published				报纸 Newspapers Publised			
	种类（种）Number of Publi-cations (kind)	新出版 New Publi-cations	总印数（万册）Printed Copies (10000 copies)	总印张数（万印张）Printed Sheets (10000 sheets)	种类（种）Number of Publi-cations (kind)	每期平均印数（万册）Average Printed Copies Per Issue (10000 copies)	总印数（万册）Printed Copies (10000 copies)	总印张数（万印张）Printed Sheets (10000 sheets)	种类（种）Number of Publi-cations (kind)	每期平均印数（万册）Average Printed Copies Per Issue (10000 copies)	总印数（万份）Printed Copies (10000 copies)	总印张数（万印张）Printed Sheets (10000 sheets)
2000	2125	1002	30992	156767	150	621	7736	19538	84	416	76083	114736
2005	3970	1847	25220	118056	177	433	5804	17418	97	393	98134	302498
2006	3751	1689	21528	121327	174	451	5634	17020	97	401	99753	295248
2007	3378	1492	23800	133893	176	457	6342	24403	99	495	106760	327679
2008	5139	1964	27900	194730	176	444	5908	19513	98	465	101600	383952
2009	5560	1331	27204	172802	176	432	5977	23776	97	472	105905	357801
2010	5646	2669	23891	163954	178	404	5842	23115	98	519	116988	470953
2011	7804	4087	25185	186306	180	397	5948	24675	98	505	120769	528120
2012	9094	5210	24440	173709	180	405	6172	25657	98	514	125807	526148
2013	9440	5469	25800	200400	180	397	6227	26000	98	517	124700	509100

21—12 主要年份少年儿童读物和课本出版情况
Number of Books Published for Children and Textbooks in Major Years

年份 Year	种数（种） Number of Publications (knd)		总印数（万册） Printed Copies (10000 copies)		总印张（千印张） Printed Sheets (1000 sheets)	
	儿童读物 Books for Children	课本 Textbooks	儿童读物 Books for Children	课本 Textbooks	儿童读物 Books for Children	课本 Textbooks
2005	399	310	873	15293	20428	671142
2010	1094	449	1489	10563	90700	789666
2011	1155	633	1452	10536	92877	797456
2012	1256	602	1076	10705	82108	804688
2013	1893	797	1613	11815	115187	859605

21—13 主要年份出版印刷生产情况
Conditions of Printing in Main Year

年份 Year	企业数（个） Number of Enterprises (unit)	工业销售产值（万元） Industrial Sales Value (10000 yuan)	印刷产量 Output of Printing		装订产量（万令） Output of Bookbinding (10000 ream)	用纸量（万令） Amout of Paper Used (10000 ream)
			黑白（万令） Black and White (10000 ream)	彩色（万对开色令） Color (10000 bisect color ream)		
2005	238	160224	849.00	2773.00	530.00	1030.00
2010	258	302870	1094.23	2715.25	809.97	1040.70
2011	261	391576	1228.30	2293.39	1015.33	928.90
2012	267	476557	562.67	3695.05	848.77	1725.95
2013	256	512995	787.67	3802.04	1339.72	1550.91

21—14 主要年份出版物发行机构数和网点数
Issuing Institutions and Spots of Publication in Main Year

年份 Year	发行机构合计（处） Total						新华书店系统出版社自办发行从业人数(人) Persons Engaged in Own Issuance of Presses of Xinhua Book-Store System (persons)	
		国有书店及国有发行点 State-owned Bookstore and Issuing Spots	出版社 Press	网上书店 Online Bookstore	文化教育广电邮政系统 Cultural, Educational Broad-casting and Postal Systems	新华书店系统外批发网点 Wholesale Spots Outside Xinhua Bookstore	集体个体零售 Collective and Personal Retail	全部职工 All Staff	#国有书店及发行点 State-owned Bookstores and Issuing Spots
2005	5950	498	10		1436	248	3758	5253	5155
2010	7723	579	11	1	3576	330	3226	5029	4878
2011	8858	607	11	2	3580	329	4329	5157	5002
2012	8588	649	11	12	3560	306	4050	4906	4756
2013	8568	651	11	3	3582	301	4020	4948	4796

21—15 体育活动基本情况
Basic Statement of Sports

指　　标	Item	2000	2005	2010	2012	2013
举办全民健身活动次数（次）	Times of Activities That the Whole Nation in Health Conducted (times)		1354	2920	2326	1722
参加全民健身活动人数（万人）	People Participating the Activities That the Whole Nation in Health (10000 person)		149.28	324.76	335.49	236.00
优秀运动员（人）	Number of Athletes in Grades (person)	1345	1408	852	631	653
运动健将	International Master of Sports		35	159	202	205
一级运动员	First Grade Sportsman	139	86	280	206	186
二级运动员	Second Grade Sportsman	428	1287	160	69	121
等级教练员人数（人）	Number of Coaches in Grades (person)			652	707	700
等级裁判员发展人数（人）	Number of Referees in Grades (person)			864	2375	2396
在国内外比赛中获奖牌数（枚）	Number of Medals Won in the Matches Both Inside and Outside the Country (unit)	92	78.5	160.0	93.0	80.5
金　牌	Gold Medals	25	22.5	57.0	34.0	21.5
银　牌	Silver Medals	31	27	42.0	28.0	31.0
铜　牌	Bronze Medals	36	29	61	31	28
体育俱乐部（个）	Sports Club (unit)			445	582	
青少年体育俱乐部	Youth Sports Club			172	278	284
社区体育健身俱乐部	Community Sports Fitness Club			177	247	
其它体育俱乐部	Other Sports Club			46	46	

注：优秀运动员2008年以前为等级运动员。
a) Before 2008, Top athletes were athlete in Grades .

21—16 全省体育场地数
Number of Stadiums and Gymnasiums

单位：个（unit）

指　　标	Item	2010		2012		2013	
		总计 Total	体育系统 Sports System	总计 Total	体育系统 Sports System	总计 Total	体育系统 Sports System
总　　计	**Total**	**18556**	**4535**	**20847**	**5353**	**24795**	**7722**
#体育场	Stadiums	84	27	89	32	91	34
体育馆	Gymnasiums	50	34	58	42	62	46
游泳跳水馆	Swimming and Diving Centers	7	6	7	6	8	7
室内外游泳池	Indoor and Outdoor Swimming Pools	140	41	141	42	141	42
有固定看台的灯光球场	Illuminated Fields With Fixed Seating	76	26	76	26	76	26
运动场	Playground	301	34	304	37	304	37
小运动场	Small Playground	2561	10	2561	10	2561	10
篮、排球场	Basketball and Volleyball ground	13838	4077	16141	4880	20081	7520

21—17 体育系统职工人数（2013年）
Number of Staff and Workers in Sports System (2013)

单位：人（person）

人员分类	Category of Personnel	合计 Total	#优秀运动队 Excellent Sports Teams	体育运动学校 Physical Education and Sports Schools	业余学校 Sparetime Sports Schools	公共体育场馆 Public Stadiums and Cymnasiums	机关人员 Officers
总计	**Total**	**4162**	**1167**	**278**	**297**	**345**	**1022**
公务员	Public Servants	699					699
运动员	Athletes	782	777				
专职教练员	Full-time Coaches	656	153	126	197	20	
专职文化教师	Full-time Teachers	221		76	3	3	
科技人员	Scientific and Technical Personnel	39		6	3		
医务人员	Medical Personnel	27	5	2	1		
管理人员	Administrative Personnel	526	154	29	47	126	
其他	Others	1212	78	39	46	196	323

21—18 等级运动员、等级裁判员发展人数（2013年）
Number of Athletes and Referees in Grades by Type of Sports (2013)

单位：人（person）

运动项目	Item	等级运动员 Number of Athletes in Grades	运动健将 International Master of Sports	一级 First Grade Sportsman	二级 Second Grade Sportsman	等级裁判员 Number of Referees in Grades	国际、国家级 International National Referees	一级 First Grade Referees	二级 Second Grade Referees
总计	**Total**	**1852**	**36**	**380**	**1436**	**2396**		**218**	**2178**
田径	Track and Field	122	6	10	106	479		32	447
游泳	Swimming	73	1	8	64	27		4	23
体操	Gymnastics	17	1	2	14	1		1	
蹦床	Spring Bed	1	1			5			5
举重	Weightlifting	3		1	2	9			9
拳击	Boxing	55	2	19	34	8		1	7
中国式摔跤	Chinese style wrestling	15		1	14				
国际式摔跤	Wrestling	74	1	1	72				
柔道	Judo	39	2	11	26	2			2
跆拳道	Kickboxing	102	3	28	71	10		4	6
击剑	Fencing	44		16	28	1		1	
赛艇	Racing Shell	68	1	28	39	12		12	
皮划艇	Canoeing	65		43	22	9		9	
射击	Shooting	38	2	18	18	3			3
足球	Football	95		24	71	138			138
篮球	Basketball	204		53	151	523		45	478
排球	Volleyball	86		18	68	32			32
乒乓球	Table Tennis	77			77	105			105
羽毛球	Badminton					174		38	136
网球	Tennis	41			41	26			26
健美操	Aerobics	2		2		184			184
手球	Handball	227	2	21	204	7			7
武术	Wu Shu	311	5	47	259	227		10	217
国际象棋	International Chess	11			11	8			8
中国象棋	Chinese Chess	9			9	7			7
围棋	Weiqi	7	1	1	5	12			12
其他	Others	66	8	28	30	387		61	326

主要统计指标解释

文化及相关产业

指为社会公众提供文化、娱乐产品和服务的活动以及与这些活动有关联的活动的集合。根据提供文化、娱乐产品和服务活动的属性特点，划分为公益性文化活动和经营性文化活动两大类。

文化及相关产业是第三产业的重要组成部分。是在我国《国民经济行业分类》基础上的派生分类，有文化服务和相关文化服务两大类：

艺术表演团体

指由文化部门主办或实行行业管理（经文化市场行政部门审批或已申报登记并领取相关许可证），专门从事表演艺术等活动的各类专业艺术表演团体，含民间职业剧团。如话剧团、方言话剧团、滑稽剧团、儿童剧团、歌剧团、木偶团、皮影团等以及由若干剧种组成的综合性专业艺术表演团体。不包括群众业余文艺表演团体。

艺术表演场所

指由文化部门主办或实行行业管理（经文化市场行政部门审批或已申报登记并领取相关许可证），有观众席、舞台、灯光设备，公开售票、专供文艺团体演出的文化活动场所。附属于文化部门机构内非独立核算的剧场、排演场，公开营业的也应单独统计。

广播节目综合人口覆盖率

指根据国家广电总局制定的《广播电视人口覆盖率统计技术标准和方法》进行统计调查的，在对象区内采用无线、有线、卫星等技术手段能够收听到包括中央、省、地市、县广播节目其中任意一套的人口数占全省总人口数的百分比。

电视节目综合人口覆盖率

指根据国家广电总局制定的《广播电视人口覆盖率统计技术标准和方法》进行统计调查的，在对象区内采用无线、有线、卫星等技术手段能够收看到包括中央、省、地市、县级电视节目中任意一套的人口数占全省总人口数的百分比。

等级运动员人数

指经考核正式批准授予等级运动员称号的人数。运动员等级分为国际级运动健将、运动健将、一级运动员、二级运动员、三级运动员、少年级运动员。

等级裁判员人数

指经考核正式批准授予等级裁判员称号的人数。裁判员等级分为国际裁判、国家级裁判、一级裁判、二级裁判、三级裁判。

体育场

指有 400 米跑道（中心含足球场），有固定道牙，跑道 6 条以上，并有固定看台的室外田径场地。体育场按看台容纳观众人数分为：甲级 25000 人以上，乙级 15000-25000 人，丙级 5000-15000 人，丁级 5000 人以下。

体育馆

指有固定看台，可供篮球、排球、羽毛球、乒乓球、体操等项目训练比赛活动用的室内运动场地。体育馆按看台容纳观众人数分为：甲级 6000 人以上，乙级 4000-6000 人，丙级 2000-4000 人，丁级 2000 人以下。

Explanatory Notes for Major Statistical Indicators

Culture and Related Industries

refer to the aggregate of activities, providing the mass with culture goods, amusement goods and services. According to the characteristics of culture goods, amusement goods and services, they can be classified into two categories, or nonprofit cultural activities and profit cultural activities.

Culture and related industries is the important component of the tertiary industry. These are the derivative sector from the Industrial Classification of the National Economy and are composed of two categories of culture services and related cultural services.

Arts Performance Troupes

refer to the various professional performing arts groups, which sponsored by the cultural sectors or guided by the cultural society (approved by the cultural market administration, or registered and permitted with the relative certificate), including non-governmental troupes, such as drama troupes, dialect troupes, comedy troupes, children troupes, Opera troupes, puppetry troupes, Shadowgraph troupes, etc., comprehensive professional arts performance troupes. The mass amateur arts performance troupes are not included.

Arts Performance Places

refer to the various sites for cultural activities, which sponsored by the cultural sectors or guided by the cultural society (approved by the cultural market administration, or registered and permitted with the relative certificate), with the facility of auditorium, stage, and lighting, and selling tickets in public. The theaters and rehearse sites which are affiliated to the cultural sectors without independent financial accounts which are open to the public should be covered independently.

Radio Coverage of Population

refers to the percentage of population, which can listen to one of central, provincial, city, prefecture, and county radio programs by wireless, cable, satellite and other technical means, in the surveying area, to national total population, according to Statistical Standard and Method on Television and Radio Coverage of Population established by the State Administration of Broadcasting, Film and Television.

Television Coverage of Population

refers to the percentage of population, which can watch one of central, provincial, city, prefecture, and county television programs by wireless, cable, satellite and other technical means, in the surveying area, to national total population, according to Statistical Standard and Method on Television and Radio Coverage of Population established by the State Administration of Broadcasting, Film and Television.

Number of Athletes in Grades

refers to the number of athletes who have been given titles through examination. The titles of athletes include international masters of sports, masters of sports, first-grade, second-grade and third-grade sportsmen and young athletes.

Number of Referees in Grades

refers to the number of referees who have been given titles after examination. They are classified as international referees, national referees and referees of the first, second and third grades.

Stadiums

refer to stadiums for track and field events with six lane 400-meter tracks around soccer fields, permanent track marks and permanent bleachers. Stadiums are classified according to seating capacity. They include: Class A stadiums seating 25000 people each. Class B stadiums seating 15000 to 25000 people each. Class C stadiums seating 5000 to 15000 people each, and Class D stadiums seating fewer than 5000 people.

Gymnasiums

refer to indoor sports grounds with permanent seats in which basketball, volleyball. badminton, table tennis and gymnastics competitions can be held. Gymnasiums are classified according to seating capacity. They include Class A gymnasiums seating over 6000 people. Class B gymnasiums seating 4000 to 6000 people. Class C gymnasiums seating 2000 to 4000 people, and Class D gymnasiums seating fewer than 2000 people.

第二十二篇

Chapter 22

公共管理及其他

PUBLIC MANAGEMENT AND OTHERS

简要说明

本篇主要包括社会活动参与、公检法司、残疾人事业和妇联干部情况等内容。

一、社会活动参与的内容主要包括历届安徽省人大代表和政协委员情况以及工会组织和妇联组织情况。

二、公检法司的资料主要包括公安机关的刑事案件立案情况和治安案件查处情况，交通、火灾事故情况，人民检察院的办案情况，人民法院审理案件和收结案情况，以及律师、公证、调解工作等情况。

Brief Introduction

Data in this chapter show statistics on participation in social activities, public security, procuratorial, legal and judicial affairs, disabled persons, women's Federation cadres and so on.

I. Data on participation in social activities cover mainly information on representatives to the National People's Congress (NPC), members of the Chinese People's Political Consultative Conference (CPPCC) and National trade unions. Data on number of NPC and CPPCC representatives are provided by NPC and CPPCC respectively.

II. Data on public security, procuratorial, legal and judicial affairs cover information such as criminal cases registered and offense cases handled by the public security agencies, traffic or fire accidents, cases handled by procuratorate's offices, cases accepted and settled by the people's courts, and statistics on lawyers, notarization and mediation.

22—1 历届安徽省人民代表大会代表人数

Number of Anhui Province the National People's Congress Represents

单位：人（person）

			代表总数 Total Number of Deputies	#女代表 Female Deputies	占代表总数(%) As Percentage to Total	少数民族代表 Ethnic Minority Deputies	占代表总数(%) As Percentage to Total
一届	First Congress	(1954)	448	69	15.40	8	1.79
二届	Second Congress	(1958)	496	68	13.71	9	1.81
三届	Third Congress	(1964)	497	96	19.32	9	1.81
五届	Fifth Congress	(1978)	998	196	19.64	28	2.81
六届	Sixth Congress	(1983)	813	167	20.54	34	4.18
七届	Seventh Congress	(1988)	729	157	21.54	28	3.84
八届	Eighth Congress	(1993)	729	164	22.50	27	3.70
九届	Ninth Congress	(1998)	728	195	26.79	35	4.81
十届	Tenth Congress	(2003)	732	204	27.87	33	4.64
十一届	Eleventh Congress	(2008)	730	212	29.04	34	4.66
十二届	Twelfth Congress	(2013)	730	210	28.77	34	4.66

22—2 历届政协安徽省委员会委员人数

Number of Anhui Province Political Consultative Conference Committee Member

单位：人（person）

			委员总数 Total Number of Deputies	#中国共产党委员 Deputies from the Communist Party of China	占委员总数(%) As Percentage to Total	少数民族委员 Ethnic Minority Deputies	占委员总数(%) As Percentage to Total
一届	First Congress	(1954)	171	53	30.99	6	3.51
二届	Second Congress	(1958)	308	88	28.57	8	2.60
三届	Third Congress	(1964)	372	108	29.03	18	4.84
四届	Fourth Congress	(1978)	506	297	58.70	21	4.15
五届	Fifth Congress	(1983)	724	231	31.91	30	4.14
六届	Sixth Congress	(1988)	694	234	33.72	40	5.76
七届	Seventh Congress	(1993)	705	245	34.75	40	5.67
八届	Eighth Congress	(1998)	730	273	37.40	37	5.07
九届	Ninth Congress	(2003)	740	278	37.57	37	5.00
十届	Tenth Congress	(2008)	745	286	38.39	38	5.10
十一届	Eleventh Congress	(2013)	745	297	39.87	39	5.23

22—3 妇联组织及工作情况
Basic Statistics of Women's Associations

项　　目	Item	2010	2012	2013
妇联组织数（个、所）	Number of Women's Associations (unit)	30830	32532	32605
妇联兴办各类家长学校（个）	Number of Householders' Schools Set Up by Women's Associations (unit)	15406	10280	18456
妇联自办托幼园所（所）	Number of Nurseries and Kindergartens Set Up by Women's Associations (unit)	44	54	39
资助女童入学或返校数（人）	Number of Sponsored Female Children Beginning or Returning to School (person)	90709	14679	
妇联陪审员人数（人）	Number of Juniors in Women's Associations (person)	397	201	139
妇联维权干部中取得律师资格证书的人数（人）	Number of Upholding Right Cadres in Women's Associations Got Lawyer Credentials (person)	309	24	15
双学双比活动	Status of "Double-study and Double-emulation"			
接受技术培训人数（万人）	Number of Technique Trainees (10000 persons)	99.96	15.55	14.12
三八绿色工程	March Eighth Green Project			
基地个数（个）	Number of Bases (unit)	733	141	208
基地亩数（亩）	Area of Bases (mu)	242658	51841	58735
巾帼扶贫项目数（个）	Woman's Anti-poverty　Number of Anti-poverty Projects (unit)	41	29	21
农村妇女学校数（所）	Number of Rural Woman Schools (unit)	1924	3849	3708
失业妇女再就业培训人数（人）	Unemployed Women Trained by the Women's Federation (person)	115028	86116	
受表彰情况	Basic Statistics on Commendation			
评选巾帼建功标兵数（人）	Women Pacesetters in Performing Meritorious Services (person)	1948	453	597
巾帼文明示范岗数（个、所）	Number of Woman's Civilization Demonstration Posts (unit)	2000	830	744
三八红旗手（人）	March 8th Red Banner Winners (person)	3655	2623	2078
三八红旗集体（个）	March 8th Red Banner Groups (unit)	1049	919	669
五好文明家庭（户）	"Five Good" Civilized Families (household)	426502	34149	87552

22—4 工会组织情况
Basic Statistics on Trade Unions

年份 Year	工会基层组织数（个） Number of Grassroots Unions (unit)	全省已建工会组织的基层单位职工与会员人数（人）Membership and Number of Staff and Workers in Grassroots Unions (person) 职工人数 Number of Staff and Workers	#女职工 Female	#农民工 Rural Workers	会员人数 Membership	#女会员 Female	#农民工 Rural Workers	工会专职工作人员人数（人） Number of Full-time Personnel of Unions (person)
2005	35828	4599881	1614030		4384087	1502544		13684
2010	61256	7102254	2437677	2282833	6663678	2317129	2082135	29837
2011	81569	7441468	2651160	2641849	6943609	2505211	2399562	26167
2012	104452	8034712	2874950	2812424	7466536	2721859	2564198	28520
2013	118842	8405695	3000511	2996477	7817592	2866934	2780131	31712

22—5 妇女参政议政状况
Basic Conditions on Women's Participating in the Administration and Discussion of State Affairs

项目	Item	2005	2010	2012	2013
省(区、市)人大代表数（人）	Provincial (area, city) National People's Congress number (persons)	732	739	730	736
#女性	Female	204	212	210	209
省(区、市)政协委员数（人）	Provincial (area, city) CPPCC Member Number (persons)	750	743	741	744
#女性	Female	151	165	164	167
中共党员人数（万人）	The number of members of the Communist Party of China (10000 persons)	285.00	315.90	335.00	341.02
#女性	Female	44.80	59.20	67.53	70.14
省级政府领导班子中女干部配备率(%)	Female Cadres Portion of Provincial Rank Government Leading Group (%)	100.00	100.00	100.00	100.00
地级政府领导班子中女干部配备率(%)	Female Cadres Portion of Region Rank Government Leading Group (%)	70.60	100.00	100.00	93.80
县级政府领导班子中女干部配备率(%)	Female Cadres Portion of County Rank Government Leading Group (%)	97.10	87.60	98.10	89.50

22—6 妇女儿童教育培训情况
Basic Conditions on Women and Children's Education and Training

项目	Item	2005	2010	2012	2013
国有企事业单位各类专业技术人员数（万人）	Number of Professional and Technical Personnel in State-owned Enterprises and Institutions (10000 persons)	81.4		81.6	84.4
#女　性	Female	29.0		31.2	33.8
小学学龄儿童入学率(%)	Percentage of School-age Children Enrolled (%)	99.5	99.9	99.8	99.7
女　性	Female	99.5	99.9	99.8	99.7
男　性	Male	99.5	99.9	99.8	99.7
九年义务教育巩固率(%)	9 Years Compulsory Education Consolidation Rate (%)			90.8	91.4
高中阶段毛入学率(%)	The Gross Enrollment Rate of High School (%)	43.3	80.0	86.0	90.0
高等教育毛入学率(%)	The Gross Enrollment Rate of Higher Education (%)	17.3	24.3	30.6	35.0

22—7 妇女卫生保健状况
Basic Conditions on Women Hygiene

项目	Item	2005	2010	2012	2013
农村改水受益人口普及率 (%)	Percentage of People Benefited from Remade Water in Rural Area (%)	99.0	99.56	99.60	97.03
农村享有卫生厕所的人口覆盖率 (%)	Coverage Rate of people Who Enjoy Sanitary Toilet (%)	54.2	57.55	59.21	62.57
妇幼保健机构病床数 (张)	Number of Sickbeds in Maternity and Child Care Organs (unit)	2322	3265	3403	3569
妇幼保健机构医生数 (人)	Number of Doctors in Maternity and Child Care Organs (person)	2010	2248	2057	2204
孕产妇系统管理率 (%)	Percentage of Pregnant and Lying-in Women Under System Management (%)	59.4	39.04	55.03	73.47
住院分娩率 (%)	Percentage of Childbirths in Hospital (%)	86.1	98.69	99.70	99.86
孕产妇死亡率 (1/10万)	Death Rate of Pregnant and Lying-in Women (1/100 thousand)	41.2	25.46	14.11	13.89
非住院分娩消毒接生率 (%)	Percentage of Practicing Midwifery With New Methods Out of Hospital (%)	96.1	99.31	94.36	95.81
已婚育龄妇女避孕率 (%)	Contraception Rate of Married Women in Their Childbearing Age (%)	91.4	89.71	87.24	88.63
婚前医学检查率 (%)	Percentage of Medical Examinations Before Marriage (%)	4.5	68.92	87.06	90.10

22—8 儿童卫生保健状况
Basic Conditions on Children Hygiene

项目	Item	2005	2010	2012	2013
婴儿死亡率 (‰)	Death Rate of Infants (‰)	21.77	10.70	8.85	6.50
5岁以下儿童死亡率 (‰)	Death Rate of Children Below Five (‰)	24.23	13.32	10.84	8.42
住院分娩出生缺陷发生率 (‰)	Percentge of Childbirth Defects in Hospital (‰)	8.83	12.11	10.31	9.94
卡介苗接种率 (%)	Rate of Inoculating With BCG Vaccine (%)	99.62	99.68	99.74	99.52
脊髓灰质炎疫苗接种率 (%)	Rate of Inoculating With Polio Vaccine (%)	97.76	99.66	99.68	99.53
百白破疫苗接种率 (%)	Rate of Inoculating With Joint Vaccine of Pertussis, Diphtheria and Tetanus	97.60	99.64	99.67	99.55
麻疹疫苗接种率 (%)	Rate of Inoculating With Measles Vaccine (%)	97.13	99.61	99.59	97.83
乙肝疫苗接种率 (%)	Rate of Inoculating With Hepatitis B Vaccine (%)	96.95	99.68	99.53	99.33
7岁以下儿童保健管理率 (%)	Percentage of Children Below Seven Under Health Management (%)	65.98	61.43	77.98	89.03
新生儿破伤风发病率 (1/万)	Morbidity of Tetanus of Newbon (1/10000)	0.03	0.03		
0-6个月婴儿母乳喂养率 (%)	0-6 Month Baby Breastfeeding rate (%)		65.65	61.22	63.72
5岁以下儿童中重度贫血患病率 (%)	Prevalence of Severe Anemia Rate of Children Under 5 Years of Age (%)		1.13	1.15	1.14
5岁以下儿童低体重患病率(%)	Low Weight Rate of Children Under 5 Years of Age (%)		0.99	0.69	0.64

22—9 残疾人事业基本情况
Basic Information of People With Disabilities

指　　标		Item		2010	2012	2013
康　　复		**Rehabilitation**				
白内障复明手术		Sight-restoring Cataract Surgery				
白内障复明手术	(万例)	Sight-restoring Cataract Surgeries	(10000 cases)	2.9	2.7	3.4
人工晶体植入率	(%)	Artificial Intra-ocular Lens Implantation Rate	(%)	96	96	96
低视力配用助视器	(人)	Vision-aids Provided for Individuals With Low-vision	(person)	1058	3788	4752
聋儿康复		Rehabilitation of Children With Hearing Disability				
年收训聋儿	(人)	Hearing and Speech Training	(person)	769	1476	1924
聋儿入普幼普小率	(%)	Enrollment Rate of Trained Children to Ordinary Kindergartens and Primary Schools	(%)	37.0	51.0	60.0
培训家长	(人)	Parents Trained	(person)	1102	3477	4978
精神病防治康复		Prevention and Treatment of Psychiatric Diseases				
开展精神病防治康复工作市县数	(个)	Counties Carried on the Works of Prevention and Treatment of Psychiatric Diseases	(unit)	44	85	88
综合防治康复精神病人数	(万人)	Prevention and Treatment Provided for Patients With Severe Psychiatric Diseases	(10000 persons)	13.2	26.5	27.2
监护率	(%)	Guardianship Rate	(%)	91.2	73.8	82.0
显好率	(%)	Significant Improvement Rate	(%)	56.7	41.9	57.8
社会参与率	(%)	Social Involvement Rate	(%)	44.8	35.5	47.0
肇事率	(%)	Violent Events Rate	(%)	0.06	0.03	0.02
康复训练与服务	(人)	Rehabilitation Training and Service	(person)			
肢体残疾康复训练数		Function Training Provided to Persons With Physical Disability		3782	13438	17625
智残儿童康复训练数		Rehabilitation Training Provided to Children With Intellectual Disability		1031	2128	6202
脑瘫儿童康复训练数		Rehabilitation Training Provided to Children With Cerebral Palsy		303	451	1381
麻风畸残康复		Rehabilitation of People With Leprosy				
矫治手术	(例)	Orthopedic Surgeries	(case)			105
发放辅助用具	(件)	Assistant Devices Provided	(unit)			
康复训练	(人)	Rehabilitation Training	(person)			
教　　育		**Education**				
未入学适龄残疾儿童少年	(万人)	School-age Disabled Children Without Schooling	(10000 persons)	0.99	0.35	0.50
职业教育与培训		Vocational Education and Training				
机构数	(个)	Facilities	(unit)	413	178	172
教育与培训人数	(人)	Number of Educated and Trained	(person)	26513	44808	42174
就　　业		**Employment**				
城镇残疾人就业状况		Employment of Urban Handicapped				
当年安排就业人员	(人)	Persons Employed in the Year	(person)	12782	14031	22783
#按比例就业		Employed by Quota Scheme		3295	3987	4280
集中就业		Employed at Welfare Enterprises		3323	3971	6187
个体就业		Self-employed		6164	6073	12316
未安排就业	(人)	Unemployed	(person)	78344	49135	30117
农村残疾人就业状况		Employment of Rural Handicapped				
就　业	(万人)	Employed	(10000 persons)	107.7	108.0	83.5
未就业	(万人)	Unemployed	(10000 persons)	24.0	32.0	13.5
残疾人就业服务机构	(个)	Employment Placement Service Facilities for Disabled Jobseekers	(unit)	115	95	95
省		Provinces		1	1	1
市		Cities (inc. cities at county level)		17	16	16
县（含县级市）		County		58	50	50
市辖区		Districts Under the Jurisdiction of Cities		41	28	28
盲人按摩		**Massage by Persons With Visual Disability**				
保健按摩员培训	(人)	Massage Therapists Training	(person)	2000	566	1013
医疗按摩员培训	(人)	Keep-fit Massager Training	(person)	327	77	69
扶　　贫		**Poverty Alleviation**				
扶持人数	(万人次)	Number of Supporting	(10000 person times)	11.9	12.8	15.8
脱贫人数	(万人次)	Number of Going out poor	(10000 person times)	2.4	3.3	2.9
残联组织建设		**Organization Building of Disabled Persons' Federation**				
残疾人工作者数	(人)	Workers for Handicapped	(person)	3061	3386	3453

22—10 律师、公证、调解工作基本情况
Basic Statistics on Lawyers, Notarization and Mediation

指标		Item		2000	2005	2010	2012	2013
律师工作		**Lawyers**						
律师事务所	(个)	Number of Law Offices	(unit)	326	407	500	541	574
律　师	(人)	Lawyers	(person)	3073	3820	5019	5875	6277
专职律师		Full-time Lawyers		1972	3424	4411	5271	5654
兼职律师		Part-time Lawyers		1101	347	281	320	335
公职律师		Government Lawyers			49	97	96	92
公司律师		Corporation Counsel				11	11	11
法援律师		Legal Aid Lawyers				219	177	185
聘请担任常年法律顾问的单位	(处)	Number of Units With Permanent Legal Advisors	(unit)	8713	10322	10945	9889	12371
民事、经济诉讼代理	(件)	Civil, Economic Litigation Agents	(case)	42404	89734	69615	80009	91619
刑事诉讼辩护及代理	(件)	Defense and Agent of Criminal Cases	(case)	16549	18217	15164	17987	22162
行政诉讼代理	(件)	Agent of Administrative Action	(case)	1957	3089	1428	1373	1816
非诉讼法律事务	(件)	Number of Non-litigious legal Affairs	(case)	12477	23253	5188	4661	6048
公证工作		**Notarization**						
公证处	(个)	Number of Notary Offices	(unit)	113	108	84	83	83
公证人员	(人)	Notaries personnel	(person)	590	666	769	831	823
#公证员		Notaries		396	399	350	381	379
公证员助理		Assistant Notaries			100	201	218	229
办理公证事项	(件)	Notarized Matters	(unit)	336817	250658	375828	328456	363929
涉外及港澳台公证事项	(件)	And Hong Kong, Macao and Taiwan Notarization Matters Involving Foreign Elements	(case)		29105	53614	52722	55551
人民调解工作		**Number of People's Mediation**						
司法助理员	(人)	Number of Judicial Assistants	(person)	2564	4148	4307	4112	3946
人民调解委员会	(个)	Number of people's Mediation Committees	(unit)	38180	31180	23094	21782	21338
人民调解员	(人)	People's mediatorss	(person)	282420	205785	139366	126264	121573
调解民间纠纷	(件)	Number of Civil Disputes Mediated	(case)	288952	198869	329660	566393	624250

22—11 劳动人事争议仲裁委员会受理及处理案件情况（2013年）
Accepted and Settled Cases by Labor Dispute Arbitration Committee (2013)

单位：件（case）

案件类别	Category of Cases	合计 Total	国有企业 State-owned Enterprises	城镇集体企业 Urban Collective-owned Enterprises
上期未结案件数	**Number of Cases Left Over from Last Period**	**288**	**25**	**2**
案件受理情况	**Cases Accepted**			
案件数	Number of Cases	13882	749	208
#集体争议案件数	Number of Collective Disputes	141	9	2
涉及劳动者人数（人）	Number of Related to Laborers (person)	18037	1011	486
#集体争议涉及劳动者人数	Number of Collective Dispute Related Laborers	3334	131	247
案件处理情况	**Case Settled**			
结案件数	Number of Cases Settled	13502	742	204
处理方式	**Manners of Settlement**			
仲裁调解	By Mediation	5901	302	35
仲裁裁决	By Arbitration Lawsuit	6557	413	169
其他方式	Others	1044	27	
处理结果	**Result of Settlement**			
用人单位胜诉	Won by Units	861	77	27
劳动者胜诉	Lawsuit Won by Laborers	7020	363	144
双方部分胜诉	Lawsuit Partly Won by Both Parties	4713	272	24
本期未结案数	**Number of Cases Dissettled**	**668**	**31**	**6**
案外调解争议数	**Number of Cases Settled by Other Forms**	**7504**	**455**	**202**

案件类别	Category of Cases	外商投资及港澳台投资企业 Foreign Funded and Hong Kong, Macao & Taiwan Chinese Funded Enterprises	私营企业 Private Enterprises	其他 Others
上期未结案件数	**Number of Cases Left Over from Last Period**	**2**	**233**	**12**
案件受理情况	**Cases Accepted**			
案件数	Number of Cases	260	11749	577
#集体争议案件数	Number of Collective Disputes	2	123	4
涉及劳动者人数（人）	Number of Related to Laborers (person)	420	15062	696
#集体争议涉及劳动者人数	Number of Collective Dispute Related Laborers	115	2779	47
案件处理情况	**Case Settled**			
结案件数	Number of Cases Settled	253	11413	547
处理方式	**Manners of Settlement**			
仲裁调解	By Mediation	77	5064	230
仲裁裁决	By Arbitration Lawsuit	171	5439	248
其他方式	Others	5	910	69
处理结果	**Result of Settlement**			
用人单位胜诉	Won by Units	44	671	27
劳动者胜诉	Lawsuit Won by Laborers	147	5939	291
双方部分胜诉	Lawsuit Partly Won by Both Parties	56	3997	204
本期未结案数	**Number of Cases Dissettled**	**8**	**569**	**45**
案外调解争议数	**Number of Cases Settled by Other Forms**	**205**	**6336**	**236**

22—12 公安机关立案的刑事案件情况
Criminal Cases Registered in Public Security Organs

案件类别	Category of Cases	立案（起） Number of cases Registered (case) 2012	2013	构成（%） Composition (%) 2012	2013
总计	**Total**	**249812**	**259883**	**100.00**	**100.00**
#杀人	Homicide	320	328	0.13	0.13
伤害	Injury	5699	5755	2.28	2.21
抢劫	Robbery	3608	3081	1.44	1.19
强奸	Rape	1135	1272	0.45	0.49
拐卖人口	Kidnapping and Selling People	1252	1490	0.50	0.57
盗窃	Larceny	181965	192281	72.84	73.99
诈骗	Fraud	16030	21344	6.42	8.21
伪造、变造货币，持有使用伪造货币	Forging and Fabricating Bills or Using Forged Bills	22	29		0.01
其他	Others	21318	21503	8.53	8.27

22—13 公安机关受理、查处治安案件情况
Offense Cases Against Public order Handled by Public Security Organs

单位：起（case）

案件类别	Category of Cases	2012 受理 Number of Cases Accepted to be Treated	2012 查处 Number of Cases Investigated and Treated	2013 受理 Number of Cases Accepted to be Treated	2013 查处 Number of Cases Investigated and Treated
总计	**Total**	**632264**	**611568**	**637574**	**622987**
#扰乱单位、公共场所秩序	Disturbing Unit & Public Order	4711	4647	4990	4931
寻衅滋事	Making Trouble	3227	3066	2447	2370
阻碍执行职务	Handling Public Affairs	1156	1107	1151	1130
非法携带枪支、弹药、管制刀具	Illegal Holding of Gun、Ammo & Tube Cutting Tool	867	826	859	827
违反危险物质管理规定	Violation of Management Rule of Dangerous Material	943	921	947	908
殴打他人	Hitting other People	296321	289547	283455	279505
盗窃	Stealing	56150	49926	69636	63657
诈骗、抢夺、敲诈勒索财物	Swindle Snatch & Blackmail Blackmailing Money & Goods	7125	6509	8820	8019
哄抢	Making Scramble	50	47	20	14
卖淫、嫖娼	Prostitution & Go Whoring	1534	1499	1556	1539
赌博	Gambling	10204	9858	9330	9091
其他	Other	165009	163279	163501	161742

22—14 各市公安机关立案的刑事案件情况（2013年）
Criminal Cases Registered in Public Security Organs By Region (2013)

单位：起（case）

地 区	Region	总计 Total	#杀人 Homicide	伤害 Injury	抢劫 Robbery	强奸 Rape	拐卖人口 Kidnapping and Selling People
总 计	**Total**	**259883**	**328**	**5755**	**3081**	**1272**	**1490**
合肥市	Hefei	65506	28	648	434	156	77
淮北市	Huaibei	7421	9	257	119	45	22
亳州市	Bozhou	18890	45	681	275	122	350
宿州市	Suzhou	14547	36	111	247	159	70
蚌埠市	Bengbu	16384	14	586	103	82	155
阜阳市	Fuyang	25078	49	1183	881	147	208
淮南市	Huainan	12856	11	221	253	66	88
滁州市	Chuzhou	15419	24	539	155	133	120
六安市	Luan	15615	28	375	143	98	98
马鞍山市	Maanshan	10969	10	222	77	20	91
芜湖市	Wuhu	16188	19	177	95	46	5
宣城市	Xuancheng	9135	18	156	45	50	6
铜陵市	Tongling	4353	3	79	65	15	66
池州市	Chizhou	3965	5	66	8	24	7
安庆市	Anqing	18112	29	349	161	93	103
黄山市	Huangshan	5445		105	20	16	24

地 区	Region	盗窃 Larceny	诈骗 Fraud	伪造、变造货币，持有使用伪造货币 Forging and Fabricating Bills or Using Forged Bills	其他 Others	青少年刑事案件作案成员占全部作案成员比重(%) Proportion of Young People In Criminal Cases
总 计	**Total**	**192281**	**21344**	**29**	**21503**	**25.17**
合肥市	Hefei	53824	4980	14	2899	35.14
淮北市	Huaibei	5310	727		620	25.17
亳州市	Bozhou	13637	655	6	2210	16.92
宿州市	Suzhou	9568	1291	1	2102	15.14
蚌埠市	Bengbu	11943	1719		1213	22.57
阜阳市	Fuyang	18501	1012	1	1353	23.60
淮南市	Huainan	9118	1351	1	1028	25.67
滁州市	Chuzhou	11172	1377	4	1326	24.52
六安市	Luan	11653	1324	1	1431	21.60
马鞍山市	Maanshan	7906	861	1	1119	30.04
芜湖市	Wuhu	11424	1590		1622	19.01
宣城市	Xuancheng	6731	757		769	19.18
铜陵市	Tongling	3087	515		328	36.89
池州市	Chizhou	2627	413		611	27.49
安庆市	Anqing	12301	2016		2289	27.87
黄山市	Huangshan	3479	756		583	30.17

22—15 各市公安机关查处治安案件情况（2013年）

Offense Caese Against Public order Handled by Public Security Organs By Region (2013)

单位：起（case）

地 区	Region	总 计 Total	#扰乱单位、公共场所秩序 Disturbing Unit & Public Order	寻衅滋事 Making Trouble	阻碍执行职务 Handling Public Affairs	非法携带枪支、弹药、管制刀具 Illegal Holding of Gun、Ammo & Tube Cutting Tool	违反危险物质管理规定 Violation of Management Rule of Dangerous Material
总 计	**Total**	**622987**	**4931**	**2370**	**1130**	**827**	**908**
合肥市	Hefei	194993	509	289	148	87	109
淮北市	Huaibei	24044	21	50	8	11	10
亳州市	Bozhou	26607	106	156	175	31	108
宿州市	Suzhou	45254	192	149	96	31	86
蚌埠市	Bengbu	47399	783	342	63	39	12
阜阳市	Fuyang	25531	402	177	149	62	49
淮南市	Huainan	20622	285	57	12	98	19
滁州市	Chuzhou	34568	100	57	33	44	26
六安市	Luan	35114	334	209	113	54	71
马鞍山市	Maanshan	15199	115	94	34	76	35
芜湖市	Wuhu	50179	1186	64	36	79	192
宣城市	Xuancheng	23695	220	149	82	61	17
铜陵市	Tongling	10826	40	43	8	33	6
池州市	Chizhou	8991	172	72	26	19	12
安庆市	Anqing	40833	389	190	91	58	147
黄山市	Huangshan	19132	77	272	56	44	9

地 区	Region	殴打他人 Hitting Other People	盗 窃 Stealing	诈骗、抢夺、敲诈勒索财物 Swindle Snatch & Blackmail Blackmailing Money & Goods	哄 抢 Making Scramble	卖淫、嫖娼 Prostitution & Go Whoring	赌 博 Gambling	其 他 Other
总 计	**Total**	**279505**	**63657**	**8019**	**14**	**1539**	**9091**	**161742**
合肥市	Hefei	68958	24784	2889	3	566	1991	74526
淮北市	Huaibei	8053	1816	130	1	5	21	10093
亳州市	Bozhou	13271	1622	108	1	52	217	5824
宿州市	Suzhou	20121	2534	180	1	43	82	14929
蚌埠市	Bengbu	29144	2635	623		49	1227	6595
阜阳市	Fuyang	12253	4421	521	6	99	303	2443
淮南市	Huainan	8199	3911	573		21	417	3071
滁州市	Chuzhou	20085	3984	567		43	411	3184
六安市	Luan	20333	2825	592		47	336	1719
马鞍山市	Maanshan	4516	6820	501		43	432	140
芜湖市	Wuhu	22536	2078	129		176	1106	15316
宣城市	Xuancheng	11779	1714	427	1	105	820	5239
铜陵市	Tongling	1906	2090	378		37	60	4969
池州市	Chizhou	5495	97	21		39	48	1873
安庆市	Anqing	22178	2054	343	1	77	664	8476
黄山市	Huangshan	10678	272	27		137	956	3345

22—16 检察机关直接立案侦查案件情况（2013年）
Cases Under Direct Investigation by Procurator's Offices (2013)

案件类别	Category of Cases	受案（起）Cases Accepted	立案合计 Total Number of Cases Registered		大案（件）Large Cases	要案（人）Key Cases	结案合计 Total Number of Cases Setted	
		(case)	件 (case)	人 (person)	(case)	(person)	件 (case)	人 (person)
总计	**Total**	**1608**	**1561**	**2061**	**184**	**125**	**1550**	**2055**
贪污贿赂案件小计	**Sub-total of Cases on Corruption and Bribery**	**1252**	**1233**	**1575**		**111**	**1241**	**1590**
贪污	Corruption	373	354	622		5	358	624
贿赂	Bribery	780	779	826		101	765	814
挪用公款	Misappropriation of Public Funds	92	94	120		5	113	143
集体私分	Collectve Illegal Possession of Public Funds	5	6	7			5	7
巨额财产来源不明	Unstated Source of Large Properties	2						2
渎职案件小计	**Sub-total of Cases on Abuse and Dereliction of Duty**	**356**	**328**	**486**	**184**	**14**	**309**	**465**
滥用职权	Abuse of Power	197	195	278	126	10	174	256
玩忽职守	Dereliction of Duty	107	83	99	31	2	79	94
徇私舞弊	Fraudulent Practice	31	28	36	11	1	24	30
其他	Others	21	22	73	16	1	32	85

22—17 检察机关处理申诉案件情况（2013年）
Appeals Handled by Procurator's Offices (2013)

单位：件（case）

案件类别	Category of Cases	受理 Cases Accepted	立案复查 Cases Registered of Reinvestigation	结案 Cases Settled	改变原决定 Original Decision Changed
总计	**Total**	**7467**	**3403**	**3376**	**714**
不服刑事拘留	Appeals Against Criminal Detention	27			
不服不立案	Appeals Against Rejection of The Case	423			
不服逮捕	Appeals Against Arrest	35			
不服不批捕	Appeals Against Rejection of Arrest	521	173	177	36
不服不起诉	Appeals Against Rejection of Prosecute	765	728	727	144
不服撤案	Appeals Against Withdrawal of the Case	27	18	18	
不服原免于起诉	Appeals Against Original Exemption of Lawsuit	9	1	1	
不服刑事判决	Appeals Against Judgment of Criminal Case	2093	1580	1553	1
不服劳教	Appeals Against Judgment of Reeducation Through Labor	6			
其他	Others	3561	903	900	533

22—18 人民法院行政一审案件收结案情况（2013年）
First Trial Administrative Cases Accepted and Settled by Courts (2013)

单位：件（case）

项 目	Item	收 案 Cases Accepted	结 案 Cases Settled	维 持 Affirmation of Original Judgement	撤 销 Cancellation	驳回起诉 Reject	撤 诉 Withdrwal	其 他 Other	结案中单独提起行政赔偿 Of the Cases Settled: Set Administrative Compensation Alome
总 计	**Total**	**3843**	**3874**	**398**	**274**	**265**	**753**	**2184**	**951**
公 安	Public Security	487	501	147	27	14	193	120	54
资 源	Resources	1489	1490	35	66	50	107	1232	795
城 建	City Construction	623	645	58	72	83	179	253	31
工 商	Industry and Commerce	57	55	4	4	6	22	19	5
卫 生	Health	38	38	2			4	32	4
环 保	Environmental Protection	10	10	1			2	7	2
交 通	Traffic	28	27	1			9	17	5
税 务	Tax	14	9	3			4	2	0
其 他	Others	1097	1099	147	105	112	233	502	55

22—19 人民法院刑事一审案件收结案情况（2013年）
First Trial Criminal Cases Accepted and Settled by Courts (2013)

单位：件（case）

案件类别	Category of Cases	收 案 Cases Accepted	结 案 Cases Settled
总 计	**Total**	**32421**	**31820**
危害公共安全罪	Offences Against Public Security	7352	7271
破坏社会主义市场经济秩序罪	Offences Against Socialist Economic Order	1631	1584
侵犯公民人身权利、民主权利罪	Offences Against Citizens' Personal and Democratic Rights	7861	7711
侵犯财产罪	Offences Against Properties	8201	8142
妨碍社会管理秩序罪	Offences Against Social Management of order	5924	5811
危害国防利益罪	Offences Against National Defense	10	9
贪污贿赂罪	Offences on Corruption and Bribery	1270	1145
渎职罪	Offences on Dereliction of Duty	171	146
其 他	Others	1	1

22—20 人民法院合同纠纷一审案件收结案情况（2013年）
First Trial Cases of Contract Disputes Accepted and Settled by Courts (2013)

单位：件（case）

项　　目	Item	收　　案 Cases Accepted	结　　案 Cases Settled	判　　决 Hudgement	驳回起诉 Reject	撤　　诉 Withdrwal	调　　解 Mediation	其　　他 Other
总　　计	**Total**	**127271**	**122071**	**50205**	**2035**	**33268**	**35074**	**1489**
买卖合同	Buying and Selling Contracts	23458	22659	8795	369	6128	7051	316
房地产开发经营合同	Real Estate Developing and Managing Contracts	3205	3036	960	36	836	1175	29
供用电、水、气、热力合同	Electricity, Water and Gas and Using Contracts	242	349	315		20	14	
借款合同	Loan Contracts	53836	50930	24006	763	11964	13577	620
租赁合同	Leasing Contracts	5162	5024	2125	97	1531	1231	40
建设工程合同	Construction Project Contracts	5671	5304	2195	151	1468	1409	81
承揽合同	Contractor	2219	2089	851	33	583	588	34
运输合同	Transportation Contracts	895	891	388	18	184	291	10
知识产权合同	Intellectual property Right	6	6	3	1	2		
经营合同	Operating Contracts	2175	2102	873	33	411	749	36
农村承包合同	Rural Contracts	112	123	78	2	22	21	
电信合同	Telecommunication Contracts	312	312	16		260	36	
服务合同	Service Contracts	6488	6471	1409	65	4007	976	14
劳动争议	Labour Contention	10039	9828	3058	157	2574	3955	84
劳务合同	Labour Contracts	3425	3288	1047	53	832	1323	33
其　　他	Others	10026	9659	4086	257	2446	2678	192

22—21 人民法院婚姻家庭、继承、权属、侵权纠纷及其他民事一审案件收结案情况（2013年）
First Trial Civil Cases of Marriage and Family, Inheritance, Right and Infringement Disputes and Other Civil Cases Accepted and Settled by Courts (2013)

单位：件（case）

项　　目	Item	收　　案 Cases Accepted	结　　案 Cases Settled	判　　决 Hudgement	驳回起诉 Reject	撤　　诉 Withdrwal	调　　解 Mediation	其　　他 Other
总　　计	**Total**	**146019**	**142715**	**51649**	**1335**	**30071**	**52163**	**7497**
婚姻家庭	Marriage and Family	74788	73669	24563	451	18852	29074	729
继　　承	Inheritance	1097	1083	335	17	207	516	8
所有权及与所有权相关权利纠纷	Ownership and Related Right Disputes	7072	7015	2593	270	2289	1708	155
票据、证券权益纠纷	Rights and Interests Disputes of Bills and Securities	83	95	46	4	25	15	5
股东权纠纷	Shareholder Right Disputes	593	545	232	13	128	101	71
知识产权	Intellectual Property Right	1432	1439	319	11	886	218	5
不正当竞争纠纷	Illegitimate Competition Disputes	13	13	2		5	5	1
人身权纠纷	Personal Right Disputes	47521	45772	20670	144	5745	19060	153
特殊侵权纠纷	Special Infringement Disputes	3772	3610	1528	48	916	1071	47
不当得利	Irrational Interests	1246	1199	468	31	432	247	21
无因管理	No Cause management	14	15	8		3	3	1
适用特别程序案件	Cases Suitable for Special Procedure	7955	7879	667	342	512	63	6295
其　　他	Others	433	381	218	4	71	82	6

22—22 全省统计执法检查情况（2013年）
Statistical Law Enforcement Inspection Situation (2013)

地 区 Region		检查单位（个）Inspection Unit (unit)	统计违法行为（件）Statistical Illegal Activity (case)	立案案件（件）Put on Record Case (case)	结案案件（件）Settled Lawsuit Case (case)				
					合计 Total	按违法性质分 Grouped by Illegal Character			
						提供不真实或不完全整统计资料 Provide False or Incomplete Entire Statistics	拒报 Refusing to Report	迟报 Late Reported	拒绝、阻碍统计调查、统计检查 Refuse or Hinder the Survey, Statistical Check
总 计	**Total**	**14172**	**1986**	**1505**	**1497**	**284**	**12**	**48**	**19**
省局直办	Province JuZhi do	85	30	15	15				15
合 肥 市	Hefei	1642	200	190	190	64	2	2	3
淮 北 市	Huaibei	469	114	53	53				
亳 州 市	Bozhou	936	41	30	25	8		10	
宿 州 市	Suzhou	2165	350	132	132	14			
蚌 埠 市	Bengbu	770	69	69	69	8		2	
阜 阳 市	Fuyang	772	163	134	131	40	7	19	1
淮 南 市	Huainan	583	71	71	71	49	3	1	
滁 州 市	Chuzhou	1138	169	124	124	3		1	
六 安 市	Luan	717	70	64	64	23		3	
马鞍山市	Maanshan	626	236	236	236	18			
芜 湖 市	Wuhu	1229	176	105	105	12			
宣 城 市	Xuancheng	574	47	47	47	8		8	
铜 陵 市	Tongling	329	32	32	32				
池 州 市	Chizhou	463	50	50	50	6		1	
安 庆 市	Anqing	929	93	93	93	10		1	
黄 山 市	Huangshan	575	73	58	58	21			
广 德 县	Guangde	90							
宿 松 县	Susong	80	2	2	2				

地 区 Region		结案案件（件）Settled Lawsuit Case (case)							统计行政复议案件（件）Statistical Administrative Reconsideration Cases (case)
				按处理情况分 Grouped by Handling Situation					
		未按规定设置原始记录和统计台帐 Installing Original Records & Statistical Table Account Without the Regulation	其他 Other	警告 Admonition	罚款 Fines		通报批评 Circulation Criticism	其他 Other	
					件数 Cases	金额（万元）Sum of Money (10000 yuan)			
总 计	**Total**	**323**	**811**	**538**	**125**	**50.5**	**682**	**269**	1
省局直办	Province JuZhi do						15		
合 肥 市	Hefei	63	56	169			35		
淮 北 市	Huaibei	15	38				5	48	
亳 州 市	Bozhou		7	15	1	0.6	9		
宿 州 市	Suzhou	39	79	12	41	4.1	75	4	
蚌 埠 市	Bengbu	10	49	5	7	1.2	11	46	
阜 阳 市	Fuyang	42	22	35	24	6.4	81		
淮 南 市	Huainan	12	6	36	4	1.0	53	23	
滁 州 市	Chuzhou	19	101	37				87	
六 安 市	Luan	14	24		1	0.1	57	6	
马鞍山市	Maanshan	7	211	25	31	7.0	211		
芜 湖 市	Wuhu	35	58	92	5	27.2		13	1
宣 城 市	Xuancheng	13	18	19	3	0.6	24	3	
铜 陵 市	Tongling	9	23	15			12	5	
池 州 市	Chizhou	5	38	38			8	4	
安 庆 市	Anqing	18	64	40	8	2.4	58		
黄 山 市	Huangshan	22	15				28	30	
广 德 县	Guangde								
宿 松 县	Susong		2						

22—23 交通和火灾事故发生情况
Basic Statistics on Traffic Accidents and Fires

指　标	Item	2000	2005	2010	2012	2013
交通事故发生数　(起)	Number of Traffic Accidents (case)	25809	17474	7714	18075	17610
一次性死亡三人以上事故	Accidents With More Than Three Deaths One Time	57	85	54	36	33
交通事故损失　(万元)	Losses of Traffic Accidents (10000 yuan)	7970.0	6118.0	2349.6	10726.6	7375.6
一次性死亡三人以上事故	Accidents With More Than Three Deaths One Time	304.0	306.0	116.6	389.8	448.0
火灾事故发生数　(起)	Number of Fires (case)	6099	9182	5174	5377	11706
特　大	Extraordinarily Serious	2	1	13		
重　大	Serious	8	6	47		
较　大	Larger				4	5
一　般	Ordinary	6089	9175	5114	5373	11701
火灾事故损失　(万元)	Losses of Fires (10000 yuan)	5704.0	3393.4	8474.3	5293.0	16320.2
特　大	Extraordinarily Serious	2373.0	361.5	2495.1		
重　大	Serious	358.0	370.9	2500.7		
较　大	Larger				13.6	2206.9
一　般	Ordinary	2973.0	2661.0	3478.5	5279.4	14113.3

22—24 交通事故情况（2013年）
Basic Statistics on Traffic Accidents (2013)

指　标	Region	发生数（起）Number of Araffic Accidents (case)	死亡人数（人）Number of Deaths (person)	受伤人数（人）Number of Injuries (person)	损失折款（万元）Losses Coverted Into Cash (10000 yuan)
总　计	**Total**	**17610**	**2669**	**20343**	**7375.6**
#一次性死亡三人以上事故	Accidents With More Than Three Deaths One Time	33	138	130	448.0
机动车	Motor-driven Vehicles	15898	2495	18060	7126.0
汽　车	Automobiles	12038	1964	13151	6405.0
摩托车	Motorcycles	3030	381	4263	517.0
拖拉机	Tractors	543	124	549	133.0
农业运输车	Transport Vehicles for Agricultural Use	287	75	284	58.0
非机动车	Non-motor-driven Vehicles	1851	140	2271	232.0
#自行车	Bicycles	1421	96	1750	159.0
#其它非机动车	Other Non-motor-driven Vehicles	179	17	219	18
行人、乘车人	Pedestrians				

注：机动车相关指标有重复计算。
a) Motor vehicle related indicators have repeated calculation.

22—25 主要年份火灾事故情况
Basic Statistics on Fires in Main Year

年 份 Year	发生数 (起) Number of Traffic Accidents (case)	死亡人数 (人) Number of Deaths (person)	受伤人数 (人) Number of Injuries (person)	直接经济损失 (万元) Losses Converted into Cash (10 000 yuan)	人口火灾发生率 (1/10万人) Average Number of Fires Per 100 Thousand Persons
2000	6099	79	148	6819.4	9.8
2005	9182	93	98	4956.1	11.8
2006	9141	38	45	5638.9	14.0
2007	6755	60	36	5623.8	10.2
2008	5882	72	29	8618.6	8.7
2009	5475	45	24	8400.4	8.1
2010	5174	35	21	8474.3	8.0
2011	5400	33	13	5496.0	9.1
2012	5377	33	13	5293.0	7.8
2013	11706	61	56	16320.2	16.9

22—26 火灾事故发生情况（2013年）
Basic Statistics on Fires (2013)

项 目	Item	合 计 Total	按事故发生程度分 By Serious Degree of Fires 特 大 Extraordinarily Serious	重 大 Serious	较 大 Larger	一 般 Ordinary
发 生 （起）	Fires (case)	11706			5	11701
死 亡 （人）	Deaths (person)	61			16	45
受 伤 （人）	Injuries (person)	56				56
损失折款 （万元）	Losses Converted Into Cash (10000 yuan)	16320			2207	14113
平均每起事故损失（元）	Average Loss Per Fire (yuan)	13941			4413721	12062

22—27 各市交通事故情况（2013年）
Basic Statistics on Traffic Accidents by Region (2013)

地 区	Region	合计 Total 发生数（起）Number of Traffic Accidents (case)	合计 Total 死亡人数（人）Number of Deaths (person)	合计 Total 受伤人数（人）Number of Injuries (person)	合计 Total 损失折款（万元）Losses Coverted Into Cash (10000 yuan)	城区 Urban Areas 发生数（起）Number of Traffic Accidents (case)	城区 Urban Areas 死亡人数（人）Number of Deaths (person)	城区 Urban Areas 受伤人数（人）Number of Injuries (person)
总 计	**Total**	**17610**	**2669**	**20343**	**7376**	**7320**	**1003**	**8133**
合肥市	Hefei	2367	379	2614	1757	1573	149	1621
淮北市	Huaibei	661	70	852	209	390	39	519
亳州市	Bozhou	1199	187	1453	347	487	64	579
宿州市	Suzhou	1117	210	1163	370	258	66	432
蚌埠市	Bengbu	696	119	963	141	312	47	443
阜阳市	Fuyang	661	153	743	343	253	73	280
淮南市	Huainan	977	87	1045	311	767	68	794
滁州市	Chuzhou	865	184	606	771	137	35	91
六安市	Luan	1658	258	2162	395	605	91	804
马鞍山市	Maanshan	753	131	784	274	378	64	424
芜湖市	Wuhu	2427	234	2606	749	919	97	748
宣城市	Xuancheng	1061	156	1222	581	271	79	272
铜陵市	Tongling	242	26	262	121	148	12	143
池州市	Chizhou	611	105	837	221	285	51	311
安庆市	Anqing	1692	278	2269	616	228	51	294
黄山市	Huangshan	623	92	762	171	309	17	378

22—28 各市火灾事故情况（2013年）
Basic Statistics on Fires by Region (2013)

地 区	Region	发生数（起）Number of Fires (case)	死亡人数（人）Number of Deaths (person)	受伤人数（人）Number of Injuries (person)	直接经济损失（万元）Direct Losses (10000 yuan)	人口火灾发生率（1/10万人）Average Number of Fires Per 100 Thousand People
总 计	**Total**	**11706**	**61**	**56**	**16320**	**16.9**
合肥市	Hefei	2967	4	2	2305	41.7
淮北市	Huaibei	836	4	2	543	39.0
亳州市	Bozhou	584	3	4	901	9.2
宿州市	Suzhou	482	8	7	457	7.5
蚌埠市	Bengbu	575	9	7	200	15.7
阜阳市	Fuyang	370	10	3	685	3.5
淮南市	Huainan	362	1	6	220	14.9
滁州市	Chuzhou	1039	1		1928	23.1
六安市	Luan	1140	2	2	824	15.9
马鞍山市	Maanshan	872	1	2	960	38.2
芜湖市	Wuhu	524	1	6	723	13.6
宣城市	Xuancheng	854	2		741	30.5
铜陵市	Tongling	149	2	1	400	20.1
池州市	Chizhou	150	2	8	661	9.3
安庆市	Anqing	539	8	2	4125	8.7
黄山市	Huangshan	263	3	4	647	17.8

22—29 灾 害 情 况（2013年）
Statistics on Disasters (2013)

项 目	Item	自然灾害直接经济损失（亿元）Direct Losses of Natural Disasters (100 million yuan)	农业经济损失 Agricultural Losses	农作物灾害（万公顷）Area of Crop Disaster (10000 hectare) 受灾面积 Areas Covered	绝收面积 Areas of Total Crop Failure	受灾人口（万人）Population Covered (10000 persons)
总 计	**Total**	**151.75**	**108.61**	**209.26**	**23.17**	**2177.30**
旱 灾	Drought	86.00	85.08	179.60	20.70	1714.82
洪涝灾	Floods	65.75	23.53	29.66	2.47	462.48

22—30 救 灾 情 况
Statistics on Disaster Relief

单位：万元 (10000 yuan)

项 目	Item	财政资金投入 Investment of Financial Fund		救灾物资投入（折款）Investment of Relief to Disaster Areas		接受捐赠下拨 Appropriation to Lower Levels From Donation	
		2012	2013	2012	2013	2012	2013
总 计	**Total**	**32882**	**37855**	**1518**		**356**	**1755**
中 央	Central Government	26692	30632	68			
省 级	Provincial-level	3500	3124				
地 市	Prefecture-level	403	862	20		136	703
县 级	County-level	2287	3237	1430		220	1052

22-31 福 利 彩 票
Welfare Lottery

项 目	Item	2012	2013
福利彩票发行额（亿元）	Circulation of Welfare Lottery (100 million yuan)	43.66	59.07
福利彩票公益金提取额（亿元）	Public Welfare Funds Drawn from Welfare Lottery (100 million yuan)	13.14	17.08

22-32 体 育 彩 票
Sport Lottery

项 目	Item	2012	2013
体育彩票销售额（亿元）	Circulation of Sport Lottery (100 million yuan)	23.59	36.41
体育彩票公益金提取额（亿元）	Public Welfare Funds Drawn from Sport Lottery (100 million yuan)	3.11	9.38

主要统计指标解释

律师

指受聘参加法律顾问处工作，担任法律顾问、刑（民）事代理人、刑事辩护人，办理非诉讼事件、解答法律询问，代写法律事务文书等主要从事律师业务的专职法律工作者和兼职律师。

公证人员

指在公证处工作的人员总称，包括公证处主任、副主任、公证员、公证员助理(助理公证员)和其他从事辅助性工作的人员。

公证文书

指公证处根据当事人申请，依照事实和法律，按照法定程序制作的，具有法律效力的司法证明文书。

调解人员

指在人民调解委员会担负调解民间一般民事纠纷和轻微违法行为引起纠纷的工作人员，包括调解委员会的委员和调解小组的调解员。

调解民间纠纷

指调解委员会依照法律规定，根据自愿原则，用说服教育的方法调解民间发生的有关民事权利和义务的争执，促成当事双方达到协议和谅解，解决纠纷。包括婚姻家庭纠纷，财产权益纠纷等，不包括法院受理调解的民事案件数。

特大火灾

指造成 30 人以上死亡，或者 100 人以上重伤，或者 1 亿元以上直接财产损失的火灾。

重大火灾

指造成 10 人以上 30 人以下死亡，或者 50 人以上 100 人以下重伤，或者 5000 万元以上 1 亿元以下直接财产损失的火灾。

一般火灾

指造成 3 人以下死亡，或者 10 人以下重伤，或者 1000 万元以下直接财产损失的火灾。

人民检察院直接立案侦查案件

指按照管辖的规定，由人民检察院直接立案侦查的贪污贿赂犯罪、渎职犯罪、国家机关工作人员利用职权实施的侵犯公民人身权利和民主权利的犯罪以及经省级人民检察院决定立案侦查的国家机关工作人员利用职权实施的其他重大犯罪案件。

立案

指检察机关对犯罪线索进行初步调查后，认为存在职务犯罪事实并需要追究刑事责任时，依法决定作为刑事案件进行侦查的诉讼活动，是追究犯罪的开始。

大案

贪污贿赂犯罪案件指贪污、贿赂数额在 5 万元以上，挪用公款案在 10 万元以上，其他案件在 50 万元以上。渎职犯罪大案一般为直接经济损失 5 万元以上，死亡 1 人以上或者重伤 3 人以上的案件；或虽然没有造成经济损失和伤亡，但犯罪情节恶劣或造成严重后果的案件。

要案

指县、处级以上干部的犯罪案件。该指标主要反映职务犯罪案件中县、处级以上干部被人民检察院依法立案侦查的情况。

青少年罪犯

指人民法院在报告期内判决发生法律效力的有罪判决中 14 周岁以上不满 25 周岁的罪犯。其中 14 周岁以上不满 18 周岁的罪犯为未成年罪犯。

行政案件

指公民、法人和其他组织不服行政机关作出的具体行政行为，向人民法院提起行政诉讼，人民法院依法审理的案件。

单独赔偿

指单独提起行政赔偿的案件。当事人对行政行为的合法性没有争议，就行政侵权造成的损害赔偿单独提起赔偿诉讼。

受理劳动争议案件数

指劳动争议仲裁委员会根据国家有关规定，对劳动争议当事人的申请予以审查，符合受理条件而正式立案、准备处理的劳动争议案件数。

收案

是指人民法院在报告期（月、季、年）内对符合诉讼法规定的立案条件，已决定立案的案件数。

结案

是指人民法院在统计报告期内，审理完毕或认为不需要再审理，决定结束审理或者做出实体或程序方面处理的案件数。

Explanatory Notes for Major Statistical Indicators

Lawyers

are legal workers who are employed full time by legal counseling firms to act as legal advisers, agents in criminal or civil lawsuits, or defenders in criminal lawsuits, or to handle non-litigious legal affairs, to advise on matters of law or to write legal papers for others. Both full-time and part time lawyers are included.

Notary Personnel

refers to people working for notary offices including: directors, deputy directors, notaries, assistant notaries and other people providing assistance.

Notary Documents

refer to the judicial notary documents drawn up at the request of the interested party and are in accordance with facts and the law and following certain legal proceedings.

Mediators

refer to workers on people's mediation committees responsible for mediating in civil disputes and cases of slight infraction of the law. They include members of the mediation committees and mediators of mediation groups.

Mediation of Civil Disputes

refers to mediation committees' work in mediating in civil disputes concerning civil rights and duties through persuasion and education in accordance with the provisions of law on a voluntary basis, so as to solve disputes by helping the parties involved come to an agreement and understanding. These disputes include divorce cases and disputes over property ownership, but exclude the civil cases to be handled by the court.

Extraordinarily Serious Fire Case

refers to a case which has caused over 30 deaths; or over 100 serious injuries; or a direct property loss over 100 million yuan.

Serious Fire Case

refers to a case which has caused over 10 to 30 deaths; or over 50 to 100 serious injuries; or a direct property loss over 50 million to 100 million yuan.

Ordinary Fire Case

refers to a case which has caused less than three deaths; or less than 10 serious injuries; or a direct property loss less than 10 million yuan.

Cases Registered and Handled Directly by People's Procuratorate Offices

refer to those serious criminal cases that, according to the functional jurisdiction, are registered and handled by the People's Procuratorate Offices, including the ones on bribery and corruption, the ones on abuse and dereliction of duty, offences against citizens' personal and democratic rights by government officials abusing their powers; and that are registered and handled by the provincial Procuratorate offices in relation to other major crimes committed by government officials by abusing their powers.

Acceptance of Case

refers to the decision made by the procurators office to confirm the act of crime after initial investigation and to start legal proceedings of the case as criminal case.

Large Case

In case of corruption and bribery, it refers to the case involves a bribery of over 50000 yuan, or a misappropriation of over 100000, or other cases involving 500000 yuan. In case of offence on dereliction of duty, it refers to the case that causes an economic loss of over 50000, loss of one life, or severe injury of 3 persons; or a case that displays extremely disgusting behavior of the offender or results in grave aftermath.

Key Cases

refer to crimes committed by county and director-level officials. This indicator reflects the situation of those county and director-level officials involved in criminal cases registered and handled by People's Procuratorate offices.

Juvenile Criminals

refers to the offenders within the age range of 14 to 25 convicted guilty by the court during the reporting period while those between 14 and 18 are defined as minor offenders.

Administrative Cases

refers to the cases filed by citizens, corporations and other organizations against the specific administrative conducts of administrative authorities and handled by the court.

Separate Compensation

refers to cases that are separately filed for administrative compensation by the party who has no dispute on the legality of administrative conducts but brings proceedings separately to claim for damages caused by administrative tort.

Number of Labour Disputes Cases Accepted

refers to the number of cases of labour disputes submitted that, after being reviewed by the labour dispute arbitration committees in line with the relevant national regulations, are accepted and registered for treatment.

Cases Accepted

refers to the number of cases During the report period (month ,season ,year) that meet the specification of procedural law: and are determined in Acceptance of Cases.

Cases Settled

refers to the number of cases During the report period that are finished or need not checked, are determined in finishing and are Made a substantive or procedural aspects of processing.

第二十三篇

Chapter 23

企业景气调查

BUSINESS SURVEY OF ENTERPRISES

简要说明

企业景气调查为网络直报。

Brief Introduction

The enterprise climate survey was investigated by network.

23—1 全省企业景气指数（2013年）
Business Indices of Enterprises in Anhui Province (2013)

指　标	Item	一季度 The First Quarter	二季度 The Second Quarter	三季度 The Third Quarter	四季度 The Fourth Quarter
总体状况	**Total**	**132.4**	**128.9**	**126.5**	**132.6**
按行业门类分	**By Sector**				
工　业	Industry	130.5	126.6	125.7	126.5
建筑业	Construction	128.9	124.3	126.2	133.4
交通运输、仓储和邮政业	Transportation, Storage, Postal & Telecommunication	140.0	140.0	123.3	132.2
批发和零售业	Wholesale & Retail Trade	145.9	137.3	135.3	146.5
房地产业	Real Estate Trade	99.0	100.0	110.2	118.9
社会服务业	Social Service	137.9	132.6	133.7	129.5
信息传输、计算机服务和软件业	Information Transmission, Computer Services and Software	173.3	155.0	175.0	161.7
住宿和餐饮业	Lodging and Catering	61.5	81.0	88.4	79.5

23—2 全省企业家信心指数（2013年）
Faith Indices of Enterprises in Anhui Province (2013)

指　标	Item	一季度 The First Quarter	二季度 The Second Quarter	三季度 The Third Quarter	四季度 The Fourth Quarter
总体状况	**Total**	**131.3**	**125.6**	**128.9**	**130.7**
按行业门类分	**By Sector**				
工　业	Industry	137.8	128.5	135.4	135.4
建筑业	Construction	132.3	126.1	125.1	119.6
交通运输、仓储和邮政业	Transportation, Storage, Postal & Telecommunication	125.5	123.5	114.0	131.0
批发和零售业	Wholesale & Retail Trade	127.0	128.6	128.5	135.5
房地产业	Real Estate Trade	119.2	114.6	105.9	121.1
社会服务业	Social Service	145.9	120.0	135.9	133.6
信息传输、计算机服务和软件业	Information Transmission, Computer Services and Software	158.0	160.0	162.6	147.7
住宿和餐饮业	Lodging and Catering	64.0	81.5	110.5	90.5

23—3 全省分行业企业景气指数（2013年）
Business Indices of Enterprises in Anhui Province by Sector (2013)

指　标	Item	一季度 The First Quarter	二季度 The Second Quarter	三季度 The Third Quarter	四季度 The Fourth Quarter
工　业	**Industry**				
企业家信心指数	Faith Indices of Enterprises	137.8	128.5	135.4	135.4
企业景气指数	Business Indices of Enterprises	130.5	126.6	125.7	126.5
产品订货	Product Ordering	95.3	89.6	96.7	111.5
#国外订货	From Overseas	96.5	97.3	99.1	100.0
产成品库存	Finished Product Stock	91.3	81.7	94.4	95.2
盈利(亏损)变化	Profit (Loss) Change	87.5	83.3	86.0	91.3
企业融资	Enterprise Financing	87.5	81.2	83.4	82.7
用工计划	Recruitment Plan	121.8	114.1	115.5	117.0
固定资产投资	Fixed Asset Investment	97.6	94.2	92.7	94.9
建筑业	**Construction**				
企业家信心指数	Faith Indices of Enterprises	132.3	126.1	125.1	119.6
企业景气指数	Business Indices of Enterprises	128.9	124.3	126.2	133.4
工程合同	Project Contract	90.9	98.2	100.0	101.9
建筑工程量	Construction Resilience	116.3	116.1	120.0	120.3
新开工工程量	Newly started Construction Resilience	98.2	101.8	110.9	111.1
建筑材料购进价格	Purchase Price of Building Material	98.2	101.8	80.0	72.2
工程款拖欠	Project Funds Delinquency	105.5	85.7	80.0	88.9
人工成本	Human Cost	56.3	55.4	56.3	51.9
盈利(亏损)变化	Profit (Loss) Change	78.2	80.4	80.0	85.2
企业融资	Enterprise Financing	76.3	60.7	61.8	55.6
用工计划	Recruitment Plan	158.2	128.6	112.7	66.7
固定资产投资	Fixed Asset Investment	101.8	94.6	89.1	92.6
交通运输、仓储和邮政业	**Transport、Post、Telecommunication Services**				
企业家信心指数	Faith Indices of Enterprises	125.5	123.5	114.0	131.0
企业景气指数	Business Indices of Enterprises	140.0	140.0	123.3	132.2
业务预订	Business Orders	122.5	95.0	102.5	100.0
业务量	Business Volume	120.0	95.0	105.0	100.0

23—3 续表1 continued

指　标	Item	一季度 The First Quarter	二季度 The Second Quarter	三季度 The Third Quarter	四季度 The Fourth Quarter
人工成本	Human Cost	47.5	70.0	65.0	72.5
物料成本	Material Cost	62.5	87.5	62.5	67.2
盈利(亏损)变化	Profit (Loss) Change	97.5	90.0	95.0	90.1
企业融资	Enterprise Financing	72.5	80.0	67.5	67.5
用工计划	Recruitment Plan	110.0	110.0	102.5	102.5
固定资产投资	Fixed Asset Investment	110.0	97.5	107.5	105.0
批发和零售业	**Wholesale & Retail Sale Trade**				
企业家信心指数	Faith Indices of Enterprises	127.0	128.6	128.5	135.5
企业景气指数	Business Indices of Enterprises	145.9	137.3	135.3	146.5
购货合同	Purchasing Contract	94.2	90.8	96.5	100.9
商品销售	Commodity Marketing	112.8	109.8	111.6	121.2
商品库存	Commodity Stock	103.2	100.0	93.3	97.4
人工成本	Human Cost	75.2	82.1	73.3	70.3
场租费用	Rental Space Cost	62.5	87.0	83.4	82.2
盈利(亏损)变化	Profit (Loss) Change	88.0	77.2	91.7	92.4
企业融资	Enterprise Financing	108.8	101.6	108.4	100.0
用工计划	Recruitment Plan	101.6	104.9	109.2	115.3
固定资产投资	Fixed Asset Investment	100.8	105.7	105.9	105.9
房地产业	**Real Estate Industry**				
企业家信心指数	Faith Indices of Enterprises	119.2	114.6	105.9	121.1
企业景气指数	Business Indices of Enterprises	99.0	100.0	110.2	118.9
土地购置面积	Area of Land Acquisition	73.2	83.9	75.9	82.6
土地购置价格	Price of Land Acquisition	89.3	87.5	83.3	84.6
商品房销售面积	Area of Commercial Houses Selling	60.7	60.7	76.0	94.2
商品房销售价格	Price of Commercial Houses Selling	96.3	108.9	101.8	103.9
待售商品房	Vacant Commercial Houses	150.0	135.7	146.3	130.8
人工成本	Human Cost	80.4	82.1	90.7	94.2
盈利(亏损)变化	Profit(Loss) Change	75.0	73.2	74.1	78.8
企业融资	Enterprise Financing	66.1	57.1	59.3	61.5
用工计划	Recruitment Plan	91.1	94.6	85.2	94.2
固定资产投资	Fixed Asset Investment	83.9	82.1	83.3	94.2

23—3 续表2 continued

指 标	Item	一季度 The First Quarter	二季度 The Second Quarter	三季度 The Third Quarter	四季度 The Fourth Quarter
社会服务业	**Social Service Industry**				
企业家信心指数	Faith Indices of Enterprises	145.9	120.0	135.9	133.6
企业景气指数	Business Indices of Enterprises	137.9	132.6	133.7	129.5
服务预订	Service Orders	94.1	70.6	88.2	85.3
业务量	Business Volume	91.2	85.3	97.0	88.3
人工成本	Human Cost	67.6	52.9	61.7	64.7
物料成本	Material Cost	73.5	73.5	76.5	82.4
盈利(亏损)变化	Profit (Loss) Change	85.3	67.6	82.3	73.5
企业融资	Enterprise Financing	103.0	100.0	100.0	105.9
用工计划	Recruitment Plan	108.9	94.1	114.7	102.9
固定资产投资	Fixed Asset Investment	97.0	94.1	97.1	105.9
信息传输、计算机服务和软件业	**Information Transmission、Computer Service & Software Industry**				
企业家信心指数	Faith Indices of Enterprises	158.0	160.0	162.6	147.7
企业景气指数	Business Indices of Enterprises	173.3	155.0	175.0	161.7
产品订货	Product Ordering	96.8	93.5	90.3	103.2
营业收入	Business Income	141.9	145.2	138.7	145.2
人工成本	Human Cost	64.5	58.1	58.1	71.0
物料成本	Material Cost	48.4	58.1	67.7	64.5
盈利(亏损)变化	Profit(Loss) Change	87.1	80.6	93.5	90.4
企业融资	Enterprise Financing	87.1	106.5	106.5	100.0
用工计划	Recruitment Plan	116.2	116.1	87.1	93.5
固定资产投资	Fixed Asset Investment	109.7	109.7	106.5	112.9
住宿和餐饮业	**Lodging and Catering**				
企业家信心指数	Faith Indices of Enterprises	64.0	81.5	110.5	90.5
企业景气指数	Business Indices of Enterprises	61.5	81.0	88.4	79.5
业务预订	Service Ordering	35.0	42.5	55.3	52.7
业务量	Business Volume	25.0	27.5	36.9	47.4
人工成本	Human Cost	55.0	70.0	44.8	52.7
物料成本	Material Cost	62.5	87.5	60.5	50.0
盈利(亏损)变化	Profit (Loss) Change	27.5	32.5	34.2	36.9
企业融资	Enterprise Financing	75.0	85.0	76.4	79.0
用工计划	Recruitment Plan	70.0	92.5	110.6	100.0
固定资产投资	Fixed Asset Investment	72.5	70.0	83.3	63.2

主要统计指标解释

企业家信心指数

也称为宏观经济景气指数，它是根据企业家对当前本企业所在国民经济行业当前经济运行态势所做出的定性判断和对未来发展变化所做出的定性预期（通常是指对“乐观”“不变”“不乐观”的选择）而编制的景气指数，用以综合反映当前及未来宏观经济状况和企业家对宏观经济的看法与信心。

企业景气指数

也称企业生产经营综合景气指数，它是根据企业家对当前企业生产经营状况所做出的综合定性判断和对未来发展变化所做出的综合定性预期（通常是指对“上升”“不变”“下降”的选择）而编制的景气指数，用以综合反映当前企业生产经营综合景气状况和未来发展变化的趋势。

企业景气调查

也称为经济周期调查或短期经济观测调查，它是以企业家或负责人为调查对象，采用问卷调查方式，定期收集企业家对宏观经济运行和企业经营景气现状的定性判断、对未来经济景气状况变动预期的一种统计调查。

Explanatory Notes for Major Statistical Indicators

Faith Index of Entrepreneur

also called "macro business index". It is usually drawn up according to the entrepreneurs' judgment and anticipation to the external market economic environment and macro policy (including "optimistic", "ordinary", "not optimistic"), so as to reflect the entrepreneurs' feeling and faith about macro economy; and reflect the entrepreneurs' feeling and faith about future macro economy business and development changing Tendency

Business Index of Enterprise

also called "comprehensive production and management index of enterprise". It is usually drawn up according to the entrepreneurs' judgment and development changing tendency to the operation status of enterprise, so as to reflect the status of production and operation of enterprises. business and development changing Tendency .

Business Survey of Enterprise

Business Survey of Enterprise is a survey system set up adapted to the new situation of socialist market economy and drawing on the experience of the countries with market economy. The business indices of enterprise are drawn up through giving out regular questionnaire to some entrepreneurs and collecting their judgment and anticipation to the operation status of enterprise and macro economical situation.

第二十四篇

Chapter 24

省级和县级主要经济指标及位次

MAIN ECONOMIC INDICATORS AND THEIR ORDERS OF PRECEDENCE OF PROVINCE AND COUNTY

简要说明

一、本篇包括全国分省(市)主要年份经济指标及位次和本省县级主要经济指标及位次。

二、各县资料均来自本年鉴各篇。

三、人均指标依据年平均人数计算。

Brief Introduction

I. This chapter includes main economic indicators and their orders of precedence of provinces and counties of Anhui in major years.

II. Data of counties are extracted from the concerned data in other chapters in this yearbook.

III. Per capita indicators are calculated in accordance with annual average population.

24—1 全国分省（市）主要年份生产总值及位次

Gross Domestic Product and Their Orders of Precedence in Major Years by Province or City

本表按当年价格计算 (Data in value terms in this table are calculated at current prices.) 单位：亿元（100 million yuan）

省（市）	Province or City	2000	位次 Order of Precedence	2005	位次 Order of Precedence	2010	位次 Order of Precedence	2012	位次 Order of Precedence	2013	位次 Order of Precedence
全国	**National Total**	**99215**		**184937**		**401513**		**519470**		**568845**	
北京	Beijing	3161.00	13	6886.31	10	14113.58	13	17879.40	13	19500.56	13
天津	Tianjin	1701.88	22	3697.62	20	9224.46	20	12893.88	20	14370.16	19
河北	Hebei	5043.96	6	10096.11	6	20394.26	6	26575.01	6	28301.41	6
山西	Shanxi	1845.72	20	4179.52	16	9200.86	21	12112.83	21	12602.24	23
内蒙古	Inner Mongolia	1539.12	24	3895.55	19	11672.00	15	15880.58	15	16832.38	15
辽宁	Liaoning	4669.10	8	8009.01	8	18457.27	7	24846.43	7	27077.65	7
吉林	Jilin	1951.51	19	3620.27	22	8667.58	22	11939.24	22	12981.46	21
黑龙江	Heilongjiang	3151.40	14	5511.50	14	10368.60	16	13691.58	17	14382.93	17
上海	Shanghai	4771.17	7	9154.18	7	17165.98	9	20181.72	11	21602.12	12
江苏	Jiangsu	8553.69	2	18305.66	3	41425.48	2	54058.22	2	59161.75	2
浙江	Zhejiang	6141.03	4	13437.85	4	27722.31	4	34665.33	4	37568.49	4
安徽	**Anhui**	**2902.09**	**15**	**5350.17**	**15**	**12359.33**	**14**	**17212.05**	**14**	**19038.87**	**14**
福建	Fujian	3764.54	10	6568.93	11	14737.12	12	19701.78	12	21759.64	11
江西	Jiangxi	2003.07	18	4056.76	18	9451.26	19	12948.88	19	14338.50	20
山东	Shandong	8337.47	3	18516.87	2	39169.92	3	50013.24	3	54684.33	3
河南	Henan	5052.99	5	10587.42	5	23092.36	5	29599.31	5	32155.86	5
湖北	Hubei	3545.39	12	6520.14	12	15967.61	11	22250.45	9	24668.49	9
湖南	Hunan	3551.49	11	6511.34	13	16037.96	10	22154.23	10	24501.67	10
广东	Guangdong	10741.25	1	22366.54	1	46013.06	1	57067.92	1	62163.97	1
广西	Guangxi	2080.04	16	4075.75	17	9569.85	18	13035.10	18	14378.00	18
海南	Hainan	526.82	28	894.57	28	2064.50	28	2855.54	28	3146.46	28
重庆	Chongqing	1603.16	23	3070.49	24	7925.58	23	11409.60	23	12656.69	22
四川	Sichuan	3928.20	9	7385.11	9	17185.48	8	23872.80	8	26260.77	8
贵州	Guizhou	1029.92	27	1979.06	26	4602.16	26	6852.20	26	8006.79	26
云南	Yunnan	2011.19	17	3472.89	23	7224.18	24	10309.47	24	11720.91	24
西藏	Tibet	117.80	31	251.21	31	507.46	31	701.03	31	807.67	31
陕西	Shanxi	1804.00	21	3675.66	21	10123.48	17	14453.68	16	16045.21	16
甘肃	Gansu	1052.88	26	1933.98	27	4120.75	27	5650.20	27	6268.01	27
青海	Qinghai	263.68	30	543.32	30	1350.43	30	1893.54	30	2101.05	30
宁夏	Ningxia	295.02	29	606.10	29	1689.65	29	2341.29	29	2565.06	29
新疆	Xinjiang	1363.56	25	2604.19	25	5437.47	25	7505.31	25	8360.24	25

注：1．因分级核算，各省、市、自治区汇总数不等于全国数据。（后同）
2．2013年数据为初步核算数。（后同）

a) Because of the sizing calculation, the provinces, municipalities and autonomous regions hui is not equal to the total data. (after)
b) The 2013 data for preliminary calculation. (after)

24—2 全国分省（市）主要年份生产总值第一产业及位次

Gross Domestic Product of Precedence and Their Orders of Precedence by Province or City

本表按当年价格计算 (Data in value terms in this table are calculated at current prices.) 单位：亿元（100 million yuan）

省（市） Province or City	2000	位次 Order of Precedence	2005	位次 Order of Precedence	2010	位次 Order of Precedence	2012	位次 Order of Precedence	2013	位次 Order of Precedence
全国 National Total	**14945**		**22420**		**40534**		**52374**		**56957**	
北京 Beijing	76.58	27	97.99	27	124.36	29	150.20	29	161.83	29
天津 Tianjin	73.69	28	112.38	26	145.58	27	171.60	28	188.45	28
河北 Hebei	824.55	6	1503.07	3	2562.81	3	3186.66	5	3500.42	4
山西 Shanxi	179.86	25	262.42	25	554.48	24	698.32	25	773.81	24
内蒙古 Inner Mongolia	350.80	18	589.56	18	1095.28	17	1448.58	17	1599.41	17
辽宁 Liaoning	503.40	13	882.41	12	1631.08	11	2155.82	11	2321.63	12
吉林 Jilin	398.73	16	625.61	17	1050.15	19	1412.11	18	1509.34	19
黑龙江 Heilongjiang	383.15	17	684.60	15	1302.90	14	2113.66	12	2516.79	9
上海 Shanghai	76.68	26	80.34	28	114.15	30	127.80	30	129.28	30
江苏 Jiangsu	1048.34	3	1461.49	5	2540.10	4	3418.29	3	3646.08	3
浙江 Zhejiang	630.98	11	892.83	11	1360.56	13	1667.88	14	1784.62	15
安徽 Anhui	**741.77**	**8**	**966.50**	**9**	**1729.02**	**9**	**2178.73**	**9**	**2348.09**	**10**
福建 Fujian	640.57	10	841.20	13	1363.67	12	1776.71	13	1936.31	13
江西 Jiangxi	485.14	14	727.37	14	1206.98	15	1520.23	16	1636.49	16
山东 Shandong	1268.57	1	1963.51	1	3588.28	1	4281.70	1	4742.63	1
河南 Henan	1161.58	2	1892.01	2	3258.09	2	3769.54	2	4058.98	2
湖北 Hubei	662.30	9	1082.13	8	2147.00	8	2848.77	7	3098.16	7
湖南 Hunan	784.92	7	1274.15	7	2325.50	6	3004.21	6	3099.23	6
广东 Guangdong	986.32	4	1428.27	6	2286.98	7	2847.26	8	3047.51	8
广西 Guangxi	538.70	12	912.50	10	1675.06	10	2172.37	10	2343.57	11
海南 Hainan	192.00	24	300.75	24	539.83	25	711.54	24	756.47	25
重庆 Chongqing	284.87	20	463.40	20	685.38	21	940.01	21	1016.74	22
四川 Sichuan	945.58	5	1481.14	4	2482.89	5	3297.21	4	3425.61	5
贵州 Guizhou	271.20	21	368.94	22	625.03	22	891.91	22	1029.05	21
云南 Yunnan	431.80	15	669.81	16	1108.38	16	1654.55	15	1895.34	14
西藏 Tibet	36.39	31	48.04	31	68.72	31	80.38	31	86.82	31
陕西 Shanxi	258.22	22	435.77	21	988.45	20	1370.16	19	1526.05	18
甘肃 Gansu	194.10	23	308.06	23	599.28	23	780.50	23	879.37	23
青海 Qinghai	40.12	30	65.34	30	134.92	28	176.91	27	207.59	27
宁夏 Ningxia	46.03	29	72.08	29	159.29	26	199.40	26	222.98	26
新疆 Xinjiang	288.18	19	509.99	19	1078.63	18	1320.57	20	1468.29	20

24—3 全国分省（市）主要年份生产总值第二产业及位次

Gross Domestic Product of Secondary Industry and Their Orders of Precedence in Major Years by Province or City

本表按当年价格计算 (Data in value terms in this table are calculated at current prices.) 单位：亿元（100 million yuan）

省（市）	Province or City	2000	位次 Order of Precedence	2005	位次 Order of Precedence	2010	位次 Order of Precedence	2012	位次 Order of Precedence	2013	位次 Order of Precedence
全国	**National Total**	**45556**		**87598**		**187383**		**235162**		**249684**	
北京	Beijing	1033.29	15	2026.51	17	3388.38	23	4059.27	24	4352.30	24
天津	Tianjin	863.83	16	2051.17	16	4840.23	19	6663.82	18	7276.68	17
河北	Hebei	2514.96	5	5232.50	6	10707.68	6	14003.57	6	14762.10	6
山西	Shanxi	858.37	17	2353.16	14	5234.00	16	6731.56	17	6792.68	20
内蒙古	Inner Mongolia	582.57	24	1773.21	20	6367.69	14	8801.50	13	9084.19	13
辽宁	Liaoning	2344.40	6	3953.28	8	9976.82	7	13230.49	7	14269.46	7
吉林	Jilin	768.89	20	1580.83	21	4506.31	21	6376.77	19	6858.23	19
黑龙江	Heilongjiang	1731.70	9	2971.68	11	5204.11	17	6037.61	21	5918.22	22
上海	Shanghai	2207.63	8	4452.92	7	7218.32	12	7854.77	15	8027.77	15
江苏	Jiangsu	4435.89	2	10355.04	3	21753.93	2	27121.95	2	29094.03	2
浙江	Zhejiang	3273.93	4	7166.15	4	14297.93	4	17316.32	4	18446.65	4
安徽	**Anhui**	**1056.78**	**14**	**2245.90**	**15**	**6436.62**	**13**	**9404.84**	**12**	**10403.96**	**12**
福建	Fujian	1628.45	10	3200.26	9	7522.83	10	10187.94	11	11315.30	11
江西	Jiangxi	700.76	22	1917.47	18	5122.88	18	6942.59	16	7671.38	16
山东	Shandong	4164.45	3	10628.62	2	21238.49	3	25735.73	3	27422.47	3
河南	Henan	2294.15	7	5514.14	5	13226.38	5	16672.20	5	17806.39	5
湖北	Hubei	1437.38	11	2810.01	12	7767.24	9	11193.10	9	12171.56	9
湖南	Hunan	1293.18	13	2596.71	13	7343.19	11	10506.42	10	11517.35	10
广东	Guangdong	4999.51	1	11339.93	1	23014.53	1	27700.97	1	29427.49	1
广西	Guangxi	732.76	21	1510.68	22	4511.68	20	6247.43	20	6863.04	18
海南	Hainan	103.97	30	220.07	30	571.00	30	804.47	30	871.29	30
重庆	Chongqing	623.83	23	1259.12	24	4359.12	22	5975.18	22	6397.92	21
四川	Sichuan	1433.11	12	3067.23	10	8672.18	8	12333.28	8	13579.03	8
贵州	Guizhou	391.20	27	826.63	27	1800.06	27	2677.54	26	3243.70	26
云南	Yunnan	833.25	18	1432.76	23	3223.49	24	4419.20	23	4927.82	23
西藏	Tibet	27.05	31	63.52	31	163.92	31	242.85	31	292.92	31
陕西	Shanxi	782.58	19	1849.28	19	5446.10	15	8073.87	14	8911.64	14
甘肃	Gansu	421.65	26	838.56	26	1984.97	26	2600.09	27	2821.04	27
青海	Qinghai	108.83	29	264.61	29	744.63	29	1092.34	29	1204.31	29
宁夏	Ningxia	121.43	28	281.23	28	827.91	28	1159.37	28	1264.96	28
新疆	Xinjiang	537.58	25	1164.79	25	2592.15	25	3481.56	25	3765.97	25

24—4 全国分省（市）主要年份生产总值第三产业及位次

Gross Domestic Product of Precedence Industry and Their Orders of Precedence in Main Years by Province or City

本表按当年价格计算 (Data in value terms in this table are calculated at current prices.) 单位：亿元 (100 million yuan)

省（市）	Province or City	2000	位次 Order of Precedence	2005	位次 Order of Precedence	2010	位次 Order of Precedence	2012	位次 Order of Precedence	2013	位次 Order of Precedence
全国	**National Total**	**38714**		**74919**		**173596**		**231934**		**262204**	
北京	Beijing	2051.13	6	4761.81	5	10600.84	5	13669.93	5	14986.43	5
天津	Tianjin	764.36	20	1534.07	18	4238.65	14	6058.46	14	6905.03	14
河北	Hebei	1704.45	8	3360.54	7	7123.77	7	9384.78	8	10038.89	9
山西	Shanxi	807.49	18	1563.94	17	3412.38	19	4682.95	19	5035.75	21
内蒙古	Inner Mongolia	605.74	24	1532.78	19	4209.02	15	5630.50	15	6148.78	16
辽宁	Liaoning	1821.20	7	3173.32	9	6849.37	8	9460.12	7	10486.56	7
吉林	Jilin	783.89	19	1413.83	20	3111.12	22	4150.36	24	4613.89	24
黑龙江	Heilongjiang	1036.55	15	1855.22	15	3861.59	17	5540.31	17	5947.92	17
上海	Shanghai	2486.86	4	4620.92	6	9833.51	6	12199.15	6	13445.07	6
江苏	Jiangsu	3069.46	2	6489.14	2	17131.45	2	23517.98	2	26421.64	2
浙江	Zhejiang	2236.12	5	5378.86	4	12063.82	4	15681.13	4	17337.22	4
安徽	**Anhui**	**1103.54**	**14**	**2137.77**	**14**	**4193.68**	**16**	**5628.48**	**16**	**6286.82**	**15**
福建	Fujian	1495.52	11	2527.47	13	5850.62	13	7737.13	13	8508.03	13
江西	Jiangxi	817.17	16	1411.92	21	3121.40	21	4486.06	22	5030.63	22
山东	Shandong	2904.45	3	5924.74	3	14343.14	3	19995.81	3	22519.23	3
河南	Henan	1597.26	9	3181.27	8	6607.89	9	9157.57	9	10290.49	8
湖北	Hubei	1445.71	13	2628.00	12	6053.37	11	8208.58	12	9398.77	11
湖南	Hunan	1473.39	12	2640.48	11	6369.27	10	8643.60	10	9885.09	10
广东	Guangdong	4755.42	1	9598.34	1	20711.55	1	26519.69	1	29688.97	1
广西	Guangxi	808.58	17	1652.57	16	3383.11	20	4615.30	20	5171.39	20
海南	Hainan	230.85	28	373.75	28	953.67	28	1339.53	28	1518.70	28
重庆	Chongqing	694.46	23	1347.97	24	2881.08	24	4494.41	21	5242.03	19
四川	Sichuan	1549.51	10	2836.74	10	6030.41	12	8242.31	11	9256.13	12
贵州	Guizhou	367.52	27	783.49	27	2177.07	25	3282.75	25	3734.04	25
云南	Yunnan	746.14	22	1370.32	23	2892.31	23	4235.72	23	4897.75	23
西藏	Tibet	54.37	31	139.65	31	274.82	31	377.80	31	427.93	31
陕西	Shanxi	763.20	21	1390.61	22	3688.93	18	5009.65	18	5607.52	18
甘肃	Gansu	437.13	26	787.36	26	1536.50	27	2269.61	27	2567.60	27
青海	Qinghai	114.73	30	213.37	30	470.88	30	624.29	30	689.15	30
宁夏	Ningxia	127.56	29	252.79	29	702.45	29	982.52	29	1077.12	29
新疆	Xinjiang	537.80	25	929.41	25	1766.69	26	2703.18	26	3125.98	26

24—5 全国分省（市）主要年份城镇固定资产投资及位次

Urban Investment in Fixed Assets and Their Orders of Precedence in Main Years by Province or City

单位：亿元（100 million yuan）

省（市）	Province or City	2000	位次 Order of Precedence	2005	位次 Order of Precedence	2010	位次 Order of Precedence	2012	位次 Order of Precedence	2013	位次 Order of Precedence
全　国	**National Total**	**24243**		**75096.48**		**270251.99**		**364835.07**		**436527.70**	
北　京	Beijing	1186	6	2595.41	10	5350.84	22	6064.15	23	6797.54	25
天　津	Tianjin	526	17	1367.48	24	6252.22	20	7913.26	21	9103.01	22
河　北	Hebei	1048	7	3361.65	7	14621.72	6	19104.63	5	22629.77	5
山　西	Shanxi	457	22	1671.91	19	5845.23	21	8584.85	20	10745.35	18
内蒙古	Inner Mongolia	347	24	2563.54	11	8838.67	12	11732.22	13	14070.50	14
辽　宁	Liaoning	1028	8	3669.71	5	15793.64	4	21535.37	3	24791.40	4
吉　林	Jilin	485	20	1595.92	21	7695.62	16	9462.09	16	9880.00	20
黑龙江	Heilongjiang	741	13	1638.17	20	6495.85	19	9376.10	17	11794.17	16
上　海	Shanghai	1679	2	3198.57	8	5106.86	24	5114.64	26	5644.13	27
江　苏	Jiangsu	1645	3	6211.87	2	22809.04	1	30427.25	1	35983.00	1
浙　江	Zhejiang	1445	5	4756.95	4	11980.32	8	17000.96	7	20189.07	7
安　徽	**Anhui**	**576**	**15**	**2140.03**	**14**	**11104.35**	**9**	**14902.31**	**10**	**18090.89**	**10**
福　建	Fujian	810	12	1970.12	15	7992.46	14	12165.64	12	15045.81	12
江　西	Jiangxi	322	25	1933.93	16	8470.19	13	11388.92	15	12450.84	15
山　东	Shandong	1564	4	7274.83	1	22585.11	2	30319.76	2	35875.86	2
河　南	Henan	885	11	3528.29	6	15799.22	3	20870.16	4	25321.52	3
湖　北	Hubei	988	10	2433.23	12	9959.91	10	15162.21	9	18796.85	9
湖　南	Hunan	634	14	2174.91	13	9301.29	11	13966.26	11	17230.14	11
广　东	Guangdong	2536	1	5760.73	3	15270.71	5	18248.04	6	21794.98	6
广　西	Guangxi	398	23	1554.25	22	6719.29	17	9345.18	18	11383.93	17
海　南	Hainan	150	28	351.51	29	1278.62	29	2045.38	28	2625.02	28
重　庆	Chongqing	459	21	1786.43	17	6597.78	18	8606.46	19	10285.29	19
四　川	Sichuan	1016	9	2989.60	9	12552.58	7	16526.89	8	19754.36	8
贵　州	Guizhou	288	27	916.09	26	2945.78	27	5304.93	25	7102.78	24
云　南	Yunnan	504	19	1550.18	23	5308.93	23	7553.51	22	9621.83	21
西　藏	Tibet	49	31	187.22	31	463.26	31	670.52	31	876.00	31
陕　西	Shanxi	529	16	1761.18	18	7744.17	15	11705.83	14	14516.71	13
甘　肃	Gansu	322	26	790.22	27	3054.73	26	5040.53	27	6407.20	26
青　海	Qinghai	132	29	312.56	30	967.44	30	1773.67	30	2285.30	30
宁　夏	Ningxia	124	30	382.71	28	1397.52	28	2033.03	29	2577.79	29
新　疆	Xinjiang	520	18	1210.09	25	3274.20	25	5857.58	24	7363.39	23

注：各省数据不包括跨地区项目投资。

a) Every provincial data does not include inter-regional project investment.

24—6 全国分省（市）主要年份农林牧渔业总产值及位次

Gross Output Value of Farming, Forestry, Animal Husbandry, and Fishery and Their Orders of Precedence in Main Years by Province or City

本表按当年价格计算 (Data in value terms in this table are calculated at current prices.) 单位：亿元（100 million yuan）

省（市） Province or City	2000	位次 Order of Precedence	2005	位次 Order of Precedence	2010	位次 Order of Precedence	2012	位次 Order of Precedence	2013	位次 Order of Precedence
全国 National Total	**24777**		**39450.89**		**69319.76**		**89453.05**		**96995.27**	
北京 Beijing	195	27	268.85	26	328.02	26	395.71	26	421.78	27
天津 Tianjin	156	28	258.41	27	317.33	27	375.62	28	412.36	28
河北 Hebei	1549	5	2600.83	3	4309.42	3	5340.11	5	5832.94	4
山西 Shanxi	302	25	483.80	24	1047.85	22	1304.26	24	1447.01	24
内蒙古 Inner Mongolia	518	18	980.21	18	1843.57	18	2449.34	17	2699.50	16
辽宁 Liaoning	967	12	1671.57	9	3106.53	9	4062.43	9	4349.72	10
吉林 Jilin	598	17	1050.49	17	1850.28	16	2502.02	16	2670.60	17
黑龙江 Heilongjiang	625	16	1294.41	14	2536.30	12	3952.31	10	4633.26	9
上海 Shanghai	216	26	233.39	28	287.03	29	321.73	29	323.48	29
江苏 Jiangsu	1874	3	2576.98	4	4297.14	4	5808.81	3	6158.03	3
浙江 Zhejiang	1040	10	1428.28	12	2172.86	14	2658.66	15	2837.39	15
安徽 Anhui	**1220**	**7**	**1666.19**	**10**	**2955.45**	**10**	**3728.30**	**11**	**4009.24**	**11**
福建 Fujian	1029	11	1396.15	13	2307.06	13	3007.40	13	3281.96	13
江西 Jiangxi	760	14	1142.99	15	1900.58	15	2399.26	18	2578.35	18
山东 Shandong	2294	1	3741.81	1	6650.94	1	7945.76	1	8749.99	1
河南 Henan	1981	2	3309.70	2	5734.20	2	6679.04	2	7198.08	2
湖北 Hubei	1126	9	1775.58	8	3501.99	8	4732.12	7	5160.56	6
湖南 Hunan	1219	8	2056.24	7	3787.47	6	4904.10	6	5043.58	7
广东 Guangdong	1632	4	2447.57	6	3754.86	7	4656.85	8	4946.81	8
广西 Guangxi	827	13	1448.37	11	2720.99	11	3490.72	12	3755.19	12
海南 Hainan	309	24	475.88	25	821.31	25	1082.15	25	1144.94	25
重庆 Chongqing	413	21	662.19	21	1021.13	23	1402.03	22	1513.74	23
四川 Sichuan	1370	6	2457.46	5	4081.81	5	5433.12	4	5620.27	5
贵州 Guizhou	412	22	571.84	22	997.82	24	1436.61	21	1663.02	21
云南 Yunnan	680	15	1068.58	16	1810.53	19	2680.22	14	3056.04	14
西藏 Tibet			67.74	31	100.77	31	118.33	31	128.00	31
陕西 Shanxi	472	20	730.72	20	1666.06	20	2303.20	19	2562.51	19
甘肃 Gansu	323	23	521.53	23	1057.02	21	1358.16	23	1517.74	22
青海 Qinghai	58	30	94.04	30	201.32	30	263.86	30	310.30	30
宁夏 Ningxia	78	29	138.00	29	305.94	28	385.15	27	430.00	26
新疆 Xinjiang	487	19	831.06	19	1846.18	17	2275.67	20	2538.88	20

24—7 全国分省（市）主要年份工业增加值及位次

Value-added of Industry and Their Orders of Precedence in Main Years by Province or City

本表按当年价格计算 (Data in value terms in this table are calculated at current prices.) 单位：亿元（100 million yuan）

省（市）	Province or City	2000	位次 Order of Prece-dence	2005	位次 Order of Prece-dence	2010年比上年增长位次 Compared to Last Year	2012年比上年增长位次 Compared to Last Year	2013年比上年增长位次 Compared to Last Year
全国	**National Total**	**25394.80**		**66425.20**				
北京	Beijing	722.65	12	1705.40	15	27	30	28
天津	Tianjin	630.09	14	1783.00	13	1	5	6
河北	Hebei	1132.66	8	3219.00	7	22	20	23
山西	Shanxi	428.71	19	1712.00	14	8	23	22
内蒙古	Inner Mongolia	279.54	24	1135.50	20	14	11	14
辽宁	Liaoning	1194.03	7	3007.40	8	18	26	24
吉林	Jilin	496.19	18	1200.80	19	12	18	24
黑龙江	Heilongjiang	1213.05	6	2166.30	10	26	25	29
上海	Shanghai	1687.18	4	3994.70	5	17	31	30
江苏	Jiangsu	2604.37	2	8054.00	3	24	22	18
浙江	Zhejiang	1560.11	5	4904.70	4	23	29	27
安徽	**Anhui**	**507.38**	**17**	**1373.90**	**17**	**4**	**3**	**1**
福建	Fujian	797.12	11	2235.20	9	11	9	4
江西	Jiangxi	269.73	25	828.50	24	9	13	11
山东	Shandong	2549.35	3	8411.90	1	27	24	20
河南	Henan	1116.39	9	3228.00	6	14	14	15
湖北	Hubei	1011.77	10	1847.90	12	4	14	15
湖南	Hunan	528.06	16	1535.90	16	7	14	17
广东	Guangdong	3423.86	1	8290.00	2	19	28	26
广西	Guangxi	323.88	22	833.10	23	1	7	7
海南	Hainan	63.25	30	138.00	30	16	27	31
重庆	Chongqing	283.73	23	716.40	25	1	2	2
四川	Sichuan	662.44	13	2034.40	11	6	5	21
贵州	Guizhou	216.99	27	561.60	27	25	3	2
云南	Yunnan	531.47	15	1018.10	21	27	8	12
西藏	Tibet	9.25	31	17.40	31	30	10	13
陕西	Shanxi	411.17	20	1267.20	18	13	1	5
甘肃	Gansu	244.73	26	601.80	26	21	14	18
青海	Qinghai	63.34	29	179.50	29	10	11	9
宁夏	Ningxia	73.68	28	202.30	28	19	19	10
新疆	Xinjiang	356.62	21	933.30	22	31	21	7

注：工业为月度快报口径。
a) Data in the table are preliminary statistics.

24—8 全国分省（市）主要年份社会消费品零售总额及位次
Total Retail Sales of Consumer Goods and Their Orders of Precedence in Main Years by Province or City

本表按当年价格计算 (Data in value terms in this table are calculated at current prices.) 单位：亿元（100 million yuan）

省（市）	Province or City	2000	位次 Order of Precedence	2005	位次 Order of Precedence	2010	位次 Order of Precedence	2012	位次 Order of Precedence	2013	位次 Order of Precedence
全国	**National Total**	**34152.6**		**67958.7**		**154554.0**		**210307.0**		**237809.9**	
北京	Beijing	1443.3	11	2902.8	11	6229.3	10	7702.8	11	8375.1	11
天津	Tianjin	736.6	18	1190.1	23	2902.6	22	3921.4	23	4470.4	23
河北	Hebei	1613.9	9	2952.9	10	6821.8	6	9154.0	8	10516.7	9
山西	Shanxi	629.1	21	1401.2	17	3207.9	19	4375.8	19	5139.3	17
内蒙古	Inner Mongolia	484.0	24	1344.1	19	3337.3	17	4534.5	17	5114.2	19
辽宁	Liaoning	1847.6	5	2999.0	6	6809.6	7	9256.6	6	10581.4	7
吉林	Jilin	810.9	17	1460.8	16	3501.8	16	4772.9	16	5426.4	16
黑龙江	Heilongjiang	1094.0	14	1760.1	15	4001.0	15	5453.4	15	6251.2	15
上海	Shanghai	1722.3	8	2973.0	8	6036.9	11	7387.3	12	8052.0	13
江苏	Jiangsu	2604.1	2	5699.9	3	13482.3	3	18215.3	3	20796.5	3
浙江	Zhejiang	2298.8	4	4631.7	4	10163.2	4	13546.3	4	15225.5	4
安徽	**Anhui**	**1077.8**	**15**	**1765.0**	**14**	**4151.5**	**14**	**5685.6**	**14**	**6481.4**	**14**
福建	Fujian	1372.8	12	2345.8	13	5310.0	13	7149.5	13	8275.3	12
江西	Jiangxi	704.9	19	1236.2	21	2932.9	21	4006.2	21	4576.1	22
山东	Shandong	2545.9	3	6126.4	2	14211.6	2	19175.3	2	22294.8	2
河南	Henan	1786.7	7	3358.4	5	7893.5	5	10787.6	5	12426.6	5
湖北	Hubei	1789.4	6	2964.6	9	6719.4	8	9196.8	7	10885.9	6
湖南	Hunan	1364.7	13	2459.1	12	5775.3	12	7854.9	10	9018.6	10
广东	Guangdong	4071.9	1	7882.6	1	17414.7	1	22677.1	1	25453.9	1
广西	Guangxi	859.2	16	1397.0	18	3271.8	18	4474.6	18	5133.1	18
海南	Hainan	172.5	28	268.6	28	623.8	28	852.3	28	992.9	28
重庆	Chongqing	643.4	20	1215.8	22	2878.0	23	3961.2	22	4599.8	21
四川	Sichuan	1523.7	10	2981.4	7	6634.7	9	9087.9	9	10561.4	8
贵州	Guizhou	343.7	27	606.9	27	1482.7	25	2005.2	25	2366.2	25
云南	Yunnan	583.2	23	1034.4	24	2500.3	24	3277.2	24	4004.6	24
西藏	Tibet	42.9	31	73.1	31	180.8	31	249.1	31	293.2	31
陕西	Shanxi	607.6	22	1322.4	20	3147.7	20	4330.8	20	4999.5	20
甘肃	Gansu	362.7	26	632.8	26	1369.4	26	1877.0	26	2173.8	26
青海	Qinghai	82.1	30	160.5	30	346.0	30	468.7	30	544.1	30
宁夏	Ningxia	90.2	29	174.3	29	403.6	29	548.8	29	610.5	29
新疆	Xinjiang	374.5	25	637.8	25	1324.5	27	1799.0	27	2108.2	27

注：本表2000年、2005年数据均为经济普查调整后数据；2012年后数据均为快报数据。
a) Nata of this table in 2000, 2005 are for economic census adjusted data; data in 2012 are express data.

24—9 全省分县（市）主要经济指标及位次（2013年）

Main Economic Indicators and Their Orders of Precedence of All Counties (2013)

县（市）	County (City)	生产总值（亿元） Gross Demestic Product (100 million yuan) 指标 Amount	位次 Order of Prece-dence	人均生产总值（元） Per Capita Gross Demestic Product (yuan) 指标 Amount	位次 Order of Prece-dence	地方财政收入（万元） Local Government Revenue (10000 yuan) 指标 Amount	位次 Order of Prece-dence	地方人均财政收入（元） Local Per Capita Government Revenue (yuan) 指标 Amount	位次 Order of Prece-dence	财政支出（万元） Government Expenditure (10000 yuan) 指标 Amount	位次 Order of Prece-dence
巢湖市	Chaohu	235.30	7	26589	16	173495	11	1960.50	27	337040	22
长丰县	Changfeng	303.68	4	39590	6	214867	7	2801.19	14	387091	17
肥东县	Feidong	405.64	2	37602	8	232962	4	2159.52	22	437233	7
肥西县	Feixi	462.68	1	52014	3	277895	2	3136.45	12	457668	3
庐江县	Lujiang	180.22	17	15121	42	155975	13	1308.66	32	402108	14
濉溪县	Suixi	185.83	15	17281	37	131080	20	1218.96	35	361817	20
涡阳县	Guoyang	196.87	12	12372	54	137171	18	862.01	45	455275	5
蒙城县	Mengcheng	176.58	19	12997	51	121490	25	894.21	44	398150	15
利辛县	Lixin	143.62	26	8899	58	89123	35	552.27	57	434104	9
砀山县	Dangshan	129.88	33	13133	50	54624	52	552.32	56	268603	36
萧县	Xiaoxian	181.37	16	12902	52	83481	38	593.85	55	368855	19
灵璧县	Lingbi	142.44	27	11333	56	51689	53	411.25	60	333398	24
泗县	Sixian	132.78	31	14115	46	57026	49	606.22	53	283945	34
怀远县	Huaiyuan	190.21	13	14878	43	126422	21	956.19	42	426362	11
五河县	Wuhe	127.54	36	19216	34	86369	36	1174.52	36	267419	37
固镇县	Guzhen	130.70	32	20699	29	68174	44	1079.70	38	242929	44
界首市	Jieshou	112.57	43	14186	45	75912	40	956.60	41	245236	43
临泉县	Linquan	125.48	37	5527	62	57585	48	253.62	62	455751	4
太和县	Taihe	153.11	25	8722	59	80424	39	458.16	58	476275	2
阜南县	Funan	119.73	39	6894	61	44107	54	253.97	61	416747	13
颍上县	Yingshang	179.35	18	10180	57	138223	17	784.55	47	440200	6
凤台县	Fengtai	222.02	8	34605	11	268532	3	3480.63	9	422143	12
天长市	Tianchang	237.25	6	37461	9	219226	6	3461.47	10	390558	16
明光市	Mingguang	102.43	48	16118	40	74407	43	1170.89	37	247629	42
来安县	Laian	108.35	46	21818	26	107249	28	2159.62	21	238827	46
全椒县	Quanjiao	100.83	49	21793	27	109413	27	2364.75	18	239852	45
定远县	Dingyuan	129.80	34	13370	49	90521	34	932.41	43	358105	21
凤阳县	Fengyang	129.66	35	16870	38	124019	23	1613.64	31	308288	27
寿县	Shouxian	115.10	42	8328	60	58429	47	422.75	59	381658	18
霍邱县	Huoqiu	214.75	9	12783	53	143324	16	778.13	48	491723	1

24—9 续表1 continued

县（市）	County (City)	生产总值（亿元） Gross Demestic Product (100 million yuan) 指标 Amount	位次 Order of Precedence	人均生产总值（元） Per Capita Gross Demestic Product (yuan) 指标 Amount	位次 Order of Precedence	地方财政收入（万元） Local Government Revenue (10000 yuan) 指标 Amount	位次 Order of Precedence	地方人均财政收入（元） Local Per Capita Government Revenue (yuan) 指标 Amount	位次 Order of Precedence	财政支出（万元） Government Expenditure (10000 yuan) 指标 Amount	位次 Order of Precedence
舒城县	Shucheng	140.54	28	14085	47	75442	41	756.11	49	305599	28
金寨县	Jinzhai	80.16	53	11945	55	43207	56	643.89	51	303858	29
霍山县	Huoshan	133.50	29	36708	10	94043	32	2585.98	17	222627	49
当涂县	Dangtu	243.48	5	51420	4	295511	1	5226.25	3	428827	10
含山县	Hanshan	103.91	47	23373	23	94228	31	2119.57	23	212489	51
和县	Hexian	116.43	40	21414	28	111269	26	2046.47	25	251081	39
芜湖县	Wuhu	164.88	21	47509	5	213361	8	6148.02	2	297670	32
繁昌县	Fanchang	186.88	14	67271	1	223508	5	8045.46	1	300008	30
南陵县	Nanling	156.89	24	28439	13	144210	15	2614.05	15	261716	38
无为县	Wuwei	323.25	3	24784	21	173685	10	1271.59	34	436082	8
宁国市	Ningguo	203.96	10	52580	2	199095	9	5132.48	4	316520	26
郎溪县	Langxi	95.49	50	27702	15	133281	19	3866.30	6	225666	48
广德县	Guangde	157.43	23	30436	12	164581	12	3181.88	11	317265	25
泾县	Jingxian	71.39	54	20054	32	75390	42	2117.89	24	192000	56
绩溪县	Jixi	50.00	58	28305	14	65767	45	3722.75	7	134676	58
旌德县	Jingde	30.04	60	20057	31	43750	55	2921.05	13	103723	60
铜陵县	Tongling	111.59	44	38173	7	121903	24	4169.96	5	206605	52
东至县	Dongzhi	110.76	45	20165	30	92263	33	1679.73	30	250222	40
石台县	Shitai	18.90	62	17404	36	14177	62	1305.29	33	87013	61
青阳县	Qingyang	68.24	55	24981	20	106259	29	3656.83	8	197808	55
桐城市	Tongcheng	200.15	11	26374	17	151027	14	1990.16	26	335091	23
怀宁县	Huaining	159.52	22	22826	24	125144	22	1790.69	28	272668	35
枞阳县	Zongyang	176.29	20	18114	35	97175	30	998.45	39	291946	33
潜山县	Qianshan	115.22	41	19569	33	56568	50	960.81	40	228520	47
太湖县	Taihu	84.78	52	14827	44	34325	59	600.29	54	219744	50
宿松县	Susong	132.79	30	15723	41	55298	51	654.77	50	299600	31
望江县	Wangjiang	87.06	51	13731	48	39697	58	626.08	52	198981	53
岳西县	Yuexi	67.20	56	16503	39	31978	60	785.37	46	198708	54
歙县	Shexian	120.85	38	25256	19	85179	37	1780.15	29	249024	41
休宁县	Xiuning	62.63	57	22757	25	64473	46	2342.76	19	168440	57
黟县	Yixian	23.01	61	24322	22	24619	61	2602.03	16	82328	62
祁门县	Qimen	48.09	59	25816	18	43198	57	2319.19	20	122271	59

24—9 续表2 continued

县（市）	County (City)	就业人员平均工资（元）Average Wage of Staff and Workers (yuan)		规模以上工业增加值（亿元）Gross Industrial Output Value at and Above Township Level (100 million yuan)		人均工业增加值（元）Per Capita Gross Industrial Output Value (yuan)		农林牧渔业总产值（万元）Gross Output Value of Farming, Forestry, Animal Husbandry and Fishery (10000 yuan)	
		指 标 Amount	位 次 Order of Precedence	指 标 Amount	位 次 Order of Precedence	指 标 Amount	位 次 Order of Precedence	指 标 Amount	位 次 Order of Precedence
巢湖市	Chaohu	42989	22	77.39	17	8745.08	23	476512	32
长丰县	Changfeng	46322	12	138.79	5	18093.87	8	896064	9
肥东县	Feidong	42644	29	174.90	2	16212.92	9	1058053	2
肥西县	Feixi	49623	7	78.80	16	8893.72	22	959746	4
庐江县	Lujiang	39411	37	45.55	31	3821.74	49	731379	20
濉溪县	Suixi	44082	17	105.19	11	9781.98	19	670117	24
涡阳县	Guoyang	38066	45	64.82	23	4073.40	47	800037	17
蒙城县	Mengcheng	37096	49	43.12	34	3173.79	53	818480	15
利辛县	Lixin	34795	56	20.42	54	1265.38	60	814511	16
砀山县	Dangshan	32328	61	43.44	33	4392.34	44	671473	23
萧县	Xiaoxian	32350	60	52.89	26	3762.39	50	947733	5
灵璧县	Lingbi	33750	59	37.80	40	3007.48	55	907644	8
泗县	Sixian	34357	58	18.93	55	2012.38	58	836598	13
怀远县	Huaiyuan	37212	48	85.00	12	6428.98	34	975602	3
五河县	Wuhe	42793	24	40.20	38	5466.72	39	774932	18
固镇县	Guzhen	37285	47	63.33	24	10029.85	17	730822	21
界首市	Jieshou	36527	50	74.91	20	9439.71	20	408007	37
临泉县	Linquan	39144	39	25.84	49	1138.06	62	1126264	1
太和县	Taihe	38653	41	50.62	27	2883.71	56	846879	12
阜南县	Funan	34877	55	29.16	47	1679.02	59	851291	11
颍上县	Yingshang	43893	18	55.68	25	3160.37	54	828406	14
凤台县	Fengtai	65722	1	108.18	9	14022.06	12	410864	36
天长市	Tianchang	50643	3	167.67	3	26474.25	4	492455	29
明光市	Mingguang	35350	54	24.48	51	3852.25	48	526760	26
来安县	Laian	47229	11	42.28	35	8513.71	26	338289	42
全椒县	Quanjiao	45252	14	33.62	43	7266.30	31	397715	38
定远县	Dingyuan	42668	28	24.60	50	2533.91	57	911405	7
凤阳县	Fengyang	41251	32	37.51	42	4880.52	43	576439	25
寿县	Shouxian	31350	62	17.27	56	1249.77	61	766721	19
霍邱县	Huoqiu	39676	36	79.60	15	4321.47	45	855604	10

24—9 续表3 continued

县（市）	County (City)	就业人员平均工资（元）Average Wage of Staff and Workers (yuan)		规模以上工业增加值（亿元）Gross Industrial Output Value at and Above Township Level (100 million yuan)		人均工业增加值（元）Per Capita Gross Industrial Output Value (yuan)		农林牧渔业总产值（万元）Gross Output Value of Farming, Forestry, Animal Husbandry and Fishery (10000 yuan)	
		指标 Amount	位次 Order of Precedence	指标 Amount	位次 Order of Precedence	指标 Amount	位次 Order of Precedence	指标 Amount	位次 Order of Precedence
舒城县	Shucheng	38144	44	40.84	37	4092.84	46	506741	28
金寨县	Jinzhai	36488	51	24.30	53	3621.25	51	305919	47
霍山县	Huoshan	39254	38	76.07	19	20917.51	7	207059	54
当涂县	Dangtu	55629	2	135.40	6	23946.10	5	385320	39
含山县	Hanshan	45747	13	41.05	36	9233.80	20	336077	43
和县	Hexian	45184	15	47.28	29	8695.76	24	411792	35
芜湖县	Wuhu	43418	19	108.37	8	31225.86	2	295868	48
繁昌县	Fanchang	47537	9	189.34	1	68155.35	1	158726	56
南陵县	Nanling	43301	20	67.48	21	12231.89	14	478545	31
无为县	Wuwei	42681	27	160.40	4	11743.25	15	934482	6
宁国市	Ningguo	50295	4	114.19	7	29437.09	3	321585	45
郎溪县	Langxi	50037	5	49.14	28	14254.86	11	234353	52
广德县	Guangde	49807	6	76.78	18	14844.03	10	318088	46
泾县	Jingxian	45148	16	24.31	52	6829.28	31	261935	50
绩溪县	Jixi	47398	10	15.42	57	8728.51	23	165248	55
旌德县	Jingde	43128	21	9.73	60	6496.41	32	110011	59
铜陵县	Tongling	47624	8	65.63	22	22450.20	6	147019	58
东至县	Dongzhi	42299	30	33.55	44	6108.07	35	448812	33
石台县	Shitai	36402	52	3.82	62	3517.11	52	57154	62
青阳县	Qingyang	42924	23	28.78	48	9904.43	18	150326	57
桐城市	Tongcheng	39751	35	105.23	10	13866.67	13	442075	34
怀宁县	Huaining	42771	25	79.74	14	11410.04	16	354368	41
枞阳县	Zongyang	40664	33	80.18	13	8238.31	26	515320	27
潜山县	Qianshan	37915	46	44.49	32	7556.66	29	333594	44
太湖县	Taihu	38610	42	33.26	45	5816.64	36	382715	40
宿松县	Susong	39124	40	46.12	30	5461.00	39	703910	22
望江县	Wangjiang	34693	57	39.42	39	6217.08	34	492079	30
岳西县	Yuexi	35505	53	32.92	46	8085.04	27	247600	51
歙县	Shexian	42703	26	37.71	41	7880.98	28	281024	49
休宁县	Xiuning	42050	31	14.06	58	5108.98	41	209740	53
黟县	Yixian	40147	34	4.85	61	5126.06	40	59836	61
祁门县	Qimen	38241	43	10.74	59	5766.03	37	91383	60

24—9 续表4 continued

县（市）	County (City)	人均农林牧渔业总产值（元）Per Capita Gross Outpnt Value of Farming, Forestry, Animal Husbandry and Fishery (yuan)		农民人均纯收入（元）Annual per Capita Net Income of Rural Residents (yuan)		社会消费品零售总额（万元）Total Retail Sale of Consumer Goods (10000 yuan)		人均社会消费品零售总额（元）Per Capita Total Retail Sale of Consumer Goods (yuan)	
		指标 Amount	位次 Order of Prece-dence	指标 Amount	位次 Order of Prece-dence	指标 Amount	位次 Order of Prece-dence	指标 Amount	位次 Order of Prece-dence
巢湖市	Chaohu	5384.59	45	9255.98	25	699762	6	7907.32	16
长丰县	Changfeng	11681.87	1	9815.01	19	370707	42	4832.86	49
肥东县	Feidong	9807.97	5	11232.72	9	633373	10	5871.26	33
肥西县	Feixi	10832.13	3	11303.98	8	622578	11	7026.70	26
庐江县	Lujiang	6136.41	36	9435.99	23	666966	7	5595.98	38
濉溪县	Suixi	6231.65	34	8000.52	42	533369	19	4959.98	47
涡阳县	Guoyang	5027.57	55	8039.00	40	792292	3	4978.90	46
蒙城县	Mengcheng	6024.31	38	8075.00	39	747863	4	5504.54	39
利辛县	Lixin	5047.32	53	5824.00	58	662485	8	4105.25	53
砀山县	Dangshan	6789.45	30	7192.59	49	392455	38	3968.22	56
萧县	Xiaoxian	6741.80	31	7979.77	44	564360	15	4014.64	55
灵璧县	Lingbi	7221.49	25	7241.92	48	344456	44	2740.60	61
泗县	Sixian	8893.55	8	7450.84	47	301045	48	3200.29	58
怀远县	Huaiyuan	7378.97	22	8785.04	30	708518	5	5358.87	41
五河县	Wuhe	10538.15	4	8744.94	31	413886	34	5628.35	37
固镇县	Guzhen	11574.34	2	8717.80	32	365315	43	5785.65	34
界首市	Jieshou	5141.46	50	8383.63	37	373969	41	4712.53	50
临泉县	Linquan	4960.34	56	5720.58	59	614009	12	2704.24	62
太和县	Taihe	4824.49	59	7986.93	43	1001060	1	5702.83	36
阜南县	Funan	4901.70	58	5588.54	61	522369	22	3007.78	60
颍上县	Yingshang	4702.00	60	6795.34	54	553930	17	3144.08	59
凤台县	Fengtai	5325.50	46	9216.70	27	534999	18	6934.50	28
天长市	Tianchang	7775.62	16	11769.14	7	532970	20	8415.33	10
明光市	Mingguang	8289.26	14	8414.00	35	441227	28	6943.28	27
来安县	Laian	6811.96	28	10719.00	14	391549	39	7884.42	17
全椒县	Quanjiao	8595.82	10	9783.00	21	386554	40	8354.60	11
定远县	Dingyuan	9387.87	6	8318.00	38	392989	37	4047.95	54
凤阳县	Fengyang	7500.20	21	8971.04	29	412345	36	5365.13	40
寿县	Shouxian	5547.45	44	7148.19	50	609225	13	4407.92	52
霍邱县	Huoqiu	4645.22	61	7526.09	46	653617	9	3548.60	57

24—9 续表5 continued

县（市）	County (City)	人均农林牧渔业总产值（元）Per Capita Gross Outpnt Value of Farming, Forestry, Animal Husbandry and Fishery (yuan)		农民人均纯收入（元）Annual per Capita Net Income of Rural Residents (yuan)		社会消费品零售总额（万元）Total Retail Sale of Consumer Goods (10000 yuan)		人均社会消费品零售总额（元）Per Capita Total Retail Sale of Consumer Goods (yuan)	
		指标 Amount	位次 Order of Prece-dence	指标 Amount	位次 Order of Prece-dence	指标 Amount	位次 Order of Prece-dence	指标 Amount	位次 Order of Prece-dence
舒城县	Shucheng	5078.75	51	7605.00	45	517364	23	5185.21	42
金寨县	Jinzhai	4558.92	62	7146.00	51	420729	33	6269.85	31
霍山县	Huoshan	5693.68	42	8001.00	41	255798	53	7033.89	25
当涂县	Dangtu	6814.56	27	13993.37	1	427276	30	7556.57	21
含山县	Hanshan	7559.72	20	10909.57	12	267649	52	6020.50	32
和县	Hexian	7573.70	19	10846.40	13	413516	35	7605.41	19
芜湖县	Wuhu	8525.47	11	12632.58	3	422074	32	12162.11	3
繁昌县	Fanchang	5713.55	41	12332.08	4	338506	45	12184.96	2
南陵县	Nanling	8674.44	9	12001.83	6	530884	21	9623.18	7
无为县	Wuwei	6841.55	26	9460.63	22	887476	2	6497.41	30
宁国市	Ningguo	8290.15	13	12970.00	2	559883	16	14433.25	1
郎溪县	Langxi	6798.27	29	8502.48	33	232003	55	6730.08	29
广德县	Guangde	6149.66	35	12075.04	5	451061	27	8720.45	9
泾县	Jingxian	7358.41	23	8417.78	34	270540	51	7600.15	20
绩溪县	Jixi	9353.88	7	9245.00	26	198696	57	11247.20	4
旌德县	Jingde	7345.08	24	8412.37	36	143779	60	9599.67	8
铜陵县	Tongling	5029.11	54	10940.36	11	237845	54	8136.02	13
东至县	Dongzhi	8171.01	15	9152.60	28	315092	46	5736.52	35
石台县	Shitai	5262.22	48	5053.00	62	88271	61	8127.16	14
青阳县	Qingyang	5173.36	49	9359.30	24	284338	50	9785.28	6
桐城市	Tongcheng	5825.44	40	11151.00	10	596127	14	7855.46	18
怀宁县	Huaining	5070.67	52	9795.26	20	513697	24	7350.51	22
枞阳县	Zongyang	5294.80	47	6906.00	53	496478	25	5101.20	44
潜山县	Qianshan	5666.12	43	6193.37	56	426446	31	7243.23	24
太湖县	Taihu	6693.07	32	5974.00	57	295885	49	5174.56	43
宿松县	Susong	8334.89	12	6994.60	52	429780	29	5088.95	45
望江县	Wangjiang	7760.77	17	6752.00	55	309632	47	4883.32	48
岳西县	Yuexi	6080.97	37	5612.00	60	191661	58	4707.12	51
歙县	Shexian	5873.10	39	10159.98	16	483470	26	10104.01	5
休宁县	Xiuning	7621.32	18	10486.22	15	228830	56	8315.00	12
黟县	Yixian	6324.19	33	10090.10	17	69439	62	7339.15	23
祁门县	Qimen	4906.11	57	10080.00	18	147660	59	7927.48	15

附　录

APPENDIX

简要说明

一、附表 1：贫困县监测情况由省农村贫困监测办公室提供。贫困概念指在一定的社会方式和生活方式下，个人家庭所得难以维持基本生存要求状况。

二、附表 2：全部林业部门产业总产值由省林业厅提供。

三、附表 3：全省建制镇基本情况由省局农业处提供。

四、附录 4：企业信息化建设情况由省局服务业处提供。

Brief Introduction

Ⅰ. The attached schedule 1: Data on observation and survey of counties are provided by the Rural Poverty Observation and Survey Office of Anhui Province. Poverty means that the income of the persons in the family can't meet the basic living demand in certain social and living style.

Ⅱ. The attached schedule 2 : Gross Output Value of All Industries in Forestry System was provided by Department of Forestry of Anhui Province.

Ⅲ. The attached schedule 3 : Basic situation of entire province organic town was provided by Department of agriculture of Anhui Province.

Ⅳ. The attached schedule 4 : The situation of enterprise informatization construction is provided by service industrial section of provincial bureau.

附录1—1　全省农村贫困监测调查情况
Observation and Survey of Poverty in Rural Areas

		贫困人口（万人） Poor Population (10000 persons)		贫困发生率（%） Proportion of Poor Population to the Total (%)	
		2012	2013	2012	2013
总　　计	**Total**	**679.05**	**573.17**	**12.6**	**10.7**
国家级贫困及片区县	National Poverty and Counties	368.45	309.71	19.1	16.2
省扶贫开发重点县	Prvincial Key Counties of Poverty Alleviation and Development	134.67	113.18	12.1	9.4

附录1—2　各市农村贫困监测调查情况
Observation and Survey of Poverty in Rural Areas by Region

地　　区	Region	贫困人口（万人） Poor Population (10000 persons)		贫困发生率（%） Proportion of Poor Population to the Total (%)	
		2012	2013	2012	2013
总　　计	**Total**	**679.05**	**573.17**	**12.6**	**10.7**
合 肥 市	Hefei	32.35	25.32	7.1	5.6
淮 北 市	Huaibei	6.79	5.44	4.9	4.0
亳 州 市	Bozhou	67.58	55.97	13.4	9.3
宿 州 市	Suzhou	83.00	73.38	15.5	14.1
蚌 埠 市	Bengbu	19.12	16.98	6.8	6.0
阜 阳 市	Fuyang	140.52	115.19	15.7	12.8
淮 南 市	Huainan	7.94	6.72	5.8	4.9
滁 州 市	Chuzhou	30.08	25.99	8.3	7.3
六 安 市	Luan	114.34	97.36	17.9	15.2
马鞍山市	Maanshan	6.06	5.68	4.2	4.0
芜 湖 市	Wuhu	21.38	17.91	8.8	7.7
宣 城 市	Xuancheng	13.69	11.10	5.7	4.7
铜 陵 市	Tongling	1.14	1.13	3.8	3.7
池 州 市	Chizhou	13.47	12.39	9.9	8.6
安 庆 市	Anqing	108.58	91.58	20.7	17.5
黄 山 市	Huangshan	13.01	11.04	10.9	9.3

附录1—3 农村扶贫开发重点县监测调查情况
Observation and Survey of Poor County

地　　区	Region	贫 困 人 口 (万人) Poor Population (10000 persons)		贫困发生率 (%) Proportion of Poor Population to the Total (%)	
		2012	2013	2012	2013
国家级贫困及片区县	**National Poverty and Counties**	**368.45**	**309.71**	**19.1**	**16.2**
潜山县	Qianshan	11.96	10.72	22.4	20.3
太湖县	Taihu	17.63	14.09	34.3	27.4
宿松县	Susong	17.66	14.01	24.0	18.7
望江县	Wangjiang	17.52	14.47	29.9	24.8
岳西县	Yuexi	15.04	12.54	37.2	33.9
颍东区	Yingdong District	14.36	11.85	24.4	19.8
临泉县	Linquan	30.15	25.35	15.0	12.1
阜南县	Funan	28.76	22.46	18.4	15.1
颍上县	Yingshang	23.02	18.70	15.1	12.3
砀山县	Dangshan	13.64	11.62	14.8	13.6
萧　县	Xiaoxian	27.61	24.17	22.2	19.8
灵璧县	Lingbi	14.38	12.33	12.8	11.2
泗　县	Sixian	10.92	9.97	12.8	12.6
裕安区	Yuan District	19.10	15.84	21.2	17.4
寿　县	Shouxian	18.23	15.13	14.0	12.4
霍邱县	Huoqiu	25.53	21.19	16.4	13.6
舒城县	Shucheng	14.68	13.15	16.7	15.0
金寨县	Jinzhai	17.48	14.77	30.1	25.7
利辛县	Lixin	27.58	24.47	20.3	17.4
石台县	Shitai	3.22	2.88	33.7	31.1
省扶贫开发重点县	**Prvincial Key Counties of Poverty Alleviation and Development**	**134.67**	**113.18**	**12.1**	**9.4**
怀远县	Huaiyuan	7.69	6.43	6.4	5.7
定远县	Dingyuan	14.97	12.96	17.3	15.0
颍州区	Yingzhou District	5.02	4.93	9.6	8.3
颍泉区	Yingquan District	9.13	7.72	16.0	13.3
太和县	Taihe	21.20	16.89	13.8	10.9
界首市	Jieshou	8.89	7.28	13.5	12.2
埇桥区	Yongqiao District	16.45	15.29	12.1	11.0
金安区	Jinan District	11.32	10.18	15.7	14.0
谯城区	Qiaocheng District	11.70	8.24	9.4	4.0
涡阳县	Guoyang	16.26	13.45	12.3	9.6
蒙城县	Mengcheng	12.04	9.80	10.8	8.1

附录2　全部林业部门产业总产值
Gross Output Value of All Industries in Forestry System, Anhui Province

单位：万元（10000 yuan）

指　　标	Item	2013
总　　计	**Total**	**20595442**
第一产业	**The First Industry**	**6309769**
林木的培育和种植	Forest Cultivating and Planting	1719496
育种和育苗	Seeds and Seedlings	550254
造　林	Afforestation	699810
林木的抚育和管理	Forest Tending and Management	469432
木材和竹材的采运	Timber and Bamboo Logging and Transportation	696455
木材采运	Timber Logging and Transportation	498535
竹材采运	Bamboo Logging and Transportation	197920
经济林产品的种植与采集	Economic Forest Planting and Products Collecting	2951735
花卉的种植	Flowers Industry	577903
陆生野生动物繁育与利用	Land Wild Animals Raising and Utilization	100142
林业服务业	Forestry Service Industry	83770
第二产业	**The Second Industry**	**11379143**
木材加工及木、竹、藤、棕、苇制品制造	Timber Processing and Wood, Bamboo, Vine, Palm, and Reeds Products	7664520
木、竹、藤家具制造	Wooden, Bamboo and Vine Furniture	907524
木、竹、苇浆造纸	Wood, Bamboo and Reeds Pulp/Paper	245236
林产化学产品制造	Forestry Chemical Products	132754
木质工艺品和木质文教体育用品制造	Wooden Craftwork and Education/Sports Tools	424663
非木质林产品加工制造业	Non-wood Forestry Products	1554872
其　他	Others	211398
第三产业	**The Third Industry**	**2906530**
林业旅游与休闲服务	Forestry Tourism and Relaxation Service	2044411
林业生态服务	Forestry Zoology Service	343729
林业专业技术服务	Forestry Technical Service	96328
林业公共管理服务	Forestry Public Adminstration and Service	252542

注：该表由省林业厅提供，统计核算执行国家林业局部门统计制度，并由国家统计局备案。

a) The table is provided by Forestry Department of Anhui Province, the statistics is in accordance with the regulation made by China State Forestry Administration, which is put on records in China State Statistic Bureau.

附录3 全省建制镇基本情况（2013年）
Basic Conditions on Organic Town of the Province (2013)

镇 Town	常住人口（人）Population of Permanent Residents (person)	从业人员（人）Practitioners (person)	公共财政收入（万元）Public Finance Income (10000 yuan)	农作物播种面积（公顷）Crop Planting Area (hectares)	工业企业个数（个）Number of Industrial Enterprises (unit)	工业企业从业人员（人）Industrial Companies from Personnel of Course of Study (person)	建筑业企业个数（个）Number of Construction Enterprises (unit)	建筑业企业从业人员数（人）Construction Enterprise Employees (person)
合肥市瑶海区大兴镇	56743	7687	1458.0	213.0	99	8764	18	2418
合肥市瑶海区三十头镇	29529	20951		1693.0	236	6378	18	1211
合肥市庐阳区大杨镇	39712	13008	12429.0	381.0	103	5820	7	3255
合肥市蜀山区井岗镇	125640	33283	13000.0	13.0	92	3680	117	1796
合肥市蜀山区南岗镇	18455	6316	1800.0	36.0	76	3003	4	100
合肥市蜀山区小庙镇	72507	63231	6671.0	16003.0	148	6125	27	2013
合肥市包河区淝河镇	98530	59232	5605.0	270.0	216	6350	13	1276
合肥市包河区大圩镇	24770	18091	3252.0	1638.0	30	4271		
长丰县水湖镇	120670	57146	16810.2	12013.0	98	4674	54	9213
长丰县庄墓镇	27385	12420	620.0	4121.0	30	260		
长丰县杨庙镇	40121	31575	2900.0	8642.0	79	2455		780
长丰县吴山镇	45454	39977	3801.0	11318.0	58	2266	6	115
长丰县岗集镇	55163	22021	28000.0	6955.0	380	1600	45	3000
长丰县双墩镇	73898	55002	34100.0	13112.0	232	6142	13	2257
长丰县下塘镇	84129	59432	5919.1	15379.0	99	3359	12	4072
长丰县朱巷镇	42581	29698	2365.0	8296.0	173	816		
肥东县店埠镇	216055	191261	5299.7	13504.0	209	6451	29	30053
肥东县撮镇镇	79346	49890	84000.0	9905.0	463	11376	29	5626
肥东县梁园镇	82389	54750	4587.0	14342.0	43	1831	9	562
肥东县桥头集镇	48562	36287	5729.0	7402.0	82	3347	13	346
肥东县长临河镇	32466	18919	5839.0	7642.0	17	380	3	102
肥东县石塘镇	73208	51296	9142.0	11807.0	52	1121	5	908
肥东县古城镇	38286	24835	1972.0	14890.0	85	975	6	75
肥东县八斗镇	79504	51561	3001.0	18912.0	9	832	2	16
肥东县元疃镇	18730	10914	6965.0	6749.0	30	586	3	216
肥东县白龙镇	75725	52110	3915.0	16331.0	35	815		
肥东县包公镇	62419	36690	1810.0	10042.0	9	232	1	16
肥东县陈集镇	30982	20186	2815.0	8878.0	2	107		
肥西县上派镇	175268	48482	74600.0	7262.0	259	6614	230	3458
肥西县三河镇	57606	33572	13575.0	7104.0	72	7106	24	2933
肥西县高刘镇	64088	36308	5840.0	13060.0	69	3869		
肥西县官亭镇	89234	38201	3300.0	13957.0	73	1500	8	458
肥西县山南镇	62413	41285	2891.0	16567.0	122	2842	13	141
肥西县花岗镇	108218	64066	3976.0	13569.0	126	10162	18	7413
肥西县紫蓬镇	32044	16739	15480.0	2464.0	108	3155	27	291
肥西县桃花镇	72083	40900	43300.0		140	27762	20	2908
肥西县丰乐镇	44606	27571	1802.0	10172.0	35	2280	3	24
庐江县庐城镇	194637	76759	77686.0	9736.0	195	6265	160	10710
庐江县冶父山镇	38127	25628	12309.7	9722.0	99	2697	22	1654
庐江县万山镇	47123	22304	4607.0	5851.0	31	2340	10	788
庐江县汤池镇	33592	22926	2999.0	4576.0	50	1283	30	2805
庐江县郭河镇	51227	34297	3683.0	9997.0	39	2127	11	98
庐江县金牛镇	28936	24592	2126.0	7042.0	26	985	9	622
庐江县石头镇	31420	16826	2636.0	6239.0	38	1305	3	92
庐江县同大镇	54262	43184	5144.0	11580.0	61	1881	1	16
庐江县白山镇	46735	39172	2457.0	7934.0	29	1231	7	908
庐江县盛桥镇	57270	30499	2407.0	10127.0	28	919	8	378
庐江县白湖镇	97304	40231	8345.0	31670.0	110	5522	5	1524
庐江县龙桥镇	44745	29265	29905.0	7467.0	23	1914	20	515

附录3 续表1 continued

镇 Town	常住人口（人）Population of Permanent Residents (person)	从业人员（人）Practitioners (person)	公共财政收入（万元）Public Finance Income (10000 yuan)	农作物播种面积（公顷）Crop Planting Area (hectares)	工业企业个数（个）Number of Industrial Enterprises (unit)	工业企业从业人员（人）Industrial Companies from Personnel of Course of Study (person)	建筑业企业个数（个）Number of Construction Enterprises (unit)	建筑业企业从业人员数（人）Construction Enterprise Employees (person)
庐江县矾山镇	44550	19776	6602.0	5690.0	86	2548	18	804
庐江县罗河镇	55794	32567	8334.0	9485.0	29	1615	17	3718
庐江县泥河镇	76118	44363	6116.0	15971.0	89	2522	18	557
庐江县乐桥镇	52433	30830	998.0	11402.0	28	775	8	83
庐江县柯坦镇	54835	31565	1740.0	9111.0	48	1344	7	192
巢湖市栏杆集镇	48276	24946	1066.7	8241.0	45	1300	3	260
巢湖市苏湾镇	56290	49974	1614.3	8831.0	18	320		
巢湖市柘皋镇	68500	52222	2600.0	12706.0	86	5600	15	6000
巢湖市银屏镇	37305	13234	4573.0	4943.0	47	2156	8	99
巢湖市夏阁镇	68120	39378	2964.7	11355.4	67	1332		
巢湖市中垾镇	33868	20315	3650.0	445.0	105	5685	1	110
巢湖市散兵镇	37956	33761	5560.3	2831.0	95	1813	2	26
巢湖市烔炀镇	62369	36490	4517.0	10873.2	71	3400		
巢湖市黄麓镇	42861	21133	7561.0	5006.0	55	4993		
巢湖市槐林镇	72559	63932	5241.0	9125.0	162	15264	4	325
巢湖市坝镇镇	30998	16907	1506.0	4871.0	58	1942	4	243
淮北市杜集区朔里镇	31499	14546	3455.0	3317.1	103	3275	1	98
淮北市杜集区石台镇	29796	13362	1917.0	2696.4	98	2816	4	78
淮北市杜集区段圆镇	28586	19700	2168.0	3795.2	63	5862	3	362
淮北市相山区渠沟镇	62960	34269	4731.0	8264.0	123	10518	2	12
淮北市烈山区烈山镇	78990	40424	5829.0	4368.0	273	17933	6	1735
淮北市烈山区宋町镇	47153	22695	2745.0	6646.0	75	3125	1	65
淮北市烈山区古饶镇	89137	55815	2794.0	15584.0	243	4689	13	415
濉溪县濉溪镇	96917	34535	39807.5	3098.7	107	14529	9	4786
濉溪县韩村镇	70711	33746	25469.9	14060.5	117	6623		
濉溪县刘桥镇	61014	46928	10340.1	8368.5	88	4906	1	828
濉溪县五沟镇	103349	49347	17619.1	25148.6	23	3336		
濉溪县临涣镇	91110	73303	10117.4	19090.9	180	1845		
濉溪县双堆集镇	104758	57770	1153.3	34143.1	5	842		
濉溪县铁佛镇	129738	89812	7007.6	28229.9	27	1236		
濉溪县南坪镇	93658	51248	5222.0	26261.6	17	3704		
濉溪县百善镇	106458	51643	15377.2	27964.1	52	5851		
濉溪县孙町镇	99638	74194	14985.8	25720.1	32	6360		
濉溪县四铺镇	84371	25437	8093.8	25689.6	15	1357		
亳州市谯城区古井镇	73252	34360	8400.0	10932.0	155	12210	3	360
亳州市谯城区芦庙镇	30115	17791	900.0	5762.0	16	110		
亳州市谯城区华佗镇	38618	18570	869.0	6520.0	18	916		
亳州市谯城区魏岗镇	35000	27000	2778.0	8200.0	42	4000		
亳州市谯城区牛集镇	55830	36152	560.0	10963.0	30	1900		
亳州市谯城区颜集镇	52736	39456	613.0	4355.0	12	352		
亳州市谯城区五马镇	33305	23805	600.0	7020.0	18	916		
亳州市谯城区十八里镇	64046	41228	22300.0	14133.0	181	18266	11	2395
亳州市谯城区谯东镇	61736	34377	821.0	9432.0	12	371		
亳州市谯城区十九里镇	33800	18000	12200.0	3900.0	159	6500		
亳州市谯城区沙土镇	54280	35600	938.0	12900.0	17	935		
亳州市谯城区观堂镇	58150	30240	827.0	12251.0	27	3192		
亳州市谯城区大杨镇	62816	35529	3100.0	16820.0	37	2148		
亳州市谯城区城父镇	61970	33491	1640.0	12333.0	19	925	1	43
亳州市谯城区十河镇	57288	47636	1340.0	13230.0	21	1460		
亳州市谯城区双沟镇	78715	43720	1876.0	16410.0	35	2009	1	60
亳州市谯城区淝河镇	41748	22800	1450.0	10695.0	12	495		

附录3 续表2 continued

镇 Town	常住人口（人）Population of Permanent Residents (person)	从业人员（人）Practitioners (person)	公共财政收入（万元）Public Finance Income (10000 yuan)	农作物播种面积（公顷）Crop Planting Area (hectares)	工业企业个数（个）Number of Industrial Enterprises (unit)	工业企业从业人员（人）Industrial Companies from Personnel of Course of Study (person)	建筑业企业个数（个）Number of Construction Enterprises (unit)	建筑业企业从业人员数（人）Construction Enterprise Employees (person)
亳州市谯城区古城镇	49677	25844	1050.0	12934.0	17	441	3	27
亳州市谯城区龙杨镇	53785	34677	870.0	12102.0	16	370		
亳州市谯城区立德镇	41231	25892	396.0	8938.0	19	362		
涡阳县西阳镇	43256	20500	296.8	8069.0	42	1750		
涡阳县涡南镇	67672	33093	332.5	12594.0	93	1499	17	253
涡阳县楚店镇	55165	28229	353.2	9745.0	46	1869		
涡阳县高公镇	45742	22276	496.6	7951.0	43	952		
涡阳县高炉镇	54566	27444	752.9	10649.0	76	3476	1	22
涡阳县曹市镇	72993	33685	287.5	17393.0	75	764		
涡阳县青町镇	80640	38360	296.1	15873.0	108	2205		
涡阳县石弓镇	53558	26659	297.3	9960.0	101	1715	2	90
涡阳县龙山镇	77143	35476	373.2	12775.0	49	1526		
涡阳县义门镇	83309	40309	589.3	12943.0	38	581		
涡阳县新兴镇	82765	39525	289.8	15535.0	98	1676		
涡阳县临湖镇	65729	33701	261.3	13214.0	65	965		
涡阳县丹城镇	65534	28326	226.2	14267.0	91	2526		
涡阳县马店集镇	51406	29558	317.0	10105.0	52	1226		
涡阳县花沟镇	64112	27129	233.7	10293.0	85	1895	1	6
涡阳县店集镇	39823	18951	246.4	6699.0	96	2265		
涡阳县陈大镇	57968	25844	266.5	9148.0	25	2110		
涡阳县牌坊镇	86737	40591	315.5	19878.0	78	2510	2	41
涡阳县公吉寺镇	52046	26005	267.6	9319.0	64	1480	1	16
涡阳县标里镇	65820	34540	226.6	11645.0	78	2560		
蒙城县城关镇	109116	65944	14898.0	489.0	73	3143	48	7980
蒙城县双涧镇	65246	28436	731.0	11746.0	37	1500		
蒙城县小涧镇	69050	52560	454.0	14920.0	20	495		
蒙城县坛城镇	52956	17142	820.0	12995.0	12	620	1	2
蒙城县许疃镇	71420	43738	351.0	15830.0	29	4100	2	58
蒙城县板桥集镇	61909	59142	735.0	16200.0	86	8346	26	2031
蒙城县马集镇	67010	36732	576.0	14493.0	28	750		
蒙城县岳坊镇	60100	36846	670.0	14574.0	38	1174		
蒙城县立仓镇	124560	49757	743.0	24697.0	19	513		
蒙城县楚村镇	100817	32446	528.0	17793.0	16	492	2	241
蒙城县乐土镇	92350	52447	3125.0	23380.0	27	1582		129
蒙城县三义镇	80100	58102	541.0	14116.0	19	535	1	120
蒙城县篱笆镇	62022	26675	378.0	13926.0	11	218	2	9
利辛县城关镇	228230	146567	5855.3	14036.0	233	11558	90	24504
利辛县阚疃镇	86838	43765	1659.0	11080.0	20	17460	1	281
利辛县张村镇	61238	33737	1073.4	11318.1	23	776	1	108
利辛县江集镇	62092	36124	1141.0	10898.0	24	409	1	53
利辛县旧城镇	52528	26793	611.0	9040.0	19	228		
利辛县西潘楼镇	56374	35548	2007.4	8650.2	46	1286		
利辛县孙集镇	44608	18365	662.0	7231.0	11	367	1	31
利辛县汝集镇	65561	54328	1332.3	9693.9	16	548		
利辛县巩店镇	71169	39658	1041.0	11998.0	20	382		
利辛县王人镇	58960	28541	837.9	9733.1	24	700		
利辛县王市镇	54309	30479	554.0	8902.0	15	391		
利辛县永兴镇	52150	30653	1327.0	8217.0	2	213	6	1200
利辛县马店孜镇	64294	37170	880.0	10033.0	14	352	2	116
利辛县大李集镇	53357	25107	542.0	8397.0	6	241		
利辛县胡集镇	53817	36395	1189.0	13163.0	17	1056	2	41

附录3　续表3　continued

镇　　Town	常住人口（人）Population of Permanent Residents (person)	从业人员（人）Practitioners (person)	公共财政收入（万元）Public Finance Income (10000 yuan)	农作物播种面积（公顷）Crop Planting Area (hectares)	工业企业个数（个）Number of Industrial Enterprises (unit)	工业企业从业人员（人）Industrial Companies from Personnel of Course of Study (person)	建筑业企业个数（个）Number of Construction Enterprises (unit)	建筑业企业从业人员数（人）Construction Enterprise Employees (person)
利辛县展沟镇	38680	18420	542.0	6454.0	12	170		
利辛县程家集镇	58357	36424	636.0	11719.0	23	721	1	30
利辛县中疃镇	58764	37429	837.0	11412.0	21	548		
利辛县望疃镇	96067	55647	1011.0	18721.0	20	449		
宿州市埇桥区符离镇	91632	44088	6510.0	8376.0	209	11262	1	268
宿州市埇桥区芦岭镇	72153	53192	1525.0	13797.0	44	7736	4	498
宿州市埇桥区朱仙庄镇	42701	29661	5240.5	9620.0	229	11946		
宿州市埇桥区褚兰镇	47780	28230	439.1	8335.0	38	1180		
宿州市埇桥区曹村镇	57691	36936	1819.3	13136.0	43	1732	1	27
宿州市埇桥区夹沟镇	70800	36879	1038.0	13959.0	16	568	2	203
宿州市埇桥区栏杆镇	77638	40124	662.0	14274.0	19	805		
宿州市埇桥区时村镇	85342	40849	727.4	12809.0	73	2741	2	210
宿州市埇桥区永安镇	66170	38434	738.4	15544.0	14	890		
宿州市埇桥区灰古镇	36023	20237	479.2	6206.0	29	1907		
宿州市埇桥区大店镇	59340	34717	581.4	21342.0	34	1650	3	306
宿州市埇桥区西寺坡镇	54392	34536	444.1	13042.0	58	3629	1	209
宿州市埇桥区桃园镇	34120	19141	919.2	8482.0	36	2680		
宿州市埇桥区蕲县镇	76351	39324	1770.7	12098.0	212	3502	5	565
宿州市埇桥区大营镇	41568	19544	331.3	11418.0	13	584	2	456
砀山县砀城镇	193655	50651	6222.0	5062.0	624	18665	28	12200
砀山县赵屯镇	55390	31660	596.0	8156.0	60	3985	23	245
砀山县李庄镇	53922	37722	1227.5	5168.0	128	5630	29	415
砀山县唐寨镇	76352	29750	885.8	5590.0	80	270	15	211
砀山县葛集镇	56697	29811	938.0	4027.0	62	1035	46	986
砀山县周寨镇	80163	33001	2140.1	10457.0	316	8562	13	463
砀山县玄庙镇	87127	46446	775.0	7591.0	71	4270	85	1105
砀山县官庄坝镇	47422	27508	866.5	6237.0	27	1420	2	70
砀山县曹庄镇	29012	23835	776.0	6558.0	37	1187	3	98
砀山县关帝庙镇	56120	25793	1044.1	8204.0	165	4268	4	77
砀山县朱楼镇	41689	24651	787.0	6071.0	36	2160	2	21
砀山县良梨镇	57343	37494	842.3	2522.0	45	1215		
砀山县程庄镇	63929	40564	444.0	9870.0	16	2310		
萧县龙城镇	115774	85774	14492.0	96673.0	289	23950	20	32041
萧县黄口镇	101000	49430	2337.0	10380.0	38	9800	1	865
萧县杨楼镇	76761	24630	1684.0	12540.0	39	1330		
萧县闫集镇	50790	17490	408.0	7698.0	6	1210		
萧县新庄镇	73947	40684	617.0	12516.0	14	260		
萧县刘套镇	34067	23166	1175.0	5851.0	25	290	4	84
萧县马井镇	72728	29174	462.0	11910.0	26	2012		
萧县大屯镇	68818	36869	801.0	9037.0	26	965		
萧县赵庄镇	68534	16619	644.0	10836.0	128	2160		
萧县杜楼镇	68075	38526	5328.0	12173.0	66	3938		
萧县丁里镇	40746	20199	1251.0	5607.0	48	1122	2	56
萧县王寨镇	73808	35476	1608.0	11816.0	14	465		
萧县祖楼镇	40059	36824	551.0	5371.0	30	1400		
萧县青龙集镇	28322	12201	433.0	4314.0	15	194		
萧县张庄寨镇	78940	51000	1306.0	13600.0	140	2400		
萧县永堌镇	29763	20151	2439.0	4336.0	21	1460		
萧县白土镇	26244	18159	1392.0	4521.0	28	1779		
萧县官桥镇	18265	14026	676.0	3785.0	22	1320		
灵璧县灵城镇	105100	66463	4024.7	10950.0	387	7875	36	970

附录3　续表4　continued

镇　　Town	常住人口 (人) Population of Permanent Residents (person)	从业人员 (人) Practitioners (person)	公共财政收入 (万元) Public Finance Income (10000 yuan)	农作物播种面积 (公顷) Crop Planting Area (hectares)	工业企业个数 (个) Number of Industrial Enterprises (unit)	工业企业从业人员 (人) Industrial Companies from Personnel of Course of Study (person)	建筑业企业个数 (个) Number of Construction Enterprises (unit)	建筑业企业从业人员数 (人) Construction Enterprise Employees (person)
灵璧县韦集镇	51199	33984	486.4	13913.0	26	680		
灵璧县黄湾镇	46770	32752	517.0	17116.0	9	260		
灵璧县娄庄镇	78682	42488	560.1	23631.0	23	697		
灵璧县杨疃镇	70026	29142	517.9	19795.0	14	3758	1	1713
灵璧县尹集镇	66912	66912	559.5	15620.0	15	1896	1	2
灵璧县浍沟镇	53724	33712	398.6	7398.0	7	214	1	37
灵璧县尤集镇	55280	29880	656.3	11086.0	37	1560	26	503
灵璧县下楼镇	68280	40460	944.3	15345.0	34	2102	4	870
灵璧县朝阳镇	71547	46382	606.5	12976.0	32	1670	1	170
灵璧县渔沟镇	64996	24110	1798.0	11857.3	60	1104	1	4
灵璧县高楼镇	70322	44182	460.9	14264.0	55	3130		4650
灵璧县冯庙镇	77140	30839	1006.6	16372.0	41	731	2	43
泗县泗城镇	94830	63589	2445.0	7813.0	80	3435	12	5271
泗县墩集镇	35600	24600	310.0	13369.0	15	310		
泗县丁湖镇	56725	32589	278.0	19775.0	4	50		
泗县草沟镇	69094	39375	680.0	19476.0	30	900		
泗县长沟镇	45360	23774	760.0	11785.0	48	2162		
泗县黄圩镇	63604	36000	5117.0	11431.0	61	7000		
泗县大庄镇	64297	37507	2700.0	11262.0	24	1126		
泗县山头镇	65660	38075	830.0	10888.0	260	3200		
泗县刘圩镇	47840	33389	977.0	7929.0	17	1500	3	230
泗县黑塔镇	73586	43213	380.0	20581.0	158	3842		
泗县草庙镇	18089	11089	320.0	6852.0	19	310		
泗县屏山镇	64042	40117	360.0	16524.0	20	1450		
蚌埠市龙子湖区长淮卫镇	38356	27596	783.0	7687.0	107	2380		
蚌埠市禹会区秦集镇	63648	47736	7442.0	8657.0	231	3356		
蚌埠市禹会区马城镇	89404	63627	2452.0	15438.0	139	4152		
蚌埠市淮上区小蚌埠镇	56595	29564	32400.0	2978.0	138	5896	3	12
蚌埠市淮上区吴小街镇	32361	12642	9600.0	3040.0	96	3011	9	120
蚌埠市淮上区曹老集镇	49277	29125	2600.0	10029.0	39	480	5	59
蚌埠市淮上区梅桥镇	46765	28971	2420.0	6576.0	19	850		
怀远县城关镇	173369	109423	51398.0	7172.0	180	8558	32	3687
怀远县鲍集镇	84637	56191	3110.0	18664.0	18	863	4	70
怀远县龙亢镇	65904	36022	4627.0	11349.0	19	1054	1	65
怀远县河溜镇	67969	48723	2011.0	12289.0	13	765	1	95
怀远县常坟镇	100174	53189	3404.0	15770.0	64	2784	4	316
怀远县双桥集镇	60361	33708	2028.0	14370.0	9	411		
怀远县魏庄镇	47693	33385	1500.0	11643.0	14	719		
怀远县万福镇	55190	36010	754.0	12582.0	5	110		
怀远县唐集镇	67325	42666	1621.0	17487.0	29	1059		
五河县城关镇	108108	71442	18852.0	8284.0	125	2520	6	1345
五河县新集镇	51533	32659	1820.0	12542.0	7	763		
五河县沫河口镇	73078	37294	5290.0	18929.0	25	395	4	79
五河县小溪镇	28936	21808	1354.0	9006.0	19	1894		
五河县双忠庙镇	56611	11953	1419.0	12595.0	28	679		
五河县小圩镇	45213	25804	959.0	8875.0	17	1122		
五河县东刘集镇	67032	38540	1810.0	23551.0	12	235		
五河县头铺镇	55596	23821	2523.0	9494.0	16	325		
五河县大新镇	29757	18180	1073.0	7311.0	9	260		
五河县武桥镇	30313	20698	752.0	9571.0	31	650		
五河县朱顶镇	49651	25742	2043.0	8656.0	15	406		

附录3　续表5　continued

镇　　Town	常住人口（人）Population of Permanent Residents (person)	从业人员（人）Practitioners (person)	公共财政收入（万元）Public Finance Income (10000 yuan)	农作物播种面积（公顷）Crop Planting Area (hectares)	工业企业个数（个）Number of Industrial Enterprises (unit)	工业企业从业人员（人）Industrial Companies from Personnel of Course of Study (person)	建筑业企业个数（个）Number of Construction Enterprises (unit)	建筑业企业从业人员数（人）Construction Enterprise Employees (person)
五河县浍南镇	56846	15792	1521.0	20935.0	19	289		
五河县申集镇	51884	24853	1347.0	12422.0	8	166		
固镇县城关镇	110859	40198	23145.1	12176.0	582	31525	23	2956
固镇县王庄镇	37892	22764	1513.1	11231.0	8	745	3	375
固镇县新马桥镇	52450	35179	4799.8	13405.0	75	1520	5	802
固镇县连城镇	49059	26006	4412.5	8664.0	226	10523	3	396
固镇县刘集镇	59550	33224	2673.2	18274.0	45	6510	2	453
固镇县任桥镇	56740	34002	1681.9	15774.0	7	287	3	756
固镇县湖沟镇	50945	35659	1999.7	14358.0	29	3753	4	297
固镇县濠城镇	32220	13547	565.6	10482.0	10	194	2	245
阜阳市颍州区王店镇	65449	27084	902.0	9078.0	32	763		
阜阳市颍州区程集镇	45816	22679	2203.0	7029.0	67	2452		
阜阳市颍州区三合镇	38898	17171	730.0	6692.0	12	176	3	68
阜阳市颍州区西湖镇	34005	20496	708.0	5714.0	8	367		
阜阳市颍州区九龙镇	41984	26672	618.0	6627.0	9	387	9	324
阜阳市颍州区三十里铺镇	41867	22609	1100.0	5844.0	6	761		
阜阳市颍州区袁集镇	51485	26025	398.0	6083.0	21	790		
阜阳市颍东区口孜镇	77511	35976	958.0	9931.0	14	265		
阜阳市颍东区插花镇	83890	41607	1982.0	10862.0	17	546	1	76
阜阳市颍东区袁寨镇	66499	33610	1035.0	5642.0	17	377	1	17
阜阳市颍东区枣庄镇	43186	24172	1081.0	8142.0	9	188		75
阜阳市颍东区老庙镇	42867	21708	900.0	7175.0	10	213	1	70
阜阳市颍东区正午镇	46812	19071	969.0	7837.0	8	194	1	34
阜阳市颍东区杨楼孜镇	40828	24783	1036.0	4745.0	25	525		
阜阳市颍东区新乌江镇	47168	27000	730.0	8104.0	25	990		
阜阳市颍泉区伍明镇	116288	73879	952.0	16810.0	291	2846	1	125
阜阳市颍泉区宁老庄镇	96988	57708	3535.0	13328.8	70	1923		
阜阳市颍泉区闻集镇	126977	69907	1321.0	17032.0	122	9676	1	420
阜阳市颍泉区行流镇	105400	52060	1590.0	16080.0	135	3220	3	1500
临泉县城关镇	184941	92121	7383.0	4390.0	150	7520	38	7579
临泉县杨桥镇	65953	30351	821.0	6420.0	22	573		
临泉县同城镇	62076	35882	5862.0	5876.0	32	1278	1	82
临泉县谭棚镇	62608	43716	508.0	8127.0	50	420		
临泉县老集镇	70921	35020	518.0	8206.0	73	2430	1	162
临泉县滑集镇	76861	40992	830.0	9125.0	12	420		
临泉县吕寨镇	59009	37620	620.0	7520.0	6	89		
临泉县单桥镇	62108	31279	389.0	7449.0	8	276	1	230
临泉县长官镇	82801	40473	652.0	10661.0	14	284		
临泉县宋集镇	88210	56541	460.0	11060.0	7	123		
临泉县张新镇	57663	35999	485.0	7386.0	16	242	1	175
临泉县艾亭镇	76667	39969	897.0	9658.0	49	573		
临泉县陈集镇	67948	35650	238.0	8783.0	19	337		
临泉县韦寨镇	89013	47415	536.0	8819.0	56	1386	2	429
临泉县迎仙镇	75057	36102	570.0	8697.0	7	271		
临泉县瓦店镇	62560	38370	427.0	7594.0	9	497		
临泉县姜寨镇	70725	38189	465.0	7189.0	26	700		
临泉县庙岔镇	68821	37916	570.0	8244.0	9	410		
临泉县黄岭镇	75738	39743	462.0	8998.0	3	185		
临泉县白庙镇	55196	28323	460.0	6168.0	15	963	2	345
临泉县关庙镇	68960	32701	594.0	8220.0	2	80		
太和县城关镇	201821	103103	18721.0	3273.0	98	15187	6	2688

附录3 续表6 continued

镇 Town	常住人口（人）Population of Permanent Residents (person)	从业人员（人）Practitioners (person)	公共财政收入（万元）Public Finance Income (10000 yuan)	农作物播种面积（公顷）Crop Planting Area (hectares)	工业企业个数（个）Number of Industrial Enterprises (unit)	工业企业从业人员（人）Industrial Companies from Personnel of Course of Study (person)	建筑业企业个数（个）Number of Construction Enterprises (unit)	建筑业企业从业人员数（人）Construction Enterprise Employees (person)
太和县旧县镇	57253	28875	2799.0	7322.0	10	1128	12	249
太和县税镇镇	48923	22006	353.0	5050.0	26	989	5	165
太和县皮条孙镇	25610	17759	560.0	3180.0	168	4210	2	160
太和县原墙镇	59230	35500	417.0	8410.0	37	780	2	800
太和县倪邱镇	56294	28532	1480.0	8985.0	33	1006	1	400
太和县李兴镇	71153	38351	1072.0	9355.0	26	3395		
太和县大新镇	54074	32820	2722.0	7896.0	38	2248		
太和县肖口镇	56689	33899	11726.0	7286.0	59	3164		
太和县关集镇	51210	34159	2835.0	7985.0	12	466		
太和县三塔镇	68564	40864	1189.0	11060.0	38	1125		
太和县双浮镇	48232	29499	655.0	6650.0	17	551		
太和县蔡庙镇	32145	18532	262.0	5353.0	36	1685	1	125
太和县三堂镇	48488	32507	800.0	8464.0	52	776		
太和县苗老集镇	44840	23040	2194.0	8934.0	15	1671		
太和县赵庙镇	55453	36328	315.0	8142.0	43	1320		
太和县宫集镇	45822	27564	74.5	8134.0	15	1260	2	667
太和县坟台镇	85880	54117	1305.0	15624.0	15	255	5	165
太和县洪山镇	65323	40290	185.0	11079.0	12	1580	1	86
太和县清浅镇	40990	17001	262.0	6375.0	13	360	10	276
太和县五星镇	44884	28827	1919.0	5479.0	39	745		
太和县高庙镇	24852	14174	132.0	3455.0	25	540		
太和县桑营镇	40642	22218	157.0	7465.0	11	319		
太和县大庙集镇	53490	37230	182.0	7024.0	31	864		
太和县阮桥镇	46486	29021	521.0	7940.0	22	390	4	270
太和县双庙镇	52310	29608	297.0	7105.0	52	7214	2	354
阜南县方集镇	42804	22558	138.0	3198.0	25	285		
阜南县中岗镇	41133	20952	1288.0	4921.0	46	4060		
阜南县柴集镇	70127	55283	520.0	10735.0	132	1610		
阜南县新村镇	57916	30869	474.0	7853.0	11	436		
阜南县三塔镇	71998	39045	1061.0	8554.0	26	1071		
阜南县朱寨镇	75462	44402	442.0	9131.0	15	151	1	40
阜南县柳沟镇	43053	25323	314.0	6234.0	13	430		
阜南县赵集镇	48420	25026	529.0	7668.0	13	410		
阜南县田集镇	60258	35217	574.0	7376.0	11	430		
阜南县苗集镇	59880	32617	580.0	8574.0	12	140		
阜南县黄岗镇	60289	35641	4120.0	6350.0	44	6269		
阜南县焦陂镇	66150	39535	1825.0	8381.0	33	550		
阜南县张寨镇	56263	35053	414.0	7390.0	7	790		
阜南县王堰镇	41567	28046	380.0	7900.0	6	381		
阜南县地城镇	39204	13186	463.0	5860.0	9	486		
阜南县洪河桥镇	68988	42190	602.0	7076.0	75	1121		
阜南县王家坝镇	33168	16038	239.0	3293.0	6	246		
阜南县王化镇	40325	22916	260.0	5308.0	8	390		
阜南县曹集镇	45633	24533	1050.0	5409.0	26	4665		
阜南县鹿城镇	152362	65940	1040.0	7280.0	180	9700	15	2845
阜南县会龙镇	46117	27830	570.0	7409.0	31	576		
颍上县慎城镇	166357	83740	8306.0	6630.0	122	6640	17	468
颍上县谢桥镇	79231	52919	4312.0	9499.0	190	9730	15	280
颍上县南照镇	51115	31135	986.0	5552.0	81	9858	2	180
颍上县杨湖镇	58033	31385	457.0	5273.0	17	620	5	266
颍上县江口镇	73759	44259	737.0	9223.0	43	1093	1	23

附录3　续表7　continued

镇　　Town	常住人口（人）Population of Permanent Residents (person)	从业人员（人）Practitioners (person)	公共财政收入（万元）Public Finance Income (10000 yuan)	农作物播种面积（公顷）Crop Planting Area (hectares)	工业企业个数（个）Number of Industrial Enterprises (unit)	工业企业从业人员（人）Industrial Companies from Personnel of Course of Study (person)	建筑业企业个数（个）Number of Construction Enterprises (unit)	建筑业企业从业人员数（人）Construction Enterprise Employees (person)
颍上县润河镇	57993	28909	349.0	7462.0	8	310	2	26
颍上县新集镇	46081	22925	293.0	5724.0	6	36		
颍上县六十铺镇	61350	32277	827.0	9458.0	29	616		
颍上县耿棚镇	76317	46053	325.0	9347.0	67	2128	1	32
颍上县半岗镇	46712	27580	296.0	6842.0	20	425	1	30
颍上县王岗镇	40763	23003	419.0	8054.0	10	482	8	283
颍上县夏桥镇	48359	26897	1034.0	8240.0	26	458	4	65
颍上县江店孜镇	48216	23697	360.0	8997.0	9	274		
颍上县陈桥镇	44490	28822	382.0	7504.0	20	1167		
颍上县黄桥镇	70100	26253	608.0	6886.0	37	1508	1	23
颍上县八里河镇	55531	29324	648.0	6268.0	10	620	5	166
颍上县迪沟镇	39546	23332	664.0	5870.0	30	980		
颍上县西三十铺镇	43558	29641	365.0	6248.0	83	267		
颍上县红星镇	34168	16523	317.0	2914.0	16	157		
颍上县十八里铺镇	56382	27125	576.0	6982.0	48	1012	3	82
颍上县鲁口镇	35450	22651	603.0	4638.0	6	160	1	87
颍上县古城镇	46440	21414	1528.0	6473.0	46	8800	1	40
界首市光武镇	57422	34166	12500.0	5410.0	49	6915		
界首市泉阳镇	41890	27056	440.0	5793.0	12	829		
界首市芦村镇	31083	19740	446.0	4892.0	3	80		
界首市新马集镇	46329	25096	663.0	5753.0	15	325		
界首市大黄镇	37638	19350	539.0	4696.0	25	2803		
界首市田营镇	30375	16923	61649.0	3180.0	20	10075		
界首市陶庙镇	85142	32276	469.0	7197.0	33	1420		
界首市王集镇	51829	31490	446.0	6442.0	7	299		
界首市砖集镇	50308	23136	446.0	5365.0	10	600	20	800
界首市顾集镇	39472	32340	707.0	5540.0	6	294		
界首市代桥镇	29619	26074	131.0	4162.0	3	45		
界首市舒庄镇	32215	23309	266.0	4010.0	3	125		
淮南市大通区上窑镇	30528	15605	5910.0	4660.0	165	4510	2	701
淮南市大通区洛河镇	38674	11575	2364.0	2206.0	239	1918	2	963
淮南市大通区九龙岗镇	29682	15620	2661.0	2532.0	130	1421	3	318
淮南市田家庵区舜耕镇	30427	8530	42736.0	661.0	60	835	4	1820
淮南市田家庵区安成镇	32713	27244	51955.0	3467.0	86	3611		
淮南市田家庵区曹庵镇	37269	23862	1927.0	6351.0	75	1321		
淮南市谢家集区望峰岗镇	47365	23230	11340.0	739.0	69	4380		
淮南市谢家集区李郢孜镇	42908	28258	7200.0	938.0	120	7385	3	579
淮南市谢家集区唐山镇	17013	14372	2383.0	1701.0	67	4850	1	176
淮南市谢家集区杨公镇	27450	20010	600.0	6274.0	18	380		
淮南市八公山区八公山镇	19984	5325	15600.0	573.0	135	4100	1	115
淮南市八公山区山王镇	54130	12687	2466.0	1985.0	40	6760	2	130
淮南市潘集区高皇镇	50135	29127	1144.0	8619.0	28	1897		
淮南市潘集区平圩镇	41099	22527	2100.0	4255.0	29	2560	3	532
淮南市潘集区泥河镇	39392	19830	1400.0	5880.0	48	890		
淮南市潘集区潘集镇	35433	23197	1152.0	7854.0	20	2165	1	41
淮南市潘集区芦集镇	61706	27156	1125.0	8757.0	16	325		
淮南市潘集区架河镇	29819	19341	2903.0	4821.0	10	390		
淮南市潘集区夹沟镇	31820	23820	433.0	6608.0	11	550		
淮南市潘集区祁集镇	21865	13653	1320.0	2776.0	13	326		
凤台县城关镇	63331	7323	13300.0		35	539	7	2240
凤台县新集镇	67127	15910	18000.0	7561.0	179	1682	1	1032

附录3 续表8 continued

镇 Town	常住人口（人）Population of Permanent Residents (person)	从业人员（人）Practitioners (person)	公共财政收入（万元）Public Finance Income (10000 yuan)	农作物播种面积（公顷）Crop Planting Area (hectares)	工业企业个数（个）Number of Industrial Enterprises (unit)	工业企业从业人员（人）Industrial Companies from Personnel of Course of Study (person)	建筑业企业个数（个）Number of Construction Enterprises (unit)	建筑业企业从业人员数（人）Construction Enterprise Employees (person)
凤台县朱马店镇	33283	22686	936.0	6964.0	102	2560		
凤台县岳张集镇	65000	37674	46641.0	6865.0	149	2860		
凤台县顾桥镇	30041	19985	5653.0	3679.0	46	1258		
凤台县毛集镇	48416	23843	11147.0	8153.0	44	2531	1	1015
凤台县夏集镇	30364	17619	2436.0	5036.0	31	1463	1	501
凤台县桂集镇	39081	17767	1033.0	6186.0	96	5145		
凤台县焦岗湖镇	44267	26642	976.0	7720.0	11	380		
凤台县凤凰镇	43188	32633	2174.0	7856.0	38	2279	2	463
凤台县杨村镇	38940	21296	1754.0	6058.0	78	1960		
滁州市南谯区乌衣镇	58000	17738	6394.0	11149.0	65	4500		
滁州市南谯区沙河镇	22818	15609	6350.0	8022.0	46	2121		
滁州市南谯区章广镇	27662	10072	2498.0	8852.0				
滁州市南谯区黄泥岗镇	25534	14024	2887.0	6595.0	12	450		
滁州市南谯区珠龙镇	18085	11666	1570.0	5503.0				
滁州市南谯区大柳镇	13050	6800	2100.0	4780.0	24	720	1	30
滁州市南谯区腰铺镇	26691	18309	5362.0	6481.0	234	7656	1	120
滁州市南谯区施集镇	31215	14922	1555.0	8100.0	32	1152		
来安县新安镇	106245	81017	13114.0	10276.0	108	7909	6	3411
来安县半塔镇	67026	46386	2775.0	15039.0	60	4822		
来安县水口镇	51012	32285	5667.0	14328.0	75	1205		
来安县汊河镇	37986	28948	40013.0	8416.0	160	10383		
来安县大英镇	13611	8554	340.0	3969.0	8	476		
来安县雷官镇	23721	18146	616.0	7421.0	13	462		
来安县施官镇	35034	25545	662.0	10197.0	36	795		
来安县舜山镇	27556	20661	758.0	7285.0	13	357		
全椒县襄河镇	122969	55732	51089.0	6456.0	323	7012	13	12112
全椒县古河镇	38106	18134	4026.0	6621.0	126	4416		
全椒县大墅镇	47820	26660	1440.0	8605.0	26	1985	1	126
全椒县二郎口镇	54084	27306	2033.0	11120.0	72	2340		
全椒县武岗镇	21647	9985	1528.0	4647.0	36	3018		
全椒县马厂镇	38312	24161	915.0	6350.0	18	985		
全椒县石沛镇	28244	12053	1020.0	4803.0	37	1080		
全椒县十字镇	39102	17329	19453.0	9956.0	145	3125		
全椒县西王镇	26516	15810	350.0	3165.0	21	568		
全椒县六镇镇	43666	23254	1661.0	10885.0	45	2212		
定远县定城镇	161734	87983	11494.0	16143.0	426	2886	10	10475
定远县炉桥镇	103294	62439	5456.0	15344.0	1432	5211	1	540
定远县永康镇	62223	29599	863.0	10857.0	45	1989		
定远县吴圩镇	71246	41120	463.0	17449.0	11	265		
定远县朱湾镇	22893	18617	65.0	5862.0	18	622		
定远县张桥镇	57437	32184	437.0	15241.0	171	2736	2	22
定远县藕塘镇	54194	26170	293.0	13068.0	90	2850		
定远县池河镇	56320	27328	566.0	13372.0	19	1081		
定远县连江镇	27896	16185	158.0	8072.0	9	720		
定远县界牌集镇	26146	11862	86.0	9851.0	5	48		
定远县仓镇	32105	13255	175.0	9654.0	4	213		
定远县三和集镇	34986	21556	1727.0	7843.0	13	1256		
定远县西卅店镇	37719	21495	1081.0	11337.0	16	3752		
定远县桑涧镇	38663	20516	223.0	12131.0	11	355		
定远县蒋集镇	29104	13487	86.0	7745.0	4	235		
定远县大桥镇	26669	18334	113.0	9498.0	6	75		

附录3　续表9　continued

镇　Town	常住人口（人）Population of Permanent Residents (person)	从业人员（人）Practitioners (person)	公共财政收入（万元）Public Finance Income (10000 yuan)	农作物播种面积（公顷）Crop Planting Area (hectares)	工业企业个数（个）Number of Industrial Enterprises (unit)	工业企业从业人员（人）Industrial Companies from Personnel of Course of Study (person)	建筑业企业个数（个）Number of Construction Enterprises (unit)	建筑业企业从业人员数（人）Construction Enterprise Employees (person)
凤阳县府城镇	140978	81595	3304.0	12021.0	80	3863	27	13084
凤阳县临淮镇	46134	29579	4531.0	2601.0	74	4069	2	42
凤阳县武店镇	61089	39050	1822.0	7526.0	62	1050		
凤阳县西泉镇	40500	21290	1473.0	6626.0	51	1560	1	10
凤阳县官塘镇	38057	22015	877.0	6596.0	12	282		
凤阳县刘府镇	72131	37022	20272.0	13297.0	126	5142	1	12
凤阳县大庙镇	52325	25538	19883.0	12869.0	219	7952		
凤阳县殷涧镇	28109	18951	856.0	8004.0	13	199		
凤阳县总铺镇	51230	30190	1340.0	14535.0	30	510		
凤阳县红心镇	38406	21592	482.0	10272.0	8	156		
凤阳县板桥镇	65164	34093	9668.0	13620.0	44	6100		
凤阳县大溪河镇	31425	13930	525.0	9042.0	15	485		
凤阳县小溪河镇	53636	29747	2426.0	14659.0	41	2122	1	26
凤阳县枣巷镇	28753	14796	551.0	6081.0	2	12		
天长市铜城镇	73587	52982	32798.0	17338.0	284	14654	3	141
天长市汊涧镇	59780	28311	12163.0	11742.0	128	6611	3	85
天长市秦栏镇	60982	50462	10272.0	8122.0	442	8315		
天长市大通镇	41609	23740	1421.0	11124.0	82	2234		
天长市杨村镇	40718	23380	8912.0	7899.0	152	6489		
天长市石梁镇	32372	24308	3609.0	6315.0	77	2417	1	12
天长市金集镇	40605	20136	4566.0	6998.0	162	4092		
天长市永丰镇	24820	16232	3529.0	5936.0	188	4551	3	43
天长市仁和集镇	41940	25533	4321.0	8378.0	180	5861	1	30
天长市冶山镇	33817	20175	4892.0	5879.0	120	4374		
天长市郑集镇	23053	12905	2270.0	3967.0	54	2152		
天长市张铺镇	32408	21011	1799.0	9173.0	72	2153		
天长市新街镇	24903	14667	1500.1	5438.0	58	3980	1	55
天长市万寿镇	14451	9384	3210.0	2705.0	44	2423		
明光市张八岭镇	27352	17116	867.0	5283.0	18	1356		
明光市三界镇	19421	11141	779.0	3509.0	9	460		
明光市管店镇	17053	9031	1024.0	2849.0	28	1105		
明光市自来桥镇	30611	15883	680.0	5121.0	9	317		
明光市涧溪镇	51670	27787	1571.0	10334.0	51	1653		
明光市石坝镇	51504	32853	1265.0	11883.0	32	707		
明光市苏巷镇	24636	9783	1097.0	7694.0	12	849		
明光市桥头镇	31909	17094	1324.0	8416.0	14	764		
明光市女山湖镇	43023	23424	1721.0	7951.0	17	1020		
明光市古沛镇	30434	17035	1174.0	8022.0	15	668		
明光市潘村镇	65512	31639	1478.0	11370.0	17	860		
明光市柳巷镇	29470	15597	431.0	5828.0	3	93		
六安市金安区木厂镇	42382	25073	1327.0	6736.9	9	1300	1	17
六安市金安区马头镇	35003	24022	485.0	5267.2	12	361		
六安市金安区东桥镇	31242	22428	768.0	8454.0	6	1355	1	1200
六安市金安区张店镇	54295	43286	1250.0	7090.0	9	151		
六安市金安区毛坦厂镇	24017	6999	1531.0	621.0	27	1514	3	235
六安市金安区东河口镇	49659	21265	700.0	6350.7	12	790		
六安市金安区双河镇	46228	36198	1010.0	6334.0	18	550		
六安市金安区施桥镇	58291	30153	755.0	7649.9	245	4000	5	486
六安市金安区孙岗镇	57143	39412	1417.0	10027.0	28	2100		
六安市金安区三十铺镇	82399	36855	13240.0	9935.0	143	5912	3	785
六安市金安区椿树镇	21788	13045	1070.0	6943.0	27	1080	1	28

附录3　续表10　continued

镇　　Town	常住人口（人）Population of Permanent Residents (person)	从业人员（人）Practitioners (person)	公共财政收入（万元）Public Finance Income (10000 yuan)	农作物播种面积（公顷）Crop Planting Area (hectares)	工业企业个数（个）Number of Industrial Enterprises (unit)	工业企业从业人员（人）Industrial Companies from Personnel of Course of Study (person)	建筑业企业个数（个）Number of Construction Enterprises (unit)	建筑业企业从业人员数（人）Construction Enterprise Employees (person)
六安市裕安区苏埠镇	42268	42004	3395.1	4387.6	60	8260	2	86
六安市裕安区韩摆渡镇	51618	28764	638.7	4561.0	20	460		
六安市裕安区新安镇	82096	45058	4580.0	6447.0	58	8200	5	8700
六安市裕安区顺河镇	49119	24477	960.2	9090.6	17	1273	2	162
六安市裕安区独山镇	79981	43370	4360.0	6342.5	102	326	10	67
六安市裕安区石婆店镇	31913	21848	484.0	4377.0	16	743		
六安市裕安区城南镇	40215	20376	18300.0	3561.0	42	920	1	1030
六安市裕安区丁集镇	30189	22386	2050.0	8514.0	21	1625	9	682
六安市裕安区固镇镇	36344	28606	2100.0	7138.0	46	1380		
六安市裕安区徐集镇	32173	19748	2498.0	4880.0	11	1250	5	475
六安市裕安区分路口镇	51102	27909	3740.0	7312.3	26	935	8	513
六安市裕安区江家店镇	43909	34060	1410.0	7673.0	22	2700	4	300
寿县寿春镇	62319	36435	8100.0	5961.0	340	7800	8	96
寿县双桥镇	44870	31880	872.0	10695.0	28	858		
寿县涧沟镇	50221	38683	897.0	10762.0	10	620	1	20
寿县丰庄镇	44948	23051	865.0	3631.0	20	1165	1	105
寿县正阳关镇	46752	37459	2521.0	11661.0	8	2854	1	75
寿县迎河镇	41652	35506	1655.0	9510.0	18	565		
寿县板桥镇	45057	39723	1285.0	6921.0	3	620		
寿县安丰塘镇	44552	30117	630.1	9300.0	9	404	1	6
寿县堰口镇	64126	39704	1995.0	10461.0	38	1680	6	1500
寿县保义镇	60966	34909	1199.6	11285.0	29	468		
寿县隐贤镇	40832	16056	754.0	3612.0	192	4221		
寿县安丰镇	67619	48776	3761.0	15047.0	23	520	3	730
寿县众兴镇	55620	31019	1235.3	12045.0	32	851		
寿县茶庵镇	24445	18277	603.0	7186.0	20	848		
寿县三觉镇	55490	38225	1100.0	11814.0	121	1872		
寿县炎刘镇	72000	44127	2312.0	14451.0	47	3000	7	650
寿县刘岗镇	40880	23208	905.5	12980.0	13	786	3	110
寿县双庙集镇	23300	18595	780.0	9513.0	25	1623	2	560
寿县小甸镇	51318	49735	1202.7	12995.8	22	976	4	167
寿县瓦埠镇	21133	15725	615.0	4391.0	4	404	2	260
寿县大顺镇	39947	26614	738.0	8080.0	38	1346	2	140
霍邱县城关镇	155610	56369	7169.0	5883.0	45	10829	18	9232
霍邱县河口镇	27626	18442	780.0	3320.0	23	358	2	56
霍邱县周集镇	86692	36582	1512.8	10968.0	186	4150	2	83
霍邱县临水镇	61345	39691	2052.0	9310.0	48	786	3	231
霍邱县新店镇	75069	42514	2144.0	13253.0	25	3412	2	529
霍邱县石店镇	56477	30264	1214.0	10726.0	117	3217	1	149
霍邱县马店镇	37240	20346	1794.0	5931.0	26	526		
霍邱县孟集镇	42096	39513	1169.0	12206.0	201	3010	14	330
霍邱县花园镇	42884	22920	1178.3	5931.0	89	3220	24	188
霍邱县扈胡镇	66285	55364	920.0	10866.0	176	4656		
霍邱县长集镇	36127	31420	928.0	3861.0	15	436		
霍邱县洪集镇	43968	21255	593.0	7707.0	960	9600		
霍邱县姚李镇	58198	34045	2984.8	6517.0	70	3600		
霍邱县乌龙镇	41669	25122	1198.0	8481.0	7	367		
霍邱县高塘镇	50796	28116	1384.0	9328.0	202	6816	2	1100
霍邱县龙潭镇	43698	23534	1010.0	6194.2	309	9692	1	82
霍邱县岔路镇	28894	20910	555.8	6915.0	9	460		
霍邱县冯井镇	51991	30135	1194.0	7248.0	18	1415		

附录3　续表11　continued

镇　　Town	常住人口（人）Population of Permanent Residents (person)	从业人员（人）Practitioners (person)	公共财政收入（万元）Public Finance Income (10000 yuan)	农作物播种面积（公顷）Crop Planting Area (hectares)	工业企业个数（个）Number of Industrial Enterprises (unit)	工业企业从业人员（人）Industrial Companies from Personnel of Course of Study (person)	建筑业企业个数（个）Number of Construction Enterprises (unit)	建筑业企业从业人员数（人）Construction Enterprise Employees (person)
霍邱县众兴集镇	39027	14261	1500.0	4308.0	7	160	1	200
霍邱县夏店镇	39548	21571	1425.0	6134.0	166	2036	8	99
霍邱县曹庙镇	28807	22231	650.0	4737.0	51	618		
霍邱县范桥镇	41224	26764	1431.0	8967.0	296	6215	36	3210
霍邱县潘集镇	53943	35167	559.0	10945.0	21	1252	15	575
舒城县城关镇	193273	123597	12610.0	9550.0	222	10583	41	32650
舒城县晓天镇	26251	21458	522.0	2385.0	38	1048	2	840
舒城县桃溪镇	29942	16261	5945.0	5342.0	57	8700	1	360
舒城县万佛湖镇	41400	20709	1263.0	3840.0	36	627	8	1346
舒城县千人桥镇	54802	30398	1420.0	6250.0	43	2845	2	1466
舒城县百神庙镇	43632	26044	944.0	7107.0	25	950	1	3445
舒城县杭埠镇	55741	31510	6118.0	8349.0	77	6900	1	400
舒城县舒茶镇	32900	13915	951.0	3488.0	27	1273	2	306
舒城县南港镇	41513	29577	1086.0	5966.0	85	2033	2	31
舒城县干汊河镇	35569	30127	1297.0	6611.0	83	5920	5	580
舒城县张母桥镇	33243	20490	464.0	3590.0	23	985	1	25
舒城县五显镇	21991	15487	413.0	2514.0	32	2998	1	23
舒城县山七镇	34652	19357	242.0	1426.0	5	52	2	36
舒城县河棚镇	13600	12201	209.0	1381.0	15	260	1	50
舒城县汤池镇	49086	40362	345.0	4178.0	12	360	6	680
金寨县梅山镇	126810	69745	6170.0	3918.0	3310	13270	6	5102
金寨县麻埠镇	15909	7361	837.0	89.0	296	2827		
金寨县青山镇	18087	9230	908.0	875.0	38	1848	1	128
金寨县燕子河镇	29950	13962	1684.0	4340.0	48	930		
金寨县天堂寨镇	14297	7257	1928.5	2160.0	11	89	1	30
金寨县古碑镇	38837	10691	1465.0	40935.0	469	2969	1	145
金寨县吴家店镇	18529	8432	621.0	2876.4	15	48		
金寨县斑竹园镇	22215	12305	1049.7	3226.3	17	456	1	20
金寨县汤家汇镇	34198	19633	1105.0	4358.0	31	1012	3	123
金寨县南溪镇	48679	24275	1052.0	1780.0	21	2115		537
金寨县双河镇	26866	11733	750.0	1985.0	31	573		
金寨县白塔畈镇	38168	24914	1114.0	4932.0	16	3200	1	60
霍山县衡山镇	81294	25685	31071.0	1841.0	107	7528	12	1650
霍山县佛子岭镇	18164	11502	1722.0	710.0	10	1120	1	60
霍山县下符桥镇	19342	8922	1242.6	2935.0	17	576		
霍山县但家庙镇	16371	9918	1034.4	2858.0	18	850	1	856
霍山县与儿街镇	38560	17611	2150.0	3579.0	48	1150		
霍山县黑石渡镇	26413	13794	1217.7	1555.0	49	2572		
霍山县诸佛庵镇	31047	14929	2042.5	1888.0	19	1780		
霍山县落儿岭镇	10025	4912	2280.9	495.0	73	1720		
霍山县磨子潭镇	10220	7435	1179.9	1365.0	39	216		
霍山县大化坪镇	18960	13360	542.3	1467.0	52	252	10	160
霍山县漫水河镇	19029	11573	327.0	1916.0				
霍山县上土市镇	17492	10867	236.2	1402.0	3	17	1	7
马鞍山市雨山区向山镇	56212	10101	28270.0	1704.0	267	12238	3	427
马鞍山市博望区博望镇	88114	69585	8427.0	6533.7	830	20130	3	85
马鞍山市博望区丹阳镇	57055	33417	18000.0	7427.0	186	7370	9	129
马鞍山市博望区新市镇	41118	22807	13200.0	4113.5	204	2730	3	500
当涂县姑孰镇	141491	99132	45800.0	5314.0	218	5237	50	1127
当涂县黄池镇	39044	33633	11800.0	6754.0	75	3500	15	1000
当涂县乌溪镇	22100	11602	5321.0	3210.0	62	4200	1	1320

附录3　续表12　continued

镇　　Town	常住人口（人）Population of Permanent Residents (person)	从业人员（人）Practitioners (person)	公共财政收入（万元）Public Finance Income (10000 yuan)	农作物播种面积（公顷）Crop Planting Area (hectares)	工业企业个数（个）Number of Industrial Enterprises (unit)	工业企业从业人员（人）Industrial Companies from Personnel of Course of Study (person)	建筑业企业个数（个）Number of Construction Enterprises (unit)	建筑业企业从业人员数（人）Construction Enterprise Employees (person)
当涂县石桥镇	48632	27920	12171.0	8789.0	120	10725	13	3171
当涂县塘南镇	33270	16878	2490.0	4951.0	40	1796	1	15
当涂县护河镇	30822	16179	4089.0	6067.0	55	2260	8	392
当涂县太白镇	37956	22468	11016.0	5427.0	248	5813	46	1702
当涂县年陡镇	39360	21812	38581.0	7273.0	214	4972	33	297
含山县环峰镇	157541	110285	33531.0	11482.0	174	13301	3	150
含山县运漕镇	46667	21295	5035.0	7097.0	12	2683	8	1100
含山县铜闸镇	31477	23600	4127.0	3541.0	55	3758	2	312
含山县陶厂镇	41168	15073	2560.0	4348.0	34	1456		
含山县林头镇	78720	41305	32817.0	7500.0	294	9215	3	430
含山县清溪镇	59311	42519	13232.0	5848.0	106	3868	1	15
含山县仙踪镇	65398	50503	13237.0	9269.0	19	2992	1	13
含山县昭关镇	21085	13800	1591.0	4750.0	10	650	2	350
和县历阳镇	140236	78482	22400.0	15013.0	131	7560	9	175
和县白桥镇	42882	32676	8881.0	6572.0	47	881		
和县姥桥镇	65711	31512	3928.0	10275.0	28	810		
和县功桥镇	42207	36056	3541.0	6817.0	9	123		
和县西埠镇	39236	24613	1970.0	12127.0	68	1451	2	89
和县香泉镇	29316	25008	4030.0	140723.0	65	207	2	121
和县乌江镇	65241	40031	33211.0	11453.0	114	13186	3	483
和县善厚镇	34056	19946	5300.0	7384.0	20	108	1	20
和县石杨镇	41671	27504	28200.0	6602.0	56	2217		
芜湖市鸠江区沈巷镇	87135	77016	10100.0	15805.0	85	2074		
芜湖市鸠江区二坝镇	46456	31914	522.0	4762.0	72	1520		
芜湖市鸠江区汤沟镇	63685	21877	1521.0	11137.0	74	1527		
芜湖市三山区峨桥镇	56121	34716	1929.0	4529.0	40	1351		
芜湖县湾沚镇	115140	82651	31323.0	13944.0	139	2988	41	684
芜湖县六郎镇	82739	57739	32500.0	11977.0	191	5891	4	187
芜湖县陶辛镇	52921	26687	16500.0	9574.0	75	1752	7	340
芜湖县红杨镇	55268	39262	13956.7	11174.0	10	154		
芜湖县花桥镇	39015	26651	13346.0	7643.0	20	457	1	31
繁昌县繁阳镇	96904	45323	33879.0	3613.0	113	4852	13	8893
繁昌县荻港镇	40089	27375	38088.0	2580.0	99	7789		
繁昌县孙村镇	57375	43100	38533.0	4755.0	392	23116	1	148
繁昌县平铺镇	31246	19485	5034.0	5990.0	21	848	1	190
繁昌县新港镇	16018	12176	19473.0	875.0	50	5852		
繁昌县峨山镇	23904	14247	7538.0	2171.0	62	3250		
南陵县籍山镇	136505	53805	32595.0	14041.0	170	3379	19	23649
南陵县许镇镇	109907	75611	16143.4	18234.0	137	18600	2	8600
南陵县弋江镇	104784	89407	15500.0	17197.0	165	3450		
南陵县三里镇	37623	28684	6893.0	6595.0	65	1918	9	1180
南陵县何湾镇	44974	24702	4135.0	7785.0	24	1250		
南陵县工山镇	57429	40822	4370.0	8324.0	65	1175		
南陵县烟墩镇	20466	8679	2508.0	3209.0	26	304		
南陵县家发镇	30441	18583	4538.0	6057.0	72	3742	1	650
无为县无城镇	226109	53345	40800.0	8264.0	164	13256	168	11670
无为县襄安镇	58538	32677	2908.0	6608.0	31	827	4	829
无为县陡沟镇	68295	30065	1693.0	10863.0	36	1196	2	26
无为县石涧镇	77208	42121	10000.0	9398.0	145	2590	2	41
无为县严桥镇	65136	31472	1958.0	9698.0	76	3519	1	176
无为县开城镇	63175	49024	1180.4	8000.0	24	934	6	419
无为县蜀山镇	49295	31259	1461.4	9021.0	40	704	4	357

附录3 续表13 continued

镇 Town	常住人口（人）Population of Permanent Residents (person)	从业人员（人）Practitioners (person)	公共财政收入（万元）Public Finance Income (10000 yuan)	农作物播种面积（公顷）Crop Planting Area (hectares)	工业企业个数（个）Number of Industrial Enterprises (unit)	工业企业从业人员（人）Industrial Companies from Personnel of Course of Study (person)	建筑业企业个数（个）Number of Construction Enterprises (unit)	建筑业企业从业人员数（人）Construction Enterprise Employees (person)
无为县牛埠镇	45011	32404	3911.0	7531.0	51	1280	8	530
无为县刘渡镇	39037	29099	1079.4	3378.0	9	1015		
无为县姚沟镇	31259	19785	4874.8	3667.0	46	4708	10	120
无为县泥汊镇	67142	40002	20400.0	11395.0	156	8360	3	245
无为县白茆镇	69230	54306	1744.6	11162.0	56	130	4	127
无为县福渡镇	40743	22181	5030.0	5735.0	25	3160	4	420
无为县泉塘镇	57962	44941	1743.5	8313.6	58	2945	7	160
无为县赫店镇	37690	15198	1044.0	5273.0	43	823	2	148
无为县红庙镇	44337	17685	992.0	5285.0	29	1956		
无为县高沟镇	49938	33464	10865.0	3666.0	223	16370	4	1920
宣城市宣州区水阳镇	90316	55614	10989.0	9285.0	63	4422		
宣城市宣州区狸桥镇	66173	53978	18000.0	12013.0	185	4923	22	322
宣城市宣州区沈村镇	39490	25418	2850.0	8819.0	21	438	1	4
宣城市宣州区古泉镇	13038	10088	2400.0	6226.0	40	2645	3	125
宣城市宣州区洪林镇	43759	25923	5185.0	8501.0	45	1420		
宣城市宣州区寒亭镇	20256	10829	1893.0	6688.0	37	1050	3	13
宣城市宣州区文昌镇	20506	14413	1363.0	2456.0	16	4621	1	3
宣城市宣州区孙埠镇	54220	31772	26785.0	7027.0	136	5418	1	17
宣城市宣州区向阳镇	44993	21167	5954.0	8852.0	60	2226	4	162
宣城市宣州区杨柳镇	36751	23800	2560.0	8195.0	33	539	1	80
宣城市宣州区水东镇	32417	13947	14337.0	3261.0	65	1699	2	33
宣城市宣州区新田镇	19975	10220	474.9	3142.0	15	576		
宣城市宣州区周王镇	19174	10441	2593.0	2834.0	25	515	1	6
宣城市宣州区溪口镇	24953	15721	1316.0	1286.0	14	430		
郎溪县建平镇	112968	49673	28636.0	5266.0	54	1871	8	1776
郎溪县十字镇	38352	19559	15547.0	8157.0	138	4739	1	150
郎溪县新发镇	26784	15473	2363.7	6489.0	67	2045	1	105
郎溪县涛城镇	26576	19035	7809.0	2373.0	69	2077		
郎溪县梅渚镇	23589	13131	1498.0	5682.0	78	2108	2	1637
郎溪县毕桥镇	19850	10077	973.0	4251.0	21	623	2	50
郎溪县飞鲤镇	42043	17630	1363.2	7259.0	45	860		
广德县桃州镇	132888	86400	14601.0	4212.0	245	23178	11	8345
广德县柏垫镇	47215	26705	2322.0	1649.0	121	1569		
广德县誓节镇	71976	58230	8079.0	11929.0	52	2950		
广德县邱村镇	76535	49669	11237.0	12656.0	1985	7753	3	20
广德县新杭镇	77463	43925	48063.0	8329.0	389	21843	3	476
泾县泾川镇	106544	47182	22777.0	2767.3	279	13126	40	5433
泾县茂林镇	16033	10033	3326.0	3573.0	24	837		
泾县榔桥镇	26297	21874	4133.0	4754.0	49	4619		
泾县桃花潭镇	30502	14818	1580.0	5153.9	38	645		
泾县琴溪镇	17474	15487	2397.0	3255.0	53	1226	3	114
泾县蔡村镇	14576	10902	694.0	1693.0	25	575		
泾县云岭镇	38463	18878	7414.0	6411.0	158	949		
泾县黄村镇	17077	12577	673.0	4303.0	23	897		
泾县丁家桥镇	16395	10910	2424.2	3184.0	67	3765		
绩溪县华阳镇	48126	15227	4067.0	859.0	195	6192	26	3622
绩溪县临溪镇	10025	6085	705.0	1348.0	56	1344		
绩溪县长安镇	22911	11829	314.0	1457.0	40	578	1	677
绩溪县上庄镇	14385	12460	590.0	1579.0	33	3152		
绩溪县扬溪镇	12618	7029	151.0	1413.0	22	410	2	21
绩溪县伏岭镇	20477	10915	42.0	2338.0	21	299	7	313
绩溪县金沙镇	7226	5465	212.0	745.0	15	362		

附录3　续表14　continued

镇　　Town	常住人口（人）Population of Permanent Residents (person)	从业人员（人）Practitioners (person)	公共财政收入（万元）Public Finance Income (10000 yuan)	农作物播种面积（公顷）Crop Planting Area (hectares)	工业企业个数（个）Number of Industrial Enterprises (unit)	工业企业从业人员（人）Industrial Companies from Personnel of Course of Study (person)	建筑业企业个数（个）Number of Construction Enterprises (unit)	建筑业企业从业人员数（人）Construction Enterprise Employees (person)
绩溪县瀛洲镇	8288	5460	305.0	1139.0	16	498		
旌德县旌阳镇	45926	26174	3882.7	3207.0	128	1920	5	1133
旌德县蔡家桥镇	15553	8521	1378.8	2465.0	22	260		
旌德县三溪镇	13416	8316	1099.0	2352.0	27	5896		
旌德县庙首镇	11089	7122	1689.0	1672.0	40	446		
旌德县白地镇	14100	7357	460.9	2279.0	19	960		
旌德县俞村镇	12187	6295	610.0	2153.0	8	161		
宁国市港口镇	33856	18225	6758.8	2658.0	53	5088	5	65
宁国市梅林镇	22195	14827	1627.9	1593.0	116	3130		
宁国市中溪镇	21287	14499	8000.0	2321.0	139	7500	1	21
宁国市宁墩镇	11960	7510	579.0	933.0	43	2170		
宁国市仙霞镇	20805	8419	1400.0	1889.0	20	1056		
宁国市甲路镇	12897	9982	1612.0	954.0	29	516		
宁国市胡乐镇	11374	6788	2060.0	385.0	30	453		
宁国市霞西镇	21562	13452	241.3	1487.0	6	210	1	12
铜陵市狮子山区西湖镇	21575	14954	7061.0	1359.0	69	1513	6	346
铜陵市郊区铜山镇	12360	7416	2316.0	1311.0	25	1782	1	1211
铜陵市郊区大通镇	26705	14812	8140.0	1376.0	57	4209	6	108
铜陵县五松镇	35263	2937	1582.0		151	996	14	5819
铜陵县顺安镇	49531	25010	2780.0	3041.0	132	9545	1	52
铜陵县钟鸣镇	47595	24727	2380.0	4596.0	89	7860	11	1980
铜陵县天门镇	44761	26621	1015.0	5108.0	462	5981	5	55
池州市贵池区殷汇镇	48658	33012	731.0	5492.0	18	800	1	120
池州市贵池区牛头山镇	41504	22892	1708.0	7583.0	53	2600	1	50
池州市贵池区涓桥镇	32389	19393	2400.0	3981.0	60	1290	1	42
池州市贵池区梅街镇	22511	10674	4001.0	1090.0	79	2675	3	18
池州市贵池区梅村镇	27278	14045	950.0	1968.0	52	744		
池州市贵池区唐田镇	17152	13910	880.0	2759.0	25	918	1	250
池州市贵池区牌楼镇	22554	12463	1381.0	2492.0	27	510	1	410
池州市贵池区乌沙镇	49355	26784	1908.0	6330.0	60	1626		
池州市贵池区棠溪镇	11832	6251	2002.2	941.0	20	835		
东至县尧渡镇	117600	74271	21700.0	6137.0	98	2173	9	3931
东至县东流镇	31686	27141	10941.8	8556.0	48	4650		
东至县大渡口镇	80096	47587	20020.0	12740.0	132	4568	4	1328
东至县胜利镇	59028	50123	1989.0	14792.0	90	6800		
东至县张溪镇	62176	49128	1869.0	10047.0	56	1722		
东至县洋湖镇	28333	20145	705.9	3916.0	5	202		
东至县葛公镇	25284	13745	525.0	2003.0	21	346		
东至县香隅镇	33074	19219	2056.0	7987.0	42	816		
东至县官港镇	29319	28182	641.9	2324.0	29	435		
东至县昭潭镇	20269	11521	543.0	2106.0	44	792		
东至县龙泉镇	25712	16091	525.7	5741.0	61	2320		
东至县泥溪镇	19742	12481	478.0	1625.0	28	905		
石台县仁里镇	9943	5631	5302.0	736.0	65	2663	28	1260
石台县七都镇	16051	11944	1546.0	2394.0	26	672		
石台县仙寓镇	9344	8715	931.0	1176.0	13	149		
石台县丁香镇	9993	6003	516.0	863.0	16	362		
石台县小河镇	20599	11670	413.0	1906.0	29	414		
石台县横渡镇	8907	5107	1018.2	567.0	21	325	1	40
青阳县蓉城镇	89416	37664	12453.0	5368.0	156	3749	17	2078
青阳县木镇镇	19147	12613	7045.0	3715.0	132	3520	1	12
青阳县庙前镇	24149	16149	3333.0	2379.0	20	312	4	621

附录3　续表15　continued

镇　　Town	常住人口（人）Population of Permanent Residents (person)	从业人员（人）Practitioners (person)	公共财政收入（万元）Public Finance Income (10000 yuan)	农作物播种面积（公顷）Crop Planting Area (hectares)	工业企业个数（个）Number of Industrial Enterprises (unit)	工业企业从业人员（人）Industrial Companies from Personnel of Course of Study (person)	建筑业企业个数（个）Number of Construction Enterprises (unit)	建筑业企业从业人员数（人）Construction Enterprise Employees (person)
青阳县陵阳镇	22280	15131	4179.0	3197.0	54	803	1	22
青阳县新河镇	17618	11612	4566.0	3252.0	77	2105	4	41
青阳县丁桥镇	21987	11788	8916.0	2690.0	78	3340		
青阳县朱备镇	10062	2642	616.0	636.0	7	319	1	4
青阳县杨田镇	19369	11938	2322.0	2750.0	47	596	1	9
青阳县九华镇	3727	3100	496.0					
安庆市迎江区老峰镇	31000	21536	3369.0	1500.0	55	1452		
安庆市大观区海口镇	44481	25101	689.0	6811.0	55	4658	1	469
安庆市宜秀区大龙山镇	22381	10559	5620.0	524.5	62	1957	5	551
安庆市宜秀区杨桥镇	21159	14545	2271.0	1861.0	29	2029	2	1724
安庆市宜秀区罗岭镇	28347	20780	1316.0	4125.0	85	2105	1	11
怀宁县高河镇	80083	24539	18201.0	6766.0	98	1884	20	353
怀宁县石牌镇	97640	48102	4500.0	8989.6	102	1782	2	1109
怀宁县月山镇	31577	14696	1949.0	2332.7	224	7928	4	169
怀宁县马庙镇	47155	25275	16350.0	5223.0	169	12162	2	29
怀宁县金拱镇	31000	15311	1920.0	3009.0	126	5927	2	736
怀宁县茶岭镇	25219	18125	5000.0	3158.0	137	3538	1	146
怀宁县公岭镇	12824	8358	771.0	4411.3	28	957	1	262
怀宁县黄墩镇	33019	20081	1507.0	4178.0	33	1558	1	305
怀宁县三桥镇	12819	8845	869.6	6108.0	17	3233	1	260
怀宁县小市镇	23328	13082	665.0	5587.0	68	2606	1	50
怀宁县黄龙镇	18965	12432	498.5	1762.0	10	362		
怀宁县平山镇	21650	14070	2165.7	4629.0	63	1249		
怀宁县腊树镇	30127	19580	839.0	5606.4	40	2290		
怀宁县洪铺镇	19630	13730	1148.7	4549.0	42	852		
怀宁县江镇镇	9026	6318	380.0	2989.0	18	219		
枞阳县枞阳镇	95821	9522	90946.0	5511.0	195	320		
枞阳县欧山镇	48724	15401	1646.0	2824.0	41	3841	3	324
枞阳县汤沟镇	91927	63200	680.0	6330.0	48	5400	1	500
枞阳县老洲镇	65826	45070	2010.0	3723.0	17	3256	1	2865
枞阳县陈瑶湖镇	27232	25926	2079.0	95703.0	96	3562		
枞阳县周潭镇	43194	23317	550.0	29721.0	37	1475		
枞阳县横埠镇	78216	39068	3223.0	9803.2	137	5754	1	325
枞阳县项铺镇	26690	6484	880.8	2827.0	20	690		
枞阳县钱桥镇	56876	31040	836.7	8090.0	21	1891		
枞阳县麒麟镇	33450	12508	1872.0	8054.0	137	1800	25	210
枞阳县义津镇	34651	28541	2297.0	11163.0	23	3721	4	652
枞阳县浮山镇	10311	7312	452.0	3014.0	14	1350	5	1120
枞阳县会宫镇	45613	33129	22279.0	1850.0	78	1058	3	417
枞阳县官埠桥镇	32620	19314	1691.0	6714.0	26	346	1	36
潜山县梅城镇	132360	50868	7423.0	7760.0	94	4700	32	480
潜山县源潭镇	59960	36547	4500.0	8972.0	439	23392	9	872
潜山县余井镇	45660	32072	1000.0	8894.0	105	2050	3	45
潜山县王河镇	51109	27002	852.0	6418.0	10	533		
潜山县黄铺镇	49973	19993	1280.0	7260.0	152	5213	1	11
潜山县槎水镇	31024	16756	1590.0	1560.0	96	5802		
潜山县水吼镇	26782	18394	331.0	2243.0	16	226	2	11
潜山县官庄镇	29431	6667	1013.0	3607.0	63	792	3	205
潜山县黄泥镇	15278	12386	179.0	2755.0	9	114		
潜山县黄柏镇	13128	5443	302.6	2005.0	41	986		
潜山县天柱山镇	11857	8715	2350.0	671.0	2	21		
太湖县晋熙镇	79913	46670	1846.0	3645.0	182	8210	40	1050

附录3 续表16 continued

镇 Town	常住人口（人）Population of Permanent Residents (person)	从业人员（人）Practitioners (person)	公共财政收入（万元）Public Finance Income (10000 yuan)	农作物播种面积（公顷）Crop Planting Area (hectares)	工业企业个数（个）Number of Industrial Enterprises (unit)	工业企业从业人员（人）Industrial Companies from Personnel of Course of Study (person)	建筑业企业个数（个）Number of Construction Enterprises (unit)	建筑业企业从业人员数（人）Construction Enterprise Employees (person)
太湖县徐桥镇	49140	35479	1009.0	9329.0	84	3900	2	426
太湖县新仓镇	70757	37404	705.0	8280.0	161	2800	3	96
太湖县小池镇	42347	26152	2410.0	5491.0	17	2356		
太湖县寺前镇	30958	19970	1620.0	869.0				
太湖县天华镇	31634	17569	618.0	1037.0	15	340		
太湖县牛镇镇	24712	12658	180.0	1750.0	6	97	2	12
太湖县弥陀镇	38530	21106	943.0	2653.0	101	2573	58	629
太湖县北中镇	35144	16499	882.0	4306.0	13	881		
太湖县百里镇	24599	15210	720.0	2523.0	20	460	11	90
宿松县孚玉镇	104317	50333	7144.0	1512.8	68	1866	24	1450
宿松县复兴镇	39758	20848	3222.0	12890.0	79	1553	1	13
宿松县汇口镇	49600	38503	692.1	3222.6	37	2001	2	36
宿松县许岭镇	41700	23560	317.0	4600.0	37	950	7	326
宿松县下仓镇	23678	18478	546.0	4435.0	7	75		
宿松县二郎镇	22006	17178	988.0	3075.0	19	1236	2	78
宿松县破凉镇	40159	33689	837.0	3589.0	43	2700		
宿松县凉亭镇	36906	42177	260.0	2610.5	33	647		
宿松县长铺镇	25384	13461	845.0	4089.0	35	635		
望江县华阳镇	158650	73075	2035.0	13057.8	219	20086	19	5200
望江县杨湾镇	28568	21825	376.0	10434.7	22	860		
望江县漳湖镇	22058	15957	359.7	8730.1	13	180		
望江县赛口镇	27455	20218	448.0	7954.7	37	1856		
望江县高士镇	80396	46167	1500.0	14736.4	112	4920	23	4245
望江县鸦滩镇	78905	39989	1457.0	16168.0	141	2932	3	167
望江县长岭镇	76636	42278	2250.0	13991.0	141	5353	3	385
望江县太慈镇	74973	41777	1500.0	13579.0	50	4018	1	910
岳西县天堂镇	57485	17144	7412.0	715.0	125	19045	9	1950
岳西县店前镇	24648	17260	330.0	1324.0	125	1530	1	100
岳西县来榜镇	23312	19961	1300.0	867.0	48	1330	3	120
岳西县菖蒲镇	23686	8335	431.0	1167.0	50	850	2	385
岳西县头陀镇	11353	6844	490.0	732.0	70	680	1	20
岳西县白帽镇	20369	12240	143.3	1035.0	55	500	1	40
岳西县温泉镇	33469	14829	1400.0	1594.0	71	2346	5	1235
岳西县响肠镇	19594	9351	871.0	2941.0	39	263	7	50
岳西县河图镇	10213	5961	920.0	1670.0	121	127	3	19
岳西县五河镇	16835	15977	345.4	1306.0	36	2280		
岳西县主簿镇	7978	5584	580.0	446.5	43	875	1	30
岳西县冶溪镇	15300	10710	870.0	4633.0	25	750	1	230
岳西县黄尾镇	6967	3459	415.3	1011.0	13	165	4	65
桐城市孔城镇	83070	39095	2811.8	5520.3	117	5342	4	2738
桐城市吕亭镇	65588	42429	1605.4	9120.0	132	15290	3	145
桐城市范岗镇	64715	41300	7077.0	6809.0	2487	21000	1	450
桐城市新渡镇	72046	50094	8567.0	7863.0	1312	16948	8	785
桐城市双港镇	54389	32720	5220.0	3926.0	421	10924	5	578
桐城市大关镇	73533	33448	3421.0	10398.0	116	1891	1	872
桐城市青草镇	70354	51235	3067.0	6577.0	252	7567	3	23
桐城市金神镇	61771	34256	2531.0	8302.0	1319	14026		
桐城市嬉子湖镇	17530	8663	336.0	2116.0	27	291		
桐城市唐湾镇	11885	8095	252.5	288.0	11	765		
桐城市黄甲镇	12252	6057	417.0	482.2	2	50		
桐城市鲟鱼镇	486	310	1252.0		5	765		
黄山市屯溪区屯光镇	15205	8914	6269.0	1128.0	106	3628	35	1487

附录3　续表17　continued

镇　　Town	常住人口（人）Population of Permanent Residents (person)	从业人员（人）Practitioners (person)	公共财政收入（万元）Public Finance Income (10000 yuan)	农作物播种面积（公顷）Crop Planting Area (hectares)	工业企业个数（个）Number of Industrial Enterprises (unit)	工业企业从业人员（人）Industrial Companies from Personnel of Course of Study (person)	建筑业企业个数（个）Number of Construction Enterprises (unit)	建筑业企业从业人员数（人）Construction Enterprise Employees (person)
黄山市屯溪区阳湖镇	26895	15336	10169.0	466.0	53	5896	28	301
黄山市屯溪区黎阳镇	13779	9031	10112.0	1083.7	42	1620	2	802
黄山市屯溪区新潭镇	9753	5662	3714.0	1063.0	46	950	11	300
黄山市屯溪区奕棋镇	10096	6281	8385.0	389.0	63	1380	5	350
黄山市黄山区甘棠镇	64879	13934	21570.0	1232.0	7	500	12	7410
黄山市黄山区仙源镇	11056	10291	2144.3	1729.1	22	432	1	32
黄山市黄山区汤口镇	17002	11372	10018.0	184.1	17	308		
黄山市黄山区谭家桥镇	7535	3518	1586.0	894.0	22	139	6	190
黄山市黄山区太平湖镇	9796	6054	6799.2	647.0	13	417	5	544
黄山市黄山区焦村镇	15031	15031	2082.3	2624.2	23	223	1	1
黄山市黄山区耿城镇	9380	5081	5741.9	1125.0	11	320	2	65
黄山市黄山区三口镇	9121	7121	2853.8	1419.2	9	605	1	128
黄山市黄山区乌石镇	9351	6483	1600.0	874.0	12	558	1	20
黄山市徽州区岩寺镇	27659	19963	29000.0	3140.0	98	2017	15	750
黄山市徽州区西溪南镇	16835	9438	11064.6	3143.0	32	375		
黄山市徽州区潜口镇	11806	8307	5022.0	1775.0	41	752	6	75
黄山市徽州区呈坎镇	11085	7960	9360.0	1626.0	43	1840		
歙县徽城镇	66420	24767	41500.0	1493.0	392	16200	372	4500
歙县深渡镇	24773	14271	2760.0	1613.0	19	570	2	176
歙县北岸镇	16477	8413	2000.0	2108.0	51	962	10	133
歙县富堨镇	16428	8689	4730.0	3139.0	78	435		1121
歙县郑村镇	16285	11086	1281.0	2525.0	50	2217	2	200
歙县桂林镇	25848	18575	12000.0	3733.0	69	3200	3	32
歙县许村镇	9392	5041	605.5	1849.0	3	336		
歙县溪头镇	16569	9472	767.0	1969.0	11	1128		
歙县杞梓里镇	29135	19918	1243.0	2312.0	13	415		
歙县霞坑镇	20108	15097	1062.0	1549.0	7	80	3	59
歙县岔口镇	16332	8736	994.0	1339.0	9	268		
歙县街口镇	12746	11200	210.0	609.0				
歙县王村镇	24734	14372	3034.0	2831.2	6	238	1	22
休宁县海阳镇	58138	15084	18259.0	3478.0	108	5590	13	2556
休宁县齐云山镇	13342	7585	3475.0	2111.0	18	159	2	45
休宁县万安镇	23350	13990	6512.5	4697.1	17	594	14	869
休宁县五城镇	22858	15804	758.0	2207.0	26	463		
休宁县东临溪镇	19946	12742	3951.0	1680.0	34	533	2	4
休宁县兰田镇	13035	9710	501.0	2262.0	6	109	1	10
休宁县溪口镇	23669	12632	1065.0	3128.0	46	1799		
休宁县流口镇	5514	3270	563.0	162.0	4	15	1	50
休宁县汪村镇	10755	6704	225.0	740.0	13	193	2	10
休宁县商山镇	22008	16712	2460.0	3489.0	46	874	3	16
黟县碧阳镇	40206	22307	8010.0	3232.0	187	3922	7	1560
黟县宏村镇	17715	11573	5974.0	2484.5	17	92	1	15
黟县渔亭镇	6500	3886	3712.0	1014.0	28	800		
黟县西递镇	6089	4229	3424.0	644.8	8	450		
祁门县祁山镇	60580	26949	18488.8	1808.8	846	1268	4	680
祁门县小路口镇	6873	4562	401.1	740.7	7	289	1	15
祁门县金字牌镇	12033	7197	787.0	1175.5	120	1378		
祁门县平里镇	6951	4740	681.3	717.7	2	30		
祁门县历口镇	14000	8407	580.0	1241.0	10	144		
祁门县闪里镇	7036	5006	420.8	1036.0	3	10		
祁门县安凌镇	13666	7878	413.3	2046.6	10	349		
祁门县凫峰镇	7251	6952	223.0	1190.6	19	165		

附录4—1 企业电子商务情况（2012年）
Enterprise E-commerce by Registration (2012)

指 标	Item	企业数（个） Number of Enterprises (unit)	有电子商务的企业数 Number of E-Commerce Enterprises
总 计	**Total**	**10579**	**773**
总计中：	**Of the Total:**		
内资企业	Domestic-funded	10164	730
国有企业	State-owned	832	57
集体企业	Collective-owned	267	9
股份合作企业	Cooperative	68	4
联营企业	Joint Ownership Enterprises	28	2
有限责任公司	Limited Liability Company	3880	235
股份有限公司	Share-holding Corporations Ltd.	566	72
私营企业	Private	4251	340
其他企业	Other	272	11
港、澳、台商投资企业	With Investment from Hong Kong, Macao and Taiwan	198	20
外商投资企业	With Foreign Investment	217	23
按行业分：	**Grouped by Sector**		
采矿业	Mining	60	1
制造业	Manufacturing	1295	315
电力、热力、燃气及水生产和供应业	Production and Supply of Electricity, Heat, Gas and Water	86	5
建筑业	Construction	3011	200
批发和零售业	Wholesale and Retail Trades	133	28
交通运输、仓储和邮政业	Transport, Storage and Post	1168	38
住宿和餐饮业	Hotels and Catering Services	10	2
信息传输、软件和信息技术服务业	Information Transmission, Software and Information Technology	176	32
金融业	Financial Intermediation	3534	92
房地产业	Real Estate		
租赁和商务服务业	Leasing and Business Services	433	25
科学研究和技术服务业	Scientific Research and Technical Services	257	10
水利、环境和公共设施管理业	Management of Water Conservancy, Environment	89	9
居民服务、修理和其他服务业	Services to Households, Repair and Other Services	79	
教 育	Education	88	4
卫生和社会工作	Health and Social Service	74	2
文化、体育和娱乐业	Culture, Sports and Entertainment	86	10

电子商务销售的企业数 Number of E-Commerce Selling Enterprises	B2B的企业数 Number of B2B Enterprises	B2C的企业数 Number of B2C Enterprises	有电子商务采购的企业数 Number of E-Commerce Purchasing Enterprises	有电子商务销售的企业的营业收入（万元） Business Income of E-Commerce Purchasing Enterprises (10000 yuan)	电子商务销售额 Business Income of E-Commerce Purchasing	B2B销售额 Business Income of B2B	B2C销售额 Business Income of B2C	有电子商务活动的企业的营业成本（万元） Business Cost of E-Commerce Enterprises (10000 yuan)	有电子商务采购的企业的营业成本 Business Cost of E-Commerce Purchasing Enterprises	电子商务采购额 Business Cost of E-Commerce Purchasing
499	**446**	**265**	**624**	**55076040**	**9671879**	**8199960**	**1389636**	**64617001**	**40126964**	**6962856**
468	417	259	590	50681999	8846594	7380153	1385059	60762072	36720188	5889500
38	26	23	38	4710125	2349294	1344756	1004538	13320992	12569292	2256054
3	3	2	8	22798	1297	1272	25	46867	45046	698
2	2	1	3	125872	3841	3840	1	165999	158911	14
			2					18172	18172	16
134	121	70	195	16899470	1667416	1417167	236380	18661236	6596924	421531
60	53	30	56	20158965	3843424	3782158	49696	18798752	8974612	2579198
223	206	126	280	8385424	928962	822087	52278	9392529	8066817	611653
8	6	7	8	379346	52361	8874	42141	357526	290414	20336
17	15	3	15	831107	183881	179504	4377	875705	700808	128638
14	14	3	19	3562934	641404	640303	201	2979224	2705968	944718
1	1			8325	50	50		5020		
259	249	109	252	43498446	6450982	6262485	107011	44643031	22291461	3952132
2	2		4	1103494	281	281		7589018	7432706	28997
79	76	50	188	980586	24745	23381	1025	4146593	3978899	41289
25	18	11	22	7261177	2970098	1818608	1151489	6364593	5394182	2854947
27	23	14	22	539134	33774	29760	3781	544457	184167	20348
1		1	1	38277	327		327	25953	10036	5
29	20	15	18	1066953	67145	22668	44477	464767	260418	21526
26	22	23	88	73756	8911	2629	6225	439406	431738	23531
21	14	20	14	310295	70963	29664	41299	242662	48800	19341
8	7	4	9	92026	1313	1095	51	89977	89945	631
8	5	7	1	74797	43058	9216	33842	40532	1011	35
3	3	2	2	3254	68	66	2	2048	729	8
			2					1657	1657	68
10	6	9	1	25520	165	57	108	17290	1216	

附录4—2 企业通过互联网开展的活动情况（2012年）
Enterprises Activities Through the Internet by Registration (2012)

指　标	Item	企业数(个) Number of Enterprises (unit)	使用互联网的企业 Enterprises Using the Internet 数量(个) Number (unit)	比重(%) Proportion (%)
总　计	**Total**	**10579**	**8567**	**81.0**
总计中：	**Of the Total:**			
内资企业	Domestic-funded	10164	8193	80.6
国有企业	State-owned	832	715	85.9
集体企业	Collective-owned	267	179	67.0
股份合作企业	Cooperative	68	52	76.5
联营企业	Joint Ownership Enterprises	28	16	57.1
有限责任公司	Limited Liability Company	3880	3191	82.2
股份有限公司	Share-holding Corporations Ltd.	566	472	83.4
私营企业	Private	4251	3351	78.8
其他企业	Other	272	217	79.8
港、澳、台商投资企业	With Investment from Hong Kong, Macao and Taiwan	198	181	91.4
外商投资企业	With Foreign Investment	217	193	88.9
按行业分：	**Grouped by Sector**			
采矿业	Mining	60	44	73.3
制造业	Manufacturing	1295	1161	89.7
电力、热力、燃气及水生产和供应业	Production and Supply of Electricity, Heat, Gas and Water	86	78	90.7
建筑业	Construction	3011	2434	80.8
批发和零售业	Wholesale and Retail Trades	133	122	91.7
交通运输、仓储和邮政业	Transport, Storage and Post	1168	854	73.1
住宿和餐饮业	Hotels and Catering Services	10	10	100.0
信息传输、软件和信息技术服务业	Information Transmission, Software and Information Technol	176	162	92.1
金融业	Financial Intermediation			
房地产业	Real Estate	3534	2805	79.4
租赁和商务服务业	Leasing and Business Services	433	354	81.8
科学研究和技术服务业	Scientific Research and Technical Services	257	216	84.1
水利、环境和公共设施管理业	Management of Water Conservancy, Environment	89	74	83.2
居民服务、修理和其他服务业	Services to Households, Repair and Other Services	79	47	59.5
教　育	Education	88	70	79.6
卫生和社会工作	Health and Social Service	74	62	83.8
文化、体育和娱乐业	Culture, Sports and Entertainment	86	74	86.1

收发电子邮件 E-mail 数量（个）number (unit)	收发电子邮件 E-mail 占使用互联网企业的比重（%）The Proportion of Enterprises Using the Internet (%)	了解商品和服务的信息 Commodity and Service Information 数量（个）number (unit)	了解商品和服务的信息 Commodity and Service Information 占使用互联网企业的比重（%）The Proportion of Enterprises Using the Internet (%)	从政府机构获取信息 Access Information From Government 数量（个）number (unit)	从政府机构获取信息 Access Information From Government 占使用互联网企业的比重（%）The Proportion of Enterprises Using the Internet (%)	与政府机构互动 Interaction With Government 数量（个）number (unit)	与政府机构互动 Interaction With Government 占使用互联网企业的比重（%）The Proportion of Enterprises Using the Internet (%)	使用网上银行 Using Online Bank 数量（个）number (unit)	使用网上银行 Using Online Bank 占使用互联网企业的比重（%）The Proportion of Enterprises Using the Internet (%)	使用其他金融服务 Using Other Financial Services 数量（个）number (unit)	使用其他金融服务 Using Other Financial Services 占使用互联网企业的比重（%）The Proportion of Enterprises Using the Internet (%)
7995	**93.3**	**4938**	**57.6**	**6033**	**70.4**	**3259**	**38.0**	**6442**	**75.2**	**1584**	**18.5**
7630	93.1	4705	57.4	5764	70.4	3088	37.7	6133	74.9	1509	18.4
667	93.3	414	57.9	497	69.5	273	38.2	475	66.4	126	17.6
146	81.6	76	42.5	106	59.2	51	28.5	100	55.9	24	13.4
49	94.2	27	51.9	33	63.5	19	36.5	39	75.0	8	15.4
14	87.5	10	62.5	11	68.8	5	31.3	10	62.5	4	25.0
3000	94.0	1805	56.6	2272	71.2	1229	38.5	2434	76.3	574	18.0
439	93.0	309	65.5	360	76.3	203	43.0	364	77.1	117	24.8
3118	93.1	1940	57.9	2348	70.1	1235	36.9	2567	76.6	626	18.7
197	90.8	124	57.1	137	63.1	73	33.6	144	66.4	30	13.8
176	97.2	104	57.5	131	72.4	83	45.9	152	84.0	38	21.0
189	97.9	129	66.8	138	71.5	88	45.6	157	81.4	37	19.2
42	95.5	27	61.4	27	61.4	16	36.4	29	65.9	7	15.9
1137	97.9	894	77.0	893	76.9	595	51.3	1023	88.1	289	24.9
71	91.0	42	53.9	52	66.7	40	51.3	47	60.3	8	10.3
2296	94.3	1334	54.8	1838	75.5	853	35.1	1875	77.0	406	16.7
115	94.3	90	73.8	84	68.9	68	55.7	112	91.8	34	27.9
746	87.4	406	47.5	502	58.8	240	28.1	577	67.6	108	12.7
10	100.0	4	40.0	6	60.0	3	30.0	7	70.0	2	20.0
160	98.8	118	72.8	109	67.3	56	34.6	127	78.4	44	27.2
2599	92.7	1508	53.8	1935	69.0	1058	37.7	2030	72.4	521	18.6
321	90.7	207	58.5	235	66.4	137	38.7	257	72.6	77	21.8
205	94.9	122	56.5	151	69.9	71	32.9	141	65.3	39	18.1
69	93.2	49	66.2	52	70.3	33	44.6	48	64.9	13	17.6
41	87.2	26	55.3	23	48.9	18	38.3	35	74.5	9	19.2
63	90.0	32	45.7	39	55.7	28	40.0	43	61.4	10	14.3
51	82.3	31	50.0	42	67.7	20	32.3	42	67.7	7	11.3
69	93.2	48	64.9	45	60.8	23	31.1	49	66.2	10	13.5

附录4—2　续表　continued

指　标	Item	提供客户服务 Providing for Customer Service 数　量（个）number (unit)	占使用互联网企业的比重（%）The Proportion of Enterprises Using the Internet (%)
总　计	**Total**	**3207**	**37.4**
总计中：	**Of the Total:**		
内资企业	Domestic-funded	3039	37.1
国有企业	State-owned	267	37.3
集体企业	Collective-owned	37	20.7
股份合作企业	Cooperative	15	28.9
联营企业	Joint Ownership Enterprises	8	50.0
有限责任公司	Limited Liability Company	1139	35.7
股份有限公司	Share-holding Corporations Ltd.	233	49.4
私营企业	Private	1252	37.4
其他企业	Other	88	40.6
港、澳、台商投资企业	With Investment from Hong Kong, Macao and Taiwan	88	48.6
外商投资企业	With Foreign Investment	80	41.5
按行业分：	**Grouped by Sector**		
采矿业	Mining	14	31.8
制造业	Manufacturing	635	54.7
电力、热力、燃气及水生产和供应业	Production and Supply of Electricity, Heat, Gas and Water	32	41.0
建筑业	Construction	719	29.5
批发和零售业	Wholesale and Retail Trades	73	59.8
交通运输、仓储和邮政业	Transport, Storage and Post	290	34.0
住宿和餐饮业	Hotels and Catering Services	3	30.0
信息传输、软件和信息技术服务业	Information Transmission, Software and Information Technology	119	73.5
金融业	Financial Intermediation		
房地产业	Real Estate	924	32.9
租赁和商务服务业	Leasing and Business Services	170	48.0
科学研究和技术服务业	Scientific Research and Technical Services	98	45.4
水利、环境和公共设施管理业	Management of Water Conservancy, Environment	33	44.6
居民服务、修理和其他服务业	Services to Households, Repair and Other Services	18	38.3
教　育	Education	32	45.7
卫生和社会工作	Health and Social Service	16	25.8
文化、体育和娱乐业	Culture, Sports and Entertainment	31	41.9

拨打互联网电话或召开视频会议 Dial Internet telephone or Hold Video Conference		在线提供产品 Provide Online Product		发布消息或即时消息 Release Messages or Instant Messages		员工培训 Staff Training		对外或对内招聘 External or Interna Lrecruitment		其　他 Other	
数　量 (个) number (unit)	占使用互联网企业的比重 (%) The Proportion of Enterprises Using the Internet (%)	数　量 (个) number (unit)	占使用互联网企业的比重 (%) The Proportion of Enterprises Using the Internet (%)	数　量 (个) number (unit)	占使用互联网企业的比重 (%) The Proportion of Enterprises Using the Internet (%)	数　量 (个) number (unit)	占使用互联网企业的比重 (%) The Proportion of Enterprises Using the Internet (%)	数　量 (个) number (unit)	占使用互联网企业的比重 (%) The Proportion of Enterprises Using the Internet (%)	数　量 (个) number (unit)	占使用互联网企业的比重 (%) The Proportion of Enterprises Using the Internet (%)
1122	**13.1**	**961**	**11.2**	**3546**	**41.4**	**2799**	**32.7**	**3891**	**45.4**	**3116**	**36.4**
979	12.0	893	10.9	3361	41.0	2635	32.2	3652	44.6	3002	36.6
144	20.1	78	10.9	342	47.8	286	40.0	276	38.6	262	36.6
8	4.5	4	2.2	46	25.7	49	27.4	27	15.1	71	39.7
5	9.6	4	7.7	19	36.5	15	28.9	18	34.6	20	38.5
3	18.8	2	12.5	2	12.5	5	31.3	5	31.3	4	25.0
406	12.7	334	10.5	1354	42.4	1098	34.4	1442	45.2	1173	36.8
121	25.6	99	21.0	244	51.7	185	39.2	249	52.8	144	30.5
275	8.2	347	10.4	1277	38.1	943	28.1	1538	45.9	1239	37.0
17	7.8	25	11.5	77	35.5	54	24.9	97	44.7	89	41.0
65	35.9	27	14.9	95	52.5	75	41.4	119	65.8	59	32.6
78	40.4	41	21.2	90	46.6	89	46.1	120	62.2	55	28.5
7	15.9	2	4.6	16	36.4	17	38.6	13	29.6	12	27.3
324	27.9	315	27.1	635	54.7	494	42.6	747	64.3	330	28.4
24	30.8	2	2.6	39	50.0	30	38.5	28	35.9	15	19.2
143	5.9	124	5.1	827	34.0	797	32.7	961	39.5	917	37.7
59	48.4	31	25.4	80	65.6	75	61.5	79	64.8	43	35.3
68	8.0	54	6.3	301	35.3	192	22.5	238	27.9	353	41.3
2	20.0			4	40.0	5	50.0	6	60.0		
82	50.6	68	42.0	116	71.6	109	67.3	117	72.2	72	44.4
294	10.5	230	8.2	1089	38.8	739	26.4	1266	45.1	997	35.5
54	15.3	63	17.8	182	51.4	131	37.0	167	47.2	142	40.1
25	11.6	29	13.4	112	51.9	82	38.0	102	47.2	94	43.5
7	9.5	9	12.2	39	52.7	23	31.1	33	44.6	36	48.7
6	12.8	4	8.5	17	36.2	14	29.8	22	46.8	16	34.0
9	12.9	11	15.7	33	47.1	39	55.7	35	50.0	33	47.1
10	16.1	3	4.8	21	33.9	24	38.7	32	51.6	25	40.3
8	10.8	16	21.6	35	47.3	28	37.8	45	60.8	31	41.9

最新资料书简目

（仅供参考，以最后出书为准）

安徽统计年鉴—2014（含光盘）
中国统计年鉴—2014（含光盘）
安徽统计年鉴—2013（含光盘）
中国统计年鉴—2013（含光盘）
中国县（市）社会经济统计年鉴—2013
中国科技统计年鉴—2013
中国发展报告—2013
国际统计年鉴—2013
中国农村统计年鉴—2013
中国工业经济统计年鉴—2013
中国能源统计年鉴—2013
中国贸易外经统计年鉴—2013
安徽省第二次全国农业普查资料汇编（农民卷、农村卷、农业卷）
安徽省国民经济核算历史资料（1952—2003）
国民经济行业分类注释—2012
合肥统计年鉴—2014
淮北统计年鉴—2014
亳州统计年鉴—2014
宿州统计年鉴—2014
蚌埠统计年鉴—2014
阜阳统计年鉴—2014
淮南统计年鉴—2014
滁州统计年鉴—2014
六安统计年鉴—2014
马鞍山统计年鉴—2014
芜湖统计年鉴—2014
宣城统计年鉴—2014
铜陵统计年鉴—2014
池州统计年鉴—2014
安庆统计年鉴—2014
黄山统计年鉴—2014
全国各省市统计年鉴—2014